Dictionnaire des

mots croisés

et autres jeux de lettres

Les Éditions Goélette inc.

www.editionsgoelette.com

Direction
Alain Delorme • président

**Coordination, rédaction
et mise en pages**
Esther Tremblay

Infographie
Dominique Roy

**Graphisme
de la page couverture**
Dominique Roy

Informatique
Paul Lacasse

LES ÉDITIONS GOÉLETTE INC.

600, boul. Roland-Therrien
Longueuil (Québec)
J4H 3V9

Dépôts légaux :

Deuxième édition : Premier trimestre 2007
Première édition : Troisième trimestre 2005
Bibliothèque et archives nationale du Québec
Bibliothèque nationale du Canada

Gouvernement du Québec
Programme de crédit d'impôt pour l'édition de livres
Gestion SODEC

ISBN 978-2-89638-141-8

☞ PRÉFACE

Les Éditions Goélette sont fières de vous présenter son ***Dictionnaire des mots croisés et autres jeux de lettres***. Conçu pour les amateurs d'abord mais aussi pour les concepteurs de jeux de lettres, ce dictionnaire est un livre de référence unique, intelligent et complet. Que ce soit pour les mots croisés, les mots fléchés, le jeu de Scrabble® ou tout autre jeu de lettres, il deviendra rapidement un outil indispensable dont vous ne pourrez plus vous passer.

☞ LE CLASSEMENT ET LA PRÉSENTATION DES MOTS

L'originalité de ce dictionnaire réside principalement dans son système de classement des mots. Spécialement adapté pour les mots croisés, celui-ci est conçu de façon à permettre la recherche rapide d'un mot et ce, à partir de n'importe laquelle des lettres qui le composent. Ce classement fonctionne de la façon suivante :

- chaque chapître est divisé en fonction de la **longueur** des mots qui vont de ☞ MOTS DE 2 LETTRES jusqu'à ☞ MOTS DE 10 LETTRES.
- pour chacun de ces chapîtres, on retrouve un classement par **position** pour chacune des vingt-six lettres de l'alphabet, 1ère position de A jusqu'à Z, 2e position A à Z et ainsi de suite jusqu'à la dernière position.

Pensons par exemple que le mot recherché est BARON (p.61) mais la seule lettre connue est le R en troisième position. Nous regardons à :

☞ MOTS DE 5 LETTRES

3e

POSITION

R

Nous retrouvons dans cette colonne tous les mots de cinq lettres avec un R en troisième position. La longueur des mots et la position des lettres sont toujours indiquées clairement dans le titre courant ainsi qu'en haut de chaque colonne par un signe ⬧. Le lecteur peut donc accéder instantanément, d'un seul coup d'oeil, au critère recherché.

Finalement, toujours dans le but de faciliter la recherche, les mots sont écrits en majuscules accentuées et sont présentés sous forme de colonnes. Même en ne connaissant qu'une ou deux lettres du mot recherché il devient très facile d'effectuer un balayage de toutes les possibilités et arriver plus rapidement à la solution.

☞ LES MOTS

Le ***Dictionnaire des mots croisés et autres jeux de lettres*** bénéficie d'une nomenclature variée. Il regroupe :

- **30 000** noms communs, noms propres, adjectifs et verbes dont tous ceux figurant dans le ***Dictionnaire des mots croisés Goélette***.
- Plus de **6 000** formes féminines de ces noms communs et adjectifs.
- Tous les pluriels particuliers de ces mots autres que ceux en s et en x.

En tout, plus de **170 000** entrées classées.

☞ LES VERBES CONJUGUÉS ET LES PLURIELS EN S ET EN X

Compte tenu de la très grande quantité de formes que peuvent prendre les verbes conjugués, les verbes sont toujours donnés à l'infinitif. Toutefois, dans les *Mots croisés Goélette*, comme dans la plupart des mots croisés, le temps et la personne des verbes conjugués sont toujours donnés avec précision. Ainsi, le lecteur, avec un peu d'habitude, pourra aisément, en déduisant mentalement l'infinitif du verbe demandé, utiliser le dictionnaire pour sa recherche. Il en sera tout aussi aisé pour les pluriels en s et en x en déduisant simplement le s ou le x du total des lettres du mots.

☞ LES ANNEXES

Enfin, une série de tableaux annexes complète cet ouvrage. Ils regroupent plusieurs thèmes parmis les plus fréquemment utilisés dans les jeux de lettres soit :

- L'alphabet grec
- Les capitales canadiennes
- Les éléments chimiques
- Les interjections
- Les planètes
- Les signes du zodiaque

En plus :

- Un tableau de **4000 mots** parmi les plus «payants» au jeu de Scrabble® et leur valeur en points.

Afin de conserver l'esprit du dictionnaire, chacun de ces thèmes est présenté en colonnes et classé selon la longueur des mots. Par la suite, ils sont placés selon l'ordre alphabétique de la première lettre. Exception faite des mots de Scrabble® qui, dans un deuxième temps, sont classés selon leur valeur en points.

1ʳᵉ POSITION

A

AA
AC
AE
AG
AH
AÏ
AL
AM
AN
AR
AS
AT
AU
AY

B

BA
BE
BI
BN
BR
BS

C

ÇA
CB
CD

CE
CF
CH
CI
CL
CM
CN
CO
CR
CS
CU
CV

D

DA
DÉ
DI
DO
DU
DY

E

EA
ED
EH
EL
EM
EN
EO
ER
ÈS
ET
EU

EX
EY

F

FA
FE
FI
FM
FR

G

GA
GD
GE
GI
GO
GR
GY

H

HA
HÉ
HF
HI
HO
HS
HZ

I

ID
IE
IF
IL

IN
IO
IR
IV

J

JE

K

KA
KF
KG
KO
KR

L

LA
LE
LÉ
LI
LM
LN
LR
LU

M

MA
MC
MD
ME
MG
MI
ML

MN
MO
MU

N

NA
NB
ND
NÉ
NI
NO
NP
NS
NU

O

OB
OC
OH
OK
OL
ON
OO
OP
OR
OS
OU
OZ

P

PA
PB
PH

PI
PO
PR
PS
PT
PU
PZ

Q

QI

R

RA
RB
RD
RÉ
RF
RH
RN
RP
RR
RU

S

SA
SB
SC
SE
SI
SM
SN
SO
SQ

SR
SS
ST

T

TA
TB
TC
TE
TÉ
TH
TI
TL
TM
TN
TP
TR
TU

U

UM
UN
UR
US
UT
UV

V

VA
VÉ
VI
VS
VU

W

WB
WC
WU

X

XE
XI

Y

YB
YS

Z

ZN
ZR

2ᵉ POSITION

A

AA
BA
ÇA
DA
EA
FA
GA

5

HA	**D**	**F**	L I	UM	**P**	B S	T U
KA			M I			C S	V U
LA	C D	C F	N I	**N**	N P	È S	WU
MA	E D	H F	P I		O P	H S	
NA	G D	I F	Q I	A N	R P	N S	**V**
PA	I D	K F	S I	B N	T P	O S	
RA	M D	R F	T I	C N		P S	C V
SA	N D		V I	E N	**Q**	S S	I V
TA	R D	**G**	X I	I N		U S	U V
VA				L N	S Q	V S	
	E	A G	**K**	M N		Y S	**X**
		K G		O N	**R**		
B	A E	M G	O K	R N		**T**	E X
	B E			S N	A R		
C B	C E	**H**	**L**	T N	B R	A T	**Y**
N B	D É			U N	C R	E T	
O B	F E	A H	A L	Z N	E R	P T	A Y
P B	G E	C H	C L		F R	S T	D Y
R B	H É	E H	E L	**O**	G R	U T	E Y
S B	I E	O H	I L		I R		G Y
T B	J E	P H	M L	C O	K R	**U**	
W B	L E	R H	O L	D O	L R		**Z**
Y B	L É	T H	T L	E O	O R	A U	
	M E			G O	P R	C U	H Z
C	N É	**I**	**M**	H O	R R	D U	O Z
	R É			I O	S R	E U	P Z
A C	S E	A Ï	A M	K O	T R	L U	
M C	T E	B I	C M	M O	U R	M U	
O C	T É	C I	E M	N O	Z R	N U	
S C	V É	D I	F M	O O		O U	
T C	X E	F I	L M	P O	**S**	P U	
W C		G I	S M	S O	A S	R U	
		H I	T M				

☞ MOTS DE 3 LETTRES

1re POSITION

A

A		B		C		D		E		F		G		H	I
AAR	APO	BAC	BIO	CAA	CHU	DAB	DIA	EAU	ÈRE	FAC	FLA	GAG	GUS	HAM	IAD
ABA	APT	BAH	BIP	CAB	CIA	DAC	DIB	ECO	ERG	FAF	FOB	GAI	GYM	HAN	IBM
ABC	ARA	BAI	BIS	CAL	CID	DAM	DIE	ÉCU	ERS	FAN	FOC	GAL		HEM	IBO
ACE	ARC	BAL	BIT	CAM	CIE	DAN	DIT	EDE	ESA	FAR	FOI	GAO	**H**	HEP	ICA
ADN	ARE	BAN	BLÉ	CAO	CIL	DAX	DIU	EDO	ESE	FAT	FOL	GAP		HEU	ICI
ADO	ARN	BAR	BOA	CAP	CIO	DEB	DIX	EGO	ESO	FAX	FON	GAY		HIC	IDA
ADY	ARP	BAS	BOB	CAR	CLÉ	DEC	DOL	ÉLU	EST	FBI	FOR	GAZ		HIE	IDE
AEF	ARS	BAU	BOF	CAS	CNR	DEI	DOM	ELY	ETA	FÉE	FOS	GEL		HIP	IFE
AEG	ART	BEC	BOL	CAT	COB	DER	DON	EMS	ETC	FER	FOU	GÉO		HIT	IFS
AGA	ASA	BÉE	BON	CEP	COD	DES	DOS	ÉMU	ÉTÉ	FÈS	FOX	GEX		HOF	IGN
AGE	ASE	BEL	BOP	CES	COI		DOT	ENA	ETS	FEU	FRY	GIN		HOP	ÎLE
AHO	ASO	BEN	BOR	CET	COL		DOU	ENE	EUH	FEZ	FUN	GLU		HOT	
AÏE	ATH	BER	BOT		CON		DRA	ÉON	EUX	FIC	FÛT	GOA		HOU	
AIL	ATT	BEX	BOX		COQ		DRU	ÉPI	ÉVA	FIL	FYN	GON		HUE	
AIN	AVE	BEY	BOY		COR		DRY		ÈVE	FIN		GOT		HUI	
AIR	AXE	BIC	BRU		COU		DUC		ÉWÉ			GRÉ		HUM	
AIS			BTU		CRI		DUO		ÈZE			GUÉ		HUY	
ALE			BUG		CRU		DUR					GUI			
ALI			BUS		CSN										
ÂME			BUT		CTL										
AMI					CUI										
AMR					CUL										
AMY															
ANA															
ANC															
ÂNE															
ANI															
ANS															
API															

			O				
ILL	LAY	MIE		PAU	RAS	SEM	TES
INC	LÉA	MIL	OBI	PAZ	RAT	SEN	TÊT
INN	LEE	MIR	ODE	PEI	RAY	SEP	TEX
INO	LEI	MIS	OEA	PEP	RAZ	SES	TGV
ION	LEK	MME	OFF	PET	RDS	SET	THÉ
IOS	LÉO	MOB	OHÉ	PEU	RÉA	SIC	TIC
IPE	LES	MOI	OHM	PHI	REG	SIL	TIF
IRE	LET	MOL	OIE	PIC	REJ	SIR	TIM
ISE	LEU	MON	OÏL	PIE	REM	SIS	TIN
ISO	LEV	MOS	OKA	PIF	REY	SIX	TIR
ITE	LEZ	MOT	OLA	PIN	RFA	SKI	TIV
ITT	LIA	MOU	OLÉ	PIS	RHO	SOC	TNM
IVE	LIE	MTS	OLP	PLA	RIA	SOI	TNP
J	LIN	MUE	OLT	PLI	RIB	SOL	TNT
	LIS	MUR	OMI	POE	RIF	SON	TOC
JAR	LIT	MYE	OMO	POP	RIN	SOS	TOI
JAS	LNI		ONC	POT	RIO	SOT	TON
JAT	LOB	**N**	ONU	POU	RIS	SOU	TOP
JET	LOD		OPA	PRÉ	RIZ	SPA	TOR
JEU	LOF	NAO	OPE	PRO	ROB	SPI	TÔT
JOB	LOI	NAP	ORB	PSI	ROC	SSE	TPS
JOS	LOS	NAT	ORE	PST	ROD	SSO	TRI
JUS	LOT	NBC	ORR	PSY	ROI	STE	TSF
K	LSD	NÉE	ORS	PUB	ROT	STO	TSU
	LUC	NEF	OSÉ	PUR	ROY	SUC	TUB
KAN	LUI	NEM	OSM	PUS	RTE	SUD	TUÉ
KHI	LUT	NÉO	OST	PVC	RUE	SUR	TUF
KID	LUX	NET	OUA	PYM	RUT	SUS	**U**
KIF	LYS	NEZ	OUF	**Q**	RYE	**T**	
KIL	**M**	NIB	OUI				UBE
KIR		NID	OUR	QAT	**S**	TAB	UBU
KIT	MAC	NIL	OUT	QOM		TAC	UDF
KSI	MAI	NIN	OVE	QUE	SAC	TAG	UDR
L	MAL	NIO	OYO	QUI	SAÏ	TAN	UFO
	MAN	NIS	**P**	QUM	SAL	TAO	UJI
LAC	MAR	NNE		**R**	SAM	TAS	ULM
LAD	MAS	NNO	PAF		SAO	TAU	UNE
LAI	MAT	NOÉ	PAL	RAB	SAS	TAY	UNI
LAM	MEA	NOM	PAN	RAD	SAX	TEC	UPI
LAS	MEC	NON	PAR	RAE	SAY	TEE	URE
LAV	MER	NOS	PAS	RAI	SÉE	TEL	URI
LAW	MES	NUE	PAT	RAP	SEC	TER	USÉ
		NUL			SEL		

8

UTM	**2e**	GAY	RAY	ICA	HEM	TEC	AIS
		GAZ	RAZ	ICI	HEP	TEE	BIC
V	POSITION	HAM	SAC		HEU	TEL	BIO
		HAN	SAÏ	**D**	JET	TER	BIP
VAH	**A**	IAD	SAL		JEU	TES	BIS
VAL		JAR	SAM	ADN	LÉA	TÊT	BIT
VAN		JAS	SAO	ADO	LEE	TEX	CIA
VAR		JAT	SAS	ADY	LEI	VER	CID
VAU	AAR	KAN	SAX	EDE	LEK	YEN	CIE
VER	BAC	LAC	SAY	EDO	LÉO	ZEC	CIL
VIA	BAH	LAD	TAB	IDA	LES	ZÉE	CIO
VIC	BAI	LAI	TAC	IDE	LET	ZEN	DIA
VIE	BAL	LAM	TAG	ODE	LEU		DIB
VIF	BAN	LAS	TAN	RDS	LEV	**F**	DIE
VII	BAR	LAV	TAO	UDF	LEZ		DIT
VIL	BAS	LAW	TAS	UDR	MEA	IFE	DIU
VIN	BAU	LAY	TAU		MEC	IFS	DIX
VIS	CAA	MAC	TAY	**E**	MER	OFF	FIC
VOL	CAB	MAI	VAH		MES	RFA	FIL
VUE	CAL	MAL	VAL	AEF	NÉE	UFO	FIN
	CAM	MAN	VAN	AEG	NEF		GIN
W	CAO	MAR	VAR	BEC	NEM	**G**	HIC
	CAP	MAS	VAU	BÉE	NÉO		HIE
WIL	CAR	MAT	YAK	BEL	NET	AGA	HIP
WON	CAS	NAO	YAO	BEN	NEZ	AGE	HIT
	CAT	NAP	ZAB	BER	OEA	EGO	KID
Y	DAB	NAT		BEX	PEI	IGN	KIF
	DAC	PAF	**B**	BEY	PEP	TGV	KIL
YAK	DAM	PAL		CEP	PET		KIR
YAO	DAN	PAN	ABA	CES	PEU	**H**	KIT
YEN	DAX	PAR	ABC	CET	RÉA		LIA
YIN	EAU	PAS	FBI	DEB	REG	AHO	LIE
	FAC	PAT	IBM	DEC	REJ	CHU	LIN
Z	FAF	PAU	IBO	DEI	REM	KHI	LIS
	FAN	PAZ	NBC	DER	REY	OHÉ	LIT
ZAB	FAR	QAT	OBI	DES	SEC	OHM	MIE
ZEC	FAT	RAB	UBE	FÉE	SÉE	PHI	MIL
ZÉE	FAX	RAD	UBU	FER	SEL	RHO	MIR
ZEN	GAG	RAE		FÈS	SEM	THÉ	MIS
ZIG	GAI	RAI	**C**	FEU	SEN		NIB
ZIP	GAL	RAP		FEZ	SEP	**I**	NID
ZOÉ	GAO	RAS	ACE	GEL	SES		NIL
ZOO	GAP	RAT	ECO	GÉO	SET	AÏE	NIN
ZOU			ÉCU	GEX		AIL	
ZUT						AIN	
						AIR	

☞	☞	☞	☞	☞	☞	☞	☞
NIO	**K**	ENE	FOI	ROI	BRU	TSF	LUI
NIS		INC	FOL	ROT	CRI	TSU	LUT
OIE	OKA	INN	FON	ROY	CRU	USÉ	LUX
OÏL	SKI	INO	FOR	SOC	DRA		MUE
PIC		INO	FOS	SOI	DRU	**T**	MUR
PIE	**L**	LNI	FOU	SOL	DRY		NUE
PIF		NNE	FOX	SON	ERG	ATH	NUL
PIN	ALE	NNO	GOA	SOS	ERS	ATT	OUA
PIS	ALI	ONC	GON	SOT	ÈRE	BTU	OUF
RIA	BLÉ	ONU	GOT	SOU	FRY	CTL	OUI
RIB	CLÉ	TNM	HOF	TOC	GRÉ	ETA	OUR
RIF	ELY	TNP	HOP	TOI	IRE	ETC	OUT
RIN	ÉLU	TNT	HOT	TON	ORB	ETS	PUB
RIO	FLA	UNE	HOU	TOP	ORE	ÉTÉ	PUR
RIS	GLU	UNI	ION	TOR	ORR	ITE	PUS
RIZ	ILL		IOS	TÔT	ORS	ITT	QUE
SIC	ÎLE	**O**	JOB	VOL	PRÉ	MTS	QUI
SIL	OLA		JOS	WON	PRO	RTE	QUM
SIR	OLÉ	BOA	LOB	ZOÉ	TRI	STE	RUE
SIS	OLP	BOB	LOD	ZOO	URE	STO	RUT
SIX	OLT	BOF	LOF	ZOU	URI	UTM	SUC
TIC	PLA	BOL	LOI				SUD
TIF	PLI	BON	LOS	**P**	**S**	**U**	SUR
TIM	ULM	BOP	LOT				SUS
TIN		BOR	MOB	API	ASA	BUG	TUB
TIR	**M**	BOT	MOI	APO	ASE	BUS	TUÉ
TIV		BOX	MOL	APT	ASO	BUT	TUF
VIA	AMI	BOY	MON	ÉPI	CSN	CUI	VUE
VIC	AMR	COB	MOS	IPE	ESA	CUL	ZUT
VIE	AMY	COD	MOT	OPA	ESE	DUC	
VIF	ÂME	COI	MOU	OPE	ESO	DUO	**V**
VII	EMS	COL	NOÉ	SPA	EST	DUR	
VIL	ÉMU	CON	NOM	SPI	ISE	EUH	AVE
VIN	MME	COQ	NON	TPS	ISO	EUX	ÉVA
VIS	OMI	COR	NOS	UPI	KSI	FUN	ÈVE
WIL	OMO	COU	POE		LSD	FÛT	IVE
YIN		DOL	POP	**R**	OSÉ	GUÉ	OVE
ZIG	**N**	DOM	POT		OSM	GUI	PVC
ZIP		DON	POU	ARA	OST	GUS	
	ANA	DOS	QOM	ARC	PSI	HUE	**W**
J	ANC	DOT	ROB	ARE	PST	HUI	
	ANI	DOU	ROC	ARN	PSY	HUM	ÉWÉ
UJI	ANS	ÉON	ROD	ARP	SSE	HUY	
	ÂNE	FOB		ARS	SSO	JUS	**X**
	CNR	FOC		ART		LUC	
	ENA						AXE

Y

FYN
GYM
LYS
MYE
OYO
PYM
RYE

Z

ÈZE

3ᵉ

POSITION

A

ABA
AGA
ANA
ARA
ASA
BOA
CAA
CIA
DIA
DRA
ENA
ESA
ETA
ÉVA
FLA
GOA
ICA
IDA
LÉA
LIA
MEA
OEA

OKA
OLA
OPA
OUA
PLA
RÉA
RFA
RIA
SPA
VIA

B

BOB
CAB
COB
DAB
DEB
DIB
FOB
JOB
LOB
MOB
NIB
ORB
PUB
RAB
RIB
ROB
TAB
TUB
ZAB

C

ABC
ANC
ARC
BAC
BEC
BIC
DAC
DEC
DUC
ETC

FAC
FIC
FOC
HIC
INC
LAC
LUC
MAC
MEC
NBC
ONC
PIC
PVC
ROC
SAC
SEC
SIC
SOC
SUC
TAC
TEC
TIC
TOC
VIC
ZEC

D

CID
COD
IAD
KID
LAD
LOD
LSD
NID
RAD
ROD
SUD

E

ACE
AGE
AÏE

ALE
ÂME
ÂNE
ARE
ASE
AVE
AXE
BÉE
BLÉ
CIE
CLÉ
DIE
EDE
ENE
ÈRE
ESE
ÉTÉ
ÈVE
ÉWÉ
ÈZE
FÉE
GRÉ
GUÉ
HIE
HUE
IDE
IFE
ÎLE
IPE
IRE
ISE
ITE
IVE
LEE
LIE
MIE
MME
MUE
MYE
NÉE
NNE
NOÉ
NUE

ODE
OHÉ
OIE
OLÉ
OPE
ORE
OSÉ
OVE
PIE
POE
PRÉ
QUE
RAE
RTE
RUE
RYE
SÉE
SSE
STE
TEE
THÉ
TUÉ
UBE
UNE
URE
USÉ
VIE
VUE
ZÉE
ZOÉ

F

AEF
BOF
FAF
HOF
KIF
LOF
NEF
OFF
OUF
PAF
PIF

RIF
TIF
TSF
TUF
UDF
VIF

G

AEG
BUG
ERG
GAG
REG
TAG
ZIG

H

ATH
BAH
EUH
VAH

I

ALI
AMI
ANI
API
BAI
COI
CRI
CUI
DEI
ÉPI
FBI
FOI
GAI
GUI
HUI
ICI
KHI
KSI
LAI
LEI

LNI
LOI
LUI
MAI
MOI
OBI
OMI
OUI
PEI
PHI
PLI
PSI
QUI
RAI
ROI
SAÏ
SKI
SOI
SPI
TOI
TRI
UJI
UNI
UPI
URI
VII

J

REJ

K

LEK
YAK

L

AIL
BAL
BEL
BOL
CAL
CIL
COL
CTL

CUL
DOL
FIL
FOL
GAL
GEL
ILL
KIL
MAL
MIL
MOL
NIL
NUL
OÏL
PAL
SAL
SEL
SIL
SOL
TEL
VAL
VIL
VOL
WIL

M

CAM
DAM
DOM
GYM
HAM
HEM
HUM
IBM
LAM
NEM
NOM
OHM
OSM
PYM
QOM
QUM
REM

SAM	TIN	YAO	KIR	LIS	HIT	EAU	SAX
SEM	TON	ZOO	MAR	LOS	HOT	ÉCU	SIX
TIM	VAN		MER	LYS	ITT	ÉLU	TEX
TNM	VIN	**P**	MIR	MAS	JAT	ÉMU	
ULM	WON		MUR	MES	JET	FEU	**Y**
UTM	YEN	ARP	ORR	MIS	KIT	FOU	
	YIN	BIP	OUR	MOS	LET	GLU	ADY
N	ZEN	BOP	PAR	MTS	LIT	HEU	AMY
		CAP	PUR	NIS	LOT	HOU	BEY
ADN	**O**	CEP	SIR	NOS	LUT	JEU	BOY
AIN		GAP	SUR	ORS	MAT	LEU	DRY
ARN	ADO	HEP	TER	PAS	MOT	MOU	ELY
BAN	AHO	HIP	TIR	PIS	NAT	ONU	FRY
BEN	APO	HOP	TOR	PUS	NET	PAU	GAY
BON	ASO	NAP	UDR	RAS	OLT	PEU	HUY
CON	BIO	OLP	VAR	RDS	OST	POU	LAY
CSN	CAO	PEP	VER	RIS	OUT	SOU	PSY
DAN	CIO	POP		SAS	PAT	TAU	RAY
DON	DUO	RAP	**S**	SES	PET	TSU	REY
ÉON	ECO	SEP		SIS	POT	UBU	ROY
FAN	EDO	TNP	AIS	SOS	PST	VAU	SAY
FIN	EGO	TOP	ANS	SUS	QAT	ZOU	TAY
FON	ESO	ZIP	ARS	TAS	RAT		
FUN	GAO		BAS	TES	ROT	**V**	**Z**
FYN	GÉO	**Q**	BIS	TPS	RUT		
GIN	IBO		BUS	VIS	SET	LAV	FEZ
GON	INO	COQ	CAS		SOT	LEV	GAZ
HAN	ISO		CES	**T**	TÊT	TGV	LEZ
IGN	LÉO	**R**	DES		TNT	TIV	NEZ
INN	NAO		DOS	APT	TÔT		PAZ
ION	NÉO	AAR	EMS	ART	ZUT	**W**	RAZ
KAN	NIO	AIR	ERS	ATT			RIZ
LIN	NNO	AMR	ETS	BIT	**U**	LAW	
MAN	OMO	BAR	FÈS	BOT			**X**
MON	OYO	BER	FOS	BUT	BAU		
NIN	PRO	BOR	GUS	CAT	BRU	BEX	
NON	RHO	CAR	IFS	CET	BTU	BOX	
PAN	RIO	CNR	IOS	DIT	CHU	DAX	
PIN	SAO	COR	JAS	DOT	COU	DIX	
RIN	SSO	DER	JOS	EST	CRU	EUX	
SEN	STO	DUR	JUS	FAT	DIU	FAX	
SON	TAO	FAR	LAS	FÛT	DOU	FOX	
TAN	UFO	FER	LES	GOT	DRU	GEX	
		FOR				LUX	
		JAR					

☞ MOTS DE 4 LETTRES

	AFRO	AMEN	ARÈS	AURE	BAVE	BLUM	BRIO
	AGAR	AMER	AREU	AUTO	BCBG	BOBO	BRIS
	AGDE	AMIE	ARIA	AVAL	BÉAT	BOCK	BRNO
	ÂGÉE	AMIN	ARLY	AVEC	BEAU	BODY	BROC
	AGEN	AMON	ARME	AVEN	BÉBÉ	BÖLL	BROU
AARE	AGHA	AMOS	ARNO	AVEU	BÉDÉ	BOËN	BRUN
ABAT	AGIO	AMOU	AROL	AVIS	BÉER	BOIS	BRUT
ABBA	AGIR	ANAL	ARON	AVON	BÉJA	BÔME	BRUZ
ABBÉ	AGNI	ANAR	ARTA	AXEL	BÉKÉ	BOND	BUÉE
ABÉE	AGRA	ANET	ARTS	AXER	BÉLA	BONI	BUIS
ABEL	AGUI	ANGE	ARUM	AXIS	BELL	BONN	BULL
ABER	AHUN	ANGO	ARVE	AZUR	BELZ	BONO	BURE
ABOI	AÏDA	ANIS	ASAD		BÉNI	BOOM	BUSC
ABOT	AIDE	ANNE	ASAM	**B**	BENN	BOOS	BUSE
ABRI	AIGU	ÂNON	ASER		BERG	BORA	BUSH
ABUS	AILE	ANOR	ASES	BABA	BERR	BORD	BUTÉ
ACCU	AINE	ANOU	ASIE	BABY	BERT	BORE	
ACHE	AIRE	ANSE	ASIR	BACH	BÊTA	BORG	**C**
ACMÉ	AISE	ANTE	ASPE	BAIE	BÊTE	BORT	
ACNÉ	ALBE	ANTI	ASPI	BAIL	BEUR	BOSS	CACA
ACON	ALBI	ANUS	ASSE	BAIN	BIBI	BOUC	CADE
ACRA	ALÉA	AOÛT	ASSY	BAIS	BIDE	BOUE	CADI
ACRE	ALEP	APEX	ASTI	BÂLE	BIEF	BOUG	CAEN
ACTE	ALÈS	APIA	ÂTRE	BALI	BIEN	BOUM	CAFÉ
ACUL	ALET	APIS	AUBE	BANC	BILE	BOUT	CAGE
ADAM	ALFA	ÂPRE	AUCH	BANG	BILL	BOXE	CAÏD
ADDA	ALLÔ	APTE	AUDE	BANS	BING	BRAI	CAKE
ADEN	ALMA	ARAC	AUER	BARI	BIOT	BRAN	CALE
ADER	ALOI	ARAK	AUGE	BARR	BIRR	BRAS	CALI
ADNÉ	ALPE	ARAL	AULA	BASE	BISE	BREF	CALO
ADOR	ALTO	ARAM	AULT	BATA	BLED	BREL	CAME
ADOS	ALUN	ARAN	AUNE	BATH	BLET	BREN	CAMP
AÈDE	AMAN	ARDU	AUPS	BÂTI	BLEU	BRIE	CANA
AFAR	AMAS	AREC	AURA	BAUD	BLOC	BRIN	CANE
				BAUR			CANO

CAPE	CLAM	CUBE	DOCK	ÉCRU	ÉROS	FÉAL	FORT
CARI	CLAN	CUIR	DODO	ÉDAM	ERRE	FÊLÉ	FOUR
CARO	CLAP	CUIT	DODU	ÉDÉA	ERSE	FÉRA	FRAC
CASE	CLEF	CURE	DOGE	ÉDEN	ÉSAÜ	FERS	FRAI
CASH	CLIC	CUTI	DOIT	ÉDIT	ESBO	FÉRU	FREI
CATI	CLIN	CUVE	DÔLE	ÉDOM	ESSE	FÉTA	FRET
CAVE	CLIO	CYON	DÔME	ÉGAL	ESSO	FÊTE	FRIA
CEBU	CLIP		DONC	EGAS	ESTE	FÉTU	FRIC
CECI	CLOU	**D**	DONG	ÉGÉE	ÉTAI	FEUE	FROC
CÉDI	CLUB		DONT	EGER	ÉTAL	FÈVE	FUEL
CELA	COCA	DABE	DOPE	EIRE	ÉTAT	FIAT	FUIE
CÈNE	COCO	DADA	DORÉ	ÉLAM	ÉTAU	FIEF	FUIR
CENT	COCU	DAHU	DOSE	ÉLAN	ÉTEL	FIEL	FUJI
CÈPE	CODA	DAIM	DOUÉ	ELBE	ETNA	FIER	FULL
CÈRE	CODE	DAIS	DOUM	ÉLÉE	ÉTOC	FILE	FUTÉ
CERF	COIN	DALE	DOUR	ELFE	ETON	FILM	
CERS	COIR	DALI	DOUX	ÉLIE	ÊTRE	FILS	**G**
CEUX	COÏT	DAME	DRAA	ELLE	ÉTUI	FINE	
CHAH	COKE	DANS	DRAG	ELNE	EUDE	FINN	GACÉ
CHAI	COLT	DARD	DRAP	ÉLOI	EURE	FION	GAGA
CHAM	COMA	DARI	DRUE	ÉLUE	ÉVOÉ	FISC	GAGE
CHAN	CÔME	DATE	DUAL	EMBA	EXIL	FLAC	GAIE
CHAR	CÔNE	DÉCA	DUCE	EMBU	EXIT	FLAG	GAIN
CHAS	COOL	DECI	DUEL	ÉMEU	EYRA	FLAN	GALA
CHAT	CORÉ	DÉÇU	DUIT	ÉMIR	EYRE	FLAT	GALE
CHEF	CORI	DÉFI	DUNA	ÉMIS		FLET	GALL
CHER	CORK	DÉJÀ	DUNE	ÉMOI	**F**	FLIC	GAMA
CHEZ	COSY	DELÀ	DUPE	ÉMOU		FLOC	GAND
CHIC	CÔTE	DÈME	DURE	ÉMUE	FACE	FLOP	GANG
CHIO	COUP	DEMI	DYKE	ÉNÉE	FADA	FLOT	GANT
CHOA	COUR	DÉNI	DYLE	ENNA	FADE	FLOU	GARD
CHOC	COÛT	DENT	DYNE	ENNS	FADO	FLUO	GARE
CHOU	CRAC	DÉON		ENTE	FAHD	FLUX	GARI
CHUT	CRAN	DESK	**E**	ÉOLE	FAIM	FOHN	GARO
CIAO	CRAU	DEUX		ÉOUÉ	FAIX	FOIE	GARS
CIEL	CRÊT	DIEU	EAUX	ÉPAR	FAMÉ	FOIN	GÂTÉ
CIME	CRIB	DÎME	EBLA	ÉPÉE	FANA	FOIS	GATT
CINÉ	CRIC	DING	ÉBLÉ	ÉPOI	FAON	FOIX	GAUR
CINQ	CRIN	DIOR	ÈBRE	EPTE	FAOU	FOLK	GAVE
CIRE	CROC	DIRE	EBRO	ÉRIC	FARD	FOND	GAYA
CITÉ	CRUE	DITE	ÈCHE	ÉRIÉ	FARÉ	FOOT	GAZA
CIVE	CSST	DITO	ÉCHO	ÉRIN	FARO	FORD	GAZE
CLAC	CUBA	DIVA	ÉCHU	ERNE	FART	FORS	GEAI
		DIVE	ÉCOT		FAUX		GEEL

GELA	**H**	HUIT	IRMA	JUDO	LALO	LION	LYSE
GELÉ		HULL	IRUN	JUGE	LAMA	LIRE	
GÊNE	HAIE	HUNE	ISAR	JUIF	LAMB	LISE	**M**
GENS	HAIG	HUNT	ISBA	JUIN	LAME	LISP	
GENT	HAÏK	HURE	ISEO	JUPE	LAND	LIST	MACE
GERA	HAÏR	HUTU	ISIS	JURA	LANG	LIVE	MACH
GERS	HÂLE		ISLE	JURÉ	LAOS	LOBE	MAGE
GIDE	HALL	**I**	ISOU	JURY	LAPS	LOCH	MAHÉ
GIEN	HALO		ISSA	JUTE	LARD	LODI	MAÏA
GIRL	HAMA	IASI	ISSU		LARE	LOFT	MAIE
GÎTE	HARD	IBIS	ITEM	**K**	LAUE	LOGE	MAIL
GLAS	HARO	IDÉE	ITON		LAYE	LOGO	MAIN
GLIE	HART	IDEM	ITOU	KAHN	LEAN	LOIN	MAIS
GLUI	HASE	IDES	IULE	KAKI	LÉAU	LOIR	MAJE
GNON	HAST	IÉNA	IVRE	KALI	LECH	LOLO	MÂLE
GNOU	HÂTE	IFNI	IXIA	KAMA	LEDE	LOMÉ	MALI
GOAL	HAUT	IFOP		KANO	LÈGE	LONG	MALT
GOES	HÂVE	IGLS	**J**	KART	LEGO	LOPE	MANN
GOGO	HÉBÉ	IGNÉ		KAVA	LEGS	LORD	MARC
GOLF	HEIN	IGNY	JACO	KAWA	LELY	LORI	MARE
GOLO	HÉLI	IGOR	JADE	KENT	LENA	LORS	MARI
GOND	HÉRA	IGUE	JAÉN	KÉPI	LENT	LOTE	MARK
GONE	HÈRE	ÎLET	JAÏN	KHAN	LÉON	LOTH	MARL
GONG	HESS	ÎLOT	JAIS	KIEV	LÉRÉ	LOTI	MARS
GOUM	HEUR	IMAM	JALE	KIKI	LEST	LOTO	MASO
GOÛT	HIER	IMAO	JARD	KILO	LÉTO	LOUE	MATÉ
GRAF	HILE	IMBU	JARS	KILT	LEUR	LOUP	MATH
GRAS	HOIR	INCA	JAVA	KIWI	LEVÉ	LTÉE	MAUL
GRAU	HOLÀ	INDE	JAZZ	KOBE	LÉVI	LUBA	MAUR
GRAY	HOME	INDU	JEAN	KOFU	LICE	LUCE	MAYA
GREC	HOMS	INFO	JEEP	KOHL	LIDO	LUGE	MAYE
GRÈS	HORS	INNÉ	JERK	KORÊ	LIED	LUGO	MÉAT
GRIL	HÔTE	INOX	JETÉ	KSAR	LIEN	LULU	MÈDE
GRIP	HOTU	INRI	JOËL		LIER	LUMP	MÉGA
GRIS	HOUE	INSU	JOIE	**L**	LIEU	LUND	MEIR
GROG	HOUP	INTI	JOJO		LIFT	LUNE	MÉLI
GROS	HOUX	IODE	JOLI	LABÉ	LILI	LURE	MÉLO
GRUE	HOVE	IOLE	JONC	LACS	LIMA	LUTH	MÉMÉ
GUAI	HUAI	IOTA	JOTA	LADY	LIME	LUXE	MENS
GUET	HUÉE	IPOH	JOUE	LAÏC	LINE	LYNX	MENU
GUET	HUER	IRAN	JOUG	LAID	LINO	LYON	MÈRE
GURU	HUGO	IRAQ	JOUR	LAIE	LINZ	LYRE	MERL
	HUIS	IRIS	JUBÉ	LAIS			MÉRU
			JUDA	LAIT			MESA

MESS	MOÛT	NIFE	OLAV	OUED	PEEL	POLI	RACE
MÉTA	MUER	NIUE	OLEN	OUFA	PEGU	POLO	RADE
METS	MUET	NIVE	OLGA	OUÏE	PELÉ	PONS	RAFT
METZ	MUID	NIXE	OLIM	OUÏR	PÊNE	PONT	RAGE
MIAM	MULE	NOCE	OLLÉ	OULU	PENN	POOL	RAÏA
MIAO	MUON	NOËL	OLMI	OURS	PÉON	POPE	RAID
MICA	MÛRE	NOIR	OLOF	OUST	PÉPÉ	PORC	RAIE
MIDI	MUSC	NOIX	OMAN	OUZO	PÈRE	PORE	RAIL
MIEL	MUSE	NOME	OMIS	OVÉE	PERS	PORI	RAÏS
MIEN	MUST	NONE	OMRI	OVIN	PESO	PORT	RAKI
MILE		NONO	ONCE	OVNI	PEST	POSE	RÂLE
MILL	**N**	NORD	ONDE	OXER	PEUH	POTE	RAME
MILO		NOTE	ONEX	OYAT	PEUL	POUF	RAMI
MIME	NABI	NOUÉ	ONYX	OZAL	PEUR	POUR	RAND
MIMI	NAFÉ	NOUS	OORT		PÈZE	PRAO	RANG
MINE	NAGE	NOVA	OPEN	**P**	PFUT	PRÈS	RANI
MING	NAÏF	NOYÉ	OPEP		PHOT	PRÊT	RÂPE
MINI	NAIN	NUÉE	OPUS	PAÉA	PIAF	PRIS	RAPT
MIRE	NANA	NUER	ORAL	PAGE	PICA	PRIX	RARE
MIRO	NAOS	NUIT	ORAN	PAIE	PIED	PROF	RASH
MISE	NARA	NYON	ORBE	PAIN	PIEU	PRUS	RATA
MISS	NARD		ORDO	PAIR	PILE	PRUT	RATÉ
MITE	NASA	**O**	ORÉE	PAIX	PION	PUCE	RAVE
MITO	NASE		OREL	PÂLE	PIPA	PUER	RAVI
MLLE	NATO	OAHU	ORES	PALU	PIPE	PUIS	RÉAC
MOCO	NAZE	OBEL	ORGE	PANÉ	PIPI	PULA	RÉAL
MODE	NAZI	OBIT	ORIN	PAON	PIPO	PULL	REÇU
MOIE	NÉBO	OBUS	ORLE	PAPA	PIRE	PUMA	REED
MOIS	NECK	OCÈO	ORLY	PAPE	PISE	PUNA	RÉEL
MOKA	NÉEL	OCRE	ORME	PAPI	PITA	PUNE	RÉER
MOLA	NÉNÉ	ODER	ORNE	PARA	PITE	PUNK	REHE
MÔLE	NÉON	ODIN	OSÉE	PARC	PIVE	PUPE	REID
MÔME	NÈPE	ODON	OSER	PARI	PLAN	PURE	REIN
MONO	NÉRÉ	ODRA	OSLO	PART	PLAT	PUTE	RÉMI
MONS	NERF	OEIL	OSNY	PARU	PLIE	PUTT	RÊNE
MONT	NERI	OETA	OSSA	PÂTE	PLOC		RENI
MORO	NESS	OEUF	OSSU	PAUL	PLOT	**Q**	RENO
MORS	NETO	OGRE	OSTO	PAVÉ	PLUS		REPS
MORT	NEUF	OHIO	OTAN	PAYE	PNEU	QUAI	REPU
MOST	NEVA	OHRE	ÔTER	PAYS	POIL	QUEL	RETS
MOTO	NÉVÉ	OINT	OTHE	PÉAN	POIS	QUOI	RETZ
MOUE	NICE	OISE	OTSU	PEAU	POIX		REUS
MOUM	NIEL	OITA	OTTO	PÉCS	PÔLE	**R**	RÊVE
	NIER	OLAF		PÉDÉ		RAAB	

REZÉ	ROTH	SAXO	SNIF	SUSE	THIO	TROT	**V**
RHÉA	RÔTI	SCAT	SNOB	SWAP	THON	TROU	
RHEE	ROUÉ	SCIE	SODA		THOR	TRUC	VAAL
RHIN	ROUF	SEAU	SODÉ	**T**	THOT	TRUN	VAIN
RHÖN	ROUX	SÉES	SOFA		THYM	TSAR	VAIR
RHUM	ROYE	SEIN	SOHO	TACT	TIAN	TUBA	VAMP
RIAD	RUDE	SELF	SOIE	TAEL	TIEN	TUBE	VANS
RIAL	RUÉE	SEMI	SOIF	TAFT	TIGE	TUER	VARS
RIDE	RUER	SÉNÉ	SOIN	TAIE	TILT	TUNE	VASE
RIEL	RUHR	SENS	SOIR	TAIN	TIPI	TUPI	VAUD
RIEN	RUIZ	SEPS	SOIT	TALC	TIRE	TURC	VEAU
RIEZ	RUNE	SEPT	SOJA	TALÉ	TITE	TURF	VÉCU
RIFF	RUSE	SÉRÉ	SOLE	TANA	TITI	TUTU	VEIL
RIFT	RUSH	SERF	SOLO	TANK	TITO	TYNE	VELD
RIGA	RUTH	SÈTE	SOMA	TANT	TODI	TYPE	VÉLO
RIGI		SETH	SONO	TAON	TOFU	TZAR	VELU
RILA	**S**	SETI	SORE	TAPE	TOGE		VENT
RIME		SEUL	SORT	TAPI	TOGO	**U**	VENU
RING	SABA	SÈVE	SOTO	TARA	TOIT		VERS
RIOM	SADE	SEXE	SOUE	TARD	TÔLE	UBAC	VERT
RION	SAFI	SEXY	SOUK	TARE	TOME	UÉLÉ	VETO
RIPE	SAGA	SHAH	SOÛL	TARI	TONG	ULVE	VÊTU
RIRE	SAGE	SHOW	SOUS	TARN	TOPO	UMAR	VEUF
RISI	SAIE	SIAL	SPIC	TARO	TORE	UNAU	VIAN
RISS	SAIN	SIAM	SPIN	TASS	TORR	UNES	VICE
RIST	SAKÉ	SIDA	SPOT	TATA	TORS	UNIE	VIDE
RITA	SAKI	SIEN	STAR	TATI	TORT	UNIR	VIEN
RITE	SALE	SIKH	STEM	TAUD	TORY	UPAS	VIGO
RIVE	SALM	SILO	STIF	TAUX	TOTO	URDU	VILE
RIXE	SANA	SILT	STOL	TAXE	TOUL	URÉE	VIMY
ROBE	SAND	SIMA	STOP	TAXI	TOUR	UREY	VIOC
ROCA	SANG	SIND	STUC	TAZA	TOUS	URFA	VIOL
ROCK	SANS	SION	SUÉE	TEAM	TOUT	URIE	VIRE
RÔLE	SAPE	SIPO	SUER	TECH	TOUX	URNE	VISA
ROME	SARA	SIRE	SUET	TECK	TRAC	URSS	VISO
ROND	SARH	SISE	SUEZ	TÉKÉ	TRAM	URUS	VITE
ROON	SARI	SITE	SUIE	TÉLÉ	TRÈS	USÉE	VIVE
ROPS	SATI	SIUM	SUIF	TELL	TRIC	USER	VLAN
ROSA	SAÜL	SKAÏ	SULU	TEMA	TRIN	USUS	VOEU
ROSE	SAUF	SKIF	SUMO	TÉNU	TRIO	UTAH	VOIE
ROSI	SAUR	SLIP	SURE	TEST	TRIP	UVAL	VOIR
ROSS	SAUT	SLOW	SURF	TÊTE	TROC	UVÉA	VOIX
ROTE	SAXE	SMOG	SURI	TÊTU	TROP	UVÉE	VOLT
				THAÏ		UZÈS	

VOSS	ZOOM	CALI	GACÉ	JAÉN	MAIN	PANÉ	SAGA
VOTE	ZOUG	CALO	GAGA	JAÏN	MAIS	PAON	SAGE
VOUS	ZOZO	CAME	GAGE	JAIS	MAJE	PAPA	SAIE
VRAC		CAMP	GAIE	JALE	MÂLE	PAPE	SAIN
VRAI		CANA	GAIN	JARD	MALI	PAPI	SAKÉ
VUES	**2e**	CANE	GALA	JARS	MALT	PARA	SAKI
		CANO	GALE	JAVA	MANN	PARC	SALE
W	**POSITION**	CAPE	GALL	JAZZ	MARC	PARI	SALM
		CARI	GAMA	KAHN	MARE	PART	SANA
WAAL	**A**	CARO	GAND	KAKI	MARI	PARU	SAND
WALE		CASE	GANG	KALI	MARK	PÂTE	SANG
WATT	☞	CASH	GANT	KAMA	MARL	PAUL	SANS
WEIL	AARE	CATI	GARD	KANO	MARS	PAVÉ	SAPE
WELS	BABA	CAVE	GARE	KART	MASO	PAYE	SARA
WEST	BABY	DABE	GARI	KAVA	MATÉ	PAYS	SARH
WHIG	BACH	DADA	GARO	KAWA	MATH	RAAB	SARI
WIEN	BAIE	DAHU	GARS	LABÉ	MAUL	RACE	SATI
	BAIL	DAIM	GÂTÉ	LACS	MAUR	RADE	SAÜL
Y	BAIN	DAIS	GATT	LADY	MAYA	RAFT	SAUF
YACK	BAIS	DALE	GAUR	LAÏC	MAYE	RAGE	SAUR
YALU	BÂLE	DALI	GAVE	LAID	NABI	RAÏA	SAUT
YARD	BALI	DAME	GAYA	LAIE	NAFÉ	RAID	SAVE
YASS	BANC	DANS	GAZA	LAIS	NAGE	RAIE	SAXE
YÉTI	BANG	DARD	GAZE	LAIT	NAÏF	RAIL	SAXO
YOGA	BANS	DARI	HAIE	LALO	NAIN	RAÏS	TACT
YOGI	BARI	DATE	HAIG	LAMA	NANA	RAKI	TAEL
YOLE	BARR	EAUX	HAÏK	LAMB	NAOS	RÂLE	TAFT
YOUP	BASE	FACE	HAÏR	LAME	NARA	RAME	TAIE
YOYO	BATA	FADA	HÂLE	LAND	NARD	RAMI	TAIN
YSER	BATH	FADE	HALL	LANG	NASA	RAND	TALC
	BÂTI	FADO	HALO	LAOS	NASE	RANG	TALÉ
Z	BAUD	FAHD	HAMA	LAPS	NATO	RANI	TANA
ZAIN	BAUR	FAIM	HARD	LARD	NAZE	RÂPE	TANK
ZANI	BAVE	FAIX	HARO	LARE	NAZI	RAPT	TANT
ZÉBU	CACA	FAMÉ	HART	LAUE	OAHU	RARE	TAON
ZÈLE	CADE	FANA	HASE	LAYE	PAÉA	RASH	TAPE
ZÉRO	CADI	FAON	HAST	MACE	PAGE	RATA	TAPI
ZEST	CAEN	FAOU	HÂTE	MACH	PAIE	RATÉ	TARA
ZÊTA	CAFÉ	FARD	HAUT	MAGE	PAIN	RAVE	TARD
ZINC	CAGE	FARÉ	HÂVE	MAHÉ	PAIR	RAVI	TARE
ZIZI	CAÏD	FARO	IASI	MAÏA	PAIX	SABA	TARI
ZOLA	CAKE	FART	JACO	MAIE	PÂLE	SADE	TARN
ZONE	CALE	FAUX	JADE	MAIL	PALU	SAFI	TARO

TASS	OBIT	ODON	DENT	LEGS	OETA	SEIN	WEST
TATA	OBUS	ODRA	DÉON	LELY	OEUF	SELF	YÉTI
TATI	UBAC		DESK	LENA	PÉAN	SEMI	ZÉBU
TAUD		**E**	DEUX	LENT	PEAU	SÉNÉ	ZÈLE
TAUX	**C**	AÈDE	FÉAL	LÉON	PÉCS	SENS	ZÉRO
TAXE	ACCU	BÉAT	FÊLÉ	LÉRÉ	PÉDÉ	SEPS	ZEST
TAXI	ACHE	BEAU	FÉRA	LEST	PEEL	SEPT	ZÊTA
TAZA	ACMÉ	BÉBÉ	FERS	LÉTO	PEGU	SÉRÉ	
VAAL	ACNÉ	BÉDÉ	FÉRU	LEUR	PELÉ	SERF	**F**
VAIN	ACON	BÉER	FÉTA	LEVÉ	PÊNE	SÈTE	AFAR
VAIR	ACRA	BÉJA	FÊTE	LÉVI	PENN	SETH	AFRO
VAMP	ACRE	BÉKÉ	FÉTU	MÉAT	PÉON	SETI	IFNI
VANS	ACTE	BÉLA	FEUE	MÈDE	PÉPÉ	SEUL	IFOP
VARS	ACUL	BELL	FÈVE	MÉGA	PÈRE	SÈVE	PFUT
VASE	BCBG	BELZ	GEAI	MEIR	PERS	SEXE	
VAUD	ÉCHO	BÉNI	GEEL	MÉLI	PESO	SEXY	**G**
WAAL	ÉCHU	BENN	GELA	MÉLO	PEST	TEAM	AGAR
WALE	ÉCOT	BERG	GELÉ	MÉMÉ	PEUH	TECH	AGDE
WATT	ÉCRU	BERR	GÊNE	MENS	PEUL	TECK	AGEN
YACK	ÈCHE	BERT	GENS	MENU	PEUR	TÉKÉ	AGHA
YALU	OCÈO	BÊTA	GENT	MÈRE	PÈZE	TÉLÉ	AGIO
YARD	OCRE	BÊTE	GERA	MERL	RÉAC	TELL	AGIR
YASS	SCAT	BEUR	GERS	MÉRU	RÉAL	TEMA	AGNI
ZAIN	SCIE	CEBU	HÉBÉ	MESA	REÇU	TÉNU	AGRA
ZANI		CECI	HEIN	MESS	REED	TEST	AGUI
	D	CÉDI	HÉLI	MÉTA	RÉEL	TÊTE	ÂGÉE
B	ADAM	CELA	HÉRA	METS	RÉER	TÊTU	EGAS
ABAT	ADDA	CÈNE	HÈRE	METZ	REHE	UÉLÉ	EGER
ABBA	ADEN	CENT	HESS	NÉBO	REID	VEAU	ÉGAL
ABBÉ	ADER	CÈPE	HEUR	NECK	REIN	VÉCU	ÉGÉE
ABÉE	ADNÉ	CÈRE	IÉNA	NÉEL	RÉMI	VEIL	IGLS
ABEL	ADOR	CERF	JEAN	NÉNÉ	RÊNE	VELD	IGNÉ
ABER	ADOS	CERS	JEEP	NÉON	RENI	VÉLO	IGNY
ABOI	ÉDAM	CEUX	JERK	NÈPE	RENO	VELU	IGOR
ABOT	ÉDÉA	DÉCA	JETÉ	NÉRÉ	REPS	VENT	IGUE
ABRI	ÉDEN	DECI	KENT	NERF	REPU	VENU	OGRE
ABUS	ÉDIT	DÉÇU	KÉPI	NERI	RETS	VERS	
EBLA	ÉDOM	DÉFI	LEAN	NESS	RETZ	VERT	**H**
EBRO	IDÉE	DÉJÀ	LÉAU	NETO	REUS	VETO	AHUN
ÉBLÉ	IDEM	DELÀ	LECH	NEUF	RÊVE	VÊTU	CHAH
ÈBRE	IDES	DÈME	LEDE	NEVA	REZÉ	VEUF	CHAI
IBIS	ODER	DEMI	LÈGE	NÉVÉ	SEAU	WEIL	CHAM
OBEL	ODIN	DÉNI	LEGO	OEIL	SÉES	WELS	CHAN

CHAR	BIEN	KIKI	NICE	RISS	VIVE	ELNE	**M**
CHAS	BILE	KILO	NIEL	RIST	WIEN	ÉLAM	AMAN
CHAT	BILL	KILT	NIER	RITA	ZINC	ÉLAN	AMAS
CHEF	BING	KIWI	NIFE	RITE	ZIZI	ÉLÉE	AMEN
CHER	BIOT	LICE	NIUE	RIVE		ÉLIE	AMER
CHEZ	BIRR	LIDO	NIVE	RIXE	**K**	ÉLOI	AMIE
CHIC	BISE	LIED	NIXE	SIAL		ÉLUE	AMIN
CHIO	CIAO	LIEN	OINT	SIAM	SKAÏ	FLAC	AMON
CHOA	CIEL	LIER	OISE	SIDA	SKIF	FLAG	AMOS
CHOC	CIME	LIEU	OITA	SIEN		FLAN	AMOU
CHOU	CINÉ	LIFT	PIAF	SIKH	**L**	FLAT	EMBA
CHUT	CINQ	LILI	PICA	SILO		FLET	EMBU
KHAN	CIRE	LIMA	PIED	SILT	ALBE	FLIC	ÉMEU
OHIO	CITÉ	LIME	PIEU	SIMA	ALBI	FLOC	ÉMIR
OHRE	CIVE	LINE	PILE	SIND	ALÉA	FLOP	ÉMIS
PHOT	DIEU	LINO	PION	SION	ALEP	FLOT	ÉMOI
RHÉA	DÎME	LINZ	PIPA	SIPO	ALÈS	FLOU	ÉMOU
RHEE	DING	LION	PIPE	SIRE	ALET	FLUO	ÉMUE
RHIN	DIOR	LIRE	PIPI	SISE	ALFA	FLUX	IMAM
RHÖN	DIRE	LISE	PIPO	SITE	ALLÔ	GLAS	IMAO
RHUM	DITE	LISP	PIRE	SIUM	ALMA	GLIE	IMBU
SHAH	DITO	LIST	PISE	TIAN	ALOI	GLUI	OMAN
SHOW	DIVA	LIVE	PITA	TIEN	ALPE	ÎLET	OMIS
THAÏ	DIVE	MIAM	PITE	TIGE	ALTO	ÎLOT	OMRI
THIO	EIRE	MIAO	PIVE	TILT	ALUN	MLLE	SMOG
THON	FIAT	MICA	RIAD	TIPI	BLED	OLAF	UMAR
THOR	FIEF	MIDI	RIAL	TIRE	BLET	OLAV	
THOT	FIEL	MIEL	RIDE	TITE	BLEU	OLEN	**N**
THYM	FIER	MIEN	RIEL	TITI	BLOC	OLGA	ANAL
WHIG	FILE	MILE	RIEN	TITO	BLUM	OLIM	ANAR
	FILM	MILL	RIEZ	VIAN	CLAC	OLLÉ	ANET
I	FILS	MILO	RIFF	VICE	CLAM	OLMI	ANGE
	FINE	MIME	RIFT	VIDE	CLAN	OLOF	ANGO
AÏDA	FINN	MIMI	RIGA	VIEN	CLAP	PLAN	ANIS
AIDE	FION	MINE	RIGI	VIGO	CLEF	PLAT	ANNE
AIGU	FISC	MING	RILA	VILE	CLIC	PLIE	ANOR
AILE	GIDE	MINI	RIME	VIMY	CLIN	PLOC	ANOU
AINE	GIEN	MIRE	RING	VIOC	CLIO	PLOT	ANSE
AIRE	GIRL	MIRO	RIOM	VIOL	CLIP	PLUS	ANTE
AISE	GÎTE	MISE	RION	VIRE	CLOU	SLIP	ANTI
BIBI	HIER	MISS	RIPE	VISA	CLUB	SLOW	ANUS
BIDE	HILE	MITE	RIRE	VISO	ELBE	ULVE	ÂNON
BIEF	KIEV	MITO	RISI	VITE	ELFE	VLAN	
					ELLE		

20

☞	☞	☞	☞	☞	☞	☞	☞
ENNA	BORD	DOPE	IOLE	MÔME	POUR	TOGE	ÂPRE
ENNS	BORE	DORÉ	IOTA	MONO	ROBE	TOGO	EPTE
ENTE	BORG	DOSE	JOËL	MONS	ROCA	TOIT	ÉPAR
ÉNÉE	BORT	DOUÉ	JOIE	MONT	ROCK	TÔLE	ÉPÉE
GNON	BOSS	DOUM	JOJO	MORO	RÔLE	TOME	ÉPOI
GNOU	BOUC	DOUR	JOLI	MORS	ROME	TONG	IPOH
INCA	BOUE	DOUX	JONC	MORT	ROND	TOPO	OPEN
INDE	BOUG	ÉOLE	JOTA	MOST	ROON	TORE	OPEP
INDU	BOUM	ÉOUÉ	JOUE	MOTO	ROPS	TORR	OPUS
INFO	BOUT	FOHN	JOUG	MOUE	ROSA	TORS	SPIC
INNÉ	BOXE	FOIE	JOUR	MOUM	ROSE	TORT	SPIN
INOX	COCA	FOIN	KOBE	MOÛT	ROSI	TORY	SPOT
INRI	COCO	FOIS	KOFU	NOCE	ROSS	TOTO	UPAS
INSU	COCU	FOIX	KOHL	NOËL	ROTE	TOUL	
INTI	CODA	FOLK	KORÊ	NOIR	ROTH	TOUR	**R**
ONCE	CODE	FOND	LOBE	NOIX	RÔTI	TOUS	ARAC
ONDE	COIN	FOOT	LOCH	NOME	ROUÉ	TOUT	ARAK
ONEX	COIR	FORD	LODI	NONE	ROUF	TOUX	ARAL
ONYX	COÏT	FORS	LOFT	NONO	ROUX	VOEU	ARAM
PNEU	COKE	FORT	LOGE	NORD	ROYE	VOIE	ARAN
SNIF	COLT	FOUR	LOGO	NOTE	SODA	VOIR	ARDU
SNOB	COMA	GOAL	LOIN	NOUÉ	SODÉ	VOIX	AREC
UNAU	CÔME	GOES	LOIR	NOUS	SOFA	VOLT	ARÈS
UNES	CÔNE	GOGO	LOLO	NOVA	SOHO	VOSS	AREU
UNIE	COOL	GOLF	LOMÉ	NOYÉ	SOIE	VOTE	ARIA
UNIR	CORÉ	GOLO	LONG	OORT	SOIF	VOUS	ARLY
	CORI	GOND	LOPE	POIL	SOIN	YOGA	ARME
O	CORK	GONE	LORD	POIS	SOIR	YOGI	ARNO
AOÛT	COSY	GONG	LORI	POIX	SOIT	YOLE	AROL
BOBO	CÔTE	GOUM	LORS	PÔLE	SOJA	YOUP	ARON
BOCK	COUP	GOÛT	LOTE	POLI	SOLE	YOYO	ARTA
BODY	COUR	HOIR	LOTH	POLO	SOLO	ZOLA	ARTS
BÖLL	COÛT	HOLÀ	LOTI	PONS	SOMA	ZONA	ARUM
BOËN	DOCK	HOME	LOTO	PONT	SONO	ZONE	ARVE
BOIS	DODO	HOMS	LOUE	POOL	SORE	ZOOM	BRAI
BÔME	DODU	HORS	LOUP	POPE	SORT	ZOUG	BRAN
BOND	DOGE	HÔTE	MOCO	PORC	SOTO	ZOZO	BRAS
BONI	DOIT	HOTU	MODE	PORE	SOUE		BREF
BONN	DÔLE	HOUE	MOIE	PORI	SOUK	**P**	BREL
BONO	DÔME	HOUP	MOIS	PORT	SOÛL	APEX	BREN
BOOM	DONC	HOUX	MOKA	POSE	SOUS	APIA	BRIE
BOOS	DONG	HOVE	MOLA	POTE	TODI	APIS	BRIN
BORA	DONT	IODE	MÔLE	POUF	TOFU	APTE	BRIO

BRIS	GROG	URÉE	OSTO	AULT	HUGO	OUED	SURI
BRNO	GROS	UREY	TSAR	AUNE	HUIS	OUFA	SUSE
BROC	GRUE	URFA	USÉE	AUPS	HUIT	OUÏE	TUBA
BROU	IRAN	URIE	USER	AURA	HULL	OUÏR	TUBE
BRUN	IRAQ	URNE	USUS	AURE	HUNE	OULU	TUER
BRUT	IRIS	URSS	YSER	AUTO	HUNT	OURS	TUNE
BRUZ	IRMA	URUS		BUÉE	HURE	OUST	TUPI
CRAC	IRUN	VRAC	**T**	BUIS	HUTU	OUZO	TURC
CRAN	ORAL	VRAI	ÂTRE	BULL	IULE	PUCE	TURF
CRAU	ORAN		ETNA	BURE	JUBÉ	PUER	TUTU
CRÊT	ORBE	**S**	ETON	BUSC	JUDA	PUIS	VUES
CRIB	ORDO	ASAD	ÉTAI	BUSE	JUDO	PULA	
CRIC	ORÉE	ASAM	ÉTAL	BUSH	JUGE	PULL	**V**
CRIN	OREL	ASER	ÉTAT	BUTÉ	JUIF	PUMA	AVAL
CROC	ORES	ASES	ÉTAU	CUBA	JUIN	PUNA	AVEC
CRUE	ORGE	ASIE	ÉTEL	CUBE	JUPE	PUNE	AVEN
DRAA	ORIN	ASIR	ÉTOC	CUIR	JURA	PUNK	AVEU
DRAG	ORLE	ASPE	ÉTUI	CUIT	JURÉ	PUPE	AVIS
DRAP	ORLY	ASPI	ÊTRE	CURE	JURY	PURE	AVON
DRUE	ORME	ASSE	ITEM	CUTI	JUTE	PUTE	ÉVOÉ
ERNE	ORNE	ASSY	ITON	CUVE	LUBA	PUTT	IVRE
ERRE	PRAO	ASTI	ITOU	DUAL	LUCE	QUAI	OVÉE
ERSE	PRÈS	CSST	LTÉE	DUCE	LUGE	QUEL	OVIN
ÉRIC	PRÊT	ESBO	OTAN	DUEL	LUGO	QUOI	OVNI
ÉRIÉ	PRIS	ESSE	OTHE	DUIT	LULU	RUDE	UVAL
ÉRIN	PRIX	ESSO	OTSU	DUNA	LUMP	RUÉE	UVÉA
ÉROS	PROF	ESTE	OTTO	DUNE	LUND	RUER	UVÉE
FRAC	PRUS	ÉSAÜ	ÔTER	DUPE	LUNE	RUHR	
FRAI	PRUT	ISAR	STAR	DURE	LURE	RUIZ	**W**
FREI	TRAC	ISBA	STEM	EUDE	LUTH	RUNE	SWAP
FRET	TRAM	ISEO	STIF	EURE	LUXE	RUSE	
FRIA	TRÈS	ISIS	STOL	FUEL	MUER	RUSH	**X**
FRIC	TRIC	ISLE	STOP	FUIE	MUET	RUTH	AXEL
FROC	TRIN	ISOU	STUC	FUIR	MUID	SUÉE	AXER
GRAF	TRIO	ISSA	UTAH	FUJI	MULE	SUER	AXIS
GRAS	TRIP	ISSU		FULL	MUON	SUET	EXIL
GRAU	TROC	KSAR	**T**	FUTÉ	MÛRE	SUEZ	EXIT
GRAY	TROP	OSÉE	AUBE	GUAI	MUSC	SUIE	IXIA
GREC	TROT	OSER	AUCH	GUET	MUSE	SUIF	OXER
GRÈS	TROU	OSLO	AUDE	GURU	MUST	SULU	
GRIL	TRUC	OSNY	AUER	HUAI	NUÉE	SUMO	**Y**
GRIP	TRUN	OSSA	AUGE	HUÉE	NUER	SURE	CYON
GRIS	URDU	OSSU	AULA	HUER	NUIT	SURF	DYKE

DYLE.	BÉAT	GEAI	SEAU	DABE	LICE	DODU	ALÈS
DYNE	BEAU	GLAS	SHAH	ELBE	LOCH	EUDE	ALET
EYRA	BRAI	GOAL	SIAL	EMBA	LUCE	FADA	AMEN
EYRE	BRAN	GRAF	SIAM	EMBU	MACE	FADE	AMER
LYNX	BRAS	GRAS	SKAÏ	ESBO	MACH	FADO	ANET
LYON	CHAH	GRAU	STAR	HÉBÉ	MICA	GIDE	APEX
LYRE	CHAI	GRAY	SWAP	IMBU	MOCO	INDE	AREC
LYSE	CHAM	GUAI	TEAM	ISBA	NECK	INDU	ARÈS
NYON	CHAN	HUAI	THAÏ	JUBÉ	NICE	IODE	AREU
OYAT	CHAR	IMAM	TIAN	KOBE	NOCE	JADE	ASER
TYNE	CHAS	IMAO	TRAC	LABÉ	ONCE	JUDA	ASES
TYPE	CHAT	IRAN	TRAM	LOBE	PÉCS	JUDO	AUER
Z	CIAO	IRAQ	TSAR	LUBA	PICA	LADY	AVEC
	CLAC	ISAR	TZAR	NABI	PUCE	LEDE	AVEN
AZUR	CLAM	JEAN	UBAC	NÉBO	RACE	LIDO	AVEU
OZAL	CLAN	KHAN	UMAR	ORBE	REÇU	LODI	AXEL
TZAR	CLAP	KSAR	UNAU	ROBE	ROCA	MÈDE	AXER
UZÈS	CRAC	LEAN	UPAS	SABA	ROCK	MIDI	BÉER
	CRAN	LÉAU	UTAH	TUBA	TACT	MODE	BIEF
3e	CRAU	MÉAT	UVAL	TUBE	TECH	ONDE	BIEN
	DRAA	MIAM	VAAL	ZÉBU	TECK	ORDO	BLED
POSITION	DRAG	MIAO	VEAU		VÉCU	PÉDÉ	BLET
	DRAP	OLAF	VIAN	**C**	VICE	RADE	BLEU
A	DUAL	OLAV	VLAN		YACK	RIDE	BOËN
	ÉDAM	OMAN	VRAC	ACCU		RUDE	BREF
	ÉGAL	ORAL	VRAI	AUCH	**D**	SADE	BREL
	EGAS	ORAN	WAAL	BACH		SIDA	BREN
ABAT	ÉLAM	OTAN		BOCK	ADDA	SODA	BUÉE
ADAM	ÉLAN	OYAT	**B**	CACA	AÈDE	SODÉ	CAEN
AFAR	ÉPAR	OZAL		CECI	AGDE	TODI	CHEF
AGAR	ÉSAÜ	PÉAN	ABBA	COCA	AIDE	URDU	CHER
AMAN	ÉTAI	PEAU	ABBÉ	COCO	AÏDA	VIDE	CHEZ
AMAS	ÉTAL	PIAF	ALBE	COCU	ARDU		CIEL
ANAL	ÉTAT	PLAN	ALBI	DÉCA	AUDE	**E**	CLEF
ANAR	ÉTAU	PLAT	AUBE	DECI	BÉDÉ		CRÊT
ARAC	FÉAL	PRAO	BABA	DÉÇU	BIDE	ABÉE	DIEU
ARAK	FIAT	QUAI	BABY	DOCK	BODY	ABEL	DUEL
ARAL	FLAC	RAAB	BCBG	DUCE	CADE	ABER	ÉDÉA
ARAM	FLAG	RÉAC	BÉBÉ	FACE	CADI	ADEN	ÉDEN
ARAN	FLAN	RÉAL	BIBI	GACÉ	CÉDI	ADER	ÉGÉE
ASAD	FLAT	RIAD	BOBO	INCA	CODA	ÂGÉE	EGER
ASAM	FRAC	RIAL	CEBU	JACO	CODE	AGEN	ÉLÉE
AVAL	FRAI	SCAT	CUBA	LACS	DADA	ALÉA	ÉMEU
			CUBE	LECH	DODO	ALEP	

☞	☞	☞	☞	☞	☞	☞	☞
ÉNÉE	NUER	TAEL	AUGE	KAHN	CRIC	IRIS	PLIE
ÉPÉE	OBEL	TIEN	CAGE	KOHL	CRIN	ISIS	POIL
ÉTEL	OCÈO	TRÈS	DOGE	MAHÉ	CUIR	IXIA	POIS
FIEF	ODER	TUER	GAGA	OAHU	CUIT	JAÏN	POIX
FIEL	OLEN	UNES	GAGE	OTHE	DAIM	JAIS	PRIS
FIER	ONEX	URÉE	GOGO	REHE	DAIS	JOIE	PRIX
FLET	OPEN	UREY	HUGO	RUHR	DOIT	JUIF	PUIS
FREI	OPEP	USÉE	JUGE	SOHO	DUIT	JUIN	RAÏA
FRET	ORÉE	USER	LEGO		ÉDIT	LAÏC	RAID
FUEL	OREL	UVÉA	LEGS	**I**	ÉLIE	LAID	RAIE
GEEL	ORES	UVÉE	LÈGE		ÉMIR	LAIE	RAIL
GIEN	OSÉE	UZÈS	LOGE	AGIO	ÉMIS	LAIS	RAÏS
GOES	OSER	VIEN	LOGO	AGIR	ÉRIC	LAIT	REID
GREC	ÔTER	VOEU	LUGE	AMIE	ÉRIÉ	LOIN	REIN
GRÈS	OUED	VUES	LUGO	AMIN	ÉRIN	LOIR	RHIN
GUET	OVÉE	WIEN	MAGE	ANIS	EXIL	MAÏA	RUIZ
HIER	OXER	YSER	MÉGA	APIA	EXIT	MAIE	SAIE
HUÉE	PAÉA		NAGE	APIS	FAIM	MAIL	SAIN
HUER	PEEL	**F**	OLGA	ARIA	FAIX	MAIN	SCIE
IDÉE	PIED	ALFA	ORGE	ASIE	FLIC	MAIS	SEIN
IDEM	PIEU	CAFÉ	PAGE	ASIR	FOIE	MEIR	SKIF
IDES	PNEU	DÉFI	PEGU	AVIS	FOIN	MOIE	SLIP
ÎLET	PRÈS	ELFE	RAGE	AXIS	FOIS	MOIS	SNIF
ISEO	PRÊT	INFO	RIGA	BAIE	FOIX	MUID	SOIE
ITEM	PUER	KOFU	RIGI	BAIL	FRIA	NAÏF	SOIF
JAÉN	QUEL	LIFT	SAGA	BAIN	FRIC	NAIN	SOIN
JEEP	REED	LOFT	SAGE	BAIS	FUIE	NOIR	SOIR
JOËL	RÉEL	NAFÉ	TIGE	BOIS	FUIR	NOIX	SOIT
KIEV	RÉER	NIFE	TOGE	BRIE	GAIE	NUIT	SPIC
LIED	RHÉA	OUFA	TOGO	BRIN	GAIN	OBIT	SPIN
LIEN	RHEE	RAFT	VIGO	BRIO	GLIE	ODIN	STIF
LIER	RIEL	RIFF	YOGA	BRIS	GRIL	OEIL	SUIE
LIEU	RIEN	RIFT	YOGI	BUIS	GRIP	OHIO	SUIF
LTÉE	RIEZ	SAFI		CAÏD	GRIS	OLIM	TAIE
MIEL	RUÉE	SOFA	**H**	CHIC	HAIE	OMIS	TAIN
MIEN	RUER	TAFT	ACHE	CHIO	HAIG	ORIN	THIO
MUER	SÉES	TOFU	AGHA	CLIC	HAÏK	OUÏE	TOIT
MUET	SIEN	URFA	DAHU	CLIN	HAÏR	OUÏR	TRIC
NÉEL	STEM		ÉCHO	CLIO	HEIN	OVIN	TRIN
NIEL	SUÉE	**G**	ÉCHU	CLIP	HOIR	PAIE	TRIO
NIER	SUER	AIGU	ÈCHE	COIN	HUIS	PAIN	TRIP
NOËL	SUET	ANGE	FAHD	COIR	HUIT	PAIR	UNIE
NUÉE	SUEZ	ANGO	FOHN	COÏT	IBIS	PAIX	UNIR

24

☞	☞	☞	☞	☞	☞	☞	☞
URIE	BÉLA	JALE	SILT	IRMA	BÉNI	HUNE	PUNA
VAIN	BILE	JOLI	SOLE	KAMA	BING	HUNT	PUNE
VAIR	BILL	KALI	SOLO	LAMA	BOND	IÉNA	PUNK
VEIL	BÖLL	KILO	SULU	LAMB	BONI	IFNI	RAND
VOIE	BULL	KILT	TALC	LAME	BONN	IGNÉ	RANG
VOIR	CALE	LALO	TALÉ	LIMA	BONO	IGNY	RANI
VOIX	CALI	LELY	TELL	LIME	BRNO	INNÉ	RENI
WEIL	CALO	LILI	TÉLÉ	LOMÉ	CANA	JONC	RENO
WHIG	CELA	LOLO	TILT	LUMP	CANE	KANO	RÊNE
ZAIN	COLT	LULU	TÔLE	MÉMÉ	CANO	KENT	RING
	DALE	MALI	UÉLÉ	MIME	CENT	LAND	ROND
J	DALI	MALT	VELD	MIMI	CÈNE	LANG	RUNE
	DELÀ	MÂLE	VELU	MÔME	CINÉ	LENA	SANA
BÉJA	DÔLE	MÉLI	VÉLO	NOME	CINQ	LENT	SAND
DÉJÀ	DYLE	MÉLO	VILE	OLMI	CÔNE	LINE	SANG
FUJI	EBLA	MILE	VOLT	ORME	DANS	LINO	SANS
JOJO	ÉBLÉ	MILL	WALE	PUMA	DENT	LINZ	SENS
MAJE	ELLE	MILO	WELS	RAME	DÉNI	LONG	SÉNÉ
SOJA	ÉOLE	MLLE	YALU	RAMI	DING	LUND	SIND
	FÊLÉ	MOLA	YOLE	RÉMI	DONC	LUNE	SONO
K	FILE	MÔLE	ZÈLE	RIME	DONG	LYNX	TANA
BÉKÉ	FILM	MULE	ZOLA	ROME	DONT	MANN	TANK
CAKE	FILS	OLLÉ		SEMI	DUNA	MENS	TANT
COKE	FOLK	ORLE	**M**	SIMA	DUNE	MENU	TÉNU
DYKE	FULL	ORLY	ACMÉ	SOMA	DYNE	MINE	TONG
KAKI	GALA	OSLO	ALMA	SUMO	ELNE	MING	TUNE
KIKI	GALE	OULU	ARME	TEMA	ENNA	MINI	TYNE
MOKA	GALL	PALU	BÔME	TOME	ENNS	MONO	URNE
RAKI	GELA	PÂLE	CAME	VAMP	ERNE	MONS	VANS
SAKÉ	GELÉ	PELÉ	CAMP	VIMY	ETNA	MONT	VENT
SAKI	GOLF	PILE	CIME		FANA	NANA	VENU
SIKH	GOLO	POLI	COMA	**N**	FINE	NÉNÉ	ZANI
TÉKÉ	HALL	POLO	CÔME	ACNÉ	FINN	NONE	ZINC
	HALO	PÔLE	DAME	ADNÉ	FOND	NONO	ZONA
L	HÂLE	PULA	DEMI	AGNI	GAND	OINT	ZONE
AILE	HÉLI	PULL	DÈME	AINE	GANG	ORNE	
ALLÔ	HILE	RÂLE	DÎME	ANNE	GANT	OSNY	**O**
ARLY	HOLÀ	RILA	DÔME	ARNO	GENS	OVNI	ABOI
AULA	HULL	RÔLE	FAMÉ	AUNE	GENT	PANÉ	ABOT
AULT	IGLS	SALE	GAMA	BANC	GÊNE	PENN	ACON
BALI	IOLE	SALM	HAMA	BANG	GOND	PÊNE	ADOR
BÂLE	ISLE	SELF	HOME	BANS	GONE	PONS	ADOS
BELL	IULE	SILO	HOMS	BENN	GONG	PONT	ALOI
BELZ							

25

AMON	FROC	STOL	RIPE	CIRE	HÈRE	NORD	TORR
AMOS	GNON	STOP	ROPS	CORÉ	HORS	OCRE	TORS
AMOU	GNOU	TAON	SAPE	CORI	HURE	ODRA	TORT
ÂNON	GROG	THON	SEPS	CORK	INRI	OGRE	TORY
ANOR	GROS	THOR	SEPT	CURE	IVRE	OHRE	TURC
ANOU	IFOP	THOT	SIPO	DARD	JARD	OMRI	TURF
AROL	IGOR	TROC	TAPE	DARI	JARS	OORT	VARS
ARON	ÎLOT	TROP	TAPI	DIRE	JERK	OURS	VERS
AVON	INOX	TROT	TIPI	DORÉ	JURA	PARA	VERT
BIOT	IPOH	TROU	TOPO	DURE	JURÉ	PARC	VIRE
BLOC	ISOU	VIOC	TUPI	EBRO	JURY	PARI	YARD
BOOM	ITON	VIOL	TYPE	ÈBRE	KART	PART	ZÉRO
BOOS	ITOU	ZOOM		ÉCRU	KORÊ	PARU	
BROC	LAOS		**R**	EIRE	LARD	PERS	**S**
BROU	LÉON	**P**		ERRE	LARE	PÈRE	
CHOA	LION		AARE	ÊTRE	LÉRÉ	PIRE	AISE
CHOC	LYON	ALPE	ABRI	EURE	LIRE	PORC	ANSE
CHOU	MUON	ASPE	ACRA	EYRA	LORD	PORE	ASSE
CLOU	NAOS	ASPI	ACRE	EYRE	LORI	PORI	ASSY
COOL	NÉON	AUPS	AFRO	FARD	LORS	PORT	BASE
CROC	NYON	CAPE	AGRA	FARÉ	LURE	PURE	BISE
CYON	ODON	CÈPE	AIRE	FARO	LYRE	RARE	BOSS
DÉON	OLOF	DOPE	ÂPRE	FART	MARC	RIRE	BUSC
DIOR	PAON	DUPE	ÂTRE	FERS	MARE	SARA	BUSE
ÉCOT	PÉON	JUPE	AURA	FÉRA	MARI	SARH	BUSH
ÉDOM	PHOT	KÉPI	AURE	FÉRU	MARK	SARI	CASE
ÉLOI	PION	LAPS	BARI	FORD	MARL	SERF	CASH
ÉMOI	PLOC	LOPE	BARR	FORS	MARS	SÉRÉ	COSY
ÉMOU	PLOT	NÈPE	BERG	FORT	MERL	SIRE	CSST
ÉPOI	POOL	PAPA	BERR	GARD	MÉRU	SORE	DESK
ÉROS	PROF	PAPE	BERT	GARE	MÈRE	SORT	DOSE
ÉTOC	QUOI	PAPI	BIRR	GARI	MIRE	SURE	ERSE
ETON	RHÖN	PÉPÉ	BORA	GARO	MIRO	SURF	ESSE
ÉVOÉ	RIOM	PIPA	BORD	GARS	MORO	SURI	ESSO
FAON	RION	PIPE	BORE	GERA	MORS	TARA	FISC
FAOU	ROON	PIPI	BORG	GERS	MORT	TARD	HASE
FION	SHOW	PIPO	BORT	GIRL	MÛRE	TARE	HAST
FLOC	SION	POPE	BURE	GURU	NARA	TARI	HESS
FLOP	SLOW	PUPE	CARI	HARD	NARD	TARN	IASI
FLOT	SMOG	RAPT	CARO	HARO	NERF	TARO	INSU
FLOU	SNOB	RÂPE	CERF	HART	NERI	TIRE	ISSA
FOOT	SPOT	REPS	CERS	HÉRA	NÉRÉ	TORE	ISSU
		REPU	CÈRE				LEST

LISE	VISO	HUTU	RUTH	BOUT	LAUE	TAUD	RÊVE
LISP	VOSS	INTI	SATI	BRUN	LEUR	TAUX	RIVE
LIST	WEST	IOTA	SETH	BRUT	LOUE	TOUL	SAVE
LYSE	YASS	JETÉ	SETI	BRUZ	LOUP	TOUR	SÈVE
MASO	ZEST	JOTA	SÈTE	CEUX	MAUL	TOUS	ULVE
MESA		JUTE	SITE	CHUT	MAUR	TOUT	VIVE
MESS	**T**	LÉTO	SOTO	CLUB	MOUE	TOUX	
MISE	ACTE	LOTE	TATA	COUP	MOUM	TRUC	**W**
MISS	ALTO	LOTH	TATI	COUR	MOÛT	TRUN	
MOST	ANTE	LOTI	TÊTE	CRUE	NEUF	URUS	KAWA
MUSC	ANTI	LOTO	TÊTU	DEUX	NIUE	USUS	KIWI
MUSE	APTE	LUTH	TITE	DOUÉ	NOUÉ	VAUD	
MUST	ARTA	MATÉ	TITI	DOUM	NOUS	VEUF	**X**
NASA	ARTS	MATH	TITO	DOUR	OBUS	VOUS	
NASE	ASTI	METS	TOTO	DOUX	OEUF	YOUP	BOXE
NESS	AUTO	METZ	TUTU	DRUE	OPUS	ZOUG	LUXE
OISE	BATA	MÉTA	VETO	EAUX	PAUL		NIXE
OSSA	BATH	MITE	VÊTU	ÉLUE	PEUH	**V**	RIXE
OSSU	BÂTI	MITO	VITE	ÉMUE	PEUL		SAXE
OTSU	BÊTA	MOTO	VOTE	ÉOUÉ	PEUR	ARVE	SAXO
OUST	BÊTE	NATO	WATT	ÉTUI	PFUT	BAVE	SEXE
PESO	BUTÉ	NETO	YÉTI	FAUX	PLUS	CAVE	SEXY
PEST	CATI	NOTE	ZÊTA	FEUE	POUF	CIVE	TAXE
PISE	CITÉ	OETA		FLUO	POUR	CUVE	TAXI
POSE	CÔTE	OITA	**U**	FLUX	PRUS	DIVA	
RASH	CUTI	OSTO		FEUE	PRUT	DIVE	**Y**
RISI	DATE	OTTO	ABUS	FLUX	PRUT	FÈVE	
RISS	DITE	PÂTE	ACUL	FOUR	REUS	GAVE	GAYA
RIST	DITO	PITA	AGUI	GAUR	RHUM	HÂVE	LAYE
ROSA	ENTE	PITE	AHUN	GLUI	ROUÉ	HOVE	MAYA
ROSE	EPTE	POTE	ALUN	GOUM	ROUF	JAVA	MAYE
ROSI	ESTE	PUTE	ANUS	GOÛT	ROUX	KAVA	NOYÉ
ROSS	FÉTA	PUTT	AOÛT	GRUE	SAÜL	LEVÉ	ONYX
RUSE	FÉTU	RATA	ARUM	HAUT	SAUF	LÉVI	PAYE
RUSH	FÊTE	RATÉ	AZUR	HEUR	SAUR	LIVE	PAYS
SISE	FUTÉ	RETS	BAUD	HOUE	SAUT	NEVA	ROYE
SUSE	GATT	RETZ	BAUR	HOUP	SEUL	NÉVÉ	THYM
TASS	GÂTÉ	RITA	BEUR	HOUX	SIUM	NIVE	YOYO
TEST	GÎTE	RITE	BLUM	IGUE	SOUE	NOVA	
URSS	HÂTE	ROTE	BOUC	IRUN	SOUK	PAVÉ	**Z**
VASE	HOTU	ROTH	BOUE	JOUE	SOÛL	PIVE	
VISA	HÔTE	RÔTI	BOUG	JOUG	SOUS	RAVE	GAZA
			BOUM	JOUR	STUC	RAVI	GAZE
							JAZZ
							NAZE

NAZI	CUBA	LAMA	SARA	CROC	FOND	AGDE	BUÉE
OUZO	DADA	LENA	SIDA	DONC	FORD	ÂGÉE	BURE
PÈZE	DÉCA	LIMA	SIMA	ÉRIC	GAND	AIDE	BUSE
REZÉ	DÉJÀ	LUBA	SODA	ÉTOC	GARD	AILE	BUTÉ
TAZA	DELÀ	MAÏA	SOFA	FISC	GOND	AINE	CADE
ZIZI	DIVA	MAYA	SOJA	FLAC	HARD	AIRE	CAFÉ
ZOZO	DRAA	MÉGA	SOMA	FLIC	JARD	AISE	CAGE
	DUNA	MESA	TANA	FLOC	LAID	ALBE	CAKE
	EBLA	MÉTA	TARA	FRAC	LAND	ALPE	CALE
4e	ÉDÉA	MICA	TATA	FRIC	LARD	AMIE	CAME
	EMBA	MOKA	TAZA	FROC	LIED	ANGE	CANE
POSITION	ENNA	MOLA	TEMA	GREC	LORD	ANNE	CAPE
	ETNA	NANA	TUBA	JONC	LUND	ANSE	CASE
A	EYRA	NARA	URFA	LAÏC	MUID	ANTE	CAVE
	FADA	NASA	UVÉA	MARC	NARD	ÂPRE	CÈNE
	FANA	NEVA	VISA	MUSC	NORD	APTE	CÈPE
ABBA	FÉRA	NOVA	YOGA	PARC	OUED	ARME	CÈRE
ACRA	FÉTA	ODRA	ZÊTA	PLOC	PIED	ARVE	CIME
ADDA	FRIA	OETA	ZOLA	PORC	RAID	ASIE	CINÉ
AGHA	GAGA	OITA	ZONA	RÉAC	RAND	ASPE	CIRE
AGRA	GALA	OLGA		SPIC	REED	ASSE	CITÉ
AÏDA	GAMA	OSSA	**B**	STUC	REID	ÂTRE	CIVE
ALÉA	GAYA	OUFA	CLUB	TALC	RIAD	AUBE	CODE
ALFA	GAZA	PAÉA	CRIB	TRAC	ROND	AUDE	COKE
ALMA	GELA	PAPA	LAMB	TRIC	SAND	AUGE	CÔME
APIA	GERA	PARA	RAAB	TROC	SIND	AUNE	CÔNE
ARIA	HAMA	PICA	SNOB	TRUC	TARD	AURE	CORÉ
ARTA	HÉRA	PIPA		TURC	TAUD	BAIE	CÔTE
AULA	HOLÀ	PITA	**C**	UBAC	VAUD	BÂLE	CRUE
AURA	IÉNA	PULA	ARAC	VIOC	VELD	BASE	CUBE
BABA	INCA	PUMA	AREC	VRAC	YARD	BAVE	CURE
BATA	IOTA	PUNA	AVEC	ZINC		BÉBÉ	CUVE
BÉJA	IRMA	RAÏA	BANC		**E**	BÉDÉ	DABE
BÉLA	ISBA	RATA	BLOC	**D**	AARE	BÉKÉ	DALE
BÊTA	ISSA	RHÉA	BOUC	ASAD	ABBÉ	BÊTE	DAME
BORA	IXIA	RIGA	BROC	BAUD	ABÉE	BIDE	DATE
CACA	JAVA	RILA	BUSC	BLED	ACHE	BILE	DÈME
CANA	JOTA	RITA	CHIC	BOND	ACMÉ	BISE	DÎME
CELA	JUDA	ROCA	CHOC	BORD	ACNÉ	BÔME	DIRE
CHOA	JURA	ROSA	CLAC	CAÏD	ACRE	BORE	DITE
COCA	KAMA	SABA	CLIC	DARD	ACTE	BOUE	DIVE
CODA	KAVA	SAGA	CRAC	FAHD	ADNÉ	BOXE	DOGE
COMA	KAWA	SANA	CRIC	FARD	AÈDE	BRIE	DÔLE

DÔME	FACE	IDÉE	LOUE	NÉVÉ	PÈZE	ROSE	TIRE
DOPE	FADE	IGNÉ	LTÉE	NICE	PILE	ROTE	TITE
DORÉ	FAMÉ	IGUE	LUCE	NIFE	PIPE	ROUÉ	TOGE
DOSE	FARÉ	INDE	LUGE	NIUE	PIRE	ROYE	TÔLE
DOUÉ	FÊLÉ	INNÉ	LUNE	NIVE	PISE	RUDE	TOME
DRUE	FÊTE	IODE	LURE	NIXE	PITE	RUÉE	TORE
DUCE	FEUE	IOLE	LUXE	NOCE	PIVE	RUNE	TUBE
DUNE	FÈVE	ISLE	LYRE	NOME	PLIE	RUSE	TUNE
DUPE	FILE	IULE	LYSE	NONE	PÔLE	SADE	TYNE
DURE	FINE	IVRE	MACE	NOTE	POPE	SAGE	TYPE
DYKE	FOIE	JADE	MAGE	NOUÉ	PORE	SAIE	UÉLÉ
DYLE	FUIE	JALE	MAHÉ	NOYÉ	POSE	SAKÉ	ULVE
DYNE	FUTÉ	JETÉ	MAIE	NUÉE	POTE	SALE	UNIE
ÉBLÉ	GACÉ	JOIE	MAJE	OCRE	PUCE	SAPE	URÉE
ÈBRE	GAGE	JOUE	MÂLE	OGRE	PUNE	SAVE	URIE
ÈCHE	GAIE	JUBÉ	MARE	OHRE	PUPE	SAXE	URNE
ÉGÉE	GALE	JUGE	MATÉ	OISE	PURE	SCIE	USÉE
EIRE	GARE	JUPE	MAYE	OLLÉ	PUTE	SÉNÉ	UVÉE
ELBE	GÂTÉ	JURÉ	MÈDE	ONCE	RACE	SÉRÉ	VASE
ÉLÉE	GAVE	JUTE	MÉMÉ	ONDE	RADE	SÈTE	VICE
ELFE	GAZE	KOBE	MÈRE	ORBE	RAGE	SÈVE	VIDE
ÉLIE	GELÉ	KORÊ	MILE	ORÉE	RAIE	SEXE	VILE
ELLE	GÊNE	LABÉ	MIME	ORGE	RÂLE	SIRE	VIRE
ELNE	GIDE	LAIE	MINE	ORLE	RAME	SISE	VITE
ÉLUE	GÎTE	LAME	MIRE	ORME	RÂPE	SITE	VIVE
ÉMUE	GLIE	LARE	MISE	ORNE	RARE	SODÉ	VOIE
ÉNÉE	GONE	LAUE	MITE	OSÉE	RATÉ	SOIE	VOTE
ENTE	GRUE	LAYE	MLLE	OTHE	RAVE	SOLE	WALE
ÉOLE	HAIE	LEDE	MODE	OUÏE	REHE	SORE	YOLE
ÉOUÉ	HÂLE	LÈGE	MOIE	OVÉE	RÊNE	SOUE	ZÈLE
ÉPÉE	HASE	LÉRÉ	MÔLE	PAGE	RÊVE	SUÉE	ZONE
EPTE	HÂTE	LEVÉ	MÔME	PAIE	REZÉ	SUIE	
ÉRIÉ	HÂVE	LICE	MOUE	PÂLE	RHEE	SURE	**F**
ERNE	HÉBÉ	LIME	MULE	PANÉ	RIDE	SUSE	BIEF
ERRE	HÈRE	LINE	MÛRE	PAPE	RIME	TAIE	BREF
ERSE	HILE	LIRE	MUSE	PÂTE	RIPE	TALÉ	CERF
ESSE	HOME	LISE	NAFÉ	PAVÉ	RIRE	TAPE	CHEF
ESTE	HÔTE	LIVE	NAGE	PAYE	RITE	TARE	CLEF
ÊTRE	HOUE	LOBE	NASE	PÉDÉ	RIVE	TAXE	FIEF
EUDE	HOVE	LOGE	NAZE	PELÉ	RIXE	TÉKÉ	GOLF
EURE	HUÉE	LOMÉ	NÉNÉ	PÊNE	ROBE	TÉLÉ	GRAF
ÉVOÉ	HUNE	LOPE	NÈPE	PÉPÉ	RÔLE	TÊTE	JUIF
EYRE	HURE	LOTE	NÉRÉ	PÈRE	ROME	TIGE	NAÏF

NERF	SANG	BARI	KIKI	SURI	BELL	POIL	IMAM
NEUF	SMOG	BÂTI	KIWI	TAPI	BILL	POOL	ITEM
OEUF	TONG	BÉNI	LÉVI	TARI	BÖLL	PULL	MIAM
OLAF	WHIG	BIBI	LILI	TATI	BREL	QUEL	MOUM
OLOF	ZOUG	BONI	LODI	TAXI	BULL	RAIL	OLIM
PIAF		BRAI	LORI	THAÏ	CIEL	RÉAL	RHUM
POUF	**H**	CADI	LOTI	TIPI	COOL	RÉEL	RIOM
PROF	AUCH	CALI	MALI	TITI	DUAL	RIAL	SALM
RIFF	BACH	CARI	MARI	TODI	DUEL	RIEL	SIAM
ROUF	BATH	CATI	MÉLI	TUPI	ÉGAL	SAÜL	SIUM
SAUF	BUSH	CECI	MIDI	VRAI	ÉTAL	SEUL	STEM
SELF	CASH	CÉDI	MIMI	YÉTI	ÉTEL	SIAL	TEAM
SERF	CHAH	CHAI	MINI	YOGI	EXIL	SOÛL	THYM
SKIF	IPOH	CORI	NABI	ZANI	FÉAL	STOL	TRAM
SNIF	LECH	CUTI	NAZI	ZIZI	FIEL	TAEL	ZOOM
SOIF	LOCH	DALI	NERI		FUEL	TELL	
STIF	LOTH	DARI	OLMI	**K**	FULL	TOUL	**N**
SUIF	LUTH	DECI	OMRI	ARAK	GALL	UVAL	ACON
SURF	MACH	DÉFI	OVNI	BOCK	GEEL	VAAL	ADEN
TURF	MATH	DEMI	PAPI	CORK	GIRL	VEIL	AGEN
VEUF	PEUH	DÉNI	PARI	DESK	GOAL	VIOL	AHUN
	RASH	ÉLOI	PIPI	DOCK	GRIL	WAAL	ALUN
G	ROTH	ÉMOI	POLI	FOLK	HALL	WEIL	AMAN
BANG	RUSH	ÉPOI	PORI	HAÏK	HULL		AMEN
BCBG	RUTH	ÉTAI	QUAI	JERK	JOËL	**M**	AMIN
BERG	SARH	ÉTUI	QUOI	MARK	KOHL	ADAM	AMON
BING	SETH	FRAI	RAKI	NECK	MAIL	ARAM	ÂNON
BORG	SHAH	FREI	RAMI	PUNK	MARL	ARUM	ARAN
BOUG	SIKH	FUJI	RANI	ROCK	MAUL	ASAM	ARON
DING	TECH	GARI	RAVI	SOUK	MERL	BLUM	AVEN
DONG	UTAH	GEAI	RÉMI	TANK	MIEL	BOOM	AVON
DRAG		GLUI	RENI	TECK	MILL	BOUM	BAIN
FLAG	**I**	GUAI	RIGI	YACK	NÉEL	CHAM	BENN
GANG	ABOI	HÉLI	RISI		NIEL	CLAM	BIEN
GONG	ABRI	HUAI	ROSI	**L**	NOËL	DAIM	BOËN
GROG	AGNI	IASI	RÔTI	ABEL	OBEL	DOUM	BONN
HAIG	AGUI	IFNI	SAFI	ACUL	OEIL	ÉDAM	BRAN
JOUG	ALBI	INRI	SAKI	ANAL	ORAL	ÉDOM	BREN
LANG	ALOI	INTI	SARI	ARAL	OREL	ÉLAM	BRIN
LONG	ANTI	JOLI	SATI	AROL	OZAL	FAIM	BRUN
MING	ASPI	KAKI	SEMI	AVAL	PAUL	FILM	CAEN
RANG	ASTI	KALI	SETI	AXEL	PEEL	GOUM	CHAN
RING	BALI	KÉPI	SKAÏ	BAIL	PEUL	IDEM	CLAN

		O			R		
CLIN	ODIN		LALO	TARO		JOUR	ALÈS
COIN	ODON	AFRO	LEGO	THIO	ABER	KSAR	AMAS
CRAN	OLEN	AGIO	LÉTO	TITO	ADER	LEUR	AMOS
CRIN	OMAN	ALLÔ	LIDO	TOGO	ADOR	LIER	ANIS
CYON	OPEN	ALTO	LINO	TOPO	AFAR	LOIR	ANUS
DÉON	ORAN	ANGO	LOGO	TOTO	AGAR	MAUR	APIS
ÉDEN	ORIN	ARNO	LOLO	TRIO	AGIR	MEIR	ARÈS
ÉLAN	OTAN	AUTO	LOTO	VÉLO	AMER	MUER	ARTS
ÉRIN	OVIN	BOBO	LUGO	VETO	ANAR	NIER	ASES
ETON	PAIN	BONO	MASO	VIGO	ANOR	NOIR	AUPS
FAON	PAON	BRIO	MÉLO	VISO	ASER	NUER	AVIS
FINN	PÉAN	BRNO	MIAO	YOYO	ASIR	ODER	AXIS
FION	PENN	CALO	MILO	ZÉRO	AUER	OSER	BAIS
FLAN	PÉON	CANO	MIRO	ZOZO	AXER	ÔTER	BANS
FOHN	PION	CARO	MITO		AZUR	OUÏR	BOIS
FOIN	PLAN	CHIO	MOCO	**P**	BARR	OXER	BOOS
GAIN	REIN	CIAO	MONO		BAUR	PAIR	BOSS
GIEN	RHIN	CLIO	MORO	ALEP	BÉER	PEUR	BRAS
GNON	RHÖN	COCO	MOTO	CAMP	BERR	POUR	BRIS
HEIN	RIEN	DITO	NATO	CLAP	BEUR	PUER	BUIS
IRAN	RION	DODO	NÉBO	CLIP	BIRR	RÉER	CERS
IRUN	ROON	EBRO	NETO	COUP	CHAR	RUER	CHAS
ITON	SAIN	ÉCHO	NONO	DRAP	CHER	RUHR	DAIS
JAÉN	SEIN	ESBO	OCÈO	FLOP	COIR	SAUR	DANS
JAÏN	SIEN	ESSO	OHIO	GRIP	COUR	SOIR	EGAS
JEAN	SION	FADO	ORDO	HOUP	CUIR	STAR	ÉMIS
JUIN	SOIN	FARO	OSLO	IFOP	DIOR	SUER	ENNS
KAHN	SPIN	FLUO	OSTO	JEEP	DOUR	THOR	ÉROS
KHAN	TAIN	GARO	OTTO	LISP	EGER	TORR	FERS
LEAN	TAON	GOGO	OUZO	LOUP	ÉMIR	TOUR	FILS
LÉON	TARN	GOLO	PESO	LUMP	ÉPAR	TSAR	FOIS
LIEN	THON	HALO	PIPO	OPEP	FIER	TUER	FORS
LION	TIAN	HARO	POLO	SLIP	FOUR	TZAR	GARS
LOIN	TIEN	HUGO	PRAO	STOP	FUIR	UMAR	GENS
LYON	TRIN	IMAO	RENO	SWAP	GAUR	UNIR	GERS
MAIN	TRUN	INFO	SAXO	TRIP	HAÏR	USER	GLAS
MANN	VAIN	ISEO	SILO	TROP	HEUR	VAIR	GOES
MIEN	VIAN	JACO	SIPO	VAMP	HIER	VOIR	GRAS
MUON	VIEN	JOJO	SOHO	YOUP	HOIR	YSER	GRÈS
NAIN	VLAN	JUDO	SOLO	**Q**	HUER	**S**	GRIS
NÉON	WIEN	KANO	SONO	CINQ	IGOR	ABUS	GROS
NYON	ZAIN	KILO	SOTO	IRAQ	ISAR	ADOS	HESS
			SUMO				HOMS

HORS	PUIS	BIOT	ÎLOT	SEPT	DIEU	REPU	ONEX
HUIS	RAÏS	BLET	KART	SILT	DODU	SEAU	ONYX
IBIS	REPS	BORT	KENT	SOIT	ÉCHU	SULU	PAIX
IDES	RETS	BOUT	KILT	SORT	ÉCRU	TÉNU	POIX
IGLS	REUS	BRUT	LAIT	SPOT	EMBU	TÊTU	PRIX
IRIS	RISS	CENT	LENT	SUET	ÉMEU	TOFU	ROUX
ISIS	ROPS	CHAT	LEST	TACT	ÉMOU	TROU	TAUX
JAIS	ROSS	CHUT	LIFT	TAFT	ÉSAÜ	TUTU	TOUX
JARS	SANS	COÏT	LIST	TANT	ÉTAU	UNAU	VOIX
LACS	SÉES	COLT	LOFT	TEST	FAOU	URDU	
LAIS	SENS	COÛT	MALT	THOT	FÉRU	VEAU	**Y**
LAOS	SEPS	CRÊT	MÉAT	TILT	FÉTU	VÉCU	ARLY
LAPS	SOUS	CSST	MONT	TOIT	FLOU	VELU	ASSY
LEGS	TASS	CUIT	MORT	TORT	GNOU	VENU	BABY
LORS	TORS	DENT	MOST	TOUT	GRAU	VÊTU	BODY
MAIS	TOUS	DOIT	MOÛT	TROT	GURU	VOEU	COSY
MARS	TRÈS	DONT	MUET	VENT	HOTU	YALU	GRAY
MENS	UNES	DUIT	MUST	VERT	HUTU	ZÉBU	IGNY
MESS	UPAS	ÉCOT	NUIT	VOLT	IMBU		JURY
METS	URSS	ÉDIT	OBIT	WATT	INDU	**V**	LADY
MISS	URUS	ÉTAT	OINT	WEST	INSU	KIEV	LELY
MOIS	URUS	EXIT	OORT	ZEST	ISOU	OLAV	ORLY
MONS	UZÈS	FART	OUST		ISSU		OSNY
MORS	VANS	FIAT	OYAT	**U**	ITOU	**W**	SEXY
NAOS	VARS	FLAT	PART	ACCU	KOFU	SHOW	TORY
NESS	VERS	FLET	PEST	AIGU	LÉAU	SLOW	UREY
NOUS	VOSS	FLOT	PFUT	AMOU	LIEU		VIMY
OBUS	VOUS	FOOT	PHOT	ANOU	LULU	**X**	
OMIS	VUES	FORT	PLAT	ARDU	MENU	APEX	**Z**
OPUS	WELS	FRET	PLOT	AREU	MÉRU	CEUX	BELZ
ORES	YASS	GANT	PONT	AVEU	OAHU	DEUX	BRUZ
OURS		GATT	PORT	BEAU	OSSU	DOUX	CHEZ
PAYS	**T**	GENT	PRÊT	BLEU	OTSU	EAUX	JAZZ
PÉCS	ABAT	GOÛT	PRUT	BROU	OULU	FAIX	LINZ
PERS	ABOT	GUET	PUTT	CEBU	PALU	FAUX	METZ
PLUS	ALET	HART	RAFT	CHOU	PARU	FLUX	RETZ
POIS	ANET	HAST	RAPT	CLOU	PEAU	FOIX	RIEZ
PONS	AOÛT	HAUT	RIFT	COCU	PEGU	HOUX	RUIZ
PRÈS	AULT	HUIT	RIST	CRAU	PIEU	INOX	SUEZ
PRIS	BÉAT	HUNT	SAUT	DAHU	PNEU	LYNX	
PRUS	BERT	ÎLET	SCAT	DÉÇU	REÇU	NOIX	

MOTS DE 5 LETTRES

1re

A

ADIEU	AINSI	ALLIA	ANCHE	APPAS	AROBE	ACÉRÉ
ADIGE	AÏOLI	ALLIÉ	ANCRE	APPÂT	AROLE	ACHAB
ADIRÉ	AIRER	ALLOS	ANDES	APPEL	ARÔME	ACHAT
ADLER	AISÉE	ALMÉE	ANDIN	APPUI	AROSA	ACIDE
ADOUR	AISNE	ALOÈS	ANDRÉ	ÂPRES	ARRAS	ACIER
ADRET	AJOUR	ALORS	ANETH	APYRE	ARRÊT	ACORE
ADULA	AJOUT	ALOSE	ANETO	ARABE	ARROI	ACTÉE
AÉRER	AKITA	ALPAX	ANGLE	ARBIL	ARSIN	ACTIF
AFFIN	AKOLA	ALPES	ANGON	ARBON	ARTEL	ACTON
AFFÛT	ALAIN	ALPHA	ANGOR	ARBRE	ARTUS	ADAGE
AGAMI	ALAMO	ALPIN	ÂNIER	ARCHE	ARUBA	ADAMO
AGAPE	ALAVA	ALTAÏ	ANIMÉ	ARÇON	ARVOR	ADÈLE
AGATE	ALBEE	ALUNE	ANION	ARDEN	ASANA	ADENT
AGAVE	ALBUM	ALVIN	ANJOU	ARDUE	ASCOT	ADIEU
AGENT	ALCÉE	AMADE	ANNAL	ARÉNA	ASDIC	ADIGE
AGILE	ALCOY	AMADO	ANNAM	ARÈNE	ASILE	ADIRÉ
AGITÉ	ALDAN	AMANT	ANNÉE	ARÊTE	ASPET	ADLER
AGNON	ALDER	AMBLE	ANNIE	ARGAS	ASPIC	ADOUR
AGORA	ALDIN	AMBRE	ANNOT	ARGON	ASPLE	ADRET
AGOUT	ALÈNE	AMÈNE	ANONE	ARGOS	ASPRE	ADULA
AGRÉÉ	ALEPH	AMÈRE	ANSÉE	ARGOT	ABATS	AÉRER
AGRÈS	ALÈSE	AMIBE	ANTAN	ARGUS	ABBAS	AFFIN
AHURI	ALGER	AMICT	ANTÉE	ARICA	ABBON	AFFÛT
AICHE	ALGIE	AMIDE	ANTRE	ARIDE	ABCÈS	AGAMI
AIDÉE	ALGOL	AMIEL	ANZIO	ARIEN	ABELL	AGAPE
AIDER	ALGUE	AMINE	AORTE	ARION	ABÎME	AGATE
AÏEUL	ALIAS	AMMAN	AOSTE	ARIUS	ABNER	AGAVE
AIGLE	ALIBI	AMMON	AOÛTÉ	ARLES	ABORD	AGENT
AIGRE	ALISE	AMONT	APÉRO	ARMÉE	ABOUT	AGILE
AIGRI	ALIZÉ	AMOUR	APHTE	ARMER	ABSIL	AGITÉ
AIGUË	ALLAH	AMPLE	APIOL	ARMET	ACCÈS	AGNON
AILÉE	ALLÉE	AMPLI	APION	ARMON	ACCON	AGORA
AIMER	ALLER	AMURE	APLAT	ARMOR	ACCRO	AGOUT
AÎNÉE	ALLEU	ANALE	APODE	ARNIM	ACCRU	AGRÉÉ

	A
	ABACA
	ABATS
	ABBAS
	ABBON
	ABCÈS
	ABELL
	ABÎME
	ABNER
	ABORD
	ABOUT
	ABSIL
	ACCÈS
	ACCON
	ACCRO
	ACCRU
	ACÉRÉ
	ACHAB
	ACHAT
	ACIDE
	ACIER
	ACORE
	ACTÉE
	ACTIF
	ACTON
	ADAGE
	ADAMO
	ADÈLE
	ADENT

AGRÈS	ALIZÉ	ANDIN	ARÇON	ASPRE	AUZON	BALLE	BÊCHE
AHURI	ALLAH	ANDRÉ	ARDEN	ASSAI	AVANT	BALTI	BÉCOT
AICHE	ALLÉE	ANETH	ARDUE	ASSAM	AVARE	BANAL	BEDON
AIDÉE	ALLER	ANETO	ARÉNA	ASSEN	AVENT	BANDE	BEGIN
AIDER	ALLEU	ANGLE	ARÈNE	ASSEZ	AVENU	BANÉR	BÈGUE
AÏEUL	ALLIA	ANGON	ARÊTE	ASSIS	AVÉRÉ	BANJO	BÉGUM
AIGLE	ALLIÉ	ANGOR	ARGAS	ASTER	AVERS	BANNI	BEHAN
AIGRE	ALLOS	ÂNIER	ARGON	ASTON	AVIDE	BARBE	BEIGE
AIGRI	ALMÉE	ANIMÉ	ARGOS	ASTRE	AVILA	BARBU	BEIRA
AIGUË	ALOÈS	ANION	ARGOT	ATACA	AVINÉ	BARDA	BÊLER
AILÉE	ALORS	ANJOU	ARGUS	ATÈLE	AVION	BARGE	BELGE
AIMER	ALOSE	ANNAL	ARICA	ATÉMI	AVISÉ	BARIL	BELLE
AÎNÉE	ALPAX	ANNAM	ARIDE	ATGET	AVISO	BARJO	BELLO
AINSI	ALPES	ANNÉE	ARIEN	ATHÉE	AVOIR	BARON	BELON
AÏOLI	ALPHA	ANNIE	ARION	ATHOS	AVRIL	BARRE	BÉMOL
AIRER	ALPIN	ANNOT	ARIUS	ATLAS	AXÈNE	BASAL	BÉNEF
AISÉE	ALTAÏ	ANONE	ARLES	ATOCA	AXILE	BASÉE	BENES
AISNE	ALUNE	ANSÉE	ARMÉE	ATOLL	AXONE	BASER	BENÊT
AJOUR	ALVIN	ANTAN	ARMER	ATOME	AZOTE	BASIN	BÉNIE
AJOUT	AMADE	ANTÉE	ARMET	ATONE		BASSE	BÉNIN
AKITA	AMADO	ANTRE	ARMON	ATOUR	**B**	BASTA	BÉNIR
AKOLA	AMANT	ANZIO	ARMOR	ATOUT		BASTE	BÉNIT
ALAIN	AMBLE	AORTE	ARNIM	ATTAR	BAADE	BATÉE	BENNE
ALAMO	AMBRE	AOSTE	AROBE	ATTIS	BABEL	BÂTIE	BEPPU
ALAVA	AMÈNE	AOÛTÉ	AROLE	AUBER	BABIL	BATIK	BÉRET
ALBEE	AMÈRE	APÉRO	ARÔME	AUBIN	BACAU	BÂTIR	BERGE
ALBUM	AMIBE	APHTE	AROSA	AUCUN	BÂCHE	BATNA	BERIA
ALCÉE	AMICT	APIOL	ARRAS	AUDEN	BÂCLE	BÂTON	BERIO
ALCOY	AMIDE	APION	ARRÊT	AUDIO	BACON	BATTE	BERNE
ALDAN	AMIEL	APLAT	ARROI	AUDIT	BADEN	BAUER	BERNI
ALDER	AMINE	APODE	ARSIN	AUGET	BADGE	BAUGE	BÉSEF
ALDIN	AMMAN	APPAS	ARTEL	AULNE	BADIN	BAUME	BÉTEL
ALÈNE	AMMON	APPÂT	ARTUS	AUNÉE	BAGAD	BAVER	BÉTON
ALEPH	AMONT	APPEL	ARUBA	AUNIS	BAGNE	BAYER	BETTE
ALÈSE	AMOUR	APPUI	ARVOR	AURAY	BAGOU	BAYOU	BEURK
ALGER	AMPLE	ÂPRES	ASANA	AURÈS	BAGUE	BAZAR	BÉVUE
ALGIE	AMPLI	APYRE	ASCOT	AURIC	BAHUT	BAZIN	BÉZEF
ALGOL	AMURE	ARABE	ASDIC	AURIS	BAIES	BÉANT	BIAIS
ALGUE	ANALE	ARBIL	ASILE	AUSSI	BAIRE	BÉATE	BIAXE
ALIAS	ANCHE	ARBON	ASPET	AUTEL	BAISE	BEAUF	BIBLE
ALIBI	ANCRE	ARBRE	ASPIC	AUTRE	BALAI	BEBEL	BICHE
ALISE	ANDES	ARCHE	ASPLE	AUTUN	BALAN	BEBOP	BICOT

BIDET	BOEUF	BRIBE	CADUC	CAPRI	CHAIR	CLAIM	CONNE
BIDON	BOGOR	BRIDE	CAFRE	CARAT	CHÂLE	CLAIR	CONNU
BIÈRE	BOGUE	BRIEC	CAGET	CARCO	CHAMP	CLAMP	CONTE
BIGLE	BOIRE	BRIEY	CAGNA	CARDE	CHANT	CLASH	COPAL
BIGOT	BOISÉ	BRION	CAGOT	CARET	CHAOS	CLEAN	COPIE
BIGRE	BOÎTE	BRISE	CAGOU	CAREX	CHAPE	CLEBS	COPPA
BIGUE	BOLÉE	BROIE	CAHOT	CARGO	CHARI	CLERC	COPRA
BIJOU	BOLET	BROME	CAÏEU	CARLE	CHAUD	CLODO	COPTE
BILAN	BOMBE	BROUT	CAIRN	CARNE	CHEIK	CLONE	COQUE
BILLE	BONDÉ	BRUIT	CAJOU	CARPE	CHÊNE	CLOPE	CORAN
BINER	BONGO	BRUME	CAJUN	CARRA	CHENU	CLORE	CORDE
BINET	BONNE	BRUNE	CALAO	CARRÉ	CHÈRE	CLOWN	CORÉE
BINGO	BONTÉ	BRUTE	CALÉE	CARTE	CHÉRI	CLUNY	CORNE
BIOCO	BONUS	BÛCHE	CALER	CARVA	CHIBA	CLUSE	CORNU
BIRBE	BONZE	BUGLE	CÂLIN	CARVI	CHIEN	COACH	CORON
BISET	BOOTS	BUGUE	CALLA	CASÉE	CHILE	COATI	CORPS
BISON	BORAS	BUIRE	CALME	CASER	CHILI	COBÉE	CORSÉ
BISOU	BORAX	BULBE	CALOT	CASTE	CHINE	COCHE	CORSO
BISSE	BORGO	BULLE	CALVA	CATCH	CHIOT	COCON	COSSE
BITOS	BORNE	BURIE	CALVI	CATIN	CHIPS	CODÉE	COSSU
BITTE	BOSCO	BURIN	CAMÉE	CAUCA	CHOIR	CODER	COTÉE
BLAFF	BOSSE	BURON	CAMPÉ	CAURI	CHOIX	CODON	COTER
BLAIN	BOTTE	BUSTE	CAMPO	CAUSE	CHOPE	COEUR	COTIR
BLAIR	BOUÉE	BUTÉE	CAMUS	CAVÉE	CHOSE	COGNE	COTON
BLAIS	BOUGE	BUTER	CANAL	CAVER	CHUTE	COHUE	COTRE
BLÂME	BOULE	BUTIN	CANAR	CAVET	CIANO	COING	COTTE
BLANC	BOURG	BUTOR	CANDÉ	CÉANS	CIBLE	COITE	COUAC
BLAPS	BOUSE	BUTTE	CANER	CÉDER	CIDRE	COLÉE	COUDE
BLASÉ	BOVES		CANGE	CÈDRE	CILIÉ	COLET	COUHÉ
BLÊME	BOVIN	**C**	CANIF	CÉGEP	CIPPE	COLIN	COUIC
BLÉRÉ	BOXER		CANNA	CELER	CIPRE	COLIS	COULE
BLEUE	BOYAU	CABAN	CANNE	CELLA	CIRÉE	COLLE	COUPE
BLEUI	BRAGA	CABAS	CANOË	CELLE	CIRER	COLON	COURS
BLIER	BRAUN	CÂBLE	CANON	CELUI	CIRON	COLZA	COURT
BLOIS	BRAVE	CABOT	CANOT	CENSÉ	CIRRE	COMBO	COURU
BLOND	BRAVO	CABRI	CANUT	CÉPÉE	CIRTA	COMMA	COUVI
BLUES	BREAK	CABUS	CAOUA	CÉRAT	CISTE	COMME	CRABE
BLUET	BREDA	CACAO	CAPON	CERCE	CITÉE	COMTE	CRACK
BLUFF	BRÈDE	CACHE	CAPOT	CÉRET	CITER	CONDÉ	CRADO
BLUSH	BRÊME	CADET	CAPPA	CÉSAR	CIVET	CONGA	CRAIE
BOCAL	BREST	CADIX	CAPRA	CESTE	CIVIL	CONGÉ	CRAIG
BOËGE	BRÈVE	CADOU	CÂPRE	CETTE	CLAIE	CONGO	CRÂNE
		CADRE					

35

CRAON	CURER	DÉÇUE	DIGUE	DREES	ÉCLAT	ELIOT	ÉPICE
CRASE	CURIE	DÉDIT	DIJON	DRÈGE	ÉCLOS	ÉLIRE	ÉPIER
CRASH	CURRY	DÉFET	DINAN	DREUX	ÉCOLE	ÉLISE	ÉPIEU
CRAVE	CUVÉE	DÉGÂT	DINAR	DRÈVE	ÉCOLO	ÉLITE	ÉPINE
CRAWL	CUVER	DÉGEL	DINDE	DRIFT	ÉCOTÉ	ÉLOGE	ÉPIRE
CREDO	CYCLE	DEGRÉ	DÎNER	DRILL	ÉCRAN	ELURU	ÉPITE
CRÉER	CYGNE	DÉITÉ	DINGO	DRING	ÉCRIN	ELVEN	ÉPODE
CREIL		DÉLAI	DIODE	DRINK	ÉCRIT	ÉMAIL	ÉPOUX
CRÈME	**D**	DELCO	DIORI	DRIVE	ÉCROU	EMBUÉ	ÉPRIS
CRÉON		DELHI	DISCO	DROIT	ÉCRUE	EMDEM	EPSOM
CRÊPE	DABIT	DÉLIT	DIVAN	DRÔLE	ÉCULÉ	ÉMERI	ÉPURE
CRÉPI	DAGUE	DELLE	DIVIN	DROME	ÉCUME	ÉMÈSE	ÉQUIN
CRÉPU	DAHIR	DELON	DOCTE	DRONE	EDFOU	EMMEN	ÉRARD
CREST	DAHRA	DÉLOT	DODUE	DROUE	ÉDILE	EMPAN	ÉRATO
CRÊTE	DAINE	DELTA	DOGME	DRUPE	ÉDITO	ÉMULE	ERBIL
CREUX	DAKAR	DEMIE	DOGUE	DUALE	EEKLO	ENCAN	ERBUE
CRIÉE	DALLE	DÉMON	DOIGT	DUCAT	EESTI	ENCAS	ERDRE
CRIER	DALOT	DENIM	DOLER	DUCHÉ	EFFEL	ENCRE	ERGOL
CRIME	DAMAS	DENIS	DONNE	DUITE	EFFET	ENDOS	ERGOT
CRISE	DAMÉE	DENSE	DOPÉE	DULIE	ÉFRIT	ENFER	ERICE
CRISS	DAMER	DENTÉ	DOPER	DUPÉE	ÉGALE	ÉNÉMA	ÉRINE
CROCO	DAMNÉ	DÉNUÉ	DORÉE	DUPER	ÉGARD	ENFEU	ERNÉE
CROIX	DANAÉ	DÉPIT	DORER	DURÉE	ÉGARÉ	ENFIN	ERNST
CROSS	DANSE	DÉPÔT	DORIS	DURER	EGEDE	ENFLÉ	ERODE
CROUP	DARCE	DERBY	DOSÉE	DURIT	ÉGÉEN	ENGIN	ERRER
CRUEL	DARNE	DERME	DOSER	DUVET	ÉGIDE	ENJEU	ESCHE
CUBÉE	DARSE	DÉSIR	DOTER	DYADE	ÉGINE	ENNUI	ESCOT
CUBER	DATÉE	DETTE	DOUAI	DZÊTA	ÉGOUT	ENSOR	ÉSOPE
CUCUL	DATER	DEUIL	DOUCE		EIDER	ENTER	ESPAR
CUERS	DATTE	DEULE	DOUÉE	**E**	EIGER	ENTRE	ESPOO
CUEVA	DAUBE	DEVIN	DOUER	EAMES	EILAT	ENUGU	ESSAI
CUIRE	DAVID	DEVIS	DOUMA	EANES	ÉLAND	ENVIE	ESSEN
CUITE	DAVIS	DEVON	DOURO	ÉBAHI	ÉLAVÉ	ENVOI	ESSEX
CULÉE	DÉBAT	DEVOS	DOUTE	ÉBATS	ELBÉE	ENVOL	ESSOR
CULER	DÉBIT	DÉVOT	DOUVE	ÉBÈNE	ELBOT	ÉOLIE	ESTER
CULOT	DEBRÉ	DIANE	DOUZE	EBERT	ELCHE	ÉPAIR	ESTOC
CULTE	DÉBUT	DIÈSE	DOYEN	ÉCALE	ÉLÉIS	ÉPAIS	ÉTAGE
CUMIN	DÉCAN	DIEST	DRAIN	ÉCART	ÉLÈVE	ÉPARS	ÉTAIN
CUMUL	DÉCÈS	DIÈTE	DRAKE	ÉCHEC	ELGAR	ÉPART	ÉTALE
CUNEO	DÈCHE	DIGIT	DRAME	ÉCHÉE	ELGIN	ÉPATÉ	ÉTANG
CURÉE	DÉCHU	DIGNE	DRAPÉ	ÉCHER	ELIAS	ÉPAVE	ÉTAPE
CUREL	DÉCRI	DIGON	DRAVE	ÉCHUE	ÉLIMÉ	ÉPHOD	ÉTEUF

ÉTHER	FAÎTE	FERRY	FLUOR	FRIPE	GAGER	GECKO	GLASS
ÉTIER	FAKIR	FERTÉ	FLUSH	FRIRE	GAGES	GELÉE	GLÈBE
ÉTOLE	FALOT	FÉRUE	FLÛTE	FRISÉ	GAÏAC	GELER	GLIAL
ÊTRES	FALUN	FESSE	FOCAL	FRITE	GAINE	GÉLIF	GLOBE
ÉTRON	FAMÉE	FESSU	FOEHN	FRITZ	GAÎTÉ	GÉMIR	GLOME
ÉTUDE	FANER	FÊTÉE	FOÈNE	FROID	GALBE	GEMME	GLOSE
ÉTUVE	FANGE	FÊTER	FOIRE	FRONT	GALET	GÊNÉE	GLUAU
EUBÉE	FANON	FEUIL	FOLIE	FROST	GALLE	GÊNER	GLUBB
EUDES	FANTI	FEURS	FOLIO	FRUIT	GALLO	GÊNES	GLUME
EULER	FARAD	FICHU	FOLLE	FUCUS	GALON	GENET	GNÈTE
EUPEN	FARCE	FICUS	FONCÉ	FUGUE	GALOP	GÉNIE	GNOLE
ÉVADÉ	FARCI	FIÈRE	FONDA	FUITE	GAMAY	GENIL	GNOME
ÉVASÉ	FARDE	FIFRE	FONDS	FULDA	GAMBA	GENOU	GNOSE
ÉVEIL	FARSI	FIGER	FONDU	FUMÉE	GAMBE	GENRE	GOBER
ÉVENT	FASCE	FIGUE	FONIO	FUMER	GAMIN	GÉODE	GOBIE
EVERE	FASTE	FILAO	FONTE	FUMET	GAMMA	GEÔLE	GODER
EVERT	FATAL	FILÉE	FONTS	FUNIN	GAMME	GERBE	GODET
ÉVIER	FATMA	FILER	FORCE	FURAX	GANCE	GERCE	GOGLU
ÉVOHÉ	FATUM	FILET	FORER	FURET	GANDA	GÉRER	GOLFE
ÉVORA	FAUNE	FILLE	FORÊT	FURIA	GANGA	GERME	GOMBO
ÉVRAN	FAURÉ	FILON	FORGE	FURIE	GANGE	GÉSIR	GOMME
EVREN	FAUTE	FILOU	FORLI	FUSÉE	GANSE	GESSE	GONZE
ÉVRON	FAUVE	FINAL	FORME	FUSEL	GARCE	GESTE	GORET
EXACT	FAVUS	FINIR	FORTE	FUSER	GARDE	GHANA	GORGE
EXCÈS	FAXER	FIOLE	FORUM	FUSIL	GARÉE	GIBET	GOSSE
EXCLU	FAYOT	FIOUL	FOSSE	FUTÉE	GARER	GIBUS	GOTHA
EXÉAT	FÉALE	FIRME	FOUET	FUTON	GARNI	GIFLE	GOTON
EXIGU	FÈCES	FIXER	FOUIR	FUTUR	GAROU	GIGOT	GOUDA
EXILÉ	FEINT	FLAIR	FOULE		GASPÉ	GIGUE	GOUET
EXODE	FÊLÉE	FLANC	FOUTU	**G**	GÂTÉE	GILET	GOUGE
EXTRA	FÊLER	FLAPI	FOVÉA		GÂTER	GILLE	GOULU
	FÉLIN	FLASH	FOYER	GABÈS	GATTE	GIONO	GOURA
F	FÉLON	FLÉAU	FRAIS	GABIE	GAUDE	GIRIE	GOURD
	FEMME	FLEIN	FRANC	GABIN	GAULE	GIRON	GOURO
FABLE	FÉMUR	FLERS	FREIN	GABLE	GAUPE	GITAN	GRÂCE
FÂCHÉ	FENIL	FLEUR	FRÊLE	GABON	GAVÉE	GÎTER	GRADE
FACHO	FENTE	FLIRT	FRÊNE	GÂCHE	GAVER	GITON	GRAIN
FAÇON	FERIA	FLIZE	FRÉON	GADES	GAVOT	GIVET	GRANA
FAENA	FÉRIE	FLOOD	FRÈRE	GADIN	GAYAL	GIVRE	GRAND
FAGNE	FÉRIR	FLORE	FREUX	GAÈTE	GAZER	GLACE	GRANT
FAGOT	FERME	FLUER	FRIGO	GAFFE	GAZON	GLAND	GRAVE
FAINE	FERRÉ	FLUET	FRIME	GAFSA	GÉANT	GLANE	GRÈBE
FAIRE				GAGÉE			

GRÈCE	HAÏTI	HÉRON	IBÈRE	INFRA	JACÉE	JUGAL	LADRE
GREEN	HALBI	HÉROS	IBERT	INFUS	JACOB	JUGER	LAGON
GRÉER	HÂLÉE	HERSE	ICARE	INGRÉ	JACOT	JULEP	LAGOR
GRÈGE	HALER	HERTZ	ICEUX	ININI	JADIS	JULES	LAGOS
GRÊLE	HALLE	HESSE	ICHOR	INNÉE	JAÏNA	JULIE	LAHTI
GRENU	HALTE	HÊTRE	ICÔNE	INONU	JALAP	JUMEL	LAIDE
GRÈVE	HALVA	HEURE	ICTUS	INOUÏ	JALON	JUPON	LAINE
GRIEF	HAMAC	HEURT	IDAHO	INPUT	JAMBE	JURER	LAIRD
GRILL	HAMPE	HÉVÉA	IDÉAL	INSTI	JANTE	JURON	LAITE
GRIME	HANAP	HIBOU	IDÉEL	INTER	JAPON	JUSÉE	LAÏUS
GRIOT	HANAU	HILLA	IDIOT	INUIT	JAQUE	JUSTE	LAIZE
GRIVE	HANSE	HINDI	IDOLE	INULE	JARDE	JUTER	LAMÉE
GROIE	HANTÉ	HIVER	IEPER	INVAR	JARRE		LAMIA
GROIN	HARAR	HOBBY	IGLOO	IODER	JASER	**K**	LAMIE
GROLE	HARAS	HOCCO	IGLOU	IONIE	JASON	KACHA	LAMPE
GROOM	HARAT	HOMME	IGNÉE	IPÉCA	JASPE	KACHE	LANCE
GRUAU	HARDE	HONTE	ILÉAL	IPPON	JATTE	KANTO	LANGE
GRUME	HARDI	HORDE	ILÉON	IPSOS	JAUNE	KAPPA	LANTA
GRUON	HAREM	HORTA	ILÉUS	IRBID	JEANS	KARMA	LANUS
GUANO	HARET	HOSTO	ÎLIEN	IRÈNE	JENNY	KENDO	LAPER
GUÈDE	HARLE	HÔTEL	ILION	IRIAN	JÉSUS	KENYA	LAPIN
GUÉER	HARPE	HOTTE	ILMEN	IRISÉ	JETÉE	KILIM	LAPIS
GUÊPE	HASCH	HOUAI	ILOTE	IRONE	JETER	KOALA	LAPON
GUÈRE	HASTE	HOUER	IMAGE	ISAAC	JETON	KRAAL	LAQUE
GUÉRI	HÂTÉE	HOULE	IMAGO	ISAÏE	JETTE	KRACH	LARGE
GUÈTE	HÂTER	HOURD	IMBUE	ISARD	JEUDI	KRAFT	LARGO
GUEUX	HÂTIF	HOYAU	IMIDE	ISÈRE	JEUNE	KURDE	LARME
GUIDE	HAUTE	HUARD	IMINE	ISEUT	JILIN	KYSTE	LARVE
GUISE	HAVRE	HUART	IMOLA	ISKAR	JOINT		LASER
GUSSE	HAYON	HUCHE	IMPER	ISLAM	JOKER	**L**	LASSO
GUYOT	HEGEL	HUILE	IMPIE	ISOLÉ	JOLIE		LATEX
GUZLA	HEINE	HUMER	IMPÔT	ISSUE	JOUAL	LABBÉ	LATIN
GYPSE	HÉLAS	HUMUS	IMPUR	ITAMI	JOUÉE	LABEL	LATTE
GYRIN	HÉLER	HUPPÉ	INARI	ITARD	JOUER	LABIE	LAURE
	HÉLIX	HURON	INDES	ITTEN	JOUET	LABRE	LAUSE
H	HELLO	HUTTE	INDEX	IVRÉE	JOUIR	LABRI	LAVAL
	HÉMON	HYÈNE	INDIC	IXION	JOULE	LACAN	LAVER
HABIT	HENNÉ	HYMEN	INDOU	IXODE	JOUTE	LACER	LAVIS
HACHE	HERAT	HYMNE	INDRE		JOYAU	LACET	LAVIT
HAGEN	HERBE		INDRI	**J**	JUCAR	LÂCHE	LAYER
HAÏKU	HERBU	**I**	INDUE		JUDAS	LACIS	LAZZI
HAINE	HERGÉ		INDUS	JABLE	JUDÉE	LACTÉ	LEBEL
HAIRE	HERNE	IAMBE		JABOT		LADIN	

LECCE	LIGNE	LOQUE	LYCÉE	MARIÉ	MELLE	MISTI	MOTEL
LECCO	LIGOT	LORCA	LYCRA	MARIN	MÉLOÉ	MITAN	MOTET
LEÇON	LIGUE	LOREN	LYDIE	MARLE	MELON	MITÉE	MOTIF
LEEDS	LILAS	LORIS	LYRIC	MARLI	MENDE	MITON	MOTTA
LEERS	LILLE	LOSER		MARNE	MENEM	MITRE	MOTTE
LÉGAL	LILLO	LOTIE	**M**	MAROC	MENEN	MIXER	MOTUS
LÉGAT	LIMAN	LOTIR	MACAO	MARRI	MENER	MIXTE	MOULE
LÉGER	LIMBE	LOTTE	MACHO	MARTE	MENIN	MOCHE	MOULT
LEINE	LIMER	LOTUS	MACIS	MASAI	MENSE	MODAL	MOULU
LEMME	LIMON	LOUÉE	MACLE	MASER	MENUE	MODEL	MOYEN
LENAU	LINDE	LOUER	MAÇON	MASSA	MERCI	MODEM	MOYEU
LENDL	LINER	LOUIS	MACRE	MASSE	MERDE	MOERE	MUCOR
LENTE	LINGE	LOURD	MADRÉ	MATAF	MERLE	MOINE	MUCUS
LENTO	LINKS	LOURE	MAERL	MATCH	MERLU	MOINS	MUFLE
LEONE	LINNÉ	LOUVE	MAFIA	MATER	MÉROÉ	MOIRÉ	MUGIR
LÈPRE	LINON	LOVER	MAGIE	MATHA	MÉROU	MOÏSE	MULET
LEPTE	LIPPE	LOYAL	MAGMA	MATHS	MÉSIE	MOISI	MULON
LERNE	LIPPU	LOYER	MAGOG	MATIN	MÉSON	MOITE	MULOT
LÉROT	LIPSE	LUBIE	MAGOT	MATIR	MESSE	MOLLE	MUNIR
LÉSER	LISSE	LUCON	MAHDI	MATON	MÉTAL	MOLLI	MURAL
LESTE	LISTE	LUCRE	MAHON	MATOS	MÉTIS	MOLLO	MURAT
LÉTAL	LITÉE	LUEUR	MAINE	MATOU	MÈTRE	MOMIE	MURES
LEVÉE	LITER	LUFFA	MAINT	MATTE	MÉTRO	MONDE	MURET
LEVER	LITRE	LUGER	MAIRE	MAURE	MEULE	MONEL	MÛRIR
LEVET	LIURE	LUIRE	MAJOR	MAURS	MEUTE	MONET	MÛRON
LÉVIS	LIVET	LULLE	MALIN	MAUVE	MIAMI	MONOÏ	MUSÉE
LÈVRE	LIVRE	LUMEN	MALLE	MAYEN	MIAOU	MONZA	MUSER
LEXIE	LOCAL	LUNCH	MALUS	MAYET	MICHE	MOORE	MUSLI
LEXIS	LOCHE	LUNDI	MAMAN	MAZOT	MICRO	MOPTI	MUTER
LIAIS	LOCUS	LUNÉE	MAMBO	MEAUX	MIDOU	MORAL	MUTIN
LIANE	LODEN	LUNEL	MAMER	MÈCHE	MIEUX	MORAT	MYOME
LIANT	LOESS	LUNEN	MÂNES	MEDAN	MILAN	MORDU	MYOPE
LIARD	LOEWI	LUPIN	MANET	MÉDIA	MILLE	MORÉE	MYTHE
LIBAN	LOFER	LUPUS	MANIE	MÉDOC	MIMER	MORGE	
LIBER	LOGAN	LUREX	MANNE	MÉGIR	MINCE	MORIN	**N**
LIBRE	LOGER	LURON	MANSE	MÉGIS	MINER	MORIO	NABAB
LIBYE	LOGIS	LUSIN	MANTE	MÉGOT	MINET	MORNE	NABLE
LICOU	LOING	LUTER	MAORI	MEISE	MINOT	MORSE	NABOT
LIÈGE	LOIRE	LUTIN	MAOUS	MELBA	MINOU	MORTE	NACRE
LIEUE	LOMME	LUTON	MARDI	MÊLÉE	MINUS	MORUE	NADER
LIEUR	LONGE	LUTTE	MARÉE	MÊLER	MIRER	MORVE	NADIR
LIGIE	LOPIN	LUXER	MARGE	MÉLIA	MISER	MOSSI	NADOR

NAEVI	NEUME	NOTER	OFLAG	ORQUE	PAGRE	PATIO	PERÇU
NAGER	NEUSS	NOTRE	OGIVE	ORSAY	PAGUS	PÂTIR	PERCY
NAHUA	NEUVE	NOUBA	OGLIO	ORTIE	PAÏEN	PÂTIS	PERDU
NAHUM	NEVEU	NOUÉE	OILLE	ORURO	PAIRE	PATNA	PÉREC
NAINE	NIAIS	NOUER	OINTE	ORVET	PALAN	PÂTON	PÉRET
NAIRN	NICÉE	NOUET	OIRON	OSAKA	PALÉE	PATOU	PÉRIL
NAÏVE	NICHE	NOVER	OISIF	OSCAR	PALET	PÂTRE	PÉRIR
NAMPO	NICOL	NOYAU	OISON	OSIDE	PÂLIR	PATTE	PERLE
NAMUR	NICOT	NOYÉE	OLÉUM	OSIER	PALIS	PATTU	PERON
NANAN	NIÈBE	NOYER	OLIER	OSSUE	PALME	PAUME	PÉROT
NANAR	NIÈCE	NOYON	OLIVE	OSSUN	PALOS	PAUSE	PÉROU
NANTI	NIÈME	NUAGE	OLTEN	OSTIE	PÂLOT	PAVÉE	PERRÉ
NAPÉE	NIEUL	NUCAL	OMBLE	OTAGE	PALUS	PAVER	PERSE
NAPEL	NIGER	NUIRE	OMBRE	OTARU	PÂMER	PAVIE	PERTE
NAPPE	NILLE	NULLE	OMÉGA	OTITE	PAMPA	PAVOT	PERTH
NASAL	NIMBE	NUQUE	OMISE	OTOMI	PANCA	PAYÉE	PESER
NASSE	NÎMES	NURSE	OMIYA	OTTON	PANDA	PAYER	PESON
NATAL	NINAS	NYLON	OMUTA	OUAIS	PANÉE	PÉAGE	PESSE
NATIF	NIOLE	NYONS	ONCLE	OUATE	PANEL	PÊCHE	PESTE
NATTE	NIOLO	**O**	ONDÉE	OUBLI	PANER	PÉDUM	PÉTER
NAVAL	NIORT		ONDIN	OUCHE	PANIC	PÈGRE	PETIT
NAVEL	NIPPE	OASIS	ONEGA	OUEST	PANNE	PEINE	PETON
NAVES	NIQUE	OATES	ONGLE	OUÏES	PANSU	PEINT	PÉTRÉ
NAVET	NITRA	OBÉIR	OPALE	OURAL	PANTE	PÉKAN	PÉTRI
NAVRE	NITRE	OBÈLE	OPAVA	OURSE	PAPEN	PELÉE	PÉTUN
NÉANT	NIVAL	OBÈSE	OPÉRA	OUSTE	PÂQUE	PELER	PEULE
NÈFLE	NIXON	OBIER	OPIUM	OUTIL	PARDI	PELLA	PHARE
NÈGRE	NOBEL	OBJET	OPOLE	OUTRE	PARER	PELLE	PHASE
NÉGRO	NOBLE	OBLAT	OPTER	OUVÉA	PARIA	PELTA	PHILO
NÉGUS	NOCIF	OBOLE	ORAGE	OUVRÉ	PARIS	PELTE	PHOTO
NEHRU	NOÈME	OBTUS	ORANT	OVALE	PARME	PÉNAL	PIANA
NEIGE	NOÈSE	OBVIÉ	ORBEC	OVATE	PARMI	PENDU	PIANO
NEIVA	NOEUD	OCÉAN	ORDRE	OVIDE	PAROI	PÉNIL	PIAUI
NÉMÉE	NOIRE	OCRÉE	ORGIE	OVINE	PARSI	PÉNIS	PIAVE
NENNI	NOISE	OCRER	ORGON	OVULE	PARTI	PENNE	PIÈCE
NÉPAL	NOLIS	OCTAL	ORGUE	OZONE	PARUE	PENNY	PIÈGE
NÉRAC	NONCE	OCTET	ORIEL		PASSÉ	PENON	PIÉTÉ
NÉRÉE	NONNE	ODÉON	ORLON	**P**	PASTO	PENTE	PIEUX
NÉRON	NOPAL	ODEUR	ORMET	PACHA	PATAN	PENZA	PIGER
NERVI	NORIA	OEILS	ORNER	PACTE	PÂTÉE	PÉPÉE	PIGNE
NESLE	NORME	OEUVÉ	OROBE	PAEAN	PATER	PÉPIN	PILÉE
NETTE	NOTÉE	OFFRE	ORPIN	PAGNE	PATIN	PERCE	PILER

PILET	POIDS	PROBE	RABAN	RAVIE	RÉNAL	RIMER	ROTOR
PILON	POILU	PROIE	RABAT	RAVIN	RENAN	RIOJA	ROUÉE
PILOT	POING	PROLO	RABIN	RAVIR	RENDU	RIONI	ROUEN
PILOU	POINT	PROME	RABLE	RAYER	RENNE	RIPÉE	ROUER
PILUM	POIRE	PRÔNE	RABOT	RAYON	RENOM	RIPER	ROUET
PINCE	POISE	PROSE	RACÉE	READE	RENON	RIPOU	ROUGE
PINEL	POKER	PROST	RACER	RÉALE	RENOU	RISÉE	ROUIR
PINNE	POLAR	PROTE	RACLE	REBAB	RENTE	RISLE	ROULÉ
PINOT	POLIE	PROUE	RADAR	REBEC	REPAS	RITAL	ROUND
PINTE	POLIO	PROUT	RADER	REBEL	RÉPIT	RIVAL	ROUTE
PIPÉE	POLIR	PRUDE	RADIN	REBOT	REPLI	RIVÉE	ROVNO
PIPER	POMME	PRUNE	RADIO	RÉBUS	REPOS	RIVER	ROYAL
PIPIT	POMPE	PSITT	RADIS	REBUT	REPUE	RIVET	ROYAN
PIRÉE	PONCE	PTOSE	RADON	RECEL	RESTE	ROBER	ROYAT
PISTE	PONEY	PUANT	RAFLE	RECÈS	RESTO	ROBIN	RUADE
PITIÉ	PONGE	PUBIS	RAGER	RÊCHE	RÉTIF	ROBOT	RUBAN
PITON	PONTE	PUÎNÉ	RAGOT	RÉCIF	RÉTRO	ROBRE	RUBIS
PITRE	PONTI	PUITS	RAIDE	RÉCIT	REUSS	ROCHE	RUCHE
PIURA	PORTE	PULPE	RAIMU	RECRU	RÊVÉE	ROCOU	RÜTLI
PIVOT	PORTO	PUNIR	RAIRE	RECTA	REVEL	RODÉO	RUGBY
PLACE	POSÉE	PUPIN	RAJAH	RECTO	RÊVER	RÔDER	RUGIR
PLAGE	POSER	PURÉE	RÂLER	REÇUE	REVIF	RÖSTI	RUINE
PLAID	POSTE	PURGE	RAMAS	RECUL	REVIN	ROGNE	RUMBA
PLAIE	POTÉE	PURIN	RAMER	REDAN	REVUE	ROGUE	RUPEL
PLANE	POTIN	PUROT	RAMIE	RÉDIE	REYES	ROHAN	RUPIN
PLANT	POUAH	PURUS	RAMPE	REDON	RHARB	ROIDE	RURAL
PLATE	POUCE	PUSAN	RANCE	REFUS	RHÔNE	ROMAN	RUSÉE
PLÈBE	POULE	PYREX	RANCH	RÉGAL	RHUME	ROMPU	RUSER
PLEIN	POULS		RANCI	REGEL	RIANS	RONCE	RUSSE
PLEUR	POUPE	**Q**	RAOUT	REGER	RIANT	RONDE	
PLIÉE	PRAME		RÂPÉE	RÉGIE	RIBOT	RONDO	**S**
PLIER	PRATO	QATAR	RÂPER	RÉGIR	RICHE	RONÉO	
PLOMB	PRÉAU	QUART	RAPIN	RÈGLE	RICIN	ROSAT	SAALE
PLOUC	PRÊLE	QUASI	RASER	RÉGLO	RIDÉE	ROSÉE	SABAH
PLOUF	PRÊTE	QUÊTE	RASTA	RÈGNE	RIDER	ROSER	SABIN
PLUIE	PREUX	QUEUE	RATÉE	REIMS	RIEGO	ROSIR	SABIR
PLUME	PRÉVU	QUIET	RATEL	REINE	RIEUR	ROSSE	SABLE
POCHE	PRIER	QUINE	RATER	REJET	RIEUX	ROSSI	SABOT
POÊLE	PRIME	QUITO	RATIO	RELAX	RIFFE	ROTER	SABRA
POÈME	PRIMO	QUOTA	RATON	RÉMIZ	RIFLE	RÔTIE	SABRE
POÈTE	PRISE	**R**	RATTE	REMUE	RILEY	ROTIN	SACRE
POGNE	PRIVÉ	RAABE	RAVEL	REMUS	RIMÉE	RÔTIR	SAFRE
							SAGAN

SAGOU	SAPIN	SÈGRE	SIBIU	SOFIA	STEEN	SURIN	TAPAS
SAGUM	SARAH	SÉGUR	SICAV	SOLDE	STEIN	SURIR	TAPÉE
SAIDA	SARAN	SÉIDE	SICLE	SOLEN	STÈLE	SUROS	TAPER
SAÏGA	SARDE	SEIME	SIÈGE	SOLEX	STEMM	SUSHI	TAPIE
SAINE	SAROS	SEINE	SIEUR	SOLIN	STÉNO	SWING	TAPIN
SAINT	SARRE	SEING	SIGLE	SOMES	STÈRE	SYLVE	TAPIR
SAÏTE	SATAN	SELLE	SIGMA	SOMME	STERN	SYRIE	TAPIS
SAJOU	SATIE	SELON	SIGNE	SONAR	STICK		TAPON
SAKAI	SATIN	SELTZ	SILEX	SONDE	STIPE	**T**	TARÉE
SALAM	SAUCE	SELVE	SIMLA	SONGE	STOCK		TARER
SALAN	SAULE	SEMER	SIMON	SONNE	STONE	TABAC	TARET
SALAT	SAULT	SEMIS	SINAÏ	SOPOT	STORE	TABLA	TARGE
SALÉE	SAUNA	SÉNAT	SINOC	SORBE	STORM	TABLE	TARIE
SALEM	SAURA	SENAU	SINON	SOREL	STOUT	TABOU	TARIF
SALER	SAUVE	SENNA	SINUS	SORIA	STRIE	TACCA	TARIM
SALIN	SAVON	SENNE	SIRET	SORTE	STUPA	TACET	TARIN
SALIR	SAXON	SENSA	SIRLI	SORTI	STYLE	TACHE	TARIR
SALLE	SAYON	SENSÉ	SIROP	SOSIE	STYLO	TACLE	TAROT
SALON	SBIRE	SENTE	SISAL	SOTTE	SUAGE	TACON	TARSE
SALOP	SCALP	SENTI	SISSI	SOUCI	SUANT	TACOT	TARTE
SALPE	SCARE	SEOIR	SITAR	SOUDE	SUAVE	TAEGU	TASSE
SALSA	SCEAU	SÉOUL	SITIN	SOULE	SUBIR	TAFFE	TATAR
SALSE	SCÈNE	SÉPIA	SITÔT	SOUPE	SUBIT	TAFIA	TÂTER
SALTA	SCHAH	SÉRAC	SITUÉ	SOURD	SUCER	TAGAL	TATOU
SALTO	SCIÉE	SERBE	SIXTE	SOUTE	SUÇON	TAÏGA	TAULE
SALUT	SCIER	SERGE	SKIER	SPART	SUCRE	TAIRE	TAUPE
SALVE	SCION	SÉRIE	SKIFF	SPATH	SUÈDE	TALCA	TAURE
SAMAR	SCOLA	SERIN	SLAVE	SPÉOS	SUEUR	TALÉE	TAVEL
SAMBA	SCOOP	SERPE	SLICE	SPICA	SUINT	TALER	TCHAD
SAMER	SCORE	SERRÉ	SLOOP	SPIRE	SUITA	TALLE	TCHAO
SAMIT	SCOUT	SÉRUM	SMALA	SPORE	SUITE	TALON	TÉGÉE
SAMOA	SCRUB	SÉTIF	SMALT	SPORT	SUIVI	TALUS	TEINT
SAMOS	SCULL	SETON	SMART	SPRAT	SUJET	TAMIA	TÉLEX
SANAA	SÉANT	SEUIL	SMASH	SPRAY	SULKY	TAMIL	TELLE
SANEM	SEBOU	SEULE	SMOLT	SPREE	SUMEN	TAMIS	TEMNÉ
SANIE	SÉBUM	SÉVIR	SMURF	SPRUE	SUNNA	TAMPA	TEMPE
SANTE	SECAM	SEXTE	SNELL	SQUAW	SUPER	TANGA	TEMPO
SANVE	SÈCHE	SEXUÉ	SNIFF	STADE	SUPIN	TANGO	TEMPS
SANZA	SECTE	SEYNE	SOBRE	STAËL	SURAH	TANIN	TEMSE
SAÔNE	SEDAN	SHAKO	SOCLE	STAGE	SURAT	TANIS	TENCE
SAOUL	SEDUM	SHOOT	SODÉE	STAND	SURET	TANNÉ	TENDE
SAPER	SÉGOU	SHORT	SOEUR	STASE	SURIE	TANTE	TENDU

42

TÉNIA	TILDE	TORNE	TUDOR	USANT	VÉLIN	VIDER	VOLIS
TENIR	TILLE	TORON	TUEUR	USINE	VELOT	VIDOR	VOLOS
TENON	TIMNÉ	TORSE	TUFFE	USITÉ	VELTE	VIEIL	VOLTA
TÉNOR	TIMON	TORTU	TUILE	USNÉE	VELUE	VIÈLE	VOLTE
TÊNOS	TIMOR	TORUN	TULLE	USSEL	VELUM	VIÈTE	VOMER
TENTE	TINTO	TORVE	TULSA	USTER	VÉNAL	VIEUX	VOMIR
TENUE	TIPER	TOTAL	TUNER	USUEL	VENCE	VIGIE	VOTÉE
TEPIC	TIRÉE	TOTEM	TUNIS	USURE	VENDU	VIGNE	VOTER
TERME	TIRER	TÔTES	TURBO	UTILE	VENET	VILAR	VOTRE
TERNE	TIRET	TOTON	TURCO	UVALE	VENIN	VILLA	VOUER
TERNI	TISON	TOUCY	TURIN	UVULE	VENIR	VILLE	VOULU
TERRE	TISSU	TOUÉE	TURNE		VENLO	VINAY	VOÛTE
TESLA	TITAN	TOUER	TUTIE	**V**	VENTE	VINCA	VOVES
TÉTÉE	TITRE	TOULA	TUTSI		VENUE	VINÉE	VOYOU
TÉTER	TMÈSE	TOURD	TUTTI	VAASA	VÉNUS	VINER	VRACA
TÉTIN	TOAST	TOURE	TUYAU	VACHE	VERBE	VINGT	VRAIE
TÉTON	TOBOL	TRABE	TWEED	VAGAL	VERDI	VIOLE	VROUM
TÉTRA	TOILE	TRACE	TWIST	VAGIN	VERGE	VIRAL	VULGO
TETTE	TOISE	TRACT	TYPÉE	VAGIR	VERGT	VIRÉE	
TÊTUE	TOLÉE	TRACY	TYRAN	VAGUE	VÉRIN	VIRER	**W**
TEXAS	TOLET	TRAIN		VAINE	VERNE	VIRIL	
TEXEL	TOLLÉ	TRAIT	**U**	VALET	VERNI	VIRUS	WAGON
TEXTE	TOMAN	TRAME		VALSE	VERNY	VISÉE	WALES
THANE	TOMAR	TRAPU	UBAYE	VANEL	VERRE	VISER	WAVRE
THAON	TOMBE	TRÉMA	UCCLE	VANNE	VERSO	VISON	WEBER
THÈME	TOMER	TRENT	UDINE	VARAN	VERTE	VITAL	WELLS
THÈSE	TOMME	TRETS	UGINE	VARDA	VERTU	VITIM	WHIST
THÊTA	TOMMY	TRÊVE	UHLAN	VARGA	VERVE	VITRE	WHITE
THIÈS	TONAL	TRIAL	UKASE	VARIA	VESCE	VIVAT	WINCH
THIRY	TONDU	TRIBU	ULÉMA	VARIÉ	VESLE	VIVRE	
THUIN	TONGA	TRIDI	ULSAN	VARNA	VESOU	VIZIR	**X**
THUIR	TONIE	TRIER	ULTRA	VARON	VESSE	VOCAL	
THUNE	TONNE	TRIPE	UNION	VARVE	VESTA	VODKA	XÉNON
THUYA	TONTE	TROIE	UNITÉ	VASSY	VESTE	VOGUE	XÉRÈS
TIARE	TONUS	TROIS	UNTEL	VASTE	VÊTIR	VOICI	XÉRUS
TIBET	TOPER	TROLL	UPOLU	VATAN	VÊTUE	VOILÀ	XIANG
TIBIA	TOQUE	TRONC	URANE	VÉCÉS	VEULE	VOILE	
TIBRE	TORCY	TRÔNE	URATE	VÉCUE	VEUVE	VOIRE	**Y**
TIÈDE	TORDU	TRUIE	URGER	VEDEL	VEXER	VOLÉE	YACHT
TIELT	TOREZ	TRUST	URINE	VEINE	VICIÉ	VOLER	YAHVÉ
TIERS	TORII	TSUBA	URUBU	VÊLER	VIDÉE	VOLET	YALTA
TIGRE	TORIL	TUANT	USAGE	VÉLIE	VIDÉO	VOLGA	YÉMEN
		TUBÉE					YENNE

YEUSE	BAGNE	BAVER	CANAR	CAVET	FANON	GAMAY	HALVA
YOUPI	BAGOU	BAYER	CANDÉ	DABIT	FANTI	GAMBA	HAMAC
	BAGUE	BAYOU	CANER	DAGUE	FARAD	GAMBE	HAMPE
Z	BAHUT	BAZAR	CANGE	DAHIR	FARCE	GAMIN	HANAP
ZABRE	BAIES	BAZIN	CANIF	DAHRA	FARCI	GAMMA	HANAU
ZAÏRE	BAIRE	CABAN	CANNA	DAINE	FARDE	GAMME	HANSE
ZANDE	BAISE	CABAS	CANNE	DAKAR	FARSI	GANCE	HANTÉ
ZANNI	BALAI	CÂBLE	CANOË	DALLE	FASCE	GANDA	HARAR
ZARIA	BALAN	CABOT	CANON	DALOT	FASTE	GANGA	HARAS
ZÈBRE	BALEN	CABRI	CANOT	DAMAS	FATAL	GANGE	HARAT
ZEIST	BALLE	CABUS	CANUT	DAMÉE	FATMA	GANSE	HARDE
ZÉLÉE	BALTI	CACAO	CAOUA	DAMER	FATUM	GARCE	HARDI
ZEMST	BANAL	CACHE	CAPON	DAMNÉ	FAUNE	GARDE	HAREM
ZESTE	BANDE	CADET	CAPOT	DANAÉ	FAURÉ	GARÉE	HARET
ZIGUE	BANÉR	CADIX	CAPPA	DANSE	FAUTE	GARER	HARLE
ZLOTY	BANJO	CADOU	CAPRA	DARCE	FAUVE	GARNI	HARPE
ZONÉE	BANNI	CADRE	CÂPRE	DARNE	FAVUS	GAROU	HASCH
ZULIA	BARBE	CADUC	CAPRI	DARSE	FAXER	GASPÉ	HASTE
	BARBU	CAFRE	CARAT	DATÉE	FAYOT	GÂTÉE	HÂTÉE
	BARDA	CAGET	CARCO	DATER	GABÈS	GÂTER	HÂTER
2e	BARGE	CAGNA	CARDE	DATTE	GABIE	GATTE	HÂTIF
	BARIL	CAGOT	CARET	DAUBE	GABIN	GAUDE	HAUTE
POSITION	BARJO	CAGOU	CAREX	DAVID	GABLE	GAULE	HAVRE
	BARON	CAHOT	CARGO	DAVIS	GABON	GAUPE	HAYON
A	BARRE	CAÏEU	CARLE	EAMES	GÂCHE	GAVÉE	IAMBE
	BASAL	CAIRN	CARNE	EANES	GADES	GAVER	JABLE
	BASÉE	CAJOU	CARPE	FABLE	GADIN	GAVOT	JABOT
AALST	BASER	CAJUN	CARRA	FÂCHÉ	GAÈTE	GAYAL	JACÉE
AALTO	BASIN	CALAO	CARRÉ	FACHO	GAFFE	GAZER	JACOB
AARAU	BASSE	CALÉE	CARTE	FAÇON	GAFSA	GAZON	JACOT
AARON	BASTA	CALER	CARVA	FAENA	GAGÉE	HABIT	JADIS
BAADE	BASTE	CÂLIN	CARVI	FAGNE	GAGER	HACHE	JAÏNA
BABEL	BATÉE	CALLA	CASÉE	FAGOT	GAGES	HAGEN	JALAP
BABIL	BÂTIE	CALME	CASER	FAINE	GAÏAC	HAÏKU	JALON
BACAU	BATIK	CALOT	CASTE	FAIRE	GAINE	HAINE	JAMBE
BÂCHE	BÂTIR	CALVA	CATCH	FAÎTE	GAÎTÉ	HAIRE	JANTE
BÂCLE	BATNA	CALVI	CATIN	FAKIR	GALBE	HAÏTI	JAPON
BACON	BÂTON	CAMÉE	CAUCA	FALOT	GALET	HALBI	JAQUE
BADEN	BATTE	CAMPÉ	CAURI	FALUN	GALLE	HÂLÉE	JARDE
BADGE	BAUER	CAMPO	CAUSE	FAMÉE	GALLO	HALER	JARRE
BADIN	BAUGE	CAMUS	CAVÉE	FANER	GALON	HALLE	JASER
BAGAD	BAUME	CANAL	CAVER	FANGE	GALOP	HALTE	JASON

JASPE	LAPON	MAMBO	NABAB	PALAN	PÂTON	RANCH	SALAT
JATTE	LAQUE	MAMER	NABLE	PALÉE	PATOU	RANCI	SALÉE
JAUNE	LARGE	MÂNES	NABOT	PALET	PÂTRE	RAOUT	SALEM
KACHA	LARGO	MANET	NACRE	PÂLIR	PATTE	RÂPÉE	SALER
KACHE	LARME	MANIE	NADER	PALIS	PATTU	RÂPER	SALIN
KANTO	LARVE	MANNE	NADIR	PALME	PAUME	RAPIN	SALIR
KAPPA	LASER	MANSE	NADOR	PALOS	PAUSE	RASER	SALLE
KARMA	LASSO	MANTE	NAEVI	PÂLOT	PAVÉE	RASTA	SALON
LABBÉ	LATEX	MAORI	NAGER	PALUS	PAVER	RATÉE	SALOP
LABEL	LATIN	MAOUS	NAHUA	PÂMER	PAVIE	RATEL	SALPE
LABIE	LATTE	MARDI	NAHUM	PAMPA	PAVOT	RATER	SALSA
LABRE	LAURE	MARÉE	NAINE	PANCA	PAYÉE	RATIO	SALSE
LABRI	LAUSE	MARGE	NAIRN	PANDA	PAYER	RATON	SALTA
LACAN	LAVAL	MARIÉ	NAÏVE	PANÉE	QATAR	RATTE	SALTO
LACER	LAVER	MARIN	NAMPO	PANEL	RAABE	RAVEL	SALUT
LACET	LAVIS	MARLE	NAMUR	PANER	RABAN	RAVIE	SALVE
LÂCHE	LAVIT	MARLI	NANAN	PANIC	RABAT	RAVIN	SAMAR
LACIS	LAYER	MARNE	NANAR	PANNE	RABIN	RAVIR	SAMBA
LACTÉ	LAZZI	MAROC	NANTI	PANSU	RABLE	RAYER	SAMER
LADIN	MACAO	MARRI	NAPÉE	PANTE	RABOT	RAYON	SAMIT
LADRE	MACHO	MARTE	NAPEL	PAPEN	RACÉE	SAALE	SAMOA
LAGON	MACIS	MASAI	NAPPE	PÂQUE	RACER	SABAH	SAMOS
LAGOR	MACLE	MASER	NASAL	PARDI	RACLE	SABIN	SANAA
LAGOS	MAÇON	MASSA	NASSE	PARER	RADAR	SABIR	SANEM
LAHTI	MACRE	MASSE	NATAL	PARIA	RADER	SABLE	SANIE
LAIDE	MADRÉ	MATAF	NATIF	PARIS	RADIN	SABOT	SANTE
LAINE	MAERL	MATCH	NATTE	PARME	RADIO	SABRA	SANVE
LAIRD	MAFIA	MATER	NAVAL	PARMI	RADIS	SABRE	SANZA
LAITE	MAGIE	MATHA	NAVEL	PAROI	RADON	SACRE	SAÔNE
LAÏUS	MAGMA	MATHS	NAVES	PARSI	RAFLE	SAFRE	SAOUL
LAIZE	MAGOG	MATIN	NAVET	PARTI	RAGER	SAGAN	SAPER
LAMÉE	MAGOT	MATIR	NAVRE	PARUE	RAGOT	SAGOU	SAPIN
LAMIA	MAHDI	MATON	OASIS	PASSÉ	RAIDE	SAGUM	SARAH
LAMIE	MAHON	MATOS	OATES	PASTO	RAIMU	SAIDA	SARAN
LAMPE	MAINE	MATOU	PACHA	PATAN	RAIRE	SAÏGA	SARDE
LANCE	MAINT	MATTE	PACTE	PÂTÉE	RAJAH	SAINE	SAROS
LANGE	MAIRE	MAURE	PAEAN	PATER	RÂLER	SAINT	SARRE
LANTA	MAJOR	MAURS	PAGNE	PATIN	RAMAS	SAÏTE	SATAN
LANUS	MALIN	MAUVE	PAGRE	PATIO	RAMER	SAJOU	SATIE
LAPER	MALLE	MAYEN	PAGUS	PÂTIR	RAMIE	SAKAI	SATIN
LAPIN	MALUS	MAYET	PAÏEN	PÂTIS	RAMPE	SALAM	SAUCE
LAPIS	MAMAN	MAZOT	PAIRE	PATNA	RANCE	SALAN	SAULE

SAULT	TAPIE	VARON	OBTUS	OCÉAN	IDOLE	BÉSEF	DELHI
SAUNA	TAPIN	VARVE	OBVIÉ	OCRÉE	ODÉON	BÉTEL	DÉLIT
SAURA	TAPIR	VASSY	SBIRE	OCRER	ODEUR	BÉTON	DELLE
SAUVE	TAPIS	VASTE	UBAYE	OCTAL	UDINE	BETTE	DELON
SAVON	TAPON	VATAN		OCTET		BEURK	DÉLOT
SAXON	TARÉE	WAGON	**C**	SCALP	**E**	BÉVUE	DELTA
SAYON	TARER	WALES	ACCÈS	SCARE	AÉRER	BÉZEF	DEMIE
TABAC	TARET	WAVRE	ACCON	SCEAU	BÉANT	CÉANS	DÉMON
TABLA	TARGE	YACHT	ACCRO	SCÈNE	BÉATE	CÉDER	DENIM
TABLE	TARIE	YAHVÉ	ACCRU	SCHAH	BEAUF	CÈDRE	DENIS
TABOU	TARIF	YALTA	ACÉRÉ	SCIÉE	BEBEL	CÉGEP	DENSE
TACCA	TARIM	ZABRE	ACHAB	SCIER	BEBOP	CELER	DENTÉ
TACET	TARIN	ZAÏRE	ACHAT	SCION	BÊCHE	CELLA	DÉNUÉ
TACHE	TARIR	ZANDE	ACIDE	SCOLA	BÉCOT	CELLE	DÉPIT
TACLE	TAROT	ZANNI	ACIER	SCOOP	BEDON	CELUI	DÉPÔT
TACON	TARSE	ZARIA	ACORE	SCORE	BEGIN	CENSÉ	DERBY
TACOT	TARTE		ACTÉE	SCOUT	BÈGUE	CÉPÉE	DERME
TAEGU	TASSE	**B**	ACTIF	SCRUB	BÉGUM	CÉRAT	DÉSIR
TAFFE	TATAR	ABACA	ACTON	SCULL	BEHAN	CERCE	DETTE
TAFIA	TÂTER	ABATS	ÉCALE	TCHAD	BEIGE	CÉRET	DEUIL
TAGAL	TATOU	ABBAS	ÉCART	TCHAO	BEIRA	CÉSAR	DEULE
TAÏGA	TAULE	ABBON	ÉCHEC	UCCLE	BÊLER	CESTE	DEVIN
TAIRE	TAUPE	ABCÈS	ÉCHÉE		BELGE	CETTE	DEVIS
TALCA	TAURE	ABELL	ÉCHER	**D**	BELLE	DÉBAT	DEVON
TALÉE	TAVEL	ABÎME	ÉCHUE	ADAGE	BELLO	DÉBIT	DEVOS
TALER	VAASA	ABNER	ÉCLAT	ADAMO	BELON	DEBRÉ	DÉVOT
TALLE	VACHE	ABORD	ÉCLOS	ADÈLE	BÉMOL	DÉBUT	EEKLO
TALON	VAGAL	ABOUT	ÉCOLE	ADENT	BÉNEF	DÉCAN	EESTI
TALUS	VAGIN	ABSIL	ÉCOLO	ADIEU	BENES	DÉCÈS	FÉALE
TAMIA	VAGIR	EBERT	ÉCOTÉ	ADIGE	BENÊT	DÈCHE	FÈCES
TAMIL	VAGUE	ÉBAHI	ÉCRAN	ADIRÉ	BÉNIE	DÉCHU	FEINT
TAMIS	VAINE	ÉBATS	ÉCRIN	ADLER	BÉNIN	DÉCOR	FÊLÉE
TAMPA	VALET	ÉBÈNE	ÉCRIT	ADOUR	BÉNIR	DÉCRI	FÊLER
TANGA	VALSE	IBÈRE	ÉCROU	ADRET	BÉNIT	DÉÇUE	FÉLIN
TANGO	VANEL	IBERT	ÉCRUE	ADULA	BENNE	DÉDIT	FÉLON
TANIN	VANNE	OBÉIR	ÉCULÉ	EDFOU	BEPPU	DÉFET	FEMME
TANIS	VARAN	OBÈLE	ÉCUME	ÉDILE	BÉRET	DÉGÂT	FÉMUR
TANNÉ	VARDA	OBÈSE	ICARE	ÉDITO	BERGE	DÉGEL	FENIL
TANTE	VARGA	OBIER	ICEUX	IDAHO	BERIA	DEGRÉ	FENTE
TAPAS	VARIA	OBJET	ICHOR	IDÉAL	BERIO	DÉITÉ	FERIA
TAPÉE	VARIÉ	OBLAT	ICÔNE	IDÉEL	BERNE	DÉLAI	FÉRIE
TAPER	VARNA	OBOLE	ICTUS	IDIOT	BERNI	DELCO	FÉRIR

FERME	HENNÉ	LEONE	MÉROÉ	PELER	PEULE	RENOM	SÉNAT
FERRÉ	HERAT	LÈPRE	MÉROU	PELLA	READE	RENON	SENAU
FERRY	HERBE	LEPTE	MÉSIE	PELLE	RÉALE	RENOU	SENNA
FERTÉ	HERBU	LERNE	MÉSON	PELTA	REBAB	RENTE	SENNE
FÉRUE	HERGÉ	LÉROT	MESSE	PELTE	REBEC	REPAS	SENSA
FESSE	HERNE	LÉSER	MÉTAL	PÉNAL	REBEL	RÉPIT	SENSÉ
FESSU	HÉRON	LESTE	MÉTIS	PENDU	REBOT	REPLI	SENTE
FÊTÉE	HÉROS	LÉTAL	MÈTRE	PÉNIL	RÉBUS	REPOS	SENTI
FÊTER	HERSE	LEVÉE	MÉTRO	PÉNIS	REBUT	REPUE	SEOIR
FEUIL	HERTZ	LEVER	MEULE	PENNE	RECEL	RESTE	SÉOUL
FEURS	HESSE	LEVET	MEUTE	PENNY	RECÈS	RESTO	SÉPIA
GÉANT	HÊTRE	LÉVIS	NÉANT	PENON	RÊCHE	RÉTIF	SÉRAC
GECKO	HEURE	LÈVRE	NÈFLE	PENTE	RÉCIF	RÉTRO	SERBE
GELÉE	HEURT	LEXIE	NÈGRE	PENZA	RÉCIT	REUSS	SERGE
GELER	HÉVÉA	LEXIS	NÉGRO	PÉPÉE	RECRU	RÊVÉE	SÉRIE
GÉLIF	IEPER	MEAUX	NÉGUS	PÉPIN	RECTA	REVEL	SERIN
GÉMIR	JEANS	MÈCHE	NEHRU	PERCE	RECTO	RÊVER	SERPE
GEMME	JENNY	MEDAN	NEIGE	PERÇU	REÇUE	REVIF	SERRÉ
GÊNÉE	JÉSUS	MÉDIA	NEIVA	PERCY	RECUL	REVIN	SÉRUM
GÊNER	JETÉE	MÉDOC	NÉMÉE	PERDU	REDAN	REVUE	SÉTIF
GÊNES	JETER	MÉGIR	NENNI	PÉREC	RÉDIE	REYES	SETON
GENET	JETON	MÉGIS	NÉPAL	PÉRET	REDON	SÉANT	SEUIL
GÉNIE	JETTE	MÉGOT	NÉRAC	PÉRIL	REFUS	SEBOU	SEULE
GENIL	JEUDI	MEISE	NÉRÉE	PÉRIR	RÉGAL	SÉBUM	SÉVIR
GENOU	JEUNE	MELBA	NÉRON	PERLE	REGEL	SECAM	SEXTE
GENRE	KENDO	MÊLÉE	NERVI	PERON	REGER	SÈCHE	SEXUÉ
GÉODE	KENYA	MÊLER	NESLE	PÉROT	RÉGIE	SECTE	SEYNE
GEÔLE	LEBEL	MÉLIA	NETTE	PÉROU	RÉGIR	SEDAN	TÉGÉE
GERBE	LECCE	MELLE	NEUME	PERRÉ	RÈGLE	SEDUM	TEINT
GERCE	LECCO	MÉLOÉ	NEUSS	PERSE	RÉGLO	SÉGOU	TÉLEX
GÉRER	LEÇON	MELON	NEUVE	PERTE	RÈGNE	SÈGRE	TELLE
GERME	LEEDS	MENDE	NEVEU	PERTH	REIMS	SÉGUR	TEMNÉ
GÉSIR	LEERS	MENEM	OEILS	PESER	REINE	SÉIDE	TEMPE
GESSE	LÉGAL	MENEN	OEUVÉ	PESON	REJET	SEIME	TEMPO
GESTE	LÉGAT	MENER	PÉAGE	PESSE	RELAX	SEINE	TEMPS
HEGEL	LÉGER	MENIN	PÊCHE	PESTE	RÉMIZ	SEING	TEMSE
HEINE	LEINE	MENSE	PÉDUM	PÉTER	REMUE	SELLE	TENCE
HÉLAS	LEMME	MENUE	PÈGRE	PETIT	REMUS	SELON	TENDE
HÉLER	LENAU	MERCI	PEINE	PETON	RÉNAL	SELTZ	TENDU
HÉLIX	LENDL	MERDE	PEINT	PÉTRÉ	RENAN	SELVE	TÉNIA
HELLO	LENTE	MERLE	PÉKAN	PÉTRI	RENDU	SEMER	TENIR
HÉMON	LENTO	MERLU	PELÉE	PÉTUN	RENNE	SEMIS	TENON

TÉNOR	VERDI	ÉFRIT	CHEIK	**I**	BITTE	FIFRE	LIBER
TÊNOS	VERGE	OFFRE	CHÊNE		CIANO	FIGER	LIBRE
TENTE	VERGT	OFLAG	CHENU	AICHE	CIBLE	FIGUE	LIBYE
TENUE	VÉRIN		CHÈRE	AIDÉE	CIDRE	FILAO	LICOU
TEPIC	VERNE	**G**	CHÉRI	AIDER	CILIÉ	FILÉE	LIÈGE
TERME	VERNI	AGAMI	CHIBA	AÏEUL	CIPPE	FILER	LIEUE
TERNE	VERNY	AGAPE	CHIEN	AIGLE	CIPRE	FILET	LIEUR
TERNI	VERRE	AGATE	CHILE	AIGRE	CIRÉE	FILLE	LIGIE
TERRE	VERSO	AGAVE	CHILI	AIGRI	CIRER	FILON	LIGNE
TESLA	VERTE	AGENT	CHINE	AIGUË	CIRON	FILOU	LIGOT
TÉTÉE	VERTU	AGILE	CHIOT	AILÉE	CIRRE	FINAL	LIGUE
TÉTER	VERVE	AGITÉ	CHIPS	AIMER	CIRTA	FINIR	LILAS
TÉTIN	VESCE	AGNON	CHOIR	AÎNÉE	CISTE	FIOLE	LILLE
TÉTON	VESLE	AGORA	CHOIX	AINSI	CITÉE	FIOUL	LILLO
TÉTRA	VESOU	AGOUT	CHOPE	AÏOLI	CITER	FIRME	LIMAN
TETTE	VESSE	AGRÉÉ	CHOSE	AIRER	CIVET	FIXER	LIMBE
TÊTUE	VESTA	AGRÈS	CHUTE	AISÉE	CIVIL	GIBET	LIMER
TEXAS	VESTE	EGEDE	GHANA	AISNE	DIANE	GIBUS	LIMON
TEXEL	VÊTIR	ÉGALE	PHARE	BIAIS	DIÈSE	GIFLE	LINDE
TEXTE	VÊTUE	ÉGARD	PHASE	BIAXE	DIEST	GIGOT	LINER
VÉCÉS	VEULE	ÉGARÉ	PHILO	BIBLE	DIÈTE	GIGUE	LINGE
VÉCUE	VEUVE	ÉGÉEN	PHOTO	BICHE	DIGIT	GILET	LINKS
VEDEL	VEXER	ÉGIDE	RHARB	BICOT	DIGNE	GILLE	LINNÉ
VEINE	WEBER	ÉGINE	RHÔNE	BIDET	DIGON	GIONO	LINON
VÊLER	WELLS	ÉGOUT	RHUME	BIDON	DIGUE	GIRIE	LIPPE
VÉLIE	XÉNON	IGLOO	SHAKO	BIÈRE	DIJON	GIRON	LIPPU
VÉLIN	XÉRÈS	IGLOU	SHOOT	BIGLE	DINAN	GITAN	LIPSE
VELOT	XÉRUS	IGNÉE	SHORT	BIGOT	DINAR	GÎTER	LISSE
VELTE	YÉMEN	OGIVE	THANE	BIGRE	DINDE	GITON	LISTE
VELUE	YENNE	OGLIO	THAON	BIGUE	DÎNER	GIVET	LITÉE
VELUM	YEUSE	UGINE	THÈME	BIJOU	DINGO	GIVRE	LITER
VÉNAL	ZÈBRE		THÈSE	BILAN	DIODE	HIBOU	LITRE
VENCE	ZEIST	**H**	THÊTA	BILLE	DIORI	HILLA	LIURE
VENDU	ZÉLÉE		THIÈS	BINER	DISCO	HINDI	LIVET
VENET	ZEMST	AHURI	THIRY	BINET	DIVAN	HIVER	LIVRE
VENIN	ZESTE	CHAIR	THUIN	BINGO	DIVIN	JILIN	MIAMI
VENIR		CHÂLE	THUIR	BIOCO	EIDER	KILIM	MIAOU
VENLO	**F**	CHAMP	THUNE	BIRBE	EIGER	LIAIS	MICHE
VENTE	AFFIN	CHANT	THUYA	BISET	EILAT	LIANE	MICRO
VENUE	AFFÛT	CHAOS	UHLAN	BISON	FICHU	LIANT	MIDOU
VÉNUS	EFFEL	CHAPE	WHIST	BISOU	FICUS	LIARD	MIEUX
VERBE	EFFET	CHARI	WHITE	BISSE	FIÈRE	LIBAN	MILAN
		CHAUD		BITOS			

☞	☞	☞	☞	☞	☞	☞	☞
MILLE	OIRON	RIEGO	SITÔT	VINER	ALDIN	BLIER	FLAPI
MIMER	OISIF	RIEUR	SITUÉ	VINGT	ALÈNE	BLOIS	FLASH
MINCE	OISON	RIEUX	SIXTE	VIOLE	ALEPH	BLOND	FLÉAU
MINER	PIANA	RIFFE	TIARE	VIRAL	ALÈSE	BLUES	FLEIN
MINET	PIANO	RIFLE	TIBET	VIRÉE	ALGER	BLUET	FLERS
MINOT	PIAUI	RILEY	TIBIA	VIRER	ALGIE	BLUFF	FLEUR
MINOU	PIAVE	RIMÉE	TIBRE	VIRIL	ALGOL	BLUSH	FLIRT
MINUS	PIÈCE	RIMER	TIÈDE	VIRUS	ALGUE	CLAIE	FLIZE
MIRER	PIÈGE	RIOJA	TIELT	VISÉE	ALIAS	CLAIM	FLOOD
MISER	PIÉTÉ	RIONI	TIERS	VISER	ALIBI	CLAIR	FLORE
MISTI	PIEUX	RIPÉE	TIGRE	VISON	ALISE	CLAMP	FLUER
MITAN	PIGER	RIPER	TILDE	VITAL	ALIZÉ	CLASH	FLUET
MITÉE	PIGNE	RIPOU	TILLE	VITIM	ALLAH	CLEAN	FLUOR
MITON	PILÉE	RISÉE	TIMNÉ	VITRE	ALLÉE	CLEBS	FLUSH
MITRE	PILER	RISLE	TIMON	VIVAT	ALLER	CLERC	FLÛTE
MIXER	PILET	RITAL	TIMOR	VIVRE	ALLEU	CLODO	GLACE
MIXTE	PILON	RIVAL	TINTO	VIZIR	ALLIA	CLONE	GLAND
NIAIS	PILOT	RIVÉE	TIPER	WINCH	ALLIÉ	CLOPE	GLANE
NICÉE	PILOU	RIVER	TIRÉE	XIANG	ALLOS	CLORE	GLASS
NICHE	PILUM	RIVET	TIRER	ZIGUE	ALMÉE	CLOWN	GLÈBE
NICOL	PINCE	SIBIU	TIRET	**J**	ALOÈS	CLUNY	GLIAL
NICOT	PINEL	SICAV	TISON		ALORS	CLUSE	GLOBE
NIÈBE	PINNE	SICLE	TISSU	AJOUR	ALOSE	ELBÉE	GLOME
NIÈCE	PINOT	SIÈGE	TITAN	AJOUT	ALPAX	ELBOT	GLOSE
NIÈME	PINTE	SIEUR	TITRE	**K**	ALPES	ELCHE	GLUAU
NIEUL	PIPÉE	SIGLE	VICIÉ		ALPHA	ELGAR	GLUBB
NIGER	PIPER	SIGMA	VIDÉE	AKITA	ALPIN	ELGIN	GLUME
NILLE	PIPIT	SIGNE	VIDÉO	AKOLA	ALTAÏ	ELIAS	ILÉAL
NIMBE	PIRÉE	SILEX	VIDER	SKIER	ALUNE	ELIOT	ILÉON
NÎMES	PISTE	SIMLA	VIDOR	SKIFF	ALVIN	ELURU	ILÉUS
NINAS	PITIÉ	SIMON	VIEIL	UKASE	BLAFF	ELVEN	ILION
NIOLE	PITON	SINAÏ	VIÈLE	**L**	BLAIN	ÉLAND	ILMEN
NIOLO	PITRE	SINOC	VIÈTE		BLAIR	ÉLAVÉ	ILOTE
NIORT	PIURA	SINON	VIEUX	ALAIN	BLAIS	ÉLÉIS	ÎLIEN
NIPPE	PIVOT	SINUS	VIGIE	ALAMO	BLÂME	ÉLÈVE	OLÉUM
NIQUE	RIANS	SIRET	VIGNE	ALAVA	BLANC	ÉLIMÉ	OLIER
NITRA	RIANT	SIRLI	VILAR	ALBEE	BLAPS	ÉLIRE	OLIVE
NITRE	RIBOT	SIROP	VILLA	ALBUM	BLASÉ	ÉLISE	OLTEN
NIVAL	RICHE	SISAL	VILLE	ALCÉE	BLÊME	ÉLITE	PLACE
NIXON	RICIN	SISSI	VINAY	ALCOY	BLÉRÉ	ÉLOGE	PLAGE
OILLE	RIDÉE	SITAR	VINCA	ALDAN	BLEUE	FLAIR	PLAID
OINTE	RIDER	SITIN	VINÉE	ALDER	BLEUI	FLANC	PLAIE

PLANE	EMDEM	ANGOR	INDIC	BOLÉE	COLIS	COULE	FONDU
PLANT	EMMEN	ANIMÉ	INDOU	BOLET	COLLE	COUPE	FONIO
PLATE	EMPAN	ANION	INDRE	BOMBE	COLON	COURS	FONTE
PLÈBE	ÉMAIL	ANJOU	INDRI	BONDÉ	COLZA	COURT	FONTS
PLEIN	ÉMERI	ANNAL	INDUE	BONGO	COMBO	COURU	FORCE
PLEUR	ÉMÈSE	ANNAM	INDUS	BONNE	COMMA	COUVI	FORER
PLIÉE	ÉMULE	ANNÉE	INFRA	BONTÉ	COMME	DOCTE	FORÊT
PLIER	IMAGE	ANNIE	INFUS	BONUS	COMTE	DODUE	FORGE
PLOMB	IMAGO	ANNOT	INGRÉ	BONZE	CONDÉ	DOGME	FORLI
PLOUC	IMBUE	ANONE	ININI	BOOTS	CONGA	DOGUE	FORME
PLOUF	IMIDE	ANSÉE	INNÉE	BORAS	CONGÉ	DOIGT	FORTE
PLUIE	IMINE	ANTAN	INONU	BORAX	CONGO	DOLER	FORUM
PLUME	IMOLA	ANTÉE	INOUÏ	BORGO	CONNE	DONNE	FOSSE
SLAVE	IMPER	ANTRE	INPUT	BORNE	CONNU	DOPÉE	FOUET
SLICE	IMPIE	ANZIO	INSTI	BOSCO	CONTE	DOPER	FOUIR
SLOOP	IMPÔT	ÂNIER	INTER	BOSSE	COPAL	DORÉE	FOULE
ULÉMA	IMPUR	ENCAN	INUIT	BOTTE	COPIE	DORER	FOUTU
ULSAN	OMBLE	ENCAS	INULE	BOUÉE	COPPA	DORIS	FOVÉA
ULTRA	OMBRE	ENCRE	INVAR	BOUGE	COPRA	DOSÉE	FOYER
ZLOTY	OMÉGA	ENDOS	ONCLE	BOULE	COPTE	DOSER	GOBER
	OMISE	ENFER	ONDÉE	BOURG	COQUE	DOTER	GOBIE
M	OMIYA	ENFEU	ONDIN	BOUSE	CORAN	DOUAI	GODER
	OMUTA	ENFIN	ONEGA	BOVES	CORDE	DOUCE	GODET
AMADE	SMALA	ENFLÉ	ONGLE	BOVIN	CORÉE	DOUÉE	GOGLU
AMADO	SMALT	ENGIN	SNELL	BOXER	CORNE	DOUER	GOLFE
AMANT	SMART	ENJEU	SNIFF	BOYAU	CORNU	DOUMA	GOMBO
AMBLE	SMASH	ENNUI	UNION	COACH	CORON	DOURO	GOMME
AMBRE	SMOLT	ENSOR	UNITÉ	COATI	CORPS	DOUTE	GONZE
AMÈNE	SMURF	ENTER	UNTEL	COBÉE	CORSÉ	DOUVE	GORET
AMÈRE	TMÈSE	ENTRE		COCHE	CORSO	DOUZE	GORGE
AMIBE		ENUGU	**O**	COCON	COSSE	DOYEN	GOSSE
AMICT	**N**	ENVIE		CODÉE	COSSU	ÉOLIE	GOTHA
AMIDE		ENVOI	AORTE	CODER	COTÉE	FOCAL	GOTON
AMIEL	ANALE	ENVOL	AOSTE	CODON	COTER	FOEHN	GOUDA
AMINE	ANCHE	ÉNÉMA	AOÛTÉ	COEUR	COTIR	FOÈNE	GOUET
AMMAN	ANCRE	GNÈTE	BOCAL	COGNE	COTON	FOIRE	GOUGE
AMMON	ANDES	GNOLE	BOËGE	COHUE	COTRE	FOLIE	GOULU
AMONT	ANDIN	GNOME	BOEUF	COING	COTTE	FOLIO	GOURA
AMOUR	ANDRÉ	GNOSE	BOGOR	COITE	COUAC	FOLLE	GOURD
AMPLE	ANETH	INARI	BOGUE	COLÉE	COUDE	FONCÉ	GOURO
AMPLI	ANETO	INDES	BOIRE	COLET	COUHÉ	FONDA	HOBBY
AMURE	ANGLE	INDEX	BOISÉ	COLIN	COUIC	FONDS	HOCCO
EMBUÉ	ANGON		BOÎTE				

HOMME	LORCA	MORÉE	NOVER	ROBOT	SOCLE	TONDU	VOLTE
HONTE	LOREN	MORGE	NOYAU	ROBRE	SODÉE	TONGA	VOMER
HORDE	LORIS	MORIN	NOYÉE	ROCHE	SOEUR	TONIE	VOMIR
HORTA	LOSER	MORIO	NOYER	ROCOU	SOFIA	TONNE	VOTÉE
HOSTO	LOTIE	MORNE	NOYON	RODÉO	SOLDE	TONTE	VOTER
HÔTEL	LOTIR	MORSE	POCHE	RÔDER	SOLEN	TONUS	VOTRE
HOTTE	LOTTE	MORTE	POÊLE	RÖSTI	SOLEX	TOPER	VOUER
HOUAI	LOTUS	MORUE	POÈME	ROGNE	SOLIN	TOQUE	VOULU
HOUER	LOUÉE	MORVE	POÈTE	ROGUE	SOMES	TORCY	VOÛTE
HOULE	LOUER	MOSSI	POGNE	ROHAN	SOMME	TORDU	VOVES
HOURD	LOUIS	MOTEL	POIDS	ROIDE	SONAR	TOREZ	VOYOU
HOYAU	LOURD	MOTET	POILU	ROMAN	SONDE	TORII	YOUPI
IODER	LOURE	MOTIF	POING	ROMPU	SONGE	TORIL	ZONÉE
IONIE	LOUVE	MOTTA	POINT	RONCE	SONNE	TORNE	
JOINT	LOVER	MOTTE	POIRE	RONDE	SOPOT	TORON	**P**
JOKER	LOYAL	MOTUS	POISE	RONDO	SORBE	TORSE	
JOLIE	LOYER	MOULE	POKER	RONÉO	SOREL	TORTU	APÉRO
JOUAL	MOCHE	MOULT	POLAR	ROSAT	SORIA	TORUN	APHTE
JOUÉE	MODAL	MOULU	POLIE	ROSÉE	SORTE	TORVE	APIOL
JOUER	MODEL	MOYEN	POLIO	ROSER	SORTI	TOTAL	APION
JOUET	MODEM	MOYEU	POLIR	ROSIR	SOSIE	TOTEM	APLAT
JOUIR	MOERE	NOBEL	POMME	ROSSE	SOTTE	TÔTES	APODE
JOULE	MOINE	NOBLE	POMPE	ROSSI	SOUCI	TOTON	APPAS
JOUTE	MOINS	NOCIF	PONCE	ROTER	SOUDE	TOUCY	APPÂT
JOYAU	MOIRÉ	NOÈME	PONEY	RÔTIE	SOULE	TOUÉE	APPEL
KOALA	MOÏSE	NOÈSE	PONGE	ROTIN	SOUPE	TOUER	APPUI
LOCAL	MOISI	NOEUD	PONTE	RÔTIR	SOURD	TOULA	APYRE
LOCHE	MOITE	NOIRE	PONTI	ROTOR	SOUTE	TOURD	ÂPRES
LOCUS	MOLLE	NOISE	PORTE	ROUÉE	TOAST	VOCAL	EPSOM
LODEN	MOLLI	NOLIS	PORTO	ROUEN	TOBOL	VODKA	ÉPAIR
LOESS	MOLLO	NONCE	POSÉE	ROUER	TOILE	VOGUE	ÉPAIS
LOEWI	MOMIE	NONNE	POSER	ROUET	TOISE	VOICI	ÉPARS
LOFER	MONDE	NOPAL	POSTE	ROUGE	TOLÉE	VOILÀ	ÉPART
LOGAN	MONEL	NORIA	POTÉE	ROUIR	TOLET	VOILE	ÉPATÉ
LOGER	MONET	NORME	POTIN	ROULÉ	TOLLÉ	VOIRE	ÉPAVE
LOGIS	MONOÏ	NOTÉE	POUAH	ROUND	TOMAN	VOLÉE	ÉPHOD
LOING	MONZA	NOTER	POUCE	ROUTE	TOMAR	VOLER	ÉPICE
LOIRE	MOORE	NOTRE	POULE	ROVNO	TOMBE	VOLET	ÉPIER
LOMME	MOPTI	NOUBA	POULS	ROYAL	TOMER	VOLGA	ÉPIEU
LONGE	MORAL	NOUÉE	POUPE	ROYAN	TOMME	VOLIS	ÉPINE
LOPIN	MORAT	NOUER	ROBER	ROYAT	TOMMY	VOLOS	ÉPIRE
LOQUE	MORDU	NOUET	ROBIN	SOBRE	TONAL	VOLTA	ÉPITE
							ÉPODE

ÉPOUX	ARGON	BRION	DRAKE	FRIPE	KRACH	PRUDE	ASPLE
ÉPRIS	ARGOS	BRISE	DRAME	FRIRE	KRAFT	PRUNE	ASPRE
ÉPURE	ARGOT	BROIE	DRAPÉ	FRISÉ	ORAGE	TRABE	ASSAI
IPÉCA	ARGUS	BROME	DRAVE	FRITE	ORANT	TRACE	ASSAM
IPPON	ARICA	BROUT	DREES	FRITZ	ORBEC	TRACT	ASSEN
IPSOS	ARIDE	BRUIT	DRÈGE	FROID	ORDRE	TRACY	ASSEZ
OPALE	ARIEN	BRUME	DREUX	FRONT	ORGIE	TRAIN	ASSIS
OPAVA	ARION	BRUNE	DRÈVE	FROST	ORGON	TRAIT	ASTER
OPÉRA	ARIUS	BRUTE	DRIFT	FRUIT	ORGUE	TRAME	ASTON
OPIUM	ARLES	CRABE	DRILL	GRÂCE	ORIEL	TRAPU	ASTRE
OPOLE	ARMÉE	CRACK	DRING	GRADE	ORLON	TRÉMA	ESCHE
OPTER	ARMER	CRADO	DRINK	GRAIN	ORMET	TRENT	ESCOT
SPART	ARMET	CRAIE	DRIVE	GRANA	ORNER	TRETS	ESPAR
SPATH	ARMON	CRAIG	DROIT	GRAND	OROBE	TRÊVE	ESPOO
SPÉOS	ARMOR	CRÂNE	DRÔLE	GRANT	ORPIN	TRIAL	ESSAI
SPICA	ARNIM	CRAON	DROME	GRAVE	ORQUE	TRIBU	ESSEN
SPIRE	AROBE	CRASE	DRONE	GRÈBE	ORSAY	TRIDI	ESSEX
SPORE	AROLE	CRASH	DROUE	GRÈCE	ORTIE	TRIER	ESSOR
SPORT	ARÔME	CRAVE	DRUPE	GREEN	ORURO	TRIPE	ESTER
SPRAT	AROSA	CRAWL	ERBIL	GRÉER	ORVET	TROIE	ESTOC
SPRAY	ARRAS	CREDO	ERBUE	GRÈGE	PRAME	TROIS	ÉSOPE
SPREE	ARRÊT	CRÉER	ERDRE	GRÊLE	PRATO	TROLL	ISAAC
SPRUE	ARROI	CREIL	ERGOL	GRENU	PRÉAU	TRONC	ISAÏE
UPOLU	ARSIN	CRÈME	ERGOT	GRÈVE	PRÊLE	TRÔNE	ISARD
Q	ARTEL	CRÉON	ERICE	GRIEF	PRÊTE	TRUIE	ISÈRE
	ARTUS	CRÊPE	ERNÉE	GRILL	PREUX	TRUST	ISEUT
ÉQUIN	ARUBA	CRÉPI	ERNST	GRIME	PRÉVU	URANE	ISKAR
SQUAW	ARVOR	CRÉPU	ERODE	GRIOT	PRIER	URATE	ISLAM
R	BRAGA	CREST	ERRER	GRIVE	PRIME	URGER	ISOLÉ
	BRAUN	CRÊTE	ÉRARD	GROIE	PRIMO	URINE	ISSUE
ARABE	BRAVE	CREUX	ÉRATO	GROIN	PRISE	URUBU	OSAKA
ARBIL	BRAVO	CRIÉE	ÉRINE	GROLE	PRIVÉ	VRACA	OSCAR
ARBON	BREAK	CRIER	FRAIS	GROOM	PROBE	VRAIE	OSIDE
ARBRE	BREDA	CRIME	FRANC	GRUAU	PROIE	VROUM	OSIER
ARCHE	BRÈDE	CRISE	FREIN	GRUME	PROLO		OSSUE
ARÇON	BRÊME	CRISS	FRÊLE	GRUON	PROME	**S**	OSSUN
ARDEN	BREST	CROCO	FRÊNE	IRBID	PRÔNE		OSTIE
ARDUE	BRÈVE	CROIX	FRÉON	IRÈNE	PROSE	ASANA	PSITT
ARÉNA	BRIBE	CROSS	FRÈRE	IRIAN	PROST	ASCOT	TSUBA
ARÈNE	BRIDE	CROUP	FREUX	IRISÉ	PROTE	ASDIC	USAGE
ARÊTE	BRIEC	CRUEL	FRIGO	IRONE	PROUE	ASILE	USANT
ARGAS	BRIEY	DRAIN	FRIME	KRAAL	PROUT	ASPET	USINE
						ASPIC	

USITÉ	OTOMI	AURIS	DUALE	GUIDE	LUNEL	OUÏES	RUSER
USNÉE	OTTON	AUSSI	DUCAT	GUISE	LUNEN	OURAL	RUSSE
USSEL	PTOSE	AUTEL	DUCHÉ	GUSSE	LUPIN	OURSE	SUAGE
USTER	STADE	AUTRE	DUITE	GUYOT	LUPUS	OUSTE	SUANT
USUEL	STAËL	AUTUN	DULIE	GUZLA	LUREX	OUTIL	SUAVE
USURE	STAGE	AUZON	DUPÉE	HUARD	LURON	OUTRE	SUBIR
	STAND	BÛCHE	DUPER	HUART	LUSIN	OUVÉA	SUBIT
T	STASE	BUGLE	DURÉE	HUCHE	LUTER	OUVRÉ	SUCER
ATACA	STEEN	BUGUE	DURER	HUILE	LUTIN	PUANT	SUÇON
ATÈLE	STEIN	BUIRE	DURIT	HUMER	LUTON	PUBIS	SUCRE
ATÉMI	STÈLE	BULBE	DUVET	HUMUS	LUTTE	PUÎNÉ	SUÈDE
ATGET	STEMM	BULLE	EUBÉE	HUPPÉ	LUXER	PUITS	SUEUR
ATHÉE	STÉNO	BURIE	EUDES	HURON	MUCOR	PULPE	SUINT
ATHOS	STÈRE	BURIN	EULER	HUTTE	MUCUS	PUNIR	SUITA
ATLAS	STERN	BURON	EUPEN	JUCAR	MUFLE	PUPIN	SUITE
ATOCA	STICK	BUSTE	FUCUS	JUDAS	MUGIR	PURÉE	SUIVI
ATOLL	STIPE	BUTÉE	FUGUE	JUDÉE	MULET	PURGE	SUJET
ATOME	STOCK	BUTER	FUITE	JUGAL	MULON	PURIN	SULKY
ATONE	STONE	BUTIN	FULDA	JUGER	MULOT	PUROT	SUMEN
ATOUR	STORE	BUTOR	FUMÉE	JULEP	MUNIR	PURUS	SUNNA
ATOUT	STORM	BUTTE	FUMER	JULES	MURAL	PUSAN	SUPER
ATTAR	STOUT	CUBÉE	FUMET	JULIE	MURAT	QUART	SUPIN
ATTIS	STRIE	CUBER	FUNIN	JUMEL	MURES	QUASI	SURAH
ÉTAGE	STUPA	CUCUL	FURAX	JUPON	MURET	QUÊTE	SURAT
ÉTAIN	STYLE	CUERS	FURET	JURER	MÛRIR	QUEUE	SURET
ÉTALE	STYLO	CUEVA	FURIA	JURON	MÛRON	QUIET	SURIE
ÉTANG	UTILE	CUIRE	FURIE	JUSÉE	MUSÉE	QUINE	SURIN
ÉTAPE		CUITE	FUSÉE	JUSTE	MUSER	QUITO	SURIR
ÉTEUF	**U**	CULÉE	FUSEL	JUTER	MUSLI	QUOTA	SUROS
ÉTHER	AUBER	CULER	FUSER	KURDE	MUTER	RUADE	SUSHI
ÉTIER	AUBIN	CULOT	FUSIL	LUBIE	MUTIN	RUBAN	TUANT
ÉTOLE	AUCUN	CULTE	FUTÉE	LUCON	NUAGE	RUBIS	TUBÉE
ÉTRON	AUDEN	CUMIN	FUTON	LUCRE	NUCAL	RUCHE	TUDOR
ÉTUDE	AUDIO	CUMUL	FUTUR	LUEUR	NUIRE	RÜTLI	TUEUR
ÉTUVE	AUDIT	CUNEO	GUANO	LUFFA	NULLE	RUGBY	TUFFE
ÊTRES	AUGET	CURÉE	GUÈDE	LUGER	NUQUE	RUGIR	TUILE
ITAMI	AULNE	CUREL	GUÉER	LUIRE	NURSE	RUINE	TULLE
ITARD	AUNÉE	CURER	GUÊPE	LULLE	OUAIS	RUMBA	TULSA
ITTEN	AUNIS	CURIE	GUÈRE	LUMEN	OUATE	RUPEL	TUNER
OTAGE	AURAY	CURRY	GUÉRI	LUNCH	OUBLI	RUPIN	TUNIS
OTARU	AURÈS	CUVÉE	GUÈTE	LUNDI	OUCHE	RURAL	TURBO
OTITE	AURIC	CUVER	GUEUX	LUNÉE	OUEST	RUSÉE	TURCO

TURIN	UVALE	PYREX	BEAUF	CRAWL	GÉANT	OPAVA	SMALA
TURNE	UVULE	SYLVE	BIAIS	DIANE	GHANA	ORAGE	SMALT
TUTIE		SYRIE	BIAXE	DRAIN	GLACE	ORANT	SMART
TUTSI	**W**	TYPÉE	BLAFF	DRAKE	GLAND	OSAKA	SMASH
TUTTI	SWING	TYRAN	BLAIN	DRAME	GLANE	OTAGE	SPART
TUYAU	TWEED		BLAIR	DRAPÉ	GLASS	OTARU	SPATH
VULGO	TWIST	**Z**	BLAIS	DRAVE	GRÂCE	OUAIS	STADE
ZULIA		AZOTE	BLÂME	DUALE	GRADE	OUATE	STAËL
	X	DZÊTA	BLANC	DYADE	GRAIN	OVALE	STAGE
V	AXÈNE	OZONE	BLAPS	ÉBAHI	GRANA	OVATE	STAND
AVANT	AXILE		BLASÉ	ÉBATS	GRAND	PÉAGE	STASE
AVARE	AXONE	**3e**	BRAGA	ÉCALE	GRANT	PHARE	SUAGE
AVENT	EXACT		BRAUN	ÉCART	GRAVE	PHASE	SUANT
AVENU	EXCÈS		BRAVE	ÉGALE	GUANO	PIANA	SUAVE
AVÉRÉ	EXCLU	POSITION	BRAVO	ÉGARD	HUARD	PIANO	THANE
AVERS	EXÉAT		CÉANS	ÉGARÉ	HUART	PIAUI	THAON
AVIDE	EXIGU	**A**	CHAIR	ÉLAND	ICARE	PIAVE	TIARE
AVILA	EXILÉ		CHÂLE	ÉLAVÉ	IDAHO	PLACE	TOAST
AVINÉ	EXODE		CHAMP	ÉMAIL	IMAGE	PLAGE	TRABE
AVION	EXTRA	ABACA	CHANT	ÉPAIR	IMAGO	PLAID	TRACE
AVISÉ	IXION	ABATS	CHAOS	ÉPAIS	INARI	PLAIE	TRACT
AVISO	IXODE	ADAGE	CHAPE	ÉPARS	ISAAC	PLANE	TRACY
AVOIR		ADAMO	CHARI	ÉPART	ISAÏE	PLANT	TRAIN
AVRIL	**Y**	AGAMI	CHAUD	ÉPATÉ	ISARD	PLATE	TRAIT
EVERE	CYCLE	AGAPE	CIANO	ÉPAVE	ITAMI	PRAME	TRAME
EVERT	CYGNE	AGATE	CLAIE	ÉRARD	ITARD	PRATO	TRAPU
EVREN	DYADE	AGAVE	CLAIM	ÉRATO	JEANS	PUANT	TUANT
ÉVADÉ	GYPSE	ALAIN	CLAIR	ÉTAGE	KOALA	QUART	UBAYE
ÉVASÉ	GYRIN	ALAMO	CLAMP	ÉTAIN	KRAAL	QUASI	UKASE
ÉVEIL	HYÈNE	ALAVA	CLASH	ÉTALE	KRACH	RAABE	URANE
ÉVENT	HYMEN	AMADE	COACH	ÉTANG	KRAFT	READE	URATE
ÉVIER	HYMNE	AMADO	COATI	ÉTAPE	LIAIS	RÉALE	USAGE
ÉVOHÉ	KYSTE	AMANT	CRABE	ÉVADÉ	LIANE	RHARB	USANT
ÉVORA	LYCÉE	ANALE	CRACK	ÉVASÉ	LIANT	RIANS	UVALE
ÉVRAN	LYCRA	ARABE	CRADO	EXACT	LIARD	RIANT	VAASA
ÉVRON	LYDIE	ASANA	CRAIE	FÉALE	MEAUX	RUADE	VRACA
IVRÉE	LYRIC	ATACA	CRAIG	FLAIR	MIAMI	SAALE	VRAIE
OVALE	MYOME	AVANT	CRÂNE	FLANC	MIAOU	SCALP	XIANG
OVATE	MYOPE	AVARE	CRAON	FLAPI	NÉANT	SCARE	
OVIDE	MYTHE	BAADE	CRASE	FLASH	NIAIS	SÉANT	**B**
OVINE	NYLON	BÉANT	CRASH	FRAIS	NUAGE	SHAKO	ABBAS
OVULE	NYONS	BÉATE	CRAVE	FRANC	OPALE	SLAVE	ABBON

ALBEE	GIBUS	RIBOT	ANCHE	FAÇON	MICRO	SOCLE	CADRE
ALBUM	GOBER	ROBER	ANCRE	FÈCES	MOCHE	SUCER	CADUC
AMBLE	GOBIE	ROBIN	ARCHE	FICHU	MUCOR	SUÇON	CÉDER
AMBRE	HABIT	ROBOT	ARÇON	FICUS	MUCUS	SUCRE	CÈDRE
ARBIL	HIBOU	ROBRE	ASCOT	FOCAL	NACRE	TACCA	CIDRE
ARBON	HOBBY	RUBAN	AUCUN	FUCUS	NICÉE	TACET	CODÉE
ARBRE	IMBUE	RUBIS	BACAU	GÂCHE	NICHE	TACHE	CODER
AUBER	IRBID	SABAH	BÂCHE	GECKO	NICOL	TACLE	CODON
AUBIN	JABLE	SABIN	BÂCLE	HACHE	NICOT	TACON	DÉDIT
BABEL	JABOT	SABIR	BACON	HOCCO	NOCIF	TACOT	DODUE
BABIL	LABBÉ	SABLE	BÉCOT	HUCHE	NUCAL	UCCLE	EIDER
BEBEL	LABEL	SABOT	BICHE	JACÉE	ONCLE	VACHE	EMDEM
BEBOP	LABIE	SABRA	BICOT	JACOB	OSCAR	VÉCÉS	ENDOS
BIBLE	LABRE	SABRE	BOCAL	JACOT	OUCHE	VÉCUE	ERDRE
CABAN	LABRI	SEBOU	BÛCHE	JUCAR	PACHA	VICIÉ	EUDES
CABAS	LEBEL	SÉBUM	CACAO	KACHA	PACTE	VOCAL	GADES
CABOT	LIBAN	SIBIU	CACHE	KACHE	PÊCHE	YACHT	GADIN
CABRI	LIBER	SOBRE	COCHE	LACAN	POCHE		GODER
CABUS	LIBRE	SUBIR	COCON	LACER	RACÉE	**D**	GODET
CÂBLE	LIBYE	SUBIT	CUCUL	LACET	RACER		INDES
CIBLE	LUBIE	TABAC	CYCLE	LÂCHE	RACLE	AIDÉE	INDEX
COBÉE	NABAB	TABLA	DÉCAN	LACIS	RECEL	AIDER	INDIC
CUBÉE	NABLE	TABLE	DÉCÈS	LACTÉ	RECÈS	ALDAN	INDOU
CUBER	NABOT	TABOU	DÈCHE	LECCE	RÊCHE	ALDER	INDRE
DABIT	NOBEL	TIBET	DÉCHU	LECCO	RÉCIF	ALDIN	INDRI
DEBRÉ	NOBLE	TIBIA	DÉCOR	LEÇON	RÉCIT	ANDES	INDUE
DÉBAT	OMBLE	TIBRE	DÉCRI	LICOU	RECRU	ANDIN	INDUS
DÉBIT	OMBRE	TOBOL	DÉÇUE	LOCAL	RECTA	ANDRÉ	IODER
DÉBUT	ORBEC	TUBÉE	DOCTE	LOCHE	RECTO	ARDEN	JADIS
ELBÉE	OUBLI	WEBER	DUCAT	LOCUS	REÇUE	ARDUE	JUDAS
ELBOT	PUBIS	ZABRE	DUCHÉ	LUCON	RECUL	ASDIC	JUDÉE
EMBUÉ	RABAN	ZÈBRE	ELCHE	LUCRE	RICHE	AUDEN	LADIN
ERBIL	RABAT	ABCÈS	ENCAN	LYCÉE	RICIN	AUDIO	LADRE
ERBUE	RABIN		ENCAS	LYCRA	ROCHE	AUDIT	LODEN
EUBÉE	RABLE	**C**	ENCRE	MACAO	ROCOU	BADEN	LYDIE
FABLE	RABOT	ACCÈS	ESCHE	MACHO	RUCHE	BADGE	MADRÉ
GABÈS	REBAB	ACCON	ESCOT	MACIS	SACRE	BADIN	MEDAN
GABIE	REBEC	ACCRO	EXCÈS	MACLE	SECAM	BEDON	MÉDIA
GABIN	REBEL	ACCRU	EXCLU	MAÇON	SÈCHE	BIDET	MÉDOC
GABLE	REBOT	AICHE	FÂCHÉ	MACRE	SECTE	BIDON	MIDOU
GABON	REBUT	ALCÉE	FACHO	MÈCHE	SICAV	CADET	MODAL
GIBET	RÉBUS	ALCOY		MICHE	SICLE	CADIX	MODEL

MODEM	AMÈNE	CRÊPE	FRÉON	MAERL	RIEUX	EDFOU	ARGON
NADER	AMÈRE	CRÉPI	FRÈRE	MIEUX	SCEAU	EFFEL	ARGOS
NADIR	ANETH	CRÉPU	FREUX	MOERE	SCÈNE	EFFET	ARGOT
NADOR	ANETO	CREST	GAÈTE	NAEVI	SIÈGE	ENFER	ARGUS
ONDÉE	APÉRO	CRÊTE	GLÈBE	NIÈBE	SIEUR	ENFEU	ATGET
ONDIN	ARÉNA	CREUX	GNÈTE	NIÈCE	SNELL	ENFIN	AUGET
ORDRE	ARÈNE	CUERS	GRÈBE	NIÈME	SOEUR	ENFLÉ	BAGAD
PÉDUM	ARÊTE	CUEVA	GRÈCE	NIEUL	SPÉOS	FIFRE	BAGNE
RADAR	ATÈLE	DIÈSE	GREEN	NOÈME	STEEN	GAFFE	BAGOU
RADER	ATÉMI	DIEST	GRÉER	NOÈSE	STEIN	GAFSA	BAGUE
RADIN	AVENT	DIÈTE	GRÈGE	NOEUD	STÈLE	GIFLE	BEGIN
RADIO	AVENU	DREES	GRÊLE	OBÉIR	STEMM	INFRA	BÉGUM
RADIS	AVÉRÉ	DRÈGE	GRENU	OBÈLE	STÉNO	INFUS	BÈGUE
RADON	AVERS	DREUX	GRÈVE	OBÈSE	STÈRE	LOFER	BIGLE
REDAN	AXÈNE	DRÈVE	GUÈDE	OCÉAN	STERN	LUFFA	BIGOT
REDON	BIÈRE	DZÊTA	GUÉER	ODÉON	SUÈDE	MAFIA	BIGRE
RÉDIE	BLÊME	ÉBÈNE	GUÊPE	ODEUR	SUEUR	MUFLE	BIGUE
RIDÉE	BLÉRÉ	EBERT	GUÈRE	OLÉUM	TAEGU	NÈFLE	BOGOR
RIDER	BLEUE	EGEDE	GUÉRI	OMÉGA	THÈME	OFFRE	BOGUE
RODÉO	BLEUI	ÉGÉEN	GUÈTE	ONEGA	THÈSE	RAFLE	BUGLE
RÔDER	BOËGE	ÉLÉIS	GUEUX	OPÉRA	THÊTA	REFUS	BUGUE
SEDAN	BOEUF	ÉLÈVE	HYÈNE	OUEST	TIÈDE	RIFFE	CAGET
SEDUM	BREAK	ÉMERI	IBÈRE	PAEAN	TIELT	RIFLE	CAGNA
SODÉE	BREDA	ÉMÈSE	IBERT	PIÈCE	TIERS	SAFRE	CAGOT
TUDOR	BRÈDE	ÉNÉMA	ICEUX	PIÈGE	TMÈSE	SOFIA	CAGOU
VEDEL	BRÊME	ÉTEUF	IDÉAL	PIÉTÉ	TRÉMA	TAFFE	CÉGEP
VIDÉE	BREST	ÉVEIL	IDÉEL	PIEUX	TRENT	TAFIA	COGNE
VIDÉO	BRÈVE	ÉVENT	ILÉAL	PLÈBE	TRETS	TUFFE	CYGNE
VIDER	CHEIK	EVERE	ILÉON	PLEIN	TRÊVE		DAGUE
VIDOR	CHÊNE	EVERT	ILÉUS	PLEUR	TUEUR	**G**	DEGRÉ
VODKA	CHENU	EXÉAT	IPÉCA	POÊLE	TWEED		DÉGÂT
	CHÈRE	FAENA	IRÈNE	POÈME	ULÉMA	AIGLE	DÉGEL
E	CHÉRI	FIÈRE	ISÈRE	POÈTE	VIEIL	AIGRE	DIGIT
	CLEAN	FLÉAU	ISEUT	PRÉAU	VIÈLE	AIGRI	DIGNE
ABELL	CLEBS	FLEIN	LEEDS	PRÊLE	VIÈTE	AIGUË	DIGON
ACÉRÉ	CLERC	FLERS	LEERS	PRÊTE	VIEUX	ALGER	DIGUE
ADÈLE	COEUR	FLEUR	LIÈGE	PREUX		ALGIE	DOGME
ADENT	CREDO	FOEHN	LIEUE	PRÉVU	**F**	ALGOL	DOGUE
AGENT	CRÉER	FOÈNE	LIEUR	QUÊTE		ALGUE	EIGER
AÏEUL	CREIL	FREIN	LOESS	QUEUE	AFFIN	ANGLE	ELGAR
ALÈNE	CRÈME	FRÊLE	LOEWI	RIEGO	AFFÛT	ANGON	ELGIN
ALEPH	CRÉON	FRÊNE	LUEUR	RIEUR	CAFRE	ANGOR	ENGIN
ALÈSE					DÉFET	ARGAS	

ERGOL	NÉGUS	VAGIN	ACIDE	BOISÉ	ELIOT	HAÏKU	NOIRE
ERGOT	NÈGRE	VAGIR	ACIER	BOÎTE	ÉLIRE	HAINE	NOISE
FAGNE	NIGER	VAGUE	ADIEU	BRIBE	ÉLISE	HAIRE	NUIRE
FAGOT	ONGLE	VIGIE	ADIGE	BRIDE	ÉLITE	HAÏTI	OBIER
FIGER	ORGIE	VIGNE	ADIRÉ	BRIEC	ÉPICE	HEINE	OEILS
FIGUE	ORGON	VOGUE	AGILE	BRIEY	ÉPIER	HUILE	OGIVE
FUGUE	ORGUE	WAGON	AGITÉ	BRION	ÉPIEU	IDIOT	OLIER
GAGÉE	PAGNE	ZIGUE	AKITA	BRISE	ÉPINE	ÎLIEN	OLIVE
GAGER	PAGRE		ALIAS	BUIRE	ÉPIRE	ILION	OMISE
GAGES	PAGUS	**H**	ALIBI	CAÏEU	ÉPITE	IMIDE	OMIYA
GIGOT	PÈGRE		ALISE	CAIRN	ERICE	IMINE	OPIUM
GIGUE	PIGER	ACHAB	ALIZÉ	CHIBA	ÉRINE	ININI	ORIEL
GOGLU	PIGNE	ACHAT	AMIBE	CHIEN	ÉTIER	IRIAN	OSIDE
HAGEN	POGNE	APHTE	AMICT	CHILE	ÉVIER	IRISÉ	OSIER
HEGEL	RAGER	ATHÉE	AMIDE	CHILI	EXIGU	IXION	OTITE
INGRÉ	RAGOT	ATHOS	AMIEL	CHINE	EXILÉ	JAÏNA	OUÏES
JUGAL	REGEL	BAHUT	AMINE	CHIOT	FAINE	JOINT	OVIDE
JUGER	REGER	BEHAN	ÂNIER	CHIPS	FAIRE	LAIDE	OVINE
LAGON	RÉGAL	CAHOT	ANION	COING	FAÎTE	LAINE	PAÏEN
LAGOR	RÉGIE	COHUE	APIOL	COITE	FEINT	LAIRD	PAIRE
LAGOS	RÉGIR	DAHIR	APION	CRIÉE	FLIRT	LAITE	PEINE
LÉGAL	RÉGLO	DAHRA	ARICA	CRIER	FLIZE	LAÏUS	PEINT
LÉGAT	RÈGLE	ÉCHEC	ARIDE	CRIME	FOIRE	LAIZE	PHILO
LÉGER	RÈGNE	ÉCHÉE	ARIEN	CRISE	FRIGO	LEINE	PLIÉE
LIGIE	ROGNE	ÉCHER	ARION	CRISS	FRIME	LOING	PLIER
LIGNE	ROGUE	ÉCHUE	ARIUS	CUIRE	FRIPE	LOIRE	POIDS
LIGOT	RUGBY	ÉPHOD	ASILE	CUITE	FRIRE	LUIRE	POILU
LIGUE	RUGIR	ÉTHER	AVIDE	DAINE	FRISÉ	MAINE	POING
LOGAN	SAGAN	ICHOR	AVILA	DÉITÉ	FRITE	MAINT	POINT
LOGER	SAGOU	LAHTI	AVINÉ	DOIGT	FRITZ	MAIRE	POIRE
LOGIS	SAGUM	MAHDI	AVION	DRIFT	FUITE	MEISE	POISE
LUGER	SÉGOU	MAHON	AVISÉ	DRILL	GAÏAC	MOINE	PRIER
MAGIE	SÉGUR	NAHUA	AVISO	DRING	GAINE	MOINS	PRIME
MAGMA	SÈGRE	NAHUM	AXILE	DRINK	GAÎTÉ	MOIRÉ	PRIMO
MAGOG	SIGLE	NEHRU	BAIES	DRIVE	GLIAL	MOÏSE	PRISE
MAGOT	SIGMA	ROHAN	BAIRE	DUITE	GRIEF	MOISI	PRIVÉ
MÉGIR	SIGNE	SCHAH	BAISE	ÉDILE	GRILL	MOITE	PSITT
MÉGIS	TAGAL	TCHAD	BEIGE	ÉDITO	GRIME	NAINE	PUÎNÉ
MÉGOT	TÉGÉE	TCHAO	BEIRA	ÉGIDE	GRIOT	NAIRN	PUITS
MUGIR	TIGRE	YAHVÉ	BLIER	ÉGINE	GRIVE	NAÏVE	QUIET
NAGER	URGER	**I**	BEIRA	ELIAS	GUIDE	NEIGE	QUINE
NÉGRO	VAGAL	ABÎME	BOIRE	ÉLIMÉ	GUISE	NEIVA	QUITO

RAIDE	TRIDI	ISKAR	CALME	FÊLÉE	JOLIE	PALUS	SELLE
RAIMU	TRIER	JOKER	CALOT	FÊLER	JULEP	PÂLIR	SELON
RAIRE	TRIPE	PÉKAN	CALVA	FILAO	JULES	PÂLOT	SELTZ
REIMS	TUILE	POKER	CALVI	FILÉE	JULIE	PELÉE	SELVE
REINE	TWIST	SAKAI	CÂLIN	FILER	KILIM	PELER	SILEX
ROIDE	UDINE		CELER	FILET	LILAS	PELLA	SOLDE
RUINE	UGINE	**L**	CELLA	FILLE	LILLE	PELLE	SOLEN
SAIDA	UNION		CELLE	FILON	LILLO	PELTA	SOLEX
SAÏGA	UNITÉ	AALST	CELUI	FILOU	LULLE	PELTE	SOLIN
SAINE	URINE	AALTO	CILIÉ	FOLIE	MALIN	PILÉE	SULKY
SAINT	USINE	ADLER	COLÉE	FOLIO	MALLE	PILER	SYLVE
SAÏTE	USITÉ	AILÉE	COLET	FOLLE	MALUS	PILET	TALCA
SBIRE	UTILE	ALLAH	COLIN	FULDA	MELBA	PILON	TALÉE
SCIÉE	VAINE	ALLÉE	COLIS	GALBE	MELLE	PILOT	TALER
SCIER	VEINE	ALLER	COLLE	GALET	MELON	PILOU	TALLE
SCION	VOICI	ALLEU	COLON	GALLE	MÉLIA	PILUM	TALON
SÉIDE	VOILÀ	ALLIA	COLZA	GALLO	MÉLOÉ	POLAR	TALUS
SEIME	VOILE	ALLIÉ	CULÉE	GALON	MÊLÉE	POLIE	TELLE
SEINE	VOIRE	ALLOS	CULER	GALOP	MÊLER	POLIO	TÉLEX
SEING	WHIST	APLAT	CULOT	GELÉE	MILAN	POLIR	TILDE
SKIER	WHITE	ARLES	CULTE	GELER	MILLE	PULPE	TILLE
SKIFF	ZAÏRE	ATLAS	DALLE	GÉLIF	MOLLE	RÂLER	TOLÉE
SLICE	ZEIST	AULNE	DALOT	GILET	MOLLI	RELAX	TOLET
SNIFF		BALAI	DELCO	GILLE	MOLLO	RILEY	TOLLÉ
SPICA	**J**	BALAN	DELHI	GOLFE	MULET	SALAM	TULLE
SPIRE	ANJOU	BALEN	DELLE	HALBI	MULON	SALAN	TULSA
STICK	BIJOU	BALLE	DELON	HALER	MULOT	SALAT	UHLAN
STIPE	CAJOU	BALTI	DELTA	HALLE	NILLE	SALÉE	VALET
SUINT	CAJUN	BELGE	DÉLAI	HALTE	NOLIS	SALEM	VALSE
SUITA	DIJON	BELLE	DÉLIT	HALVA	NULLE	SALER	VELOT
SUITE	ENJEU	BELLO	DÉLOT	HÂLÉE	NYLON	SALIN	VELTE
SUIVI	MAJOR	BELON	DOLER	HELLO	OBLAT	SALIR	VELUE
SWING	OBJET	BÊLER	DULIE	HÉLAS	OFLAG	SALLE	VELUM
TAÏGA	RAJAH	BILAN	ÉCLAT	HÉLER	OGLIO	SALON	VÉLIE
TAIRE	REJET	BILLE	ÉCLOS	HÉLIX	OILLE	SALOP	VÉLIN
TEINT	SAJOU	BOLÉE	EILAT	HILLA	ORLON	SALPE	VÊLER
THIÈS	SUJET	BOLET	ÉOLIE	IGLOO	PALAN	SALSA	VILAR
THIRY		BULBE	EULER	IGLOU	PALÉE	SALSE	VILLA
TOILE	**K**	BULLE	FALOT	ISLAM	PALET	SALTA	VILLE
TOISE		CALAO	FALUN	JALAP	PALIS	SALTO	VOLÉE
TRIAL	DAKAR	CALÉE	FÉLIN	JALON	PALME	SALUT	VOLER
TRIBU	EEKLO	CALER	FÉLON	JILIN	PALOS	SALVE	VOLET
	FAKIR	CALLA					

VOLGA	FAMÉE	MIMER	TEMPE	BÉNIR	DINGO	HINDI	MENUE
VOLIS	FEMME	MOMIE	TEMPO	BÉNIT	DÎNER	HONTE	MINCE
VOLOS	FÉMUR	NAMPO	TEMPS	BINER	DONNE	IGNÉE	MINER
VOLTA	FUMÉE	NAMUR	TEMSE	BINET	EANES	INNÉE	MINET
VOLTE	FUMER	NÉMÉE	TIMNÉ	BINGO	ENNUI	IONIE	MINOT
VULGO	FUMET	NIMBE	TIMON	BONDÉ	ERNÉE	JANTE	MINOU
WALES	GAMAY	NÎMES	TIMOR	BONGO	ERNST	JENNY	MINUS
WELLS	GAMBA	ORMET	TOMAN	BONNE	FANER	KANTO	MONDE
YALTA	GAMBE	PAMPA	TOMAR	BONTÉ	FANGE	KENDO	MONEL
ZÉLÉE	GAMIN	PÂMER	TOMBE	BONUS	FANON	KENYA	MONET
ZULIA	GAMMA	POMME	TOMER	BONZE	FANTI	LANCE	MONOÏ
	GAMME	POMPE	TOMME	CANAL	FENIL	LANGE	MONZA
M	GEMME	RAMAS	TOMMY	CANAR	FENTE	LANTA	MUNIR
	GÉMIR	RAMER	VOMER	CANDÉ	FINAL	LANUS	NANAN
AIMER	GOMBO	RAMIE	VOMIR	CANER	FINIR	LENAU	NANAR
ALMÉE	GOMME	RAMPE	YÉMEN	CANGE	FONCÉ	LENDL	NANTI
AMMAN	HAMAC	REMUE	ZEMST	CANIF	FONDA	LENTE	NENNI
AMMON	HAMPE	REMUS		CANNA	FONDS	LENTO	NINAS
ARMÉE	HÉMON	RÉMIZ	**N**	CANNE	FONDU	LINDE	NONCE
ARMER	HOMME	RIMÉE		CANOË	FONIO	LINER	NONNE
ARMET	HUMER	RIMER	ABNER	CANON	FONTE	LINGE	OINTE
ARMON	HUMUS	ROMAN	AGNON	CANOT	FONTS	LINKS	ORNER
ARMOR	HYMEN	ROMPU	AINSI	CANUT	FUNIN	LINNÉ	PANCA
BÉMOL	HYMNE	RUMBA	AÎNÉE	CENSÉ	GANCE	LINON	PANDA
BOMBE	IAMBE	SAMAR	ANNAL	CONDÉ	GANDA	LONGE	PANÉE
CAMÉE	ILMEN	SAMBA	ANNAM	CONGA	GANGA	LUNCH	PANEL
CAMPÉ	JAMBE	SAMER	ANNÉE	CONGÉ	GANGE	LUNDI	PANER
CAMPO	JUMEL	SAMIT	ANNIE	CONGO	GANSE	LUNÉE	PANIC
CAMUS	LAMÉE	SAMOA	ANNOT	CONNE	GENET	LUNEL	PANNE
COMBO	LAMIA	SAMOS	ARNIM	CONNU	GENIL	LUNEN	PANSU
COMMA	LAMIE	SEMER	AUNÉE	CONTE	GENOU	MANET	PANTE
COMME	LAMPE	SEMIS	AUNIS	CUNEO	GENRE	MANIE	PENDU
COMTE	LEMME	SIMLA	BANAL	DANAÉ	GÉNIE	MANNE	PENNE
CUMIN	LIMAN	SIMON	BANDE	DANSE	GÊNÉE	MANSE	PENNY
CUMUL	LIMBE	SOMES	BANÉR	DENIM	GÊNER	MANTE	PENON
DAMAS	LIMER	SOMME	BANJO	DENIS	GÊNES	MÂNES	PENTE
DAMÉE	LIMON	SUMEN	BANNI	DENSE	GONZE	MENDE	PENZA
DAMER	LOMME	TAMIA	BENES	DENTÉ	HANAP	MENEM	PÉNAL
DAMNÉ	LUMEN	TAMIL	BENÊT	DÉNUÉ	HANAU	MENEN	PÉNIL
DEMIE	MAMAN	TAMIS	BENNE	DINAN	HANSE	MENER	PÉNIS
DÉMON	MAMBO	TAMPA	BÉNEF	DINAR	HANTÉ	MENIN	PINCE
EAMES	MAMER	TEMNÉ	BÉNIE	DINDE	HENNÉ	MENSE	PINEL
EMMEN			BÉNIN				

59

PINNE	SONAR	VÉNAL	AVOIR	ÉVORA	OPOLE	STOUT	DÉPÔT
PINOT	SONDE	VÉNUS	AXONE	EXODE	OROBE	TROIE	DOPÉE
PINTE	SONGE	VINAY	AZOTE	FIOLE	OTOMI	TROIS	DOPER
PONCE	SONNE	VINCA	BIOCO	FIOUL	OZONE	TROLL	DUPÉE
PONEY	SUNNA	VINÉE	BLOIS	FLOOD	PHOTO	TRONC	DUPER
PONGE	TANGA	VINER	BLOND	FLORE	PLOMB	TRÔNE	EMPAN
PONTE	TANGO	VINGT	BOOTS	FROID	PLOUC	UPOLU	ESPAR
PONTI	TANIN	WINCH	BROIE	FRONT	PLOUF	VIOLE	ESPOO
PUNIR	TANIS	XÉNON	BROME	FROST	PROBE	VROUM	EUPEN
RANCE	TANNÉ	YENNE	BROUT	GÉODE	PROIE	ZLOTY	GYPSE
RANCH	TANTE	ZANDE	CAOUA	GEÔLE	PROLO		HUPPÉ
RANCI	TENCE	ZANNI	CHOIR	GIONO	PROME	**P**	IEPER
RENAN	TENDE	ZONÉE	CHOIX	GLOBE	PRÔNE	ALPAX	IMPER
RENDU	TENDU		CHOPE	GLOME	PROSE	ALPES	IMPIE
RENNE	TENIR	**O**	CHOSE	GLOSE	PROST	ALPHA	IMPÔT
RENOM	TENON	ABORD	CLODO	GNOLE	PROTE	ALPIN	IMPUR
RENON	TENTE	ABOUT	CLONE	GNOME	PROUE	AMPLE	INPUT
RENOU	TENUE	ACORE	CLOPE	GNOSE	PROUT	AMPLI	IPPON
RENTE	TÉNIA	ADOUR	CLORE	GROIE	PTOSE	APPAS	JAPON
RÉNAL	TÉNOR	AGORA	CLOWN	GROIN	QUOTA	APPÂT	JUPON
RONCE	TÊNOS	AGOUT	CROCO	GROLE	RAOUT	APPEL	KAPPA
RONDE	TINTO	AÏOLI	CROIX	GROOM	RHÔNE	APPUI	LAPER
RONDO	TONAL	AJOUR	CROSS	ICÔNE	RIOJA	ASPET	LAPIN
RONÉO	TONDU	AJOUT	CROUP	IDOLE	RIONI	ASPIC	LAPIS
SANAA	TONGA	AKOLA	DIODE	ILOTE	SAÔNE	ASPLE	LAPON
SANEM	TONIE	ALOÈS	DIORI	IMOLA	SAOUL	ASPRE	LEPTE
SANIE	TONNE	ALORS	DROIT	INONU	SCOLA	BEPPU	LÈPRE
SANTE	TONTE	ALOSE	DRÔLE	INOUÏ	SCOOP	CAPON	LIPPE
SANVE	TONUS	AMONT	DROME	IRONE	SCORE	CAPOT	LIPPU
SANZA	TUNER	AMOUR	DRONE	ISOLÉ	SCOUT	CAPPA	LIPSE
SENAU	TUNIS	ANONE	DROUE	IXODE	SEOIR	CAPRA	LOPIN
SENNA	USNÉE	APODE	ÉCOLE	LEONE	SÉOUL	CAPRI	LUPIN
SENNE	VANEL	AROBE	ÉCOLO	MAORI	SHOOT	CÂPRE	LUPUS
SENSA	VANNE	AROLE	ÉCOTÉ	MAOUS	SHORT	CÉPÉE	MOPTI
SENSÉ	VENCE	ARÔME	ÉGOUT	MOORE	SLOOP	CIPPE	NAPÉE
SENTE	VENDU	AROSA	ÉLOGE	MYOME	SMOLT	CIPRE	NAPEL
SENTI	VENET	ATOCA	ÉPODE	MYOPE	SPORE	COPAL	NAPPE
SÉNAT	VENIN	ATOLL	ÉPOUX	NIOLE	SPORT	COPIE	NÉPAL
SINAÏ	VENIR	ATOME	ERODE	NIOLO	STOCK	COPPA	NIPPE
SINOC	VENLO	ATONE	ÉSOPE	NIORT	STONE	COPRA	NOPAL
SINON	VENTE	ATOUR	ÉTOLE	NYONS	STORE	COPTE	ORPIN
SINUS	VENUE	ATOUT	ÉVOHÉ	OBOLE	STORM	DÉPIT	PAPEN

☞	☞	☞	☞	☞	☞	☞	☞
PÉPÉE	LOQUE	BORGO	DARNE	FORME	HURON	MORGE	PERRÉ
PÉPIN	NIQUE	BORNE	DARSE	FORTE	IVRÉE	MORIN	PERSE
PIPÉE	NUQUE	BURIE	DERBY	FORUM	JARDE	MORIO	PERTE
PIPER	ORQUE	BURIN	DERME	FURAX	JARRE	MORNE	PERTH
PIPIT	PÂQUE	BURON	DORÉE	FURET	JURER	MORSE	PÉREC
PUPIN	TOQUE	CARAT	DORER	FURIA	JURON	MORTE	PÉRET
RAPIN		CARCO	DORIS	FURIE	KARMA	MORUE	PÉRIL
RÂPÉE	**R**	CARDE	DURÉE	GARCE	KURDE	MORVE	PÉRIR
RÂPER		CARET	DURER	GARDE	LARGE	MURAL	PÉROT
REPAS	AARAU	CAREX	DURIT	GARÉE	LARGO	MURAT	PÉROU
REPLI	AARON	CARGO	ÉCRAN	GARER	LARME	MURES	PIRÉE
REPOS	ADRET	CARLE	ÉCRIN	GARNI	LARVE	MURET	PORTE
REPUE	AÉRER	CARNE	ÉCRIT	GAROU	LERNE	MÛRIR	PORTO
RÉPIT	AGRÉÉ	CARPE	ÉCROU	GERBE	LÉROT	MÛRON	PURÉE
RIPÉE	AGRÈS	CARRA	ÉCRUE	GERCE	LORCA	NERVI	PURGE
RIPER	AIRER	CARRÉ	ÉFRIT	GERME	LOREN	NÉRAC	PURIN
RIPOU	AORTE	CARTE	ÉPRIS	GÉRER	LORIS	NÉRÉE	PUROT
RUPEL	ÂPRES	CARVA	ERRER	GIRIE	LUREX	NÉRON	PURUS
RUPIN	ARRAS	CARVI	ÉTRON	GIRON	LURON	NORIA	PYREX
SAPER	ARRÊT	CERCE	ÊTRES	GORET	LYRIC	NORME	RURAL
SAPIN	ARROI	CÉRAT	EVREN	GORGE	MARDI	NURSE	SARAH
SÉPIA	AURAY	CÉRET	ÉVRAN	GYRIN	MARÉE	OCRÉE	SARAN
SOPOT	AURÈS	CIRÉE	ÉVRON	HARAR	MARGE	OCRER	SARDE
SUPER	AURIC	CIRER	FARAD	HARAS	MARIÉ	OIRON	SAROS
SUPIN	AURIS	CIRON	FARCE	HARAT	MARIN	OURAL	SARRE
TAPAS	AVRIL	CIRRE	FARCI	HARDE	MARLE	OURSE	SCRUB
TAPÉE	BARBE	CIRTA	FARDE	HARDI	MARLI	PARDI	SERBE
TAPER	BARBU	CORAN	FARSI	HAREM	MARNE	PARER	SERGE
TAPIE	BARDA	CORDE	FERIA	HARET	MAROC	PARIA	SERIN
TAPIN	BARGE	CORÉE	FERME	HARLE	MARRI	PARIS	SERPE
TAPIR	BARIL	CORNE	FERRÉ	HARPE	MARTE	PARME	SERRÉ
TAPIS	BARJO	CORNU	FERRY	HERAT	MERCI	PARMI	SÉRAC
TAPON	BARON	CORON	FERTÉ	HERBE	MERDE	PAROI	SÉRIE
TEPIC	BARRE	CORPS	FÉRIE	HERBU	MERLE	PARSI	SÉRUM
TIPER	BERGE	CORSÉ	FÉRIR	HERGÉ	MERLU	PARTI	SIRET
TOPER	BERIA	CORSO	FÉRUE	HERNE	MÉROÉ	PARUE	SIRLI
TYPÉE	BERIO	CURÉE	FIRME	HERSE	MÉROU	PERCE	SIROP
	BERNE	CUREL	FORCE	HERTZ	MIRER	PERÇU	SORBE
Q	BERNI	CURER	FORER	HÉRON	MORAL	PERCY	SOREL
	BÉRET	CURIE	FORÊT	HÉROS	MORAT	PERDU	SORIA
COQUE	BIRBE	CURRY	FORGE	HORDE	MORDU	PERLE	SORTE
JAQUE	BORAS	DARCE	FORLI	HORTA	MORÉE	PERON	SORTI
LAQUE	BORAX						

SPRAT	TORVE	ARSIN	FASTE	MÉSON	RUSER	AUTUN	FATUM
SPRAY	TURBO	ASSAI	FESSE	MISER	RUSSE	BATÉE	FÊTÉE
SPREE	TURCO	ASSAM	FESSU	MISTI	SISAL	BATIK	FÊTER
SPRUE	TURIN	ASSEN	FOSSE	MOSSI	SISSI	BATNA	FUTÉE
STRIE	TURNE	ASSEZ	FUSÉE	MUSÉE	SOSIE	BATTE	FUTON
SURAH	TYRAN	ASSIS	FUSEL	MUSER	SUSHI	BÂTIE	FUTUR
SURAT	VARAN	AUSSI	FUSER	MUSLI	TASSE	BÂTIR	GATTE
SURET	VARDA	BASAL	FUSIL	NASAL	TESLA	BÂTON	GÂTÉE
SURIE	VARGA	BASÉE	GASPÉ	NASSE	TISON	BETTE	GÂTER
SURIN	VARIA	BASER	GESSE	NESLE	TISSU	BÉTEL	GITAN
SURIR	VARIÉ	BASIN	GESTE	OASIS	ULSAN	BÉTON	GITON
SUROS	VARNA	BASSE	GÉSIR	OISIF	USSEL	BITOS	GÎTER
SYRIE	VARON	BASTA	GOSSE	OISON	VASSY	BITTE	GOTHA
TARÉE	VARVE	BASTE	GUSSE	ORSAY	VASTE	BOTTE	GOTON
TARER	VERBE	BÉSEF	HASCH	OSSUE	VESCE	BUTÉE	HÂTÉE
TARET	VERDI	BISET	HASTE	OSSUN	VESLE	BUTER	HÂTER
TARGE	VERGE	BISON	HESSE	OUSTE	VESOU	BUTIN	HÂTIF
TARIE	VERGT	BISOU	HOSTO	PASSÉ	VESSE	BUTOR	HÊTRE
TARIF	VERNE	BISSE	INSTI	PASTO	VESTA	BUTTE	HOTTE
TARIM	VERNI	BOSCO	IPSOS	PESER	VESTE	CATCH	HÔTEL
TARIN	VERNY	BOSSE	ISSUE	PESON	VISÉE	CATIN	HUTTE
TARIR	VERRE	BUSTE	JASER	PESSE	VISER	CETTE	ICTUS
TAROT	VERSO	CASÉE	JASON	PESTE	VISON	CITÉE	INTER
TARSE	VERTE	CASER	JASPE	PISTE	ZESTE	CITER	ITTEN
TARTE	VERTU	CASTE	JÉSUS	POSÉE		COTÉE	JATTE
TERME	VERVE	CESTE	JUSÉE	POSER	**T**	COTER	JETÉE
TERNE	VÉRIN	CÉSAR	JUSTE	POSTE		COTIR	JETER
TERNI	VIRAL	CISTE	KYSTE	PUSAN	ACTÉE	COTON	JETON
TERRE	VIRÉE	COSSE	LASER	RASER	ACTIF	COTRE	JETTE
TIRÉE	VIRER	COSSU	LASSO	RASTA	ACTON	COTTE	JUTER
TIRER	VIRIL	DÉSIR	LESTE	RESTE	ALTAÏ	DATÉE	LATEX
TIRET	VIRUS	DISCO	LÉSER	RESTO	ANTAN	DATER	LATIN
TORCY	XÉRÈS	DOSÉE	LISSE	RISÉE	ANTÉE	DATTE	LATTE
TORDU	XÉRUS	DOSER	LISTE	RISLE	ANTRE	DETTE	LÉTAL
TOREZ	ZARIA	EESTI	LOSER	ROSAT	ARTEL	DOTER	LITÉE
TORII		ENSOR	LUSIN	ROSÉE	ARTUS	ENTER	LITER
TORIL	**S**	EPSOM	MASAI	ROSER	ASTER	ENTRE	LITRE
TORNE	ABSIL	ESSAI	MASER	ROSIR	ASTON	ESTER	LOTIE
TORON	AISÉE	ESSEN	MASSA	ROSSE	ASTRE	ESTOC	LOTIR
TORSE	AISNE	ESSEX	MASSE	ROSSI	ATTAR	EXTRA	LOTTE
TORTU	ANSÉE	ESSOR	MESSE	RÖSTI	ATTIS	FATAL	LOTUS
TORUN	AOSTE	FASCE	MÉSIE	RUSÉE	AUTEL	FATMA	LUTER

LUTIN	OCTAL	RITAL	VITAL	COUPE	FOUTU	LOUIS	ROUGE
LUTON	OCTET	ROTER	VITIM	COURS	FRUIT	LOURD	ROUIR
LUTTE	OLTEN	ROTIN	VITRE	COURT	GAUDE	LOURE	ROULÉ
MATAF	OPTER	ROTOR	VOTÉE	COURU	GAULE	LOUVE	ROUND
MATCH	ORTIE	RÔTIE	VOTER	COUVI	GAUPE	MAURE	ROUTE
MATER	OSTIE	RÔTIR	VOTRE	CRUEL	GLUAU	MAURS	SAUCE
MATHA	OTTON	RÜTLI		DAUBE	GLUBB	MAUVE	SAULE
MATHS	OUTIL	SATAN	**U**	DEUIL	GLUME	MEULE	SAULT
MATIN	OUTRE	SATIE		DEULE	GOUDA	MEUTE	SAUNA
MATIR	PATAN	SATIN	ADULA	DOUAI	GOUET	MOULE	SAURA
MATON	PATER	SETON	AHURI	DOUCE	GOUGE	MOULT	SAUVE
MATOS	PATIN	SÉTIF	ALUNE	DOUÉE	GOULU	MOULU	SCULL
MATOU	PATIO	SITAR	AMURE	DOUER	GOURA	NEUME	SEUIL
MATTE	PATNA	SITIN	AOÛTÉ	DOUMA	GOURD	NEUSS	SEULE
MÉTAL	PATOU	SITÔT	ARUBA	DOURO	GOURO	NEUVE	SMURF
MÉTIS	PATTE	SITUÉ	BAUER	DOUTE	GRUAU	NOUBA	SOUCI
MÉTRO	PATTU	SOTTE	BAUGE	DOUVE	GRUME	NOUÉE	SOUDE
MÈTRE	PÂTÉE	TATAR	BAUME	DOUZE	GRUON	NOUER	SOULE
MITAN	PÂTIR	TATOU	BEURK	DRUPE	HAUTE	NOUET	SOUPE
MITÉE	PÂTIS	TÂTER	BLUES	ÉCULÉ	HEURE	OEUVÉ	SOURD
MITON	PÂTON	TETTE	BLUET	ÉCUME	HEURT	OMUTA	SOUTE
MITRE	PÂTRE	TÉTÉE	BLUFF	ELURU	HOUAI	ORURO	SQUAW
MOTEL	PETIT	TÉTER	BLUSH	ÉMULE	HOUER	OVULE	STUPA
MOTET	PETON	TÉTIN	BOUÉE	ENUGU	HOULE	PAUME	TAULE
MOTIF	PÉTER	TÉTON	BOUGE	ÉPURE	HOURD	PAUSE	TAUPE
MOTTA	PÉTRÉ	TÉTRA	BOULE	ÉQUIN	INUIT	PEULE	TAURE
MOTTE	PÉTRI	TÊTUE	BOURG	ÉTUDE	INULE	PIURA	THUIN
MOTUS	PÉTUN	TITAN	BOUSE	ÉTUVE	JAUNE	PLUIE	THUIR
MUTER	PITIÉ	TITRE	BRUIT	FAUNE	JEUDI	PLUME	THUNE
MUTIN	PITON	TOTAL	BRUME	FAURÉ	JEUNE	POUAH	THUYA
MYTHE	PITRE	TOTEM	BRUNE	FAUTE	JOUAL	POUCE	TOUCY
NATAL	POTÉE	TOTON	BRUTE	FAUVE	JOUÉE	POULE	TOUÉE
NATIF	POTIN	TÔTES	CAUCA	FEUIL	JOUER	POULS	TOUER
NATTE	QATAR	TUTIE	CAURI	FEURS	JOUET	POUPE	TOULA
NETTE	RATÉE	TUTSI	CAUSE	FLUER	JOUIR	PRUDE	TOURD
NITRA	RATEL	TUTTI	CHUTE	FLUET	JOULE	PRUNE	TRUIE
NITRE	RATER	ULTRA	CLUNY	FLUOR	JOUTE	REUSS	TRUST
NOTÉE	RATIO	UNTEL	CLUSE	FLUSH	LAURE	RHUME	TSUBA
NOTER	RATON	USTER	COUAC	FLÛTE	LAUSE	ROUÉE	URUBU
NOTRE	RATTE	VATAN	COUDE	FOUET	LIURE	ROUEN	USUEL
OATES	RÉTIF	VÊTIR	COUHÉ	FOUIR	LOUÉE	ROUER	USURE
OBTUS	RÉTRO	VÊTUE	COUIC	FOULE	LOUER	ROUET	UVULE

4e

POSITION

A

☞

VEULE	GIVRE	RÊVER	GUYOT		BOYAU	FLÉAU	LOCAL
VEUVE	HAVRE	RIVAL	HAYON		BREAK	FOCAL	LOGAN
VOUER	HÉVÉA	RIVÉE	HOYAU		CABAN	FURAX	LOYAL
VOULU	HIVER	RIVER	JOYAU		CABAS	GAÏAC	MACAO
VOÛTE	INVAR	RIVET	LAYER		CACAO	GAMAY	MAMAN
YEUSE	LAVAL	ROVNO	LOYAL		CALAO	GAYAL	MASAI
YOUPI	LAVER	SAVON	LOYER		CANAL	GITAN	MATAF
	LAVIS	SÉVIR	MAYEN	AARAU	CANAR	GLIAL	MEDAN

V

X

Y

Z

	LAVIT	TAVEL	MAYET	ABBAS	CARAT	GLUAU	MÉTAL
	LEVÉE	VIVAT	MOYEN	ACHAB	CÉRAT	GRUAU	MILAN
ALVIN	LEVER	VIVRE	MOYEU	ACHAT	CÉSAR	HAMAC	MITAN
ARVOR	LEVET	VOVES	NOYAU	ALDAN	CLEAN	HANAP	MODAL
BAVER	LÉVIS	WAVRE	NOYÉE	ALIAS	COPAL	HANAU	MORAL
BÉVUE	LÈVRE		NOYER	ALLAH	CORAN	HARAR	MORAT
BOVES	LIVET		NOYON	ALPAX	COUAC	HARAS	MURAL
BOVIN	LIVRE	BOXER	PAYÉE	ALTAÏ	DAKAR	HARAT	MURAT
CAVÉE	LOVER	FAXER	PAYER	AMMAN	DAMAS	HÉLAS	NABAB
CAVER	NAVAL	FIXER	RAYER	ANNAL	DANAÉ	HERAT	NANAN
CAVET	NAVEL	LEXIE	RAYON	ANNAM	DÉBAT	HOUAI	NANAR
CIVET	NAVES	LEXIS	REYES	ANTAN	DÉCAN	HOYAU	NASAL
CIVIL	NAVET	LUXER	ROYAL	APLAT	DÉGÂT	IDÉAL	NATAL
CUVÉE	NAVRE	MIXER	ROYAN	APPAS	DÉLAI	ILÉAL	NAVAL
CUVER	NEVEU	MIXTE	ROYAT	APPÂT	DINAN	INVAR	NÉPAL
DAVID	NIVAL	NIXON	SAYON	ARGAS	DINAR	IRIAN	NÉRAC
DAVIS	NOVER	SAXON	SEYNE	ARRAS	DIVAN	ISAAC	NINAS
DEVIN	OBVIÉ	SEXTE	STYLE	ASSAI	DOUAI	ISKAR	NIVAL
DEVIS	ORVET	SEXUÉ	STYLO	ASSAM	DUCAT	ISLAM	NOPAL
DEVON	OUVÉA	SIXTE	TUYAU	ATLAS	ÉCLAT	JALAP	NOYAU
DEVOS	OUVRÉ	TEXAS	VOYOU	ATTAR	ÉCRAN	JOUAL	NUCAL
DÉVOT	PAVÉE	TEXEL		AURAY	EILAT	JOYAU	OBLAT
DIVAN	PAVER	TEXTE		BACAU	ELGAR	JUCAR	OCÉAN
DIVIN	PAVIE	VEXER	ANZIO	BAGAD	ELIAS	JUDAS	OCTAL
DUVET	PAVOT		AUZON	BALAI	EMPAN	JUGAL	OFLAG
ELVEN	PIVOT		BAZAR	BALAN	ENCAN	KRAAL	ORSAY
ENVIE	RAVEL	APYRE	BAZIN	BANAL	ENCAS	LACAN	OSCAR
ENVOI	RAVIE	BAYER	BÉZEF	BASAL	ESPAR	LAVAL	OURAL
ENVOL	RAVIN	BAYOU	GAZER	BAZAR	ESSAI	LÉGAL	PAEAN
FAVUS	RAVIR	BOYAU	GAZON	BEHAN	ÉVRAN	LÉGAT	PALAN
FOVÉA	REVEL	DOYEN	GUZLA	BILAN	EXÉAT	LENAU	PATAN
GAVÉE	REVIF	FAYOT	LAZZI	BOCAL	FARAD	LÉTAL	PÉKAN
GAVER	REVIN	FOYER	MAZOT	BORAS	FATAL	LIBAN	PÉNAL
GAVOT	REVUE	GAYAL	VIZIR	BORAX	FILAO	LILAS	POLAR
GIVET	RÊVÉE				FINAL	LIMAN	POUAH

PRÉAU
PUSAN
QATAR
RABAN
RABAT
RADAR
RAJAH
RAMAS
REBAB
REDAN
RÉGAL
RELAX
RÉNAL
RENAN
REPAS
RITAL
RIVAL
ROHAN
ROMAN
ROSAT
ROYAL
ROYAN
ROYAT
RUBAN
RURAL
SABAH
SAGAN
SAKAI
SALAM
SALAN
SALAT
SAMAR
SANAA
SARAH
SARAN
SATAN
SCEAU
SCHAH
SECAM
SEDAN
SÉNAT
SENAU
SÉRAC

SICAV
SINAÏ
SISAL
SITAR
SONAR
SPRAT
SPRAY
SQUAW
SURAH
SURAT
TABAC
TAGAL
TAPAS
TATAR
TCHAD
TCHAO
TEXAS
TITAN
TOMAN
TOMAR
TONAL
TOTAL
TRIAL
TUYAU
TYRAN
UHLAN
ULSAN
VAGAL
VARAN
VATAN
VÉNAL
VILAR
VINAY
VIRAL
VITAL
VIVAT
VOCAL

B

ALIBI
AMIBE
ARABE

AROBE
ARUBA
BARBE
BARBU
BIRBE
BOMBE
BRIBE
BULBE
CHIBA
CLEBS
COMBO
CRABE
DAUBE
DERBY
GALBE
GAMBA
GAMBE
GERBE
GLÈBE
GLOBE
GLUBB
GOMBO
GRÈBE
HALBI
HERBE
HERBU
HOBBY
IAMBE
JAMBE
LABBÉ
LIMBE
MAMBO
MELBA
NIÈBE
NIMBE
NOUBA
OROBE
PLÈBE
PROBE
RAABE
RUGBY
RUMBA

C

SAMBA
SERBE
SORBE
TOMBE
TRABE
TRIBU
TSUBA
TURBO
URUBU
VERBE

ABACA
AMICT
ARICA
ATACA
ATOCA
BIOCO
BOSCO
CARCO
CATCH
CAUCA
CERCE
COACH
CRACK
CROCO
DARCE
DELCO
DISCO
DOUCE
ÉPICE
ERICE
EXACT
FARCE
FARCI
FASCE
FONCÉ
FORCE
GANCE
GARCE
GERCE
GLACE

GRÂCE
GRÈCE
HASCH
HOCCO
IPÉCA
KRACH
LANCE
LECCE
LECCO
LORCA
LUNCH
MATCH
MERCI
MINCE
NIÈCE
NONCE
PANCA
PERCE
PERÇU
PERCY
PIÈCE
PINCE
PLACE
PONCE
POUCE
RANCE
RANCH
RANCI
RONCE
SAUCE
SLICE
SOUCI
SPICA
STICK
STOCK
TACCA
TALCA
TENCE
TORCY
TOUCY
TRACE
TRACT

TRACY
TURCO
VENCE
VESCE
VINCA
VOICI
VRACA
WINCH

D

ACIDE
AMADE
AMADO
AMIDE
APODE
ARIDE
AVIDE
BAADE
BANDE
BARDA
BONDÉ
BREDA
BRÈDE
BRIDE
CANDÉ
CARDE
CLODO
CONDÉ
CORDE
COUDE
CRADO
CREDO
DINDE
DIODE
DYADE
EGEDE
ÉGIDE
ÉPODE
ERODE
ÉTUDE
ÉVADÉ
EXODE

FARDE
FONDA
FONDS
FONDU
FULDA
GANDA
GARDE
GAUDE
GÉODE
GOUDA
GRADE
GUÈDE
GUIDE
HARDE
HARDI
HINDI
HORDE
IMIDE
IXODE
JARDE
JEUDI
KENDO
KURDE
LAIDE
LEEDS
LENDL
LINDE
LUNDI
MAHDI
MARDI
MENDE
MERDE
MONDE
MORDU
OSIDE
OVIDE
PANDA
PARDI
PENDU
PERDU
POIDS
PRUDE

RAIDE
READE
RENDU
ROIDE
RONDE
RONDO
RUADE
SAIDA
SARDE
SÉIDE
SOLDE
SONDE
SOUDE
STADE
SUÈDE
TENDE
TENDU
TIÈDE
TILDE
TONDU
TORDU
TRIDI
VARDA
VENDU
VERDI
ZANDE

E

ABCÈS
ABNER
ACCÈS
ACIER
ACTÉE
ADIEU
ADLER
ADRET
AÉRER
AGRÉÉ
AGRÈS
AIDÉE
AIDER
AILÉE

AIMER	BABEL	CANER	DAMER	ÉPIER	FUSEL	HÂTER	LAPER
AÎNÉE	BADEN	CARET	DATÉE	ÉPIEU	FUSER	HEGEL	LASER
AIRER	BAIES	CAREX	DATER	ERNÉE	FUTÉE	HÉLER	LATEX
AISÉE	BALEN	CASÉE	DÉCÈS	ERRER	GABÈS	HÉVÉA	LAVER
ALBEE	BANÉR	CASER	DÉFET	ESSEN	GADES	HIVER	LAYER
ALCÉE	BASÉE	CAVÉE	DÉGEL	ESSEX	GAGÉE	HÔTEL	LEBEL
ALDER	BASER	CAVER	DÎNER	ESTER	GAGER	HOUER	LÉGER
ALGER	BATÉE	CAVET	DOLER	ÉTHER	GAGES	HUMER	LÉSER
ALLÉE	BAUER	CÉDER	DOPÉE	ÉTIER	GALET	HYMEN	LEVÉE
ALLER	BAVER	CÉGEP	DOPER	ÊTRES	GARÉE	IDÉEL	LEVER
ALLEU	BAYER	CELER	DORÉE	EUBÉE	GARER	IEPER	LEVET
ALMÉE	BEBEL	CÉPÉE	DORER	EUDES	GÂTÉE	IGNÉE	LIBER
ALOÈS	BÊLER	CÉRET	DOSÉE	EULER	GÂTER	ÎLIEN	LIMER
ALPES	BÉNEF	CHIEN	DOSER	EUPEN	GAVÉE	ILMEN	LINER
AMIEL	BENES	CIRÉE	DOTER	ÉVIER	GAVER	IMPER	LITÉE
ANDES	BENÊT	CIRER	DOUÉE	EVREN	GAZER	INDES	LITER
ÂNIER	BÉRET	CITÉE	DOUER	EXCÈS	GELÉE	INDEX	LIVET
ANNÉE	BÉSEF	CITER	DOYEN	FAMÉE	GELER	INNÉE	LODEN
ANSÉE	BÉTEL	CIVET	DREES	FANER	GÊNÉE	INTER	LOFER
ANTÉE	BÉZEF	COBÉE	DUPÉE	FAXER	GÊNER	IODER	LOGER
APPEL	BIDET	CODÉE	DUPER	FÈCES	GÊNES	ITTEN	LOREN
ÂPRES	BINER	CODER	DURÉE	FÊLÉE	GENET	IVRÉE	LOSER
ARDEN	BINET	COLÉE	DURER	FÊLER	GÉRER	JACÉE	LOUÉE
ARIEN	BISET	COLET	DUVET	FÊTÉE	GIBET	JASER	LOUER
ARLES	BLIER	CORÉE	EAMES	FÊTER	GILET	JETÉE	LOVER
ARMÉE	BLUES	COTÉE	EANES	FIGER	GÎTER	JETER	LOYER
ARMER	BLUET	COTER	ÉCHEC	FILÉE	GIVET	JOKER	LUGER
ARMET	BOLÉE	CRÉER	ÉCHÉE	FILER	GOBER	JOUÉE	LUMEN
ARRÊT	BOLET	CRIÉE	ÉCHER	FILET	GODER	JOUER	LUNÉE
ARTEL	BOUÉE	CRIER	EFFEL	FIXER	GODET	JOUET	LUNEL
ASPET	BOVES	CRUEL	EFFET	FLUER	GORET	JUDÉE	LUNEN
ASSEN	BOXER	CUBÉE	ÉGÉEN	FLUET	GOUET	JUGER	LUREX
ASSEZ	BRIEC	CUBER	EIDER	FORER	GREEN	JULEP	LUTER
ASTER	BRIEY	CULÉE	EIGER	FORÊT	GRÉER	JULES	LUXER
ATGET	BUTÉE	CULER	ELBÉE	FOUET	GRIEF	JUMEL	LYCÉE
ATHÉE	BUTER	CUNEO	ELVEN	FOVÉA	GUÉER	JURER	MAMER
AUBER	CADET	CURÉE	EMDEM	FOYER	HAGEN	JUSÉE	MÂNES
AUDEN	CAGET	CUREL	EMMEN	FUMÉE	HÂLÉE	JUTER	MANET
AUGET	CAÏEU	CURER	ENFER	FUMER	HALER	LABEL	MARÉE
AUNÉE	CALÉE	CUVÉE	ENFEU	FUMET	HAREM	LACER	MASER
AURÈS	CALER	CUVER	ENJEU	FURET	HARET	LACET	MATER
AUTEL	CAMÉE	DAMÉE	ENTER	FUSÉE	HÂTÉE	LAMÉE	MAYEN

MAYET	NOTÉE	PELER	RECÈS	SILEX	TOTEM	YÉMEN	ENUGU
MÊLÉE	NOTER	PÉPÉE	REGEL	SIRET	TÔTES	ZÉLÉE	ÉTAGE
MÊLER	NOUÉE	PÉREC	REGER	SKIER	TOUÉE	ZONÉE	EXIGU
MENEM	NOUER	PÉRET	REJET	SODÉE	TOUER		FANGE
MENEN	NOUET	PESER	RÊVÉE	SOLEN	TRIER	**F**	FORGE
MENER	NOVER	PÉTER	REVEL	SOLEX	TUBÉE		FRIGO
MIMER	NOYÉE	PIGER	RÊVER	SOMES	TUNER	BLAFF	GANGA
MINER	NOYER	PILÉE	REYES	SOREL	TWEED	BLUFF	GANGE
MINET	OATES	PILER	RIDÉE	SPREE	TYPÉE	DRIFT	GORGE
MIRER	OBIER	PILET	RIDER	STAËL	UNTEL	GAFFE	GOUGE
MISER	OBJET	PINEL	RILEY	STEEN	URGER	GOLFE	GRÈGE
MITÉE	OCRÉE	PIPÉE	RIMÉE	SUCER	USNÉE	KRAFT	HERGÉ
MIXER	OCRER	PIPER	RIMER	SUJET	USSEL	LUFFA	IMAGE
MODEL	OCTET	PIRÉE	RIPÉE	SUMEN	USTER	RIFFE	IMAGO
MODEM	OLIER	PLIÉE	RIPER	SUPER	USUEL	SKIFF	LANGE
MONEL	OLTEN	PLIER	RISÉE	SURET	VALET	SNIFF	LARGE
MONET	ONDÉE	POKER	RIVÉE	TACET	VANEL	TAFFE	LARGO
MORÉE	OPTER	PONEY	RIVER	TALÉE	VÉCÉS	TUFFE	LIÈGE
MOTEL	ORBEC	POSÉE	RIVET	TALER	VEDEL		LINGE
MOTET	ORIEL	POSER	ROBER	TAPÉE	VÊLER	**G**	LONGE
MOYEN	ORMET	POTÉE	RODÉO	TAPER	VENET		MARGE
MOYEU	ORNER	PRIER	RÔDER	TARÉE	VEXER	ADAGE	MORGE
MULET	ORVET	PURÉE	RONÉO	TARER	VIDÉE	ADIGE	NEIGE
MURES	OSIER	PYREX	ROSÉE	TARET	VIDÉO	BADGE	NUAGE
MURET	OUÏES	QUIET	ROSER	TÂTER	VIDER	BARGE	OMÉGA
MUSÉE	OUVÉA	RACÉE	ROTER	TAVEL	VINÉE	BAUGE	ONEGA
MUSER	PAÏEN	RACER	ROUÉE	TÉGÉE	VINER	BEIGE	ORAGE
MUTER	PALÉE	RADER	ROUEN	TÉLEX	VIRÉE	BELGE	OTAGE
NADER	PALET	RAGER	ROUER	TÉTÉE	VIRER	BERGE	PÉAGE
NAGER	PÂMER	RÂLER	ROUET	TÉTER	VISÉE	BINGO	PIÈGE
NAPÉE	PANÉE	RAMER	RUPEL	TEXEL	VISER	BOËGE	PLAGE
NAPEL	PANEL	RÂPÉE	RUSÉE	THIÈS	VOLÉE	BONGO	PONGE
NAVEL	PANER	RÂPER	RUSER	TIBET	VOLER	BORGO	PURGE
NAVES	PAPEN	RASER	SALÉE	TIPER	VOLET	BOUGE	RIEGO
NAVET	PARER	RATÉE	SALEM	TIRÉE	VOMER	BRAGA	ROUGE
NÉMÉE	PÂTÉE	RATEL	SALER	TIRER	VOTÉE	CANGE	SAÏGA
NÉRÉE	PATER	RATER	SAMER	TIRET	VOTER	CARGO	SERGE
NEVEU	PAVÉE	RAVEL	SANEM	TOLÉE	VOUER	CONGA	SIÈGE
NICÉE	PAVER	RAYER	SAPER	TOLET	VOVES	CONGÉ	SONGE
NIGER	PAYÉE	REBEC	SCIÉE	TOMER	WALES	CONGO	STAGE
NÎMES	PAYER	REBEL	SCIER	TOPER	WEBER	DINGO	SUAGE
NOBEL	PELÉE	RECEL	SEMER	TOREZ	XÉRÈS	DOIGT	TAEGU
						DRÈGE	
						ÉLOGE	

TAÏGA	IDAHO	ARBIL	CÂLIN	DROIT	GABIE	LEXIS	NOCIF
TANGA	KACHA	ARNIM	CANIF	DULIE	GABIN	LIAIS	NOLIS
TANGO	KACHE	ARSIN	CATIN	DURIT	GADIN	LIGIE	NORIA
TARGE	LÂCHE	ASDIC	CHAIR	ÉCRIN	GAMIN	LOGIS	OASIS
TONGA	LOCHE	ASPIC	CHEIK	ÉCRIT	GÉLIF	LOPIN	OBÉIR
USAGE	MACHO	ASSIS	CHOIR	ÉFRIT	GÉMIR	LORIS	OBVIÉ
VARGA	MATHA	ATTIS	CHOIX	ÉLÉIS	GÉNIE	LOTIE	OGLIO
VERGE	MATHS	AUBIN	CILIÉ	ELGIN	GENIL	LOTIR	OISIF
VERGT	MÈCHE	AUDIO	CIVIL	ÉMAIL	GÉSIR	LOUIS	ONDIN
VINGT	MICHE	AUDIT	CLAIE	ENFIN	GIRIE	LUBIE	ORGIE
VOLGA	MOCHE	AUNIS	CLAIM	ENGIN	GOBIE	LUPIN	ORPIN
VULGO	MYTHE	AURIC	CLAIR	ENVIE	GRAIN	LUSIN	ORTIE
	NICHE	AURIS	COLIN	ÉOLIE	GROIE	LUTIN	OSTIE
H	OUCHE	AVOIR	COLIS	ÉPAIR	GROIN	LYDIE	OUAIS
	PACHA	AVRIL	COPIE	ÉPAIS	GYRIN	LYRIC	OUTIL
AICHE	PÊCHE	BABIL	COTIR	ÉPRIS	HABIT	MACIS	PÂLIR
ALPHA	POCHE	BADIN	COUIC	ÉQUIN	HÂTIF	MAFIA	PALIS
ANCHE	RÊCHE	BARIL	CRAIE	ERBIL	HÉLIX	MAGIE	PANIC
ARCHE	RICHE	BASIN	CRAIG	ÉTAIN	IMPIE	MALIN	PARIA
BÂCHE	ROCHE	BÂTIE	CREIL	ÉVEIL	INDIC	MANIE	PARIS
BÊCHE	RUCHE	BATIK	CROIX	FAKIR	INUIT	MARIÉ	PATIN
BICHE	SÈCHE	BÂTIR	CUMIN	FÉLIN	IONIE	MARIN	PATIO
BÛCHE	SUSHI	BAZIN	CURIE	FENIL	IRBID	MATIN	PÂTIR
CACHE	TACHE	BEGIN	DABIT	FERIA	ISAÏE	MATIR	PÂTIS
COCHE	VACHE	BÉNIE	DAHIR	FÉRIE	JADIS	MÉDIA	PAVIE
COUHÉ	YACHT	BÉNIN	DAVID	FÉRIR	JILIN	MÉGIR	PÉNIL
DÉCHU		BÉNIR	DAVIS	FEUIL	JOLIE	MÉGIS	PÉNIS
DÈCHE	**I**	BÉNIT	DÉBIT	FINIR	JOUIR	MÉLIA	PÉPIN
DELHI		BERIA	DÉDIT	FLAIR	JULIE	MENIN	PÉRIL
DUCHÉ	ABSIL	BERIO	DÉLIT	FLEIN	KILIM	MÉSIE	PÉRIR
ÉBAHI	ACTIF	BIAIS	DEMIE	FOLIE	LABIE	MÉTIS	PETIT
ELCHE	AFFIN	BLAIN	DENIM	FOLIO	LACIS	MOMIE	PIPIT
ESCHE	ALAIN	BLAIR	DENIS	FONIO	LADIN	MORIN	PITIÉ
ÉVOHÉ	ALDIN	BLAIS	DÉPIT	FOUIR	LAMIA	MORIO	PLAID
FACHO	ALGIE	BLOIS	DÉSIR	FRAIS	LAMIE	MOTIF	PLAIE
FÂCHÉ	ALLIA	BOVIN	DEUIL	FREIN	LAPIN	MUGIR	PLEIN
FICHU	ALLIÉ	BROIE	DEVIN	FROID	LAPIS	MUNIR	PLUIE
FOEHN	ALPIN	BRUIT	DEVIS	FRUIT	LATIN	MÔRIR	POLIE
GÂCHE	ALVIN	BURIE	DIGIT	FUNIN	LAVIS	MUTIN	POLIO
GOTHA	ANDIN	BURIN	DIVIN	FURIA	LAVIT	NADIR	POLIR
HACHE	ANNIE	BUTIN	DORIS	FURIE	LÉVIS	NATIF	POTIN
HUCHE	ANZIO	CADIX	DRAIN	FUSIL	LEXIE	NIAIS	PROIE

PUBIS	SATIN	TÉTIN	**K**	CARLE	GIFLE	NABLE	SAALE
PUNIR	SEMIS	THUIN		CELLA	GILLE	NÈFLE	SABLE
PUPIN	SEOIR	THUIR	DRAKE	CELLE	GNOLE	NESLE	SALLE
PURIN	SÉPIA	TIBIA	GECKO	CELLE	GOGLU	NILLE	SAULE
RABIN	SÉRIE	TONIE	HAÏKU	CHÂLE	GOULU	NIOLE	SAULT
RADIN	SERIN	TORII	LINKS	CHILE	GRÊLE	NIOLO	SCALP
RADIO	SÉTIF	TORIL	OSAKA	CHILI	GRILL	NOBLE	SCOLA
RADIS	SEUIL	TRAIN	SHAKO	CIBLE	GROLE	NULLE	SCULL
RAMIE	SÉVIR	TRAIT	SULKY	COLLE	GUZLA	OBÈLE	SELLE
RAPIN	SIBIU	TROIE	VODKA	COULE	HALLE	OBOLE	SEULE
RATIO	SITIN	TROIS		CYCLE	HARLE	OEILS	SICLE
RAVIE	SOFIA	TRUIE	**L**	DALLE	HELLO	OILLE	SIGLE
RAVIN	SOLIN	TUNIS		DELLE	HILLA	OMBLE	SIMLA
RAVIR	SORIA	TURIN	ABELL	DEULE	HOULE	ONCLE	SIRLI
RÉCIF	SOSIE	TUTIE	ADÈLE	DRILL	HUILE	ONGLE	SMALA
RÉCIT	STEIN	VAGIN	ADULA	DRÔLE	IDOLE	OPALE	SMALT
RÉDIE	STRIE	VAGIR	AGILE	DUALE	IMOLA	OPOLE	SMOLT
RÉGIE	SUBIR	VARIA	AIGLE	ÉCALE	INULE	OUBLI	SNELL
RÉGIR	SUBIT	VARIÉ	AÏOLI	ÉCOLE	ISOLÉ	OVALE	SOCLE
RÉMIZ	SUPIN	VÉLIE	AKOLA	ÉCOLO	JABLE	OVULE	SOULE
RÉPIT	SURIE	VÉLIN	AMBLE	ÉCULÉ	JOULE	PELLA	STÈLE
RÉTIF	SURIN	VENIN	AMPLE	ÉDILE	KOALA	PELLE	STYLE
REVIF	SURIR	VENIR	AMPLI	EEKLO	LILLE	PERLE	STYLO
REVIN	SYRIE	VÉRIN	ANALE	ÉGALE	LILLO	PEULE	TABLA
RICIN	TAFIA	VÊTIR	ANGLE	ÉMULE	LULLE	PHILO	TABLE
ROBIN	TAMIA	VICIÉ	AROLE	ENFLÉ	MACLE	POÊLE	TACLE
ROSIR	TAMIL	VIEIL	ASILE	ÉTALE	MALLE	POILU	TALLE
RÔTIE	TAMIS	VIGIE	ASPLE	ÉTOLE	MARLE	POULE	TAULE
ROTIN	TANIN	VIRIL	ATÈLE	EXCLU	MARLI	POULS	TELLE
RÔTIR	TANIS	VITIM	ATOLL	EXILÉ	MELLE	PRÊLE	TESLA
ROUIR	TAPIE	VIZIR	AVILA	FABLE	MERLE	PROLO	TIELT
RUBIS	TAPIN	VOLIS	AXILE	FÉALE	MERLU	RABLE	TILLE
RUGIR	TAPIR	VOMIR	BÂCLE	FILLE	MEULE	RACLE	TOILE
RUPIN	TAPIS	VRAIE	BALLE	FIOLE	MILLE	RAFLE	TOLLÉ
SABIN	TARIE	ZARIA	BELLE	FOLLE	MOLLE	RÉALE	TOULA
SABIR	TARIF	ZULIA	BELLO	FORLI	MOLLI	RÉGLO	TROLL
SALIN	TARIM		BIBLE	FOULE	MOLLO	RÈGLE	TUILE
SALIR	TARIN	**J**	BIGLE	FRÊLE	MOULE	REPLI	TULLE
SAMIT	TARIR		BILLE	GABLE	MOULT	RIFLE	UCCLE
SANIE	TÉNIA	BANJO	BOULE	GALLE	MOULU	RISLE	UPOLU
SAPIN	TENIR	BARJO	BUGLE	GALLO	MOULU	ROULÉ	UTILE
SATIE	TEPIC	RIOJA	BULLE	GAULE	MUFLE	RÜTLI	UVALE
			CÂBLE	GEÔLE	MUSLI		
			CALLA				

UVULE	ÉNÉMA	PROME	BENNE	ÉTANG	LAINE	PUANT	TONNE
VENLO	FATMA	RAIMU	BERNE	ÉVENT	LEINE	PUÎNÉ	TORNE
VESLE	FEMME	REIMS	BERNI	FAENA	LEONE	QUINE	TRENT
VEULE	FERME	RHUME	BLANC	FAGNE	LERNE	RÈGNE	TRONC
VIÈLE	FIRME	SEIME	BLOND	FAINE	LIANE	REINE	TRÔNE
VILLA	FORME	SIGMA	BONNE	FAUNE	LIANT	RENNE	TUANT
VILLE	FRIME	SOMME	BORNE	FEINT	LIGNE	RHÔNE	TURNE
VIOLE	GAMMA	STEMM	BRUNE	FLANC	LINNÉ	RIANS	UDINE
VOILÀ	GAMME	TERME	CAGNA	FOÈNE	LOING	RIANT	UGINE
VOILE	GEMME	THÈME	CANNA	FRANC	MAINE	RIONI	URANE
VOULU	GERME	TOMME	CANNE	FRÊNE	MAINT	ROGNE	URINE
WELLS	GLOME	TOMMY	CARNE	FRONT	MANNE	ROUND	USANT
	GLUME	TRAME	CÉANS	GAINE	MARNE	ROVNO	USINE
M	GNOME	TRÉMA	CHANT	GARNI	MOINE	RUINE	VAINE
	GOMME	ULÉMA	CHENU	GÉANT	MOINS	SAINE	VANNE
ABÎME	GRIME		CHÊNE	GHANA	MORNE	SAINT	VARNA
ADAMO	GRUME	**N**	CHINE	GIONO	NAINE	SAÔNE	VEINE
AGAMI	HOMME		CIANO	GLAND	NÉANT	SAUNA	VERNE
ALAMO	ITAMI	ADENT	CLONE	GLANE	NENNI	SCÈNE	VERNI
ANIMÉ	KARMA	AGENT	CLUNY	GRANA	NONNE	SÉANT	VERNY
ARÔME	LARME	AISNE	COGNE	GRAND	NYONS	SEINE	VIGNE
ATÉMI	LEMME	ALÈNE	COING	GRANT	ORANT	SEING	XIANG
ATOME	LOMME	ALUNE	CONNE	GRENU	OVINE	SENNA	YENNE
BAUME	MAGMA	AMANT	CONNU	GUANO	OZONE	SENNE	ZANNI
BLÂME	MIAMI	AMÈNE	CORNE	HAINE	PAGNE	SEYNE	
BLÊME	MYOME	AMINE	CORNU	HEINE	PANNE	SIGNE	**O**
BRÊME	NEUME	AMONT	CRÂNE	HENNÉ	PATNA	SONNE	
BROME	NIÈME	ANONE	CYGNE	HERNE	PEINE	STAND	AARON
BRUME	NOÈME	ARÉNA	DAINE	HYÈNE	PEINT	STÉNO	ABBON
CALME	NORME	ARÈNE	DAMNÉ	HYMNE	PENNE	STONE	ACCON
CHAMP	OTOMI	ASANA	DARNE	ICÔNE	PENNY	SUANT	ACTON
CLAMP	PALME	ATONE	DIANE	IMINE	PIANA	SUINT	AGNON
COMMA	PARME	AULNE	DIGNE	ININI	PIANO	SUNNA	ALCOY
COMME	PARMI	AVANT	DONNE	INONU	PIGNE	SWING	ALGOL
CRÈME	PAUME	AVENT	DRING	IRÈNE	PINNE	TANNÉ	ALLOS
CRIME	PLOMB	AVENU	DRINK	IRONE	PLANE	TEINT	AMMON
DERME	PLUME	AVINÉ	DRONE	JAÏNA	PLANT	TEMNÉ	ANGON
DOGME	POÈME	AXÈNE	ÉBÈNE	JAUNE	POGNE	TERNE	ANGOR
DOUMA	POMME	AXONE	ÉGINE	JEANS	POING	TERNI	ANION
DRAME	PRAME	BAGNE	ÉLAND	JENNY	POINT	THANE	ANJOU
DROME	PRIME	BANNI	ÉPINE	JEUNE	PRÔNE	THUNE	ANNOT
ÉCUME	PRIMO	BATNA	ÉRINE	JOINT	PRUNE	TIMNÉ	APIOL
ÉLIMÉ		BÉANT					APION

ARBON	CAJOU	ESCOT	IGLOU	MÉLOÉ	PILOT	SINON	BLAPS
ARÇON	CALOT	ESPOO	ILÉON	MELON	PILOU	SIROP	CAMPÉ
ARGON	CANOË	ESSOR	ILION	MÉROÉ	PINOT	SITÔT	CAMPO
ARGOS	CANON	ESTOC	IMPÔT	MÉROU	PITON	SLOOP	CAPPA
ARGOT	CANOT	ÉTRON	INDOU	MÉSON	PIVOT	SOPOT	CARPE
ARION	CAPON	ÉVRON	IPPON	MIAOU	PUROT	SPÉOS	CHAPE
ARMON	CAPOT	FAÇON	IPSOS	MIDOU	RABOT	SUÇON	CHIPS
ARMOR	CHAOS	FAGOT	IXION	MINOT	RADON	SUROS	CHOPE
ARROI	CHIOT	FALOT	JABOT	MINOU	RAGOT	TABOU	CIPPE
ARVOR	CIRON	FANON	JACOB	MITON	RATON	TACON	CLOPE
ASCOT	COCON	FAYOT	JACOT	MONOÏ	RAYON	TACOT	COPPA
ASTON	CODON	FÉLON	JALON	MUCOR	REBOT	TALON	CORPS
ATHOS	COLON	FILON	JAPON	MULON	REDON	TAPON	COUPE
AUZON	CORON	FILOU	JASON	MULOT	RENOM	TAROT	CRÉPI
AVION	COTON	FLOOD	JETON	MÛRON	RENON	TATOU	CRÉPU
BACON	CRAON	FLUOR	JUPON	NABOT	RENOU	TENON	CRÊPE
BAGOU	CRÉON	FRÉON	JURON	NADOR	REPOS	TÉNOR	DRAPÉ
BARON	CULOT	FUTON	LAGON	NÉRON	RIBOT	TÊNOS	DRUPE
BÂTON	DALOT	GABON	LAGOR	NICOL	RIPOU	TÉTON	ÉSOPE
BAYOU	DÉCOR	GALON	LAGOS	NICOT	ROBOT	THAON	ÉTAPE
BEBOP	DELON	GALOP	LAPON	NIXON	ROCOU	TIMON	FLAPI
BÉCOT	DÉLOT	GAROU	LEÇON	NOYON	ROTOR	TIMOR	FRIPE
BEDON	DÉMON	GAVOT	LÉROT	NYLON	SABOT	TISON	GASPÉ
BELON	DÉPÔT	GAZON	LICOU	ODÉON	SAGOU	TOBOL	GAUPE
BÉMOL	DEVON	GENOU	LIGOT	OIRON	SAJOU	TORON	GUÊPE
BÉTON	DEVOS	GIGOT	LIMON	OISON	SALON	TOTON	HAMPE
BICOT	DÉVOT	GIRON	LINON	ORGON	SALOP	TUDOR	HARPE
BIDON	DIGON	GITON	LUCON	ORLON	SAMOA	UNION	HUPPÉ
BIGOT	DIJON	GOTON	LURON	OTTON	SAMOS	VARON	JASPE
BIJOU	ÉCLOS	GRIOT	LUTON	PALOS	SAROS	VELOT	KAPPA
BISON	ÉCROU	GROOM	MAÇON	PÂLOT	SAVON	VESOU	LAMPE
BISOU	EDFOU	GRUON	MAGOG	PAROI	SAXON	VIDOR	LIPPE
BITOS	ELBOT	GUYOT	MAGOT	PÂTON	SAYON	VISON	LIPPU
BOGOR	ELIOT	HAYON	MAHON	PATOU	SCION	VOLOS	MYOPE
BRION	ENDOS	HÉMON	MAJOR	PAVOT	SCOOP	VOYOU	NAMPO
BURON	ENSOR	HÉRON	MAROC	PENON	SEBOU	WAGON	NAPPE
BUTOR	ENVOI	HÉROS	MATON	PERON	SÉGOU	XÉNON	NIPPE
CABOT	ENVOL	HIBOU	MATOS	PÉROT	SELON		PAMPA
CADOU	ÉPHOD	HURON	MATOU	PÉROU	SETON	**P**	POMPE
CAGOT	EPSOM	ICHOR	MAZOT	PESON	SHOOT	AGAPE	POUPE
CAGOU	ERGOL	IDIOT	MÉDOC	PETON	SIMON	ALEPH	PULPE
CAHOT	ERGOT	IGLOO	MÉGOT	PILON	SINOC	BEPPU	RAMPE

☞	☞	☞	☞	☞	☞	☞	☞
ROMPU	BAIRE	DOURO	HÊTRE	MARRI	RAIRE	USURE	CREST
SALPE	BARRE	EBERT	HEURE	MAURE	RECRU	VERRE	CRISE
SERPE	BEIRA	ÉCART	HEURT	MAURS	RÉTRO	VITRE	CRISS
SOUPE	BEURK	ÉGARD	HOURD	MÉTRO	RHARB	VIVRE	CROSS
STIPE	BIÈRE	ÉGARÉ	HUARD	MÈTRE	ROBRE	VOIRE	DANSE
STUPA	BIGRE	ÉLIRE	HUART	MICRO	SABRA	VOTRE	DARSE
TAMPA	BLÉRÉ	ELURU	IBERT	MITRE	SABRE	WAVRE	DENSE
TAUPE	BOIRE	ÉMERI	IBÈRE	MOERE	SACRE	ZABRE	DIEST
TEMPE	BOURG	ENCRE	ICARE	MOIRÉ	SAFRE	ZAÏRE	DIÈSE
TEMPO	BUIRE	ENTRE	INARI	MOORE	SARRE	ZÈBRE	ÉLISE
TEMPS	CABRI	ÉPARS	INDRE	NACRE	SAURA		ÉMÈSE
TRAPU	CADRE	ÉPART	INDRI	NAIRN	SBIRE	**S**	ERNST
TRIPE	CAFRE	ÉPIRE	INFRA	NAVRE	SCARE	AALST	ÉVASÉ
YOUPI	CAIRN	ÉPURE	INGRÉ	NÉGRO	SCORE	AINSI	FARSI
	CAPRA	ÉRARD	ISARD	NÈGRE	SÈGRE	ALÈSE	FESSE
R	CAPRI	ERDRE	ISÈRE	NEHRU	SERRÉ	ALISE	FESSU
ABORD	CÂPRE	EVERE	ITARD	NIORT	SHORT	ALOSE	FLASH
ACCRO	CARRA	EVERT	JARRE	NITRA	SMART	AROSA	FLUSH
ACCRU	CARRÉ	ÉVORA	LABRE	NITRE	SMURF	AUSSI	FOSSE
ACÉRÉ	CAURI	EXTRA	LABRI	NOIRE	SOBRE	AVISÉ	FRISÉ
ACORE	CÈDRE	FAIRE	LADRE	NOTRE	SOURD	AVISO	FROST
ADIRÉ	CHARI	FAURÉ	LAIRD	NUIRE	SPART	BAISE	GAFSA
AGORA	CHÉRI	FERRÉ	LAURE	OFFRE	SPIRE	BASSE	GANSE
AHURI	CHÈRE	FERRY	LEERS	OMBRE	SPORE	BISSE	GESSE
AIGRE	CIDRE	FEURS	LÈPRE	OPÉRA	SPORT	BLASÉ	GLASS
AIGRI	CIPRE	FIÈRE	LÈVRE	ORDRE	STERN	BLUSH	GLOSE
ALORS	CIRRE	FIFRE	LIARD	ORURO	STÈRE	BOISÉ	GNOSE
AMBRE	CLERC	FLERS	LIBRE	OTARU	STORE	BOSSE	GOSSE
AMÈRE	CLORE	FLIRT	LITRE	OUTRE	STORM	BOUSE	GUISE
AMURE	COPRA	FLORE	LIURE	OUVRÉ	SUCRE	BREST	GUSSE
ANCRE	COTRE	FOIRE	LIVRE	PAGRE	TAIRE	BRISE	GYPSE
ANDRÉ	COURS	FRÈRE	LOIRE	PAIRE	TAURE	CAUSE	HANSE
ANTRE	COURT	FRIRE	LOURD	PÂTRE	TERRE	CENSÉ	HERSE
APÉRO	COURU	GENRE	LOURE	PÈGRE	TÉTRA	CHOSE	HESSE
APYRE	CUERS	GIVRE	LUCRE	PERRÉ	THIRY	CLASH	IRISÉ
ARBRE	CUIRE	GOURA	LUIRE	PÉTRÉ	TIARE	CLUSE	LASSO
ASPRE	CURRY	GOURD	LYCRA	PÉTRI	TIBRE	CORSÉ	LAUSE
ASTRE	DAHRA	GOURO	MACRE	PHARE	TIERS	CORSO	LIPSE
AUTRE	DEBRÉ	GUÉRI	MADRÉ	PITRE	TIGRE	COSSE	LISSE
AVARE	DÉCRI	GUÈRE	MAERL	PIURA	TITRE	COSSU	LOESS
AVERS	DEGRÉ	HAIRE	MAIRE	POIRE	TOURD	CRASE	MANSE
AVÉRÉ	DIORI	HAVRE	MAORI	QUART	ULTRA	CRASH	MASSA

MASSE	TASSE	BETTE	ÉRATO	LAHTI	PESTE	SOUTE	AJOUT
MEISE	TEMSE	BITTE	FAÎTE	LAITE	PHOTO	SPATH	ALBUM
MENSE	THÈSE	BOÎTE	FANTI	LANTA	PIÉTÉ	SUITA	ALGUE
MESSE	TISSU	BONTÉ	FASTE	LATTE	PINTE	SUITE	AMOUR
MOISI	TMÈSE	BOOTS	FAUTE	LENTE	PISTE	TANTE	APPUI
MOÏSE	TOAST	BOTTE	FENTE	LENTO	PLATE	TARTE	ARDUE
MORSE	TOISE	BRUTE	FERTÉ	LEPTE	POÈTE	TENTE	ARGUS
MOSSI	TORSE	BUSTE	FLÛTE	LESTE	PONTE	TETTE	ARIUS
NASSE	TRUST	BUTTE	FONTE	LISTE	PONTI	TEXTE	ARTUS
NEUSS	TULSA	CARTE	FONTS	LOTTE	PORTE	THÊTA	ATOUR
NOÈSE	TUTSI	CASTE	FORTE	LUTTE	PORTO	TINTO	ATOUT
NOISE	TWIST	CESTE	FOUTU	MANTE	POSTE	TONTE	AUCUN
NURSE	UKASE	CETTE	FRITE	MARTE	PRATO	TORTU	AUTUN
OBÈSE	VAASA	CHUTE	FRITZ	MATTE	PRÊTE	TRETS	BAGUE
OMISE	VALSE	CIRTA	FUITE	MEUTE	PROTE	TUTTI	BAHUT
OUEST	VASSY	CISTE	GAÈTE	MISTI	PSITT	UNITÉ	BEAUF
OURSE	VERSO	COATI	GAÎTÉ	MIXTE	PUITS	URATE	BÈGUE
PANSU	VESSE	COITE	GATTE	MOITE	QUÊTE	USITÉ	BÉGUM
PARSI	WHIST	COMTE	GESTE	MOPTI	QUITO	VASTE	BÉVUE
PASSÉ	YEUSE	CONTE	GNÈTE	MORTE	QUOTA	VELTE	BIGUE
PAUSE	ZEIST	COPTE	GUÈTE	MOTTA	RASTA	VENTE	BLEUE
PERSE	ZEMST	COTTE	HAÏTI	MOTTE	RATTE	VERTE	BLEUI
PESSE		CRÊTE	HALTE	NANTI	RECTA	VERTU	BOEUF
PHASE	**T**	CUITE	HANTÉ	NATTE	RECTO	VESTA	BOGUE
POISE	AALTO	CULTE	HASTE	NETTE	RENTE	VESTE	BONUS
PRISE	ABATS	DATTE	HAUTE	OINTE	RESTE	VIÈTE	BRAUN
PROSE	AGATE	DÉITÉ	HERTZ	OMUTA	RESTO	VOLTA	BROUT
PROST	AGITÉ	DELTA	HONTE	OTITE	RÖSTI	VOLTE	BUGUE
PTOSE	AKITA	DENTÉ	HORTA	OUATE	ROUTE	VOÛTE	CABUS
QUASI	ANETH	DETTE	HOSTO	OUSTE	SAÏTE	WHITE	CADUC
REUSS	ANETO	DIÈTE	HOTTE	OVATE	SALTA	YALTA	CAJUN
ROSSE	AORTE	DOCTE	HUTTE	PACTE	SALTO	ZESTE	CAMUS
ROSSI	AOSTE	DOUTE	ILOTE	PANTE	SANTE	ZLOTY	CANUT
RUSSE	AOÛTÉ	DUITE	INSTI	PARTI	SECTE		CAOUA
SALSA	APHTE	DZÊTA	JANTE	PASTO	SELTZ	**U**	CELUI
SALSE	ARÊTE	ÉBATS	JATTE	PATTE	SENTE		CHAUD
SENSA	AZOTE	ÉCOTÉ	JETTE	PATTU	SENTI	ABOUT	COEUR
SENSÉ	BALTI	ÉDITO	JOUTE	PELTA	SEXTE	ADOUR	COHUE
SISSI	BASTA	EESTI	JUSTE	PELTE	SIXTE	AFFÛT	COQUE
SMASH	BASTE	ÉLITE	KANTO	PENTE	SORTE	AGOUT	CREUX
STASE	BATTE	ÉPATÉ	KYSTE	PERTE	SORTI	AÏEUL	CROUP
TARSE	BÉATE	ÉPITE	LACTÉ	PERTH	SOTTE	AIGUË	CUCUL
						AJOUR	

CUMUL	INDUS	OSSUE	SEXUÉ	DOUVE	YAHVÉ	AKOLA	ÉVORA
DAGUE	INFUS	OSSUN	SIEUR	DRAVE		ALAVA	EXTRA
DÉBUT	INOUÏ	PAGUS	SINUS	DRÈVE	**W**	ALLIA	FAENA
DÉÇUE	INPUT	PALUS	SITUÉ	DRIVE		ALPHA	FATMA
DÉNUÉ	ISEUT	PÂQUE	SOEUR	ÉLAVÉ	CLOWN	ARÉNA	FERIA
DIGUE	ISSUE	PARUE	SPRUE	ÉLÈVE	CRAWL	ARICA	FONDA
DODUE	JAQUE	PÉDUM	STOUT	ÉPAVE	LOEWI	AROSA	FOVÉA
DOGUE	JÉSUS	PÉTUN	SUEUR	ÉTUVE		ARUBA	FULDA
DREUX	LAÏUS	PIAUI	TALUS	FAUVE	**X**	ASANA	FURIA
DROUE	LANUS	PIEUX	TENUE	GRAVE	BIAXE	ATACA	GAFSA
ÉCHUE	LAQUE	PILUM	TÊTUE	GRÈVE		ATOCA	GAMBA
ÉCRUE	LIEUE	PLEUR	TONUS	GRIVE	**Y**	AVILA	GAMMA
ÉGOUT	LIEUR	PLOUC	TOQUE	HALVA	KENYA	BARDA	GANDA
EMBUÉ	LIGUE	PLOUF	TORUN	LARVE	LIBYE	BASTA	GANGA
ENNUI	LOCUS	PREUX	TUEUR	LOUVE	OMIYA	BATNA	GHANA
ÉPOUX	LOQUE	PROUE	VAGUE	MAUVE	THUYA	BEIRA	GOTHA
ERBUE	LOTUS	PROUT	VÉCUE	MORVE	UBAYE	BERIA	GOUDA
ÉTEUF	LUEUR	PURUS	VELUE	NAEVI		BRAGA	GOURA
FALUN	LUPUS	QUEUE	VELUM	NAÏVE	**Z**	BREDA	GRANA
FATUM	MALUS	RAOUT	VENUE	NEIVA	ALIZÉ	CAGNA	GUZLA
FAVUS	MAOUS	RÉBUS	VÉNUS	NERVI	BONZE	CALLA	HALVA
FÉMUR	MEAUX	REBUT	VÊTUE	NEUVE	COLZA	CALVA	HÉVÉA
FÉRUE	MENUE	REÇUE	VIEUX	OEUVÉ	DOUZE	CANNA	HILLA
FICUS	MIEUX	RECUL	VIRUS	OGIVE	FLIZE	CAOUA	HORTA
FIGUE	MINUS	REFUS	VOGUE	OLIVE	GONZE	CAPPA	IMOLA
FIOUL	MORUE	REMUE	VROUM	OPAVA	LAIZE	CAPRA	INFRA
FLEUR	MOTUS	REMUS	XÉRUS	PIAVE	LAZZI	CARRA	IPÉCA
FORUM	MUCUS	REPUE	ZIGUE	PRÉVU	MONZA	CARVA	JAÏNA
FREUX	NAHUA	REVUE		PRIVÉ	PENZA	CAUCA	KACHA
FUCUS	NAHUM	RIEUR	**V**	SALVE	SANZA	CELLA	KAPPA
FUGUE	NAMUR	RIEUX		SANVE		CHIBA	KARMA
FUTUR	NÉGUS	ROGUE	AGAVE	SAUVE	**5e**	CIRTA	KENYA
GIBUS	NIEUL	SAGUM	ALAVA	SELVE		COLZA	KOALA
GIGUE	NIQUE	SALUT	BRAVE	SLAVE	POSITION	COMMA	LAMIA
GUEUX	NOEUD	SAOUL	BRAVO	SUAVE		CONGA	LANTA
HUMUS	NUQUE	SCOUT	BRÈVE	SUIVI	**A**	COPPA	LORCA
ICEUX	OBTUS	SCRUB	CALVA	SYLVE		COPRA	LUFFA
ICTUS	ODEUR	SÉBUM	CALVI	TORVE		CUEVA	LYCRA
ILÉUS	OLÉUM	SEDUM	CARVA	TRÊVE	ABACA	DAHRA	MAFIA
IMBUE	OPIUM	SÉGUR	CARVI	VARVE	ADULA	DELTA	MAGMA
IMPUR	ORGUE	SÉOUL	COUVI	VERVE	AGORA	DOUMA	MASSA
INDUE	ORQUE	SÉRUM	CRAVE	VEUVE	AKITA	DZÊTA	MATHA
			CUEVA			ÉNÉMA	MÉDIA

MELBA	SAUNA	VILLA	NÉRAC	TOURD	AMBLE	ATÈLE	BELLE
MÉLIA	SAURA	VINCA	ORBEC	TWEED	AMBRE	ATHÉE	BÉNIE
MONZA	SCOLA	VODKA	PANIC		AMÈNE	ATOME	BENNE
MOTTA	SENNA	VOILÀ	PÉREC	**E**	AMÈRE	ATONE	BERGE
NAHUA	SENSA	VOLGA	PLOUC	ABÎME	AMIBE	AULNE	BERNE
NEIVA	SÉPIA	VOLTA	REBEC	ACÉRÉ	AMIDE	AUNÉE	BETTE
NITRA	SIGMA	VRACA	SÉRAC	ACIDE	AMINE	AUTRE	BÉVUE
NORIA	SIMLA	YALTA	SINOC	ACORE	AMPLE	AVARE	BIAXE
NOUBA	SMALA	ZARIA	TABAC	ACTÉE	AMURE	AVÉRÉ	BIBLE
OMÉGA	SOFIA	ZULIA	TEPIC	ADAGE	ANALE	AVIDE	BICHE
OMIYA	SORIA		TRONC	ADÈLE	ANCHE	AVINÉ	BIÈRE
OMUTA	SPICA	**B**		ADIGE	ANCRE	AVISÉ	BIGLE
ONEGA	STUPA		**D**	ADIRÉ	ANDRÉ	AXÈNE	BIGRE
OPAVA	SUITA	ACHAB		AGAPE	ANGLE	AXILE	BIGUE
OPÉRA	SUNNA	GLUBB	ABORD	AGATE	ANIMÉ	AXONE	BILLE
OSAKA	TABLA	JACOB	BAGAD	AGAVE	ANNÉE	AZOTE	BIRBE
OUVÉA	TACCA	NABAB	BLOND	AGILE	ANNIE	BAADE	BISSE
PACHA	TAFIA	PLOMB	CHAUD	AGITÉ	ANONE	BÂCHE	BITTE
PAMPA	TAÏGA	REBAB	DAVID	AGRÉÉ	ANSÉE	BÂCLE	BLÂME
PANCA	TALCA	RHARB	ÉGARD	AICHE	ANTÉE	BADGE	BLASÉ
PANDA	TAMIA	SCRUB	ÉLAND	AIDÉE	ANTRE	BAGNE	BLÊME
PARIA	TAMPA		ÉPHOD	AIGLE	AORTE	BAGUE	BLÉRÉ
PATNA	TANGA	**C**	ÉRARD	AIGRE	AOSTE	BAIRE	BLEUE
PELLA	TÉNIA	ASDIC	FARAD	AIGUË	AOÛTÉ	BAISE	BOËGE
PELTA	TESLA	ASPIC	FLOOD	AILÉE	APHTE	BALLE	BOGUE
PENZA	TÉTRA	AURIC	FROID	AÎNÉE	APODE	BANDE	BOIRE
PIANA	THÊTA	BLANC	GLAND	AISÉE	APYRE	BARBE	BOISÉ
PIURA	THUYA	BRIEC	GOURD	AISNE	ARABE	BARGE	BOÎTE
QUOTA	TIBIA	CADUC	GRAND	ALBEE	ARBRE	BARRE	BOLÉE
RASTA	TONGA	CLERC	HOURD	ALCÉE	ARCHE	BASÉE	BOMBE
RECTA	TOULA	COUAC	HUARD	ALÈNE	ARDUE	BASSE	BONDÉ
RIOJA	TRÉMA	COUIC	IRBID	ALÈSE	ARÈNE	BASTE	BONNE
RUMBA	TSUBA	ÉCHEC	ISARD	ALGIE	ARÊTE	BATÉE	BONTÉ
SABRA	TULSA	ESTOC	ITARD	ALGUE	ARIDE	BÂTIE	BONZE
SAIDA	ULÉMA	FLANC	LAIRD	ALISE	ARMÉE	BÂTIE	BORNE
SAÏGA	ULTRA	FRANC	LIARD	ALIZÉ	AROBE	BATTE	BOSSE
SALSA	VAASA	GAÏAC	LOURD	ALLÉE	AROLE	BAUGE	BOTTE
SALTA	VARDA	HAMAC	NOEUD	ALLIÉ	ARÔME	BAUME	BOUÉE
SAMBA	VARGA	INDIC	PLAID	ALMÉE	ASILE	BÉATE	BOUGE
SAMOA	VARIA	ISAAC	ROUND	ALOSE	ASPLE	BÊCHE	BOULE
SANAA	VARNA	LYRIC	SOURD	ALUNE	ASPRE	BÈGUE	BOUSE
SANZA	VESTA	MAROC	STAND	AMADE	ASTRE	BELGE	BRAVE
		MÉDOC	TCHAD				

BRÈDE	CAUSE	CONDÉ	DALLE	DOUVE	ÉLISE	FAGNE	FORGE
BRÊME	CAVÉE	CONGÉ	DAMÉE	DOUZE	ÉLITE	FAINE	FORME
BRÈVE	CÈDRE	CONNE	DAMNÉ	DRAKE	ÉLOGE	FAIRE	FORTE
BRIBE	CELLE	CONTE	DANAÉ	DRAME	EMBUÉ	FAÎTE	FOSSE
BRIDE	CENSÉ	COPIE	DANSE	DRAPÉ	ÉMÈSE	FAMÉE	FOULE
BRISE	CÉPÉE	COPTE	DARCE	DRAVE	ÉMULE	FANGE	FRÊLE
BROIE	CERCE	COQUE	DARNE	DRÈGE	ENCRE	FARCE	FRÊNE
BROME	CESTE	CORDE	DARSE	DRÈVE	ENFLÉ	FARDE	FRÈRE
BRUME	CETTE	CORÉE	DATÉE	DRIVE	ENTRE	FASCE	FRIME
BRUNE	CHÂLE	CORNE	DATTE	DRÔLE	ENVIE	FASTE	FRIPE
BRUTE	CHAPE	CORSÉ	DAUBE	DROME	ÉOLIE	FAUNE	FRIRE
BÛCHE	CHÊNE	COSSE	DEBRÉ	DRONE	ÉPATÉ	FAURÉ	FRISÉ
BUGLE	CHÈRE	COTÉE	DÈCHE	DROUE	ÉPAVE	FAUTE	FRITE
BUGUE	CHILE	COTRE	DÉÇUE	DRUPE	ÉPICE	FAUVE	FUGUE
BUIRE	CHINE	COTTE	DEGRÉ	DUALE	ÉPINE	FÉALE	FUITE
BULBE	CHOPE	COUDE	DÉITÉ	DUCHÉ	ÉPIRE	FÊLÉE	FUMÉE
BULLE	CHOSE	COUHÉ	DELLE	DUITE	ÉPITE	FEMME	FURIE
BURIE	CHUTE	COULE	DEMIE	DULIE	ÉPODE	FENTE	FUSÉE
BUSTE	CIBLE	COUPE	DENSE	DUPÉE	ÉPURE	FÉRIE	FUTÉE
BUTÉE	CIDRE	CRABE	DENTÉ	DURÉE	ERBUE	FERME	GABIE
BUTTE	CILIÉ	CRAIE	DÉNUÉ	DYADE	ERDRE	FERRÉ	GABLE
CÂBLE	CIPPE	CRÂNE	DERME	ÉBÈNE	ERICE	FERTÉ	GÂCHE
CACHE	CIPRE	CRASE	DETTE	ÉCALE	ÉRINE	FÉRUE	GAÈTE
CADRE	CIRÉE	CRAVE	DEULE	ÉCHÉE	ERNÉE	FESSE	GAFFE
CAFRE	CIRRE	CRÈME	DIANE	ÉCHUE	ERODE	FÊTÉE	GAGÉE
CALÉE	CISTE	CRÊPE	DIÈSE	ÉCOLE	ESCHE	FIÈRE	GAINE
CALME	CITÉE	CRÊTE	DIÈTE	ÉCOTÉ	ÉSOPE	FIFRE	GAÎTÉ
CAMÉE	CLAIE	CRIÉE	DIGNE	ÉCRUE	ÉTAGE	FIGUE	GALBE
CAMPÉ	CLONE	CRIME	DIGUE	ÉCULÉ	ÉTALE	FILÉE	GALLE
CANDÉ	CLOPE	CRISE	DINDE	ÉCUME	ÉTAPE	FILLE	GAMBE
CANGE	CLORE	CUBÉE	DIODE	ÉDILE	ÉTOLE	FIOLE	GAMME
CANNE	CLUSE	CUIRE	DOCTE	ÉGALE	ÉTUDE	FIRME	GANCE
CANOË	COBÉE	CUITE	DODUE	ÉGARÉ	ÉTUVE	FLIZE	GANGE
CÂPRE	COCHE	CULÉE	DOGME	EGEDE	EUBÉE	FLORE	GANSE
CARDE	CODÉE	CULTE	DOGUE	ÉGIDE	ÉVADÉ	FLÛTE	GARCE
CARLE	COGNE	CURÉE	DONNE	ÉGINE	ÉVASÉ	FOËNE	GARDE
CARNE	COHUE	CURIE	DOPÉE	ÉLAVÉ	EVERE	FOIRE	GARÉE
CARPE	COITE	CUVÉE	DORÉE	ELBÉE	ÉVOHÉ	FOLIE	GASPÉ
CARRÉ	COLÉE	CYCLE	DOSÉE	ELCHE	EXILÉ	FOLLE	GÂTÉE
CARTE	COLLE	CYGNE	DOUCE	ÉLÈVE	EXODE	FONCÉ	GATTE
CASÉE	COMME	DAGUE	DOUÉE	ÉLIMÉ	FABLE	FONTE	GAUDE
CASTE	COMTE	DAINE	DOUTE	ÉLIRE	FÂCHÉ	FORCE	GAULE

GAUPE	GRÈGE	HONTE	JARDE	LEINE	LUBIE	MÈTRE	NÈFLE
GAVÉE	GRÊLE	HORDE	JARRE	LEMME	LUCRE	MEULE	NÈGRE
GELÉE	GRÈVE	HOTTE	JASPE	LENTE	LUIRE	MEUTE	NEIGE
GEMME	GRIME	HOULE	JATTE	LEONE	LULLE	MICHE	NÉMÉE
GÊNÉE	GRIVE	HUCHE	JAUNE	LÈPRE	LUNÉE	MILLE	NÉRÉE
GÉNIE	GROIE	HUILE	JETÉE	LEPTE	LUTTE	MINCE	NESLE
GENRE	GROLE	HUPPÉ	JETTE	LERNE	LYCÉE	MITÉE	NETTE
GÉODE	GRUME	HUTTE	JEUNE	LESTE	LYDIE	MITRE	NEUME
GEÔLE	GUÈDE	HYÈNE	JOLIE	LEVÉE	MACLE	MIXTE	NEUVE
GERBE	GUÊPE	HYMNE	JOUÉE	LÈVRE	MACRE	MOCHE	NICÉE
GERCE	GUÈRE	IAMBE	JOULE	LEXIE	MADRÉ	MOERE	NICHE
GERME	GUÈTE	IBÈRE	JOUTE	LIANE	MAGIE	MOINE	NIÈBE
GESSE	GUIDE	ICARE	JUDÉE	LIBRE	MAINE	MOIRÉ	NIÈCE
GESTE	GUISE	ICÔNE	JULIE	LIBYE	MAIRE	MOÏSE	NIÈME
GIFLE	GUSSE	IDOLE	JUSÉE	LIÈGE	MALLE	MOITE	NILLE
GIGUE	GYPSE	IGNÉE	JUSTE	LIEUE	MANIE	MOLLE	NIMBE
GILLE	HACHE	ILOTE	KACHE	LIGIE	MANNE	MOMIE	NIOLE
GIRIE	HAINE	IMAGE	KURDE	LIGNE	MANSE	MONDE	NIPPE
GIVRE	HAIRE	IMBUE	KYSTE	LIGUE	MANTE	MOORE	NIQUE
GLACE	HÂLÉE	IMIDE	LABBÉ	LILLE	MARÉE	MORÉE	NITRE
GLANE	HALLE	IMINE	LABIE	LIMBE	MARGE	MORGE	NOBLE
GLÈBE	HALTE	IMPIE	LABRE	LINDE	MARIÉ	MORNE	NOÈME
GLOBE	HAMPE	INDRE	LÂCHE	LINGE	MARLE	MORSE	NOÈSE
GLOME	HANSE	INDUE	LACTÉ	LINNÉ	MARNE	MORTE	NOIRE
GLOSE	HANTÉ	INGRÉ	LADRE	LIPPE	MARTE	MORUE	NOISE
GLUME	HARDE	INNÉE	LAIDE	LIPSE	MASSE	MORVE	NONCE
GNÈTE	HARLE	INULE	LAINE	LISSE	MATTE	MOTTE	NONNE
GNOLE	HARPE	IONIE	LAITE	LISTE	MAURE	MOULE	NORME
GNOME	HASTE	IRÈNE	LAIZE	LITÉE	MAUVE	MUFLE	NOTÉE
GNOSE	HÂTÉE	IRISÉ	LAMÉE	LITRE	MÈCHE	MUSÉE	NOTRE
GOBIE	HAUTE	IRONE	LAMIE	LIURE	MEISE	MYOME	NOUÉE
GOLFE	HAVRE	ISAÏE	LAMPE	LIVRE	MÊLÉE	MYOPE	NOYÉE
GOMME	HEINE	ISÈRE	LANCE	LOCHE	MELLE	MYTHE	NUAGE
GONZE	HENNÉ	ISOLÉ	LANGE	LOIRE	MÉLOÉ	NABLE	NUIRE
GORGE	HERBE	ISSUE	LAQUE	LOMME	MENDE	NACRE	NULLE
GOSSE	HERGÉ	IVRÉE	LARGE	LONGE	MENSE	NAINE	NUQUE
GOUGE	HERNE	IXODE	LARME	LOQUE	MENUE	NAÏVE	NURSE
GRÂCE	HERSE	JABLE	LARVE	LOTIE	MERDE	NAPÉE	OBÈLE
GRADE	HESSE	JACÉE	LATTE	LOTTE	MERLE	NAPPE	OBÈSE
GRAVE	HÊTRE	JAMBE	LAURE	LOUÉE	MÉROÉ	NASSE	OBOLE
GRÈBE	HEURE	JANTE	LAUSE	LOURE	MÉSIE	NATTE	OBVIÉ
GRÈCE	HOMME	JAQUE	LECCE	LOUVE	MESSE	NAVRE	OCRÉE

OEUVÉ	PALME	PINCE	PROBE	REPUE	SALPE	SIXTE	TACLE
OFFRE	PANÉE	PINNE	PROIE	RESTE	SALSE	SLAVE	TAFFE
OGIVE	PANNE	PINTE	PROME	RÊVÉE	SALVE	SLICE	TAIRE
OILLE	PANTE	PIPÉE	PRÔNE	REVUE	SANIE	SOBRE	TALÉE
OINTE	PÂQUE	PIRÉE	PROSE	RHÔNE	SANTE	SOCLE	TALLE
OLIVE	PARME	PISTE	PROTE	RHUME	SANVE	SODÉE	TANNÉ
OMBLE	PARUE	PITIÉ	PROUE	RICHE	SAÔNE	SOLDE	TANTE
OMBRE	PASSÉ	PITRE	PRUDE	RIDÉE	SARDE	SOMME	TAPÉE
OMISE	PÂTÉE	PLACE	PRUNE	RIFFE	SARRE	SONDE	TAPIE
ONCLE	PÂTRE	PLAGE	PTOSE	RIFLE	SATIE	SONGE	TARÉE
ONDÉE	PATTE	PLAIE	PUÎNÉ	RIMÉE	SAUCE	SONNE	TARGE
ONGLE	PAUME	PLANE	PULPE	RIPÉE	SAULE	SORBE	TARIE
OPALE	PAUSE	PLATE	PURÉE	RISÉE	SAUVE	SORTE	TARSE
OPOLE	PAVÉE	PLÈBE	PURGE	RISLE	SBIRE	SOSIE	TARTE
ORAGE	PAVIE	PLIÉE	QUÊTE	RIVÉE	SCARE	SOTTE	TASSE
ORDRE	PAYÉE	PLUIE	QUEUE	ROBRE	SCÈNE	SOUDE	TAULE
ORGIE	PÉAGE	PLUME	QUINE	ROCHE	SCIÉE	SOULE	TAUPE
ORGUE	PÊCHE	POCHE	RAABE	ROGNE	SCORE	SOUPE	TAURE
OROBE	PÈGRE	POÊLE	RABLE	ROGUE	SÈCHE	SOUTE	TÉGÉE
ORQUE	PEINE	POÈME	RACÉE	ROIDE	SECTE	SPIRE	TELLE
ORTIE	PELÉE	POÈTE	RACLE	RONCE	SÈGRE	SPORE	TEMNÉ
OSIDE	PELLE	POGNE	RAFLE	RONDE	SÉIDE	SPREE	TEMPE
OSSUE	PELTE	POIRE	RAIDE	ROSÉE	SEIME	SPRUE	TEMSE
OSTIE	PENNE	POISE	RAIRE	ROSSE	SEINE	STADE	TENCE
OTAGE	PENTE	POLIE	RAMIE	RÔTIE	SELLE	STAGE	TENDE
OTITE	PÉPÉE	POMME	RAMPE	ROUÉE	SELVE	STASE	TENTE
OUATE	PERCE	POMPE	RANCE	ROUGE	SENNE	STÈLE	TENUE
OUCHE	PERLE	PONCE	RÂPÉE	ROULÉ	SENSÉ	STÈRE	TERME
OURSE	PERRÉ	PONGE	RATÉE	ROUTE	SENTE	STIPE	TERNE
OUSTE	PERSE	PONTE	RATTE	RUADE	SERBE	STONE	TERRE
OUTRE	PERTE	PORTE	RAVIE	RUCHE	SERGE	STORE	TÉTÉE
OUVRÉ	PESSE	POSÉE	READE	RUINE	SÉRIE	STRIE	TETTE
OVALE	PESTE	POSTE	RÉALE	RUSÉE	SERPE	STYLE	TÊTUE
OVATE	PÉTRÉ	POTÉE	RÊCHE	RUSSE	SERRÉ	SUAGE	TEXTE
OVIDE	PEULE	POUCE	REÇUE	SAALE	SEULE	SUAVE	THANE
OVINE	PHARE	POULE	RÉDIE	SABLE	SEXTE	SUCRE	THÈME
OVULE	PHASE	POUPE	RÉGIE	SABRE	SEXUÉ	SUÈDE	THÈSE
OZONE	PIAVE	PRAME	RÈGLE	SACRE	SEYNE	SUITE	THUNE
PACTE	PIÈCE	PRÊLE	RÈGNE	SAFRE	SICLE	SURIE	TIARE
PAGNE	PIÈGE	PRÊTE	REINE	SAINE	SIÈGE	SYLVE	TIBRE
PAGRE	PIÉTÉ	PRIME	REMUE	SAÏTE	SIGLE	SYRIE	TIÈDE
PAIRE	PIGNE	PRISE	RENNE	SALÉE	SIGNE	TABLE	TIGRE
PALÉE	PILÉE	PRIVÉ	RENTE	SALLE	SITUÉ	TACHE	TILDE

TILLE	USAGE	VILLE	GRIEF	HASCH	CHÉRI	MARDI	SUSHI
TIMNÉ	USINE	VINÉE	HÂTIF	KRACH	CHILI	MARLI	TERNI
TIRÉE	USITÉ	VIOLE	MATAF	LUNCH	COATI	MARRI	TORII
TITRE	USNÉE	VIRÉE	MOTIF	MATCH	COUVI	MASAI	TRIDI
TMÈSE	USURE	VISÉE	NATIF	PERTH	CRÉPI	MERCI	TUTSI
TOILE	UTILE	VITRE	NOCIF	POUAH	DÉCRI	MIAMI	TUTTI
TOISE	UVALE	VIVRE	OISIF	RAJAH	DÉLAI	MISTI	VERDI
TOLÉE	UVULE	VOGUE	PLOUF	RANCH	DELHI	MOISI	VERNI
TOLLÉ	VACHE	VOILE	RÉCIF	SABAH	DIORI	MOLLI	VOICI
TOMBE	VAGUE	VOIRE	RÉTIF	SARAH	DOUAI	MONOÏ	YOUPI
TOMME	VAINE	VOLÉE	REVIF	SCHAH	ÉBAHI	MOPTI	ZANNI
TONIE	VALSE	VOLTE	SÉTIF	SMASH	EESTI	MOSSI	
TONNE	VANNE	VOTÉE	SKIFF	SPATH	ÉMERI	MUSLI	**K**
TONTE	VARIÉ	VOTRE	SMURF	SURAH	ENNUI	NAEVI	
TOQUE	VARVE	VOÛTE	SNIFF	WINCH	ENVOI	NANTI	BATIK
TORNE	VASTE	VRAIE	TARIF		ESSAI	NENNI	BEURK
TORSE	VÉCUE	WAVRE		**I**	FANTI	NERVI	BREAK
TORVE	VEINE	WHITE	**G**		FARCI	OTOMI	CHEIK
TOUÉE	VÉLIE	YAHVÉ		AGAMI	FARSI	OUBLI	CRACK
TRABE	VELTE	YENNE	BOURG	AHURI	FLAPI	PARDI	DRINK
TRACE	VELUE	YEUSE	COING	AIGRI	FORLI	PARMI	STICK
TRAME	VENCE	ZABRE	CRAIG	AINSI	GARNI	PAROI	STOCK
TRÊVE	VENTE	ZAÏRE	DRING	AÏOLI	GUÉRI	PARSI	
TRIPE	VENUE	ZANDE	ÉTANG	ALIBI	HAÏTI	PARTI	**L**
TROIE	VERBE	ZÈBRE	LOING	ALTAÏ	HALBI	PÉTRI	
TRÔNE	VERGE	ZÉLÉE	MAGOG	AMPLI	HARDI	PIAUI	ABELL
TRUIE	VERNE	ZESTE	OFLAG	APPUI	HINDI	PONTI	ABSIL
TUBÉE	VERRE	ZIGUE	POING	ARROI	HOUAI	QUASI	AÏEUL
TUFFE	VERTE	ZONÉE	SEING	ASSAI	INARI	RANCI	ALGOL
TUILE	VERVE		SWING	ATÉMI	INDRI	REPLI	AMIEL
TULLE	VESCE	**F**	XIANG	AUSSI	ININI	RIONI	ANNAL
TURNE	VESLE			BALAI	INOUÏ	RÖSTI	APIOL
TUTIE	VESSE		**H**	BALTI	INSTI	ROSSI	APPEL
TYPÉE	VESTE	ACTIF		BANNI	ITAMI	RÜTLI	ARBIL
UBAYE	VÊTUE	BEAUF	ALEPH	BERNI	JEUDI	SAKAI	ARTEL
UCCLE	VEULE	BÉNEF	ALLAH	BLEUI	LABRI	SENTI	ATOLL
UDINE	VEUVE	BÉSEF	ANETH	CABRI	LAHTI	SINAÏ	AUTEL
UGINE	VICIÉ	BÉZEF	BLUSH	CALVI	LAZZI	SIRLI	AVRIL
UKASE	VIDÉE	BLAFF	CATCH	CAPRI	LOEWI	SISSI	BABEL
UNITÉ	VIÈLE	BLUFF	CLASH	CARVI	LUNDI	SORTI	BABIL
URANE	VIÈTE	BOEUF	COACH	CAURI	MAHDI	SOUCI	BANAL
URATE	VIGIE	CANIF	CRASH	CELUI	MAORI	SUIVI	BARIL
URINE	VIGNE	ÉTEUF	FLASH	CHARI			BASAL
		GÉLIF	FLUSH				BEBEL

BÉMOL	LAVAL	REGEL	ARNIM	AFFIN	BÉNIN	DOYEN	GREEN
BÉTEL	LEBEL	RÉNAL	ASSAM	AGNON	BÉTON	DRAIN	GROIN
BOCAL	LÉGAL	REVEL	BÉGUM	ALAIN	BIDON	ÉCRAN	GRUON
CANAL	LENDL	RITAL	CLAIM	ALDAN	BILAN	ÉCRIN	GYRIN
CIVIL	LÉTAL	RIVAL	DENIM	ALDIN	BISON	ÉGÉEN	HAGEN
COPAL	LOCAL	ROYAL	EMDEM	ALPIN	BLAIN	ELGIN	HAYON
CRAWL	LOYAL	RUPEL	EPSOM	ALVIN	BOVIN	ELVEN	HÉMON
CREIL	LUNEL	RURAL	FATUM	AMMAN	BRAUN	EMMEN	HÉRON
CRUEL	MAERL	SAOUL	FORUM	AMMON	BRION	EMPAN	HURON
CUCUL	MÉTAL	SCULL	GROOM	ANDIN	BURIN	ENCAN	HYMEN
CUMUL	MODAL	SÉOUL	HAREM	ANGON	BURON	ENFIN	ILÉON
CUREL	MODEL	SEUIL	ISLAM	ANION	BUTIN	ENGIN	ILION
DÉGEL	MONEL	SISAL	KILIM	ANTAN	CABAN	ÉQUIN	ILMEN
DEUIL	MORAL	SNELL	MENEM	APION	CAIRN	ESSEN	IPPON
DRILL	MOTEL	SOREL	MODEM	ARBON	CAJUN	ÉTAIN	IRIAN
EFFEL	MURAL	STAËL	NAHUM	ARÇON	CÂLIN	ÉTRON	ITTEN
ÉMAIL	NAPEL	TAGAL	OLÉUM	ARDEN	CANON	EUPEN	IXION
ENVOL	NASAL	TAMIL	OPIUM	ARGON	CAPON	ÉVRAN	JALON
ERBIL	NATAL	TAVEL	PÉDUM	ARIEN	CATIN	EVREN	JAPON
ERGOL	NAVAL	TEXEL	PILUM	ARION	CHIEN	ÉVRON	JASON
ÉVEIL	NAVEL	TOBOL	RENOM	ARMON	CIRON	FAÇON	JETON
FATAL	NÉPAL	TONAL	SAGUM	ARSIN	CLEAN	FALUN	JILIN
FENIL	NICOL	TORIL	SALAM	ASSEN	CLOWN	FANON	JUPON
FEUIL	NIEUL	TOTAL	SALEM	ASTON	COCON	FÉLIN	JURON
FINAL	NIVAL	TRIAL	SANEM	AUBIN	CODON	FÉLON	LACAN
FIOUL	NOBEL	TROLL	SÉBUM	AUCUN	COLIN	FILON	LADIN
FOCAL	NOPAL	UNTEL	SECAM	AUDEN	COLON	FLEIN	LAGON
FUSEL	NUCAL	USSEL	SEDUM	AUTUN	CORAN	FOEHN	LAPIN
FUSIL	OCTAL	USUEL	SÉRUM	AUZON	CORON	FREIN	LAPON
GAYAL	ORIEL	VAGAL	STEMM	AVION	COTON	FRÉON	LATIN
GENIL	OURAL	VANEL	STORM	BACON	CRAON	FUNIN	LEÇON
GLIAL	OUTIL	VEDEL	TARIM	BADEN	CRÉON	FUTON	LIBAN
GRILL	PANEL	VÉNAL	TOTEM	BADIN	CUMIN	GABIN	LIMAN
HEGEL	PÉNAL	VIEIL	VELUM	BALAN	DÉCAN	GABON	LIMON
HÔTEL	PÉNIL	VIRAL	VITIM	BALEN	DELON	GADIN	LINON
IDÉAL	PÉRIL	VIRIL	VROUM	BARON	DÉMON	GALON	LODEN
IDÉEL	PINEL	VITAL		BASIN	DEVIN	GAMIN	LOGAN
ILÉAL	RATEL	VOCAL	**N**	BÂTON	DEVON	GAZON	LOPIN
JOUAL	RAVEL			BAZIN	DIGON	GIRON	LOREN
JUGAL	REBEL	**M**	AARON	BEDON	DIJON	GITAN	LUCON
JUMEL	RECEL		ABBON	BEGIN	DINAN	GITON	LUMEN
KRAAL	RECEL		ACCON	BEHAN	DIVAN	GOTON	LUMEN
KRAAL	RECUL	ALBUM	ACCON	BEHAN	DIVAN	GOTON	LUMEN
LABEL	RÉGAL	ANNAM	ACTON	BELON	DIVIN	GRAIN	LUNEN

LUPIN	PAEAN	SABIN	TOMAN	BRAVO	LARGO	TANGO	ÂNIER
LURON	PAÏEN	SAGAN	TORON	CACAO	LASSO	TCHAO	ARMER
LUSIN	PALAN	SALAN	TORUN	CALAO	LECCO	TEMPO	ARMOR
LUTIN	PAPEN	SALIN	TOTON	CAMPO	LENTO	TINTO	ARVOR
LUTON	PATAN	SALON	TRAIN	CARCO	LILLO	TURBO	ASTER
MAÇON	PATIN	SAPIN	TURIN	CARGO	MACAO	TURCO	ATOUR
MAHON	PÂTON	SARAN	TYRAN	CIANO	MACHO	VENLO	ATTAR
MALIN	PÉKAN	SATAN	UHLAN	CLODO	MAMBO	VERSO	AUBER
MAMAN	PENON	SATIN	ULSAN	COMBO	MÉTRO	VIDÉO	AVOIR
MARIN	PÉPIN	SAVON	UNION	CONGO	MICRO	VULGO	BANÉR
MATIN	PERON	SAXON	VAGIN	CORSO	MOLLO		BASER
MATON	PESON	SAYON	VARAN	CRADO	MORIO	**P**	BÂTIR
MAYEN	PETON	SCION	VARON	CREDO	NAMPO		BAUER
MEDAN	PÉTUN	SEDAN	VATAN	CROCO	NÉGRO	BEBOP	BAVER
MELON	PILON	SELON	VÉLIN	CUNEO	NIOLO	CÉGEP	BAYER
MENEN	PITON	SERIN	VENIN	DELCO	OGLIO	CHAMP	BAZAR
MENIN	PLEIN	SETON	VÉRIN	DINGO	ORURO	CLAMP	BÊLER
MÉSON	POTIN	SIMON	VISON	DISCO	PASTO	CROUP	BÉNIR
MILAN	PUPIN	SINON	WAGON	DOURO	PATIO	GALOP	BINER
MITAN	PURIN	SITIN	XÉNON	ÉCOLO	PHILO	HANAP	BLAIR
MITON	PUSAN	SOLEN	YÉMEN	ÉDITO	PHOTO	JALAP	BLIER
MORIN	RABAN	SOLIN		EEKLO	PIANO	JULEP	BOGOR
MOYEN	RABIN	STEEN	**O**	ÉRATO	POLIO	SALOP	BOXER
MULON	RADIN	STEIN		ESPOO	PORTO	SCALP	BUTER
MÛRON	RADON	STERN	AALTO	FACHO	PRATO	SCOOP	BUTOR
MUTIN	RAPIN	SUÇON	ACCRO	FILAO	PRIMO	SIROP	CALER
NAIRN	RATON	SUMEN	ADAMO	FOLIO	PROLO	SLOOP	CANAR
NANAN	RAVIN	SUPIN	ALAMO	FONIO	QUITO		CANER
NÉRON	RAYON	SURIN	AMADO	FRIGO	RADIO	**R**	CASER
NIXON	REDAN	TACON	ANETO	GALLO	RATIO		CAVER
NOYON	REDON	TALON	ANZIO	GECKO	RECTO	ABNER	CÉDER
NYLON	RENAN	TANIN	APÉRO	GIONO	RÉGLO	ACIER	CELER
OCÉAN	RENON	TAPIN	AUDIO	GOMBO	RESTO	ADLER	CÉSAR
ODÉON	REVIN	TAPON	AVISO	GOURO	RÉTRO	ADOUR	CHAIR
OIRON	RICIN	TARIN	BANJO	GUANO	RIEGO	AÉRER	CHOIR
OISON	ROBIN	TENON	BARJO	HELLO	RODÉO	AIDER	CIRER
OLTEN	ROHAN	TÉTIN	BELLO	HOCCO	RONDO	AIMER	CITER
ONDIN	ROMAN	TÉTON	BERIO	HOSTO	RONÉO	AIRER	CLAIR
ORGON	ROTIN	THAON	BINGO	IDAHO	ROVNO	AJOUR	CODER
ORLON	ROUEN	THUIN	BIOCO	IGLOO	SALTO	ALDER	COEUR
ORPIN	ROYAN	TIMON	BONGO	IMAGO	SHAKO	ALGER	COTER
OSSUN	RUBAN	TISON	BORGO	KANTO	STÉNO	ALLER	COTIR
OTTON	RUPIN	TITAN	BOSCO	KENDO	STYLO	ANGOR	CRÉER

CRIER	FÉMUR	IMPUR	MATER	PAVER	RÔTIR	TOMER	ARGAS
CUBER	FÉRIR	INTER	MATIR	PAYER	ROTOR	TOPER	ARGOS
CULER	FÊTER	INVAR	MÉGIR	PELER	ROUER	TOUER	ARGUS
CURER	FIGER	IODER	MÊLER	PÉRIR	ROUIR	TRIER	ARIUS
CUVER	FILER	ISKAR	MENER	PESER	RUGIR	TUDOR	ARLES
DAHIR	FINIR	JASER	MIMER	PÉTER	RUSER	TUEUR	ARRAS
DAKAR	FIXER	JETER	MINER	PIGER	SABIR	TUNER	ARTUS
DAMER	FLAIR	JOKER	MIRER	PILER	SALER	URGER	ASSIS
DATER	FLEUR	JOUER	MISER	PIPER	SALIR	USTER	ATHOS
DÉCOR	FLUER	JOUIR	MIXER	PLEUR	SAMAR	VAGIR	ATLAS
DÉSIR	FLUOR	JUCAR	MUCOR	PLIER	SAMER	VÊLER	ATTIS
DINAR	FORER	JUGER	MUGIR	POKER	SAPER	VENIR	AUNIS
DÎNER	FOUIR	JURER	MUNIR	POLAR	SCIER	VÊTIR	AURÈS
DOLER	FOYER	JUTER	MÛRIR	POLIR	SÉGUR	VEXER	AURIS
DOPER	FUMER	LACER	MUSER	POSER	SEMER	VIDER	AVERS
DORER	FUSER	LAGOR	MUTER	PRIER	SEOIR	VIDOR	BAIES
DOSER	FUTUR	LAPER	NADER	PUNIR	SÉVIR	VILAR	BENES
DOTER	GAGER	LASER	NADIR	QATAR	SIEUR	VINER	BIAIS
DOUER	GARER	LAVER	NADOR	RACER	SITAR	VIRER	BITOS
DUPER	GÂTER	LAYER	NAGER	RADAR	SKIER	VISER	BLAIS
DURER	GAVER	LÉGER	NAMUR	RADER	SOEUR	VIZIR	BLAPS
ÉCHER	GAZER	LÉSER	NANAR	RAGER	SONAR	VOLER	BLOIS
EIDER	GELER	LEVER	NIGER	RÂLER	SUBIR	VOMER	BLUES
EIGER	GÉMIR	LIBER	NOTER	RAMER	SUCER	VOMIR	BONUS
ELGAR	GÊNER	LIEUR	NOUER	RÂPER	SUEUR	VOTER	BOOTS
ENFER	GÉRER	LIMER	NOVER	RASER	SUPER	VOUER	BORAS
ENSOR	GÉSIR	LINER	NOYER	RASER	SURIR	WEBER	BOVES
ENTER	GÎTER	LITER	OBÉIR	RAVIR	TALER		CABAS
ÉPAIR	GOBER	LOFER	OBIER	RAYER	TAPER	**S**	CABUS
ÉPIER	GODER	LOGER	OCRER	REGER	TAPIR		CAMUS
ERRER	GRÉER	LOSER	ODEUR	RÉGIR	TARER	ABATS	CÉANS
ESPAR	GUÉER	LOTIR	OLIER	RÉGIR	TARIR	ABBAS	CHAOS
ESSOR	HALER	LOUER	OPTER	RIDER	TATAR	ABCÈS	CHIPS
ESTER	HARAR	LOVER	ORNER	RIEUR	TÂTER	ACCÈS	CLEBS
ÉTHER	HÂTER	LOYER	OSCAR	RIMER	TENIR	AGRÈS	COLIS
ÉTIER	HÉLER	LUEUR	OSIER	RIPER	TÉNOR	ALIAS	CORPS
EULER	HIVER	LUGER	PÂLIR	RIVER	TÉTER	ALLOS	COURS
ÉVIER	HOUER	LUTER	PÂMER	ROBER	THUIR	ALORS	CRISS
FAKIR	HUMER	LUXER	PANER	RÔDER	TIMOR	ALPES	CROSS
FANER	ICHOR	MAJOR	PARER	ROSER	TIPER	ANDES	CUERS
FAXER	IEPER	MAMER	PATER	ROSIR	TIRER	APPAS	DAMAS
FÊLER	IMPER	MASER	PÂTIR	ROTER	TOMAR	ÂPRES	DAVIS

DÉCÈS	INDUS	NAVES	SINUS	AMONT	CAVET	ERGOT	IDIOT
DENIS	INFUS	NÉGUS	SOMES	ANNOT	CÉRAT	ERNST	IMPÔT
DEVIS	IPSOS	NEUSS	SPÉOS	APLAT	CÉRET	ESCOT	INPUT
DEVOS	JADIS	NIAIS	SUROS	APPÂT	CHANT	ÉVENT	INUIT
DORIS	JEANS	NÎMES	TALUS	ARGOT	CHIOT	EVERT	ISEUT
DREES	JÉSUS	NINAS	TAMIS	ARMET	CIVET	EXACT	JABOT
EAMES	JUDAS	NOLIS	TANIS	ARRÊT	COLET	EXÉAT	JACOT
EANES	JULES	NYONS	TAPAS	ASCOT	COURT	FAGOT	JOINT
ÉBATS	LACIS	OASIS	TAPIS	ASPET	CREST	FALOT	JOUET
ÉCLOS	LAGOS	OATES	TEMPS	ATGET	CULOT	FAYOT	KRAFT
ÉLÉIS	LAÏUS	OBTUS	TÊNOS	ATOUT	DABIT	FEINT	LACET
ELIAS	LANUS	OEILS	TEXAS	AUDIT	DALOT	FILET	LAVIT
ENCAS	LAPIS	OUAIS	THIÈS	AUGET	DÉBAT	FLIRT	LÉGAT
ENDOS	LAVIS	OUÏES	TIERS	AVANT	DÉBIT	FLUET	LÉROT
ÉPAIS	LEEDS	PAGUS	TONUS	AVENT	DÉBUT	FORÊT	LEVET
ÉPARS	LEERS	PALIS	TÔTES	BAHUT	DÉDIT	FOUET	LIANT
ÉPRIS	LÉVIS	PALOS	TRETS	BÉANT	DÉFET	FRONT	LIGOT
ÊTRES	LEXIS	PALUS	TROIS	BÉCOT	DÉGÂT	FROST	LIVET
EUDES	LIAIS	PARIS	TUNIS	BENÊT	DÉLIT	FRUIT	MAGOT
EXCÈS	LILAS	PÂTIS	VÉCÉS	BÉNIT	DÉLOT	FUMET	MAINT
FAVUS	LINKS	PÉNIS	VÉNUS	BÉRET	DÉPIT	FURET	MANET
FÈCES	LOCUS	POIDS	VIRUS	BICOT	DÉPÔT	GALET	MAYET
FEURS	LOESS	POULS	VOLIS	BIDET	DÉVOT	GAVOT	MAZOT
FICUS	LOGIS	PUBIS	VOLOS	BIGOT	DIEST	GÉANT	MÉGOT
FLERS	LORIS	PUITS	VOVES	BINET	DIGIT	GENET	MINET
FONDS	LOTUS	PURUS	WALES	BISET	DOIGT	GIBET	MINOT
FONTS	LOUIS	RADIS	WELLS	BLUET	DRIFT	GIGOT	MONET
FRAIS	LUPUS	RAMAS	XÉRÈS	BOLET	DROIT	GILET	MORAT
FUCUS	MACIS	RÉBUS	XÉRUS	BREST	DUCAT	GIVET	MOTET
GABÈS	MALUS	RECÈS		BROUT	DURIT	GODET	MOULT
GADES	MÂNES	REFUS	**T**	BRUIT	DUVET	GORET	MULET
GAGES	MAOUS	REIMS	AALST	CABOT	EBERT	GOUET	MULOT
GÊNES	MATHS	REMUS	ABOUT	CADET	ÉCART	GRANT	MURAT
GIBUS	MATOS	REPAS	ACHAT	CAGET	ÉCLAT	GRIOT	MURET
GLASS	MAURS	REPOS	ADENT	CAGOT	ÉCRIT	GUYOT	NABOT
HARAS	MÉGIS	REUSS	ADRET	CAHOT	EFFET	HABIT	NAVET
HÉLAS	MÉTIS	REYES	AFFÛT	CALOT	ÉFRIT	HARAT	NÉANT
HÉROS	MINUS	RIANS	AGENT	CANOT	ÉGOUT	HARET	NICOT
HUMUS	MOINS	RUBIS	AGOUT	CANUT	EILAT	HERAT	NIORT
ICTUS	MOTUS	SAMOS	AJOUT	CAPOT	ELBOT	HEURT	NOUET
ILÉUS	MUCUS	SAROS	AMANT	CARAT	ELIOT	HUART	OBJET
INDES	MURES	SEMIS	AMICT	CARET	ÉPART	IBERT	OBLAT

OCTET	ROBOT	TIRET	CADOU	IGLOU	SAGOU	CHOIX	ORSAY
ORANT	ROSAT	TOAST	CAGOU	INDOU	SAJOU	CREUX	PENNY
ORMET	ROUET	TOLET	CAÏEU	INONU	SCEAU	CROIX	PERCY
ORVET	ROYAT	TRACT	CAJOU	JOYAU	SEBOU	DREUX	PONEY
OUEST	ROYAL	TRAIT	CHENU	LENAU	SÉGOU	ÉPOUX	RILEY
PALET	SABOT	TRENT	CONNU	LICOU	SENAU	ESSEX	RUGBY
PÂLOT	SAINT	TRUST	CORNU	LIPPU	SIBIU	FREUX	SPRAY
PAVOT	SALAT	TUANT	COSSU	MATOU	TABOU	FURAX	SULKY
PEINT	SALUT	TWIST	COURU	MERLU	TAEGU	GUEUX	THIRY
PÉRET	SAMIT	USANT	CRÉPU	MÉROU	TATOU	HÉLIX	TOMMY
PÉROT	SAULT	VALET	DÉCHU	MIAOU	TENDU	ICEUX	TORCY
PETIT	SCOUT	VELOT	ÉCROU	MIDOU	TISSU	INDEX	TOUCY
PILET	SÉANT	VENET	EDFOU	MINOU	TONDU	LATEX	TRACY
PILOT	SÉNAT	VERGT	ELURU	MORDU	TORDU	LUREX	VASSY
PINOT	SHOOT	VINGT	ENFEU	MOULU	TORTU	MEAUX	VERNY
PIPIT	SHORT	VIVAT	ENJEU	MOYEU	TRAPU	MIEUX	VINAY
PIVOT	SIRET	VOLET	ENUGU	NEHRU	TRIBU	PIEUX	ZLOTY
PLANT	SITÔT	WHIST	ÉPIEU	NEVEU	TUYAU	PREUX	
POINT	SMALT	YACHT	EXCLU	NOYAU	UPOLU	PYREX	**Z**
PROST	SMART	ZEIST	EXIGU	OTARU	URUBU	RELAX	
PROUT	SMOLT	ZEMST	FESSU	PANSU	VENDU	RIEUX	ASSEZ
PSITT	SOPOT		FICHU	PATOU	VERTU	SILEX	FRITZ
PUANT	SPART	**U**	FILOU	PATTU	VESOU	SOLEX	HERTZ
PUROT	SPORT		FLÉAU	PENDU	VOULU	TÉLEX	RÉMIZ
QUART	SPRAT	AARAU	FONDU	PERÇU	VOYOU	VIEUX	SELTZ
QUIET	STOUT	ACCRU	FOUTU	PERDU			TOREZ
RABAT	SUANT	ADIEU	GAROU	PÉROU	**V**	**Y**	
RABOT	SUBIT	ALLEU	GENOU	PILOU			
RAGOT	SUINT	ANJOU	GLUAU	POILU	SICAV	ALCOY	
RAOUT	SUJET	AVENU	GOGLU	PRÉAU		AURAY	
REBOT	SURAT	BACAU	GOULU	PRÉVU	**W**	BRIEY	
REBUT	SURET	BAGOU	GRENU	RAIMU		CLUNY	
RÉCIT	TACET	BARBU	GRUAU	RECRU	SQUAW	CURRY	
REJET	TACOT	BAYOU	HAÏKU	RENDU		DERBY	
RÉPIT	TARET	BEPPU	HANAU	RENOU	**X**	FERRY	
RIANT	TAROT	BIJOU	HERBU	RIPOU		GAMAY	
RIBOT	TEINT	BISOU	HIBOU	ROCOU	ALPAX	HOBBY	
RIVET	TIBET	BOYAU	HOYAU	ROMPU	BORAX	JENNY	
	TIELT				CADIX		
					CAREX		

☞ MOTS DE 6 LETTRES

ACAULE	AÉTITE	AILIER	ALPINE	ANDRIA	AOÛTER
ACCENT	AFFAMÉ	AILLER	ALSACE	ANÉMIE	APARTÉ
ACCORD	AFFECT	AIMANT	ALTÉRÉ	ÂNERIE	APERÇU
ACCORT	AFFÉTÉ	AIRAIN	ALTIER	ÂNESSE	APEURÉ
ACCROC	AFFOLÉ	AIRBUS	ALTISE	ANGARA	APHONE
ACCRUS	AFGHAN	AIROLO	ALUNER	ANGINE	APICAL
ACCUSÉ	AGACER	ALAISE	ALUNIR	ANGLET	APLOMB
ACERBE	AGADIR	ALARME	ALVINE	ANGOLA	APOGÉE
ACÉRÉE	AGAMIE	ALBUGO	AMANDE	ANGORA	APORIE
ACINUS	AGAPES	ALCADE	AMANTE	ANIANE	APÔTRE
ACONIT	AGARIC	ALCALI	AMARIL	ANICET	APPEAU
AÇORES	AGENCE	ALCOOL	AMARRE	ÂNIÈRE	APPORT
ACQUIS	AGENDA	ALCÔVE	AMATIR	ANIMAL	APPRÊT
ACQUIT	AGENTE	ALDINE	AMBIGU	ANIMÉE	ÂPRETÉ
ÂCRETÉ	ÂGISME	ALÉRIA	AMBRÉE	ANIMER	APSARA
ACTEUR	AGITÉE	ALERTE	AMENDE	ANISER	APTÈRE
ACTION	AGITER	ALÉSER	AMENÉE	ANNALE	AQUEUX
ACTIVE	AGNEAU	ALEVIN	AMENER	ANNATE	AQUINO
ACTUEL	AGONIE	ALGIDE	AMERLO	ANNEAU	ARABIE
ACUITÉ	AGOUTI	ALIÉNÉ	AMICAL	ANNELÉ	ARABLE
ADAGIO	AGRAFE	ALINÉA	AMIDON	ANNEXE	ARAGON
ADEPTE	AGRÉÉE	ALISMA	AMINÉE	ANNONE	ARAIRE
ADIRÉE	AGRÉER	ALISME	AMIRAL	ANNUEL	ARAMON
ADONIS	AGRION	ALITER	AMITIÉ	ANOBIE	ARARAT
ADORER	AGRUME	ALLANT	AMORAL	ANODIN	ARASER
ADRIAN	AGUETS	ALLÈGE	AMORCE	ANOMIE	ARCADE
ADROIT	AHANER	ALLÈNE	AMPÈRE	ANORAK	ARCANE
ADULER	AHURIE	ALLIÉE	AMURER	ANOURE	ARCHER
ADULIS	AHURIR	ALLIER	AMUSER	ANURIE	ARCHET
ADULTE	AIDANT	ALLURE	ANANAS	ANVERS	ARCURE
AÉRAGE	AÏEULE	ALOYAU	ANCIEN	AOMORI	ARDENT
AÉRIEN	AIGRIE	ALPAGA	ANCRER	AOÛTAT	ARDEUR
AÉRIUM	AIGRIR	ALPAGE	ANDINE	AOÛTÉE	ARÉOLE

ACABIT
ACACIA
ACADIE
ACAJOU
ACARUS

AACHEN
AALTER
AARGAU
ABADAN
ABAQUE
ABATIS
ABATTU
ABÊTIR
ABIMÉE
ABÎMER
ABJECT
ABLIER
ABOLIR
ABOUTI
ABOYER
ABRÉGÉ
ABRUPT
ABRUTI
ABSENT
ABSOLU
ABUSER
ABUSIF
ABYSSE

ARETIN
ARGENT
ARGILE
ARGUER
ARICIE
ARISER
ARMURE
ARNICA
ARONDE
ARPÈGE
ARPENT
ARREAU
ARRIEN
ARRIGO
ARROBE
ARSÈNE
ARSINE
ARTÈRE
ARVIDA
ASCÈTE
ASCITE
ASELLE
ASEXUÉ
ASIATE
ASIMOV
ASMARA
ASPECT
ASSAUT
ASSEAU
ASSIDU
ASSISE
ASSOUR
ASSURÉ
ASTATE
ASTRAL
ASTRÉE
ASTRID
ASTUCE
ATHÉNA
ATONAL
ATONIE
ATRIAU
ATRIUM

ATROCE
AUBADE
AUBURN
AUCUNE
AUDACE
AUGURE
AUMALE
AUMÔNE
AUNAIE
AUNEAU
AUPRÈS
AURIOL
AURORE
AUSTEN
AUSTIN
AUTANT
AUTEUR
AUTOUR
AUTRUI
AUVENT
AVALER
AVANCE
AVANIE
AVARIE
AVATAR
AVENIR
AVENUE
AVÉRÉE
AVÉRER
AVERSE
AVERTI
AVILIR
AVINÉE
AVINER
AVIRON
AVISÉE
AVISER
AVIVER
AVOCAT
AVOINE
AVOUER
AXIOME
AYLMER

AYMARA
AZALÉE
AZIMUT
AZURER

B

BÂBORD
BÂCHER
BACHOT
BÂCLÉE
BÂCLER
BADAUD
BADINE
BAFFLE
BAFRER
BAGAGE
BAGOUT
BAGUÉE
BAGUER
BAILLE
BAILLI
BAISÉE
BAISER
BAISSE
BALADE
BALANE
BALISE
BALLET
BALLON
BANALE
BANANE
BANCAL
BANDÉE
BANDER
BANDIT
BANIAN
BANNIE
BANNIR
BAOBAB
BAOULÉ
BAQUET
BARAKA

BARBÉE
BARBER
BARBET
BARBUE
BARDER
BARDIS
BARDOT
BARÈME
BARMAN
BAROUD
BARQUE
BARRÉE
BARRER
BARRIR
BARROT
BASALE
BASANÉ
BASKET
BASSET
BASSIN
BASSON
BASTER
BASTIA
BASTON
BASTOS
BÂTARD
BATEAU
BATTRE
BATTUE
BAUDET
BAVARD
BAVOIR
BAVURE
BEAGLE
BÉANTE
BEAUTÉ
BÉBÊTE
BÉCANE
BÉCARD
BÊCHÉE
BECTER
BEDANE
BEDEAU

BÉGUIN
BEIGNE
BEÏRAM
BÊLANT
BÉLIER
BELOTE
BÉNITE
BERCER
BERGER
BERNER
BESACE
BESOIN
BESSON
BÉTAIL
BÊTISE
BEURRE
BIBINE
BICEPS
BICHER
BICHON
BIDULE
BIÈVRE
BIFFER
BIFFIN
BIFIDE
BIGAME
BIGLER
BIKINI
BILLET
BILLOT
BIMANE
BINIOU
BIPÈDE
BIRÈME
BISEAU
BISSER
BISTRE
BISTRO
BITORD
BITTER
BITUME
BLAGUE
BLÂMÉE

BLÂMER
BLASER
BLAZER
BLÊMIR
BLENDE
BLÉSER
BLESSÉ
BLETTE
BLEUET
BLEUIE
BLEUIR
BLINDÉ
BLOCUS
BLONDE
BLOUSE
BLUTER
BOBARD
BOBINE
BOCAGE
BOËSSE
BOËTTE
BOGOTA
BOHÈME
BOILLE
BOISÉE
BOISER
BOITER
BOLÉRO
BOLIDE
BOLIER
BOLTON
BOMBÉE
BOMBER
BONACE
BONDÉE
BONDIR
BONITE
BONNET
BORATE
BORDEL
BORDER
BORÉAL
BORGNE

BORNÉE
BORNER
BOSNIE
BOSSÉE
BOSSER
BOSTON
BOTTÉE
BOTTIN
BOUBOU
BOUCAN
BOUCAU
BOUCHE
BOUCLE
BOUDER
BOUDIN
BOUFFE
BOUFFI
BOUGER
BOUGIE
BOUGRE
BOULER
BOULET
BOULOT
BOURBE
BOURDE
BOURRE
BOURRU
BOURSE
BOUSIN
BOUTON
BOUTRE
BOUVET
BOVINE
BOXEUR
BRAIES
BRAILA
BRAINE
BRAIRE
BRAISE
BRAMER
BRANDO
BRANTE
BRASOV

BRASSE	**C**	CAMION	CARTER	CHALIT	CHRIST	COCHER
BRAVÉE		CAMPÉE	CARTON	CHÂLUS	CHROME	COFFIN
BRAVER	CABALE	CAMPER	CARVIN	CHANCE	CHROMO	COFFRE
BREBIS	CABANE	CAMPOS	CASIER	CHANEL	CHUTER	COGNAC
BRÈCHE	CABINE	CAMUSE	CASINO	CHANGE	CIBLÉE	COGNÉE
BRÉSIL	CÂBLÉE	CANAAN	CASOAR	CHAPON	CIERGE	COGNER
BRETON	CÂBLER	CANADA	CASQUE	CHARGE	CIGALE	COIFFE
BREUIL	CABRER	CANARD	CASSER	CHARME	CIGARE	COINCÉ
BREVET	CACHÉE	CANARI	CASTEL	CHARNU	CILICE	COÏTER
BRIDÉE	CACHER	CANCAN	CASTOR	CHARTE	CILIÉE	COLÈRE
BRIDER	CACHET	CANCER	CASTRO	CHASSE	CILLER	COLITE
BRIDGE	CACHOT	CANCRE	CASUEL	CHASTE	CIMENT	COLLÉE
BRISÉE	CACHOU	CANDIR	CAUDAL	CHATON	CINÉMA	COLLER
BRISER	CADDIE	CANINE	CAUSÉE	CHATTE	CINGLÉ	COLLET
BROCHE	CADEAU	CANNÉE	CAUSER	CHAUDE	CINTRE	COLLEY
BRODER	CADRAN	CANNER	CAVALE	CHAUME	CIRAGE	COMBAT
BROMÉE	CADRÉE	CANNES	CAVITÉ	CHAUVE	CIRIER	COMBLE
BRONZE	CAFARD	CANTAL	CÉCITÉ	CHEMIN	CIRQUE	COMÈTE
BROSSE	CAFTAN	CANULE	CÉDRAT	CHENAL	CISEAU	COMITÉ
BROUET	CAGEOT	CANYON	CEFALU	CHENET	CISTRE	COMMIS
BRUANT	CAGIBI	CAPITÉ	CÉLERI	CHENIL	CITRIN	COMMUN
BRUGES	CAGOTE	CAPOTE	CÉMENT	CHENUE	CIVILE	COMPAS
BRUINE	CAHIER	CAPRIN	CENDRE	CHÈQUE	CLAIRE	COMPTE
BRUIRE	CAILLE	CAPTER	CENTON	CHÉRIE	CLAMER	CONARD
BRÛLER	CAÏMAN	CAPTIF	CENTRE	CHÉRIR	CLAPET	CONCIS
BRÛLOT	CAISSE	CAQUET	CÉPAGE	CHERTÉ	CLARTÉ	CONDAT
BRUNIR	CALAIS	CARACO	CERCLE	CHÉTIF	CLASSE	CONDOM
BRUTAL	CALAME	CARAFE	CERISE	CHEVAL	CLAUSE	CONDOR
BUBALE	CALCIN	CARCAN	CÉRIUM	CHEVET	CLÈRES	CONFIT
BÛCHÉE	CALCUL	CARDÉE	CERMET	CHÈVRE	CLERGÉ	CONFUS
BÛCHER	CALFAT	CARDER	CERNER	CHIARD	CLIENT	CONGRE
BUFFET	CALICE	CARDIN	CERTES	CHICHE	CLIMAT	CONGRU
BULLER	CALIER	CARÊME	CÉRUSE	CHINÉE	CLISSE	CONNUE
BUREAU	CALIFE	CARGUE	CESENA	CHINER	CLIVER	CONSUL
BURÈLE	CÂLINE	CARIER	CÉSIUM	CHIPIE	CLONÉE	CONTÉE
BURTON	CALLAS	CARLIN	CESSER	CHNOUF	CLONER	CONTER
BUSARD	CALMAR	CARNAC	CÉTACÉ	CHOEUR	CLONIE	CONTRE
BUTANE	CALMÉE	CARNÉE	CÉTANE	CHOISI	CLOUER	CONTUS
BUTOIR	CALMER	CARNET	CÉTEAU	CHÔMER	CLOUTÉ	CONVOI
BUTTÉE	CALMIR	CARONI	CÉTONE	CHOPÉE	COBALT	COOLIE
BUTTER	CALQUE	CARRÉE	CHAÎNE	CHOQUÉ	COBAYE	COPAIN
BUVEUR	CAMARD	CARROS	CHAISE	CHORÉE	COCCYX	COPEAU
	CAMÉRA	CARTEL	CHALET	CHRÈME	COCHÉE	COPIÉE

COPIER	COURBE	CROSNE	DATION	DÉMÊLÉ	DICTON	DRAGÉE
COPINE	COURGE	CROSSE	DAUBER	DÉMENT	DIEPPE	DRAGON
COPRIN	COURIR	CROTON	DAUDET	DÉMODÉ	DIESEL	DRAGUE
COQUET	COURSE	CROTTE	DAVIER	DENAIN	DIÉSER	DRAPÉE
COQUIN	COURTE	CROUPE	DEALER	DÉNIER	DIEUZE	DRAPER
CORAIL	COURUE	CROÛTE	DÉBILE	DENRÉE	DIKTAT	DRAVÉE
CORDÉE	COUSIN	CRUCHE	DÉBINE	DENTAL	DILUER	DRAVER
CORDER	COÛTER	CRURAL	DÉBLAI	DENTÉE	DINANT	DRELIN
CORDON	COUTIL	CRYPTE	DEBOUT	DÉNUDÉ	DINDON	DRILLE
CORÉEN	COUTRE	CSEPEL	DÉBRIS	DÉNUÉE	DINGUE	DRISSE
CORNÉE	COUVÉE	CUENCA	DÉCADE	DÉNUER	DIONÉE	DRIVÉE
CORNET	COUVER	CUICUI	DÉCÉDÉ	DENVER	DIPLOÉ	DROGUE
CORNUE	CRACRA	CUISSE	DÉCENT	DÉPART	DIRECT	DROITE
CORRAL	CRAMER	CUIVRE	DÉCHET	DÉPORT	DIRHAM	DRÔLET
CORROI	CRAMPE	CUPIDE	DÉCHUE	DEPUIS	DISCAL	DRONTE
CORSÉE	CRÂNER	CURAGE	DÉCIDÉ	DÉPUTÉ	DISEUR	DROPER
CORSER	CRAQUE	CURULE	DÉCLIC	DÉRÉEL	DISNEY	DROSSE
CORSET	CRASSE	CUSSET	DÉCLIN	DÉRIVE	DISPOS	DRUIDE
CORTÈS	CRAYON	CUTANÉ	DÉCRET	DÉSAXÉ	DISQUE	DUARTE
CORTON	CRÈCHE	CYPRÈS	DÉCRUE	DÉSERT	DIURNE	DUETTO
CORVÉE	CRÉDIT		DÉDAIN	DÉSOLÉ	DIVERS	DUPLEX
COSMOS	CRÉNER	**D**	DÉDALE	DESSIN	DIVINE	DURANT
COSSUE	CRÉOLE		DEDANS	DESSUS	DIVION	DURCIR
COSSUS	CRÊPÉE	DADAIS	DÉDIER	DESTIN	DOCILE	DURETÉ
COSTAL	CRÊPER	DAGUET	DÉDIRE	DÉSUET	DOIGTÉ	DURION
COSTAR	CRÉPON	DAHLIA	DÉDITE	DÉSUNI	DOLENT	DYNAMO
COTEAU	CRÉPUE	DAISNE	DÉESSE	DÉTAIL	DOLLAR	
COTICE	CRÉSUS	DALILA	DÉFAUT	DÉTENU	DOMÈNE	**E**
COTRET	CRÊTÉE	DALLAS	DÉFIER	DÉTOUR	DOMINO	
COUARD	CRÉTIN	DALLÉE	DÉFILÉ	DEVANT	DONJON	ÉBAHIE
COUCHE	CREUSE	DALLER	DÉFINI	DEVERS	DONNÉE	ÉBAHIR
COUCOU	CREVER	DAMIER	DÉFUNT	DÉVIER	DONNER	ÉBAUBI
COUDÉE	CRIANT	DAMNÉE	DÉGAGÉ	DEVISE	DOPAGE	ÉBURNÉ
COUDER	CRIARD	DAMNER	DÉGOÛT	DEVOIR	DOPANT	ÉCALÉE
COUDRE	CRIBLE	DANGER	DEHORS	DÉVOLU	DORADE	ÉCALER
COULÉE	CRICRI	DANOIS	DÉISTE	DÉVOTE	DORIEN	ÉCHINE
COULER	CRIEUR	DANSÉE	DÉLAVÉ	DÉVOUÉ	DORMIR	ÉCHOIR
COULIS	CRIQUE	DANSER	DÉLICE	DÉVOYÉ	DORSAL	ÉCIDIE
COULPE	CROCHE	DANUBE	DÉLIER	DIABLE	DORVAL	ÉCIMER
COUPÉE	CROCHU	DARDER	DÉLIRE	DIACRE	DOSAGE	ÉCLAIR
COUPER	CROCUS	DARTRE	DÉLUGE	DIAPRÉ	DOUBLE	ÉCLOPÉ
COUPLE	CROIRE	DASSIN	DÉLURÉ	DICTÉE	DOUTER	ÉCLORE
COUPON	CROISÉ	DATCHA	DEMAIN	DICTER	DRACHE	ÉCLUSE

ÉCOPER	ÉLIDER	ENFLÉE	ÉPICER	ESCHER	ÉTOUPE	FACIAL
ÉCORCE	ÉLIMÉE	ENFLER	ÉPILER	ESCROC	ÉTRAVE	FACIÈS
ÉCOSSE	ÉLIMER	ÉNIÈME	ÉPINAC	ESCUDO	ÉTRIER	FACILE
ÉCOTÉE	ELLORE	ÉNIGME	ÉPINAL	ESPACE	ÉTRIVE	FADEUR
ÉCRASÉ	ÉLODÉE	ENJOUÉ	ÉPINER	ESPADA	ÉTROIT	FAFIOT
ÉCRÉMÉ	ELSTER	ENLEVÉ	ÉPÎTRE	ESPÈCE	ÉTUVER	FAIBLE
ÉCRIER	ÉLUDER	ENLIER	ÉPLORÉ	ESPION	EUMÈNE	FAILLE
ÉCRIRE	ÉLUSIF	ENNEMI	ÉPONGE	ESPOIR	EURÊKA	FAISAN
ÉCRITE	ÉMACIÉ	ÉNONCÉ	ÉPOPÉE	ESPRIT	EUROPE	FAMEUX
ÉCUEIL	ÉMANER	ÉNORME	ÉPOQUE	ESQUIF	ÉVADÉE	FAMINE
ÉCULÉE	EMBASE	ÉNOUER	ÉPOUSE	ESSAIM	ÉVADER	FANEUR
ÉCUMÉE	EMBOUT	ENRAGÉ	ÉPRISE	ESSIEU	ÉVASÉE	FANION
ÉCUMER	EMBUÉE	ENRAYÉ	ÉPUCER	ESTÈVE	ÉVASER	FARAUD
ÉCURER	EMBUER	ENROUÉ	ÉPUISÉ	ESTIME	ÉVASIF	FARCIE
ÉCURIE	ÉMÉCHÉ	ENTAME	ÉPULIS	ESTIVE	ÉVÊCHÉ	FARCIR
ECZÉMA	ÉMEUTE	ENTÊTÉ	ÉPULON	ESTRAN	ÉVENTÉ	FARDÉE
ÉDENTÉ	ÉMIGRÉ	ENTIER	ÉPURÉE	ESTRIE	ÉVÊQUE	FARDER
ÉDESSE	ÉMILIE	ENTITÉ	ÉPURER	ÉTABLE	ÉVIDER	FARTER
EDISON	ÉMINCÉ	ENTOIR	ÉPURGE	ÉTABLI	ÉVITER	FASCIÉ
ÉDITER	ÉMIRAT	ENTOUR	ÉQUINE	ÉTAGÉE	EXACTE	FATALE
EFFACÉ	ÉMOTIF	ENTRÉE	ÉQUIPE	ÉTAGER	EXALTÉ	FATIMA
EFFARÉ	ÉMOULU	ENTRER	ÉQUITÉ	ÉTALÉE	EXAMEN	FATRAS
EFFILÉ	EMPESÉ	ENTURE	ÉRABLE	ÉTALER	EXCISE	FAUCHÉ
EFFORT	EMPIRE	ENVERS	ÉRASME	ÉTALON	EXCLUE	FAUCRE
EFFROI	EMPLIR	ENVIÉE	ERBINE	ÉTAMER	EXCUSE	FAUFIL
ÉGALER	EMPLOI	ENVIER	ERBIUM	ÉTAMPE	EXÈDRE	FAUTER
ÉGARÉE	EMPOIS	ENVINÉ	EREVAN	ÉTAYER	EXEMPT	FAUTIF
ÉGARER	EMPOTÉ	ENZYME	ERGOTÉ	ÉTEINT	EXERCÉ	FAVELA
ÉGAYER	ÉMULER	ÉOCÈNE	ÉRIGER	ÉTENDU	EXIGER	FAVEUR
ÉGÉRIE	ENCART	ÉOLIDE	ÉRIGNE	ÉTÊTER	EXIGUË	FAVORI
ÉGLISE	ENCENS	ÉOLIEN	ERIVAN	ÉTEULE	EXILÉE	FAYARD
ÉGOÏNE	ENCLIN	ÉOSINE	ERMITE	ÉTHÉRÉ	EXILER	FÉCOND
ÉHONTÉ	ENCLOS	ÉPATÉE	ÉRODÉE	ETHNIE	EXPERT	FÉCULE
EIFFEL	ENCORE	ÉPATER	ÉRODER	ÉTHUSE	EXPIER	FEEDER
ÉLAEIS	ENCRÉE	ÉPAULE	ÉROSIF	ÉTIAGE	EXPOSÉ	FÉERIE
ÉLANCÉ	ENCRER	ÉPEIRE	ERRANT	ÉTIOLÉ	EXPRÈS	FEINTE
ÉLAVÉE	ENDIVE	ÉPELER	ERRATA	ÉTIQUE	EXTASE	FÉLINE
ELBEUF	ENDUIT	ÉPERDU	ERREUR	ÉTIRER		FELLAH
ÉLÉATE	ENDURO	ÉPERON	ERRONÉ	ÉTISIE	**F**	FÊLURE
ÉLÉGIE	ÉNERVÉ	ÉPHÈBE	ERSEAU	ÉTOFFE		FENDRE
ÉLÉGIR	ENESCO	ÉPIAGE	ÉRUDIT	ÉTOILE	FAÇADE	FENNEC
ÉLEVÉE	ENESCU	ÉPICÉA	ESCALE	ÉTOLIE	FÂCHÉE	FENTON
ÉLEVER	ENFANT	ÉPICÉE	ESCAPE	ÉTONNÉ	FÂCHER	FÉODAL

89

FÉRIÉE	FLÂNER	FORMAT	FRIPÉE	GAGMAN	GÉLOSE	GLANER
FERMÉE	FLAPIE	FORMÉE	FRIPER	GAGNER	GÉLULE	GLAPIR
FERMER	FLÈCHE	FORMEL	FRIPON	GAIETÉ	GELURE	GLATIR
FÉROCE	FLEGME	FORMER	FRISÉE	GAINÉE	GÊNANT	GLIALE
FERRÉE	FLEMME	FORTIN	FRISER	GALANT	GENDRE	GLOIRE
FERRER	FLÉTAN	FORURE	FRISON	GALATI	GÉNÉPI	GLORIA
FÉRULE	FLETTE	FOUACE	FROIDE	GALBÉE	GENÈSE	GLOSER
FESSÉE	FLEURI	FOUAGE	FRÔLER	GALBER	GÊNEUR	GLOTTE
FESSER	FLEUVE	FOUDRE	FRONDE	GALÈNE	GÉNIAL	GLUANT
FESSUE	FLIESS	FOUFOU	FROUER	GALÈRE	GÉNOIS	GNEISS
FESTIN	FLOCON	FOUGER	FRUGAL	GALIBI	GENTIL	GNIOLE
FESTON	FLOPÉE	FOUGUE	FRUGES	GALION	GÉRANT	GOBEUR
FÊTARD	FLORAL	FOUINE	FRUSTE	GALLON	GERBÉE	GOÉMON
FÉTIDE	FLORIN	FOULÉE	FUGACE	GALLOT	GERCÉE	GOITRE
FEULER	FLOTTE	FOULER	FUGUER	GAMÈTE	GERCER	GOLDEN
FEUTRE	FLOUER	FOURBE	FUMEUR	GAMINE	GERMER	GOMINA
FIABLE	FLOUVE	FOURBU	FUMIER	GANSÉE	GERMON	GOMMÉE
FIACRE	FLUATE	FOURME	FUMOIR	GANSER	GÉROMÉ	GOMMER
FIANCÉ	FLUENT	FOURMI	FUREUR	GANTER	GÉSIER	GONFLE
FIASCO	FLUIDE	FOURNI	FUROLE	GARAGE	GEYSER	GORGÉE
FIBULE	FLÛTER	FOURRÉ	FURTIF	GARANT	GHETTO	GORGER
FICELÉ	FOCALE	FOUTRE	FUSAIN	GARÇON	GIBBON	GOSIER
FICHER	FOETAL	FOUTUE	FUSEAU	GARDÉE	GIBIER	GOSPEL
FICHUE	FOETUS	FRACAS	FUSELÉ	GARDER	GICLER	GOUAPE
FICTIF	FOIRER	FRAGON	FUSION	GARDON	GIFLÉE	GOUINE
FIDÈLE	FOISON	FRAISE	FUTAIE	GARNIE	GIFLER	GOUJAT
FIENTE	FOLLET	FRANCE	FUTILE	GARNIR	GIGOLO	GOUJON
FIERTÉ	FONCÉE	FRANCO	FUYANT	GARROT	GIRAFE	GOULÉE
FIESTA	FONCER	FRANGE	FUYARD	GASCON	GIROND	GOULET
FIÈVRE	FONDER	FRAPPE		GÂTEAU	GISANT	GOULOT
FIGARI	FONDRE	FRASER	**G**	GÂTEUX	GISORS	GOULUE
FIGARO	FONDUE	FRASIL		GÂTINE	GITANE	GOUPIL
FIGURE	FONGUS	FRÉJUS	GABARE	GAUCHE	GIVRÉE	GOURBI
FILAGE	FORAIN	FRELON	GABIER	GAUCHO	GIVRER	GOURDE
FILEUR	FORBAN	FRÉMIR	GABION	GAUFRE	GLABRE	GOURIN
FILLER	FORÇAT	FRÉROT	GÂCHÉE	GAULER	GLACÉE	GOUROU
FILTRE	FORCÉE	FRÉTER	GÂCHER	GAVEUR	GLACER	GOUSSE
FINALE	FORCER	FRETTE	GÂCHIS	GAVIAL	GLACIS	GOÛTER
FINAUD	FORCIR	FRIAND	GADGET	GAZEUX	GLAÇON	GOUTTE
FISCAL	FOREUR	FRICHE	GADOUE	GAZOLE	GLAIRE	GRABAT
FISTON	FORGÉE	FRICOT	GAFFÉE	GÉANTE	GLAISE	GRADÉE
FLACON	FORGER	FRIMAS	GAFFER	GEISHA	GLAIVE	GRADIN
FLAMME	FORINT	FRIMER	GAGEUR	GÉLIVE	GLANÉE	GRADUÉ

GRADUS	GRISOU	HARARE	HITLER	IGOROT	INSERT	JAMBON
GRAINE	GROLLE	HARDES	HOCHER	IGUANE	INSTAR	JAPPER
GRAMEN	GROTTE	HARDIE	HOCHET	ILÉALE	INSULA	JARDIN
GRAMME	GROUPE	HARENG	HOCKEY	ILÉITE	INTACT	JARDON
GRANBY	GROUSE	HARGNE	HOIRIE	ILESHA	INTIME	JARGON
GRANDE	GRUGER	HARPIE	HONNIR	ILLICO	INTRUS	JASEUR
GRANGE	GRUTER	HARPON	HOQUET	IMAGÉE	INVITÉ	JASMIN
GRANIT	GUELFE	HASARD	HORMIS	IMITER	IODLER	JAUGER
GRAPPE	GUELTE	HASTÉE	HOSTIE	IMPACT	IODURE	JAUNET
GRASSE	GUENON	HÂTIER	HOUPPE	IMPAIR	IONIEN	JAUNIR
GRATIN	GUÉRET	HÂTIVE	HOURRA	IMPALA	IONONE	JEÛNER
GRATIS	GUÉRIR	HAUBAN	HOUSSE	IMPOLI	IOULER	JEUNET
GRATTE	GUERRE	HAUSSE	HUCHÉE	IMPOSÉ	IOURTE	JODLER
GRAVÉE	GUÊTRE	HAUTIN	HUCHER	IMPUNI	IPOMÉE	JOINTE
GRAVER	GUEULE	HAVANE	HUCHET	IMPURE	IRÉNÉE	JONCER
GRAVIR	GUEUSE	HEAUME	HUELVA	INAPTE	IRIDIÉ	JOUEUR
GREDIN	GUICHE	HÉBERT	HUERTA	INCLUS	IRISÉE	JOUJOU
GREFFE	GUIDÉE	HÉBÉTÉ	HUILÉE	INCRÉÉ	IRISER	JOVIAL
GRÊLÉE	GUIDER	HÉBREU	HUILER	INCUBE	IRITIS	JOYEUX
GRÊLER	GUIDON	HELENA	HUÎTRE	INCUSE	IRONIE	JUCHER
GRELIN	GUIGNE	HÉLICE	HUMBLE	INDICE	IRRÉEL	JUGALE
GRÊLON	GUILDE	HÉLION	HUMEUR	INDIEN	IRRITÉ	JUMEAU
GRELOT	GUINDÉ	HÉLIUM	HUMIDE	INDIGO	ISATIS	JUMENT
GRENAT	GUINÉE	HENNIN	HUMOUR	INDIUM	ISERAN	JUNGLE
GRENER	GUIPER	HENNIR	HUPPÉE	INDORE	ISMAËL	JUNIOR
GRENUE	GULDEN	HÉRAUT	HURLER	INÉDIT	ISOÈTE	
GRÉSER	GUNITE	HERBÉE	HYSOPE	INÉGAL	ISOLAT	**K**
GREVÉE		HERBUE		INEPTE	ISOLÉE	
GREVER	**H**	HERNIE	**I**	INERME	ISOLER	KARATÉ
GRIFFE		HERPÈS		INERTE	ISONZO	KENTIA
GRIFFU	HABILE	HERSÉE	IBÉRIS	INFÂME	ISRAËL	KHANAT
GRIGNE	HACHÉE	HERSER	IBIDEM	INFECT	ISSANT	KIMONO
GRIGOU	HACHER	HEURTÉ	ICARIE	INFIME	ISTHME	KIPPER
GRIGRI	HACHIS	HIATAL	ICELLE	INFINI	ITALIE	KLAXON
GRILLE	HAGARD	HIATUS	ICELUI	INFULE	IVETTE	KOPECK
GRIMÉE	HALITE	HIDEUR	ICTÈRE	INFUSE	IVOIRE	KOULAK
GRIMER	HAMADA	HIDEUX	IDÉALE	INGÉNU	IVRAIE	
GRINGE	HAMEAU	HIÉMAL	IDIOME	INGRAT		**L**
GRINGO	HANCHE	HILARE	IDIOTE	INITIÉ	**J**	
GRIPPE	HANGAR	HINDOU	IDOINE	INJURE		LABEUR
GRISER	HANTÉE	HIPPIE	IDYLLE	INONDÉ	JAGUAR	LABIÉE
GRISET	HANTER	HIRCIN	IGNARE	INOUÏE	JALOUX	LABILE
GRISON	HAPPER	HISSER	IGNORÉ	INSANE	JAMAIS	LABIUM
						LABOUR

LABRIT	LASCIF	LÉTALE	LIPPUE	LUGANO	MANAGE	MATOIR
LAÇAGE	LASSER	LETTON	LISÉRÉ	LUNULE	MANCHE	MATOIS
LACEUR	LASSIS	LETTRE	LISEUR	LUNURE	MANDAT	MATRAS
LÂCHÉE	LATENT	LEURRE	LISIER	LUSTRE	MANDER	MATURE
LÂCHER	LATINA	LEVAIN	LISSÉE	LUTINE	MANÈGE	MAUDIT
LACTÉE	LATINE	LEVANT	LISSER	LUTRIN	MANGER	MAUSER
LACUNE	LATINO	LEVENS	LISTÉE	LUTTER	MANGUE	MAUVIS
LAGUIS	LATIUM	LEVIER	LISTEL	LUXURE	MANIÉE	MAXIME
LAGUNE	LATOUR	LÉVITE	LISTER	LYCÉEN	MANIER	MAZOUT
LAHORE	LATTÉE	LEVURE	LITEAU	LYCÈNE	MANIOC	MÉCÈNE
LAÏCAT	LATTER	LÉZARD	LITIGE	LYCOPE	MANNAR	MÊCHÉE
LAINÉE	LATTIS	LIANTE	LITRON	LYDIEN	MANOIR	MECHTA
LAÏQUE	LAURÉE	LIASSE	LITTAU		MANQUE	MECTON
LAISSE	LAUREL	LIBÉRÉ	LIVIDE	**M**	MANSLE	MÉDINE
LAITÉE	LAUTER	LIBIDO	LIVRÉE		MANTRA	MÉDIRE
LAITON	LAVABO	LICHER	LIVRER	MABOUL	MANUEL	MÉDIUM
LAITUE	LAVAGE	LICITE	LIVRET	MACÉRÉ	MAORIE	MÉDIUS
LAMBDA	LAVEUR	LIERNE	LOADER	MÂCHER	MARAIS	MÉDUSE
LAMBIC	LAVOIR	LIERRE	LOBULE	MACHIN	MARAUD	MEERUT
LAMBIN	LAVURE	LIESSE	LOCALE	MÂCHON	MARBRE	MÉFAIT
LAMPÉE	LEADER	LIEUSE	LODÈVE	MADAME	MARCHE	MÉFIER
LAMPER	LÉAUTÉ	LIÉVIN	LOGEUR	MADONE	MARCOS	MÉGÈRE
LANCÉE	LÉCHER	LIÈVRE	LOGNES	MADRÉE	MARGÉE	MÉHARI
LANCER	LÉGALE	LIGNÉE	LOIRON	MADRID	MARGIS	MÉIOSE
LANÇON	LÉGÈRE	LIGNER	LOISIR	MAFFIA	MARIÉE	MÊLANT
LANDAU	LÉGION	LIGUÉE	LONGÉE	MAFFLU	MARIER	MÉLÉNA
LANGÉE	LÉGUER	LIGUER	LONGER	MAGNAT	MARINE	MÉLÈZE
LANGER	LÉGUME	LIGULE	LONGUE	MAGNUM	MARINO	MEMBRE
LANGUE	LEIRIS	LILIAL	LOQUES	MAGRET	MARLOU	MÉMÈRE
LANICE	LÉMURE	LIMACE	LORIOT	MAIGRE	MARMOT	MENACE
LANIER	LENARD	LIMBES	LOTIER	MAILLE	MARQUE	MÉNAGE
LANSON	LÉNINE	LIMIER	LOTION	MAINTE	MARRIÉ	MENÉES
LAPSUS	LENOIR	LIMITE	LOUAGE	MAISON	MARRON	MENEUR
LAPTOT	LÉONIN	LIMNÉE	LOUCHE	MAÎTRE	MARTIN	MENINE
LAQUÉE	LEONOV	LINDAU	LOUEUR	MAJEUR	MARTRE	MENTAL
LARBIN	LÉPINE	LINÉAL	LOULOU	MALADE	MASSÉE	MENTHE
LARCIN	LEQUEL	LINGOT	LOUPER	MALAGA	MASSER	MENTIR
LARDER	LÉRIDA	LINIER	LOURDE	MALARD	MASSIF	MENTON
LARDON	LESAGE	LINTER	LOUTRE	MALGRÉ	MASSUE	MENTOR
LARRON	LESCOT	LIONNE	LOYALE	MALICE	MASTIC	MENUET
LARVÉE	LÉSION	LIPIDE	LUCIDE	MALTER	MASTOC	MÉNURE
LARYNX	LESTÉE	LIPOME	LUCITE	MAMERS	MASURE	MÉPLAT
LASCAR	LESTER	LIPPÉE	LUETTE	MANADO	MATANE	MÉPRIS

MERDER	MIRAGE	MORFIL	**N**	NÉMALE	NÔTRES	OIGNON
MÉRIDA	MIRAUD	MORGUE		NÉNIES	NOTULE	OINDRE
MERISE	MIROIR	MORMON	NABEUL	NÉPÈTE	NOUEUX	OISEAU
MÉRITE	MISÈRE	MOROSE	NABOTE	NÉRÉIS	NOUGAT	OISEUX
MERLAN	MISSEL	MORTEL	NACRÉE	NÉROLI	NOUNOU	OISIVE
MERLIN	MISTON	MOSCOU	NAEVUS	NERVIN	NOURRI	OISSEL
MERLON	MITEUX	MOTALA	NAGANO	NESTOR	NOVICE	OLÉATE
MERLOT	MITIGÉ	MOTARD	NAGOYA	NEURAL	NUANCE	OLÉINE
MÉRULE	MITOSE	MOTEUR	NAÏADE	NEUTRE	NUBIEN	OLÉOLE
MESSEI	MITRÉE	MOTION	NAÎTRE	NEVADA	NUBILE	OLÉRON
MESSIE	MITRON	MOTTÉE	NANDOU	NIAISE	NUCALE	OLINDA
MESTRE	MIXEUR	MOUCHE	NANGIS	NICHÉE	NUDITÉ	OLIVET
MESURE	MIXITE	MOUDRE	NANTIE	NICHER	NUITÉE	OLMETO
MÉTIER	MOBILE	MOUFLE	NANTIR	NICHON	NÛMENT	OMBRÉE
MÉTRÉE	MODALE	MOUISE	NAPOLI	NICKEL	NUMÉRO	OMERTA
MÉTRER	MODÈLE	MOULÉE	NAPPÉE	NIELLE		OMNIUM
METTRE	MODÉRÉ	MOULER	NAPPER	NIEPPE	**O**	ONAGRE
MEUBLE	MOELLE	MOULIN	NARINE	NIGAUD		ONCIAL
MEULAN	MOEURS	MOULUE	NARITA	NÎMOIS	OASIEN	ONDINE
MEULÉE	MOHAIR	MOURIR	NARRER	NINOVE	OBÉRER	ONETTI
MEULON	MOIRÉE	MOUSSE	NARSES	NIPPER	OBLONG	ONGLET
MEXICO	MOIRER	MOUSSU	NASALE	NIPPES	OBSCUR	OOGONE
MICMAC	MOISIE	MOUTON	NASARD	NIPPON	OBSÉDÉ	OPALIN
MIELLÉ	MOISIR	MUANCE	NASEAU	NIVALE	OBTUSE	OPÉRER
MIENNE	MOITIÉ	MUESLI	NASSAU	NIVÉAL	OBVIER	OPIACÉ
MIETTE	MOITIR	MUETTE	NASSER	NIVEAU	OCCASE	OPINEL
MIÈVRE	MOLÈNE	MUFFIN	NASTIE	NIVOSE	OCCIRE	OPINER
MIGNON	MOLLET	MUGUET	NATALE	NOCEUR	OCCUPÉ	OPONCE
MILICE	MOLLIE	MURALE	NATION	NOCIVE	OCELLE	OPPOSÉ
MILIEU	MOLLIR	MURÈNE	NATIVE	NODULE	OCELOT	OPTION
MILLAS	MOMENT	MURMEL	NATRON	NOIRET	OCTALE	ORACLE
MILLER	MONACO	MUSARD	NATTÉE	NOMADE	OCTAVE	ORANGE
MILLET	MONGOL	MUSCAT	NATTER	NOMBRE	OCTROI	ORBITE
MILORD	MONIAL	MUSEAU	NATURE	NOMINÉ	ODENSE	ORDURE
MIMOSA	MONROE	MUSÉUM	NAUSÉE	NOMMER	ODESSA	ORÉADE
MINCIO	MONTÉE	MUSOIR	NAVALE	NONDIT	ODIEUX	OREGON
MINEUR	MONTER	MUSQUÉ	NAVIRE	NONIUS	ODORAT	ORÉMUS
MINIMA	MONTRE	MUSSER	NAVRÉE	NORDET	OEDÈME	ORENSE
MINIME	MOQUER	MUTILÉ	NAVRER	NORMAL	OESTRE	ORESTE
MINOIS	MORALE	MUTINE	NECTAR	NOROÎT	OEUVÉE	ORGANE
MINUIT	MORDRE	MUTUEL	NÉGOCE	NOSTOC	OEUVRE	ORGEAT
MINUTE	MORDUE	MYGALE	NEIGER	NOTICE	OFFICE	ORIENT
MIOCHE	MORFAL	MYRRHE	NELSON	NOTION	OFFRIR	ORIGAN

ORISSA	PACANE	PARTIR	PELURE	PÉTRIN	PISTÉE	POMPÉE
ORMAIE	PACSON	PARURE	PÉNALE	PÉTRIR	PISTER	POMPÉI
ORMEAU	PAELLA	PARVIS	PENAUD	PEUPLE	PISTIL	POMPER
ORNAIN	PAGAIE	PASCAL	PENDRE	PHOBIE	PISTON	POMPON
ORNANS	PAGNOL	PASSÉE	PENDUE	PHONIE	PISTOU	PONCÉE
ORONGE	PAGODE	PASSER	PENNÉE	PHRASE	PITEUX	PONCER
ORONTE	PAGURE	PASSIF	PENSÉE	PIAULE	PIVERT	PONCIF
ORSINI	PAILLE	PASTEL	PENSER	PICARD	PLACÉE	PONDRE
ORTEGA	PAIRIE	PASTIS	PENSIF	PICHET	PLACER	PONTÉE
ORTEIL	PAÎTRE	PATATE	PENSUM	PICOLO	PLAINE	PONTON
ORVALE	PALACE	PATAUD	PÉPÈRE	PIÉGÉE	PLAIRE	POPULO
OSIRIS	PALAIS	PATÈNE	PÉPIER	PIÉGER	PLANER	PORCIN
OSMOND	PÂLEUR	PATENT	PÉPITE	PIÉRON	PLANTE	POREUX
OSMOSE	PALIER	PATÈRE	PERCÉE	PIERRE	PLASMA	PORTÉE
OSORNO	PALMÉE	PÂTEUX	PERCER	PIÉTON	PLASTE	PORTER
OSSÈTE	PALPER	PATHOS	PERÇUE	PIÈTRE	PLÂTRE	POSADA
OSSEUX	PAMPRE	PATOIS	PERDRE	PIEUSE	PLEINE	POSEUR
OTARIE	PANADE	PATRIE	PERDUE	PIFFER	PLÉNUM	POSTAL
OTELLO	PANAIS	PATRON	PÉRIMÉ	PILATE	PLEURS	POSTÉE
OUATÉE	PANAMA	PATTUE	PERLÉE	PILIER	PLIAGE	POSTER
OUATER	PANIER	PÂTURE	PERLER	PILLER	PLIURE	POTAGE
OUELLE	PANSER	PAUMÉE	PERLON	PILORI	PLOMBE	POTARD
OUILLE	PANSUE	PAUVRE	PERLOT	PILOTE	PLOYER	POTEAU
OULÉMA	PANTIN	PAYANT	PERMIS	PILULE	PLUMÉE	POTELÉ
OURDIR	PANURE	PAYEUR	PÉRONÉ	PIMENT	PLUMER	POTIER
OURLET	PANZER	PAYSAN	PERRON	PINARD	PLUTON	POTION
OURSIN	PAONNE	PÉCARI	PERSAN	PINCÉE	PLUTÔT	POULET
OURSON	PAPAYE	PÊCHÉE	PERSIL	PINCER	POCHÉE	POULIE
OUTRÉE	PAPIER	PÊCHER	PESAGE	PINÇON	POCHER	POULPE
OUTRER	PAQUET	PÉCULE	PESANT	PINEAU	PODION	POUMON
OUVERT	PARADE	PÉDALE	PESETA	PINÈDE	POÊLÉE	POUPÉE
OUVRÉE	PARANA	PÉDALO	PESEUR	PINGRE	POÊLON	POUPIN
OUVRER	PARDON	PÉDANT	PESMES	PINSON	POÉSIE	POURRI
OUVRIR	PAREIL	PÉGASE	PESTER	PINTER	POGNON	POURVU
OVAIRE	PARENT	PEILLE	PÉTAIN	PIOLET	POILUE	POUTRE
OVIEDO	PARETO	PEINÉE	PÉTALE	PIPEAU	POINTE	PRAGUE
OVOÏDE	PARFUM	PEINER	PÉTARD	PIPEUR	POINTU	PRALIN
OVULER	PARIER	PEINTE	PÉTASE	PIQUER	POISON	PRÉCIS
OXYDER	PARITÉ	PELADE	PÉTEUX	PIQUET	POISSE	PRÉLAT
	PARLER	PELAGE	PETIOT	PIQÛRE	POIVRE	PRÉNOM
P	PAROIR	PÉLÉEN	PETITE	PIRATE	POLICE	PRESSÉ
	PAROLE	PELLET	PÉTRÉE	PIROLE	POLLEN	PRESTE
PACAGE	PARTIE	PELOTE	PÉTRIE	PISSER	POMMÉE	PRÊTER

PRÊTRE	PURGÉE	RADULA	RATION	RELIEF	RETOUR	ROESTI
PREUVE	PURGER	RAFALE	RATURE	RELIER	RÉUNIR	ROGNÉE
PRÉVUE	PUTAIN	RAFIOT	RAUQUE	RELIRE	RÉUSSI	ROGNER
PRIÈRE	PUTIER	RAFLÉE	RAVAGE	REMÈDE	RÉVEIL	ROGNON
PRIEUR	PUTOIS	RAFLER	RAVIER	REMISE	REVENU	ROGUÉE
PRIMÉE	PUTSCH	RAGEUR	RAYAGE	REMOUS	REVERS	ROIDIR
PRIMER	PUTTER	RAGOÛT	RAYURE	REMPLI	RÊVEUR	ROMAIN
PRINCE	PYJAMA	RAIDIR	REAGAN	REMUÉE	REVOIR	ROMANO
PRISÉE	PYLÔNE	RAINER	RÉAGIR	REMUER	RÉVOLU	ROMPRE
PRISER	PYRÈNE	RAISIN	REBOND	RÉNALE	RHÉNAN	ROMPUE
PRISME	PYTHON	RAISON	REBORD	RENARD	RHÉSUS	RONDIN
PRISON		RÂLANT	RÉCENT	RENDRE	RHODES	RONGER
PRIVÉE	**Q**	RÂLEUR	RECLUS	RENDUE	RIANTE	RÔNIER
PRIVER		RALLER	RECORD	RENFLÉ	RIBAUD	RONRON
PROCÈS	QUAKER	RAMAGE	RECORS	RENIER	RIBOSE	ROOTER
PROCHE	QUARTE	RAMDAM	RECRUE	RÉNINE	RIBOTE	ROQUET
PROFIL	QUARTO	RAMEAU	RECTAL	RENOIR	RICAIN	ROSACE
PROFIT	QUATER	RAMEUR	RECTUM	RENTER	RICORD	ROSAGE
PROJET	QUATRE	RAMIER	RECUIT	RENVOI	RICTUS	ROSEAU
PROMIS	QUÉBEC	RAMPER	REDIRE	REPÈRE	RIDEAU	ROSEUR
PROMPT	QUELLE	RAMURE	REDITE	REPLET	RIEMST	ROSIER
PRÔNÉE	QUÉRIR	RANCIE	RÉELLE	REPORT	RIEUSE	ROSSÉE
PRÔNER	QUÊTÉE	RANÇON	REFLET	REPOSÉ	RIFIFI	ROSSER
PROPOS	QUÊTER	RANDON	REFLUX	RÉPUTÉ	RIGIDE	ROSTRE
PROPRE	QUIÈTE	RANGÉE	REFUGE	REQUIN	RIGOLO	ROTACÉ
PROTÉE	QUILLE	RANGER	REGAIN	RÉSEAU	RIMEUR	ROTULE
PROTÊT	QUINTE	RAPACE	RÉGALE	RÉSÉDA	RIMINI	ROTURE
PROVIN	QUITUS	RAPAGE	REGARD	RÉSIDU	RIMMEL	ROUAGE
PRUCHE		RAPHIA	REGGAE	RÉSINE	RINCER	ROUBLE
PRUINE	**R**	RAPIAT	RÉGIME	RESITA	RIOTER	ROUGET
PRURIT		RAPIDE	REGINA	RÉSOLU	RIPPER	ROUGIR
PRUSSE	RABAIS	RAPINE	RÉGION	RESSAC	RISQUE	ROULÉE
PSAUME	RABANE	RAPPEL	RÉGLÉE	RESTÉE	RITALE	ROULER
PUANTE	RABIOT	RARETÉ	RÉGLER	RESTER	RITUEL	ROULIS
PUBÈRE	RÂBLÉE	RASADE	RÉGNER	RESTES	RIVAGE	ROUPIE
PUBLIC	RACHAT	RASANT	REGRET	RÉSUMÉ	RIVALE	ROUSSE
PUCEAU	RACIAL	RASEUR	REISER	RETARD	RIVERS	ROUSSI
PUDEUR	RACINE	RASOIR	REÎTRE	RETENU	RIVOIR	ROYALE
PUÉRIL	RACLÉE	RASSIS	RÉJOUI	RETHEL	ROANNE	RUELLE
PUFFIN	RACLER	RASTEL	RELAIS	RÉTINE	ROCHER	RUGINE
PUÎNÉE	RADIAN	RÂTEAU	RELAPS	RETIRÉ	ROCOCO	RUILER
PUISER	RADIER	RATIER	RELENT	RÉTIVE	RÔDEUR	RUINÉE
PURETÉ	RADINE	RATINE	RELÈVE	RETORS	RODOIR	RUINER
	RADJAH					

RUINES	SALOIR	SAVANE	SENTIE	SIESTE	SONATE	STANCE
RUMEUR	SALOMÉ	SAVANT	SENTIR	SIGNAL	SONDÉE	STATUE
RURALE	SALOPE	SAVARD	SÉPALE	SIGNÉE	SONDER	STATUT
RUSSIE	SALOUM	SAVATE	SÉRAIL	SIGNER	SONGER	STEELE
RUSTRE	SALUER	SAVEUR	SEREIN	SIGNET	SONNÉE	STEPPE
RUTINE	SAMEDI	SAVOIE	SÉRIÉE	SILANE	SONNER	STÉRÉE
RYTHME	SAMOLE	SAVOIR	SÉRIEL	SILÈNE	SONNET	STÉRÉO
	SAMSON	SCAMPI	SÉRIER	SILICE	SONORE	STÉRER
S	SANDRE	SCHÉMA	SERMON	SILLET	SORBET	STERNE
SAALES	SANGLE	SCHÈME	SERRÉE	SILLON	SORGHO	STÉROL
SABBAT	SANTAL	SCIÈNE	SERRER	SIMILI	SORTIE	STOLON
SABINE	SANTON	SCIRPE	SERTAO	SIMPLE	SORTIR	STRATE
SABLÉE	SANTOS	SCIURE	SERTIR	SIMULÉ	SOUCHE	STRESS
SABLER	SAOULE	SCOTCH	SERVAL	SINGER	SOUDAN	STRICT
SABLON	SAPEUR	SCOUTE	SERVIR	SINITÉ	SOUDÉE	STRIÉE
SABRÉE	SAPHIR	SCRIBE	SÉSAME	SINUER	SOUDER	STRIER
SABRER	SAPINE	SCRIPT	SÉTACÉ	SIOULE	SOUFRE	STRING
SACHET	SARINE	SCUTUM	SETIER	SIPHON	SOÛLER	STRUME
SACOME	SARODE	SÉANCE	SETTER	SIRÈNE	SOÛLOT	STUDIO
SACRÉE	SARONG	SÉANTE	SEULET	SISTRE	SOUMIS	STUPRE
SACRER	SARRAU	SEARLE	SEURAT	SITUÉE	SOUPER	STYLÉE
SACRET	SARTRE	SÉCHER	SEURRE	SITUER	SOUPIR	SUAIRE
SADATE	SASSER	SECOND	SÉVÈRE	SLALOM	SOUPLE	SUANTE
SAFARI	SATANÉ	SECRET	SEVRER	SLOGAN	SOURCE	SUBITE
SAFRAN	SATINÉ	SÉDUIT	SEXAGE	SLUTER	SOURDE	SUBTIL
SAGACE	SATIRE	SEECKT	SEXUÉE	SMILLE	SOURIS	SUCCÈS
SAGAIE	SATURÉ	SEGUIA	SEXUEL	SNOBER	SOUSSE	SUCCIN
SAGINE	SATYRE	SEIGLE	SHAKER	SOCCER	SOUTRA	SUCEUR
SAHARA	SAUCÉE	SEILLE	SHEKEL	SOCIAL	SPASME	SUÇOIR
SAINTE	SAUCER	SÉISME	SHERPA	SOIGNÉ	SPEECH	SUCRÉE
SAISIE	SAUJON	SÉJOUR	SHERRY	SOIRÉE	SPERME	SUCRER
SAISIR	SAUMON	SÉLECT	SHILOM	SOLDAT	SPHÈRE	SUETTE
SAISON	SAUMUR	SÉLÈNE	SHINTO	SOLDÉE	SPHINX	SUISSE
SALACE	SAUNER	SELLÉE	SIALIS	SOLDER	SPINAL	SUIVIE
SALADE	SAURER	SELLER	SIDÉEN	SOLEIL	SPIRAL	SUIVRE
SALADO	SAURET	SÉMÉLÉ	SIDÉRÉ	SOLIDE	SPIRÉE	SULTAN
SALAMI	SAURIN	SEMEUR	SIÈCLE	SOLIVE	SPLEEN	SUMMUM
SALANT	SAURIS	SÉMITE	SIEGEN	SOLUTÉ	SPRINT	SUPPÔT
SALAUD	SAUTER	SÉNEVÉ	SIÉGER	SOMBRE	SQUARE	SUREAU
SALERS	SAUTET	SÉNILE	SIENNE	SOMMÉE	SQUASH	SÛRETÉ
SALETÉ	SAUVÉE	SENSAS	SIERRA	SOMMER	STABLE	SURFIL
SALINE	SAUVER	SENSÉE	SIERRE	SOMMET	STALLE	SURFIN

SURGIR	TANNÉE	TENTÉE	TIMING	TORTUE	TRÉLON	TULIPE
SURIMI	TANNER	TENTER	TIMORÉ	TOSSER	TRÉMIE	TUMEUR
SURNOM	TANNIN	TÉORBE	TINCAL	TOTALE	TREMPE	TUNNEL
SUROÎT	TANTÔT	TERCER	TINTER	TOUAGE	TRENET	TURBAN
SURSIS	TAPAGE	TERCET	TINTIN	TOUBIB	TRENTE	TURBOT
SUSDIT	TAQUET	TERESA	TIPULE	TOUCAN	TRÉPAS	TURQUE
SUSSEX	TARAMA	TERGAL	TIRADE	TOUCHE	TRÉSOR	TUSSOR
SUTURE	TARARE	TERNIE	TIRAGE	TOUEUR	TRESSE	TUTEUR
SVELTE	TARAUD	TERNIR	TIREUR	TOUFFE	TREUIL	TYMPAN
SYLPHE	TARBES	TERRÉE	TIROIR	TOUFFU	TRIADE	TYPHON
SYNDIC	TARDER	TERRER	TISANE	TOUPET	TRIAGE	TYPHUS
SYNODE	TARDIF	TERRIL	TISSER	TOUPIE	TRIBAL	
	TARPAN	TERSER	TITANE	TOURET	TRIBUN	**U**
T	TARPON	TERTIO	TITRÉE	TOURIE	TRIBUT	UGANDA
TABARD	TARTAN	TERTRE	TITRER	TOURIN	TRICOT	UGARIT
TABLAR	TARTAS	TESSIN	TIVOLI	TOURNE	TRIÈRE	ULCÈRE
TABLER	TARTRE	TESSON	TOCADE	TOURON	TRIMER	ULSTER
TACAUD	TARZAN	TESTER	TOCARD	TOURTE	TRIODE	ULTIME
TACHÉE	TASSÉE	TESTON	TOCSIN	TOUTES	TRIPOT	ULTIMO
TACHER	TASSER	TÊTARD	TOISÉE	TOUTOU	TRIQUE	ULULER
TACITE	TATAMI	TÊTEAU	TOISER	TOUVET	TRISOC	UNGAVA
TAGÈTE	TATANE	TÉTINE	TOISON	TOYAMA	TRISTE	UNIÈME
TAGINE	TÂTEUR	TÉTRAS	TOLÈDE	TOYOTA	TRITON	UNIEUX
TAÏAUT	TAUDIS	TEUTON	TOLEDO	TRABÉE	TROLLE	UNIQUE
TAICHI	TAURIN	THALER	TOMATE	TRACAS	TROMPE	URAÈTE
TAILLE	TAUVES	THÉIER	TOMBAC	TRACÉE	TRÔNER	URAEUS
TAIWAN	TEASER	THÉINE	TOMBÉE	TRACER	TROUÉE	URANIE
TAJINE	TECKEL	THENON	TOMBER	TRAFIC	TROUER	URANUS
TALENT	TÉFLON	THÉSÉE	TONALE	TRAHIR	TROUPE	URBAIN
TALION	TEIGNE	THONES	TONDRE	TRAÎNE	TRUAND	URÉIDE
TALLER	TEILLE	THORAX	TONDUE	TRAIRE	TRUBLE	URÉMIE
TAMALE	TEINTE	THORON	TONNER	TRAITE	TRUFFE	URÈTRE
TAMIER	TÉMOIN	TICTAC	TONTON	TRAJET	TRUITE	URGENT
TAMISE	TEMPLE	TIÉDIR	TOQUÉE	TRAMÉE	TRULLO	URINAL
TAMOUL	TENACE	TIENNE	TOQUER	TRAMER	TRUMAN	URINER
TAMPON	TENANT	TIERCE	TORCHE	TRANSE	TSÉTSÉ	USAGÉE
TAMTAM	TENDON	TIGRÉE	TORCOL	TRANSI	TUANTE	USAGER
TANCER	TENDRE	TIGRON	TORDRE	TRAPPE	TUBAGE	USANTE
TANCHE	TENDUE	TILLAC	TORDUE	TRAPUE	TUDIEU	USINÉE
TANDEM	TÉNÉRÉ	TILLER	TORÉER	TRAUMA	TUERIE	USINER
TANGER	TENEUR	TIMBRE	TORERO	TRAVÉE	TUEUSE	USITÉE
TANGON	TENNIS	TIMIDE	TORTIS	TRÈFLE	TUILÉE	UTÉRIN

UTÉRUS VAUTRÉ VERTOU VOGUER ZIGOTO BANALE BAVARD
UTIQUE VEILLE VERTUS VOILÉE ZIGZAG BANANE BAVOIR
UTOPIE VEINÉE VESOUL VOILER ZINZIN BANCAL BAVURE
UVÉITE VEINER VESSER VOIRIE ZIPPER BANDÉE CABALE
VÉLANI VESSIE VOIRON ZIRCON BANDER CABANE

V

VÉLITE VESTON VOISIN ZOMBIE BANDIT CABINE
VACANT VÉLOCE VIABLE VOLAGE ZONAGE BANIAN CÂBLÉE
VACIVE VELVET VIADUC VOLANT ZONIER BANNIE CÂBLER
VACUUM VENACO VIANDE VOLCAN ZOUAVE BANNIR CABRER
VAGALE VÉNALE VIBICE VOLEUR BANNIR CACHÉE
VAGUER VENDRE VIBORD VOLUME **2ᵉ** BAOBAB CACHER
VAINCU VENDUE VIBRER VOLUTE BAOULÉ CACHET
VAIRON VENGER VICIÉE VORACE **POSITION** BAQUET CACHOT
VALAIS VÉNIEL VICIER VOULUE BARAKA CACHOU
VALEUR VENISE VIELLE VOÛTÉE **A** BARBÉE CADDIE
VALIDE VENTRE VIENNE VOÛTER BARBER CADEAU
VALINE VENTRU VIERGE VOYAGE BARBET CADRAN
VALISE VÊPRES VIGILE VOYANT AACHEN BARBUE CADRÉE
VALLÉE VÉRACE VILAIN VOYEUR AALTER BARDER CAFARD
VALLON VERBAL VINDAS VRILLE AARGAU BARDIS CAFTAN
VALOIR VERDET VIOLÉE VULPIN BÂBORD BARDOT CAGEOT
VALSER VERDIR VIOLER BÂCHER BARÈME CAGIBI
VANIER VERDON VIOLET **W** BACHOT BARMAN CAGOTE
VANITÉ VERDUN VIOLON WAPITI BÂCLÉE BAROUD CAHIER
VANNÉE VÉREUX VIOQUE WESTON BÂCLER BARQUE CAILLE
VANNER VERGER VIPÈRE WHISKY BADAUD BARRÉE CAÏMAN
VANNES VERGNE VIRAGE WIGWAM BADINE BARRER CAISSE
VANTAA VÉRINE VIRALE BAFFLE BARRIR CALAIS
VANTER VÉRITÉ VIRIAT **Y** BAFRER BARROT CALAME
VANVES VERLAN VIRILE YANKEE BAGAGE BASALE CALCIN
VAPEUR VERMET VIROLE YAOURT BAGOUT BASANÉ CALCUL
VARDAR VERNIE VISAGE YERRES BAGUÉE BASKET CALFAT
VARECH VERNIR VISION YOURTE BAGUER BASSET CALICE
VARÈSE VERNIS VISITE YUPPIE BAILLE BASSIN CALIER
VARGAS VERNON VISSER BAILLI BASSON CALIFE
VARICE VÉROLE VITALE **Z** BAISÉE BASTER CÂLINE
VARIÉE VÉRONE VITRÉE BAISER BASTIA CALLAS
VARIER VERRAT VITTEL ZAPPER BAISSE BASTON CALMAR
VASARD VERROU VIVACE ZÉBRÉE BALADE BASTOS CALMÉE
VASEUX VERRUE VIVANT ZÉBRER BALANE BÂTARD CALMER
VASSAL VERSER VIVEUR ZÉNITH BALISE BATEAU CALMIR
VAUDOU VERSET VIVRES ZÉPHYR BALLET BATTRE CALQUE
VERSUS VOCALE ZESTÉE BALLON BATTUE CAMARD
BAUDET

☞	☞	☞	☞	☞	☞	☞
CAMÉRA	CARTEL	FÂCHÉE	GAGEUR	HACHER	LABIUM	LARYNX
CAMION	CARTER	FÂCHER	GAGMAN	HACHIS	LABOUR	LASCAR
CAMPÉE	CARTON	FACIAL	GAGNER	HAGARD	LABRIT	LASCIF
CAMPER	CARVIN	FACIÈS	GAIETÉ	HALITE	LAÇAGE	LASSER
CAMPOS	CASIER	FACILE	GAINÉE	HAMADA	LACEUR	LASSIS
CAMUSE	CASINO	FADEUR	GALANT	HAMEAU	LÂCHÉE	LATENT
CANAAN	CASOAR	FAFIOT	GALATI	HANCHE	LÂCHER	LATINA
CANADA	CASQUE	FAIBLE	GALBÉE	HANGAR	LACTÉE	LATINE
CANARD	CASSER	FAILLE	GALBER	HANTÉE	LACUNE	LATINO
CANARI	CASTEL	FAISAN	GALÈNE	HANTER	LAGUIS	LATIUM
CANCAN	CASTOR	FAMEUX	GALÈRE	HAPPER	LAGUNE	LATOUR
CANCER	CASTRO	FAMINE	GALIBI	HARARE	LAHORE	LATTÉE
CANCRE	CASUEL	FANEUR	GALION	HARDES	LAÏCAT	LATTER
CANDIR	CAUDAL	FANION	GALLON	HARDIE	LAINÉE	LATTIS
CANINE	CAUSÉE	FARAUD	GALLOT	HARENG	LAÏQUE	LAURÉE
CANNÉE	CAUSER	FARCIE	GAMÈTE	HARGNE	LAISSE	LAUREL
CANNER	CAVALE	FARCIR	GAMINE	HARPIE	LAITÉE	LAUTER
CANNES	CAVITÉ	FARDÉE	GANSÉE	HARPON	LAITON	LAVABO
CANTAL	DADAIS	FARDER	GANSER	HASARD	LAITUE	LAVAGE
CANULE	DAGUET	FARTER	GANTER	HASTÉE	LAMBDA	LAVEUR
CANYON	DAHLIA	FASCIÉ	GARAGE	HÂTIER	LAMBIC	LAVOIR
CAPITÉ	DAISNE	FATALE	GARANT	HÂTIVE	LAMBIN	LAVURE
CAPOTE	DALILA	FATIMA	GARÇON	HAUBAN	LAMPÉE	MABOUL
CAPRIN	DALLAS	FATRAS	GARDÉE	HAUSSE	LAMPER	MACÉRÉ
CAPTER	DALLÉE	FAUCHÉ	GARDER	HAUTIN	LANCÉE	MÂCHER
CAPTIF	DALLER	FAUCRE	GARDON	HAVANE	LANCER	MACHIN
CAQUET	DAMIER	FAUFIL	GARNIE	JAGUAR	LANÇON	MÂCHON
CARACO	DAMNÉE	FAUTER	GARNIR	JALOUX	LANDAU	MADAME
CARAFE	DAMNER	FAUTIF	GARROT	JAMAIS	LANGÉE	MADONE
CARCAN	DANGER	FAVELA	GASCON	JAMBON	LANGER	MADRÉE
CARDÉE	DANOIS	FAVEUR	GÂTEAU	JAPPER	LANGUE	MADRID
CARDER	DANSÉE	FAVORI	GÂTEUX	JARDIN	LANICE	MAFFIA
CARDIN	DANSER	FAYARD	GÂTINE	JARDON	LANIER	MAFFLU
CARÊME	DANUBE	GABARE	GAUCHE	JARGON	LANSON	MAGNAT
CARGUE	DARDER	GABIER	GAUCHO	JASEUR	LAPSUS	MAGNUM
CARIER	DARTRE	GABION	GAUFRE	JASMIN	LAPTOT	MAGRET
CARLIN	DASSIN	GÂCHÉE	GAULER	JAUGER	LAQUÉE	MAIGRE
CARNAC	DATCHA	GÂCHER	GAVEUR	JAUNET	LARBIN	MAILLE
CARNÉE	DATION	GÂCHIS	GAVIAL	JAUNIR	LARCIN	MAINTE
CARNET	DAUBER	GADGET	GAZEUX	KARATÉ	LARDER	MAISON
CARONI	DAUDET	GADOUE	GAZOLE	LABEUR	LARDON	MAÎTRE
CARRÉE	DAVIER	GAFFÉE	HABILE	LABIÉE	LARRON	MAJEUR
CARROS	FAÇADE	GAFFER	HACHÉE	LABILE	LARVÉE	MALADE

MALAGA	MASSER	NATIVE	PARANA	RACIAL	RASANT	SALANT
MALARD	MASSIF	NATRON	PARDON	RACINE	RASEUR	SALAUD
MALGRÉ	MASSUE	NATTÉE	PAREIL	RACLÉE	RASOIR	SALERS
MALICE	MASTIC	NATTER	PARENT	RACLER	RASSIS	SALETÉ
MALTER	MASTOC	NATURE	PARETO	RADIAN	RASTEL	SALINE
MAMERS	MASURE	NAUSÉE	PARFUM	RADIER	RÂTEAU	SALOIR
MANADO	MATANE	NAVALE	PARIER	RADINE	RATIER	SALOMÉ
MANAGE	MATOIR	NAVIRE	PARITÉ	RADJAH	RATINE	SALOPE
MANCHE	MATOIS	NAVRÉE	PARLER	RADULA	RATION	SALOUM
MANDAT	MATRAS	NAVRER	PAROIR	RAFALE	RATURE	SALUER
MANDER	MATURE	OASIEN	PAROLE	RAFIOT	RAUQUE	SAMEDI
MANÈGE	MAUDIT	PACAGE	PARTIE	RAFLÉE	RAVAGE	SAMOLE
MANGER	MAUSER	PACANE	PARTIR	RAFLER	RAVIER	SAMSON
MANGUE	MAUVIS	PACSON	PARURE	RAGEUR	RAYAGE	SANDRE
MANIÉE	MAXIME	PAELLA	PARVIS	RAGOÛT	RAYURE	SANGLE
MANIER	MAZOUT	PAGAIE	PASCAL	RAIDIR	SAALES	SANTAL
MANIOC	NABEUL	PAGNOL	PASSÉE	RAINER	SABBAT	SANTON
MANNAR	NABOTE	PAGODE	PASSER	RAISIN	SABINE	SANTOS
MANOIR	NACRÉE	PAGURE	PASSIF	RAISON	SABLÉE	SAOULE
MANQUE	NAEVUS	PAILLE	PASTEL	RÂLANT	SABLER	SAPEUR
MANSLE	NAGANO	PAIRIE	PASTIS	RÂLEUR	SABLON	SAPHIR
MANTRA	NAGOYA	PAÎTRE	PATATE	RALLER	SABRÉE	SAPINE
MANUEL	NAÏADE	PALACE	PATAUD	RAMAGE	SABRER	SARINE
MAORIE	NAÎTRE	PALAIS	PATÈNE	RAMDAM	SACHET	SARODE
MARAIS	NANDOU	PÂLEUR	PATENT	RAMEAU	SACOME	SARONG
MARAUD	NANGIS	PALIER	PATÈRE	RAMEUR	SACRÉE	SARRAU
MARBRE	NANTIE	PALMÉE	PÂTEUX	RAMIER	SACRER	SARTRE
MARCHE	NANTIR	PALPER	PATHOS	RAMPER	SACRET	SASSER
MARCOS	NAPOLI	PAMPRE	PATOIS	RAMURE	SADATE	SATANÉ
MARGÉE	NAPPÉE	PANADE	PATRIE	RANCIE	SAFARI	SATINÉ
MARGIS	NAPPER	PANAIS	PATRON	RANÇON	SAFRAN	SATIRE
MARIÉE	NARINE	PANAMA	PATTUE	RANDON	SAGACE	SATURÉ
MARIER	NARITA	PANIER	PÂTURE	RANGÉE	SAGAIE	SATYRE
MARINE	NARRER	PANSER	PAUMÉE	RANGER	SAGINE	SAUCÉE
MARINO	NARSES	PANSUE	PAUVRE	RAPACE	SAHARA	SAUCER
MARLOU	NASALE	PANTIN	PAYANT	RAPAGE	SAINTE	SAUJON
MARMOT	NASARD	PANURE	PAYEUR	RAPHIA	SAISIE	SAUMON
MARQUE	NASEAU	PANZER	PAYSAN	RAPIAT	SAISIR	SAUMUR
MARRIÉ	NASSAU	PAONNE	RABAIS	RAPIDE	SAISON	SAUNER
MARRON	NASSER	PAPAYE	RABANE	RAPINE	SALACE	SAURER
MARTIN	NASTIE	PAPIER	RABIOT	RAPPEL	SALADE	SAURET
MARTRE	NATALE	PAQUET	RÂBLÉE	RARETÉ	SALADO	SAURIN
MASSÉE	NATION	PARADE	RACHAT	RASADE	SALAMI	SAURIS

☞	☞	☞	☞	☞	☞	☞
SAUTER	TAPAGE	VANTAA	ÉBAHIE	ÉCHOIR	SCRIBE	BEDANE
SAUTET	TAQUET	VANTER	ÉBAHIR	ÉCIDIE	SCRIPT	BEDEAU
SAUVÉE	TARAMA	VANVES	ÉBAUBI	ÉCIMER	SCUTUM	BÉGUIN
SAUVER	TARARE	VAPEUR	ÉBURNÉ	ÉCLAIR		BEIGNE
SAVANE	TARAUD	VARDAR	IBÉRIS	ÉCLOPÉ	**D**	BEÏRAM
SAVANT	TARBES	VARECH	IBIDEM	ÉCLORE		BÊLANT
SAVARD	TARDER	VARÈSE	OBÉRER	ÉCLUSE	ADAGIO	BÉLIER
SAVATE	TARDIF	VARGAS	OBLONG	ÉCOPER	ADEPTE	BELOTE
SAVEUR	TARPAN	VARICE	OBSCUR	ÉCORCE	ADIRÉE	BÉNITE
SAVOIE	TARPON	VARIÉE	OBSÉDÉ	ÉCOSSE	ADONIS	BERCER
SAVOIR	TARTAN	VARIER	OBTUSE	ÉCOTÉE	ADORER	BERGER
TABARD	TARTAS	VASARD	OBVIER	ÉCRASÉ	ADRIAN	BERNER
TABLAR	TARTRE	VASEUX		ÉCRÉMÉ	ADROIT	BESACE
TABLER	TARZAN	VASSAL	**C**	ÉCRIER	ADULER	BESOIN
TACAUD	TASSÉE	VAUDOU		ÉCRIRE	ADULIS	BESSON
TACHÉE	TASSER	VAUTRÉ	ACABIT	ÉCRITE	ADULTE	BÉTAIL
TACHER	TATAMI	WAPITI	ACACIA	ÉCUEIL	EDISON	BÊTISE
TACITE	TATANE	YANKEE	ACADIE	ÉCULÉE	ÉDENTÉ	BEURRE
TAGÈTE	TÂTEUR	YAOURT	ACAJOU	ÉCUMÉE	ÉDESSE	CÉCITÉ
TAGINE	TAUDIS	ZAPPER	ACARUS	ÉCUMER	ÉDITER	CÉDRAT
TAÏAUT	TAURIN		ACAULE	ÉCURER	IDÉALE	CEFALU
TAICHI	TAUVES	**B**	ACCENT	ÉCURIE	IDIOME	CÉLERI
TAILLE	VACANT		ACCORD	ECZÉMA	IDIOTE	CÉMENT
TAIWAN	VACIVE	ABADAN	ACCORT	ICARIE	IDOINE	CENDRE
TAJINE	VACUUM	ABAQUE	ACCROC	ICELLE	IDYLLE	CENTON
TALENT	VAGALE	ABATIS	ACCRUS	ICELUI	ODENSE	CENTRE
TALION	VAGUER	ABATTU	ACCUSÉ	ICTÈRE	ODESSA	CÉPAGE
TALLER	VAINCU	ABÊTIR	ACERBE	OCCASE	ODIEUX	CERCLE
TAMALE	VAIRON	ABIMÉE	ACÉRÉE	OCCIRE	ODORAT	CERISE
TAMIER	VALAIS	ABÎMER	ACINUS	OCCUPÉ		CÉRIUM
TAMISE	VALEUR	ABJECT	ACONIT	OCELLE	**E**	CERMET
TAMOUL	VALIDE	ABLIER	AÇORES	OCELOT	AÉRAGE	CERNER
TAMPON	VALINE	ABOLIR	ACQUIS	OCTALE	AÉRIEN	CERTES
TAMTAM	VALISE	ABOUTI	ACQUIT	OCTAVE	AÉRIUM	CÉRUSE
TANCER	VALLÉE	ABOYER	ÂCRETÉ	OCTROI	AÉTITE	CESENA
TANCHE	VALLON	ABRÉGÉ	ACTEUR	SCAMPI	BEAGLE	CÉSIUM
TANDEM	VALOIR	ABRUPT	ACTION	SCHÉMA	BÉANTE	CESSER
TANGER	VALSER	ABRUTI	ACTIVE	SCHÈME	BEAUTÉ	CÉTACÉ
TANGON	VANIER	ABSENT	ACTUEL	SCIÈNE	BÉBÊTE	CÉTANE
TANNÉE	VANITÉ	ABSOLU	ACUITÉ	SCIRPE	BÉCANE	CÉTEAU
TANNER	VANNÉE	ABUSER	ÉCALÉE	SCIURE	BÉCARD	CÉTONE
TANNIN	VANNER	ABUSIF	ÉCALER	SCOTCH	BÊCHÉE	DEALER
TANTÔT	VANNES	ABYSSE	ÉCHINE	SCOUTE	BECTER	DÉBILE

DÉBINE	DENTAL	FÉODAL	HÉBREU	LETTRE	MERDER	PÉCULE
DÉBLAI	DENTÉE	FÉRIÉE	HELENA	LEURRE	MÉRIDA	PÉDALE
DEBOUT	DÉNUDÉ	FERMÉE	HÉLICE	LEVAIN	MERISE	PÉDALO
DÉBRIS	DÉNUÉE	FERMER	HÉLION	LEVANT	MÉRITE	PÉDANT
DÉCADE	DÉNUER	FÉROCE	HÉLIUM	LEVENS	MERLAN	PÉGASE
DÉCÉDÉ	DENVER	FERRÉE	HENNIN	LEVIER	MERLIN	PEILLE
DÉCENT	DÉPART	FERRER	HENNIR	LÉVITE	MERLON	PEINÉE
DÉCHET	DÉPORT	FÉRULE	HÉRAUT	LEVURE	MERLOT	PEINER
DÉCHUE	DEPUIS	FESSÉE	HERBÉE	LÉZARD	MÉRULE	PEINTE
DÉCIDÉ	DÉPUTÉ	FESSER	HERBUE	MÉCÈNE	MESSEI	PELADE
DÉCLIC	DÉRÉEL	FESSUE	HERNIE	MÊCHÉE	MESSIE	PELAGE
DÉCLIN	DÉRIVE	FESTIN	HERPÈS	MECHTA	MESTRE	PÉLÉEN
DÉCRET	DÉSAXÉ	FESTON	HERSÉE	MECTON	MESURE	PELLET
DÉCRUE	DÉSERT	FÊTARD	HERSER	MÉDINE	MÉTIER	PELOTE
DÉDAIN	DÉSOLÉ	FÉTIDE	HEURTÉ	MÉDIRE	MÉTRÉE	PELURE
DÉDALE	DESSIN	FEULER	JEÛNER	MÉDIUM	MÉTRER	PÉNALE
DEDANS	DESSUS	FEUTRE	JEUNET	MÉDIUS	METTRE	PENAUD
DÉDIER	DESTIN	GÉANTE	KENTIA	MÉDUSE	MEUBLE	PENDRE
DÉDIRE	DÉSUET	GEISHA	LEADER	MEERUT	MEULAN	PENDUE
DÉDITE	DÉSUNI	GÉLIVE	LÉAUTÉ	MÉFAIT	MEULÉE	PENNÉE
DÉESSE	DÉTAIL	GÉLOSE	LÉCHER	MÉFIER	MEULON	PENSÉE
DÉFAUT	DÉTENU	GÉLULE	LÉGALE	MÉGÈRE	MEXICO	PENSER
DÉFIER	DÉTOUR	GELURE	LÉGÈRE	MÉHARI	NECTAR	PENSIF
DÉFILÉ	DEVANT	GÊNANT	LÉGION	MÉIOSE	NÉGOCE	PENSUM
DÉFINI	DEVERS	GENDRE	LÉGUER	MÊLANT	NEIGER	PÉPÈRE
DÉFUNT	DÉVIER	GÉNÉPI	LÉGUME	MÉLÉNA	NELSON	PÉPIER
DÉGAGÉ	DEVISE	GENÈSE	LEIRIS	MÉLÈZE	NÉMALE	PÉPITE
DÉGOÛT	DEVOIR	GÊNEUR	LÉMURE	MEMBRE	NÉNIES	PERCÉE
DEHORS	DÉVOLU	GÉNIAL	LENARD	MÉMÈRE	NÉPÈTE	PERCER
DÉISTE	DÉVOTE	GÉNOIS	LÉNINE	MENACE	NÉRÉIS	PERÇUE
DÉLAVÉ	DÉVOUÉ	GENTIL	LENOIR	MÉNAGE	NÉROLI	PERDRE
DÉLICE	DÉVOYÉ	GÉRANT	LÉONIN	MENÉES	NERVIN	PERDUE
DÉLIER	FÉCOND	GERBÉE	LEONOV	MENEUR	NESTOR	PÉRIMÉ
DÉLIRE	FÉCULE	GERCÉE	LÉPINE	MENINE	NEURAL	PERLÉE
DÉLUGE	FEEDER	GERCER	LEQUEL	MENTAL	NEUTRE	PERLER
DÉLURÉ	FÉERIE	GERMER	LÉRIDA	MENTHE	NEVADA	PERLON
DEMAIN	FEINTE	GERMON	LESAGE	MENTIR	OEDÈME	PERLOT
DÉMÊLÉ	FÉLINE	GÉROMÉ	LESCOT	MENTON	OESTRE	PERMIS
DÉMENT	FELLAH	GÉSIER	LÉSION	MENTOR	OEUVÉE	PÉRONÉ
DÉMODÉ	FÊLURE	GEYSER	LESTÉE	MENUET	OEUVRE	PERRON
DENAIN	FENDRE	HEAUME	LESTER	MÉNURE	PÉCARI	PERSAN
DÉNIER	FENNEC	HÉBERT	LÉTALE	MÉPLAT	PÊCHÉE	PERSIL
DENRÉE	FENTON	HÉBÉTÉ	LETTON	MÉPRIS	PÊCHER	PESAGE

☞	☞	☞	☞	☞	☞	☞
PESANT	RÉGLER	RESTER	SENTIE	TENTÉE	VERDET	AFGHAN
PESETA	RÉGNER	RESTES	SENTIR	TENTER	VERDIR	EFFACÉ
PESEUR	REGRET	RÉSUMÉ	SÉPALE	TÉORBE	VERDON	EFFARÉ
PESMES	REISER	RETARD	SÉRAIL	TERCER	VERDUN	EFFILÉ
PESTER	REÎTRE	RETENU	SEREIN	TERCET	VÉREUX	EFFORT
PÉTAIN	RÉJOUI	RETHEL	SÉRIÉE	TERESA	VERGER	EFFROI
PÉTALE	RELAIS	RÉTINE	SÉRIEL	TERGAL	VERGNE	OFFICE
PÉTARD	RELAPS	RETIRÉ	SÉRIER	TERNIE	VÉRINE	OFFRIR
PÉTASE	RELENT	RÉTIVE	SERMON	TERNIR	VÉRITÉ	
PÉTEUX	RELÈVE	RETORS	SERRÉE	TERRÉE	VERLAN	**G**
PETIOT	RELIEF	RETOUR	SERRER	TERRER	VERMET	AGACER
PETITE	RELIER	RÉUNIR	SERTAO	TERRIL	VERNIE	AGADIR
PÉTRÉE	RELIRE	RÉUSSI	SERTIR	TERSER	VERNIR	AGAMIE
PÉTRIE	REMÈDE	RÉVEIL	SERVAL	TERTIO	VERNIS	AGAPES
PÉTRIN	REMISE	REVENU	SERVIR	TERTRE	VERNON	AGARIC
PÉTRIR	REMOUS	REVERS	SÉSAME	TESSIN	VÉROLE	AGENCE
PEUPLE	REMPLI	RÊVEUR	SÉTACÉ	TESSON	VÉRONE	AGENDA
REAGAN	REMUÉE	REVOIR	SETIER	TESTER	VERRAT	AGENTE
RÉAGIR	REMUER	RÉVOLU	SETTER	TESTON	VERROU	AGITÉE
REBOND	RÉNALE	SÉANCE	SEULET	TÊTARD	VERRUE	AGITER
REBORD	RENARD	SÉANTE	SEURAT	TÊTEAU	VERSER	AGNEAU
RÉCENT	RENDRE	SEARLE	SEURRE	TÉTINE	VERSET	AGONIE
RECLUS	RENDUE	SÉCHER	SÉVÈRE	TÉTRAS	VERSUS	AGOUTI
RECORD	RENFLÉ	SECOND	SEVRER	TEUTON	VERTOU	AGRAFE
RECORS	RENIER	SECRET	SEXAGE	VEILLE	VERTUS	AGRÉÉE
RECRUE	RÉNINE	SÉDUIT	SEXUÉE	VEINÉE	VESOUL	AGRÉER
RECTAL	RENOIR	SEECKT	SEXUEL	VEINER	VESSER	AGRION
RECTUM	RENTER	SEGUIA	TEASER	VÉLANI	VESSIE	AGRUME
RECUIT	RENVOI	SEIGLE	TECKEL	VÉLITE	VESTON	AGUETS
REDIRE	REPÈRE	SEILLE	TÉFLON	VÉLOCE	WESTON	ÂGISME
REDITE	REPLET	SÉISME	TEIGNE	VELVET	YERRES	ÉGALER
RÉELLE	REPORT	SÉJOUR	TEILLE	VENACO	ZÉBRÉE	ÉGARÉE
REFLET	REPOSÉ	SÉLECT	TEINTE	VÉNALE	ZÉBRER	ÉGARER
REFLUX	RÉPUTÉ	SÉLÈNE	TÉMOIN	VENDRE	ZÉNITH	ÉGAYER
REFUGE	REQUIN	SELLÉE	TEMPLE	VENDUE	ZÉPHYR	ÉGÉRIE
REGAIN	RÉSEAU	SELLER	TENACE	VENGER	ZESTÉE	ÉGLISE
RÉGALE	RÉSÉDA	SÉMÉLÉ	TENANT	VÉNIEL		ÉGOÏNE
REGARD	RÉSIDU	SEMEUR	TENDON	VENISE	**F**	IGNARE
REGGAE	RÉSINE	SÉMITE	TENDRE	VENTRE		IGNORÉ
RÉGIME	RÉSITA	SÉNEVÉ	TENDUE	VENTRU	AFFAMÉ	IGOROT
REGINA	RÉSOLU	SÉNILE	TÉNÉRÉ	VÊPRES	AFFECT	IGUANE
RÉGION	RESSAC	SENSAS	TENEUR	VÉRACE	AFFÉTÉ	UGANDA
RÉGLÉE	RESTÉE	SENSÉE	TENNIS	VERBAL	AFFOLÉ	

UGARIT	CHINER	AIGRIE	CINTRE	FICHER	KIMONO	LITEAU
	CHIPIE	AIGRIR	CIRAGE	FICHUE	KIPPER	LITIGE
H	CHNOUF	AILIER	CIRIER	FICTIF	LIANTE	LITRON
	CHOEUR	AILLER	CIRQUE	FIDÈLE	LIASSE	LITTAU
AHANER	CHOISI	AIMANT	CISEAU	FIENTE	LIBÉRÉ	LIVIDE
AHURIE	CHÔMER	AIRAIN	CISTRE	FIERTÉ	LIBIDO	LIVRÉE
AHURIR	CHOPÉE	AIRBUS	CITRIN	FIESTA	LICHER	LIVRER
CHAÎNE	CHOQUÉ	AIROLO	CIVILE	FIÈVRE	LICITE	LIVRET
CHAISE	CHORÉE	BIBINE	DIABLE	FIGARI	LIERNE	MICMAC
CHALET	CHRÈME	BICEPS	DIACRE	FIGARO	LIERRE	MIELLÉ
CHALIT	CHRIST	BICHER	DIAPRÉ	FIGURE	LIESSE	MIENNE
CHÂLUS	CHROME	BICHON	DICTÉE	FILAGE	LIEUSE	MIETTE
CHANCE	CHROMO	BIDULE	DICTER	FILEUR	LIÉVIN	MIÈVRE
CHANEL	CHUTER	BIÈVRE	DICTON	FILLER	LIÈVRE	MIGNON
CHANGE	ÉHONTÉ	BIFFER	DIEPPE	FILTRE	LIGNÉE	MILICE
CHAPON	GHETTO	BIFFIN	DIESEL	FINALE	LIGNER	MILIEU
CHARGE	KHANAT	BIFIDE	DIÉSER	FINAUD	LIGUÉE	MILLAS
CHARME	PHOBIE	BIGAME	DIEUZE	FISCAL	LIGUER	MILLER
CHARNU	PHONIE	BIGLER	DIKTAT	FISTON	LIGULE	MILLET
CHARTE	PHRASE	BIKINI	DILUER	GIBBON	LILIAL	MILORD
CHASSE	RHÉNAN	BILLET	DINANT	GIBIER	LIMACE	MIMOSA
CHASTE	RHÉSUS	BILLOT	DINDON	GICLER	LIMBES	MINCIO
CHATON	RHODES	BIMANE	DINGUE	GIFLÉE	LIMIER	MINEUR
CHATTE	SHAKER	BINIOU	DIONÉE	GIFLER	LIMITE	MINIMA
CHAUDE	SHEKEL	BIPÈDE	DIPLOÉ	GIGOLO	LIMNÉE	MINIME
CHAUME	SHERPA	BIRÈME	DIRECT	GIRAFE	LINDAU	MINOIS
CHAUVE	SHERRY	BISEAU	DIRHAM	GIROND	LINÉAL	MINUIT
CHEMIN	SHILOM	BISSER	DISCAL	GISANT	LINGOT	MINUTE
CHENAL	SHINTO	BISTRE	DISEUR	GISORS	LINIER	MIOCHE
CHENET	THALER	BISTRO	DISNEY	GITANE	LINTER	MIRAGE
CHENIL	THÉIER	BITORD	DISPOS	GIVRÉE	LIONNE	MIRAUD
CHENUE	THÉINE	BITTER	DISQUE	GIVRER	LIPIDE	MIROIR
CHÈQUE	THENON	BITUME	DIURNE	HIATAL	LIPOME	MISÈRE
CHÉRIE	THÉSÉE	CIBLÉE	DIVERS	HIATUS	LIPPÉE	MISSEL
CHÉRIR	THONES	CIERGE	DIVINE	HIDEUR	LIPPUE	MISTON
CHERTÉ	THORAX	CIGALE	DIVION	HIDEUX	LISÉRÉ	MITEUX
CHÉTIF	THORON	CIGARE	EIFFEL	HIÉMAL	LISEUR	MITIGÉ
CHEVAL	WHISKY	CILICE	FIABLE	HILARE	LISIER	MITOSE
CHEVET		CILIÉE	FIACRE	HINDOU	LISSÉE	MITRÉE
CHÈVRE	**I**	CILLER	FIANCÉ	HIPPIE	LISSER	MITRON
CHIARD		CIMENT	FIASCO	HIRCIN	LISTÉE	MIXEUR
CHICHE	AIDANT	CINÉMA	FIBULE	HISSER	LISTEL	MIXITE
CHINÉE	AÏEULE	CINGLÉ	FICELÉ	HITLER	LISTER	NIAISE

NICHÉE	PINCER	RITALE	TILLAC	VIRILE	ALLIÉE	CLIVER
NICHER	PINÇON	RITUEL	TILLER	VIROLE	ALLIER	CLONÉE
NICHON	PINEAU	RIVAGE	TIMBRE	VISAGE	ALLURE	CLONER
NICKEL	PINÈDE	RIVALE	TIMIDE	VISION	ALOYAU	CLONIE
NIELLE	PINGRE	RIVERS	TIMING	VISITE	ALPAGA	CLOUER
NIEPPE	PINSON	RIVOIR	TIMORÉ	VISSER	ALPAGE	CLOUTÉ
NIGAUD	PINTER	SIALIS	TINCAL	VITALE	ALPINE	ELBEUF
NÎMOIS	PIOLET	SIDÉEN	TINTER	VITRÉE	ALSACE	ELLORE
NINOVE	PIPEAU	SIDÉRÉ	TINTIN	VITTEL	ALTÉRÉ	ELSTER
NIPPER	PIPEUR	SIÈCLE	TIPULE	VIVACE	ALTIER	ÉLAEIS
NIPPES	PIQUER	SIEGEN	TIRADE	VIVANT	ALTISE	ÉLANCÉ
NIPPON	PIQUET	SIÉGER	TIRAGE	VIVEUR	ALUNER	ÉLAVÉE
NIVALE	PIQÛRE	SIENNE	TIREUR	VIVRES	ALUNIR	ÉLÉATE
NIVÉAL	PIRATE	SIERRA	TIROIR	WIGWAM	ALVINE	ÉLÉGIE
NIVEAU	PIROLE	SIERRE	TISANE	ZIGOTO	BLAGUE	ÉLÉGIR
NIVOSE	PISSER	SIESTE	TISSER	ZIGZAG	BLÂMÉE	ÉLEVÉE
OIGNON	PISTÉE	SIGNAL	TITANE	ZINZIN	BLÂMER	ÉLEVER
OINDRE	PISTER	SIGNÉE	TITRÉE	ZIPPER	BLASER	ÉLIDER
OISEAU	PISTIL	SIGNER	TITRER	ZIRCON	BLAZER	ÉLIMÉE
OISEUX	PISTON	SIGNET	TIVOLI		BLÊMIR	ÉLIMER
OISIVE	PISTOU	SILANE	VIABLE	**L**	BLENDE	ÉLODÉE
OISSEL	PITEUX	SILÈNE	VIADUC		BLÉSER	ÉLUDER
PIAULE	PIVERT	SILICE	VIANDE	ALAISE	BLESSÉ	ÉLUSIF
PICARD	RIANTE	SILLET	VIBICE	ALARME	BLETTE	FLACON
PICHET	RIBAUD	SILLON	VIBORD	ALBUGO	BLEUET	FLAMME
PICOLO	RIBOSE	SIMILI	VIBRER	ALCADE	BLEUIE	FLÂNER
PIÉGÉE	RIBOTE	SIMPLE	VICIÉE	ALCALI	BLEUIR	FLAPIE
PIÉGER	RICAIN	SIMULÉ	VICIER	ALCOOL	BLINDÉ	FLÈCHE
PIÉRON	RICORD	SINGER	VIELLE	ALCÔVE	BLOCUS	FLEGME
PIERRE	RICTUS	SINITÉ	VIENNE	ALDINE	BLONDE	FLEMME
PIÉTON	RIDEAU	SINUER	VIERGE	ALÉRIA	BLOUSE	FLÉTAN
PIÈTRE	RIEMST	SIOULE	VIGILE	ALERTE	BLUTER	FLETTE
PIEUSE	RIEUSE	SIPHON	VILAIN	ALÉSER	CLAIRE	FLEURI
PIFFER	RIFIFI	SIRÈNE	VINDAS	ALEVIN	CLAMER	FLEUVE
PILATE	RIGIDE	SISTRE	VIOLÉE	ALGIDE	CLAPET	FLIESS
PILIER	RIGOLO	SITUÉE	VIOLER	ALIÉNÉ	CLARTÉ	FLOCON
PILLER	RIMEUR	SITUER	VIOLET	ALINÉA	CLASSE	FLOPÉE
PILORI	RIMINI	TICTAC	VIOLON	ALISMA	CLAUSE	FLORAL
PILOTE	RIMMEL	TIÉDIR	VIOQUE	ALISME	CLÈRES	FLORIN
PILULE	RINCER	TIENNE	VIPÈRE	ALITER	CLERGÉ	FLOTTE
PIMENT	RIOTER	TIERCE	VIRAGE	ALLANT	CLIENT	FLOUER
PINARD	RIPPER	TIGRÉE	VIRALE	ALLÈGE	CLIMAT	FLOUVE
PINCÉE	RISQUE	TIGRON	VIRIAT	ALLÈNE	CLISSE	FLUATE

FLUENT	PLÉNUM	EMBOUT	ANGINE	ENLEVÉ	INFÂME	BOHÈME
FLUIDE	PLEURS	EMBUÉE	ANGLET	ENLIER	INFECT	BOILLE
FLÛTER	PLIAGE	EMBUER	ANGOLA	ENNEMI	INFIME	BOISÉE
GLABRE	PLIURE	EMPESÉ	ANGORA	ENRAGÉ	INFINI	BOISER
GLACÉE	PLOMBE	EMPIRE	ANIANE	ENRAYÉ	INFULE	BOITER
GLACER	PLOYER	EMPLIR	ANICET	ENROUÉ	INFUSE	BOLÉRO
GLACIS	PLUMÉE	EMPLOI	ANIMAL	ENTAME	INGÉNU	BOLIDE
GLAÇON	PLUMER	EMPOIS	ANIMÉE	ENTÊTÉ	INGRAT	BOLIER
GLAIRE	PLUTON	EMPOTÉ	ANIMER	ENTIER	INITIÉ	BOLTON
GLAISE	PLUTÔT	ÉMACIÉ	ANISER	ENTITÉ	INJURE	BOMBÉE
GLAIVE	SLALOM	ÉMANER	ANNALE	ENTOIR	INONDÉ	BOMBER
GLANÉE	SLOGAN	ÉMÉCHÉ	ANNATE	ENTOUR	INOUÏE	BONACE
GLANER	SLUTER	ÉMEUTE	ANNEAU	ENTRÉE	INSANE	BONDÉE
GLAPIR	ULCÈRE	ÉMIGRÉ	ANNELÉ	ENTRER	INSERT	BONDIR
GLATIR	ULSTER	ÉMILIE	ANNEXE	ENTURE	INSTAR	BONITE
GLIALE	ULTIME	ÉMINCÉ	ANNONE	ENVERS	INSULA	BONNET
GLOIRE	ULTIMO	ÉMIRAT	ANNUEL	ENVIÉE	INTACT	BORATE
GLORIA	ULULER	ÉMOTIF	ANOBIE	ENVIER	INTIME	BORDEL
GLOSER		ÉMOULU	ANODIN	ENVINÉ	INTRUS	BORDER
GLOTTE	**M**	ÉMULER	ANOMIE	ENZYME	INVITÉ	BORÉAL
GLUANT		IMAGÉE	ANORAK	ÉNERVÉ	ONAGRE	BORGNE
ILÉALE	AMANDE	IMITER	ANOURE	ÉNIÈME	ONCIAL	BORNÉE
ILÉITE	AMANTE	IMPACT	ANURIE	ÉNIGME	ONDINE	BORNER
ILESHA	AMARIL	IMPAIR	ANVERS	ÉNONCÉ	ONETTI	BOSNIE
ILLICO	AMARRE	IMPALA	ÂNERIE	ÉNORME	ONGLET	BOSSÉE
KLAXON	AMATIR	IMPOLI	ÂNESSE	ÉNOUER	SNOBER	BOSSER
OLÉATE	AMBIGU	IMPOSÉ	ÂNIÈRE	GNEISS	UNGAVA	BOSTON
OLÉINE	AMBRÉE	IMPUNI	ENCART	GNIOLE	UNIÈME	BOTTÉE
OLÉOLE	AMENDE	IMPURE	ENCENS	INAPTE	UNIEUX	BOTTIN
OLÉRON	AMENÉE	OMBRÉE	ENCLIN	INCLUS	UNIQUE	BOUBOU
OLINDA	AMENER	OMERTA	ENCLOS	INCRÉÉ		BOUCAN
OLIVET	AMERLO	OMNIUM	ENCORE	INCUBE	**O**	BOUCAU
OLMETO	AMICAL	SMILLE	ENCRÉE	INCUSE		BOUCHE
PLACÉE	AMIDON		ENCRER	INDICE	AOMORI	BOUCLE
PLACER	AMINÉE	**N**	ENDIVE	INDIEN	AOÛTAT	BOUDER
PLAINE	AMIRAL		ENDUIT	INDIGO	AOÛTÉE	BOUDIN
PLAIRE	AMITIÉ	ANANAS	ENDURO	INDIUM	AOÛTER	BOUFFE
PLANER	AMORAL	ANCIEN	ENESCO	INDORE	BOBARD	BOUFFI
PLANTE	AMORCE	ANCRER	ENESCU	INÉDIT	BOBINE	BOUGER
PLASMA	AMPÈRE	ANDINE	ENFANT	INÉGAL	BOCAGE	BOUGIE
PLASTE	AMURER	ANDRIA	ENFLÉE	INEPTE	BOËSSE	BOUGRE
PLÂTRE	AMUSER	ANÉMIE	ENFLER	INERME	BOËTTE	BOULER
PLEINE	EMBASE	ANGARA	ENJOUÉ	INERTE	BOGOTA	BOULET

BOULOT	CONDOR	COTICE	DORVAL	FOULÉE	HOQUET	LOYALE
BOURBE	CONFIT	COTRET	DOSAGE	FOULER	HORMIS	MOBILE
BOURDE	CONFUS	COUARD	DOUBLE	FOURBE	HOSTIE	MODALE
BOURRE	CONGRE	COUCHE	DOUTER	FOURBU	HOUPPE	MODÈLE
BOURRU	CONGRU	COUCOU	ÉOCÈNE	FOURME	HOURRA	MODÉRÉ
BOURSE	CONNUE	COUDÉE	ÉOLIDE	FOURMI	HOUSSE	MOELLE
BOUSIN	CONSUL	COUDER	ÉOLIEN	FOURNI	IODLER	MOEURS
BOUTON	CONTÉE	COUDRE	ÉOSINE	FOURRÉ	IODURE	MOHAIR
BOUTRE	CONTER	COULÉE	FOCALE	FOUTRE	IONIEN	MOIRÉE
BOUVET	CONTRE	COULER	FOETAL	FOUTUE	IONONE	MOIRER
BOVINE	CONTUS	COULIS	FOETUS	GOBEUR	IOULER	MOISIE
BOXEUR	CONVOI	COULPE	FOIRER	GOÉMON	IOURTE	MOISIR
COBALT	COOLIE	COUPÉE	FOISON	GOITRE	JODLER	MOITIÉ
COBAYE	COPAIN	COUPER	FOLLET	GOLDEN	JOINTE	MOITIR
COCCYX	COPEAU	COUPLE	FONCÉE	GOMINA	JONCER	MOLÈNE
COCHÉE	COPIÉE	COUPON	FONCER	GOMMÉE	JOUEUR	MOLLET
COCHER	COPIER	COURBE	FONDER	GOMMER	JOUJOU	MOLLIE
COFFIN	COPINE	COURGE	FONDRE	GONFLE	JOVIAL	MOLLIR
COFFRE	COPRIN	COURIR	FONDUE	GORGÉE	JOYEUX	MOMENT
COGNAC	COQUET	COURSE	FONGUS	GORGER	KOPECK	MONACO
COGNÉE	COQUIN	COURTE	FORAIN	GOSIER	KOULAK	MONGOL
COGNER	CORAIL	COURUE	FORBAN	GOSPEL	LOADER	MONIAL
COIFFE	CORDÉE	COUSIN	FORÇAT	GOUAPE	LOBULE	MONROE
COINCÉ	CORDER	CÔUTER	FORCÉE	GOUINE	LOCALE	MONTÉE
CÖITER	CORDON	COUTIL	FORCER	GOUJAT	LODÈVE	MONTER
COLÈRE	CORÉEN	COUTRE	FORCIR	GOUJON	LOGEUR	MONTRE
COLITE	CORNÉE	COUVÉE	FOREUR	GOULÉE	LOGNES	MOQUER
COLLÉE	CORNET	COUVER	FORGÉE	GOULET	LOIRON	MORALE
COLLER	CORNUE	DOCILE	FORGER	GOULOT	LOISIR	MORDRE
COLLET	CORRAL	DOIGTÉ	FORINT	GOULUE	LONGÉE	MORDUE
COLLEY	CORROI	DOLENT	FORMAT	GOUPIL	LONGER	MORFAL
COMBAT	CORSÉE	DOLLAR	FORMÉE	GOURBI	LONGUE	MORFIL
COMBLE	CORSER	DOMÈNE	FORMEL	GOURDE	LOQUES	MORGUE
COMÈTE	CORSET	DOMINO	FORMER	GOURIN	LORIOT	MORMON
COMITÉ	CORTÈS	DONJON	FORTIN	GOUROU	LOTIER	MOROSE
COMMIS	CORTON	DONNÉE	FORURE	GOUSSE	LOTION	MORTEL
COMMUN	CORVÉE	DONNER	FOUACE	GOÛTER	LOUAGE	MOSCOU
COMPAS	COSMOS	DOPAGE	FOUAGE	GOUTTE	LOUCHE	MOTALA
COMPTE	COSSUE	DOPANT	FOUDRE	HOCHER	LOUEUR	MOTARD
CONARD	COSSUS	DORADE	FOUFOU	HOCHET	LOULOU	MOTEUR
CONCIS	COSTAL	DORIEN	FOUGER	HOCKEY	LOUPER	MOTION
CONDAT	COSTAR	DORMIR	FOUGUE	HOIRIE	LOURDE	MOTTÉE
CONDOM	COTEAU	DORSAL	FOUINE	HONNIR	LOUTRE	MOUCHE

MOUDRE	POINTE	ROANNE	SOCCER	TOCADE	TOURTE	APPEAU
MOUFLE	POINTU	ROCHER	SOCIAL	TOCARD	TOUTES	APPORT
MOUISE	POISON	ROCOCO	SOIGNÉ	TOCSIN	TOUTOU	APPRÊT
MOULÉE	POISSE	RÔDEUR	SOIRÉE	TOISÉE	TOUVET	APSARA
MOULER	POIVRE	RODOIR	SOLDAT	TOISER	TOYAMA	APTÈRE
MOULIN	POLICE	ROESTI	SOLDÉE	TOISON	TOYOTA	ÂPRETÉ
MOULUE	POLLEN	ROGNÉE	SOLDER	TOLÈDE	VOCALE	ÉPATÉE
MOURIR	POMMÉE	ROGNER	SOLEIL	TOLEDO	VOGUER	ÉPATER
MOUSSE	POMPÉE	ROGNON	SOLIDE	TOMATE	VOILÉE	ÉPAULE
MOUSSU	POMPÉI	ROGUÉE	SOLIVE	TOMBAC	VOILER	ÉPEIRE
MOUTON	POMPER	ROIDIR	SOLUTÉ	TOMBÉE	VOIRIE	ÉPELER
NOCEUR	POMPON	ROMAIN	SOMBRE	TOMBER	VOIRON	ÉPERDU
NOCIVE	PONCÉE	ROMANO	SOMMÉE	TONALE	VOISIN	ÉPERON
NODULE	PONCER	ROMPRE	SOMMER	TONDRE	VOLAGE	ÉPHÈBE
NOIRET	PONCIF	ROMPUE	SOMMET	TONDUE	VOLANT	ÉPIAGE
NOMADE	PONDRE	RONDIN	SONATE	TONNER	VOLCAN	ÉPICÉA
NOMBRE	PONTÉE	RONGER	SONDÉE	TONTON	VOLEUR	ÉPICÉE
NOMINÉ	PONTON	RÔNIER	SONDER	TOQUÉE	VOLUME	ÉPICER
NOMMER	POPULO	RONRON	SONGER	TOQUER	VOLUTE	ÉPILER
NONDIT	PORCIN	ROOTER	SONNÉE	TORCHE	VORACE	ÉPINAC
NONIUS	POREUX	ROQUET	SONNER	TORCOL	VOULUE	ÉPINAL
NORDET	PORTÉE	ROSACE	SONNET	TORDRE	VOÛTÉE	ÉPINER
NORMAL	PORTER	ROSAGE	SONORE	TORDUE	VOÛTER	ÉPÎTRE
NOROÎT	POSADA	ROSEAU	SORBET	TORÉER	VOYAGE	ÉPLORÉ
NOSTOC	POSEUR	ROSEUR	SORGHO	TORERO	VOYANT	ÉPONGE
NOTICE	POSTAL	ROSIER	SORTIE	TORTIS	VOYEUR	ÉPOPÉE
NOTION	POSTÉE	ROSSÉE	SORTIR	TORTUE	YOURTE	ÉPOQUE
NÔTRES	POSTER	ROSSER	SOUCHE	TOSSER	ZOMBIE	ÉPOUSE
NOTULE	POTAGE	ROSTRE	SOUDAN	TOTALE	ZONAGE	ÉPRISE
NOUEUX	POTARD	ROTACÉ	SOUDÉE	TOUAGE	ZONIER	ÉPUCER
NOUGAT	POTEAU	ROTULE	SOUDER	TOUBIB	ZOUAVE	ÉPUISÉ
NOUNOU	POTELÉ	ROTURE	SOUFRE	TOUCAN		ÉPULIS
NOURRI	POTIER	ROUAGE	SOÛLER	TOUCHE	**P**	ÉPULON
NOVICE	POTION	ROUBLE	SOÛLOT	TOUEUR		ÉPURÉE
OOGONE	POULET	ROUGET	SOUMIS	TOUFFE	APARTÉ	ÉPURER
POCHÉE	POULIE	ROUGIR	SOUPER	TOUFFU	APERÇU	ÉPURGE
POCHER	POULPE	ROULÉE	SOUPIR	TOUPET	APEURÉ	IPOMÉE
PODION	POUMON	ROULER	SOUPLE	TOUPIE	APHONE	OPALIN
POÊLÉE	POUPÉE	ROULIS	SOURCE	TOURET	APICAL	OPÉRER
POÊLON	POUPIN	ROUPIE	SOURDE	TOURIE	APLOMB	OPIACÉ
POÉSIE	POURRI	ROUSSE	SOURIS	TOURIN	APOGÉE	OPINEL
POGNON	POURVU	ROUSSI	SOUSSE	TOURNE	APORIE	OPINER
POILUE	POUTRE	ROYALE	SOUTRA	TOURON	APÔTRE	OPONCE

OPPOSÉ	ARICIE	BROUET	CROTTE	ÉRUDIT	GRANDE	GRUGER
OPTION	ARISER	BRUANT	CROUPE	FRACAS	GRANGE	GRUTER
SPASME	ARMURE	BRUGES	CROÛTE	FRAGON	GRANIT	IRÉNÉE
SPEECH	ARNICA	BRUINE	CRUCHE	FRAISE	GRAPPE	IRIDIÉ
SPERME	ARONDE	BRUIRE	CRURAL	FRANCE	GRASSE	IRISÉE
SPHÈRE	ARPÈGE	BRÛLER	CRYPTE	FRANCO	GRATIN	IRISER
SPHINX	ARPENT	BRÛLOT	DRACHE	FRANGE	GRATIS	IRITIS
SPINAL	ARREAU	BRUNIR	DRAGÉE	FRAPPE	GRATTE	IRONIE
SPIRAL	ARRIEN	BRUTAL	DRAGON	FRASER	GRAVÉE	IRRÉEL
SPIRÉE	ARRIGO	CRACRA	DRAGUE	FRASIL	GRAVER	IRRITÉ
SPLEEN	ARROBE	CRAMER	DRAPÉE	FRÉJUS	GRAVIR	ORACLE
SPRINT	ARSÈNE	CRAMPE	DRAPER	FRELON	GREDIN	ORANGE
	ARSINE	CRÂNER	DRAVÉE	FRÉMIR	GREFFE	ORBITE
Q	ARTÈRE	CRAQUE	DRAVER	FRÉROT	GRÊLÉE	ORDURE
AQUEUX	ARVIDA	CRASSE	DRELIN	FRÉTER	GRÊLER	ORÉADE
AQUINO	BRAIES	CRAYON	DRILLE	FRETTE	GRELIN	OREGON
ÉQUINE	BRAILA	CRÈCHE	DRISSE	FRIAND	GRÊLON	ORÉMUS
ÉQUIPE	BRAINE	CRÉDIT	DRIVÉE	FRICHE	GRELOT	ORENSE
ÉQUITÉ	BRAIRE	CRÉNER	DROGUE	FRICOT	GRENAT	ORESTE
SQUARE	BRAISE	CRÉOLE	DROITE	FRIMAS	GRENER	ORGANE
SQUASH	BRAMER	CRÊPÉE	DRÔLET	FRIMER	GRENUE	ORGEAT
	BRANDO	CRÊPER	DRONTE	FRIPÉE	GRÉSER	ORIENT
R	BRANTE	CRÉPON	DROPER	FRIPER	GREVÉE	ORIGAN
	BRASOV	CRÉPUE	DROSSE	FRIPON	GREVER	ORISSA
ARABIE	BRASSE	CRÉSUS	DRUIDE	FRISÉE	GRIFFE	ORMAIE
ARABLE	BRAVÉE	CRÊTÉE	ERBINE	FRISER	GRIFFU	ORMEAU
ARAGON	BRAVER	CRÉTIN	ERBIUM	FRISON	GRIGNE	ORNAIN
ARAIRE	BREBIS	CREUSE	EREVAN	FROIDE	GRIGOU	ORNANS
ARAMON	BRÈCHE	CREVER	ERGOTÉ	FRÔLER	GRIGRI	ORONGE
ARARAT	BRÉSIL	CRIANT	ERIVAN	FRONDE	GRILLE	ORONTE
ARASER	BRETON	CRIARD	ERMITE	FROUER	GRIMÉE	ORSINI
ARCADE	BREUIL	CRIBLE	ERRANT	FRUGAL	GRIMER	ORTEGA
ARCANE	BREVET	CRICRI	ERRATA	FRUGES	GRINGE	ORTEIL
ARCHER	BRIDÉE	CRIEUR	ERREUR	FRUSTE	GRINGO	ORVALE
ARCHET	BRIDER	CRIQUE	ERRONÉ	GRABAT	GRIPPE	PRAGUE
ARCURE	BRIDGE	CROCHE	ERSEAU	GRADÉE	GRISER	PRALIN
ARDENT	BRISÉE	CROCHU	ÉRABLE	GRADIN	GRISET	PRÉCIS
ARDEUR	BRISER	CROCUS	ÉRASME	GRADUÉ	GRISON	PRÉLAT
ARÉOLE	BROCHE	CROIRE	ÉRIGER	GRADUS	GRISOU	PRÉNOM
ARETIN	BRODER	CROISÉ	ÉRIGNE	GRAINE	GROLLE	PRESSÉ
ARGENT	BROMÉE	CROSNE	ÉRODÉE	GRAMEN	GROTTE	PRESTE
ARGILE	BRONZE	CROSSE	ÉRODER	GRAMME	GROUPE	PRÊTER
ARGUER	BROSSE	CROTON	ÉROSIF	GRANBY	GROUSE	PRÊTRE

PREUVE	TRANSE	URAEUS	ESPOIR	ATROCE	STÉRÉE	BÛCHÉE
PRÉVUE	TRANSI	URANIE	ESPRIT	ETHNIE	STÉRÉO	BÛCHER
PRIÈRE	TRAPPE	URANUS	ESQUIF	ÉTABLE	STÉRER	BUFFET
PRIEUR	TRAPUE	URBAIN	ESSAIM	ÉTABLI	STERNE	BULLER
PRIMÉE	TRAUMA	URÉIDE	ESSIEU	ÉTAGÉE	STÉROL	BUREAU
PRIMER	TRAVÉE	URÉMIE	ESTÈVE	ÉTAGER	STOLON	BURÈLE
PRINCE	TRÈFLE	URÈTRE	ESTIME	ÉTALÉE	STRATE	BURTON
PRISÉE	TRÉLON	URGENT	ESTIVE	ÉTALER	STRESS	BUSARD
PRISER	TRÉMIE	URINAL	ESTRAN	ÉTALON	STRICT	BUTANE
PRISME	TREMPE	URINER	ESTRIE	ÉTAMER	STRIÉE	BUTOIR
PRISON	TRENET	VRILLE	ISATIS	ÉTAMPE	STRIER	BUTTÉE
PRIVÉE	TRENTE		ISERAN	ÉTAYER	STRING	BUTTER
PRIVER	TRÉPAS	**S**	ISMAËL	ÉTEINT	STRUME	BUVEUR
PROCÈS	TRÉSOR		ISOÈTE	ÉTENDU	STUDIO	CUENCA
PROCHE	TRESSE	ASCÈTE	ISOLAT	ÉTÊTER	STUPRE	CUICUI
PROFIL	TREUIL	ASCITE	ISOLÉE	ÉTEULE	STYLÉE	CUISSE
PROFIT	TRIADE	ASELLE	ISOLER	ÉTHÉRÉ	UTÉRIN	CUIVRE
PROJET	TRIAGE	ASEXUÉ	ISONZO	ÉTHUSE	UTÉRUS	CUPIDE
PROMIS	TRIBAL	ASIATE	ISRAËL	ÉTIAGE	UTIQUE	CURAGE
PROMPT	TRIBUN	ASIMOV	ISSANT	ÉTIOLÉ	UTOPIE	CURULE
PRÔNÉE	TRIBUT	ASMARA	ISTHME	ÉTIQUE		CUSSET
PRÔNER	TRICOT	ASPECT	OSIRIS	ÉTIRER	**U**	CUTANÉ
PROPOS	TRIÈRE	ASSAUT	OSMOND	ÉTISIE		DUARTE
PROPRE	TRIMER	ASSEAU	OSMOSE	ÉTOFFE	AUBADE	DUETTO
PROTÉE	TRIODE	ASSIDU	OSORNO	ÉTOILE	AUBURN	DUPLEX
PROTÊT	TRIPOT	ASSISE	OSSÈTE	ÉTOLIE	AUCUNE	DURANT
PROVIN	TRIQUE	ASSOUR	OSSEUX	ÉTONNÉ	AUDACE	DURCIR
PRUCHE	TRISOC	ASSURÉ	PSAUME	ÉTOUPE	AUGURE	DURETÉ
PRUINE	TRISTE	ASTATE	TSÉTSÉ	ÉTRAVE	AUMALE	DURION
PRURIT	TRITON	ASTRAL	USAGÉE	ÉTRIER	AUMÔNE	EUMÈNE
PRUSSE	TROLLE	ASTRÉE	USAGER	ÉTRIVE	AUNAIE	EURÊKA
TRABÉE	TROMPE	ASTRID	USANTE	ÉTROIT	AUNEAU	EUROPE
TRACAS	TRÔNER	ASTUCE	USINÉE	ÉTUVER	AUPRÈS	FUGACE
TRACÉE	TROUÉE	CSEPEL	USINER	ITALIE	AURIOL	FUGUER
TRACER	TROUER	ESCALE	USITÉE	OTARIE	AURORE	FUMEUR
TRAFIC	TROUPE	ESCAPE		OTELLO	AUSTEN	FUMIER
TRAHIR	TRUAND	ESCHER	**T**	STABLE	AUSTIN	FUMOIR
TRAÎNE	TRUBLE	ESCROC		STALLE	AUTANT	FUREUR
TRAIRE	TRUFFE	ESCUDO	ATHÉNA	STANCE	AUTEUR	FUROLE
TRAITE	TRUITE	ESPACE	ATONAL	STATUE	AUTOUR	FURTIF
TRAJET	TRULLO	ESPADA	ATONIE	STATUT	AUTRUI	FUSAIN
TRAMÉE	TRUMAN	ESPÈCE	ATRIAU	STEELE	AUVENT	FUSEAU
TRAMER	URAÈTE	ESPION	ATRIUM	STEPPE	BUBALE	FUSELÉ

FUSION	JUNGLE	OULÉMA	RUGINE	TUEUSE	ÉVÊQUE	LYCÈNE
FUTAIE	JUNIOR	OURDIR	RUILER	TUILÉE	ÉVIDER	LYCOPE
FUTILE	LUCIDE	OURLET	RUINÉE	TULIPE	ÉVITER	LYDIEN
FUYANT	LUCITE	OURSIN	RUINER	TUMEUR	IVETTE	MYGALE
FUYARD	LUETTE	OURSON	RUINES	TUNNEL	IVOIRE	MYRRHE
GUELFE	LUGANO	OUTRÉE	RUMEUR	TURBAN	IVRAIE	PYJAMA
GUELTE	LUNULE	OUTRER	RURALE	TURBOT	OVAIRE	PYLÔNE
GUENON	LUNURE	OUVERT	RUSSIE	TURQUE	OVIEDO	PYRÈNE
GUÉRET	LUSTRE	OUVRÉE	RUSTRE	TUSSOR	OVOÏDE	PYTHON
GUÉRIR	LUTINE	OUVRER	RUTINE	TUTEUR	OVULER	RYTHME
GUERRE	LUTRIN	OUVRIR	SUAIRE	VULPIN	SVELTE	SYLPHE
GUÊTRE	LUTTER	PUANTE	SUANTE	YUPPIE	UVÉITE	SYNDIC
GUEULE	LUXURE	PUBÈRE	SUBITE			SYNODE
GUEUSE	MUANCE	PUBLIC	SUBTIL	**V**	**X**	TYMPAN
GUICHE	MUESLI	PUCEAU	SUCCÈS			TYPHON
GUIDÉE	MUETTE	PUDEUR	SUCCIN	AVALER	AXIOME	TYPHUS
GUIDER	MUFFIN	PUÉRIL	SUCEUR	AVANCE	EXACTE	
GUIDON	MUGUET	PUFFIN	SUÇOIR	AVANIE	EXALTÉ	**Z**
GUIGNE	MURALE	PUÎNÉE	SUCRÉE	AVARIE	EXAMEN	
GUILDE	MURÈNE	PUISER	SUCRER	AVATAR	EXCISE	AZALÉE
GUINDÉ	MURMEL	PURETÉ	SUETTE	AVENIR	EXCLUE	AZIMUT
GUINÉE	MUSARD	PURGÉE	SUISSE	AVENUE	EXCUSE	AZURER
GUIPER	MUSCAT	PURGER	SUIVIE	AVÉRÉE	EXÈDRE	
GULDEN	MUSEAU	PUTAIN	SUIVRE	AVÉRER	EXEMPT	**3e**
GUNITE	MUSÉUM	PUTIER	SULTAN	AVERSE	EXERCÉ	
HUCHÉE	MUSOIR	PUTOIS	SUMMUM	AVERTI	EXIGER	POSITION
HUCHER	MUSQUÉ	PUTSCH	SUPPÔT	AVILIR	EXIGUË	
HUCHET	MUSSER	PUTTER	SUREAU	AVINÉE	EXILÉE	**A**
HUELVA	MUTILÉ	QUAKER	SÛRETÉ	AVINER	EXILER	
HUERTA	MUTINE	QUARTE	SURFIL	AVIRON	EXPERT	
HUILÉE	MUTUEL	QUARTO	SURFIN	AVISÉE	EXPIER	ABADAN
HUILER	NUANCE	QUATER	SURGIR	AVISER	EXPOSÉ	ABAQUE
HUÎTRE	NUBIEN	QUATRE	SURIMI	AVIVER	EXPRÈS	ABATIS
HUMBLE	NUBILE	QUÉBEC	SURNOM	AVOCAT	EXTASE	ABATTU
HUMEUR	NUCALE	QUELLE	SUROÎT	AVOINE	OXYDER	ACABIT
HUMIDE	NUDITÉ	QUÉRIR	SURSIS	AVOUER		ACACIA
HUMOUR	NUITÉE	QUÊTÉE	SUSDIT	ÉVADÉE	**Y**	ACADIE
HUPPÉE	NÛMENT	QUÊTER	SUSSEX	ÉVADER		ACAJOU
HURLER	NUMÉRO	QUIÈTE	SUTURE	ÉVASÉE	AYLMER	ACARUS
JUCHER	OUATÉE	QUILLE	TUANTE	ÉVASER	AYMARA	ACAULE
JUGALE	OUATER	QUINTE	TUBAGE	ÉVASIF	CYPRÈS	ADAGIO
JUMEAU	OUELLE	QUITUS	TUDIEU	ÉVÊCHÉ	DYNAMO	AGACER
JUMENT	OUILLE	RUELLE	TUERIE	ÉVENTÉ	HYSOPE	AGADIR
					LYCÉEN	

AGAMIE	BRASSE	DRAGUE	FIABLE	GRASSE	PRAGUE	TRANSE
AGAPES	BRAVÉE	DRAPÉE	FIACRE	GRATIN	PRALIN	TRANSI
AGARIC	BRAVER	DRAPER	FIANCÉ	GRATIS	PSAUME	TRAPPE
AHANER	CHAÎNE	DRAVÉE	FIASCO	GRATTE	PUANTE	TRAPUE
ALAISE	CHAISE	DRAVER	FLACON	GRAVÉE	QUAKER	TRAUMA
ALARME	CHALET	DUARTE	FLAMME	GRAVER	QUARTE	TRAVÉE
AMANDE	CHALIT	ÉBAHIE	FLÂNER	GRAVIR	QUARTO	TUANTE
AMANTE	CHÂLUS	ÉBAHIR	FLAPIE	HEAUME	QUATER	UGANDA
AMARIL	CHANCE	ÉBAUBI	FRACAS	HIATAL	QUATRE	UGARIT
AMARRE	CHANEL	ÉCALÉE	FRAGON	HIATUS	REAGAN	URAÈTE
AMATIR	CHANGE	ÉCALER	FRAISE	ICARIE	RÉAGIR	URAEUS
ANANAS	CHAPON	ÉGALER	FRANCE	IMAGÉE	RIANTE	URANIE
APARTÉ	CHARGE	ÉGARÉE	FRANCO	INAPTE	ROANNE	URANUS
ARABIE	CHARME	ÉGARER	FRANGE	ISATIS	SAALES	USAGÉE
ARABLE	CHARNU	ÉGAYER	FRAPPE	ITALIE	SCAMPI	USAGER
ARAGON	CHARTE	ÉLAEIS	FRASER	KHANAT	SÉANCE	USANTE
ARAIRE	CHASSE	ÉLANCÉ	FRASIL	KLAXON	SÉANTE	VIABLE
ARAMON	CHASTE	ÉLAVÉE	GÉANTE	LEADER	SEARLE	VIADUC
ARARAT	CHATON	ÉMACIÉ	GLABRE	LÉAUTÉ	SHAKER	VIANDE
ARASER	CHATTE	ÉMANER	GLACÉE	LIANTE	SIALIS	
AVALER	CHAUDE	ÉPATÉE	GLACER	LIASSE	SLALOM	**B**
AVANCE	CHAUME	ÉPATER	GLACIS	LOADER	SPASME	
AVANIE	CHAUVE	ÉPAULE	GLAÇON	MUANCE	STABLE	ALBUGO
AVARIE	CLAIRE	ÉRABLE	GLAIRE	NIAISE	STALLE	AMBIGU
AVATAR	CLAMER	ÉRASME	GLAISE	NUANCE	STANCE	AMBRÉE
AZALÉE	CLAPET	ÉTABLE	GLAIVE	ONAGRE	STATUE	AUBADE
BEAGLE	CLARTÉ	ÉTABLI	GLANÉE	OPALIN	STATUT	AUBURN
BÉANTE	CLASSE	ÉTAGÉE	GLANER	ORACLE	SUAIRE	BÂBORD
BEAUTÉ	CLAUSE	ÉTAGER	GLAPIR	ORANGE	SUANTE	BÉBÊTE
BLAGUE	CRACRA	ÉTALÉE	GLATIR	OTARIE	TEASER	BIBINE
BLÂMÉE	CRAMER	ÉTALER	GRABAT	OUATÉE	THALER	BOBARD
BLÂMER	CRAMPE	ÉTALON	GRADÉE	OUATER	TRABÉE	BOBINE
BLASER	CRÂNER	ÉTAMER	GRADIN	OVAIRE	TRACAS	BUBALE
BLAZER	CRAQUE	ÉTAMPE	GRADUÉ	PIAULE	TRACÉE	CABALE
BRAIES	CRASSE	ÉTAYER	GRADUS	PLACÉE	TRACER	CABANE
BRAILA	CRAYON	ÉVADÉE	GRAINE	PLACER	TRAFIC	CABINE
BRAINE	DEALER	ÉVADER	GRAMEN	PLAINE	TRAHIR	CABRER
BRAIRE	DIABLE	ÉVASÉE	GRAMME	PLAIRE	TRAÎNE	CÂBLÉE
BRAISE	DIACRE	ÉVASER	GRANBY	PLANER	TRAIRE	CÂBLER
BRAMER	DIAPRÉ	ÉVASIF	GRANDE	PLANTE	TRAITE	CIBLÉE
BRANDO	DRACHE	EXACTE	GRANGE	PLASMA	TRAJET	COBALT
BRANTE	DRAGÉE	EXALTÉ	GRANIT	PLASTE	TRAMÉE	COBAYE
BRASOV	DRAGON	EXAMEN	GRAPPE	PLÂTRE	TRAMER	DEBOUT

DÉBILE	RABIOT	ARCANE	DOCILE	INCLUS	PACANE	SUÇOIR
DÉBINE	RÂBLÉE	ARCHER	ENCART	INCRÉÉ	PACSON	SUCRÉE
DÉBLAI	REBOND	ARCHET	ENCENS	INCUBE	PÉCARI	SUCRER
DÉBRIS	REBORD	ARCURE	ENCLIN	INCUSE	PÊCHÉE	TACAUD
ELBEUF	RIBAUD	ASCÈTE	ENCLOS	JUCHER	PÊCHER	TACHÉE
EMBASE	RIBOSE	ASCITE	ENCORE	LAÇAGE	PÉCULE	TACHER
EMBOUT	RIBOTE	AUCUNE	ENCRÉE	LACEUR	PICARD	TACITE
EMBUÉE	SABBAT	BÂCHER	ENCRER	LÂCHÉE	PICHET	TECKEL
EMBUER	SABINE	BACHOT	ÉOCÈNE	LÂCHER	PICOLO	TICTAC
ERBINE	SABLÉE	BÂCLÉE	ESCALE	LACTÉE	POCHÉE	TOCADE
ERBIUM	SABLER	BÂCLER	ESCAPE	LACUNE	POCHER	TOCARD
FIBULE	SABLON	BÉCANE	ESCHER	LÉCHER	PUCEAU	TOCSIN
GABARE	SABRÉE	BÉCARD	ESCROC	LICHER	RACHAT	ULCÈRE
GABIER	SABRER	BÊCHÉE	ESCUDO	LICITE	RACIAL	VACANT
GABION	SUBITE	BECTER	EXCISE	LOCALE	RACINE	VACIVE
GIBBON	SUBTIL	BICEPS	EXCLUE	LUCIDE	RACLÉE	VACUUM
GIBIER	TABARD	BICHER	EXCUSE	LUCITE	RACLER	VICIÉE
GOBEUR	TABLAR	BICHON	FAÇADE	LYCÉEN	RÉCENT	VICIER
HABILE	TABLER	BOCAGE	FÂCHÉE	LYCÈNE	RECLUS	VOCALE
HÉBERT	TUBAGE	BÛCHÉE	FÂCHER	LYCOPE	RECORD	
HÉBÉTÉ	URBAIN	BÛCHER	FACIAL	MACÉRÉ	RECORS	**D**
HÉBREU	VIBICE	CACHÉE	FACIÈS	MÂCHER	RECRUE	
LABEUR	VIBORD	CACHER	FACILE	MACHIN	RECTAL	AIDANT
LABIÉE	VIBRER	CACHET	FÉCOND	MÂCHON	RECTUM	ALDINE
LABILE	ZÉBRÉE	CACHOT	FÉCULE	MÉCÈNE	RECUIT	ANDINE
LABIUM	ZÉBRER	CACHOU	FICELÉ	MÊCHÉE	RICAIN	ANDRIA
LABOUR		CÉCITÉ	FICHER	MECHTA	RICORD	ARDENT
LABRIT	**C**	COCCYX	FICHUE	MECTON	RICTUS	ARDEUR
LIBÉRÉ		COCHÉE	FICTIF	MICMAC	ROCHER	AUDACE
LIBIDO	AACHEN	COCHER	FOCALE	NACRÉE	ROCOCO	BADAUD
LOBULE	ACCENT	DÉCADE	GÂCHÉE	NECTAR	SACHET	BADINE
MABOUL	ACCORD	DÉCÉDÉ	GÂCHER	NICHÉE	SACOME	BEDANE
MOBILE	ACCORT	DÉCENT	GÂCHIS	NICHER	SACRÉE	BEDEAU
NABEUL	ACCROC	DÉCHET	GICLER	NICHON	SACRER	BIDULE
NABOTE	ACCRUS	DÉCHUE	HACHÉE	NICKEL	SACRET	CADDIE
NUBIEN	ACCUSÉ	DÉCIDÉ	HACHER	NOCEUR	SÉCHER	CADEAU
NUBILE	ALCADE	DÉCLIC	HACHIS	NOCIVE	SECOND	CADRAN
OMBRÉE	ALCALI	DÉCLIN	HOCHER	NUCALE	SECRET	CADRÉE
ORBITE	ALCOOL	DÉCRET	HOCHET	OCCASE	SOCCER	CÉDRAT
PUBÈRE	ALCÔVE	DÉCRUE	HOCKEY	OCCIRE	SOCIAL	DADAIS
PUBLIC	ANCIEN	DICTÉE	HUCHÉE	OCCUPÉ	SUCCÈS	DEDANS
RABAIS	ANCRER	DICTER	HUCHER	ONCIAL	SUCCIN	DÉDAIN
RABANE	ARCADE	DICTON	HUCHET	PACAGE	SUCEUR	DÉDALE

DÉDIER	PODION	ASELLE	CRÉDIT	ÉTEULE	GREVÉE	MOEURS
DÉDIRE	PUDEUR	ASEXUÉ	CRÉNER	ÉVÊCHÉ	GREVER	MUESLI
DÉDITE	RADIAN	AVENIR	CRÉOLE	ÉVENTÉ	GUELFE	MUETTE
ENDIVE	RADIER	AVENUE	CRÊPÉE	ÉVÊQUE	GUELTE	NAEVUS
ENDUIT	RADINE	AVÉRÉE	CRÊPER	EXÈDRE	GUENON	NIELLE
ENDURO	RADJAH	AVÉRER	CRÉPON	EXEMPT	GUÉRET	NIEPPE
FADEUR	RADULA	AVERSE	CRÉPUE	EXERCÉ	GUÉRIR	OBÉRER
FIDÈLE	REDIRE	AVERTI	CRÉSUS	FEEDER	GUERRE	OCELLE
GADGET	REDITE	BIÈVRE	CRÊTÉE	FÉERIE	GUÊTRE	OCELOT
GADOUE	RIDEAU	BLÊMIR	CRÉTIN	FIENTE	GUEULE	ODENSE
HIDEUR	RODOIR	BLENDE	CREUSE	FIERTÉ	GUEUSE	ODESSA
HIDEUX	RÔDEUR	BLÉSER	CREVER	FIESTA	HIÉMAL	OLÉATE
INDICE	SADATE	BLESSÉ	CSEPEL	FIÈVRE	HUELVA	OLÉINE
INDIEN	SÉDUIT	BLETTE	CUENCA	FLÈCHE	HUERTA	OLÉOLE
INDIGO	SIDÉEN	BLEUET	DÉESSE	FLEGME	IBÉRIS	OLÉRON
INDIUM	SIDÉRÉ	BLEUIE	DIEPPE	FLEMME	ICELLE	OMERTA
INDORE	TUDIEU	BLEUIR	DIESEL	FLÉTAN	ICELUI	ONETTI
IODLER		BOËSSE	DIÉSER	FLETTE	IDÉALE	OPÉRER
IODURE	**E**	BOËTTE	DIEUZE	FLEURI	ILÉALE	ORÉADE
JODLER		BREBIS	DRELIN	FLEUVE	ILÉITE	OREGON
LODÈVE	ABÊTIR	BRÈCHE	DUETTO	FOETAL	ILESHA	ORÉMUS
LYDIEN	ACERBE	BRÉSIL	ÉDENTÉ	FOETUS	INÉDIT	ORENSE
MADAME	ACÉRÉE	BRETON	ÉDESSE	FRÉJUS	INÉGAL	ORESTE
MADONE	ADEPTE	BREUIL	ÉGÉRIE	FRELON	INEPTE	OTELLO
MADRÉE	AGENCE	BREVET	ÉLÉATE	FRÉMIR	INERME	OUELLE
MADRID	AGENDA	CHEMIN	ÉLÉGIE	FRÉROT	INERTE	PAELLA
MÉDINE	AGENTE	CHENAL	ÉLÉGIR	FRÉTER	IRÉNÉE	PIÉGÉE
MÉDIRE	AÏEULE	CHENET	ÉLEVÉE	FRETTE	ISERAN	PIÉGER
MÉDIUM	ALÉRIA	CHENIL	ÉLEVER	GHETTO	IVETTE	PIÉRON
MÉDIUS	ALERTE	CHENUE	ÉMÉCHÉ	GNEISS	LIERNE	PIERRE
MÉDUSE	ALÉSER	CHÈQUE	ÉMEUTE	GOÉMON	LIERRE	PIÉTON
MODALE	ALEVIN	CHÉRIE	ÉNERVÉ	GREDIN	LIESSE	PIÈTRE
MODÈLE	AMENDE	CHÉRIR	ENESCO	GREFFE	LIEUSE	PIEUSE
MODÉRÉ	AMENÉE	CHERTÉ	ENESCU	GRÊLÉE	LIÉVIN	PLEINE
NODULE	AMENER	CHÉTIF	ÉPEIRE	GRÊLER	LIÈVRE	PLÉNUM
NUDITÉ	AMERLO	CHEVAL	ÉPELER	GRELIN	LUETTE	PLEURS
OEDÈME	ANÉMIE	CHEVET	ÉPERDU	GRÊLON	MEERUT	POÊLÉE
ONDINE	ÂNERIE	CHÈVRE	ÉPERON	GRELOT	MIELLÉ	POÊLON
ORDURE	ÂNESSE	CIERGE	EREVAN	GRENAT	MIENNE	POÉSIE
PÉDALE	APERÇU	CLÈRES	ÉTEINT	GRENER	MIETTE	PRÉCIS
PÉDALO	APEURÉ	CLERGÉ	ÉTENDU	GRENUE	MIÈVRE	PRÉLAT
PÉDANT	ARETIN	CRÈCHE	ÉTÊTER	GRÉSER	MOELLE	PRÉNOM

PRESSÉ
PRESTE
PRÊTER
PRÊTRE
PREUVE
PRÉVUE
PUÉRIL
QUÉBEC
QUELLE
QUÉRIR
QUÊTÉE
QUÊTER
RÉELLE
RHÉNAN
RHÉSUS
RIEMST
RIEUSE
ROESTI
RUELLE
SEECKT
SHEKEL
SHERPA
SHERRY
SIÈCLE
SIEGEN
SIÉGER
SIENNE
SIERRA
SIERRE
SIESTE
SPEECH
SPERME
STEELE
STEPPE
STÉRÉE
STÉRÉO
STÉRER
STERNE
STÉROL
SUETTE
SVELTE
THÉIER

THÉINE
THENON
THÉSÉE
TIÉDIR
TIENNE
TIERCE
TRÈFLE
TRÉLON
TRÉMIE
TREMPE
TRENET
TRENTE
TRÉPAS
TRÉSOR
TRESSE
TREUIL
TSÉTSÉ
TUERIE
TUEUSE
URÉIDE
URÉMIE
URÈTRE
UTÉRIN
UTÉRUS
UVÉITE
VIELLE
VIENNE
VIERGE

F

AFFAMÉ
AFFECT
AFFÉTÉ
AFFOLÉ
BAFFLE
BAFRER
BIFFER
BIFFIN
BIFIDE
BUFFET
CAFARD
CAFTAN

CEFALU
COFFIN
COFFRE
DÉFAUT
DÉFIER
DÉFILÉ
DÉFINI
DÉFUNT
EFFACÉ
EFFARÉ
EFFILÉ
EFFORT
EFFROI
EIFFEL
ENFANT
ENFLÉE
ENFLER
FAFIOT
GAFFÉE
GAFFER
GIFLÉE
GIFLER
INFÂME
INFECT
INFIME
INFINI
INFULE
INFUSE
MAFFIA
MAFFLU
MÉFAIT
MÉFIER
MUFFIN
OFFICE
OFFRIR
PIFFER
PUFFIN
RAFALE
RAFIOT
RAFLÉE
RAFLER
REFLET

REFLUX
REFUGE
RIFIFI
SAFARI
SAFRAN
TÉFLON

G

AFGHAN
AIGRIE
AIGRIR
ALGIDE
ANGARA
ANGINE
ANGLET
ANGOLA
ANGORA
ARGENT
ARGILE
ARGUER
AUGURE
BAGAGE
BAGOUT
BAGUÉE
BAGUER
BÉGUIN
BIGAME
BIGLER
BOGOTA
CAGEOT
CAGIBI
CAGOTE
CIGALE
CIGARE
COGNAC
COGNÉE
COGNER
DAGUET
DÉGAGÉ
DÉGOÛT
ERGOTÉ
FIGARI

FIGARO
FIGURE
FUGACE
FUGUER
GAGEUR
GAGMAN
GAGNER
GIGOLO
HAGARD
INGÉNU
INGRAT
JAGUAR
JUGALE
LAGUIS
LAGUNE
LÉGALE
LÉGÈRE
LÉGION
LÉGUER
LÉGUME
LIGNÉE
LIGNER
LIGUÉE
LIGUER
LIGULE
LOGEUR
LOGNES
LUGANO
MAGNAT
MAGNUM
MAGRET
MÉGÈRE
MIGNON
MUGUET
MYGALE
NAGANO
NAGOYA
NÉGOCE
NIGAUD
OIGNON
ONGLET
OOGONE
ORGANE

ORGEAT
PAGAIE
PAGNOL
PAGODE
PAGURE
PÉGASE
POGNON
RAGEUR
RAGOÛT
REGAIN
REGARD
REGGAE
REGINA
REGRET
RÉGALE
RÉGIME
RÉGION
RÉGLÉE
RÉGLER
RÉGNER
RIGIDE
RIGOLO
ROGNÉE
ROGNER
ROGNON
ROGUÉE
RUGINE
SAGACE
SAGAIE
SAGINE
SEGUIA
SIGNAL
SIGNÉE
SIGNER
SIGNET
TAGÈTE
TAGINE
TIGRÉE
TIGRON
UNGAVA
URGENT
VAGALE
VAGUER

VIGILE
VOGUER
WIGWAM
ZIGOTO
ZIGZAG

H

APHONE
ATHÉNA
BOHÈME
CAHIER
DAHLIA
DEHORS
ÉCHINE
ÉCHOIR
ÉPHÈBE
ETHNIE
ÉTHÉRÉ
ÉTHUSE
LAHORE
MÉHARI
MOHAIR
SAHARA
SCHÉMA
SCHÈME
SPHÈRE
SPHINX

I

ABIMÉE
ABÎMER
ACINUS
ADIRÉE
ÂGISME
AGITÉE
AGITER
ALIÉNÉ
ALINÉA
ALISMA
ALISME
ALITER
AMICAL

AMIDON	CAÏMAN	ÉPICÉA	GLIALE	LAÏQUE	PEINTE	SCIURE
AMINÉE	CAISSE	ÉPICÉE	GNIOLE	LAISSE	PLIAGE	SEIGLE
AMIRAL	CHIARD	ÉPICER	GOITRE	LAITÉE	PLIURE	SEILLE
AMITIÉ	CHICHE	ÉPILER	GRIFFE	LAITON	POILUE	SÉISME
ANIANE	CHINÉE	ÉPINAC	GRIFFU	LAITUE	POINTE	SHILOM
ANICET	CHINER	ÉPINAL	GRIGNE	LEIRIS	POINTU	SHINTO
ÂNIÈRE	CHIPIE	ÉPINER	GRIGOU	LOIRON	POISON	SMILLE
ANIMAL	CLIENT	ÉPÎTRE	GRIGRI	LOISIR	POISSE	SOIGNÉ
ANIMÉE	CLIMAT	ÉRIGER	GRILLE	MAIGRE	POIVRE	SOIRÉE
ANIMER	CLISSE	ÉRIGNE	GRIMÉE	MAILLE	PRIÈRE	SPINAL
ANISER	CLIVER	ERIVAN	GRIMER	MAINTE	PRIEUR	SPIRAL
APICAL	COIFFE	ÉTIAGE	GRINGE	MAISON	PRIMÉE	SPIRÉE
ARICIE	COINCÉ	ÉTIOLÉ	GRINGO	MAÎTRE	PRIMER	SUISSE
ARISER	COÏTER	ÉTIQUE	GRIPPE	MÉIOSE	PRINCE	SUIVIE
ASIATE	CRIANT	ÉTIRER	GRISER	MOIRÉE	PRISÉE	SUIVRE
ASIMOV	CRIARD	ÉTISIE	GRISET	MOIRER	PRISER	TAÏAUT
AVILIR	CRIBLE	ÉVIDER	GRISON	MOISIE	PRISME	TAICHI
AVINÉE	CRICRI	ÉVITER	GRISOU	MOISIR	PRISON	TAILLE
AVINER	CRIEUR	EXIGER	GUICHE	MOITIÉ	PRIVÉE	TAIWAN
AVIRON	CRIQUE	EXIGUË	GUIDÉE	MOITIR	PRIVER	TEIGNE
AVISÉE	CUICUI	EXILÉE	GUIDER	NAÏADE	PUÎNÉE	TEILLE
AVISER	CUISSE	EXILER	GUIDON	NAÎTRE	PUISER	TEINTE
AVIVER	CUIVRE	FAIBLE	GUIGNE	NEIGER	QUIÈTE	TOISÉE
AXIOME	DAISNE	FAILLE	GUILDE	NOIRET	QUILLE	TOISER
AZIMUT	DÉISTE	FAISAN	GUINDÉ	NUITÉE	QUINTE	TOISON
BAILLE	DOIGTÉ	FEINTE	GUINÉE	ODIEUX	QUITUS	TRIADE
BAILLI	DRILLE	FLIESS	GUIPER	OLINDA	RAIDIR	TRIAGE
BAISÉE	DRISSE	FOIRER	HOIRIE	OLIVET	RAINER	TRIBAL
BAISER	DRIVÉE	FOISON	HUILÉE	OPIACÉ	RAISIN	TRIBUN
BAISSE	ÉCIDIE	FRIAND	HUILER	OPINEL	RAISON	TRIBUT
BEIGNE	ÉCIMER	FRICHE	HUÎTRE	OPINER	REISER	TRICOT
BEÏRAM	EDISON	FRICOT	IBIDEM	ORIENT	REÎTRE	TRIÈRE
BLINDÉ	ÉDITER	FRIMAS	IDIOME	ORIGAN	ROIDIR	TRIMER
BOILLE	ÉLIDER	FRIMER	IDIOTE	ORISSA	RUILER	TRIODE
BOISÉE	ÉLIMÉE	FRIPÉE	IMITER	OSIRIS	RUINÉE	TRIPOT
BOISER	ÉLIMER	FRIPER	INITIÉ	OUILLE	RUINER	TRIQUE
BOITER	ÉMIGRÉ	FRIPON	IRIDIÉ	OVIEDO	RUINES	TRISOC
BRIDÉE	ÉMILIE	FRISÉE	IRISÉE	PAILLE	SAINTE	TRISTE
BRIDER	ÉMINCÉ	FRISER	IRISER	PAIRIE	SAISIE	TRITON
BRIDGE	ÉMIRAT	FRISON	IRITIS	PAÎTRE	SAISIR	TUILÉE
BRISÉE	ÉNIÈME	GAIETÉ	JOINTE	PEILLE	SAISON	UNIÈME
BRISER	ÉNIGME	GAINÉE	LAÏCAT	PEINÉE	SCIÈNE	UNIEUX
CAILLE	ÉPIAGE	GEISHA	LAINÉE	PEINER	SCIRPE	UNIQUE

URINAL	ALLIER	COLLEY	GELURE	PELADE	SILANE	VULPIN
URINER	ALLURE	DALILA	GÉLIVE	PELAGE	SILÈNE	
USINÉE	APLOMB	DALLAS	GÉLOSE	PELLET	SILICE	**M**
USINER	AYLMER	DALLÉE	GÉLULE	PELOTE	SILLET	
USITÉE	BALADE	DALLER	GOLDEN	PELURE	SILLON	AIMANT
UTIQUE	BALANE	DÉLAVÉ	GULDEN	PÉLÉEN	SOLDAT	AOMORI
VAINCU	BALISE	DÉLICE	HALITE	PILATE	SOLDÉE	ARMURE
VAIRON	BALLET	DÉLIER	HELENA	PILIER	SOLDER	ASMARA
VEILLE	BALLON	DÉLIRE	HÉLICE	PILLER	SOLEIL	AUMALE
VEINÉE	BELOTE	DÉLUGE	HÉLION	PILORI	SOLIDE	AUMÔNE
VEINER	BÉLIER	DÉLURÉ	HÉLIUM	PILOTE	SOLIVE	AYMARA
VOILÉE	BÊLANT	DILUER	HILARE	PILULE	SOLUTÉ	BIMANE
VOILER	BILLET	DOLENT	ILLICO	POLICE	SPLEEN	BOMBÉE
VOIRIE	BILLOT	DOLLAR	JALOUX	POLLEN	SULTAN	BOMBER
VOIRON	BOLÉRO	ÉCLAIR	LILIAL	PYLÔNE	SYLPHE	CAMARD
VOISIN	BOLIDE	ÉCLOPÉ	MALADE	RALLER	TALENT	CAMÉRA
VRILLE	BOLIER	ÉCLORE	MALAGA	RÂLANT	TALION	CAMION
WHISKY	BOLTON	ÉCLUSE	MALARD	RÂLEUR	TALLER	CAMPÉE
	BULLER	ÉGLISE	MALGRÉ	RELAIS	TILLAC	CAMPER
J	CALAIS	ELLORE	MALICE	RELAPS	TILLER	CAMPOS
	CALAME	ENLEVÉ	MALTER	RELENT	TOLÈDE	CAMUSE
ABJECT	CALCIN	ENLIER	MÉLÉNA	RELÈVE	TOLEDO	CÉMENT
ENJOUÉ	CALCUL	ÉOLIDE	MÉLÈZE	RELIEF	TULIPE	CIMENT
INJURE	CALFAT	ÉOLIEN	MÊLANT	RELIER	VALAIS	COMBAT
MAJEUR	CALICE	ÉPLORÉ	MILICE	RELIRE	VALEUR	COMBLE
PYJAMA	CALIER	FELLAH	MILIEU	SALACE	VALIDE	COMÈTE
RÉJOUI	CALIFE	FÉLINE	MILLAS	SALADE	VALINE	COMITÉ
SÉJOUR	CALLAS	FÊLURE	MILLER	SALADO	VALISE	COMMIS
TAJINE	CALMAR	FILAGE	MILLET	SALAMI	VALLÉE	COMMUN
	CALMÉE	FILEUR	MILORD	SALANT	VALLON	COMPAS
K	CALMER	FILLER	MOLÈNE	SALAUD	VALOIR	COMPTE
	CALMIR	FILTRE	MOLLET	SALERS	VALSER	DAMIER
BIKINI	CALQUE	FOLLET	MOLLIE	SALETÉ	VELVET	DAMNÉE
DIKTAT	CÂLINE	GALANT	MOLLIR	SALINE	VÉLANI	DAMNER
	CÉLERI	GALATI	NELSON	SALOIR	VÉLITE	DEMAIN
L	CILICE	GALBÉE	OBLONG	SALOMÉ	VÉLOCE	DÉMÊLÉ
	CILIÉE	GALBER	OULÉMA	SALOPE	VILAIN	DÉMENT
AALTER	CILLER	GALÈNE	PALACE	SALOUM	VOLAGE	DÉMODÉ
ABLIER	COLÈRE	GALÈRE	PALAIS	SALUER	VOLANT	DOMÈNE
AILIER	COLITE	GALIBI	PALIER	SELLÉE	VOLCAN	DOMINO
AILLER	COLLÉE	GALION	PALMÉE	SELLER	VOLEUR	ERMITE
ALLANT	COLLER	GALLON	PALPER	SÉLECT	VOLUME	EUMÈNE
ALLÈGE	COLLET	GALLOT	PÂLEUR	SÉLÈNE	VOLUTE	FAMEUX
ALLÈNE						
ALLIÉE						

FAMINE	NUMÉRO	SIMULÉ	BANDER	CONNUE	GANSER	LINGOT
FUMEUR	NÛMENT	SOMBRE	BANDIT	CONSUL	GANTER	LINIER
FUMIER	OLMETO	SOMMÉE	BANIAN	CONTÉE	GENDRE	LINTER
FUMOIR	ORMAIE	SOMMER	BANNIE	CONTER	GENÈSE	LONGÉE
GAMÈTE	ORMEAU	SOMMET	BANNIR	CONTRE	GENTIL	LONGER
GAMINE	OSMOND	SUMMUM	BÉNITE	CONTUS	GÉNÉPI	LONGUE
GOMINA	OSMOSE	TAMALE	BINIOU	CONVOI	GÉNIAL	LUNULE
GOMMÉE	PAMPRE	TAMIER	BONACE	DANGER	GÉNOIS	LUNURE
GOMMER	PIMENT	TAMISE	BONDÉE	DANOIS	GÊNANT	MANADO
HAMADA	POMMÉE	TAMOUL	BONDIR	DANSÉE	GÊNEUR	MANAGE
HAMEAU	POMPÉE	TAMPON	BONITE	DANSER	GONFLE	MANCHE
HUMBLE	POMPÉI	TAMTAM	BONNET	DANUBE	GUNITE	MANDAT
HUMEUR	POMPER	TEMPLE	CANAAN	DENAIN	HANCHE	MANDER
HUMIDE	POMPON	TÉMOIN	CANADA	DENRÉE	HANGAR	MANÈGE
HUMOUR	RAMAGE	TIMBRE	CANARD	DENTAL	HANTÉE	MANGER
ISMAËL	RAMDAM	TIMIDE	CANARI	DENTÉE	HANTER	MANGUE
JAMAIS	RAMEAU	TIMING	CANCAN	DENVER	HENNIN	MANIÉE
JAMBON	RAMEUR	TIMORÉ	CANCER	DÉNIER	HENNIR	MANIER
JUMEAU	RAMIER	TOMATE	CANCRE	DÉNUDÉ	HINDOU	MANIOC
JUMENT	RAMPER	TOMBAC	CANDIR	DÉNUÉE	HONNIR	MANNAR
KIMONO	RAMURE	TOMBÉE	CANINE	DÉNUER	IGNARE	MANOIR
LAMBDA	REMÈDE	TOMBER	CANNÉE	DINANT	IGNORÉ	MANQUE
LAMBIC	REMISE	TUMEUR	CANNER	DINDON	IONIEN	MANSLE
LAMBIN	REMOUS	TYMPAN	CANNES	DINGUE	IONONE	MANTRA
LAMPÉE	REMPLI	ZOMBIE	CANTAL	DONJON	JONCER	MANUEL
LAMPER	REMUÉE		CANULE	DONNÉE	JUNGLE	MENACE
LÉMURE	REMUER	**N**	CANYON	DONNER	JUNIOR	MENÉES
LIMACE	RIMEUR		CENDRE	DYNAMO	KENTIA	MENEUR
LIMBES	RIMINI	AGNEAU	CENTON	ENNEMI	LANCÉE	MENINE
LIMIER	RIMMEL	ANNALE	CENTRE	FANEUR	LANCER	MENTAL
LIMITE	ROMAIN	ANNATE	CHNOUF	FANION	LANÇON	MENTHE
LIMNÉE	ROMANO	ANNEAU	CINÉMA	FENDRE	LANDAU	MENTIR
MAMERS	ROMPRE	ANNELÉ	CINGLÉ	FENNEC	LANGÉE	MENTON
MEMBRE	ROMPUE	ANNEXE	CINTRE	FENTON	LANGER	MENTOR
MÉMÈRE	RUMEUR	ANNONE	CONARD	FINALE	LANGUE	MENUET
MIMOSA	SAMEDI	ANNUEL	CONCIS	FINAUD	LANICE	MÉNAGE
MOMENT	SAMOLE	ARNICA	CONDAT	FONCÉE	LANIER	MÉNURE
NÉMALE	SAMSON	AUNAIE	CONDOM	FONCER	LANSON	MINCIO
NÎMOIS	SEMEUR	AUNEAU	CONDOR	FONDER	LENARD	MINEUR
NOMADE	SÉMÉLÉ	BANALE	CONFIT	FONDRE	LENOIR	MINIMA
NOMBRE	SÉMITE	BANANE	CONFUS	FONDUE	LÉNINE	MINIME
NOMINÉ	SIMILI	BANCAL	CONGRE	FONGUS	LINDAU	MINOIS
NOMMER	SIMPLE	BANDÉE	CONGRU	GANSÉE	LINÉAL	MINUIT

MINUTE	PINÈDE	SINUER	VANNES	ATONAL	DRONTE	GROLLE
MONACO	PINGRE	SONATE	VANTAA	ATONIE	DROPER	GROTTE
MONGOL	PINSON	SONDÉE	VANTER	AVOCAT	DROSSE	GROUPE
MONIAL	PINTER	SONDER	VANVES	AVOINE	ÉCOPER	GROUSE
MONROE	PONCÉE	SONGER	VENACO	AVOUER	ÉCORCE	IDOINE
MONTÉE	PONCER	SONNÉE	VENDRE	BAOBAB	ÉCOSSE	IGOROT
MONTER	PONCIF	SONNER	VENDUE	BAOULÉ	ÉCOTÉE	INONDÉ
MONTRE	PONDRE	SONNET	VENGER	BLOCUS	ÉGOÏNE	INOUÏE
NANDOU	PONTÉE	SONORE	VENISE	BLONDE	ÉHONTÉ	IPOMÉE
NANGIS	PONTON	SYNDIC	VENTRE	BLOUSE	ÉLODÉE	IRONIE
NANTIE	RANCIE	SYNODE	VENTRU	BROCHE	ÉMOTIF	ISOÈTE
NANTIR	RANÇON	TANCER	VÉNALE	BRODER	ÉMOULU	ISOLAT
NÉNIES	RANDON	TANCHE	VÉNIEL	BROMÉE	ÉNONCÉ	ISOLÉE
NINOVE	RANGÉE	TANDEM	VINDAS	BRONZE	ÉNORME	ISOLER
NONDIT	RANGER	TANGER	YANKEE	BROSSE	ÉNOUER	ISONZO
NONIUS	RENARD	TANGON	ZÉNITH	BROUET	ÉPONGE	IVOIRE
OINDRE	RENDRE	TANNÉE	ZINZIN	CHOEUR	ÉPOPÉE	LÉONIN
OMNIUM	RENDUE	TANNER	ZONAGE	CHOISI	ÉPOQUE	LEONOV
ORNAIN	RENFLÉ	TANNIN	ZONIER	CHÔMER	ÉPOUSE	LIONNE
ORNANS	RENIER	TANTÔT		CHOPÉE	ÉRODÉE	MAORIE
PANADE	RENOIR	TENACE	**O**	CHOQUÉ	ÉRODER	MIOCHE
PANAIS	RENTER	TENANT		CHORÉE	ÉROSIF	ODORAT
PANAMA	RENVOI	TENDON	ABOLIR	CLONÉE	ÉTOFFE	OPONCE
PANIER	RÉNALE	TENDRE	ABOUTI	CLONER	ÉTOILE	ORONGE
PANSER	RÉNINE	TENDUE	ABOYER	CLONIE	ÉTOLIE	ORONTE
PANSUE	RINCER	TENEUR	ACONIT	CLOUER	ÉTONNÉ	OSORNO
PANTIN	RONDIN	TENNIS	AÇORES	CLOUTÉ	ÉTOUPE	OVOÏDE
PANURE	RONGER	TENTÉE	ADONIS	COOLIE	FÉODAL	PAONNE
PANZER	RONRON	TENTER	ADORER	CROCHE	FLOCON	PHOBIE
PENAUD	RÔNIER	TÉNÉRÉ	AGONIE	CROCHU	FLOPÉE	PHONIE
PENDRE	SANDRE	TINCAL	AGOUTI	CROCUS	FLORAL	PIOLET
PENDUE	SANGLE	TINTER	ALOYAU	CROIRE	FLORIN	PLOMBE
PENNÉE	SANTAL	TINTIN	AMORAL	CROISÉ	FLOTTE	PLOYER
PENSÉE	SANTON	TONALE	AMORCE	CROSNE	FLOUER	PROCÈS
PENSER	SANTOS	TONDRE	ANOBIE	CROSSE	FLOUVE	PROCHE
PENSIF	SENSAS	TONDUE	ANODIN	CROTON	FROIDE	PROFIL
PENSUM	SENSÉE	TONNER	ANOMIE	CROTTE	FRÔLER	PROFIT
PÉNALE	SENTIE	TONTON	ANORAK	CROUPE	FRONDE	PROJET
PINARD	SENTIR	TUNNEL	ANOURE	CROÛTE	FROUER	PROMIS
PINCÉE	SÉNEVÉ	VANIER	APOGÉE	DIONÉE	GLOIRE	PROMPT
PINCER	SÉNILE	VANITÉ	APORIE	DROGUE	GLORIA	PRÔNÉE
PINÇON	SINGER	VANNÉE	APÔTRE	DROITE	GLOSER	PRÔNER
PINEAU	SINITÉ	VANNER	ARONDE	DRÔLET	GLOTTE	PROPOS

PROPRE	ASPECT	HUPPÉE	REPÈRE	REQUIN	BARDOT	CERCLE
PROTÉE	AUPRÈS	IMPACT	REPLET	ROQUET	BARÈME	CERISE
PROTÊT	BIPÈDE	IMPAIR	REPORT	TAQUET	BARMAN	CERMET
PROVIN	CAPITÉ	IMPALA	REPOSÉ	TOQUÉE	BAROUD	CERNER
RHODES	CAPOTE	IMPOLI	RÉPUTÉ	TOQUER	BARQUE	CERTES
RIOTER	CAPRIN	IMPOSÉ	RIPPER		BARRÉE	CÉRIUM
ROOTER	CAPTER	IMPUNI	SAPEUR	**R**	BARRER	CÉRUSE
SAOULE	CAPTIF	IMPURE	SAPHIR		BARRIR	CHRÈME
SCOTCH	CÉPAGE	JAPPER	SAPINE	AARGAU	BARROT	CHRIST
SCOUTE	COPAIN	KIPPER	SÉPALE	ABRÉGÉ	BERCER	CHROME
SIOULE	COPEAU	KOPECK	SIPHON	ABRUPT	BERGER	CHROMO
SLOGAN	COPIÉE	LAPSUS	SUPPÔT	ABRUTI	BERNER	CIRAGE
SNOBER	COPIER	LAPTOT	TAPAGE	ÂCRETÉ	BIRÈME	CIRIER
STOLON	COPINE	LÉPINE	TIPULE	ADRIAN	BORATE	CIRQUE
TÉORBE	COPRIN	LIPIDE	TYPHON	ADROIT	BORDEL	CORAIL
THONES	CUPIDE	LIPOME	TYPHUS	AÉRAGE	BORDER	CORDÉE
THORAX	CYPRÈS	LIPPÉE	VAPEUR	AÉRIEN	BORÉAL	CORDER
THORON	DEPUIS	LIPPUE	VÊPRES	AÉRIUM	BORGNE	CORDON
TROLLE	DÉPART	MÉPLAT	VIPÈRE	AGRAFE	BORNÉE	CORÉEN
TROMPE	DÉPORT	MÉPRIS	WAPITI	AGRÉÉE	BORNER	CORNÉE
TRÔNER	DÉPUTÉ	NAPOLI	YUPPIE	AGRÉER	BUREAU	CORNET
TROUÉE	DIPLOÉ	NAPPÉE	ZAPPER	AGRION	BURÈLE	CORNUE
TROUER	DOPAGE	NAPPER	ZÉPHYR	AGRUME	BURTON	CORRAL
TROUPE	DOPANT	NÉPÈTE	ZIPPER	AIRAIN	CARACO	CORROI
UTOPIE	DUPLEX	NIPPER		AIRBUS	CARAFE	CORSÉE
VIOLÉE	EMPESÉ	NIPPES	**Q**	AIROLO	CARCAN	CORSER
VIOLER	EMPIRE	NIPPON		ÂPRETÉ	CARDÉE	CORSET
VIOLET	EMPLIR	OPPOSÉ	ACQUIS	ARREAU	CARDER	CORTÈS
VIOLON	EMPLOI	PAPAYE	ACQUIT	ARRIEN	CARDIN	CORTON
VIOQUE	EMPOIS	PAPIER	BAQUET	ARRIGO	CARÊME	CORVÉE
YAOURT	EMPOTÉ	PÉPÈRE	CAQUET	ARROBE	CARGUE	CURAGE
	ESPACE	PÉPIER	COQUET	ATRIAU	CARIER	CURULE
P	ESPADA	PÉPITE	COQUIN	ATRIUM	CARLIN	DARDER
	ESPÈCE	PIPEAU	ESQUIF	ATROCE	CARNAC	DARTRE
ALPAGA	ESPION	PIPEUR	HOQUET	AURIOL	CARNÉE	DÉRÉEL
ALPAGE	ESPOIR	POPULO	LAQUÉE	AURORE	CARNET	DÉRIVE
ALPINE	ESPRIT	RAPACE	LEQUEL	BARAKA	CARONI	DIRECT
AMPÈRE	EXPERT	RAPAGE	LOQUES	BARBÉE	CARRÉE	DIRHAM
APPEAU	EXPIER	RAPHIA	MOQUER	BARBER	CARROS	DORADE
APPORT	EXPOSÉ	RAPIAT	PAQUET	BARBET	CARTEL	DORIEN
APPRÊT	EXPRÈS	RAPIDE	PIQUER	BARBUE	CARTER	DORMIR
ARPÈGE	HAPPER	RAPINE	PIQUET	BARDER	CARTON	DORSAL
ARPENT	HIPPIE	RAPPEL	PIQÛRE	BARDIS	CARVIN	DORVAL

DURANT	FORGÉE	HERSÉE	MERLAN	PARFUM	SCRIBE	TARPON
DURCIR	FORGER	HERSER	MERLIN	PARIER	SCRIPT	TARTAN
DURETÉ	FORINT	HÉRAUT	MERLON	PARITÉ	SEREIN	TARTAS
DURION	FORMAT	HIRCIN	MERLOT	PARLER	SERMON	TARTRE
ÉCRASÉ	FORMÉE	HORMIS	MÉRIDA	PAROIR	SERRÉE	TARZAN
ÉCRÉMÉ	FORMEL	HURLER	MÉRITE	PAROLE	SERRER	TERCER
ÉCRIER	FORMER	IRRÉEL	MÉRULE	PARTIE	SERTAO	TERCET
ÉCRIRE	FORTIN	IRRITÉ	MIRAGE	PARTIR	SERTIR	TERESA
ÉCRITE	FORURE	ISRAËL	MIRAUD	PARURE	SERVAL	TERGAL
ENRAGÉ	FUREUR	IVRAIE	MIROIR	PARVIS	SERVIR	TERNIE
ENRAYÉ	FUROLE	JARDIN	MORALE	PERCÉE	SÉRAIL	TERNIR
ENROUÉ	FURTIF	JARDON	MORDRE	PERCER	SÉRIÉE	TERRÉE
ÉPRISE	GARAGE	JARGON	MORDUE	PERÇUE	SÉRIEL	TERRER
ERRANT	GARANT	KARATÉ	MORFAL	PERDRE	SÉRIER	TERRIL
ERRATA	GARÇON	LARBIN	MORFIL	PERDUE	SIRÈNE	TERSER
ERREUR	GARDÉE	LARCIN	MORGUE	PERLÉE	SORBET	TERTIO
ERRONÉ	GARDER	LARDER	MORMON	PERLER	SORGHO	TERTRE
ÉTRAVE	GARDON	LARDON	MOROSE	PERLON	SORTIE	TIRADE
ÉTRIER	GARNIE	LARRON	MORTEL	PERLOT	SORTIR	TIRAGE
ÉTRIVE	GARNIR	LARVÉE	MURALE	PERMIS	SPRINT	TIREUR
ÉTROIT	GARROT	LARYNX	MURÈNE	PERRON	STRATE	TIROIR
EURÊKA	GERBÉE	LÉRIDA	MURMEL	PERSAN	STRESS	TORCHE
EUROPE	GERCÉE	LORIOT	MYRRHE	PERSIL	STRICT	TORCOL
FARAUD	GERCER	MARAIS	NARINE	PÉRIMÉ	STRIÉE	TORDRE
FARCIE	GERMER	MARAUD	NARITA	PÉRONÉ	STRIER	TORDUE
FARCIR	GERMON	MARBRE	NARRER	PHRASE	STRING	TORÉER
FARDÉE	GÉRANT	MARCHE	NARSES	PIRATE	STRUME	TORERO
FARDER	GÉROMÉ	MARCOS	NERVIN	PIROLE	SUREAU	TORTIS
FARTER	GIRAFE	MARGÉE	NÉRÉIS	PORCIN	SURFIL	TORTUE
FERMÉE	GIROND	MARGIS	NÉROLI	POREUX	SURFIN	TURBAN
FERMER	GORGÉE	MARIÉE	NORDET	PORTÉE	SURGIR	TURBOT
FERRÉE	GORGER	MARIER	NORMAL	PORTER	SURIMI	TURQUE
FERRER	HARARE	MARINE	NOROÎT	PURETÉ	SURNOM	VARDAR
FÉRIÉE	HARDES	MARINO	OURDIR	PURGÉE	SUROÎT	VARECH
FÉROCE	HARDIE	MARLOU	OURLET	PURGER	SURSIS	VARÈSE
FÉRULE	HARENG	MARMOT	OURSIN	PYRÈNE	SÛRETÉ	VARGAS
FORAIN	HARGNE	MARQUE	OURSON	RARETÉ	TARAMA	VARICE
FORBAN	HARPIE	MARRIÉ	PARADE	RURALE	TARARE	VARIÉE
FORÇAT	HARPON	MARRON	PARANA	SARINE	TARAUD	VARIER
FORCÉE	HERBÉE	MARTIN	PARDON	SARODE	TARBES	VERBAL
FORCER	HERBUE	MARTRE	PAREIL	SARONG	TARDER	VERDET
FORCIR	HERNIE	MERDER	PARENT	SARRAU	TARDIF	VERDIR
FOREUR	HERPÈS	MERISE	PARETO	SARTRE	TARPAN	VERDON

VERDUN	ASSISE	COSSUS	HASTÉE	MOSCOU	PISTON	TESSON
VERGER	ASSOUR	COSTAL	HISSER	MUSARD	PISTOU	TESTER
VERGNE	ASSURÉ	COSTAR	HOSTIE	MUSCAT	POSADA	TESTON
VERLAN	AUSTEN	CUSSET	HYSOPE	MUSEAU	POSEUR	TISANE
VERMET	AUSTIN	DASSIN	INSANE	MUSÉUM	POSTAL	TISSER
VERNIE	BASALE	DESSIN	INSERT	MUSOIR	POSTÉE	TOSSER
VERNIR	BASANÉ	DESSUS	INSTAR	MUSQUÉ	POSTER	TUSSOR
VERNIS	BASKET	DESTIN	INSULA	MUSSER	RASADE	ULSTER
VERNON	BASSET	DÉSAXÉ	ISSANT	NASALE	RASANT	VASARD
VERRAT	BASSIN	DÉSERT	JASEUR	NASARD	RASEUR	VASEUX
VERROU	BASSON	DÉSOLÉ	JASMIN	NASEAU	RASOIR	VASSAL
VERRUE	BASTER	DÉSUET	LASCAR	NASSAU	RASSIS	VESOUL
VERSER	BASTIA	DÉSUNI	LASCIF	NASSER	RASTEL	VESSER
VERSET	BASTON	DISCAL	LASSER	NASTIE	RESITA	VESSIE
VERSUS	BASTOS	DISEUR	LASSIS	NESTOR	RESSAC	VESTON
VERTOU	BESACE	DISNEY	LESAGE	NOSTOC	RESTÉE	VISAGE
VERTUS	BESOIN	DISPOS	LESCOT	OASIEN	RESTER	VISION
VÉRACE	BESSON	DISQUE	LESTÉE	OBSCUR	RESTES	VISITE
VÉREUX	BISEAU	DOSAGE	LESTER	OBSÉDÉ	RÉSEAU	VISSER
VÉRINE	BISSER	ELSTER	LÉSION	OESTRE	RÉSÉDA	WESTON
VÉRITÉ	BISTRE	ÉOSINE	LISÉRÉ	OISEAU	RÉSIDU	ZESTÉE
VÉROLE	BISTRO	ERSEAU	LISEUR	OISEUX	RÉSINE	
VÉRONE	BOSNIE	ESSAIM	LISIER	OISIVE	RÉSOLU	**T**
VIRAGE	BOSSÉE	ESSIEU	LISSÉE	OISSEL	RÉSUMÉ	
VIRALE	BOSSER	FASCIÉ	LISSER	ORSINI	RISQUE	ACTEUR
VIRIAT	BOSTON	FESSÉE	LISTÉE	OSSÈTE	ROSACE	ACTION
VIRILE	BUSARD	FESSER	LISTEL	OSSEUX	ROSAGE	ACTIVE
VIROLE	CASIER	FESSUE	LISTER	PASCAL	ROSEAU	ACTUEL
VORACE	CASINO	FESTIN	LUSTRE	PASSÉE	ROSEUR	AÉTITE
YERRES	CASOAR	FESTON	MASSÉE	PASSER	ROSIER	ALTÉRÉ
ZIRCON	CASQUE	FISCAL	MASSER	PASSIF	ROSSÉE	ALTIER
	CASSER	FISTON	MASSIF	PASTEL	ROSSER	ALTISE
S	CASTEL	FUSAIN	MASSUE	PASTIS	ROSTRE	APTÈRE
	CASTOR	FUSEAU	MASTIC	PESAGE	RUSSIE	ARTÈRE
ABSENT	CASTRO	FUSELÉ	MASTOC	PESANT	RUSTRE	ASTATE
ABSOLU	CASUEL	FUSION	MASURE	PESETA	SASSER	ASTRAL
ALSACE	CESENA	GASCON	MESSEI	PESEUR	SÉSAME	ASTRÉE
APSARA	CESSER	GÉSIER	MESSIE	PESMES	SISTRE	ASTRID
ARSÈNE	CÉSIUM	GISANT	MESTRE	PESTER	SUSDIT	ASTUCE
ARSINE	CISEAU	GISORS	MESURE	PISSER	SUSSEX	AUTANT
ASSAUT	CISTRE	GOSIER	MISÈRE	PISTÉE	TASSÉE	AUTEUR
ASSEAU	COSMOS	GOSPEL	MISSEL	PISTER	TASSER	AUTOUR
ASSIDU	COSSUE	HASARD	MISTON	PISTIL	TESSIN	AUTRUI

BATEAU	EXTASE	MATOIS	PATENT	RETOUR	ACUITÉ	BOUTRE
BATTRE	FATALE	MATRAS	PATÈRE	RÉTINE	ADULER	BOUVET
BATTUE	FATIMA	MATURE	PATHOS	RÉTIVE	ADULIS	BRUANT
BÂTARD	FATRAS	METTRE	PATOIS	RITALE	ADULTE	BRUGES
BÉTAIL	FÉTIDE	MÉTIER	PATRIE	RITUEL	AGUETS	BRUINE
BÊTISE	FÊTARD	MÉTRÉE	PATRON	ROTACÉ	AHURIE	BRUIRE
BITORD	FUTAIE	MÉTRER	PATTUE	ROTULE	AHURIR	BRÛLER
BITTER	FUTILE	MITEUX	PÂTEUX	ROTURE	ALUNER	BRÛLOT
BITUME	GÂTEAU	MITIGÉ	PÂTURE	RUTINE	ALUNIR	BRUNIR
BOTTÉE	GÂTEUX	MITOSE	PETIOT	RYTHME	AMURER	BRUTAL
BOTTIN	GÂTINE	MITRÉE	PETITE	SATANÉ	AMUSER	CAUDAL
BUTANE	GITANE	MITRON	PÉTAIN	SATINÉ	ANURIE	CAUSÉE
BUTOIR	HÂTIER	MOTALA	PÉTALE	SATIRE	AOÛTAT	CAUSER
BUTTÉE	HÂTIVE	MOTARD	PÉTARD	SATURÉ	AOÛTÉE	CHUTER
BUTTER	HITLER	MOTEUR	PÉTASE	SATYRE	AOÛTER	COUARD
CÉTACÉ	ICTÈRE	MOTION	PÉTEUX	SETIER	AQUEUX	COUCHE
CÉTANE	INTACT	MOTTÉE	PÉTRÉE	SETTER	AQUINO	COUCOU
CÉTEAU	INTIME	MUTILÉ	PÉTRIE	SÉTACÉ	AZURER	COUDÉE
CÉTONE	INTRUS	MUTINE	PÉTRIN	SITUÉE	BAUDET	COUDER
CITRIN	ISTHME	MUTUEL	PÉTRIR	SITUER	BEURRE	COUDRE
COTEAU	LATENT	NATALE	PITEUX	SUTURE	BLUTER	COULÉE
COTICE	LATINA	NATION	POTAGE	TATAMI	BOUBOU	COULER
COTRET	LATINE	NATIVE	POTARD	TATANE	BOUCAN	COULIS
CUTANÉ	LATINO	NATRON	POTEAU	TÂTEUR	BOUCAU	COULPE
DATCHA	LATIUM	NATTÉE	POTELÉ	TÉTINE	BOUCHE	COUPÉE
DATION	LATOUR	NATTER	POTIER	TÉTRAS	BOUCLE	COUPER
DÉTAIL	LATTÉE	NATURE	POTION	TÊTARD	BOUDER	COUPLE
DÉTENU	LATTER	NOTICE	PUTAIN	TÊTEAU	BOUDIN	COUPON
DÉTOUR	LATTIS	NOTION	PUTIER	TITANE	BOUFFE	COURBE
ENTAME	LETTON	NOTULE	PUTOIS	TITRÉE	BOUFFI	COURGE
ENTÊTÉ	LETTRE	NÔTRES	PUTSCH	TITRER	BOUGER	COURIR
ENTIER	LÉTALE	OBTUSE	PUTTER	TOTALE	BOUGIE	COURSE
ENTITÉ	LITEAU	OCTALE	PYTHON	TUTEUR	BOUGRE	COURTE
ENTOIR	LITIGE	OCTAVE	RATIER	ULTIME	BOULER	COURUE
ENTOUR	LITRON	OCTROI	RATINE	ULTIMO	BOULET	COUSIN
ENTRÉE	LITTAU	OPTION	RATION	VITALE	BOULOT	COÛTER
ENTRER	LOTIER	ORTEGA	RATURE	VITRÉE	BOURBE	COUTIL
ENTURE	LOTION	ORTEIL	RÂTEAU	VITTEL	BOURDE	COUTRE
ESTÈVE	LUTINE	OUTRÉE	RETARD		BOURRE	COUVÉE
ESTIME	LUTRIN	OUTRER	RETENU	**U**	BOURRU	COUVER
ESTIVE	LUTTER	PATATE	RETHEL		BOURSE	CRUCHE
ESTRAN	MATANE	PATAUD	RETIRÉ	ABUSER	BOUSIN	CRURAL
ESTRIE	MATOIR	PATÈNE	RETORS	ABUSIF	BOUTON	DAUBER

DAUDET	FOUGUE	HOURRA	NAUSÉE	SAUCÉE	TOUAGE	BUVEUR
DIURNE	FOUINE	HOUSSE	NEURAL	SAUCER	TOUBIB	CAVALE
DOUBLE	FOULÉE	IGUANE	NEUTRE	SAUJON	TOUCAN	CAVITÉ
DOUTER	FOULER	IOULER	NOUEUX	SAUMON	TOUCHE	CIVILE
DRUIDE	FOURBE	IOURTE	NOUGAT	SAUMUR	TOUEUR	DAVIER
ÉBURNÉ	FOURBU	JAUGER	NOUNOU	SAUNER	TOUFFE	DEVANT
ÉCUEIL	FOURME	JAUNET	NOURRI	SAURER	TOUFFU	DEVERS
ÉCULÉE	FOURMI	JAUNIR	OEUVÉE	SAURET	TOUPET	DEVISE
ÉCUMÉE	FOURNI	JEÛNER	OEUVRE	SAURIN	TOUPIE	DEVOIR
ÉCUMER	FOURRÉ	JEUNET	OVULER	SAURIS	TOURET	DÉVIER
ÉCURER	FOUTRE	JOUEUR	PAUMÉE	SAUTER	TOURIE	DÉVOLU
ÉCURIE	FOUTUE	JOUJOU	PAUVRE	SAUTET	TOURIN	DÉVOTE
ÉLUDER	FRUGAL	KOULAK	PEUPLE	SAUVÉE	TOURNE	DÉVOUÉ
ÉLUSIF	FRUGES	LAURÉE	PLUMÉE	SAUVER	TOURON	DÉVOYÉ
ÉMULER	FRUSTE	LAUREL	PLUMER	SCUTUM	TOURTE	DIVERS
ÉPUCER	GAUCHE	LAUTER	PLUTON	SEULET	TOUTES	DIVINE
ÉPUISÉ	GAUCHO	LEURRE	PLUTÔT	SEURAT	TOUTOU	DIVION
ÉPULIS	GAUFRE	LOUAGE	POULET	SEURRE	TOUVET	ENVERS
ÉPULON	GAULER	LOUCHE	POULIE	SLUTER	TRUAND	ENVIÉE
ÉPURÉE	GLUANT	LOUEUR	POULPE	SOUCHE	TRUBLE	ENVIER
ÉPURER	GOUAPE	LOULOU	POUMON	SOUDAN	TRUFFE	ENVINÉ
ÉPURGE	GOUINE	LOUPER	POUPÉE	SOUDÉE	TRUITE	FAVELA
ÉQUINE	GOUJAT	LOURDE	POUPIN	SOUDER	TRULLO	FAVEUR
ÉQUIPE	GOUJON	LOUTRE	POURRI	SOUFRE	TRUMAN	FAVORI
ÉQUITÉ	GOULÉE	MAUDIT	POURVU	SOÛLER	ULULER	GAVEUR
ÉRUDIT	GOULET	MAUSER	POUTRE	SOÛLOT	VAUDOU	GAVIAL
ÉTUVER	GOULOT	MAUVIS	PRUCHE	SOUMIS	VAUTRÉ	GIVRÉE
FAUCHÉ	GOULUE	MEUBLE	PRUINE	SOUPER	VOULUE	GIVRER
FAUCRE	GOUPIL	MEULAN	PRURIT	SOUPIR	VOÛTÉE	HAVANE
FAUFIL	GOURBI	MEULÉE	PRUSSE	SOUPLE	VOÛTER	INVITÉ
FAUTER	GOURDE	MEULON	RAUQUE	SOURCE	YOURTE	JOVIAL
FAUTIF	GOURIN	MOUCHE	RÉUNIR	SOURDE	ZOUAVE	LAVABO
FEULER	GOUROU	MOUDRE	RÉUSSI	SOURIS		LAVAGE
FEUTRE	GOUSSE	MOUFLE	ROUAGE	SOUSSE	**V**	LAVEUR
FLUATE	GOÛTER	MOUISE	ROUBLE	SOUTRA		LAVOIR
FLUENT	GOUTTE	MOULÉE	ROUGET	SQUARE	ALVINE	LAVURE
FLUIDE	GRUGER	MOULER	ROUGIR	SQUASH	ANVERS	LEVAIN
FLÛTER	GRUTER	MOULIN	ROULÉE	STUDIO	ARVIDA	LEVANT
FOUACE	HAUBAN	MOULUE	ROULER	STUPRE	AUVENT	LEVENS
FOUAGE	HAUSSE	MOURIR	ROULIS	TAUDIS	BAVARD	LEVIER
FOUDRE	HAUTIN	MOUSSE	ROUPIE	TAURIN	BAVOIR	LEVURE
FOUFOU	HEURTÉ	MOUSSU	ROUSSE	TAUVES	BAVURE	LÉVITE
FOUGER	HOUPPE	MOUTON	ROUSSI	TEUTON	BOVINE	LIVIDE

LIVRÉE	VIVANT	GAZEUX	BALADE	CIGALE	ENRAYÉ	GITANE
LIVRER	VIVEUR	GAZOLE	BALANE	CIGARE	ENTAME	GLIALE
LIVRET	VIVRES	LÉZARD	BANALE	CIRAGE	ÉPIAGE	GLUANT
NAVALE		MAZOUT	BANANE	COBALT	ERRANT	GOUAPE
NAVIRE	**X**		BARAKA	COBAYE	ERRATA	HAGARD
NAVRÉE		**4e**	BASALE	CONARD	ESCALE	HAMADA
NAVRER	BOXEUR		BASANÉ	COPAIN	ESCAPE	HARARE
NEVADA	LUXURE	**POSITION**	BÂTARD	CORAIL	ESPACE	HASARD
NIVALE	MAXIME		BAVARD	COUARD	ESPADA	HAVANE
NIVÉAL	MEXICO	**A**	BÉCANE	CRIANT	ESSAIM	HÉRAUT
NIVEAU	MIXEUR		BÉCARD	CRIARD	ÉTIAGE	HILARE
NIVOSE	MIXITE		BEDANE	CURAGE	ÉTRAVE	IDÉALE
NOVICE	SEXAGE	AÉRAGE	BÊLANT	CUTANÉ	EXTASE	IGNARE
OBVIER	SEXUÉE	AFFAMÉ	BESACE	DADAIS	FAÇADE	IGUANE
ORVALE	SEXUEL	AGRAFE	BÉTAIL	DÉCADE	FARAUD	ILÉALE
OUVERT		AIDANT	BIGAME	DÉDAIN	FATALE	IMPACT
OUVRÉE	**Y**	AIMANT	BIMANE	DÉDALE	FAYARD	IMPAIR
OUVRER	ABYSSE	AIRAIN	BOBARD	DEDANS	FÊTARD	IMPALA
OUVRIR	CRYPTE	ALCADE	BOCAGE	DÉFAUT	FIGARI	INFÂME
PIVERT	FAYARD	ALCALI	BONACE	DÉGAGÉ	FIGARO	INSANE
RAVAGE	FUYANT	ALLANT	BORATE	DÉLAVÉ	FILAGE	INTACT
RAVIER	FUYARD	ALPAGA	BRUANT	DEMAIN	FINALE	ISMAËL
REVENU	GEYSER	ALPAGE	BUBALE	DENAIN	FINAUD	ISRAËL
REVERS	IDYLLE	ALSACE	BUSARD	DÉPART	FLUATE	ISSANT
REVOIR	JOYEUX	ANGARA	BUTANE	DÉSAXÉ	FOCALE	IVRAIE
RÉVEIL	LOYALE	ANIANE	CABALE	DÉTAIL	FORAIN	JAMAIS
RÉVOLU	OXYDER	ANNALE	CABANE	DEVANT	FOUACE	JUGALE
RÊVEUR	PAYANT	ANNATE	CAFARD	DINANT	FOUAGE	KARATÉ
RIVAGE	PAYEUR	APSARA	CALAIS	DOPAGE	FRIAND	LAÇAGE
RIVALE	PAYSAN	ARCADE	CALAME	DOPANT	FUGACE	LAVABO
RIVERS	RAYAGE	ARCANE	CAMARD	DORADE	FUSAIN	LAVAGE
RIVOIR	RAYURE	ASIATE	CANAAN	DOSAGE	FUTAIE	LÉGALE
SAVANE	ROYALE	ASMARA	CANADA	DURANT	FUYANT	LENARD
SAVANT	STYLÉE	ASSAUT	CANARD	DYNAMO	FUYARD	LESAGE
SAVARD	TOYAMA	ASTATE	CANARI	ÉCLAIR	GABARE	LÉTALE
SAVATE	TOYOTA	AUBADE	CARACO	ÉCRASÉ	GALANT	LEVAIN
SAVEUR	VOYAGE	AUDACE	CARAFE	EFFACÉ	GALATI	LEVANT
SAVOIE	VOYANT	AUMALE	CAVALE	EFFARÉ	GARAGE	LÉZARD
SAVOIR	VOYEUR	AUNAIE	CEFALU	ÉLÉATE	GARANT	LIMACE
SEVRER		AUTANT	CÉPAGE	EMBASE	GÊNANT	LOCALE
SÉVÈRE	**Z**	AYMARA	CÉTACÉ	ENCART	GÉRANT	LOUAGE
TIVOLI	ECZÉMA	BADAUD	CÉTANE	ENFANT	GIRAFE	LOYALE
VIVACE	ENZYME	BAGAGE	CHIARD	ENRAGÉ	GISANT	LUGANO

MADAME	ORGANE	PUTAIN	SALANT	TRUAND	BREBIS	TOMBAC
MALADE	ORMAIE	PYJAMA	SALAUD	TUBAGE	COMBAT	TOMBÉE
MALAGA	ORNAIN	RABAIS	SATANÉ	UNGAVA	COMBLE	TOMBER
MALARD	ORNANS	RABANE	SAVANE	URBAIN	CRIBLE	TOUBIB
MANADO	ORVALE	RAFALE	SAVANT	VACANT	DAUBER	TRABÉE
MANAGE	PACAGE	RÂLANT	SAVARD	VAGALE	DIABLE	TRIBAL
MARAIS	PACANE	RAMAGE	SAVATE	VALAIS	DOUBLE	TRIBUN
MARAUD	PAGAIE	RAPACE	SÉPALE	VASARD	ÉRABLE	TRIBUT
MATANE	PALACE	RAPAGE	SÉRAIL	VÉLANI	ÉTABLE	TRUBLE
MÉFAIT	PALAIS	RASADE	SÉSAME	VENACO	ÉTABLI	TURBAN
MÉHARI	PANADE	RASANT	SÉTACÉ	VÉNALE	FAIBLE	TURBOT
MÊLANT	PANAIS	RAVAGE	SEXAGE	VÉRACE	FIABLE	VERBAL
MENACE	PANAMA	RAYAGE	SILANE	VILAIN	FORBAN	VIABLE
MÉNAGE	PAPAYE	REGAIN	SONATE	VIRAGE	GALBÉE	ZOMBIE
MIRAGE	PARADE	RÉGALE	SQUARE	VIRALE	GALBER	
MIRAUD	PARANA	REGARD	SQUASH	VISAGE	GERBÉE	**C**
MODALE	PATATE	RELAIS	STRATE	VITALE	GIBBON	
MOHAIR	PATAUD	RELAPS	TABARD	VIVACE	GLABRE	ACACIA
MONACO	PAYANT	RÉNALE	TACAUD	VIVANT	GRABAT	AGACER
MORALE	PÉCARI	RENARD	TAÏAUT	VOCALE	HAUBAN	AMICAL
MOTALA	PÉDALE	RETARD	TAMALE	VOLAGE	HERBÉE	ANICET
MOTARD	PÉDALO	RIBAUD	TAPAGE	VOLANT	HERBUE	APICAL
MURALE	PÉDANT	RICAIN	TARAMA	VORACE	HUMBLE	ARICIE
MUSARD	PÉGASE	RITALE	TARARE	VOYAGE	JAMBON	AVOCAT
MYGALE	PELADE	RIVAGE	TARAUD	VOYANT	LAMBDA	BANCAL
NAGANO	PELAGE	RIVALE	TATAMI	ZONAGE	LAMBIC	BERCER
NAÏADE	PÉNALE	ROMAIN	TATANE	ZOUAVE	LAMBIN	BLOCUS
NASALE	PENAUD	ROMANO	TENACE		LARBIN	BOUCAN
NASARD	PESAGE	ROSACE	TENANT	**B**	LIMBES	BOUCAU
NATALE	PESANT	ROSAGE	TÊTARD		MARBRE	BOUCHE
NAVALE	PÉTAIN	ROTACÉ	TIRADE	ACABIT	MEMBRE	BOUCLE
NÉMALE	PÉTALE	ROUAGE	TIRAGE	AIRBUS	MEUBLE	BRÈCHE
NEVADA	PÉTARD	ROYALE	TISANE	ANOBIE	NOMBRE	BROCHE
NIGAUD	PÉTASE	RURALE	TITANE	ARABIE	PHOBIE	CALCIN
NIVALE	PHRASE	SADATE	TOCADE	ARABLE	QUÉBEC	CALCUL
NOMADE	PICARD	SAFARI	TOCARD	BAOBAB	ROUBLE	CANCAN
NUCALE	PILATE	SAGACE	TOMATE	BARBÉE	SABBAT	CANCER
OCCASE	PINARD	SAGAIE	TONALE	BARBER	SNOBER	CANCRE
OCTALE	PIRATE	SAHARA	TOTALE	BARBET	SOMBRE	CARCAN
OCTAVE	PLIAGE	SALACE	TOUAGE	BARBUE	SORBET	CERCLE
OLÉATE	POSADA	SALADE	TOYAMA	BOMBÉE	STABLE	CHICHE
OPIACÉ	POTAGE	SALADO	TRIADE	BOMBER	TARBES	COCCYX
ORÉADE	POTARD	SALAMI	TRIAGE	BOUBOU	TIMBRE	CONCIS

COUCHE	GASCON	PONCIF	BANDIT	ÉVADER	MERDER	TIÉDIR
COUCOU	GAUCHE	PORCIN	BARDER	ÉVIDER	MORDRE	TONDRE
CRACRA	GAUCHO	PRÉCIS	BARDIS	EXÈDRE	MORDUE	TONDUE
CRÈCHE	GERCÉE	PROCÈS	BARDOT	FARDÉE	MOUDRE	TORDRE
CRICRI	GERCER	PROCHE	BAUDET	FARDER	NANDOU	TORDUE
CROCHE	GLACÉE	PRUCHE	BONDÉE	FEEDER	NONDIT	VARDAR
CROCHU	GLACER	RANCIE	BONDIR	FENDRE	NORDET	VAUDOU
CROCUS	GLACIS	RANÇON	BORDEL	FÉODAL	OINDRE	VENDRE
CRUCHE	GLAÇON	RINCER	BORDER	FONDER	OURDIR	VENDUE
CUICUI	GUICHE	SAUCÉE	BOUDER	FONDRE	OXYDER	VERDET
DATCHA	HANCHE	SAUCER	BOUDIN	FONDUE	PARDON	VERDIR
DIACRE	HIRCIN	SEECKT	BRIDÉE	FOUDRE	PENDRE	VERDON
DISCAL	JONCER	SIÈCLE	BRIDER	GARDÉE	PENDUE	VERDUN
DRACHE	LAÏCAT	SOCCER	BRIDGE	GARDER	PERDRE	VIADUC
DURCIR	LANCÉE	SOUCHE	BRODER	GARDON	PERDUE	VINDAS
ÉMACIÉ	LANCER	SUCCÈS	CADDIE	GENDRE	PONDRE	
ÉMÉCHÉ	LANÇON	SUCCIN	CANDIR	GOLDEN	RAIDIR	**E**
ÉPICÉA	LARCIN	TAICHI	CARDÉE	GRADÉE	RAMDAM	
ÉPICÉE	LASCAR	TANCER	CARDER	GRADIN	RANDON	ABJECT
ÉPICER	LASCIF	TANCHE	CARDIN	GRADUÉ	RENDRE	ABRÉGÉ
ÉPUCER	LESCOT	TERCER	CAUDAL	GRADUS	RENDUE	ABSENT
ÉVÊCHÉ	LOUCHE	TERCET	CENDRE	GREDIN	RHODES	ACCENT
EXACTE	MANCHE	TINCAL	CONDAT	GUIDÉE	ROIDIR	ÂCRETÉ
FARCIE	MARCHE	TORCHE	CONDOM	GUIDER	RONDIN	ACTEUR
FARCIR	MARCOS	TORCOL	CONDOR	GUIDON	SANDRE	AFFECT
FASCIÉ	MINCIO	TOUCAN	CORDÉE	GULDEN	SOLDAT	AFFÉTÉ
FAUCHÉ	MIOCHE	TOUCHE	CORDER	HARDES	SOLDÉE	AGNEAU
FAUCRE	MOSCOU	TRACAS	CORDON	HARDIE	SOLDER	AGRÉÉE
FIACRE	MOUCHE	TRACÉE	COUDÉE	HINDOU	SONDÉE	AGRÉER
FISCAL	MUSCAT	TRACER	COUDER	IBIDEM	SONDER	AGUETS
FLACON	OBSCUR	TRICOT	COUDRE	INÉDIT	SOUDAN	ALIÉNÉ
FLÈCHE	ORACLE	VOLCAN	CRÉDIT	IRIDIÉ	SOUDÉE	ALLÈGE
FLOCON	PASCAL	ZIRCON	DARDER	JARDIN	SOUDER	ALLÈNE
FONCÉE	PERCÉE		DAUDET	JARDON	STUDIO	ALTÉRÉ
FONCER	PERCER	**D**	DINDON	LANDAU	SUSDIT	AMPÈRE
FORÇAT	PERÇUE		ÉCIDIE	LARDER	SYNDIC	ÂNIÈRE
FORCÉE	PINCÉE	ABADAN	ÉLIDER	LARDON	TANDEM	ANNEAU
FORCER	PINCER	ACADIE	ÉLODÉE	LEADER	TARDER	ANNELÉ
FORCIR	PINÇON	AGADIR	ÉLUDER	LINDAU	TARDIF	ANNEXE
FRACAS	PLACÉE	AMIDON	ÉRODÉE	LOADER	TAUDIS	ANVERS
FRICHE	PLACER	ANODIN	ÉRODER	MANDAT	TENDON	APPEAU
FRICOT	PONCÉE	BANDÉE	ÉRUDIT	MANDER	TENDRE	ÂPRETÉ
GARÇON	PONCER	BANDER	ÉVADÉE	MAUDIT	TENDUE	APTÈRE

AQUEUX	CISEAU	EXPERT	JASEUR	MUSEAU	PINEAU	RUMEUR
ARDENT	CLIENT	FADEUR	JOUEUR	MUSÉUM	PINÈDE	SALERS
ARDEUR	COLÈRE	FAMEUX	JOYEUX	NABEUL	PIPEAU	SALETÉ
ARGENT	COMÈTE	FANEUR	JUMEAU	NASEAU	PIPEUR	SAMEDI
ARPÈGE	COPEAU	FAVELA	JUMENT	NÉPÈTE	PITEUX	SAPEUR
ARPENT	CORÉEN	FAVEUR	KOPECK	NÉRÉIS	PIVERT	SAVEUR
ARREAU	COTEAU	FICELÉ	LABEUR	NIVÉAL	POREUX	SCHÉMA
ARSÈNE	CRIEUR	FIDÈLE	LACEUR	NIVEAU	POSEUR	SCHÈME
ARTÈRE	DÉCÉDÉ	FILEUR	LATENT	NOCEUR	POTEAU	SCIÈNE
ASCÈTE	DÉCENT	FLIESS	LAVEUR	NOUEUX	POTELÉ	SÉLECT
ASPECT	DÉMÊLÉ	FLUENT	LÉGÈRE	NÛMENT	PRIÈRE	SÉLÈNE
ASSEAU	DÉMENT	FOREUR	LEVENS	NUMÉRO	PRIEUR	SÉMÉLÉ
ATHÉNA	DÉRÉEL	FUMEUR	LIBÉRÉ	OBSÉDÉ	PUBÈRE	SEMEUR
AUNEAU	DÉSERT	FUREUR	LINÉAL	ODIEUX	PUCEAU	SÉNEVÉ
AUTEUR	DÉTENU	FUSEAU	LISÉRÉ	OEDÈME	PUDEUR	SEREIN
AUVENT	DEVERS	FUSELÉ	LISEUR	OISEAU	PURETÉ	SÉVÈRE
BARÈME	DIRECT	GAGEUR	LITEAU	OISEUX	PYRÈNE	SIDÉEN
BATEAU	DISEUR	GAIETÉ	LODÈVE	OLMETO	QUIÈTE	SIDÉRÉ
BÉBÊTE	DIVERS	GALÈNE	LOGEUR	ORGEAT	RAGEUR	SILÈNE
BEDEAU	DOLENT	GALÈRE	LOUEUR	ORIENT	RÂLEUR	SIRÈNE
BICEPS	DOMÈNE	GAMÈTE	LYCÉEN	ORMEAU	RAMEAU	SOLEIL
BIPÈDE	DURETÉ	GÂTEAU	LYCÈNE	ORTEGA	RAMEUR	SPEECH
BIRÈME	ÉCRÉMÉ	GÂTEUX	MACÉRÉ	ORTEIL	RARETÉ	SPHÈRE
BISEAU	ÉCUEIL	GAVEUR	MAJEUR	OSSÈTE	RASEUR	SPLEEN
BOHÈME	ECZÉMA	GAZEUX	MAMERS	OSSEUX	RÂTEAU	STEELE
BOLÉRO	ÉLAEIS	GÉNÉPI	MANÈGE	OULÉMA	RÉCENT	STRESS
BORÉAL	ELBEUF	GENÈSE	MÉCÈNE	OUVERT	RELENT	SUCEUR
BOXEUR	EMPESÉ	GÊNEUR	MÉGÈRE	OVIEDO	RELÈVE	SUREAU
BUREAU	ENCENS	GOBEUR	MÉLÉNA	PÂLEUR	REMÈDE	SÛRETÉ
BURÈLE	ÉNIÈME	HAMEAU	MÉLÈZE	PAREIL	REPÈRE	TAGÈTE
BUVEUR	ENLEVÉ	HARENG	MÉMÈRE	PARENT	RÉSEAU	TALENT
CADEAU	ENNEMI	HÉBERT	MENÉES	PARETO	RÉSÉDA	TÂTEUR
CAGEOT	ENTÊTÉ	HÉBÉTÉ	MENEUR	PATÈNE	RETENU	TÉNÉRÉ
CAMÉRA	ENVERS	HELENA	MINEUR	PATENT	RÉVEIL	TENEUR
CARÊME	ÉOCÈNE	HIDEUR	MISÈRE	PATÈRE	REVENU	TERESA
CÉLERI	ÉPHÈBE	HIDEUX	MITEUX	PÂTEUX	REVERS	TÊTEAU
CÉMENT	ERREUR	HUMEUR	MIXEUR	PAYEUR	RÊVEUR	TIREUR
CESENA	ERSEAU	ICTÈRE	MODÈLE	PÉLÉEN	RIDEAU	TOLÈDE
CÉTEAU	ESPÈCE	INFECT	MODÉRÉ	PÉPÈRE	RIMEUR	TOLEDO
CHOEUR	ESTÈVE	INGÉNU	MOLÈNE	PESETA	RIVERS	TORÉER
CHRÈME	ÉTHÉRÉ	INSERT	MOMENT	PESEUR	RÔDEUR	TORERO
CIMENT	EUMÈNE	IRRÉEL	MOTEUR	PÉTEUX	ROSEAU	TOUEUR
CINÉMA	EURÊKA	ISOÈTE	MURÈNE	PIMENT	ROSEUR	TRIÈRE

☞	☞	☞	☞	☞	☞	☞
TUMEUR	GRIFFU	DOIGTÉ	LONGÉE	TEIGNE	HACHER	**I**
TUTEUR	MAFFIA	DRAGÉE	LONGER	TERGAL	HACHIS	
ULCÈRE	MAFFLU	DRAGON	LONGUE	USAGÉE	HOCHER	ABLIER
UNIÈME	MORFAL	DRAGUE	MAIGRE	USAGER	HOCHET	ACTION
UNIEUX	MORFIL	DROGUE	MALGRÉ	VARGAS	HUCHÉE	ACTIVE
URAÈTE	MOUFLE	ÉLÉGIE	MANGER	VENGER	HUCHER	ACUITÉ
URAEUS	MUFFIN	ÉLÉGIR	MANGUE	VERGER	HUCHET	ADRIAN
URGENT	PARFUM	ÉMIGRÉ	MARGÉE	VERGNE	ISTHME	AÉRIEN
VALEUR	PIFFER	ÉNIGME	MARGIS		JUCHER	AÉRIUM
VAPEUR	PROFIL	ÉRIGER	MONGOL	**H**	LÂCHÉE	AÉTITE
VARECH	PROFIT	ÉRIGNE	MORGUE		LÂCHER	AGRION
VARÈSE	PUFFIN	ÉTAGÉE	NANGIS	AACHEN	LÉCHER	AILIER
VASEUX	RENFLÉ	ÉTAGER	NEIGER	AFGHAN	LICHER	ALAISE
VÉREUX	SOUFRE	EXIGER	NOUGAT	ARCHER	MACHIN	ALDINE
VIPÈRE	SURFIL	EXIGUË	ONAGRE	ARCHET	MÂCHER	ALGIDE
VIVEUR	SURFIN	FLEGME	OREGON	BACHOT	MÂCHON	ALLIÉE
VOLEUR	TOUFFE	FONGUS	ORIGAN	BÂCHER	MECHTA	ALLIER
VOYEUR	TOUFFU	FORGÉE	PIÉGÉE	BÊCHÉE	MÊCHÉE	ALPINE
	TRAFIC	FORGER	PIÉGER	BICHER	NICHÉE	ALTIER
F	TRÈFLE	FOUGER	PINGRE	BICHON	NICHER	ALTISE
	TRUFFE	FOUGUE	PRAGUE	BÛCHÉE	NICHON	ALVINE
BAFFLE		FRAGON	PURGÉE	BÛCHER	PATHOS	AMBIGU
BIFFER	**G**	FRUGAL	PURGER	CACHÉE	PÊCHÉE	ANCIEN
BIFFIN		FRUGES	RANGÉE	CACHER	PÊCHER	ANDINE
BOUFFE	AARGAU	GADGET	RANGER	CACHET	PICHET	ANGINE
BOUFFI	ADAGIO	GORGÉE	REAGAN	CACHOT	POCHÉE	AQUINO
BUFFET	APOGÉE	GORGER	RÉAGIR	CACHOU	POCHER	ARAIRE
CALFAT	ARAGON	GRIGNE	REGGAE	COCHÉE	PYTHON	ARGILE
COFFIN	BEAGLE	GRIGOU	RONGER	COCHER	RACHAT	ARNICA
COFFRE	BEIGNE	GRIGRI	ROUGET	DÉCHET	RAPHIA	ARRIEN
COIFFE	BERGER	GRUGER	ROUGIR	DÉCHUE	RETHEL	ARRIGO
CONFIT	BLAGUE	GUIGNE	SANGLE	DIRHAM	ROCHER	ARSINE
CONFUS	BORGNE	HANGAR	SEIGLE	ÉBAHIE	RYTHME	ARVIDA
EIFFEL	BOUGER	HARGNE	SIEGEN	ÉBAHIR	SACHET	ASCITE
ÉTOFFE	BOUGIE	IMAGÉE	SIÉGER	ESCHER	SAPHIR	ASSIDU
FAUFIL	BOUGRE	INÉGAL	SINGER	FÂCHÉE	SÉCHER	ASSISE
FOUFOU	BRUGES	JARGON	SLOGAN	FÂCHER	SIPHON	ATRIAU
GAFFÉE	CARGUE	JAUGER	SOIGNÉ	FICHER	TACHÉE	ATRIUM
GAFFER	CINGLÉ	JUNGLE	SONGER	FICHUE	TACHER	AURIOL
GAUFRE	CONGRE	LANGÉE	SORGHO	GÂCHÉE	TRAHIR	AVOINE
GONFLE	CONGRU	LANGER	SURGIR	GÂCHER	TYPHON	BADINE
GREFFE	DANGER	LANGUE	TANGER	GÂCHIS	TYPHUS	BALISE
GRIFFE	DINGUE	LINGOT	TANGON	HACHÉE	ZÉPHYR	BANIAN

BÉLIER	CIRIER	ÉCRITE	FÉTIDE	INDIGO	LYDIEN	NOTICE
BÉNITE	CIVILE	EFFILÉ	FLUIDE	INDIUM	MALICE	NOTION
BÊTISE	CLAIRE	ÉGLISE	FORINT	INFIME	MANIÉE	NOVICE
BIBINE	COLITE	ÉGOÏNE	FOUINE	INFINI	MANIER	NUBIEN
BIFIDE	COMITÉ	EMPIRE	FRAISE	INTIME	MANIOC	NUBILE
BIKINI	COPIÉE	ENDIVE	FROIDE	INVITÉ	MARIÉE	NUDITÉ
BINIOU	COPIER	ENLIER	FUMIER	IONIEN	MARIER	OASIEN
BOBINE	COPINE	ENTIER	FUSION	IRRITÉ	MARINE	OBVIER
BOLIDE	COTICE	ENTITÉ	FUTILE	IVOIRE	MARINO	OCCIRE
BOLIER	CROIRE	ENVIÉE	GABIER	JOVIAL	MAXIME	OFFICE
BONITE	CROISÉ	ENVIER	GABION	JUNIOR	MÉDINE	OISIVE
BOVINE	CUPIDE	ENVINÉ	GALIBI	LABIÉE	MÉDIRE	OLÉINE
BRAIES	DALILA	ÉOLIDE	GALION	LABILE	MÉDIUM	OMNIUM
BRAILA	DAMIER	ÉOLIEN	GAMINE	LABIUM	MÉDIUS	ONCIAL
BRAINE	DATION	ÉOSINE	GÂTINE	LANICE	MÉFIER	ONDINE
BRAIRE	DAVIER	ÉPEIRE	GAVIAL	LANIER	MENINE	OPTION
BRAISE	DÉBILE	ÉPRISE	GÉLIVE	LATINA	MÉRIDA	ORBITE
BRUINE	DÉBINE	ÉPUISÉ	GÉNIAL	LATINE	MERISE	ORSINI
BRUIRE	DÉCIDÉ	ÉQUINE	GÉSIER	LATINO	MÉRITE	OVAIRE
CABINE	DÉDIER	ÉQUIPE	GIBIER	LATIUM	MÉTIER	OVOÏDE
CAGIBI	DÉDIRE	ÉQUITÉ	GLAIRE	LÉGION	MEXICO	PALIER
CAHIER	DÉDITE	ERBINE	GLAISE	LÉNINE	MILICE	PANIER
CALICE	DÉFIER	ERBIUM	GLAIVE	LÉPINE	MILIEU	PAPIER
CALIER	DÉFILÉ	ERMITE	GLOIRE	LÉRIDA	MINIMA	PARIER
CALIFE	DÉFINI	ESPION	GNEISS	LÉSION	MINIME	PARITÉ
CÂLINE	DÉLICE	ESSIEU	GOMINA	LEVIER	MITIGÉ	PÉPIER
CAMION	DÉLIER	ESTIME	GOSIER	LÉVITE	MIXITE	PÉPITE
CANINE	DÉLIRE	ESTIVE	GOUINE	LIBIDO	MOBILE	PÉRIMÉ
CAPITÉ	DÉNIER	ÉTEINT	GRAINE	LICITE	MONIAL	PETIOT
CARIER	DÉRIVE	ÉTOILE	GUNITE	LILIAL	MOTION	PETITE
CASIER	DÉVIER	ÉTRIER	HABILE	LIMIER	MOUISE	PILIER
CASINO	DEVISE	ÉTRIVE	HALITE	LIMITE	MUTILÉ	PLAINE
CAVITÉ	DIVINE	EXCISE	HÂTIER	LINIER	MUTINE	PLAIRE
CÉCITÉ	DIVION	EXPIER	HÂTIVE	LIPIDE	NARINE	PLEINE
CERISE	DOCILE	FACIAL	HÉLICE	LISIER	NARITA	PODION
CÉRIUM	DOMINO	FACIÈS	HÉLION	LITIGE	NATION	POLICE
CÉSIUM	DORIEN	FACILE	HÉLIUM	LIVIDE	NATIVE	POTIER
CHAÎNE	DROITE	FAFIOT	HUMIDE	LORIOT	NAVIRE	POTION
CHAISE	DRUIDE	FAMINE	IDOINE	LOTIER	NÉNIES	PRUINE
CHOISI	DURION	FANION	ILÉITE	LOTION	NIAISE	PUTIER
CHRIST	ÉCHINE	FATIMA	ILLICO	LUCIDE	NOCIVE	RABIOT
CILICE	ÉCRIER	FÉLINE	INDICE	LUCITE	NOMINÉ	RACIAL
CILIÉE	ÉCRIRE	FÉRIÉE	INDIEN	LUTINE	NONIUS	RACINE

RADIAN	SCRIBE	UVÉITE	NICKEL	CIBLÉE	ÉTALON	INCLUS
RADIER	SCRIPT	VACIVE	QUAKER	CILLER	ÉTOLIE	IODLER
RADINE	SÉMITE	VALIDE	SHAKER	COLLÉE	EXALTÉ	IOULER
RAFIOT	SÉNILE	VALINE	SHEKEL	COLLER	EXCLUE	ISOLAT
RAMIER	SÉRIÉE	VALISE	TECKEL	COLLET	EXILÉE	ISOLÉE
RAPIAT	SÉRIEL	VANIER	YANKEE	COLLEY	EXILER	ISOLER
RAPIDE	SÉRIER	VANITÉ		COOLIE	FAILLE	ITALIE
RAPINE	SETIER	VARICE	**L**	COULÉE	FELLAH	JODLER
RATIER	SILICE	VARIÉE		COULER	FEULER	KOULAK
RATINE	SIMILI	VARIER	ABOLIR	COULIS	FILLER	LOULOU
RATION	SINITÉ	VÉLITE	ADULER	COULPE	FOLLET	MAILLE
RAVIER	SOCIAL	VÉNIEL	ADULIS	DAHLIA	FOULÉE	MARLOU
REDIRE	SOLIDE	VENISE	ADULTE	DALLAS	FOULER	MÉPLAT
REDITE	SOLIVE	VÉRINE	AILLER	DALLÉE	FRELON	MERLAN
RÉGIME	SPHINX	VÉRITÉ	ANGLET	DALLER	FRÔLER	MERLIN
REGINA	SPRINT	VIBICE	ASELLE	DEALER	GALLON	MERLON
RÉGION	STRICT	VICIÉE	AVALER	DÉBLAI	GALLOT	MERLOT
RELIEF	STRIÉE	VICIER	AVILIR	DÉCLIC	GAULER	MEULAN
RELIER	STRIER	VIGILE	AZALÉE	DÉCLIN	GICLER	MEULÉE
RELIRE	STRING	VIRIAT	BÂCLÉE	DIPLOÉ	GIFLÉE	MEULON
REMISE	SUAIRE	VIRILE	BÂCLER	DOLLAR	GIFLER	MIELLÉ
RENIER	SUBITE	VISION	BAILLE	DRELIN	GOULÉE	MILLAS
RÉNINE	SURIMI	VISITE	BAILLI	DRILLE	GOULET	MILLER
RÉSIDU	TACITE	WAPITI	BALLET	DRÔLET	GOULOT	MILLET
RÉSINE	TAGINE	ZÉNITH	BALLON	DUPLEX	GOULUE	MOELLE
RESITA	TAJINE	ZONIER	BIGLER	ÉCALÉE	GRELIN	MOLLET
RÉTINE	TALION		BILLET	ÉCALER	GRELOT	MOLLIE
RETIRÉ	TAMIER	**J**	BILLOT	ÉCULÉE	GRÊLÉE	MOLLIR
RÉTIVE	TAMISE		BOILLE	ÉGALER	GRÊLER	MOULÉE
RIFIFI	TÉTINE	ACAJOU	BOULER	ÉMILIE	GRÊLON	MOULER
RIGIDE	THÉIER	DONJON	BOULET	EMPLIR	GRILLE	MOULIN
RIMINI	THÉINE	FRÉJUS	BOULOT	EMPLOI	GROLLE	MOULUE
RÔNIER	TIMIDE	GOUJAT	BRÛLER	ÉMULER	GUELFE	NIELLE
ROSIER	TIMING	GOUJON	BRÛLOT	ENCLIN	GUELTE	OCELLE
RUGINE	TRAÎNE	JOUJOU	BULLER	ENCLOS	GUILDE	OCELOT
RUTINE	TRAIRE	PROJET	CÂBLÉE	ENFLÉE	HITLER	ONGLET
SABINE	TRAITE	RADJAH	CÂBLER	ENFLER	HUELVA	OPALIN
SAGINE	TRUITE	SAUJON	CAILLE	ÉPELER	HUILÉE	OTELLO
SALINE	TUDIEU	TRAJET	CALLAS	ÉPILER	HUILER	OUELLE
SAPINE	TULIPE		CARLIN	ÉPULIS	HURLER	OUILLE
SARINE	ULTIME	**K**	CHALET	ÉPULON	ICELLE	OURLET
SATINÉ	ULTIMO		CHALIT	ÉTALÉE	ICELUI	OVULER
SATIRE	URÉIDE	BASKET	CHÂLUS	ÉTALER	IDYLLE	PAELLA
		HOCKEY				

PAILLE	SABLON	VRILLE	ÉTAMER	POMMÉE	AMENÉE	CHINER
PARLER	SEILLE		ÉTAMPE	POUMON	AMENER	CLONÉE
PEILLE	SELLÉE	**M**	EXAMEN	PRIMÉE	AMINÉE	CLONER
PELLET	SELLER		EXEMPT	PRIMER	ANANAS	CLONIE
PERLÉE	SEULET	ABIMÉE	FERMÉE	PROMIS	ARONDE	COGNAC
PERLER	SHILOM	ABÎMER	FERMER	PROMPT	ATONAL	COGNÉE
PERLON	SIALIS	AGAMIE	FLAMME	RIEMST	ATONIE	COGNER
PERLOT	SILLET	ANÉMIE	FLEMME	RIMMEL	AVANCE	COINCÉ
PILLER	SILLON	ANIMAL	FORMAT	SAUMON	AVANIE	CONNUE
PIOLET	SLALOM	ANIMÉE	FORMÉE	SAUMUR	AVENIR	CORNÉE
POÊLÉE	SMILLE	ANIMER	FORMEL	SCAMPI	AVENUE	CORNET
POÊLON	SOÛLER	ANOMIE	FORMER	SERMON	AVINÉE	CORNUE
POILUE	SOÛLOT	ARAMON	FRÉMIR	SOMMÉE	AVINER	CRÂNER
POLLEN	STALLE	ASIMOV	FRIMAS	SOMMER	BANNIE	CRÉNER
POULET	STOLON	AYLMER	FRIMER	SOMMET	BANNIR	CUENCA
POULIE	STYLÉE	AZIMUT	GAGMAN	SOUMIS	BÉANTE	DAMNÉE
POULPE	SVELTE	BARMAN	GERMER	SUMMUM	BERNER	DAMNER
PRALIN	TABLAR	BLÂMÉE	GERMON	TRAMÉE	BLENDE	DIONÉE
PRÉLAT	TABLER	BLÂMER	GOÉMON	TRAMER	BLINDÉ	DISNEY
PUBLIC	TAILLE	BLÊMIR	GOMMÉE	TREMPE	BLONDE	DONNÉE
QUELLE	TALLER	BRAMER	GOMMER	TRÉMIE	BONNET	DONNER
QUILLE	TÉFLON	BROMÉE	GRAMEN	TRIMER	BORNÉE	DRONTE
RÂBLÉE	TEILLE	CAÏMAN	GRAMME	TROMPE	BORNER	ÉDENTÉ
RACLÉE	THALER	CALMAR	GRIMÉE	TRUMAN	BOSNIE	ÉHONTÉ
RACLER	TILLAC	CALMÉE	GRIMER	URÉMIE	BRANDO	ÉLANCÉ
RAFLÉE	TILLER	CALMER	HIÉMAL	VERMET	BRANTE	ÉMANER
RAFLER	TRÉLON	CALMIR	HORMIS		BRONZE	ÉMINCÉ
RALLER	TROLLE	CERMET	IPOMÉE	**N**	BRUNIR	ÉNONCÉ
RECLUS	TRULLO	CHEMIN	JASMIN		CANNÉE	ÉPINAC
RÉELLE	TUILÉE	CHÔMER	MARMOT	ACINUS	CANNER	ÉPINAL
REFLET	ULULER	CLAMER	MICMAC	ACONIT	CANNES	ÉPINER
REFLUX	VALLÉE	CLIMAT	MORMON	ADONIS	CARNAC	ÉPONGE
RÉGLÉE	VALLON	COMMIS	MURMEL	AGENCE	CARNÉE	ÉTENDU
RÉGLER	VEILLE	COMMUN	NOMMER	AGENDA	CARNET	ETHNIE
REPLET	VERLAN	COSMOS	NORMAL	AGENTE	CERNER	ÉTONNÉ
ROULÉE	VIELLE	CRAMER	ORÉMUS	AGONIE	CHANCE	ÉVENTÉ
ROULER	VIOLÉE	CRAMPE	PALMÉE	AHANER	CHANEL	FEINTE
ROULIS	VIOLER	DORMIR	PAUMÉE	ALINÉA	CHANGE	FENNEC
RUELLE	VIOLET	ÉCIMER	PERMIS	ALUNER	CHENAL	FIANCÉ
RUILER	VIOLON	ÉCUMÉE	PESMES	ALUNIR	CHENET	FIENTE
SAALES	VOILÉE	ÉCUMER	PLOMBE	AMANDE	CHENIL	FLÂNER
SABLÉE	VOILER	ÉLIMÉE	PLUMÉE	AMANTE	CHENUE	FRANCE
SABLER	VOULUE	ÉLIMER	PLUMER	AMENDE	CHINÉE	FRANCO

FRANGE	LOGNES	RHÉNAN	TUNNEL	AUMÔNE	ENCORE	LIPOME
FRONDE	MAGNAT	RIANTE	UGANDA	AURORE	ENJOUÉ	LYCOPE
GAGNER	MAGNUM	ROANNE	URANIE	AUTOUR	ENROUÉ	MABOUL
GAINÉE	MAINTE	ROGNÉE	URANUS	AXIOME	ENTOIR	MADONE
GARNIE	MANNAR	ROGNER	URINAL	BÂBORD	ENTOUR	MANOIR
GARNIR	MIENNE	ROGNON	URINER	BAGOUT	ÉPLORÉ	MATOIR
GÉANTE	MIGNON	RUINÉE	USANTE	BAROUD	ERGOTÉ	MATOIS
GLANÉE	MUANCE	RUINER	USINÉE	BAVOIR	ERRONÉ	MAZOUT
GLANER	NOUNOU	RUINES	USINER	BELOTE	ESPOIR	MÉIOSE
GRANBY	NUANCE	SAINTE	VAINCU	BESOIN	ÉTIOLÉ	MILORD
GRANDE	ODENSE	SAUNER	VANNÉE	BITORD	ÉTROIT	MIMOSA
GRANGE	OIGNON	SÉANCE	VANNER	BOGOTA	EUROPE	MINOIS
GRANIT	OLINDA	SÉANTE	VANNES	BUTOIR	EXPOSÉ	MIROIR
GRENAT	OPINEL	SHINTO	VEINÉE	CAGOTE	FAVORI	MITOSE
GRENER	OPINER	SIENNE	VEINER	CAPOTE	FÉCOND	MOROSE
GRENUE	OPONCE	SIGNAL	VERNIE	CARONI	FÉROCE	MUSOIR
GRINGE	ORANGE	SIGNÉE	VERNIR	CASOAR	FUMOIR	NABOTE
GRINGO	ORENSE	SIGNER	VERNIS	CÉTONE	FUROLE	NAGOYA
GUENON	ORONGE	SIGNET	VERNON	CHNOUF	GADOUE	NAPOLI
GUINDÉ	ORONTE	SONNÉE	VIANDE	CHROME	GAZOLE	NÉGOCE
GUINÉE	PAGNOL	SONNER	VIENNE	CHROMO	GÉLOSE	NÉROLI
HENNIN	PAONNE	SONNET		CRÉOLE	GÉNOIS	NÎMOIS
HENNIR	PEINÉE	SPINAL	**O**	DANOIS	GÉROMÉ	NINOVE
HERNIE	PEINER	STANCE		DEBOUT	GIGOLO	NIVOSE
HONNIR	PEINTE	SUANTE	ABSOLU	DÉGOÛT	GIROND	NOROÎT
INONDÉ	PENNÉE	SURNOM	ACCORD	DEHORS	GISORS	OBLONG
IRÉNÉE	PHONIE	TANNÉE	ACCORT	DÉMODÉ	GNIOLE	OLÉOLE
IRONIE	PLANER	TANNER	ADROIT	DÉPORT	GNIOLE	OOGONE
ISONZO	PLANTE	TANNIN	AFFOLÉ	DÉSOLÉ	HUMOUR	OPPOSÉ
JAUNET	PLÉNUM	TEINTE	AIROLO	DÉTOUR	HYSOPE	OSMOND
JAUNIR	POGNON	TENNIS	ALCOOL	DEVOIR	IDIOME	OSMOSE
JEUNET	POINTE	TERNIE	ALCÔVE	DÉVOLU	IDIOTE	PAGODE
JEÛNER	POINTU	TERNIR	ANGOLA	DÉVOTE	IGNORÉ	PAROIR
JOINTE	PRÉNOM	THENON	ANGORA	DÉVOUÉ	IMPOLI	PAROLE
KHANAT	PRINCE	THONES	ANNONE	DÉVOYÉ	IMPOSÉ	PATOIS
LAINÉE	PRÔNÉE	TIENNE	AOMORI	ÉCHOIR	INDORE	PELOTE
LEONOV	PRÔNER	TONNER	APHONE	ÉCLOPÉ	IONONE	PÉRONÉ
LÉONIN	PUANTE	TRANSE	APLOMB	ÉCLORE	JALOUX	PICOLO
LIANTE	PUÎNÉE	TRANSI	APPORT	EFFORT	KIMONO	PILORI
LIGNÉE	QUINTE	TRENET	ARÉOLE	ELLORE	LABOUR	PILOTE
LIGNER	RAINER	TRENTE	ARROBE	EMBOUT	LAHORE	PIROLE
LIMNÉE	RÉGNER	TRÔNER	ASSOUR	EMPOIS	LATOUR	PUTOIS
LIONNE	RÉUNIR	TUANTE	ATROCE	EMPOTÉ	LENOIR	PYLÔNE

RAGOÛT	TIVOLI	FLAPIE	PROPOS	CRAQUE	AMURER	CHARME
RASOIR	TOYOTA	FLOPÉE	PROPRE	CRIQUE	ANCRER	CHARNU
REBOND	TRIODE	FRAPPE	RAMPER	DISQUE	ANDRIA	CHARTE
REBORD	VALOIR	FRIPÉE	RAPPEL	ÉPOQUE	ÂNERIE	CHERTÉ
RECORD	VÉLOCE	FRIPER	REMPLI	ÉTIQUE	ANORAK	CHÉRIE
RECORS	VÉROLE	FRIPON	RIPPER	ÉVÊQUE	ANURIE	CHÉRIR
RÉJOUI	VÉRONE	GLAPIR	ROMPRE	LAÏQUE	APARTÉ	CHORÉE
REMOUS	VESOUL	GOSPEL	ROMPUE	MANQUE	APERÇU	CIERGE
RENOIR	VIBORD	GOUPIL	ROUPIE	MARQUE	APORIE	CITRIN
REPORT	VIROLE	GRAPPE	SIMPLE	MUSQUÉ	APPRÊT	CLARTÉ
REPOSÉ	ZIGOTO	GRIPPE	SOUPER	RAUQUE	ARARAT	CLERGÉ
RÉSOLU		GUIPER	SOUPIR	RISQUE	ASTRAL	CLÈRES
RETORS	**P**	HAPPER	SOUPLE	TRIQUE	ASTRÉE	COPRIN
RETOUR		HARPIE	STEPPE	TURQUE	ASTRID	CORRAL
REVOIR	ADEPTE	HARPON	STUPRE	UNIQUE	AUPRÈS	CORROI
RÉVOLU	AGAPES	HERPÈS	SUPPÔT	UTIQUE	AUTRUI	COTRET
RIBOSE	CAMPÉE	HIPPIE	SYLPHE	VIOQUE	AVARIE	COURBE
RIBOTE	CAMPER	HOUPPE	TAMPON		AVERSE	COURGE
RICORD	CAMPOS	HUPPÉE	TARPAN	**R**	AVERTI	COURIR
RIGOLO	CHAPON	INAPTE	TARPON		AVÉRÉE	COURSE
RIVOIR	CHIPIE	INEPTE	TEMPLE	ACARUS	AVÉRER	COURTE
ROCOCO	CHOPÉE	JAPPER	TOUPET	ACCROC	AVIRON	COURUE
RODOIR	CLAPET	KIPPER	TOUPIE	ACCRUS	AZURER	CRURAL
SACOME	COMPAS	LAMPÉE	TRAPPE	ACERBE	BAFRER	CYPRÈS
SALOIR	COMPTE	LAMPER	TRAPUE	ACÉRÉE	BARRÉE	DÉBRIS
SALOMÉ	COUPÉE	LIPPÉE	TRÉPAS	AÇORES	BARRER	DÉCRET
SALOPE	COUPER	LIPPUE	TRIPOT	ADIRÉE	BARRIR	DÉCRUE
SALOUM	COUPLE	LOUPER	TYMPAN	ADORER	BARROT	DENRÉE
SAMOLE	COUPON	NAPPÉE	UTOPIE	AGARIC	BEÏRAM	DIURNE
SARODE	CRÉPON	NAPPER	VULPIN	AHURIE	BEURRE	DUARTE
SARONG	CRÉPUE	NIEPPE	YUPPIE	AHURIR	BOURBE	ÉBURNÉ
SAVOIE	CRÊPÉE	NIPPER	ZAPPER	AIGRIE	BOURDE	ÉCORCE
SAVOIR	CRÊPER	NIPPES	ZIPPER	AIGRIR	BOURRE	ÉCURER
SECOND	CRYPTE	NIPPON		ALARME	BOURRU	ÉCURIE
SÉJOUR	CSEPEL	PALPER	**Q**	ALERTE	BOURSE	EFFROI
SONORE	DIAPRÉ	PAMPRE		ALÉRIA	CABRER	ÉGARÉE
SUÇOIR	DIEPPE	PEUPLE	ABAQUE	AMARIL	CADRAN	ÉGARER
SUROÎT	DISPOS	POMPÉE	BARQUE	AMARRE	CADRÉE	ÉGÉRIE
SYNODE	DRAPÉE	POMPÉI	CALQUE	AMBRÉE	CAPRIN	ÉMIRAT
TAMOUL	DRAPER	POMPER	CASQUE	AMERLO	CARRÉE	ENCRÉE
TÉMOIN	DROPER	POMPON	CHÈQUE	AMIRAL	CARROS	ENCRER
TIMORÉ	ÉCOPER	POUPÉE	CHOQUÉ	AMORAL	CÉDRAT	ÉNERVÉ
TIROIR	ÉPOPÉE	POUPIN	CIRQUE	AMORCE	CHARGE	ÉNORME

ENTRÉE	HOURRA	MOURIR	QUÉRIR	TERRÉE	ALÉSER	CORSÉE
ENTRER	HUERTA	MYRRHE	RECRUE	TERRER	ALISMA	CORSER
ÉPERDU	IBÉRIS	NACRÉE	REGRET	TERRIL	ALISME	CORSET
ÉPERON	ICARIE	NARRER	RONRON	TÉTRAS	AMUSER	COSSUE
ÉPURÉE	IGOROT	NATRON	SABRÉE	THORAX	ÂNESSE	COSSUS
ÉPURER	INCRÉÉ	NAVRÉE	SABRER	THORON	ANISER	COUSIN
ÉPURGE	INERME	NAVRER	SACRÉE	TIERCE	ARASER	CRASSE
ESCROC	INERTE	NEURAL	SACRER	TIGRÉE	ARISER	CRÉSUS
ESPRIT	INGRAT	NOIRET	SACRET	TIGRON	AVISÉE	CROSNE
ESTRAN	INTRUS	NÔTRES	SAFRAN	TITRÉE	AVISER	CROSSE
ESTRIE	IOURTE	NOURRI	SARRAU	TITRER	BAISÉE	CUISSE
ÉTIRER	ISERAN	OBÉRER	SAURER	TOURET	BAISER	CUSSET
EXERCÉ	LABRIT	OCTROI	SAURET	TOURIE	BAISSE	DAISNE
EXPRÈS	LARRON	ODORAT	SAURIN	TOURIN	BASSET	DANSÉE
FATRAS	LAURÉE	OFFRIR	SAURIS	TOURNE	BASSIN	DANSER
FÉERIE	LAUREL	OLÉRON	SCIRPE	TOURON	BASSON	DASSIN
FERRÉE	LEIRIS	OMBRÉE	SEARLE	TOURTE	BESSON	DÉESSE
FERRER	LEURRE	OMERTA	SECRET	TUERIE	BISSER	DÉISTE
FIERTÉ	LIERNE	OPÉRER	SERRÉE	UGARIT	BLASER	DESSIN
FLORAL	LIERRE	OSIRIS	SERRER	UTÉRIN	BLESSÉ	DESSUS
FLORIN	LITRON	OSORNO	SEURAT	UTÉRUS	BLÉSER	DIESEL
FOIRER	LIVRÉE	OTARIE	SEURRE	VAIRON	BOËSSE	DIÉSER
FOURBE	LIVRER	OUTRÉE	SEVRER	VÊPRES	BOISÉE	DORSAL
FOURBU	LIVRET	OUTRER	SHERPA	VERRAT	BOISER	DRISSE
FOURME	LOIRON	OUVRÉE	SHERRY	VERROU	BOSSÉE	DROSSE
FOURMI	LOURDE	OUVRER	SIERRA	VERRUE	BOSSER	ÉCOSSE
FOURNI	LUTRIN	OUVRIR	SIERRE	VIBRER	BOUSIN	ÉDESSE
FOURRÉ	MADRÉE	PAIRIE	SOIRÉE	VIERGE	BRASOV	EDISON
FRÉROT	MADRID	PATRIE	SOURCE	VITRÉE	BRASSE	ÉLUSIF
GARROT	MAGRET	PATRON	SOURDE	VIVRES	BRÉSIL	ENESCO
GIVRÉE	MAORIE	PERRON	SOURIS	VOIRIE	BRISÉE	ENESCU
GIVRER	MARRIÉ	PÉTRÉE	SPERME	VOIRON	BRISER	ÉRASME
GLORIA	MARRON	PÉTRIE	SPIRAL	YERRES	BROSSE	ÉROSIF
GOURBI	MATRAS	PÉTRIN	SPIRÉE	YOURTE	CAISSE	ÉTISIE
GOURDE	MEERUT	PÉTRIR	STERNE	ZÉBRÉE	CASSER	ÉVASÉE
GOURIN	MÉPRIS	PIERRE	STÉRÉE	ZÉBRER	CAUSÉE	ÉVASER
GOUROU	MÉTRÉE	PIÉRON	STÉRÉO		CAUSER	ÉVASIF
GUERRE	MÉTRER	POURRI	STÉRER	**S**	CESSER	FAISAN
GUÉRET	MITRÉE	POURVU	STÉROL		CHASSE	FESSÉE
GUÉRIR	MITRON	PRURIT	SUCRÉE	ABUSER	CHASTE	FESSER
HÉBREU	MOIRÉE	PUÉRIL	SUCRER	ABUSIF	CLASSE	FESSUE
HEURTÉ	MOIRER	QUARTE	TAURIN	ABYSSE	CLISSE	FIASCO
HOIRIE	MONROE	QUARTO	TÉORBE	ÂGISME	CONSUL	FIESTA

FOISON	MAUSER	PRISÉE	TOISÉE	BATTRE	CONTRE	FLÉTAN
FRASER	MESSEI	PRISER	TOISER	BATTUE	CONTUS	FLOTTE
FRASIL	MESSIE	PRISME	TOISON	BECTER	CORTÈS	FLÛTER
FRISÉE	MISSEL	PRISON	TOSSER	BISTRE	CORTON	FOETAL
FRISER	MOISIE	PRUSSE	TRESSE	BISTRO	COSTAL	FOETUS
FRISON	MOISIR	PUISER	TRÉSOR	BITTER	COSTAR	FORTIN
FRUSTE	MOUSSE	PUTSCH	TRISOC	BLETTE	COUTIL	FOUTRE
GANSÉE	MOUSSU	RAISIN	TRISTE	BLUTER	COUTRE	FOUTUE
GANSER	MUESLI	RAISON	TUSSOR	BOËTTE	COÛTER	FRETTE
GEISHA	MUSSER	RASSIS	VALSER	BOITER	CRÉTIN	FRÉTER
GEYSER	NARSES	REISER	VASSAL	BOLTON	CRÊTÉE	FURTIF
GLOSER	NASSAU	RESSAC	VERSER	BOSTON	CROTON	GANTER
GOUSSE	NASSER	RÉUSSI	VERSET	BOTTÉE	CROTTE	GENTIL
GRASSE	NAUSÉE	RHÉSUS	VERSUS	BOTTIN	DARTRE	GHETTO
GRÉSER	NELSON	ROESTI	VESSER	BOUTON	DENTAL	GLATIR
GRISER	ODESSA	ROSSÉE	VESSIE	BOUTRE	DENTÉE	GLOTTE
GRISET	OISSEL	ROSSER	VISSER	BRETON	DESTIN	GOITRE
GRISON	ORESTE	ROUSSE	VOISIN	BRUTAL	DICTÉE	GOUTTE
GRISOU	ORISSA	ROUSSI	WHISKY	BURTON	DICTER	GOÛTER
HAUSSE	OURSIN	RUSSIE		BUTTÉE	DICTON	GRATIN
HERSÉE	OURSON	SAISIE	**T**	BUTTER	DIKTAT	GRATIS
HERSER	PACSON	SAISIR		CAFTAN	DOUTER	GRATTE
HISSER	PANSER	SAISON	AALTER	CANTAL	DUETTO	GROTTE
HOUSSE	PANSUE	SAMSON	ABATIS	CAPTER	ÉCOTÉE	GRUTER
ILESHA	PASSÉE	SASSER	ABATTU	CAPTIF	ÉDITER	GUÊTRE
IRISÉE	PASSER	SÉISME	ABÊTIR	CARTEL	ELSTER	HANTÉE
IRISER	PASSIF	SENSAS	AGITÉE	CARTER	ÉMOTIF	HANTER
LAISSE	PAYSAN	SENSÉE	AGITER	CARTON	ÉPATÉE	HASTÉE
LANSON	PENSÉE	SIESTE	ALITER	CASTEL	ÉPATER	HAUTIN
LAPSUS	PENSER	SOUSSE	AMATIR	CASTOR	ÉPÎTRE	HIATAL
LASSER	PENSIF	SPASME	AMITIÉ	CASTRO	ÉTÊTER	HIATUS
LASSIS	PENSUM	SUISSE	AOÛTAT	CENTON	ÉVITER	HOSTIE
LIASSE	PERSAN	SURSIS	AOÛTÉE	CENTRE	FARTER	HUÎTRE
LIESSE	PERSIL	SUSSEX	AOÛTER	CERTES	FAUTER	IMITER
LISSÉE	PINSON	TASSÉE	APÔTRE	CHATON	FAUTIF	INITIÉ
LISSER	PISSER	TASSER	ARETIN	CHATTE	FENTON	INSTAR
LOISIR	PLASMA	TEASER	AUSTEN	CHÉTIF	FESTIN	IRITIS
MAISON	PLASTE	TERSER	AUSTIN	CHUTER	FESTON	ISATIS
MANSLE	POÉSIE	TESSIN	AVATAR	CINTRE	FEUTRE	IVETTE
MASSÉE	POISON	TESSON	BASTER	CISTRE	FICTIF	KENTIA
MASSER	POISSE	THÉSÉE	BASTIA	COÏTER	FILTRE	LACTÉE
MASSIF	PRESSÉ	TISSER	BASTON	CONTÉE	FISTON	LAITÉE
MASSUE	PRESTE	TOCSIN	BASTOS	CONTER	FLETTE	LAITON

LAITUE	MOUTON	POUTRE	STATUT	**U**	CANULE	ESQUIF
LAPTOT	MUETTE	PRÊTER	SUBTIL		CAQUET	ÉTEULE
LATTÉE	NAÎTRE	PRÊTRE	SUETTE	ABOUTI	CASUEL	ÉTHUSE
LATTER	NANTIE	PROTÉE	SULTAN	ABRUPT	CÉRUSE	ÉTOUPE
LATTIS	NANTIR	PROTÊT	TAMTAM	ABRUTI	CHAUDE	EXCUSE
LAUTER	NASTIE	PUTTER	TANTÔT	ACAULE	CHAUME	FÉCULE
LESTÉE	NATTÉE	QUATER	TARTAN	ACCUSÉ	CHAUVE	FÊLURE
LESTER	NATTER	QUATRE	TARTAS	ACQUIS	CLAUSE	FÉRULE
LETTON	NECTAR	QUÊTÉE	TARTRE	ACQUIT	CLOUER	FIBULE
LETTRE	NESTOR	QUÊTER	TENTÉE	ACTUEL	CLOUTÉ	FIGURE
LINTER	NEUTRE	QUITUS	TENTER	AGOUTI	COQUET	FLEURI
LISTÉE	NOSTOC	RASTEL	TERTIO	AGRUME	COQUIN	FLEUVE
LISTEL	NUITÉE	RECTAL	TERTRE	AÏEULE	CREUSE	FLOUER
LISTER	OESTRE	RECTUM	TESTER	ALBUGO	CROUPE	FLOUVE
LITTAU	ONETTI	REÎTRE	TESTON	ALLURE	CROÛTE	FORURE
LOUTRE	OUATÉE	RENTER	TEUTON	ANNUEL	CURULE	FROUER
LUETTE	OUATER	RESTÉE	TICTAC	ANOURE	DAGUET	FUGUER
LUSTRE	PAÎTRE	RESTER	TINTER	APEURÉ	DANUBE	GÉLULE
LUTTER	PANTIN	RESTES	TINTIN	ARCURE	DÉFUNT	GELURE
MAÎTRE	PARTIE	RICTUS	TONTON	ARGUER	DÉLUGE	GROUPE
MALTER	PARTIR	RIOTER	TORTIS	ARMURE	DÉLURÉ	GROUSE
MANTRA	PASTEL	ROOTER	TORTUE	ASSURÉ	DÉNUDÉ	GUEULE
MARTIN	PASTIS	ROSTRE	TOUTES	ASTUCE	DÉNUÉE	GUEUSE
MARTRE	PATTUE	RUSTRE	TOUTOU	AUBURN	DÉNUER	HEAUME
MASTIC	PESTER	SANTAL	TRITON	AUCUNE	DEPUIS	HOQUET
MASTOC	PIÉTON	SANTON	TSÉTSÉ	AUGURE	DÉPUTÉ	IMPUNI
MECTON	PIÈTRE	SANTOS	ULSTER	AVOUER	DÉSUET	IMPURE
MENTAL	PINTER	SARTRE	URÈTRE	BAGUÉE	DÉSUNI	INCUBE
MENTHE	PISTÉE	SAUTER	USITÉE	BAGUER	DIEUZE	INCUSE
MENTIR	PISTER	SAUTET	VANTAA	BAOULÉ	DILUER	INFULE
MENTON	PISTIL	SCOTCH	VANTER	BAQUET	ÉBAUBI	INFUSE
MENTOR	PISTON	SCUTUM	VAUTRÉ	BAVURE	ÉCLUSE	INJURE
MESTRE	PISTOU	SENTIE	VENTRE	BEAUTÉ	EMBUÉE	INOUÏE
METTRE	PLÂTRE	SENTIR	VENTRU	BÉGUIN	EMBUER	INSULA
MIETTE	PLUTON	SERTAO	VERTOU	BIDULE	ÉMEUTE	IODURE
MISTON	PLUTÔT	SERTIR	VERTUS	BITUME	ÉMOULU	JAGUAR
MOITIÉ	PONTÉE	SETTER	VESTON	BLEUET	ENDUIT	LACUNE
MOITIR	PONTON	SISTRE	VITTEL	BLEUIE	ENDURO	LAGUIS
MONTÉE	PORTÉE	SLUTER	VOÛTÉE	BLEUIR	ÉNOUER	LAGUNE
MONTER	PORTER	SORTIE	VOÛTER	BLOUSE	ENTURE	LAQUÉE
MONTRE	POSTAL	SORTIR	WESTON	BREUIL	ÉPAULE	LAVURE
MORTEL	POSTÉE	SOUTRA	ZESTÉE	BROUET	ÉPOUSE	LÉAUTÉ
MOTTÉE	POSTER	STATUE		CAMUSE	ESCUDO	LÉGUER

LÉGUME	PIQUER	TIPULE	ÉLEVER	WIGWAM	ANIMAL	CÉTEAU
LÉMURE	PIQUET	TOQUÉE	EREVAN		ANNEAU	CHENAL
LEQUEL	PIQÛRE	TOQUER	ERIVAN	**X**	ANORAK	CHEVAL
LEVURE	PLEURS	TRAUMA	ÉTUVER		AOÛTAT	CISEAU
LIEUSE	PLIURE	TREUIL	FIÈVRE	ASEXUÉ	APICAL	CLIMAT
LIGUÉE	POPULO	TROUÉE	GRAVÉE	KLAXON	APPEAU	COGNAC
LIGUER	PREUVE	TROUER	GRAVER		ARARAT	COMBAT
LIGULE	PSAUME	TROUPE	GRAVIR	**Y**	ARREAU	COMPAS
LOBULE	RADULA	TUEUSE	GREVÉE		ASSEAU	CONDAT
LOQUES	RAMURE	VACUUM	GREVER	ABOYER	ASTRAL	COPEAU
LUNULE	RATURE	VAGUER	LARVÉE	ALOYAU	ATONAL	CORRAL
LUNURE	RAYURE	VOGUER	LIÉVIN	CANYON	ATRIAU	COSTAL
LUXURE	RECUIT	VOLUME	LIÈVRE	CRAYON	AUNEAU	COSTAR
MANUEL	REFUGE	VOLUTE	MAUVIS	ÉGAYER	AVATAR	COTEAU
MASURE	REMUÉE	YAOURT	MIÈVRE	ENZYME	AVOCAT	CRURAL
MATURE	REMUER		NAEVUS	ÉTAYER	BANCAL	DALLAS
MÉDUSE	RÉPUTÉ	**V**	NERVIN	LARYNX	BANIAN	DÉBLAI
MENUET	REQUIN		OEUVÉE	PLOYER	BAOBAB	DENTAL
MÉNURE	RÉSUMÉ	ALEVIN	OEUVRE	SATYRE	BARMAN	DIKTAT
MÉRULE	RIEUSE	AVIVER	OLIVET		BATEAU	DIRHAM
MESURE	RITUEL	BIÈVRE	PARVIS	**Z**	BEDEAU	DISCAL
MINUIT	ROGUÉE	BOUVET	PAUVRE		BEÏRAM	DOLLAR
MINUTE	ROQUET	BRAVÉE	POIVRE	BLAZER	BISEAU	DORSAL
MOEURS	ROTULE	BRAVER	PRÉVUE	PANZER	BORÉAL	DORVAL
MOQUER	ROTURE	BREVET	PRIVÉE	TARZAN	BOUCAN	ÉMIRAT
MUGUET	SALUER	CARVIN	PRIVER	ZIGZAG	BOUCAU	ÉPINAC
MUTUEL	SAOULE	CHEVAL	PROVIN	ZINZIN	BRUTAL	ÉPINAL
NATURE	SATURÉ	CHEVET	RENVOI		BUREAU	EREVAN
NODULE	SCIURE	CHÈVRE	SAUVÉE	**5e**	CADEAU	ERIVAN
NOTULE	SCOUTE	CLIVER	SAUVER		CADRAN	ERSEAU
OBTUSE	SÉDUIT	CONVOI	SERVAL	**POSITION**	CAFTAN	ESTRAN
OCCUPÉ	SEGUIA	CORVÉE	SERVIR		CAÏMAN	FACIAL
ORDURE	SEXUÉE	COUVÉE	SUIVIE	**A**	CALFAT	FAISAN
PAGURE	SEXUEL	COUVER	SUIVRE		CALLAS	FATRAS
PANURE	SIMULÉ	CREVER	TAUVES	AARGAU	CALMAR	FELLAH
PAQUET	SINUER	CUIVRE	TOUVET	ABADAN	CANAAN	FÉODAL
PARURE	SIOULE	DENVER	TRAVÉE	ADRIAN	CANCAN	FISCAL
PÂTURE	SITUÉE	DORVAL	VANVES	AFGHAN	CANTAL	FLÉTAN
PÉCULE	SITUER	DRAVÉE	VELVET	AGNEAU	CARCAN	FLORAL
PELURE	SOLUTÉ	DRAVER		ALOYAU	CARNAC	FOETAL
PIAULE	STRUME	DRIVÉE	**W**	AMICAL	CASOAR	FORBAN
PIEUSE	SUTURE	ÉLAVÉE		AMIRAL	CAUDAL	FORÇAT
PILULE	TAQUET	ÉLEVÉE	TAIWAN	AMORAL	CÉDRAT	FORMAT
				ANANAS		

FRACAS	MICMAC	RHÉNAN	URINAL	ASPECT	LIMACE	VIVACE
FRIMAS	MILLAS	RIDEAU	VANTAA	ASTUCE	MALICE	VORACE
FRUGAL	MONIAL	ROSEAU	VARDAR	ATROCE	MENACE	
FUSEAU	MORFAL	SABBAT	VARGAS	AUDACE	MEXICO	**D**
GAGMAN	MUSCAT	SAFRAN	VASSAL	AVANCE	MILICE	
GÂTEAU	MUSEAU	SANTAL	VERBAL	BESACE	MONACO	AGENDA
GAVIAL	NASEAU	SARRAU	VERLAN	BONACE	MUANCE	ALCADE
GÉNIAL	NASSAU	SENSAS	VERRAT	CALICE	NÉGOCE	ALGIDE
GOUJAT	NECTAR	SERTAO	VINDAS	CARACO	NOTICE	AMANDE
GRABAT	NEURAL	SERVAL	VIRIAT	CÉTACÉ	NOVICE	AMENDE
GRENAT	NIVÉAL	SEURAT	VOLCAN	CHANCE	NUANCE	ARCADE
HAMEAU	NIVEAU	SIGNAL	WIGWAM	CILICE	OFFICE	ARONDE
HANGAR	NORMAL	SLOGAN	ZIGZAG	COINCÉ	OPIACÉ	ARVIDA
HAUBAN	NOUGAT	SOCIAL		COTICE	OPONCE	ASSIDU
HIATAL	ODORAT	SOLDAT	**B**	CUENCA	PALACE	AUBADE
HIÉMAL	OISEAU	SOUDAN		DÉLICE	POLICE	BALADE
INÉGAL	ONCIAL	SPINAL	ACERBE	DIRECT	PRINCE	BIFIDE
INGRAT	ORGEAT	SPIRAL	ARROBE	ÉCORCE	PUTSCH	BIPÈDE
INSTAR	ORIGAN	SULTAN	BOURBE	EFFACÉ	RAPACE	BLENDE
ISERAN	ORMEAU	SUREAU	CAGIBI	ÉLANCÉ	ROCOCO	BLINDÉ
ISOLAT	PASCAL	TABLAR	COURBE	ÉMINCÉ	ROSACE	BLONDE
JAGUAR	PAYSAN	TAIWAN	DANUBE	ENESCO	ROTACÉ	BOLIDE
JOVIAL	PERSAN	TAMTAM	ÉBAUBI	ENESCU	SAGACE	BOURDE
JUMEAU	PINEAU	TARPAN	ÉPHÈBE	ÉNONCÉ	SALACE	BRANDO
KHANAT	PIPEAU	TARTAN	FOURBE	ESPACE	SALACE	CANADA
KOULAK	POSTAL	TARTAS	FOURBU	ESPÈCE	SCOTCH	CHAUDE
LAÏCAT	POTEAU	TARZAN	GALIBI	EXERCÉ	SÉANCE	CUPIDE
LANDAU	PRÉLAT	TERGAL	GOURBI	FÉROCE	SÉLECT	DÉCADE
LASCAR	PUCEAU	TÊTEAU	GRANBY	FIANCÉ	SÉTACÉ	DÉCÉDÉ
LILIAL	RACHAT	TÉTRAS	INCUBE	FIASCO	SILICE	DÉCIDÉ
LINDAU	RACIAL	THORAX	LAVABO	FOUACE	SOURCE	DÉMODÉ
LINÉAL	RADIAN	TICTAC	PLOMBE	FRANCE	SPEECH	DÉNUDÉ
LITEAU	RADJAH	TILLAC	SCRIBE	FRANCO	STANCE	DORADE
LITTAU	RAMDAM	TINCAL	TÉORBE	FUGACE	STRICT	DRUIDE
MAGNAT	RAMEAU	TOMBAC		HÉLICE	TENACE	ÉOLIDE
MANDAT	RAPIAT	TOUCAN	**C**	ILLICO	TIERCE	ÉPERDU
MANNAR	RÂTEAU	TRACAS	ABJECT	IMPACT	VAINCU	ESCUDO
MATRAS	REAGAN	TRÉPAS	AFFECT	INDICE	VARECH	ESPADA
MENTAL	RECTAL	TRIBAL	AGENCE	INFECT	VARICE	ÉTENDU
MÉPLAT	REGGAE	TRUMAN	ALSACE	INTACT	VÉLOCE	FAÇADE
MERLAN	RÉSEAU	TURBAN	AMORCE	KOPECK	VENACO	FÉTIDE
MEULAN	RESSAC	TYMPAN	APERÇU	LANICE	VÉRACE	FLUIDE
			ARNICA		VIBICE	FROIDE

FRONDE	SOURDE	ALLIER	BÂCLÉE	BOLIER	CADRÉE	CILLER
GOURDE	SYNODE	ALTIER	BÂCLER	BOMBÉE	CAHIER	CIRIER
GRANDE	TIMIDE	ALUNER	BAFRER	BOMBER	CALIER	CLAMER
GUILDE	TIRADE	AMBRÉE	BAGUÉE	BONDÉE	CALMÉE	CLAPET
GUINDÉ	TOCADE	AMENÉE	BAGUER	BONNET	CALMER	CLÈRES
HAMADA	TOLEDO	AMENER	BAISÉE	BORDEL	CAMPÉE	CLIVER
HUMIDE	TOLÈDE	AMINÉE	BAISER	BORDER	CAMPER	CLONÉE
INONDÉ	TRIADE	AMURER	BALLET	BORNÉE	CANCER	CLONER
LAMBDA	TRIODE	AMUSER	BANDÉE	BORNER	CANNÉE	CLOUER
LÉRIDA	UGANDA	ANCIEN	BANDER	BOSSÉE	CANNER	COCHÉE
LIBIDO	URÉIDE	ANCRER	BAQUET	BOSSER	CANNES	COCHER
LIPIDE	VALIDE	ANGLET	BARBÉE	BOTTÉE	CAPTER	COGNÉE
LIVIDE	VIANDE	ANICET	BARBER	BOUDER	CAQUET	COGNER
LOURDE		ANIMÉE	BARBET	BOUGER	CARDÉE	COÏTER
LUCIDE	**E**	ANIMER	BARDER	BOULER	CARDER	COLLÉE
MALADE		ANISER	BARRÉE	BOULET	CARIER	COLLER
MANADO	AACHEN	ANNUEL	BARRER	BOUVET	CARNÉE	COLLET
MÉRIDA	AALTER	AOÛTÉE	BASKET	BRAIES	CARNET	COLLEY
NAÏADE	ABIMÉE	AOÛTER	BASSET	BRAMER	CARRÉE	CONTÉE
NEVADA	ABÎMER	APOGÉE	BASTER	BRAVÉE	CARTEL	CONTER
NOMADE	ABLIER	APPRÊT	BAUDET	BRAVER	CARTER	COPIÉE
OBSÉDÉ	ABOYER	ARASER	BÊCHÉE	BREVET	CASIER	COPIER
OLINDA	ABUSER	ARCHER	BECTER	BRIDÉE	CASSER	COQUET
ORÉADE	ACÉRÉE	ARCHET	BÉLIER	BRIDER	CASTEL	CORDÉE
OVIEDO	AÇORES	ARGUER	BERCER	BRISÉE	CASUEL	CORDER
OVOÏDE	ACTUEL	ARISER	BERGER	BRISER	CAUSÉE	CORÉEN
PAGODE	ADIRÉE	ARRIEN	BERNER	BRODER	CAUSER	CORNÉE
PANADE	ADORER	ASTRÉE	BICHER	BROMÉE	CERMET	CORNET
PARADE	ADULER	AUPRÈS	BIFFER	BROUET	CERNER	CORSÉE
PELADE	AÉRIEN	AUSTEN	BIGLER	BRUGES	CERTES	CORSER
PINÈDE	AGACER	AVALER	BILLET	BRÛLER	CESSER	CORSET
POSADA	AGAPES	AVÉRÉE	BISSER	BÛCHÉE	CHALET	CORTÈS
RAPIDE	AGITÉE	AVÉRER	BITTER	BÛCHER	CHANEL	CORVÉE
RASADE	AGITER	AVINÉE	BLÂMÉE	BUFFET	CHENET	COTRET
REMÈDE	AGRÉÉE	AVINER	BLÂMER	BULLER	CHEVET	COUDÉE
RÉSÉDA	AGRÉER	AVISÉE	BLASER	BUTTÉE	CHINÉE	COUDER
RÉSIDU	AHANER	AVISER	BLAZER	BUTTER	CHINER	COULÉE
RIGIDE	AILIER	AVIVER	BLÉSER	CÂBLÉE	CHÔMER	COULER
SALADE	AILLER	AVOUER	BLEUET	CÂBLER	CHOPÉE	COUPÉE
SALADO	ALÉSER	AYLMER	BLUTER	CABRER	CHORÉE	COUPER
SAMEDI	ALINÉA	AZALÉE	BOISÉE	CACHÉE	CHUTER	COÛTER
SARODE	ALITER	AZURER	BOISER	CACHER	CIBLÉE	COUVÉE
SOLIDE	ALLIÉE	BÂCHER	BOITER	CACHET	CILIÉE	COUVER

CRAMER	DIONÉE	ÉMULER	ÉVASER	FORMER	GIVRER	HARDES
CRÂNER	DISNEY	ENCRÉE	ÉVIDER	FOUGER	GLACÉE	HASTÉE
CRÉNER	DONNÉE	ENCRER	ÉVITER	FOULÉE	GLACER	HÂTIER
CRÊPÉE	DONNER	ENFLÉE	EXAMEN	FOULER	GLANÉE	HÉBREU
CRÊPER	DORIEN	ENFLER	EXIGER	FRASER	GLANER	HERBÉE
CRÊTÉE	DOUTER	ENLIER	EXILÉE	FRÉTER	GLOSER	HERPÈS
CREVER	DRAGÉE	ÉNOUER	EXILER	FRIMER	GOLDEN	HERSÉE
CSEPEL	DRAPÉE	ENTIER	EXPIER	FRIPÉE	GOMMÉE	HERSER
CUSSET	DRAPER	ENTRÉE	EXPRÈS	FRIPER	GOMMER	HISSER
CYPRÈS	DRAVÉE	ENTRER	FÂCHÉE	FRISÉE	GORGÉE	HITLER
DAGUET	DRAVER	ENVIÉE	FÂCHER	FRISER	GORGER	HOCHER
DALLÉE	DRIVÉE	ENVIER	FACIÈS	FRÔLER	GOSIER	HOCHET
DALLER	DRÔLET	ÉOLIEN	FARDÉE	FROUER	GOSPEL	HOCKEY
DAMIER	DROPER	ÉPATÉE	FARDER	FRUGES	GOULÉE	HOQUET
DAMNÉE	DUPLEX	ÉPATER	FARTER	FUGUER	GOULET	HUCHÉE
DAMNER	ÉCALÉE	ÉPELER	FAUTER	FUMIER	GOÛTER	HUCHER
DANGER	ÉCALER	ÉPICÉA	FEEDER	GABIER	GRADÉE	HUCHET
DANSÉE	ÉCIMER	ÉPICÉE	FENNEC	GÂCHÉE	GRAMEN	HUILÉE
DANSER	ÉCOPER	ÉPICER	FÉRIÉE	GÂCHER	GRAVÉE	HUILER
DARDER	ÉCOTÉE	ÉPILER	FERMÉE	GADGET	GRAVER	HUPPÉE
DAUBER	ÉCRIER	ÉPINER	FERMER	GAFFÉE	GRÊLÉE	HURLER
DAUDET	ÉCULÉE	ÉPOPÉE	FERRÉE	GAFFER	GRÊLER	IBIDEM
DAVIER	ÉCUMÉE	ÉPUCER	FERRER	GAGNER	GRENER	IMAGÉE
DEALER	ÉCUMER	ÉPURÉE	FESSÉE	GAINÉE	GRÉSER	IMITER
DÉCHET	ÉCURER	ÉPURER	FESSER	GALBÉE	GREVÉE	INCRÉÉ
DÉCRET	ÉDITER	ÉRIGER	FEULER	GALBER	GREVER	INDIEN
DÉDIER	ÉGALER	ÉRODÉE	FICHER	GANSÉE	GRIMÉE	IODLER
DÉFIER	ÉGARÉE	ÉRODER	FILLER	GANSER	GRIMER	IONIEN
DÉLIER	ÉGARER	ESCHER	FLÂNER	GANTER	GRISER	IOULER
DÉNIER	ÉGAYER	ESSIEU	FLOPÉE	GARDÉE	GRISET	IPOMÉE
DENRÉE	EIFFEL	ÉTAGÉE	FLOUER	GARDER	GRUGER	IRÉNÉE
DENTÉE	ÉLAVÉE	ÉTAGER	FLÛTER	GAULER	GRUTER	IRISÉE
DÉNUÉE	ÉLEVÉE	ÉTALÉE	FOIRER	GERBÉE	GUÉRET	IRISER
DÉNUER	ÉLEVER	ÉTALER	FOLLET	GERCÉE	GUIDÉE	IRRÉEL
DENVER	ÉLIDER	ÉTAMER	FONCÉE	GERCER	GUIDER	ISMAËL
DÉRÉEL	ÉLIMÉE	ÉTAYER	FONCER	GERMER	GUINÉE	ISOLÉE
DÉSUET	ÉLIMER	ÉTÊTER	FONDER	GÉSIER	GUIPER	ISOLER
DÉVIER	ÉLODÉE	ÉTIRER	FORCÉE	GEYSER	GULDEN	ISRAËL
DICTÉE	ELSTER	ÉTRIER	FORCER	GIBIER	HACHÉE	JAPPER
DICTER	ÉLUDER	ÉTUVER	FORGÉE	GICLER	HACHER	JAUGER
DIESEL	ÉMANER	ÉVADÉE	FORGER	GIFLÉE	HANTÉE	JAUNET
DIÉSER	EMBUÉE	ÉVADER	FORMÉE	GIFLER	HANTER	JEÛNER
DILUER	EMBUER	ÉVASÉE	FORMEL	GIVRÉE	HAPPER	JEUNET

JODLER	LINTER	MÉTIER	NOMMER	PEINER	POMPER	RALLER
JONCER	LIPPÉE	MÉTRÉE	NORDET	PÉLÉEN	PONCÉE	RAMIER
JUCHER	LISIER	MÉTRER	NÔTRES	PELLET	PONCER	RAMPER
KIPPER	LISSÉE	MEULÉE	NUBIEN	PENNÉE	PONTÉE	RANGÉE
LABIÉE	LISSER	MILIEU	NUITÉE	PENSÉE	PORTÉE	RANGER
LÂCHÉE	LISTÉE	MILLER	OASIEN	PENSER	PORTER	RAPPEL
LÂCHER	LISTEL	MILLET	OBÉRER	PÉPIER	POSTÉE	RASTEL
LACTÉE	LISTER	MISSEL	OBVIER	PERCÉE	POSTER	RATIER
LAINÉE	LIVRÉE	MITRÉE	OEUVÉE	PERCER	POTIER	RAVIER
LAITÉE	LIVRER	MOIRÉE	OISSEL	PERLÉE	POULET	REFLET
LAMPÉE	LIVRET	MOIRER	OLIVET	PERLER	POUPÉE	RÉGLÉE
LAMPER	LOADER	MOLLET	OMBRÉE	PESMES	PRÊTER	RÉGLER
LANCÉE	LOGNES	MONTÉE	ONGLET	PESTER	PRIMÉE	RÉGNER
LANCER	LONGÉE	MONTER	OPÉRER	PÉTRÉE	PRIMER	REGRET
LANGÉE	LONGER	MOQUER	OPINEL	PICHET	PRISÉE	REISER
LANGER	LOQUES	MORTEL	OPINER	PIÉGÉE	PRISER	RELIEF
LANIER	LOTIER	MOTTÉE	OUATÉE	PIÉGER	PRIVÉE	RELIER
LAQUÉE	LOUPER	MOULÉE	OUATER	PIFFER	PRIVER	REMUÉE
LARDER	LUTTER	MOULER	OURLET	PILIER	PROCÈS	REMUER
LARVÉE	LYCÉEN	MUGUET	OUTRÉE	PILLER	PROJET	RENIER
LASSER	LYDIEN	MURMEL	OUTRER	PINCÉE	PRÔNÉE	RENTER
LATTÉE	MÂCHER	MUSSER	OUVRÉE	PINCER	PRÔNER	REPLET
LATTER	MADRÉE	MUTUEL	OUVRER	PINTER	PROTÉE	RESTÉE
LAURÉE	MAGRET	NACRÉE	OVULER	PIOLET	PROTÊT	RESTER
LAUREL	MALTER	NAPPÉE	OXYDER	PIQUER	PUÎNÉE	RESTES
LAUTER	MANDER	NAPPER	PALIER	PIQUET	PUISER	RETHEL
LEADER	MANGER	NARRER	PALMÉE	PISSER	PURGÉE	RHODES
LÉCHER	MANIÉE	NARSES	PALPER	PISTÉE	PURGER	RIMMEL
LÉGUER	MANIER	NASSER	PANIER	PISTER	PUTIER	RINCER
LEQUEL	MANUEL	NATTÉE	PANSER	PLACÉE	PUTTER	RIOTER
LESTÉE	MARGÉE	NATTER	PANZER	PLACER	QUAKER	RIPPER
LESTER	MARIÉE	NAUSÉE	PAPIER	PLANER	QUATER	RITUEL
LEVIER	MARIER	NAVRÉE	PAQUET	PLOYER	QUÉBEC	ROCHER
LICHER	MASSÉE	NAVRER	PARIER	PLUMÉE	QUÊTÉE	ROGNÉE
LIGNÉE	MASSER	NEIGER	PARLER	PLUMER	QUÊTER	ROGNER
LIGNER	MAUSER	NÉNIES	PASSÉE	POCHÉE	RÂBLÉE	ROGUÉE
LIGUÉE	MÊCHÉE	NICHÉE	PASSER	POCHER	RACLÉE	RONGER
LIGUER	MÉFIER	NICHER	PASTEL	POÊLÉE	RACLER	RÔNIER
LIMBES	MENÉES	NICKEL	PAUMÉE	POLLEN	RADIER	ROOTER
LIMIER	MENUET	NIPPER	PÊCHÉE	POMMÉE	RAFLÉE	ROQUET
LIMNÉE	MERDER	NIPPES	PÊCHER	POMPÉE	RAFLER	ROSIER
LINIER	MESSEI	NOIRET	PEINÉE	POMPÉI	RAINER	ROSSÉE

ROSSER	SEXUÉE	STYLÉE	TOISER	VANTER	BOUFFE	ÉPIAGE
ROUGET	SEXUEL	SUCCÈS	TOMBÉE	VANVES	BOUFFI	ÉPONGE
ROULÉE	SHAKER	SUCRÉE	TOMBER	VARIÉE	CALIFE	ÉPURGE
ROULER	SHEKEL	SUCRER	TONNER	VARIER	CARAFE	ÉTIAGE
RUILER	SIDÉEN	SUSSEX	TOQUÉE	VEINÉE	COIFFE	FILAGE
RUINÉE	SIEGEN	TABLER	TOQUER	VEINER	ÉTOFFE	FOUAGE
RUINER	SIÉGER	TACHÉE	TORÉER	VELVET	GIRAFE	FRANGE
RUINES	SIGNÉE	TACHER	TOSSER	VENGER	GREFFE	GARAGE
SAALES	SIGNER	TALLER	TOUPET	VÉNIEL	GRIFFE	GRANGE
SABLÉE	SIGNET	TAMIER	TOURET	VÊPRES	GRIFFU	GRINGE
SABLER	SILLET	TANCER	TOUTES	VERDET	GUELFE	GRINGO
SABRÉE	SINGER	TANDEM	TOUVET	VERGER	RIFIFI	INDIGO
SABRER	SINUER	TANGER	TRABÉE	VERMET	TOUFFE	LAÇAGE
SACHET	SITUÉE	TANNÉE	TRACÉE	VERSER	TOUFFU	LAVAGE
SACRÉE	SITUER	TANNER	TRACER	VERSET	TRUFFE	LESAGE
SACRER	SLUTER	TAQUET	TRAJET	VESSER		LITIGE
SACRET	SNOBER	TARBES	TRAMÉE	VIBRER	**G**	LOUAGE
SALUER	SOCCER	TARDER	TRAMER	VICIÉE		MALAGA
SASSER	SOIRÉE	TASSÉE	TRAVÉE	VICIER	ABRÉGÉ	MANAGE
SAUCÉE	SOLDÉE	TASSER	TRENET	VIOLÉE	AÉRAGE	MANÈGE
SAUCER	SOLDER	TAUVES	TRIMER	VIOLER	ALBUGO	MÉNAGE
SAUNER	SOMMÉE	TEASER	TRÔNER	VIOLET	ALLÈGE	MIRAGE
SAURER	SOMMER	TECKEL	TROUÉE	VISSER	ALPAGA	MITIGÉ
SAURET	SOMMET	TENTÉE	TROUER	VITRÉE	ALPAGE	ORANGE
SAUTER	SONDÉE	TENTER	TUDIEU	VITTEL	AMBIGU	ORONGE
SAUTET	SONDER	TERCER	TUILÉE	VIVRES	ARPÈGE	ORTEGA
SAUVÉE	SONGER	TERCET	TUNNEL	VOGUER	ARRIGO	PACAGE
SAUVER	SONNÉE	TERRÉE	ULSTER	VOILÉE	BAGAGE	PELAGE
SÉCHER	SONNER	TERRER	ULULER	VOILER	BOCAGE	PESAGE
SECRET	SONNET	TERSER	URINER	VOÛTÉE	BRIDGE	PLIAGE
SELLÉE	SORBET	TESTER	USAGÉE	VOÛTER	CÉPAGE	POTAGE
SELLER	SOUDÉE	THALER	USAGER	YANKEE	CHANGE	RAMAGE
SENSÉE	SOUDER	THÉIER	USINÉE	YERRES	CHARGE	RAPAGE
SÉRIÉE	SOÛLER	THÉSÉE	USINER	ZAPPER	CIERGE	RAVAGE
SÉRIEL	SOUPER	THONES	USITÉE	ZÉBRÉE	CIRAGE	RAYAGE
SÉRIER	SPIRÉE	TIGRÉE	VAGUER	ZÉBRER	CLERGÉ	REFUGE
SERRÉE	SPLEEN	TILLER	VALLÉE	ZESTÉE	COURGE	RIVAGE
SERRER	STÉRÉE	TINTER	VALSER	ZIPPER	CURAGE	ROSAGE
SETIER	STÉRÉO	TISSER	VANIER	ZONIER	DÉGAGÉ	ROUAGE
SETTER	STÉRER	TITRÉE	VANNÉE		DÉLUGE	SEXAGE
SEULET	STRIÉE	TITRER	VANNER	**F**	DOPAGE	TAPAGE
SEVRER	STRIER	TOISÉE	VANNES	AGRAFE	DOSAGE	TIRAGE
					ENRAGÉ	

TOUAGE	SORGHO	ANODIN	CALCIN	DESSIN	FAUFIL	HIRCIN
TRIAGE	SOUCHE	ANOMIE	CALMIR	DESTIN	FAUTIF	HOIRIE
TUBAGE	SYLPHE	ANURIE	CANDIR	DÉTAIL	FÉERIE	HONNIR
VIERGE	TAICHI	APORIE	CAPRIN	DEVOIR	FESTIN	HORMIS
VIRAGE	TANCHE	ARABIE	CAPTIF	DORMIR	FICTIF	HOSTIE
VISAGE	TORCHE	ARETIN	CARDIN	DRELIN	FLAPIE	IBÉRIS
VOLAGE	TOUCHE	ARICIE	CARLIN	DURCIR	FLORIN	ICARIE
VOYAGE		ASTRID	CARVIN	ÉBAHIE	FORAIN	IMPAIR
ZONAGE	**I**	ATONIE	CHALIT	ÉBAHIR	FORCIR	INÉDIT
	ABATIS	AUNAIE	CHEMIN	ÉCHOIR	FORTIN	INITIÉ
H	ABÊTIR	AUSTIN	CHENIL	ÉCIDIE	FRASIL	INOUÏE
	ABOLIR	AVANIE	CHÉRIE	ÉCLAIR	FRÉMIR	IRIDIÉ
BOUCHE	ABUSIF	AVARIE	CHÉRIR	ÉCUEIL	FUMOIR	IRITIS
BRÈCHE	ACABIT	AVENIR	CHÉTIF	ÉCURIE	FURTIF	IRONIE
BROCHE	ACACIA	AVILIR	CHIPIE	ÉGÉRIE	FUSAIN	ISATIS
CHICHE	ACADIE	BANDIT	CITRIN	ÉLAEIS	FUTAIE	ITALIE
COUCHE	ACONIT	BANNIE	CLONIE	ÉLÉGIE	GÂCHIS	IVRAIE
CRÈCHE	ACQUIS	BANNIR	COFFIN	ÉLÉGIR	GARNIE	JAMAIS
CROCHE	ACQUIT	BARDIS	COMMIS	ÉLUSIF	GARNIR	JARDIN
CROCHU	ADAGIO	BARRIR	CONCIS	ÉMACIÉ	GÉNOIS	JASMIN
CRUCHE	ADONIS	BASSIN	CONFIT	ÉMILIE	GENTIL	JAUNIR
DATCHA	ADROIT	BASTIA	COOLIE	ÉMOTIF	GLACIS	KENTIA
DRACHE	ADULIS	BAVOIR	COPAIN	EMPLIR	GLAPIR	LABRIT
ÉMÉCHÉ	AGADIR	BÉGUIN	COPRIN	EMPOIS	GLATIR	LAGUIS
ÉVÊCHÉ	AGAMIE	BESOIN	COQUIN	ENCLIN	GLORIA	LAMBIC
FAUCHÉ	AGARIC	BÉTAIL	CORAIL	ENDUIT	GOUPIL	LAMBIN
FLÈCHE	AGONIE	BIFFIN	COULIS	ENTOIR	GOURIN	LARBIN
FRICHE	AHURIE	BLÊMIR	COURIR	ÉPULIS	GRADIN	LARCIN
GAUCHE	AHURIR	BLEUIE	COUSIN	ÉROSIF	GRANIT	LASCIF
GAUCHO	AIGRIE	BLEUIR	COUTIL	ÉRUDIT	GRATIN	LASSIS
GEISHA	AIGRIR	BONDIR	CRÉDIT	ESPOIR	GRATIS	LATTIS
GUICHE	AIRAIN	BOSNIE	CRÉTIN	ESPRIT	GRAVIR	LAVOIR
HANCHE	ALÉRIA	BOTTIN	DADAIS	ESQUIF	GREDIN	LEIRIS
ILESHA	ALEVIN	BOUDIN	DAHLIA	ESSAIM	GRELIN	LENOIR
LOUCHE	ALUNIR	BOUGIE	DANOIS	ESTRIE	GUÉRIR	LÉONIN
MANCHE	AMARIL	BOUSIN	DASSIN	ETHNIE	HACHIS	LEVAIN
MARCHE	AMATIR	BREBIS	DÉBRIS	ÉTISIE	HARDIE	LIÉVIN
MENTHE	AMITIÉ	BRÉSIL	DÉCLIC	ÉTOLIE	HARPIE	LOISIR
MIOCHE	ANDRIA	BREUIL	DÉCLIN	ÉTROIT	HAUTIN	LUTRIN
MOUCHE	ANÉMIE	BRUNIR	DÉDAIN	ÉVASIF	HENNIN	MACHIN
MYRRHE	ÂNERIE	BUTOIR	DEMAIN	FARCIE	HENNIR	MADRID
PROCHE	ANOBIE	CADDIE	DENAIN	FARCIR	HERNIE	MAFFIA
PRUCHE		CALAIS	DEPUIS	FASCIÉ	HIPPIE	MANOIR

144

MAORIE	ORMAIE	PRURIT	SEGUIA	TOUPIE	AMERLO	DÉVOLU
MARAIS	ORNAIN	PUBLIC	SENTIE	TOURIE	ANGOLA	DIABLE
MARGIS	ORTEIL	PUÉRIL	SENTIR	TOURIN	ANNALE	DOCILE
MARRIÉ	OSIRIS	PUFFIN	SÉRAIL	TRAFIC	ANNELÉ	DOUBLE
MARTIN	OTARIE	PUTAIN	SEREIN	TRAHIR	ARABLE	DRILLE
MASSIF	OURDIR	PUTOIS	SERTIR	TRÉMIE	ARÉOLE	EFFILÉ
MASTIC	OURSIN	QUÉRIR	SERVIR	TREUIL	ARGILE	ÉMOULU
MATOIR	OUVRIR	RABAIS	SIALIS	TUERIE	ASELLE	ÉPAULE
MATOIS	PAGAIE	RAIDIR	SOLEIL	UGARIT	AUMALE	ÉRABLE
MAUDIT	PAIRIE	RAISIN	SORTIE	URANIE	BAFFLE	ESCALE
MAUVIS	PALAIS	RANCIE	SORTIR	URBAIN	BAILLE	ÉTABLE
MÉFAIT	PANAIS	RAPHIA	SOUMIS	URÉMIE	BAILLI	ÉTABLI
MENTIR	PANTIN	RASOIR	SOUPIR	UTÉRIN	BANALE	ÉTEULE
MÉPRIS	PAREIL	RASSIS	SOURIS	UTOPIE	BAOULÉ	ÉTIOLÉ
MERLIN	PAROIR	RÉAGIR	STUDIO	VALAIS	BASALE	ÉTOILE
MESSIE	PARTIE	RECUIT	SUBTIL	VALOIR	BEAGLE	FACILE
MINCIO	PARTIR	REGAIN	SUCCIN	VERDIR	BIDULE	FAIBLE
MINOIS	PARVIS	RELAIS	SUÇOIR	VERNIE	BOILLE	FAILLE
MINUIT	PASSIF	RENOIR	SUIVIE	VERNIR	BOUCLE	FATALE
MIROIR	PASTIS	REQUIN	SURFIL	VERNIS	BRAILA	FAVELA
MOHAIR	PATOIS	RÉUNIR	SURFIN	VESSIE	BUBALE	FÉCULE
MOISIE	PATRIE	RÉVEIL	SURGIR	VILAIN	BURÈLE	FÉRULE
MOISIR	PENSIF	REVOIR	SUROÎT	VOIRIE	CABALE	FIABLE
MOITIÉ	PERMIS	RICAIN	SURSIS	VOISIN	CAILLE	FIBULE
MOITIR	PERSIL	RIVOIR	SUSDIT	VULPIN	CANULE	FICELÉ
MOLLIE	PÉTAIN	RODOIR	SYNDIC	YUPPIE	CAVALE	FIDÈLE
MOLLIR	PÉTRIE	ROIDIR	TANNIN	ZINZIN	CEFALU	FINALE
MORFIL	PÉTRIN	ROMAIN	TARDIF	ZOMBIE	CERCLE	FOCALE
MOULIN	PÉTRIR	RONDIN	TAUDIS		CIGALE	FUROLE
MOURIR	PHOBIE	ROUGIR	TAURIN	**K**	CINGLÉ	FUSELÉ
MUFFIN	PHONIE	ROULIS	TÉMOIN		CIVILE	FUTILE
MUSOIR	PISTIL	ROUPIE	TENNIS	BARAKA	COBALT	GAZOLE
NANGIS	POÉSIE	RUSSIE	TERNIE	EURÊKA	COMBLE	GÉLULE
NANTIE	PONCIF	SAGAIE	TERNIR	SEECKT	COUPLE	GIGOLO
NANTIR	PORCIN	SAISIE	TERRIL	WHISKY	CRÉOLE	GLIALE
NASTIE	POULIE	SAISIR	TERTIO		CRIBLE	GNIOLE
NÉRÉIS	POUPIN	SALOIR	TESSIN	**L**	CURULE	GONFLE
NERVIN	PRALIN	SAPHIR	TIÉDIR		DALILA	GRILLE
NÎMOIS	PRÉCIS	SAURIN	TINTIN	ABSOLU	DÉBILE	GROLLE
NONDIT	PROFIL	SAURIS	TIROIR	ACAULE	DÉDALE	GUEULE
NOROÎT	PROFIT	SAVOIE	TOCSIN	AFFOLÉ	DÉFILÉ	HABILE
OFFRIR	PROMIS	SAVOIR	TORTIS	AÏEULE	DÉMÊLÉ	HUMBLE
OPALIN	PROVIN	SÉDUIT	TOUBIB	AIROLO	DÉSOLÉ	ICELLE
				ALCALI		

☞	☞	☞	☞	☞	☞	☞
IDÉALE	NOTULE	ROYALE	VIROLE	FOURME	ULTIME	BIBINE
IDYLLE	NUBILE	RUELLE	VITALE	FOURMI	ULTIMO	BIKINI
ILÉALE	NUCALE	RURALE	VOCALE	GÉROMÉ	UNIÈME	BIMANE
IMPALA	OCELLE	SAMOLE	VRILLE	GRAMME	VOLUME	BOBINE
IMPOLI	OCTALE	SANGLE		HEAUME		BORGNE
INFULE	OLÉOLE	SAOULE	**M**	IDIOME	**N**	BOVINE
INSULA	ORACLE	SEARLE		INERME		BRAINE
JUGALE	ORVALE	SEIGLE	AFFAMÉ	INFÂME	ABSENT	BRUANT
JUNGLE	OTELLO	SEILLE	ÂGISME	INFIME	ACCENT	BRUINE
LABILE	OUELLE	SÉMÉLÉ	AGRUME	INTIME	AIDANT	BUTANE
LÉGALE	OUILLE	SÉNILE	ALARME	ISTHME	AIMANT	CABANE
LÉTALE	PAELLA	SÉPALE	ALISMA	LÉGUME	ALDINE	CABINE
LIGULE	PAILLE	SIÈCLE	ALISME	LIPOME	ALIÉNÉ	CÂLINE
LOBULE	PAROLE	SIMILI	APLOMB	MADAME	ALLANT	CANINE
LOCALE	PÉCULE	SIMPLE	AXIOME	MAXIME	ALLÈNE	CARONI
LOYALE	PÉDALE	SIMULÉ	BARÈME	MINIMA	ALPINE	CASINO
LUNULE	PÉDALO	SIOULE	BIGAME	MINIME	ALVINE	CÉMENT
MAFFLU	PEILLE	SMILLE	BIRÈME	OEDÈME	ANDINE	CESENA
MAILLE	PÉNALE	SOUPLE	BITUME	OULÉMA	ANGINE	CÉTANE
MANSLE	PÉTALE	STABLE	BOHÈME	PANAMA	ANIANE	CÉTONE
MÉRULE	PEUPLE	STALLE	CALAME	PÉRIMÉ	ANNONE	CHAÎNE
MEUBLE	PIAULE	STEELE	CARÊME	PLASMA	APHONE	CHARNU
MIELLÉ	PICOLO	TAILLE	CHARME	PRISME	AQUINO	CIMENT
MOBILE	PILULE	TAMALE	CHAUME	PSAUME	ARCANE	CLIENT
MODALE	PIROLE	TEILLE	CHRÈME	PYJAMA	ARDENT	COPINE
MODÈLE	POPULO	TEMPLE	CHROME	RÉGIME	ARGENT	CRIANT
MOELLE	POTELÉ	TIPULE	CHROMO	RÉSUMÉ	ARPENT	CROSNE
MORALE	QUELLE	TIVOLI	CINÉMA	RYTHME	ARSÈNE	CUTANÉ
MOTALA	QUILLE	TONALE	DYNAMO	SACOME	ARSINE	DAISNE
MOUFLE	RADULA	TOTALE	ÉCRÉMÉ	SALAMI	ATHÉNA	DÉBINE
MUESLI	RAFALE	TRÈFLE	ECZÉMA	SALOMÉ	AUCUNE	DÉCENT
MURALE	RÉELLE	TROLLE	ÉNIÈME	SCHÉMA	AUMÔNE	DEDANS
MUTILÉ	RÉGALE	TRUBLE	ÉNIGME	SCHÈME	AUTANT	DÉFINI
MYGALE	REMPLI	TRULLO	ENNEMI	SÉISME	AUVENT	DÉFUNT
NAPOLI	RÉNALE	VAGALE	ÉNORME	SÉSAME	AVOINE	DÉMENT
NASALE	RENFLÉ	VEILLE	ENTAME	SPASME	BADINE	DÉSUNI
NATALE	RÉSOLU	VÉNALE	ENZYME	SPERME	BALANE	DÉTENU
NAVALE	RÉVOLU	VÉROLE	ÉRASME	STRUME	BANANE	DEVANT
NÉMALE	RIGOLO	VIABLE	ESTIME	SURIMI	BASANÉ	DINANT
NÉROLI	RITALE	VIELLE	FATIMA	TARAMA	BÉCANE	DIURNE
NIELLE	RIVALE	VIGILE	FLAMME	TATAMI	BEDANE	DIVINE
NIVALE	RIVILE	VIRALE	FLEGME	TOYAMA	BEIGNE	DOLENT
NODULE	ROUBLE	VIRILE	FLEMME	TRAUMA	BÊLANT	DOMÈNE

DOMINO	GUIGNE	MURÈNE	RÉNINE	TISANE	BOUBOU	ENCLOS
DOPANT	HARENG	MUTINE	RÉSINE	TITANE	BOULOT	ÉPERON
DURANT	HARGNE	NAGANO	RETENU	TOURNE	BOUTON	ÉPULON
ÉBURNÉ	HAVANE	NARINE	RÉTINE	TRAÎNE	BRASOV	ESCROC
ÉCHINE	HELENA	NOMINÉ	REVENU	TRUAND	BRETON	ESPION
ÉGOÏNE	IDOINE	NÛMENT	RIMINI	URGENT	BRÛLOT	ÉTALON
ENCENS	IGUANE	OBLONG	ROANNE	VACANT	BURTON	FAFIOT
ENFANT	IMPUNI	OLÉINE	ROMANO	VALINE	CACHOT	FANION
ENVINÉ	INFINI	ONDINE	RUGINE	VÉLANI	CACHOU	FENTON
ÉOCÈNE	INGÉNU	OOGONE	RUTINE	VERGNE	CAGEOT	FESTON
ÉOSINE	INSANE	ORGANE	SABINE	VÉRINE	CAMION	FISTON
ÉQUINE	IONONE	ORIENT	SAGINE	VÉRONE	CAMPOS	FLACON
ERBINE	ISSANT	ORNANS	SALANT	VIENNE	CANYON	FLOCON
ÉRIGNE	JUMENT	ORSINI	SALINE	VIVANT	CARROS	FOISON
ERRANT	KIMONO	OSMOND	SAPINE	VOLANT	CARTON	FOUFOU
ERRONÉ	LACUNE	OSORNO	SARINE	VOYANT	CASTOR	FRAGON
ÉTEINT	LAGUNE	PACANE	SARONG		CENTON	FRELON
ÉTONNÉ	LARYNX	PAONNE	SATANÉ	**O**	CHAPON	FRÉROT
EUMÈNE	LATENT	PARANA	SATINÉ		CHATON	FRICOT
FAMINE	LATINA	PARENT	SAVANE	ACAJOU	CONDOM	FRIPON
FÉCOND	LATINE	PATENT	SAVANT	ACCROC	CONDOR	FRISON
FÉLINE	LATINO	PATÈNE	SCIÈNE	ACTION	CONVOI	FUSION
FLUENT	LÉNINE	PAYANT	SECOND	AGRION	CORDON	GABION
FORINT	LÉPINE	PÉDANT	SÉLÈNE	ALCOOL	CORROI	GALION
FOUINE	LEVANT	PÉRONÉ	SIENNE	AMIDON	CORTON	GALLON
FOURNI	LEVENS	PESANT	SILANE	ARAGON	COSMOS	GALLOT
FRIAND	LIERNE	PIMENT	SILÈNE	ARAMON	COUCOU	GARÇON
FUYANT	LIONNE	PLAINE	SIRÈNE	ASIMOV	COUPON	GARDON
GALANT	LUGANO	PLEINE	SOIGNÉ	AURIOL	CRAYON	GARROT
GALÈNE	LUTINE	PRUINE	SPHINX	AVIRON	CRÉPON	GASCON
GAMINE	LYCÈNE	PYLÔNE	SPRINT	BACHOT	CROTON	GERMON
GARANT	MADONE	PYRÈNE	STERNE	BALLON	DATION	GIBBON
GÂTINE	MARINE	RABANE	STRING	BARDOT	DICTON	GLAÇON
GÊNANT	MARINO	RACINE	TAGINE	BARROT	DINDON	GOÉMON
GÉRANT	MATANE	RADINE	TAJINE	BASSON	DIPLOÉ	GOUJON
GIROND	MÉCÈNE	RÂLANT	TALENT	BASTON	DISPOS	GOULOT
GISANT	MÉDINE	RAPINE	TATANE	BASTOS	DIVION	GOUROU
GITANE	MÊLANT	RASANT	TEIGNE	BESSON	DONJON	GRÊLON
GLUANT	MÉLÉNA	RATINE	TENANT	BICHON	DRAGON	GRELOT
GOMINA	MENINE	REBOND	TÉTINE	BILLOT	DURION	GRIGOU
GOUINE	MIENNE	RÉCENT	THÉINE	BINIOU	EDISON	GRISON
GRAINE	MOLÈNE	REGINA	TIENNE	BOLTON	EFFROI	GRISOU
GRIGNE	MOMENT	RELENT	TIMING	BOSTON	EMPLOI	GUENON

GUIDON	MISTON	POÊLON	TÉFLON	DIEPPE	ANGORA	CANARD
HARPON	MITRON	POGNON	TENDON	ÉCLOPÉ	ÂNIÈRE	CANARI
HÉLION	MONGOL	POISON	TESSON	ÉQUIPE	ANOURE	CANCRE
HINDOU	MONROE	POMPON	TESTON	ESCAPE	ANVERS	CASTRO
IGOROT	MORMON	PONTON	TEUTON	ÉTAMPE	AOMORI	CÉLERI
JAMBON	MOSCOU	POTION	THENON	ÉTOUPE	APEURÉ	CENDRE
JARDON	MOTION	POUMON	THORON	EUROPE	APÔTRE	CENTRE
JARGON	MOUTON	PRÉNOM	TIGRON	EXEMPT	APPORT	CHÈVRE
JOUJOU	NANDOU	PRISON	TOISON	FRAPPE	APSARA	CHIARD
JUNIOR	NATION	PROPOS	TONTON	GÉNÉPI	APTÈRE	CIGARE
KLAXON	NATRON	PYTHON	TORCOL	GOUAPE	ARAIRE	CINTRE
LAITON	NELSON	RABIOT	TOURON	GRAPPE	ARCURE	CISTRE
LANÇON	NESTOR	RAFIOT	TOUTOU	GRIPPE	ARMURE	CLAIRE
LANSON	NICHON	RAISON	TRÉLON	GROUPE	ARTÈRE	COFFRE
LAPTOT	NIPPON	RANÇON	TRÉSOR	HOUPPE	ASMARA	COLÈRE
LARDON	NOSTOC	RANDON	TRICOT	HYSOPE	ASSURÉ	CONARD
LARRON	NOTION	RATION	TRIPOT	LYCOPE	AUBURN	CONGRE
LÉGION	NOUNOU	RÉGION	TRISOC	NIEPPE	AUGURE	CONGRU
LEONOV	OCELOT	RENVOI	TRITON	OCCUPÉ	AURORE	CONTRE
LESCOT	OCTROI	ROGNON	TURBOT	POULPE	AYMARA	COUARD
LÉSION	OIGNON	RONRON	TUSSOR	PROMPT	BÂBORD	COUDRE
LETTON	OLÉRON	SABLON	TYPHON	RELAPS	BÂTARD	COUTRE
LINGOT	OPTION	SAISON	VAIRON	SALOPE	BATTRE	CRACRA
LITRON	OREGON	SAMSON	VALLON	SCAMPI	BAVARD	CRIARD
LOIRON	OURSON	SANTON	VAUDOU	SCIRPE	BAVURE	CRICRI
LORIOT	PACSON	SANTOS	VERDON	SCRIPT	BÉCARD	CROIRE
LOTION	PAGNOL	SAUJON	VERNON	SHERPA	BEURRE	CUIVRE
LOULOU	PARDON	SAUMON	VERROU	STEPPE	BIÈVRE	DARTRE
MÂCHON	PATHOS	SERMON	VERTOU	TRAPPE	BISTRE	DÉDIRE
MAISON	PATRON	SHILOM	VESTON	TREMPE	BISTRO	DEHORS
MANIOC	PERLON	SILLON	VIOLON	TROMPE	BITORD	DÉLIRE
MARCOS	PERLOT	SIPHON	VISION	TROUPE	BOBARD	DÉLURÉ
MARLOU	PERRON	SLALOM	VOIRON	TULIPE	BOLÉRO	DÉPART
MARMOT	PETIOT	SOÛLOT	WESTON		BOUGRE	DÉPORT
MARRON	PIÉRON	STÉROL	ZIRCON	**R**	BOURRE	DÉSERT
MASTOC	PIÉTON	STOLON			BOURRU	DEVERS
MECTON	PINÇON	SUPPÔT	**P**	ACCORD	BOUTRE	DIACRE
MENTON	PINSON	SURNOM		ACCORT	BRAIRE	DIAPRÉ
MENTOR	PISTON	TALION	ABRUPT	ALLURE	BRUIRE	DIVERS
MERLON	PISTOU	TAMPON	BICEPS	ALTÉRÉ	BUSARD	ÉCLORE
MERLOT	PLUTON	TANGON	COULPE	AMARRE	CAFARD	ÉCRIRE
MEULON	PLUTÔT	TANTÔT	CRAMPE	AMPÈRE	CAMARD	EFFARÉ
MIGNON	PODION	TARPON	CROUPE	ANGARA	CAMÉRA	EFFORT

ELLORE	GOITRE	MANTRA	PANURE	RENARD	TARTRE	CAISSE
ÉMIGRÉ	GRIGRI	MARBRE	PARURE	RENDRE	TENDRE	CAMUSE
EMPIRE	GUERRE	MARTRE	PATÈRE	REPÈRE	TÉNÉRÉ	CERISE
ENCART	GUÊTRE	MASURE	PÂTURE	REPORT	TERTRE	CÉRUSE
ENCORE	HAGARD	MATURE	PAUVRE	RETARD	TÊTARD	CHAISE
ENDURO	HARARE	MÉDIRE	PÉCARI	RETIRÉ	TIMBRE	CHASSE
ENTURE	HASARD	MÉGÈRE	PELURE	RETORS	TIMORÉ	CHOISI
ENVERS	HÉBERT	MÉHARI	PENDRE	REVERS	TOCARD	CHRIST
ÉPEIRE	HILARE	MEMBRE	PÉPÈRE	RICORD	TONDRE	CLASSE
ÉPÎTRE	HOURRA	MÉMÈRE	PERDRE	RIVERS	TORDRE	CLAUSE
ÉPLORÉ	HUÎTRE	MÉNURE	PÉTARD	ROMPRE	TORERO	CLISSE
ÉTHÉRÉ	ICTÈRE	MESTRE	PICARD	ROSTRE	TRAIRE	COURSE
EXÈDRE	IGNARE	MESURE	PIERRE	ROTURE	TRIÈRE	CRASSE
EXPERT	IGNORÉ	METTRE	PIÈTRE	RUSTRE	ULCÈRE	CREUSE
FAUCRE	IMPURE	MIÈVRE	PILORI	SAFARI	URÈTRE	CROISÉ
FAVORI	INDORE	MILORD	PINARD	SAHARA	VASARD	CROSSE
FAYARD	INJURE	MISÈRE	PINGRE	SALERS	VAUTRÉ	CUISSE
FÊLURE	INSERT	MODÉRÉ	PIQÛRE	SANDRE	VENDRE	DÉESSE
FENDRE	IODURE	MOEURS	PIVERT	SARTRE	VENTRE	DEVISE
FÊTARD	IVOIRE	MONTRE	PLAIRE	SATIRE	VENTRU	DRISSE
FEUTRE	LAHORE	MORDRE	PLÂTRE	SATURÉ	VIBORD	DROSSE
FIACRE	LAVURE	MOTARD	PLEURS	SATYRE	VIPÈRE	ÉCLUSE
FIÈVRE	LÉGÈRE	MOUDRE	PLIURE	SAVARD	YAOURT	ÉCOSSE
FIGARI	LÉMURE	MUSARD	POIVRE	SCIURE		ÉCRASÉ
FIGARO	LENARD	NAÎTRE	PONDRE	SEURRE	**S**	ÉDESSE
FIGURE	LETTRE	NASARD	POTARD	SÉVÈRE		ÉGLISE
FILTRE	LEURRE	NATURE	POURRI	SHERRY	ABYSSE	EMBASE
FLEURI	LEVURE	NAVIRE	POUTRE	SIDÉRÉ	ACCUSÉ	EMPESÉ
FONDRE	LÉZARD	NEUTRE	PRÊTRE	SIERRA	ALAISE	ÉPOUSE
FORURE	LIBÉRÉ	NOMBRE	PRIÈRE	SIERRE	ALTISE	ÉPRISE
FOUDRE	LIERRE	NOURRI	PROPRE	SISTRE	ÂNESSE	ÉPUISÉ
FOURRÉ	LIÈVRE	NUMÉRO	PUBÈRE	SOMBRE	ASSISE	ÉTHUSE
FOUTRE	LISÉRÉ	OCCIRE	QUATRE	SONORE	AVERSE	EXCISE
FUYARD	LOUTRE	OESTRE	RAMURE	SOUFRE	BAISSE	EXCUSE
GABARE	LUNURE	OEUVRE	RATURE	SOUTRA	BALISE	EXPOSÉ
GALÈRE	LUSTRE	OINDRE	RAYURE	SPHÈRE	BÊTISE	EXTASE
GAUFRE	LUXURE	ONAGRE	REBORD	SQUARE	BLESSÉ	FLIESS
GELURE	MACÉRÉ	ORDURE	RECORD	STUPRE	BLOUSE	FRAISE
GENDRE	MAIGRE	OUVERT	RECORS	SUAIRE	BOËSSE	GÉLOSE
GISORS	MAÎTRE	OVAIRE	REDIRE	SUIVRE	BOURSE	GENÈSE
GLABRE	MALARD	PAGURE	REGARD	SUTURE	BRAISE	GLAISE
GLAIRE	MALGRÉ	PAÎTRE	REÎTRE	TABARD	BRASSE	GNEISS
GLOIRE	MAMERS	PAMPRE	RELIRE	TARARE	BROSSE	GOUSSE

GRASSE	RIEMST	BÉANTE	ÉHONTÉ	INVITÉ	PILOTE	TOURTE
GROUSE	RIEUSE	BEAUTÉ	ÉLÉATE	IOURTE	PIRATE	TOYOTA
GUEUSE	ROUSSE	BÉBÊTE	ÉMEUTE	IRRITÉ	PLANTE	TRAITE
HAUSSE	ROUSSI	BELOTE	EMPOTÉ	ISOÈTE	PLASTE	TRENTE
HOUSSE	SOUSSE	BÉNITE	ENTÊTÉ	IVETTE	POINTE	TRISTE
IMPOSÉ	SQUASH	BLETTE	ENTITÉ	JOINTE	POINTU	TRUITE
INCUSE	STRESS	BOËTTE	ÉQUITÉ	KARATÉ	PRESTE	TUANTE
INFUSE	SUISSE	BOGOTA	ERGOTÉ	LÉAUTÉ	PUANTE	URAÈTE
LAISSE	TAMISE	BONITE	ERMITE	LÉVITE	PURETÉ	USANTE
LIASSE	TERESA	BORATE	ERRATA	LIANTE	QUARTE	UVÉITE
LIESSE	TRANSE	BRANTE	ÉVENTÉ	LICITE	QUARTO	VANITÉ
LIEUSE	TRANSI	CAGOTE	EXACTE	LIMITE	QUIÈTE	VÉLITE
MÉDUSE	TRESSE	CAPITÉ	EXALTÉ	LUCITE	QUINTE	VÉRITÉ
MÉIOSE	TSÉTSÉ	CAPOTE	FEINTE	LUETTE	RARETÉ	VISITE
MERISE	TUEUSE	CAVITÉ	FIENTE	MAINTE	REDITE	VOLUTE
MIMOSA	VALISE	CÉCITÉ	FIERTÉ	MECHTA	RÉPUTÉ	WAPITI
MITOSE	VARÈSE	CHARTE	FIESTA	MÉRITE	RESITA	YOURTE
MOROSE	VENISE	CHASTE	FLETTE	MIETTE	RIANTE	ZÉNITH
MOUISE		CHATTE	FLOTTE	MINUTE	RIBOTE	ZIGOTO
MOUSSE	**T**	CHERTÉ	FLUATE	MIXITE	ROESTI	
MOUSSU		CLARTÉ	FRETTE	MUETTE	SADATE	**U**
NIAISE	ABATTU	CLOUTÉ	FRUSTE	NABOTE	SAINTE	
NIVOSE	ABOUTI	COLITE	GAIETÉ	NARITA	SALETÉ	ABAQUE
OBTUSE	ABRUTI	COMÈTE	GALATI	NÉPÈTE	SAVATE	ACARUS
OCCASE	ÂCRETÉ	COMITÉ	GAMÈTE	NUDITÉ	SCOUTE	ACCRUS
ODENSE	ACUITÉ	COMPTE	GÉANTE	OLÉATE	SÉANTE	ACINUS
ODESSA	ADEPTE	COURTE	GHETTO	OLMETO	SÉMITE	ACTEUR
OPPOSÉ	ADULTE	CROTTE	GLOTTE	OMERTA	SHINTO	AÉRIUM
ORENSE	AÉTITE	CROÛTE	GOUTTE	ONETTI	SIESTE	AIRBUS
ORISSA	AFFÉTÉ	CRYPTE	GRATTE	ORBITE	SINITÉ	AQUEUX
OSMOSE	AGENTE	DÉDITE	GROTTE	ORESTE	SOLUTÉ	ARDEUR
PÉGASE	AGOUTI	DÉISTE	GUELTE	ORONTE	SONATE	ASEXUÉ
PÉTASE	AGUETS	DÉPUTÉ	GUNITE	OSSÈTE	STRATE	ASSAUT
PHRASE	ALERTE	DÉVOTE	HALITE	PARETO	SUANTE	ASSOUR
PIEUSE	AMANTE	DOIGTÉ	HÉBÉTÉ	PARITÉ	SUBITE	ATRIUM
POISSE	ANNATE	DROITE	HEURTÉ	PATATE	SUETTE	AUTEUR
PRESSÉ	APARTÉ	DRONTE	HUERTA	PEINTE	SÛRETÉ	AUTOUR
PRUSSE	ÂPRETÉ	DUARTE	IDIOTE	PELOTE	SVELTE	AUTRUI
REMISE	ASCÈTE	DUETTO	ILÉITE	PÉPITE	TACITE	AVENUE
REPOSÉ	ASCITE	DURETÉ	INAPTE	PESETA	TAGÈTE	AZIMUT
RÉUSSI	ASIATE	ÉCRITE	INEPTE	PETITE	TEINTE	BADAUD
RIBOSE	ASTATE	ÉDENTÉ	INERTE	PILATE	TOMATE	BAGOUT
	AVERTI					BARBUE

BAROUD	DÉTOUR	GÊNEUR	MANQUE	PERDUE	SAVEUR	VERSUS
BARQUE	DÉVOUÉ	GOBEUR	MARAUD	PESEUR	SCUTUM	VERTUS
BATTUE	DINGUE	GOULUE	MARQUE	PÉTEUX	SÉJOUR	VESOUL
BLAGUE	DISEUR	GRADUÉ	MASSUE	PIPEUR	SEMEUR	VIADUC
BLOCUS	DISQUE	GRADUS	MAZOUT	PITEUX	STATUE	VIOQUE
BOXEUR	DRAGUE	GRENUE	MÉDIUM	PLÉNUM	STATUT	VIVEUR
BUVEUR	DROGUE	HÉLIUM	MÉDIUS	POILUE	SUCEUR	VOLEUR
CALCUL	ELBEUF	HÉRAUT	MEERUT	POREUX	SUMMUM	VOULUE
CALQUE	EMBOUT	HERBUE	MENEUR	POSEUR	TACAUD	VOYEUR
CARGUE	ENJOUÉ	HIATUS	MINEUR	PRAGUE	TAÏAUT	
CASQUE	ENROUÉ	HIDEUR	MIRAUD	PRÉVUE	TAMOUL	**V**
CÉRIUM	ENTOUR	HIDEUX	MITEUX	PRIEUR	TARAUD	ACTIVE
CÉSIUM	ÉPOQUE	HUMEUR	MIXEUR	PUDEUR	TÂTEUR	ALCÔVE
CHÂLUS	ERBIUM	HUMOUR	MORDUE	QUITUS	TENDUE	CHAUVE
CHENUE	ERREUR	ICELUI	MORGUE	RAGEUR	TENEUR	DÉLAVÉ
CHÈQUE	ÉTIQUE	INCLUS	MOTEUR	RAGOÛT	TIREUR	DÉRIVE
CHNOUF	ÉVÊQUE	INDIUM	MOULUE	RÂLEUR	TONDUE	ENDIVE
CHOEUR	EXCLUE	INTRUS	MUSÉUM	RAMEUR	TORDUE	ÉNERVÉ
CHOQUÉ	EXIGUË	JALOUX	MUSQUÉ	RASEUR	TORTUE	ENLEVÉ
CIRQUE	FADEUR	JASEUR	NABEUL	RAUQUE	TOUEUR	ESTÈVE
COMMUN	FAMEUX	JOUEUR	NAEVUS	RECLUS	TRAPUE	ESTIVE
CONFUS	FANEUR	JOYEUX	NIGAUD	RECRUE	TRIBUN	ÉTRAVE
CONNUE	FARAUD	LABEUR	NOCEUR	RECTUM	TRIBUT	ÉTRIVE
CONSUL	FAVEUR	LABIUM	NONIUS	REFLUX	TRIQUE	FLEUVE
CONTUS	FESSUE	LABOUR	NOUEUX	RÉJOUI	TUMEUR	FLOUVE
CORNUE	FICHUE	LACEUR	OBSCUR	REMOUS	TURQUE	GÉLIVE
COSSUE	FILEUR	LAÏQUE	ODIEUX	RENDUE	TUTEUR	GLAIVE
COSSUS	FINAUD	LAITUE	OISEUX	RETOUR	TYPHUS	HÂTIVE
COURUE	FOETUS	LANGUE	OMNIUM	RÊVEUR	UNIEUX	HUELVA
CRAQUE	FONDUE	LAPSUS	ORÉMUS	RHÉSUS	UNIQUE	LODÈVE
CRÉPUE	FONGUS	LATIUM	OSSEUX	RIBAUD	URAEUS	NATIVE
CRÉSUS	FOREUR	LATOUR	PÂLEUR	RICTUS	URANUS	NINOVE
CRIEUR	FOUGUE	LAVEUR	PANSUE	RIMEUR	UTÉRUS	NOCIVE
CRIQUE	FOUTUE	LIPPUE	PARFUM	RISQUE	UTIQUE	OCTAVE
CROCUS	FRÉJUS	LISEUR	PATAUD	RÔDEUR	VACUUM	OISIVE
CUICUI	FUMEUR	LOGEUR	PÂTEUX	ROMPUE	VALEUR	POURVU
DEBOUT	FUREUR	LONGUE	PATTUE	ROSEUR	VAPEUR	PREUVE
DÉCHUE	GADOUE	LOUEUR	PAYEUR	RUMEUR	VASEUX	RELÈVE
DÉCRUE	GAGEUR	MABOUL	PENAUD	SALAUD	VENDUE	RÉTIVE
DÉFAUT	GÂTEUX	MAGNUM	PENDUE	SALOUM	VERDUN	SÉNEVÉ
DÉGOÛT	GAVEUR	MAJEUR	PENSUM	SAPEUR	VÉREUX	SOLIVE
DESSUS	GAZEUX	MANGUE	PERÇUE	SAUMUR	VERRUE	UNGAVA

VACIVE
ZOUAVE

X

ANNEXE
DÉSAXÉ

Y

COBAYE
COCCYX
DÉVOYÉ
ENRAYÉ
NAGOYA
PAPAYE
ZÉPHYR

Z

BRONZE
DIEUZE
ISONZO
MÉLÈZE

6e

POSITION

A

ACACIA
AGENDA
ALÉRIA
ALINÉA
ALISMA
ALPAGA
ANDRIA
ANGARA
ANGOLA
ANGORA
APSARA
ARNICA

ARVIDA
ASMARA
ATHÉNA
AYMARA
BARAKA
BASTIA
BOGOTA
BRAILA
CAMÉRA
CANADA
CESENA
CINÉMA
CRACRA
CUENCA
DAHLIA
DALILA
DATCHA
ECZÉMA
ÉPICÉA
ERRATA
ESPADA
EURÊKA
FATIMA
FAVELA
FIESTA
GEISHA
GLORIA
GOMINA
HAMADA
HELENA
HOURRA
HUELVA
HUERTA
ILESHA
IMPALA
INSULA
KENTIA
LAMBDA
LATINA
LÉRIDA
MAFFIA
MALAGA

MANTRA
MECHTA
MÉLÉNA
MÉRIDA
MIMOSA
MINIMA
MOTALA
NAGOYA
NARITA
NEVADA
ODESSA
OLINDA
OMERTA
ORISSA
ORTEGA
OULÉMA
PAELLA
PANAMA
PARANA
PESETA
PLASMA
POSADA
PYJAMA
RADULA
RAPHIA
REGINA
RÉSÉDA
RESITA
SAHARA
SCHÉMA
SEGUIA
SHERPA
SIERRA
SOUTRA
TARAMA
TERESA
TOYAMA
TOYOTA
TRAUMA
UGANDA
UNGAVA
VANTAA

B

APLOMB
BAOBAB
TOUBIB

C

ACCROC
AGARIC
CARNAC
COGNAC
DÉCLIC
ÉPINAC
ESCROC
FENNEC
LAMBIC
MANIOC
MASTIC
MASTOC
MICMAC
NOSTOC
PUBLIC
QUÉBEC
RESSAC
SYNDIC
TICTAC
TILLAC
TOMBAC
TRAFIC
TRISOC
VIADUC

D

ACCORD
ASTRID
BÂBORD
BADAUD
BAROUD
BÂTARD
BAVARD
BÉCARD
BITORD
BOBARD

BUSARD
CAFARD
CAMARD
CANARD
CHIARD
CONARD
COUARD
CRIARD
FARAUD
FAYARD
FÉCOND
FÊTARD
FINAUD
FRIAND
FUYARD
GIROND
HAGARD
HASARD
LENARD
LÉZARD
MADRID
MALARD
MARAUD
MILORD
MIRAUD
MOTARD
MUSARD
NASARD
NIGAUD
OSMOND
PATAUD
PENAUD
PÉTARD
PICARD
PINARD
POTARD
REBOND
REBORD
RECORD
REGARD
RENARD
RETARD
RIBAUD

RICORD
SALAUD
SAVARD
SECOND
TABARD
TACAUD
TARAUD
TÊTARD
TOCARD
TRUAND
VASARD
VIBORD

E

ABAQUE
ABÎMÉE
ABRÉGÉ
ABYSSE
ACADIE
ACAULE
ACCUSÉ
ACERBE
ACÉRÉE
ÂCRETÉ
ACTIVE
ACUITÉ
ADEPTE
ADIRÉE
ADULTE
AÉRAGE
AÉTITE
AFFAMÉ
AFFÉTÉ
AFFOLÉ
AGAMIE
AGENCE
AGENTE
ÂGISME
AGITÉE
AGONIE
AGRAFE
AGRÉÉE

AGRUME
AHURIE
AÏEULE
AIGRIE
ALAISE
ALARME
ALCADE
ALCÔVE
ALDINE
ALERTE
ALGIDE
ALIÉNÉ
ALISME
ALLÈGE
ALLÈNE
ALLIÉE
ALLURE
ALPAGE
ALPINE
ALSACE
ALTÉRÉ
ALTISE
ALVINE
AMANDE
AMANTE
AMARRE
AMBRÉE
AMENDE
AMENÉE
AMINÉE
AMITIÉ
AMORCE
AMPÈRE
ANDINE
ANÉMIE
ÂNERIE
ÂNESSE
ANGINE
ANIANE
ÂNIÈRE
ANIMÉE
ANNALE
ANNATE

ANNELÉ	ATROCE	BATTRE	BOMBÉE	CABANE	CHAÎNE	CLISSE
ANNEXE	AUBADE	BATTUE	BONACE	CABINE	CHAISE	CLONÉE
ANNONE	AUCUNE	BAVURE	BONDÉE	CÂBLÉE	CHANCE	CLONIE
ANOBIE	AUDACE	BEAGLE	BONITE	CACHÉE	CHANGE	CLOUTÉ
ANOMIE	AUGURE	BÉANTE	BORATE	CADDIE	CHARGE	COBAYE
ANOURE	AUMALE	BEAUTÉ	BORGNE	CADRÉE	CHARME	COCHÉE
ANURIE	AUMÔNE	BÉBÊTE	BORNÉE	CAGOTE	CHARTE	COFFRE
AOÛTÉE	AUNAIE	BÉCANE	BOSNIE	CAILLE	CHASSE	COGNÉE
APARTÉ	AURORE	BÊCHÉE	BOSSÉE	CAISSE	CHASTE	COIFFE
APEURÉ	AVANCE	BEDANE	BOTTÉE	CALAME	CHATTE	COINCÉ
APHONE	AVANIE	BEIGNE	BOUCHE	CALICE	CHAUDE	COLÈRE
APOGÉE	AVARIE	BELOTE	BOUCLE	CALIFE	CHAUME	COLITE
APORIE	AVENUE	BÉNITE	BOUFFE	CÂLINE	CHAUVE	COLLÉE
APÔTRE	AVÉRÉE	BESACE	BOUGIE	CALMÉE	CHENUE	COMBLE
ÂPRETÉ	AVERSE	BÊTISE	BOUGRE	CALQUE	CHÈQUE	COMÈTE
APTÈRE	AVINÉE	BEURRE	BOURBE	CAMPÉE	CHÉRIE	COMITÉ
ARABIE	AVISÉE	BIBINE	BOURDE	CAMUSE	CHERTÉ	COMPTE
ARABLE	AVOINE	BIDULE	BOURRE	CANCRE	CHÈVRE	CONGRE
ARAIRE	AXIOME	BIÈVRE	BOURSE	CANINE	CHICHE	CONNUE
ARCADE	AZALÉE	BIFIDE	BOUTRE	CANNÉE	CHINÉE	CONTÉE
ARCANE	BÂCLÉE	BIGAME	BOVINE	CANULE	CHIPIE	CONTRE
ARCURE	BADINE	BIMANE	BRAINE	CAPITÉ	CHOPÉE	COOLIE
ARÉOLE	BAFFLE	BIPÈDE	BRAIRE	CAPOTE	CHOQUÉ	COPIÉE
ARGILE	BAGAGE	BIRÈME	BRAISE	CARAFE	CHORÉE	COPINE
ARICIE	BAGUÉE	BISTRE	BRANTE	CARDÉE	CHRÈME	CORDÉE
ARMURE	BAILLE	BITUME	BRASSE	CARÊME	CHROME	CORNÉE
ARONDE	BAISÉE	BLAGUE	BRAVÉE	CARGUE	CIBLÉE	CORNUE
ARPÈGE	BAISSE	BLÂMÉE	BRÈCHE	CARNÉE	CIERGE	CORSÉE
ARROBE	BALADE	BLENDE	BRIDÉE	CARRÉE	CIGALE	CORVÉE
ARSÈNE	BALANE	BLESSÉ	BRIDGE	CASQUE	CIGARE	COSSUE
ARSINE	BALISE	BLETTE	BRISÉE	CAUSÉE	CILICE	COTICE
ARTÈRE	BANALE	BLEUIE	BROCHE	CAVALE	CILIÉE	COUCHE
ASCÈTE	BANANE	BLINDÉ	BROMÉE	CAVITÉ	CINGLÉ	COUDÉE
ASCITE	BANDÉE	BLONDE	BRONZE	CÉCITÉ	CINTRE	COUDRE
ASELLE	BANNIE	BLOUSE	BROSSE	CENDRE	CIRAGE	COULÉE
ASEXUÉ	BAOULÉ	BOBINE	BRUINE	CENTRE	CIRQUE	COULPE
ASIATE	BARBÉE	BOCAGE	BRUIRE	CÉPAGE	CISTRE	COUPÉE
ASSISE	BARBUE	BOËSSE	BUBALE	CERCLE	CIVILE	COUPLE
ASSURÉ	BARÈME	BOËTTE	BÛCHÉE	CERISE	CLAIRE	COURBE
ASTATE	BARQUE	BOHÈME	BURÈLE	CÉRUSE	CLARTÉ	COURGE
ASTRÉE	BARRÉE	BOILLE	BUTANE	CÉTACÉ	CLASSE	COURSE
ASTUCE	BASALE	BOISÉE	BUTTÉE	CÉTANE	CLAUSE	COURTE
ATONIE	BASANÉ	BOLIDE	CABALE	CÉTONE	CLERGÉ	COURUE

COUTRE	DÉDIRE	DOSAGE	ÉGOÏNE	ÉOCÈNE	ÉTHÉRÉ	FAUCRE
COUVÉE	DÉDITE	DOUBLE	ÉHONTÉ	ÉOLIDE	ETHNIE	FÉCULE
CRAMPE	DÉESSE	DRACHE	ÉLANCÉ	ÉOSINE	ÉTHUSE	FÉERIE
CRAQUE	DÉFILÉ	DRAGÉE	ÉLAVÉE	ÉPATÉE	ÉTIAGE	FEINTE
CRASSE	DÉGAGÉ	DRAGUE	ÉLÉATE	ÉPAULE	ÉTIOLÉ	FÉLINE
CRÈCHE	DÉISTE	DRAPÉE	ÉLÉGIE	ÉPEIRE	ÉTIQUE	FÊLURE
CRÉOLE	DÉLAVÉ	DRAVÉE	ÉLEVÉE	ÉPHÈBE	ÉTISIE	FENDRE
CRÊPÉE	DÉLICE	DRILLE	ÉLIMÉE	ÉPIAGE	ÉTOFFE	FÉRIÉE
CRÉPUE	DÉLIRE	DRISSE	ELLORE	ÉPICÉE	ÉTOILE	FERMÉE
CRÊTÉE	DÉLUGE	DRIVÉE	ÉLODÉE	ÉPÎTRE	ÉTOLIE	FÉROCE
CREUSE	DÉLURÉ	DROGUE	ÉMACIÉ	ÉPLORÉ	ÉTONNÉ	FERRÉE
CRIBLE	DÉMÊLÉ	DROITE	EMBASE	ÉPONGE	ÉTOUPE	FÉRULE
CRIQUE	DÉMODÉ	DRONTE	EMBUÉE	ÉPOPÉE	ÉTRAVE	FESSÉE
CROCHE	DENRÉE	DROSSE	ÉMÉCHÉ	ÉPOQUE	ÉTRIVE	FESSUE
CROIRE	DENTÉE	DRUIDE	ÉMEUTE	ÉPOUSE	EUMÈNE	FÉTIDE
CROISÉ	DÉNUDÉ	DUARTE	ÉMIGRÉ	ÉPRISE	EUROPE	FEUTRE
CROSNE	DÉNUÉE	DURETÉ	ÉMILIE	ÉPUISÉ	ÉVADÉE	FIABLE
CROSSE	DÉPUTÉ	ÉBAHIE	ÉMINCÉ	ÉPURÉE	ÉVASÉE	FIACRE
CROTTE	DÉRIVE	ÉBURNÉ	EMPESÉ	ÉPURGE	ÉVÊCHÉ	FIANCÉ
CROUPE	DÉSAXÉ	ÉCALÉE	EMPIRE	ÉQUINE	ÉVENTÉ	FIBULE
CROÛTE	DÉSOLÉ	ÉCHINE	EMPOTÉ	ÉQUIPE	ÉVÊQUE	FICELÉ
CRUCHE	DEVISE	ÉCIDIE	ENCORE	ÉQUITÉ	EXACTE	FICHUE
CRYPTE	DÉVOTE	ÉCLOPÉ	ENCRÉE	ÉRABLE	EXALTÉ	FIDÈLE
CUISSE	DÉVOUÉ	ÉCLORE	ENDIVE	ÉRASME	EXCISE	FIENTE
CUIVRE	DÉVOYÉ	ÉCLUSE	ÉNERVÉ	ERBINE	EXCLUE	FIERTÉ
CUPIDE	DIABLE	ÉCORCE	ENFLÉE	ERGOTÉ	EXCUSE	FIÈVRE
CURAGE	DIACRE	ÉCOSSE	ÉNIÈME	ÉRIGNE	EXÈDRE	FIGURE
CURULE	DIAPRÉ	ÉCOTÉE	ÉNIGME	ERMITE	EXERCÉ	FILAGE
CUTANÉ	DICTÉE	ÉCRASÉ	ENJOUÉ	ÉRODÉE	EXIGUË	FILTRE
DAISNE	DIEPPE	ÉCRÉMÉ	ENLEVÉ	ERRONÉ	EXILÉE	FINALE
DALLÉE	DIEUZE	ÉCRIRE	ÉNONCÉ	ESCALE	EXPOSÉ	FLAMME
DAMNÉE	DINGUE	ÉCRITE	ÉNORME	ESCAPE	EXTASE	FLAPIE
DANSÉE	DIONÉE	ÉCULÉE	ENRAGÉ	ESPACE	FAÇADE	FLÈCHE
DANUBE	DIPLOÉ	ÉCUMÉE	ENRAYÉ	ESPÈCE	FÂCHÉE	FLEGME
DARTRE	DISQUE	ÉCURIE	ENROUÉ	ESTÈVE	FACILE	FLEMME
DÉBILE	DIURNE	ÉDENTÉ	ENTAME	ESTIME	FAIBLE	FLETTE
DÉBINE	DIVINE	ÉDESSE	ENTÊTÉ	ESTIVE	FAILLE	FLEUVE
DÉCADE	DOCILE	EFFACÉ	ENTITÉ	ESTRIE	FAMINE	FLOPÉE
DÉCÉDÉ	DOIGTÉ	EFFARÉ	ENTRÉE	ÉTABLE	FARCIE	FLOTTE
DÉCHUE	DOMÈNE	EFFILÉ	ENTURE	ÉTAGÉE	FARDÉE	FLOUVE
DÉCIDÉ	DONNÉE	ÉGARÉE	ENVIÉE	ÉTALÉE	FASCIÉ	FLUATE
DÉCRUE	DOPAGE	ÉGÉRIE	ENVINÉ	ÉTAMPE	FATALE	FLUIDE
DÉDALE	DORADE	ÉGLISE	ENZYME	ÉTEULE	FAUCHÉ	FOCALE

FONCÉE	GAMÈTE	GOUSSE	HANTÉE	IMAGÉE	LABIÉE	LIERNE
FONDRE	GAMINE	GOUTTE	HARARE	IMPOSÉ	LABILE	LIERRE
FONDUE	GANSÉE	GRADÉE	HARDIE	IMPURE	LAÇAGE	LIESSE
FORCÉE	GARAGE	GRADUÉ	HARGNE	INAPTE	LÂCHÉE	LIEUSE
FORGÉE	GARDÉE	GRAINE	HARPIE	INCRÉÉ	LACTÉE	LIÈVRE
FORMÉE	GARNIE	GRAMME	HASTÉE	INCUBE	LACUNE	LIGNÉE
FORURE	GÂTINE	GRANDE	HÂTIVE	INCUSE	LAGUNE	LIGUÉE
FOUACE	GAUCHE	GRANGE	HAUSSE	INDICE	LAHORE	LIGULE
FOUAGE	GAUFRE	GRAPPE	HAVANE	INDORE	LAINÉE	LIMACE
FOUDRE	GAZOLE	GRASSE	HEAUME	INEPTE	LAÏQUE	LIMITE
FOUGUE	GÉANTE	GRATTE	HÉBÉTÉ	INERME	LAISSE	LIMNÉE
FOUINE	GÉLIVE	GRAVÉE	HÉLICE	INERTE	LAITÉE	LIONNE
FOULÉE	GÉLOSE	GREFFE	HERBÉE	INFÂME	LAITUE	LIPIDE
FOURBE	GÉLULE	GRÊLÉE	HERBUE	INFIME	LAMPÉE	LIPOME
FOURME	GELURE	GRENUE	HERNIE	INFULE	LANCÉE	LIPPÉE
FOURRÉ	GENDRE	GREVÉE	HERSÉE	INFUSE	LANGÉE	LIPPUE
FOUTRE	GENÈSE	GRIFFE	HEURTÉ	INITIÉ	LANGUE	LISÉRÉ
FOUTUE	GERBÉE	GRIGNE	HILARE	INJURE	LANICE	LISSÉE
FRAISE	GERCÉE	GRILLE	HIPPIE	INONDÉ	LAQUÉE	LISTÉE
FRANCE	GÉROMÉ	GRIMÉE	HOIRIE	INOUÏE	LARVÉE	LITIGE
FRANGE	GIFLÉE	GRINGE	HOSTIE	INSANE	LATINE	LIVIDE
FRAPPE	GIRAFE	GRIPPE	HOUPPE	INTIME	LATTÉE	LIVRÉE
FRETTE	GITANE	GROLLE	HOUSSE	INVITÉ	LAURÉE	LOBULE
FRICHE	GIVRÉE	GROTTE	HUCHÉE	IODURE	LAVAGE	LOCALE
FRIPÉE	GLABRE	GROUPE	HUILÉE	IONONE	LAVURE	LODÈVE
FRISÉE	GLACÉE	GROUSE	HUÎTRE	IOURTE	LÉAUTÉ	LONGÉE
FROIDE	GLAIRE	GUELFE	HUMBLE	IPOMÉE	LÉGALE	LONGUE
FRONDE	GLAISE	GUELTE	HUMIDE	IRÉNÉE	LÉGÈRE	LOUAGE
FRUSTE	GLAIVE	GUERRE	HUPPÉE	IRIDIÉ	LÉGUME	LOUCHE
FUGACE	GLANÉE	GUÊTRE	HYSOPE	IRISÉE	LÉMURE	LOURDE
FUROLE	GLIALE	GUEULE	ICARIE	IRONIE	LÉNINE	LOUTRE
FUSELÉ	GLOIRE	GUEUSE	ICELLE	IRRITÉ	LÉPINE	LOYALE
FUTAIE	GLOTTE	GUICHE	ICTÈRE	ISOÈTE	LESAGE	LUCIDE
FUTILE	GNIOLE	GUIDÉE	IDÉALE	ISOLÉE	LESTÉE	LUCITE
GABARE	GOITRE	GUIGNE	IDIOME	ISTHME	LÉTALE	LUETTE
GÂCHÉE	GOMMÉE	GUILDE	IDIOTE	ITALIE	LETTRE	LUNULE
GADOUE	GONFLE	GUINDÉ	IDOINE	IVETTE	LEURRE	LUNURE
GAFFÉE	GORGÉE	GUINÉE	IDYLLE	IVOIRE	LÉVITE	LUSTRE
GAIETÉ	GOUAPE	GUNITE	IGNARE	IVRAIE	LEVURE	LUTINE
GAINÉE	GOUINE	HABILE	IGNORÉ	JOINTE	LIANTE	LUXURE
GALBÉE	GOULÉE	HACHÉE	IGUANE	JUGALE	LIASSE	LYCÈNE
GALÈNE	GOULUE	HALITE	ILÉALE	JUNGLE	LIBÉRÉ	LYCOPE
GALÈRE	GOURDE	HANCHE	ILÉITE	KARATÉ	LICITE	MACÉRÉ

MADAME	MÉNAGE	MORDUE	NIELLE	OPPOSÉ	PARURE	PHONIE
MADONE	MENINE	MORGUE	NIEPPE	ORACLE	PASSÉE	PHRASE
MADRÉE	MENTHE	MOROSE	NINOVE	ORANGE	PATATE	PIAULE
MAIGRE	MÉNURE	MOTTÉE	NIVALE	ORBITE	PATÈNE	PIÉGÉE
MAILLE	MERISE	MOUCHE	NIVOSE	ORDURE	PATÈRE	PIERRE
MAINTE	MÉRITE	MOUDRE	NOCIVE	ORÉADE	PATRIE	PIÈTRE
MAÎTRE	MÉRULE	MOUFLE	NODULE	ORENSE	PATTUE	PIEUSE
MALADE	MESSIE	MOUISE	NOMADE	ORESTE	PÂTURE	PILATE
MALGRÉ	MESTRE	MOULÉE	NOMBRE	ORGANE	PAUMÉE	PILOTE
MALICE	MESURE	MOULUE	NOMINÉ	ORMAIE	PAUVRE	PILULE
MANAGE	MÉTRÉE	MOUSSE	NOTICE	ORONGE	PÊCHÉE	PINCÉE
MANCHE	METTRE	MUANCE	NOTULE	ORONTE	PÉCULE	PINÈDE
MANÈGE	MEUBLE	MUETTE	NOVICE	ORVALE	PÉDALE	PINGRE
MANGUE	MEULÉE	MURALE	NUANCE	OSMOSE	PÉGASE	PIQÛRE
MANIÉE	MIELLÉ	MURÈNE	NUBILE	OSSÈTE	PEILLE	PIRATE
MANQUE	MIENNE	MUSQUÉ	NUCALE	OTARIE	PEINÉE	PIROLE
MANSLE	MIETTE	MUTILÉ	NUDITÉ	OUATÉE	PEINTE	PISTÉE
MAORIE	MIÈVRE	MUTINE	NUITÉE	OUELLE	PELADE	PLACÉE
MARBRE	MILICE	MYGALE	OBSÉDÉ	OUILLE	PELAGE	PLAINE
MARCHE	MINIME	MYRRHE	OBTUSE	OUTRÉE	PELOTE	PLAIRE
MARGÉE	MINUTE	NABOTE	OCCASE	OUVRÉE	PELURE	PLANTE
MARIÉE	MIOCHE	NACRÉE	OCCIRE	OVAIRE	PÉNALE	PLASTE
MARINE	MIRAGE	NAÏADE	OCCUPÉ	OVOÏDE	PENDRE	PLÂTRE
MARQUE	MISÈRE	NAÎTRE	OCELLE	PACAGE	PENDUE	PLEINE
MARRIÉ	MITIGÉ	NANTIE	OCTALE	PACANE	PENNÉE	PLIAGE
MARTRE	MITOSE	NAPPÉE	OCTAVE	PAGAIE	PENSÉE	PLIURE
MASSÉE	MITRÉE	NARINE	ODENSE	PAGODE	PÉPÈRE	PLOMBE
MASSUE	MIXITE	NASALE	OEDÈME	PAGURE	PÉPITE	PLUMÉE
MASURE	MOBILE	NASTIE	OESTRE	PAILLE	PERCÉE	POCHÉE
MATANE	MODALE	NATALE	OEUVÉE	PAIRIE	PERÇUE	POÊLÉE
MATURE	MODÈLE	NATIVE	OEUVRE	PAÎTRE	PERDRE	POÉSIE
MAXIME	MODÉRÉ	NATTÉE	OFFICE	PALACE	PERDUE	POILUE
MÉCÈNE	MOELLE	NATURE	OINDRE	PALMÉE	PÉRIMÉ	POINTE
MÊCHÉE	MOIRÉE	NAUSÉE	OISIVE	PAMPRE	PERLÉE	POISSE
MÉDINE	MOISIE	NAVALE	OLÉATE	PANADE	PÉRONÉ	POIVRE
MÉDIRE	MOITIÉ	NAVIRE	OLÉINE	PANSUE	PESAGE	POLICE
MÉDUSE	MOLÈNE	NAVRÉE	OLÉOLE	PANURE	PÉTALE	POMMÉE
MÉGÈRE	MOLLIE	NÉGOCE	OMBRÉE	PAONNE	PÉTASE	POMPÉE
MÉIOSE	MONROE	NÉMALE	ONAGRE	PAPAYE	PETITE	PONCÉE
MÉLÈZE	MONTÉE	NÉPÈTE	ONDINE	PARADE	PÉTRÉE	PONDRE
MEMBRE	MONTRE	NEUTRE	OOGONE	PARITÉ	PÉTRIE	PONTÉE
MÉMÈRE	MORALE	NIAISE	OPIACÉ	PAROLE	PEUPLE	PORTÉE
MENACE	MORDRE	NICHÉE	OPONCE	PARTIE	PHOBIE	POSTÉE

POTAGE	RACLÉE	RÉSINE	SABRÉE	SEILLE	SOMMÉE	SYNODE
POTELÉ	RADINE	RESTÉE	SACOME	SÉISME	SONATE	TACHÉE
POULIE	RAFALE	RÉSUMÉ	SACRÉE	SÉLÈNE	SONDÉE	TACITE
POULPE	RAFLÉE	RÉTINE	SADATE	SELLÉE	SONNÉE	TAGÈTE
POUPÉE	RAMAGE	RETIRÉ	SAGACE	SÉMÉLÉ	SONORE	TAGINE
POUTRE	RAMURE	RÉTIVE	SAGAIE	SÉMITE	SORTIE	TAILLE
PRAGUE	RANCIE	RIANTE	SAGINE	SÉNEVÉ	SOUCHE	TAJINE
PRESSÉ	RANGÉE	RIBOSE	SAINTE	SÉNILE	SOUDÉE	TAMALE
PRESTE	RAPACE	RIBOTE	SAISIE	SENSÉE	SOUFRE	TAMISE
PRÊTRE	RAPAGE	RIEUSE	SALACE	SENTIE	SOUPLE	TANCHE
PREUVE	RAPIDE	RIGIDE	SALADE	SÉPALE	SOURCE	TANNÉE
PRÉVUE	RAPINE	RISQUE	SALETÉ	SÉRIÉE	SOURDE	TAPAGE
PRIÈRE	RARETÉ	RITALE	SALINE	SERRÉE	SOUSSE	TARARE
PRIMÉE	RASADE	RIVAGE	SALOMÉ	SÉSAME	SPASME	TARTRE
PRINCE	RATINE	RIVALE	SALOPE	SÉTACÉ	SPERME	TASSÉE
PRISÉE	RATURE	ROANNE	SAMOLE	SEURRE	SPHÈRE	TATANE
PRISME	RAUQUE	ROGNÉE	SANDRE	SÉVÈRE	SPIRÉE	TEIGNE
PRIVÉE	RAVAGE	ROGUÉE	SANGLE	SEXAGE	SQUARE	TEILLE
PROCHE	RAYAGE	ROMPRE	SAOULE	SEXUÉE	STABLE	TEINTE
PRÔNÉE	RAYURE	ROMPUE	SAPINE	SIDÉRÉ	STALLE	TEMPLE
PROPRE	RECRUE	ROSACE	SARINE	SIÈCLE	STANCE	TENACE
PROTÉE	REDIRE	ROSAGE	SARODE	SIENNE	STATUE	TENDRE
PRUCHE	REDITE	ROSSÉE	SARTRE	SIERRE	STEELE	TENDUE
PRUINE	RÉELLE	ROSTRE	SATANÉ	SIESTE	STEPPE	TÉNÉRÉ
PRUSSE	REFUGE	ROTACÉ	SATINÉ	SIGNÉE	STÉRÉE	TENTÉE
PSAUME	RÉGALE	ROTULE	SATIRE	SILANE	STERNE	TÉORBE
PUANTE	REGGAE	ROTURE	SATURÉ	SILÈNE	STRATE	TERNIE
PUBÈRE	RÉGIME	ROUAGE	SATYRE	SILICE	STRIÉE	TERRÉE
PUÎNÉE	RÉGLÉE	ROUBLE	SAUCÉE	SIMPLE	STRUME	TERTRE
PURETÉ	REÎTRE	ROULÉE	SAUVÉE	SIMULÉ	STUPRE	TÉTINE
PURGÉE	RELÈVE	ROUPIE	SAVANE	SINITÉ	STYLÉE	THÉINE
PYLÔNE	RELIRE	ROUSSE	SAVATE	SIOULE	SUAIRE	THÉSÉE
PYRÈNE	REMÈDE	ROYALE	SAVOIE	SIRÈNE	SUANTE	TIENNE
QUARTE	REMISE	RUELLE	SCHÈME	SISTRE	SUBITE	TIERCE
QUATRE	REMUÉE	RUGINE	SCIÈNE	SITUÉE	SUCRÉE	TIGRÉE
QUELLE	RÉNALE	RUINÉE	SCIRPE	SMILLE	SUETTE	TIMBRE
QUÊTÉE	RENDRE	RURALE	SCIURE	SOIGNÉ	SUISSE	TIMIDE
QUIÈTE	RENDUE	RUSSIE	SCOUTE	SOIRÉE	SUIVIE	TIMORÉ
QUILLE	RENFLÉ	RUSTRE	SCRIBE	SOLDÉE	SUIVRE	TIPULE
QUINTE	RÉNINE	RUTINE	SÉANCE	SOLIDE	SÛRETÉ	TIRADE
RABANE	REPÈRE	RYTHME	SÉANTE	SOLIVE	SUTURE	TIRAGE
RÂBLÉE	REPOSÉ	SABINE	SEARLE	SOLUTÉ	SVELTE	TISANE
RACINE	RÉPUTÉ	SABLÉE	SEIGLE	SOMBRE	SYLPHE	TITANE

☞	☞	☞	☞	☞	☞	☞
TITRÉE	TROLLE	VEILLE	VOLUTE	TIMING	FIGARI	TRANSI
TOCADE	TROMPE	VEINÉE	VORACE	ZIGZAG	FLEURI	VÉLANI
TOISÉE	TROUÉE	VÉLITE	VOULUE		FOURMI	WAPITI
TOLÈDE	TROUPE	VÉLOCE	VOÛTÉE	**H**	FOURNI	
TOMATE	TRUBLE	VÉNALE	VOYAGE	FELLAH	GALATI	**K**
TOMBÉE	TRUFFE	VENDRE	VRILLE	PUTSCH	GALIBI	ANORAK
TONALE	TRUITE	VENDUE	YANKEE	RADJAH	GÉNÉPI	KOPECK
TONDRE	TSÉTSÉ	VENISE	YOURTE	SCOTCH	GOURBI	KOULAK
TONDUE	TUANTE	VENTRE	YUPPIE	SPEECH	GRIGRI	
TOQUÉE	TUBAGE	VÉRACE	ZÉBRÉE	SQUASH	ICELUI	**L**
TORCHE	TUERIE	VERGNE	ZESTÉE	VARECH	IMPOLI	ACTUEL
TORDRE	TUEUSE	VÉRINE	ZOMBIE	ZÉNITH	IMPUNI	ALCOOL
TORDUE	TUILÉE	VÉRITÉ	ZONAGE		INFINI	AMARIL
TORTUE	TULIPE	VERNIE	ZOUAVE	**I**	MÉHARI	AMICAL
TOTALE	TURQUE	VÉROLE		ABOUTI	MESSEI	AMIRAL
TOUAGE	ULCÈRE	VÉRONE	**F**	ABRUTI	MUESLI	AMORAL
TOUCHE	ULTIME	VERRUE	ABUSIF	AGOUTI	NAPOLI	ANIMAL
TOUFFE	UNIÈME	VESSIE	CAPTIF	ALCALI	NÉROLI	ANNUEL
TOUPIE	UNIQUE	VIABLE	CHÉTIF	AOMORI	NOURRI	APICAL
TOURIE	URAÈTE	VIANDE	CHNOUF	AUTRUI	OCTROI	ASTRAL
TOURNE	URANIE	VIBICE	ELBEUF	AVERTI	ONETTI	ATONAL
TOURTE	URÉIDE	VICIÉE	ÉLUSIF	BAILLI	ORSINI	AURIOL
TRABÉE	URÉMIE	VIELLE	ÉMOTIF	BIKINI	PÉCARI	BANCAL
TRACÉE	URÈTRE	VIENNE	ÉROSIF	BOUFFI	PILORI	BÉTAIL
TRAÎNE	USAGÉE	VIERGE	ESQUIF	CAGIBI	POMPÉI	BORDEL
TRAIRE	USANTE	VIGILE	ÉVASIF	CANARI	POURRI	BORÉAL
TRAITE	USINÉE	VIOLÉE	FAUTIF	CARONI	RÉJOUI	BRÉSIL
TRAMÉE	USITÉE	VIOQUE	FICTIF	CÉLERI	REMPLI	BREUIL
TRANSE	UTIQUE	VIPÈRE	FURTIF	CHOISI	RENVOI	BRUTAL
TRAPPE	UTOPIE	VIRAGE	LASCIF	CONVOI	RÉUSSI	CALCUL
TRAPUE	UVÉITE	VIRALE	MASSIF	CORROI	RIFIFI	CANTAL
TRAVÉE	VACIVE	VIRILE	PASSIF	CRICRI	RIMINI	CARTEL
TRÈFLE	VAGALE	VIROLE	PENSIF	CUICUI	ROESTI	CASTEL
TRÉMIE	VALIDE	VISAGE	PONCIF	DÉBLAI	ROUSSI	CASUEL
TREMPE	VALINE	VISITE	RELIEF	DÉFINI	SAFARI	CAUDAL
TRENTE	VALISE	VITALE	TARDIF	DÉSUNI	SALAMI	CHANEL
TRESSE	VALLÉE	VITRÉE		ÉBAUBI	SAMEDI	CHENAL
TRIADE	VANITÉ	VIVACE	**G**	EFFROI	SCAMPI	CHENIL
TRIAGE	VANNÉE	VOCALE	HARENG	EMPLOI	SIMILI	CHEVAL
TRIÈRE	VARÈSE	VOILÉE	OBLONG	ENNEMI	SURIMI	CONSUL
TRIODE	VARICE	VOIRIE	SARONG	ÉTABLI	TAICHI	CORAIL
TRIQUE	VARIÉE	VOLAGE	STRING	FAVORI	TATAMI	CORRAL
TRISTE	VAUTRÉ	VOLUME			TIVOLI	

COSTAL
COUTIL
CRURAL
CSEPEL
DENTAL
DÉRÉEL
DÉTAIL
DIESEL
DISCAL
DORSAL
DORVAL
ÉCUEIL
EIFFEL
ÉPINAL
FACIAL
FAUFIL
FÉODAL
FISCAL
FLORAL
FOETAL
FORMEL
FRASIL
FRUGAL
GAVIAL
GÉNIAL
GENTIL
GOSPEL
GOUPIL
HIATAL
HIÉMAL
INÉGAL
IRRÉEL
ISMAËL
ISRAËL
JOVIAL
LAUREL
LEQUEL
LILIAL
LINÉAL
LISTEL
MABOUL
MANUEL
MENTAL

MISSEL
MONGOL
MONIAL
MORFAL
MORFIL
MORTEL
MURMEL
MUTUEL
NABEUL
NEURAL
NICKEL
NIVÉAL
NORMAL
OISSEL
ONCIAL
OPINEL
ORTEIL
PAGNOL
PAREIL
PASCAL
PASTEL
PERSIL
PISTIL
POSTAL
PROFIL
PUÉRIL
RACIAL
RAPPEL
RASTEL
RECTAL
RETHEL
RÉVEIL
RIMMEL
RITUEL
SANTAL
SÉRAIL
SÉRIEL
SERVAL
SEXUEL
SHEKEL
SIGNAL
SOCIAL
SOLEIL

SPINAL
SPIRAL
STÉROL
SUBTIL
SURFIL
TAMOUL
TECKEL
TERGAL
TERRIL
TINCAL
TORCOL
TREUIL
TRIBAL
TUNNEL
URINAL
VASSAL
VÉNIEL
VERBAL
VESOUL
VITTEL

M

AÉRIUM
ATRIUM
BEÏRAM
CÉRIUM
CÉSIUM
CONDOM
DIRHAM
ERBIUM
ESSAIM
HÉLIUM
IBIDEM
INDIUM
LABIUM
LATIUM
MAGNUM
MÉDIUM
MUSÉUM
OMNIUM
PARFUM
PENSUM

PLÉNUM
PRÉNOM
RAMDAM
RECTUM
SALOUM
SCUTUM
SHILOM
SLALOM
SUMMUM
SURNOM
TAMTAM
TANDEM
VACUUM
WIGWAM

N

AACHEN
ABADAN
ACTION
ADRIAN
AÉRIEN
AFGHAN
AGRION
AIRAIN
ALEVIN
AMIDON
ANCIEN
ANODIN
ARAGON
ARAMON
ARETIN
ARRIEN
AUBURN
AUSTEN
AUSTIN
AVIRON
BALLON
BANIAN
BARMAN
BASSIN
BASSON
BASTON

BÉGUIN
BESOIN
BESSON
BICHON
BIFFIN
BOLTON
BOSTON
BOTTIN
BOUCAN
BOUDIN
BOUSIN
BOUTON
BRETON
BURTON
CADRAN
CAFTAN
CAÏMAN
CALCIN
CAMION
CANAAN
CANCAN
CANYON
CAPRIN
CARCAN
CARDIN
CARLIN
CARTON
CARVIN
CENTON
CHAPON
CHATON
CHEMIN
CITRIN
COFFIN
COMMUN
COPAIN
COPRIN
COQUIN
CORDON
CORÉEN
CORTON
COUPON
COUSIN

CRAYON
CRÉPON
CRÉTIN
CROTON
DASSIN
DATION
DÉCLIN
DÉDAIN
DEMAIN
DENAIN
DESSIN
DESTIN
DICTON
DINDON
DIVION
DONJON
DORIEN
DRAGON
DRELIN
DURION
EDISON
ENCLIN
ÉOLIEN
ÉPERON
ÉPULON
EREVAN
ERIVAN
ESPION
ESTRAN
ÉTALON
EXAMEN
FAISAN
FANION
FENTON
FESTIN
FESTON
FISTON
FLACON
FLÉTAN
FLOCON
FLORIN
FOISON
FORAIN

FORBAN
FORTIN
FRAGON
FRELON
FRIPON
FRISON
FUSAIN
FUSION
GABION
GAGMAN
GALION
GALLON
GARÇON
GARDON
GASCON
GERMON
GIBBON
GLAÇON
GOÉMON
GOLDEN
GOUJON
GOURIN
GRADIN
GRAMEN
GRATIN
GREDIN
GRELIN
GRÊLON
GRISON
GUENON
GUIDON
GULDEN
HARPON
HAUBAN
HAUTIN
HÉLION
HENNIN
HIRCIN
INDIEN
IONIEN
ISERAN
JAMBON
JARDIN

JARDON	MOUTON	POMPON	SLOGAN	UTÉRIN	GAUCHO	VENACO
JARGON	MUFFIN	PONTON	SOUDAN	VAIRON	GHETTO	ZIGOTO
JASMIN	NATION	PORCIN	SPLEEN	VALLON	GIGOLO	
KLAXON	NATRON	POTION	STOLON	VERDON	GRINGO	**R**
LAITON	NELSON	POUMON	SUCCIN	VERDUN	ILLICO	AALTER
LAMBIN	NERVIN	POUPIN	SULTAN	VERLAN	INDIGO	ABÊTIR
LANÇON	NICHON	PRALIN	SURFIN	VERNON	ISONZO	ABÎMER
LANSON	NIPPON	PRISON	TAIWAN	VESTON	KIMONO	ABLIER
LARBIN	NOTION	PROVIN	TALION	VILAIN	LATINO	ABOLIR
LARCIN	NUBIEN	PUFFIN	TAMPON	VIOLON	LAVABO	ABOYER
LARDON	OASIEN	PUTAIN	TANGON	VISION	LIBIDO	ABUSER
LARRON	OIGNON	PYTHON	TANNIN	VOIRON	LUGANO	ACTEUR
LÉGION	OLÉRON	RADIAN	TARPAN	VOISIN	MANADO	ADORER
LÉONIN	OPALIN	RAISIN	TARPON	VOLCAN	MARINO	ADULER
LÉSION	OPTION	RAISON	TARTAN	VULPIN	MEXICO	AGACER
LETTON	OREGON	RANÇON	TARZAN	WESTON	MINCIO	AGADIR
LEVAIN	ORIGAN	RANDON	TAURIN	ZINZIN	MONACO	AGITER
LIÉVIN	ORNAIN	RATION	TÉFLON	ZIRCON	NAGANO	AGRÉER
LITRON	OURSIN	REAGAN	TÉMOIN		NUMÉRO	AHANER
LOIRON	OURSON	REGAIN	TENDON	**O**	OLMETO	AHURIR
LOTION	PACSON	RÉGION	TESSIN	ADAGIO	OSORNO	AIGRIR
LUTRIN	PANTIN	REQUIN	TESSON	AIROLO	OTELLO	AILIER
LYCÉEN	PARDON	RHÉNAN	TESTON	ALBUGO	OVIEDO	AILLER
LYDIEN	PATRON	RICAIN	TEUTON	AMERLO	PARETO	ALÉSER
MACHIN	PAYSAN	ROGNON	THENON	AQUINO	PÉDALO	ALITER
MÂCHON	PÉLÉEN	ROMAIN	THORON	ARRIGO	PICOLO	ALLIER
MAISON	PERLON	RONDIN	TIGRON	BISTRO	POPULO	ALTIER
MARRON	PERRON	RONRON	TINTIN	BOLÉRO	QUARTO	ALUNER
MARTIN	PERSAN	SABLON	TOCSIN	BRANDO	RIGOLO	ALUNIR
MECTON	PÉTAIN	SAFRAN	TOISON	CARACO	ROCOCO	AMATIR
MENTON	PÉTRIN	SAISON	TONTON	CASINO	ROMANO	AMENER
MERLAN	PIÉRON	SAMSON	TOUCAN	CASTRO	SALADO	AMURER
MERLIN	PIÉTON	SANTON	TOURIN	CHROMO	SERTAO	AMUSER
MERLON	PINÇON	SAUJON	TOURON	DOMINO	SHINTO	ANCRER
MEULAN	PINSON	SAUMON	TRÉLON	DUETTO	SORGHO	ANIMER
MEULON	PISTON	SAURIN	TRIBUN	DYNAMO	STÉRÉO	ANISER
MIGNON	PLUTON	SEREIN	TRITON	ENDURO	STUDIO	AOÛTER
MISTON	PODION	SERMON	TRUMAN	ENESCO	TERTIO	ARASER
MITRON	POÊLON	SIDÉEN	TURBAN	ESCUDO	TOLEDO	ARCHER
MORMON	POGNON	SIEGEN	TYMPAN	FIASCO	TORERO	ARDEUR
MOTION	POISON	SILLON	TYPHON	FIGARO	TORERO	ARGUER
MOULIN	POLLEN	SIPHON	URBAIN	FRANCO	ULTIMO	ARISER

☞	☞	☞	☞	☞	☞	☞
ASSOUR	BLUTER	CASSER	DARDER	ÉLUDER	FANEUR	GAGEUR
AUTEUR	BOISER	CASTOR	DAUBER	ÉMANER	FARCIR	GAGNER
AUTOUR	BOITER	CAUSER	DAVIER	EMBUER	FARDER	GALBER
AVALER	BOLIER	CERNER	DEALER	EMPLIR	FARTER	GANSER
AVATAR	BOMBER	CESSER	DÉDIER	ÉMULER	FAUTER	GANTER
AVENIR	BONDIR	CHÉRIR	DÉFIER	ENCRER	FAVEUR	GARDER
AVÉRER	BORDER	CHINER	DÉLIER	ENFLER	FEEDER	GARNIR
AVILIR	BORNER	CHOEUR	DÉNIER	ENLIER	FERMER	GAULER
AVINER	BOSSER	CHÔMER	DÉNUER	ÉNOUER	FERRER	GAVEUR
AVISER	BOUDER	CHUTER	DENVER	ENTIER	FESSER	GÊNEUR
AVIVER	BOUGER	CILLER	DÉTOUR	ENTOIR	FEULER	GERCER
AVOUER	BOULER	CIRIER	DÉVIER	ENTOUR	FICHER	GERMER
AYLMER	BOXEUR	CLAMER	DEVOIR	ENTRER	FILEUR	GÉSIER
AZURER	BRAMER	CLIVER	DICTER	ENVIER	FILLER	GEYSER
BÂCHER	BRAVER	CLONER	DIÉSER	ÉPATER	FLÂNER	GIBIER
BÂCLER	BRIDER	CLOUER	DILUER	ÉPELER	FLOUER	GICLER
BAFRER	BRISER	COCHER	DISEUR	ÉPICER	FLÛTER	GIFLER
BAGUER	BRODER	COGNER	DOLLAR	ÉPILER	FOIRER	GIVRER
BAISER	BRÛLER	COÏTER	DONNER	ÉPINER	FONCER	GLACER
BANDER	BRUNIR	COLLER	DORMIR	ÉPUCER	FONDER	GLANER
BANNIR	BÛCHER	CONDOR	DOUTER	ÉPURER	FORCER	GLAPIR
BARBER	BULLER	CONTER	DRAPER	ÉRIGER	FORCIR	GLATIR
BARDER	BUTOIR	COPIER	DRAVER	ÉRODER	FOREUR	GLOSER
BARRER	BUTTER	CORDER	DROPER	ERREUR	FORGER	GOBEUR
BARRIR	BUVEUR	CORSER	DURCIR	ESCHER	FORMER	GOMMER
BASTER	CÂBLER	COSTAR	ÉBAHIR	ESPOIR	FOUGER	GORGER
BAVOIR	CABRER	COUDER	ÉCALER	ÉTAGER	FOULER	GOSIER
BECTER	CACHER	COULER	ÉCHOIR	ÉTALER	FRASER	GOÛTER
BÉLIER	CAHIER	COUPER	ÉCIMER	ÉTAMER	FRÉMIR	GRAVER
BERCER	CALIER	COURIR	ÉCLAIR	ÉTAYER	FRÉTER	GRAVIR
BERGER	CALMAR	COÛTER	ÉCOPER	ÉTÊTER	FRIMER	GRÊLER
BERNER	CALMER	COUVER	ÉCRIER	ÉTIRER	FRIPER	GRENER
BICHER	CALMIR	CRAMER	ÉCUMER	ÉTRIER	FRISER	GRÉSER
BIFFER	CAMPER	CRÂNER	ÉCURER	ÉTUVER	FRÔLER	GREVER
BIGLER	CANCER	CRÉNER	ÉDITER	ÉVADER	FROUER	GRIMER
BISSER	CANDIR	CRÊPER	ÉGALER	ÉVASER	FUGUER	GRISER
BITTER	CANNER	CREVER	ÉGARER	ÉVIDER	FUMEUR	GRUGER
BLÂMER	CAPTER	CRIEUR	ÉGAYER	ÉVITER	FUMIER	GRUTER
BLASER	CARDER	DALLER	ÉLÉGIR	EXIGER	FUMOIR	GUÉRIR
BLAZER	CARIER	DAMIER	ÉLEVER	EXILER	FUREUR	GUIDER
BLÊMIR	CARTER	DAMNER	ÉLIDER	EXPIER	GABIER	GUIPER
BLÉSER	CASIER	DANGER	ÉLIMER	FÂCHER	GÂCHER	HACHER
BLEUIR	CASOAR	DANSER	ELSTER	FADEUR	GAFFER	HANGAR

HANTER	LASCAR	MAUSER	OUATER	POCHER	REMUER	SAUTER
HAPPER	LASSER	MÉFIER	OURDIR	POMPER	RENIER	SAUVER
HÂTIER	LATOUR	MENEUR	OUTRER	PONCER	RENOIR	SAVEUR
HENNIR	LATTER	MENTIR	OUVRER	PORTER	RENTER	SAVOIR
HERSER	LAUTER	MENTOR	OUVRIR	POSEUR	RESTER	SÉCHER
HIDEUR	LAVEUR	MERDER	OVULER	POSTER	RETOUR	SÉJOUR
HISSER	LAVOIR	MÉTIER	OXYDER	POTIER	RÉUNIR	SELLER
HITLER	LEADER	MÉTRER	PÂLEUR	PRÊTER	RÊVEUR	SEMEUR
HOCHER	LÉCHER	MILLER	PALIER	PRIEUR	REVOIR	SENTIR
HONNIR	LÉGUER	MINEUR	PALPER	PRIMER	RIMEUR	SÉRIER
HUCHER	LENOIR	MIROIR	PANIER	PRISER	RINCER	SERRER
HUILER	LESTER	MIXEUR	PANSER	PRIVER	RIOTER	SERTIR
HUMEUR	LEVIER	MOHAIR	PANZER	PRÔNER	RIPPER	SERVIR
HUMOUR	LICHER	MOIRER	PAPIER	PUDEUR	RIVOIR	SETIER
HURLER	LIGNER	MOISIR	PARIER	PUISER	ROCHER	SETTER
IMITER	LIGUER	MOITIR	PARLER	PURGER	RÔDEUR	SEVRER
IMPAIR	LIMIER	MOLLIR	PAROIR	PUTIER	RODOIR	SHAKER
INSTAR	LINIER	MONTER	PARTIR	PUTTER	ROGNER	SIÉGER
IODLER	LINTER	MOQUER	PASSER	QUAKER	ROIDIR	SIGNER
IOULER	LISEUR	MOTEUR	PAYEUR	QUATER	RONGER	SINGER
IRISER	LISIER	MOULER	PÊCHER	QUÉRIR	RÔNIER	SINUER
ISOLER	LISSER	MOURIR	PEINER	QUÊTER	ROOTER	SITUER
JAGUAR	LISTER	MUSOIR	PENSER	RACLER	ROSEUR	SLUTER
JAPPER	LIVRER	MUSSER	PÉPIER	RADIER	ROSIER	SNOBER
JASEUR	LOADER	NANTIR	PERCER	RAFLER	ROSSER	SOCCER
JAUGER	LOGEUR	NAPPER	PERLER	RAGEUR	ROUGIR	SOLDER
JAUNIR	LOISIR	NARRER	PESEUR	RAIDIR	ROULER	SOMMER
JEÛNER	LONGER	NASSER	PESTER	RAINER	RUILER	SONDER
JODLER	LOTIER	NATTER	PÉTRIR	RÂLEUR	RUINER	SONGER
JONCER	LOUEUR	NAVRER	PIÉGER	RALLER	RUMEUR	SONNER
JOUEUR	LOUPER	NECTAR	PIFFER	RAMEUR	SABLER	SORTIR
JUCHER	LUTTER	NEIGER	PILIER	RAMIER	SABRER	SOUDER
JUNIOR	MÂCHER	NESTOR	PILLER	RAMPER	SACRER	SOÛLER
KIPPER	MAJEUR	NICHER	PINCER	RANGER	SAISIR	SOUPER
LABEUR	MALTER	NIPPER	PINTER	RASEUR	SALOIR	SOUPIR
LABOUR	MANDER	NOCEUR	PIPEUR	RASOIR	SALUER	STÉRER
LACEUR	MANGER	NOMMER	PIQUER	RATIER	SAPEUR	STRIER
LÂCHER	MANIER	OBÉRER	PISSER	RAVIER	SAPHIR	SUCEUR
LAMPER	MANNAR	OBSCUR	PISTER	RÉAGIR	SASSER	SUÇOIR
LANCER	MANOIR	OBVIER	PLACER	RÉGLER	SAUCER	SUCRER
LANGER	MARIER	OFFRIR	PLANER	RÉGNER	SAUMUR	SURGIR
LANIER	MASSER	OPÉRER	PLOYER	REISER	SAUNER	TABLAR
LARDER	MATOIR	OPINER	PLUMER	RELIER	SAURER	TABLER

TACHER	ULSTER	ACINUS	DEHORS	LATTIS	PROPOS	URANUS
TALLER	ULULER	AÇORES	DEPUIS	LEIRIS	PUTOIS	UTÉRUS
TAMIER	URINER	ACQUIS	DESSUS	LEVENS	QUITUS	VALAIS
TANCER	USAGER	ADONIS	DEVERS	LIMBES	RABAIS	VANNES
TANGER	USINER	ADULIS	DISPOS	LOGNES	RASSIS	VANVES
TANNER	VAGUER	AGAPES	DIVERS	LOQUES	RECLUS	VARGAS
TARDER	VALEUR	AGUETS	ÉLAEIS	MAMERS	RECORS	VÊPRES
TASSER	VALOIR	AIRBUS	EMPOIS	MARAIS	RELAIS	VERNIS
TÂTEUR	VALSER	ANANAS	ENCENS	MARCOS	RELAPS	VERSUS
TEASER	VANIER	ANVERS	ENCLOS	MARGIS	REMOUS	VERTUS
TENEUR	VANNER	AUPRÈS	ENVERS	MATOIS	RESTES	VINDAS
TENTER	VANTER	BARDIS	ÉPULIS	MATRAS	RETORS	VIVRES
TERCER	VAPEUR	BASTOS	EXPRÈS	MAUVIS	REVERS	YERRES
TERNIR	VARDAR	BICEPS	FACIÈS	MÉDIUS	RHÉSUS	
TERRER	VARIER	BLOCUS	FATRAS	MENÉES	RHODES	**T**
TERSER	VEINER	BRAIES	FLIESS	MÉPRIS	RICTUS	
TESTER	VENGER	BREBIS	FOETUS	MILLAS	RIVERS	ABJECT
THALER	VERDIR	BRUGES	FONGUS	MINOIS	ROULIS	ABRUPT
THÉIER	VERGER	CALAIS	FRACAS	MOEURS	RUINES	ABSENT
TIÉDIR	VERNIR	CALLAS	FRÉJUS	NAEVUS	SAALES	ACABIT
TILLER	VERSER	CAMPOS	FRIMAS	NANGIS	SALERS	ACCENT
TINTER	VESSER	CANNES	FRUGES	NARSES	SANTOS	ACCORT
TIREUR	VIBRER	CARROS	GÂCHIS	NÉNIES	SAURIS	ACONIT
TIROIR	VICIER	CERTES	GÉNOIS	NÉRÉIS	SENSAS	ACQUIT
TISSER	VIOLER	CHÂLUS	GISORS	NÎMOIS	SIALIS	ADROIT
TITRER	VISSER	CLÈRES	GLACIS	NIPPES	SOUMIS	AFFECT
TOISER	VIVEUR	COMMIS	GNEISS	NONIUS	SOURIS	AIDANT
TOMBER	VOGUER	COMPAS	GRADUS	NÔTRES	STRESS	AIMANT
TONNER	VOILER	CONCIS	GRATIS	ORÉMUS	SUCCÈS	ALLANT
TOQUER	VOLEUR	CONFUS	HACHIS	ORNANS	SURSIS	ANGLET
TORÉER	VOÛTER	CONTUS	HARDES	OSIRIS	TARBES	ANICET
TOSSER	VOYEUR	CORTÈS	HERPÈS	PALAIS	TARTAS	AOÛTAT
TOUEUR	ZAPPER	COSMOS	HIATUS	PANAIS	TAUDIS	APPORT
TRACER	ZÉBRER	COSSUS	HORMIS	PARVIS	TAUVES	APPRÊT
TRAHIR	ZÉPHYR	COULIS	IBÉRIS	PASTIS	TENNIS	ARARAT
TRAMER	ZIPPER	CRÉSUS	INCLUS	PATHOS	TÉTRAS	ARCHET
TRÉSOR	ZONIER	CROCUS	INTRUS	PATOIS	THONES	ARDENT
TRIMER		CYPRÈS	IRITIS	PERMIS	TORTIS	ARGENT
TRÔNER	**S**	DADAIS	ISATIS	PESMES	TOUTES	ARPENT
TROUER		DALLAS	JAMAIS	PLEURS	TRACAS	ASPECT
TUMEUR	ABATIS	DANOIS	LAGUIS	PRÉCIS	TRÉPAS	ASSAUT
TUSSOR	ACARUS	DÉBRIS	LAPSUS	PROCÈS	TYPHUS	AUTANT
TUTEUR	ACCRUS	DEDANS	LASSIS	PROMIS	URAEUS	AUVENT

AVOCAT	CLIMAT	ESPRIT	INTACT	ONGLET	ROUGET	UGARIT
AZIMUT	COBALT	ÉTEINT	ISOLAT	ORGEAT	SABBAT	URGENT
BACHOT	COLLET	ÉTROIT	ISSANT	ORIENT	SACHET	VACANT
BAGOUT	COMBAT	EXEMPT	JAUNET	OURLET	SACRET	VELVET
BALLET	CONDAT	EXPERT	JEUNET	OUVERT	SALANT	VERDET
BANDIT	CONFIT	FAFIOT	JUMENT	PAQUET	SAURET	VERMET
BAQUET	COQUET	FLUENT	KHANAT	PARENT	SAUTET	VERRAT
BARBET	CORNET	FOLLET	LABRIT	PATENT	SAVANT	VERSET
BARDOT	CORSET	FORÇAT	LAÏCAT	PAYANT	SCRIPT	VIOLET
BARROT	COTRET	FORINT	LAPTOT	PÉDANT	SECRET	VIRIAT
BASKET	CRÉDIT	FORMAT	LATENT	PELLET	SÉDUIT	VIVANT
BASSET	CRIANT	FRÉROT	LESCOT	PERLOT	SEECKT	VOLANT
BAUDET	CUSSET	FRICOT	LEVANT	PESANT	SÉLECT	VOYANT
BÊLANT	DAGUET	FUYANT	LINGOT	PETIOT	SEULET	YAOURT
BILLET	DAUDET	GADGET	LIVRET	PICHET	SEURAT	
BILLOT	DEBOUT	GALANT	LORIOT	PIMENT	SIGNET	**U**
BLEUET	DÉCENT	GALLOT	MAGNAT	PIOLET	SILLET	
BONNET	DÉCHET	GARANT	MAGRET	PIQUET	SOLDAT	AARGAU
BOULET	DÉCRET	GARROT	MANDAT	PIVERT	SOMMET	ABATTU
BOULOT	DÉFAUT	GÊNANT	MARMOT	PLUTÔT	SONNET	ABSOLU
BOUVET	DÉFUNT	GÉRANT	MAUDIT	POULET	SORBET	ACAJOU
BREVET	DÉGOÛT	GISANT	MAZOUT	PRÉLAT	SOÛLOT	AGNEAU
BROUET	DÉMENT	GLUANT	MEERUT	PROFIT	SPRINT	ALOYAU
BRUANT	DÉPART	GOUJAT	MÉFAIT	PROJET	STATUT	AMBIGU
BRÛLOT	DÉPORT	GOULET	MÊLANT	PROMPT	STRICT	ANNEAU
BUFFET	DÉSERT	GOULOT	MENUET	PROTÊT	SUPPÔT	APERÇU
CACHET	DÉSUET	GRABAT	MÉPLAT	PRURIT	SUROÎT	APPEAU
CACHOT	DEVANT	GRANIT	MERLOT	RABIOT	SUSDIT	ARREAU
CAGEOT	DIKTAT	GRELOT	MILLET	RACHAT	TAÏAUT	ASSEAU
CALFAT	DINANT	GRENAT	MINUIT	RAFIOT	TALENT	ASSIDU
CAQUET	DIRECT	GRISET	MOLLET	RAGOÛT	TANTÔT	ATRIAU
CARNET	DOLENT	GUÉRET	MOMENT	RÂLANT	TAQUET	AUNEAU
CÉDRAT	DOPANT	HÉBERT	MUGUET	RAPIAT	TENANT	BATEAU
CÉMENT	DRÔLET	HÉRAUT	MUSCAT	RASANT	TERCET	BEDEAU
CERMET	DURANT	HOCHET	NOIRET	RÉCENT	TOUPET	BINIOU
CHALET	EFFORT	HOQUET	NONDIT	RECUIT	TOURET	BISEAU
CHALIT	EMBOUT	HUCHET	NORDET	REFLET	TOUVET	BOUBOU
CHENET	ÉMIRAT	IGOROT	NOROÎT	REGRET	TRAJET	BOUCAU
CHEVET	ENCART	IMPACT	NOUGAT	RELENT	TRENET	BOURRU
CHRIST	ENDUIT	INÉDIT	NÛMENT	REPLET	TRIBUT	BUREAU
CIMENT	ENFANT	INFECT	OCELOT	REPORT	TRICOT	CACHOU
CLAPET	ERRANT	INGRAT	ODORAT	RIEMST	TRIPOT	CADEAU
CLIENT	ÉRUDIT	INSERT	OLIVET	ROQUET	TURBOT	CEFALU

CÉTEAU	FUSEAU	MARLOU	PUCEAU	VAUDOU	HIDEUX	VASEUX
CHARNU	GÂTEAU	MILIEU	RAMEAU	VENTRU	JALOUX	VÉREUX
CISEAU	GOUROU	MOSCOU	RÂTEAU	VERROU	JOYEUX	
CONGRU	GRIFFU	MOUSSU	RÉSEAU	VERTOU	LARYNX	**Y**
COPEAU	GRIGOU	MUSEAU	RÉSIDU		MITEUX	COLLEY
COTEAU	GRISOU	NANDOU	RÉSOLU	**V**	NOUEUX	DISNEY
COUCOU	HAMEAU	NASEAU	RETENU		ODIEUX	GRANBY
CROCHU	HÉBREU	NASSAU	REVENU	ASIMOV	OISEUX	HOCKEY
DÉTENU	HINDOU	NIVEAU	RÉVOLU	BRASOV	OSSEUX	SHERRY
DÉVOLU	INGÉNU	NOUNOU	RIDEAU	LEONOV	PÂTEUX	WHISKY
ÉMOULU	JOUJOU	OISEAU	ROSEAU		PÉTEUX	
ENESCU	JUMEAU	ORMEAU	SARRAU	**X**	PITEUX	
ÉPERDU	LANDAU	PINEAU	SUREAU	AQUEUX	POREUX	
ERSEAU	LINDAU	PIPEAU	TÊTEAU	COCCYX	REFLUX	
ESSIEU	LITEAU	PISTOU	TOUFFU	DUPLEX	SPHINX	
ÉTENDU	LITTAU	POINTU	TOUTOU	FAMEUX	SUSSEX	
FOUFOU	LOULOU	POTEAU	TUDIEU	GÂTEUX	THORAX	
FOURBU	MAFFLU	POURVU	VAINCU	GAZEUX	UNIEUX	

MOTS DE 7 LETTRES

1re

POSITION

A

ABACULE	ABRITER	ACTRICE	AFFINER	AJOUTER	ALTESSE
ABAISSE	ABROGER	ACUMINÉ	AFFLUER	AJUSTER	ALTIÈRE
ABANDON	ABRUPTE	ADAPTER	AFFOLÉE	ALABAMA	ALUCITE
ABATAGE	ABRUTIE	ADDENDA	AFFOLER	ALANGUI	ALVÉOLE
ABATTRE	ABRUTIR	ADÉNITE	AFFREUX	ALANINE	AMAIGRI
ABATTUE	ABSENCE	ADÉNOME	AFFRONT	ALARMER	AMANITE
ABBESSE	ABSENTE	ADÉQUAT	AFFUBLÉ	ALBERTA	AMARRÉE
ABCÉDER	ABSIDAL	ADHÉRER	AFFÛTER	ALBINOS	AMARRER
ABDOMEN	ABSOLUE	ADHÉSIF	AFGHANE	ALCALIN	AMASSER
ABEILLE	ABSURDE	ADIPSIE	AGAÇANT	ALÉRION	AMATEUR
ABIÉTIN	ABUSIVE	ADJOINT	AGENCÉE	ALERTÉE	AMAZONE
ABITIBI	ACADIEN	ADJUGER	AGENCER	ALERTER	AMBIANT
ABJECTE	ACCÉDER	ADJURER	AGÉRATE	ALÉSAGE	AMBIGUË
ABJURER	ACCOLER	ADMIRER	AGILITÉ	ALÉSEUR	AMENDÉE
ABLATIF	ACCORTE	ADOPTER	AGNELER	ALGÈBRE	AMENDER
ABLERET	ACCOTER	ADOSSER	AGNELET	ALGÉRIE	AMÉNITÉ
ABONDER	ACCOURU	ADOUBER	AGNOSIE	ALIÉNÉE	AMERLOT
ABONNIR	ACCUEIL	ADOUCIR	AGRÉGER	ALIÉNER	AMERRIR
ABORDER	ACCULER	ADRESSE	AGRESTE	ALIFÈRE	AMEUTER
ABORTIF	ACCUSÉE	ADROITE	AGRIOTE	ALIGNER	AMIABLE
ABOULIE	ACCUSER	ADVENIR	AGUERRI	ALIMENT	AMIANTE
ABOUTER	ACÉTONE	ADVERSE	AIDANTE	ALISIER	AMICALE
ABOUTIE	ACHARNÉ	AÉRONEF	AIGREUR	ALLÉGÉE	AMINCIR
ABOUTIR	ACHETER	AÉROSOL	AIGUAIL	ALLÉGER	AMIRALE
ABRASER	ACHEVER	AESCHNE	AILERON	ALLÈGRE	AMNÉSIE
ABRASIF	ACHIGAN	AFFABLE	AILETTE	ALLIAGE	AMOCHER
ABRÉGÉE	ACIDITÉ	AFFADIR	AILLADE	ALLOTIR	AMODIER
ABRÉGER	ACIDULÉ	AFFAIRE	AIMABLE	ALLOUER	AMOLLIR
ABRICOT	ACIÉRER	AFFAMÉE	AIMANTE	ALLUMER	AMORALE
	ACIÉRIE	AFFAMER	AÎNESSE	ALLUSIF	AMORCÉE
	ACOLYTE	AFFÉTÉE	AIRELLE	ALOUATE	AMORCER
	ACOMPTE	AFFICHE	AISANCE	ALTÉRÉE	AMOROSO
	ACTINIE	AFFILER	AISSEAU	ALTÉRER	AMORTIR
	ACTIVER	AFFILIÉ	AJOURER	ALTERNÉ	AMPHORE

AMPLEUR	APERÇUE	ARTIMON	ATTRAIT	BADERNE	BASTION
AMPOULE	APÉTALE	ARTISAN	ATTRAPE	BADINER	BÂTARDE
AMPUTER	APEURÉE	ARTISTE	AUBAINE	BAFOUER	BATAVIA
AMUSANT	APEURER	ASBESTE	AUBERGE	BAFREUR	BATELET
AMUSEUR	APHONIE	ASEXUÉE	AUGURER	BAGARRE	BÂTISSE
ANACLET	APICALE	ASIALIE	AUGUSTE	BAGASSE	BATOUDE
ANAHEIM	APLANIR	ASOCIAL	AULNAIE	BAGNARD	BATTAGE
ANAHUAC	APLATIR	ASPERGE	AUNEUIL	BAGNOLE	BATTEUR
ANALYSE	APPARAT	ASPIRER	AURÉLIE	BAGUIER	BATTURE
ANCÊTRE	APPÂTER	ASSAGIR	AURÉOLE	BAIGNER	BAUMIER
ANCHOIS	APPELER	ASSENER	AUROCHS	BÂILLER	BAVARDE
ANCOLIE	APPÉTIT	ASSEOIR	AUSTÈRE	BAISSÉE	BAVETTE
ANDALOU	APPOSER	ASSETTE	AUSTRAL	BAISSER	BÉCASSE
ANDANTE	APPRÊTÉ	ASSIDUE	AUTISME	BALADER	BECAUSE
ANÉMIER	APPUYER	ASSOCIÉ	AUTISTE	BALADIN	BÉCOTER
ANÉMONE	AQUILIN	ASSOLER	AUTOMNE	BALAFON	BEDAINE
ANGÉLUS	ARBITRE	ASSORTI	AVACHIR	BALAFRE	BÉDOUIN
ANGLAIS	ARBORER	ASSOUAN	AVALOIR	BALANCE	BEFFROI
ANHÉLER	ARBOUSE	ASSUMER	AVANCÉE	BALAYER	BÉGONIA
ANIMALE	ARBUSTE	ASSURÉE	AVANCER	BALEINE	BÉGUINE
ANNALES	ARCHÈRE	ASSURER	AVARICE	BALISER	BÊLANTE
ANNELÉE	ARDENTE	ASTAIRE	AVARIÉE	BALISTE	BELETTE
ANNELER	ARDOISE	ASTASIE	AVARIER	BALLADE	BÉLÎTRE
ANNEXÉE	ARÉNACÉ	ASTÉRIE	AVELINE	BALLAST	BELOEIL
ANNEXER	ARÊTIER	ASTÉRIX	AVENANT	BALOURD	BÉLOUGA
ANNONCE	ARGENTÉ	ASTICOT	AVERTIE	BANCALE	BENGALI
ANNOTER	ARIDITÉ	ASTRALE	AVERTIR	BANDEAU	BÉNIGNE
ANNUITÉ	ARIENNE	ATELIER	AVEULIR	BANQUET	BENZÈNE
ANNULER	ARIETTE	ATHÈNES	AVICOLE	BAPTÊME	BERCAIL
ANOBLIR	ARLETTY	ATHLÈTE	AVOCATE	BARATIN	BERCEAU
ANODINE	ARMENIA	ATLANTA	AVORTER	BARATTE	BERGÈRE
ÂNONNER	ARMOISE	ATONALE	AVORTON	BARBANT	BERLINE
ANORMAL	AROÏDÉE	ATTACHÉ	AYROLLE	BARBARE	BÉSIGUE
ANSELME	AROMATE	ATTAQUE		BARBOTE	BESOGNE
ANTENNE	ARPÉGÉE	ATTARDÉ	**B**	BARDANE	BESTIAL
ANTHRAX	ARPÉGER	ATTEINT		BARIOLÉ	BÊTASSE
ANTIQUE	ARRÊTER	ATTELER	BABINES	BARMAID	BEUGLER
ANTIVOL	ARRIÈRE	ATTENTE	BABIOLE	BARONNE	BEURRÉE
ANXIÉTÉ	ARRIMER	ATTERRÉ	BABOUIN	BAROQUE	BEURRER
AORTITE	ARRIVER	ATTESTÉ	BÂCHAGE	BARREAU	BIAISER
APAISER	ARROCHE	ATTIFER	BACILLE	BASALTE	BIBELOT
APATHIE	ARROSER	ATTIRER	BÂCLAGE	BASANÉE	BICROSS
APEPSIE	ARSENAL	ATTISER	BADAUDE	BASTIDE	BICYCLE

BIENNAL	BORDURE	BRASSÉE	BUVETTE	CAMARDE	CASCADE
BIENTÔT	BORÉALE	BRASSER	BUVEUSE	CAMBRER	CASERET
BIFFURE	BOSQUET	BRAVADE		CAMBUSE	CASERNE
BIGARRÉ	BOSSUER	BRESCIA	**C**	CAMELOT	CASQUÉE
BIGORNE	BOTTIER	BRETTER		CAMPANE	CASSAGE
BILLARD	BOTTINE	BRETZEL	CABANON	CANASTA	CASSANT
BILLION	BOUCHER	BRIEFER	CABARET	CANDEUR	CASSEAU
BINAIRE	BOUCHON	BRIGADE	CABINET	CANDIAC	CASSEUR
BINETTE	BOUCLÉE	BRIGAND	CABOCHE	CANDIDE	CASSURE
BIOPSIE	BOUCLER	BRIGUER	CABOSSE	CANETON	CASTRAT
BIPLACE	BOUDEUR	BRILLER	CABOTIN	CANETTE	CASTRES
BISCUIT	BOUDOIR	BRIMADE	CACAOTÉ	CANEVAS	CATHARE
BISQUER	BOUFFÉE	BRINGUE	CACAOUI	CANICHE	CAUDALE
BISTROT	BOUFFER	BRIOCHE	CADAVRE	CANITIE	CAUSANT
BITONAL	BOUFFIE	BRIONNE	CADENAS	CANNELÉ	CAUSEUR
BIVOUAC	BOUFFON	BRIOUDE	CADENCE	CANOTER	CAUTION
BIZARRE	BOUILLE	BRIOUZE	CADETTE	CANTATE	CAVERNE
BLAFARD	BOUILLI	BRIQUET	CADRAGE	CANTINE	CÉDILLE
BLAGUER	BOULEAU	BRISANT	CADREUR	CANULAR	CEINDRE
BLAIRER	BOULIER	BRISEUR	CADUQUE	CAPABLE	CÉLÈBRE
BLANCHE	BOULOIR	BRISTOL	CAFÉIER	CAPITAL	CÉLESTE
BLASANT	BOUQUET	BRISURE	CAGETTE	CAPITÉE	CÉLIBAT
BLENNIE	BOUQUIN	BROCARD	CAGNARD	CAPITON	CELLIER
BLESSÉE	BOURBON	BROCHÉE	CAGOULE	CAPONNE	CELLULE
BLESSER	BOURDON	BROCHER	CAHOTER	CAPORAL	CENDRÉE
BLINDÉE	BOURRÉE	BROCHET	CAILLÉE	CAPOTER	CENELLE
BLINDER	BOURRER	BRONZÉE	CAILLER	CAPRICE	CENSEUR
BLONDIN	BOURRIN	BROSSÉE	CAILLOT	CÂPRIER	CENSURE
BLOUSON	BOURRUE	BROSSER	CAILLOU	CAPRINE	CENTIME
BLUETTE	BOUSIER	BROUSSE	CAISSON	CAPTEUR	CENTRAL
BLUFFER	BOUTADE	BROUTER	CAJOLER	CAPTIVE	CENTRÉE
BOBINER	BOUTOIR	BROYEUR	CALAMAR	CAPTURE	CÉRASTE
BOBTAIL	BOXEUSE	BRÛLANT	CALCINÉ	CAPUCIN	CERBÈRE
BOISSON	BRADEUR	BRÛLURE	CALEÇON	CARABIN	CERCLÉE
BOITEUX	BRAILLE	BRUMEUX	CALEPIN	CARACAS	CERCLER
BOÎTIER	BRAISÉE	BRUSQUE	CALIBRE	CARAFON	CÉRÉALE
BOLIVAR	BRAISER	BRUTALE	CÂLINER	CARAMEL	CERTAIN
BOLIVIE	BRANCHE	BUISSON	CALLEUX	CARENCE	CÉRUMEN
BOLOGNE	BRANCHU	BURETTE	CALMANT	CARESSE	CERVEAU
BONASSE	BRANDIR	BURNABY	CALOTTE	CARISTE	CESSION
BONHEUR	BRANLER	BURNOUS	CALQUÉE	CARNAGE	CÉTOINE
BONJOUR	BRASIER	BUSTIER	CALUMET	CARTIER	CÉVENOL
BONSOIR	BRASSAC	BUTINER	CAMAÏEU	CASAQUE	CHABLIS

CHACONE	CHICHIS	CLÔTURE	COMPOSÉ	CONVIVE	COURAGE
CHAGRIN	CHIENNE	CLOUTÉE	COMPOST	COPISTE	COURANT
CHAÎNÉE	CHIFFRE	COALISÉ	COMPOTE	COPULER	COURBÉE
CHAÎNER	CHIMÈRE	COASSER	COMPTÉE	COQUARD	COURBER
CHAÎNON	CHINEUR	COCAGNE	COMPTER	COQUINE	COUREUR
CHALAND	CHINOOK	COCAÏNE	CONARDE	CORBEAU	COURSER
CHALEUR	CHOISIE	COCARDE	CONASSE	CORDAGE	COUSINE
CHAMADE	CHOISIR	COCHÈRE	CONCAVE	CORDIAL	COUSSIN
CHAMBLY	CHÔMAGE	COCKNEY	CONCEPT	CORIACE	COUTEAU
CHAMBRE	CHOQUÉE	COCOTER	CONCERT	CORMIER	COÛTEUX
CHAMEAU	CHORALE	COCOTTE	CONCILE	COROLLE	COUTUME
CHAMPIS	CHROMÉE	CODÉINE	CONCISE	CORONER	COUTURE
CHANCRE	CIBOIRE	COFFRÉE	CONCRET	CORRECT	COUVENT
CHANGÉE	CIMAISE	COFFRER	CONFIER	CORRIDA	COUVERT
CHANGER	CINGLÉE	COGÉRER	CONFINS	CORRIGÉ	COUVOIR
CHANSON	CINGLER	COGITER	CONFITE	CORSAGE	COUVRIR
CHANTER	CINTRER	COIFFÉE	CONFLIT	CORTÈGE	CRACHAT
CHANVRE	CIPOLIN	COIFFER	CONFORT	COSAQUE	CRACHER
CHAPEAU	CIRCUIT	COINCÉE	CONFUSE	COSTALE	CRACHIN
CHARADE	CIRIÈRE	COINCER	CONGELÉ	COSTARD	CRAINTE
CHARGÉE	CISELER	COLIQUE	CONGÈRE	COSTAUD	CRAMPON
CHARGER	CISELET	COLLANT	CONGRÈS	COSTUME	CRANTER
CHARITÉ	CITADIN	COLLÈGE	CONGRUE	COTERIE	CRAONNE
CHARMÉE	CITERNE	COLLIER	CONJURÉ	COTISER	CRAPAUD
CHARMER	CITHARE	COLLINE	CONNARD	COUARDE	CRAPULE
CHARNEL	CITOYEN	COLONIE	CONNEXE	COUCHÉE	CRAQUER
CHARNUE	CITRINE	COLONNE	CONQUIS	COUCHER	CRATÈRE
CHARRON	CIVETTE	COLORER	CONSEIL	COUENNE	CRAVATE
CHARRUE	CIVIÈRE	COLORIS	CONSORT	COUETTE	CRAWLER
CHARTRE	CIVISME	COLOSSE	CONSTAT	COUFFIN	CRÉANCE
CHASSÉE	CLAMEUR	COMBIEN	CONTACT	COUGUAR	CRÉATIF
CHASSER	CLARIAS	COMBLÉE	CONTENT	COUILLE	CRÉDULE
CHÂSSES	CLASSÉE	COMBLER	CONTENU	COUINER	CRÉNELÉ
CHÂTEAU	CLASSER	COMÉDIE	CONTEUR	COULAGE	CRÉPINE
CHÂTIER	CLÉBARD	COMICES	CONTIGU	COULANT	CRESSON
CHAUMÉE	CLÉMENT	COMMENT	CONTINU	COULEUR	CRÉTACÉ
CHEDDAR	CLENCHE	COMMÈRE	CONTOUR	COULOIR	CRÉTINE
CHEMISE	CLEPHTE	COMMODE	CONTRAT	COULURE	CREUSER
CHÉTIVE	CLIENTE	COMMUNE	CONTRÉE	COUPANT	CREUSET
CHEVRON	CLOAQUE	COMPACT	CONTRER	COUPLÉE	CREVARD
CHIALER	CLOISON	COMPÈRE	CONTRIT	COUPLER	CRIANTE
CHICANE	CLONAGE	COMPLET	CONTUSE	COUPLET	CRIARDE
CHICANO	CLOQUER	COMPLOT	CONVIER	COUPURE	CRIBLÉE

CRIEUSE	CURETER	DÉCODER	DÉMOLIR	DESSOUS	DISEUSE
CRIQUET	CURETON	DÉCORER	DÉMUNIR	DÉSUÈTE	DISPARU
CRISPER	CURETTE	DÉCOUSU	DÉNOUER	DÉSUNIE	DISPOSÉ
CRISSER	CURIEUX	DÉCRIER	DENTALE	DÉSUNIR	DISPUTE
CRISTAL	CURISTE	DÉCRIRE	DENTIER	DÉTALER	DISSIPÉ
CRITÈRE	CUTANÉE	DÉDUIRE	DENTURE	DÉTAXER	DISSOUS
CROATIE	CYCLONE	DÉFAIRE	DÉNUDÉE	DÉTELER	DISTANT
CROCHER	CYCLOPE	DÉFAITE	DÉNUDER	DÉTENDU	DIVERSE
CROCHET	CYMBALE	DÉFENDU	DÉNUTRI	DÉTENIR	DIVETTE
CROCHUE	CYNISME	DÉFENSE	DÉPARER	DÉTENTE	DIVISER
CROISÉE		DÉFILER	DÉPECER	DÉTENUE	DIVORCE
CROISER	**D**	DÉFINIE	DÉPENSE	DÉTONER	DOCTEUR
CROÎTRE		DÉFINIR	DÉPÉRIR	DÉTROIT	DOLENTE
CROQUER	DAIGNER	DÉFUNTE	DÉPILER	DÉVALER	DOMAINE
CROQUET	DALLAGE	DÉGAGÉE	DÉPITER	DÉVEINE	DOMINER
CROTTÉE	DAMASSÉ	DÉGAGER	DÉPLIER	DÉVÊTIR	DOMMAGE
CROTTER	DANOISE	DÉGAZER	DÉPOLIR	DEVINER	DOMPTER
CROTTIN	DANSEUR	DÉGELÉE	DÉPOSER	DÉVIRER	DOPANTE
CROULER	DARAISE	DÉGELER	DÉPOTER	DEVISER	DORSALE
CROUPIR	DARIOLE	DÉGOTER	DÉPRAVÉ	DÉVOLUE	DORTOIR
CROÛTON	DATTIER	DÉGOÛTÉ	DÉPRIME	DÉVOUÉE	DOSSIER
CROYANT	DAURADE	DÉGUISÉ	DÉPRISE	DÉVOUER	DOUBLÉE
CRUAUTÉ	DÉBÂCLE	DÉJETER	DÉPUTÉE	DÉVOYÉE	DOUCEUR
CRUCIAL	DÉBÂTIR	DÉJOUER	DÉRAGER	DIABÈTE	DOUCHER
CRUELLE	DÉBINÉE	DÉLABRÉ	DÉRAPER	DIAMANT	DOUILLE
CRUISER	DÉBINER	DÉLACER	DÉRASER	DIANTRE	DOULEUR
CRÛMENT	DÉBITER	DÉLAVÉE	DÉRIDER	DIAPRÉE	DOUZAIN
CRURALE	DÉBOIRE	DÉLAVER	DÉRIVÉE	DIAPRER	DOYENNE
CUILLER	DÉBRIDÉ	DÉLÉGUÉ	DÉRIVER	DICTION	DRACÉNA
CUISANT	DÉBUTER	DÉLICAT	DERNIER	DIÉRÈSE	DRACHER
CUISINE	DÉCALER	DÉLIRER	DÉROBER	DIGÉRER	DRAGAGE
CUISSOT	DÉCATIR	DÉLOGER	DÉROGER	DIGITAL	DRAGUÉE
CUISTOT	DÉCÉDÉE	DÉLURÉE	DÉROUTE	DIGNITÉ	DRAINER
CUISTRE	DÉCÉDER	DÉLURER	DÉSAVEU	DILATER	DRAPEAU
CUIVRÉE	DÉCELER	DEMANDE	DÉSAXÉE	DILEMME	DREISER
CULASSE	DÉCENCE	DÉMÊLÉE	DÉSERTE	DÎNETTE	DRESSER
CULBUTE	DÉCENTE	DÉMÊLER	DÉSIRER	DIPLÔME	DRILLÉE
CULOTTE	DÉCHOIR	DÉMENCE	DÉSOLÉE	DIRECTE	DROGUÉE
CULTIVÉ	DÉCIBEL	DÉMENTE	DÉSOLER	DIRIGER	DROSÉRA
CULTURE	DÉCIDÉE	DÉMENTI	DÉSOSSÉ	DISCALE	DROSSER
CUMULER	DÉCIDER	DEMEURE	DESPOTE	DISCRET	DUALITÉ
CURABLE	DÉCIMER	DEMIARD	DESSEIN	DISCUTÉ	DUPERIE
CURATIF	DÉCISIF	DÉMODÉE	DESSERT	DISETTE	DURABLE

E	ÉCRÊTER	ELLIPSE	ENCLINE	ENROBER	ÉPINARD
	ÉCROUER	ÉLONGER	ENCLORE	ENRÔLER	ÉPINEUX
EASTMAN	ECTOPIE	ELTAJIN	ENCLUME	ENROUÉE	ÉPINGLE
ÉBAUBIE	ÉCUELLE	ÉLUSIVE	ENCOCHE	ENROUER	ÉPINIER
ÉBAUCHE	ÉCUSSON	ÉLYSÉEN	ENCORNÉ	ENSELLÉ	ÉPISODE
ÉBÉNIER	ÉDENTÉE	ÉMACIÉE	ENDÉMIE	ENSILER	ÉPISSER
ÉBERLUÉ	ÉDENTER	ÉMACIER	ENDROIT	ENSUITE	ÉPITOGE
ÉBLOUIR	ÉDICTER	EMBÊTER	ENDUIRE	ENTAMÉE	ÉPLORÉE
ÉBOUEUR	ÉDICULE	EMBLÈME	ENDUITE	ENTAMER	ÉPLOYER
ÉBOULER	ÉDIFICE	EMBOLIE	ENDURER	ENTENDU	ÉPONGÉE
ÉBOULIS	ÉDIFIER	EMBÛCHE	ÉNERGIE	ENTENTE	ÉPONGER
ÉBOUTER	ÉDITION	ÉMÉCHÉE	ÉNERVÉE	ENTÊTÉE	ÉPOUSÉE
ÉBRIÉTÉ	ÉDREDON	ÉMERGER	ÉNERVER	ENTÊTER	ÉPOUSER
ÉBROUER	ÉDUQUER	ÉMÉRITE	ENFANCE	ENTIÈRE	ÉPREUVE
ÉBURNÉE	EFFACÉE	ÉMÉTINE	ENFILER	ENTÔLER	EPSILON
ÉCACHER	EFFACER	ÉMETTRE	ENFOIRÉ	ENTORSE	ÉPUISÉE
ÉCAILLE	EFFARÉE	ÉMIGRÉE	ENFOUIR	ENTRAIN	ÉPUISER
ÉCARTER	EFFIGIE	ÉMIGRER	ENFÛTER	ENTRAVE	ÉQUERRE
ÉCHANGE	EFFILÉE	ÉMINCÉE	ENGAGER	ENVAHIR	ÉQUIPÉE
ÉCHARPE	EFFILER	ÉMINCER	ENGLUER	ENVASER	ÉQUIPER
ÉCHELLE	EFFRAIE	ÉMINENT	ENGONCÉ	ENVINÉE	ÉRAFLER
ÉCHELON	EFFRÉNÉ	EMMÊLER	ENGRAIS	ENVIRON	ÉRAILLÉ
ÉCHEVIN	ÉGALITÉ	EMMENER	ENGRÊLÉ	ENVOLÉE	ÉREINTÉ
ÉCHIDNÉ	ÉGISTHE	EMMERDE	ENIVRER	ENVOLER	ERGOTÉE
ÉCHINÉE	ÉGLEFIN	EMMURER	ENJÔLER	ENVOYER	ERGOTER
ÉCHOUER	ÉGLOGUE	ÉMONDER	ENJOUÉE	ÉOLITHE	ÉROGÈNE
ÉCLAIRÉ	ÉGOÏSME	ÉMOTION	ENLACER	ÉONISME	ÉROSION
ÉCLATER	ÉGOÏSTE	ÉMOTIVE	ENLEVÉE	ÉPAISSE	ÉROSIVE
ÉCLIPSE	ÉGORGER	ÉMOTTER	ENLEVER	ÉPANDRE	ERRANCE
ÉCLISSE	ÉGRENER	ÉMOULUE	ENLISER	ÉPANNER	ERRANTE
ÉCLOPÉE	ÉGRISER	EMPÂTER	ENNÉADE	ÉPANOUI	ERRATUM
ÉCLUSÉE	ÉHONTÉE	EMPENNE	ENNEIGÉ	ÉPARGNE	ERRONÉE
ÉCOLAGE	ÉJECTER	EMPESÉE	ENNEMIE	ÉPATANT	ERSTEIN
ÉCOLIER	ÉLAGUER	EMPESER	ENNUYER	ÉPAULÉE	ÉRUCTER
ÉCONOME	ÉLANCÉE	EMPHASE	ÉNONCÉE	ÉPAULER	ÉRUDITE
ÉCORCER	ÉLANCER	EMPILER	ÉNONCER	ÉPÉISTE	ESCADRE
ÉCORNER	ÉLARGIR	EMPIRER	ENQUÊTE	ÉPERDUE	ESCARPÉ
ÉCOULER	ÉLECTIF	EMPLOYÉ	ENRAGÉE	ÉPERLAN	ESCARRE
ÉCOUTER	ÉLÉGANT	EMPOTÉE	ENRAGER	ÉPEURER	ESCIENT
ÉCRASÉE	ELEISON	EMPRISE	ENRAYÉE	ÉPIAIRE	ESCLAVE
ÉCRASER	ÉLÉMENT	EMPRUNT	ENRAYER	ÉPICIER	ESCOBAR
ÉCRÉMÉE	ÉLEVAGE	ENCADRÉ	ENRÊNER	ÉPIGONE	ESCORTE
ÉCRÉMER	ÉLINGUE	ENCAGER	ENRHUMÉ	ÉPINAIE	ESCRIME

ÉSÉRINE	ÉTRENNE	EXPERTE	FARAUDE	FÉVRIER	FLEURIE
ESPACÉE	ÉTRIPER	EXPIRER	FARCEUR	FIANCÉE	FLEURIR
ESPACER	ÉTROITE	EXPLOIT	FARDEAU	FIASQUE	FLIPPER
ESPÉRER	ÉTUDIER	EXPOSÉE	FARFELU	FIBROME	FLIRTER
ESSAYER	EUDÉMIS	EXPOSER	FARINER	FICAIRE	FLORALE
ESSENCE	EUDISTE	EXPRESS	FASCIÉE	FICELÉE	FLORIDE
ESSEULÉ	EUNECTE	EXSUDER	FATIGUE	FICELER	FLOTTÉE
ESSORER	EURASIE	EXTERNE	FATUITÉ	FICELLE	FLOTTER
ESSUYER	EUTOCIE	EXTRAIT	FAUCHÉE	FICHIER	FLUENTE
ESTAMPE	ÉVACUER	EXTRÊME	FAUCHER	FICTION	FLUETTE
ESTIMÉE	ÉVALUER	EXTRUDÉ	FAUCHET	FICTIVE	FLUVIAL
ESTIMER	ÉVANOUI	EXULTER	FAUSSER	FIFILLE	FOETALE
ESTOMAC	ÉVASION		FAUTEUR	FIGURÉE	FOFOLLE
ESTOMPE	ÉVASIVE	**F**	FAUTIVE	FIGURER	FOLÂTRE
ESTONIE	ÉVASURE		FAVORIS	FILAIRE	FOLIACÉ
ESTRADE	ÉVEILLÉ	FABLIAU	FÉBRILE	FILETER	FORAINE
ÉTABLIE	ÉVENTÉE	FABULER	FÉCONDE	FILEUSE	FORCENÉ
ÉTABLIR	ÉVENTER	FACÉTIE	FEDAYIN	FILIÈRE	FORCEPS
ÉTAGÈRE	EVEREST	FÂCHANT	FEELING	FILLEUL	FOREUSE
ÉTALAGE	ÉVIDENT	FACIALE	FEINDRE	FILOCHE	FORFAIT
ÉTAMINE	ÉVIDURE	FACTEUR	FÉLONNE	FILTRÉE	FORLANE
ÉTAMPÉE	ÉVINCER	FACTICE	FEMELLE	FILTRER	FORMICA
ÉTAMPER	ÉVOLUER	FACTION	FÉMORAL	FINANCE	FORMULE
ÉTANÇON	ÉVOQUER	FACTUEL	FENDANT	FINAUDE	FORTUIT
ÉTEINTE	EXAGÉRÉ	FACTURE	FENÊTRE	FINESSE	FORTUNE
ÉTENDRE	EXALTÉE	FACULTÉ	FENOUIL	FINETTE	FOSSILE
ÉTENDUE	EXALTER	FADAISE	FÉODALE	FISCALE	FOSSOIR
ÉTERNEL	EXAUCER	FADASSE	FERMETÉ	FISSURE	FOUCADE
ÉTÉSIEN	EXCAVER	FAGOTIN	FERMIER	FIXATIF	FOUDRES
ÉTÊTAGE	EXCÉDER	FAIBLIR	FERMIUM	FLAGADA	FOUILLE
ÉTHÉRÉE	EXCEPTÉ	FAÏENCE	FERMOIR	FLAIRER	FOUINER
ÉTIOLÉE	EXCLURE	FAILLIR	FERRADE	FLAMANT	FOULARD
ÉTIOLER	EXCUSÉE	FAISANS	FERREUR	FLAMBER	FOULURE
ÉTOFFÉE	EXCUSER	FAISEUR	FERRURE	FLAMINE	FOURBIR
ÉTOFFER	EXÉCRER	FAÎTAGE	FERTILE	FLAMMÉE	FOURBUE
ÉTOILÉE	EXEMPLE	FALAISE	FERVENT	FLÂNEUR	FOURCHE
ÉTONNÉE	EXEMPTE	FALLOIR	FERVEUR	FLASQUE	FOURGON
ÉTONNER	EXERCÉE	FALUCHE	FESSIER	FLATTER	FOURNIE
ÉTOUFFÉ	EXERCER	FAMEUSE	FÊTARDE	FLAVEUR	FOURNIR
ÉTOUPÉE	EXÉRÈSE	FAMILLE	FÉTICHE	FLÉCHÉE	FOURRÉE
ÉTOURDI	EXHALER	FANEUSE	FEUILLE	FLÉCHIR	FOURRER
ÉTRANGE	EXHIBER	FANGEUX	FEUILLU	FLÉTRIR	FRAGILE
ÉTRÉCIR	EXISTER	FANTÔME	FEUTRÉE	FLEURER	FRAÎCHE

FRAIRIE	GÂCHEUR	GÉNOISE	GONDOLE	GRILLER	HAILLON
FRAISÉE	GAGEURE	GEÔLIER	GONFLÉE	GRILLON	HAINEUX
FRAISIL	GAGEUSE	GÉRANTE	GONFLER	GRIMACE	HAÏTIEN
FRANCHE	GAGNANT	GERBAGE	GORGONE	GRIMAGE	HALEINE
FRANGÉE	GAÎMENT	GERBIER	GORILLE	GRIMPER	HALENER
FRAPPÉE	GAINIER	GERÇURE	GOSETTE	GRINCER	HALETER
FRAPPER	GALANTE	GERFAUT	GOUACHE	GRIOTTE	HALLIER
FRATRIE	GALERIE	GÉRONTE	GOUFFRE	GRIPPÉE	HALTÈRE
FRAUDER	GALETAS	GERSEAU	GOURDIN	GRIPPER	HAMEÇON
FREINER	GALETTE	GESTION	GOURMET	GRISANT	HAMSTER
FRELATÉ	GALLOIS	GESTUEL	GOUSSET	GRIVOIS	HANTISE
FRESQUE	GALOCHE	GINSENG	GOÛTEUR	GROGNER	HARASSÉ
FRETTER	GALOPER	GIRASOL	GRABUGE	GROGNON	HARFANG
FRIANDE	GALOPIN	GIRELLE	GRACIER	GRONDER	HARICOT
FRILEUX	GALURIN	GIROFLE	GRACILE	GRONDIN	HARNAIS
FRIPIER	GAMELLE	GIROLLE	GRADUÉE	GROSSIR	HASBEEN
FRISSON	GARANCE	GIRONDE	GRADUEL	GROUPÉE	HÂTELET
FRITURE	GARANTE	GISANTE	GRADUER	GROUPER	HAUSSÉE
FRIVOLE	GARENNE	GLAÇAGE	GRAINÉE	GROUPIE	HAUSSER
FRONCER	GARGOTE	GLACIAL	GRAINER	GUANACO	HAUTAIN
FRONDÉE	GARNEAU	GLACIER	GRANDIR	GUÉPARD	HAUTEUR
FRONDER	GÂTERIE	GLAÏEUL	GRANULE	GUÊPIER	HAVENET
FROTTER	GÂTEUSE	GLAISER	GRAPHIE	GUÉRITE	HÉBERGÉ
FROUSSE	GAUCHER	GLAMOUR	GRAPPIN	GUETTER	HÉBÉTÉE
FRUGALE	GAUCHIR	GLANAGE	GRATTÉE	GUEULER	HECTARE
FUGITIF	GAUFRÉE	GLANDER	GRATTER	GUEVARA	HÉLICON
FUMEUSE	GAUFRER	GLANEUR	GRATUIT	GUIGNER	HÉMATIE
FUMISTE	GAULOIS	GLAUQUE	GRAVATS	GUIGNOL	HERBACÉ
FUNÈBRE	GAVEUSE	GLISSER	GRAVEUR	GUIGNON	HERBIER
FUNESTE	GAVOTTE	GLOUTON	GRAVITÉ	GUINDÉE	HERCULE
FURETER	GAZELLE	GLUANTE	GRAVURE	GUIPURE	HÉRÉSIE
FURIEUX	GAZEUSE	GLUCIDE	GRECQUE	GUITARE	HÉRITER
FURTIVE	GEINDRE	GNOCCHI	GREDINE		HERMINE
FUSELÉE	GÉMEAUX	GOBELET	GREFFÉE	**H**	HÉROÏNE
FUSETTE	GÊNANTE	GOBEUSE	GREFFER		HÉSITER
FUSIBLE	GENCIVE	GODASSE	GRENADE	HABILLÉ	HEUREUX
FUYANTE	GÉNÉRAL	GODBOUT	GRENIER	HABITAT	HEURTÉE
FUYARDE	GÉNÉRER	GODILLE	GRIFFÉE	HABITER	HEURTER
	GENETTE	GOÉLAND	GRIFFER	HABITUÉ	HIATALE
G	GÊNEUSE	GOINFRE	GRIFFON	HACHOIR	HIDEUSE
	GÉNIALE	GOLIATH	GRIFFUE	HACHURE	HIÉMALE
GABARIT	GÉNISSE	GOMMAGE	GRIGNON	HADDOCK	HINDOUE
GABELOU	GÉNITAL	GOMMIER	GRILLÉE	HAGARDE	HIRCINE

HIRSUTE	IMAGIER	INÉGALE	INTENSE	JASPURE	LACEUSE
HITTITE	IMBERBE	INEPTIE	INTÉRÊT	JAUGEUR	LÂCHETÉ
HOMÉLIE	IMBRÛLÉ	INERTIE	INTÉRIM	JAVELOT	LÂCHEUR
HOMMAGE	IMMENSE	INEXACT	INTERNE	JÉSUITE	LACHINE
HONNÊTE	IMMOLER	INEXPIÉ	INTIMÉE	JOCASSE	LACHUTE
HONNEUR	IMMONDE	INFAMIE	INTIMER	JOINDRE	LACONIE
HONORER	IMMORAL	INFATUÉ	INTROÏT	JOLIVET	LACOSTE
HONTEUX	IMPAIRE	INFECTE	INTRUSE	JONCHER	LAGNIEU
HÔPITAL	IMPASSE	INFÉODÉ	INULINE	JONGLER	LAIDEUR
HORAIRE	IMPIÉTÉ	INFÉRER	INUSITÉ	JOUABLE	LAINAGE
HORIZON	IMPLANT	INFICHU	INUSUEL	JOUEUSE	LAINIER
HORLOGE	IMPOLIE	INFINIE	INUTILE	JOUFFLU	LAISSÉE
HORREUR	IMPOSÉE	INFIRME	INVITÉE	JOURNAL	LAISSER
HOSANNA	IMPOSER	INFLUER	INVITER	JOURNÉE	LAITAGE
HOSTILE	IMPRÉVU	INFOUTU	IONESCO	JOUTEUR	LAITEUX
HOUBLON	IMPUNIE	INFUSER	IONIQUE	JOVIALE	LAITIER
HOUILLE	IMPUTER	INGÉNUE	IONISER	JOYEUSE	LAMBADA
HOUPPÉE	INACTIF	INGÉRER	IPSÉITE	JUBARTE	LAMBEAU
HOURDER	INANIMÉ	INGRATE	IRANIEN	JUBILER	LAMBINE
HUITAIN	INANITÉ	INHALER	IRIDIÉE	JUCHOIR	LAMBRIS
HULULER	INAVOUÉ	INHIBER	IRLANDE	JUGULER	LAMELLE
HUMÉRUS	INCESTE	INHUMER	IRRITÉE	JUILLET	LAMINER
HURLEUR	INCIPIT	INITIAL	IRRITER	JUMELER	LAMPARO
HURONNE	INCISER	INITIÉE	ISLANDE	JUMELLE	LAMPION
HUSSARD	INCISIF	INITIER	ISOCÈLE	JUPETTE	LANCEUR
HYALITE	INCITER	INJUSTE	ISOLANT	JUPITER	LANERET
HYDRANT	INCIVIL	INNOMMÉ	ISOLOIR	JURISTE	LANGAGE
HYPNOSE	INCLINÉ	INNOVER	ISSANTE	JUSTICE	LANGEAC
	INCLURE	INONDÉE	ISSOIRE		LANGUIR
I	INCLUSE	INONDER	ITALIEN	**K**	LANIÈRE
	INCONNU	INOPINÉ	IVOIRIN		LANISTE
IBÉRIDE	INCRÉÉE	INQUIET	IVRESSE	KAMICHI	LAPIDER
ICARIEN	INCUBER	INSECTE		KANDJAR	LAPINER
ICEBERG	INCULPÉ	INSENSÉ	**J**	KEFFIEH	LAQUAGE
IDÉELLE	INCULTE	INSÉRER		KETCHUP	LARAIRE
IDIOTIE	INCURIE	INSIGNE	JACOBÉE	KIOSQUE	LARGEUR
IGNOBLE	INDÉCIS	INSOLER	JACQUET		LARGUER
IGNORÉE	INDEMNE	INSPIRÉ	JAILLIR	**L**	LARISSA
IGNORER	INDIANA	INSTANT	JALOUSE		LARMIER
ILIAQUE	INDIGNE	INSULTE	JAMBIER	LABELLE	LASALLE
ÎLIENNE	INDUIRE	INSURGÉ	JANVIER	LABIÉES	LASCIVE
ILIESCU	INDURER	INTACTE	JAPPEUR	LACAUNE	LASSANT
ILLÉGAL	INÉDITE	INTÈGRE	JASEUSE	LACÉRER	LATENTE
				LACERIE	

LATÉRAL	LIFTIER	LORETTE	MACÉRÉE	MANDORE	MAUDIRE
LAURÉAT	LIGNARD	LORGNER	MACÉRER	MANDRIN	MAUDITE
LAURIER	LIGNEUX	LORGNON	MACHAON	MANETTE	MAUVAIS
LAUTREC	LIGOTER	LOSANGE	MÂCHEUR	MANIÈRE	MAZURKA
LAVANDE	LILIALE	LOTERIE	MACHINE	MANILLE	MÉANDRE
LAVASSE	LIMAÇON	LOUABLE	MACRAMÉ	MANITOU	MÉCÉNAT
LAVERIE	LIMETTE	LOUANGE	MACULER	MANQUÉE	MÉCHANT
LAVETTE	LIMITÉE	LOUBARD	MADRIER	MANQUER	MÉDECIN
LAVEUSE	LIMITER	LOUCHER	MAESTRO	MANTEAU	MÉDICAL
LAYETTE	LIMOGER	LOUEUSE	MAFFLUE	MARASME	MÉDITER
LECLERC	LIMPIDE	LOUFIAT	MAFIEUX	MARÂTRE	MÉDUSÉE
LECTEUR	LINAIRE	LOUKOUM	MAGASIN	MARAUDE	MÉDUSER
LECTURE	LINCEUL	LOUPIOT	MAGIQUE	MARBRÉE	MEETING
LÉCYTHE	LINÇOIR	LOURDER	MAGNÉTO	MARCHER	MÉFIANT
LÉGENDE	LINÉALE	LOUSTIC	MAIGRIR	MARELLE	MÉGOTER
LÉGISTE	LINIÈRE	LOYAUTÉ	MAILLÉE	MARIAGE	MEISTRE
LEMELIN	LINOTTE	LUCARNE	MAILLER	MARINÉE	MÉLANGE
LENTEUR	LINTEAU	LUCERNE	MAILLET	MARINER	MÊLANTE
LENTIGO	LIOTARD	LUCIOLE	MAILLON	MARITAL	MÉLASSE
LÉONINE	LIPARIS	LUCRÈCE	MAILLOT	MARMITE	MÉLILOT
LÉOPARD	LIQUEUR	LUGUBRE	MAJESTÉ	MAROTTE	MÉLODIE
LÉPREUX	LIQUIDE	LUISANT	MAJEURE	MARQUÉE	MELONNÉ
LESBIEN	LIRETTE	LUMBAGO	MAJORER	MARQUER	MEMBRÉE
LÉSINER	LISÉRÉE	LUMIÈRE	MALABAR	MARQUIS	MÉMENTO
LESTAGE	LISÉRER	LUNETTE	MALADIE	MARRANT	MÉMOIRE
LETTONE	LISERON	LUPANAR	MALADIF	MARSALA	MENACÉE
LETTRÉE	LISEUSE	LUPULIN	MALAIRE	MARTEAU	MENACER
LEUCOME	LISIÈRE	LURETTE	MALAISE	MARTIAL	MÉNAGÉE
LEURRÉE	LISSEUR	LURONNE	MALARIA	MARTINI	MÉNAGER
LEURRER	LISSIER	LUSTRER	MALAXER	MARTYRE	MENDIER
LÉVITER	LISSOIR	LUTÉINE	MALFRAT	MASQUER	MENEUSE
LEVRAUT	LITANIE	LUTHIER	MALHEUR	MASSAGE	MENOTTE
LEXIQUE	LITERIE	LUTINER	MALIGNE	MASSEUR	MENSUEL
LIAISON	LITIÈRE	LUTTEUR	MALOTRU	MASSIVE	MENTALE
LIARDER	LITORNE	LUZERNE	MALPOLI	MASTITE	MENTANA
LIBELLE	LOCUSTE	LYRIQUE	MALSAIN	MATADOR	MENTEUR
LIBÉRAL	LOGEUSE		MAMELLE	MATELAS	MENTION
LIBÉRÉE	LOISIRS	**M**	MAMELON	MATELOT	MÉPLATE
LIBÉRER	LOMBRIC		MAMOURS	MATIÈRE	MÉPRISE
LIBERTÉ	LONDRES	MABOULE	MANAGER	MATINÉE	MERCURE
LICENCE	LONGUET	MACABRE	MANCHON	MATOISE	MERDEUX
LICITER	LOPETTE	MACAQUE	MANCHOT	MATRICE	MERDIER
LICORNE	LORDOSE	MACARON	MANDALE	MATRONE	MÉRITER

MÉSANGE	MODÉRÉE	MOTIVER	NARGUER	NOLISER	OEILLET
MESCLUN	MODÉRER	MOTRICE	NATUREL	NOMBRIL	OEUVRER
MESQUIN	MODERNE	MOUCHÉE	NAVARIN	NOMINÉE	OFFENSE
MESSAGE	MODESTE	MOUETTE	NAVETTE	NONANTE	OGRESSE
MESURÉE	MODULER	MOUFLET	NAVRANT	NORIEGA	OISELER
MESURER	MOINDRE	MOUFLON	NÉCROSE	NORMALE	OISELET
MÉSUSER	MOINEAU	MOUFTER	NÉFASTE	NORROIS	OISELLE
MÉTÉORE	MOISSON	MOUILLÉ	NÉGATIF	NOTABLE	OISEUSE
MÉTHODE	MOITEUR	MOULAGE	NÉGATON	NOTAIRE	OLÉODUC
MÉTRITE	MOLAIRE	MOULURE	NEIGEUX	NOTARIÉ	OLÉOLAT
MEUBLÉE	MOLETER	MOURANT	NÉLOMBO	NOTOIRE	OLIVIER
MEUGLER	MOLETTE	MOUSSÉE	NÉMÉENS	NOUEUSE	OLTÉNIE
MEUNIER	MOLOSSE	MOUSSER	NÉMÉSIS	NOURRIE	OMBILIC
MEURTRE	MOMERIE	MOUSSON	NÉNETTE	NOURRIR	OMBRAGE
MIAULER	MONACAL	MOUSSUE	NÉOGÈNE	NOUVEAU	OMETTRE
MICROBE	MONCEAU	MOUTARD	NÉOTTIE	NUAISON	OMICRON
MIJOTER	MONDAIN	MOUTURE	NEPTUNE	NUANCÉE	OMNIBUS
MILDIOU	MONDIAL	MOUVANT	NÉRÉIDE	NUANCER	ONCIALE
MILITER	MONIALE	MOUVOIR	NERPRUN	NUEMENT	ONCTION
MILLIER	MONNAIE	MULÂTRE	NERVEUX	NULLITÉ	ONDULER
MINABLE	MONOCLE	MULSION	NERVINE	NUMÉRAL	ONÉREUX
MINERAI	MONSTRE	MURMURE	NETTETÉ		ONGUENT
MINÉRAL	MONTAGE	MUSARDE	NEURALE	**O**	ONTARIO
MINERVE	MONTANA	MUSCADE	NEURONE		ONUSIEN
MINEURE	MONTANT	MUSCLER	NEUTRON	OBÉSITÉ	OPACITÉ
MINIMUM	MONTOIR	MUSELER	NÉVRITE	OBLIGER	OPALINE
MINUTÉE	MONTRÉE	MUSETTE	NÉVROSE	OBSCÈNE	OPIACÉE
MINUTIE	MONTRER	MUSICAL	NIAISER	OBSCURE	OPINION
MIOLLIS	MONTURE	MUSIQUE	NIELLER	OBSÉDÉE	OPPOSÉE
MIRABEL	MORAINE	MUSQUÉE	NIGAUDE	OBSÉDER	OPPOSER
MIRACLE	MORBIDE	MUTILÉE	NIGERIA	OBSTINÉ	OPTIMAL
MIRADOR	MORBIER	MUTILER	NÎMOISE	OBTENIR	OPTIMUM
MIRAUDE	MORCEAU	MUTISME	NIOBIUM	OBUSIER	OPTIQUE
MISAINE	MORDANT	MYRIADE	NIRVANA	OCARINA	OPULENT
MISSION	MORDORÉ	MYSTÈRE	NITRATE	OCCLURE	ORAGEUX
MISSIVE	MORELLE		NITRITE	OCCULTE	ORAISON
MISTRAL	MORFALE	**N**	NITRURE	OCCUPER	ORANAIS
MITAINE	MORILLE		NIVÉALE	OCÉANIE	ORANGÉE
MITEUSE	MORMONE	NACELLE	NIVELER	OCTANTE	ORATEUR
MITIGÉE	MORSURE	NAGUÈRE	NIVELLE	OCTAVIN	ORDONNÉ
MITIGER	MORTIER	NAÏVETÉ	NOCEUSE	OCTOBRE	OREILLE
MODELÉE	MORVEUX	NANISER	NOIRAUD	ODIEUSE	ORFÈVRE
MODELER	MOTARDE	NANISME	NOIRCIR	ODORANT	ORGANDI

ORGELET	PÂLOTTE	PATAUDE	PERÇANT	PINACLE	PLONGER
ORGUEIL	PANARIS	PATELIN	PERCLUS	PINASSE	PLUMEAU
ORIFICE	PANDORE	PATENTE	PERDANT	PINTADE	PLUVIER
ORIGAMI	PANIQUE	PÂTEUSE	PERDRIX	PIOCHER	POCHADE
ORIGINE	PANTOIS	PATIENT	PERFIDE	PIONCER	POCHARD
ORIGNAL	PAPOTER	PATINER	PERGOLA	PIPELET	POINÇON
ORLÉANS	PAPRIKA	PATOCHE	PÉRIDOT	PIPERIN	POINDRE
ORNIÈRE	PARADER	PATTERN	PÉRIERS	PIPEUSE	POINTAL
ORTOLAN	PARADIS	PAVANER	PÉRIMÉE	PIQUANT	POINTÉE
ORVIETO	PARAFER	PAYANTE	PÉRIODE	PIRATÉE	POINTER
OSEILLE	PARAGES	PAYEUSE	PERLIER	PIRATER	POINTUE
OSSELET	PARAPET	PAYSAGE	PERMISE	PISCINE	POIREAU
OSSÉTIE	PARAPHE	PÉBRINE	PÉRORER	PISTOLE	POIRIER
OSSEUSE	PARASOL	PÊCHEUR	PERSANE	PITANCE	POISSER
OSTÉITE	PARBLEU	PÉCULAT	PERVERS	PITEUSE	POISSON
OSTÉOME	PARCAGE	PÉDALER	PESANTE	PIVOTER	POIVRÉE
OSTIOLE	PARDIEU	PÉDANTE	PESETTE	PLACARD	POIVRON
OSTRACÉ	PARENTÉ	PEIGNER	PESEUSE	PLACEBO	POIVROT
OTALGIE	PARESSE	PEINARD	PÉTASSE	PLACIDE	POLAIRE
OTRANTE	PARFAIT	PEINDRE	PÉTEUSE	PLAFOND	POLENTA
OUAILLE	PARFOIS	PEINTRE	PETIOTE	PLAGIAT	POLICÉE
OUBLIER	PARJURE	PÈLERIN	PÉTROLE	PLAGIER	POLLUER
OUGANDA	PARLANT	PÉLICAN	PÉTUNIA	PLAINTE	POLTRON
OUGARIT	PARLEUR	PELISSE	PEUPLER	PLAISIR	POMMADE
OUILLER	PARODIE	PELLÉAS	PEUREUX	PLANAGE	POMMARD
OURAGAN	PARQUET	PELOTÉE	PHALÈNE	PLANÈTE	POMPEUX
OURLIEN	PARRAIN	PELOTER	PHARAON	PLANEUR	PONCEAU
OUTARDE	PARTAGE	PELOUSE	PHONÈME	PLANOIR	PONDÉRÉ
OUTRAGE	PARTANT	PELUCHE	PIAULER	PLANQUE	PONTIFE
OUVERTE	PARTIAL	PELVIEN	PICARDE	PLANTÉE	POPOTIN
OUVRAGE	PARTIEL	PÉNATES	PICCOLI	PLANTER	PORCHER
OUVRIER	PARTOUT	PENAUDE	PICORER	PLANTON	PORCINE
OVATION	PARULIE	PENCHER	PICOTER	PLAQUER	POREUSE
OVIPARE	PARVENU	PENDANT	PICPOUL	PLASTIC	PORTAIL
	PASCALE	PENDULE	PIERRÉE	PLATANE	PORTEUR
P	PASSADE	PÉNIBLE	PIGISTE	PLATEAU	PORTIER
	PASSAGE	PENSANT	PILLAGE	PLATINE	PORTION
PAGINER	PASSANT	PENSEUR	PILLARD	PLÂTRÉE	POSEUSE
PAÏENNE	PASSEUR	PENSION	PILOTÉE	PLÉNIER	POSITIF
PALÉMON	PASSION	PENSIVE	PILOTER	PLEURER	POSSÉDÉ
PALETOT	PASSIVE	PENTURE	PILOTIS	PLEUTRE	POSTALE
PALLIER	PASTEUR	PÉNURIE	PIMENTÉ	PLISSER	POSTIER
PALMIER	PATACHE	PERCALE	PIMPANT	PLOMBÉE	POSTURE

POTABLE	PRÉVENU	**R**	RAUCITÉ	REFILER	RÉNOVER
POTELÉE	PRÉVOIR		RAVAGER	RÉFLEXE	RENTIER
POTENCE	PRIEURE	RABOTER	RAVALER	RÉFORME	RENTRÉE
POTERIE	PRIMEUR	RACCORD	RAVELIN	REFRAIN	RENTRER
POTIÈRE	PROBANT	RACIALE	RAVINER	REFUSER	REPAIRE
POTINER	PROBITÉ	RACISTE	RAVIOLI	RÉFUTER	RÉPANDU
POTIRON	PRODIGE	RACOLER	RAVISER	RÉGALÉE	RÉPARER
POUDING	PRODUIT	RADICAL	RAVIVER	RÉGALER	REPAYER
POUFFER	PROFANE	RADIEUX	RÉALITÉ	RÉIFIER	REPEINT
POULAIN	PROFOND	RADOTER	RÉARMER	REJETER	REPÉRÉE
POUPINE	PROGRÈS	RAFFINÉ	REBÂTIR	REJETON	REPÉRER
POURRIE	PROHIBÉ	RAGEUSE	REBELLE	RÉJOUIE	RÉPÉTER
POURRIR	PROMISE	RAGTIME	REBOURS	RÉJOUIR	REPLÈTE
POURVOI	PROMPTE	RAIDEUR	REBUTER	RELÂCHE	REPLIER
POURVUE	PROPANE	RAIFORT	RECALER	RELANCE	RÉPONSE
POUSSAH	PROPICE	RAILLER	RECELER	RELATER	REPOSÉE
POUSSÉE	PROPRIO	RAINURE	RÉCENTE	RELATIF	REPOSER
POUSSER	PROSTRÉ	RÂLANTE	RECÉPER	RELAVER	REPRISE
POUSSIN	PROUVER	RÂLEUSE	RECETTE	RELAXER	REPTILE
POUVOIR	PRUDENT	RALLIER	RÉCHAUD	RELEVÉE	RÉPUTÉE
PRAIRIE	PRUNEAU	RAMADAN	RÉCIFAL	RELEVER	REQUÊTE
PRALINE	PSILOPA	RAMASSÉ	RÉCITER	RELIQUE	REQUIEM
PRÉAVIS	PUBLIER	RAMENER	RÉCLAME	RELIURE	RESALIR
PRÊCHER	PUCELLE	RAMEUSE	RECLUSE	RELOGER	RESCAPÉ
PRÉCISE	PUCERON	RAMOLLI	RÉCOLTE	RELOUER	RESCRIT
PRÉCOCE	PUDDING	RAMOLLO	RECONNU	RELUIRE	RÉSERVE
PRÉDIRE	PUÉRILE	RAMONER	RECOURS	REMBLAI	RÉSIDER
PRÉFACE	PULLMAN	RAMPANT	RÉCRÉER	REMISER	RÉSIGNÉ
PRÉFÉRÉ	PUNAISE	RANCUNE	RECTALE	REMORDS	RÉSILLE
PRÉJUGÉ	PUPILLE	RANIMER	RECUEIL	REMPART	RÉSINÉE
PRÉLART	PUPITRE	RAPIATE	RECUIRE	REMPLIE	RÉSINER
PRÉLUDE	PURCELL	RAPIÈRE	RECUITE	REMPLIR	RÉSOLUE
PREMIER	PURISME	RAPPORT	RECULER	REMUANT	RESPECT
PRENDRE	PUSTULE	RAPPRIS	RÉCURER	RENARDE	RESSORT
PRENEUR	PUTRIDE	RASANTE	RÉCUSER	RENAULT	RESSUER
PRÉPOSÉ		RASEUSE	RÉDIGER	RENCARD	RESUCÉE
PRÉSAGE	**Q**	RASIBUS	RÉDIMER	RENÉGAT	RÉSUMÉE
PRÉSENT		RASSISE	REDORER	RÉNETTE	RÉSUMER
PRESQUE	QUALITÉ	RÂTELER	REDOUTE	RENFLÉE	RETAPER
PRESSÉE	QUANTUM	RATITES	RÉDUIRE	RENFORT	RETEINT
PRESSER	QUATUOR	RATURÉE	RÉÉLIRE	RENNAIS	RETENIR
PRÉSUMÉ	QUININE	RATURER	REFAIRE	RENOMMÉ	RETENUE
PRÊTEUR	QUITTER	RAUCHER	RÉFÉRER	RENOUER	RETIRÉE

RETIRER	RIZERIE	RUPTURE	SARMENT	SECRÉTÉ	SIAMOIS
RETORSE	RIZIÈRE	RUSTAUD	SAROUEL	SECTEUR	SIBÉRIE
RETRAIT	ROBUSTA	RUTILER	SASSEUR	SECTION	SICAIRE
RÉTRÉCI	ROBUSTE		SATANÉE	SÉDATIF	SIDÉRAL
RÉUNION	ROCHIER	**S**	SATIÉTÉ	SÉDUIRE	SIDÉRÉE
RÉUSSIE	RÔDEUSE	SABLAGE	SATINÉE	SÉDUITE	SIDÉRER
RÉUSSIR	ROGNAGE	SABOTER	SATINER	SEGMENT	SIFFLER
REVÊCHE	ROILLER	SACCADE	SATRAPE	SÉLECTE	SIFFLET
RÉVÉLER	ROMAINE	SACCAGE	SATURÉE	SELLIER	SIGNALÉ
REVENIR	ROMARIN	SACOCHE	SATURER	SEMBLER	SILENCE
REVENUE	RONCIER	SADIQUE	SATURNE	SEMELLE	SILLAGE
RÉVÉRER	RONDEAU	SADISME	SAUCIER	SEMENCE	SILLERY
RÊVERIE	RONDEUR	SAGESSE	SAUMURE	SEMEUSE	SIMARRE
REVÊTIR	RONFLER	SAGETTE	SAUNIER	SEMONCE	SIMENON
RÊVEUSE	ROSACÉE	SAIGNÉE	SAUTEUR	SÉNÉGAL	SIMPLET
RÉVISER	ROSAIRE	SAIGNER	SAUVAGE	SENSASS	SIMULÉE
REVIVRE	ROSÉOLE	SAILLIE	SAUVEUR	SENSEUR	SIMULER
REVOLER	ROSETTE	SAILLIR	SAVANTE	SENSUEL	SINCÈRE
RÉVOLUE	ROSEVAL	SAÏMIRI	SAYNÈTE	SENTEUR	SINISER
REVOTER	ROSSARD	SALAIRE	SCALPEL	SENTIER	SINOQUE
RHÉNANE	ROSTRAL	SALARIÉ	SCALPER	SENTINE	SINUEUX
RHÉNIUM	ROTACÉE	SALERON	SCANDER	SÉPARER	SIROTER
RHYTINE	ROTATIF	SALIÈRE	SCANNER	SEPPUKU	SIRTAKI
RIAILLE	ROTONDE	SALIVER	SCELLER	SEPTUOR	SIZERIN
RIBAUDE	ROUERIE	SALOMON	SCEPTRE	SERDEAU	SMASHER
RICAINE	ROUGEUR	SALOPER	SCHISME	SEREINE	SMOKING
RICANER	ROUILLE	SALUBRE	SCHNAPS	SERGENT	SNIFFER
RICOTTA	ROULADE	SAMOENS	SCIENCE	SÉRIEUX	SOCIALE
RIGODON	ROULEAU	SAMOVAR	SCIERIE	SERINER	SOCIÉTÉ
RIGOLER	ROULEUR	SAMURAÏ	SCIEUSE	SÉRIQUE	SODIQUE
RIGUEUR	ROULURE	SANDALE	SCINDER	SERMENT	SOFFITE
RIMEUSE	ROUSSIE	SANGLÉE	SCIOTTE	SERPENT	SOIERIE
RINÇAGE	ROUSSIR	SANGLER	SCOOTER	SERRURE	SOIGNÉE
RINCEUR	ROUSTIR	SANGLOT	SCRAPER	SERVANT	SOIGNER
RINÇURE	ROUTIER	SANGRIA	SCRIPTE	SERVICE	SOLAIRE
RINGARD	ROUTINE	SANGSUE	SCROTUM	SERVILE	SOLDATE
RIPOSTE	ROYAUTÉ	SANGUIN	SCRUTER	SESSILE	SOLDEUR
RISETTE	RUBANER	SANICLE	SCRUTIN	SESSION	SOLERET
RISIBLE	RUBÉOLE	SAOULER	SÉBASTE	SÉTACÉE	SOLFIER
RISQUÉE	RUDESSE	SAPERDE	SÉCHAGE	SÉVICES	SOLISTE
RISSOLE	RUFFIAN	SARCLER	SECONDE	SEXTANT	SOLUBLE
RIVETER	RUINEUX	SARDINE	SECOUER	SEYMOUR	SOMALIE
RIVIÈRE	RUMINER		SECOURS	SFUMATO	SOMBRER

SOMMEIL	STATION	SURFINE	TAOÏSME	TERREAU	TONSURE
SOMMITÉ	STATUER	SURPLIS	TAOÏSTE	TERREUR	TONTURE
SONDAGE	STATURE	SURPLUS	TAPAGER	TERREUX	TOPETTE
SONGEUR	STEAMER	SURPRIS	TAPETTE	TERRIEN	TOQUADE
SONNANT	STEEPLE	SURSAUT	TAPIOCA	TERRIER	TORDANT
SONNEUR	STENCIL	SURTAXE	TAPOTER	TERRINE	TORNADE
SOPRANO	STENTOR	SURTOUT	TARDIVE	TERROIR	TORONTO
SORCIER	STEPPER	SUSDITE	TARENTE	TESSÈRE	TORPEUR
SORDIDE	STÉRILE	SUSPECT	TARGUER	TÉTANOS	TORRENT
SORTANT	STERNUM	SUSPENS	TARIÈRE	TÊTIÈRE	TORRIDE
SOTTISE	STOPPER	SUSVISÉ	TARRASA	TEXTUEL	TORSADE
SOUDAIN	STRICTE	SUTURÉE	TARSIEN	THÉÂTRE	TORSEUR
SOUDARD	STRUDEL	SUTURER	TARTANE	THÉIÈRE	TORTURE
SOUDIER	STUPEUR	SWAHILI	TARTARE	THÉORBE	TOUCHÉE
SOUDURE	STUPIDE	SYÉNITE	TARTINE	THÉORIE	TOUCHER
SOUFFLE	SUAVITÉ	SYMBOLE	TARTUFE	THERMIE	TOUEUSE
SOUHAIT	SUBLIME	SYNCOPE	TATOUER	THERMOS	TOUFFUE
SOUILLÉ	SUBSIDE	SYSTÈME	TAULARD	THONIER	TOUNDRA
SOULIER	SUBTILE	SYSTOLE	TAUPIER	THORITE	TOURNÉE
SOULOTE	SUCCION		TAUREAU	TIÉDEUR	TOURNER
SOUMISE	SUCETTE	**T**	TAURINE	TIERCÉE	TOURNOI
SOUPAPE	SUCEUSE		TAVERNE	TIERCER	TOUSSER
SOUPÇON	SUCRIER	TABLARD	TCHADOR	TILLEUL	TRAÇOIR
SOURATE	SUÉDOIS	TABLEAU	TECTITE	TIMBALE	TRAÎNÉE
SOURCIL	SUFFIRE	TACHETÉ	TÉHÉRAN	TIMBRÉE	TRAÎNER
SOURDRE	SUICIDE	TACTILE	TEINDRE	TIMORÉE	TRAITÉE
SOURIRE	SUINTER	TAILLÉE	TEINTÉE	TIREUSE	TRAITER
SOUTANE	SUIVANT	TAILLER	TEINTER	TISSEUR	TRAÎTRE
SOUTENU	SUIVEUR	TAILLIS	TELLURE	TITUBER	TRALALA
SOUTIEN	SUPERBE	TALOCHE	TEMPÉRÉ	TOCARDE	TRAMWAY
SOUVENT	SUPPORT	TAMARIN	TEMPÊTE	TOILAGE	TRANCHE
SPATIAL	SUPPOSÉ	TAMBOUR	TENABLE	TOITURE	TRANSAT
SPATULE	SUPRÊME	TAMISÉE	TENANTE	TOLÉRER	TRANSIE
SPÉCIAL	SURANNÉ	TAMISER	TENDRON	TÔLERIE	TRANSIR
SPECTRE	SURCOÛT	TAMOULE	TENEUSE	TOMBANT	TRANSIT
SPENCER	SURDITÉ	TAMOURÉ	TENSEUR	TOMBEAU	TRAPÈZE
SPHINGE	SURDOSE	TANGAGE	TENSION	TOMBOLA	TRAPPÉE
SPINALE	SURDOUÉ	TANGARA	TENTANT	TOMETTE	TRAQUER
SPIRALE	SURELLE	TANGUER	TENTURE	TONIQUE	TRAVAIL
SPOLIER	SURETTE	TANIÈRE	TERBIUM	TONNAGE	TRAVELO
SPORTIF	SURFACE	TANISER	TERMITE	TONNANT	TRAVERS
STAGNER	SURFAIT	TANNAGE	TERRAIN	TONNEAU	TRAYEUR

TREMBLE
TREMPÉE
TREMPER
TRENAIL
TRÉPIED
TRESSÉE
TRESSER
TRÉTEAU
TRIBALE
TRIBUNE
TRICHER
TRIDENT
TRIESTE
TRINITÉ
TRIPLER
TRIPLEX
TRIPOLI
TRIPURA
TRISSER
TROGNON
TROLLEY
TROMPÉE
TROMPER
TRONCHE
TRONÇON
TROPHÉE
TROTTER
TROTTIN
TROUBLE
TROUSSE
TROUVER
TRUANDE
TRUCAGE
TRUELLE
TRUISME
TRUQUER
TSARINE
TSIGANE
TUBISTE
TUILEAU
TUILIER
TULLINS

TUMULTE
TUNISIE
TURNEPS
TURPIDE
TUTELLE
TUTORAT
TUTRICE
TZARINE
TZIGANE

U

ULCÉRÉE
ULCÉRER
ULMAIRE
ULNAIRE
UNANIME
UNGUÉAL
UNICITÉ
UNIFIER
UNISSON
UNIVERS
UPSILON
URANATE
URANITE
URANIUM
URBAINE
URÉTÈRE
URÉTRAL
URGENCE
URGENTE
URINOIR
UROPODE
URSIDÉS
USINAGE
USINIER
USUELLE
USURIER
USURPER
UTÉRINE
UTILITÉ
UTRILLO

V

VACANCE
VACANTE
VACARME
VACHARD
VAINCRE
VAINCUE
VALABLE
VALENCE
VALIDÉE
VALIDER
VALSEUR
VAMPIRE
VANDALE
VANESSE
VANILLE
VANTAIL
VANTARD
VAREUSE
VARIÉTÉ
VARIOLE
VASARDE
VASEUSE
VASSALE
VAUDOUE
VAURIEN
VAUTOUR
VAUTRÉE
VAUTRER
VECTEUR
VEDETTE
VÉGÉTAL
VÉGÉTER
VEILLÉE
VEILLER
VEINARD
VEINURE
VÉLINES
VELOURS
VELOUTÉ
VELVOTE
VENDEUR

VENELLE
VÉNÉRER
VÉNERIE
VENETTE
VENTEUX
VENTRAL
VENTRUE
VÉRANDA
VERBALE
VERDEUR
VERDICT
VERDIER
VERDURE
VÉREUSE
VERGETÉ
VERGLAS
VERMEIL
VERMINE
VERMONT
VERNIER
VERSANT
VERSEAU
VERSION
VERTIGE
VERTIGO
VÉSICAL
VESTALE
VESTIGE
VÉTÉRAN
VÉTILLE
VÉTIVER
VÉTUSTE
VEUVAGE
VIBRANT
VICAIRE
VICIEUX
VICTIME
VIDELLE
VIDIMER
VIDUITÉ
VIEILLE
VIEILLI

VIGUEUR
VILAINE
VILENIE
VILLAGE
VINAIRE
VINASSE
VINEUIL
VINTAGE
VIOLENT
VIOLEUR
VIRTUEL
VISCÈRE
VISIBLE
VISITÉE
VISITER
VITESSE
VITRAIL
VITRINE
VITRIOL
VIVANTE
VIVEUSE
VIVOTER
VOCABLE
VOILAGE
VOILIER
VOILURE
VOISINE
VOITURE
VOLANTE
VOLAPUK
VOLATIL
VOLETTE
VOLEUSE
VOLIÈRE
VOLITIF
VOLONTÉ
VOLUPTÉ
VOULOIR
VOYAGER
VOYANCE
VOYANTE
VOYEUSE

VROMBIR
VULCAIN

W

WESTERN
WHISKEY

X

XIMÉNIE

Y

YOGOURT
YUCATAN

Z

ZÉBRURE
ZIEUTER
ZINGARO
ZIZANIE
ZONIÈRE
ZORILLE
ZYEUTER

2e

POSITION

A

BABINES
BABIOLE
BABOUIN
BÂCHAGE
BACILLE
BÂCLAGE
BADAUDE
BADERNE
BADINER
BAFOUER
BAFREUR

BAGARRE	BÂTISSE	CALQUÉE	CARNAGE	FAGOTIN	GALOCHE
BAGASSE	BATOUDE	CALUMET	CARTIER	FAIBLIR	GALOPER
BAGNARD	BATTAGE	CAMAÏEU	CASAQUE	FAÏENCE	GALOPIN
BAGNOLE	BATTEUR	CAMARDE	CASCADE	FAILLIR	GALURIN
BAGUIER	BATTURE	CAMBRER	CASERET	FAISANS	GAMELLE
BAIGNER	BAUMIER	CAMBUSE	CASERNE	FAISEUR	GARANCE
BÂILLER	BAVARDE	CAMELOT	CASQUÉE	FAÎTAGE	GARANTE
BAISSÉE	BAVETTE	CAMPANE	CASSAGE	FALAISE	GARENNE
BAISSER	CABANON	CANASTA	CASSANT	FALLOIR	GARGOTE
BALADER	CABARET	CANDEUR	CASSEAU	FALUCHE	GARNEAU
BALADIN	CABINET	CANDIAC	CASSEUR	FAMEUSE	GÂTERIE
BALAFON	CABOCHE	CANDIDE	CASSURE	FAMILLE	GÂTEUSE
BALAFRE	CABOSSE	CANETON	CASTRAT	FANEUSE	GAUCHER
BALANCE	CABOTIN	CANETTE	CASTRES	FANGEUX	GAUCHIR
BALAYER	CACAOTÉ	CANEVAS	CATHARE	FANTÔME	GAUFRÉE
BALEINE	CACAOUI	CANICHE	CAUDALE	FARAUDE	GAUFRER
BALISER	CADAVRE	CANITIE	CAUSANT	FARCEUR	GAULOIS
BALISTE	CADENAS	CANNELÉ	CAUSEUR	FARDEAU	GAVEUSE
BALLADE	CADENCE	CANOTER	CAUTION	FARFELU	GAVOTTE
BALLAST	CADETTE	CANTATE	CAVERNE	FARINER	GAZELLE
BALOURD	CADRAGE	CANTINE	DAIGNER	FASCIÉE	GAZEUSE
BANCALE	CADREUR	CANULAR	DALLAGE	FATIGUE	HABILLÉ
BANDEAU	CADUQUE	CAPABLE	DAMASSÉ	FATUITÉ	HABITAT
BANQUET	CAFÉIER	CAPITAL	DANOISE	FAUCHÉE	HABITER
BAPTÊME	CAGETTE	CAPITÉE	DANSEUR	FAUCHER	HABITUÉ
BARATIN	CAGNARD	CAPITON	DARAISE	FAUCHET	HACHOIR
BARATTE	CAGOULE	CAPONNE	DARIOLE	FAUSSER	HACHURE
BARBANT	CAHOTER	CAPORAL	DATTIER	FAUTEUR	HADDOCK
BARBARE	CAILLÉE	CAPOTER	DAURADE	FAUTIVE	HAGARDE
BARBOTE	CAILLER	CAPRICE	EASTMAN	FAVORIS	HAILLON
BARDANE	CAILLOT	CÂPRIER	FABLIAU	GABARIT	HAINEUX
BARIOLÉ	CAILLOU	CAPRINE	FABULER	GABELOU	HAÏTIEN
BARMAID	CAISSON	CAPTEUR	FACÉTIE	GÂCHEUR	HALEINE
BARONNE	CAJOLER	CAPTIVE	FÂCHANT	GAGEURE	HALENER
BAROQUE	CALAMAR	CAPTURE	FACIALE	GAGEUSE	HALETER
BARREAU	CALCINÉ	CAPUCIN	FACTEUR	GAGNANT	HALLIER
BASALTE	CALEÇON	CARABIN	FACTICE	GAÎMENT	HALTÈRE
BASANÉE	CALEPIN	CARACAS	FACTION	GAINIER	HAMEÇON
BASTIDE	CALIBRE	CARAFON	FACTUEL	GALANTE	HAMSTER
BASTION	CÂLINER	CARAMEL	FACTURE	GALERIE	HANTISE
BÂTARDE	CALLEUX	CARENCE	FACULTÉ	GALETAS	HARASSÉ
BATAVIA	CALMANT	CARESSE	FADAISE	GALETTE	HARFANG
BATELET	CALOTTE	CARISTE	FADASSE	GALLOIS	HARICOT

HARNAIS	LAMBEAU	MÂCHEUR	MANIÈRE	MAZURKA	PARRAIN
HASBEEN	LAMBINE	MACHINE	MANILLE	NACELLE	PARTAGE
HÂTELET	LAMBRIS	MACRAMÉ	MANITOU	NAGUÈRE	PARTANT
HAUSSÉE	LAMELLE	MACULER	MANQUÉE	NAÏVETÉ	PARTIAL
HAUSSER	LAMINER	MADRIER	MANQUER	NANISER	PARTIEL
HAUTAIN	LAMPARO	MAESTRO	MANTEAU	NANISME	PARTOUT
HAUTEUR	LAMPION	MAFFLUE	MARASME	NARGUER	PARULIE
HAVENET	LANCEUR	MAFIEUX	MARÂTRE	NATUREL	PARVENU
JACOBÉE	LANERET	MAGASIN	MARAUDE	NAVARIN	PASCALE
JACQUET	LANGAGE	MAGIQUE	MARBRÉE	NAVETTE	PASSADE
JAILLIR	LANGEAC	MAGNÉTO	MARCHER	NAVRANT	PASSAGE
JALOUSE	LANGUIR	MAIGRIR	MARELLE	PAGINER	PASSANT
JAMBIER	LANIÈRE	MAILLÉE	MARIAGE	PAÏENNE	PASSEUR
JANVIER	LANISTE	MAILLER	MARINÉE	PALÉMON	PASSION
JAPPEUR	LAPIDER	MAILLET	MARINER	PALETOT	PASSIVE
JASEUSE	LAPINER	MAILLON	MARITAL	PALLIER	PASTEUR
JASPURE	LAQUAGE	MAILLOT	MARMITE	PALMIER	PATACHE
JAUGEUR	LARAIRE	MAJESTÉ	MAROTTE	PÂLOTTE	PATAUDE
JAVELOT	LARGEUR	MAJEURE	MARQUÉE	PANARIS	PATELIN
KAMICHI	LARGUER	MAJORER	MARQUER	PANDORE	PATENTE
KANDJAR	LARISSA	MALABAR	MARQUIS	PANIQUE	PÂTEUSE
LABELLE	LARMIER	MALADIE	MARRANT	PANTOIS	PATIENT
LABIÉES	LASALLE	MALADIF	MARSALA	PAPOTER	PATINER
LACAUNE	LASCIVE	MALAIRE	MARTEAU	PAPRIKA	PATOCHE
LACÉRER	LASSANT	MALAISE	MARTIAL	PARADER	PATTERN
LACERIE	LATENTE	MALARIA	MARTINI	PARADIS	PAVANER
LACEUSE	LATÉRAL	MALAXER	MARTYRE	PARAFER	PAYANTE
LÂCHETÉ	LAURÉAT	MALFRAT	MASQUER	PARAGES	PAYEUSE
LÂCHEUR	LAURIER	MALHEUR	MASSAGE	PARAPET	PAYSAGE
LACHINE	LAUTREC	MALIGNE	MASSEUR	PARAPHE	RABOTER
LACHUTE	LAVANDE	MALOTRU	MASSIVE	PARASOL	RACCORD
LACONIE	LAVASSE	MALPOLI	MASTITE	PARBLEU	RACIALE
LACOSTE	LAVERIE	MALSAIN	MATADOR	PARCAGE	RACISTE
LAGNIEU	LAVETTE	MAMELLE	MATELAS	PARDIEU	RACOLER
LAIDEUR	LAVEUSE	MAMELON	MATELOT	PARENTÉ	RADICAL
LAINAGE	LAYETTE	MAMOURS	MATIÈRE	PARESSE	RADIEUX
LAINIER	MABOULE	MANAGER	MATINÉE	PARFAIT	RADOTER
LAISSÉE	MACABRE	MANCHON	MATOISE	PARFOIS	RAFFINÉ
LAISSER	MACAQUE	MANCHOT	MATRICE	PARJURE	RAGEUSE
LAITAGE	MACARON	MANDALE	MATRONE	PARLANT	RAGTIME
LAITEUX	MACÉRÉE	MANDORE	MAUDIRE	PARLEUR	RAIDEUR
LAITIER	MACÉRER	MANDRIN	MAUDITE	PARODIE	RAIFORT
LAMBADA	MACHAON	MANETTE	MAUVAIS	PARQUET	RAILLER

RAINURE
RÂLANTE
RÂLEUSE
RALLIER
RAMADAN
RAMASSÉ
RAMENER
RAMEUSE
RAMOLLI
RAMOLLO
RAMONER
RAMPANT
RANCUNE
RANIMER
RAPIATE
RAPIÈRE
RAPPORT
RAPPRIS
RASANTE
RASEUSE
RASIBUS
RASSISE
RÂTELER
RATITES
RATURÉE
RATURER
RAUCHER
RAUCITÉ
RAVAGER
RAVALER
RAVELIN
RAVINER
RAVIOLI
RAVISER
RAVIVER
SABLAGE
SABOTER
SACCADE
SACCAGE
SACOCHE
SADIQUE
SADISME
SAGESSE

SAGETTE
SAIGNÉE
SAIGNER
SAILLIE
SAILLIR
SAÏMIRI
SALAIRE
SALARIÉ
SALERON
SALIÈRE
SALIVER
SALOMON
SALOPER
SALUBRE
SAMOENS
SAMOVAR
SAMURAÏ
SANDALE
SANGLÉE
SANGLER
SANGLOT
SANGRIA
SANGSUE
SANGUIN
SANICLE
SAOULER
SAPERDE
SARCLER
SARDINE
SARMENT
SAROUEL
SASSEUR
SATANÉE
SATIÉTÉ
SATINÉE
SATINER
SATRAPE
SATURÉE
SATURER
SATURNE
SAUCIER
SAUMURE
SAUNIER

SAUTEUR
SAUVAGE
SAUVEUR
SAVANTE
SAYNÈTE
TABLARD
TABLEAU
TACHETÉ
TACTILE
TAILLÉE
TAILLER
TAILLIS
TALOCHE
TAMARIN
TAMBOUR
TAMISÉE
TAMISER
TAMOULE
TAMOURÉ
TANGAGE
TANGARA
TANGUER
TANIÈRE
TANISER
TANNAGE
TANTINE
TAOÏSME
TAOÏSTE
TAPAGER
TAPETTE
TAPIOCA
TAPOTER
TARDIVE
TARENTE
TARGUER
TARIÈRE
TARRASA
TARSIEN
TARTANE
TARTARE
TARTINE
TARTUFE
TATOUER

TAULARD
TAUPIER
TAUREAU
TAURINE
TAVERNE
VACANCE
VACANTE
VACARME
VACHARD
VAINCRE
VAINCUE
VALABLE
VALENCE
VALIDÉE
VALIDER
VALSEUR
VAMPIRE
VANDALE
VANESSE
VANILLE
VANTAIL
VANTARD
VAREUSE
VARIÉTÉ
VARIOLE
VASARDE
VASEUSE
VASSALE
VAUDOUE
VAURIEN
VAUTOUR
VAUTRÉE
VAUTRER

B

ABACULE
ABAISSE
ABANDON
ABATAGE
ABATTRE
ABATTUE
ABBESSE

ABCÉDER
ABDOMEN
ABEILLE
ABIÉTIN
ABITIBI
ABJECTE
ABJURER
ABLATIF
ABLERET
ABONDER
ABONNIR
ABORDER
ABORTIF
ABOULIE
ABOUTER
ABOUTIE
ABOUTIR
ABRASER
ABRASIF
ABRÉGÉE
ABRÉGER
ABRICOT
ABRITER
ABROGER
ABRUPTE
ABRUTIE
ABRUTIR
ABSENCE
ABSENTE
ABSIDAL
ABSOLUE
ABSURDE
ABUSIVE
ÉBAUBIE
ÉBAUCHE
ÉBÉNIER
ÉBERLUÉ
ÉBLOUIR
ÉBOUEUR
ÉBOULER
ÉBOULIS
ÉBOUTER
ÉBRIÉTÉ

ÉBROUER
ÉBURNÉE
IBÉRIDE
OBÉSITÉ
OBLIGER
OBSCÈNE
OBSCURE
OBSÉDÉE
OBSÉDER
OBSTINÉ
OBTENIR
OBUSIER

C

ACADIEN
ACCÉDER
ACCOLER
ACCORTE
ACCOTER
ACCOURU
ACCUEIL
ACCULER
ACCUSÉE
ACCUSER
ACÉTONE
ACHARNÉ
ACHETER
ACHEVER
ACHIGAN
ACIDITÉ
ACIDULÉ
ACIÉRER
ACIÉRIE
ACOLYTE
ACOMPTE
ACTINIE
ACTIVER
ACTRICE
ACUMINÉ
ÉCACHER
ÉCAILLE
ÉCARTER

ÉCHANGE	SCANNER	ÉDICULE	CÉDILLE	DÉCIDER	DEMEURE
ÉCHARPE	SCELLER	ÉDIFICE	CEINDRE	DÉCIMER	DEMIARD
ÉCHELLE	SCEPTRE	ÉDIFIER	CÉLÈBRE	DÉCISIF	DÉMODÉE
ÉCHELON	SCHISME	ÉDITION	CÉLESTE	DÉCODER	DÉMOLIR
ÉCHEVIN	SCHNAPS	ÉDREDON	CÉLIBAT	DÉCORER	DÉMUNIR
ÉCHIDNÉ	SCIENCE	ÉDUQUER	CELLIER	DÉCOUSU	DÉNOUER
ÉCHINÉE	SCIERIE	IDÉELLE	CELLULE	DÉCRIER	DENTALE
ÉCHOUER	SCIEUSE	IDIOTIE	CENDRÉE	DÉCRIRE	DENTIER
ÉCLAIRÉ	SCINDER	ODIEUSE	CENELLE	DÉDUIRE	DENTURE
ÉCLATER	SCIOTTE	ODORANT	CENSEUR	DÉFAIRE	DÉNUDÉE
ÉCLIPSE	SCOOTER		CENSURE	DÉFAITE	DÉNUDER
ÉCLISSE	SCRAPER	**E**	CENTIME	DÉFENDU	DÉNUTRI
ÉCLOPÉE	SCRIPTE		CENTRAL	DÉFENSE	DÉPARER
ÉCLUSÉE	SCROTUM	AÉRONEF	CENTRÉE	DÉFILER	DÉPECER
ÉCOLAGE	SCRUTER	AÉROSOL	CÉRASTE	DÉFINIE	DÉPENSE
ÉCOLIER	SCRUTIN	AESCHNE	CERBÈRE	DÉFINIR	DÉPÉRIR
ÉCONOME	TCHADOR	BÉCASSE	CERCLÉE	DÉFUNTE	DÉPILER
ÉCORCER		BECAUSE	CERCLER	DÉGAGÉE	DÉPITER
ÉCORNER	**D**	BÉCOTER	CÉRÉALE	DÉGAGER	DÉPLIER
ÉCOULER		BEDAINE	CERTAIN	DÉGAZER	DÉPOLIR
ÉCOUTER	ADAPTER	BÉDOUIN	CÉRUMEN	DÉGELÉE	DÉPOSER
ÉCRASÉE	ADDENDA	BEFFROI	CERVEAU	DÉGELER	DÉPOTER
ÉCRASER	ADÉNITE	BÉGONIA	CESSION	DÉGOTER	DÉPRAVÉ
ÉCRÉMÉE	ADÉNOME	BÉGUINE	CÉTOINE	DÉGOÛTÉ	DÉPRIME
ÉCRÉMER	ADÉQUAT	BÊLANTE	CÉVENOL	DÉGUISÉ	DÉPRISE
ÉCRÊTER	ADHÉRER	BELETTE	DÉBÂCLE	DÉJETER	DÉPUTÉE
ÉCROUER	ADHÉSIF	BÉLÎTRE	DÉBÂTIR	DÉJOUER	DÉRAGER
ECTOPIE	ADIPSIE	BELOEIL	DÉBINÉE	DÉLABRÉ	DÉRAPER
ÉCUELLE	ADJOINT	BÉLOUGA	DÉBINER	DÉLACER	DÉRASER
ÉCUSSON	ADJUGER	BENGALI	DÉBITER	DÉLAVÉE	DÉRIDER
ICARIEN	ADJURER	BÉNIGNE	DÉBOIRE	DÉLAVER	DÉRIVÉE
ICEBERG	ADMIRER	BENZÈNE	DÉBRIDÉ	DÉLÉGUÉ	DÉRIVER
OCARINA	ADOPTER	BERCAIL	DÉBUTER	DÉLICAT	DERNIER
OCCLURE	ADOSSER	BERCEAU	DÉCALER	DÉLIRER	DÉROBER
OCCULTE	ADOUBER	BERGÈRE	DÉCATIR	DÉLOGER	DÉROGER
OCCUPER	ADOUCIR	BERLINE	DÉCÉDÉE	DÉLURÉE	DÉROUTE
OCÉANIE	ADRESSE	BÉSIGUE	DÉCÉDER	DÉLURER	DÉSAVEU
OCTANTE	ADROITE	BESOGNE	DÉCELER	DEMANDE	DÉSAXÉE
OCTAVIN	ADVENIR	BESTIAL	DÉCENCE	DÉMÊLÉE	DÉSERTE
OCTOBRE	ADVERSE	BÊTASSE	DÉCENTE	DÉMÊLER	DÉSIRER
SCALPEL	ÉDENTÉE	BEUGLER	DÉCHOIR	DÉMENCE	DÉSOLÉE
SCALPER	ÉDENTER	BEURRÉE	DÉCIBEL	DÉMENTE	DÉSOLER
SCANDER	ÉDICTER	BEURRER	DÉCIDÉE	DÉMENTI	DÉSOSSÉ

DESPOTE	FERREUR	HÉRITER	MÉGOTER	NÉCROSE	PENAUDE
DESSEIN	FERRURE	HERMINE	MEISTRE	NÉFASTE	PENCHER
DESSERT	FERTILE	HÉROÏNE	MÉLANGE	NÉGATIF	PENDANT
DESSOUS	FERVENT	HÉSITER	MÊLANTE	NÉGATON	PENDULE
DÉSUÈTE	FERVEUR	HEUREUX	MÉLASSE	NEIGEUX	PÉNIBLE
DÉSUNIE	FESSIER	HEURTÉE	MÉLILOT	NÉLOMBO	PENSANT
DÉSUNIR	FÊTARDE	HEURTER	MÉLODIE	NÉMÉENS	PENSEUR
DÉTALER	FÉTICHE	JÉSUITE	MELONNÉ	NÉMÉSIS	PENSION
DÉTAXER	FEUILLE	KEFFIEH	MEMBRÉE	NÉNETTE	PENSIVE
DÉTELER	FEUILLU	KETCHUP	MÉMENTO	NÉOGÈNE	PENTURE
DÉTENDU	FEUTRÉE	LECLERC	MÉMOIRE	NÉOTTIE	PÉNURIE
DÉTENIR	FÉVRIER	LECTEUR	MENACÉE	NEPTUNE	PERCALE
DÉTENTE	GEINDRE	LECTURE	MENACER	NÉRÉIDE	PERÇANT
DÉTENUE	GÉMEAUX	LÉCYTHE	MÉNAGÉE	NERPRUN	PERCLUS
DÉTONER	GÊNANTE	LÉGENDE	MÉNAGER	NERVEUX	PERDANT
DÉTROIT	GENCIVE	LÉGISTE	MENDIER	NERVINE	PERDRIX
DÉVALER	GÉNÉRAL	LEMELIN	MENEUSE	NETTETÉ	PERFIDE
DÉVEINE	GÉNÉRER	LENTEUR	MENOTTE	NEURALE	PERGOLA
DÉVÊTIR	GENETTE	LENTIGO	MENSUEL	NEURONE	PÉRIDOT
DEVINER	GÊNEUSE	LÉONINE	MENTALE	NEUTRON	PÉRIERS
DÉVIRER	GÉNIALE	LÉOPARD	MENTANA	NÉVRITE	PÉRIMÉE
DEVISER	GÉNISSE	LÉPREUX	MENTEUR	NÉVROSE	PÉRIODE
DÉVOLUE	GÉNITAL	LESBIEN	MENTION	OEILLET	PERLIER
DÉVOUÉE	GÉNOISE	LÉSINER	MÉPLATE	OEUVRER	PERMISE
DÉVOUER	GEÔLIER	LESTAGE	MÉPRISE	PÉBRINE	PÉRORER
DÉVOYÉE	GÉRANTE	LETTONE	MERCURE	PÊCHEUR	PERSANE
FÉBRILE	GERBAGE	LETTRÉE	MERDEUX	PÉCULAT	PERVERS
FÉCONDE	GERBIER	LEUCOME	MERDIER	PÉDALER	PESANTE
FEDAYIN	GERÇURE	LEURRÉE	MÉRITER	PÉDANTE	PESETTE
FEELING	GERFAUT	LEURRER	MÉSANGE	PEIGNER	PESEUSE
FEINDRE	GÉRONTE	LÉVITER	MESCLUN	PEINARD	PÉTASSE
FÉLONNE	GERSEAU	LEVRAUT	MESQUIN	PEINDRE	PÉTEUSE
FEMELLE	GESTION	LEXIQUE	MESSAGE	PEINTRE	PETIOTE
FÉMORAL	GESTUEL	MÉANDRE	MESURÉE	PÈLERIN	PÉTROLE
FENDANT	HÉBERGÉ	MÉCÉNAT	MESURER	PÉLICAN	PÉTUNIA
FENÊTRE	HÉBÉTÉE	MÉCHANT	MÉSUSER	PELISSE	PEUPLER
FENOUIL	HECTARE	MÉDECIN	MÉTÉORE	PELLÉAS	PEUREUX
FÉODALE	HÉLICON	MÉDICAL	MÉTHODE	PELOTÉE	RÉALITÉ
FERMETÉ	HÉMATIE	MÉDITER	MÉTRITE	PELOTER	RÉARMER
FERMIER	HERBACÉ	MÉDUSÉE	MEUBLÉE	PELOUSE	REBÂTIR
FERMIUM	HERBIER	MÉDUSER	MEUGLER	PELUCHE	REBELLE
FERMOIR	HERCULE	MEETING	MEUNIER	PELVIEN	REBOURS
FERRADE	HÉRÉSIE	MÉFIANT	MEURTRE	PÉNATES	REBUTER

RECALER	RELANCE	RÉPONSE	RÊVEUSE	SERRURE	VÉGÉTER
RECELER	RELATER	REPOSÉE	RÉVISER	SERVANT	VEILLÉE
RÉCENTE	RELATIF	REPOSER	REVIVRE	SERVICE	VEILLER
RECÉPER	RELAVER	REPRISE	REVOLER	SERVILE	VEINARD
RECETTE	RELAXER	REPTILE	RÉVOLUE	SESSILE	VEINURE
RÉCHAUD	RELEVÉE	RÉPUTÉE	REVOTER	SESSION	VÉLINES
RÉCIFAL	RELEVER	REQUÊTE	SÉBASTE	SÉTACÉE	VELOURS
RÉCITER	RELIQUE	REQUIEM	SÉCHAGE	SÉVICES	VELOUTÉ
RÉCLAME	RELIURE	RESALIR	SECONDE	SEXTANT	VELVOTE
RECLUSE	RELOGER	RESCAPÉ	SECOUER	SEYMOUR	VENDEUR
RÉCOLTE	RELOUER	RESCRIT	SECOURS	TECTITE	VENELLE
RECONNU	RELUIRE	RÉSERVE	SECRÉTÉ	TÉHÉRAN	VÉNÉRER
RECOURS	REMBLAI	RÉSIDER	SECTEUR	TEINDRE	VÉNERIE
RÉCRÉER	REMISER	RÉSIGNÉ	SECTION	TEINTÉE	VENETTE
RECTALE	REMORDS	RÉSILLE	SÉDATIF	TEINTER	VENTEUX
RECUEIL	REMPART	RÉSINÉE	SÉDUIRE	TELLURE	VENTRAL
RECUIRE	REMPLIE	RÉSINER	SÉDUITE	TEMPÉRÉ	VENTRUE
RECUITE	REMPLIR	RÉSOLUE	SEGMENT	TEMPÊTE	VÉRANDA
RECULER	REMUANT	RESPECT	SÉLECTE	TENABLE	VERBALE
RÉCURER	RENARDE	RESSORT	SELLIER	TENANTE	VERDEUR
RÉCUSER	RENAULT	RESSUER	SEMBLER	TENDRON	VERDICT
RÉDIGER	RENCARD	RESUCÉE	SEMELLE	TENEUSE	VERDIER
RÉDIMER	RENÉGAT	RÉSUMÉE	SEMENCE	TENSEUR	VERDURE
REDORER	RÉNETTE	RÉSUMER	SEMEUSE	TENSION	VÉREUSE
REDOUTE	RENFLÉE	RETAPER	SEMONCE	TENTANT	VERGETÉ
RÉDUIRE	RENFORT	RETEINT	SÉNÉGAL	TENTURE	VERGLAS
RÉÉLIRE	RENNAIS	RETENIR	SENSASS	TERBIUM	VERMEIL
REFAIRE	RENOMMÉ	RETENUE	SENSEUR	TERMITE	VERMINE
RÉFÉRER	RENOUER	RETIRÉE	SENSUEL	TERRAIN	VERMONT
REFILER	RÉNOVER	RETIRER	SENTEUR	TERREAU	VERNIER
RÉFLEXE	RENTIER	RETORSE	SENTIER	TERREUR	VERSANT
RÉFORME	RENTRÉE	RETRAIT	SENTINE	TERREUX	VERSEAU
REFRAIN	RENTRER	RÉTRÉCI	SÉPARER	TERRIEN	VERSION
REFUSER	REPAIRE	RÉUNION	SEPPUKU	TERRIER	VERTIGE
RÉFUTER	RÉPANDU	RÉUSSIE	SEPTUOR	TERRINE	VERTIGO
RÉGALÉE	RÉPARER	RÉUSSIR	SERDEAU	TERROIR	VÉSICAL
RÉGALER	REPAYER	REVÊCHE	SEREINE	TESSÈRE	VESTALE
RÉIFIER	REPEINT	RÉVÉLER	SERGENT	TÉTANOS	VESTIGE
REJETER	REPÉRÉE	REVENIR	SÉRIEUX	TÊTIÈRE	VÉTÉRAN
REJETON	REPÉRER	REVENUE	SERINER	TEXTUEL	VÉTILLE
RÉJOUIE	RÉPÉTER	RÉVÉRER	SÉRIQUE	VECTEUR	VÉTIVER
RÉJOUIR	REPLÈTE	RÊVERIE	SERMENT	VEDETTE	VÉTUSTE
RELÂCHE	REPLIER	REVÊTIR	SERPENT	VÉGÉTAL	VEUVAGE

WESTERN	AGRÉGER	CHARITÉ	THÉORIE	CIMAISE	DISTANT
ZÉBRURE	AGRESTE	CHARMÉE	THERMIE	CINGLÉE	DIVERSE
	AGRIOTE	CHARMER	THERMOS	CINGLER	DIVETTE
F	AGUERRI	CHARNEL	THONIER	CINTRER	DIVISER
AFFABLE	ÉGALITÉ	CHARNUE	THORITE	CIPOLIN	DIVORCE
AFFADIR	ÉGISTHE	CHARRON	WHISKEY	CIRCUIT	FIANCÉE
AFFAIRE	ÉGLEFIN	CHARRUE		CIRIÈRE	FIASQUE
AFFAMÉE	ÉGLOGUE	CHARTRE	**I**	CISELER	FIBROME
AFFAMER	ÉGOÏSME	CHASSÉE	AIDANTE	CISELET	FICAIRE
AFFÉTÉE	ÉGOÏSTE	CHASSER	AIGREUR	CITADIN	FICELÉE
AFFICHE	ÉGORGER	CHÂSSES	AIGUAIL	CITERNE	FICELER
AFFILER	ÉGRENER	CHÂTEAU	AILERON	CITHARE	FICELLE
AFFILIÉ	ÉGRISER	CHÂTIER	AILETTE	CITOYEN	FICHIER
AFFINER	IGNOBLE	CHAUMÉE	AILLADE	CITRINE	FICTION
AFFLUER	IGNORÉE	CHEDDAR	AIMABLE	CIVETTE	FICTIVE
AFFOLÉE	IGNORER	CHEMISE	AIMANTE	CIVIÈRE	FIFILLE
AFFOLER	OGRESSE	CHÉTIVE	AÎNESSE	CIVISME	FIGURÉE
AFFREUX		CHEVRON	AIRELLE	DIABÈTE	FIGURER
AFFRONT	**H**	CHIALER	AISANCE	DIAMANT	FILAIRE
AFFUBLÉ		CHICANE	AISSEAU	DIANTRE	FILETER
AFFÛTER	CHABLIS	CHICANO	BIAISER	DIAPRÉE	FILEUSE
AFGHANE	CHACONE	CHICHIS	BIBELOT	DIAPRER	FILIÈRE
EFFACÉE	CHAGRIN	CHIENNE	BICROSS	DICTION	FILLEUL
EFFACER	CHAÎNÉE	CHIFFRE	BICYCLE	DIÉRÈSE	FILOCHE
EFFARÉE	CHAÎNER	CHIMÈRE	BIENNAL	DIGÉRER	FILTRÉE
EFFIGIE	CHAÎNON	CHINEUR	BIENTÔT	DIGITAL	FILTRER
EFFILÉE	CHALAND	CHINOOK	BIFFURE	DIGNITÉ	FINANCE
EFFILER	CHALEUR	CHOISIE	BIGARRÉ	DILATER	FINAUDE
EFFRAIE	CHAMADE	CHOISIR	BIGORNE	DILEMME	FINESSE
EFFRÉNÉ	CHAMBLY	CHÔMAGE	BILLARD	DÎNETTE	FINETTE
OFFENSE	CHAMBRE	CHOQUÉE	BILLION	DIPLÔME	FISCALE
SFUMATO	CHAMEAU	CHORALE	BINAIRE	DIRECTE	FISSURE
	CHAMPIS	CHROMÉE	BINETTE	DIRIGER	FIXATIF
G	CHANCRE	ÉHONTÉE	BIOPSIE	DISCALE	GINSENG
	CHANGÉE	PHALÈNE	BIPLACE	DISCRET	GIRASOL
AGAÇANT	CHANGER	PHARAON	BISCUIT	DISCUTÉ	GIRELLE
AGENCÉE	CHANSON	PHONÈME	BISQUER	DISETTE	GIROFLE
AGENCER	CHANTER	RHÉNANE	BISTROT	DISEUSE	GIROLLE
AGÉRATE	CHANVRE	RHÉNIUM	BITONAL	DISPARU	GIRONDE
AGILITÉ	CHAPEAU	RHYTINE	BIVOUAC	DISPOSÉ	GISANTE
AGNELER	CHARADE	THÉÂTRE	BIZARRE	DISPUTE	HIATALE
AGNELET	CHARGÉE	THÉIÈRE	BIZARRE	DISSIPÉ	HIDEUSE
AGNOSIE	CHARGER	THÉORBE	CIBOIRE	DISSOUS	HIÉMALE

HINDOUE	LISSEUR	NITRURE	RICOTTA	TIERCÉE	ZIZANIE
HIRCINE	LISSIER	NIVÉALE	RIGODON	TIERCER	
HIRSUTE	LISSOIR	NIVELER	RIGOLER	TILLEUL	**J**
HITTITE	LITANIE	NIVELLE	RIGUEUR	TIMBALE	
KIOSQUE	LITERIE	OISELER	RIMEUSE	TIMBRÉE	AJOURER
LIAISON	LITIÈRE	OISELET	RINÇAGE	TIMORÉE	AJOUTER
LIARDER	LITORNE	OISELLE	RINCEUR	TIREUSE	AJUSTER
LIBELLE	MIAULER	OISEUSE	RINÇURE	TISSEUR	ÉJECTER
LIBÉRAL	MICROBE	PIAULER	RINGARD	TITUBER	
LIBÉRÉE	MIJOTER	PICARDE	RIPOSTE	VIBRANT	**L**
LIBÉRER	MILDIOU	PICCOLI	RISETTE	VICAIRE	
LIBERTÉ	MILITER	PICORER	RISIBLE	VICIEUX	ALABAMA
LICENCE	MILLIER	PICOTER	RISQUÉE	VICTIME	ALANGUI
LICITER	MINABLE	PICPOUL	RISSOLE	VIDELLE	ALANINE
LICORNE	MINERAI	PIERRÉE	RIVETER	VIDIMER	ALARMER
LIFTIER	MINÉRAL	PIGISTE	RIVIÈRE	VIDUITÉ	ALBERTA
LIGNARD	MINERVE	PILLAGE	RIZERIE	VIEILLE	ALBINOS
LIGNEUX	MINEURE	PILLARD	RIZIÈRE	VIEILLI	ALCALIN
LIGOTER	MINIMUM	PILOTÉE	SIAMOIS	VIGUEUR	ALÉRION
LILIALE	MINUTÉE	PILOTER	SIBÉRIE	VILAINE	ALERTÉE
LIMAÇON	MINUTIE	PILOTIS	SICAIRE	VILENIE	ALERTER
LIMETTE	MIOLLIS	PIMENTÉ	SIDÉRAL	VILLAGE	ALÉSAGE
LIMITÉE	MIRABEL	PIMPANT	SIDÉRÉE	VINAIRE	ALÉSEUR
LIMITER	MIRACLE	PINACLE	SIDÉRER	VINASSE	ALGÈBRE
LIMOGER	MIRADOR	PINASSE	SIFFLER	VINEUIL	ALGÉRIE
LIMPIDE	MIRAUDE	PINTADE	SIFFLET	VINTAGE	ALIÉNÉE
LINAIRE	MISAINE	PIOCHER	SIGNALÉ	VIOLENT	ALIÉNER
LINCEUL	MISSION	PIONCER	SILENCE	VIOLEUR	ALIFÈRE
LINÇOIR	MISSIVE	PIPELET	SILLAGE	VIRTUEL	ALIGNER
LINÉALE	MISTRAL	PIPERIN	SILLERY	VISCÈRE	ALIMENT
LINIÈRE	MITAINE	PIPEUSE	SIMARRE	VISIBLE	ALISIER
LINOTTE	MITEUSE	PIQUANT	SIMENON	VISITÉE	ALLÉGÉE
LINTEAU	MITIGÉE	PIRATÉE	SIMPLET	VISITER	ALLÉGER
LIOTARD	MITIGER	PIRATER	SIMULÉE	VITESSE	ALLÈGRE
LIPARIS	NIAISER	PISCINE	SIMULER	VITRAIL	ALLIAGE
LIQUEUR	NIELLER	PISTOLE	SINCÈRE	VITRINE	ALLOTIR
LIQUIDE	NIGAUDE	PITANCE	SINISER	VITRIOL	ALLOUER
LIRETTE	NIGERIA	PITEUSE	SINOQUE	VIVANTE	ALLUMER
LISÉRÉE	NÎMOISE	PIVOTER	SINUEUX	VIVEUSE	ALLUSIF
LISÉRER	NIOBIUM	RIAILLE	SIROTER	VIVOTER	ALOUATE
LISERON	NIRVANA	RIBAUDE	SIRTAKI	XIMÉNIE	ALTÉRÉE
LISEUSE	NITRATE	RICAINE	SIZERIN	ZIEUTER	ALTÉRER
LISIÈRE	NITRITE	RICANER	TIÉDEUR	ZINGARO	ALTERNÉ
					ALTESSE

ALTIÈRE	ÉLINGUE	ILIAQUE	**M**	EMMERDE	IMPOSER
ALUCITE	ÉLONGER	ILIESCU		EMMURER	IMPRÉVU
ALVÉOLE	ÉLUSIVE	ILLÉGAL	AMAIGRI	EMPÂTER	IMPUNIE
BLAFARD	ÉLYSÉEN	ÎLIENNE	AMANITE	EMPENNE	IMPUTER
BLAGUER	FLAGADA	OLÉODUC	AMARRÉE	EMPESÉE	OMBILIC
BLAIRER	FLAIRER	OLÉOLAT	AMARRER	EMPESER	OMBRAGE
BLANCHE	FLAMANT	OLIVIER	AMASSER	EMPHASE	OMETTRE
BLASANT	FLAMBER	OLTÉNIE	AMATEUR	EMPILER	OMICRON
BLENNIE	FLAMINE	PLACARD	AMAZONE	EMPIRER	OMNIBUS
BLESSÉE	FLAMMÉE	PLACEBO	AMBIANT	EMPLOYÉ	SMASHER
BLESSER	FLÂNEUR	PLACIDE	AMBIGUË	EMPOTÉE	SMOKING
BLINDÉE	FLASQUE	PLAFOND	AMENDÉE	EMPRISE	
BLINDER	FLATTER	PLAGIAT	AMENDER	EMPRUNT	**N**
BLONDIN	FLAVEUR	PLAGIER	AMÉNITÉ	ÉMACIÉE	
BLOUSON	FLÉCHÉE	PLAINTE	AMERLOT	ÉMACIER	ANACLET
BLUETTE	FLÉCHIR	PLAISIR	AMERRIR	ÉMÉCHÉE	ANAHEIM
BLUFFER	FLÉTRIR	PLANAGE	AMEUTER	ÉMERGER	ANAHUAC
CLAMEUR	FLEURER	PLANÈTE	AMIABLE	ÉMÉRITE	ANALYSE
CLARIAS	FLEURIE	PLANEUR	AMIANTE	ÉMÉTINE	ANCÊTRE
CLASSÉE	FLEURIR	PLANOIR	AMICALE	ÉMETTRE	ANCHOIS
CLASSER	FLIPPER	PLANQUE	AMINCIR	ÉMIGRÉE	ANCOLIE
CLÉBARD	FLIRTER	PLANTÉE	AMIRALE	ÉMIGRER	ANDALOU
CLÉMENT	FLORALE	PLANTER	AMNÉSIE	ÉMINCÉE	ANDANTE
CLENCHE	FLORIDE	PLANTON	AMOCHER	ÉMINCER	ANÉMIER
CLEPHTE	FLOTTÉE	PLAQUER	AMODIER	ÉMINENT	ANÉMONE
CLIENTE	FLOTTER	PLASTIC	AMOLLIR	ÉMONDER	ANGÉLUS
CLOAQUE	FLUENTE	PLATANE	AMORALE	ÉMOTION	ANGLAIS
CLOISON	FLUETTE	PLATEAU	AMORCÉE	ÉMOTIVE	ANHÉLER
CLONAGE	FLUVIAL	PLATINE	AMORCER	ÉMOTTER	ANIMALE
CLOQUER	GLAÇAGE	PLÂTRÉE	AMOROSO	ÉMOULUE	ANNALES
CLÔTURE	GLACIAL	PLÉNIER	AMORTIR	IMAGIER	ANNELÉE
CLOUTÉE	GLACIER	PLEURER	AMPHORE	IMBERBE	ANNELER
ELEISON	GLAÏEUL	PLEUTRE	AMPLEUR	IMBRÛLÉ	ANNEXÉE
ELLIPSE	GLAISER	PLISSER	AMPOULE	IMMENSE	ANNEXER
ELTAJIN	GLAMOUR	PLOMBÉE	AMPUTER	IMMOLER	ANNONCE
ÉLAGUER	GLANAGE	PLONGER	AMUSANT	IMMONDE	ANNOTER
ÉLANCÉE	GLANDER	PLUMEAU	AMUSEUR	IMMORAL	ANNUITÉ
ÉLANCER	GLANEUR	PLUVIER	EMBÊTER	IMPAIRE	ANNULER
ÉLARGIR	GLAUQUE	ULCÉRÉE	EMBLÈME	IMPASSE	ANOBLIR
ÉLECTIF	GLISSER	ULCÉRER	EMBOLIE	IMPIÉTÉ	ANODINE
ÉLÉGANT	GLOUTON	ULMAIRE	EMBÛCHE	IMPLANT	ANORMAL
ÉLÉMENT	GLUANTE	ULNAIRE	EMMÊLER	IMPOLIE	ANSELME
ÉLEVAGE	GLUCIDE		EMMENER	IMPOSÉE	ANTENNE

ANTHRAX	ENRÊNER	INCLINÉ	INNOVER	UNIVERS	BOURRER
ANTIQUE	ENRHUMÉ	INCLURE	INONDÉE		BOURRIN
ANTIVOL	ENROBER	INCLUSE	INONDER	**O**	BOURRUE
ANXIÉTÉ	ENRÔLER	INCONNU	INONDER		BOUSIER
ÂNONNER	ENROUÉE	INCRÉÉE	INOPINÉ	AORTITE	BOUTADE
ENCADRÉ	ENROUER	INCUBER	INQUIET	BOBINER	BOUTOIR
ENCAGER	ENSELLÉ	INCULPÉ	INSECTE	BOBTAIL	BOXEUSE
ENCLINE	ENSILER	INCULTE	INSENSÉ	BOISSON	COALISÉ
ENCLORE	ENSUITE	INCURIE	INSÉRER	BOITEUX	COASSER
ENCLUME	ENTAMÉE	INDÉCIS	INSIGNE	BOÎTIER	COCAGNE
ENCOCHE	ENTAMER	INDEMNE	INSOLER	BOLIVAR	COCAÏNE
ENCORNÉ	ENTENDU	INDIANA	INSPIRÉ	BOLIVIE	COCARDE
ENDÉMIE	ENTENTE	INDIGNE	INSTANT	BOLOGNE	COCHÈRE
ENDROIT	ENTÊTÉE	INDUIRE	INSULTE	BONASSE	COCKNEY
ENDUIRE	ENTÊTER	INDURER	INSURGÉ	BONHEUR	COCOTER
ENDUITE	ENTIÈRE	INÉDITE	INTACTE	BONJOUR	COCOTTE
ENDURER	ENTÔLER	INÉGALE	INTÈGRE	BONSOIR	CODÉINE
ENFANCE	ENTORSE	INEPTIE	INTENSE	BORDURE	COFFRÉE
ENFILER	ENTRAIN	INERTIE	INTÉRÊT	BORÉALE	COFFRER
ENFOIRÉ	ENTRAVE	INEXACT	INTÉRIM	BOSQUET	COGÉRER
ENFOUIR	ENVAHIR	INEXPIÉ	INTERNE	BOSSUER	COGITER
ENFÛTER	ENVASER	INFAMIE	INTIMÉE	BOTTIER	COIFFÉE
ENGAGER	ENVINÉE	INFATUÉ	INTIMER	BOTTINE	COIFFER
ENGLUER	ENVIRON	INFECTE	INTROÏT	BOUCHER	COINCÉE
ENGONCÉ	ENVOLÉE	INFÉODÉ	INTRUSE	BOUCHON	COINCER
ENGRAIS	ENVOLER	INFÉRER	INULINE	BOUCLÉE	COLIQUE
ENGRÊLÉ	ENVOYER	INFICHU	INUSITÉ	BOUCLER	COLLANT
ENIVRER	ÉNERGIE	INFINIE	INUSUEL	BOUDEUR	COLLÈGE
ENJÔLER	ÉNERVÉE	INFIRME	INUTILE	BOUDOIR	COLLIER
ENJOUÉE	ÉNERVER	INFLUER	INVITÉE	BOUFFÉE	COLLINE
ENLACER	ÉNONCÉE	INFOUTU	INVITER	BOUFFER	COLONIE
ENLEVÉE	ÉNONCER	INFUSER	ONCIALE	BOUFFIE	COLONNE
ENLEVER	GNOCCHI	INGÉNUE	ONCTION	BOUFFON	COLORER
ENLISER	INACTIF	INGÉRER	ONDULER	BOUILLE	COLORIS
ENNÉADE	INANIMÉ	INGRATE	ONÉREUX	BOUILLI	COLOSSE
ENNEIGÉ	INANITÉ	INHALER	ONGUENT	BOULEAU	COMBIEN
ENNEMIE	INAVOUÉ	INHIBER	ONTARIO	BOULIER	COMBLÉE
ENNUYER	INCESTE	INHUMER	ONUSIEN	BOULOIR	COMBLER
ENQUÊTE	INCIPIT	INITIAL	SNIFFER	BOUQUET	COMÉDIE
ENRAGÉE	INCISER	INITIÉE	UNANIME	BOUQUIN	COMICES
ENRAGER	INCISIF	INITIER	UNGUÉAL	BOURBON	COMMENT
ENRAYÉE	INCITER	INJUSTE	UNICITÉ	BOURDON	COMMÈRE
ENRAYER	INCIVIL	INNOMMÉ	UNIFIER	BOURRÉE	COMMODE

COMMUNE	CONTRAT	COULOIR	FOETALE	GONFLER	JOYEUSE
COMPACT	CONTRÉE	COULURE	FOFOLLE	GORGONE	LOCUSTE
COMPÈRE	CONTRER	COUPANT	FOLÂTRE	GORILLE	LOGEUSE
COMPLET	CONTRIT	COUPLÉE	FOLIACÉ	GOSETTE	LOISIRS
COMPLOT	CONTUSE	COUPLER	FORAINE	GOUACHE	LOMBRIC
COMPOSÉ	CONVIER	COUPLET	FORCENÉ	GOUFFRE	LONDRES
COMPOST	CONVIVE	COUPURE	FORCEPS	GOURDIN	LONGUET
COMPOTE	COPISTE	COURAGE	FOREUSE	GOURMET	LOPETTE
COMPTÉE	COPULER	COURANT	FORFAIT	GOUSSET	LORDOSE
COMPTER	COQUARD	COURBÉE	FORLANE	GOÛTEUR	LORETTE
CONARDE	COQUINE	COURBER	FORMICA	HOMÉLIE	LORGNER
CONASSE	CORBEAU	COUREUR	FORMULE	HOMMAGE	LORGNON
CONCAVE	CORDAGE	COURSER	FORTUIT	HONNÊTE	LOSANGE
CONCEPT	CORDIAL	COUSINE	FORTUNE	HONNEUR	LOTERIE
CONCERT	CORIACE	COUSSIN	FOSSILE	HONORER	LOUABLE
CONCILE	CORMIER	COUTEAU	FOSSOIR	HONTEUX	LOUANGE
CONCISE	COROLLE	COÛTEUX	FOUCADE	HÔPITAL	LOUBARD
CONCRET	CORONER	COUTUME	FOUDRES	HORAIRE	LOUCHER
CONFIER	CORRECT	COUTURE	FOUILLE	HORIZON	LOUEUSE
CONFINS	CORRIDA	COUVENT	FOUINER	HORLOGE	LOUFIAT
CONFITE	CORRIGÉ	COUVERT	FOULARD	HORREUR	LOUKOUM
CONFLIT	CORSAGE	COUVOIR	FOULURE	HOSANNA	LOUPIOT
CONFORT	CORTÈGE	COUVRIR	FOURBIR	HOSTILE	LOURDER
CONFUSE	COSAQUE	DOCTEUR	FOURBUE	HOUBLON	LOUSTIC
CONGELÉ	COSTALE	DOLENTE	FOURCHE	HOUILLE	LOYAUTÉ
CONGÈRE	COSTARD	DOMAINE	FOURGON	HOUPPÉE	MODELÉE
CONGRÈS	COSTAUD	DOMINER	FOURNIE	HOURDER	MODELER
CONGRUE	COSTUME	DOMMAGE	FOURNIR	IONESCO	MODÉRÉE
CONJURÉ	COTERIE	DOMPTER	FOURRÉE	IONIQUE	MODÉRER
CONNARD	COTISER	DOPANTE	FOURRER	IONISER	MODERNE
CONNEXE	COUARDE	DORSALE	GOBELET	JOCASSE	MODESTE
CONQUIS	COUCHÉE	DORTOIR	GOBEUSE	JOINDRE	MODULER
CONSEIL	COUCHER	DOSSIER	GODASSE	JOLIVET	MOINDRE
CONSORT	COUENNE	DOUBLÉE	GODBOUT	JONCHER	MOINEAU
CONSTAT	COUETTE	DOUCEUR	GODILLE	JONGLER	MOISSON
CONTACT	COUFFIN	DOUCHER	GOÉLAND	JOUABLE	MOITEUR
CONTENT	COUGUAR	DOUILLE	GOINFRE	JOUEUSE	MOLAIRE
CONTENU	COUILLE	DOULEUR	GOLIATH	JOUFFLU	MOLETER
CONTEUR	COUINER	DOUZAIN	GOMMAGE	JOURNAL	MOLETTE
CONTIGU	COULAGE	DOYENNE	GOMMIER	JOURNÉE	MOLOSSE
CONTINU	COULANT	ÉOLITHE	GONDOLE	JOUTEUR	MOMERIE
CONTOUR	COULEUR	ÉONISME	GONFLÉE	JOVIALE	MONACAL

☞	☞	☞	☞	☞	☞
MONCEAU	MOUSSUE	POLTRON	ROBUSTE	SOLDATE	TOLÉRER
MONDAIN	MOUTARD	POMMADE	ROCHIER	SOLDEUR	TÔLERIE
MONDIAL	MOUTURE	POMMARD	RÔDEUSE	SOLERET	TOMBANT
MONIALE	MOUVANT	POMPEUX	ROGNAGE	SOLFIER	TOMBEAU
MONNAIE	MOUVOIR	PONCEAU	ROILLER	SOLISTE	TOMBOLA
MONOCLE	NOCEUSE	PONDÉRÉ	ROMAINE	SOLUBLE	TOMETTE
MONSTRE	NOIRAUD	PONTIFE	ROMARIN	SOMALIE	TONIQUE
MONTAGE	NOIRCIR	POPOTIN	RONCIER	SOMBRER	TONNAGE
MONTANA	NOLISER	PORCHER	RONDEAU	SOMMEIL	TONNANT
MONTANT	NOMBRIL	PORCINE	RONDEUR	SOMMITÉ	TONNEAU
MONTOIR	NOMINÉE	POREUSE	RONFLER	SONDAGE	TONSURE
MONTRÉE	NONANTE	PORTAIL	ROSACÉE	SONGEUR	TONTURE
MONTRER	NORIEGA	PORTEUR	ROSAIRE	SONNANT	TOPETTE
MONTURE	NORMALE	PORTIER	ROSÉOLE	SONNEUR	TOQUADE
MORAINE	NORROIS	PORTION	ROSETTE	SOPRANO	TORDANT
MORBIDE	NOTABLE	POSEUSE	ROSEVAL	SORCIER	TORNADE
MORBIER	NOTAIRE	POSITIF	ROSSARD	SORDIDE	TORONTO
MORCEAU	NOTARIÉ	POSSÉDÉ	ROSTRAL	SORTANT	TORPEUR
MORDANT	NOTOIRE	POSTALE	ROTACÉE	SOTTISE	TORRENT
MORDORÉ	NOUEUSE	POSTIER	ROTATIF	SOUDAIN	TORRIDE
MORELLE	NOURRIE	POSTURE	ROTONDE	SOUDARD	TORSADE
MORFALE	NOURRIR	POTABLE	ROUERIE	SOUDIER	TORSEUR
MORILLE	NOUVEAU	POTELÉE	ROUGEUR	SOUDURE	TORTURE
MORMONE	POCHADE	POTENCE	ROUILLE	SOUFFLE	TOUCHÉE
MORSURE	POCHARD	POTERIE	ROULADE	SOUHAIT	TOUCHER
MORTIER	POINÇON	POTIÈRE	ROULEAU	SOUILLÉ	TOUEUSE
MORVEUX	POINDRE	POTINER	ROULEUR	SOULIER	TOUFFUE
MOTARDE	POINTAL	POTIRON	ROULURE	SOULOTE	TOUNDRA
MOTIVER	POINTÉE	POUDING	ROUSSIE	SOUMISE	TOURNÉE
MOTRICE	POINTER	POUFFER	ROUSSIR	SOUPAPE	TOURNER
MOUCHÉE	POINTUE	POULAIN	ROUSTIR	SOUPÇON	TOURNOI
MOUETTE	POIREAU	POUPINE	ROUTIER	SOURATE	TOUSSER
MOUFLET	POIRIER	POURRIE	ROUTINE	SOURCIL	VOCABLE
MOUFLON	POISSER	POURRIR	ROYAUTÉ	SOURDRE	VOILAGE
MOUFTER	POISSON	POURVOI	SOCIALE	SOURIRE	VOILIER
MOUILLÉ	POIVRÉE	POURVUE	SOCIÉTÉ	SOUTANE	VOILURE
MOULAGE	POIVRON	POUSSAH	SODIQUE	SOUTENU	VOISINE
MOULURE	POIVROT	POUSSÉE	SOFFITE	SOUTIEN	VOITURE
MOURANT	POLAIRE	POUSSER	SOIERIE	SOUVENT	VOLANTE
MOUSSÉE	POLENTA	POUSSIN	SOIGNÉE	TOCARDE	VOLAPUK
MOUSSER	POLICÉE	POUVOIR	SOIGNER	TOILAGE	VOLATIL
MOUSSON	POLLUER	ROBUSTA	SOLAIRE	TOITURE	VOLETTE

VOLEUSE	ÉPÉISTE	SPIRALE	BRADEUR	BRÛLANT	CROISÉE
VOLIÈRE	ÉPERDUE	SPOLIER	BRAILLE	BRÛLURE	CROISER
VOLITIF	ÉPERLAN	SPORTIF	BRAISÉE	BRUMEUX	CROÎTRE
VOLONTÉ	ÉPEURER	UPSILON	BRAISER	BRUSQUE	CROQUER
VOLUPTÉ	ÉPIAIRE		BRANCHE	BRUTALE	CROQUET
VOULOIR	ÉPICIER	**Q**	BRANCHU	CRACHAT	CROTTÉE
VOYAGER	ÉPIGONE		BRANDIR	CRACHER	CROTTER
VOYANCE	ÉPINAIE	AQUILIN	BRANLER	CRACHIN	CROTTIN
VOYANTE	ÉPINARD	ÉQUERRE	BRASIER	CRAINTE	CROULER
VOYEUSE	ÉPINEUX	ÉQUIPÉE	BRASSAC	CRAMPON	CROUPIR
YOGOURT	ÉPINGLE	ÉQUIPER	BRASSÉE	CRANTER	CROÛTON
ZONIÈRE	ÉPINIER		BRASSER	CRAONNE	CROYANT
ZORILLE	ÉPISODE	**R**	BRAVADE	CRAPAUD	CRUAUTÉ
	ÉPISSER	ARBITRE	BRESCIA	CRAPULE	CRUCIAL
P	ÉPITOGE	ARBORER	BRETTER	CRAQUER	CRUELLE
	ÉPLORÉE	ARBOUSE	BRETZEL	CRATÈRE	CRUISER
APAISER	ÉPLOYER	ARBUSTE	BRIEFER	CRAVATE	CRÛMENT
APATHIE	ÉPONGÉE	ARCHÈRE	BRIGADE	CRAWLER	CRURALE
APEPSIE	ÉPONGER	ARDENTE	BRIGAND	CRÉANCE	DRACÉNA
APERÇUE	ÉPOUSÉE	ARDOISE	BRIGUER	CRÉATIF	DRACHER
APÉTALE	ÉPOUSER	ARÉNACÉ	BRILLER	CRÉDULE	DRAGAGE
APEURÉE	ÉPREUVE	ARÊTIER	BRIMADE	CRÉNELÉ	DRAGUÉE
APEURER	ÉPUISÉE	ARGENTÉ	BRINGUE	CRÉPINE	DRAINER
APHONIE	ÉPUISER	ARIDITÉ	BRIOCHE	CRESSON	DRAPEAU
APICALE	IPSÉITE	ARIENNE	BRIONNE	CRÉTACÉ	DREISER
APLANIR	OPACITÉ	ARIETTE	BRIOUDE	CRÉTINE	DRESSER
APLATIR	OPALINE	ARLETTY	BRIOUZE	CREUSER	DRILLÉE
APPARAT	OPIACÉE	ARMENIA	BRIQUET	CREUSET	DROGUÉE
APPÂTER	OPINION	ARMOISE	BRISANT	CREVARD	DROSÉRA
APPELER	OPPOSÉE	AROÏDÉE	BRISEUR	CRIANTE	DROSSER
APPÉTIT	OPPOSER	AROMATE	BRISTOL	CRIARDE	ERGOTÉE
APPOSER	OPTIMAL	ARPÉGÉE	BRISURE	CRIBLÉE	ERGOTER
APPRÊTÉ	OPTIMUM	ARPÉGER	BROCARD	CRIEUSE	ERRANCE
APPUYER	OPTIQUE	ARRÊTER	BROCHÉE	CRIQUET	ERRANTE
EPSILON	OPULENT	ARRIÈRE	BROCHER	CRISPER	ERRATUM
ÉPAISSE	SPATIAL	ARRIMER	BROCHET	CRISSER	ERRONÉE
ÉPANDRE	SPATULE	ARRIVER	BRONZÉE	CRISTAL	ERSTEIN
ÉPANNER	SPÉCIAL	ARROCHE	BROSSÉE	CRITÈRE	ÉRAFLER
ÉPANOUI	SPECTRE	ARROSER	BROSSER	CROATIE	ÉRAILLÉ
ÉPARGNE	SPENCER	ARSENAL	BROUSSE	CROCHER	ÉREINTÉ
ÉPATANT	SPHINGE	ARTIMON	BROUTER	CROCHET	ÉROGÈNE
ÉPAULÉE	SPINALE	ARTISAN	BROYEUR	CROCHUE	ÉROSION
ÉPAULER		ARTISTE			

ÉROSIVE	GRATTÉE	IRRITER	PRÊTEUR	TREMBLE	URGENCE
ÉRUCTER	GRATTER	ORAGEUX	PRÉVENU	TREMPÉE	URGENTE
ÉRUDITE	GRATUIT	ORAISON	PRÉVOIR	TREMPER	URINOIR
FRAGILE	GRAVATS	ORANAIS	PRIEURE	TRENAIL	UROPODE
FRAÎCHE	GRAVEUR	ORANGÉE	PRIMEUR	TRÉPIED	URSIDÉS
FRAIRIE	GRAVITÉ	ORATEUR	PROBANT	TRESSÉE	VROMBIR
FRAISÉE	GRAVURE	ORDONNÉ	PROBITÉ	TRESSER	
FRAISIL	GRECQUE	OREILLE	PRODIGE	TRÉTEAU	**S**
FRANCHE	GREDINE	ORFÈVRE	PRODUIT	TRIBALE	ASBESTE
FRANGÉE	GREFFÉE	ORGANDI	PROFANE	TRIBUNE	ASEXUÉE
FRAPPÉE	GREFFER	ORGELET	PROFOND	TRICHER	ASIALIE
FRAPPER	GRENADE	ORGUEIL	PROGRÈS	TRIDENT	ASOCIAL
FRATRIE	GRENIER	ORIFICE	PROHIBÉ	TRIESTE	ASPERGE
FRAUDER	GRIFFÉE	ORIGAMI	PROMISE	TRINITÉ	ASPIRER
FREINER	GRIFFER	ORIGINE	PROMPTE	TRIPLER	ASSAGIR
FRELATÉ	GRIFFON	ORIGNAL	PROPANE	TRIPLEX	ASSENER
FRESQUE	GRIFFUE	ORLÉANS	PROPICE	TRIPOLI	ASSEOIR
FRETTER	GRIGNON	ORNIÈRE	PROPRIO	TRIPURA	ASSETTE
FRIANDE	GRILLÉE	ORTOLAN	PROSTRÉ	TRISSER	ASSIDUE
FRILEUX	GRILLER	ORVIETO	PROUVER	TROGNON	ASSOCIÉ
FRIPIER	GRILLON	PRAIRIE	PRUDENT	TROLLEY	ASSOLER
FRISSON	GRIMACE	PRALINE	PRUNEAU	TROMPÉE	ASSORTI
FRITURE	GRIMAGE	PRÉAVIS	TRAÇOIR	TROMPER	ASSOUAN
FRIVOLE	GRIMPER	PRÊCHER	TRAÎNÉE	TRONCHE	ASSUMER
FRONCER	GRINCER	PRÉCISE	TRAÎNER	TRONÇON	ASSURÉE
FRONDÉE	GRIOTTE	PRÉCOCE	TRAITÉE	TROPHÉE	ASSURER
FRONDER	GRIPPÉE	PRÉDIRE	TRAITER	TROTTER	ASTAIRE
FROTTER	GRIPPER	PRÉFACE	TRAÎTRE	TROTTIN	ASTASIE
FROUSSE	GRISANT	PRÉFÉRÉ	TRALALA	TROUBLE	ASTÉRIE
FRUGALE	GRIVOIS	PRÉJUGÉ	TRAMWAY	TROUSSE	ASTÉRIX
GRABUGE	GROGNER	PRÉLART	TRANCHE	TROUVER	ASTICOT
GRACIER	GROGNON	PRÉLUDE	TRANSAT	TRUANDE	ASTRALE
GRACILE	GRONDER	PREMIER	TRANSIE	TRUCAGE	ESCADRE
GRADUÉE	GRONDIN	PRENDRE	TRANSIR	TRUELLE	ESCARPÉ
GRADUEL	GROSSIR	PRENEUR	TRANSIT	TRUISME	ESCARRE
GRADUER	GROUPÉE	PRÉPOSÉ	TRAPÈZE	TRUQUER	ESCIENT
GRAINÉE	GROUPER	PRÉSAGE	TRAPPÉE	URANATE	ESCLAVE
GRAINER	GROUPIE	PRÉSENT	TRAQUER	URANITE	ESCOBAR
GRANDIR	IRANIEN	PRESQUE	TRAVAIL	URANIUM	ESCORTE
GRANULE	IRIDIÉE	PRESSÉE	TRAVELO	URBAINE	ESCRIME
GRAPHIE	IRLANDE	PRESSER	TRAVERS	URÉTÈRE	ESPACÉE
GRAPPIN	IRRITÉE	PRÉSUMÉ	TRAYEUR	URÉTRAL	ESPACER

☞	☞	☞	☞	☞	☞
ESPÉRER	ATONALE	ÉTROITE	BURNABY	FUSELÉE	LUNETTE
ESSAYER	ATTACHÉ	ÉTUDIER	BURNOUS	FUSETTE	LUPANAR
ESSENCE	ATTAQUE	ITALIEN	BUSTIER	FUSIBLE	LUPULIN
ESSEULÉ	ATTARDÉ	OTALGIE	BUTINER	FUYANTE	LURETTE
ESSORER	ATTEINT	OTRANTE	BUVETTE	FUYARDE	LURONNE
ESSUYER	ATTELER	STAGNER	BUVEUSE	GUANACO	LUSTRER
ESTAMPE	ATTENTE	STATION	CUILLER	GUÉPARD	LUTÉINE
ESTIMÉE	ATTERRÉ	STATUER	CUISANT	GUÊPIER	LUTHIER
ESTIMER	ATTESTÉ	STATURE	CUISINE	GUÉRITE	LUTINER
ESTOMAC	ATTIFER	STEAMER	CUISSOT	GUETTER	LUTTEUR
ESTOMPE	ATTIRER	STEEPLE	CUISTOT	GUEULER	LUZERNE
ESTONIE	ATTISER	STENCIL	CUISTRE	GUEVARA	MULÂTRE
ESTRADE	ATTRAIT	STENTOR	CUIVRÉE	GUIGNER	MULSION
ÉSÉRINE	ATTRAPE	STEPPER	CULASSE	GUIGNOL	MURMURE
ISLANDE	ÉTABLIE	STÉRILE	CULBUTE	GUIGNON	MUSARDE
ISOCÈLE	ÉTABLIR	STERNUM	CULOTTE	GUINDÉE	MUSCADE
ISOLANT	ÉTAGÈRE	STOPPER	CULTIVÉ	GUIPURE	MUSCLER
ISOLOIR	ÉTALAGE	STRICTE	CULTURE	GUITARE	MUSELER
ISSANTE	ÉTAMINE	STRUDEL	CUMULER	HUITAIN	MUSETTE
ISSOIRE	ÉTAMPÉE	STUPEUR	CURABLE	HULULER	MUSICAL
OSEILLE	ÉTAMPER	STUPIDE	CURATIF	HUMÉRUS	MUSIQUE
OSSELET	ÉTANÇON	UTÉRINE	CURETER	HURLEUR	MUSQUÉE
OSSÉTIE	ÉTEINTE	UTILITÉ	CURETON	HURONNE	MUTILÉE
OSSEUSE	ÉTENDRE	UTRILLO	CURETTE	HUSSARD	MUTILER
OSTÉITE	ÉTENDUE		CURIEUX	JUBARTE	MUTISME
OSTÉOME	ÉTERNEL	**U**	CURISTE	JUBILER	NUAISON
OSTIOLE	ÉTÉSIEN		CUTANÉE	JUCHOIR	NUANCÉE
OSTRACÉ	ÉTÊTAGE	AUBAINE	DUALITÉ	JUGULER	NUANCER
PSILOPA	ÉTHÉRÉE	AUBERGE	DUPERIE	JUILLET	NUEMENT
TSARINE	ÉTIOLÉE	AUGURER	DURABLE	JUMELER	NULLITÉ
TSIGANE	ÉTIOLER	AUGUSTE	EUDÉMIS	JUMELLE	NUMÉRAL
USINAGE	ÉTOFFÉE	AULNAIE	EUDISTE	JUPETTE	OUAILLE
USINIER	ÉTOFFER	AUNEUIL	EUNECTE	JUPITER	OUBLIER
USUELLE	ÉTOILÉE	AURÉLIE	EURASIE	JURISTE	OUGANDA
USURIER	ÉTONNÉE	AURÉOLE	EUTOCIE	JUSTICE	OUGARIT
USURPER	ÉTONNER	AUROCHS	FUGITIF	LUCARNE	OUILLER
	ÉTOUFFÉ	AUSTÈRE	FUMEUSE	LUCERNE	OURAGAN
T	ÉTOUPÉE	AUSTRAL	FUMISTE	LUCIOLE	OURLIEN
	ÉTOURDI	AUTISME	FUNÈBRE	LUCRÈCE	OUTARDE
ATELIER	ÉTRANGE	AUTISTE	FUNESTE	LUGUBRE	OUTRAGE
ATHÈNES	ÉTRÉCIR	AUTOMNE	FURETER	LUISANT	OUVERTE
ATHLÈTE	ÉTRENNE	BUISSON	FURIEUX	LUMBAGO	OUVRAGE
ATLANTA	ÉTRIPER	BURETTE	FURTIVE	LUMIÈRE	OUVRIER

PUBLIER	SUPPOSÉ	AVANCER	EXCÉDER	SYSTÈME	AVALOIR
PUCELLE	SUPRÊME	AVARICE	EXCEPTÉ	SYSTOLE	AVANCÉE
PUCERON	SURANNÉ	AVARIÉE	EXCLURE	ZYEUTER	AVANCER
PUDDING	SURCOÛT	AVARIER	EXCUSÉE		AVARICE
PUÉRILE	SURDITÉ	AVELINE	EXCUSER	**Z**	AVARIÉE
PULLMAN	SURDOSE	AVENANT	EXÉCRER		AVARIER
PUNAISE	SURDOUÉ	AVERTIE	EXEMPLE	TZARINE	BIAISER
PUPILLE	SURELLE	AVERTIR	EXEMPTE	TZIGANE	BLAFARD
PUPITRE	SURETTE	AVEULIR	EXERCÉE		BLAGUER
PURCELL	SURFACE	AVICOLE	EXERCER	**3e**	BLAIRER
PURISME	SURFAIT	AVOCATE	EXÉRÈSE		BLANCHE
PUSTULE	SURFINE	AVORTER	EXHALER	POSITION	BLASANT
PUTRIDE	SURPLIS	AVORTON	EXHIBER		BRADEUR
QUALITÉ	SURPLUS	EVEREST	EXISTER	**A**	BRAILLE
QUANTUM	SURPRIS	ÉVACUER	EXPERTE		BRAISÉE
QUATUOR	SURSAUT	ÉVALUER	EXPIRER	ABACULE	BRAISER
QUININE	SURTAXE	ÉVANOUI	EXPLOIT	ABAISSE	BRANCHE
QUITTER	SURTOUT	ÉVASION	EXPOSÉE	ABANDON	BRANCHU
RUBANER	SUSDITE	ÉVASIVE	EXPOSER	ABATAGE	BRANDIR
RUBÉOLE	SUSPECT	ÉVASURE	EXPRESS	ABATTRE	BRANLER
RUDESSE	SUSPENS	ÉVEILLÉ	EXSUDER	ABATTUE	BRASIER
RUFFIAN	SUSVISÉ	ÉVENTÉE	EXTERNE	ACADIEN	BRASSAC
RUINEUX	SUTURÉE	ÉVENTER	EXTRAIT	ADAPTER	BRASSÉE
RUMINER	SUTURER	ÉVIDENT	EXTRÊME	AGAÇANT	BRASSER
RUPTURE	TUBISTE	ÉVIDURE	EXTRUDÉ	ALABAMA	BRAVADE
RUSTAUD	TUILEAU	ÉVINCER	EXULTER	ALANGUI	CHABLIS
RUTILER	TUILIER	ÉVOLUER		ALANINE	CHACONE
SUAVITÉ	TULLINS	ÉVOQUER	**Y**	ALARMER	CHAGRIN
SUBLIME	TUMULTE	IVOIRIN		AMAIGRI	CHAÎNÉE
SUBSIDE	TUNISIE	IVRESSE	AYROLLE	AMANITE	CHAÎNER
SUBTILE	TURNEPS	OVATION	CYCLONE	AMARRÉE	CHAÎNON
SUCCION	TURPIDE	OVIPARE	CYCLOPE	AMARRER	CHALAND
SUCETTE	TUTELLE		CYMBALE	AMASSER	CHALEUR
SUCEUSE	TUTORAT	**W**	CYNISME	AMATEUR	CHAMADE
SUCRIER	TUTRICE		HYALITE	AMAZONE	CHAMBLY
SUÉDOIS	VULCAIN	SWAHILI	HYDRANT	ANACLET	CHAMBRE
SUFFIRE	YUCATAN		HYPNOSE	ANAHEIM	CHAMEAU
SUICIDE		**X**	LYRIQUE	ANAHUAC	CHAMPIS
SUINTER	**V**	EXAGÉRÉ	MYRIADE	ANALYSE	CHANCRE
SUIVANT		EXALTÉE	MYSTÈRE	APAISER	CHANGÉE
SUIVEUR	AVACHIR	EXALTER	SYÉNITE	APATHIE	CHANGER
SUPERBE	AVALOIR	EXAUCER	SYMBOLE	AVACHIR	CHANSON
SUPPORT	AVANCÉE	EXCAVER	SYNCOPE		CHANTER

CHANVRE	DRACÉNA	EXAGÉRÉ	GRAINÉE	PHALÈNE	STATUER
CHAPEAU	DRACHER	EXALTÉE	GRAINER	PHARAON	STATURE
CHARADE	DRAGAGE	EXALTER	GRANDIR	PIAULER	SUAVITÉ
CHARGÉE	DRAGUÉE	EXAUCER	GRANULE	PLACARD	SWAHILI
CHARGER	DRAINER	FIANCÉE	GRAPHIE	PLACEBO	TRAÇOIR
CHARITÉ	DRAPEAU	FIASQUE	GRAPPIN	PLACIDE	TRAÎNÉE
CHARMÉE	DUALITÉ	FLAGADA	GRATTÉE	PLAFOND	TRAÎNER
CHARMER	ÉBAUBIE	FLAIRER	GRATTER	PLAGIAT	TRAITÉE
CHARNEL	ÉBAUCHE	FLAMANT	GRATUIT	PLAGIER	TRAITER
CHARNUE	ÉCACHER	FLAMBER	GRAVATS	PLAINTE	TRAÎTRE
CHARRON	ÉCAILLE	FLAMINE	GRAVEUR	PLAISIR	TRALALA
CHARRUE	ÉCARTER	FLAMMÉE	GRAVITÉ	PLANAGE	TRAMWAY
CHARTRE	ÉGALITÉ	FLÂNEUR	GRAVURE	PLANÈTE	TRANCHE
CHASSÉE	ÉLAGUER	FLASQUE	GUANACO	PLANEUR	TRANSAT
CHASSER	ÉLANCÉE	FLATTER	HIATALE	PLANOIR	TRANSIE
CHÂSSES	ÉLANCER	FLAVEUR	HYALITE	PLANQUE	TRANSIR
CHÂTEAU	ÉLARGIR	FRAGILE	ICARIEN	PLANTÉE	TRANSIT
CHÂTIER	ÉMACIÉE	FRAÎCHE	IMAGIER	PLANTER	TRAPÈZE
CHAUMÉE	ÉMACIER	FRAIRIE	INACTIF	PLANTON	TRAPPÉE
CLAMEUR	ÉPAISSE	FRAISÉE	INANIMÉ	PLAQUER	TRAQUER
CLARIAS	ÉPANDRE	FRAISIL	INANITÉ	PLASTIC	TRAVAIL
CLASSÉE	ÉPANNER	FRANCHE	INAVOUÉ	PLATANE	TRAVELO
CLASSER	ÉPANOUI	FRANGÉE	IRANIEN	PLATEAU	TRAVERS
COALISÉ	ÉPARGNE	FRAPPÉE	ITALIEN	PLATINE	TRAYEUR
COASSER	ÉPATANT	FRAPPER	LIAISON	PLÂTRÉE	TSARINE
CRACHAT	ÉPAULÉE	FRATRIE	LIARDER	PRAIRIE	TZARINE
CRACHER	ÉPAULER	FRAUDER	MÉANDRE	PRALINE	UNANIME
CRACHIN	ÉRAFLER	GLAÇAGE	MIAULER	QUALITÉ	URANATE
CRAINTE	ÉRAILLÉ	GLACIAL	NIAISER	QUANTUM	URANITE
CRAMPON	ÉTABLIE	GLACIER	NUAISON	QUATUOR	URANIUM
CRANTER	ÉTABLIR	GLAÏEUL	NUANCÉE	RÉALITÉ	
CRAONNE	ÉTAGÈRE	GLAISER	NUANCER	RÉARMER	**B**
CRAPAUD	ÉTALAGE	GLAMOUR	OCARINA	RIAILLE	
CRAPULE	ÉTAMINE	GLANAGE	OPACITÉ	SCALPEL	ABBESSE
CRAQUER	ÉTAMPÉE	GLANDER	OPALINE	SCALPER	ALBERTA
CRATÈRE	ÉTAMPER	GLANEUR	ORAGEUX	SCANDER	ALBINOS
CRAVATE	ÉTANÇON	GLAUQUE	ORAISON	SCANNER	AMBIANT
CRAWLER	ÉVACUER	GRABUGE	ORANAIS	SIAMOIS	AMBIGUË
DIABÈTE	ÉVALUER	GRACIER	ORANGÉE	SMASHER	ARBITRE
DIAMANT	ÉVANOUI	GRACILE	ORATEUR	SPATIAL	ARBORER
DIANTRE	ÉVASION	GRADUÉE	OTALGIE	SPATULE	ARBOUSE
DIAPRÉE	ÉVASIVE	GRADUEL	OUAILLE	STAGNER	ARBUSTE
DIAPRER	ÉVASURE	GRADUER	OVATION	STATION	ASBESTE

☞	☞	☞	☞	☞	☞
AUBAINE	JUBARTE	ACCOLER	DÉCIMER	FICELLE	LICORNE
AUBERGE	JUBILER	ACCORTE	DÉCISIF	FICHIER	LOCUSTE
BABINES	LABELLE	ACCOTER	DÉCODER	FICTION	LUCARNE
BABIOLE	LABIÉES	ACCOURU	DÉCORER	FICTIVE	LUCERNE
BABOUIN	LIBELLE	ACCUEIL	DÉCOUSU	GÂCHEUR	LUCIOLE
BIBELOT	LIBÉRAL	ACCULER	DÉCRIER	HACHOIR	LUCRÈCE
BOBINER	LIBÉRÉE	ACCUSÉE	DÉCRIRE	HACHURE	MACABRE
BOBTAIL	LIBÉRER	ACCUSER	DICTION	HECTARE	MACAQUE
CABANON	LIBERTÉ	ALCALIN	DOCTEUR	INCESTE	MACARON
CABARET	MABOULE	ANCÊTRE	ENCADRÉ	INCIPIT	MACÉRÉE
CABINET	OMBILIC	ANCHOIS	ENCAGER	INCISER	MACÉRER
CABOCHE	OMBRAGE	ANCOLIE	ENCLINE	INCISIF	MACHAON
CABOSSE	OUBLIER	ARCHÈRE	ENCLORE	INCITER	MACHINE
CABOTIN	PÉBRINE	BACILLE	ENCLUME	INCIVIL	MACRAMÉ
CIBOIRE	PUBLIER	BÂCHAGE	ENCOCHE	INCLINÉ	MACULER
DÉBÂCLE	RABOTER	BÂCLAGE	ENCORNÉ	INCLURE	MÂCHEUR
DÉBÂTIR	REBÂTIR	BECAUSE	ESCADRE	INCLUSE	MÉCÉNAT
DÉBINÉE	REBELLE	BÉCASSE	ESCARPÉ	INCONNU	MÉCHANT
DÉBINER	REBOURS	BÉCOTER	ESCARRE	INCRÉÉE	MICROBE
DÉBITER	REBUTER	BICROSS	ESCIENT	INCUBER	NACELLE
DÉBOIRE	RIBAUDE	BICYCLE	ESCLAVE	INCULPÉ	NÉCROSE
DÉBRIDÉ	ROBUSTA	CACAOTÉ	ESCOBAR	INCULTE	NOCEUSE
DÉBUTER	ROBUSTE	CACAOUI	ESCORTE	INCURIE	OCCLURE
EMBÊTER	RUBANER	COCAGNE	ESCRIME	JACOBÉE	OCCULTE
EMBLÈME	RUBÉOLE	COCAÏNE	EXCAVER	JACQUET	OCCUPER
EMBOLIE	SABLAGE	COCARDE	EXCÉDER	JOCASSE	ONCIALE
EMBÛCHE	SABOTER	COCHÈRE	EXCEPTÉ	JUCHOIR	ONCTION
FABLIAU	SÉBASTE	COCKNEY	EXCLURE	LACAUNE	PÉCULAT
FABULER	SIBÉRIE	COCOTER	EXCUSÉE	LACÉRER	PÊCHEUR
FÉBRILE	SUBLIME	COCOTTE	EXCUSER	LACERIE	PICARDE
FIBROME	SUBSIDE	CYCLONE	FACÉTIE	LACEUSE	PICCOLI
GABARIT	SUBTILE	CYCLOPE	FACIALE	LACHINE	PICORER
GABELOU	TABLARD	DÉCALER	FACTEUR	LACHUTE	PICOTER
GOBELET	TABLEAU	DÉCATIR	FACTICE	LACONIE	PICPOUL
GOBEUSE	TUBISTE	DÉCÉDÉE	FACTION	LACOSTE	POCHADE
HABILLÉ	URBAINE	DÉCÉDER	FACTUEL	LÂCHETÉ	POCHARD
HABITAT	VIBRANT	DÉCELER	FACTURE	LÂCHEUR	PUCELLE
HABITER	ZÉBRURE	DÉCENCE	FACULTÉ	LECLERC	PUCERON
HABITUÉ		DÉCENTE	FÂCHANT	LECTEUR	RACCORD
HÉBERGÉ	**C**	DÉCHOIR	FÉCONDE	LECTURE	RACIALE
HÉBÉTÉE		DÉCIBEL	FICAIRE	LÉCYTHE	RACISTE
IMBERBE	ABCÉDER	DÉCIDÉE	FICELÉE	LICENCE	RACOLER
IMBRÛLÉ	ACCÉDER	DÉCIDER	FICELER	LICITER	RECALER

☞	☞	☞	☞	☞	☞
RECELER	TECTITE	ENDURER	RÉDUIRE	APEURÉE	ÉDENTÉE
RECÉPER	TOCARDE	EUDÉMIS	RÔDEUSE	APEURER	ÉDENTER
RECETTE	ULCÉRÉE	EUDISTE	RUDESSE	ARÉNACÉ	ÉJECTER
RECLUSE	ULCÉRER	FADAISE	SADIQUE	ARÊTIER	ÉLECTIF
RECONNU	VACANCE	FADASSE	SADISME	ASEXUÉE	ÉLÉGANT
RECOURS	VACANTE	FEDAYIN	SÉDATIF	ATELIER	ELEISON
RECTALE	VACARME	GODASSE	SÉDUIRE	AVELINE	ÉLÉMENT
RECUEIL	VACHARD	GODBOUT	SÉDUITE	AVENANT	ÉLEVAGE
RECUIRE	VECTEUR	GODILLE	SIDÉRAL	AVERTIE	ÉMÉCHÉE
RECUITE	VICAIRE	HADDOCK	SIDÉRÉE	AVERTIR	ÉMERGER
RECULER	VICIEUX	HIDEUSE	SIDÉRER	AVEULIR	ÉMÉRITE
RÉCENTE	VICTIME	HYDRANT	SODIQUE	BIENNAL	ÉMÉTINE
RÉCHAUD	VOCABLE	INDÉCIS	VEDETTE	BIENTÔT	ÉMETTRE
RÉCIFAL	YUCATAN	INDEMNE	VIDELLE	BLENNIE	ÉNERGIE
RÉCITER		INDIANA	VIDIMER	BLESSÉE	ÉNERVÉE
RÉCLAME	**D**	INDIGNE	VIDUITÉ	BLESSER	ÉNERVER
RÉCOLTE		INDUIRE		BRESCIA	ÉPÉISTE
RÉCRÉER	ABDOMEN	INDURER	**E**	BRETTER	ÉPERDUE
RÉCURER	ADDENDA	MADRIER		BRETZEL	ÉPERLAN
RÉCUSER	AIDANTE	MÉDECIN	ABEILLE	CHEDDAR	ÉPEURER
RICAINE	ANDALOU	MÉDICAL	ACÉTONE	CHEMISE	ÉREINTÉ
RICANER	ANDANTE	MÉDITER	ADÉNITE	CHÉTIVE	ÉSÉRINE
RICOTTA	ARDENTE	MÉDUSÉE	ADÉNOME	CHEVRON	ÉTEINTE
ROCHIER	ARDOISE	MÉDUSER	ADÉQUAT	CLÉBARD	ÉTENDRE
SACCADE	BADAUDE	MODELÉE	AGENCÉE	CLÉMENT	ÉTENDUE
SACCAGE	BADERNE	MODELER	AGENCER	CLENCHE	ÉTERNEL
SACOCHE	BADINER	MODÉRÉE	AGÉRATE	CLEPHTE	ÉTÉSIEN
SECONDE	BEDAINE	MODÉRER	ALÉRION	CRÉANCE	ÉTÊTAGE
SECOUER	BÉDOUIN	MODERNE	ALERTÉE	CRÉATIF	ÉVEILLÉ
SECOURS	CADAVRE	MODESTE	ALERTER	CRÉDULE	ÉVENTÉE
SECRÉTÉ	CADENAS	MODULER	ALÉSAGE	CRÉNELÉ	ÉVENTER
SECTEUR	CADENCE	ONDULER	ALÉSEUR	CRÉPINE	EVEREST
SECTION	CADETTE	ORDONNÉ	AMENDÉE	CRESSON	EXÉCRER
SÉCHAGE	CADRAGE	PÉDALER	AMENDER	CRÉTACÉ	EXEMPLE
SICAIRE	CADREUR	PÉDANTE	AMÉNITÉ	CRÉTINE	EXEMPTE
SOCIALE	CADUQUE	PUDDING	AMERLOT	CREUSER	EXERCÉE
SOCIÉTÉ	CÉDILLE	RADICAL	AMERRIR	CREUSET	EXERCER
SUCCION	CODÉINE	RADIEUX	AMEUTER	CREVARD	EXÉRÈSE
SUCETTE	DÉDUIRE	RADOTER	ANÉMIER	DIÉRÈSE	FEELING
SUCEUSE	ENDÉMIE	REDORER	ANÉMONE	DREISER	FLÉCHÉE
SUCRIER	ENDROIT	REDOUTE	APEPSIE	DRESSER	FLÉCHIR
TACHETÉ	ENDUIRE	RÉDIGER	APERÇUE	ÉBÉNIER	FLÉTRIR
TACTILE	ENDUITE	RÉDIMER	APÉTALE	ÉBERLUÉ	FLEURER

FLEURIE	PLÉNIER	SYÉNITE	AFFUBLÉ	KEFFIEH	BIGORNE
FLEURIR	PLEURER	THÉÂTRE	AFFÛTER	LIFTIER	CAGETTE
FOETALE	PLEUTRE	THÉIÈRE	BAFOUER	MAFFLUE	CAGNARD
FREINER	PRÉAVIS	THÉORBE	BAFREUR	MAFIEUX	CAGOULE
FRELATÉ	PRÊCHER	THÉORIE	BEFFROI	MÉFIANT	COGÉRER
FRESQUE	PRÉCISE	THERMIE	BIFFURE	NÉFASTE	COGITER
FRETTER	PRÉCOCE	THERMOS	CAFÉIER	OFFENSE	DÉGAGÉE
GOÉLAND	PRÉDIRE	TIÉDEUR	COFFRÉE	ORFÈVRE	DÉGAGER
GRECQUE	PRÉFACE	TIERCÉE	COFFRER	RAFFINÉ	DÉGAZER
GREDINE	PRÉFÉRÉ	TIERCER	DÉFAIRE	REFAIRE	DÉGELÉE
GREFFÉE	PRÉJUGÉ	TREMBLE	DÉFAITE	REFILER	DÉGELER
GREFFER	PRÉLART	TREMPÉE	DÉFENDU	REFRAIN	DÉGOTER
GRENADE	PRÉLUDE	TREMPER	DÉFENSE	REFUSER	DÉGOÛTÉ
GRENIER	PREMIER	TRENAIL	DÉFILER	RÉFÉRER	DÉGUISÉ
GUÉPARD	PRENDRE	TRÉPIED	DÉFINIE	RÉFLEXE	DIGÉRER
GUÊPIER	PRENEUR	TRESSÉE	DÉFINIR	RÉFORME	DIGITAL
GUÉRITE	PRÉPOSÉ	TRESSER	DÉFUNTE	RÉFUTER	DIGNITÉ
GUETTER	PRÉSAGE	TRÉTEAU	EFFACÉE	RUFFIAN	ENGAGER
GUEULER	PRÉSENT	URÉTÈRE	EFFACER	SIFFLER	ENGLUER
GUEVARA	PRESQUE	URÉTRAL	EFFARÉE	SIFFLET	ENGONCÉ
HIÉMALE	PRESSÉE	UTÉRINE	EFFIGIE	SOFFITE	ENGRAIS
IBÉRIDE	PRESSER	VIEILLE	EFFILÉE	SUFFIRE	ENGRÊLÉ
ICEBERG	PRÉSUMÉ	VIEILLI	EFFILER		ERGOTÉE
IDÉELLE	PRÊTEUR	ZIEUTER	EFFRAIE	**G**	ERGOTER
INÉDITE	PRÉVENU	ZYEUTER	EFFRÉNÉ		FAGOTIN
INÉGALE	PRÉVOIR		ENFANCE	AFGHANE	FIGURÉE
INEPTIE	PRÉVOIR	**F**	ENFILER	AIGREUR	FIGURER
INERTIE	PUÉRILE		ENFOIRÉ	AIGUAIL	FUGITIF
INEXACT	RÉÉLIRE	AFFABLE	ENFOUIR	ALGÈBRE	GAGEURE
INEXPIÉ	RHÉNANE	AFFADIR	ENFÛTER	ALGÉRIE	GAGEUSE
MAESTRO	RHÉNIUM	AFFAIRE	FIFILLE	ANGÉLUS	GAGNANT
MEETING	SCELLER	AFFAMÉE	FOFOLLE	ANGLAIS	HAGARDE
NIELLER	SCEPTRE	AFFAMER	INFAMIE	ARGENTÉ	INGÉNUE
NUEMENT	SPÉCIAL	AFFÉTÉE	INFATUÉ	AUGURER	INGÉRER
OBÉSITÉ	SPECTRE	AFFICHE	INFECTE	AUGUSTE	INGRATE
OCÉANIE	SPENCER	AFFILER	INFÉODÉ	BAGARRE	JUGULER
OLÉODUC	STEAMER	AFFILIÉ	INFÉRER	BAGASSE	LAGNIEU
OLÉOLAT	STEEPLE	AFFINER	INFICHU	BAGNARD	LÉGENDE
OMETTRE	STENCIL	AFFLUER	INFINIE	BAGNOLE	LÉGISTE
ONÉREUX	STENTOR	AFFOLÉE	INFIRME	BAGUIER	LIGNARD
OREILLE	STEPPER	AFFOLER	INFLUER	BÉGONIA	LIGNEUX
OSEILLE	STÉRILE	AFFREUX	INFOUTU	BÉGUINE	LIGOTER
PIERRÉE	SUÉDOIS	AFFRONT	INFUSER	BIGARRÉ	LOGEUSE

LUGUBRE	ACHIGAN	ALISIER	CAISSON	ÉMINCÉE	GRIFFON
MAGASIN	ADHÉRER	AMIABLE	CEINDRE	ÉMINCER	GRIFFUE
MAGIQUE	ADHÉSIF	AMIANTE	CHIALER	ÉMINENT	GRIGNON
MAGNÉTO	ANHÉLER	AMICALE	CHICANE	ENIVRER	GRILLÉE
MÉGOTER	APHONIE	AMINCIR	CHICANO	ÉPIAIRE	GRILLER
NAGUÈRE	ATHÈNES	AMIRALE	CHICHIS	ÉPICIER	GRILLON
NÉGATIF	ATHLÈTE	ANIMALE	CHIENNE	ÉPIGONE	GRIMACE
NÉGATON	CAHOTER	APICALE	CHIFFRE	ÉPINAIE	GRIMAGE
NIGAUDE	ÉCHANGE	ARIDITÉ	CHIMÈRE	ÉPINARD	GRIMPER
NIGERIA	ÉCHARPE	ARIENNE	CHINEUR	ÉPINEUX	GRINCER
ONGUENT	ÉCHELLE	ARIETTE	CHINOOK	ÉPINGLE	GRIOTTE
ORGANDI	ÉCHELON	ASIALIE	CLIENTE	ÉPINIER	GRIPPÉE
ORGELET	ÉCHEVIN	AVICOLE	COIFFÉE	ÉPISODE	GRIPPER
ORGUEIL	ÉCHIDNÉ	BAIGNER	COIFFER	ÉPISSER	GRISANT
OUGANDA	ÉCHINÉE	BÂILLER	COINCÉE	ÉPITOGE	GRIVOIS
OUGARIT	ÉCHOUER	BAISSÉE	COINCER	ÉTIOLÉE	GUIGNER
PAGINER	ÉTHÉRÉE	BAISSER	CRIANTE	ÉTIOLER	GUIGNOL
PIGISTE	EXHALER	BLINDÉE	CRIARDE	ÉVIDENT	GUIGNON
RAGEUSE	EXHIBER	BLINDER	CRIBLÉE	ÉVIDURE	GUINDÉE
RAGTIME	INHALER	BOISSON	CRIEUSE	ÉVINCER	GUIPURE
RÉGALÉE	INHIBER	BOITEUX	CRIQUET	EXISTER	GUITARE
RÉGALER	INHUMER	BOÎTIER	CRISPER	FAIBLIR	HAILLON
RIGODON	SCHISME	BRIEFER	CRISSER	FAÏENCE	HAINEUX
RIGOLER	SCHNAPS	BRIGADE	CRISTAL	FAILLIR	HAÏTIEN
RIGUEUR	SPHINGE	BRIGAND	CRITÈRE	FAISANS	HUITAIN
ROGNAGE	TCHADOR	BRIGUER	CUILLER	FAISEUR	IDIOTIE
SAGESSE	TÉHÉRAN	BRILLER	CUISANT	FAÎTAGE	ILIAQUE
SAGETTE		BRIMADE	CUISINE	FEINDRE	ÎLIENNE
SEGMENT	**I**	BRINGUE	CUISSOT	FLIPPER	ILIESCU
SIGNALÉ		BRIOCHE	CUISTOT	FLIRTER	INITIAL
UNGUÉAL	ABIÉTIN	BRIONNE	CUISTRE	FRIANDE	INITIÉE
URGENCE	ABITIBI	BRIOUDE	CUIVRÉE	FRILEUX	INITIER
URGENTE	ACIDITÉ	BRIOUZE	DAIGNER	FRIPIER	IRIDIÉE
VÉGÉTAL	ACIDULÉ	BRIQUET	DRILLÉE	FRISSON	JAILLIR
VÉGÉTER	ACIÉRER	BRISANT	ÉDICTER	FRITURE	JOINDRE
VIGUEUR	ACIÉRIE	BRISEUR	ÉDICULE	FRIVOLE	JUILLET
YOGOURT	ADIPSIE	BRISTOL	ÉDIFICE	GAÎMENT	LAIDEUR
	AGILITÉ	BRISURE	ÉDIFIER	GAINIER	LAINAGE
H	ALIÉNÉE	BUISSON	ÉDITION	GEINDRE	LAINIER
	ALIÉNER	CAILLÉE	ÉGISTHE	GLISSER	LAISSÉE
ACHARNÉ	ALIFÈRE	CAILLER	ÉLINGUE	GOINFRE	LAISSER
ACHETER	ALIGNER	CAILLOT	ÉMIGRÉE	GRIFFÉE	LAITAGE
ACHEVER	ALIMENT	CAILLOU	ÉMIGRER	GRIFFER	LAITEUX

LAITIER	POIRIER	TEINTER	ADJOINT	BALAYER	CULASSE
LOISIRS	POISSER	TOILAGE	ADJUGER	BALEINE	CULBUTE
LUISANT	POISSON	TOITURE	ADJURER	BALISER	CULOTTE
MAIGRIR	POIVRÉE	TRIBALE	CAJOLER	BALISTE	CULTIVÉ
MAILLÉE	POIVRON	TRIBUNE	DÉJETER	BALLADE	CULTURE
MAILLER	POIVROT	TRICHER	DÉJOUER	BALLAST	DALLAGE
MAILLET	PRIEURE	TRIDENT	ENJÔLER	BALOURD	DÉLABRÉ
MAILLON	PRIMEUR	TRIESTE	ENJOUÉE	BELETTE	DÉLACER
MAILLOT	PSILOPA	TRINITÉ	INJUSTE	BELOEIL	DÉLAVÉE
MEISTRE	QUININE	TRIPLER	MAJESTÉ	BÉLÎTRE	DÉLAVER
MOINDRE	QUITTER	TRIPLEX	MAJEURE	BÉLOUGA	DÉLÉGUÉ
MOINEAU	RAIDEUR	TRIPOLI	MAJORER	BÊLANTE	DÉLICAT
MOISSON	RAIFORT	TRIPURA	MIJOTER	BILLARD	DÉLIRER
MOITEUR	RAILLER	TRISSER	REJETER	BILLION	DÉLOGER
NAÏVETÉ	RAINURE	TSIGANE	REJETON	BOLIVAR	DÉLURÉE
NEIGEUX	RÉIFIER	TUILEAU	RÉJOUIE	BOLIVIE	DÉLURER
NOIRAUD	ROILLER	TUILIER	RÉJOUIR	BOLOGNE	DILATER
NOIRCIR	RUINEUX	TZIGANE		CALAMAR	DILEMME
ODIEUSE	SAIGNÉE	UNICITÉ	**L**	CALCINÉ	DOLENTE
OEILLET	SAIGNER	UNIFIER		CALEÇON	ÉBLOUIR
OLIVIER	SAILLIE	UNISSON	ABLATIF	CALEPIN	ÉCLAIRÉ
OMICRON	SAILLIR	UNIVERS	ABLERET	CALIBRE	ÉCLATER
OPIACÉE	SAÏMIRI	URINOIR	AILERON	CALLEUX	ÉCLIPSE
OPINION	SCIENCE	USINAGE	AILETTE	CALMANT	ÉCLISSE
ORIFICE	SCIERIE	USINIER	AILLADE	CALOTTE	ÉCLOPÉE
ORIGAMI	SCIEUSE	UTILITÉ	ALLÉGÉE	CALQUÉE	ÉCLUSÉE
ORIGINE	SCINDER	VAINCRE	ALLÉGER	CALUMET	ÉGLEFIN
ORIGNAL	SCIOTTE	VAINCUE	ALLÈGRE	CÂLINER	ÉGLOGUE
OUILLER	SNIFFER	VEILLÉE	ALLIAGE	CELLIER	ELLIPSE
OVIPARE	SOIERIE	VEILLER	ALLOTIR	CELLULE	ENLACER
PAÏENNE	SOIGNÉE	VEINARD	ALLOUER	CÉLÈBRE	ENLEVÉE
PEIGNER	SOIGNER	VEINURE	ALLUMER	CÉLESTE	ENLEVER
PEINARD	SPINALE	VOILAGE	ALLUSIF	CÉLIBAT	ENLISER
PEINDRE	SPIRALE	VOILIER	APLANIR	COLIQUE	ÉOLITHE
PEINTRE	SUICIDE	VOILURE	APLATIR	COLLANT	ÉPLORÉE
PLISSER	SUINTER	VOISINE	ARLETTY	COLLÈGE	ÉPLOYER
POINÇON	SUIVANT	VOITURE	ATLANTA	COLLIER	FALAISE
POINDRE	SUIVEUR	WHISKEY	AULNAIE	COLLINE	FALLOIR
POINTAL	TAILLÉE		BALADER	COLONIE	FALUCHE
POINTÉE	TAILLER	**J**	BALADIN	COLONNE	FÉLONNE
POINTER	TAILLIS		BALAFON	COLORER	FILAIRE
POINTUE	TEINDRE	ABJECTE	BALAFRE	COLORIS	FILETER
POIREAU	TEINTÉE	ABJURER	BALANCE	COLOSSE	FILEUSE

FILIÈRE	MELONNÉ	POLTRON	TULLINS	COMMENT	GOMMAGE
FILLEUL	MÉLANGE	PULLMAN	VALABLE	COMMÈRE	GOMMIER
FILOCHE	MÉLASSE	RALLIER	VALENCE	COMMODE	HAMEÇON
FILTRÉE	MÉLILOT	RÂLANTE	VALIDÉE	COMMUNE	HAMSTER
FILTRER	MÉLODIE	RÂLEUSE	VALIDER	COMPACT	HÉMATIE
FOLÂTRE	MÊLANTE	RELÂCHE	VALSEUR	COMPÈRE	HOMÉLIE
FOLIACÉ	MILDIOU	RELANCE	VELOURS	COMPLET	HOMMAGE
GALANTE	MILITER	RELATER	VELOUTÉ	COMPLOT	HUMÉRUS
GALERIE	MILLIER	RELATIF	VELVOTE	COMPOSÉ	IMMENSE
GALETAS	MOLAIRE	RELAVER	VÉLINES	COMPOST	IMMOLER
GALETTE	MOLETER	RELAXER	VILAINE	COMPOTE	IMMONDE
GALLOIS	MOLETTE	RELEVÉE	VILENIE	COMPTÉE	IMMORAL
GALOCHE	MOLOSSE	RELEVER	VILLAGE	COMPTER	JAMBIER
GALOPER	MULÂTRE	RELIQUE	VOLANTE	CUMULER	JUMELER
GALOPIN	MULSION	RELIURE	VOLAPUK	CYMBALE	JUMELLE
GALURIN	NÉLOMBO	RELOGER	VOLATIL	DAMASSÉ	KAMICHI
GOLIATH	NOLISER	RELOUER	VOLETTE	DEMANDE	LAMBADA
HALEINE	NULLITÉ	RELUIRE	VOLEUSE	DEMEURE	LAMBEAU
HALENER	OBLIGER	SALAIRE	VOLIÈRE	DEMIARD	LAMBINE
HALETER	ORLÉANS	SALARIÉ	VOLITIF	DÉMÊLÉE	LAMBRIS
HALLIER	PALÉMON	SALERON	VOLONTÉ	DÉMÊLER	LAMELLE
HALTÈRE	PALETOT	SALIÈRE	VOLUPTÉ	DÉMENCE	LAMINER
HÉLICON	PALLIER	SALIVER	VULCAIN	DÉMENTE	LAMPARO
HULULER	PALMIER	SALOMON		DÉMENTI	LAMPION
ILLÉGAL	PÂLOTTE	SALOPER	**M**	DÉMODÉE	LEMELIN
IRLANDE	PELISSE	SALUBRE		DÉMOLIR	LIMAÇON
ISLANDE	PELLÉAS	SELLIER	ADMIRER	DÉMUNIR	LIMETTE
JALOUSE	PELOTÉE	SÉLECTE	AIMABLE	DOMAINE	LIMITÉE
JOLIVET	PELOTER	SILENCE	AIMANTE	DOMINER	LIMITER
LILIALE	PELOUSE	SILLAGE	ARMENIA	DOMMAGE	LIMOGER
MALABAR	PELUCHE	SILLERY	ARMOISE	DOMPTER	LIMPIDE
MALADIE	PELVIEN	SOLAIRE	CAMAÏEU	EMMÊLER	LOMBRIC
MALADIF	PÉLICAN	SOLDATE	CAMARDE	EMMENER	LUMBAGO
MALAIRE	PÈLERIN	SOLDEUR	CAMBRER	EMMERDE	LUMIÈRE
MALAISE	PILLAGE	SOLERET	CAMBUSE	EMMURER	MAMELLE
MALARIA	PILLARD	SOLFIER	CAMELOT	FAMEUSE	MAMELON
MALAXER	PILOTÉE	SOLISTE	CAMPANE	FAMILLE	MAMOURS
MALFRAT	PILOTER	SOLUBLE	CIMAISE	FEMELLE	MEMBRÉE
MALHEUR	PILOTIS	TALOCHE	COMBIEN	FÉMORAL	MÉMENTO
MALIGNE	POLAIRE	TELLURE	COMBLÉE	FUMEUSE	MÉMOIRE
MALOTRU	POLENTA	TILLEUL	COMBLER	FUMISTE	MOMERIE
MALPOLI	POLICÉE	TOLÉRER	COMÉDIE	GAMELLE	NÉMÉENS
MALSAIN	POLLUER	TÔLERIE	COMICES	GÉMEAUX	NÉMÉSIS

NÎMOISE	SOMMEIL	BENGALI	CONFITE	ENNUYER	JANVIER
NOMBRIL	SOMMITÉ	BENZÈNE	CONFLIT	ÉONISME	JONCHER
NOMINÉE	SYMBOLE	BÉNIGNE	CONFORT	EUNECTE	JONGLER
NUMÉRAL	TAMARIN	BINAIRE	CONFUSE	FANEUSE	KANDJAR
PIMENTÉ	TAMBOUR	BINETTE	CONGELÉ	FANGEUX	LANCEUR
PIMPANT	TAMISÉE	BONASSE	CONGÈRE	FANTÔME	LANERET
POMMADE	TAMISER	BONHEUR	CONGRÈS	FENDANT	LANGAGE
POMMARD	TAMOULE	BONJOUR	CONGRUE	FENÊTRE	LANGEAC
POMPEUX	TAMOURÉ	BONSOIR	CONJURÉ	FENOUIL	LANGUIR
RAMADAN	TEMPÉRÉ	CANASTA	CONNARD	FINANCE	LANIÈRE
RAMASSÉ	TEMPÊTE	CANDEUR	CONNEXE	FINAUDE	LANISTE
RAMENER	TIMBALE	CANDIAC	CONQUIS	FINESSE	LENTEUR
RAMEUSE	TIMBRÉE	CANDIDE	CONSEIL	FINETTE	LENTIGO
RAMOLLI	TIMORÉE	CANETON	CONSORT	FUNÈBRE	LINAIRE
RAMOLLO	TOMBANT	CANETTE	CONSTAT	FUNESTE	LINCEUL
RAMONER	TOMBEAU	CANEVAS	CONTACT	GENCIVE	LINÇOIR
RAMPANT	TOMBOLA	CANICHE	CONTENT	GENETTE	LINÉALE
REMBLAI	TOMETTE	CANITIE	CONTENU	GÉNÉRAL	LINIÈRE
REMISER	TUMULTE	CANNELÉ	CONTEUR	GÉNÉRER	LINOTTE
REMORDS	ULMAIRE	CANOTER	CONTIGU	GÉNIALE	LINTEAU
REMPART	VAMPIRE	CANTATE	CONTINU	GÉNISSE	LONDRES
REMPLIE	XIMÉNIE	CANTINE	CONTOUR	GÉNITAL	LONGUET
REMPLIR		CANULAR	CONTRAT	GÉNOISE	LUNETTE
REMUANT	**N**	CENDRÉE	CONTRÉE	GÊNANTE	MANAGER
RIMEUSE		CENELLE	CONTRER	GÊNEUSE	MANCHON
ROMAINE	AGNELER	CENSEUR	CONTRIT	GINSENG	MANCHOT
ROMARIN	AGNELET	CENSURE	CONTUSE	GONDOLE	MANDALE
RUMINER	AGNOSIE	CENTIME	CONVIER	GONFLÉE	MANDORE
SAMOENS	AÎNESSE	CENTRAL	CONVIVE	GONFLER	MANDRIN
SAMOVAR	AMNÉSIE	CENTRÉE	CYNISME	HANTISE	MANETTE
SAMURAÏ	ANNALES	CINGLÉE	DANOISE	HINDOUE	MANIÈRE
SEMBLER	ANNELÉE	CINGLER	DANSEUR	HONNÊTE	MANILLE
SEMELLE	ANNELER	CINTRER	DENTALE	HONNEUR	MANITOU
SEMENCE	ANNEXÉE	CONARDE	DENTIER	HONORER	MANQUÉE
SEMEUSE	ANNEXER	CONASSE	DENTURE	HONTEUX	MANQUER
SEMONCE	ANNONCE	CONCAVE	DÉNOUER	IGNOBLE	MANTEAU
SIMARRE	ANNOTER	CONCEPT	DÉNUDÉE	IGNORÉE	MENACÉE
SIMENON	ANNUITÉ	CONCERT	DÉNUDER	IGNORER	MENACER
SIMPLET	ANNULER	CONCILE	DÉNUTRI	INNOMMÉ	MENDIER
SIMULÉE	AUNEUIL	CONCISE	DÎNETTE	INNOVER	MENEUSE
SIMULER	BANCALE	CONCRET	ENNÉADE	IONESCO	MENOTTE
SOMALIE	BANDEAU	CONFIER	ENNEIGÉ	IONIQUE	MENSUEL
SOMBRER	BANQUET	CONFINS	ENNEMIE	IONISER	MENTALE

MENTANA	PENSEUR	SANGSUE	VANESSE	AMORCER	CROISER
MENTEUR	PENSION	SANGUIN	VANILLE	AMOROSO	CROÎTRE
MENTION	PENSIVE	SANICLE	VANTAIL	AMORTIR	CROQUER
MÉNAGÉE	PENTURE	SENSASS	VANTARD	ANOBLIR	CROQUET
MÉNAGER	PÉNATES	SENSEUR	VENDEUR	ANODINE	CROTTÉE
MINABLE	PÉNIBLE	SENSUEL	VENELLE	ÂNONNER	CROTTER
MINERAI	PÉNURIE	SENTEUR	VENETTE	ANORMAL	CROTTIN
MINÉRAL	PINACLE	SENTIER	VENTEUX	AROÏDÉE	CROULER
MINERVE	PINASSE	SENTINE	VENTRAL	AROMATE	CROUPIR
MINEURE	PINTADE	SÉNÉGAL	VENTRUE	ASOCIAL	CROÛTON
MINIMUM	PONCEAU	SINCÈRE	VÉNÉRER	ATONALE	CROYANT
MINUTÉE	PONDÉRÉ	SINISER	VÉNERIE	AVOCATE	DROGUÉE
MINUTIE	PONTIFE	SINOQUE	VINAIRE	AVORTER	DROSÉRA
MONACAL	PUNAISE	SINUEUX	VINASSE	AVORTON	DROSSER
MONCEAU	RANCUNE	SONDAGE	VINEUIL	BIOPSIE	ÉBOUEUR
MONDAIN	RANIMER	SONGEUR	VINTAGE	BLONDIN	ÉBOULER
MONDIAL	RENARDE	SONNANT	ZINGARO	BLOUSON	ÉBOULIS
MONIALE	RENAULT	SONNEUR	ZONIÈRE	BROCARD	ÉBOUTER
MONNAIE	RENCARD	SYNCOPE		BROCHÉE	ÉCOLAGE
MONOCLE	RENÉGAT	TANGAGE	**O**	BROCHER	ÉCOLIER
MONSTRE	RENFLÉE	TANGARA		BROCHET	ÉCONOME
MONTAGE	RENFORT	TANGUER	ABONDER	BRONZÉE	ÉCORCER
MONTANA	RENNAIS	TANIÈRE	ABONNIR	BROSSÉE	ÉCORNER
MONTANT	RENOMMÉ	TANISER	ABORDER	BROSSER	ÉCOULER
MONTOIR	RENOUER	TANNAGE	ABORTIF	BROUSSE	ÉCOUTER
MONTRÉE	RENTIER	TANTINE	ABOULIE	BROUTER	ÉGOÏSME
MONTRER	RENTRÉE	TENABLE	ABOUTER	BROYEUR	ÉGOÏSTE
MONTURE	RENTRER	TENANTE	ABOUTIE	CHOISIE	ÉGORGER
NANISER	RÉNETTE	TENDRON	ABOUTIR	CHOISIR	ÉHONTÉE
NANISME	RÉNOVER	TENEUSE	ACOLYTE	CHÔMAGE	ÉLONGER
NÉNETTE	RINÇAGE	TENSEUR	ACOMPTE	CHOQUÉE	ÉMONDER
NONANTE	RINCEUR	TENSION	ADOPTER	CHORALE	ÉMOTION
OMNIBUS	RINÇURE	TENTANT	ADOSSER	CLOAQUE	ÉMOTIVE
ORNIÈRE	RINGARD	TENTURE	ADOUBER	CLOISON	ÉMOTTER
PANARIS	RONCIER	TONIQUE	ADOUCIR	CLONAGE	ÉMOULUE
PANDORE	RONDEAU	TONNAGE	AJOURER	CLOQUER	ÉNONCÉE
PANIQUE	RONDEUR	TONNANT	AJOUTER	CLÔTURE	ÉNONCER
PANTOIS	RONFLER	TONNEAU	ALOUATE	CLOUTÉE	ÉPONGÉE
PENAUDE	SANDALE	TONSURE	AMOCHER	CROATIE	ÉPONGER
PENCHER	SANGLÉE	TONTURE	AMODIER	CROCHER	ÉPOUSÉE
PENDANT	SANGLER	TUNISIE	AMOLLIR	CROCHET	ÉPOUSER
PENDULE	SANGLOT	ULNAIRE	AMORALE	CROCHUE	ÉROGÈNE
PENSANT	SANGRIA	VANDALE	AMORCÉE	CROISÉE	ÉROSION

ÉROSIVE	MIOLLIS	TROTTIN	COPISTE	IMPIÉTÉ	REPOSER
ÉTOFFÉE	NÉOGÈNE	TROUBLE	COPULER	IMPLANT	REPRISE
ÉTOFFER	NÉOTTIE	TROUSSE	DÉPARER	IMPOLIE	REPTILE
ÉTOILÉE	NIOBIUM	TROUVER	DÉPECER	IMPOSÉE	RÉPANDU
ÉTONNÉE	ODORANT	UROPODE	DÉPENSE	IMPOSER	RÉPARER
ÉTONNER	PHONÈME	VIOLENT	DÉPÉRIR	IMPRÉVU	RÉPÉTER
ÉTOUFFÉ	PIOCHER	VIOLEUR	DÉPILER	IMPUNIE	RÉPONSE
ÉTOUPÉE	PIONCER	VROMBIR	DÉPITER	IMPUTER	RÉPUTÉE
ÉTOURDI	PLOMBÉE		DÉPLIER	JAPPEUR	RIPOSTE
ÉVOLUER	PLONGER	**P**	DÉPOLIR	JUPETTE	RUPTURE
ÉVOQUER	PROBANT		DÉPOSER	JUPITER	SAPERDE
FÉODALE	PROBITÉ	AMPHORE	DÉPOTER	LAPIDER	SEPPUKU
FLORALE	PRODIGE	AMPLEUR	DÉPRAVÉ	LAPINER	SEPTUOR
FLORIDE	PRODUIT	AMPOULE	DÉPRIME	LÉPREUX	SÉPARER
FLOTTÉE	PROFANE	AMPUTER	DÉPRISE	LIPARIS	SOPRANO
FLOTTER	PROFOND	APPARAT	DÉPUTÉE	LOPETTE	SUPERBE
FRONCER	PROGRÈS	APPÂTER	DIPLÔME	LUPANAR	SUPPORT
FRONDÉE	PROHIBÉ	APPELER	DOPANTE	LUPULIN	SUPPOSÉ
FRONDER	PROMISE	APPÉTIT	DUPERIE	MÉPLATE	SUPRÊME
FROTTER	PROMPTE	APPOSER	EMPÂTER	MÉPRISE	TAPAGER
FROUSSE	PROPANE	APPRÊTÉ	EMPENNE	NEPTUNE	TAPETTE
GEÔLIER	PROPICE	APPUYER	EMPESÉE	OPPOSÉE	TAPIOCA
GLOUTON	PROPRIO	ARPÉGÉE	EMPESER	OPPOSER	TAPOTER
GNOCCHI	PROSTRÉ	ARPÉGER	EMPHASE	PAPOTER	TOPETTE
GROGNER	PROUVER	ASPERGE	EMPILER	PAPRIKA	
GROGNON	SAOULER	ASPIRER	EMPIRER	PIPELET	**Q**
GRONDER	SCOOTER	BAPTÊME	EMPLOYÉ	PIPERIN	
GRONDIN	SMOKING	BIPLACE	EMPOTÉE	PIPEUSE	COQUARD
GROSSIR	SPOLIER	CAPABLE	EMPRISE	POPOTIN	COQUINE
GROUPÉE	SPORTIF	CAPITAL	EMPRUNT	PUPILLE	ENQUÊTE
GROUPER	STOPPER	CAPITÉE	ESPACÉE	PUPITRE	INQUIET
GROUPIE	TAOÏSME	CAPITON	ESPACER	RAPIATE	LAQUAGE
INONDÉE	TAOÏSTE	CAPONNE	ESPÉRER	RAPIÈRE	LIQUEUR
INONDER	THONIER	CAPORAL	EXPERTE	RAPPORT	LIQUIDE
INOPINÉ	THORITE	CAPOTER	EXPIRER	RAPPRIS	PIQUANT
ISOCÈLE	TROGNON	CAPRICE	EXPLOIT	REPAIRE	REQUÊTE
ISOLANT	TROLLEY	CAPRINE	EXPOSÉE	REPAYER	REQUIEM
ISOLOIR	TROMPÉE	CAPTEUR	EXPOSER	REPEINT	TOQUADE
IVOIRIN	TROMPER	CAPTIVE	EXPRESS	REPÉRÉE	
KIOSQUE	TRONCHE	CAPTURE	HÔPITAL	REPÉRER	**R**
LÉONINE	TRONÇON	CAPUCIN	HYPNOSE	REPLÈTE	
LÉOPARD	TROPHÉE	CÂPRIER	IMPAIRE	REPLIER	ABRASER
LIOTARD	TROTTER	CIPOLIN	IMPASSE	REPOSÉE	ABRASIF
					ABRÉGÉE

ABRÉGER	BORÉALE	CURISTE	ERRATUM	GERBIER	LORDOSE
ABRICOT	BURETTE	DARAISE	ERRONÉE	GERÇURE	LORETTE
ABRITER	BURNABY	DARIOLE	ÉTRANGE	GERFAUT	LORGNER
ABROGER	BURNOUS	DERNIER	ÉTRÉCIR	GERSEAU	LORGNON
ABRUPTE	CARABIN	DÉRAGER	ÉTRENNE	GÉRANTE	LURETTE
ABRUTIE	CARACAS	DÉRAPER	ÉTRIPER	GÉRONTE	LURONNE
ABRUTIR	CARAFON	DÉRASER	ÉTROITE	GIRASOL	LYRIQUE
ADRESSE	CARAMEL	DÉRIDER	EURASIE	GIRELLE	MARASME
ADROITE	CARENCE	DÉRIVÉE	FARAUDE	GIROFLE	MARÂTRE
AÉRONEF	CARESSE	DÉRIVER	FARCEUR	GIROLLE	MARAUDE
AÉROSOL	CARISTE	DÉROBER	FARDEAU	GIRONDE	MARBRÉE
AGRÉGER	CARNAGE	DÉROGER	FARFELU	GORGONE	MARCHER
AGRESTE	CARTIER	DÉROUTE	FARINER	GORILLE	MARELLE
AGRIOTE	CERBÈRE	DIRECTE	FERMETÉ	HARASSÉ	MARIAGE
AIRELLE	CERCLÉE	DIRIGER	FERMIER	HARFANG	MARINÉE
AORTITE	CERCLER	DORSALE	FERMIUM	HARICOT	MARINER
ARRÊTER	CERTAIN	DORTOIR	FERMOIR	HARNAIS	MARITAL
ARRIÈRE	CERVEAU	DURABLE	FERRADE	HERBACÉ	MARMITE
ARRIMER	CÉRASTE	ÉBRIÉTÉ	FERREUR	HERBIER	MAROTTE
ARRIVER	CÉRÉALE	ÉBROUER	FERRURE	HERCULE	MARQUÉE
ARROCHE	CÉRUMEN	ÉCRASÉE	FERTILE	HERMINE	MARQUER
ARROSER	CHROMÉE	ÉCRASER	FERVENT	HÉRÉSIE	MARQUIS
AURÉLIE	CIRCUIT	ÉCRÉMÉE	FERVEUR	HÉRITER	MARRANT
AURÉOLE	CIRIÈRE	ÉCRÉMER	FORAINE	HÉROÏNE	MARSALA
AUROCHS	CORBEAU	ÉCRÊTER	FORCENÉ	HIRCINE	MARTEAU
AYROLLE	CORDAGE	ÉCROUER	FORCEPS	HIRSUTE	MARTIAL
BARATIN	CORDIAL	ÉDREDON	FOREUSE	HORAIRE	MARTINI
BARATTE	CORIACE	ÉGRENER	FORFAIT	HORIZON	MARTYRE
BARBANT	CORMIER	ÉGRISER	FORLANE	HORLOGE	MERCURE
BARBARE	COROLLE	ENRAGÉE	FORMICA	HORREUR	MERDEUX
BARBOTE	CORONER	ENRAGER	FORMULE	HURLEUR	MERDIER
BARDANE	CORRECT	ENRAYÉE	FORTUIT	HURONNE	MÉRITER
BARIOLÉ	CORRIDA	ENRAYER	FORTUNE	IRRITÉE	MIRABEL
BARMAID	CORRIGÉ	ENRÊNER	FURETER	IRRITER	MIRACLE
BARONNE	CORSAGE	ENRHUMÉ	FURIEUX	IVRESSE	MIRADOR
BAROQUE	CORTÈGE	ENROBER	FURTIVE	JURISTE	MIRAUDE
BARREAU	CURABLE	ENRÔLER	GARANCE	LARAIRE	MORAINE
BERCAIL	CURATIF	ENROUÉE	GARANTE	LARGEUR	MORBIDE
BERCEAU	CURETER	ENROUER	GARENNE	LARGUER	MORBIER
BERGÈRE	CURETON	ÉPREUVE	GARGOTE	LARISSA	MORCEAU
BERLINE	CURETTE	ERRANCE	GARNEAU	LARMIER	MORDANT
BORDURE	CURIEUX	ERRANTE	GERBAGE	LIRETTE	MORDORÉ

MORELLE	PARTAGE	SCRUTIN	TARTANE	VERSEAU	BISQUER
MORFALE	PARTANT	SERDEAU	TARTARE	VERSION	BISTROT
MORILLE	PARTIAL	SEREINE	TARTINE	VERTIGE	BOSQUET
MORMONE	PARTIEL	SERGENT	TARTUFE	VERTIGO	BOSSUER
MORSURE	PARTOUT	SERINER	TERBIUM	VÉRANDA	BUSTIER
MORTIER	PARULIE	SERMENT	TERMITE	VÉREUSE	CASAQUE
MORVEUX	PARVENU	SERPENT	TERRAIN	VIRTUEL	CASCADE
MURMURE	PERCALE	SERRURE	TERREAU	ZORILLE	CASERET
MYRIADE	PERÇANT	SERVANT	TERREUR		CASERNE
NARGUER	PERCLUS	SERVICE	TERREUX	**S**	CASQUÉE
NERPRUN	PERDANT	SERVILE	TERRIEN	ABSENCE	CASSAGE
NERVEUX	PERDRIX	SÉRIEUX	TERRIER	ABSENTE	CASSANT
NERVINE	PERFIDE	SÉRIQUE	TERRINE	ABSIDAL	CASSEAU
NÉRÉIDE	PERGOLA	SIROTER	TERROIR	ABSOLUE	CASSEUR
NIRVANA	PERLIER	SIRTAKI	TIREUSE	ABSURDE	CASSURE
NORIEGA	PERMISE	SORCIER	TORDANT	AESCHNE	CASTRAT
NORMALE	PERSANE	SORDIDE	TORNADE	AISANCE	CASTRES
NORROIS	PERVERS	SORTANT	TORONTO	AISSEAU	CESSION
OGRESSE	PÉRIDOT	STRICTE	TORPEUR	ANSELME	CISELER
OTRANTE	PÉRIERS	STRUDEL	TORRENT	ARSENAL	CISELET
OURAGAN	PÉRIMÉE	SURANNÉ	TORRIDE	ASSAGIR	COSAQUE
OURLIEN	PÉRIODE	SURCOÛT	TORSADE	ASSENER	COSTALE
PARADER	PÉRORER	SURDITÉ	TORSEUR	ASSEOIR	COSTARD
PARADIS	PIRATÉE	SURDOSE	TORTURE	ASSETTE	COSTAUD
PARAFER	PIRATER	SURDOUÉ	TURNEPS	ASSIDUE	COSTUME
PARAGES	PORCHER	SURELLE	TURPIDE	ASSOCIÉ	DESPOTE
PARAPET	PORCINE	SURETTE	UTRILLO	ASSOLER	DESSEIN
PARAPHE	POREUSE	SURFACE	VAREUSE	ASSORTI	DESSERT
PARASOL	PORTAIL	SURFAIT	VARIÉTÉ	ASSOUAN	DESSOUS
PARBLEU	PORTEUR	SURFINE	VARIOLE	ASSUMER	DÉSAVEU
PARCAGE	PORTIER	SURPLIS	VERBALE	ASSURÉE	DÉSAXÉE
PARDIEU	PORTION	SURPLUS	VERDEUR	ASSURER	DÉSERTE
PARENTÉ	PURCELL	SURPRIS	VERDICT	AUSTÈRE	DÉSIRER
PARESSE	PURISME	SURSAUT	VERDIER	AUSTRAL	DÉSOLÉE
PARFAIT	SARCLER	SURTAXE	VERDURE	BASALTE	DÉSOLER
PARFOIS	SARDINE	SURTOUT	VERGETÉ	BASANÉE	DÉSOSSÉ
PARJURE	SARMENT	TARDIVE	VERGLAS	BASTIDE	DÉSUÈTE
PARLANT	SAROUEL	TARENTE	VERMEIL	BASTION	DÉSUNIE
PARLEUR	SCRAPER	TARGUER	VERMINE	BESOGNE	DÉSUNIR
PARODIE	SCRIPTE	TARIÈRE	VERMONT	BESTIAL	DISCALE
PARQUET	SCROTUM	TARRASA	VERNIER	BÉSIGUE	DISCRET
PARRAIN	SCRUTER	TARSIEN	VERSANT	BISCUIT	DISCUTÉ
					DISETTE

DISEUSE	INSPIRÉ	MUSARDE	RASIBUS	VASARDE	ATTIFER
DISPARU	INSTANT	MUSCADE	RASSISE	VASEUSE	ATTIRER
DISPOSÉ	INSULTE	MUSCLER	RESALIR	VASSALE	ATTISER
DISPUTE	INSURGÉ	MUSELER	RESCAPÉ	VESTALE	ATTRAIT
DISSIPÉ	IPSÉITE	MUSETTE	RESCRIT	VESTIGE	ATTRAPE
DISSOUS	ISSANTE	MUSICAL	RESPECT	VÉSICAL	AUTISME
DISTANT	ISSOIRE	MUSIQUE	RESSORT	VISCÈRE	AUTISTE
DOSSIER	JASEUSE	MUSQUÉE	RESSUER	VISIBLE	AUTOMNE
EASTMAN	JASPURE	MYSTÈRE	RESUCÉE	VISITÉE	BATAVIA
ENSELLÉ	JÉSUITE	OBSCÈNE	RÉSERVE	VISITER	BATELET
ENSILER	JUSTICE	OBSCURE	RÉSIDER	WESTERN	BATOUDE
ENSUITE	LASALLE	OBSÉDÉE	RÉSIGNÉ		BATTAGE
EPSILON	LASCIVE	OBSÉDER	RÉSILLE	**T**	BATTEUR
ERSTEIN	LASSANT	OBSTINÉ	RÉSINÉE		BATTURE
ESSAYER	LESBIEN	OISELER	RÉSINER	ACTINIE	BÂTARDE
ESSENCE	LESTAGE	OISELET	RÉSOLUE	ACTIVER	BÂTISSE
ESSEULÉ	LÉSINER	OISELLE	RÉSUMÉE	ACTRICE	BÊTASSE
ESSORER	LISÉRÉE	OISEUSE	RÉSUMER	ALTÉRÉE	BITONAL
ESSUYER	LISÉRER	OSSELET	RISETTE	ALTÉRER	BOTTIER
EXSUDER	LISERON	OSSÉTIE	RISIBLE	ALTERNÉ	BOTTINE
FASCIÉE	LISEUSE	OSSEUSE	RISQUÉE	ALTESSE	BUTINER
FESSIER	LISIÈRE	PASCALE	RISSOLE	ALTIÈRE	CATHARE
FISCALE	LISSEUR	PASSADE	ROSACÉE	ANTENNE	CÉTOINE
FISSURE	LISSIER	PASSAGE	ROSAIRE	ANTHRAX	CITADIN
FOSSILE	LISSOIR	PASSANT	ROSÉOLE	ANTIQUE	CITERNE
FOSSOIR	LOSANGE	PASSEUR	ROSETTE	ANTIVOL	CITHARE
FUSELÉE	LUSTRER	PASSION	ROSEVAL	ARTIMON	CITOYEN
FUSETTE	MASQUER	PASSIVE	ROSSARD	ARTISAN	CITRINE
FUSIBLE	MASSAGE	PASTEUR	ROSTRAL	ARTISTE	COTERIE
GESTION	MASSEUR	PESANTE	RUSTAUD	ASTAIRE	COTISER
GESTUEL	MASSIVE	PESETTE	SASSEUR	ASTASIE	CUTANÉE
GISANTE	MASTITE	PESEUSE	SESSILE	ASTÉRIE	DATTIER
GOSETTE	MESCLUN	PISCINE	SESSION	ASTÉRIX	DÉTALER
HASBEEN	MESQUIN	PISTOLE	SUSDITE	ASTICOT	DÉTAXER
HÉSITER	MESSAGE	POSEUSE	SUSPECT	ASTRALE	DÉTELER
HOSANNA	MESURÉE	POSITIF	SUSPENS	ATTACHÉ	DÉTENDU
HOSTILE	MESURER	POSSÉDÉ	SUSVISÉ	ATTAQUE	DÉTENIR
HUSSARD	MÉSANGE	POSTALE	SYSTÈME	ATTARDÉ	DÉTENTE
INSECTE	MÉSUSER	POSTIER	SYSTOLE	ATTEINT	DÉTENUE
INSENSÉ	MISAINE	POSTURE	TESSÈRE	ATTELER	DÉTONER
INSÉRER	MISSION	PUSTULE	TISSEUR	ATTENTE	DÉTROIT
INSIGNE	MISSIVE	RASANTE	UPSILON	ATTERRÉ	ECTOPIE
INSOLER	MISTRAL	RASEUSE	URSIDÉS	ATTESTÉ	ELTAJIN

ENTAMÉE	LATENTE	NOTOIRE	RATURÉE	VITRIOL	BOUTOIR
ENTAMER	LATÉRAL	OBTENIR	RATURER		BRÛLANT
ENTENDU	LETTONE	OCTANTE	RÂTELER	**U**	BRÛLURE
ENTENTE	LETTRÉE	OCTAVIN	RETAPER		BRUMEUX
ENTÊTÉE	LITANIE	OCTOBRE	RETEINT	ABUSIVE	BRUSQUE
ENTÊTER	LITERIE	OLTÉNIE	RETENIR	ACUMINÉ	BRUTALE
ENTIÈRE	LITIÈRE	ONTARIO	RETENUE	AGUERRI	CAUDALE
ENTÔLER	LITORNE	OPTIMAL	RETIRÉE	AJUSTER	CAUSANT
ENTORSE	LOTERIE	OPTIMUM	RETIRER	ALUCITE	CAUSEUR
ENTRAIN	LUTÉINE	OPTIQUE	RETORSE	AMUSANT	CAUTION
ENTRAVE	LUTHIER	ORTOLAN	RETRAIT	AMUSEUR	COUARDE
ESTAMPE	LUTINER	OSTÉITE	RÉTRÉCI	AQUILIN	COUCHÉE
ESTIMÉE	LUTTEUR	OSTÉOME	ROTACÉE	BAUMIER	COUCHER
ESTIMER	MATADOR	OSTIOLE	ROTATIF	BEUGLER	COUENNE
ESTOMAC	MATELAS	OSTRACÉ	ROTONDE	BEURRÉE	COUETTE
ESTOMPE	MATELOT	OUTARDE	RUTILER	BEURRER	COUFFIN
ESTONIE	MATIÈRE	OUTRAGE	SATANÉE	BLUETTE	COUGUAR
ESTRADE	MATINÉE	PATACHE	SATIÉTÉ	BLUFFER	COUILLE
EUTOCIE	MATOISE	PATAUDE	SATINÉE	BOUCHER	COUINER
EXTERNE	MATRICE	PATELIN	SATINER	BOUCHON	COULAGE
EXTRAIT	MATRONE	PATENTE	SATRAPE	BOUCLÉE	COULANT
EXTRÊME	MÉTÉORE	PATIENT	SATURÉE	BOUCLER	COULEUR
EXTRUDÉ	MÉTHODE	PATINER	SATURER	BOUDEUR	COULOIR
FATIGUE	MÉTRITE	PATOCHE	SATURNE	BOUDOIR	COULURE
FATUITÉ	MITAINE	PATTERN	SÉTACÉE	BOUFFÉE	COUPANT
FÉTICHE	MITEUSE	PÂTEUSE	SOTTISE	BOUFFER	COUPLÉE
FÊTARDE	MITIGÉE	PETIOTE	SUTURÉE	BOUFFIE	COUPLER
GÂTERIE	MITIGER	PÉTASSE	SUTURER	BOUFFON	COUPLET
GÂTEUSE	MOTARDE	PÉTEUSE	TATOUER	BOUILLE	COUPURE
HÂTELET	MOTIVER	PÉTROLE	TÉTANOS	BOUILLI	COURAGE
HITTITE	MOTRICE	PÉTUNIA	TÊTIÈRE	BOULEAU	COURANT
INTACTE	MUTILÉE	PITANCE	TITUBER	BOULIER	COURBÉE
INTÈGRE	MUTILER	PITEUSE	TUTELLE	BOULOIR	COURBER
INTENSE	MUTISME	POTABLE	TUTORAT	BOUQUET	COUREUR
INTÉRÊT	NATUREL	POTELÉE	TUTRICE	BOUQUIN	COURSER
INTÉRIM	NETTETÉ	POTENCE	VÉTÉRAN	BOURBON	COUSINE
INTERNE	NITRATE	POTERIE	VÉTILLE	BOURDON	COUSSIN
INTIMÉE	NITRITE	POTIÈRE	VÉTIVER	BOURRÉE	COUTEAU
INTIMER	NITRURE	POTINER	VÉTUSTE	BOURRER	COÛTEUX
INTROÏT	NOTABLE	POTIRON	VITESSE	BOURRIN	COUTUME
INTRUSE	NOTAIRE	PUTRIDE	VITRAIL	BOURRUE	COUTURE
KETCHUP	NOTARIÉ	RATITES	VITRINE	BOUSIER	COUVENT
				BOUTADE	COUVERT

COUVOIR	FOUILLE	JOUEUSE	MOUVANT	ROULURE	TOUNDRA
COUVRIR	FOUINER	JOUFFLU	MOUVOIR	ROUSSIE	TOURNÉE
CRUAUTÉ	FOULARD	JOURNAL	NEURALE	ROUSSIR	TOURNER
CRUCIAL	FOULURE	JOURNÉE	NEURONE	ROUSTIR	TOURNOI
CRUELLE	FOURBIR	JOUTEUR	NEUTRON	ROUTIER	TOUSSER
CRUISER	FOURBUE	LAURÉAT	NOUEUSE	ROUTINE	TRUANDE
CRÛMENT	FOURCHE	LAURIER	NOURRIE	SAUCIER	TRUCAGE
CRURALE	FOURGON	LAUTREC	NOURRIR	SAUMURE	TRUELLE
DAURADE	FOURNIE	LEUCOME	NOUVEAU	SAUNIER	TRUISME
DOUBLÉE	FOURNIR	LEURRÉE	OBUSIER	SAUTEUR	TRUQUER
DOUCEUR	FOURRÉE	LEURRER	OEUVRER	SAUVAGE	USUELLE
DOUCHER	FOURRER	LOUABLE	ONUSIEN	SAUVEUR	USURIER
DOUILLE	FRUGALE	LOUANGE	OPULENT	SFUMATO	USURPER
DOULEUR	GAUCHER	LOUBARD	PEUPLER	SOUDAIN	VAUDOUE
DOUZAIN	GAUCHIR	LOUCHER	PEUREUX	SOUDARD	VAURIEN
ÉBURNÉE	GAUFRÉE	LOUEUSE	PLUMEAU	SOUDIER	VAUTOUR
ÉCUELLE	GAUFRER	LOUFIAT	PLUVIER	SOUDURE	VAUTRÉE
ÉCUSSON	GAULOIS	LOUKOUM	POUDING	SOUFFLE	VAUTRER
ÉDUQUER	GLUANTE	LOUPIOT	POUFFER	SOUHAIT	VEUVAGE
ÉLUSIVE	GLUCIDE	LOURDER	POULAIN	SOUILLÉ	VOULOIR
ÉPUISÉE	GOUACHE	LOUSTIC	POUPINE	SOULIER	
ÉPUISER	GOUFFRE	MAUDIRE	POURRIE	SOULOTE	**V**
ÉQUERRE	GOURDIN	MAUDITE	POURRIR	SOUMISE	
ÉQUIPÉE	GOURMET	MAUVAIS	POURVOI	SOUPAPE	ADVENIR
ÉQUIPER	GOUSSET	MEUBLÉE	POURVUE	SOUPÇON	ADVERSE
ÉRUCTER	GOÛTEUR	MEUGLER	POUSSAH	SOURATE	ALVÉOLE
ÉRUDITE	HAUSSÉE	MEUNIER	POUSSÉE	SOURCIL	BAVARDE
ÉTUDIER	HAUSSER	MEURTRE	POUSSER	SOURDRE	BAVETTE
EXULTER	HAUTAIN	MOUCHÉE	POUSSIN	SOURIRE	BIVOUAC
FAUCHÉE	HAUTEUR	MOUETTE	POUVOIR	SOUTANE	BUVETTE
FAUCHER	HEUREUX	MOUFLET	PRUDENT	SOUTENU	BUVEUSE
FAUCHET	HEURTÉE	MOUFLON	PRUNEAU	SOUTIEN	CAVERNE
FAUSSER	HEURTER	MOUFTER	RAUCHER	SOUVENT	CÉVENOL
FAUTEUR	HOUBLON	MOUILLÉ	RAUCITÉ	STUPEUR	CIVETTE
FAUTIVE	HOUILLE	MOULAGE	RÉUNION	STUPIDE	CIVIÈRE
FEUILLE	HOUPPÉE	MOULURE	RÉUSSIE	TAULARD	CIVISME
FEUILLU	HOURDER	MOURANT	RÉUSSIR	TAUPIER	DEVINER
FEUTRÉE	INULINE	MOUSSÉE	ROUERIE	TAUREAU	DEVISER
FLUENTE	INUSITÉ	MOUSSER	ROUGEUR	TAURINE	DÉVALER
FLUETTE	INUSUEL	MOUSSON	ROUILLE	TOUCHÉE	DÉVEINE
FLUVIAL	INUTILE	MOUSSUE	ROULADE	TOUCHER	DÉVÊTIR
FOUCADE	JAUGEUR	MOUTARD	ROULEAU	TOUEUSE	DÉVIRER
FOUDRES	JOUABLE	MOUTURE	ROULEUR	TOUFFUE	DÉVOLUE

DÉVOUÉE	PIVOTER	FUYARDE	AFFAMER	BÊLANTE	DAMASSÉ
DÉVOUER	RAVAGER	JOYEUSE	AIDANTE	BÊTASSE	DARAISE
DÉVOYÉE	RAVALER	LAYETTE	AIMABLE	BIGARRÉ	DÉBÂCLE
DIVERSE	RAVELIN	LOYAUTÉ	AIMANTE	BINAIRE	DÉBÂTIR
DIVETTE	RAVINER	PAYANTE	AISANCE	BIZARRE	DÉCALER
DIVISER	RAVIOLI	PAYEUSE	ALCALIN	BONASSE	DÉCATIR
DIVORCE	RAVISER	PAYSAGE	AMIABLE	CABANON	DÉFAIRE
ENVAHIR	RAVIVER	RHYTINE	AMIANTE	CABARET	DÉFAITE
ENVASER	REVÊCHE	ROYAUTÉ	ANDALOU	CACAOTÉ	DÉGAGÉE
ENVINÉE	REVENIR	SAYNÈTE	ANDANTE	CACAOUI	DÉGAGER
ENVIRON	REVENUE	SEYMOUR	ANNALES	CADAVRE	DÉGAZER
ENVOLÉE	REVÊTIR	VOYAGER	APLANIR	CALAMAR	DÉLABRÉ
ENVOLER	REVIVRE	VOYANCE	APLATIR	CAMAÏEU	DÉLACER
ENVOYER	REVOLER	VOYANTE	APPARAT	CAMARDE	DÉLAVÉE
FAVORIS	REVOTER	VOYEUSE	APPÂTER	CANASTA	DÉLAVER
FÉVRIER	RÉVÉLER		ASIALIE	CAPABLE	DEMANDE
GAVEUSE	RÉVÉRER	**Z**	ASSAGIR	CARABIN	DÉPARER
GAVOTTE	RÉVISER		ASTAIRE	CARACAS	DÉRAGER
HAVENET	RÉVOLUE	BIZARRE	ASTASIE	CARAFON	DÉRAPER
INVITÉE	RÊVERIE	GAZELLE	ATLANTA	CARAMEL	DÉRASER
INVITER	RÊVEUSE	GAZEUSE	ATTACHÉ	CASAQUE	DÉSAVEU
JAVELOT	RIVETER	LUZERNE	ATTAQUE	CÉRASTE	DÉSAXÉE
JOVIALE	RIVIÈRE	MAZURKA	ATTARDÉ	CHIALER	DÉTALER
LAVANDE	SAVANTE	RIZERIE	AUBAINE	CIMAISE	DÉTAXER
LAVASSE	SÉVICES	RIZIÈRE	BADAUDE	CITADIN	DÉVALER
LAVERIE	TAVERNE	SIZERIN	BAGARRE	CLOAQUE	DILATER
LAVETTE	VIVANTE	ZIZANIE	BAGASSE	COCAGNE	DOMAINE
LAVEUSE	VIVEUSE		BALADER	COCAÏNE	DOPANTE
LEVRAUT	VIVOTER	**4e**	BALADIN	COCARDE	DURABLE
LÉVITER			BALAFON	CONARDE	ÉCHANGE
NAVARIN	**X**	POSITION	BALAFRE	CONASSE	ÉCHARPE
NAVETTE			BALANCE	COSAQUE	ÉCLAIRÉ
NAVRANT	ANXIÉTÉ	**A**	BALAYER	COUARDE	ÉCLATER
NÉVRITE	BOXEUSE		BARATIN	CRÉANCE	ÉCRASÉE
NÉVROSE	FIXATIF		BARATTE	CRÉATIF	ÉCRASER
NIVÉALE	LEXIQUE	ABLATIF	BASALTE	CRIANTE	EFFACÉE
NIVELER	SEXTANT	ABRASER	BASANÉE	CRIARDE	EFFACER
NIVELLE	TEXTUEL	ABRASIF	BÂTARDE	CROATIE	EFFARÉE
ORVIETO		ACHARNÉ	BATAVIA	CRUAUTÉ	ELTAJIN
OUVERTE	**Y**	AFFABLE	BAVARDE	CULASSE	EMPÂTER
OUVRAGE		AFFADIR	BÉCASSE	CURABLE	ENCADRÉ
OUVRIER	DOYENNE	AFFAIRE	BECAUSE	CURATIF	ENCAGER
PAVANER	ÉLYSÉEN	AFFAMÉE	BEDAINE	CUTANÉE	ENFANCE
	FUYANTE				

ENGAGER	GARANCE	MACAQUE	NOTAIRE	RAMASSÉ	SICAIRE
ENLACER	GARANTE	MACARON	NOTARIÉ	RASANTE	SIMARRE
ENRAGÉE	GÊNANTE	MAGASIN	OCÉANIE	RAVAGER	SOLAIRE
ENRAGER	GÉRANTE	MALABAR	OCTANTE	RAVALER	SOMALIE
ENRAYÉE	GIRASOL	MALADIE	OCTAVIN	REBÂTIR	STEAMER
ENRAYER	GISANTE	MALADIF	ONTARIO	RECALER	SURANNÉ
ENTAMÉE	GLUANTE	MALAIRE	OPIACÉE	REFAIRE	TAMARIN
ENTAMER	GODASSE	MALAISE	ORGANDI	RÉGALÉE	TAPAGER
ENVAHIR	GOUACHE	MALARIA	OTRANTE	RÉGALER	TCHADOR
ENVASER	HAGARDE	MALAXER	OUGANDA	RELÂCHE	TENABLE
ÉPIAIRE	HARASSÉ	MANAGER	OUGARIT	RELANCE	TENANTE
ERRANCE	HÉMATIE	MARASME	OURAGAN	RELATER	TÉTANOS
ERRANTE	HORAIRE	MARÂTRE	OUTARDE	RELATIF	THÉÂTRE
ERRATUM	HOSANNA	MARAUDE	PANARIS	RELAVER	TOCARDE
ESCADRE	ILIAQUE	MATADOR	PARADER	RELAXER	TRUANDE
ESCARPÉ	IMPAIRE	MÉLANGE	PARADIS	RENARDE	ULMAIRE
ESCARRE	IMPASSE	MÊLANTE	PARAFER	RENAULT	ULNAIRE
ESPACÉE	INFAMIE	MÉLASSE	PARAGES	REPAIRE	URBAINE
ESPACER	INFATUÉ	MENACÉE	PARAPET	RÉPANDU	VACANCE
ESSAYER	INHALER	MENACER	PARAPHE	RÉPARER	VACANTE
ESTAMPE	INTACTE	MÉNAGÉE	PARASOL	REPAYER	VACARME
ÉTRANGE	IRLANDE	MÉNAGER	PATACHE	RESALIR	VALABLE
EURASIE	ISLANDE	MÉSANGE	PATAUDE	RETAPER	VASARDE
EXCAVER	ISSANTE	MINABLE	PAVANER	RIBAUDE	VÉRANDA
EXHALER	JOCASSE	MIRABEL	PAYANTE	RICAINE	VICAIRE
FADAISE	JOUABLE	MIRACLE	PÉDALER	RICANER	VILAINE
FADASSE	JUBARTE	MIRADOR	PÉDANTE	ROMAINE	VINAIRE
FALAISE	LACAUNE	MIRAUDE	PÉNATES	ROMARIN	VINASSE
FARAUDE	LARAIRE	MISAINE	PENAUDE	ROSACÉE	VIVANTE
FEDAYIN	LASALLE	MITAINE	PESANTE	ROSAIRE	VOCABLE
FÊTARDE	LAVANDE	MOLAIRE	PÉTASSE	ROTACÉE	VOLANTE
FICAIRE	LAVASSE	MONACAL	PICARDE	ROTATIF	VOLAPUK
FILAIRE	LIMAÇON	MORAINE	PINACLE	ROYAUTÉ	VOLATIL
FINANCE	LINAIRE	MOTARDE	PINASSE	RUBANER	VOYAGER
FINAUDE	LIPARIS	MULÂTRE	PIRATÉE	SALAIRE	VOYANCE
FIXATIF	LITANIE	MUSARDE	PIRATER	SALARIÉ	VOYANTE
FOLÂTRE	LOSANGE	NAVARIN	PITANCE	SATANÉE	YUCATAN
FORAINE	LOUABLE	NÉFASTE	POLAIRE	SAVANTE	ZIZANIE
FRIANDE	LOUANGE	NÉGATIF	POTABLE	SCRAPER	
FUYANTE	LOYAUTÉ	NÉGATON	PRÉAVIS	SÉBASTE	**B**
FUYARDE	LUCARNE	NIGAUDE	PUNAISE	SÉDATIF	
GABARIT	LUPANAR	NONANTE	RÂLANTE	SÉPARER	ALABAMA
GALANTE	MACABRE	NOTABLE	RAMADAN	SÉTACÉE	ANOBLIR

214

BARBANT
BARBARE
BARBOTE
CAMBRER
CAMBUSE
CERBÈRE
CHABLIS
CLÉBARD
COMBIEN
COMBLÉE
COMBLER
CORBEAU
CRIBLÉE
CULBUTE
CYMBALE
DIABÈTE
DOUBLÉE
ÉTABLIE
ÉTABLIR
FAIBLIR
GERBAGE
GERBIER
GODBOUT
GRABUGE
HASBEEN
HERBACÉ
HERBIER
HOUBLON
ICEBERG
JAMBIER
LAMBADA
LAMBEAU
LAMBINE
LAMBRIS
LESBIEN
LOMBRIC
LOUBARD
LUMBAGO
MARBRÉE
MEMBRÉE
MEUBLÉE
MORBIDE
MORBIER

NIOBIUM
NOMBRIL
PARBLEU
PROBANT
PROBITÉ
REMBLAI
SEMBLER
SOMBRER
SYMBOLE
TAMBOUR
TERBIUM
TIMBALE
TIMBRÉE
TOMBANT
TOMBEAU
TOMBOLA
TRIBALE
TRIBUNE
VERBALE

C

ABACULE
AESCHNE
AGAÇANT
ALUCITE
AMICALE
AMOCHER
ANACLET
APICALE
ASOCIAL
AVACHIR
AVICOLE
AVOCATE
BANCALE
BERCAIL
BERCEAU
BISCUIT
BOUCHER
BOUCHON
BOUCLÉE
BOUCLER
BROCARD

BROCHÉE
BROCHER
BROCHET
CALCINÉ
CASCADE
CERCLÉE
CERCLER
CHACONE
CHICANE
CHICANO
CHICHIS
CIRCUIT
CONCAVE
CONCEPT
CONCERT
CONCILE
CONCISE
CONCRET
COUCHÉE
COUCHER
CRACHAT
CRACHER
CRACHIN
CROCHER
CROCHET
CROCHUE
CRUCIAL
DISCALE
DISCRET
DISCUTÉ
DOUCEUR
DOUCHER
DRACÉNA
DRACHER
ÉCACHER
ÉDICTER
ÉDICULE
ÉJECTER
ÉLECTIF
ÉMACIÉE
ÉMACIER
ÉMÉCHÉE
ÉPICIER

ÉRUCTER
ÉVACUER
EXÉCRER
FARCEUR
FASCIÉE
FAUCHÉE
FAUCHER
FAUCHET
FISCALE
FLÉCHÉE
FLÉCHIR
FORCENÉ
FORCEPS
FOUCADE
GAUCHER
GAUCHIR
GENCIVE
GERÇURE
GLAÇAGE
GLACIAL
GLACIER
GLUCIDE
GNOCCHI
GRACIER
GRACILE
GRECQUE
HERCULE
HIRCINE
INACTIF
ISOCÈLE
JONCHER
KETCHUP
LANCEUR
LASCIVE
LEUCOME
LINCEUL
LINÇOIR
LOUCHER
MANCHON
MANCHOT
MARCHER
MERCURE
MESCLUN

MONCEAU
MORCEAU
MOUCHÉE
MUSCADE
MUSCLER
OBSCÈNE
OBSCURE
OMICRON
OPACITÉ
PARCAGE
PASCALE
PENCHER
PERCALE
PERÇANT
PERCLUS
PICCOLI
PIOCHER
PISCINE
PLACARD
PLACEBO
PLACIDE
PONCEAU
PORCHER
PORCINE
PRÊCHER
PRÉCISE
PRÉCOCE
PURCELL
RACCORD
RANCUNE
RAUCHER
RAUCITÉ
RENCARD
RESCAPÉ
RESCRIT
RINÇAGE
RINCEUR
RINÇURE
RONCIER
SACCADE
SACCAGE
SARCLER
SAUCIER

SINCÈRE
SORCIER
SPÉCIAL
SPECTRE
SUCCION
SUICIDE
SURCOÛT
SYNCOPE
TOUCHÉE
TOUCHER
TRAÇOIR
TRICHER
TRUCAGE
UNICITÉ
VISCÈRE
VULCAIN

D

ACADIEN
ACIDITÉ
ACIDULÉ
AMODIER
ANODINE
ARIDITÉ
BANDEAU
BARDANE
BORDURE
BOUDEUR
BOUDOIR
BRADEUR
CANDEUR
CANDIAC
CANDIDE
CAUDALE
CENDRÉE
CHEDDAR
CORDAGE
CORDIAL
CRÉDULE
ÉRUDITE
ÉTUDIER
ÉVIDENT

ÉVIDURE	PUDDING	ABSENTE	ANSELME	BUVETTE	DÉCENCE
FARDEAU	RAIDEUR	ACCÉDER	ANTENNE	BUVEUSE	DÉCENTE
FENDANT	RONDEAU	ACHETER	APPELER	CADENAS	DÉFENDU
FÉODALE	RONDEUR	ACHEVER	APPÉTIT	CADENCE	DÉFENSE
FOUDRES	SANDALE	ACIÉRER	ARDENTE	CADETTE	DÉGELÉE
GONDOLE	SARDINE	ACIÉRIE	ARGENTÉ	CAFÉIER	DÉGELER
GRADUÉE	SERDEAU	ADDENDA	ARIENNE	CAGETTE	DÉJETER
GRADUEL	SOLDATE	ADHÉRER	ARIETTE	CALEÇON	DÉLÉGUÉ
GRADUER	SOLDEUR	ADHÉSIF	ARLETTY	CALEPIN	DÉMÊLÉE
GREDINE	SONDAGE	ADRESSE	ARMENIA	CAMELOT	DÉMÊLER
HADDOCK	SORDIDE	ADVENIR	ARPÉGÉE	CANETON	DÉMENCE
HINDOUE	SOUDAIN	ADVERSE	ARPÉGER	CANETTE	DÉMENTE
INÉDITE	SOUDARD	AFFÉTÉE	ARRÊTER	CANEVAS	DÉMENTI
IRIDIÉE	SOUDIER	AGNELER	ARSENAL	CARENCE	DEMEURE
KANDJAR	SOUDURE	AGNELET	ASBESTE	CARESSE	DÉPECER
LAIDEUR	SUÉDOIS	AGRÉGER	ASPERGE	CASERET	DÉPENSE
LONDRES	SURDITÉ	AGRESTE	ASSENER	CASERNE	DÉPÉRIR
LORDOSE	SURDOSE	AGUERRI	ASSEOIR	CAVERNE	DÉSERTE
MANDALE	SURDOUÉ	AILERON	ASSETTE	CÉLÈBRE	DÉTELER
MANDORE	SUSDITE	AILETTE	ASTÉRIE	CÉLESTE	DÉTENDU
MANDRIN	TARDIVE	AÎNESSE	ASTÉRIX	CENELLE	DÉTENIR
MAUDIRE	TENDRON	AIRELLE	ATHÈNES	CÉRÉALE	DÉTENTE
MAUDITE	TIÉDEUR	ALBERTA	ATTEINT	CÉVENOL	DÉTENUE
MENDIER	TORDANT	ALGÈBRE	ATTELER	CHIENNE	DÉVEINE
MERDEUX	TRIDENT	ALGÉRIE	ATTENTE	CISELER	DÉVÊTIR
MERDIER	VANDALE	ALIÉNÉE	ATTERRÉ	CISELET	DIGÉRER
MILDIOU	VAUDOUE	ALIÉNER	ATTESTÉ	CITERNE	DILEMME
MONDAIN	VENDEUR	ALLÉGÉE	AUBERGE	CIVETTE	DÎNETTE
MONDIAL	VERDEUR	ALLÉGER	AUNEUIL	CLIENTE	DIRECTE
MORDANT	VERDICT	ALLÈGRE	AURÉLIE	CODÉINE	DISETTE
MORDORÉ	VERDIER	ALTÉRÉE	AURÉOLE	COGÉRER	DISEUSE
PANDORE	VERDURE	ALTÉRER	BADERNE	COMÉDIE	DIVERSE
PARDIEU		ALTERNÉ	BALEINE	COTERIE	DIVETTE
PENDANT	**E**	ALTESSE	BATELET	COUENNE	DOLENTE
PENDULE		ALVÉOLE	BAVETTE	COUETTE	DOYENNE
PERDANT	ABBESSE	AMNÉSIE	BELETTE	CRIEUSE	DUPERIE
PERDRIX	ABCÉDER	ANCÊTRE	BIBELOT	CRUELLE	ÉCHELLE
PONDÉRÉ	ABIÉTIN	ANGÉLUS	BINETTE	CURETER	ÉCHELON
POUDING	ABJECTE	ANHÉLER	BLUETTE	CURETON	ÉCHEVIN
PRÉDIRE	ABLERET	ANNELÉE	BORÉALE	CURETTE	ÉCRÉMÉE
PRODIGE	ABRÉGÉE	ANNELER	BOXEUSE	DÉCÉDÉE	ÉCRÉMER
PRODUIT	ABRÉGER	ANNEXÉE	BRIEFER	DÉCÉDER	ÉCRÊTER
PRUDENT	ABSENCE	ANNEXER	BURETTE	DÉCELER	ÉCUELLE

ÉDREDON	FICELER	HÉBERGÉ	LANERET	MÉCÉNAT	OISELET
ÉGLEFIN	FICELLE	HÉBÉTÉE	LATENTE	MÉDECIN	OISELLE
ÉGRENER	FILETER	HÉRÉSIE	LATÉRAL	MÉMENTO	OISEUSE
EMBÊTER	FILEUSE	HIDEUSE	LAVERIE	MENEUSE	OLTÉNIE
EMMÊLER	FINESSE	HOMÉLIE	LAVETTE	MÉTÉORE	ORFÈVRE
EMMENER	FINETTE	HUMÉRUS	LAVEUSE	MINERAI	ORGELET
EMMERDE	FLUENTE	IDÉELLE	LAYETTE	MINÉRAL	ORLÉANS
EMPENNE	FLUETTE	ÎLIENNE	LÉGENDE	MINERVE	OSSELET
EMPESÉE	FOREUSE	ILIESCU	LEMELIN	MINEURE	OSSÉTIE
EMPESER	FUMEUSE	ILLÉGAL	LIBELLE	MITEUSE	OSSEUSE
ENDÉMIE	FUNÈBRE	IMBERBE	LIBÉRAL	MODELÉE	OSTÉITE
ENLEVÉE	FUNESTE	IMMENSE	LIBÉRÉE	MODELER	OSTÉOME
ENLEVER	FURETER	INCESTE	LIBÉRER	MODÉRÉE	OUVERTE
ENNÉADE	FUSELÉE	INDÉCIS	LIBERTÉ	MODÉRER	PAÏENNE
ENNEIGÉ	FUSETTE	INDEMNE	LICENCE	MODERNE	PALÉMON
ENNEMIE	GABELOU	INFECTE	LIMETTE	MODESTE	PALETOT
ENRÊNER	GAGEURE	INFÉODÉ	LINÉALE	MOLETER	PARENTÉ
ENSELLÉ	GAGEUSE	INFÉRER	LIRETTE	MOLETTE	PARESSE
ENTENDU	GALERIE	INGÉNUE	LISÉRÉE	MOMERIE	PATELIN
ENTENTE	GALETAS	INGÉRER	LISÉRER	MORELLE	PATENTE
ENTÊTÉE	GALETTE	INSECTE	LISERON	MOUETTE	PÂTEUSE
ENTÊTER	GAMELLE	INSENSÉ	LISEUSE	MUSELER	PAYEUSE
ÉPREUVE	GARENNE	INSÉRER	LITERIE	MUSETTE	PÈLERIN
ÉQUERRE	GÂTERIE	INTÈGRE	LOGEUSE	NACELLE	PESETTE
ESPÉRER	GÂTEUSE	INTENSE	LOPETTE	NAVETTE	PESEUSE
ESSENCE	GAVEUSE	INTÉRÊT	LORETTE	NÉMÉENS	PÉTEUSE
ESSEULÉ	GAZELLE	INTÉRIM	LOTERIE	NÉMÉSIS	PIMENTÉ
ÉTHÉRÉE	GAZEUSE	INTERNE	LOUEUSE	NÉNETTE	PIPELET
ÉTRÉCIR	GÉMEAUX	IONESCO	LUCERNE	NÉRÉIDE	PIPERIN
ÉTRENNE	GÉNÉRAL	IPSÉITE	LUNETTE	NIGERIA	PIPEUSE
EUDÉMIS	GÉNÉRER	IVRESSE	LURETTE	NIVÉALE	PITEUSE
EUNECTE	GENETTE	JASEUSE	LUTÉINE	NIVELER	POLENTA
EXCÉDER	GÊNEUSE	JAVELOT	LUZERNE	NIVELLE	POREUSE
EXCEPTÉ	GIRELLE	JOUEUSE	MACÉRÉE	NOCEUSE	POSEUSE
EXPERTE	GOBELET	JOYEUSE	MACÉRER	NOUEUSE	POTELÉE
EXTERNE	GOBEUSE	JUMELER	MAJESTÉ	NUMÉRAL	POTENCE
FACÉTIE	GOSETTE	JUMELLE	MAJEURE	OBSÉDÉE	POTERIE
FAÏENCE	HALEINE	JUPETTE	MAMELLE	OBSÉDER	PRIEURE
FAMEUSE	HALENER	LABELLE	MAMELON	OBTENIR	PUCELLE
FANEUSE	HALETER	LACÉRER	MANETTE	ODIEUSE	PUCERON
FEMELLE	HAMEÇON	LACERIE	MARELLE	OFFENSE	RAGEUSE
FENÊTRE	HÂTELET	LACEUSE	MATELAS	OGRESSE	RÂLEUSE
FICELÉE	HAVENET	LAMELLE	MATELOT	OISELER	RAMENER

RAMEUSE	SAGESSE	ULCÉRER	CONFIER	PRÉFÉRÉ	DRAGAGE
RASEUSE	SAGETTE	URGENCE	CONFINS	PROFANE	DRAGUÉE
RÂTELER	SALERON	URGENTE	CONFITE	PROFOND	DROGUÉE
RAVELIN	SAPERDE	USUELLE	CONFLIT	RAFFINÉ	ÉLAGUER
REBELLE	SCIENCE	VALENCE	CONFORT	RAIFORT	ÉLÉGANT
RECELER	SCIERIE	VANESSE	CONFUSE	RÉIFIER	ÉMIGRÉE
RÉCENTE	SCIEUSE	VAREUSE	COUFFIN	RENFLÉE	ÉMIGRER
RECÉPER	SÉLECTE	VASEUSE	ÉDIFICE	RENFORT	ÉPIGONE
RECETTE	SEMELLE	VEDETTE	ÉDIFIER	RONFLER	ÉROGÈNE
RÉFÉRER	SEMENCE	VÉGÉTAL	ÉRAFLER	RUFFIAN	ÉTAGÈRE
REJETER	SEMEUSE	VÉGÉTER	ÉTOFFÉE	SIFFLER	EXAGÉRÉ
REJETON	SÉNÉGAL	VENELLE	ÉTOFFER	SIFFLET	FANGEUX
RELEVÉE	SEREINE	VÉNÉRER	FARFELU	SNIFFER	FLAGADA
RELEVER	SIBÉRIE	VÉNERIE	FORFAIT	SOFFITE	FLAGRANT
RENÉGAT	SIDÉRAL	VENETTE	GAUFRÉE	SOLFIER	FRAGILE
RÉNETTE	SIDÉRÉE	VÉREUSE	GAUFRER	SOUFFLE	FRUGALE
REPEINT	SIDÉRER	VÉTÉRAN	GERFAUT	SUFFIRE	GARGOTE
REPÉRÉE	SILENCE	VIDELLE	GONFLÉE	SURFACE	GORGONE
REPÉRER	SIMENON	VILENIE	GONFLER	SURFAIT	GRIGNON
RÉPÉTER	SIZERIN	VINEUIL	GOUFFRE	SURFINE	GROGNER
RÉSERVE	SOIERIE	VITESSE	GREFFÉE	TOUFFUE	GROGNON
RETEINT	SOLERET	VIVEUSE	GREFFER	UNIFIER	GUIGNER
RETENIR	STEEPLE	VOLETTE	GRIFFÉE		GUIGNOL
RETENUE	SUCETTE	VOLEUSE	GRIFFER	**G**	GUIGNON
REVÊCHE	SUCEUSE	VOYEUSE	GRIFFON		IMAGIER
RÉVÉLER	SUPERBE	XIMÉNIE	GRIFFUE	ALIGNER	INÉGALE
REVENIR	SURELLE		HARFANG	BAIGNER	JAUGEUR
REVENUE	SURETTE	**F**	JOUFFLU	BENGALI	JONGLER
RÉVÉRER	TAPETTE		KEFFIEH	BERGÈRE	LANGAGE
RÊVERIE	TARENTE	ALIFÈRE	LOUFIAT	BEUGLER	LANGEAC
REVÊTIR	TAVERNE	BEFFROI	MAFFLUE	BLAGUER	LANGUIR
RÊVEUSE	TÉHÉRAN	BIFFURE	MALFRAT	BRIGADE	LARGEUR
RIMEUSE	TENEUSE	BLAFARD	MORFALE	BRIGAND	LARGUER
RISETTE	TIREUSE	BLUFFER	MOUFLET	BRIGUER	LONGUET
RIVETER	TOLÉRER	BOUFFÉE	MOUFLON	CHAGRIN	LORGNER
RIZERIE	TÔLERIE	BOUFFER	MOUFTER	CINGLÉE	LORGNON
RÔDEUSE	TOMETTE	BOUFFIE	ORIFICE	CINGLER	MAIGRIR
ROSÉOLE	TOPETTE	BOUFFON	PARFAIT	CONGELÉ	MEUGLER
ROSETTE	TOUEUSE	CHIFFRE	PARFOIS	CONGÈRE	NARGUER
ROSEVAL	TRIESTE	COFFRÉE	PERFIDE	CONGRÈS	NEIGEUX
ROUERIE	TRUELLE	COFFRER	PLAFOND	CONGRUE	NÉOGÈNE
RUBÉOLE	TUTELLE	COIFFÉE	POUFFER	COUGUAR	ORAGEUX
RUDESSE	ULCÉRÉE	COIFFER	PRÉFACE	DAIGNER	ORIGAMI
					ORIGINE

ORIGNAL	CATHARE	ACTINIE	BÉLÎTRE	CROISÉE	ÉCLISSE
PEIGNER	CITHARE	ACTIVER	BÉNIGNE	CROISER	EFFIGIE
PERGOLA	COCHÈRE	ADMIRER	BÉSIGUE	CROÎTRE	EFFILÉE
PLAGIAT	DÉCHOIR	AFFICHE	BIAISER	CRUISER	EFFILER
PLAGIER	EMPHASE	AFFILER	BLAIRER	CURIEUX	ÉGOÏSME
PROGRÈS	ENRHUMÉ	AFFILIÉ	BOBINER	CURISTE	ÉGOÏSTE
RINGARD	FÂCHANT	AFFINER	BOLIVAR	CYNISME	ÉGRISER
ROUGEUR	FICHIER	AGRIOTE	BOLIVIE	DARIOLE	ELEISON
SAIGNÉE	GÂCHEUR	ALBINOS	BOUILLE	DÉBINÉE	ELLIPSE
SAIGNER	HACHOIR	ALLIAGE	BOUILLI	DÉBINER	EMPILER
SANGLÉE	HACHURE	ALTIÈRE	BRAILLE	DÉBITER	EMPIRER
SANGLER	JUCHOIR	AMAIGRI	BRAISÉE	DÉCIBEL	ENFILER
SANGLOT	LACHINE	AMBIANT	BRAISER	DÉCIDÉE	ENLISER
SANGRIA	LACHUTE	AMBIGUË	BUTINER	DÉCIDER	ENSILER
SANGSUE	LÂCHETÉ	ANTIQUE	CABINET	DÉCIMER	ENTIÈRE
SANGUIN	LÂCHEUR	ANTIVOL	CALIBRE	DÉCISIF	ENVINÉE
SERGENT	LUTHIER	ANXIÉTÉ	CÂLINER	DÉFILER	ENVIRON
SOIGNÉE	MACHAON	APAISER	CANICHE	DÉFINIE	ÉOLITHE
SOIGNER	MACHINE	AQUILIN	CANITIE	DÉFINIR	ÉONISME
SONGEUR	MÂCHEUR	ARBITRE	CAPITAL	DÉLICAT	ÉPAISSE
STAGNER	MALHEUR	AROÏDÉE	CAPITÉE	DÉLIRER	ÉPÉISTE
TANGAGE	MÉCHANT	ARRIÈRE	CAPITON	DEMIARD	EPSILON
TANGARA	MÉTHODE	ARRIMER	CARISTE	DÉPILER	ÉPUISÉE
TANGUER	PÊCHEUR	ARRIVER	CÉDILLE	DÉPITER	ÉPUISER
TARGUER	POCHADE	ARTIMON	CÉLIBAT	DÉRIDER	ÉQUIPÉE
TROGNON	POCHARD	ARTISAN	CHAÎNÉE	DÉRIVÉE	ÉQUIPER
TSIGANE	PROHIBÉ	ARTISTE	CHAÎNER	DÉRIVER	ÉRAILLÉ
TZIGANE	RÉCHAUD	ASPIRER	CHAÎNON	DÉSIRER	ÉREINTÉ
VERGETÉ	ROCHIER	ASSIDUE	CHOISIE	DEVINER	ESCIENT
VERGLAS	SÉCHAGE	ASTICOT	CHOISIR	DÉVIRER	ESTIMÉE
ZINGARO	SOUHAIT	ATTIFER	CIRIÈRE	DEVISER	ESTIMER
	SWAHILI	ATTIRER	CIVIÈRE	DIGITAL	ÉTEINTE
H	TACHETÉ	ATTISER	CIVISME	DIRIGER	ÉTOILÉE
	VACHARD	AUTISME	CLOISON	DIVISER	ÉTRIPER
AFGHANE		AUTISTE	COGITER	DOMINER	EUDISTE
AMPHORE	**I**	BABINES	COLIQUE	DOUILLE	ÉVEILLÉ
ANAHEIM		BABIOLE	COMICES	DRAINER	EXHIBER
ANAHUAC	ABAISSE	BACILLE	COPISTE	DREISER	EXPIRER
ANCHOIS	ABEILLE	BADINER	CORIACE	ÉBRIÉTÉ	FACIALE
ANTHRAX	ABRICOT	BALISER	COTISER	ÉCAILLE	FAMILLE
ARCHÈRE	ABRITER	BALISTE	COUILLE	ÉCHIDNÉ	FARINER
BÂCHAGE	ABSIDAL	BARIOLÉ	COUINER	ÉCHINÉE	FATIGUE
BONHEUR	ACHIGAN	BÂTISSE	CRAINTE	ÉCLIPSE	FÉTICHE

FEUILLE	INCIVIL	LUMIÈRE	OMNIBUS	RASIBUS	SÉVICES
FEUILLU	INDIANA	LUTINER	ONCIALE	RATITES	SINISER
FIFILLE	INDIGNE	LYRIQUE	OPTIMAL	RAVINER	SOCIALE
FILIÈRE	INFICHU	MAFIEUX	OPTIMUM	RAVIOLI	SOCIÉTÉ
FLAIRER	INFINIE	MAGIQUE	OPTIQUE	RAVISER	SODIQUE
FOLIACÉ	INFIRME	MALIGNE	ORAISON	RAVIVER	SOLISTE
FOUILLE	INHIBER	MANIÈRE	OREILLE	RÉCIFAL	SOUILLÉ
FOUINER	INSIGNE	MANILLE	ORNIÈRE	RÉCITER	SPHINGE
FRAÎCHE	INTIMÉE	MANITOU	ORVIETO	RÉDIGER	STRICTE
FRAIRIE	INTIMER	MARIAGE	OSEILLE	RÉDIMER	TAMISÉE
FRAISÉE	INVITÉE	MARINÉE	OSTIOLE	REFILER	TAMISER
FRAISIL	INVITER	MARINER	OUAILLE	RELIQUE	TANIÈRE
FREINER	IONIQUE	MARITAL	PAGINER	RELIURE	TANISER
FUGITIF	IONISER	MATIÈRE	PANIQUE	REMISER	TAOÏSME
FUMISTE	IRRITÉE	MATINÉE	PATIENT	RÉSIDER	TAOÏSTE
FURIEUX	IRRITER	MÉDICAL	PATINER	RÉSIGNÉ	TAPIOCA
FUSIBLE	IVOIRIN	MÉDITER	PÉLICAN	RÉSILLE	TARIÈRE
GÉNIALE	JOLIVET	MÉFIANT	PELISSE	RÉSINÉE	TÊTIÈRE
GÉNISSE	JOVIALE	MÉLILOT	PÉNIBLE	RÉSINER	THÉIÈRE
GÉNITAL	JUBILER	MÉRITER	PÉRIDOT	RETIRÉE	TONIQUE
GLAÏEUL	JUPITER	MILITER	PÉRIERS	RETIRER	TRAÎNÉE
GLAISER	JURISTE	MINIMUM	PÉRIMÉE	RÉVISER	TRAÎNER
GODILLE	KAMICHI	MITIGÉE	PÉRIODE	REVIVRE	TRAITÉE
GOLIATH	LABIÉES	MITIGER	PETIOTE	RIAILLE	TRAITER
GORILLE	LAMINER	MONIALE	PIGISTE	RISIBLE	TRAÎTRE
GRAINÉE	LANIÈRE	MORILLE	PLAINTE	RIVIÈRE	TRUISME
GRAINER	LANISTE	MOTIVER	PLAISIR	RIZIÈRE	TUBISTE
HABILLÉ	LAPIDER	MOUILLÉ	POLICÉE	ROUILLE	TUNISIE
HABITAT	LAPINER	MUSICAL	POSITIF	RUMINER	UPSILON
HABITER	LARISSA	MUSIQUE	POTIÈRE	RUTILER	URSIDÉS
HABITUÉ	LÉGISTE	MUTILÉE	POTINER	SADIQUE	UTRILLO
HARICOT	LÉSINER	MUTILER	POTIRON	SADISME	VALIDÉE
HÉLICON	LÉVITER	MUTISME	PRAIRIE	SALIÈRE	VALIDER
HÉRITER	LEXIQUE	MYRIADE	PUPILLE	SALIVER	VANILLE
HÉSITER	LIAISON	NANISER	PUPITRE	SANICLE	VARIÉTÉ
HÔPITAL	LICITER	NANISME	PURISME	SATIÉTÉ	VARIOLE
HORIZON	LILIALE	NIAISER	RACIALE	SATINÉE	VÉLINES
HOUILLE	LIMITÉE	NOLISER	RACISTE	SATINER	VÉSICAL
IMPIÉTÉ	LIMITER	NOMINÉE	RADICAL	SCHISME	VÉTILLE
INCIPIT	LINIÈRE	NORIEGA	RADIEUX	SCRIPTE	VÉTIVER
INCISER	LISIÈRE	NUAISON	RANIMER	SÉRIEUX	VICIEUX
INCISIF	LITIÈRE	OBLIGER	RAPIATE	SERINER	VIDIMER
INCITER	LUCIOLE	OMBILIC	RAPIÈRE	SÉRIQUE	VIEILLE

VIEILLI	BOULIER	ÉTALAGE	MAILLER	REPLÈTE	VOULOIR
VISIBLE	BOULOIR	ÉVALUER	MAILLET	REPLIER	
VISITÉE	BRILLER	ÉVOLUER	MAILLON	ROILLER	**M**
VISITER	BRÛLANT	EXALTÉE	MAILLOT	ROULADE	
VOLIÈRE	BRÛLURE	EXALTER	MÉPLATE	ROULEAU	ACOMPTE
VOLITIF	CAILLÉE	EXCLURE	MILLIER	ROULEUR	ACUMINÉ
ZONIÈRE	CAILLER	EXPLOIT	MIOLLIS	ROULURE	ALIMENT
ZORILLE	CAILLOT	EXULTER	MOULAGE	SABLAGE	ANÉMIER
	CAILLOU	FABLIAU	MOULURE	SAILLIE	ANÉMONE
J	CALLEUX	FAILLIR	NIELLER	SAILLIR	ANIMALE
	CELLIER	FALLOIR	NULLITÉ	SCALPEL	AROMATE
BONJOUR	CELLULE	FEELING	OCCLURE	SCALPER	BARMAID
CONJURÉ	CHALAND	FILLEUL	OEILLET	SCELLER	BAUMIER
PARJURE	CHALEUR	FORLANE	OPALINE	SELLIER	BRIMADE
PRÉJUGÉ	COALISÉ	FOULARD	OPULENT	SILLAGE	BRUMEUX
	COLLANT	FOULURE	OTALGIE	SILLERY	CALMANT
K	COLLÈGE	FRELATÉ	OUBLIER	SOULIER	CHAMADE
	COLLIER	FRILEUX	OUILLER	SOULOTE	CHAMBLY
COCKNEY	COLLINE	GALLOIS	OURLIEN	SPOLIER	CHAMBRE
LOUKOUM	COULAGE	GAULOIS	PALLIER	SUBLIME	CHAMEAU
SMOKING	COULANT	GEÔLIER	PARLANT	TABLARD	CHAMPIS
	COULEUR	GOÉLAND	PARLEUR	TABLEAU	CHEMISE
L	COULOIR	GRILLÉE	PELLÉAS	TAILLÉE	CHIMÈRE
	COULURE	GRILLER	PERLIER	TAILLER	CHÔMAGE
ACOLYTE	CUILLER	GRILLON	PHALÈNE	TAILLIS	CLAMEUR
AFFLUER	CYCLONE	HAILLON	PILLAGE	TAULARD	CLÉMENT
AGILITÉ	CYCLOPE	HALLIER	PILLARD	TELLURE	COMMENT
AILLADE	DALLAGE	HORLOGE	POLLUER	TILLEUL	COMMÈRE
AMOLLIR	DÉPLIER	HURLEUR	POULAIN	TOILAGE	COMMODE
AMPLEUR	DIPLÔME	HYALITE	PRALINE	TRALALA	COMMUNE
ANALYSE	DOULEUR	IMPLANT	PRÉLART	TROLLEY	CORMIER
ANGLAIS	DRILLÉE	INCLINÉ	PRÉLUDE	TUILEAU	CRAMPON
ATELIER	DUALITÉ	INCLURE	PSILOPA	TUILIER	CRÛMENT
ATHLÈTE	ÉCOLAGE	INCLUSE	PUBLIER	TULLINS	DIAMANT
AVALOIR	ÉCOLIER	INFLUER	PULLMAN	UTILITÉ	DOMMAGE
AVELINE	ÉGALITÉ	INULINE	QUALITÉ	VEILLÉE	ÉLÉMENT
BÂCLAGE	EMBLÈME	ISOLANT	RAILLER	VEILLER	ÉTAMINE
BÂILLER	EMPLOYÉ	ISOLOIR	RALLIER	VILLAGE	ÉTAMPÉE
BALLADE	ENCLINE	ITALIEN	RÉALITÉ	VIOLENT	ÉTAMPER
BALLAST	ENCLORE	JAILLIR	RECLUSE	VIOLEUR	EXEMPLE
BERLINE	ENCLUME	JUILLET	RÉCLAME	VOILAGE	EXEMPTE
BILLARD	ENGLUER	LECLERC	RÉÉLIRE	VOILIER	FERMETÉ
BILLION	ESCLAVE	MAILLÉE	RÉFLEXE	VOILURE	FERMIER
BIPLACE					
BOULEAU					

FERMIUM	SOMMITÉ	BLINDÉE	ÉMINCÉE	GRENADE	PLANOIR
FERMOIR	SOUMISE	BLINDER	ÉMINCER	GRENIER	PLANQUE
FLAMANT	TERMITE	BLONDIN	ÉMINENT	GRINCER	PLANTÉE
FLAMBER	TRAMWAY	BRANCHE	ÉMONDER	GRONDER	PLANTER
FLAMINE	TREMBLE	BRANCHU	ÉNONCÉE	GRONDIN	PLANTON
FLAMMÉE	TREMPÉE	BRANDIR	ÉNONCER	GUANACO	PLÉNIER
FORMICA	TREMPER	BRANLER	ÉPANDRE	GUINDÉE	PLONGER
FORMULE	TROMPÉE	BRINGUE	ÉPANNER	HAINEUX	POINÇON
GAÎMENT	TROMPER	BRONZÉE	ÉPANOUI	HARNAIS	POINDRE
GLAMOUR	VERMEIL	BURNABY	ÉPINAIE	HONNÊTE	POINTAL
GOMMAGE	VERMINE	BURNOUS	ÉPINARD	HONNEUR	POINTÉE
GOMMIER	VERMONT	CAGNARD	ÉPINEUX	HYPNOSE	POINTER
GRIMACE	VROMBIR	CANNELÉ	ÉPINGLE	INANIMÉ	POINTUE
GRIMAGE		CARNAGE	ÉPINIER	INANITÉ	PRENDRE
GRIMPER	**N**	CEINDRE	ÉPONGÉE	INONDÉE	PRENEUR
HERMINE		CHANCRE	ÉPONGER	INONDER	PRUNEAU
HIÉMALE	ABANDON	CHANGÉE	ÉTANÇON	IRANIEN	QUANTUM
HOMMAGE	ABONDER	CHANGER	ÉTENDRE	JOINDRE	QUININE
LARMIER	ABONNIR	CHANSON	ÉTENDUE	LAGNIEU	RAINURE
MARMITE	ADÉNITE	CHANTER	ÉTONNÉE	LAINAGE	RENNAIS
MORMONE	ADÉNOME	CHANVRE	ÉTONNER	LAINIER	RÉUNION
MURMURE	AGENCÉE	CHINEUR	ÉVANOUI	LÉONINE	RHÉNANE
NORMALE	AGENCER	CHINOOK	ÉVENTÉE	LIGNARD	RHÉNIUM
NUEMENT	ALANGUI	CLENCHE	ÉVENTER	LIGNEUX	ROGNAGE
PALMIER	ALANINE	CLONAGE	ÉVINCER	MAGNÉTO	RUINEUX
PERMISE	AMANITE	COINCÉE	FEINDRE	MÉANDRE	SAUNIER
PLOMBÉE	AMENDÉE	COINCER	FIANCÉE	MEUNIER	SAYNÈTE
PLUMEAU	AMENDER	CONNARD	FLÂNEUR	MOINDRE	SCANDER
POMMADE	AMÉNITÉ	CONNEXE	FRANCHE	MOINEAU	SCANNER
POMMARD	AMINCIR	CRANTER	FRANGÉE	MONNAIE	SCHNAPS
PREMIER	ÂNONNER	CRÉNELÉ	FRONCER	NUANCÉE	SCINDER
PRIMEUR	ARÉNACÉ	DERNIER	FRONDÉE	NUANCER	SIGNALÉ
PROMISE	ATONALE	DIANTRE	FRONDER	OPINION	SONNANT
PROMPTE	AULNAIE	DIGNITÉ	GAGNANT	ORANAIS	SONNEUR
SAÏMIRI	AVANCÉE	ÉBÉNIER	GAINIER	ORANGÉE	SPENCER
SARMENT	AVANCER	ÉCONOME	GARNEAU	PEINARD	SPINALE
SAUMURE	AVENANT	ÉDENTÉE	GEINDRE	PEINDRE	STENCIL
SEGMENT	BAGNARD	ÉDENTER	GLANAGE	PEINTRE	STENTOR
SERMENT	BAGNOLE	ÉHONTÉE	GLANDER	PHONÈME	SUINTER
SEYMOUR	BIENNAL	ÉLANCÉE	GLANEUR	PIONCER	SYÉNITE
SFUMATO	BIENTÔT	ÉLANCER	GOINFRE	PLANAGE	TANNAGE
SIAMOIS	BLANCHE	ÉLINGUE	GRANDIR	PLANÈTE	TEINDRE
SOMMEIL	BLENNIE	ÉLONGER	GRANULE	PLANEUR	TEINTÉE

TEINTER	AFFOLÉE	BRIOUZE	DÉROBER	ESCORTE	INFOUTU
THONIER	AFFOLER	CABOCHE	DÉROGER	ESSORER	INNOMMÉ
TONNAGE	AGNOSIE	CABOSSE	DÉROUTE	ESTOMAC	INNOVER
TONNANT	ALLOTIR	CABOTIN	DÉSOLÉE	ESTOMPE	INSOLER
TONNEAU	ALLOUER	CAGOULE	DÉSOLER	ESTONIE	ISSOIRE
TORNADE	AMPOULE	CAHOTER	DÉSOSSÉ	ÉTIOLÉE	JACOBÉE
TOUNDRA	ANCOLIE	CAJOLER	DÉTONER	ÉTIOLER	JALOUSE
TRANCHE	ANNONCE	CALOTTE	DÉVOLUE	ÉTROITE	LACONIE
TRANSAT	ANNOTER	CANOTER	DÉVOUÉE	EUTOCIE	LACOSTE
TRANSIE	APHONIE	CAPONNE	DÉVOUER	EXPOSÉE	LICORNE
TRANSIR	APPOSER	CAPORAL	DÉVOYÉE	EXPOSER	LIGOTER
TRANSIT	ARBORER	CAPOTER	DIVORCE	FAGOTIN	LIMOGER
TRENAIL	ARBOUSE	CÉTOINE	ÉBLOUIR	FAVORIS	LINOTTE
TRINITÉ	ARDOISE	CHROMÉE	ÉBROUER	FÉCONDE	LITORNE
TRONCHE	ARMOISE	CIBOIRE	ÉCHOUER	FÉLONNE	LURONNE
TRONÇON	ARROCHE	CIPOLIN	ÉCLOPÉE	FÉMORAL	MABOULE
TURNEPS	ARROSER	CITOYEN	ÉCROUER	FENOUIL	MAJORER
UNANIME	ASSOCIÉ	COCOTER	ECTOPIE	FILOCHE	MALOTRU
URANATE	ASSOLER	COCOTTE	ÉGLOGUE	FOFOLLE	MAMOURS
URANITE	ASSORTI	COLONIE	EMBOLIE	GALOCHE	MAROTTE
URANIUM	ASSOUAN	COLONNE	EMPOTÉE	GALOPER	MATOISE
URINOIR	AUROCHS	COLORER	ENCOCHE	GALOPIN	MÉGOTER
USINAGE	AUTOMNE	COLORIS	ENCORNÉ	GAVOTTE	MÉLODIE
USINIER	AYROLLE	COLOSSE	ENFOIRÉ	GÉNOISE	MELONNÉ
VAINCRE	BABOUIN	COROLLE	ENFOUIR	GÉRONTE	MÉMOIRE
VAINCUE	BAFOUER	CORONER	ENGONCÉ	GIROFLE	MENOTTE
VEINARD	BALOURD	CRAONNE	ENJÔLER	GIROLLE	MIJOTER
VEINURE	BARONNE	CULOTTE	ENJOUÉE	GIRONDE	MOLOSSE
VERNIER	BAROQUE	DANOISE	ENROBER	GRIOTTE	MONOCLE
	BATOUDE	DÉBOIRE	ENRÔLER	HÉROÏNE	NÉLOMBO
O	BÉCOTER	DÉCODER	ENROUÉE	HONORER	NÎMOISE
	BÉDOUIN	DÉCORER	ENROUER	HURONNE	NOTOIRE
ABDOMEN	BÉGONIA	DÉCOUSU	ENTÔLER	IDIOTIE	OCTOBRE
ABROGER	BELOEIL	DÉGOTER	ENTORSE	IGNOBLE	OLÉODUC
ABSOLUE	BÉLOUGA	DÉGOÛTÉ	ENVOLÉE	IGNORÉE	OLÉOLAT
ACCOLER	BESOGNE	DÉJOUER	ENVOLER	IGNORER	OPPOSÉE
ACCORTE	BIGORNE	DÉLOGER	ENVOYER	IMMOLER	OPPOSER
ACCOTER	BITONAL	DÉMODÉE	ÉPLORÉE	IMMONDE	ORDONNÉ
ACCOURU	BIVOUAC	DÉMOLIR	ÉPLOYER	IMMORAL	ORTOLAN
ADJOINT	BOLOGNE	DÉNOUER	ERGOTÉE	IMPOLIE	PÂLOTTE
ADROITE	BRIOCHE	DÉPOLIR	ERGOTER	IMPOSÉE	PAPOTER
AÉRONEF	BRIONNE	DÉPOSER	ERRONÉE	IMPOSER	PARODIE
AÉROSOL	BRIOUDE	DÉPOTER	ESCOBAR	INCONNU	PATOCHE

PELOTÉE	RIPOSTE	CLEPHTE	LAMPARO	TEMPÊTE	PARQUET
PELOTER	ROTONDE	COMPACT	LAMPION	TORPEUR	PLAQUER
PELOUSE	SABOTER	COMPÈRE	LÉOPARD	TRAPÈZE	RISQUÉE
PÉRORER	SACOCHE	COMPLET	LIMPIDE	TRAPPÉE	TRAQUER
PICORER	SALOMON	COMPLOT	LOUPIOT	TRÉPIED	TRUQUER
PICOTER	SALOPER	COMPOSÉ	MALPOLI	TRIPLER	
PILOTÉE	SAMOENS	COMPOST	NERPRUN	TRIPLEX	**R**
PILOTER	SAMOVAR	COMPOTE	OVIPARE	TRIPOLI	ABORDER
PILOTIS	SAROUEL	COMPTÉE	PEUPLER	TRIPURA	ABORTIF
PIVOTER	SCIOTTE	COMPTER	PICPOUL	TROPHÉE	ACTRICE
POPOTIN	SCOOTER	COUPANT	PIMPANT	TURPIDE	AFFREUX
RABOTER	SCROTUM	COUPLÉE	POMPEUX	UROPODE	AFFRONT
RACOLER	SECONDE	COUPLER	POUPINE	VAMPIRE	AGÉRATE
RADOTER	SECOUER	COUPLET	PRÉPOSÉ		AIGREUR
RAMOLLI	SECOURS	COUPURE	PROPANE	**Q**	ALARMER
RAMOLLO	SEMONCE	CRAPAUD	PROPICE		ALERTÉE
RAMONER	SINOQUE	CRAPULE	PROPRIO	ADÉQUAT	ALERTER
REBOURS	SIROTER	CRÉPINE	RAMPANT	BANQUET	ALÉRION
RÉCOLTE	TALOCHE	DESPOTE	RAPPORT	BISQUER	AMARRÉE
RECONNU	TAMOULE	DIAPRÉE	RAPPRIS	BOSQUET	AMARRER
RECOURS	TAMOURÉ	DIAPRER	REMPART	BOUQUET	AMERLOT
REDORER	TAPOTER	DISPARU	REMPLIE	BOUQUIN	AMERRIR
REDOUTE	TATOUER	DISPOSÉ	REMPLIR	BRIQUET	AMIRALE
RÉFORME	THÉORBE	DISPUTE	RESPECT	CALQUÉE	AMORALE
RÉJOUIE	THÉORIE	DOMPTER	SCEPTRE	CASQUÉE	AMORCÉE
RÉJOUIR	TIMORÉE	DRAPEAU	SEPPUKU	CHOQUÉE	AMORCER
RELOGER	TORONTO	FLIPPER	SERPENT	CLOQUER	AMOROSO
RELOUER	TUTORAT	FRAPPÉE	SIMPLET	CONQUIS	AMORTIR
REMORDS	VELOURS	FRAPPER	SOUPAPE	CRAQUER	ANORMAL
RENOMMÉ	VELOUTÉ	FRIPIER	SOUPÇON	CRIQUET	APERÇUE
RENOUER	VIVOTER	GRAPHIE	STEPPER	CROQUER	APPRÊTÉ
RÉNOVER	VOLONTÉ	GRAPPIN	STOPPER	CROQUET	ASTRALE
RÉPONSE	YOGOURT	GRIPPÉE	STUPEUR	ÉDUQUER	ATTRAIT
REPOSÉE		GRIPPER	STUPIDE	ÉVOQUER	ATTRAPE
REPOSER	**P**	GUÉPARD	SUPPORT	JACQUET	AVARICE
RÉSOLUE		GUÊPIER	SUPPOSÉ	MANQUÉE	AVARIÉE
RETORSE	ADAPTER	GUIPURE	SURPLIS	MANQUER	AVARIER
REVOLER	ADIPSIE	HOUPPÉE	SURPLUS	MARQUÉE	AVERTIE
RÉVOLUE	ADOPTER	INEPTIE	SURPRIS	MARQUER	AVERTIR
REVOTER	APEPSIE	INOPINÉ	SUSPECT	MARQUIS	AVORTER
RICOTTA	BIOPSIE	INSPIRÉ	SUSPENS	MASQUER	AVORTON
RIGODON	CAMPANE	JAPPEUR	TAUPIER	MESQUIN	AVOTER
RIGOLER	CHAPEAU	JASPURE	TEMPÉRÉ	MUSQUÉE	BAFREUR

BARREAU	DÉPRAVÉ	FERREUR	LUCRÈCE	POURRIE	TORRIDE
BEURRÉE	DÉPRIME	FERRURE	MACRAMÉ	POURRIR	TOURNÉE
BEURRER	DÉPRISE	FÉVRIER	MADRIER	POURVOI	TOURNER
BICROSS	DÉTROIT	FIBROME	MARRANT	POURVUE	TOURNOI
BOURBON	DIÉRÈSE	FLIRTER	MATRICE	PUÉRILE	TSARINE
BOURDON	ÉBERLUÉ	FLORALE	MATRONE	PUTRIDE	TUTRICE
BOURRÉE	ÉBURNÉE	FLORIDE	MÉPRISE	RÉARMER	TZARINE
BOURRER	ÉCARTER	FOURBIR	MÉTRITE	RÉCRÉER	USURIER
BOURRIN	ÉCORCER	FOURBUE	MEURTRE	REFRAIN	USURPER
BOURRUE	ÉCORNER	FOURCHE	MICROBE	REPRISE	UTÉRINE
CADRAGE	EFFRAIE	FOURGON	MOTRICE	RETRAIT	VAURIEN
CADREUR	EFFRÉNÉ	FOURNIE	MOURANT	RÉTRÉCI	VIBRANT
CAPRICE	ÉGORGER	FOURNIR	NAVRANT	SATRAPE	VITRAIL
CAPRINE	ÉLARGIR	FOURRÉE	NÉCROSE	SECRÉTÉ	VITRINE
CÂPRIER	ÉMERGER	FOURRER	NEURALE	SERRURE	VITRIOL
CHARADE	ÉMÉRITE	GOURDIN	NEURONE	SOPRANO	ZÉBRURE
CHARGÉE	EMPRISE	GOURMET	NÉVRITE	SOURATE	
CHARGER	EMPRUNT	GUÉRITE	NÉVROSE	SOURCIL	**S**
CHARITÉ	ENDROIT	HEUREUX	NITRATE	SOURDRE	
CHARMÉE	ÉNERGIE	HEURTÉE	NITRITE	SOURIRE	ABUSIVE
CHARMER	ÉNERVÉE	HEURTER	NITRURE	SPIRALE	ADOSSER
CHARNEL	ÉNERVER	HORREUR	NOIRAUD	SPORTIF	AISSEAU
CHARNUE	ENGRAIS	HOURDER	NOIRCIR	STERNUM	AJUSTER
CHARRON	ENGRÊLÉ	HYDRANT	NORROIS	STÉRILE	ALÉSAGE
CHARRUE	ENTRAIN	IBÉRIDE	NOURRIE	SUCRIER	ALÉSEUR
CHARTRE	ENTRAVE	ICARIEN	NOURRIR	SUPRÊME	ALISIER
CHORALE	ÉPARGNE	IMBRÛLÉ	OCARINA	TARRASA	AMASSER
CITRINE	ÉPERDUE	IMPRÉVU	ODORANT	TAUREAU	AMUSANT
CLARIAS	ÉPERLAN	INCRÉÉE	OMBRAGE	TAURINE	AMUSEUR
CORRECT	ESCRIME	INERTIE	ONÉREUX	TERRAIN	BAISSÉE
CORRIDA	ÉSÉRINE	INGRATE	OSTRACÉ	TERREAU	BAISSER
CORRIGÉ	ESTRADE	INTROÏT	OUTRAGE	TERREUR	BLASANT
COURAGE	ÉTERNEL	INTRUSE	OUVRAGE	TERREUX	BLESSÉE
COURANT	EVEREST	JOURNAL	OUVRIER	TERRIEN	BLESSER
COURBÉE	EXERCÉE	JOURNÉE	PAPRIKA	TERRIER	BOISSON
COURBER	EXERCER	LAURÉAT	PARRAIN	TERRINE	BONSOIR
COUREUR	EXÉRÈSE	LAURIER	PÉBRINE	TERROIR	BOSSUER
COURSER	EXPRESS	LÉPREUX	PÉTROLE	THERMIE	BOUSIER
CRURALE	EXTRAIT	LEURRÉE	PEUREUX	THERMOS	BRASIER
DAURADE	EXTRÊME	LEURRER	PHARAON	THORITE	BRASSAC
DÉBRIDÉ	EXTRUDÉ	LEVRAUT	PIERRÉE	TIERCÉE	BRASSÉE
DÉCRIER	FÉBRILE	LIARDER	POIREAU	TIERCER	BRASSER
DÉCRIRE	FERRADE	LOURDER	POIRIER	TORRENT	BRESCIA

BRISANT	DESSOUS	INUSITÉ	PENSION	TONSURE	BOUTADE
BRISEUR	DISSIPÉ	INUSUEL	PENSIVE	TORSADE	BOUTOIR
BRISTOL	DISSOUS	KIOSQUE	PERSANE	TORSEUR	BRETTER
BRISURE	DORSALE	LAISSÉE	PERSANE	TOUSSER	BRETZEL
BROSSÉE	DOSSIER	LAISSER	PLASTIC	TRESSÉE	BRUTALE
BROSSER	DRESSER	LASSANT	PLISSER	TRESSER	BUSTIER
BRUSQUE	DROSÉRA	LISSEUR	POISSER	TRISSER	CANTATE
BUISSON	DROSSER	LISSIER	POISSON	UNISSON	CANTINE
CAISSON	ÉCUSSON	LISSOIR	POSSÉDÉ	VALSEUR	CAPTEUR
CASSAGE	ÉGISTHE	LOISIRS	POUSSAH	VASSALE	CAPTIVE
CASSANT	ÉLUSIVE	LOUSTIC	POUSSÉE	VERSANT	CAPTURE
CASSEAU	ÉLYSÉEN	LUISANT	POUSSER	VERSEAU	CARTIER
CASSEUR	ÉPISODE	MAESTRO	POUSSIN	VERSION	CASTRAT
CASSURE	ÉPISSER	MALSAIN	PRESQUE	VOISINE	CASTRES
CAUSANT	ÉROSION	MARSALA	PRESSÉE	WHISKEY	CAUTION
CAUSEUR	ÉROSIVE	MASSAGE	PRESSER		CENTIME
CENSEUR	ÉTÉSIEN	MASSEUR	PRÉSAGE	**T**	CENTRAL
CENSURE	ÉVASION	MASSIVE	PRÉSENT	ABATAGE	CENTRÉE
CESSION	ÉVASIVE	MEISTRE	PRÉSUMÉ	ABATTRE	CERTAIN
CHASSÉE	ÉVASURE	MENSUEL	PROSTRÉ	ABATTUE	CHÂTEAU
CHASSER	EXISTER	MESSAGE	RASSISE	ABITIBI	CHÂTIER
CHÂSSES	FAISANS	MISSION	RESSORT	ACÉTONE	CHÉTIVE
CLASSÉE	FAISEUR	MISSIVE	RESSUER	AMATEUR	CINTRER
CLASSER	FAUSSER	MOISSON	RÉUSSIE	AORTITE	CLÔTURE
COASSER	FESSIER	MONSTRE	RÉUSSIR	APATHIE	CONTACT
CONSEIL	FIASQUE	MORSURE	RISSOLE	APÉTALE	CONTENT
CONSORT	FISSURE	MOUSSÉE	ROSSARD	ARÊTIER	CONTENU
CONSTAT	FLASQUE	MOUSSER	ROUSSIE	AUSTÈRE	CONTEUR
CORSAGE	FOSSILE	MOUSSON	ROUSSIR	AUSTRAL	CONTIGU
COUSINE	FOSSOIR	MOUSSUE	ROUSTIR	BAPTÊME	CONTINU
COUSSIN	FRESQUE	MULSION	SASSEUR	BASTIDE	CONTOUR
CRESSON	FRISSON	OBÉSITÉ	SENSASS	BASTION	CONTRAT
CRISPER	GERSEAU	OBUSIER	SENSEUR	BATTAGE	CONTRÉE
CRISSER	GINSENG	ONUSIEN	SENSUEL	BATTEUR	CONTRER
CRISTAL	GLISSER	PASSADE	SESSILE	BATTURE	CONTRIT
CUISANT	GOUSSET	PASSAGE	SESSION	BESTIAL	CONTUSE
CUISINE	GRISANT	PASSANT	SMASHER	BISTROT	CORTÈGE
CUISSOT	GROSSIR	PASSEUR	SUBSIDE	BOBTAIL	COSTALE
CUISTOT	HAMSTER	PASSION	SURSAUT	BOITEUX	COSTARD
CUISTRE	HAUSSÉE	PASSIVE	TARSIEN	BOÎTIER	COSTAUD
DANSEUR	HAUSSER	PAYSAGE	TENSEUR	BOTTIER	COSTUME
DESSEIN	HIRSUTE	PENSANT	TENSION	BOTTINE	COUTEAU
DESSERT	HUSSARD	PENSEUR	TESSÈRE		COUTUME
			TISSEUR		

COUTURE	FILTRÉE	LAUTREC	ONCTION	SAUTEUR	VANTARD
COÛTEUX	FILTRER	LECTEUR	ORATEUR	SECTEUR	VAUTOUR
CRATÈRE	FLATTER	LECTURE	OVATION	SECTION	VAUTRÉE
CRÉTACÉ	FLÉTRIR	LENTEUR	PANTOIS	SENTEUR	VAUTRER
CRÉTINE	FLOTTÉE	LENTIGO	PARTAGE	SENTIER	VECTEUR
CRITÈRE	FLOTTER	LESTAGE	PARTANT	SENTINE	VENTEUX
CROTTÉE	FOETALE	LETTONE	PARTIAL	SEPTUOR	VENTRAL
CROTTER	FORTUIT	LETTRÉE	PARTIEL	SEXTANT	VENTRUE
CROTTIN	FORTUNE	LIFTIER	PARTOUT	SIRTAKI	VERTIGE
CULTIVÉ	FRATRIE	LINTEAU	PASTEUR	SORTANT	VERTIGO
CULTURE	FRETTER	LIOTARD	PATTERN	SOTTISE	VESTALE
DATTIER	FRITURE	LUSTRER	PENTURE	SOUTANE	VESTIGE
DENTALE	FROTTER	LUTTEUR	PINTADE	SOUTENU	VICTIME
DENTIER	FURTIVE	MANTEAU	PISTOLE	SOUTIEN	VINTAGE
DENTURE	GESTION	MARTEAU	PLATANE	SPATIAL	VIRTUEL
DICTION	GESTUEL	MARTIAL	PLATEAU	SPATULE	VOITURE
DISTANT	GOÛTEUR	MARTINI	PLATINE	STATION	WESTERN
DOCTEUR	GRATTÉE	MARTYRE	PLÂTRÉE	STATUER	
DORTOIR	GRATTER	MASTITE	POLTRON	STATURE	**U**
EASTMAN	GRATUIT	MEETING	PONTIFE	SUBTILE	
ÉDITION	GUETTER	MENTALE	PORTAIL	SURTAXE	ABJURER
ÉMETTRE	GUITARE	MENTANA	PORTEUR	SURTOUT	ABOULIE
ÉMÉTINE	HAÏTIEN	MENTEUR	PORTIER	SYSTÈME	ABOUTER
ÉMOTION	HALTÈRE	MENTION	PORTION	SYSTOLE	ABOUTIE
ÉMOTIVE	HANTISE	MISTRAL	POSTALE	TACTILE	ABOUTIR
ÉMOTTER	HAUTAIN	MOITEUR	POSTIER	TANTINE	ABRUPTE
ÉPATANT	HAUTEUR	MONTAGE	POSTURE	TARTANE	ABRUTIE
ÉPITOGE	HECTARE	MONTANA	PRÊTEUR	TARTARE	ABRUTIR
ERSTEIN	HIATALE	MONTANT	PUSTULE	TARTINE	ABSURDE
ÉTÊTAGE	HITTITE	MONTOIR	QUATUOR	TARTUFE	ACCUEIL
FACTEUR	HONTEUX	MONTRÉE	QUITTER	TECTITE	ACCULER
FACTICE	HOSTILE	MONTRER	RAGTIME	TENTANT	ACCUSÉE
FACTION	HUITAIN	MONTURE	RECTALE	TENTURE	ACCUSER
FACTUEL	INITIAL	MORTIER	RENTIER	TEXTUEL	ADJUGER
FACTURE	INITIÉE	MOUTARD	RENTRÉE	TOITURE	ADJURER
FAÎTAGE	INITIER	MOUTURE	RENTRER	TONTURE	ADOUBER
FANTÔME	INSTANT	MYSTÈRE	REPTILE	TORTURE	ADOUCIR
FAUTEUR	INUTILE	NÉOTTIE	RHYTINE	TRÉTEAU	AFFUBLÉ
FAUTIVE	JOUTEUR	NEPTUNE	ROSTRAL	TROTTER	AFFÛTER
FERTILE	JUSTICE	NETTETÉ	ROUTIER	TROTTIN	AIGUAIL
FEUTRÉE	LAITAGE	NEUTRON	ROUTINE	URÉTÈRE	AJOURER
FICTION	LAITEUX	OBSTINÉ	RUPTURE	URÉTRAL	AJOUTER
FICTIVE	LAITIER	OMETTRE	RUSTAUD	VANTAIL	ALLUMER

ALLUSIF	DÉMUNIR	FATUITÉ	MESURER	RIGUEUR	COUVRIR
ALOUATE	DÉNUDÉE	FIGURÉE	MÉSUSER	ROBUSTA	CRAVATE
AMEUTER	DÉNUDER	FIGURER	MIAULER	ROBUSTE	CREVARD
AMPUTER	DÉNUTRI	FLEURER	MINUTÉE	SALUBRE	CUIVRÉE
ANNUITÉ	DÉPUTÉE	FLEURIE	MINUTIE	SAMURAÏ	ÉLEVAGE
ANNULER	DÉSUÈTE	FLEURIR	MODULER	SAOULER	ENIVRER
APEURÉE	DÉSUNIE	FRAUDER	NAGUÈRE	SATURÉE	FERVENT
APEURER	DÉSUNIR	FROUSSE	NATUREL	SATURER	FERVEUR
APPUYER	ÉBAUBIE	GALURIN	OCCULTE	SATURNE	FLAVEUR
ARBUSTE	ÉBAUCHE	GLAUQUE	OCCUPER	SCRUTER	FLUVIAL
ASSUMER	ÉBOUEUR	GLOUTON	ONDULER	SCRUTIN	FRIVOLE
ASSURÉE	ÉBOULER	GROUPÉE	ONGUENT	SÉDUIRE	GRAVATS
ASSURER	ÉBOULIS	GROUPER	ORGUEIL	SÉDUITE	GRAVEUR
AUGURER	ÉBOUTER	GROUPIE	PARULIE	SIMULÉE	GRAVITÉ
AUGUSTE	ÉCLUSÉE	GUEULER	PÉCULAT	SIMULER	GRAVURE
AVEULIR	ÉCOULER	HULULER	PELUCHE	SINUEUX	GRIVOIS
BAGUIER	ÉCOUTER	IMPUNIE	PÉNURIE	SOLUBLE	GUEVARA
BÉGUINE	EMBÛCHE	IMPUTER	PÉTUNIA	STRUDEL	INAVOUÉ
BLOUSON	EMMURER	INCUBER	PIAULER	SUTURÉE	JANVIER
BROUSSE	ÉMOULUE	INCULPÉ	PIQUANT	SUTURER	MAUVAIS
BROUTER	ENDUIRE	INCULTE	PLEURER	TITUBER	MORVEUX
CADUQUE	ENDUITE	INCURIE	PLEUTRE	TOQUADE	MOUVANT
CALUMET	ENDURER	INDUIRE	PROUVER	TROUBLE	MOUVOIR
CANULAR	ENFÛTER	INDURER	RATURÉE	TROUSSE	NAÏVETÉ
CAPUCIN	ENNUYER	INFUSER	RATURER	TROUVER	NERVEUX
CÉRUMEN	ENQUÊTE	INHUMER	REBUTER	TUMULTE	NERVINE
CHAUMÉE	ENSUITE	INJUSTE	RECUEIL	UNGUÉAL	NIRVANA
CLOUTÉE	ÉPAULÉE	INQUIET	RECUIRE	VÉTUSTE	NOUVEAU
COPULER	ÉPAULER	INSULTE	RECUITE	VIDUITÉ	OEUVRER
COQUARD	ÉPEURER	INSURGÉ	RECULER	VIGUEUR	OLIVIER
COQUINE	ÉPOUSÉE	JÉSUITE	RÉCURER	VOLUPTÉ	PARVENU
CREUSER	ÉPOUSER	JUGULER	RÉCUSER	ZIEUTER	PELVIEN
CREUSET	ESSUYER	LAQUAGE	RÉDUIRE	ZYEUTER	PERVERS
CROULER	ÉTOUFFÉ	LIQUEUR	REFUSER		PLUVIER
CROUPIR	ÉTOUPÉE	LIQUIDE	RÉFUTER	**V**	POIVRÉE
CROÛTON	ÉTOURDI	LOCUSTE	RELUIRE		POIVRON
CUMULER	EXAUCER	LUGUBRE	REMUANT	BRAVADE	POIVROT
DÉBUTER	EXCUSÉE	LUPULIN	RÉPUTÉE	CERVEAU	POUVOIR
DÉDUIRE	EXCUSER	MACULER	REQUÊTE	CHEVRON	PRÉVENU
DÉFUNTE	EXSUDER	MAZURKA	REQUIEM	CONVIER	PRÉVOIR
DÉGUISÉ	FABULER	MÉDUSÉE	RESUCÉE	CONVIVE	SAUVAGE
DÉLURÉE	FACULTÉ	MÉDUSER	RÉSUMÉE	COUVENT	SAUVEUR
DÉLURER	FALUCHE	MESURÉE	RÉSUMER	COUVERT	SERVANT

SERVICE	AFGHANE	BLASANT	CORDAGE	ÉPINARD	GUITARE
SERVILE	AGAÇANT	BOBTAIL	CORIACE	ESCLAVE	HARFANG
SOUVENT	AGÉRATE	BORÉALE	CORSAGE	ESTRADE	HARNAIS
SUAVITÉ	AIGUAIL	BOUTADE	COSTALE	ÉTALAGE	HAUTAIN
SUIVANT	AILLADE	BRAVADE	COSTARD	ÉTÊTAGE	HECTARE
SUIVEUR	ALABAMA	BRIGADE	COSTAUD	EXTRAIT	HERBACÉ
SUSVISÉ	ALÉSAGE	BRIGAND	COULAGE	FÂCHANT	HIATALE
TRAVAIL	ALLIAGE	BRIMADE	COULANT	FACIALE	HIÉMALE
TRAVELO	ALOUATE	BRISANT	COUPANT	FAISANS	HOMMAGE
TRAVERS	AMBIANT	BROCARD	COURAGE	FAÎTAGE	HUITAIN
UNIVERS	AMICALE	BRÛLANT	COURANT	FÉODALE	HUSSARD
VELVOTE	AMIRALE	BRUTALE	CRAPAUD	FERRADE	HYDRANT
VEUVAGE	AMORALE	BURNABY	CRAVATE	FISCALE	IMPLANT

W

CRAWLER

X

ASEXUÉE
INEXACT
INEXPIÉ

Y

BICYCLE
BROYEUR
CROYANT
LÉCYTHE
TRAYEUR

Z

AMAZONE
BENZÈNE
DOUZAIN

5e

POSITION

A

ABATAGE

AMUSANT	CRÉTACÉ / FLAGADA
ANGLAIS	CREVARD / FLAMANT
ANIMALE	CROYANT / FLORALE
APÉTALE	CRURALE / FOETALE
APICALE	CUISANT / FOLIACÉ
ARÉNACÉ	CYMBALE / FORFAIT
AROMATE	DALLAGE / FORLANE
ASTRALE	DAURADE / FOUCADE
ATONALE	DEMIARD / FOULARD
ATTRAIT	DENTALE / FRELATÉ
ATTRAPE	DÉPRAVÉ / FRUGALE
AULNAIE	DIAMANT / GAGNANT
AVENANT	DISCALE / GÉMEAUX
AVOCATE	DISPARU / GÉNIALE
BÂCHAGE	DISTANT / GERBAGE
BÂCLAGE	DOMMAGE / GERFAUT
BAGNARD	DORSALE / GLAÇAGE
BALLADE	DOUZAIN / GLANAGE
BALLAST	DRAGAGE / GOÉLAND
BANCALE	ÉCOLAGE / GOLIATH
BARBANT	EFFRAIE / GOMMAGE
BARBARE	ÉLÉGANT / GRAVATS
BARDANE	ÉLEVAGE / GRENADE
BARMAID	EMPHASE / GRIMACE
BATTAGE	ENGRAIS / GRIMAGE
BENGALI	ENNÉADE / GRISANT
BERCAIL	ENTRAIN / GUANACO
BILLARD	ENTRAVE / GUÉPARD
BIPLACE	ÉPATANT / GUEVARA
BLAFARD	ÉPINAIE

GUITARE / HARFANG / HARNAIS / HAUTAIN / HECTARE / HERBACÉ / HIATALE / HIÉMALE / HOMMAGE / HUITAIN / HUSSARD / HYDRANT / IMPLANT / INDIANA / INÉGALE / INEXACT / INGRATE / INSTANT / ISOLANT / JOVIALE / LAINAGE / LAITAGE / LAMBADA / LAMPARO / LANGAGE / LAQUAGE / LASSANT / LÉOPARD / LESTAGE / LEVRAUT / LIGNARD / LILIALE / LINÉALE / LIOTARD / LOUBARD / LUISANT / LUMBAGO / MACHAON / MACRAMÉ / MALSAIN / MANDALE / MARIAGE / MARRANT

MARSALA	PARRAIN	REFRAIN	SUIVANT	VIBRANT	JACOBÉE
MASSAGE	PARTAGE	REMPART	SURFACE	VILLAGE	JOUABLE
MAUVAIS	PARTANT	REMUANT	SURFAIT	VINTAGE	LOUABLE
MÉCHANT	PASCALE	RENCARD	SURSAUT	VITRAIL	LUGUBRE
MÉFIANT	PASSADE	RENNAIS	SURTAXE	VOILAGE	MACABRE
MENTALE	PASSAGE	RESCAPÉ	TABLARD	VULCAIN	MALABAR
MENTANA	PASSANT	RETRAIT	TANGAGE	ZINGARO	MINABLE
MÉPLATE	PAYSAGE	RHÉNANE	TANGARA		MIRABEL
MESSAGE	PEINARD	RINÇAGE	TANNAGE	**B**	NOTABLE
MONDAIN	PENDANT	RINGARD	TARRASA		OCTOBRE
MONIALE	PENSANT	ROGNAGE	TARTANE	ADOUBER	OMNIBUS
MONNAIE	PERCALE	ROSSARD	TARTARE	AFFABLE	PÉNIBLE
MONTAGE	PERÇANT	ROULADE	TAULARD	AFFUBLÉ	PLOMBÉE
MONTANA	PERDANT	RUSTAUD	TENTANT	AIMABLE	POTABLE
MONTANT	PERSANE	SABLAGE	TERRAIN	ALGÈBRE	RASIBUS
MORDANT	PHARAON	SACCADE	TIMBALE	AMIABLE	RISIBLE
MORFALE	PILLAGE	SACCAGE	TOILAGE	BOURBON	SALUBRE
MOULAGE	PILLARD	SANDALE	TOMBANT	CALIBRE	SOLUBLE
MOURANT	PIMPANT	SATRAPE	TONNAGE	CAPABLE	TENABLE
MOUTARD	PINTADE	SAUVAGE	TONNANT	CARABIN	TITUBER
MOUVANT	PIQUANT	SCHNAPS	TOQUADE	CÉLÈBRE	TREMBLE
MUSCADE	PLACARD	SÉCHAGE	TORDANT	CÉLIBAT	TROUBLE
MYRIADE	PLANAGE	SENSASS	TORNADE	CHAMBLY	VALABLE
NAVRANT	PLATANE	SERVANT	TORSADE	CHAMBRE	VISIBLE
NEURALE	POCHADE	SEXTANT	TRALALA	COURBÉE	VOCABLE
NIRVANA	POCHARD	SFUMATO	TRAVAIL	COURBER	VROMBIR
NITRATE	POMMADE	SIGNALÉ	TRENAIL	CURABLE	
NIVÉALE	POMMARD	SILLAGE	TRIBALE	DÉCIBEL	**C**
NOIRAUD	PORTAIL	SIRTAKI	TRUCAGE	DÉLABRÉ	
NORMALE	POSTALE	SOCIALE	TSIGANE	DÉROBER	ABJECTE
ODORANT	POULAIN	SOLDATE	TZIGANE	DURABLE	ABRICOT
OMBRAGE	PRÉFACE	SONDAGE	URANATE	ÉBAUBIE	ADOUCIR
ONCIALE	PRÉLART	SONNANT	USINAGE	ENROBER	AFFICHE
ORANAIS	PRÉSAGE	SOPRANO	VACHARD	ESCOBAR	AGENCÉE
ORIGAMI	PROBANT	SORTANT	VANDALE	EXHIBER	AGENCER
ORLÉANS	PROFANE	SOUDAIN	VANTAIL	FLAMBER	AMINCIR
OSTRACÉ	PROPANE	SOUDARD	VANTARD	FOURBIR	AMORCÉE
OUTRAGE	RACIALE	SOUHAIT	VASSALE	FOURBUE	AMORCER
OUVRAGE	RAMPANT	SOUPAPE	VEINARD	FUNÈBRE	APERÇUE
OVIPARE	RAPIATE	SOURATE	VERBALE	FUSIBLE	ARROCHE
PARCAGE	RÉCHAUD	SOUTANE	VERSANT	IGNOBLE	ASSOCIÉ
PARFAIT	RÉCLAME	SPINALE	VESTALE	INCUBER	ASTICOT
PARLANT	RECTALE	SPIRALE	VEUVAGE	INHIBER	ATTACHÉ

AUROCHS	ÉVINCER	PIONCER	BALADIN	INONDER	ALIFÈRE
AVANCÉE	EXAUCER	POINÇON	BLINDÉE	JOINDRE	ALIMENT
AVANCER	EXERCÉE	POLICÉE	BLINDER	LAPIDER	ALTIÈRE
BICYCLE	EXERCER	RADICAL	BLONDIN	LIARDER	AMATEUR
BLANCHE	FALUCHE	RELÂCHE	BOURDON	LOURDER	AMPLEUR
BRANCHE	FÉTICHE	RESUCÉE	BRANDIR	MALADIE	AMUSEUR
BRANCHU	FIANCÉE	REVÊCHE	CEINDRE	MALADIF	ANAHEIM
BRESCIA	FILOCHE	ROSACÉE	CHEDDAR	MATADOR	ANXIÉTÉ
BRIOCHE	FOURCHE	ROTACÉE	CITADIN	MÉANDRE	APPRÊTÉ
CABOCHE	FRAÎCHE	SACOCHE	COMÉDIE	MÉLODIE	ARCHÈRE
CALEÇON	FRANCHE	SANICLE	DÉCÉDÉE	MIRADOR	ARRIÈRE
CANICHE	FRONCER	SÉLECTE	DÉCÉDER	MOINDRE	ATHLÈTE
CAPUCIN	GALOCHE	SÉTACÉE	DÉCIDÉE	OBSÉDÉE	AUSTÈRE
CARACAS	GNOCCHI	SÉVICES	DÉCIDER	OBSÉDER	BAFREUR
CHANCRE	GOUACHE	SOUPÇON	DÉCODER	OLÉODUC	BANDEAU
CLENCHE	GRINCER	SOURCIL	DÉMODÉE	PARADER	BAPTÊME
COINCÉE	HAMEÇON	SPENCER	DÉNUDÉE	PARADIS	BARREAU
COINCER	HARICOT	STENCIL	DÉNUDER	PARODIE	BATTEUR
COMICES	HÉLICON	STRICTE	DÉRIDER	PEINDRE	BELOEIL
DÉBÂCLE	INDÉCIS	TALOCHE	ÉCHIDNÉ	PÉRIDOT	BENZÈNE
DÉLACER	INFECTE	TIERCÉE	ÉDREDON	POINDRE	BERCEAU
DÉLICAT	INFICHU	TIERCER	ÉMONDER	PRENDRE	BERGÈRE
DÉPECER	INSECTE	TRANCHE	ENCADRÉ	RAMADAN	BOITEUX
DIRECTE	INTACTE	TRONCHE	ÉPANDRE	RÉSIDER	BONHEUR
ÉBAUCHE	KAMICHI	TRONÇON	ÉPERDUE	RIGODON	BOUDEUR
ÉCORCER	LIMAÇON	VAINCRE	ESCADRE	SCANDER	BOULEAU
EFFACÉE	MÉDECIN	VAINCUE	ÉTENDRE	SCINDER	BRADEUR
EFFACER	MÉDICAL	VÉSICAL	ÉTENDUE	SOURDRE	BRISEUR
ÉLANCÉE	MENACÉE		EXCÉDER	STRUDEL	BROYEUR
ÉLANCER	MENACER	**D**	EXSUDER	TCHADOR	BRUMEUX
EMBÛCHE	MIRACLE		FEINDRE	TEINDRE	CADREUR
ÉMINCÉE	MONACAL	ABANDON	FRAUDER	TOUNDRA	CALLEUX
ÉMINCER	MONOCLE	ABCÉDER	FRONDÉE	URSIDÉS	CANDEUR
ENCOCHE	MUSICAL	ABONDER	FRONDER	VALIDÉE	CANNELÉ
ENLACER	NOIRCIR	ABORDER	GEINDRE	VALIDER	CAPTEUR
ÉNONCÉE	NUANCÉE	ABSIDAL	GLANDER		CASSEAU
ÉNONCER	NUANCER	ACCÉDER	GOURDIN	**E**	CASSEUR
ESPACÉE	OPIACÉE	AFFADIR	GRANDIR		CAUSEUR
ESPACER	PATACHE	AMENDÉE	GRONDER	ACCUEIL	CENSEUR
ÉTANÇON	PATOCHE	AMENDER	GRONDIN	AFFREUX	CERBÈRE
ÉTRÉCIR	PÉLICAN	AROÏDÉE	GUINDÉE	AIGREUR	CERVEAU
EUNECTE	PELUCHE	ASSIDUE	HOURDER	AISSEAU	CHALEUR
EUTOCIE	PINACLE	BALADER	INONDÉE	ALÉSEUR	CHAMEAU

☞	☞	☞	☞	☞	☞
CHAPEAU	DOUCEUR	FRILEUX	LÉPREUX	ORAGEUX	RÉCRÉER
CHÂTEAU	DOULEUR	FURIEUX	LIGNEUX	ORATEUR	RECUEIL
CHIMÈRE	DRACÉNA	GÂCHEUR	LINCEUL	ORGUEIL	RÉFLEXE
CHINEUR	DRAPEAU	GAÎMENT	LINIÈRE	ORNIÈRE	REPLÈTE
CIRIÈRE	DROSÉRA	GARNEAU	LINTEAU	ORVIETO	REQUÊTE
CIVIÈRE	ÉBOUEUR	GERSEAU	LIQUEUR	PARLEUR	RESPECT
CLAMEUR	ÉBRIÉTÉ	GINSENG	LISIÈRE	PARVENU	RÉTRÉCI
CLÉMENT	EFFRÉNÉ	GLAÏEUL	LISSEUR	PASSEUR	RIGUEUR
COCHÈRE	ÉLÉMENT	GLANEUR	LITIÈRE	PASTEUR	RINCEUR
COLLÈGE	ÉLYSÉEN	GOÛTEUR	LUCRÈCE	PATIENT	RIVIÈRE
COMMENT	EMBLÈME	GRAVEUR	LUMIÈRE	PATTERN	RIZIÈRE
COMMÈRE	ÉMINENT	HAINEUX	LUTTEUR	PÊCHEUR	RONDEAU
COMPÈRE	ENGRÊLÉ	HALTÈRE	MÂCHEUR	PELLÉAS	RONDEUR
CONCEPT	ENQUÊTE	HASBEEN	MAFIEUX	PENSEUR	ROUGEUR
CONCERT	ENTIÈRE	HAUTEUR	MAGNÉTO	PÉRIERS	ROULEAU
CONGELÉ	ÉPINEUX	HEUREUX	MALHEUR	PERVERS	ROULEUR
CONGÈRE	ÉROGÈNE	HONNÊTE	MANIÈRE	PEUREUX	RUINEUX
CONNEXE	ERSTEIN	HONNEUR	MANTEAU	PHALÈNE	SALIÈRE
CONSEIL	ESCIENT	HONTEUX	MARTEAU	PHONÈME	SAMOENS
CONTENT	ÉTAGÈRE	HORREUR	MASSEUR	PLACEBO	SARMENT
CONTENU	EVEREST	HURLEUR	MATIÈRE	PLANÈTE	SASSEUR
CONTEUR	ÉVIDENT	ICEBERG	MENTEUR	PLANEUR	SATIÉTÉ
CORBEAU	EXAGÉRÉ	IMPIÉTÉ	MERDEUX	PLATEAU	SAUTEUR
CORRECT	EXÉRÈSE	IMPRÉVU	MOINEAU	PLUMEAU	SAUVEUR
CORTÈGE	EXPRESS	INCRÉÉE	MOITEUR	POIREAU	SAYNÈTE
COULEUR	EXTRÊME	ISOCÈLE	MONCEAU	POMPEUX	SECRÉTÉ
COUREUR	FACTEUR	JAPPEUR	MORCEAU	PONCEAU	SECTEUR
COUTEAU	FAISEUR	JAUGEUR	MORVEUX	PONDÉRÉ	SEGMENT
COÛTEUX	FANGEUX	JOUTEUR	MYSTÈRE	PORTEUR	SENSEUR
COUVENT	FARCEUR	LABIÉES	NAGUÈRE	POSSÉDÉ	SENTEUR
COUVERT	FARDEAU	LÂCHETÉ	NAÏVETÉ	POTIÈRE	SERDEAU
CRATÈRE	FARFELU	LÂCHEUR	NEIGEUX	PRÉFÉRÉ	SERGENT
CRÉNELÉ	FAUTEUR	LAIDEUR	NÉMÉENS	PRENEUR	SÉRIEUX
CRITÈRE	FERMETÉ	LAITEUX	NÉOGÈNE	PRÉSENT	SERMENT
CRÛMENT	FERREUR	LAMBEAU	NERVEUX	PRÊTEUR	SERPENT
CURIEUX	FERVENT	LANCEUR	NETTETÉ	PRÉVENU	SILLERY
DANSEUR	FERVEUR	LANGEAC	NORIEGA	PRIMEUR	SINCÈRE
DESSEIN	FILIÈRE	LANIÈRE	NOUVEAU	PRUDENT	SINUEUX
DESSERT	FILLEUL	LARGEUR	NUEMENT	PRUNEAU	SOCIÉTÉ
DÉSUÈTE	FLÂNEUR	LAURÉAT	OBSCÈNE	PURCELL	SOLDEUR
DIABÈTE	FLAVEUR	LECLERC	ONÉREUX	RADIEUX	SOMMEIL
DIÉRÈSE	FORCENÉ	LECTEUR	ONGUENT	RAIDEUR	SONGEUR
DOCTEUR	FORCEPS	LENTEUR	OPULENT	RAPIÈRE	SONNEUR

SOUTENU	VECTEUR	GRIFFON	DIRIGER	TAPAGER	MOUCHÉE
SOUVENT	VENDEUR	GRIFFUE	EFFIGIE	VOYAGER	PENCHER
STUPEUR	VENTEUX	JOUFFLU	ÉGLOGUE		PIOCHER
SUIVEUR	VERDEUR	PARAFER	ÉGORGER	**H**	PORCHER
SUPRÊME	VERGETÉ	POUFFER	ÉLARGIR		PRÊCHER
SUSPECT	VERMEIL	RÉCIFAL	ÉLINGUE	AESCHNE	RAUCHER
SUSPENS	VERSEAU	SNIFFER	ÉLONGER	AMOCHER	SMASHER
SYSTÈME	VICIEUX	SOUFFLE	ÉMERGER	APATHIE	TOUCHÉE
TABLEAU	VIGUEUR	TOUFFUE	ENCAGER	AVACHIR	TOUCHER
TACHETÉ	VIOLENT		ÉNERGIE	BOUCHER	TRICHER
TANIÈRE	VIOLEUR	**G**	ENGAGER	BOUCHON	TROPHÉE
TARIÈRE	VISCÈRE		ENRAGÉE	BROCHÉE	
TAUREAU	VOLIÈRE	ABRÉGÉE	ENRAGER	BROCHER	**I**
TEMPÉRÉ	WESTERN	ABRÉGER	ÉPARGNE	BROCHET	
TEMPÊTE	ZONIÈRE	ABROGER	ÉPINGLE	CHICHIS	ABITIBI
TENSEUR		ACHIGAN	ÉPONGÉE	CLEPHTE	ABUSIVE
TERREAU	**F**	ADJUGER	ÉPONGER	COUCHÉE	ACADIEN
TERREUR		AGRÉGER	FATIGUE	COUCHER	ACIDITÉ
TERREUX	ATTIFER	ALANGUI	FOURGON	CRACHAT	ACTRICE
TESSÈRE	BALAFON	ALLÉGÉE	FRANGÉE	CRACHER	ACUMINÉ
TÊTIÈRE	BALAFRE	ALLÉGER	ILLÉGAL	CRACHIN	ADÉNITE
THÉIÈRE	BLUFFER	ALLÈGRE	INDIGNE	CROCHER	ADJOINT
TIÉDEUR	BOUFFÉE	AMAIGRI	INSIGNE	CROCHET	ADROITE
TILLEUL	BOUFFER	AMBIGUË	INTÈGRE	CROCHUE	AFFAIRE
TISSEUR	BOUFFIE	ARPÉGÉE	LIMOGER	DOUCHER	AGILITÉ
TOMBEAU	BOUFFON	ARPÉGER	MALIGNE	DRACHER	ALANINE
TONNEAU	BRIEFER	ASSAGIR	MANAGER	ÉCACHER	ALÉRION
TORPEUR	CARAFON	BÉNIGNE	MÉNAGÉE	ÉMÉCHÉE	ALISIER
TORRENT	CHIFFRE	BÉSIGUE	MÉNAGER	ENVAHIR	ALUCITE
TORSEUR	COIFFÉE	BESOGNE	MITIGÉE	FAUCHÉE	AMANITE
TRAPÈZE	COIFFER	BOLOGNE	MITIGER	FAUCHER	AMÉNITÉ
TRAVELO	COUFFIN	BRINGUE	OBLIGER	FAUCHET	AMODIER
TRAVERS	ÉGLEFIN	CHANGÉE	ORANGÉE	FLÉCHÉE	ANÉMIER
TRAYEUR	ÉTOFFÉE	CHANGER	OTALGIE	FLÉCHIR	ANNUITÉ
TRÉTEAU	ÉTOFFER	CHARGÉE	OURAGAN	GAUCHER	ANODINE
TRIDENT	ÉTOUFFÉ	CHARGER	PARAGES	GAUCHIR	AORTITE
TUILEAU	GIROFLE	COCAGNE	PLONGER	GRAPHIE	ARDOISE
TURNEPS	GOINFRE	DÉGAGÉE	RAVAGER	JONCHER	ARÊTIER
UNGUÉAL	GOUFFRE	DÉGAGER	RÉDIGER	KETCHUP	ARIDITÉ
UNIVERS	GREFFÉE	DÉLÉGUÉ	RELOGER	LOUCHER	ARMOISE
URÉTÈRE	GREFFER	DÉLOGER	RENÉGAT	MANCHON	ASOCIAL
VALSEUR	GRIFFÉE	DÉRAGER	RÉSIGNÉ	MANCHOT	ASTAIRE
VARIÉTÉ	GRIFFER	DÉROGER	SÉNÉGAL	MARCHER	ATELIER

ATTEINT	CHÉTIVE	DÉPLIER	ÉTUDIER	GRACILE	JÉSUITE
AUBAINE	CIBOIRE	DÉPRIME	ÉVASION	GRAVITÉ	JUSTICE
AVARICE	CIMAISE	DÉPRISE	ÉVASIVE	GREDINE	KEFFIEH
AVARIÉE	CITRINE	DERNIER	FABLIAU	GRENIER	LACHINE
AVARIER	CLARIAS	DÉVEINE	FACTICE	GUÊPIER	LAGNIEU
AVELINE	COALISÉ	DICTION	FACTION	GUÉRITE	LAINIER
BAGUIER	COCAÏNE	DIGNITÉ	FADAISE	HAÏTIEN	LAITIER
BALEINE	CODÉINE	DISSIPÉ	FALAISE	HALEINE	LAMBINE
BASTIDE	COLLIER	DOMAINE	FASCIÉE	HALLIER	LAMPION
BASTION	COLLINE	DOSSIER	FATUITÉ	HANTISE	LARAIRE
BAUMIER	COMBIEN	DUALITÉ	FAUTIVE	HERBIER	LARMIER
BEDAINE	CONCILE	ÉBÉNIER	FÉBRILE	HERMINE	LASCIVE
BÉGUINE	CONCISE	ÉCLAIRÉ	FEELING	HÉROÏNE	LAURIER
BERLINE	CONFIER	ÉCOLIER	FERMIER	HIRCINE	LENTIGO
BESTIAL	CONFINS	ÉDIFICE	FERMIUM	HITTITE	LÉONINE
BILLION	CONFITE	ÉDIFIER	FERTILE	HORAIRE	LESBIEN
BINAIRE	CONTIGU	ÉDITION	FESSIER	HOSTILE	LIFTIER
BOÎTIER	CONTINU	ÉGALITÉ	FÉVRIER	HYALITE	LIMPIDE
BOTTIER	CONVIER	ÉLUSIVE	FICAIRE	IBÉRIDE	LINAIRE
BOTTINE	CONVIVE	ÉMACIÉE	FICHIER	ICARIEN	LIQUIDE
BOULIER	COQUINE	ÉMACIER	FICTION	IMAGIER	LISSIER
BOUSIER	CORDIAL	ÉMÉRITE	FICTIVE	IMPAIRE	LOISIRS
BRASIER	CORMIER	ÉMÉTINE	FILAIRE	INANIMÉ	LOUFIAT
BUSTIER	CORRIDA	ÉMOTION	FLAMINE	INANITÉ	LOUPIOT
CAFÉIER	CORRIGÉ	ÉMOTIVE	FLORIDE	INCLINÉ	LUTÉINE
CALCINÉ	COUSINE	EMPRISE	FLUVIAL	INDUIRE	LUTHIER
CAMAÏEU	CRÉPINE	ENCLINE	FORAINE	INÉDITE	MACHINE
CANDIAC	CRÉTINE	ENDUIRE	FORMICA	INITIAL	MADRIER
CANDIDE	CRUCIAL	ENDUITE	FOSSILE	INITIÉE	MALAIRE
CANTINE	CUISINE	ENFOIRÉ	FRAGILE	INITIER	MALAISE
CAPRICE	CULTIVÉ	ENNEIGÉ	FRIPIER	INOPINÉ	MARMITE
CÂPRIER	DANOISE	ENSUITE	FURTIVE	INQUIET	MARTIAL
CAPRINE	DARAISE	ÉPIAIRE	GAINIER	INSPIRÉ	MARTINI
CAPTIVE	DATTIER	ÉPICIER	GENCIVE	INULINE	MASSIVE
CARTIER	DÉBOIRE	ÉPINIER	GÉNOISE	INUSITÉ	MASTITE
CAUTION	DÉBRIDÉ	ÉROSION	GEÔLIER	INUTILE	MATOISE
CELLIER	DÉCRIER	ÉROSIVE	GERBIER	IPSÉITE	MATRICE
CENTIME	DÉCRIRE	ÉRUDITE	GESTION	IRANIEN	MAUDIRE
CESSION	DÉDUIRE	ESCRIME	GLACIAL	IRIDIÉE	MAUDITE
CÉTOINE	DÉFAIRE	ÉSÉRINE	GLACIER	ISSOIRE	MEETING
CHARITÉ	DÉFAITE	ÉTAMINE	GLUCIDE	ITALIEN	MÉMOIRE
CHÂTIER	DÉGUISÉ	ÉTÉSIEN	GOMMIER	JAMBIER	MENDIER
CHEMISE	DENTIER	ÉTROITE	GRACIER	JANVIER	MENTION

MÉPRISE	OVATION	PUÉRILE	SÉDUIRE	SYÉNITE	VERNIER
MERDIER	PALLIER	PUNAISE	SÉDUITE	TACTILE	VERSION
MÉTRITE	PALMIER	PUTRIDE	SELLIER	TANTINE	VERTIGE
MEUNIER	PAPRIKA	QUALITÉ	SENTIER	TARDIVE	VERTIGO
MILDIOU	PARDIEU	QUININE	SENTINE	TARSIEN	VESTIGE
MILLIER	PARTIAL	RAFFINÉ	SEREINE	TARTINE	VICAIRE
MISAINE	PARTIEL	RAGTIME	SERVICE	TAUPIER	VICTIME
MISSION	PASSION	RALLIER	SERVILE	TAURINE	VIDUITÉ
MISSIVE	PASSIVE	RASSISE	SESSILE	TECTITE	VILAINE
MITAINE	PÉBRINE	RAUCITÉ	SESSION	TENSION	VINAIRE
MOLAIRE	PELVIEN	RÉALITÉ	SICAIRE	TERBIUM	VITRINE
MONDIAL	PENSION	RECUIRE	SMOKING	TERMITE	VITRIOL
MORAINE	PENSIVE	RECUITE	SOFFITE	TERRIEN	VOILIER
MORBIDE	PERFIDE	RÉDUIRE	SOLAIRE	TERRIER	VOISINE
MORBIER	PERLIER	RÉÉLIRE	SOLFIER	TERRINE	
MORTIER	PERMISE	REFAIRE	SOMMITÉ	THONIER	**J**
MOTRICE	PISCINE	RÉIFIER	SORCIER	THORITE	
MULSION	PLACIDE	RELUIRE	SORDIDE	TORRIDE	ELTAJIN
NÉRÉIDE	PLAGIAT	RENTIER	SOTTISE	TRÉPIED	KANDJAR
NERVINE	PLAGIER	REPAIRE	SOUDIER	TRINITÉ	
NÉVRITE	PLATINE	REPEINT	SOULIER	TSARINE	**K**
NÎMOISE	PLÉNIER	REPLIER	SOUMISE	TUILIER	
NIOBIUM	PLUVIER	REPRISE	SOURIRE	TULLINS	WHISKEY
NITRITE	POIRIER	REPTILE	SOUTIEN	TURPIDE	
NOTAIRE	POLAIRE	REQUIEM	SPATIAL	TUTRICE	**L**
NOTOIRE	PONTIFE	RETEINT	SPÉCIAL	TZARINE	
NULLITÉ	PORCINE	RÉUNION	SPOLIER	ULMAIRE	ABEILLE
OBÉSITÉ	PORTIER	RHÉNIUM	STATION	ULNAIRE	ABOULIE
OBSTINÉ	PORTION	RHYTINE	STÉRILE	UNANIME	ABSOLUE
OBUSIER	POSTIER	RICAINE	STUPIDE	UNICITÉ	ACCOLER
OCARINA	POUDING	ROCHIER	SUAVITÉ	UNIFIER	ACCULER
OLIVIER	POUPINE	ROMAINE	SUBLIME	URANITE	AFFILER
ONCTION	PRALINE	RONCIER	SUBSIDE	URANIUM	AFFILIÉ
ONUSIEN	PRÉCISE	ROSAIRE	SUBTILE	URBAINE	AFFOLÉE
OPACITÉ	PRÉDIRE	ROUTIER	SUCCION	USINIER	AFFOLER
OPALINE	PREMIER	ROUTINE	SUCRIER	USURIER	AGNELER
OPINION	PROBITÉ	RUFFIAN	SUFFIRE	UTÉRINE	AGNELET
ORIFICE	PRODIGE	SAÏMIRI	SUICIDE	UTILITÉ	AIRELLE
ORIGINE	PROHIBÉ	SALAIRE	SURDITÉ	VAMPIRE	ALCALIN
OSTÉITE	PROMISE	SARDINE	SURFINE	VAURIEN	AMERLOT
OUBLIER	PROPICE	SAUCIER	SUSDITE	VERDICT	AMOLLIR
OURLIEN	PUBLIER	SAUNIER	SUSVISÉ	VERDIER	ANACLET
OUVRIER	PUDDING	SECTION	SWAHILI	VERMINE	ANCOLIE
					ANDALOU
					ANGÉLUS

ANHÉLER	CIPOLIN	ÉCHELLE	FOFOLLE	LEMELIN	OLÉOLAT
ANNALES	CISELER	ÉCHELON	FOUILLE	LIBELLE	OMBILIC
ANNELÉE	CISELET	ÉCOULER	FUSELÉE	LUPULIN	ONDULER
ANNELER	COMBLÉE	ÉCUELLE	GABELOU	MACULER	OREILLE
ANNULER	COMBLER	EFFILÉE	GAMELLE	MAFFLUE	ORGELET
ANOBLIR	COMPLET	EFFILER	GAZELLE	MAILLÉE	ORTOLAN
ANSELME	COMPLOT	EMBOLIE	GIRELLE	MAILLER	OSEILLE
APPELER	CONFLIT	EMMÊLER	GIROLLE	MAILLET	OSSELET
AQUILIN	COPULER	ÉMOULUE	GOBELET	MAILLON	OUAILLE
ASIALIE	COROLLE	EMPILER	GODILLE	MAILLOT	OUILLER
ASSOLER	COUILLE	ENFILER	GONFLÉE	MAMELLE	PARBLEU
ATTELER	COUPLÉE	ENJÔLER	GONFLER	MAMELON	PARULIE
AURÉLIE	COUPLER	ENRÔLER	GORILLE	MANILLE	PATELIN
AVEULIR	COUPLET	ENSELLÉ	GRILLÉE	MARELLE	PÉCULAT
AYROLLE	CRAWLER	ENSILER	GRILLER	MATELAS	PÉDALER
BACILLE	CRIBLÉE	ENTÔLER	GRILLON	MATELOT	PERCLUS
BÂILLER	CROULER	ENVOLÉE	GUEULER	MÉLILOT	PEUPLER
BASALTE	CRUELLE	ENVOLER	HABILLÉ	MESCLUN	PIAULER
BATELET	CUILLER	ÉPAULÉE	HAILLON	MEUBLÉE	PIPELET
BEUGLER	CUMULER	ÉPAULER	HÂTELET	MEUGLER	POTELÉE
BIBELOT	DÉCALER	ÉPERLAN	HOMÉLIE	MIAULER	PUCELLE
BOUCLÉE	DÉCELER	EPSILON	HOUBLON	MIOLLIS	PUPILLE
BOUCLER	DÉFILER	ÉRAFLER	HOUILLE	MODELÉE	RACOLER
BOUILLE	DÉGELÉE	ÉRAILLÉ	HULULER	MODELER	RAILLER
BOUILLI	DÉGELER	ÉTABLIE	IDÉELLE	MODULER	RAMOLLI
BRAILLE	DÉMÊLÉE	ÉTABLIR	IMMOLER	MORELLE	RAMOLLO
BRANLER	DÉMÊLER	ÉTIOLÉE	IMPOLIE	MORILLE	RÂTELER
BRILLER	DÉMOLIR	ÉTIOLER	INCULPÉ	MOUFLET	RAVALER
CAILLÉE	DÉPILER	ÉTOILÉE	INCULTE	MOUFLON	RAVELIN
CAILLER	DÉPOLIR	ÉVEILLÉ	INHALER	MOUILLÉ	REBELLE
CAILLOT	DÉSOLÉE	EXHALER	INSOLER	MUSCLER	RECALER
CAILLOU	DÉSOLER	FABULER	INSULTE	MUSELER	RECELER
CAJOLER	DÉTALER	FACULTÉ	JAILLIR	MUTILÉE	RÉCOLTE
CAMELOT	DÉTELER	FAIBLIR	JAVELOT	MUTILER	RECULER
CANULAR	DÉVALER	FAILLIR	JONGLER	NACELLE	REFILER
CÉDILLE	DÉVOLUE	FAMILLE	JUBILER	NIELLER	RÉGALÉE
CENELLE	DOUBLÉE	FEMELLE	JUGULER	NIVELER	RÉGALER
CERCLÉE	DOUILLE	FEUILLE	JUILLET	NIVELLE	REMBLAI
CERCLER	DRILLÉE	FEUILLU	JUMELER	OCCULTE	REMPLIE
CHABLIS	ÉBERLUÉ	FICELÉE	JUMELLE	OEILLET	REMPLIR
CHIALER	ÉBOULER	FICELER	LABELLE	OISELER	RENFLÉE
CINGLÉE	ÉBOULIS	FICELLE	LAMELLE	OISELET	RESALIR
CINGLER	ÉCAILLE	FIFILLE	LASALLE	OISELLE	RÉSILLE

RÉSOLUE	VEILLÉE	ESTOMPE	ALIÉNÉE	CHAÎNON	DOYENNE
RÉVÉLER	VEILLER	EUDÉMIS	ALIÉNER	CHARNEL	DRAINER
REVOLER	VENELLE	FLAMMÉE	ALIGNER	CHARNUE	ÉBURNÉE
RÉVOLUE	VERGLAS	GOURMET	AMIANTE	CHIENNE	ÉCHANGE
RIAILLE	VÉTILLE	INDEMNE	ANDANTE	CLIENTE	ÉCHINÉE
RIGOLER	VIDELLE	INFAMIE	ANNONCE	COCKNEY	ÉCORNER
ROILLER	VIEILLE	INHUMER	ÂNONNER	COLONIE	ÉGRENER
RONFLER	VIEILLI	INNOMMÉ	ANTENNE	COLONNE	EMMENER
ROUILLE	ZORILLE	INTIMÉE	APHONIE	CORONER	EMPENNE
RUTILER		INTIMER	APLANIR	COUENNE	ENFANCE
SAILLIE	**M**	MINIMUM	ARDENTE	COUINER	ENGONCÉ
SAILLIR		NÉLOMBO	ARGENTÉ	CRAINTE	ENRÊNER
SANGLÉE	ABDOMEN	OPTIMAL	ARIENNE	CRAONNE	ENTENDU
SANGLER	AFFAMÉE	OPTIMUM	ARMENIA	CRÉANCE	ENTENTE
SANGLOT	AFFAMER	PALÉMON	ARSENAL	CRIANTE	ENVINÉE
SAOULER	ALARMER	PÉRIMÉE	ASSENER	CUTANÉE	ÉPANNER
SARCLER	ALLUMER	PULLMAN	ATHÈNES	DAIGNER	ÉREINTÉ
SCELLER	ANORMAL	RANIMER	ATLANTA	DÉBINÉE	ERRANCE
SEMBLER	ARRIMER	RÉARMER	ATTENTE	DÉBINER	ERRANTE
SEMELLE	ARTIMON	RÉDIMER	BABINES	DÉCENCE	ERRONÉE
SIFFLER	ASSUMER	RENOMMÉ	BADINER	DÉCENTE	ESSENCE
SIFFLET	AUTOMNE	RÉSUMÉE	BAIGNER	DÉFENDU	ESTONIE
SIMPLET	CALAMAR	RÉSUMER	BALANCE	DÉFENSE	ÉTEINTE
SIMULÉE	CALUMET	SALOMON	BARONNE	DÉFINIE	ÉTERNEL
SIMULER	CARAMEL	STEAMER	BASANÉE	DÉFINIR	ÉTONNÉE
SOMALIE	CÉRUMEN	THERMIE	BÉGONIA	DÉFUNTE	ÉTONNER
SOUILLÉ	CHARMÉE	THERMOS	BÊLANTE	DEMANDE	ÉTRANGE
SURELLE	CHARMER	VIDIMER	BIENNAL	DÉMENCE	ÉTRENNE
SURPLIS	CHAUMÉE		BITONAL	DÉMENTE	FAÏENCE
SURPLUS	CHROMÉE	**N**	BLENNIE	DÉMENTI	FARINER
TAILLÉE	DÉCIMER		BOBINER	DÉMUNIR	FÉCONDE
TAILLER	DILEMME	ABONNIR	BRIONNE	DÉPENSE	FÉLONNE
TAILLIS	EASTMAN	ABSENCE	BUTINER	DÉSUNIE	FINANCE
TRIPLER	ÉCRÉMÉE	ABSENTE	CABANON	DÉSUNIR	FLUENTE
TRIPLEX	ÉCRÉMER	ACTINIE	CABINET	DÉTENDU	FOUINER
TROLLEY	ENDÉMIE	ADDENDA	CADENAS	DÉTENIR	FOURNIE
TRUELLE	ENNEMIE	ADVENIR	CADENCE	DÉTENTE	FOURNIR
TUMULTE	ENTAMÉE	AÉRONEF	CÂLINER	DÉTENUE	FREINER
TUTELLE	ENTAMER	AFFINER	CAPONNE	DÉTONER	FRIANDE
UPSILON	ESTAMPE	AIDANTE	CARENCE	DEVINER	FUYANTE
USUELLE	ESTIMÉE	AIMANTE	CÉVENOL	DOLENTE	GALANTE
UTRILLO	ESTIMER	AISANCE	CHAÎNÉE	DOMINER	GARANCE
VANILLE	ESTOMAC	ALBINOS	CHAÎNER	DOPANTE	GARANTE

GARENNE	LORGNON	POTINER	TÉTANOS	BARBOTE	FALLOIR
GÊNANTE	LOSANGE	RÂLANTE	TORONTO	BARIOLÉ	FANTÔME
GÉRANTE	LOUANGE	RAMENER	TOURNÉE	BICROSS	FERMOIR
GÉRONTE	LUPANAR	RAMONER	TOURNER	BONJOUR	FIBROME
GIRONDE	LURONNE	RASANTE	TOURNOI	BONSOIR	FOSSOIR
GISANTE	LUTINER	RAVINER	TRAÎNÉE	BOUDOIR	FRIVOLE
GLUANTE	MARINÉE	RÉCENTE	TRAÎNER	BOULOIR	GALLOIS
GRAINÉE	MARINER	RECONNU	TROGNON	BOUTOIR	GARGOTE
GRAINER	MATINÉE	RELANCE	TRUANDE	BURNOUS	GAULOIS
GRIGNON	MÉCÉNAT	RÉPANDU	URGENCE	CACAOTÉ	GLAMOUR
GROGNER	MÉLANGE	RÉPONSE	URGENTE	CACAOUI	GODBOUT
GROGNON	MÊLANTE	RÉSINÉE	VACANCE	CHACONE	GONDOLE
GUIGNER	MELONNÉ	RÉSINER	VACANTE	CHINOOK	GORGONE
GUIGNOL	MÉMENTO	RETENIR	VALENCE	COMMODE	GRIVOIS
GUIGNON	MÉSANGE	RETENUE	VÉLINES	COMPOSÉ	HACHOIR
HALENER	NOMINÉE	REVENIR	VÉRANDA	COMPOST	HADDOCK
HAVENET	NONANTE	REVENUE	VILENIE	COMPOTE	HINDOUE
HOSANNA	OBTENIR	RICANER	VIVANTE	CONFORT	HORLOGE
HURONNE	OCÉANIE	ROTONDE	VOLANTE	CONSORT	HYPNOSE
ÎLIENNE	OCTANTE	RUBANER	VOLONTÉ	CONTOUR	INAVOUÉ
IMMENSE	OFFENSE	RUMINER	VOYANCE	COULOIR	INFÉODÉ
IMMONDE	OLTÉNIE	SAIGNÉE	VOYANTE	COUVOIR	INTROÏT
IMPUNIE	ORDONNÉ	SAIGNER	XIMÉNIE	CYCLONE	ISOLOIR
INCONNU	ORGANDI	SATANÉE	ZIZANIE	CYCLOPE	JUCHOIR
INFINIE	ORIGNAL	SATINÉE		DARIOLE	LETTONE
INGÉNUE	OTRANTE	SATINER	**O**	DÉCHOIR	LEUCOME
INSENSÉ	OUGANDA	SAVANTE		DESPOTE	LINÇOIR
INTENSE	PAGINER	SCANNER	ACÉTONE	DESSOUS	LISSOIR
IRLANDE	PAÏENNE	SCIENCE	ADÉNOME	DÉTROIT	LORDOSE
ISLANDE	PARENTÉ	SECONDE	AFFRONT	DIPLÔME	LOUKOUM
ISSANTE	PATENTE	SEMENCE	AGRIOTE	DISPOSÉ	LUCIOLE
JOURNAL	PATINER	SEMONCE	ALVÉOLE	DISSOUS	MALPOLI
JOURNÉE	PAVANER	SERINER	AMAZONE	DORTOIR	MANDORE
LACONIE	PAYANTE	SILENCE	AMOROSO	ÉCONOME	MATRONE
LAMINER	PÉDANTE	SIMENON	AMPHORE	EMPLOYÉ	MÉTÉORE
LAPINER	PEIGNER	SOIGNÉE	ANCHOIS	ENCLORE	MÉTHODE
LATENTE	PESANTE	SOIGNER	ANÉMONE	ENDROIT	MICROBE
LAVANDE	PÉTUNIA	SPHINGE	ASSEOIR	ÉPANOUI	MONTOIR
LÉGENDE	PIMENTÉ	STAGNER	AURÉOLE	ÉPIGONE	MORDORÉ
LÉSINER	PITANCE	STERNUM	AVALOIR	ÉPISODE	MORMONE
LICENCE	PLAINTE	SURANNÉ	AVICOLE	ÉPITOGE	MOUVOIR
LITANIE	POLENTA	TARENTE	BABIOLE	ÉVANOUI	NÉCROSE
LORGNER	POTENCE	TENANTE	BAGNOLE	EXPLOIT	NEURONE

NÉVROSE	SYNCOPE	GALOPER	CLOAQUE	ALBERTA	CAMARDE
NORROIS	SYSTOLE	GALOPIN	COLIQUE	ALGÉRIE	CAMBRER
OSTÉOME	TAMBOUR	GRAPPIN	COSAQUE	ALTERNÉ	CAPORAL
OSTIOLE	TAPIOCA	GRIMPER	FIASQUE	ALTÉRÉE	CASERET
PANDORE	TERROIR	GRIPPÉE	FLASQUE	ALTÉRER	CASERNE
PANTOIS	TOMBOLA	GRIPPER	FRESQUE	AMARRÉE	CASTRAT
PARFOIS	TRAÇOIR	GROUPÉE	GLAUQUE	AMARRER	CASTRES
PARTOUT	TRIPOLI	GROUPER	GRECQUE	AMERRIR	CAVERNE
PERGOLA	URINOIR	GROUPIE	ILIAQUE	ANTHRAX	CENDRÉE
PÉRIODE	UROPODE	HOUPPÉE	IONIQUE	APEURÉE	CENTRAL
PETIOTE	VARIOLE	INCIPIT	KIOSQUE	APEURER	CENTRÉE
PÉTROLE	VAUDOUE	INEXPIÉ	LEXIQUE	APPARAT	CHAGRIN
PICCOLI	VAUTOUR	OCCUPER	LYRIQUE	ARBORER	CHARRON
PICPOUL	VELVOTE	PARAPET	MACAQUE	ASPERGE	CHARRUE
PISTOLE	VERMONT	PARAPHE	MAGIQUE	ASPIRER	CHEVRON
PLAFOND	VOULOIR	PROMPTE	MUSIQUE	ASSORTI	CINTRER
PLANOIR		RECÉPER	OPTIQUE	ASSURÉE	CITERNE
POUVOIR	**P**	RETAPER	PANIQUE	ASSURER	COCARDE
PRÉCOCE		SALOPER	PLANQUE	ASTÉRIE	COFFRÉE
PRÉPOSÉ	ABRUPTE	SCALPEL	PRESQUE	ASTÉRIX	COFFRER
PRÉVOIR	ACOMPTE	SCALPER	RELIQUE	ATTARDÉ	COGÉRER
PROFOND	CALEPIN	SCRAPER	SADIQUE	ATTERRÉ	COLORER
PSILOPA	CHAMPIS	SCRIPTE	SÉRIQUE	ATTIRER	COLORIS
RACCORD	CRAMPON	STEEPLE	SINOQUE	AUBERGE	CONARDE
RAIFORT	CRISPER	STEPPER	SODIQUE	AUGURER	CONCRET
RAPPORT	CROUPIR	STOPPER	TONIQUE	AUSTRAL	CONGRÈS
RAVIOLI	DÉRAPER	TRAPPÉE		BADERNE	CONGRUE
RENFORT	ÉCLIPSE	TREMPÉE	**R**	BAGARRE	CONTRAT
RESSORT	ÉCLOPÉE	TREMPER		BÂTARDE	CONTRÉE
RISSOLE	ECTOPIE	TROMPÉE	ABJURER	BAVARDE	CONTRER
ROSÉOLE	ELLIPSE	TROMPER	ABLERET	BEFFROI	CONTRIT
RUBÉOLE	ÉQUIPÉE	USURPER	ABSURDE	BEURRÉE	COTERIE
SEYMOUR	ÉQUIPER	VOLAPUK	ACCORTE	BEURRER	COUARDE
SIAMOIS	ÉTAMPÉE	VOLUPTÉ	ACHARNÉ	BIGARRÉ	COUVRIR
SOULOTE	ÉTAMPER		ACIÉRER	BIGORNE	CRIARDE
SUÉDOIS	ÉTOUPÉE	**Q**	ACIÉRIE	BISTROT	CUIVRÉE
SUPPORT	ÉTRIPER		ADHÉRER	BIZARRE	DÉCORER
SUPPOSÉ	EXCEPTÉ	ANTIQUE	ADJURER	BLAIRER	DÉLIRER
SURCOÛT	EXEMPLE	ATTAQUE	ADMIRER	BOURRÉE	DÉLURÉE
SURDOSE	EXEMPTE	BAROQUE	ADVERSE	BOURRER	DÉLURER
SURDOUÉ	FLIPPER	BRUSQUE	AGUERRI	BOURRIN	DÉPARER
SURTOUT	FRAPPÉE	CADUQUE	AILERON	BOURRUE	DÉPÉRIR
SYMBOLE	FRAPPER	CASAQUE	AJOURER	CABARET	DÉSERTE

DÉSIRER	FLAIRER	LATÉRAL	MODÉRER	PROPRIO	SOIERIE
DÉVIRER	FLÉTRIR	LAUTREC	MOMERIE	PUCERON	SOLERET
DIAPRÉE	FLEURER	LAVERIE	MONTRÉE	RAPPRIS	SOMBRER
DIAPRER	FLEURIE	LETTRÉE	MONTRER	RATURÉE	SUPERBE
DIGÉRER	FLEURIR	LEURRÉE	MOTARDE	RATURER	SURPRIS
DISCRET	FOUDRES	LEURRER	MUSARDE	RÉCURER	SUTURÉE
DIVERSE	FOURRÉE	LIBERTÉ	NATUREL	REDORER	SUTURER
DIVORCE	FOURRER	LIBÉRAL	NAVARIN	RÉFÉRER	TAMARIN
DUPERIE	FRAIRIE	LIBÉRÉE	NERPRUN	RÉFORME	TAVERNE
ÉCHARPE	FRATRIE	LIBÉRER	NEUTRON	REMORDS	TÉHÉRAN
EFFARÉE	FUYARDE	LICORNE	NIGERIA	RENARDE	TENDRON
ÉMIGRÉE	GABARIT	LIPARIS	NOMBRIL	RENTRÉE	THÉORBE
ÉMIGRER	GALERIE	LISERON	NOTARIÉ	RENTRER	THÉORIE
EMMERDE	GALURIN	LISÉRÉE	NOURRIE	RÉPARER	TIMBRÉE
EMMURER	GÂTERIE	LISÉRER	NOURRIR	REPÉRÉE	TIMORÉE
EMPIRER	GAUFRÉE	LITERIE	NUMÉRAL	REPÉRER	TOCARDE
ENCORNÉ	GAUFRER	LITORNE	OEUVRER	RESCRIT	TOLÉRER
ENDURER	GÉNÉRAL	LOMBRIC	OMICRON	RÉSERVE	TÔLERIE
ENIVRER	GÉNÉRER	LONDRES	ONTARIO	RETIRÉE	TUTORAT
ENTORSE	HAGARDE	LOTERIE	OUGARIT	RETIRER	ULCÉRÉE
ENVIRON	HÉBERGÉ	LUCARNE	OUTARDE	RETORSE	ULCÉRER
ÉPEURER	HONORER	LUCERNE	OUVERTE	RÉVÉRER	URÉTRAL
ÉPLORÉE	HUMÉRUS	LUSTRER	PANARIS	RÊVERIE	VACARME
ÉQUERRE	IGNORÉE	LUZERNE	PÈLERIN	RIZERIE	VASARDE
ESCARPÉ	IGNORER	MACARON	PÉNURIE	ROMARIN	VAUTRÉE
ESCARRE	IMBERBE	MACÉRÉE	PERDRIX	ROSTRAL	VAUTRER
ESCORTE	IMMORAL	MACÉRER	PÉRORER	ROUERIE	VÉNERIE
ESPÉRER	INCURIE	MAIGRIR	PICARDE	SALARIÉ	VÉNÉRER
ESSORER	INDURER	MAJORER	PICORER	SALERON	VENTRAL
ÉTHÉRÉE	INFÉRER	MALARIA	PIERRÉE	SAMURAÏ	VENTRUE
ÉTOURDI	INFIRME	MALFRAT	PIPERIN	SANGRIA	VÉTÉRAN
EXÉCRER	INGÉRER	MANDRIN	PLÂTRÉE	SAPERDE	
EXPERTE	INSÉRER	MARBRÉE	PLEURER	SATURÉE	**S**
EXPIRER	INSURGÉ	MAZURKA	POIVRÉE	SATURER	
EXTERNE	INTERNE	MEMBRÉE	POIVRON	SATURNE	ABAISSE
FAVORIS	INTÉRÊT	MESURÉE	POIVROT	SCIERIE	ABBESSE
FÉMORAL	INTÉRIM	MESURER	POLTRON	SÉPARER	ABRASER
FÊTARDE	IVOIRIN	MINERAI	POTERIE	SIBÉRIE	ABRASIF
FEUTRÉE	JUBARTE	MINERVE	POTIRON	SIDÉRAL	ACCUSÉE
FIGURÉE	LACERIE	MINÉRAL	POURRIE	SIDÉRÉE	ACCUSER
FIGURER	LACÉRER	MISTRAL	POURRIR	SIDÉRER	ADHÉSIF
FILTRÉE	LAMBRIS	MODERNE	PRAIRIE	SIMARRE	ADIPSIE
FILTRER	LANERET	MODÉRÉE	PROGRÈS	SIZERIN	ADOSSER

ADRESSE	BROSSÉE	DÉSOSSÉ	GIRASOL	MOUSSÉE	RÉVISER
AÉROSOL	BROSSER	DEVISER	GLAISER	MOUSSER	RIPOSTE
AGNOSIE	BROUSSE	DIVISER	GLISSER	MOUSSON	ROBUSTA
AGRESTE	BUISSON	DREISER	GODASSE	MOUSSUE	ROBUSTE
AÎNESSE	CABOSSE	DRESSER	GOUSSET	MUTISME	ROUSSIE
ALLUSIF	CAISSON	DROSSER	GROSSIR	NANISER	ROUSSIR
ALTESSE	CANASTA	ÉCLISSE	HARASSÉ	NANISME	RUDESSE
AMASSER	CARESSE	ÉCLUSÉE	HAUSSÉE	NÉFASTE	SADISME
AMNÉSIE	CARISTE	ÉCRASÉE	HAUSSER	NÉMÉSIS	SAGESSE
APAISER	CÉLESTE	ÉCRASER	HÉRÉSIE	NIAISER	SANGSUE
APEPSIE	CÉRASTE	ÉCUSSON	ILIESCU	NOLISER	SCHISME
APPOSER	CHANSON	ÉGOÏSME	IMPASSE	NUAISON	SÉBASTE
ARBUSTE	CHASSÉE	ÉGOÏSTE	IMPOSÉE	OGRESSE	SINISER
ARROSER	CHASSER	ÉGRISER	IMPOSER	OPPOSÉE	SOLISTE
ARTISAN	CHÂSSES	ELEISON	INCESTE	OPPOSER	TAMISÉE
ARTISTE	CHOISIE	EMPESÉE	INCISER	ORAISON	TAMISER
ASBESTE	CHOISIR	EMPESER	INCISIF	PARASOL	TANISER
ASTASIE	CIVISME	ENLISER	INFUSER	PARESSE	TAOÏSME
ATTESTÉ	CLASSÉE	ENVASER	INJUSTE	PELISSE	TAOÏSTE
ATTISER	CLASSER	ÉONISME	IONESCO	PÉTASSE	TOUSSER
AUGUSTE	CLOISON	ÉPAISSE	IONISER	PIGISTE	TRANSAT
AUTISME	COASSER	ÉPÉISTE	IVRESSE	PINASSE	TRANSIE
AUTISTE	COLOSSE	ÉPISSER	JOCASSE	PLAISIR	TRANSIR
BAGASSE	CONASSE	ÉPOUSÉE	JURISTE	PLISSER	TRANSIT
BAISSÉE	COPISTE	ÉPOUSER	LACOSTE	POISSER	TRESSÉE
BAISSER	COTISER	ÉPUISÉE	LAISSÉE	POISSON	TRESSER
BALISER	COURSER	ÉPUISER	LAISSER	POUSSAH	TRIESTE
BALISTE	COUSSIN	EUDISTE	LANISTE	POUSSÉE	TRISSER
BÂTISSE	CRESSON	EURASIE	LARISSA	POUSSER	TROUSSE
BÉCASSE	CREUSER	EXCUSÉE	LAVASSE	POUSSIN	TRUISME
BÊTASSE	CREUSET	EXCUSER	LÉGISTE	PRESSÉE	TUBISTE
BIAISER	CRISSER	EXPOSÉE	LIAISON	PRESSER	TUNISIE
BIOPSIE	CROISÉE	EXPOSER	LOCUSTE	PURISME	UNISSON
BLESSÉE	CROISER	FADASSE	MAGASIN	RACISTE	VANESSE
BLESSER	CRUISER	FAUSSER	MAJESTÉ	RAMASSÉ	VÉTUSTE
BLOUSON	CUISSOT	FINESSE	MARASME	RAVISER	VINASSE
BOISSON	CULASSE	FRAISÉE	MÉDUSÉE	RÉCUSER	VITESSE
BONASSE	CURISTE	FRAISIL	MÉDUSER	REFUSER	
BRAISÉE	CYNISME	FRISSON	MÉLASSE	REMISER	**T**
BRAISER	DAMASSÉ	FROUSSE	MÉSUSER	REPOSÉE	
BRASSAC	DÉCISIF	FUMISTE	MODESTE	REPOSER	ABATTRE
BRASSÉE	DÉPOSER	FUNESTE	MOISSON	RÉUSSIE	ABATTUE
BRASSER	DÉRASER	GÉNISSE	MOLOSSE	RÉUSSIR	ABIÉTIN

ABLATIF	BIENTÔT	CULOTTE	ÉOLITHE	HAMSTER	MAROTTE
ABORTIF	BINETTE	CURATIF	ERGOTÉE	HÉBÉTÉE	MÉDITER
ABOUTER	BLUETTE	CURETER	ERGOTER	HÉMATIE	MÉGOTER
ABOUTIE	BRETTER	CURETON	ERRATUM	HÉRITER	MEISTRE
ABOUTIR	BRISTOL	CURETTE	ÉRUCTER	HÉSITER	MENOTTE
ABRITER	BROUTER	DÉBÂTIR	ÉVENTÉE	HEURTÉE	MÉRITER
ABRUTIE	BURETTE	DÉBITER	ÉVENTER	HEURTER	MEURTRE
ABRUTIR	BUVETTE	DÉBUTER	EXALTÉE	HÔPITAL	MIJOTER
ACCOTER	CABOTIN	DÉCATIR	EXALTER	IDIOTIE	MILITER
ACHETER	CADETTE	DÉGOTER	EXISTER	IMPUTER	MINUTÉE
ADAPTER	CAGETTE	DÉJETER	EXULTER	INACTIF	MINUTIE
ADOPTER	CAHOTER	DÉNUTRI	FACÉTIE	INCITER	MOLETER
AFFÉTÉE	CALOTTE	DÉPITER	FAGOTIN	INEPTIE	MOLETTE
AFFÛTER	CANETON	DÉPOTER	FENÊTRE	INERTIE	MONSTRE
AILETTE	CANETTE	DÉPUTÉE	FILETER	INFATUÉ	MOUETTE
AJOUTER	CANITIE	DÉVÊTIR	FINETTE	INVITÉE	MOUFTER
AJUSTER	CANOTER	DIANTRE	FIXATIF	INVITER	MULÂTRE
ALERTÉE	CAPITAL	DIGITAL	FLATTER	IRRITÉE	MUSETTE
ALERTER	CAPITÉE	DILATER	FLIRTER	IRRITER	NAVETTE
ALLOTIR	CAPITON	DÎNETTE	FLOTTÉE	JUPETTE	NÉGATIF
AMEUTER	CAPOTER	DISETTE	FLOTTER	JUPITER	NÉGATON
AMORTIR	CHANTER	DIVETTE	FLUETTE	LAVETTE	NÉNETTE
AMPUTER	CHARTRE	DOMPTER	FOLÂTRE	LAYETTE	NÉOTTIE
ANCÊTRE	CIVETTE	ÉBOUTER	FRETTER	LÉCYTHE	OMETTRE
ANNOTER	CLOUTÉE	ÉCARTER	FROTTER	LÉVITER	OSSÉTIE
APLATIR	COCOTER	ÉCLATER	FUGITIF	LICITER	PALETOT
APPÂTER	COCOTTE	ÉCOUTER	FURETER	LIGOTER	PÂLOTTE
APPÉTIT	COGITER	ÉCRÊTER	FUSETTE	LIMETTE	PAPOTER
ARBITRE	COMPTÉE	ÉDENTÉE	GALETAS	LIMITÉE	PEINTRE
ARIETTE	COMPTER	ÉDENTER	GALETTE	LIMITER	PELOTÉE
ARLETTY	CONSTAT	ÉDICTER	GAVOTTE	LINOTTE	PELOTER
ARRÊTER	COUETTE	ÉGISTHE	GENETTE	LIRETTE	PÉNATES
ASSETTE	CRANTER	ÉHONTÉE	GÉNITAL	LOPETTE	PESETTE
AVERTIE	CRÉATIF	ÉJECTER	GLOUTON	LORETTE	PICOTER
AVERTIR	CRISTAL	ÉLECTIF	GOSETTE	LOUSTIC	PILOTÉE
AVORTER	CROATIE	EMBÊTER	GRATTÉE	LUNETTE	PILOTER
AVORTON	CROÎTRE	ÉMETTRE	GRATTER	LURETTE	PILOTIS
BARATIN	CROTTÉE	ÉMOTTER	GRIOTTE	MAESTRO	PIRATÉE
BARATTE	CROTTER	EMPÂTER	GUETTER	MALOTRU	PIRATER
BAVETTE	CROTTIN	EMPOTÉE	HABITAT	MANETTE	PIVOTER
BÉCOTER	CROÛTON	ENFÛTER	HABITER	MANITOU	PLANTÉE
BELETTE	CUISTOT	ENTÊTÉE	HABITUÉ	MARÂTRE	PLANTER
BÉLÎTRE	CUISTRE	ENTÊTER	HALETER	MARITAL	PLANTON

PLASTIC	SÉDATIF	ANAHUAC	CLOQUER	ÉLAGUER	GESTUEL
PLEUTRE	SIROTER	ARBOUSE	CLÔTURE	EMPRUNT	GOBEUSE
POINTAL	SPECTRE	ASEXUÉE	COMMUNE	ENCLUME	GRABUGE
POINTÉE	SPORTIF	ASSOUAN	CONFUSE	ENFOUIR	GRADUÉE
POINTER	STENTOR	AUNEUIL	CONJURÉ	ENGLUER	GRADUEL
POINTUE	SUCETTE	BABOUIN	CONQUIS	ENJOUÉE	GRADUER
POPOTIN	SUINTER	BADAUDE	CONTUSE	ENRHUMÉ	GRANULE
POSITIF	SURETTE	BAFOUER	COSTUME	ENROUÉE	GRATUIT
PROSTRÉ	TAPETTE	BALOURD	COUGUAR	ENROUER	GRAVURE
PUPITRE	TAPOTER	BANQUET	COULURE	ÉPREUVE	GUIPURE
QUANTUM	TEINTÉE	BATOUDE	COUPURE	ESSEULÉ	HACHURE
QUITTER	TEINTER	BATTURE	COUTUME	ÉVACUER	HERCULE
RABOTER	THÉÂTRE	BECAUSE	COUTURE	ÉVALUER	HIDEUSE
RADOTER	TOMETTE	BÉDOUIN	CRAPULE	ÉVASURE	HIRSUTE
RATITES	TOPETTE	BÉLOUGA	CRAQUER	ÉVIDURE	IMBRÛLÉ
REBÂTIR	TRAITÉE	BIFFURE	CRÉDULE	ÉVOLUER	INCLURE
REBUTER	TRAITER	BISCUIT	CRIEUSE	ÉVOQUER	INCLUSE
RECETTE	TRAÎTRE	BISQUER	CRIQUET	EXCLURE	INFLUER
RÉCITER	TROTTER	BIVOUAC	CROQUER	EXTRUDÉ	INFOUTU
RÉFUTER	TROTTIN	BLAGUER	CROQUET	FACTUEL	INTRUSE
REJETER	VEDETTE	BORDURE	CRUAUTÉ	FACTURE	INUSUEL
REJETON	VÉGÉTAL	BOSQUET	CULBUTE	FAMEUSE	JACQUET
RELATER	VÉGÉTER	BOSSUER	CULTURE	FANEUSE	JALOUSE
RELATIF	VENETTE	BOUQUET	DÉCOUSU	FARAUDE	JASEUSE
RÉNETTE	VISITÉE	BOUQUIN	DÉGOÛTÉ	FENOUIL	JASPURE
RÉPÉTER	VISITER	BOXEUSE	DÉJOUER	FERRURE	JOUEUSE
RÉPUTÉE	VIVOTER	BRIGUER	DEMEURE	FILEUSE	JOYEUSE
REVÊTIR	VOLATIL	BRIOUDE	DÉNOUER	FINAUDE	LACAUNE
REVOTER	VOLETTE	BRIOUZE	DENTURE	FISSURE	LACEUSE
RICOTTA	VOLITIF	BRIQUET	DÉROUTE	FOREUSE	LACHUTE
RISETTE	YUCATAN	BRISURE	DÉVOUÉE	FORMULE	LANGUIR
RIVETER	ZIEUTER	BRÛLURE	DÉVOUER	FORTUIT	LARGUER
ROSETTE	ZYEUTER	BUVEUSE	DISCUTÉ	FORTUNE	LAVEUSE
ROTATIF		CAGOULE	DISEUSE	FOULURE	LECTURE
ROUSTIR	**U**	CALQUÉE	DISPUTE	FRITURE	LISEUSE
SABOTER		CAMBUSE	DRAGUÉE	FUMEUSE	LOGEUSE
SAGETTE	ABACULE	CAPTURE	DROGUÉE	GAGEURE	LONGUET
SCEPTRE	ACCOURU	CASQUÉE	ÉBLOUIR	GAGEUSE	LOUEUSE
SCIOTTE	ACIDULÉ	CASSURE	ÉBROUER	GÂTEUSE	LOYAUTÉ
SCOOTER	ADÉQUAT	CELLULE	ÉCHOUER	GAVEUSE	MABOULE
SCROTUM	AFFLUER	CENSURE	ÉCROUER	GAZEUSE	MAJEURE
SCRUTER	ALLOUER	CHOQUÉE	ÉDICULE	GÊNEUSE	MAMOURS
SCRUTIN	AMPOULE	CIRCUIT	ÉDUQUER	GERÇURE	MANQUÉE

MANQUER	PITEUSE	SCIEUSE	VIVEUSE	RELEVÉE	BRONZÉE
MARAUDE	PLAQUER	SECOUER	VOILURE	RELEVER	DÉGAZER
MARQUÉE	POLLUER	SECOURS	VOITURE	RÉNOVER	HORIZON
MARQUER	POREUSE	SEMEUSE	VOLEUSE	REVIVRE	
MARQUIS	POSEUSE	SENSUEL	VOYEUSE	ROSEVAL	**6e**
MASQUER	POSTURE	SEPPUKU	YOGOURT	SALIVER	
MENEUSE	PRÉJUGÉ	SEPTUOR	ZÉBRURE	SAMOVAR	POSITION
MENSUEL	PRÉLUDE	SERRURE		TROUVER	
MERCURE	PRÉSUMÉ	SOUDURE	**V**	VÉTIVER	**A**
MESQUIN	PRIEURE	SPATULE	ACHEVER		
MINEURE	PRODUIT	STATUER	ACTIVER	**W**	ABSIDAL
MIRAUDE	PUSTULE	STATURE	ANTIVOL		ACHIGAN
MITEUSE	QUATUOR	SUCEUSE	ARRIVER	TRAMWAY	ADÉQUAT
MONTURE	RAGEUSE	TAMOULE	BATAVIA		AISSEAU
MORSURE	RAINURE	TAMOURÉ	BOLIVAR	**X**	ANAHUAC
MOULURE	RÂLEUSE	TANGUER	BOLIVIE	ANNEXÉE	ANORMAL
MOUTURE	RAMEUSE	TARGUER	CADAVRE	ANNEXER	ANTHRAX
MURMURE	RANCUNE	TARTUFE	CANEVAS	DÉSAXÉE	APPARAT
MUSQUÉE	RASEUSE	TATOUER	CHANVRE	DÉTAXER	ARSENAL
NARGUER	REBOURS	TELLURE	DÉLAVÉE	MALAXER	ARTISAN
NEPTUNE	RECLUSE	TENEUSE	DÉLAVER	RELAXER	ASOCIAL
NIGAUDE	RECOURS	TENTURE	DÉRIVÉE		ASSOUAN
NITRURE	REDOUTE	TEXTUEL	DÉRIVER	**Y**	AUSTRAL
NOCEUSE	RÉJOUIE	TIREUSE	DÉSAVEU	ACOLYTE	BANDEAU
NOUEUSE	RÉJOUIR	TOITURE	ÉCHEVIN	ANALYSE	BARREAU
OBSCURE	RELIURE	TONSURE	ÉNERVÉE	APPUYER	BERCEAU
OCCLURE	RELOUER	TONTURE	ÉNERVER	BALAYER	BESTIAL
ODIEUSE	RENAULT	TORTURE	ENLEVÉE	CITOYEN	BIENNAL
OISEUSE	RENOUER	TOUEUSE	ENLEVER	DÉVOYÉE	BITONAL
OSSEUSE	RESSUER	TRAQUER	EXCAVER	ENNUYER	BIVOUAC
PARJURE	RÊVEUSE	TRIBUNE	INCIVIL	ENRAYÉE	BOLIVAR
PARQUET	RIBAUDE	TRIPURA	INNOVER	ENRAYER	BOULEAU
PATAUDE	RIMEUSE	TRUQUER	JOLIVET	ENVOYER	BRASSAC
PÂTEUSE	RINÇURE	VAREUSE	MOTIVER	ÉPLOYER	CADENAS
PAYEUSE	RISQUÉE	VASEUSE	OCTAVIN	ESSAYER	CALAMAR
PELOUSE	RÔDEUSE	VEINURE	ORFÈVRE	ESSUYER	CANDIAC
PENAUDE	ROULURE	VELOURS	POURVOI	FEDAYIN	CANEVAS
PENDULE	ROYAUTÉ	VELOUTÉ	POURVUE	MARTYRE	CANULAR
PENTURE	RUPTURE	VERDURE	PRÉAVIS	REPAYER	CAPITAL
PESEUSE	SANGUIN	VÉREUSE	PROUVER		CAPORAL
PÉTEUSE	SAROUEL	VINEUIL	RAVIVER	**Z**	CARACAS
PIPEUSE	SAUMURE	VIRTUEL	RELAVER	BRETZEL	CASSEAU

☞	☞	☞	☞	☞	☞
CASTRAT	LANGEAC	PRUNEAU	BURNABY	GUANACO	BALLADE
CÉLIBAT	LATÉRAL	PULLMAN	IMBERBE	HADDOCK	BASTIDE
CENTRAL	LAURÉAT	RADICAL	MICROBE	HERBACÉ	BÂTARDE
CERVEAU	LIBÉRAL	RAMADAN	NÉLOMBO	ILIESCU	BATOUDE
CHAMEAU	LINTEAU	RÉCIFAL	PLACEBO	INEXACT	BAVARDE
CHAPEAU	LOUFIAT	REMBLAI	PROHIBÉ	IONESCO	BOUTADE
CHÂTEAU	LUPANAR	RENÉGAT	SUPERBE	JUSTICE	BRAVADE
CHEDDAR	MALABAR	RONDEAU	THÉORBE	LICENCE	BRIGADE
CLARIAS	MALFRAT	ROSEVAL		LUCRÈCE	BRIMADE
CONSTAT	MANTEAU	ROSTRAL	**C**	MATRICE	BRIOUDE
CONTRAT	MARITAL	ROULEAU		MOTRICE	CAMARDE
CORBEAU	MARTEAU	RUFFIAN	ABSENCE	ORIFICE	CANDIDE
CORDIAL	MARTIAL	SAMOVAR	ACTRICE	OSTRACÉ	CASCADE
COUGUAR	MATELAS	SAMURAÏ	AISANCE	PITANCE	CHAMADE
COUTEAU	MÉCÉNAT	SÉNÉGAL	ANNONCE	POTENCE	CHARADE
CRACHAT	MÉDICAL	SERDEAU	ARÉNACÉ	PRÉCOCE	COCARDE
CRISTAL	MINERAI	SIDÉRAL	AVARICE	PRÉFACE	COMMODE
CRUCIAL	MINÉRAL	SPATIAL	BALANCE	PROPICE	CONARDE
DÉLICAT	MISTRAL	SPÉCIAL	BIPLACE	RELANCE	CORRIDA
DIGITAL	MOINEAU	TABLEAU	CADENCE	RESPECT	COUARDE
DRAPEAU	MONACAL	TAUREAU	CAPRICE	RÉTRÉCI	CRIARDE
EASTMAN	MONCEAU	TÉHÉRAN	CARENCE	SCIENCE	DAURADE
ÉPERLAN	MONDIAL	TERREAU	COMPACT	SEMENCE	DÉBRIDÉ
ESCOBAR	MORCEAU	TOMBEAU	CONTACT	SEMONCE	DÉFENDU
ESTOMAC	MUSICAL	TONNEAU	CORIACE	SERVICE	DEMANDE
FABLIAU	NOUVEAU	TRAMWAY	CORRECT	SILENCE	DÉTENDU
FARDEAU	NUMÉRAL	TRANSAT	CRÉANCE	SURFACE	EMMERDE
FÉMORAL	OLÉOLAT	TRÉTEAU	CRÉTACÉ	SUSPECT	ENNÉADE
FLUVIAL	OPTIMAL	TUILEAU	DÉCENCE	TAPIOCA	ENTENDU
GALETAS	ORIGNAL	TUTORAT	DÉMENCE	TUTRICE	ÉPISODE
GARNEAU	ORTOLAN	UNGUÉAL	DIVORCE	URGENCE	ESTRADE
GÉNÉRAL	OURAGAN	URÉTRAL	ÉDIFICE	VACANCE	ÉTOURDI
GÉNITAL	PARTIAL	VÉGÉTAL	ENFANCE	VALENCE	EXTRUDÉ
GERSEAU	PÉCULAT	VENTRAL	ENGONCÉ	VERDICT	FARAUDE
GLACIAL	PÉLICAN	VERGLAS	ERRANCE	VOYANCE	FÉCONDE
HABITAT	PELLÉAS	VERSEAU	ESSENCE		FERRADE
HÔPITAL	PLAGIAT	VÉSICAL	FACTICE	**D**	FÊTARDE
ILLÉGAL	PLATEAU	VÉTÉRAN	FAÏENCE		FINAUDE
IMMORAL	PLUMEAU	YUCATAN	FINANCE	ABSURDE	FLAGADA
INITIAL	POINTAL		FOLIACÉ	ADDENDA	FLORIDE
JOURNAL	POIREAU	**B**	FORMICA	AILLADE	FOUCADE
KANDJAR	PONCEAU		GARANCE	ATTARDÉ	FRIANDE
LAMBEAU	POUSSAH	ABITIBI	GRIMACE	BADAUDE	FUYARDE

245

GIRONDE	RIBAUDE	ACHEVER	AMARRER	ASSURER	BOSQUET
GLUCIDE	ROTONDE	ACIÉRER	AMASSER	ATELIER	BOSSUER
GRENADE	ROULADE	ACTIVER	AMENDÉE	ATHÈNES	BOTTIER
HAGARDE	SACCADE	ADAPTER	AMENDER	ATTELER	BOUCHER
IBÉRIDE	SAPERDE	ADHÉRER	AMEUTER	ATTIFER	BOUCLÉE
IMMONDE	SECONDE	ADJUGER	AMOCHER	ATTIRER	BOUCLER
INFÉODÉ	SORDIDE	ADJURER	AMODIER	ATTISER	BOUFFÉE
IRLANDE	STUPIDE	ADMIRER	AMORCÉE	AUGURER	BOUFFER
ISLANDE	SUBSIDE	ADOPTER	AMORCER	AVANCÉE	BOULIER
LAMBADA	SUICIDE	ADOSSER	AMPUTER	AVANCER	BOUQUET
LAVANDE	TOCARDE	ADOUBER	ANACLET	AVARIÉE	BOURRÉE
LÉGENDE	TOQUADE	AÉRONEF	ANÉMIER	AVARIER	BOURRER
LIMPIDE	TORNADE	AFFAMÉE	ANHÉLER	AVORTER	BOUSIER
LIQUIDE	TORRIDE	AFFAMER	ANNALES	BABINES	BRAISÉE
MARAUDE	TORSADE	AFFÉTÉE	ANNELÉE	BADINER	BRAISER
MÉTHODE	TRUANDE	AFFILER	ANNELER	BAFOUER	BRANLER
MIRAUDE	TURPIDE	AFFINER	ANNEXÉE	BAGUIER	BRASIER
MORBIDE	UROPODE	AFFLUER	ANNEXER	BAIGNER	BRASSÉE
MOTARDE	VASARDE	AFFOLÉE	ANNOTER	BÂILLER	BRASSER
MUSARDE	VÉRANDA	AFFOLER	ANNULER	BAISSÉE	BRETTER
MUSCADE		AFFÛTER	ÂNONNER	BAISSER	BRETZEL
MYRIADE	**E**	AGENCÉE	APAISER	BALADER	BRIEFER
NÉRÉIDE		AGENCER	APEURÉE	BALAYER	BRIGUER
NIGAUDE	ABCÉDER	AGNELER	APEURER	BALISER	BRILLER
ORGANDI	ABDOMEN	AGNELET	APPÂTER	BANQUET	BRIQUET
OUGANDA	ABJURER	AGRÉGER	APPELER	BASANÉE	BROCHÉE
OUTARDE	ABLERET	AJOURER	APPOSER	BATELET	BROCHER
PASSADE	ABONDER	AJOUTER	APPUYER	BAUMIER	BROCHET
PATAUDE	ABORDER	AJUSTER	ARBORER	BÉCOTER	BRONZÉE
PENAUDE	ABOUTER	ALARMER	ARÊTIER	BEUGLER	BROSSÉE
PERFIDE	ABRASER	ALERTÉE	AROÏDÉE	BEURRÉE	BROSSER
PÉRIODE	ABRÉGÉE	ALERTER	ARPÉGÉE	BEURRER	BROUTER
PICARDE	ABRÉGER	ALIÉNÉE	ARPÉGER	BIAISER	BUSTIER
PINTADE	ABRITER	ALIÉNER	ARRÊTER	BISQUER	BUTINER
PLACIDE	ABROGER	ALIGNER	ARRIMER	BLAGUER	CABARET
POCHADE	ACADIEN	ALISIER	ARRIVER	BLAIRER	CABINET
POMMADE	ACCÉDER	ALLÉGÉE	ARROSER	BLESSÉE	CAFÉIER
POSSÉDÉ	ACCOLER	ALLÉGER	ASEXUÉE	BLESSER	CAHOTER
PRÉLUDE	ACCOTER	ALLOUER	ASPIRER	BLINDÉE	CAILLÉE
PUTRIDE	ACCULER	ALLUMER	ASSENER	BLINDER	CAILLER
REMORDS	ACCUSÉE	ALTÉRÉE	ASSOLER	BLUFFER	CAJOLER
RENARDE	ACCUSER	ALTÉRER	ASSUMER	BOBINER	CÂLINER
RÉPANDU	ACHETER	AMARRÉE	ASSURÉE	BOÎTIER	CALQUÉE

CALUMET	CLASSER	CRANTER	DÉGAGER	DÉTALER	ÉCOLIER
CAMAÏEU	CLOQUER	CRAQUER	DÉGAZER	DÉTAXER	ÉCORCER
CAMBRER	CLOUTÉE	CRAWLER	DÉGELÉE	DÉTELER	ÉCORNER
CANOTER	COASSER	CREUSER	DÉGELER	DÉTONER	ÉCOULER
CAPITÉE	COCKNEY	CREUSET	DÉGOTER	DÉVALER	ÉCOUTER
CAPOTER	COCOTER	CRIBLÉE	DÉJETER	DEVINER	ÉCRASÉE
CÂPRIER	COFFRÉE	CRIQUET	DÉJOUER	DÉVIRER	ÉCRASER
CARAMEL	COFFRER	CRISPER	DÉLACER	DEVISER	ÉCRÉMÉE
CARTIER	COGÉRER	CRISSER	DÉLAVÉE	DÉVOUÉE	ÉCRÉMER
CASERET	COGITER	CROCHER	DÉLAVER	DÉVOUER	ÉCRÊTER
CASQUÉE	COIFFÉE	CROCHET	DÉLIRER	DÉVOYÉE	ÉCROUER
CASTRES	COIFFER	CROISÉE	DÉLOGER	DIAPRÉE	ÉDENTÉE
CELLIER	COINCÉE	CROISER	DÉLURÉE	DIAPRER	ÉDENTER
CENDRÉE	COINCER	CROQUER	DÉLURER	DIGÉRER	ÉDICTER
CENTRÉE	COLLIER	CROQUET	DÉMÊLÉE	DILATER	ÉDIFIER
CERCLÉE	COLORER	CROTTÉE	DÉMÊLER	DIRIGER	ÉDUQUER
CERCLER	COMBIEN	CROTTER	DÉMODÉE	DISCRET	EFFACÉE
CÉRUMEN	COMBLÉE	CROULER	DÉNOUER	DIVISER	EFFACER
CHAÎNÉE	COMBLER	CRUISER	DENTIER	DOMINER	EFFARÉE
CHAÎNER	COMICES	CUILLER	DÉNUDÉE	DOMPTER	EFFILÉE
CHANGÉE	COMPLET	CUIVRÉE	DÉNUDER	DOSSIER	EFFILER
CHANGER	COMPTÉE	CUMULER	DÉPARER	DOUBLÉE	ÉGORGER
CHANTER	COMPTER	CURETER	DÉPECER	DOUCHER	ÉGRENER
CHARGÉE	CONCRET	CUTANÉE	DÉPILER	DRACHER	ÉGRISER
CHARGER	CONFIER	DAIGNER	DÉPITER	DRAGUÉE	ÉHONTÉE
CHARMÉE	CONGRÈS	DATTIER	DÉPLIER	DRAINER	ÉJECTER
CHARMER	CONTRÉE	DÉBINÉE	DÉPOSER	DREISER	ÉLAGUER
CHARNEL	CONTRER	DÉBINER	DÉPOTER	DRESSER	ÉLANCÉE
CHASSÉE	CONVIER	DÉBITER	DÉPUTÉE	DRILLÉE	ÉLANCER
CHASSER	COPULER	DÉBUTER	DÉRAGER	DROGUÉE	ÉLONGER
CHÂSSES	CORMIER	DÉCALER	DÉRAPER	DROSSER	ÉLYSÉEN
CHÂTIER	CORONER	DÉCÉDÉE	DÉRASER	ÉBÉNIER	ÉMACIÉE
CHAUMÉE	COTISER	DÉCÉDER	DÉRIDER	ÉBOULER	ÉMACIER
CHIALER	COUCHÉE	DÉCELER	DÉRIVÉE	ÉBOUTER	EMBÊTER
CHOQUÉE	COUCHER	DÉCIBEL	DÉRIVER	ÉBROUER	ÉMÉCHÉE
CHROMÉE	COUINER	DÉCIDÉE	DERNIER	ÉBURNÉE	ÉMERGER
CINGLÉE	COUPLÉE	DÉCIDER	DÉROBER	ÉCACHER	ÉMIGRÉE
CINGLER	COUPLER	DÉCIMER	DÉROGER	ÉCARTER	ÉMIGRER
CINTRER	COUPLET	DÉCODER	DÉSAVEU	ÉCHINÉE	ÉMINCÉE
CISELER	COURBÉE	DÉCORER	DÉSAXÉE	ÉCHOUER	ÉMINCER
CISELET	COURBER	DÉCRIER	DÉSIRER	ÉCLATER	EMMÊLER
CITOYEN	COURSER	DÉFILER	DÉSOLÉE	ÉCLOPÉE	EMMENER
CLASSÉE	CRACHER	DÉGAGÉE	DÉSOLER	ÉCLUSÉE	EMMURER

ÉMONDER	ENVOLÉE	ÉTONNÉE	FICELÉE	GERBIER	HALETER
ÉMOTTER	ENVOLER	ÉTONNER	FICELER	GESTUEL	HALLIER
EMPÂTER	ENVOYER	ÉTOUPÉE	FICHIER	GLACIER	HAMSTER
EMPESÉE	ÉPANNER	ÉTRIPER	FIGURÉE	GLAISER	HASBEEN
EMPESER	ÉPAULÉE	ÉTUDIER	FIGURER	GLANDER	HÂTELET
EMPILER	ÉPAULER	ÉVACUER	FILETER	GLISSER	HAUSSÉE
EMPIRER	ÉPEURER	ÉVALUER	FILTRÉE	GOBELET	HAUSSER
EMPOTÉE	ÉPICIER	ÉVENTÉE	FILTRER	GOMMIER	HAVENET
ENCAGER	ÉPINIER	ÉVENTER	FLAIRER	GONFLÉE	HÉBÉTÉE
ENDURER	ÉPISSER	ÉVINCER	FLAMBER	GONFLER	HERBIER
ÉNERVÉE	ÉPLORÉE	ÉVOLUER	FLAMMÉE	GOURMET	HÉRITER
ÉNERVER	ÉPLOYER	ÉVOQUER	FLATTER	GOUSSET	HÉSITER
ENFILER	ÉPONGÉE	EXALTÉE	FLÉCHÉE	GRACIER	HEURTÉE
ENFÛTER	ÉPONGER	EXALTER	FLEURER	GRADUÉE	HEURTER
ENGAGER	ÉPOUSÉE	EXAUCER	FLIPPER	GRADUEL	HONORER
ENGLUER	ÉPOUSER	EXCAVER	FLIRTER	GRADUER	HOUPPÉE
ENIVRER	ÉPUISÉE	EXCÉDER	FLOTTÉE	GRAINÉE	HOURDER
ENJÔLER	ÉPUISER	EXCUSÉE	FLOTTER	GRAINER	HULULER
ENJOUÉE	ÉQUIPÉE	EXCUSER	FOUDRES	GRATTÉE	ICARIEN
ENLACER	ÉQUIPER	EXÉCRER	FOUINER	GRATTER	IGNORÉE
ENLEVÉE	ÉRAFLER	EXERCÉE	FOURRÉE	GREFFÉE	IGNORER
ENLEVER	ERGOTÉE	EXERCER	FOURRER	GREFFER	IMAGIER
ENLISER	ERGOTER	EXHALER	FRAISÉE	GRENIER	IMMOLER
ENNUYER	ERRONÉE	EXHIBER	FRANGÉE	GRIFFÉE	IMPOSÉE
ÉNONCÉE	ÉRUCTER	EXISTER	FRAPPÉE	GRIFFER	IMPOSER
ÉNONCER	ESPACÉE	EXPIRER	FRAPPER	GRILLÉE	IMPUTER
ENRAGÉE	ESPACER	EXPOSÉE	FRAUDER	GRILLER	INCISER
ENRAGER	ESPÉRER	EXPOSER	FREINER	GRIMPER	INCITER
ENRAYÉE	ESSAYER	EXSUDER	FRETTER	GRINCER	INCRÉÉE
ENRAYER	ESSORER	EXULTER	FRIPIER	GRIPPÉE	INCUBER
ENRÊNER	ESSUYER	FABULER	FRONCER	GRIPPER	INDURER
ENROBER	ESTIMÉE	FACTUEL	FRONDÉE	GROGNER	INFÉRER
ENRÔLER	ESTIMER	FARINER	FRONDER	GRONDER	INFLUER
ENROUÉE	ÉTAMPÉE	FASCIÉE	FROTTER	GROUPÉE	INFUSER
ENROUER	ÉTAMPER	FAUCHÉE	FURETER	GROUPER	INGÉRER
ENSILER	ÉTERNEL	FAUCHER	FUSELÉE	GUÊPIER	INHALER
ENTAMÉE	ÉTÉSIEN	FAUCHET	GAINIER	GUETTER	INHIBER
ENTAMER	ÉTHÉRÉE	FAUSSER	GALOPER	GUEULER	INHUMER
ENTÊTÉE	ÉTIOLÉE	FERMIER	GAUCHER	GUIGNER	INITIÉE
ENTÊTER	ÉTIOLER	FESSIER	GAUFRÉE	GUINDÉE	INITIER
ENTÔLER	ÉTOFFÉE	FEUTRÉE	GAUFRER	HABITER	INNOVER
ENVASER	ÉTOFFER	FÉVRIER	GÉNÉRER	HAÏTIEN	INONDÉE
ENVINÉE	ÉTOILÉE	FIANCÉE	GEÔLIER	HALENER	INONDER

INQUIET	LAUTREC	MARQUÉE	MOUFLET	PALMIER	PLOMBÉE
INSÉRER	LESBIEN	MARQUER	MOUFTER	PAPOTER	PLONGER
INSOLER	LÉSINER	MASQUER	MOUSSÉE	PARADER	PLUVIER
INTÉRÊT	LETTRÉE	MATINÉE	MOUSSER	PARAFER	POINTÉE
INTIMÉE	LEURRÉE	MÉDITER	MUSCLER	PARAGES	POINTER
INTIMER	LEURRER	MÉDUSÉE	MUSELER	PARAPET	POIRIER
INUSUEL	LÉVITER	MÉDUSER	MUSQUÉE	PARBLEU	POISSER
INVITÉE	LIARDER	MÉGOTER	MUTILÉE	PARDIEU	POIVRÉE
INVITER	LIBÉRÉE	MEMBRÉE	MUTILER	PARQUET	POLICÉE
IONISER	LIBÉRER	MENACÉE	NANISER	PARTIEL	POLLUER
IRANIEN	LICITER	MENACER	NARGUER	PATINER	PORCHER
IRIDIÉE	LIFTIER	MÉNAGÉE	NATUREL	PAVANER	PORTIER
IRRITÉE	LIGOTER	MÉNAGER	NIAISER	PÉDALER	POSTIER
IRRITER	LIMITÉE	MENDIER	NIELLER	PEIGNER	POTELÉE
ITALIEN	LIMITER	MENSUEL	NIVELER	PELOTÉE	POTINER
JACOBÉE	LIMOGER	MERDIER	NOLISER	PELOTER	POUFFER
JACQUET	LISÉRÉE	MÉRITER	NOMINÉE	PELVIEN	POUSSÉE
JAMBIER	LISÉRER	MESURÉE	NUANCÉE	PÉNATES	POUSSER
JANVIER	LISSIER	MESURER	NUANCER	PENCHER	PRÊCHER
JOLIVET	LONDRES	MÉSUSER	OBLIGER	PÉRIMÉE	PREMIER
JONCHER	LONGUET	MEUBLÉE	OBSÉDÉE	PERLIER	PRESSÉE
JONGLER	LORGNER	MEUGLER	OBSÉDER	PÉRORER	PRESSER
JOURNÉE	LOUCHER	MEUNIER	OBUSIER	PEUPLER	PROGRÈS
JUBILER	LOURDER	MIAULER	OCCUPER	PIAULER	PROUVER
JUGULER	LUSTRER	MIJOTER	OEILLET	PICORER	PUBLIER
JUILLET	LUTHIER	MILITER	OEUVRER	PICOTER	QUITTER
JUMELER	LUTINER	MILLIER	OISELER	PIERRÉE	RABOTER
JUPITER	MACÉRÉE	MINUTÉE	OISELET	PILOTÉE	RACOLER
KEFFIEH	MACÉRER	MIRABEL	OLIVIER	PILOTER	RADOTER
LABIÉES	MACULER	MITIGÉE	ONDULER	PIOCHER	RAILLER
LACÉRER	MADRIER	MITIGER	ONUSIEN	PIONCER	RALLIER
LAGNIEU	MAILLÉE	MODELÉE	OPIACÉE	PIPELET	RAMENER
LAINIER	MAILLER	MODELER	OPPOSÉE	PIRATÉE	RAMONER
LAISSÉE	MAILLET	MODÉRÉE	OPPOSER	PIRATER	RANIMER
LAISSER	MAJORER	MODÉRER	ORANGÉE	PIVOTER	RÂTELER
LAITIER	MALAXER	MODULER	ORGELET	PLAGIER	RATITES
LAMINER	MANAGER	MOLETER	OSSELET	PLANTÉE	RATURÉE
LANERET	MANQUÉE	MONTRÉE	OUBLIER	PLANTER	RATURER
LAPIDER	MANQUER	MONTRER	OUILLER	PLAQUER	RAUCHER
LAPINER	MARBRÉE	MORBIER	OURLIEN	PLÂTRÉE	RAVAGER
LARGUER	MARCHER	MORTIER	OURLIEN	PLÉNIER	RAVALER
LARMIER	MARINÉE	MOTIVER	OUVRIER	PLEURER	RAVINER
LAURIER	MARINER	MOUCHÉE	PAGINER	PLISSER	RAVISER

RAVIVER	REPOSER	SATINÉE	SOUTIEN	TRAÎNER	VIRTUEL
RÉARMER	RÉPUTÉE	SATINER	SPENCER	TRAITÉE	VISITÉE
REBUTER	REQUIEM	SATURÉE	SPOLIER	TRAITER	VISITER
RECALER	RÉSIDER	SATURER	STAGNER	TRAPPÉE	VIVOTER
RECELER	RÉSINÉE	SAUCIER	STATUER	TRAQUER	VOILIER
RECÉPER	RÉSINER	SAUNIER	STEAMER	TREMPÉE	VOYAGER
RÉCITER	RESSUER	SCALPEL	STEPPER	TREMPER	WHISKEY
RÉCRÉER	RESUCÉE	SCALPER	STOPPER	TRÉPIED	ZIEUTER
RECULER	RÉSUMÉE	SCANDER	STRUDEL	TRESSÉE	ZYEUTER
RÉCURER	RÉSUMER	SCANNER	SUCRIER	TRESSER	
RÉCUSER	RETAPER	SCELLER	SUINTER	TRICHER	**F**
RÉDIGER	RETIRÉE	SCINDER	SUTURÉE	TRIPLER	
RÉDIMER	RETIRER	SCOOTER	SUTURER	TRIPLEX	ÉTOUFFÉ
REDORER	RÉVÉLER	SCRAPER	TAILLÉE	TRISSER	PONTIFE
RÉFÉRER	RÉVÉRER	SCRUTER	TAILLER	TROLLEY	TARTUFE
REFILER	RÉVISER	SECOUER	TAMISÉE	TROMPÉE	
REFUSER	REVOLER	SELLIER	TAMISER	TROMPER	**G**
RÉFUTER	REVOTER	SEMBLER	TANGUER	TROPHÉE	
RÉGALÉE	RICANER	SENSUEL	TANISER	TROTTER	ABATAGE
RÉGALER	RIGOLER	SENTIER	TAPAGER	TROUVER	ALÉSAGE
RÉIFIER	RISQUÉE	SÉPARER	TAPOTER	TRUQUER	ALLIAGE
REJETER	RIVETER	SERINER	TARGUER	TUILIER	ASPERGE
RELATER	ROCHIER	SÉTACÉE	TARSIEN	ULCÉRÉE	AUBERGE
RELAVER	ROILLER	SÉVICES	TATOUER	ULCÉRER	BÂCHAGE
RELAXER	RONCIER	SIDÉRÉE	TAUPIER	UNIFIER	BÂCLAGE
RELEVÉE	RONFLER	SIDÉRER	TEINTÉE	URSIDÉS	BATTAGE
RELEVER	ROSACÉE	SIFFLER	TEINTER	USINIER	BÉLOUGA
RELOGER	ROTACÉE	SIFFLET	TERRIEN	USURIER	CADRAGE
RELOUER	ROUTIER	SIMPLET	TERRIER	USURPER	CARNAGE
REMISER	RUBANER	SIMULÉE	TEXTUEL	VALIDÉE	CASSAGE
RENFLÉE	RUMINER	SIMULER	THONIER	VALIDER	CHÔMAGE
RENOUER	RUTILER	SINISER	TIERCÉE	VAURIEN	CLONAGE
RÉNOVER	SABOTER	SIROTER	TIERCER	VAUTRÉE	COLLÈGE
RENTIER	SAIGNÉE	SMASHER	TIMBRÉE	VAUTRER	CONTIGU
RENTRÉE	SAIGNER	SNIFFER	TIMORÉE	VÉGÉTER	CORDAGE
RENTRER	SALIVER	SOIGNÉE	TITUBER	VEILLÉE	CORRIGÉ
RÉPARER	SALOPER	SOIGNER	TOLÉRER	VEILLER	CORSAGE
REPAYER	SANGLÉE	SOLERET	TOUCHÉE	VÉLINES	CORTÈGE
REPÉRÉE	SANGLER	SOLFIER	TOUCHER	VÉNÉRER	COULAGE
REPÉRER	SAOULER	SOMBRER	TOURNÉE	VERDIER	COURAGE
RÉPÉTER	SARCLER	SORCIER	TOURNER	VERNIER	DALLAGE
REPLIER	SAROUEL	SOUDIER	TOUSSER	VÉTIVER	DOMMAGE
REPOSÉE	SATANÉE	SOULIER	TRAÎNÉE	VIDIMER	DRAGAGE
					ÉCHANGE

ÉCOLAGE	PLANAGE	ENCOCHE	ADVENIR	BABOUIN	CONQUIS
ÉLEVAGE	PRÉJUGÉ	ÉOLITHE	AFFADIR	BALADIN	CONSEIL
ENNEIGÉ	PRÉSAGE	FALUCHE	AFFILIÉ	BARATIN	CONTRIT
ÉPITOGE	PRODIGE	FÉTICHE	AGNOSIE	BARMAID	COTERIE
ÉTALAGE	RINÇAGE	FILOCHE	AIGUAIL	BATAVIA	COUFFIN
ÉTÊTAGE	ROGNAGE	FOURCHE	ALCALIN	BÉDOUIN	COULOIR
ÉTRANGE	SABLAGE	FRAÎCHE	ALGÉRIE	BÉGONIA	COUSSIN
FAÎTAGE	SACCAGE	FRANCHE	ALLOTIR	BELOEIL	COUVOIR
GERBAGE	SAUVAGE	GALOCHE	ALLUSIF	BERCAIL	COUVRIR
GLAÇAGE	SÉCHAGE	GNOCCHI	AMERRIR	BIOPSIE	CRACHIN
GLANAGE	SILLAGE	GOUACHE	AMINCIR	BISCUIT	CRÉATIF
GOMMAGE	SONDAGE	INFICHU	AMNÉSIE	BLENNIE	CROATIE
GRABUGE	SPHINGE	KAMICHI	AMOLLIR	BLONDIN	CROTTIN
GRIMAGE	TANGAGE	LÉCYTHE	AMORTIR	BOBTAIL	CROUPIR
HÉBERGÉ	TANNAGE	PARAPHE	ANAHEIM	BOLIVIE	CURATIF
HOMMAGE	TOILAGE	PATACHE	ANCHOIS	BONSOIR	DÉBÂTIR
HORLOGE	TONNAGE	PATOCHE	ANCOLIE	BOUDOIR	DÉCATIR
INSURGÉ	TRUCAGE	PELUCHE	ANGLAIS	BOUFFIE	DÉCHOIR
LAINAGE	USINAGE	RELÂCHE	ANOBLIR	BOULOIR	DÉCISIF
LAITAGE	VERTIGE	REVÊCHE	APATHIE	BOUQUIN	DÉFINIE
LANGAGE	VERTIGO	SACOCHE	APEPSIE	BOURRIN	DÉFINIR
LAQUAGE	VESTIGE	TALOCHE	APHONIE	BOUTOIR	DÉMOLIR
LENTIGO	VEUVAGE	TRANCHE	APLANIR	BRANDIR	DÉMUNIR
LESTAGE	VILLAGE	TRONCHE	APLATIR	BRESCIA	DÉPÉRIR
LOSANGE	VINTAGE		APPÉTIT	CABOTIN	DÉPOLIR
LOUANGE	VOILAGE	**I**	AQUILIN	CALEPIN	DESSEIN
LUMBAGO			ARMENIA	CANITIE	DÉSUNIE
MARIAGE	**H**	ABIÉTIN	ASIALIE	CAPUCIN	DÉSUNIR
MASSAGE		ABLATIF	ASSAGIR	CARABIN	DÉTENIR
MÉLANGE	AFFICHE	ABONNIR	ASSEOIR	CERTAIN	DÉTROIT
MÉSANGE	ARROCHE	ABORTIF	ASSOCIÉ	CHABLIS	DÉVÊTIR
MESSAGE	ATTACHÉ	ABOULIE	ASTASIE	CHAGRIN	DORTOIR
MONTAGE	AUROCHS	ABOUTIE	ASTÉRIE	CHAMPIS	DOUZAIN
MOULAGE	BLANCHE	ABOUTIR	ASTÉRIX	CHICHIS	DUPERIE
NORIEGA	BRANCHE	ABRASIF	ATTRAIT	CHOISIE	ÉBAUBIE
OMBRAGE	BRANCHU	ABRUTIE	AULNAIE	CHOISIR	ÉBLOUIR
OUTRAGE	BRIOCHE	ABRUTIR	AUNEUIL	CIPOLIN	ÉBOULIS
OUVRAGE	CABOCHE	ACCUEIL	AURÉLIE	CIRCUIT	ÉCHEVIN
PARCAGE	CANICHE	ACIÉRIE	AVACHIR	CITADIN	ECTOPIE
PARTAGE	CLENCHE	ACTINIE	AVALOIR	COLONIE	EFFIGIE
PASSAGE	ÉBAUCHE	ADHÉSIF	AVERTIE	COLORIS	EFFRAIE
PAYSAGE	ÉGISTHE	ADIPSIE	AVERTIR	COMÉDIE	ÉGLEFIN
PILLAGE	EMBÛCHE	ADOUCIR	AVEULIR	CONFLIT	ÉLARGIR

ÉLECTIF	FRAIRIE	INTÉRIM	NÉMÉSIS	POULAIN	SCIERIE
ELTAJIN	FRAISIL	INTROÏT	NÉOTTIE	POURRIE	SCRUTIN
EMBOLIE	FRATRIE	ISOLOIR	NIGERIA	POURRIR	SÉDATIF
ENDÉMIE	FUGITIF	IVOIRIN	NOIRCIR	POUSSIN	SIAMOIS
ENDROIT	GABARIT	JAILLIR	NOMBRIL	POUVOIR	SIBÉRIE
ÉNERGIE	GALERIE	JUCHOIR	NORROIS	PRAIRIE	SIZERIN
ENFOUIR	GALLOIS	LACERIE	NOTARIÉ	PRÉAVIS	SOIERIE
ENGRAIS	GALOPIN	LACONIE	NOURRIE	PRÉVOIR	SOMALIE
ENNEMIE	GALURIN	LAMBRIS	NOURRIR	PRODUIT	SOMMEIL
ENTRAIN	GÂTERIE	LANGUIR	OBTENIR	PROPRIO	SOUDAIN
ENVAHIR	GAUCHIR	LAVERIE	OCÉANIE	RAPPRIS	SOUHAIT
ÉPINAIE	GAULOIS	LEMELIN	OCTAVIN	RAVELIN	SOURCIL
ERSTEIN	GOURDIN	LINÇOIR	OLTÉNIE	REBÂTIR	SPORTIF
ESTONIE	GRANDIR	LIPARIS	OMBILIC	RECUEIL	STENCIL
ÉTABLIE	GRAPHIE	LISSOIR	ONTARIO	REFRAIN	SUÉDOIS
ÉTABLIR	GRAPPIN	LITANIE	ORANAIS	RÉJOUIE	SURFAIT
ÉTRÉCIR	GRATUIT	LITERIE	ORGUEIL	RÉJOUIR	SURPLIS
EUDÉMIS	GRIVOIS	LOMBRIC	OSSÉTIE	RELATIF	SURPRIS
EURASIE	GRONDIN	LOTERIE	OTALGIE	REMPLIE	TAILLIS
EUTOCIE	GROSSIR	LOUSTIC	OUGARIT	REMPLIR	TAMARIN
EXPLOIT	GROUPIE	LUPULIN	PANARIS	RENNAIS	TERRAIN
EXTRAIT	HACHOIR	MAGASIN	PANTOIS	RESALIR	TERROIR
FACÉTIE	HARNAIS	MAIGRIR	PARADIS	RESCRIT	THÉORIE
FAGOTIN	HAUTAIN	MALADIE	PARFAIT	RETENIR	THERMIE
FAIBLIR	HÉMATIE	MALADIF	PARFOIS	RETRAIT	TÔLERIE
FAILLIR	HÉRÉSIE	MALARIA	PARODIE	RÉUSSIE	TRAÇOIR
FALLOIR	HOMÉLIE	MALSAIN	PARRAIN	RÉUSSIR	TRANSIE
FAVORIS	HUITAIN	MANDRIN	PARULIE	REVENIR	TRANSIR
FEDAYIN	IDIOTIE	MARQUIS	PATELIN	RÊVERIE	TRANSIT
FENOUIL	IMPOLIE	MAUVAIS	PÈLERIN	REVÊTIR	TRAVAIL
FERMOIR	IMPUNIE	MÉDECIN	PÉNURIE	RIZERIE	TRENAIL
FIXATIF	INACTIF	MÉLODIE	PERDRIX	ROMARIN	TROTTIN
FLÉCHIR	INCIPIT	MESQUIN	PÉTUNIA	ROTATIF	TUNISIE
FLÉTRIR	INCISIF	MINUTIE	PILOTIS	ROUERIE	URINOIR
FLEURIE	INCIVIL	MIOLLIS	PIPERIN	ROUSSIE	VANTAIL
FLEURIR	INCURIE	MOMERIE	PLAISIR	ROUSSIR	VÉNERIE
FORFAIT	INDÉCIS	MONDAIN	PLANOIR	ROUSTIR	VERMEIL
FORTUIT	INEPTIE	MONNAIE	PLASTIC	SAILLIE	VILENIE
FOSSOIR	INERTIE	MONTOIR	POPOTIN	SAILLIR	VINEUIL
FOURBIR	INEXPIÉ	MOUVOIR	PORTAIL	SALARIÉ	VITRAIL
FOURNIE	INFAMIE	NAVARIN	POSITIF	SANGRIA	VOLATIL
FOURNIR	INFINIE	NÉGATIF	POTERIE	SANGUIN	VOLITIF

VOULOIR	BOUILLE	EXEMPLE	INÉGALE	PASCALE	SPIRALE
VROMBIR	BOUILLI	FACIALE	INUTILE	PENDULE	STEEPLE
VULCAIN	BRAILLE	FAMILLE	ISOCÈLE	PÉNIBLE	STÉRILE
XIMÉNIE	BRUTALE	FARFELU	JOUABLE	PERCALE	SUBTILE
ZIZANIE	CAGOULE	FÉBRILE	JOUFFLU	PERGOLA	SURELLE
	CANNELÉ	FEMELLE	JOVIALE	PÉTROLE	SWAHILI
K	CAPABLE	FÉODALE	JUMELLE	PICCOLI	SYMBOLE
	CAUDALE	FERTILE	LABELLE	PINACLE	SYSTOLE
MAZURKA	CÉDILLE	FEUILLE	LAMELLE	PISTOLE	TACTILE
PAPRIKA	CELLULE	FEUILLU	LASALLE	POSTALE	TAMOULE
SEPPUKU	CENELLE	FICELLE	LIBELLE	POTABLE	TENABLE
SIRTAKI	CÉRÉALE	FIFILLE	LILIALE	POTABLE	TIMBALE
	CHAMBLY	FISCALE	LINÉALE	PUÉRILE	TOMBOLA
L	CHORALE	FLORALE	LOUABLE	PUPILLE	TRALALA
ABACULE	CONCILE	FOETALE	LUCIOLE	PURCELL	TRAVELO
ABEILLE	CONGELÉ	FOFOLLE	MABOULE	PUSTULE	TREMBLE
ACIDULÉ	COROLLE	FORMULE	MALPOLI	RACIALE	TRIBALE
AFFABLE	COSTALE	FOSSILE	MAMELLE	RAMOLLI	TRIPOLI
AFFUBLÉ	COUILLE	FOUILLE	MANDALE	RAMOLLO	TROUBLE
AIMABLE	CRAPULE	FRAGILE	MANILLE	RAVIOLI	TRUELLE
AIRELLE	CRÉDULE	FRIVOLE	MARELLE	REBELLE	TUTELLE
ALVÉOLE	CRÉNELÉ	FRUGALE	MARSALA	RECTALE	USUELLE
AMIABLE	CRUELLE	FUSIBLE	MENTALE	RENAULT	UTRILLO
AMICALE	CRURALE	GAMELLE	MINABLE	REPTILE	VALABLE
AMIRALE	CURABLE	GAZELLE	MIRACLE	RÉSILLE	VANDALE
AMORALE	CYMBALE	GÉNIALE	MONIALE	RIAILLE	VANILLE
AMPOULE	DARIOLE	GIRELLE	MONOCLE	RISIBLE	VARIOLE
ANIMALE	DÉBÂCLE	GIROFLE	MORELLE	RISSOLE	VASSALE
APÉTALE	DENTALE	GIROLLE	MORFALE	ROSÉOLE	VENELLE
APICALE	DISCALE	GODILLE	MORILLE	ROUILLE	VERBALE
ASTRALE	DORSALE	GONDOLE	MOUILLÉ	RUBÉOLE	VESTALE
ATONALE	DOUILLE	GORILLE	NACELLE	SANDALE	VÉTILLE
AURÉOLE	DURABLE	GRACILE	NEURALE	SANICLE	VIDELLE
AVICOLE	ÉCAILLE	GRANULE	NIVÉALE	SEMELLE	VIEILLE
AYROLLE	ÉCHELLE	HABILLÉ	NIVELLE	SERVILE	VIEILLI
BABIOLE	ÉCUELLE	HERCULE	NORMALE	SESSILE	VISIBLE
BACILLE	ÉDICULE	HIATALE	NOTABLE	SIGNALÉ	VOCABLE
BAGNOLE	ENGRÊLÉ	HIÉMALE	OISELLE	SOCIALE	ZORILLE
BANCALE	ENSELLÉ	HOSTILE	ONCIALE	SOLUBLE	
BARIOLÉ	ÉPINGLE	HOUILLE	OREILLE	SOUFFLE	**M**
BENGALI	ÉRAILLÉ	IDÉELLE	OSEILLE	SOUILLÉ	ADÉNOME
BICYCLE	ESSEULÉ	IGNOBLE	OSTIOLE	SPATULE	ALABAMA
BORÉALE	ÉVEILLÉ	IMBRÛLÉ	OUAILLE	SPINALE	

ANSELME	SYSTÈME	BIGORNE	COURANT	FLAMANT	LUCARNE
AUTISME	TAOÏSME	BLASANT	COUSINE	FLAMINE	LUCERNE
BAPTÊME	TRUISME	BOLOGNE	COUVENT	FORAINE	LUISANT
CENTIME	UNANIME	BOTTINE	CRAONNE	FORCENÉ	LURONNE
CIVISME	VACARME	BRIGAND	CRÉPINE	FORLANE	LUTÉINE
COSTUME	VICTIME	BRIONNE	CRÉTINE	FORTUNE	LUZERNE
COUTUME		BRISANT	CROYANT	GAGNANT	MACHINE
CYNISME	**N**	BRÛLANT	CRÛMENT	GAÎMENT	MALIGNE
DÉPRIME		CALCINÉ	CUISANT	GARENNE	MARRANT
DILEMME	ACÉTONE	CALMANT	CUISINE	GINSENG	MARTINI
DIPLÔME	ACHARNÉ	CAMPANE	CYCLONE	GOÉLAND	MATRONE
ÉCONOME	ACUMINÉ	CANTINE	DÉVEINE	GORGONE	MÉCHANT
ÉGOÏSME	ADJOINT	CAPONNE	DIAMANT	GREDINE	MEETING
EMBLÈME	AESCHNE	CAPRINE	DISTANT	GRISANT	MÉFIANT
ENCLUME	AFFRONT	CASERNE	DOMAINE	HALEINE	MELONNÉ
ENRHUMÉ	AFGHANE	CASSANT	DOYENNE	HARFANG	MENTANA
ÉONISME	AGAÇANT	CAUSANT	DRACÉNA	HERMINE	MISAINE
ESCRIME	ALANINE	CAVERNE	ÉCHIDNÉ	HÉROÏNE	MITAINE
EXTRÊME	ALIMENT	CÉTOINE	EFFRÉNÉ	HIRCINE	MODERNE
FANTÔME	ALTERNÉ	CHACONE	ÉLÉGANT	HOSANNA	MONTANA
FIBROME	AMAZONE	CHALAND	ÉLÉMENT	HURONNE	MONTANT
INANIMÉ	AMBIANT	CHICANE	ÉMÉTINE	HYDRANT	MORAINE
INFIRME	AMUSANT	CHICANO	ÉMINENT	ÎLIENNE	MORDANT
INNOMMÉ	ANÉMONE	CHIENNE	EMPENNE	IMPLANT	MORMONE
LEUCOME	ANODINE	CITERNE	EMPRUNT	INCLINÉ	MOURANT
MACRAMÉ	ANTENNE	CITRINE	ENCLINE	INCONNU	MOUVANT
MARASME	ARIENNE	CLÉMENT	ENCORNÉ	INDEMNE	NAVRANT
MUTISME	ATTEINT	COCAGNE	ÉPARGNE	INDIANA	NÉMÉENS
NANISME	AUBAINE	COCAÏNE	ÉPATANT	INDIGNE	NÉOGÈNE
ORIGAMI	AUTOMNE	CODÉINE	ÉPIGONE	INOPINÉ	NEPTUNE
OSTÉOME	AVELINE	COLLANT	ÉROGÈNE	INSIGNE	NERVINE
PHONÈME	AVENANT	COLLINE	ESCIENT	INSTANT	NEURONE
PRÉSUMÉ	BADERNE	COLONNE	ÉSÉRINE	INTERNE	NIRVANA
PURISME	BALEINE	COMMENT	ÉTAMINE	INULINE	NUEMENT
RAGTIME	BARBANT	COMMUNE	ÉTRENNE	ISOLANT	OBSCÈNE
RÉCLAME	BARDANE	CONFINS	ÉVIDENT	LACAUNE	OBSTINÉ
RÉFORME	BARONNE	CONTENT	EXTERNE	LACHINE	OCARINA
RENOMMÉ	BEDAINE	CONTENU	FÂCHANT	LAMBINE	ODORANT
SADISME	BÉGUINE	CONTINU	FAISANS	LASSANT	ONGUENT
SCHISME	BÉNIGNE	COQUINE	FEELING	LÉONINE	OPALINE
SUBLIME	BENZÈNE	COUENNE	FÉLONNE	LETTONE	OPULENT
SUPRÊME	BERLINE	COULANT	FENDANT	LICORNE	ORDONNÉ
	BESOGNE	COUPANT	FERVENT	LITORNE	ORIGINE

ORLÉANS	RICAINE	TZIGANE	CAILLOU	GRIFFON	OPINION
PAÏENNE	ROMAINE	URBAINE	CAISSON	GRIGNON	ORAISON
PARLANT	ROUTINE	UTÉRINE	CALEÇON	GRILLON	OVATION
PARTANT	SAMOENS	VERMINE	CAMELOT	GROGNON	PALÉMON
PARVENU	SARDINE	VERMONT	CANETON	GUIGNOL	PALETOT
PASSANT	SARMENT	VERSANT	CAPITON	GUIGNON	PARASOL
PATIENT	SATURNE	VIBRANT	CARAFON	HAILLON	PASSION
PÉBRINE	SEGMENT	VILAINE	CAUTION	HAMEÇON	PENSION
PENDANT	SENTINE	VIOLENT	CESSION	HARICOT	PÉRIDOT
PENSANT	SEREINE	VITRINE	CÉVENOL	HÉLICON	PHARAON
PERÇANT	SERGENT	VOISINE	CHAÎNON	HORIZON	PLANTON
PERDANT	SERMENT		CHANSON	HOUBLON	POINÇON
PERSANE	SERPENT	**O**	CHARRON	JAVELOT	POISSON
PHALÈNE	SERVANT		CHEVRON	LAMPION	POIVRON
PIMPANT	SEXTANT	ABANDON	CHINOOK	LIAISON	POIVROT
PIQUANT	SMOKING	ABRICOT	CLOISON	LIMAÇON	POLTRON
PISCINE	SONNANT	AÉROSOL	COMPLOT	LISERON	PORTION
PLAFOND	SOPRANO	AILERON	CRAMPON	LORGNON	POTIRON
PLATANE	SORTANT	ALBINOS	CRESSON	LOUPIOT	POURVOI
PLATINE	SOUTANE	ALÉRION	CROÛTON	MACARON	PUCERON
PORCINE	SOUTENU	AMERLOT	CUISSOT	MACHAON	QUATUOR
POUDING	SOUVENT	ANDALOU	CUISTOT	MAILLON	REJETON
POUPINE	SUIVANT	ANTIVOL	CURETON	MAILLOT	RÉUNION
PRALINE	SURANNÉ	ARTIMON	DICTION	MAMELON	RIGODON
PRÉSENT	SURFINE	ASTICOT	ÉCHELON	MANCHON	SALERON
PRÉVENU	SUSPENS	AVORTON	ÉCUSSON	MANCHOT	SALOMON
PROBANT	TANTINE	BALAFON	ÉDITION	MANITOU	SANGLOT
PROFANE	TARTANE	BASTION	ÉDREDON	MATADOR	SECTION
PROFOND	TARTINE	BEFFROI	ELEISON	MATELOT	SEPTUOR
PROPANE	TAURINE	BIBELOT	ÉMOTION	MÉLILOT	SESSION
PRUDENT	TAVERNE	BIENTÔT	ENVIRON	MENTION	SIMENON
PUDDING	TENTANT	BILLION	EPSILON	MILDIOU	SOUPÇON
QUININE	TERRINE	BISTROT	ÉROSION	MIRADOR	STATION
RAFFINÉ	TOMBANT	BLOUSON	ÉTANÇON	MISSION	STENTOR
RAMPANT	TONNANT	BOISSON	ÉVASION	MOISSON	SUCCION
RANCUNE	TORDANT	BOUCHON	FACTION	MOUFLON	TCHADOR
RECONNU	TORRENT	BOUFFON	FICTION	MOUSSON	TENDRON
REMUANT	TRIBUNE	BOURBON	FOURGON	MULSION	TENSION
REPEINT	TRIDENT	BOURDON	FRISSON	NÉGATON	TÉTANOS
RÉSIGNÉ	TSARINE	BRISTOL	GABELOU	NEUTRON	THERMOS
RETEINT	TSIGANE	BUISSON	GESTION	NUAISON	TOURNOI
RHÉNANE	TULLINS	CABANON	GIRASOL	OMICRON	TROGNON
RHYTINE	TZARINE	CAILLOT	GLOUTON	ONCTION	TRONÇON

UNISSON	BAGARRE	CONCERT	ESCARRE	JOINDRE	MOUTARD
UPSILON	BAGNARD	CONFORT	ÉTAGÈRE	LAMPARO	MOUTURE
VERSION	BALAFRE	CONGÈRE	ÉTENDRE	LANIÈRE	MULÂTRE
VITRIOL	BALOURD	CONJURÉ	ÉVASURE	LARAIRE	MURMURE
	BARBARE	CONNARD	ÉVIDURE	LECLERC	MYSTÈRE
P	BATTURE	CONSORT	EXAGÉRÉ	LECTURE	NAGUÈRE
	BÉLÎTRE	COQUARD	EXCLURE	LÉOPARD	NITRURE
ATTRAPE	BERGÈRE	COSTARD	FACTURE	LIGNARD	NOTAIRE
CONCEPT	BIFFURE	COULURE	FEINDRE	LINAIRE	NOTOIRE
CYCLOPE	BIGARRÉ	COUPURE	FENÊTRE	LINIÈRE	OBSCURE
DISSIPÉ	BILLARD	COUTURE	FERRURE	LIOTARD	OCCLURE
ÉCHARPE	BINAIRE	COUVERT	FICAIRE	LISIÈRE	OCTOBRE
ESCARPÉ	BIZARRE	CRATÈRE	FILAIRE	LITIÈRE	OMETTRE
ESTAMPE	BLAFARD	CREVARD	FILIÈRE	LOISIRS	ORFÈVRE
ESTOMPE	BORDURE	CRITÈRE	FISSURE	LOUBARD	ORNIÈRE
FORCEPS	BRISURE	CROÎTRE	FOLÂTRE	LUGUBRE	OVIPARE
INCULPÉ	BROCARD	CUISTRE	FOULARD	LUMIÈRE	PANDORE
PSILOPA	BRÛLURE	CULTURE	FOULURE	MACABRE	PARJURE
RESCAPÉ	CADAVRE	DÉBOIRE	FRITURE	MAESTRO	PATTERN
SATRAPE	CAGNARD	DÉCRIRE	FUNÈBRE	MAJEURE	PEINARD
SCHNAPS	CALIBRE	DÉDUIRE	GAGEURE	MALAIRE	PEINDRE
SOUPAPE	CAPTURE	DÉFAIRE	GEINDRE	MALOTRU	PEINTRE
SYNCOPE	CASSURE	DÉLABRÉ	GERÇURE	MAMOURS	PENTURE
TURNEPS	CATHARE	DEMEURE	GOINFRE	MANDORE	PÉRIERS
	CEINDRE	DEMIARD	GOUFFRE	MANIÈRE	PERVERS
R	CÉLÈBRE	DENTURE	GRAVURE	MARÂTRE	PILLARD
	CENSURE	DÉNUTRI	GUÉPARD	MARTYRE	PLACARD
ABATTRE	CERBÈRE	DESSERT	GUEVARA	MATIÈRE	PLEUTRE
ACCOURU	CHAMBRE	DIANTRE	GUIPURE	MAUDIRE	POCHARD
AFFAIRE	CHANCRE	DISPARU	GUITARE	MÉANDRE	POINDRE
AGUERRI	CHANVRE	DROSÉRA	HACHURE	MEISTRE	POLAIRE
ALGÈBRE	CHARTRE	ÉCLAIRÉ	HALTÈRE	MÉMOIRE	POMMARD
ALIFÈRE	CHIFFRE	ÉMETTRE	HECTARE	MERCURE	PONDÉRÉ
ALLÈGRE	CHIMÈRE	ENCADRÉ	HORAIRE	MÉTÉORE	POSTURE
ALTIÈRE	CIBOIRE	ENCLORE	HUSSARD	MEURTRE	POTIÈRE
AMAIGRI	CIRIÈRE	ENDUIRE	ICEBERG	MINEURE	PRÉDIRE
AMPHORE	CITHARE	ENFOIRÉ	IMPAIRE	MOINDRE	PRÉFÉRÉ
ANCÊTRE	CIVIÈRE	ENTIÈRE	INCLURE	MOLAIRE	PRÉLART
ARBITRE	CLÉBARD	ÉPANDRE	INDUIRE	MONSTRE	PRENDRE
ARCHÈRE	CLÔTURE	ÉPIAIRE	INSPIRÉ	MONTURE	PRIEURE
ARRIÈRE	COCHÈRE	ÉPINARD	INTÈGRE	MORDORÉ	PROSTRÉ
ASTAIRE	COMMÈRE	ÉQUERRE	ISSOIRE	MORSURE	PUPITRE
ATTERRÉ	COMPÈRE	ESCADRE	JASPURE	MOULURE	RACCORD
AUSTÈRE					

RAIFORT	SOURIRE	VOILURE	CONCISE	GÉNISSE	OISEUSE
RAINURE	SPECTRE	VOITURE	CONFUSE	GÉNOISE	OSSEUSE
RAPIÈRE	STATURE	VOLIÈRE	CONTUSE	GOBEUSE	PARESSE
RAPPORT	SUFFIRE	WESTERN	CRIEUSE	GODASSE	PÂTEUSE
REBOURS	SUPPORT	YOGOURT	CULASSE	HANTISE	PAYEUSE
RECOURS	TABLARD	ZÉBRURE	DAMASSÉ	HARASSÉ	PELISSE
RECUIRE	TAMOURÉ	ZINGARO	DANOISE	HIDEUSE	PELOUSE
RÉDUIRE	TANGARA	ZONIÈRE	DARAISE	HYPNOSE	PERMISE
RÉÉLIRE	TANIÈRE		DÉCOUSU	IMMENSE	PESEUSE
REFAIRE	TARIÈRE	**S**	DÉFENSE	IMPASSE	PÉTASSE
RELIURE	TARTARE		DÉGUISÉ	INCLUSE	PÉTEUSE
RELUIRE	TAULARD	ABAISSE	DÉPENSE	INSENSÉ	PINASSE
REMPART	TEINDRE	ABBESSE	DÉPRISE	INTENSE	PIPEUSE
RENCARD	TELLURE	ADRESSE	DÉSOSSÉ	INTRUSE	PITEUSE
RENFORT	TEMPÉRÉ	ADVERSE	DIÉRÈSE	IVRESSE	POREUSE
REPAIRE	TENTURE	AÎNESSE	DISEUSE	JALOUSE	POSEUSE
RESSORT	TESSÈRE	ALTESSE	DISPOSÉ	JASEUSE	PRÉCISE
REVIVRE	TÊTIÈRE	AMOROSO	DIVERSE	JOCASSE	PRÉPOSÉ
RINÇURE	THÉÂTRE	ANALYSE	ÉCLIPSE	JOUEUSE	PROMISE
RINGARD	THÉIÈRE	ARBOUSE	ÉCLISSE	JOYEUSE	PUNAISE
RIVIÈRE	TOITURE	ARDOISE	ELLIPSE	LACEUSE	RAGEUSE
RIZIÈRE	TONSURE	ARMOISE	EMPHASE	LARISSA	RÂLEUSE
ROSAIRE	TONTURE	BAGASSE	EMPRISE	LAVASSE	RAMASSÉ
ROSSARD	TORTURE	BALLAST	ENTORSE	LAVEUSE	RAMEUSE
ROULURE	TOUNDRA	BÂTISSE	ÉPAISSE	LISEUSE	RASEUSE
RUPTURE	TRAÎTRE	BÉCASSE	EVEREST	LOGEUSE	RASSISE
SAÏMIRI	TRAVERS	BECAUSE	EXÉRÈSE	LORDOSE	RECLUSE
SALAIRE	TRIPURA	BÊTASSE	EXPRESS	LOUEUSE	RÉPONSE
SALIÈRE	ULMAIRE	BICROSS	FADAISE	MALAISE	REPRISE
SALUBRE	ULNAIRE	BONASSE	FADASSE	MATOISE	RETORSE
SAUMURE	UNIVERS	BOXEUSE	FALAISE	MÉLASSE	RÊVEUSE
SCEPTRE	URÉTÈRE	BROUSSE	FAMEUSE	MENEUSE	RIMEUSE
SECOURS	VACHARD	BUVEUSE	FANEUSE	MÉPRISE	RÔDEUSE
SÉDUIRE	VAINCRE	CABOSSE	FILEUSE	MITEUSE	RUDESSE
SERRURE	VAMPIRE	CAMBUSE	FINESSE	MOLOSSE	SAGESSE
SICAIRE	VANTARD	CARESSE	FOREUSE	NÉCROSE	SCIEUSE
SILLERY	VEINARD	CHEMISE	FROUSSE	NÉVROSE	SEMEUSE
SIMARRE	VEINURE	CIMAISE	FUMEUSE	NÎMOISE	SENSASS
SINCÈRE	VELOURS	COALISÉ	GAGEUSE	NOCEUSE	SOTTISE
SOLAIRE	VERDURE	COLOSSE	GÂTEUSE	NOUEUSE	SOUMISE
SOUDARD	VICAIRE	COMPOSÉ	GAVEUSE	ODIEUSE	SUCEUSE
SOUDURE	VINAIRE	COMPOST	GAZEUSE	OFFENSE	SUPPOSÉ
SOURDRE	VISCÈRE	CONASSE	GÊNEUSE	OGRESSE	SURDOSE

SUSVISÉ	AORTITE	CLEPHTE	ENSUITE	HITTITE	MARMITE
TARRASA	APPRÊTÉ	CLIENTE	ENTENTE	HONNÊTE	MAROTTE
TENEUSE	ARBUSTE	COCOTTE	ÉPÉISTE	HYALITE	MASTITE
TIREUSE	ARDENTE	COMPOTE	ÉREINTÉ	IMPIÉTÉ	MAUDITE
TOUEUSE	ARGENTÉ	CONFITE	ERRANTE	INANITÉ	MÊLANTE
TROUSSE	ARIDITÉ	COPISTE	ÉRUDITE	INCESTE	MÉMENTO
VANESSE	ARIETTE	COUETTE	ESCORTE	INCULTE	MENOTTE
VAREUSE	ARLETTY	CRAINTE	ÉTEINTE	INÉDITE	MÉPLATE
VASEUSE	AROMATE	CRAVATE	ÉTROITE	INFECTE	MÉTRITE
VÉREUSE	ARTISTE	CRIANTE	EUDISTE	INFOUTU	MODESTE
VINASSE	ASBESTE	CRUAUTÉ	EUNECTE	INGRATE	MOLETTE
VITESSE	ASSETTE	CULBUTE	EXCEPTÉ	INJUSTE	MOUETTE
VIVEUSE	ASSORTI	CULOTTE	EXEMPTE	INSECTE	MUSETTE
VOLEUSE	ATHLÈTE	CURETTE	EXPERTE	INSULTE	NAÏVETÉ
VOYEUSE	ATLANTA	CURISTE	FACULTÉ	INTACTE	NAVETTE
	ATTENTE	DÉCENTE	FATUITÉ	INUSITÉ	NÉFASTE
T	ATTESTÉ	DÉFAITE	FERMETÉ	IPSÉITE	NÉNETTE
	AUGUSTE	DÉFUNTE	FINETTE	ISSANTE	NETTETÉ
ABJECTE	AUTISTE	DÉGOÛTÉ	FLUENTE	JÉSUITE	NÉVRITE
ABRUPTE	AVOCATE	DÉMENTE	FLUETTE	JUBARTE	NITRATE
ABSENTE	BALISTE	DÉMENTI	FRELATÉ	JUPETTE	NITRITE
ACCORTE	BARATTE	DÉROUTE	FUMISTE	JURISTE	NONANTE
ACIDITÉ	BARBOTE	DÉSERTE	FUNESTE	LÂCHETÉ	NULLITÉ
ACOLYTE	BASALTE	DESPOTE	FUSETTE	LACHUTE	OBÉSITÉ
ACOMPTE	BAVETTE	DÉSUÈTE	FUYANTE	LACOSTE	OCCULTE
ADÉNITE	BÊLANTE	DÉTENTE	GALANTE	LANISTE	OCTANTE
ADROITE	BELETTE	DIABÈTE	GALETTE	LATENTE	OPACITÉ
AGÉRATE	BINETTE	DIGNITÉ	GARANTE	LAVETTE	ORVIETO
AGILITÉ	BLUETTE	DÎNETTE	GARGOTE	LAYETTE	OSTÉITE
AGRESTE	BURETTE	DIRECTE	GAVOTTE	LÉGISTE	OTRANTE
AGRIOTE	BUVETTE	DISCUTÉ	GÊNANTE	LIBERTÉ	OUVERTE
AIDANTE	CACAOTÉ	DISETTE	GENETTE	LIMETTE	PÂLOTTE
AILETTE	CADETTE	DISPUTE	GÉRANTE	LINOTTE	PARENTÉ
AIMANTE	CAGETTE	DIVETTE	GÉRONTE	LIRETTE	PATENTE
ALBERTA	CALOTTE	DOLENTE	GISANTE	LOCUSTE	PAYANTE
ALOUATE	CANASTA	DOPANTE	GLUANTE	LOPETTE	PÉDANTE
ALUCITE	CANETTE	DUALITÉ	GOLIATH	LORETTE	PESANTE
AMANITE	CANTATE	ÉBRIÉTÉ	GOSETTE	LOYAUTÉ	PESETTE
AMÉNITÉ	CARISTE	ÉGALITÉ	GRAVATS	LUNETTE	PETIOTE
AMIANTE	CÉLESTE	ÉGOÏSTE	GRAVITÉ	LURETTE	PIGISTE
ANDANTE	CÉRASTE	ÉMÉRITE	GRIOTTE	MAGNÉTO	PIMENTÉ
ANNUITÉ	CHARITÉ	ENDUITE	GUÉRITE	MAJESTÉ	PLAINTE
ANXIÉTÉ	CIVETTE	ENQUÊTE	HIRSUTE	MANETTE	PLANÈTE

POLENTA	STRICTE	**U**	CHALEUR	FAUTEUR	KETCHUP
PROBITÉ	SUAVITÉ		CHARNUE	FERMIUM	KIOSQUE
PROMPTE	SUCETTE	ABATTUE	CHARRUE	FERREUR	LÂCHEUR
QUALITÉ	SURDITÉ	ABSOLUE	CHINEUR	FERVEUR	LAIDEUR
RACISTE	SURETTE	AFFREUX	CLAMEUR	FIASQUE	LAITEUX
RÂLANTE	SUSDITE	AIGREUR	CLOAQUE	FILLEUL	LANCEUR
RAPIATE	SYÉNITE	ALANGUI	COLIQUE	FLÂNEUR	LARGEUR
RASANTE	TACHETÉ	ALÉSEUR	CONGRUE	FLASQUE	LECTEUR
RAUCITÉ	TAOÏSTE	AMATEUR	CONTEUR	FLAVEUR	LENTEUR
RÉALITÉ	TAPETTE	AMBIGUË	CONTOUR	FOURBUE	LÉPREUX
RÉCENTE	TARENTE	AMPLEUR	COSAQUE	FRESQUE	LEVRAUT
RECETTE	TECTITE	AMUSEUR	COSTAUD	FRILEUX	LEXIQUE
RÉCOLTE	TEMPÊTE	ANGÉLUS	COULEUR	FURIEUX	LIGNEUX
RECUITE	TENANTE	ANTIQUE	COUREUR	GÂCHEUR	LINCEUL
REDOUTE	TERMITE	APERÇUE	COÛTEUX	GÉMEAUX	LIQUEUR
RÉNETTE	THORITE	ASSIDUE	CRAPAUD	GERFAUT	LISSEUR
REPLÈTE	TOMETTE	ATTAQUE	CROCHUE	GLAÏEUL	LOUKOUM
REQUÊTE	TOPETTE	BAFREUR	CURIEUX	GLAMOUR	LUTTEUR
RICOTTA	TORONTO	BAROQUE	DANSEUR	GLANEUR	LYRIQUE
RIPOSTE	TRIESTE	BATTEUR	DÉLÉGUÉ	GLAUQUE	MACAQUE
RISETTE	TRINITÉ	BÉSIGUE	DESSOUS	GODBOUT	MÂCHEUR
ROBUSTA	TUBISTE	BOITEUX	DÉTENUE	GOÛTEUR	MAFFLUE
ROBUSTE	TUMULTE	BONHEUR	DÉVOLUE	GRAVEUR	MAFIEUX
ROSETTE	UNICITÉ	BONJOUR	DISSOUS	GRECQUE	MAGIQUE
ROYAUTÉ	URANATE	BOUDEUR	DOCTEUR	GRIFFUE	MALHEUR
SAGETTE	URANITE	BOURRUE	DOUCEUR	HABITUÉ	MASSEUR
SATIÉTÉ	URGENTE	BRADEUR	DOULEUR	HAINEUX	MENTEUR
SAVANTE	UTILITÉ	BRINGUE	ÉBERLUÉ	HAUTEUR	MERDEUX
SAYNÈTE	VACANTE	BRISEUR	ÉBOUEUR	HEUREUX	MESCLUN
SCIOTTE	VARIÉTÉ	BROYEUR	ÉGLOGUE	HINDOUE	MINIMUM
SCRIPTE	VEDETTE	BRUMEUX	ÉLINGUE	HONNEUR	MOITEUR
SÉBASTE	VELOUTÉ	BRUSQUE	ÉMOULUE	HONTEUX	MORVEUX
SECRÉTÉ	VELVOTE	BURNOUS	ÉPANOUI	HORREUR	MOUSSUE
SÉDUITE	VENETTE	CACAOUI	ÉPERDUE	HUMÉRUS	MUSIQUE
SÉLECTE	VERGETÉ	CADREUR	ÉPINEUX	HURLEUR	NEIGEUX
SFUMATO	VÉTUSTE	CADUQUE	ERRATUM	ILIAQUE	NERPRUN
SOCIÉTÉ	VIDUITÉ	CALLEUX	ÉTENDUE	INAVOUÉ	NERVEUX
SOFFITE	VIVANTE	CANDEUR	ÉVANOUI	INFATUÉ	NIOBIUM
SOLDATE	VOLANTE	CAPTEUR	FACTEUR	INGÉNUE	NOIRAUD
SOLISTE	VOLETTE	CASAQUE	FAISEUR	IONIQUE	OLÉODUC
SOMMITÉ	VOLONTÉ	CASSEUR	FANGEUX	JAPPEUR	OMNIBUS
SOULOTE	VOLUPTÉ	CAUSEUR	FARCEUR	JAUGEUR	ONÉREUX
SOURATE	VOYANTE	CENSEUR	FATIGUE	JOUTEUR	OPTIMUM

OPTIQUE	SANGSUE	VAUTOUR	RÉFLEXE	NIGERIA	BLAFARD
ORAGEUX	SASSEUR	VECTEUR	SURTAXE	NIRVANA	BRIGAND
ORATEUR	SAUTEUR	VENDEUR		NORIEGA	BROCARD
PANIQUE	SAUVEUR	VENTEUX	**Y**	OCARINA	CAGNARD
PARLEUR	SCROTUM	VENTRUE		OUGANDA	CHALAND
PARTOUT	SECTEUR	VERDEUR	EMPLOYÉ	PAPRIKA	CLÉBARD
PASSEUR	SENSEUR	VICIEUX		PERGOLA	CONNARD
PASTEUR	SENTEUR	VIGUEUR	**Z**	PÉTUNIA	COQUARD
PÊCHEUR	SÉRIEUX	VIOLEUR		POLENTA	COSTARD
PENSEUR	SÉRIQUE	VOLAPUK	BRIOUZE	PSILOPA	COSTAUD
PERCLUS	SEYMOUR		TRAPÈZE	RICOTTA	CRAPAUD
PEUREUX	SINOQUE	**V**		ROBUSTA	CREVARD
PICPOUL	SINUEUX	ABUSIVE	**7ᵉ**	SANGRIA	DEMIARD
PLANEUR	SODIQUE	CAPTIVE		TANGARA	ÉPINARD
PLANQUE	SOLDEUR	CHÉTIVE	**POSITION**	TAPIOCA	FOULARD
POINTUE	SONGEUR	CONCAVE		TARRASA	GOÉLAND
POMPEUX	SONNEUR	CONVIVE	**A**	TOMBOLA	GUÉPARD
PORTEUR	STERNUM	CULTIVÉ		TOUNDRA	HUSSARD
POURVUE	STUPEUR	DÉPRAVÉ	ADDENDA	TRALALA	LÉOPARD
PRENEUR	SUIVEUR	ÉLUSIVE	ALABAMA	TRIPURA	LIGNARD
PRESQUE	SURCOÛT	ÉMOTIVE	ALBERTA	VÉRANDA	LIOTARD
PRÊTEUR	SURDOUÉ	ENTRAVE	ARMENIA		LOUBARD
PRIMEUR	SURPLUS	ÉPREUVE	ATLANTA	**C**	MOUTARD
QUANTUM	SURSAUT	ÉROSIVE	BATAVIA		NOIRAUD
RADIEUX	SURTOUT	ESCLAVE	BÉGONIA	ANAHUAC	PEINARD
RAIDEUR	TAMBOUR	ÉVASIVE	BÉLOUGA	BIVOUAC	PILLARD
RASIBUS	TENSEUR	FAUTIVE	BRESCIA	BRASSAC	PLACARD
RÉCHAUD	TERBIUM	FICTIVE	CANASTA	CANDIAC	PLAFOND
RELIQUE	TERREUR	FURTIVE	CORRIDA	ESTOMAC	POCHARD
RÉSOLUE	TERREUX	GENCIVE	DRACÉNA	LANGEAC	POMMARD
RETENUE	TIÉDEUR	IMPRÉVU	DROSÉRA	LAUTREC	PROFOND
REVENUE	TILLEUL	LASCIVE	FLAGADA	LECLERC	RACCORD
RÉVOLUE	TISSEUR	MASSIVE	FORMICA	LOMBRIC	RÉCHAUD
RHÉNIUM	TONIQUE	MINERVE	GUEVARA	LOUSTIC	RENCARD
RIGUEUR	TORPEUR	MISSIVE	HOSANNA	OLÉODUC	RINGARD
RINCEUR	TORSEUR	PASSIVE	INDIANA	OMBILIC	ROSSARD
RONDEUR	TOUFFUE	PENSIVE	LAMBADA	PLASTIC	RUSTAUD
ROUGEUR	TRAYEUR	RÉSERVE	LARISSA		SOUDARD
ROULEUR	URANIUM	TARDIVE	MALARIA	**D**	TABLARD
RUINEUX	VAINCUE		MARSALA		TAULARD
RUSTAUD	VALSEUR	**X**	MAZURKA	BAGNARD	TRÉPIED
SADIQUE	VAUDOUE	CONNEXE	MENTANA	BALOURD	VACHARD
			MONTANA	BARMAID	
				BILLARD	

VANTARD	AFFAIRE	AMBIGUË	ARÉNACÉ	AUTOMNE	BAVETTE
VEINARD	AFFAMÉE	AMENDÉE	ARGENTÉ	AVANCÉE	BÉCASSE
	AFFÉTÉE	AMÉNITÉ	ARIDITÉ	AVARICE	BECAUSE
E	AFFICHE	AMIABLE	ARIENNE	AVARIÉE	BEDAINE
	AFFILIÉ	AMIANTE	ARIETTE	AVELINE	BÉGUINE
ABACULE	AFFOLÉE	AMICALE	ARMOISE	AVERTIE	BÊLANTE
ABAISSE	AFFUBLÉ	AMIRALE	AROÏDÉE	AVICOLE	BELETTE
ABATAGE	AFGHANE	AMNÉSIE	AROMATE	AVOCATE	BÉLÎTRE
ABATTRE	AGENCÉE	AMORALE	ARPÉGÉE	AYROLLE	BÉNIGNE
ABATTUE	AGÉRATE	AMORCÉE	ARRIÈRE	BABIOLE	BENZÈNE
ABBESSE	AGILITÉ	AMPHORE	ARROCHE	BÂCHAGE	BERGÈRE
ABEILLE	AGNOSIE	AMPOULE	ARTISTE	BACILLE	BERLINE
ABJECTE	AGRESTE	ANALYSE	ASBESTE	BÂCLAGE	BÉSIGUE
ABOULIE	AGRIOTE	ANCÊTRE	ASEXUÉE	BADAUDE	BESOGNE
ABOUTIE	AIDANTE	ANCOLIE	ASIALIE	BADERNE	BÊTASSE
ABRÉGÉE	AILETTE	ANDANTE	ASPERGE	BAGARRE	BEURRÉE
ABRUPTE	AILLADE	ANÉMONE	ASSETTE	BAGASSE	BICYCLE
ABRUTIE	AIMABLE	ANIMALE	ASSIDUE	BAGNOLE	BIFFURE
ABSENCE	AIMANTE	ANNELÉE	ASSOCIÉ	BAISSÉE	BIGARRÉ
ABSENTE	AÎNESSE	ANNEXÉE	ASSURÉE	BALAFRE	BIGORNE
ABSOLUE	AIRELLE	ANNONCE	ASTAIRE	BALANCE	BINAIRE
ABSURDE	AISANCE	ANNUITÉ	ASTASIE	BALEINE	BINETTE
ABUSIVE	ALANINE	ANODINE	ASTÉRIE	BALISTE	BIOPSIE
ACCORTE	ALERTÉE	ANSELME	ASTRALE	BALLADE	BIPLACE
ACCUSÉE	ALÉSAGE	ANTENNE	ATHLÈTE	BANCALE	BIZARRE
ACÉTONE	ALGÈBRE	ANTIQUE	ATONALE	BAPTÊME	BLANCHE
ACHARNÉ	ALGÉRIE	ANXIÉTÉ	ATTACHÉ	BARATTE	BLENNIE
ACIDITÉ	ALIÉNÉE	AORTITE	ATTAQUE	BARBARE	BLESSÉE
ACIDULÉ	ALIFÈRE	APATHIE	ATTARDÉ	BARBOTE	BLINDÉE
ACIÉRIE	ALLÉGÉE	APEPSIE	ATTENTE	BARDANE	BLUETTE
ACOLYTE	ALLÈGRE	APERÇUE	ATTERRÉ	BARIOLÉ	BOLIVIE
ACOMPTE	ALLIAGE	APÉTALE	ATTESTÉ	BARONNE	BOLOGNE
ACTINIE	ALOUATE	APEURÉE	ATTRAPE	BAROQUE	BONASSE
ACTRICE	ALTÉRÉE	APHONIE	AUBAINE	BASALTE	BORDURE
ACUMINÉ	ALTERNÉ	APICALE	AUBERGE	BASANÉE	BORÉALE
ADÉNITE	ALTESSE	APPRÊTÉ	AUGUSTE	BASTIDE	BOTTINE
ADÉNOME	ALTIÈRE	ARBITRE	AULNAIE	BÂTARDE	BOUCLÉE
ADIPSIE	ALUCITE	ARBOUSE	AURÉLIE	BÂTISSE	BOUFFÉE
ADRESSE	ALVÉOLE	ARBUSTE	AURÉOLE	BATOUDE	BOUFFIE
ADROITE	AMANITE	ARCHÈRE	AUSTÈRE	BATTAGE	BOUILLE
ADVERSE	AMARRÉE	ARDENTE	AUTISME	BATTURE	BOURRÉE
AESCHNE	AMAZONE	ARDOISE	AUTISTE	BAVARDE	BOURRUE
AFFABLE					

BOUTADE	CANDIDE	CHAÎNÉE	CLOUTÉE	CORDAGE	CROÎTRE
BOXEUSE	CANETTE	CHAMADE	COALISÉ	CORIACE	CROTTÉE
BRAILLE	CANICHE	CHAMBRE	COCAGNE	COROLLE	CRUAUTÉ
BRAISÉE	CANITIE	CHANCRE	COCAÏNE	CORRIGÉ	CRUELLE
BRANCHE	CANNELÉ	CHANGÉE	COCARDE	CORSAGE	CRURALE
BRASSÉE	CANTATE	CHANVRE	COCHÈRE	CORTÈGE	CUISINE
BRAVADE	CANTINE	CHARADE	COCOTTE	COSAQUE	CUISTRE
BRIGADE	CAPABLE	CHARGÉE	CODÉINE	COSTALE	CUIVRÉE
BRIMADE	CAPITÉE	CHARITÉ	COFFRÉE	COSTUME	CULASSE
BRINGUE	CAPONNE	CHARMÉE	COIFFÉE	COTERIE	CULBUTE
BRIOCHE	CAPRICE	CHARNUE	COINCÉE	COUARDE	CULOTTE
BRIONNE	CAPRINE	CHARRUE	COLIQUE	COUCHÉE	CULTIVÉ
BRIOUDE	CAPTIVE	CHARTRE	COLLÈGE	COUENNE	CULTURE
BRIOUZE	CAPTURE	CHASSÉE	COLLINE	COUETTE	CURABLE
BRISURE	CARENCE	CHAUMÉE	COLONIE	COUILLE	CURETTE
BROCHÉE	CARESSE	CHEMISE	COLONNE	COULAGE	CURISTE
BRONZÉE	CARISTE	CHÉTIVE	COLOSSE	COULURE	CUTANÉE
BROSSÉE	CARNAGE	CHICANE	COMBLÉE	COUPLÉE	CYCLONE
BROUSSE	CASAQUE	CHIENNE	COMÉDIE	COUPURE	CYCLOPE
BRÛLURE	CASCADE	CHIFFRE	COMMÈRE	COURAGE	CYMBALE
BRUSQUE	CASERNE	CHIMÈRE	COMMODE	COURBÉE	CYNISME
BRUTALE	CASQUÉE	CHOISIE	COMMUNE	COUSINE	DALLAGE
BURETTE	CASSAGE	CHÔMAGE	COMPÈRE	COUTUME	DAMASSÉ
BUVETTE	CASSURE	CHOQUÉE	COMPOSÉ	COUTURE	DANOISE
BUVEUSE	CATHARE	CHORALE	COMPOTE	CRAINTE	DARAISE
CABOCHE	CAUDALE	CHROMÉE	COMPTÉE	CRAONNE	DARIOLE
CABOSSE	CAVERNE	CIBOIRE	CONARDE	CRAPULE	DAURADE
CACAOTÉ	CÉDILLE	CIMAISE	CONASSE	CRATÈRE	DÉBÂCLE
CADAVRE	CEINDRE	CINGLÉE	CONCAVE	CRAVATE	DÉBINÉE
CADENCE	CÉLÈBRE	CIRIÈRE	CONCILE	CRÉANCE	DÉBOIRE
CADETTE	CÉLESTE	CITERNE	CONCISE	CRÉDULE	DÉBRIDÉ
CADRAGE	CELLULE	CITHARE	CONFITE	CRÉNELÉ	DÉCÉDÉE
CADUQUE	CENDRÉE	CITRINE	CONFUSE	CRÉPINE	DÉCENCE
CAGETTE	CENELLE	CIVETTE	CONGELÉ	CRÉTACÉ	DÉCENTE
CAGOULE	CENSURE	CIVIÈRE	CONGÈRE	CRÉTINE	DÉCIDÉE
CAILLÉE	CENTIME	CIVISME	CONGRUE	CRIANTE	DÉCRIRE
CALCINÉ	CENTRÉE	CLASSÉE	CONJURÉ	CRIARDE	DÉDUIRE
CALIBRE	CÉRASTE	CLENCHE	CONNEXE	CRIBLÉE	DÉFAIRE
CALOTTE	CERBÈRE	CLEPHTE	CONTRÉE	CRIEUSE	DÉFAITE
CALQUÉE	CERCLÉE	CLIENTE	CONTUSE	CRITÈRE	DÉFENSE
CAMARDE	CÉRÉALE	CLOAQUE	CONVIVE	CROATIE	DÉFINIE
CAMBUSE	CÉTOINE	CLONAGE	COPISTE	CROCHUE	DÉFUNTE
CAMPANE	CHACONE	CLÔTURE	COQUINE	CROISÉE	DÉGAGÉE

DÉGELÉE	DIPLÔME	ÉCOLAGE	EMPOTÉE	ÉPAULÉE	ÉTAMINE
DÉGOÛTÉ	DIRECTE	ÉCONOME	EMPRISE	ÉPÉISTE	ÉTAMPÉE
DÉGUISÉ	DISCALE	ÉCRASÉE	ENCADRÉ	ÉPERDUE	ÉTEINTE
DÉLABRÉ	DISCUTÉ	ÉCRÉMÉE	ENCLINE	ÉPIAIRE	ÉTENDRE
DÉLAVÉE	DISETTE	ECTOPIE	ENCLORE	ÉPIGONE	ÉTENDUE
DÉLÉGUÉ	DISEUSE	ÉCUELLE	ENCLUME	ÉPINAIE	ÉTÊTAGE
DÉLURÉE	DISPOSÉ	ÉDENTÉE	ENCOCHE	ÉPINGLE	ÉTHÉRÉE
DEMANDE	DISPUTE	ÉDICULE	ENCORNÉ	ÉPISODE	ÉTIOLÉE
DÉMÊLÉE	DISSIPÉ	ÉDIFICE	ENDÉMIE	ÉPITOGE	ÉTOFFÉE
DÉMENCE	DIVERSE	EFFACÉE	ENDUIRE	ÉPLORÉE	ÉTOILÉE
DÉMENTE	DIVETTE	EFFARÉE	ENDUITE	ÉPONGÉE	ÉTONNÉE
DEMEURE	DIVORCE	EFFIGIE	ÉNERGIE	ÉPOUSÉE	ÉTOUFFÉ
DÉMODÉE	DOLENTE	EFFILÉE	ÉNERVÉE	ÉPREUVE	ÉTOUPÉE
DENTALE	DOMAINE	EFFRAIE	ENFANCE	ÉPUISÉE	ÉTRANGE
DENTURE	DOMMAGE	EFFRÉNÉ	ENFOIRÉ	ÉQUERRE	ÉTRENNE
DÉNUDÉE	DOPANTE	ÉGALITÉ	ENGONCÉ	ÉQUIPÉE	ÉTROITE
DÉPENSE	DORSALE	ÉGISTHE	ENGRÊLÉ	ÉRAILLÉ	EUDISTE
DÉPRAVÉ	DOUBLÉE	ÉGLOGUE	ENJOUÉE	ÉREINTÉ	EUNECTE
DÉPRIME	DOUILLE	ÉGOÏSME	ENLEVÉE	ERGOTÉE	EURASIE
DÉPRISE	DOYENNE	ÉGOÏSTE	ENNÉADE	ÉROGÈNE	EUTOCIE
DÉPUTÉE	DRAGAGE	ÉHONTÉE	ENNEIGÉ	ÉROSIVE	ÉVASIVE
DÉRIVÉE	DRAGUÉE	ÉLANCÉE	ENNEMIE	ERRANCE	ÉVASURE
DÉROUTE	DRILLÉE	ÉLEVAGE	ÉNONCÉE	ERRANTE	ÉVEILLÉ
DÉSAXÉE	DROGUÉE	ÉLINGUE	ENQUÊTE	ERRONÉE	ÉVENTÉE
DÉSERTE	DUALITÉ	ELLIPSE	ENRAGÉE	ÉRUDITE	ÉVIDURE
DÉSOLÉE	DUPERIE	ÉLUSIVE	ENRAYÉE	ESCADRE	EXAGÉRÉ
DÉSOSSÉ	DURABLE	ÉMACIÉE	ENRHUMÉ	ESCARPÉ	EXALTÉE
DESPOTE	ÉBAUBIE	EMBLÈME	ENROUÉE	ESCARRE	EXCEPTÉ
DÉSUÈTE	ÉBAUCHE	EMBOLIE	ENSELLÉ	ESCLAVE	EXCLURE
DÉSUNIE	ÉBERLUÉ	EMBÛCHE	ENSUITE	ESCORTE	EXCUSÉE
DÉTENTE	ÉBRIÉTÉ	ÉMÉCHÉE	ENTAMÉE	ESCRIME	EXEMPLE
DÉTENUE	ÉBURNÉE	ÉMÉRITE	ENTENTE	ÉSÉRINE	EXEMPTE
DÉVEINE	ÉCAILLE	ÉMÉTINE	ENTÊTÉE	ESPACÉE	EXERCÉE
DÉVOLUE	ÉCHANGE	ÉMETTRE	ENTIÈRE	ESSENCE	EXÉRÈSE
DÉVOUÉE	ÉCHARPE	ÉMIGRÉE	ENTORSE	ESSEULÉ	EXPERTE
DÉVOYÉE	ÉCHELLE	ÉMINCÉE	ENTRAVE	ESTAMPE	EXPOSÉE
DIABÈTE	ÉCHIDNÉ	EMMERDE	ENVINÉE	ESTIMÉE	EXTERNE
DIANTRE	ÉCHINÉE	ÉMOTIVE	ENVOLÉE	ESTOMPE	EXTRÊME
DIAPRÉE	ÉCLAIRÉ	ÉMOULUE	ÉOLITHE	ESTONIE	EXTRUDÉ
DIÉRÈSE	ÉCLIPSE	EMPENNE	ÉONISME	ESTRADE	FACÉTIE
DIGNITÉ	ÉCLISSE	EMPESÉE	ÉPAISSE	ÉTABLIE	FACIALE
DILEMME	ÉCLOPÉE	EMPHASE	ÉPANDRE	ÉTAGÈRE	FACTICE
DÎNETTE	ÉCLUSÉE	EMPLOYÉ	ÉPARGNE	ÉTALAGE	FACTURE

FACULTÉ	FILIÈRE	FRAPPÉE	GÉNIALE	GRIFFUE	HOSTILE
FADAISE	FILOCHE	FRATRIE	GÉNISSE	GRILLÉE	HOUILLE
FADASSE	FILTRÉE	FRELATÉ	GÉNOISE	GRIMACE	HOUPPÉE
FAÏENCE	FINANCE	FRESQUE	GÉRANTE	GRIMAGE	HURONNE
FAÎTAGE	FINAUDE	FRIANDE	GERBAGE	GRIOTTE	HYALITE
FALAISE	FINESSE	FRITURE	GERÇURE	GRIPPÉE	HYPNOSE
FALUCHE	FINETTE	FRIVOLE	GÉRONTE	GROUPÉE	IBÉRIDE
FAMEUSE	FISCALE	FRONDÉE	GIRELLE	GROUPIE	IDÉELLE
FAMILLE	FISSURE	FROUSSE	GIROFLE	GUÉRITE	IDIOTIE
FANEUSE	FLAMINE	FRUGALE	GIROLLE	GUINDÉE	IGNOBLE
FANTÔME	FLAMMÉE	FUMEUSE	GIRONDE	GUIPURE	IGNORÉE
FARAUDE	FLASQUE	FUMISTE	GISANTE	GUITARE	ILIAQUE
FASCIÉE	FLÉCHÉE	FUNÈBRE	GLAÇAGE	HABILLÉ	ÎLIENNE
FATIGUE	FLEURIE	FUNESTE	GLANAGE	HABITUÉ	IMBERBE
FATUITÉ	FLORALE	FURTIVE	GLAUQUE	HACHURE	IMBRÛLÉ
FAUCHÉE	FLORIDE	FUSELÉE	GLUANTE	HAGARDE	IMMENSE
FAUTIVE	FLOTTÉE	FUSETTE	GLUCIDE	HALEINE	IMMONDE
FÉBRILE	FLUENTE	FUSIBLE	GOBEUSE	HALTÈRE	IMPAIRE
FÉCONDE	FLUETTE	FUYANTE	GODASSE	HANTISE	IMPASSE
FEINDRE	FOETALE	FUYARDE	GODILLE	HARASSÉ	IMPIÉTÉ
FÉLONNE	FOFOLLE	GAGEURE	GOINFRE	HAUSSÉE	IMPOLIE
FEMELLE	FOLÂTRE	GAGEUSE	GOMMAGE	HÉBERGÉ	IMPOSÉE
FENÊTRE	FOLIACÉ	GALANTE	GONDOLE	HÉBÉTÉE	IMPUNIE
FÉODALE	FORAINE	GALERIE	GONFLÉE	HECTARE	INANIMÉ
FERMETÉ	FORCENÉ	GALETTE	GORGONE	HÉMATIE	INANITÉ
FERRADE	FOREUSE	GALOCHE	GORILLE	HERBACÉ	INAVOUÉ
FERRURE	FORLANE	GAMELLE	GOSETTE	HERCULE	INCESTE
FERTILE	FORMULE	GARANCE	GOUACHE	HÉRÉSIE	INCLINÉ
FÊTARDE	FORTUNE	GARANTE	GOUFFRE	HERMINE	INCLURE
FÉTICHE	FOSSILE	GARENNE	GRABUGE	HÉROÏNE	INCLUSE
FEUILLE	FOUCADE	GARGOTE	GRACILE	HEURTÉE	INCRÉÉE
FEUTRÉE	FOUILLE	GÂTERIE	GRADUÉE	HIATALE	INCULPÉ
FIANCÉE	FOULURE	GÂTEUSE	GRAINÉE	HIDEUSE	INCULTE
FIASQUE	FOURBUE	GAUFRÉE	GRANULE	HIÉMALE	INCURIE
FIBROME	FOURCHE	GAVEUSE	GRAPHIE	HINDOUE	INDEMNE
FICAIRE	FOURNIE	GAVOTTE	GRATTÉE	HIRCINE	INDIGNE
FICELÉE	FOURRÉE	GAZELLE	GRAVITÉ	HIRSUTE	INDUIRE
FICELLE	FRAGILE	GAZEUSE	GRAVURE	HITTITE	INÉDITE
FICTIVE	FRAÎCHE	GEINDRE	GRECQUE	HOMÉLIE	INÉGALE
FIFILLE	FRAIRIE	GÊNANTE	GREDINE	HOMMAGE	INEPTIE
FIGURÉE	FRAISÉE	GENCIVE	GREFFÉE	HONNÊTE	INERTIE
FILAIRE	FRANCHE	GENETTE	GRENADE	HORAIRE	INEXPIÉ
FILEUSE	FRANGÉE	GÊNEUSE	GRIFFÉE	HORLOGE	INFAMIE

INFATUÉ	JOCASSE	LÉGENDE	LUCERNE	MARTYRE	MIRACLE
INFECTE	JOINDRE	LÉGISTE	LUCIOLE	MASSAGE	MIRAUDE
INFÉODÉ	JOUABLE	LÉONINE	LUCRÈCE	MASSIVE	MISAINE
INFINIE	JOUEUSE	LESTAGE	LUGUBRE	MASTITE	MISSIVE
INFIRME	JOURNÉE	LETTONE	LUMIÈRE	MATIÈRE	MITAINE
INGÉNUE	JOVIALE	LETTRÉE	LUNETTE	MATINÉE	MITEUSE
INGRATE	JOYEUSE	LEUCOME	LURETTE	MATOISE	MITIGÉE
INITIÉE	JUBARTE	LEURRÉE	LURONNE	MATRICE	MODELÉE
INJUSTE	JUMELLE	LEXIQUE	LUTÉINE	MATRONE	MODÉRÉE
INNOMMÉ	JUPETTE	LIBELLE	LUZERNE	MAUDIRE	MODERNE
INONDÉE	JURISTE	LIBÉRÉE	LYRIQUE	MAUDITE	MODESTE
INOPINÉ	JUSTICE	LIBERTÉ	MABOULE	MÉANDRE	MOINDRE
INSECTE	KIOSQUE	LICENCE	MACABRE	MÉDUSÉE	MOLAIRE
INSENSÉ	LABELLE	LICORNE	MACAQUE	MEISTRE	MOLETTE
INSIGNE	LACAUNE	LILIALE	MACÉRÉE	MÉLANGE	MOLOSSE
INSPIRÉ	LACERIE	LIMETTE	MACHINE	MÊLANTE	MOMERIE
INSULTE	LACEUSE	LIMITÉE	MACRAMÉ	MÉLASSE	MONIALE
INSURGÉ	LÂCHETÉ	LIMPIDE	MAFFLUE	MÉLODIE	MONNAIE
INTACTE	LACHINE	LINAIRE	MAGIQUE	MELONNÉ	MONOCLE
INTÈGRE	LACHUTE	LINÉALE	MAILLÉE	MEMBRÉE	MONSTRE
INTENSE	LACONIE	LINIÈRE	MAJESTÉ	MÉMOIRE	MONTAGE
INTERNE	LACOSTE	LINOTTE	MAJEURE	MENACÉE	MONTRÉE
INTIMÉE	LAINAGE	LIQUIDE	MALADIE	MÉNAGÉE	MONTURE
INTRUSE	LAISSÉE	LIRETTE	MALAIRE	MENEUSE	MORAINE
INULINE	LAITAGE	LISÉRÉE	MALAISE	MENOTTE	MORBIDE
INUSITÉ	LAMBINE	LISEUSE	MALIGNE	MENTALE	MORDORÉ
INUTILE	LAMELLE	LISIÈRE	MAMELLE	MÉPLATE	MORELLE
INVITÉE	LANGAGE	LITANIE	MANDALE	MÉPRISE	MORFALE
IONIQUE	LANIÈRE	LITERIE	MANDORE	MERCURE	MORILLE
IPSÉITE	LANISTE	LITIÈRE	MANETTE	MÉSANGE	MORMONE
IRIDIÉE	LAQUAGE	LITORNE	MANIÈRE	MESSAGE	MORSURE
IRLANDE	LARAIRE	LOCUSTE	MANILLE	MESURÉE	MOTARDE
IRRITÉE	LASALLE	LOGEUSE	MANQUÉE	MÉTÉORE	MOTRICE
ISLANDE	LASCIVE	LOPETTE	MARASME	MÉTHODE	MOUCHÉE
ISOCÈLE	LATENTE	LORDOSE	MARÂTRE	MÉTRITE	MOUETTE
ISSANTE	LAVANDE	LORETTE	MARAUDE	MEUBLÉE	MOUILLÉ
ISSOIRE	LAVASSE	LOSANGE	MARBRÉE	MEURTRE	MOULAGE
IVRESSE	LAVERIE	LOTERIE	MARELLE	MICROBE	MOULURE
JACOBÉE	LAVETTE	LOUABLE	MARIAGE	MINABLE	MOUSSÉE
JALOUSE	LAVEUSE	LOUANGE	MARINÉE	MINERVE	MOUSSUE
JASEUSE	LAYETTE	LOUEUSE	MARMITE	MINEURE	MOUTURE
JASPURE	LECTURE	LOYAUTÉ	MAROTTE	MINUTÉE	MULÂTRE
JÉSUITE	LÉCYTHE	LUCARNE	MARQUÉE	MINUTIE	MURMURE

MUSARDE	NOURRIE	OUAILLE	PÉNURIE	POINDRE	PROHIBÉ
MUSCADE	NUANCÉE	OUTARDE	PERCALE	POINTÉE	PROMISE
MUSETTE	NULLITÉ	OUTRAGE	PERFIDE	POINTUE	PROMPTE
MUSIQUE	OBÉSITÉ	OUVERTE	PÉRIMÉE	POIVRÉE	PROPANE
MUSQUÉE	OBSCÈNE	OUVRAGE	PÉRIODE	POLAIRE	PROPICE
MUTILÉE	OBSCURE	OVIPARE	PERMISE	POLICÉE	PROSTRÉ
MUTISME	OBSÉDÉE	PAÏENNE	PERSANE	POMMADE	PUCELLE
MYRIADE	OBSTINÉ	PÂLOTTE	PESANTE	PONDÉRÉ	PUÉRILE
MYSTÈRE	OCCLURE	PANDORE	PESETTE	PONTIFE	PUNAISE
NACELLE	OCCULTE	PANIQUE	PESEUSE	PORCINE	PUPILLE
NAGUÈRE	OCÉANIE	PARAPHE	PÉTASSE	POREUSE	PUPITRE
NAÏVETÉ	OCTANTE	PARCAGE	PÉTEUSE	POSEUSE	PURISME
NANISME	OCTOBRE	PARENTÉ	PETIOTE	POSSÉDÉ	PUSTULE
NAVETTE	ODIEUSE	PARESSE	PÉTROLE	POSTALE	PUTRIDE
NÉCROSE	OFFENSE	PARJURE	PHALÈNE	POSTURE	QUALITÉ
NÉFASTE	OGRESSE	PARODIE	PHONÈME	POTABLE	QUININE
NÉNETTE	OISELLE	PARTAGE	PICARDE	POTELÉE	RACIALE
NÉOGÈNE	OISEUSE	PARULIE	PIERRÉE	POTENCE	RACISTE
NÉOTTIE	OLTÉNIE	PASCALE	PIGISTE	POTERIE	RAFFINÉ
NEPTUNE	OMBRAGE	PASSADE	PILLAGE	POTIÈRE	RAGEUSE
NÉRÉIDE	OMETTRE	PASSAGE	PILOTÉE	POUPINE	RAGTIME
NERVINE	ONCIALE	PASSIVE	PIMENTÉ	POURRIE	RAINURE
NETTETÉ	OPACITÉ	PATACHE	PINACLE	POURVUE	RÂLANTE
NEURALE	OPALINE	PATAUDE	PINASSE	POUSSÉE	RÂLEUSE
NEURONE	OPIACÉE	PATENTE	PINTADE	PRAIRIE	RAMASSÉ
NÉVRITE	OPPOSÉE	PÂTEUSE	PIPEUSE	PRALINE	RAMEUSE
NÉVROSE	OPTIQUE	PATOCHE	PIRATÉE	PRÉCISE	RANCUNE
NIGAUDE	ORANGÉE	PAYANTE	PISCINE	PRÉCOCE	RAPIATE
NÎMOISE	ORDONNÉ	PAYEUSE	PISTOLE	PRÉDIRE	RAPIÈRE
NITRATE	OREILLE	PAYSAGE	PITANCE	PRÉFACE	RASANTE
NITRITE	ORFÈVRE	PÉBRINE	PITEUSE	PRÉFÉRÉ	RASEUSE
NITRURE	ORIFICE	PÉDANTE	PLACIDE	PRÉJUGÉ	RASSISE
NIVÉALE	ORIGINE	PEINDRE	PLAINTE	PRÉLUDE	RATURÉE
NIVELLE	ORNIÈRE	PEINTRE	PLANAGE	PRENDRE	RAUCITÉ
NOCEUSE	OSEILLE	PELISSE	PLANÈTE	PRÉPOSÉ	RÉALITÉ
NOMINÉE	OSSÉTIE	PELOTÉE	PLANQUE	PRÉSAGE	REBELLE
NONANTE	OSSEUSE	PELOUSE	PLANTÉE	PRESQUE	RÉCENTE
NORMALE	OSTÉITE	PELUCHE	PLATANE	PRESSÉE	RECETTE
NOTABLE	OSTÉOME	PENAUDE	PLATINE	PRÉSUMÉ	RÉCLAME
NOTAIRE	OSTIOLE	PENDULE	PLÂTRÉE	PRIEURE	RECLUSE
NOTARIÉ	OSTRACÉ	PÉNIBLE	PLEUTRE	PROBITÉ	RÉCOLTE
NOTOIRE	OTALGIE	PENSIVE	PLOMBÉE	PRODIGE	RECTALE
NOUEUSE	OTRANTE	PENTURE	POCHADE	PROFANE	RECUIRE

RECUITE	REVENUE	SACCAGE	SEMENCE	SOURDRE	TAILLÉE
REDOUTE	RÊVERIE	SACOCHE	SEMEUSE	SOURIRE	TALOCHE
RÉDUIRE	RÊVEUSE	SADIQUE	SEMONCE	SOUTANE	TAMISÉE
RÉÉLIRE	REVIVRE	SADISME	SENTINE	SPATULE	TAMOULE
REFAIRE	RÉVOLUE	SAGESSE	SEREINE	SPECTRE	TAMOURÉ
RÉFLEXE	RHÉNANE	SAGETTE	SÉRIQUE	SPHINGE	TANGAGE
RÉFORME	RHYTINE	SAIGNÉE	SERRURE	SPINALE	TANIÈRE
RÉGALÉE	RIAILLE	SAILLIE	SERVICE	SPIRALE	TANNAGE
RÉJOUIE	RIBAUDE	SALAIRE	SERVILE	STATURE	TANTINE
RELÂCHE	RICAINE	SALARIÉ	SESSILE	STEEPLE	TAOÏSME
RELANCE	RIMEUSE	SALIÈRE	SÉTACÉE	STÉRILE	TAOÏSTE
RELEVÉE	RINÇAGE	SALUBRE	SIBÉRIE	STRICTE	TAPETTE
RELIQUE	RINÇURE	SANDALE	SICAIRE	STUPIDE	TARDIVE
RELIURE	RIPOSTE	SANGLÉE	SIDÉRÉE	SUAVITÉ	TARENTE
RELUIRE	RISETTE	SANGSUE	SIGNALÉ	SUBLIME	TARIÈRE
REMPLIE	RISIBLE	SANICLE	SILENCE	SUBSIDE	TARTANE
RENARDE	RISQUÉE	SAPERDE	SILLAGE	SUBTILE	TARTARE
RÉNETTE	RISSOLE	SARDINE	SIMARRE	SUCETTE	TARTINE
RENFLÉE	RIVIÈRE	SATANÉE	SIMULÉE	SUCEUSE	TARTUFE
RENOMMÉ	RIZERIE	SATIÉTÉ	SINCÈRE	SUFFIRE	TAURINE
RENTRÉE	RIZIÈRE	SATINÉE	SINOQUE	SUICIDE	TAVERNE
REPAIRE	ROBUSTE	SATRAPE	SOCIALE	SUPERBE	TECTITE
REPÉRÉE	RÔDEUSE	SATURÉE	SOCIÉTÉ	SUPPOSÉ	TEINDRE
REPLÈTE	ROGNAGE	SATURNE	SODIQUE	SUPRÊME	TEINTÉE
RÉPONSE	ROMAINE	SAUMURE	SOFFITE	SURANNÉ	TELLURE
REPOSÉE	ROSACÉE	SAUVAGE	SOIERIE	SURDITÉ	TEMPÉRÉ
REPRISE	ROSAIRE	SAVANTE	SOIGNÉE	SURDOSE	TEMPÊTE
REPTILE	ROSÉOLE	SAYNÈTE	SOLAIRE	SURDOUÉ	TENABLE
RÉPUTÉE	ROSETTE	SCEPTRE	SOLDATE	SURELLE	TENANTE
REQUÊTE	ROTACÉE	SCHISME	SOLISTE	SURETTE	TENEUSE
RESCAPÉ	ROTONDE	SCIENCE	SOLUBLE	SURFACE	TENTURE
RÉSERVE	ROUERIE	SCIERIE	SOMALIE	SURFINE	TERMITE
RÉSIGNÉ	ROUILLE	SCIEUSE	SOMMITÉ	SURTAXE	TERRINE
RÉSILLE	ROULADE	SCIOTTE	SONDAGE	SUSDITE	TESSÈRE
RÉSINÉE	ROULURE	SCRIPTE	SORDIDE	SUSVISÉ	TÊTIÈRE
RÉSOLUE	ROUSSIE	SÉBASTE	SOTTISE	SUTURÉE	THÉÂTRE
RESUCÉE	ROUTINE	SÉCHAGE	SOUDURE	SYÉNITE	THÉIÈRE
RÉSUMÉE	ROYAUTÉ	SECONDE	SOUFFLE	SYMBOLE	THÉORBE
RETENUE	RUBÉOLE	SECRÉTÉ	SOUILLÉ	SYNCOPE	THÉORIE
RETIRÉE	RUDESSE	SÉDUIRE	SOULOTE	SYSTÈME	THERMIE
RETORSE	RUPTURE	SÉDUITE	SOUMISE	SYSTOLE	THORITE
RÉUSSIE	SABLAGE	SÉLECTE	SOUPAPE	TACHETÉ	TIERCÉE
REVÊCHE	SACCADE	SEMELLE	SOURATE	TACTILE	TIMBALE

TIMBRÉE	TRUCAGE	VARIÉTÉ	VITRINE	ROTATIF	PICCOLI
TIMORÉE	TRUELLE	VARIOLE	VIVANTE	SÉDATIF	POURVOI
TIREUSE	TRUISME	VASARDE	VIVEUSE	SPORTIF	RAMOLLI
TOCARDE	TSARINE	VASEUSE	VOCABLE	VOLITIF	RAVIOLI
TOILAGE	TSIGANE	VASSALE	VOILAGE		REMBLAI

G

TOITURE	TUBISTE	VAUDOUE	VOILURE		RÉTRÉCI
TÔLERIE	TUMULTE	VAUTRÉE	VOISINE	FEELING	SAÏMIRI
TOMETTE	TUNISIE	VEDETTE	VOITURE	GINSENG	SAMURAÏ
TONIQUE	TURPIDE	VEILLÉE	VOLANTE	HARFANG	SIRTAKI
TONNAGE	TUTELLE	VEINURE	VOLETTE	ICEBERG	SWAHILI
TONSURE	TUTRICE	VELOUTÉ	VOLEUSE	MEETING	TOURNOI
TONTURE	TZARINE	VELVOTE	VOLIÈRE	POUDING	TRIPOLI
TOPETTE	TZIGANE	VENELLE	VOLONTÉ	PUDDING	VIEILLI
TOQUADE	ULCÉRÉE	VÉNERIE	VOLUPTÉ	SMOKING	

K

TORNADE	ULMAIRE	VENETTE	VOYANCE		
TORRIDE	ULNAIRE	VENTRUE	VOYANTE	**H**	CHINOOK
TORSADE	UNANIME	VERBALE	VOYEUSE	GOLIATH	HADDOCK
TORTURE	UNICITÉ	VERDURE	XIMÉNIE	KEFFIEH	VOLAPUK
TOUCHÉE	URANATE	VÉREUSE	ZÉBRURE	POUSSAH	

L

TOUEUSE	URANITE	VERGETÉ	ZIZANIE		ABSIDAL
TOUFFUE	URBAINE	VERMINE	ZONIÈRE	**I**	ACCUEIL
TOURNÉE	URÉTÈRE	VERTIGE	ZORILLE	ABITIBI	AÉROSOL
TRAÎNÉE	URGENCE	VESTALE		AGUERRI	AIGUAIL
TRAITÉE	URGENTE	VESTIGE	**F**	ALANGUI	ANORMAL
TRAÎTRE	UROPODE	VÉTILLE	ABLATIF	AMAIGRI	ANTIVOL
TRANCHE	USINAGE	VÉTUSTE	ABORTIF	ASSORTI	ARSENAL
TRANSIE	USUELLE	VEUVAGE	ABRASIF	BEFFROI	ASOCIAL
TRAPÈZE	UTÉRINE	VICAIRE	ADHÉSIF	BENGALI	AUNEUIL
TRAPPÉE	UTILITÉ	VICTIME	AÉRONEF	BOUILLI	AUSTRAL
TREMBLE	VACANCE	VIDELLE	ALLUSIF	CACAOUI	BELOEIL
TREMPÉE	VACANTE	VIDUITÉ	CRÉATIF	DÉMENTI	BERCAIL
TRESSÉE	VACARME	VIEILLE	CURATIF	DÉNUTRI	BESTIAL
TRIBALE	VAINCRE	VILAINE	DÉCISIF	ÉPANOUI	BIENNAL
TRIBUNE	VAINCUE	VILENIE	ÉLECTIF	ÉTOURDI	BITONAL
TRIESTE	VALABLE	VILLAGE	FIXATIF	ÉVANOUI	BOBTAIL
TRINITÉ	VALENCE	VINAIRE	FUGITIF	GNOCCHI	BRETZEL
TROMPÉE	VALIDÉE	VINASSE	INACTIF	KAMICHI	BRISTOL
TRONCHE	VAMPIRE	VINTAGE	INCISIF	MALPOLI	CAPITAL
TROPHÉE	VANDALE	VISCÈRE	MALADIF	MARTINI	CAPORAL
TROUBLE	VANESSE	VISIBLE	NÉGATIF	MINERAI	CARAMEL
TROUSSE	VANILLE	VISITÉE	POSITIF	ORGANDI	CENTRAL
TRUANDE	VAREUSE	VITESSE	RELATIF	ORIGAMI	

CÉVENOL	MUSICAL	VIRTUEL	BILLION	CURETON	HAILLON
CHARNEL	NATUREL	VITRAIL	BLONDIN	DESSEIN	HAÏTIEN
CONSEIL	NOMBRIL	VITRIOL	BLOUSON	DICTION	HAMEÇON
CORDIAL	NUMÉRAL	VOLATIL	BOISSON	DOUZAIN	HASBEEN
CRISTAL	OPTIMAL		BOUCHON	EASTMAN	HAUTAIN
CRUCIAL	ORGUEIL	**M**	BOUFFON	ÉCHELON	HÉLICON
DÉCIBEL	ORIGNAL	ANAHEIM	BOUQUIN	ÉCHEVIN	HORIZON
DIGITAL	PARASOL	ERRATUM	BOURBON	ÉCUSSON	HOUBLON
ÉTERNEL	PARTIAL	FERMIUM	BOURDON	ÉDITION	HUITAIN
FACTUEL	PARTIEL	INTÉRIM	BOURRIN	ÉDREDON	ICARIEN
FÉMORAL	PICPOUL	LOUKOUM	BUISSON	ÉGLEFIN	IRANIEN
FENOUIL	POINTAL	MINIMUM	CABANON	ELEISON	ITALIEN
FILLEUL	PORTAIL	NIOBIUM	CABOTIN	ELTAJIN	IVOIRIN
FLUVIAL	PURCELL	OPTIMUM	CAISSON	ÉLYSÉEN	LAMPION
FRAISIL	RADICAL	QUANTUM	CALEÇON	ÉMOTION	LEMELIN
GÉNÉRAL	RÉCIFAL	REQUIEM	CALEPIN	ENTRAIN	LESBIEN
GÉNITAL	RECUEIL	RHÉNIUM	CANETON	ENVIRON	LIAISON
GESTUEL	ROSEVAL	SCROTUM	CAPITON	ÉPERLAN	LIMAÇON
GIRASOL	ROSTRAL	STERNUM	CAPUCIN	EPSILON	LISERON
GLACIAL	SAROUEL	TERBIUM	CARABIN	ÉROSION	LORGNON
GLAÏEUL	SCALPEL	URANIUM	CARAFON	ERSTEIN	LUPULIN
GRADUEL	SÉNÉGAL		CAUTION	ÉTANÇON	MACARON
GUIGNOL	SENSUEL	**N**	CERTAIN	ÉTÉSIEN	MACHAON
HÔPITAL	SIDÉRAL	ABANDON	CÉRUMEN	ÉVASION	MAGASIN
ILLÉGAL	SOMMEIL	ABDOMEN	CESSION	FACTION	MAILLON
IMMORAL	SOURCIL	ABIÉTIN	CHAGRIN	FAGOTIN	MALSAIN
INCIVIL	SPATIAL	ACADIEN	CHAÎNON	FEDAYIN	MAMELON
INITIAL	SPÉCIAL	ACHIGAN	CHANSON	FICTION	MANCHON
INUSUEL	STENCIL	AILERON	CHARRON	FOURGON	MANDRIN
JOURNAL	STRUDEL	ALCALIN	CHEVRON	FRISSON	MÉDECIN
LATÉRAL	TEXTUEL	ALÉRION	CIPOLIN	GALOPIN	MENTION
LIBÉRAL	TILLEUL	AQUILIN	CITADIN	GALURIN	MESCLUN
LINCEUL	TRAVAIL	ARTIMON	CITOYEN	GESTION	MESQUIN
MARITAL	TRENAIL	ARTISAN	CLOISON	GLOUTON	MISSION
MARTIAL	UNGUÉAL	ASSOUAN	COMBIEN	GOURDIN	MOISSON
MÉDICAL	URÉTRAL	AVORTON	COUFFIN	GRAPPIN	MONDAIN
MENSUEL	VANTAIL	BABOUIN	COUSSIN	GRIFFON	MOUFLON
MINÉRAL	VÉGÉTAL	BALADIN	CRACHIN	GRIGNON	MOUSSON
MIRABEL	VENTRAL	BALAFON	CRAMPON	GRILLON	MULSION
MISTRAL	VERMEIL	BARATIN	CRESSON	GROGNON	NAVARIN
MONACAL	VÉSICAL	BASTION	CROTTIN	GRONDIN	NÉGATON
MONDIAL	VINEUIL	BÉDOUIN	CROÛTON	GUIGNON	NERPRUN

NEUTRON	RUFFIAN	MAGNÉTO	ADHÉRER	AMODIER	AUGURER
NUAISON	SALERON	MÉMENTO	ADJUGER	AMOLLIR	AVACHIR
OCTAVIN	SALOMON	NÉLOMBO	ADJURER	AMORCER	AVALOIR
OMICRON	SANGUIN	ONTARIO	ADMIRER	AMORTIR	AVANCER
ONCTION	SCRUTIN	ORVIETO	ADOPTER	AMPLEUR	AVARIER
ONUSIEN	SECTION	PLACEBO	ADOSSER	AMPUTER	AVERTIR
OPINION	SESSION	PROPRIO	ADOUBER	AMUSEUR	AVEULIR
ORAISON	SIMENON	RAMOLLO	ADOUCIR	ANÉMIER	AVORTER
ORTOLAN	SIZERIN	SFUMATO	ADVENIR	ANHÉLER	BADINER
OURAGAN	SOUDAIN	SOPRANO	AFFADIR	ANNELER	BAFOUER
OURLIEN	SOUPÇON	TORONTO	AFFAMER	ANNEXER	BAFREUR
OVATION	SOUTIEN	TRAVELO	AFFILER	ANNOTER	BAGUIER
PALÉMON	STATION	UTRILLO	AFFINER	ANNULER	BAIGNER
PARRAIN	SUCCION	VERTIGO	AFFLUER	ANOBLIR	BÂILLER
PASSION	TAMARIN	ZINGARO	AFFOLER	ÂNONNER	BAISSER
PATELIN	TARSIEN		AFFÛTER	APAISER	BALADER
PATTERN	TÉHÉRAN	**P**	AGENCER	APEURER	BALAYER
PÈLERIN	TENDRON	KETCHUP	AGNELER	APLANIR	BALISER
PÉLICAN	TENSION		AGRÉGER	APLATIR	BATTEUR
PELVIEN	TERRAIN	**R**	AIGREUR	APPÂTER	BAUMIER
PENSION	TERRIEN	ABCÉDER	AJOURER	APPELER	BÉCOTER
PHARAON	TROGNON	ABJURER	AJOUTER	APPOSER	BEUGLER
PIPERIN	TRONÇON	ABONDER	AJUSTER	APPUYER	BEURRER
PLANTON	TROTTIN	ABONNIR	ALARMER	ARBORER	BIAISER
POINÇON	UNISSON	ABORDER	ALERTER	ARÊTIER	BISQUER
POISSON	UPSILON	ABOUTER	ALÉSEUR	ARPÉGER	BLAGUER
POIVRON	VAURIEN	ABOUTIR	ALIÉNER	ARRÊTER	BLAIRER
POLTRON	VERSION	ABRASER	ALIGNER	ARRIMER	BLESSER
POPOTIN	VÉTÉRAN	ABRÉGER	ALISIER	ARRIVER	BLINDER
PORTION	VULCAIN	ABRITER	ALLÉGER	ARROSER	BLUFFER
POTIRON	WESTERN	ABROGER	ALLOTIR	ASPIRER	BOBINER
POULAIN	YUCATAN	ABRUTIR	ALLOUER	ASSAGIR	BOÎTIER
POUSSIN		ACCÉDER	ALLUMER	ASSENER	BOLIVAR
PUCERON	**O**	ACCOLER	ALTÉRER	ASSEOIR	BONHEUR
PULLMAN	AMOROSO	ACCOTER	AMARRER	ASSOLER	BONJOUR
RAMADAN	CHICANO	ACCULER	AMASSER	ASSUMER	BONSOIR
RAVELIN	GUANACO	ACCUSER	AMATEUR	ASSURER	BOSSUER
REFRAIN	IONESCO	ACHETER	AMENDER	ATELIER	BOTTIER
REJETON	LAMPARO	ACHEVER	AMERRIR	ATTELER	BOUCHER
RÉUNION	LENTIGO	ACIÉRER	AMEUTER	ATTIFER	BOUCLER
RIGODON	LUMBAGO	ACTIVER	AMINCIR	ATTIRER	BOUDEUR
ROMARIN	MAESTRO	ADAPTER	AMOCHER	ATTISER	BOUDOIR

BOUFFER	CERCLER	COULEUR	DÉFILER	DÉTENIR	ÉCRÉMER
BOULIER	CHAÎNER	COULOIR	DÉFINIR	DÉTONER	ÉCRÊTER
BOULOIR	CHALEUR	COUPLER	DÉGAGER	DÉVALER	ÉCROUER
BOURRER	CHANGER	COURBER	DÉGAZER	DÉVÊTIR	ÉDENTER
BOUSIER	CHANTER	COUREUR	DÉGELER	DEVINER	ÉDICTER
BOUTOIR	CHARGER	COURSER	DÉGOTER	DÉVIRER	ÉDIFIER
BRADEUR	CHARMER	COUVOIR	DÉJETER	DEVISER	ÉDUQUER
BRAISER	CHASSER	COUVRIR	DÉJOUER	DÉVOUER	EFFACER
BRANDIR	CHÂTIER	CRACHER	DÉLACER	DIAPRER	EFFILER
BRANLER	CHEDDAR	CRANTER	DÉLAVER	DIGÉRER	ÉGORGER
BRASIER	CHIALER	CRAQUER	DÉLIRER	DILATER	ÉGRENER
BRASSER	CHINEUR	CRAWLER	DÉLOGER	DIRIGER	ÉGRISER
BRETTER	CHOISIR	CREUSER	DÉLURER	DIVISER	ÉJECTER
BRIEFER	CINGLER	CRISPER	DÉMÊLER	DOCTEUR	ÉLAGUER
BRIGUER	CINTRER	CRISSER	DÉMOLIR	DOMINER	ÉLANCER
BRILLER	CISELER	CROCHER	DÉMUNIR	DOMPTER	ÉLARGIR
BRISEUR	CLAMEUR	CROISER	DÉNOUER	DORTOIR	ÉLONGER
BROCHER	CLASSER	CROQUER	DENTIER	DOSSIER	ÉMACIER
BROSSER	CLOQUER	CROTTER	DÉNUDER	DOUCEUR	EMBÊTER
BROUTER	COASSER	CROULER	DÉPARER	DOUCHER	ÉMERGER
BROYEUR	COCOTER	CROUPIR	DÉPECER	DOULEUR	ÉMIGRER
BUSTIER	COFFRER	CRUISER	DÉPÉRIR	DRACHER	ÉMINCER
BUTINER	COGÉRER	CUILLER	DÉPILER	DRAINER	EMMÊLER
CADREUR	COGITER	CUMULER	DÉPITER	DREISER	EMMENER
CAFÉIER	COIFFER	CURETER	DÉPLIER	DRESSER	EMMURER
CAHOTER	COINCER	DAIGNER	DÉPOLIR	DROSSER	ÉMONDER
CAILLER	COLLIER	DANSEUR	DÉPOSER	ÉBÉNIER	ÉMOTTER
CAJOLER	COLORER	DATTIER	DÉPOTER	ÉBLOUIR	EMPÂTER
CALAMAR	COMBLER	DÉBÂTIR	DÉRAGER	ÉBOUEUR	EMPESER
CÂLINER	COMPTER	DÉBINER	DÉRAPER	ÉBOULER	EMPILER
CAMBRER	CONFIER	DÉBITER	DÉRASER	ÉBOUTER	EMPIRER
CANDEUR	CONTEUR	DÉBUTER	DÉRIDER	ÉBROUER	ENCAGER
CANOTER	CONTOUR	DÉCALER	DÉRIVER	ÉCACHER	ENDURER
CANULAR	CONTRER	DÉCATIR	DERNIER	ÉCARTER	ÉNERVER
CAPOTER	CONVIER	DÉCÉDER	DÉROBER	ÉCHOUER	ENFILER
CÂPRIER	COPULER	DÉCELER	DÉROGER	ÉCLATER	ENFOUIR
CAPTEUR	CORMIER	DÉCHOIR	DÉSIRER	ÉCOLIER	ENFÛTER
CARTIER	CORONER	DÉCIDER	DÉSOLER	ÉCORCER	ENGAGER
CASSEUR	COTISER	DÉCIMER	DÉSUNIR	ÉCORNER	ENGLUER
CAUSEUR	COUCHER	DÉCODER	DÉTALER	ÉCOULER	ENIVRER
CELLIER	COUGUAR	DÉCORER	DÉTAXER	ÉCOUTER	ENJÔLER
CENSEUR	COUINER	DÉCRIER	DÉTELER	ÉCRASER	ENLACER

☞	☞	☞	☞	☞	☞
ENLEVER	ÉTONNER	FIGURER	GLISSER	IGNORER	LAINIER
ENLISER	ÉTRÉCIR	FILETER	GOMMIER	IMAGIER	LAISSER
ENNUYER	ÉTRIPER	FILTRER	GONFLER	IMMOLER	LAITIER
ÉNONCER	ÉTUDIER	FLAIRER	GOÛTEUR	IMPOSER	LAMINER
ENRAGER	ÉVACUER	FLAMBER	GRACIER	IMPUTER	LANCEUR
ENRAYER	ÉVALUER	FLÂNEUR	GRADUER	INCISER	LANGUIR
ENRÊNER	ÉVENTER	FLATTER	GRAINER	INCITER	LAPIDER
ENROBER	ÉVINCER	FLAVEUR	GRANDIR	INCUBER	LAPINER
ENRÔLER	ÉVOLUER	FLÉCHIR	GRATTER	INDURER	LARGEUR
ENROUER	ÉVOQUER	FLÉTRIR	GRAVEUR	INFÉRER	LARGUER
ENSILER	EXALTER	FLEURER	GREFFER	INFLUER	LARMIER
ENTAMER	EXAUCER	FLEURIR	GRENIER	INFUSER	LAURIER
ENTÊTER	EXCAVER	FLIPPER	GRIFFER	INGÉRER	LECTEUR
ENTÔLER	EXCÉDER	FLIRTER	GRILLER	INHALER	LENTEUR
ENVAHIR	EXCUSER	FLOTTER	GRIMPER	INHIBER	LÉSINER
ENVASER	EXÉCRER	FOSSOIR	GRINCER	INHUMER	LEURRER
ENVOLER	EXERCER	FOUINER	GRIPPER	INITIER	LÉVITER
ENVOYER	EXHALER	FOURBIR	GROGNER	INNOVER	LIARDER
ÉPANNER	EXHIBER	FOURNIR	GRONDER	INONDER	LIBÉRER
ÉPAULER	EXISTER	FOURRER	GROSSIR	INSÉRER	LICITER
ÉPEURER	EXPIRER	FRAPPER	GROUPER	INSOLER	LIFTIER
ÉPICIER	EXPOSER	FRAUDER	GUÊPIER	INTIMER	LIGOTER
ÉPINIER	EXSUDER	FREINER	GUETTER	INVITER	LIMITER
ÉPISSER	EXULTER	FRETTER	GUEULER	IONISER	LIMOGER
ÉPLOYER	FABULER	FRIPIER	GUIGNER	IRRITER	LINÇOIR
ÉPONGER	FACTEUR	FRONCER	HABITER	ISOLOIR	LIQUEUR
ÉPOUSER	FAIBLIR	FRONDER	HACHOIR	JAILLIR	LISÉRER
ÉPUISER	FAILLIR	FROTTER	HALENER	JAMBIER	LISSEUR
ÉQUIPER	FAISEUR	FURETER	HALETER	JANVIER	LISSIER
ÉRAFLER	FALLOIR	GÂCHEUR	HALLIER	JAPPEUR	LISSOIR
ERGOTER	FARCEUR	GAINIER	HAMSTER	JAUGEUR	LORGNER
ÉRUCTER	FARINER	GALOPER	HAUSSER	JONCHER	LOUCHER
ESCOBAR	FAUCHER	GAUCHER	HAUTEUR	JONGLER	LOURDER
ESPACER	FAUSSER	GAUCHIR	HERBIER	JOUTEUR	LUPANAR
ESPÉRER	FAUTEUR	GAUFRER	HÉRITER	JUBILER	LUSTRER
ESSAYER	FERMIER	GÉNÉRER	HÉSITER	JUCHOIR	LUTHIER
ESSORER	FERMOIR	GEÔLIER	HEURTER	JUGULER	LUTINER
ESSUYER	FERREUR	GERBIER	HONNEUR	JUMELER	LUTTEUR
ESTIMER	FERVEUR	GLACIER	HONORER	JUPITER	MACÉRER
ÉTABLIR	FESSIER	GLAISER	HORREUR	KANDJAR	MÂCHEUR
ÉTAMPER	FÉVRIER	GLAMOUR	HOURDER	LACÉRER	MACULER
ÉTIOLER	FICELER	GLANDER	HULULER	LÂCHEUR	MADRIER
ÉTOFFER	FICHIER	GLANEUR	HURLEUR	LAIDEUR	MAIGRIR

MAILLER	MOUSSER	PENCHER	PRIMEUR	RÉJOUIR	RONDEUR
MAJORER	MOUVOIR	PENSEUR	PROUVER	RELATER	RONFLER
MALABAR	MUSCLER	PERLIER	PUBLIER	RELAVER	ROUGEUR
MALAXER	MUSELER	PÉRORER	QUATUOR	RELAXER	ROULEUR
MALHEUR	MUTILER	PEUPLER	QUITTER	RELEVER	ROUSSIR
MANAGER	NANISER	PIAULER	RABOTER	RELOGER	ROUSTIR
MANQUER	NARGUER	PICORER	RACOLER	RELOUER	ROUTIER
MARCHER	NIAISER	PICOTER	RADOTER	REMISER	RUBANER
MARINER	NIELLER	PILOTER	RAIDEUR	REMPLIR	RUMINER
MARQUER	NIVELER	PIOCHER	RAILLER	RENOUER	RUTILER
MASQUER	NOIRCIR	PIONCER	RALLIER	RÉNOVER	SABOTER
MASSEUR	NOLISER	PIRATER	RAMENER	RENTIER	SAIGNER
MATADOR	NOURRIR	PIVOTER	RAMONER	RENTRER	SAILLIR
MÉDITER	NUANCER	PLAGIER	RANIMER	RÉPARER	SALIVER
MÉDUSER	OBLIGER	PLAISIR	RÂTELER	REPAYER	SALOPER
MÉGOTER	OBSÉDER	PLANEUR	RATURER	REPÉRER	SAMOVAR
MENACER	OBTENIR	PLANOIR	RAUCHER	RÉPÉTER	SANGLER
MÉNAGER	OBUSIER	PLANTER	RAVAGER	REPLIER	SAOULER
MENDIER	OCCUPER	PLAQUER	RAVALER	REPOSER	SARCLER
MENTEUR	OEUVRER	PLÉNIER	RAVINER	RESALIR	SASSEUR
MERDIER	OISELER	PLEURER	RAVISER	RÉSIDER	SATINER
MÉRITER	OLIVIER	PLISSER	RAVIVER	RÉSINER	SATURER
MESURER	ONDULER	PLONGER	RÉARMER	RESSUER	SAUCIER
MÉSUSER	OPPOSER	PLUVIER	REBÂTIR	RÉSUMER	SAUNIER
MEUGLER	ORATEUR	POINTER	REBUTER	RETAPER	SAUTEUR
MEUNIER	OUBLIER	POIRIER	RECALER	RETENIR	SAUVEUR
MIAULER	OUILLER	POISSER	RECELER	RETIRER	SCALPER
MIJOTER	OUVRIER	POLLUER	RECÉPER	RÉUSSIR	SCANDER
MILITER	PAGINER	PORCHER	RÉCITER	RÉVÉLER	SCANNER
MILLIER	PALLIER	PORTEUR	RÉCRÉER	REVENIR	SCELLER
MIRADOR	PALMIER	PORTIER	RECULER	RÉVÉRER	SCINDER
MITIGER	PAPOTER	POSTIER	RÉCURER	REVÊTIR	SCOOTER
MODELER	PARADER	POTINER	RÉCUSER	RÉVISER	SCRAPER
MODÉRER	PARAFER	POUFFER	RÉDIGER	REVOLER	SCRUTER
MODULER	PARLEUR	POURRIR	RÉDIMER	REVOTER	SECOUER
MOITEUR	PASSEUR	POUSSER	REDORER	RICANER	SECTEUR
MOLETER	PASTEUR	POUVOIR	RÉFÉRER	RIGOLER	SELLIER
MONTOIR	PATINER	PRÊCHER	REFILER	RIGUEUR	SEMBLER
MONTRER	PAVANER	PREMIER	REFUSER	RINCEUR	SENSEUR
MORBIER	PÊCHEUR	PRENEUR	RÉFUTER	RIVETER	SENTEUR
MORTIER	PÉDALER	PRESSER	RÉGALER	ROCHIER	SENTIER
MOTIVER	PEIGNER	PRÊTEUR	RÉIFIER	ROILLER	SÉPARER
MOUFTER	PELOTER	PRÉVOIR	REJETER	RONCIER	SEPTUOR

SERINER	TENSEUR	VEILLER	CONGRÈS	PERCLUS	AGAÇANT
SEYMOUR	TERREUR	VENDEUR	CONQUIS	PÉRIERS	AGNELET
SIDÉRER	TERRIER	VÉNÉRER	DESSOUS	PERVERS	ALIMENT
SIFFLER	TERROIR	VERDEUR	DISSOUS	PILOTIS	AMBIANT
SIMULER	THONIER	VERDIER	ÉBOULIS	PRÉAVIS	AMERLOT
SINISER	TIÉDEUR	VERNIER	ENGRAIS	PROGRÈS	AMUSANT
SIROTER	TIERCER	VÉTIVER	EUDÉMIS	RAPPRIS	ANACLET
SMASHER	TISSEUR	VIDIMER	EXPRESS	RASIBUS	APPARAT
SNIFFER	TITUBER	VIGUEUR	FAISANS	RATITES	APPÉTIT
SOIGNER	TOLÉRER	VIOLEUR	FAVORIS	REBOURS	ASTICOT
SOLDEUR	TORPEUR	VISITER	FORCEPS	RECOURS	ATTEINT
SOLFIER	TORSEUR	VIVOTER	FOUDRES	REMORDS	ATTRAIT
SOMBRER	TOUCHER	VOILIER	GALETAS	RENNAIS	AVENANT
SONGEUR	TOURNER	VOULOIR	GALLOIS	SAMOENS	BALLAST
SONNEUR	TOUSSER	VOYAGER	GAULOIS	SCHNAPS	BANQUET
SORCIER	TRAÇOIR	VROMBIR	GRAVATS	SECOURS	BARBANT
SOUDIER	TRAÎNER	ZIEUTER	GRIVOIS	SENSASS	BATELET
SOULIER	TRAITER	ZYEUTER	HARNAIS	SÉVICES	BIBELOT
SPENCER	TRANSIR		HUMÉRUS	SIAMOIS	BIENTÔT
SPOLIER	TRAQUER	**S**	INDÉCIS	SUÉDOIS	BISCUIT
STAGNER	TRAYEUR		LABIÉES	SURPLIS	BISTROT
STATUER	TREMPER	ALBINOS	LAMBRIS	SURPLUS	BLASANT
STEAMER	TRESSER	ANCHOIS	LIPARIS	SURPRIS	BOSQUET
STENTOR	TRICHER	ANGÉLUS	LOISIRS	SUSPENS	BOUQUET
STEPPER	TRIPLER	ANGLAIS	LONDRES	TAILLIS	BRIQUET
STOPPER	TRISSER	ANNALES	MAMOURS	TÉTANOS	BRISANT
STUPEUR	TROMPER	ATHÈNES	MARQUIS	THERMOS	BROCHET
SUCRIER	TROTTER	AUROCHS	MATELAS	TRAVERS	BRÛLANT
SUINTER	TROUVER	BABINES	MAUVAIS	TULLINS	CABARET
SUIVEUR	TRUQUER	BICROSS	MIOLLIS	TURNEPS	CABINET
SUTURER	TUILIER	BURNOUS	NÉMÉENS	UNIVERS	CAILLOT
TAILLER	ULCÉRER	CADENAS	NÉMÉSIS	URSIDÉS	CALMANT
TAMBOUR	UNIFIER	CANEVAS	NORROIS	VÉLINES	CALUMET
TAMISER	URINOIR	CARACAS	OMNIBUS	VELOURS	CAMELOT
TANGUER	USINIER	CASTRES	ORANAIS	VERGLAS	CASERET
TANISER	USURIER	CHABLIS	ORLÉANS		CASSANT
TAPAGER	USURPER	CHAMPIS	PANARIS	**T**	CASTRAT
TAPOTER	VALIDER	CHÂSSES	PANTOIS		CAUSANT
TARGUER	VALSEUR	CHICHIS	PARADIS	ABLERET	CÉLIBAT
TATOUER	VAUTOUR	CLARIAS	PARAGES	ABRICOT	CIRCUIT
TAUPIER	VAUTRER	COLORIS	PARFOIS	ADÉQUAT	CISELET
TCHADOR	VECTEUR	COMICES	PELLÉAS	ADJOINT	CLÉMENT
TEINTER	VÉGÉTER	CONFINS	PÉNATES	AFFRONT	COLLANT

COMMENT	ENDROIT	LAURÉAT	PENSANT	SUIVANT	CORBEAU
COMPACT	ÉPATANT	LEVRAUT	PERÇANT	SUPPORT	COUTEAU
COMPLET	ESCIENT	LONGUET	PERDANT	SURCOÛT	DÉCOUSU
COMPLOT	EVEREST	LOUFIAT	PÉRIDOT	SURFAIT	DÉFENDU
COMPOST	ÉVIDENT	LOUPIOT	PIMPANT	SURSAUT	DÉSAVEU
CONCEPT	EXPLOIT	LUISANT	PIPELET	SURTOUT	DÉTENDU
CONCERT	EXTRAIT	MAILLET	PIQUANT	SUSPECT	DISPARU
CONCRET	FÂCHANT	MAILLOT	PLAGIAT	TENTANT	DRAPEAU
CONFLIT	FAUCHET	MALFRAT	POIVROT	TOMBANT	ENTENDU
CONFORT	FENDANT	MANCHOT	PRÉLART	TONNANT	FABLIAU
CONSORT	FERVENT	MARRANT	PRÉSENT	TORDANT	FARDEAU
CONSTAT	FLAMANT	MATELOT	PROBANT	TORRENT	FARFELU
CONTACT	FORFAIT	MÉCÉNAT	PRODUIT	TRANSAT	FEUILLU
CONTENT	FORTUIT	MÉCHANT	PRUDENT	TRANSIT	GABELOU
CONTRAT	GABARIT	MÉFIANT	RAIFORT	TRIDENT	GARNEAU
CONTRIT	GAGNANT	MÉLILOT	RAMPANT	TUTORAT	GERSEAU
CORRECT	GAÎMENT	MONTANT	RAPPORT	VERDICT	ILIESCU
COULANT	GERFAUT	MORDANT	REMPART	VERMONT	IMPRÉVU
COUPANT	GOBELET	MOUFLET	REMUANT	VERSANT	INCONNU
COUPLET	GODBOUT	MOURANT	RENAULT	VIBRANT	INFICHU
COURANT	GOURMET	MOUVANT	RENÉGAT	VIOLENT	INFOUTU
COUVENT	GOUSSET	NAVRANT	RENFORT	YOGOURT	JOUFFLU
COUVERT	GRATUIT	NUEMENT	REPEINT		LAGNIEU
CRACHAT	GRISANT	ODORANT	RESCRIT	**U**	LAMBEAU
CREUSET	HABITAT	OEILLET	RESPECT		LINTEAU
CRIQUET	HARICOT	OISELET	RESSORT	ACCOURU	MALOTRU
CROCHET	HÂTELET	OLÉOLAT	RETEINT	AISSEAU	MANITOU
CROQUET	HAVENET	ONGUENT	RETRAIT	ANDALOU	MANTEAU
CROYANT	HYDRANT	OPULENT	SANGLOT	BANDEAU	MARTEAU
CRÛMENT	IMPLANT	ORGELET	SARMENT	BARREAU	MILDIOU
CUISANT	INCIPIT	OSSELET	SEGMENT	BERCEAU	MOINEAU
CUISSOT	INEXACT	OUGARIT	SERGENT	BOULEAU	MONCEAU
CUISTOT	INQUIET	PALETOT	SERMENT	BRANCHU	MORCEAU
DÉLICAT	INSTANT	PARAPET	SERPENT	CAILLOU	NOUVEAU
DESSERT	INTÉRÊT	PARFAIT	SERVANT	CAMAÏEU	PARBLEU
DÉTROIT	INTROÏT	PARLANT	SEXTANT	CASSEAU	PARDIEU
DIAMANT	ISOLANT	PARQUET	SIFFLET	CERVEAU	PARVENU
DISCRET	JACQUET	PARTANT	SIMPLET	CHAMEAU	PLATEAU
DISTANT	JAVELOT	PARTOUT	SOLERET	CHAPEAU	PLUMEAU
ÉLÉGANT	JOLIVET	PASSANT	SONNANT	CHÂTEAU	POIREAU
ÉLÉMENT	JUILLET	PATIENT	SORTANT	CONTENU	PONCEAU
ÉMINENT	LANERET	PÉCULAT	SOUHAIT	CONTIGU	PRÉVENU
EMPRUNT	LASSANT	PENDANT	SOUVENT	CONTINU	PRUNEAU

RECONNU	TONNEAU	BRUMEUX	HONTEUX	PERDRIX	**Y**
RÉPANDU	TRÉTEAU	CALLEUX	LAITEUX	PEUREUX	
RONDEAU	TUILEAU	COÛTEUX	LÉPREUX	POMPEUX	ARLETTY
ROULEAU	VERSEAU	CURIEUX	LIGNEUX	RADIEUX	BURNABY
SEPPUKU		ÉPINEUX	MAFIEUX	RUINEUX	CHAMBLY
SERDEAU	**X**	FANGEUX	MERDEUX	SÉRIEUX	COCKNEY
SOUTENU		FRILEUX	MORVEUX	SINUEUX	SILLERY
TABLEAU	AFFREUX	FURIEUX	NEIGEUX	TERREUX	TRAMWAY
TAUREAU	ANTHRAX	GÉMEAUX	NERVEUX	TRIPLEX	TROLLEY
TERREAU	ASTÉRIX	HAINEUX	ONÉREUX	VENTEUX	WHISKEY
TOMBEAU	BOITEUX	HEUREUX	ORAGEUX	VICIEUX	

☞ MOTS DE 8 LETTRES

ABAISSER	ACCOMPLI	ADRESSÉE	AGRESSER	ALLÉLUIA	AMOUREUX
ABÂTARDI	ACCORDER	ADRESSER	AGRESSIF	ALLEMAND	AMOVIBLE
ABATTAGE	ACCOSTER	ADULTÈRE	AGRIPPER	ALLIANCE	AMPHIBIE
ABATTOIR	ACCOURIR	AÉRATEUR	AGUERRIE	ALLONGER	AMPOULÉE
ABERRANT	ACCOURUE	AÉRATION	AGUERRIR	ALLUMAGE	AMULETTE
ABHORRER	ACÉPHALE	AÉRIENNE	AGUICHER	ALLUSION	AMUSANTE
ABLATION	ACESCENT	AÉRODYNE	AIGREFIN	ALLUSIVE	AMUSETTE
ABLATIVE	ACHARNÉE	AÉROPORT	AIGRETTE	ALMANACH	AMUSEUSE
ABLUTION	ACHARNER	AFFAIBLI	AIGUILLE	ALMANDIN	ANACONDA
ABOMINER	ACHETEUR	AFFAIRÉE	AIGUISER	ALOUETTE	ANALOGIE
ABONDANT	ACHOPPER	AFFAIRES	AILLEURS	ALOURDIR	ANALOGUE
ABORTIVE	ACIDULÉE	AFFECTER	AIREDALE	ALPAGUER	ANALYSÉE
ABRASIVE	ACIÉRAGE	AFFERMER	AISÉMENT	ALPESTRE	ANAMNÈSE
ABREUVER	ACQUÉRIR	AFFERMIR	AISSELLE	ALPHABET	ANARCHIE
ABRIVENT	ACROBATE	AFFICHÉE	AJOINTER	ALTERNÉE	ANAVENIN
ABSCISSE	ACTINITE	AFFILIÉE	AJOURNER	ALTERNER	ANCIENNE
ABSIDALE	ACTIVANT	AFFILIER	AJUSTEUR	ALTIPORT	ANDÉSITE
ABSIDIAL	ACTIVITÉ	AFFINEUR	ALACRITÉ	ALTITUDE	ANÉANTIR
ABSINTHE	ACTUAIRE	AFFIRMER	ALANDIER	ALUMINER	ANECDOTE
ABSORBER	ACTUELLE	AFFLIGER	ALANGUIE	AMADOUER	ANÉMIQUE
ABSOUDRE	ACUMINÉE	AFFOLANT	ALANGUIR	AMAIGRIE	ANEURINE
ABSTRAIT	ADDITION	AFFREUSE	ALBANAIS	AMAIGRIR	ANGLAISE
ACCABLER	ADÉLAÏDE	AFFUBLÉE	ALBATROS	AMALGAME	ANGOISSE
ACCALMIE	ADÉQUATE	AFFUBLER	ALBUMINE	AMARANTE	ANIMISME
ACCEPTER	ADHÉRENT	AFFUSION	ALCALINE	AMBIANCE	ANISETTE
ACCIDENT	ADHÉSION	AGAÇANTE	ALCHIMIE	AMBIANTE	ANNONCÉE
ACCLAMER	ADHÉSIVE	AGACERIE	ALENTOUR	AMBITION	ANNONCER
ACCOLADE	ADJACENT	AGERATUM	ALESEUSE	AMBLYOPE	ANNUAIRE
ACCOLAGE	ADJECTIF	AGGRAVER	ALEVINER	AMBULANT	ANNUELLE
	ADJOINTE	AGONISER	ALGARADE	AMÉNAGER	ANODONTE
	ADJUVANT	AGRAFAGE	ALHAMBRA	AMERLOTE	ANOMALIE
	ADMETTRE	AGRANDIR	ALLAITER	AMERTUME	ANONYMAT
	ADOPTION	AGRÉABLE	ALLÉCHER	AMITIEUX	ANORMALE
	ADORABLE	AGRÉMENT	ALLÉGUER	AMNISTIE	ANTIDOTE

ANTIENNE ARTÉRIEL ATTERRÉE BAILLEUR BÉDOUINE BLEUÂTRE
ANTIGÈNE ARTHRITE ATTERRER BAISOTER BÉGUEULE BLINDAGE
ANTILOPE ARTIFICE ATTESTÉE BAKÉLITE BELLÂTRE BLONDINE
ANTITOUT ARTISANE ATTESTER BALADEUR BELTRAMI BOISERIE
AORTIQUE ASOCIALE ATTIRANT BALAFRÉE BÉNÉFICE BOITERIE
APAISANT ASPERGÉE ATTITUDE BALAFRER BÉNÉVOLE BOITEUSE
APITOYER ASPERGER ATTRAIRE BALANCÉE BÉNITIER BOMBANCE
APOLOGIE ASPÉRITÉ ATTRAPÉE BALANCER BENJAMIN BOMBARDE
APOPHYSE ASPHALTE ATTRAPER BALAYAGE BÉOTISME BONDELLE
APPAREIL ASPIRANT ATTRIBUT BALLOTIN BERÇANTE BONHOMIE
APPARENT ASPIRINE AUBÉPINE BALOURDE BERGERIE BONIFIER
APPLIQUE ASSAINIR AUDIENCE BALUSTRE BERNACHE BONIMENT
APPORTER ASSASSIN AUDITEUR BANALITÉ BESOGNER BONNICHE
APPRENTI ASSERVIR AUDITION BANCAIRE BESSONNE BORDEAUX
APPRÊTER ASSIÉGER AURÉOLÉE BANLIEUE BESTIALE BORNOYER
APPROCHE ASSIETTE AURÉOLER BANNIÈRE BESTIOLE BOUCANER
ÂPREMENT ASSIGNER AUSSITÔT BAPTISER BÊTIFIER BOUCHAGE
APTITUDE ASSISTER AUSTRALE BARATTÉE BÉTONNER BOUCHÈRE
ARATOIRE ASSOCIÉE AUTARCIE BARBANTE BEURRIER BOUCLIER
ARBITRER ASSOCIER AUTODAFÉ BARBARIE BICHONNE BOUDERIE
ARCANSON ASSOMMER AUTOMATE BARBECUE BICOLORE BOUDEUSE
ARCHELLE ASSORTIE AUTOPSIE BARBOTER BIENFAIT BOUGEOIR
ARCHIDUC ASSORTIR AUTORITÉ BARILLET BIENNALE BOUILLIE
ARCHIPEL ASSOUVIR AUTRUCHE BARIOLÉE BIENVENU BOUILLIR
ARÉNACÉE ASSUREUR AVALISER BARIOLER BIGARADE BOUILLON
ARGENTÉE ASTHÉNIE AVANTAGE BARRETTE BIGARRÉE BOULETTE
ARGENTER ASTRAKAN AVENANTE BARRIÈRE BIGARRER BOULIMIE
ARGUMENT ASTRONEF AVENTURE BASCULER BILIAIRE BOURRADE
ARLEQUIN ATHÉISME AVERSION BASEBALL BIMOTEUR BOURSIER
ARMAGNAC ATOMISER AVEUGLER BASSESSE BISAÏEUL BOUTEFEU
ARMATEUR ATROCITÉ BASSINER BISBILLE BOUTIQUE
ARMATURE ATROPHIE **B** BATAILLE BISCOTTE BOUTURER
ARMELINE ATTACHÉE BATELEUR BISEXUEL BOUVERIE
ARMURIER ATTACHER BABEURRE BATELIER BISTOURI BRACELET
ARPENTER ATTAQUÉE BABILLER BÂTIMENT BITONALE BRADERIE
ARRACHER ATTAQUER BACCARAT BÂTONNAT BLAFARDE BRADEUSE
ARRANGER ATTARDÉE BACHIQUE BATTERIE BLAGUEUR BRAILLER
ARRIÉRÉE ATTEINTE BACTÉRIE BATTEUSE BLAIREAU BRANCHÉE
ARRIMAGE ATTENANT BADABOUM BAUDRIER BLÂMABLE BRANCHER
ARRIVANT ATTENDRE BADINAGE BAVARDER BLANCHIR BRANCHUE
ARROGANT ATTENTAT BÂFREUSE BEAUCOUP BLASANTE BRANLANT
ARRONDIR ATTENTIF BAIGNADE BEAUFORT BLATÉRER BRAQUEUR
ARROSOIR ATTÉNUER BAIGNEUR BEAUPORT BLESSURE BRASILIA

BRAVACHE	CACATOÈS	CASUELLE	CLÔTURÉE	CONQUISE	COURTIER
BRAVOURE	CACHETTE	CAUSANTE	COALISÉE	CONSIGNE	COURTOIS
BRETONNE	CADENCER	CAUSERIE	COCACOLA	CONSOLER	COUSETTE
BREUVAGE	CADREUSE	CAUSEUSE	COCORICO	CONSPUER	COÛTEUSE
BREVETER	CADUCITÉ	CAVALIER	COCOTIER	CONSTANT	COUVERTE
BRICELET	CALAMITÉ	CÉLÉBRÉE	COHÉRENT	CONSUMER	CRAINDRE
BRICOLER	CALCINÉE	CÉLÉRITÉ	COHÉSION	CONTENIR	CRAINTIF
BRIÈVETÉ	CALCINER	CELLULAR	COIFFEUR	CONTENTE	CRAPOTER
BRILLANT	CALCULER	CÉNOBITE	COLLANTE	CONTENUE	CRAVATÉE
BRISANTE	CALIBRÉE	CENSURÉE	COLLECTE	CONTEUSE	CRÉATEUR
BRISEUSE	CALIBRER	CENSURER	COLLÈGUE	CONTIGUË	CRÉATION
BROCANTE	CALLEUSE	CENTAINE	COLLIGER	CONTINUE	CRÉATIVE
BROCHURE	CALMANTE	CENTAURE	COLOMBIE	CONTRITE	CRÉATURE
BRODERIE	CALOMNIE	CENTIARE	COMBINER	CONTRÔLE	CRÉDITER
BRONCHER	CAMARADE	CENTRALE	COMÉDIEN	CONVENIR	CRENELÉE
BRONZAGE	CAMELOTE	CÉPHALÉE	COMMERCE	CONVOLER	CRÉNELER
BROSSAGE	CAMISOLE	CERCUEIL	COMMÉRER	COOPÉRER	CRÉPITER
BROSSARD	CAMPAGNE	CERFEUIL	COMPACTE	COQUETTE	CRÉTACÉE
BROUETTE	CANAILLE	CERISIER	COMPAGNE	COQUILLE	CRÉTELLE
BROUHAHA	CANARDER	CERTAINE	COMPARER	CORDIALE	CREVARDE
BROUILLE	CANCANER	CERVELLE	COMPATIR	CORÉENNE	CREVASSE
BROUTARD	CANDIDAT	CÉSARIEN	COMPILER	CORNETTE	CREVETTE
BROYEUSE	CANICULE	CÉTÉRACH	COMPLÈTE	COROSSOL	CRINCRIN
BRUITAGE	CANNELÉE	CHAGRINE	COMPOSÉE	CORRECTE	CRINIÈRE
BRÛLANTE	CANTIQUE	CHALANDE	COMPOSER	CORRIDOR	CRITIQUE
BRÛLERIE	CAPACITÉ	CHAMBRÉE	COMTESSE	CORRIGÉE	CROUPION
BRUMEUSE	CAPITALE	CHAMPION	CONCÉDER	CORRIGER	CROYANTE
BRUNANTE	CAPITEUX	CHARMANT	CONCLURE	CORRODER	CRUCIALE
BRUSQUÉE	CAPTIVER	CHARRIER	CONCORDE	CORROMPU	CUEILLIR
BUCAREST	CAPTURÉE	CHEMINÉE	CONCOURS	CORSAIRE	CUIRASSE
BUDAPEST	CAPUCINE	CHEMINER	CONCRÈTE	CORVETTE	CUISANTE
BULGARIE	CARCASSE	CHICANÉE	CONDUIRE	COSTAUDE	CUISINÉE
BULLETIN	CARDINAL	CHIFFRÉE	CONDUITE	COSTUMÉE	CULBUTÉE
BUTANIER	CARENCÉE	CHINEUSE	CONFÉRER	COSTUMER	CULBUTER
	CARESSÉE	CHIPOTER	CONFIANT	COUILLON	CULMINER
C	CARESSER	CICÉRONE	CONFORME	COULANTE	CULOTTÉE
	CARILLON	CIMENTER	CONGELÉE	COULISSE	CULTIVÉE
CABOSSÉE	CARRIÈRE	CIRCULER	CONGELER	COUPABLE	CULTIVER
CABOSSER	CARRIOLE	CITADINE	CONJURÉE	COUPANTE	CULTUREL
CABOTINE	CASEMATE	CITATION	CONJURER	COURANTE	CUPIDITÉ
CABOULOT	CASSANTE	CLAVETTE	CONNARDE	COURBATU	CURATIVE
CABRIOLE	CASSETTE	CLÉMENTE	CONNASSE	COUREUSE	CURIEUSE
CACAOTÉE	CASSEUSE	CLOPORTE	CONNERIE	COURRIER	

D

	DÉCRÉPIT	DÉNATTER	DESTINER	DISPARUE	DURILLON
	DÉCRÉTER	DÉNIGRER	DÉSUNION	DISPENSE	DUVETEUX
DAMASSÉE	DÉFENDRE	DÉNONCER	DÉTACHER	DISPOSÉE	DYNASTIE
DAMNABLE	DÉFENDUE	DENTELER	DÉTENDRE	DISPOSER	DYSLOGIE
DANDINER	DÉFERLER	DENTELLE	DÉTENDUE	DISPUTÉE	DYSTOCIE
DANSEUSE	DÉFONCER	DÉNUTRIE	DÉTERRER	DISPUTER	
DANSOTER	DÉFORMER	DÉPARTIR	DÉTERSIF	DISSIPÉE	**E**
DARTROSE	DÉFRAYER	DÉPASSER	DÉTESTER	DISSIPER	
DÉBÂCLER	DÉFROQUÉ	DÉPENSÉE	DÉTRAQUÉ	DISSOUTE	ÉBARBEUR
DÉBALLER	DÉGAINER	DÉPENSER	DÉTREMPÉ	DISTANCE	ÉBAUCHÉE
DÉBARDER	DÉGARNIR	DÉPÊTRER	DÉTRESSE	DISTANTE	ÉBAUCHER
DÉBARRAS	DÉGÉNÉRÉ	DÉPISTER	DÉTRITUS	DISTINCT	ÉBAVURER
DÉBILITÉ	DÉGOMMER	DÉPLIANT	DÉTRÔNER	DISTRAIT	ÉBÉNISTE
DÉBITEUR	DÉGOTTER	DÉPLORER	DÉTRUIRE	DISTRICT	ÉBERLUÉE
DÉBLAYER	DÉGOÛTÉE	DÉPORTER	DEUXIÈME	DIVERGER	ÉBISELER
DÉBOISER	DÉGOÛTER	DÉPOURVU	DÉVALUER	DIVERTIR	ÉBORGNER
DÉBONDER	DÉGRISER	DÉPRAVÉE	DEVANCER	DIVISION	ÉBRANLER
DÉBORDER	DÉGUISÉE	DÉPRIMÉE	DÉVASTER	DIVORCÉE	ÉBRUITER
DÉBOUCHÉ	DÉGUISER	DÉPRIMER	DÉVERSER	DOBERMAN	ÉBURNÉEN
DÉBOULER	DÉGUSTER	DÉRANGER	DÉVIANCE	DOCILITÉ	ÉCAILLÉE
DÉBRIDÉE	DÉJANTER	DÉRÉELLE	DÉVIDOIR	DOCTRINE	ÉCAILLER
DÉBUTANT	DÉJEUNER	DÉRÉGLER	DÉVORANT	DOLÉANCE	ÉCARLATE
DÉCALAGE	DÉLABRÉE	DÉRISION	DIALECTE	DOLOMITE	ÉCERVELÉ
DÉCAPANT	DÉLAISSÉ	DERNIÈRE	DIAPASON	DOMICILE	ÉCHANGÉE
DÉCEMBRE	DÉLARDER	DÉROUTÉE	DIFFAMER	DOMPTAGE	ÉCHANGER
DÉCENNIE	DÉLATEUR	DERRIÈRE	DIFFÉRER	DONATION	ÉCHAPPER
DÉCERNER	DÉLATION	DÉSABUSÉ	DIFFORME	DONZELLE	ÉCHÉANCE
DÉCEVANT	DÉLÉBILE	DÉSARMER	DIFFUSER	DORIENNE	ÉCHOTIER
DÉCEVOIR	DÉLECTER	DÉSARROI	DIGITALE	DORLOTER	ÉCLAIRÉE
DÉCHARNÉ	DÉLÉGUÉE	DÉSASTRE	DILIGENT	DORMITIF	ÉCLAIRER
DÉCISION	DÉLESTER	DESCENTE	DILUTION	DOSSIÈRE	ÉCLATANT
DÉCISIVE	DÉLIBÉRÉ	DÉSERTER	DIMANCHE	DOUANIER	ÉCLIPSÉE
DÉCLAMER	DÉLICATE	DÉSIGNER	DIMINUER	DOUILLET	ÉCLIPSER
DÉCLARER	DÉLIRANT	DÉSISTER	DIMORPHE	DRAPERIE	ÉCLOSION
DÉCLINER	DEMANDÉE	DÉSOBÉIR	DIPLÔMÉE	DRESSEUR	ÉCOEURER
DÉCLOUER	DEMANDER	DÉSOLANT	DIPLÔMER	DROITURE	ÉCOLIÈRE
DÉCODAGE	DÉMARRER	DÉSORDRE	DISCORDE	DRÔLERIE	ÉCONOMIE
DÉCOLLER	DÉMENTIE	DÉSOSSÉE	DISCOUNT	DRÔLESSE	ÉCOURTER
DÉCOMPTE	DÉMENTIR	DÉSOSSER	DISCOURS	DRÔLETTE	ÉCRITEAU
DÉCONFIT	DÉMESURE	DESSALER	DISCRÈTE	DUALISME	ÉCRITURE
DÉCORNER	DEMEURÉE	DESSERTE	DISCUTÉE	DUCHARME	ÉCRIVAIN
DÉCOUPER	DEMEURER	DESSINER	DISCUTER	DULCINÉE	ÉCROÛTER
DÉCOUSUE	DÉMONTER	DESTINÉE	DISGRÂCE	DUPLEXER	ÉCUISSER

ÉCUMOIRE	ÉMIETTER	ENGEANCE	ÉOLIENNE	ÉROTISME	ÉTOUFFÉE
ÉCUREUIL	ÉMINENCE	ENGLOBER	ÉPAGNEUL	ÉRUPTION	ÉTOUFFER
ÉDIFIANT	ÉMINENTE	ENGONCÉE	ÉPAISSIR	ESBROUFE	ÉTOURDIE
ÉDUCATIF	ÉMISSION	ENGRAVER	ÉPANCHER	ESCABEAU	ÉTOURDIR
EFFECTIF	ÉMONDAGE	ENGRÊLÉE	ÉPANOUIE	ESCALADE	ÉTRANGER
EFFICACE	ÉMONDOIR	ENHARDIR	ÉPANOUIR	ESCALIER	ÉTREINTE
EFFRÉNÉE	ÉMOUSSER	ENIVRANT	ÉPARCHIE	ESCALOPE	ÉTRENNÉE
EFFRITER	ÉMOUVANT	ENLAIDIR	ÉPARGNÉE	ESCAPADE	ÉTRENNER
EFFRONTÉ	ÉMOUVOIR	ENNEIGÉE	ÉPARGNER	ESCARBOT	ÉTRILLER
EFFUSION	EMPATHIE	ENNUAGER	ÉPATANTE	ESCARGOT	ÉTRIQUER
ÉGALISER	EMPÊCHER	ÉNORMITÉ	ÉPAULARD	ESCARPÉE	ÉTUVEUSE
ÉGOTISME	EMPEIGNE	ENQUÊTER	ÉPÉPINER	ESCARPIN	EUPHONIE
ÉGOUTTER	EMPENNÉE	ENRAYURE	ÉPERVIER	ESCORTÉE	EUPHORIE
ÉGRENAGE	EMPERLER	ENRHUMÉE	ÉPEURANT	ESCORTER	EURASIEN
ÉGUEULER	EMPESTER	ENRICHIR	ÉPHÉLIDE	ESCOUADE	EUROPÉEN
EINSTEIN	EMPIÉTER	ENROULER	ÉPHÉMÈRE	ESPALIER	ÉVANOUIE
ÉJECTEUR	EMPLÂTRE	ENSABLER	ÉPICIÈRE	ESPIÈGLE	ÉVANOUIR
ÉLABORER	EMPLETTE	ENSEIGNE	ÉPIDÉMIE	ESPIONNE	ÉVEILLÉE
ÉLAGUEUR	EMPOCHER	ENSELLÉE	ÉPINETTE	ESQUISSE	ÉVEILLER
ELDORADO	EMPORTER	ENSEMBLE	ÉPINEUSE	ESSAIMER	ÉVENTRER
ÉLECTEUR	EMPRESSÉ	ENSERRER	ÉPINGLÉE	ESSARTER	ÉVICTION
ÉLECTION	ÉMULSEUR	ENTACHER	ÉPINGLER	ESSEULÉE	ÉVIDENCE
ÉLECTIVE	ENCADRÉE	ENTAILLE	ÉPINOCHE	ESTAMPÉE	ÉVIDENTE
ÉLÉGANCE	ENCADRER	ENTASSER	ÉPIPHYSE	ESTAMPER	EXAGÉRÉE
ÉLÉGANTE	ENCAISSE	ENTENDRE	ÉPISSOIR	ESTERLIN	EXAGÉRER
ÉLIGIBLE	ENCARTER	ENTENDUE	ÉPITAPHE	ESTHÉSIE	EXASPÉRÉ
ÉLIMINER	ENCEINTE	ENTÉRITE	ÉPOINTER	ESTOMPÉE	EXCELLER
ÉLINGUÉE	ENCENSER	ENTERRER	ÉPOUSEUR	ESTOMPER	EXCENTRÉ
ELLÉBORE	ENCHANTÉ	ENTOLOME	ÉPROUVER	ESTONIEN	EXCEPTÉE
ÉLOGIEUX	ENCOLLER	ENTONNER	ÉPUISANT	ESTOQUER	EXCITANT
ÉLOIGNER	ENCORNÉE	ENTOURER	ÉQUATION	ESTROPIÉ	EXCLUSIF
ÉLUCIDER	ENCOURIR	ENTRACTE	ÉQUEUTER	ESTUAIRE	EXÉCUTER
ÉMAILLER	ENDETTER	ENTRAIDE	ÉQUIPAGE	ÉTAMPEUR	EXÉCUTIF
EMBALLER	ENDIGUER	ENTRAVER	ÉRAILLÉE	ÉTANCHER	EXEMPTER
EMBARRAS	ENDORMIR	ENTREPÔT	ÉRAILLER	ÉTATIQUE	EXERCICE
EMBELLIR	ENDOSSER	ENTRESOL	ÉRECTILE	ÉTATISER	EXIGEANT
EMBOÎTER	ENDURCIR	ENTREVUE	ÉRECTION	ÉTEINDRE	EXISTANT
EMBOUCHE	ÉNERVANT	ÉNUMÉRER	ÉREINTÉE	ÉTENDAGE	EXONÉRER
EMBOUTIR	ENFANTER	ÉNURÉSIE	ÉREINTER	ÉTERNITÉ	EXOTISME
EMBRASER	ENFICHER	ENVIABLE	ERGOTINE	ÉTERNUER	EXPANSIF
EMBRASSE	ENFILADE	ENVIRONS	ÉRISTALE	ÉTHYLÈNE	EXPÉDIER
ÉMERISER	ENFOIRÉE	ENVOILER	ERMITAGE	ÉTIRABLE	EXPLORER
ÉMEUTIER	ENFONCER	ENVOÛTER	ÉROTISER	ÉTONNANT	EXPLOSER

EXPORTER	FAVORITE	FLORENCE	FRILEUSE	GALOPEUR	GIROFLÉE
EXPRESSE	FÉCULENT	FLOTTEUR	FRINGALE	GAMBADER	GLABELLE
EXPULSER	FÉERIQUE	FLUVIALE	FRINGANT	GAMBETTE	GLACIALE
EXPURGER	FÉLICITÉ	FOLÂTRER	FRINGUER	GAMBILLE	GLACIÈRE
EXTÉNUER	FÉMORALE	FOLIACÉE	FRIPIÈRE	GANDOURA	GLANDEUR
EXTIRPER	FENAISON	FOLICHON	FRIPONNE	GANGRÈNE	GLANEUSE
EXTRADER	FENDANTE	FOLIOTER	FRISELIS	GANGSTER	GLARÉOLE
EXTRAIRE	FERMIÈRE	FOMENTER	FRISETTE	GANTERIE	GLAUCOME
EXTRAITE	FÉROCITÉ	FONCTION	FRISOLÉE	GARANTIE	GLISSADE
EXTRUDÉE	FERREUSE	FONTAINE	FRISQUET	GARANTIR	GLISSANT
	FERVENTE	FORCENÉE	FRITEUSE	GARÇONNE	GLISSOIR
F	FESSIÈRE	FORGERON	FROIDURE	GARDÉNIA	GLORIEUX
	FESTIVAL	FORMELLE	FROISSER	GARDERIE	GLORIOLE
FÂCHANTE	FESTOYER	FORMULÉE	FROMAGER	GASCONNE	GLOSSINE
FACILITÉ	FÉTIDITÉ	FORMULER	FRONDEUR	GASPACHO	GLOSSITE
FAÇONNER	FEUDISTE	FORTICHE	FROTTOIR	GASPÉSIE	GLOUSSER
FACTOTUM	FEUILLER	FORTUITE	FRUSTRER	GATINEAU	GLUMELLE
FACTURÉE	FEUILLUE	FOSSETTE	FUGACITÉ	GAUCHÈRE	GLYCÉMIE
FAILLITE	FÉVEROLE	FOUETTER	FUGITIVE	GAULOISE	GNANGNAN
FAINÉANT	FIBRANNE	FOUILLÉE	FULMINER	GAVROCHE	GODILLOT
FAISEUSE	FIDÉLITÉ	FOUILLER	FUMAGINE	GAZOGÈNE	GOINFRÉE
FAÎTIÈRE	FIÉVREUX	FOUILLIS	FUNICULE	GEIGNARD	GOMMETTE
FAMILIER	FIGNOLER	FOURBURE	FURETEUR	GÉLATINE	GONDOLÉE
FANGEUSE	FILAMENT	FOURCHON	FURIBOND	GELIVURE	GONDOLER
FANTOCHE	FILANDRE	FOURNEAU	FURIEUSE	GENDARME	GONZESSE
FARCEUSE	FILATURE	FOURNIER	FURONCLE	GÉNÉRALE	GOUAILLE
FARFADET	FILETAGE	FOURREAU	FUSILIER	GÉNÉREUX	GOULACHE
FARFELUE	FILLETTE	FOURRURE	FUSILLER	GÉNITALE	GOULOTTE
FARIBOLE	FILLEULE	FOUTAISE	FUSTIGER	GÉNITEUR	GOURMAND
FAROUCHE	FILOCHER	FRACTION	FUTAILLE	GÉNOCIDE	GOÛTEUSE
FASCINER	FILTRAGE	FRACTURE	FUTILITÉ	GENTIANE	GOYAVIER
FASCISME	FINALITÉ	FRAGMENT		GENTILLE	GRACIEUX
FASCISTE	FINASSER	FRAÎCHIR	**G**	GÉODÉSIE	GRAILLER
FATALITÉ	FINITION	FRANÇAIS		GEÔLIÈRE	GRAILLON
FATIGANT	FISSURÉE	FRANCHIR	GÂCHEUSE	GÉOMÈTRE	GRAINIER
FATIGUÉE	FIXEMENT	FRAPPANT	GAGNANTE	GÉOTRUPE	GRAISSER
FAUCHARD	FLAMBARD	FRAUDEUR	GAIEMENT	GÉRANIUM	GRAMINÉE
FAUCILLE	FLANCHER	FREDAINE	GAILLARD	GERBILLE	GRANDEUR
FAUNESSE	FLANELLE	FRELATÉE	GAINIÈRE	GERBOISE	GRANULÉE
FAUSSETÉ	FLÂNERIE	FRELATER	GALÉJADE	GERONIMO	GRANULER
FAUTEUIL	FLÂNEUSE	FRÉNÉSIE	GALILÉEN	GIBOULÉE	GRATINER
FAUTRICE	FLATTEUR	FRICOTER	GALLOISE	GILETIER	GRATTOIR
FAUVETTE	FLINGUER	FRICTION	GALOPADE	GIRATION	GRATUITÉ

GRAVEUSE	HACHETTE	HISTORIÉ	IMMEUBLE	INCLINÉE	INHUMAIN
GRÉBICHE	HACIENDA	HISTRION	IMMINENT	INCLINER	INIMITIÉ
GREFFOIR	HAINEUSE	HIVERNER	IMMOBILE	INCOLORE	INITIALE
GRILLADE	HALETANT	HOBEREAU	IMMODÉRÉ	INCOMBER	INJECTER
GRILLAGE	HANDICAP	HOLOCÈNE	IMMORALE	INCONNUE	INJURIER
GRIMACER	HANNETON	HOMOGÈNE	IMMORTEL	INCULPÉE	INNOCENT
GRIMOIRE	HARANGUE	HONTEUSE	IMMUABLE	INCULPER	INNOMMÉE
GRINÇANT	HARASSÉE	HORRIBLE	IMMUNITÉ	INCURVER	INOCCUPÉ
GRISANTE	HARCELER	HÔTELIER	IMPALUDÉ	INDÉCENT	INOPINÉE
GRISERIE	HARMONIE	HOULETTE	IMPAVIDE	INDÉCISE	INQUIÈTE
GRISETTE	HARPAGON	HOUSSOIR	IMPÉRIAL	INDÉFINI	INSANITÉ
GRIVETON	HARPISTE	HUILERIE	IMPÉTIGO	INDICIEL	INSCRIRE
GRIVOISE	HASARDER	HUÎTRIER	IMPÉTRER	INDIENNE	INSENSÉE
GROGNARD	HAUTAINE	HUMANITÉ	IMPLIQUÉ	INDIGÈNE	INSINUER
GROSSEUR	HAUTBOIS	HUMECTER	IMPLORER	INDIGENT	INSIPIDE
GROSSIER	HAVENEAU	HUMILIER	IMPLOSER	INDIGNÉE	INSISTER
GROUPAGE	HEAUMIER	HUMILITÉ	IMPORTER	INDIRECT	INSOLENT
GUENILLE	HÉBERGÉE	HURLEUSE	IMPORTUN	INDIVIDU	INSOLITE
GUÊPIÈRE	HÉBERGER		IMPOSANT	INDOCILE	INSOMNIE
GUÉRIDON	HÉBÉTUDE	**I**	IMPOTENT	INDOLENT	INSPIRÉE
GUÉRILLA	HÉLÉPOLE		IMPRÉVUE	INDUCTIF	INSPIRER
GUÉRISON	HÉLIPORT	IBÉRIQUE	IMPRIMER	INESPÉRÉ	INSTABLE
GUERRIER	HELVELLE	ICONIQUE	IMPROPRE	INÉTENDU	INSTANCE
GUEULARD	HÉPATITE	IDENTITÉ	IMPUDENT	INEXACTE	INSTINCT
GUIGNARD	HERBACÉE	IDOLÂTRE	IMPUDEUR	INEXERCÉ	INSTITUT
GUIMAUVE	HERBERIE	IGNIFUGE	IMPULSIF	INEXPIÉE	INSTRUIT
GUINDEAU	HERCHEUR	IGNORANT	IMPUNITÉ	INFAMANT	INSUCCÈS
GUSTATIF	HÉRISSER	ILLÉGALE	IMPURETÉ	INFATUÉE	INSULINE
GUTTURAL	HÉRISSON	ILLETTRÉ	INACTION	INFECTER	INSULTÉE
GYMNASTE	HÉRITAGE	ILLICITE	INACTIVE	INFÉODÉE	INSULTER
	HÉRITIER	ILLIMITÉ	INACTUEL	INFERNAL	INSURGÉE
H	HÉROÏQUE	ILLINOIS	INADAPTÉ	INFESTER	INTAILLE
	HÉROÏSME	ILLUMINÉ	INALTÉRÉ	INFICHUE	INTÉGRAL
HABANERA	HÉSITANT	ILLUSION	INAMICAL	INFIDÈLE	INTÉGRÉE
HABILETÉ	HEUREUSE	ILLUSTRE	INANIMÉE	INFIRMÉE	INTÉGRER
HABILLÉE	HEURTOIR	ILOTISME	INANIMÉE	INFIRMER	INTENTER
HABILLER	HEXAGONE	IMAGIÈRE	INAVOUÉE	INFLÉCHI	INTERDIT
HABITANT	HEXAPODE	IMAGINER	INCARNER	INFLÉCHI	INTERNÉE
HABITUDE	HIBISCUS	IMBÉCILE	INCENDIE	INFLIGER	INTERNER
HABITUÉE	HILARITÉ	IMBRULÉE	INCHANGÉ	INFLUENT	INTIMITÉ
HABITUEL	HIPPIQUE	IMMACULÉ	INCIDENT	INFORMER	INTRIGUE
HABITUER	HIPPISME	IMMÉDIAT	INCISION	INFOUTUE	INUSITÉE
HÂBLERIE	HISTOIRE	IMMÉRITÉ	INCISIVE	INHABITÉ	INVALIDE

INVASION	JONGLEUR	LANOLINE	LISSEUSE	MACHINER	MARITALE
INVENTER	JOUBARBE	LANTERNE	LITTÉRAL	MÂCHOIRE	MARITIME
INVERSER	JOUFFLUE	LAPEREAU	LITTORAL	MÂCHURER	MARMOTTE
INVÉTÉRÉ	JOUTEUSE	LAPICIDE	LITURGIE	MAÇONNER	MARONNER
IONIENNE	JUDAÏSME	LAQUELLE	LIVIDITÉ	MAFIEUSE	MARQUISE
IRONIQUE	JUGEMENT	LARGESSE	LOCALITÉ	MAGICIEN	MARRANTE
IRONISER	JULIÉNAS	LARVAIRE	LOCATEUR	MAGNOLIA	MARSAULT
IRONISTE	JUMELLES	LASSANTE	LOCATION	MAIGREUR	MARSOUIN
IRRADIER	JUREMENT	LATÉRALE	LOCUTION	MAIGRIOT	MARTAGON
IRRÉELLE	JUSTESSE	LATITUDE	LOGEMENT	MAILLURE	MARTELER
IRRÉSOLU	JUVÉNILE	LAUDATIF	LOGOTYPE	MAINMISE	MARTIALE
IRRITANT		LAURÉATE	LOINTAIN	MAINTIEN	MARTINET
ISOCARDE	**K**	LAVEMENT	LONGERON	MAIRESSE	MASCOTTE
ISOCLINE	KALIÉMIE	LECTORAT	LONGRINE	MAÎTRISE	MASCULIN
ISOLANTE	KANTISME	LECTRICE	LONGUEUR	MALADIVE	MASSEUSE
ISOTONIE	KAPOKIER	LÉGALITÉ	LOUANGÉE	MALÉFICE	MASSICOT
ITALIQUE	KERMESSE	LÉGÈRETÉ	LOUANGER	MALLÉOLE	MATÉRIAU
ITÉRATIF	KÉROSÈNE	LÉGITIME	LOUFOQUE	MALLETTE	MATÉRIEL
IVOIRIER	KIBBOUTZ	LÉNIFIER	LOUPIOTE	MALMENER	MATERNER
IVOIRINE	KYRIELLE	LENTILLE	LOURDAUD	MALOTRUE	MATURITÉ
		LÉPREUSE	LOURDEUR	MALPOLIE	MAUGRÉER
J	**L**	LESSIVER	LOVELACE	MALSAINE	MAUSOLÉE
		LÉTALITÉ	LUCIDITÉ	MALSÉANT	MAUSSADE
JACASSER	LABOURER	LETTONIE	LUCIFUGE	MANCHOTE	MAUVAISE
JACQUARD	LABRADOR	LETTRAGE	LUCRATIF	MANDARIN	MÉCHANTE
JACTANCE	LACEMENT	LEUCÉMIE	LUISANTE	MANDRILL	MÉCOMPTE
JAÏNISME	LÂCHEUSE	LEVRETTE	LUMIGNON	MANIABLE	MÉCRÉANT
JALONNER	LADRERIE	LIBELLER	LUMINEUX	MANIÉRÉE	MÉDAILLE
JALOUSER	LAIDERON	LIBÉRALE	LUNETIER	MANIFOLD	MÉDECINE
JALOUSIE	LAINEUSE	LIBERTIN	LUNETTES	MANITOBA	MÉDICALE
JAPPEUSE	LAINIÈRE	LIGAMENT	LUPULINE	MANOUCHE	MÉDIÉVAL
JARRETER	LAITERIE	LIGNEUSE	LUSTRINE	MANTELET	MÉDIOCRE
JAUNÂTRE	LAITERON	LIMICOLE	LUTTEUSE	MANTILLE	MÉFIANTE
JAUNETTE	LAITEUSE	LIMONADE	LUXMÈTRE	MANUCURE	MEILLEUR
JAUNISSE	LAITIÈRE	LINACÉES	LYCÉENNE	MANUELLE	MÉLANGÉE
JERRYCAN	LAÏUSSER	LINÉAIRE	LYDIENNE	MAQUETTE	MÉLANGER
JEUNESSE	LAMAÏSME	LINGERIE		MARABOUT	MÉLANINE
JEUNETTE	LAMBINER	LINOLÉUM	**M**	MARASQUE	MÉLOMANE
JOBARDER	LAMELLÉE	LIONCEAU		MARAUDER	MÉLUSINE
JOINTURE	LANCETTE	LIPOSOME	MÂCHEFER	MARCHAND	MEMBRANE
JOLIESSE	LANCEUSE	LIQUIDÉE	MÂCHEUSE	MARGELLE	MÉMOIRES
JOLIETTE	LANGUEUR	LIQUIDER	MACHINAL	MARGOTER	MENAÇANT
JONCTION	LANGUIDE	LISBONNE	MACHINÉE	MARINADE	MENDIANT

MENDIGOT	MONITEUR	NASILLER	NOUEMENT	OFFICIER	ORDURIER
MENSONGE	MONOPOLE	NATIONAL	NOURRAIN	OFFICINE	OREILLER
MENTEUSE	MONORAIL	NATIVITÉ	NOURRICE	OFFRANDE	ORGANISÉ
MENTISME	MONOTONE	NAUFRAGE	NOUVELLE	OISILLON	ORIENTAL
MÉPRISER	MONTAGNE	NAUSÉEUX	NOVATEUR	OISIVETÉ	ORIENTER
MERCREDI	MONTANTE	NAVRANTE	NOVATION	OLÉCRANE	ORIGINAL
MERDEUSE	MONTRÉAL	NÉBULEUX	NOVEMBRE	OLFACTIF	ORIGINEL
MERDOYER	MORAILLE	NECTAIRE	NOVICIAT	OLIBRIUS	ORNEMENT
MERISIER	MORALITÉ	NÉGATEUR	NUBIENNE	OLIVÂTRE	ORPIMENT
MERLUCHE	MORCELER	NÉGATION	NUISANCE	OLIVETTE	OSCILLER
MESQUINE	MORDANTE	NÉGATIVE	NUISETTE	OLYMPIEN	OSSATURE
MESSAGER	MORDICUS	NÉGLIGER	NUISIBLE	OMBRETTE	OSSIFIER
MÉTABOLE	MORDORÉE	NÉGOCIER	NUMÉRALE	OMELETTE	OSSUAIRE
MEUNIÈRE	MORIBOND	NEIGEUSE	NUTRITIF	OMISSION	OSTRACÉE
MEURETTE	MORILLON	NELLIGAN		OMOPLATE	OTOLITHE
MEURTRIR	MOROSITÉ	NÉNUPHAR	**O**	ONCOGÈNE	OUAILLES
MICHETON	MORTELLE	NÉONATAL		ONCTUEUX	OUBLIEUX
MIELLEUX	MORVEUSE	NÉOPHYTE	OASIENNE	ONDOYANT	OUISTITI
MIGNARDE	MOUCHETÉ	NÉPALAIS	OBJECTER	ONÉREUSE	OUTARDES
MIGNONNE	MOUILLÉE	NÉPHRITE	OBJECTIF	ONGLETTE	OUTILLER
MIGNOTER	MOUILLER	NERVEUSE	OBLONGUE	ONTARIEN	OUTRAGER
MIGRAINE	MOURANTE	NETTOYER	OBOMBRER	OPÉRABLE	OUVRAGÉE
MILITANT	MOUSSOIR	NIAISEUX	OBSÉDANT	OPERCULE	OUVRIÈRE
MINAUDER	MOUTARDE	NICODÈME	OBSERVER	OPÉRETTE	OVULAIRE
MINÉRALE	MOUVANTE	NICOTINE	OBSOLÈTE	OPPORTUN	OZONISER
MINERVAL	MUFLERIE	NIDIFIER	OBSTACLE	OPPOSANT	
MIROITER	MULTIPLE	NIELLEUR	OBSTINÉE	OPPRESSÉ	**P**
MISERERE	MURAILLE	NIPPONNE	OBSTRUER	OPPRIMER	
MISSOURI	MURMURÉE	NIVELEUR	OCCASION	OPPROBRE	PACIFIER
MITIGEUR	MUSARDER	NOBLESSE	OCCIDENT	OPTICIEN	PACTISER
MITONNER	MUSICALE	NOCIVITÉ	OCCULTER	OPTIMALE	PAGAILLE
MODALITÉ	MUSICIEN	NOCTURNE	OCCUPANT	OPULENCE	PAGAYEUR
MODESTIE	MUTATION	NODOSITÉ	OCÉANIDE	OPULENTE	PAIEMENT
MODIFIER	MUTUELLE	NOÉTIQUE	OCTAVIER	OPUSCULE	PAISIBLE
MOLESTER		NOIRÂTRE	OCULAIRE	ORAGEUSE	PALABRER
MOLLASSE	**N**	NOIRAUDE	OCULISTE	ORALISER	PALATIAL
MOLLESSE		NOIRCEUR	ODORANTE	ORATOIRE	PÂLICHON
MOLLETON	NAGEOIRE	NOISETTE	OEILLADE	ORATORIO	PALISSON
MOLLETTE	NAPOLÉON	NOMBREUX	OEILLÈRE	ORATRICE	PALMAIRE
MONACALE	NAPPERON	NONNETTE	OFFENSÉE	ORBITÈLE	PALMARÈS
MONANDRE	NARCÉINE	NOTARIAT	OFFENSER	ORCHIDÉE	PALMISTE
MONDAINE	NARCISSE	NOTARIÉE	OFFENSIF	ORDONNÉE	PALPABLE
MONDIALE	NARGUILÉ	NOTIFIER	OFFICIEL	ORDONNER	PALPITER

PALUDÉEN	PARTAGER	PÉKINOIS	PHORMION	PLOMBURE	POSTICHE
PALUDINE	PARTANTE	PÉLAMIDE	PHRASEUR	PLONGEON	POSTIÈRE
PAMPHLET	PARTERRE	PÉLÉENNE	PIAILLER	PLONGEUR	POSTULER
PANACHER	PARTIALE	PÈLERINE	PIANOTER	PLUMETIS	POSTURAL
PANCARTE	PARTISAN	PELLETÉE	PICARDAN	PLUVIEUX	POTASSER
PANCRÉAS	PARUTION	PELLETER	PIÉCETTE	POCHARDE	POTENTAT
PANIQUÉE	PARVENIR	PELOTEUR	PIERREUX	POCHETTE	POUBELLE
PANNETON	PARVENUE	PELUCHÉE	PIERRIER	POÉTESSE	POUDREUX
PANOPLIE	PASSABLE	PÉNALITÉ	PIÉTINER	POIGNANT	POUILLOT
PANORAMA	PASSAGER	PENCHANT	PIÉTONNE	POINTURE	POULARDE
PANTALON	PASSANTE	PENDANTE	PILASTRE	POISSEUX	POULETTE
PANTELER	PASSEUSE	PENDERIE	PILLARDE	POISSONS	POURCEAU
PANTHÉON	PASSIBLE	PÉNÉTRER	PILONNER	POITEVIN	POURTANT
PANTOIRE	PASTÈQUE	PÉNITENT	PILOSITÉ	POITRAIL	POURTOUR
PANTOISE	PASTICHE	PÉNOMBRE	PIMBÊCHE	POITRINE	POURVOIR
PAPETIER	PASTILLE	PENSANTE	PIMENTÉE	POIVROTE	PRALINÉE
PAPOTAGE	PASTORAL	PENSEUSE	PIMENTER	POLAROÏD	PRALINER
PARABOLE	PATAPOUF	PEPTIQUE	PIMPANTE	POLICIER	PRÉCAIRE
PARADEUR	PATAUGER	PERÇANTE	PINCETTE	POLISSON	PRÉCÉDER
PARADOXE	PATENTER	PERCEUSE	PINCOURT	POLOCHON	PRÉCEPTE
PARAÎTRE	PATERNEL	PERCLUSE	PINERAIE	POLYGAME	PRÊCHEUR
PARANGON	PATIENCE	PERCUTER	PIOCHAGE	POMMADÉE	PRÉCIEUX
PARAPHÉE	PATIENTE	PERDANTE	PIONNIER	POMMADER	PRÉCISER
PARAPHER	PATINAGE	PERDURER	PIPERADE	POMMETTE	PRÉFACÉE
PARASITE	PATINEUR	PERFIDIE	PIQUANTE	POMPETTE	PRÉFÉRÉE
PARCELLE	PÂTISSER	PERFORER	PIQUETTE	POMPEUSE	PRÉFÉRER
PARCOURS	PATRIOTE	PERLIÈRE	PISTACHE	PONCTUEL	PRÉJUGÉE
PAREILLE	PATRONNE	PERMUTER	PITRERIE	PONDÉRÉE	PRÉLEVER
PAREMENT	PAUMELLE	PERPLEXE	PLACETTE	PONGISTE	PREMIÈRE
PARESSER	PAUVRETÉ	PERRUQUE	PLAINDRE	POPELINE	PRÉMISSE
PARFAITE	PAVEMENT	PERSILLÉ	PLAISANT	POPULACE	PRÉMUNIR
PARFILER	PAVILLON	PERSONNE	PLANAIRE	PORCHÈRE	PRENEUSE
PARISIEN	PAVOISER	PERVERSE	PLANEUSE	PORRIDGE	PRÉPARER
PARJURÉE	PAYSANNE	PERVERTI	PLANORBE	PORTABLE	PRÉPOSÉE
PARJURER	PÊCHETTE	PESSAIRE	PLANQUÉE	PORTEUSE	PRÉSAGER
PARLANTE	PÊCHEUSE	PÉTANQUE	PLANTAIN	PORTIÈRE	PRÉSENCE
PARLEUSE	PÉDALEUR	PÉTARADE	PLANTOIR	PORTLAND	PRÉSENTE
PARMÉLIE	PÉDALIER	PÉTÉCHIE	PLASTRON	PORTRAIT	PRÉSIDER
PARODIÉE	PÉDIATRE	PÉTILLER	PLÂTREUX	POSITION	PRESSANT
PARODIER	PÉDICULE	PÉTITION	PLÉNIÈRE	POSITIVE	PRESSION
PARONYME	PEIGNOIR	PÉTULANT	PLEUREUR	POSSÉDÉE	PRESTIGE
PARSEMER	PEINARDE	PEUPLADE	PLEUROTE	POSSÉDER	PRÉSUMÉE
PARTAGÉE	PEINTURE	PEUREUSE	PLEUVOIR	POSSIBLE	PRÉSUMER

PRÉSURER
PRÉTENDU
PRÊTEUSE
PRÉTEXTE
PRÉVENIR
PRÉVENUE
PRIMAIRE
PRIMAUTÉ
PRIMITIF
PRINCIPE
PRIORITÉ
PRIVAUTÉ
PROBANTE
PROBLÈME
PROCRÉER
PROCURER
PRODUIRE
PRODUITE
PROFANÉE
PROFANER
PROFÉRER
PROFITER
PROFONDE
PROHIBÉE
PROHIBER
PROJETER
PROLOGUE
PROMENER
PROMESSE
PRONONCÉ
PROPAGER
PROPOSER
PROPRETÉ
PROROGER
PROSCRIT
PROSPÈRE
PROSTATE
PROSTRÉE
PROTÉGER
PROTHÈSE
PROUESSE
PROVENIR
PROVERBE

PRUDENCE
PRUDENTE
PRUNELLE
PSAUTIER
PUANTEUR
PUBLIQUE
PUDIBOND
PUISSANT
PULLULER
PUNAISÉE
PUNAISER
PUNITION
PURGEOIR
PURIFIER
PURITAIN
PURPURIN
PURULENT
PYORRHÉE
PYROMANE

Q

QUANTITÉ
QUARTIER
QUERELLE
QUESTION
QUÉTAINE
QUETSCHE
QUILLEUR
QUINTEUX
QUOLIBET

R

RABATTRE
RABBINAT
RABOTAGE
RABOUGRI
RABOUTER
RABROUER
RACAILLE
RACHETER
RACLETTE
RACOLAGE

RACOLEUR
RACONTAR
RACONTER
RACORNIR
RADICALE
RADIEUSE
RADOTAGE
RADOUCIR
RAFFINÉE
RAFFINER
RAFFOLER
RAILLEUR
RAINETTE
RAINURÉE
RAIPONCE
RAISINET
RAISONNÉ
RAJEUNIR
RALENTIR
RALLONGE
RALLUMER
RAMASSÉE
RAMASSER
RAMASSIS
RAMBARDE
RAMEUTER
RAMOLLIE
RAMOLLIR
RAMPANTE
RANCOEUR
RAPACITÉ
RAPIDITÉ
RAPIÉCER
RAPLAPLA
RAPPELER
RAPPRISE
RAQUETTE
RARÉFIER
RAREMENT
RASSASIÉ
RASSURER
RATATINÉ
RÂTELIER

RATICIDE
RATIFIER
RATIONAL
RATURAGE
RAVAUDER
RAYONNER
RÉACTEUR
RÉACTION
RÉALÉSER
RÉALISER
RÉALISTE
RÉANIMER
REBIQUER
REBONDIR
REBUTANT
RECALAGE
RECAUSER
RECELEUR
RECENSER
RECEVOIR
RECHARGE
RECHUTER
RÉCIFALE
RÉCLAMÉE
RÉCLAMER
RECLOUER
RECOLLER
RÉCOLTÉE
RÉCOLTER
RECONNUE
RECOPIER
RECOUPER
RECOURIR
RECRUTER
RECULADE
RÉCURAGE
RECYCLER
REDEVOIR
REDONNER
REDOUTÉE
REDOUTER
RÉÉCRIRE
RÉÉDITER

REFERMER
REFLÉTER
REFONDRE
RÉFORMÉE
RÉFORMER
REFOULER
REFRÉNER
RÉFUGIER
REGAGNER
REGARDER
REGARNIR
RÉGATIER
RÉGENTER
REGIMBER
RÉGIMENT
REGISTRE
RÉGLABLE
RÉGLISSE
REGORGER
RÉGULIER
REINETTE
RÉITÉRER
RELÂCHÉE
RELÂCHER
RELANCÉE
RELANCER
RELATION
RELATIVE
RELÉGUER
RELEVEUR
RELIGION
REMANGER
REMANIER
REMARQUE
REMÉDIER
REMETTRE
REMMENER
REMONTER
REMORQUE
REMPILER
REMUANTE
RENÂCLER
RENAÎTRE

RENAUDER
RENÉGATE
RENGAINE
RENOMMÉE
RENOMMER
RENONCER
RENTAMER
RENTIÈRE
RÉOPÉRER
REPAÎTRE
RÉPANDRE
RÉPANDUE
REPARTIE
REPARTIR
REPASSER
REPÊCHER
REPEINTE
REPENSER
REPENTIR
REPERDRE
REPIQUER
REPLACER
RÉPLIQUE
REPLOYER
RÉPONDRE
REPORTER
REPOSANT
RÉPRIMER
REPRISER
REPROCHÉ
RÉPUDIER
RÉPUGNER
REQUÉRIR
RESCAPÉE
RÉSÉQUER
RÉSERVÉE
RÉSERVER
RÉSIDUEL
RÉSIGNÉE
RÉSILIER
RÉSINIER
RÉSISTER
RÉSONNER

RÉSORBER	RIGOLEUR	RUINEUSE	SAUCIÈRE	SÉPULCRE	SOIGNEUX
RÉSOUDRE	RIMOUSKI	RUISSEAU	SAUCISSE	SÉQUENCE	SOLDEUSE
RESPIRER	RINCEUSE	RUSTAUDE	SAUGRENU	SÉRAPHIN	SOLENNEL
RESSAYER	RINGARDE	RUTABAGA	SAUMÂTRE	SÉRÉNADE	SOLIDITÉ
RESSEMER	RIPAILLE	RUTILANT	SAUTERIE	SÉRÉNITÉ	SOLIPÈDE
RESSUYER	RIPOSTER		SAUTEUSE	SÉRIELLE	SOLITUDE
RÉSULTAT	RIQUIQUI	**S**	SAVETIER	SÉRIEUSE	SOLIVEAU
RÉSULTER	RISSOLÉE		SAVONNER	SERINGAT	SOLUTION
RÉTABLIR	RISSOLER	SABLIÈRE	SAVOURER	SERINGUE	SOMBRERO
RETARDER	RITUELLE	SABORDER	SCANDALE	SERPETTE	SOMMAIRE
RETEINTE	RIVALITÉ	SABOTAGE	SCARABÉE	SERPOLET	SOMNOLER
RETENTER	RIVERAIN	SABOTIER	SCÉLÉRAT	SERRISTE	SONGERIE
RETENTIR	ROBERVAL	SABOULER	SCÉNARIO	SERVANTE	SONGEUSE
RÉTICENT	ROITELET	SACCAGER	SCISSION	SEULETTE	SONNANTE
RÉTICULE	ROLLMOPS	SAGACITÉ	SCLÉROSE	SÉVÉRITÉ	SONNETTE
RÉTINITE	ROMSTECK	SAGEMENT	SCOLAIRE	SEXTUPLE	SONORITÉ
RETISSER	RONDELET	SAGUENAY	SCORPION	SEXUELLE	SOPHISME
RETOMBER	RONFLANT	SAIGNOIR	SCRUPULE	SHRAPNEL	SORCIÈRE
RETRACER	RONFLEUR	SAILLANT	SCULPTER	SIAMOISE	SORNETTE
RETRAITE	ROSALBIN	SAINTETÉ	SÉCATEUR	SIBÉRIEN	SORTANTE
RÉTRÉCIE	ROSEMÈRE	SALACITÉ	SÉCHEUSE	SIBILANT	SOUCIEUX
RÉTRÉCIR	ROSERAIE	SALAISON	SECONDER	SIBYLLIN	SOUCOUPE
RÉUSSITE	ROSSARDE	SALARIÉE	SECOURIR	SIDÉENNE	SOUDIÈRE
RÊVASSER	ROSSERIE	SALARIER	SECOUSSE	SIDÉRALE	SOUFFLÉE
REVENANT	ROSTRALE	SALINITÉ	SÉCRÉTER	SIGNALÉE	SOUFFLER
REVENDRE	ROTATION	SALOPARD	SECTAIRE	SIGNALER	SOUFFLET
REVERSER	ROTATIVE	SALPÊTRE	SÉCULIER	SIMAGRÉE	SOUFFRIR
RÉVISION	ROTENGLE	SAMOURAÏ	SÉCURITÉ	SIMBLEAU	SOUFISME
RÉVOLTER	ROTURIER	SANCTION	SÉDATIVE	SINCIPUT	SOUILLÉE
REVOLVER	ROUBLARD	SANGLANT	SÉDITION	SINÉCURE	SOUILLER
RÉVOQUER	ROUGEOLE	SANGLIER	SEIGNEUR	SINGERIE	SOUILLON
RÉVULSER	ROUILLÉE	SANGUINE	SELLERIE	SINISTRE	SOULAGER
RHUBARBE	ROUILLER	SANTIAGO	SELLETTE	SINUEUSE	SOULEVER
RICANEUR	ROULETTE	SAPIDITÉ	SEMBLANT	SINUSITE	SOUPENTE
RICHESSE	ROULEUSE	SAPITEUR	SÉMILLON	SIPHONNÉ	SOUPIÈRE
RICKSHAW	ROULOTTE	SAPRISTI	SEMONCER	SITTELLE	SOUPIRER
RICOCHER	ROUMANIE	SARCASME	SENESTRE	SLALOMER	SOURCIER
RICOCHET	ROUSSEUR	SARCELLE	SÉNILITÉ	SLEEPING	SOURDINE
RIDICULE	ROUTIÈRE	SARRASIN	SEÑORITA	SLOVAQUE	SOURIANT
RIESLING	RUBICOND	SASSEUSE	SENSIBLE	SNOBISME	SOURNOIS
RIGAUDON	RUBRIQUE	SATINAGE	SENTENCE	SOBRIÉTÉ	SOUTENIR
RIGIDITÉ	RUDEMENT	SATURNIE	SEPTANTE	SOCIABLE	SOUTENUE
RIGOLADE	RUGOSITÉ	SAUCETTE	SEPTUPLE	SOIFFARD	SOUTIRER

SOUVENIR	SUICIDÉE	SYNTHÈSE	TÉMÉRITÉ	TONNANTE	TREMPLIN
SPACIEUX	SUICIDER	SYPHILIS	TEMPÉRÉE	TONNELLE	TRÉMULER
SPATIALE	SUIVANTE		TEMPÊTER	TONNERRE	TRÉPIDER
SPÉCIALE	SUIVEUSE	**T**	TEMPOREL	TONSURER	TRIANGLE
SPÉCIMEN	SUJÉTION	TABASSER	TÉNACITÉ	TONTISSE	TRIBUNAL
SPÉCULER	SULFURER	TABLETTE	TENDANCE	TORDANTE	TRICHEUR
SPÉCULOS	SUPERFIN	TABLOÏDE	TENDELLE	TORPILLE	TRICOTER
SPIRALÉE	SUPERFLU	TACHETÉE	TENDRETÉ	TORSADÉE	TRICYCLE
SPLÉNITE	SUPPLÉER	TACHETER	TENÈBRES	TORTUEUX	TRIDENTÉ
SPONTANÉ	SUPPLICE	TACHISME	TÈNEMENT	TORTURÉE	TRILLION
SPORTIVE	SUPPLIER	TACTIQUE	TÉNORITE	TORTURER	TRIMARAN
SPORULER	SUPPOSÉE	TAFFETAS	TENTANTE	TOTALITÉ	TRIPLACE
SPRINGER	SUPPOSER	TAHITIEN	TERMINAL	TOUCHANT	TRIPODIE
SPRINTER	SUPPURER	TAILLADE	TERMINER	TOUILLER	TRIPOTER
SQUAMEUX	SUPPUTER	TAILLOIR	TERRASSE	TOUJOURS	TRISOMIE
SQUEEZER	SURANNÉE	TALISMAN	TERREUSE	TOULOUPE	TRITURER
STACCATO	SURCROÎT	TALLIPOT	TERRIBLE	TOUPINER	TROMBONE
STAGNANT	SURDOUÉE	TALOCHÉE	TEUTATÈS	TOURELLE	TROMPEUR
STANDARD	SÛREMENT	TALONNER	TEUTONNE	TOURISME	TROPICAL
STARISER	SURFACÉE	TALQUEUX	TEXTURER	TOURISTE	TROTTEUR
STÉARATE	SURFAIRE	TAMANOIR	THANATOS	TOURMENT	TROTTOIR
STELLITE	SURFAITE	TAMISEUR	THÉÂTRAL	TOURNURE	TROUBLÉE
STEMMATE	SURGELER	TANGIBLE	THÉRAPIE	TOXICITÉ	TROUBLER
STÉROÏDE	SURJETER	TANNERIE	THYROÏDE	TRACTEUR	TROUFION
STIMULER	SURMENER	TAPAGEUR	TIÉDASSE	TRACTION	TROUPEAU
STIPULER	SURNAGER	TAPISSER	TIGRESSE	TRADUIRE	TROUSSÉE
STOPPEUR	SURPRISE	TARASQUE	TIMIDITÉ	TRAGÉDIE	TROUSSER
STRESSER	SURRÉNAL	TARATATA	TIMONIER	TRAHISON	TROUVÈRE
STRIDENT	SURSEOIR	TARAUDER	TINTOUIN	TRAÎNANT	TSARISME
STRIGILE	SURVENIR	TARTARIN	TIRELIRE	TRAÎNARD	TUILERIE
STUDIEUX	SURVENUE	TARTINÉE	TISONNER	TRAÎNEUR	TUILIÈRE
STYLISME	SURVOLER	TATILLON	TISSEUSE	TRANCHÉE	TUMÉFIER
SUBLIMER	SUSCITER	TÂTONNER	TITILLER	TRANCHER	TURBOTIN
SUBVENIR	SUSPECTE	TATOUAGE	TITREUSE	TRANSEPT	TURLUTER
SUCCÉDER	SUSPENSE	TAULARDE	TOILERIE	TRANSMIS	TURNOVER
SUCCINCT	SUSURRER	TAVELURE	TOILETTE	TRAPPEUR	TUTEURER
SUCRERIE	SUSVISÉE	TAVILLON	TOLÉRANT	TRAVESTI	
SUCRIÈRE	SYMÉTRIE	TAXATEUR	TOMAHAWK	TRAYEUSE	**U**
SUDATION	SYMPTÔME	TEENAGER	TOMBANTE	TRÉFONDS	
SUÉDOISE	SYNCOPÉE	TÉGUMENT	TOMBELLE	TREILLIS	UBIQUITÉ
SUFFIXAL	SYNCOPER	TEINTURE	TONALITÉ	TREMBLAY	ULCÉREUX
SUFFRAGE	SYNDICAT	TÉLÉCRAN	TONDEUSE	TREMBLER	ULTRASON
SUGGÉRER	SYNONYME		TONIFIER	TREMPAGE	UNGUÉALE

UNIFOLIÉ
UNIFORME
UNIOVULE
UNITAIRE
UPPERCUT
URANISME
URBANITÉ
URÉTÉRAL
URÉTRALE
URÉTRITE
URINAIRE
URODÈLES
URSULINE
URTICALE
USINIÈRE
USUFRUIT
USURIÈRE
UTILISER
UTOPISTE
UVULAIRE

V

VACANCES
VACCINER
VACHARDE
VACHERIE
VACHERIN
VACILLER
VAGABOND
VAILLANT
VAISSEAU
VALENCIA
VALSEUSE
VANILLÉE
VANNELLE
VANNERIE
VANTARDE
VAPOREUX
VARAPPER
VARENNES
VARIABLE
VASELINE

VÉGÉTALE
VÉHÉMENT
VÉHICULE
VEILLEUR
VEINARDE
VELARIUM
VELLÉITÉ
VÉLOCITÉ
VELOUTÉE
VENAISON
VENDEUSE
VENDREDI
VÉNIELLE
VENTEUSE
VENTILER
VENTRALE
VÉRACITÉ
VÉRAISON
VERDÂTRE
VERGETÉE
VERGETTE
VÉRIFIER
VERMOULU
VERRERIE
VERRIÈRE
VERTÈBRE
VERTUEUX
VERVEINE
VÉSICALE
VÉSICULE
VÊTEMENT
VEULERIE
VEXATION
VIBRANTE
VICARIAT
VICIEUSE
VICTOIRE
VICTORIA
VIDÉASTE
VIEILLIE
VIEILLIR
VIEILLOT

VIENNOIS
VIGILANT
VINAIGRE
VIOLACER
VIOLENCE
VIOLENTE
VIOLETTE
VIOLEUSE
VIOLISTE
VIPEREAU
VIREMENT
VIRGINAL
VIRGINIE
VIRILITÉ
VIROCIDE
VIRTUOSE
VIRULENT
VISITEUR
VISQUEUX
VITALITÉ
VITAMINE
VITRERIE
VIVACITÉ
VIVEMENT
VIVIFIER
VOCATION
VOISINER
VOITURÉE
VOITURER
VOLAILLE
VOLATILE
VOLITION
VOLITIVE
VOLTIGER
VOLUBILE
VORACITÉ
VRAIMENT
VULGAIRE

W

WALKYRIE

Z

ZAKOUSKI
ZARZUELA
ZÉLATEUR
ZEPPELIN
ZIBELINE
ZOOLOGIE

2ᵉ

POSITION

A

BABEURRE
BABILLER
BACCARAT
BACHIQUE
BACTÉRIE
BADABOUM
BADINAGE
BÂFREUSE
BAIGNADE
BAIGNEUR
BAILLEUR
BAISOTER
BAKÉLITE
BALADEUR
BALAFRÉE
BALAFRER
BALANCÉE
BALANCER
BALAYAGE
BALLOTIN
BALOURDE
BALUSTRE
BANALITÉ
BANCAIRE
BANLIEUE
BANNIÈRE
BAPTISER

BARATTÉE
BARBANTE
BARBARIE
BARBECUE
BARBOTER
BARILLET
BARIOLÉE
BARIOLER
BARRETTE
BARRIÈRE
BASCULER
BASEBALL
BASSESSE
BASSINER
BATAILLE
BATELEUR
BATELIER
BÂTIMENT
BÂTONNAT
BATTERIE
BATTEUSE
BAUDRIER
BAVARDER
CABOSSÉE
CABOSSER
CABOTINE
CABOULOT
CABRIOLE
CACAOTÉE
CACATOÈS
CACHETTE
CADENCER
CADREUSE
CADUCITÉ
CALAMITÉ
CALCINÉE
CALCINER
CALCULER
CALIBRÉE
CALIBRER
CALLEUSE
CALMANTE
CALOMNIE

CAMARADE
CAMELOTE
CAMISOLE
CAMPAGNE
CANAILLE
CANARDER
CANCANER
CANDIDAT
CANICULE
CANNELÉE
CANTIQUE
CAPACITÉ
CAPITALE
CAPITEUX
CAPTIVER
CAPTURÉE
CAPUCINE
CARCASSE
CARDINAL
CARENCÉE
CARESSÉE
CARESSER
CARILLON
CARRIÈRE
CARRIOLE
CASEMATE
CASSANTE
CASSETTE
CASSEUSE
CASUELLE
CAUSANTE
CAUSERIE
CAUSEUSE
CAVALIER
DAMASSÉE
DAMNABLE
DANDINER
DANSEUSE
DANSOTER
DARTROSE
FÂCHANTE
FACILITÉ
FAÇONNER

FACTOTUM	GANGSTER	JACTANCE	LAUDATIF	MARABOUT	OASIENNE
FACTURÉE	GANTERIE	JAÏNISME	LAURÉATE	MARASQUE	PACIFIER
FAILLITE	GARANTIE	JALONNER	LAVEMENT	MARAUDER	PACTISER
FAINÉANT	GARANTIR	JALOUSER	MÂCHEFER	MARCHAND	PAGAILLE
FAISEUSE	GARÇONNE	JALOUSIE	MÂCHEUSE	MARGELLE	PAGAYEUR
FAÎTIÈRE	GARDÉNIA	JAPPEUSE	MACHINAL	MARGOTER	PAIEMENT
FAMILIER	GARDERIE	JARRETER	MACHINÉE	MARINADE	PAISIBLE
FANGEUSE	GASCONNE	JAUNÂTRE	MACHINER	MARITALE	PALABRER
FANTOCHE	GASPACHO	JAUNETTE	MÂCHOIRE	MARITIME	PALATIAL
FARCEUSE	GASPÉSIE	JAUNISSE	MÂCHURER	MARMOTTE	PÂLICHON
FARFADET	GATINEAU	KALIÉMIE	MAÇONNER	MARONNER	PALISSON
FARFELUE	GAUCHÈRE	KANTISME	MAFIEUSE	MARQUISE	PALMAIRE
FARIBOLE	GAULOISE	KAPOKIER	MAGICIEN	MARRANTE	PALMARÈS
FAROUCHE	GAVROCHE	LABOURER	MAGNOLIA	MARSAULT	PALMISTE
FASCINER	GAZOGÈNE	LABRADOR	MAIGREUR	MARSOUIN	PALPABLE
FASCISME	HABANERA	LACEMENT	MAIGRIOT	MARTAGON	PALPITER
FASCISTE	HABILETÉ	LÂCHEUSE	MAILLURE	MARTELER	PALUDÉEN
FATALITÉ	HABILLÉE	LADRERIE	MAINMISE	MARTIALE	PALUDINE
FATIGANT	HABILLER	LAIDERON	MAINTIEN	MARTINET	PAMPHLET
FATIGUÉE	HABITANT	LAINEUSE	MAIRESSE	MASCOTTE	PANACHER
FAUCHARD	HABITUDE	LAINIÈRE	MAÎTRISE	MASCULIN	PANCARTE
FAUCILLE	HABITUÉE	LAITERIE	MALADIVE	MASSEUSE	PANCRÉAS
FAUNESSE	HABITUEL	LAITERON	MALÉFICE	MASSICOT	PANIQUÉE
FAUSSETÉ	HABITUER	LAITEUSE	MALLÉOLE	MATÉRIAU	PANNETON
FAUTEUIL	HÂBLERIE	LAITIÈRE	MALLETTE	MATÉRIEL	PANOPLIE
FAUTRICE	HACHETTE	LAÏUSSER	MALMENER	MATERNER	PANORAMA
FAUVETTE	HACIENDA	LAMAÏSME	MALOTRUE	MATURITÉ	PANTALON
FAVORITE	HAINEUSE	LAMBINER	MALPOLIE	MAUGRÉER	PANTELER
GÂCHEUSE	HALETANT	LAMELLÉE	MALSAINE	MAUSOLÉE	PANTHÉON
GAGNANTE	HANDICAP	LANCETTE	MALSÉANT	MAUSSADE	PANTOIRE
GAIEMENT	HANNETON	LANCEUSE	MANCHOTE	MAUVAISE	PANTOISE
GAILLARD	HARANGUE	LANGUEUR	MANDARIN	NAGEOIRE	PAPETIER
GAINIÈRE	HARASSÉE	LANGUIDE	MANDRILL	NAPOLÉON	PAPOTAGE
GALÉJADE	HARCELER	LANOLINE	MANIABLE	NAPPERON	PARABOLE
GALILÉEN	HARMONIE	LANTERNE	MANIÉRÉE	NARCÉINE	PARADEUR
GALLOISE	HARPAGON	LAPEREAU	MANIFOLD	NARCISSE	PARADOXE
GALOPADE	HARPISTE	LAPICIDE	MANITOBA	NARGUILÉ	PARAÎTRE
GALOPEUR	HASARDER	LAQUELLE	MANOUCHE	NASILLER	PARANGON
GAMBADER	HAUTAINE	LARGESSE	MANTELET	NATIONAL	PARAPHÉE
GAMBETTE	HAUTBOIS	LARVAIRE	MANTILLE	NATIVITÉ	PARAPHER
GAMBILLE	HAVENEAU	LASSANTE	MANUCURE	NAUFRAGE	PARASITE
GANDOURA	JACASSER	LATÉRALE	MANUELLE	NAUSÉEUX	PARCELLE
GANGRÈNE	JACQUARD	LATITUDE	MAQUETTE	NAVRANTE	PARCOURS

PAREILLE	PATRONNE	RAMOLLIE	SANCTION	TANNERIE	ABATTAGE
PAREMENT	PAUMELLE	RAMOLLIR	SANGLANT	TAPAGEUR	ABATTOIR
PARESSER	PAUVRETÉ	RAMPANTE	SANGLIER	TAPISSER	ABERRANT
PARFAITE	PAVEMENT	RANCOEUR	SANGUINE	TARASQUE	ABHORRER
PARFILER	PAVILLON	RAPACITÉ	SANTIAGO	TARATATA	ABLATION
PARISIEN	PAVOISER	RAPIDITÉ	SAPIDITÉ	TARAUDER	ABLATIVE
PARJURÉE	PAYSANNE	RAPIÉCER	SAPITEUR	TARTARIN	ABLUTION
PARJURER	RABATTRE	RAPLAPLA	SAPRISTI	TARTINÉE	ABOMINER
PARLANTE	RABBINAT	RAPPELER	SARCASME	TATILLON	ABONDANT
PARLEUSE	RABOTAGE	RAPPRISE	SARCELLE	TÂTONNER	ABORTIVE
PARMÉLIE	RABOUGRI	RAQUETTE	SARRASIN	TATOUAGE	ABRASIVE
PARODIÉE	RABOUTER	RARÉFIER	SASSEUSE	TAULARDE	ABREUVER
PARODIER	RABROUER	RAREMENT	SATINAGE	TAVELURE	ABRIVENT
PARONYME	RACAILLE	RASSASIÉ	SATURNIE	TAVILLON	ABSCISSE
PARSEMER	RACHETER	RASSURER	SAUCETTE	TAXATEUR	ABSIDALE
PARTAGÉE	RACLETTE	RATATINÉ	SAUCIÈRE	VACANCES	ABSIDIAL
PARTAGER	RACOLAGE	RÂTELIER	SAUCISSE	VACCINER	ABSINTHE
PARTANTE	RACOLEUR	RATICIDE	SAUGRENU	VACHARDE	ABSORBER
PARTERRE	RACONTAR	RATIFIER	SAUMÂTRE	VACHERIE	ABSOUDRE
PARTIALE	RACONTER	RATIONAL	SAUTERIE	VACHERIN	ABSTRAIT
PARTISAN	RACORNIR	RATURAGE	SAUTEUSE	VACILLER	ÉBARBEUR
PARUTION	RADICALE	RAVAUDER	SAVETIER	VAGABOND	ÉBAUCHÉE
PARVENIR	RADIEUSE	RAYONNER	SAVONNER	VAILLANT	ÉBAUCHER
PARVENUE	RADOTAGE	SABLIÈRE	SAVOURER	VAISSEAU	ÉBAVURER
PASSABLE	RADOUCIR	SABORDER	TABASSER	VALENCIA	ÉBÉNISTE
PASSAGER	RAFFINÉE	SABOTAGE	TABLETTE	VALSEUSE	ÉBERLUÉE
PASSANTE	RAFFINER	SABOTIER	TABLOÏDE	VANILLÉE	ÉBISELER
PASSEUSE	RAFFOLER	SABOULER	TACHETÉE	VANNELLE	ÉBORGNER
PASSIBLE	RAILLEUR	SACCAGER	TACHETER	VANNERIE	ÉBRANLER
PASTÈQUE	RAINETTE	SAGACITÉ	TACHISME	VANTARDE	ÉBRUITER
PASTICHE	RAINURÉE	SAGEMENT	TACTIQUE	VAPOREUX	ÉBURNÉEN
PASTILLE	RAIPONCE	SAGUENAY	TAFFETAS	VARAPPER	IBÉRIQUE
PASTORAL	RAISINET	SAIGNOIR	TAHITIEN	VARENNES	OBJECTER
PATAPOUF	RAISONNÉ	SAILLANT	TAILLADE	VARIABLE	OBJECTIF
PATAUGER	RAJEUNIR	SAINTETÉ	TAILLOIR	VASELINE	OBLONGUE
PATENTER	RALENTIR	SALACITÉ	TALISMAN	WALKYRIE	OBOMBRER
PATERNEL	RALLONGE	SALAISON	TALLIPOT	ZAKOUSKI	OBSÉDANT
PATIENCE	RALLUMER	SALARIÉE	TALOCHÉE	ZARZUELA	OBSERVER
PATIENTE	RAMASSÉE	SALARIER	TALONNER		OBSOLÈTE
PATINAGE	RAMASSER	SALINITÉ	TALQUEUX	**B**	OBSTACLE
PATINEUR	RAMASSIS	SALOPARD	TAMANOIR		OBSTINÉE
PÂTISSER	RAMBARDE	SALPÊTRE	TAMISEUR	ABAISSER	OBSTRUER
PATRIOTE	RAMEUTER	SAMOURAÏ	TANGIBLE	ABÂTARDI	UBIQUITÉ

C

ACCABLER
ACCALMIE
ACCEPTER
ACCIDENT
ACCLAMER
ACCOLADE
ACCOLAGE
ACCOMPLI
ACCORDER
ACCOSTER
ACCOURIR
ACCOURUE
ACÉPHALE
ACESCENT
ACHARNÉE
ACHARNER
ACHETEUR
ACHOPPER
ACIDULÉE
ACIÉRAGE
ACQUÉRIR
ACROBATE
ACTINITE
ACTIVANT
ACTIVITÉ
ACTUAIRE
ACTUELLE
ACUMINÉE
ÉCAILLÉE
ÉCAILLER
ÉCARLATE
ÉCERVELÉ
ÉCHANGÉE
ÉCHANGER
ÉCHAPPER
ÉCHÉANCE
ÉCHOTIER
ÉCLAIRÉE
ÉCLAIRER
ÉCLATANT
ÉCLIPSÉE

ÉCLIPSER
ÉCLOSION
ÉCOEURER
ÉCOLIÈRE
ÉCONOMIE
ÉCOURTER
ÉCRITEAU
ÉCRITURE
ÉCRIVAIN
ÉCROÛTER
ÉCUISSER
ÉCUMOIRE
ÉCUREUIL
ICONIQUE
OCCASION
OCCIDENT
OCCULTER
OCCUPANT
OCÉANIDE
OCTAVIER
OCULAIRE
OCULISTE
SCANDALE
SCARABÉE
SCÉLÉRAT
SCÉNARIO
SCISSION
SCLÉROSE
SCOLAIRE
SCORPION
SCRUPULE
SCULPTER

D

ADDITION
ADÉLAÏDE
ADÉQUATE
ADHÉRENT
ADHÉSION
ADHÉSIVE
ADJACENT
ADJECTIF

ADJOINTE
ADJUVANT
ADMETTRE
ADOPTION
ADORABLE
ADRESSÉE
ADRESSER
ADULTÈRE
ÉDIFIANT
ÉDUCATIF
IDENTITÉ
IDOLÂTRE
ODORANTE

E

AÉRATEUR
AÉRATION
AÉRIENNE
AÉRODYNE
AÉROPORT
BEAUCOUP
BEAUFORT
BEAUPORT
BÉDOUINE
BÉGUEULE
BELLÂTRE
BELTRAMI
BÉNÉFICE
BÉNÉVOLE
BÉNITIER
BENJAMIN
BÉOTISME
BERÇANTE
BERGERIE
BERNACHE
BESOGNER
BESSONNE
BESTIALE
BESTIOLE
BÊTIFIER
BÉTONNER
BEURRIER

CÉLÉBRÉE
CÉLÉRITÉ
CELLULAR
CÉNOBITE
CENSURÉE
CENSURER
CENTAINE
CENTAURE
CENTIARE
CENTRALE
CÉPHALÉE
CERCUEIL
CERFEUIL
CERISIER
CERTAINE
CERVELLE
CÉSARIEN
CÉTÉRACH
DÉBÂCLER
DÉBALLER
DÉBARDER
DÉBARRAS
DÉBILITÉ
DÉBITEUR
DÉBLAYER
DÉBOISER
DÉBONDER
DÉBORDER
DÉBOUCHÉ
DÉBOULER
DÉBRIDÉE
DÉBUTANT
DÉCALAGE
DÉCAPANT
DÉCEMBRE
DÉCENNIE
DÉCERNER
DÉCEVANT
DÉCEVOIR
DÉCHARNÉ
DÉCISION
DÉCISIVE
DÉCLAMER

DÉCLARER
DÉCLINER
DÉCLOUER
DÉCODAGE
DÉCOLLER
DÉCOMPTE
DÉCONFIT
DÉCORNER
DÉCOUPER
DÉCOUSUE
DÉCRÉPIT
DÉCRÉTER
DÉFENDRE
DÉFENDUE
DÉFERLER
DÉFONCER
DÉFORMER
DÉFRAYER
DÉFROQUÉ
DÉGAINER
DÉGARNIR
DÉGÉNÉRÉ
DÉGOMMER
DÉGOTTER
DÉGOÛTÉE
DÉGOÛTER
DÉGRISER
DÉGUISÉE
DÉGUISER
DÉGUSTER
DÉJANTER
DÉJEUNER
DÉLABRÉE
DÉLAISSÉ
DÉLARDER
DÉLATEUR
DÉLATION
DÉLÉBILE
DÉLECTER
DÉLÉGUÉE
DÉLESTER
DÉLIBÉRÉ
DÉLICATE

DÉLIRANT
DEMANDÉE
DEMANDER
DÉMARRER
DÉMENTIE
DÉMENTIR
DÉMESURE
DEMEURÉE
DEMEURER
DÉMONTER
DÉNATTER
DÉNIGRER
DÉNONCER
DENTELER
DENTELLE
DÉNUTRIE
DÉPARTIR
DÉPASSER
DÉPENSÉE
DÉPENSER
DÉPÊTRER
DÉPISTER
DÉPLIANT
DÉPLORER
DÉPORTER
DÉPOURVU
DÉPRAVÉE
DÉPRIMÉE
DÉPRIMER
DÉRANGER
DÉRÉELLE
DÉRÉGLER
DÉRISION
DERNIÈRE
DÉROUTÉE
DERRIÈRE
DÉSABUSÉ
DÉSARMER
DÉSARROI
DÉSASTRE
DESCENTE
DÉSERTER
DÉSIGNER

DÉSISTER	FESTIVAL	HÉSITANT	MENDIGOT	PÉKINOIS	RÉACTEUR
DÉSOBÉIR	FESTOYER	HEUREUSE	MENSONGE	PÉLAMIDE	RÉACTION
DÉSOLANT	FÉTIDITÉ	HEURTOIR	MENTEUSE	PÉLÉENNE	RÉALÉSER
DÉSORDRE	FEUDISTE	HEXAGONE	MENTISME	PÈLERINE	RÉALISER
DÉSOSSÉE	FEUILLER	HEXAPODE	MÉPRISER	PELLETÉE	RÉALISTE
DÉSOSSER	FEUILLUE	JERRYCAN	MERCREDI	PELLETER	RÉANIMER
DESSALER	FÉVEROLE	JEUNESSE	MERDEUSE	PELOTEUR	REBIQUER
DESSERTE	GEIGNARD	JEUNETTE	MERDOYER	PELUCHÉE	REBONDIR
DESSINER	GÉLATINE	KERMESSE	MERISIER	PÉNALITÉ	REBUTANT
DESTINÉE	GELIVURE	KÉROSÈNE	MERLUCHE	PENCHANT	RECALAGE
DESTINER	GENDARME	LECTORAT	MESQUINE	PENDANTE	RECAUSER
DÉSUNION	GÉNÉRALE	LECTRICE	MESSAGER	PENDERIE	RECELEUR
DÉTACHER	GÉNÉREUX	LÉGALITÉ	MÉTABOLE	PÉNÉTRER	RECENSER
DÉTENDRE	GÉNITALE	LÉGÈRETÉ	MEUNIÈRE	PÉNITENT	RECEVOIR
DÉTENDUE	GÉNITEUR	LÉGITIME	MEURETTE	PÉNOMBRE	RECHARGE
DÉTERRER	GÉNOCIDE	LÉNIFIER	MEURTRIR	PENSANTE	RECHUTER
DÉTERSIF	GENTIANE	LENTILLE	NÉBULEUX	PENSEUSE	RÉCIFALE
DÉTESTER	GENTILLE	LÉPREUSE	NECTAIRE	PEPTIQUE	RÉCLAMÉE
DÉTRAQUÉ	GÉODÉSIE	LESSIVER	NÉGATEUR	PERÇANTE	RÉCLAMER
DÉTREMPÉ	GEÔLIÈRE	LÉTALITÉ	NÉGATION	PERCEUSE	RECLOUER
DÉTRESSE	GÉOMÈTRE	LETTONIE	NÉGATIVE	PERCLUSE	RECOLLER
DÉTRITUS	GÉOTRUPE	LETTRAGE	NÉGLIGER	PERCUTER	RÉCOLTÉE
DÉTRÔNER	GÉRANIUM	LEUCÉMIE	NÉGOCIER	PERDANTE	RÉCOLTER
DÉTRUIRE	GERBILLE	LEVRETTE	NEIGEUSE	PERDURER	RECONNUE
DEUXIÈME	GERBOISE	MÉCHANTE	NELLIGAN	PERFIDIE	RECOPIER
DÉVALUER	GERONIMO	MÉCOMPTE	NÉNUPHAR	PERFORER	RECOUPER
DEVANCER	HEAUMIER	MÉCRÉANT	NÉONATAL	PERLIÈRE	RECOURIR
DÉVASTER	HÉBERGÉE	MÉDAILLE	NÉOPHYTE	PERMUTER	RECRUTER
DÉVERSER	HÉBERGER	MÉDECINE	NÉPALAIS	PERPLEXE	RECULADE
DÉVIANCE	HÉBÉTUDE	MÉDICALE	NÉPHRITE	PERRUQUE	RÉCURAGE
DÉVIDOIR	HÉLÉPOLE	MÉDIÉVAL	NERVEUSE	PERSILLÉ	RECYCLER
DÉVORANT	HÉLIPORT	MÉDIOCRE	NETTOYER	PERSONNE	REDEVOIR
FÉCULENT	HELVELLE	MÉFIANTE	OEILLADE	PERVERSE	REDONNER
FÉERIQUE	HÉPATITE	MEILLEUR	OEILLÈRE	PERVERTI	REDOUTÉE
FÉLICITÉ	HERBACÉE	MÉLANGÉE	PÊCHETTE	PESSAIRE	REDOUTER
FÉMORALE	HERBERIE	MÉLANGER	PÊCHEUSE	PÉTANQUE	RÉÉCRIRE
FENAISON	HERCHEUR	MÉLANINE	PÉDALEUR	PÉTARADE	RÉÉDITER
FENDANTE	HÉRISSER	MÉLOMANE	PÉDALIER	PÉTÉCHIE	REFERMER
FERMIÈRE	HÉRISSON	MÉLUSINE	PÉDIATRE	PÉTILLER	REFLÉTER
FÉROCITÉ	HÉRITAGE	MEMBRANE	PÉDICULE	PÉTITION	REFONDRE
FERREUSE	HÉRITIER	MÉMOIRES	PEIGNOIR	PÉTULANT	RÉFORMÉE
FERVENTE	HÉROÏQUE	MENAÇANT	PEINARDE	PEUPLADE	RÉFORMER
FESSIÈRE	HÉROÏSME	MENDIANT	PEINTURE	PEUREUSE	REFOULER

REFRÉNER	RENONCER	RESSEMER	SEMBLANT	TENTANTE	ZÉLATEUR
RÉFUGIER	RENTAMER	RESSUYER	SÉMILLON	TERMINAL	ZEPPELIN
REGAGNER	RENTIÈRE	RÉSULTAT	SEMONCER	TERMINER	
REGARDER	RÉOPÉRER	RÉSULTER	SENESTRE	TERRASSE	**F**
REGARNIR	REPAÎTRE	RÉTABLIR	SÉNILITÉ	TERREUSE	
RÉGATIER	RÉPANDRE	RETARDER	SEÑORITA	TERRIBLE	AFFAIBLI
RÉGENTER	RÉPANDUE	RETEINTE	SENSIBLE	TEUTATÈS	AFFAIRÉE
REGIMBER	REPARTIE	RETENTER	SENTENCE	TEUTONNE	AFFAIRES
RÉGIMENT	REPARTIR	RETENTIR	SEPTANTE	TEXTURER	AFFECTER
REGISTRE	REPASSER	RÉTICENT	SEPTUPLE	VÉGÉTALE	AFFERMER
RÉGLABLE	REPÊCHER	RÉTICULE	SÉPULCRE	VÉHÉMENT	AFFERMIR
RÉGLISSE	REPEINTE	RÉTINITE	SÉQUENCE	VÉHICULE	AFFICHÉE
REGORGER	REPENSER	RETISSER	SÉRAPHIN	VEILLEUR	AFFILIÉE
RÉGULIER	REPENTIR	RETOMBER	SÉRÉNADE	VEINARDE	AFFILIER
REINETTE	REPERDRE	RETRACER	SÉRÉNITÉ	VELARIUM	AFFINEUR
RÉITÉRER	REPIQUER	RETRAITE	SÉRIELLE	VELLÉITÉ	AFFIRMER
RELÂCHÉE	REPLACER	RÉTRÉCIE	SÉRIEUSE	VÉLOCITÉ	AFFLIGER
RELÂCHER	RÉPLIQUE	RÉTRÉCIR	SERINGAT	VELOUTÉE	AFFOLANT
RELANCÉE	REPLOYER	RÉUSSITE	SERINGUE	VENAISON	AFFREUSE
RELANCER	RÉPONDRE	RÊVASSER	SERPETTE	VENDEUSE	AFFUBLÉE
RELATION	REPORTER	REVENANT	SERPOLET	VENDREDI	AFFUBLER
RELATIVE	REPOSANT	REVENDRE	SERRISTE	VÉNIELLE	AFFUSION
RELÉGUER	RÉPRIMER	REVERSER	SERVANTE	VENTEUSE	EFFECTIF
RELEVEUR	REPRISER	RÉVISION	SEULETTE	VENTILER	EFFICACE
RELIGION	REPROCHÉ	RÉVOLTER	SÉVÉRITÉ	VENTRALE	EFFRÉNÉE
REMANGER	RÉPUDIER	REVOLVER	SEXTUPLE	VÉRACITÉ	EFFRITER
REMANIER	RÉPUGNER	RÉVOQUER	SEXUELLE	VÉRAISON	EFFRONTÉ
REMARQUE	REQUÉRIR	RÉVULSER	TEENAGER	VERDÂTRE	EFFUSION
REMÉDIER	RESCAPÉE	SÉCATEUR	TÉGUMENT	VERGETÉE	OFFENSÉE
REMETTRE	RÉSÉQUER	SÉCHEUSE	TEINTURE	VERGETTE	OFFENSER
REMMENER	RÉSERVÉE	SECONDER	TÉLÉCRAN	VÉRIFIER	OFFENSIF
REMONTER	RÉSERVER	SECOURIR	TÉMÉRITÉ	VERMOULU	OFFICIEL
REMORQUE	RÉSIDUEL	SECOUSSE	TEMPÉRÉE	VERRERIE	OFFICIER
REMPILER	RÉSIGNÉE	SÉCRÉTER	TEMPÊTER	VERRIÈRE	OFFICINE
REMUANTE	RÉSILIER	SECTAIRE	TEMPOREL	VERTÈBRE	OFFRANDE
RENÂCLER	RÉSINIER	SÉCULIER	TÉNACITÉ	VERTUEUX	
RENAÎTRE	RÉSISTER	SÉCURITÉ	TENDANCE	VERVEINE	**G**
RENAUDER	RÉSONNER	SÉDATIVE	TENDELLE	VÉSICALE	AGAÇANTE
RENÉGATE	RÉSORBER	SÉDITION	TENDRETÉ	VÉSICULE	AGACERIE
RENGAINE	RÉSOUDRE	SEIGNEUR	TÉNÈBRES	VÊTEMENT	AGERATUM
RENOMMÉE	RESPIRER	SELLERIE	TÈNEMENT	VEULERIE	AGGRAVER
RENOMMER	RESSAYER	SELLETTE	TÉNORITE	VEXATION	AGONISER
					AGRAFAGE

☞	☞	☞	☞	☞	☞
AGRANDIR	AIGUILLE	DISCOURS	GIRATION	MISERERE	RICOCHET
AGRÉABLE	AIGUISER	DISCRÈTE	GIROFLÉE	MISSOURI	RIDICULE
AGRÉMENT	AILLEURS	DISCUTÉE	HIBISCUS	MITIGEUR	RIESLING
AGRESSER	AIREDALE	DISCUTER	HILARITÉ	MITONNER	RIGAUDON
AGRESSIF	AISÉMENT	DISGRÂCE	HIPPIQUE	NIAISEUX	RIGIDITÉ
AGRIPPER	AISSELLE	DISPARUE	HIPPISME	NICODÈME	RIGOLADE
AGUERRIE	BICHONNE	DISPENSE	HISTOIRE	NICOTINE	RIGOLEUR
AGUERRIR	BICOLORE	DISPOSÉE	HISTORIÉ	NIDIFIER	RIMOUSKI
AGUICHER	BIENFAIT	DISPOSER	HISTRION	NIELLEUR	RINCEUSE
ÉGALISER	BIENNALE	DISPUTÉE	HIVERNER	NIPPONNE	RINGARDE
ÉGOTISME	BIENVENU	DISPUTER	KIBBOUTZ	NIVELEUR	RIPAILLE
ÉGOUTTER	BIGARADE	DISSIPÉE	LIBELLER	OISILLON	RIPOSTER
ÉGRENAGE	BIGARRÉE	DISSIPER	LIBÉRALE	OISIVETÉ	RIQUIQUI
ÉGUEULER	BIGARRER	DISSOUTE	LIBERTIN	PIAILLER	RISSOLÉE
IGNIFUGE	BILIAIRE	DISTANCE	LIGAMENT	PIANOTER	RISSOLER
IGNORANT	BIMOTEUR	DISTANTE	LIGNEUSE	PICARDAN	RITUELLE
	BISAÏEUL	DISTINCT	LIMICOLE	PIÉCETTE	RIVALITÉ
H	BISBILLE	DISTRAIT	LIMONADE	PIERREUX	RIVERAIN
	BISCOTTE	DISTRICT	LINACÉES	PIERRIER	SIAMOISE
CHAGRINE	BISEXUEL	DIVERGER	LINÉAIRE	PIÉTINER	SIBÉRIEN
CHALANDE	BISTOURI	DIVERTIR	LINGERIE	PIÉTONNE	SIBILANT
CHAMBRÉE	BITONALE	DIVISION	LINOLÉUM	PILASTRE	SIBYLLIN
CHAMPION	CICÉRONE	DIVORCÉE	LIONCEAU	PILLARDE	SIDÉENNE
CHARMANT	CIMENTER	EINSTEIN	LIPOSOME	PILONNER	SIDÉRALE
CHARRIER	CIRCULER	FIBRANNE	LIQUIDÉE	PILOSITÉ	SIGNALÉE
CHEMINÉE	CITADINE	FIDÉLITÉ	LIQUIDER	PIMBÊCHE	SIGNALER
CHEMINER	CITATION	FIÉVREUX	LISBONNE	PIMENTÉE	SIMAGRÉE
CHICANÉE	DIALECTE	FIGNOLER	LISSEUSE	PIMENTER	SIMBLEAU
CHIFFRÉE	DIAPASON	FILAMENT	LITTÉRAL	PIMPANTE	SINCIPUT
CHINEUSE	DIFFAMER	FILANDRE	LITTORAL	PINCETTE	SINÉCURE
CHIPOTER	DIFFÉRER	FILATURE	LITURGIE	PINCOURT	SINGERIE
PHORMION	DIFFORME	FILETAGE	LIVIDITÉ	PINERAIE	SINISTRE
PHRASEUR	DIFFUSER	FILETTE	MICHETON	PIOCHAGE	SINUEUSE
RHUBARBE	DIGITALE	FILLEULE	MIELLEUX	PIONNIER	SINUSITE
SHRAPNEL	DILIGENT	FILOCHER	MIGNARDE	PIPERADE	SIPHONNÉ
THANATOS	DILUTION	FILTRAGE	MIGNONNE	PIQUANTE	SITTELLE
THÉÂTRAL	DIMANCHE	FINALITÉ	MIGNOTER	PIQUETTE	TIÉDASSE
THÉRAPIE	DIMINUER	FINASSER	MIGRAINE	PISTACHE	TIGRESSE
THYROÏDE	DIMORPHE	FINITION	MILITANT	PITRERIE	TIMIDITÉ
	DIPLÔMÉE	FISSURÉE	MINAUDER	RICANEUR	TIMONIER
I	DIPLÔMER	FIXEMENT	MINÉRALE	RICHESSE	TINTOUIN
AIGREFIN	DISCORDE	GIBOULÉE	MINERVAL	RICKSHAW	TIRELIRE
AIGRETTE	DISCOUNT	GILETIER	MIROITER	RICOCHER	TISONNER

☞	☞	☞	☞	☞	☞
TISSEUSE	AJUSTEUR	BLAIREAU	GLARÉOLE	PLONGEON	EMPATHIE
TITILLER	ÉJECTEUR	BLÂMABLE	GLAUCOME	PLONGEUR	EMPÊCHER
TITREUSE		BLANCHIR	GLISSADE	PLUMETIS	EMPEIGNE
VIBRANTE	**L**	BLASANTE	GLISSANT	PLUVIEUX	EMPENNÉE
VICARIAT		BLATÉRER	GLISSOIR	SLALOMER	EMPERLER
VICIEUSE	ALACRITÉ	BLESSURE	GLORIEUX	SLEEPING	EMPESTER
VICTOIRE	ALANDIER	BLEUÂTRE	GLORIOLE	SLOVAQUE	EMPIÉTER
VICTORIA	ALANGUIE	BLINDAGE	GLOSSINE	ULCÉREUX	EMPLÂTRE
VIDÉASTE	ALANGUIR	BLONDINE	GLOSSITE	ULTRASON	EMPLETTE
VIEILLIE	ALBANAIS	CLAVETTE	GLOUSSER		EMPOCHER
VIEILLIR	ALBATROS	CLÉMENTE	GLUMELLE	**M**	EMPORTER
VIEILLOT	ALBUMINE	CLOPORTE	GLYCÉMIE		EMPRESSÉ
VIENNOIS	ALCALINE	CLÔTURÉE	ILLÉGALE	AMADOUER	ÉMAILLER
VIGILANT	ALCHIMIE	ELDORADO	ILLETTRÉ	AMAIGRIE	ÉMERISER
VINAIGRE	ALENTOUR	ELLÉBORE	ILLICITE	AMAIGRIR	ÉMEUTIER
VIOLACER	ALESEUSE	ÉLABORER	ILLIMITÉ	AMALGAME	ÉMIETTER
VIOLENCE	ALEVINER	ÉLAGUEUR	ILLINOIS	AMARANTE	ÉMINENCE
VIOLENTE	ALGARADE	ÉLECTEUR	ILLUMINÉ	AMBIANCE	ÉMINENTE
VIOLETTE	ALHAMBRA	ÉLECTION	ILLUSION	AMBIANTE	ÉMISSION
VIOLEUSE	ALLAITER	ÉLECTIVE	ILLUSTRE	AMBITION	ÉMONDAGE
VIOLISTE	ALLÉCHER	ÉLÉGANCE	ILOTISME	AMBLYOPE	ÉMONDOIR
VIPEREAU	ALLÉGUER	ÉLÉGANTE	OLÉCRANE	AMBULANT	ÉMOUSSER
VIREMENT	ALLÉLUIA	ÉLIGIBLE	OLFACTIF	AMÉNAGER	ÉMOUVANT
VIRGINAL	ALLEMAND	ÉLIMINER	OLIBRIUS	AMERLOTE	ÉMOUVOIR
VIRGINIE	ALLIANCE	ÉLINGUÉE	OLIVÂTRE	AMERTUME	ÉMULSEUR
VIRILITÉ	ALLONGER	ÉLOGIEUX	OLIVETTE	AMITIEUX	IMAGIÈRE
VIROCIDE	ALLUMAGE	ÉLOIGNER	OLYMPIEN	AMNISTIE	IMAGINER
VIRTUOSE	ALLUSION	ÉLUCIDER	PLACETTE	AMOUREUX	IMBÉCILE
VIRULENT	ALLUSIVE	FLAMBARD	PLAINDRE	AMOVIBLE	IMBRULÉE
VISITEUR	ALMANACH	FLANCHER	PLAISANT	AMPHIBIE	IMMACULÉ
VISQUEUX	ALMANDIN	FLANELLE	PLANAIRE	AMPOULÉE	IMMÉDIAT
VITALITÉ	ALOUETTE	FLÂNERIE	PLANEUSE	AMULETTE	IMMÉRITÉ
VITAMINE	ALOURDIR	FLÂNEUSE	PLANORBE	AMUSANTE	IMMEUBLE
VITRERIE	ALPAGUER	FLATTEUR	PLANQUÉE	AMUSETTE	IMMINENT
VIVACITÉ	ALPESTRE	FLINGUER	PLANTAIN	AMUSEUSE	IMMOBILE
VIVEMENT	ALPHABET	FLORENCE	PLANTOIR	EMBALLER	IMMODÉRÉ
VIVIFIER	ALTERNÉE	FLOTTEUR	PLASTRON	EMBARRAS	IMMORALE
ZIBELINE	ALTERNER	FLUVIALE	PLÂTREUX	EMBELLIR	IMMORTEL
	ALTIPORT	GLABELLE	PLÉNIÈRE	EMBOÎTER	IMMUABLE
J	ALTITUDE	GLACIALE	PLEUREUR	EMBOUCHE	IMMUNITÉ
	ALUMINER	GLACIÈRE	PLEUROTE	EMBOUTIR	IMPALUDÉ
AJOINTER	BLAFARDE	GLANDEUR	PLEUVOIR	EMBRASER	IMPAVIDE
AJOURNER	BLAGUEUR	GLANEUSE	PLOMBURE	EMBRASSE	IMPÉRIAL

IMPÉTIGO	ANNUAIRE	ENRHUMÉE	INCHANGÉ	INFLUENT	INTERNER
IMPÉTRER	ANNUELLE	ENRICHIR	INCIDENT	INFORMER	INTIMITÉ
IMPLIQUÉ	ANODONTE	ENROULER	INCISION	INFOUTUE	INTRIGUE
IMPLORER	ANOMALIE	ENSABLER	INCISIVE	INHABITÉ	INUSITÉE
IMPLOSER	ANONYMAT	ENSEIGNE	INCIVILE	INHÉRENT	INVALIDE
IMPORTER	ANORMALE	ENSELLÉE	INCLINÉE	INHUMAIN	INVASION
IMPORTUN	ANTIDOTE	ENSEMBLE	INCLINER	INIMITIÉ	INVENTER
IMPOSANT	ANTIENNE	ENSERRER	INCOLORE	INITIALE	INVERSER
IMPOTENT	ANTIGÈNE	ENTACHER	INCOMBER	INJECTER	INVÉTÉRÉ
IMPRÉVUE	ANTILOPE	ENTAILLE	INCONNUE	INJURIER	ONCOGÈNE
IMPRIMER	ANTITOUT	ENTASSER	INCULPÉE	INNOCENT	ONCTUEUX
IMPROPRE	ENCADRÉE	ENTENDRE	INCULPER	INNOMMÉE	ONDOYANT
IMPUDENT	ENCADRER	ENTENDUE	INCURVER	INOCCUPÉ	ONÉREUSE
IMPUDEUR	ENCAISSE	ENTÉRITE	INDÉCENT	INOPINÉE	ONGLETTE
IMPULSIF	ENCARTER	ENTERRER	INDÉCISE	INQUIÈTE	ONTARIEN
IMPUNITÉ	ENCEINTE	ENTOLOME	INDÉFINI	INSANITÉ	SNOBISME
IMPURETÉ	ENCENSER	ENTONNER	INDICIEL	INSCRIRE	UNGUÉALE
OMBRETTE	ENCHANTÉ	ENTOURER	INDIENNE	INSENSÉE	UNIFOLIÉ
OMELETTE	ENCOLLER	ENTRACTE	INDIGÈNE	INSINUER	UNIFORME
OMISSION	ENCORNÉE	ENTRAIDE	INDIGENT	INSIPIDE	UNIOVULE
OMOPLATE	ENCOURIR	ENTRAVER	INDIGNÉE	INSISTER	UNITAIRE
	ENDETTER	ENTREPÔT	INDIRECT	INSOLENT	
N	ENDIGUER	ENTRESOL	INDIVIDU	INSOLITE	**O**
	ENDORMIR	ENTREVUE	INDOCILE	INSOMNIE	
ANACONDA	ENDOSSER	ENVIABLE	INDOLENT	INSPIRÉE	AORTIQUE
ANALOGIE	ENDURCIR	ENVIRONS	INDUCTIF	INSPIRER	BOISERIE
ANALOGUE	ENFANTER	ENVOILER	INESPÉRÉ	INSTABLE	BOITERIE
ANALYSÉE	ENFICHER	ENVOÛTER	INÉTENDU	INSTANCE	BOITEUSE
ANAMNÈSE	ENFILADE	ÉNERVANT	INEXACTE	INSTINCT	BOMBANCE
ANARCHIE	ENFOIRÉE	ÉNORMITÉ	INEXERCÉ	INSTITUT	BOMBARDE
ANAVENIN	ENFONCER	ÉNUMÉRER	INEXPIÉE	INSTRUIT	BONDELLE
ANCIENNE	ENGEANCE	ÉNURÉSIE	INFAMANT	INSUCCÈS	BONHOMIE
ANDÉSITE	ENGLOBER	GNANGNAN	INFATUÉE	INSULINE	BONIFIER
ANÉANTIR	ENGONCÉE	INACTION	INFECTER	INSULTÉE	BONIMENT
ANECDOTE	ENGRAVER	INACTIVE	INFÉODÉE	INSULTER	BONNICHE
ANÉMIQUE	ENGRÊLÉE	INACTUEL	INFERNAL	INSURGÉE	BORDEAUX
ANEURINE	ENHARDIR	INADAPTÉ	INFESTER	INTAILLE	BORNOYER
ANGLAISE	ENIVRANT	INALTÉRÉ	INFICHUE	INTÉGRAL	BOUCANER
ANGOISSE	ENLAIDIR	INAMICAL	INFIDÈLE	INTÉGRÉE	BOUCHAGE
ANIMISME	ENNEIGÉE	INANIMÉE	INFIRMÉE	INTÉGRER	BOUCHÈRE
ANISETTE	ENNUAGER	INAVOUÉE	INFIRMER	INTENTER	BOUCLIER
ANNONCÉE	ENQUÊTER	INCARNER	INFLÉCHI	INTERDIT	BOUDERIE
ANNONCER	ENRAYURE	INCENDIE	INFLIGER	INTERNÉE	BOUDEUSE

BOUGEOIR	CONDUITE	COSTUMÉE	FORMULER	JOUFFLUE	MORDORÉE
BOUILLIE	CONFÉRER	COSTUMER	FORTICHE	JOUTEUSE	MORIBOND
BOUILLIR	CONFIANT	COUILLON	FORTUITE	LOCALITÉ	MORILLON
BOUILLON	CONFORME	COULANTE	FOSSETTE	LOCATEUR	MOROSITÉ
BOULETTE	CONGELÉE	COULISSE	FOUETTER	LOCATION	MORTELLE
BOULIMIE	CONGELER	COUPABLE	FOUILLÉE	LOCUTION	MORVEUSE
BOURRADE	CONJURÉE	COUPANTE	FOUILLER	LOGEMENT	MOUCHETÉ
BOURSIER	CONJURER	COURANTE	FOUILLIS	LOGOTYPE	MOUILLÉE
BOUTEFEU	CONNARDE	COURBATU	FOURBURE	LOINTAIN	MOUILLER
BOUTIQUE	CONNASSE	COUREUSE	FOURCHON	LONGERON	MOURANTE
BOUTURER	CONNERIE	COURRIER	FOURNEAU	LONGRINE	MOUSSOIR
BOUVERIE	CONQUISE	COURTIER	FOURNIER	LONGUEUR	MOUTARDE
COALISÉE	CONSIGNE	COURTOIS	FOURREAU	LOUANGÉE	MOUVANTE
COCACOLA	CONSOLER	COUSETTE	FOURRURE	LOUANGER	NOBLESSE
COCORICO	CONSPUER	COÛTEUSE	FOUTAISE	LOUFOQUE	NOCIVITÉ
COCOTIER	CONSTANT	COUVERTE	GODILLOT	LOUPIOTE	NOCTURNE
COHÉRENT	CONSUMER	DOBERMAN	GOINFRÉE	LOURDAUD	NODOSITÉ
COHÉSION	CONTENIR	DOCILITÉ	GOMMETTE	LOURDEUR	NOÉTIQUE
COIFFEUR	CONTENTE	DOCTRINE	GONDOLÉE	LOVELACE	NOIRÂTRE
COLLANTE	CONTENUE	DOLÉANCE	GONDOLER	MODALITÉ	NOIRAUDE
COLLECTE	CONTEUSE	DOLOMITE	GONZESSE	MODESTIE	NOIRCEUR
COLLÈGUE	CONTIGUË	DOMICILE	GOUAILLE	MODIFIER	NOISETTE
COLLIGER	CONTINUE	DOMPTAGE	GOULACHE	MOLESTER	NOMBREUX
COLOMBIE	CONTRITE	DONATION	GOULOTTE	MOLLASSE	NONNETTE
COMBINER	CONTRÔLE	DONZELLE	GOURMAND	MOLLESSE	NOTARIAT
COMÉDIEN	CONVENIR	DORIENNE	GOÛTEUSE	MOLLETON	NOTARIÉE
COMMERCE	CONVOLER	DORLOTER	GOYAVIER	MOLLETTE	NOTIFIER
COMMÉRER	COOPÉRER	DORMITIF	HOBEREAU	MONACALE	NOUEMENT
COMPACTE	COQUETTE	DOSSIÈRE	HOLOCÈNE	MONANDRE	NOURRAIN
COMPAGNE	COQUILLE	DOUANIER	HOMOGÈNE	MONDAINE	NOURRICE
COMPARER	CORDIALE	DOUILLET	HONTEUSE	MONDIALE	NOUVELLE
COMPATIR	CORÉENNE	ÉOLIENNE	HORRIBLE	MONITEUR	NOVATEUR
COMPILER	CORNETTE	FOLÂTRER	HÔTELIER	MONOPOLE	NOVATION
COMPLÈTE	COROSSOL	FOLIACÉE	HOULETTE	MONORAIL	NOVEMBRE
COMPOSÉE	CORRECTE	FOLICHON	HOUSSOIR	MONOTONE	NOVICIAT
COMPOSER	CORRIDOR	FOLIOTER	IONIENNE	MONTAGNE	POCHARDE
COMTESSE	CORRIGÉE	FOMENTER	JOBARDER	MONTANTE	POCHETTE
CONCÉDER	CORRIGER	FONCTION	JOINTURE	MONTRÉAL	POÉTESSE
CONCLURE	CORRODER	FONTAINE	JOLIESSE	MORAILLE	POIGNANT
CONCORDE	CORROMPU	FORCENÉE	JOLIETTE	MORALITÉ	POINTURE
CONCOURS	CORSAIRE	FORGERON	JONCTION	MORCELER	POISSEUX
CONCRÈTE	CORVETTE	FORMELLE	JONGLEUR	MORDANTE	POISSONS
CONDUIRE	COSTAUDE	FORMULÉE	JOUBARBE	MORDICUS	POITEVIN

POITRAIL	POURTOUR	SONGERIE	TONNELLE	APPLIQUE	OPPROBRE
POITRINE	POURVOIR	SONGEUSE	TONNERRE	APPORTER	OPTICIEN
POIVROTE	ROBERVAL	SONNANTE	TONSURER	APPRENTI	OPTIMALE
POLAROÏD	ROITELET	SONNETTE	TONTISSE	APPRÊTER	OPULENCE
POLICIER	ROLLMOPS	SONORITÉ	TORDANTE	APPROCHE	OPULENTE
POLISSON	ROMSTECK	SOPHISME	TORPILLE	APTITUDE	OPUSCULE
POLOCHON	RONDELET	SORCIÈRE	TORSADÉE	ÂPREMENT	SPACIEUX
POLYGAME	RONFLANT	SORNETTE	TORTUEUX	ÉPAGNEUL	SPATIALE
POMMADÉE	RONFLEUR	SORTANTE	TORTURÉE	ÉPAISSIR	SPÉCIALE
POMMADER	ROSALBIN	SOUCIEUX	TORTURER	ÉPANCHER	SPÉCIMEN
POMMETTE	ROSEMÈRE	SOUCOUPE	TOTALITÉ	ÉPANOUIE	SPÉCULER
POMPETTE	ROSERAIE	SOUDIÈRE	TOUCHANT	ÉPANOUIR	SPÉCULOS
POMPEUSE	ROSSARDE	SOUFFLÉE	TOUILLER	ÉPARCHIE	SPIRALÉE
PONCTUEL	ROSSERIE	SOUFFLER	TOUJOURS	ÉPARGNÉE	SPLÉNITE
PONDÉRÉE	ROSTRALE	SOUFFLET	TOULOUPE	ÉPARGNER	SPONTANÉ
PONGISTE	ROTATION	SOUFFRIR	TOUPINER	ÉPATANTE	SPORTIVE
POPELINE	ROTATIVE	SOUFISME	TOURELLE	ÉPAULARD	SPORULER
POPULACE	ROTENGLE	SOUILLÉE	TOURISME	ÉPÉPINER	SPRINGER
PORCHÈRE	ROTURIER	SOUILLER	TOURISTE	ÉPERVIER	SPRINTER
PORRIDGE	ROUBLARD	SOUILLON	TOURMENT	ÉPEURANT	UPPERCUT
PORTABLE	ROUGEOLE	SOULAGER	TOURNURE	ÉPHÉLIDE	
PORTEUSE	ROUILLÉE	SOULEVER	TOXICITÉ	ÉPHÉMÈRE	**Q**
PORTIÈRE	ROUILLER	SOUPENTE	VOCATION	ÉPICIÈRE	ÉQUATION
PORTLAND	ROULETTE	SOUPIÈRE	VOISINER	ÉPIDÉMIE	ÉQUEUTER
PORTRAIT	ROULEUSE	SOUPIRER	VOITURÉE	ÉPINETTE	ÉQUIPAGE
POSITION	ROULOTTE	SOURCIER	VOITURER	ÉPINEUSE	SQUAMEUX
POSITIVE	ROUMANIE	SOURDINE	VOLAILLE	ÉPINGLÉE	SQUEEZER
POSSÉDÉE	ROUSSEUR	SOURIANT	VOLATILE	ÉPINGLER	
POSSÉDER	ROUTIÈRE	SOURNOIS	VOLITION	ÉPINOCHE	**R**
POSSIBLE	SOBRIÉTÉ	SOUTENIR	VOLITIVE	ÉPIPHYSE	
POSTICHE	SOCIABLE	SOUTENUE	VOLTIGER	ÉPISSOIR	ARATOIRE
POSTIÈRE	SOIFFARD	SOUTIRER	VOLUBILE	ÉPITAPHE	ARBITRER
POSTULER	SOIGNEUX	SOUVENIR	VORACITÉ	ÉPOINTER	ARCANSON
POSTURAL	SOLDEUSE	TOILERIE	ZOOLOGIE	ÉPOUSEUR	ARCHELLE
POTASSER	SOLENNEL	TOILETTE		ÉPROUVER	ARCHIDUC
POTENTAT	SOLIDITÉ	TOLÉRANT	**P**	ÉPUISANT	ARCHIPEL
POUBELLE	SOLIPÈDE	TOMAHAWK		OPÉRABLE	ARÉNACÉE
POUDREUX	SOLITUDE	TOMBANTE	APAISANT	OPERCULE	ARGENTÉE
POUILLOT	SOLIVEAU	TOMBELLE	APITOYER	OPÉRETTE	ARGENTER
POULARDE	SOLUTION	TONALITÉ	APOLOGIE	OPPORTUN	ARGUMENT
POULETTE	SOMBRERO	TONDEUSE	APOPHYSE	OPPOSANT	ARLEQUIN
POURCEAU	SOMMAIRE	TONIFIER	APPAREIL	OPPRESSÉ	ARMAGNAC
POURTANT	SOMNOLER	TONNANTE	APPARENT	OPPRIMER	ARMATEUR

☞	☞	☞	☞	☞	☞
ARMATURE	BROSSAGE	ERGOTINE	FRUSTRER	ORBITÈLE	PRÉTENDU
ARMELINE	BROSSARD	ERMITAGE	GRACIEUX	ORCHIDÉE	PRÊTEUSE
ARMURIER	BROUETTE	ÉRAILLÉE	GRAILLER	ORDONNÉE	PRÉTEXTE
ARPENTER	BROUHAHA	ÉRAILLER	GRAILLON	ORDONNER	PRÉVENIR
ARRACHER	BROUILLE	ÉRECTILE	GRAINIER	ORDURIER	PRÉVENUE
ARRANGER	BROUTARD	ÉRECTION	GRAISSER	OREILLER	PRIMAIRE
ARRIÉRÉE	BROYEUSE	ÉREINTÉE	GRAMINÉE	ORGANISÉ	PRIMAUTÉ
ARRIMAGE	BRUITAGE	ÉREINTER	GRANDEUR	ORIENTAL	PRIMITIF
ARRIVANT	BRÛLANTE	ÉRISTALE	GRANULÉE	ORIENTER	PRINCIPE
ARROGANT	BRÛLERIE	ÉROTISER	GRANULER	ORIGINAL	PRIORITÉ
ARRONDIR	BRUMEUSE	ÉROTISME	GRATINER	ORIGINEL	PRIVAUTÉ
ARROSOIR	BRUNANTE	ÉRUPTION	GRATTOIR	ORNEMENT	PROBANTE
ARTÉRIEL	BRUSQUÉE	FRACTION	GRATUITÉ	ORPIMENT	PROBLÈME
ARTHRITE	CRAINDRE	FRACTURE	GRAVEUSE	PRALINÉE	PROCRÉER
ARTIFICE	CRAINTIF	FRAGMENT	GRÉBICHE	PRALINER	PROCURER
ARTISANE	CRAPOTER	FRAÎCHIR	GREFFOIR	PRÉCAIRE	PRODUIRE
BRACELET	CRAVATÉE	FRANÇAIS	GRILLADE	PRÉCÉDER	PRODUITE
BRADERIE	CRÉATEUR	FRANCHIR	GRILLAGE	PRÉCEPTE	PROFANÉE
BRADEUSE	CRÉATION	FRAPPANT	GRIMACER	PRÊCHEUR	PROFANER
BRAILLER	CRÉATIVE	FRAUDEUR	GRIMOIRE	PRÉCIEUX	PROFÉRER
BRANCHÉE	CRÉATURE	FREDAINE	GRINÇANT	PRÉCISER	PROFITER
BRANCHER	CRÉDITER	FRELATÉE	GRISANTE	PRÉFACÉE	PROFONDE
BRANCHUE	CRENELÉE	FRELATER	GRISERIE	PRÉFÉRÉE	PROHIBÉE
BRANLANT	CRÉNELER	FRÉNÉSIE	GRISETTE	PRÉFÉRER	PROHIBER
BRAQUEUR	CRÉPITER	FRICOTER	GRIVETON	PRÉJUGÉE	PROJETER
BRASILIA	CRÉTACÉE	FRICTION	GRIVOISE	PRÉLEVER	PROLOGUE
BRAVACHE	CRÉTELLE	FRILEUSE	GROGNARD	PREMIÈRE	PROMENER
BRAVOURE	CREVARDE	FRINGALE	GROSSEUR	PRÉMISSE	PROMESSE
BRETONNE	CREVASSE	FRINGANT	GROSSIER	PRÉMUNIR	PRONONCÉ
BREUVAGE	CREVETTE	FRINGUER	GROUPAGE	PRENEUSE	PROPAGER
BREVETER	CRINCRIN	FRIPIÈRE	IRONIQUE	PRÉPARER	PROPOSER
BRICELET	CRINIÈRE	FRIPONNE	IRONISER	PRÉPOSÉE	PROPRETÉ
BRICOLER	CRITIQUE	FRISELIS	IRONISTE	PRÉSAGER	PROROGER
BRIÈVETÉ	CROUPION	FRISETTE	IRRADIER	PRÉSENCE	PROSCRIT
BRILLANT	CROYANTE	FRISOLÉE	IRRÉELLE	PRÉSENTE	PROSPÈRE
BRISANTE	CRUCIALE	FRISQUET	IRRÉSOLU	PRÉSIDER	PROSTATE
BRISEUSE	DRAPERIE	FRITEUSE	IRRITANT	PRESSANT	PROSTRÉE
BROCANTE	DRESSEUR	FROIDURE	ORAGEUSE	PRESSION	PROTÉGER
BROCHURE	DROITURE	FROISSER	ORALISER	PRESTIGE	PROTHÈSE
BRODERIE	DRÔLERIE	FROMAGER	ORATOIRE	PRÉSUMÉE	PROUESSE
BRONCHER	DRÔLESSE	FRONDEUR	ORATORIO	PRÉSUMER	PROVENIR
BRONZAGE	DRÔLETTE	FROTTOIR	ORATRICE	PRÉSURER	PROVERBE

PRUDENCE	TROTTOIR	ASTRAKAN	USINIÈRE	ÉTOUFFER	AUTODAFÉ
PRUDENTE	TROUBLÉE	ASTRONEF	USUFRUIT	ÉTOURDIE	AUTOMATE
PRUNELLE	TROUBLER	ESBROUFE	USURIÈRE	ÉTOURDIR	AUTOPSIE
TRACTEUR	TROUFION	ESCABEAU		ÉTRANGER	AUTORITÉ
TRACTION	TROUPEAU	ESCALADE	**T**	ÉTREINTE	AUTRUCHE
TRADUIRE	TROUSSÉE	ESCALIER		ÉTRENNÉE	BUCAREST
TRAGÉDIE	TROUSSER	ESCALOPE	ATHÉISME	ÉTRENNER	BUDAPEST
TRAHISON	TROUVÈRE	ESCAPADE	ATOMISER	ÉTRILLER	BULGARIE
TRAÎNANT	URANISME	ESCARBOT	ATROCITÉ	ÉTRIQUER	BULLETIN
TRAÎNARD	URBANITÉ	ESCARGOT	ATROPHIE	ÉTUVEUSE	BUTANIER
TRAÎNEUR	URÉTÉRAL	ESCARPÉE	ATTACHÉE	ITALIQUE	CUEILLIR
TRANCHÉE	URÉTRALE	ESCARPIN	ATTACHER	ITÉRATIF	CUIRASSE
TRANCHER	URÉTRITE	ESCORTÉE	ATTAQUÉE	OTOLITHE	CUISANTE
TRANSEPT	URINAIRE	ESCORTER	ATTAQUER	STACCATO	CUISINÉE
TRANSMIS	URODÈLES	ESCOUADE	ATTARDÉE	STAGNANT	CULBUTÉE
TRAPPEUR	URSULINE	ESPALIER	ATTEINTE	STANDARD	CULBUTER
TRAVESTI	URTICALE	ESPIÈGLE	ATTENANT	STARISER	CULMINER
TRAYEUSE	VRAIMENT	ESPIONNE	ATTENDRE	STÉARATE	CULOTTÉE
TRÉFONDS		ESQUISSE	ATTENTAT	STELLITE	CULTIVÉE
TREILLIS	**S**	ESSAIMER	ATTENTIF	STEMMATE	CULTIVER
TREMBLAY		ESSARTER	ATTÉNUER	STÉROÏDE	CULTUREL
TREMBLER	ASOCIALE	ESSEULÉE	ATTERRÉE	STIMULER	CUPIDITÉ
TREMPAGE	ASPERGÉE	ESTAMPÉE	ATTERRER	STIPULER	CURATIVE
TREMPLIN	ASPERGER	ESTAMPER	ATTESTÉE	STOPPEUR	CURIEUSE
TRÉMULER	ASPÉRITÉ	ESTERLIN	ATTESTER	STRESSER	DUALISME
TRÉPIDER	ASPHALTE	ESTHÉSIE	ATTIRANT	STRIDENT	DUCHARME
TRIANGLE	ASPIRANT	ESTOMPÉE	ATTITUDE	STRIGILE	DULCINÉE
TRIBUNAL	ASPIRINE	ESTOMPER	ATTRAIRE	STUDIEUX	DUPLEXER
TRICHEUR	ASSAINIR	ESTONIEN	ATTRAPÉE	STYLISME	DURILLON
TRICOTER	ASSASSIN	ESTOQUER	ATTRAPER	UTILISER	DUVETEUX
TRICYCLE	ASSERVIR	ESTROPIÉ	ATTRIBUT	UTOPISTE	EUPHONIE
TRIDENTÉ	ASSIÉGER	ESTUAIRE	ÉTAMPEUR		EUPHORIE
TRILLION	ASSIETTE	ISOCARDE	ÉTANCHER	**U**	EURASIEN
TRIMARAN	ASSIGNER	ISOCLINE	ÉTATIQUE		EUROPÉEN
TRIPLACE	ASSISTER	ISOLANTE	ÉTATISER	AUBÉPINE	FUGACITÉ
TRIPODIE	ASSOCIÉE	ISOTONIE	ÉTEINDRE	AUDIENCE	FUGITIVE
TRIPOTER	ASSOCIER	OSCILLER	ÉTENDAGE	AUDITEUR	FULMINER
TRISOMIE	ASSOMMER	OSSATURE	ÉTERNITÉ	AUDITION	FUMAGINE
TRITURER	ASSORTIE	OSSIFIER	ÉTERNUER	AURÉOLÉE	FUNICULE
TROMBONE	ASSORTIR	OSSUAIRE	ÉTHYLÈNE	AURÉOLER	FURETEUR
TROMPEUR	ASSOUVIR	OSTRACÉE	ÉTIRABLE	AUSSITÔT	FURIBOND
TROPICAL	ASSUREUR	PSAUTIER	ÉTONNANT	AUSTRALE	FURIEUSE
TROTTEUR	ASTHÉNIE	TSARISME	ÉTOUFFÉE	AUTARCIE	FURONCLE

FUSILIER MUFLERIE QUINTEUX SURFAITE OVULAIRE LYDIENNE
FUSILLER MULTIPLE QUOLIBET SURGELER UVULAIRE PYORRHÉE
FUSTIGER MURAILLE RUBICOND SURJETER   PYROMANE
FUTAILLE MURMURÉE RUBRIQUE SURMENER   **X** SYMÉTRIE
FUTILITÉ MUSARDER RUDEMENT SURNAGER   SYMPTÔME
GUENILLE MUSICALE RUGOSITÉ SURPRISE EXAGÉRÉE SYNCOPÉE
GUÊPIÈRE MUSICIEN RUINEUSE SURRÉNAL EXAGÉRER SYNCOPER
GUÉRIDON MUTATION RUISSEAU SURSEOIR EXASPÉRÉ SYNDICAT
GUÉRILLA MUTUELLE RUSTAUDE SURVENIR EXCELLER SYNONYME
GUÉRISON NUBIENNE RUTABAGA SURVENUE EXCENTRÉ SYNTHÈSE
GUERRIER NUISANCE RUTILANT SURVOLER EXCEPTÉE SYPHILIS
GUEULARD NUISETTE SUBLIMER SUSCITER EXCITANT
GUIGNARD NUISIBLE SUBVENIR SUSPECTE EXCLUSIF   **Z**
GUIMAUVE NUMÉRALE SUCCÉDER SUSPENSE EXÉCUTER
GUINDEAU NUTRITIF SUCCINCT SUSURRER EXÉCUTIF OZONISER
GUSTATIF OUAILLES SUCRERIE SUSVISÉE EXEMPTER
GUTTURAL OUBLIEUX SUCRIÈRE TUILERIE EXERCICE   **3e**
HUILERIE OUISTITI SUDATION TUILIÈRE EXIGEANT
HUÎTRIER OUTARDES SUÉDOISE TUMÉFIER EXISTANT POSITION
HUMANITÉ OUTILLER SUFFIXAL TURBOTIN EXONÉRER
HUMECTER OUTRAGER SUFFRAGE TURLUTER EXOTISME   **A**
HUMILIER OUVRAGÉE SUGGÉRER TURNOVER EXPANSIF
HUMILITÉ OUVRIÈRE SUICIDÉE TUTEURER EXPÉDIER
HURLEUSE PUANTEUR SUICIDER VULGAIRE EXPLORER ABAISSER
JUDAÏSME PUBLIQUE SUIVANTE   EXPLOSER ABÂTARDI
JUGEMENT PUDIBOND SUIVEUSE   **V** EXPORTER ABATTAGE
JULIÉNAS PUISSANT SUJÉTION   EXPRESSE ABATTOIR
JUMELLES PULLULER SULFURER AVALISER EXPULSER AGAÇANTE
JUREMENT PUNAISÉE SUPERFIN AVANTAGE EXPURGER AGACERIE
JUSTESSE PUNAISER SUPERFLU AVENANTE EXTÉNUER ALACRITÉ
JUVÉNILE PUNITION SUPPLÉER AVENTURE EXTIRPER ALANDIER
LUCIDITÉ PURGEOIR SUPPLICE AVERSION EXTRADER ALANGUIE
LUCIFUGE PURIFIER SUPPLIER AVEUGLER EXTRAIRE ALANGUIR
LUCRATIF PURITAIN SUPPOSÉE ÉVANOUIE EXTRAITE AMADOUER
LUISANTE PURPURIN SUPPOSER ÉVANOUIR EXTRUDÉE AMAIGRIE
LUMIGNON PURULENT SUPPURER ÉVEILLÉE   AMAIGRIR
LUMINEUX QUANTITÉ SUPPUTER ÉVEILLER   **Y** AMALGAME
LUNETIER QUARTIER SURANNÉE ÉVENTRER   AMARANTE
LUNETTES QUERELLE SURCROÎT ÉVICTION DYNASTIE ANACONDA
LUPULINE QUESTION SURDOUÉE ÉVIDENCE DYSLOGIE ANALOGIE
LUSTRINE QUÉTAINE SÛREMENT ÉVIDENTE DYSTOCIE ANALOGUE
LUTTEUSE QUETSCHE SURFACÉE IVOIRIER GYMNASTE ANALYSÉE
LUXMÈTRE QUILLEUR SURFAIRE IVOIRINE KYRIELLE ANAMNÈSE
                                        LYCÉENNE

ANARCHIE	DUALISME	FRANÇAIS	OUAILLES	TRAÎNARD	DÉBOULER
ANAVENIN	ÉBARBEUR	FRANCHIR	PIAILLER	TRAÎNEUR	DÉBRIDÉE
APAISANT	ÉBAUCHÉE	FRAPPANT	PIANOTER	TRANCHÉE	DÉBUTANT
ARATOIRE	ÉBAUCHER	FRAUDEUR	PLACETTE	TRANCHER	DOBERMAN
AVALISER	ÉBAVURER	GLABELLE	PLAINDRE	TRANSEPT	EMBALLER
AVANTAGE	ÉCAILLÉE	GLACIALE	PLAISANT	TRANSMIS	EMBARRAS
BEAUCOUP	ÉCAILLER	GLACIÈRE	PLANAIRE	TRAPPEUR	EMBELLIR
BEAUFORT	ÉCARLATE	GLANDEUR	PLANEUSE	TRAVESTI	EMBOÎTER
BEAUPORT	ÉGALISER	GLANEUSE	PLANORBE	TRAYEUSE	EMBOUCHE
BLAFARDE	ÉLABORER	GLARÉOLE	PLANQUÉE	TSARISME	EMBOUTIR
BLAGUEUR	ÉLAGUEUR	GLAUCOME	PLANTAIN	URANISME	EMBRASER
BLAIREAU	ÉMAILLER	GNANGNAN	PLANTOIR	VRAIMENT	EMBRASSE
BLÂMABLE	ÉPAGNEUL	GRACIEUX	PLASTRON		ESBROUFE
BLANCHIR	ÉPAISSIR	GRAILLER	PLÂTREUX	**B**	FIBRANNE
BLASANTE	ÉPANCHER	GRAILLON	PRALINÉE		GIBOULÉE
BLATÉRER	ÉPANOUIE	GRAINIER	PRALINER	ALBANAIS	HABANERA
BRACELET	ÉPANOUIR	GRAISSER	PSAUTIER	ALBATROS	HABILETÉ
BRADERIE	ÉPARCHIE	GRAMINÉE	PUANTEUR	ALBUMINE	HABILLÉE
BRADEUSE	ÉPARGNÉE	GRANDEUR	QUANTITÉ	AMBIANCE	HABILLER
BRAILLER	ÉPARGNER	GRANULÉE	QUARTIER	AMBIANTE	HABITANT
BRANCHÉE	ÉPATANTE	GRANULER	RÉACTEUR	AMBITION	HABITUDE
BRANCHER	ÉPAULARD	GRATINER	RÉACTION	AMBLYOPE	HABITUÉE
BRANCHUE	ÉRAILLÉE	GRATTOIR	RÉALÉSER	AMBULANT	HABITUEL
BRANLANT	ÉRAILLER	GRATUITÉ	RÉALISER	ARBITRER	HABITUER
BRAQUEUR	ÉTAMPEUR	GRAVEUSE	RÉALISTE	AUBÉPINE	HÂBLERIE
BRASILIA	ÉTANCHER	HEAUMIER	RÉANIMER	BABEURRE	HÉBERGÉE
BRAVACHE	ÉTATIQUE	IMAGIÈRE	SCANDALE	BABILLER	HÉBERGER
BRAVOURE	ÉTATISER	IMAGINER	SCARABÉE	CABOSSÉE	HÉBÉTUDE
CHAGRINE	ÉVANOUIE	INACTION	SIAMOISE	CABOSSER	HIBISCUS
CHALANDE	ÉVANOUIR	INACTIVE	SLALOMER	CABOTINE	HOBEREAU
CHAMBRÉE	EXAGÉRÉE	INACTUEL	SPACIEUX	CABOULOT	IMBÉCILE
CHAMPION	EXAGÉRER	INADAPTÉ	SPATIALE	CABRIOLE	IMBRULÉE
CHARMANT	EXASPÉRÉ	INALTÉRÉ	STACCATO	DÉBÂCLER	JOBARDER
CHARRIER	FLAMBARD	INAMICAL	STAGNANT	DÉBALLER	KIBBOUTZ
CLAVETTE	FLANCHER	INANIMÉE	STANDARD	DÉBARDER	LABOURER
COALISÉE	FLANELLE	INANIMÉE	STARISER	DÉBARRAS	LABRADOR
CRAINDRE	FLÂNERIE	INAVOUÉE	THANATOS	DÉBILITÉ	LIBELLER
CRAINTIF	FLÂNEUSE	ITALIQUE	TRACTEUR	DÉBITEUR	LIBÉRALE
CRAPOTER	FLATTEUR	NIAISEUX	TRACTION	DÉBLAYER	LIBERTIN
CRAVATÉE	FRACTION	ORAGEUSE	TRADUIRE	DÉBOISER	NÉBULEUX
DIALECTE	FRACTURE	ORALISER	TRAGÉDIE	DÉBONDER	NOBLESSE
DIAPASON	FRAGMENT	ORATOIRE	TRAHISON	DÉBORDER	NUBIENNE
DRAPERIE	FRAÎCHIR	ORATRICE	TRAÎNANT	DÉBOUCHÉ	OMBRETTE

ORBITÈLE	ACCORDER	DÉCOUPER	INCARNER	NICODÈME	RECOUPER
OUBLIEUX	ACCOSTER	DÉCOUSUE	INCENDIE	NICOTINE	RECOURIR
PUBLIQUE	ACCOURIR	DÉCRÉPIT	INCHANGÉ	NOCIVITÉ	RECRUTER
RABATTRE	ACCOURUE	DÉCRÉTER	INCIDENT	NOCTURNE	RECULADE
RABBINAT	ALCALINE	DOCILITÉ	INCISION	OCCASION	RÉCURAGE
RABOTAGE	ALCHIMIE	DOCTRINE	INCISIVE	OCCIDENT	RECYCLER
RABOUGRI	ANCIENNE	DUCHARME	INCIVILE	OCCULTER	RICANEUR
RABOUTER	ARCANSON	ENCADRÉE	INCLINÉE	OCCUPANT	RICHESSE
RABROUER	ARCHELLE	ENCADRER	INCLINER	ONCOGÈNE	RICKSHAW
REBIQUER	ARCHIDUC	ENCAISSE	INCOLORE	ONCTUEUX	RICOCHER
REBONDIR	ARCHIPEL	ENCARTER	INCOMBER	ORCHIDÉE	RICOCHET
REBUTANT	BACCARAT	ENCEINTE	INCONNUE	OSCILLER	SACCAGER
ROBERVAL	BACHIQUE	ENCENSER	INCULPÉE	PACIFIER	SÉCATEUR
RUBICOND	BACTÉRIE	ENCHANTÉ	INCULPER	PACTISER	SÉCHEUSE
RUBRIQUE	BICHONNE	ENCOLLER	INCURVER	PÊCHETTE	SECONDER
SABLIÈRE	BICOLORE	ENCORNÉE	JACASSER	PÊCHEUSE	SECOURIR
SABORDER	BUCAREST	ENCOURIR	JACQUARD	PICARDAN	SECOUSSE
SABOTAGE	CACAOTÉE	ESCABEAU	JACTANCE	POCHARDE	SÉCRÉTER
SABOTIER	CACATOÈS	ESCALADE	LACEMENT	POCHETTE	SECTAIRE
SABOULER	CACHETTE	ESCALIER	LÂCHEUSE	RACAILLE	SÉCULIER
SIBÉRIEN	CICÉRONE	ESCALOPE	LECTORAT	RACHETER	SÉCURITÉ
SIBILANT	COCACOLA	ESCAPADE	LECTRICE	RACLETTE	SOCIABLE
SIBYLLIN	COCORICO	ESCARBOT	LOCALITÉ	RACOLAGE	SUCCÉDER
SOBRIÉTÉ	COCOTIER	ESCARGOT	LOCATEUR	RACOLEUR	SUCCINCT
SUBLIMER	DÉCALAGE	ESCARPÉE	LOCATION	RACONTAR	SUCRERIE
SUBVENIR	DÉCAPANT	ESCARPIN	LOCUTION	RACONTER	SUCRIÈRE
TABASSER	DÉCEMBRE	ESCORTÉE	LUCIDITÉ	RACORNIR	TACHETÉE
TABLETTE	DÉCENNIE	ESCORTER	LUCIFUGE	RECALAGE	TACHETER
TABLOÏDE	DÉCERNER	ESCOUADE	LUCRATIF	RECAUSER	TACHISME
URBANITÉ	DÉCEVANT	EXCELLER	LYCÉENNE	RECELEUR	TACTIQUE
VIBRANTE	DÉCEVOIR	EXCENTRÉ	MÂCHEFER	RECENSER	ULCÉREUX
ZIBELINE	DÉCHARNÉ	EXCEPTÉE	MÂCHEUSE	RECEVOIR	VACANCES
	DÉCISION	EXCITANT	MACHINAL	RECHARGE	VACCINER
C	DÉCISIVE	EXCLUSIF	MACHINÉE	RECHUTER	VACHARDE
	DÉCLAMER	FÂCHANTE	MACHINER	RÉCIFALE	VACHERIE
ACCABLER	DÉCLARER	FACILITÉ	MÂCHOIRE	RÉCLAMÉE	VACHERIN
ACCALMIE	DÉCLINER	FAÇONNER	MÂCHURER	RÉCLAMER	VACILLER
ACCEPTER	DÉCLOUER	FACTOTUM	MAÇONNER	RECLOUER	VICARIAT
ACCIDENT	DÉCODAGE	FACTURÉE	MÉCHANTE	RECOLLER	VICIEUSE
ACCLAMER	DÉCOLLER	FÉCULENT	MÉCOMPTE	RÉCOLTÉE	VICTOIRE
ACCOLADE	DÉCOMPTE	GÂCHEUSE	MÉCRÉANT	RÉCOLTER	VICTORIA
ACCOLAGE	DÉCONFIT	HACHETTE	MICHETON	RECONNUE	VOCATION
ACCOMPLI	DÉCORNER	HACIENDA	NECTAIRE	RECOPIER	VOCATION

D

ADDITION
ANDÉSITE
AUDIENCE
AUDITEUR
AUDITION
BADABOUM
BADINAGE
BÉDOUINE
BUDAPEST
CADENCER
CADREUSE
CADUCITÉ
ELDORADO
ENDETTER
ENDIGUER
ENDORMIR
ENDOSSER
ENDURCIR
FIDÉLITÉ
GODILLOT
INDÉCENT
INDÉCISE
INDÉFINI
INDICIEL
INDIENNE
INDIGÈNE
INDIGENT
INDIGNÉE
INDIRECT
INDIVIDU
INDOCILE
INDOLENT
INDUCTIF
JUDAÏSME
LADRERIE
LYDIENNE
MÉDAILLE
MÉDECINE
MÉDICALE
MÉDIÉVAL
MÉDIOCRE

MODALITÉ
MODESTIE
MODIFIER
NIDIFIER
NODOSITÉ
ONDOYANT
ORDONNÉE
ORDONNER
ORDURIER
PÉDALEUR
PÉDALIER
PÉDIATRE
PÉDICULE
PUDIBOND
RADICALE
RADIEUSE
RADOTAGE
RADOUCIR
REDEVOIR
REDONNER
REDOUTÉE
REDOUTER
RIDICULE
RUDEMENT
SÉDATIVE
SÉDITION
SIDÉENNE
SIDÉRALE
SUDATION
VIDÉASTE

E

ABERRANT
ACÉPHALE
ACESCENT
ADÉLAÏDE
ADÉQUATE
AGERATUM
ALENTOUR
ALESEUSE
ALEVINER
AMÉNAGER

AMERLOTE
AMERTUME
ANÉANTIR
ANECDOTE
ANÉMIQUE
ANEURINE
ARÉNACÉE
AVENANTE
AVENTURE
AVERSION
AVEUGLER
BIENFAIT
BIENNALE
BIENVENU
BLESSURE
BLEUÂTRE
BRETONNE
BREUVAGE
BREVETER
CHEMINÉE
CHEMINER
CLÉMENTE
CRÉATEUR
CRÉATION
CRÉATIVE
CRÉATURE
CRÉDITER
CRENELÉE
CRÉNELER
CRÉPITER
CRÉTACÉE
CRÉTELLE
CREVARDE
CREVASSE
CREVETTE
CUEILLIR
DRESSEUR
ÉBÉNISTE
ÉBERLUÉE
ÉCERVELÉ
ÉJECTEUR
ÉLECTEUR
ÉLECTION

ÉLECTIVE
ÉLÉGANCE
ÉLÉGANTE
ÉMERISER
ÉMEUTIER
ÉNERVANT
ÉPÉPINER
ÉPERVIER
ÉPEURANT
ÉRECTILE
ÉRECTION
ÉREINTÉE
ÉREINTER
ÉTEINDRE
ÉTENDAGE
ÉTERNITÉ
ÉTERNUER
ÉVEILLÉE
ÉVEILLER
ÉVENTRER
EXÉCUTER
EXÉCUTIF
EXEMPTER
EXERCICE
FÉERIQUE
FIÉVREUX
FREDAINE
FRELATÉE
FRELATER
FRÉNÉSIE
GRÉBICHE
GREFFOIR
GUENILLE
GUÊPIÈRE
GUÉRIDON
GUÉRILLA
GUÉRISON
GUERRIER
GUEULARD
IBÉRIQUE
IDENTITÉ
INESPÉRÉ
INÉTENDU

INEXACTE
INEXERCÉ
INEXPIÉE
ITÉRATIF
MIELLEUX
NIELLEUR
NOÉTIQUE
OCÉANIDE
OLÉCRANE
OMELETTE
ONÉREUSE
OPÉRABLE
OPERCULE
OPÉRETTE
OREILLER
PIÉCETTE
PIERREUX
PIERRIER
PIÉTINER
PIÉTONNE
PLÉNIÈRE
PLEUREUR
PLEUROTE
PLEUVOIR
POÉTESSE
PRÉCAIRE
PRÉCÉDER
PRÉCEPTE
PRÊCHEUR
PRÉCIEUX
PRÉCISER
PRÉFACÉE
PRÉFÉRÉE
PRÉFÉRER
PRÉJUGÉE
PRÉLEVER
PREMIÈRE
PRÉMISSE
PRÉMUNIR
PRENEUSE
PRÉPARER
PRÉPOSÉE
PRÉSAGER

PRÉSENCE
PRÉSENTE
PRÉSIDER
PRESSANT
PRESSION
PRESTIGE
PRÉSUMÉE
PRÉSUMER
PRÉSURER
PRÉTENDU
PRÉTEUSE
PRÉTEXTE
PRÉVENIR
PRÉVENUE
QUERELLE
QUESTION
QUÉTAINE
QUETSCHE
RÉÉCRIRE
RÉÉDITER
RIESLING
SCÉLÉRAT
SCÉNARIO
SLEEPING
SPÉCIALE
SPÉCIMEN
SPÉCULER
SPÉCULOS
STÉARATE
STELLITE
STEMMATE
STÉROÏDE
SUÉDOISE
TEENAGER
THÉÂTRAL
THÉRAPIE
TIÉDASSE
TRÉFONDS
TREILLIS
TREMBLAY
TREMBLER
TREMPAGE
TREMPLIN

TRÉMULER
TRÉPIDER
URÉTÉRAL
URÉTRALE
URÉTRITE
VIEILLIE
VIEILLIR
VIEILLOT
VIENNOIS

F

AFFAIBLI
AFFAIRÉE
AFFAIRES
AFFECTER
AFFERMER
AFFERMIR
AFFICHÉE
AFFILIÉE
AFFILIER
AFFINEUR
AFFIRMER
AFFLIGER
AFFOLANT
AFFREUSE
AFFUBLÉE
AFFUBLER
AFFUSION
BÂFREUSE
DÉFENDRE
DÉFENDUE
DÉFERLER
DÉFONCER
DÉFORMER
DÉFRAYER
DÉFROQUÉ
DIFFAMER
DIFFÉRER
DIFFORME
DIFFUSER
EFFECTIF
EFFICACE

EFFRÉNÉE
EFFRITER
EFFRONTÉ
EFFUSION
ENFANTER
ENFICHER
ENFILADE
ENFOIRÉE
ENFONCER
INFAMANT
INFATUÉE
INFECTER
INFÉODÉE
INFERNAL
INFESTER
INFICHUE
INFIDÈLE
INFIRMÉE
INFIRMER
INFLÉCHI
INFLIGER
INFLUENT
INFORMER
INFOUTUE
MAFIEUSE
MÉFIANTE
MUFLERIE
OFFENSÉE
OFFENSER
OFFENSIF
OFFICIEL
OFFICIER
OFFICINE
OFFRANDE
OLFACTIF
RAFFINÉE
RAFFINER
RAFFOLER
REFERMER
REFLÉTER
REFONDRE
REFOULER
REFRÉNER

RÉFORMÉE
RÉFORMER
RÉFUGIER
SUFFIXAL
SUFFRAGE
TAFFETAS

G

AGGRAVER
AIGREFIN
AIGRETTE
AIGUILLE
AIGUISER
ALGARADE
ANGLAISE
ANGOISSE
ARGENTÉE
ARGENTER
ARGUMENT
BÉGUEULE
BIGARADE
BIGARRÉE
BIGARRER
DÉGAINER
DÉGARNIR
DÉGÉNÉRÉ
DÉGOMMER
DÉGOTTER
DÉGOÛTÉE
DÉGOÛTER
DÉGRISER
DÉGUISÉE
DÉGUISER
DÉGUSTER
DIGITALE
ENGEANCE
ENGLOBER
ENGONCÉE
ENGRAVER
ENGRÊLÉE
ERGOTINE
FIGNOLER

FUGACITÉ
FUGITIVE
GAGNANTE
JUGEMENT
LÉGALITÉ
LÉGÈRETÉ
LÉGITIME
LIGAMENT
LIGNEUSE
LOGEMENT
LOGOTYPE
MAGICIEN
MAGNOLIA
MIGNARDE
MIGNONNE
MIGNOTER
MIGRAINE
NAGEOIRE
NÉGATEUR
NÉGATION
NÉGATIVE
NÉGLIGER
NÉGOCIER
ONGLETTE
ORGANISÉ
PAGAILLE
PAGAYEUR
REGAGNER
REGARDER
REGARNIR
REGIMBER
REGISTRE
REGORGER
RÉGATIER
RÉGENTER
RÉGIMENT
RÉGLABLE
RÉGLISSE
RÉGULIER
RIGAUDON
RIGIDITÉ
RIGOLADE
RIGOLEUR

RUGOSITÉ
SAGACITÉ
SAGEMENT
SAGUENAY
SIGNALÉE
SIGNALER
SUGGÉRER
TÉGUMENT
TIGRESSE
UNGUÉALE
VAGABOND
VÉGÉTALE
VIGILANT

H

ABHORRER
ACHARNÉE
ACHARNER
ACHETEUR
ACHOPPER
ADHÉRENT
ADHÉSION
ADHÉSIVE
ALHAMBRA
ATHÉISME
COHÉRENT
COHÉSION
ÉCHANGÉE
ÉCHANGER
ÉCHAPPER
ÉCHÉANCE
ÉCHOTIER
ENHARDIR
ÉPHÉLIDE
ÉPHÉMÈRE
ÉTHYLÈNE
INHABITÉ
INHÉRENT
INHUMAIN
TAHITIEN
VÉHÉMENT
VÉHICULE

I

ACIDULÉE
ACIÉRAGE
AMITIEUX
ANIMISME
ANISETTE
APITOYER
BAIGNADE
BAIGNEUR
BAILLEUR
BAISOTER
BLINDAGE
BOISERIE
BOITERIE
BOITEUSE
BRICELET
BRICOLER
BRIÈVETÉ
BRILLANT
BRISANTE
BRISEUSE
CHICANÉE
CHIFFRÉE
CHINEUSE
CHIPOTER
COIFFEUR
CRINCRIN
CRINIÈRE
CRITIQUE
CUIRASSE
CUISANTE
CUISINÉE
ÉBISELER
ÉDIFIANT
ÉLIGIBLE
ÉLIMINER
ÉLINGUÉE
ÉMIETTER
ÉMINENCE
ÉMINENTE
ÉMISSION
ENIVRANT

ÉPICIÈRE	GRILLADE	NUISANCE	RÉITÉRER	URINAIRE	ALLUMAGE
ÉPIDÉMIE	GRILLAGE	NUISETTE	ROITELET	USINIÈRE	ALLUSION
ÉPINETTE	GRIMACER	NUISIBLE	RUINEUSE	UTILISER	ALLUSIVE
ÉPINEUSE	GRIMOIRE	OEILLADE	RUISSEAU	VAILLANT	ARLEQUIN
ÉPINGLÉE	GRINÇANT	OEILLÈRE	SAIGNOIR	VAISSEAU	BALADEUR
ÉPINGLER	GRISANTE	OLIBRIUS	SAILLANT	VEILLEUR	BALAFRÉE
ÉPINOCHE	GRISERIE	OLIVÂTRE	SAINTETÉ	VEINARDE	BALAFRER
ÉPIPHYSE	GRISETTE	OLIVETTE	SCISSION	VOISINER	BALANCÉE
ÉPISSOIR	GRIVETON	OMISSION	SEIGNEUR	VOITURÉE	BALANCER
ÉPITAPHE	GRIVOISE	ORIENTAL	SOIFFARD	VOITURER	BALAYAGE
ÉRISTALE	GUIGNARD	ORIENTER	SOIGNEUX		BALLOTIN
ÉTIRABLE	GUIMAUVE	ORIGINAL	SPIRALÉE	**J**	BALOURDE
ÉVICTION	GUINDEAU	ORIGINEL	STIMULER		BALUSTRE
ÉVIDENCE	HAINEUSE	OUISTITI	STIPULER	ADJACENT	BELLÂTRE
ÉVIDENTE	HUILERIE	PAIEMENT	SUICIDÉE	ADJECTIF	BELTRAMI
EXIGEANT	HUÎTRIER	PAISIBLE	SUICIDER	ADJOINTE	BILIAIRE
EXISTANT	INIMITIÉ	PEIGNOIR	SUIVANTE	ADJUVANT	BULGARIE
FAILLITE	INITIALE	PEINARDE	SUIVEUSE	DÉJANTER	BULLETIN
FAINÉANT	JAÏNISME	PEINTURE	TAILLADE	DÉJEUNER	CALAMITÉ
FAISEUSE	JOINTURE	POIGNANT	TAILLOIR	INJECTER	CALCINÉE
FAÎTIÈRE	LAIDERON	POINTURE	TEINTURE	INJURIER	CALCINER
FLINGUER	LAINEUSE	POISSEUX	TOILERIE	OBJECTER	CALCULER
FRICOTER	LAINIÈRE	POISSONS	TOILETTE	OBJECTIF	CALIBRÉE
FRICTION	LAITERIE	POITEVIN	TRIANGLE	RAJEUNIR	CALIBRER
FRILEUSE	LAITERON	POITRAIL	TRIBUNAL	SUJÉTION	CALLEUSE
FRINGALE	LAITEUSE	POITRINE	TRICHEUR		CALMANTE
FRINGANT	LAITIÈRE	POIVROTE	TRICOTER	**K**	CALOMNIE
FRINGUER	LAÏUSSER	PRIMAIRE	TRICYCLE	BAKÉLITE	CELLULAR
FRIPIÈRE	LOINTAIN	PRIMAUTÉ	TRIDENTÉ	PÉKINOIS	CÉLÉBRÉE
FRIPONNE	LUISANTE	PRIMITIF	TRILLION	ZAKOUSKI	CÉLÉRITÉ
FRISELIS	MAIGREUR	PRINCIPE	TRIMARAN		COLLANTE
FRISETTE	MAIGRIOT	PRIORITÉ	TRIPLACE	**L**	COLLECTE
FRISOLÉE	MAILLURE	PRIVAUTÉ	TRIPODIE	ABLATION	COLLÈGUE
FRISQUET	MAINMISE	PUISSANT	TRIPOTER	ABLATIVE	COLLIGER
FRITEUSE	MAINTIEN	QUILLEUR	TRISOMIE	ABLUTION	COLOMBIE
GAIEMENT	MAIRESSE	QUINTEUX	TRITURER	AILLEURS	CULBUTÉE
GAILLARD	MAÎTRISE	RAILLEUR	TUILERIE	ALLAITER	CULBUTER
GAINIÈRE	MEILLEUR	RAINETTE	TUILIÈRE	ALLÉCHER	CULMINER
GEIGNARD	NEIGEUSE	RAINURÉE	UBIQUITÉ	ALLÉGUER	CULOTTÉE
GLISSADE	NOIRÂTRE	RAIPONCE	UNIFOLIÉ	ALLÉLUIA	CULTIVÉE
GLISSANT	NOIRAUDE	RAISINET	UNIFORME	ALLEMAND	CULTIVER
GLISSOIR	NOIRCEUR	RAISONNÉ	UNIOVULE	ALLIANCE	CULTUREL
GOINFRÉE	NOISETTE	REINETTE	UNITAIRE	ALLONGER	DÉLABRÉE

DÉLAISSÉ	GALOPEUR	MOLLETON	RELEVEUR	ZÉLATEUR	DÉMONTER
DÉLARDER	GELIVURE	MOLLETTE	RELIGION		DIMANCHE
DÉLATEUR	GÉLATINE	MULTIPLE	ROLLMOPS	**M**	DIMINUER
DÉLATION	GILETIER	NELLIGAN	SALACITÉ		DIMORPHE
DÉLÉBILE	HALETANT	OBLONGUE	SALAISON	ADMETTRE	DOMICILE
DÉLECTER	HELVELLE	PALABRER	SALARIÉE	ALMANACH	DOMPTAGE
DÉLÉGUÉE	HÉLÉPOLE	PALATIAL	SALARIER	ALMANDIN	ERMITAGE
DÉLESTER	HÉLIPORT	PALISSON	SALINITÉ	ARMAGNAC	FAMILIER
DÉLIBÉRÉ	HILARITÉ	PALMAIRE	SALOPARD	ARMATEUR	FÉMORALE
DÉLICATE	HOLOCÈNE	PALMARÈS	SALPÊTRE	ARMATURE	FOMENTER
DÉLIRANT	ILLÉGALE	PALMISTE	SCLÉROSE	ARMELINE	FUMAGINE
DILIGENT	ILLETTRÉ	PALPABLE	SELLERIE	ARMURIER	GAMBADER
DILUTION	ILLICITE	PALPITER	SELLETTE	BIMOTEUR	GAMBETTE
DOLÉANCE	ILLIMITÉ	PALUDÉEN	SOLDEUSE	BOMBANCE	GAMBILLE
DOLOMITE	ILLINOIS	PALUDINE	SOLENNEL	BOMBARDE	GOMMETTE
DULCINÉE	ILLUMINÉ	PÂLICHON	SOLIDITÉ	CAMARADE	GYMNASTE
ÉCLAIRÉE	ILLUSION	PELLETÉE	SOLIPÈDE	CAMELOTE	HOMOGÈNE
ÉCLAIRER	ILLUSTRE	PELLETER	SOLITUDE	CAMISOLE	HUMANITÉ
ÉCLATANT	JALONNER	PELOTEUR	SOLIVEAU	CAMPAGNE	HUMECTER
ÉCLIPSÉE	JALOUSER	PELUCHÉE	SOLUTION	CIMENTER	HUMILIER
ÉCLIPSER	JALOUSIE	PÉLAMIDE	SPLÉNITE	COMBINER	HUMILITÉ
ÉCLOSION	JOLIESSE	PÉLÉENNE	SULFURER	COMÉDIEN	IMMACULÉ
ELLÉBORE	JOLIETTE	PÈLERINE	TALISMAN	COMMERCE	IMMÉDIAT
ENLAIDIR	JULIÉNAS	PILASTRE	TALLIPOT	COMMÉRER	IMMÉRITÉ
ÉOLIENNE	KALIÉMIE	PILLARDE	TALOCHÉE	COMPACTE	IMMEUBLE
FÉLICITÉ	MALADIVE	PILONNER	TALONNER	COMPAGNE	IMMINENT
FILAMENT	MALÉFICE	PILOSITÉ	TALQUEUX	COMPARER	IMMOBILE
FILANDRE	MALLÉOLE	POLAROÏD	TÉLÉCRAN	COMPATIR	IMMODÉRÉ
FILATURE	MALLETTE	POLICIER	TOLÉRANT	COMPILER	IMMORALE
FILETAGE	MALMENER	POLISSON	VALENCIA	COMPLÈTE	IMMORTEL
FILLETTE	MALOTRUE	POLOCHON	VALSEUSE	COMPOSÉE	IMMUABLE
FILLEULE	MALPOLIE	POLYGAME	VELARIUM	COMPOSER	IMMUNITÉ
FILOCHER	MALSAINE	PULLULER	VELLÉITÉ	COMTESSE	JUMELLES
FILTRAGE	MALSÉANT	RALENTIR	VELOUTÉE	DAMASSÉE	LAMAÏSME
FOLÂTRER	MÉLANGÉE	RALLONGE	VÉLOCITÉ	DAMNABLE	LAMBINER
FOLIACÉE	MÉLANGER	RALLUMER	VOLAILLE	DEMANDÉE	LAMELLÉE
FOLICHON	MÉLANINE	RELÂCHÉE	VOLATILE	DEMANDER	LIMICOLE
FOLIOTER	MÉLOMANE	RELÂCHER	VOLITION	DEMEURÉE	LIMONADE
FULMINER	MÉLUSINE	RELANCÉE	VOLITIVE	DEMEURER	LUMIGNON
GALÉJADE	MILITANT	RELANCER	VOLTIGER	DÉMARRER	LUMINEUX
GALILÉEN	MOLESTER	RELATION	VOLUBILE	DÉMENTIE	MEMBRANE
GALLOISE	MOLLASSE	RELATIVE	VULGAIRE	DÉMENTIR	MÉMOIRES
GALOPADE	MOLLESSE	RELÉGUER	WALKYRIE	DÉMESURE	NOMBREUX

NUMÉRALE
PAMPHLET
PIMBÊCHE
PIMENTÉE
PIMENTER
PIMPANTE
POMMADÉE
POMMADER
POMMETTE
POMPETTE
POMPEUSE
RAMASSÉE
RAMASSER
RAMASSIS
RAMBARDE
RAMEUTER
RAMOLLIE
RAMOLLIR
RAMPANTE
REMANGER
REMANIER
REMARQUE
REMÉDIER
REMETTRE
REMMENER
REMONTER
REMORQUE
REMPILER
REMUANTE
RIMOUSKI
ROMSTECK
SAMOURAÏ
SEMBLANT
SEMONCER
SÉMILLON
SIMAGRÉE
SIMBLEAU
SOMBRERO
SOMMAIRE
SOMNOLER
SYMÉTRIE
SYMPTÔME
TAMANOIR

TAMISEUR
TEMPÉRÉE
TEMPÊTER
TEMPOREL
TÉMÉRITÉ
TIMIDITÉ
TIMONIER
TOMAHAWK
TOMBANTE
TOMBELLE
TUMÉFIER

N

AMNISTIE
ANNONCÉE
ANNONCER
ANNUAIRE
ANNUELLE
BANALITÉ
BANCAIRE
BANLIEUE
BANNIÈRE
BÉNÉFICE
BÉNÉVOLE
BÉNITIER
BENJAMIN
BONDELLE
BONHOMIE
BONIFIER
BONIMENT
BONNICHE
CANAILLE
CANARDER
CANCANER
CANDIDAT
CANICULE
CANNELÉE
CANTIQUE
CÉNOBITE
CENSURÉE
CENSURER
CENTAINE

CENTAURE
CENTIARE
CENTRALE
CONCÉDER
CONCLURE
CONCORDE
CONCOURS
CONCRÈTE
CONDUIRE
CONDUITE
CONFÉRER
CONFIANT
CONFORME
CONGELÉE
CONGELER
CONJURÉE
CONJURER
CONNARDE
CONNASSE
CONNERIE
CONQUISE
CONSIGNE
CONSOLER
CONSPUER
CONSTANT
CONSUMER
CONTENIR
CONTENTE
CONTENUE
CONTEUSE
CONTIGUË
CONTINUE
CONTRITE
CONTRÔLE
CONVENIR
CONVOLER
DANDINER
DANSEUSE
DANSOTER
DÉNATTER
DÉNIGRER
DÉNONCER
DENTELER

DENTELLE
DÉNUTRIE
DONATION
DONZELLE
DYNASTIE
EINSTEIN
ENNEIGÉE
ENNUAGER
FANGEUSE
FANTOCHE
FENAISON
FENDANTE
FINALITÉ
FINASSER
FINITION
FONCTION
FONTAINE
FUNICULE
GANDOURA
GANGRÈNE
GANGSTER
GANTERIE
GENDARME
GÉNÉRALE
GÉNÉREUX
GÉNITALE
GÉNITEUR
GÉNOCIDE
GENTIANE
GENTILLE
GONDOLÉE
GONDOLER
GONZESSE
HANDICAP
HANNETON
HONTEUSE
IGNIFUGE
IGNORANT
INNOCENT
INNOMMÉE
IONIENNE
JONCTION
JONGLEUR

KANTISME
LANCETTE
LANCEUSE
LANGUEUR
LANGUIDE
LANOLINE
LANTERNE
LÉNIFIER
LENTILLE
LINACÉES
LINÉAIRE
LINGERIE
LINOLÉUM
LONGERON
LONGRINE
LONGUEUR
LUNETIER
LUNETTES
MANCHOTE
MANDARIN
MANDRILL
MANIABLE
MANIÉRÉE
MANIFOLD
MANITOBA
MANOUCHE
MANTELET
MANTILLE
MANUCURE
MANUELLE
MENAÇANT
MENDIANT
MENDIGOT
MENSONGE
MENTEUSE
MENTISME
MINAUDER
MINÉRALE
MINERVAL
MONACALE
MONANDRE
MONDAINE
MONDIALE

MONITEUR
MONOPOLE
MONORAIL
MONOTONE
MONTAGNE
MONTANTE
MONTRÉAL
NÉNUPHAR
NONNETTE
ORNEMENT
PANACHER
PANCARTE
PANCRÉAS
PANIQUÉE
PANNETON
PANOPLIE
PANORAMA
PANTALON
PANTELER
PANTHÉON
PANTOIRE
PANTOISE
PÉNALITÉ
PENCHANT
PENDANTE
PENDERIE
PÉNÉTRER
PÉNITENT
PÉNOMBRE
PENSANTE
PENSEUSE
PINCETTE
PINCOURT
PINERAIE
PONCTUEL
PONDÉRÉE
PONGISTE
PUNAISÉE
PUNAISER
PUNITION
RANCOEUR
RENÂCLER
RENAÎTRE

RENAUDER
RENÉGATE
RENGAINE
RENOMMÉE
RENOMMER
RENONCER
RENTAMER
RENTIÈRE
RINCEUSE
RINGARDE
RONDELET
RONFLANT
RONFLEUR
SANCTION
SANGLANT
SANGLIER
SANGUINE
SANTIAGO
SENESTRE
SÉNILITÉ
SEÑORITA
SENSIBLE
SENTENCE
SINCIPUT
SINÉCURE
SINGERIE
SINISTRE
SINUEUSE
SINUSITE
SONGERIE
SONGEUSE
SONNANTE
SONNETTE
SONORITÉ
SYNCOPÉE
SYNCOPER
SYNDICAT
SYNONYME
SYNTHÈSE
TANGIBLE
TANNERIE
TÉNACITÉ
TENDANCE

TENDELLE
TENDRETÉ
TENÈBRES
TÈNEMENT
TÉNORITE
TENTANTE
TINTOUIN
TONALITÉ
TONDEUSE
TONIFIER
TONNANTE
TONNELLE
TONNERRE
TONSURER
TONTISSE
VANILLÉE
VANNELLE
VANNERIE
VANTARDE
VENAISON
VENDEUSE
VENDREDI
VÉNIELLE
VENTEUSE
VENTILER
VENTRALE
VINAIGRE

O

ABOMINER
ABONDANT
ABORTIVE
ADOPTION
ADORABLE
AGONISER
AJOINTER
AJOURNER
ALOUETTE
ALOURDIR
AMOUREUX
AMOVIBLE
ANODONTE

ANOMALIE
ANONYMAT
ANORMALE
APOLOGIE
APOPHYSE
ASOCIALE
ATOMISER
BÉOTISME
BLONDINE
BROCANTE
BROCHURE
BRODERIE
BRONCHER
BRONZAGE
BROSSAGE
BROSSARD
BROUETTE
BROUHAHA
BROUILLE
BROUTARD
BROYEUSE
CLOPORTE
CLÔTURÉE
COOPÉRER
CROUPION
CROYANTE
DROITURE
DRÔLERIE
DRÔLESSE
DRÔLETTE
ÉBORGNER
ÉCOEURER
ÉCOLIÈRE
ÉCONOMIE
ÉCOURTER
ÉGOTISME
ÉGOUTTER
ÉLOGIEUX
ÉLOIGNER
ÉMONDAGE
ÉMONDOIR
ÉMOUSSER
ÉMOUVANT

ÉMOUVOIR
ÉNORMITÉ
ÉPOINTER
ÉPOUSEUR
ÉROTISER
ÉROTISME
ÉTONNANT
ÉTOUFFÉE
ÉTOUFFER
ÉTOURDIE
ÉTOURDIR
EXONÉRER
EXOTISME
FLORENCE
FLOTTEUR
FROIDURE
FROISSER
FROMAGER
FRONDEUR
FROTTOIR
GÉODÉSIE
GEÔLIÈRE
GÉOMÈTRE
GÉOTRUPE
GLORIEUX
GLORIOLE
GLOSSINE
GLOSSITE
GLOUSSER
GROGNARD
GROSSEUR
GROSSIER
GROUPAGE
ICONIQUE
IDOLÂTRE
ILOTISME
INOCCUPÉ
INOPINÉE
IRONIQUE
IRONISER
IRONISTE
ISOCARDE
ISOCLINE

ISOLANTE
ISOTONIE
IVOIRIER
IVOIRINE
LIONCEAU
NÉONATAL
NÉOPHYTE
OBOMBRER
ODORANTE
OMOPLATE
OTOLITHE
OZONISER
PHORMION
PIOCHAGE
PIONNIER
PLOMBURE
PLONGEON
PLONGEUR
PROBANTE
PROBLÈME
PROCRÉER
PROCURER
PRODUIRE
PRODUITE
PROFANÉE
PROFANER
PROFÉRER
PROFITER
PROFONDE
PROHIBÉE
PROHIBER
PROJETER
PROLOGUE
PROMENER
PROMESSE
PRONONCÉ
PROPAGER
PROPOSER
PROPRETÉ
PROROGER
PROSCRIT
PROSPÈRE
PROSTATE

PROSTRÉE
PROTÉGER
PROTHÈSE
PROUESSE
PROVENIR
PROVERBE
PYORRHÉE
QUOLIBET
RÉOPÉRER
SCOLAIRE
SCORPION
SLOVAQUE
SNOBISME
SPONTANÉ
SPORTIVE
SPORULER
STOPPEUR
TROMBONE
TROMPEUR
TROPICAL
TROTTEUR
TROTTOIR
TROUBLÉE
TROUBLER
TROUFION
TROUPEAU
TROUSSÉE
TROUSSER
TROUVÈRE
URODÈLES
UTOPISTE
VIOLACER
VIOLENCE
VIOLENTE
VIOLETTE
VIOLEUSE
VIOLISTE
ZOOLOGIE

P

ALPAGUER
ALPESTRE

ALPHABET	EMPATHIE	IMPROPRE	REPEINTE	VIPEREAU	ÂPREMENT
AMPHIBIE	EMPÊCHER	IMPUDENT	REPENSER	ZEPPELIN	ARRACHER
AMPOULÉE	EMPEIGNE	IMPUDEUR	REPENTIR		ARRANGER
APPAREIL	EMPENNÉE	IMPULSIF	REPERDRE	**Q**	ARRIÉRÉE
APPARENT	EMPERLER	IMPUNITÉ	REPIQUER	ACQUÉRIR	ARRIMAGE
APPLIQUE	EMPESTER	IMPURETÉ	REPLACER	COQUETTE	ARRIVANT
APPORTER	EMPIÉTER	JAPPEUSE	REPLOYER	COQUILLE	ARROGANT
APPRENTI	EMPLÂTRE	KAPOKIER	REPORTER	ENQUÊTER	ARRONDIR
APPRÊTER	EMPLETTE	LAPEREAU	REPOSANT	ESQUISSE	ARROSOIR
APPROCHE	EMPOCHER	LAPICIDE	REPRISER	INQUIÈTE	ATROCITÉ
ARPENTER	EMPORTER	LÉPREUSE	REPROCHÉ	LAQUELLE	ATROPHIE
ASPERGÉE	EMPRESSÉ	LIPOSOME	RÉPANDRE	LIQUIDÉE	AURÉOLÉE
ASPERGER	ESPALIER	LUPULINE	RÉPANDUE	LIQUIDER	AURÉOLER
ASPÉRITÉ	ESPIÈGLE	MÉPRISER	RÉPLIQUE	MAQUETTE	BARATTÉE
ASPHALTE	ESPIONNE	NAPOLÉON	RÉPONDRE	PIQUANTE	BARBANTE
ASPIRANT	EUPHONIE	NAPPERON	RÉPRIMER	PIQUETTE	BARBARIE
ASPIRINE	EUPHORIE	NÉPALAIS	RÉPUDIER	RAQUETTE	BARBECUE
BAPTISER	EXPANSIF	NÉPHRITE	RÉPUGNER	REQUÉRIR	BARBOTER
CAPACITÉ	EXPÉDIER	NIPPONNE	RIPAILLE	RIQUIQUI	BARILLET
CAPITALE	EXPLORER	OPPORTUN	RIPOSTER	SÉQUENCE	BARIOLÉE
CAPITEUX	EXPLOSER	OPPOSANT	SAPIDITÉ		BARIOLER
CAPTIVER	EXPORTER	OPPRESSÉ	SAPITEUR	**R**	BARRETTE
CAPTURÉE	EXPRESSE	OPPRIMER	SAPRISTI	ABRASIVE	BARRIÈRE
CAPUCINE	EXPULSER	OPPROBRE	SEPTANTE	ABREUVER	BERÇANTE
CÉPHALÉE	EXPURGER	ORPIMENT	SEPTUPLE	ABRIVENT	BERGERIE
CUPIDITÉ	HÉPATITE	PAPETIER	SÉPULCRE	ACROBATE	BERNACHE
DÉPARTIR	HIPPIQUE	PAPOTAGE	SIPHONNÉ	ADRESSÉE	BORDEAUX
DÉPASSER	HIPPISME	PEPTIQUE	SOPHISME	ADRESSER	BORNOYER
DÉPENSÉE	IMPALUDÉ	PIPERADE	SUPERFIN	AÉRATEUR	CARCASSE
DÉPENSER	IMPAVIDE	POPELINE	SUPERFLU	AÉRATION	CARDINAL
DÉPÊTRER	IMPÉRIAL	POPULACE	SUPPLÉER	AÉRIENNE	CARENCÉE
DÉPISTER	IMPÉTIGO	RAPACITÉ	SUPPLICE	AÉRODYNE	CARESSÉE
DÉPLIANT	IMPÉTRER	RAPIDITÉ	SUPPLIER	AÉROPORT	CARESSER
DÉPLORER	IMPLIQUÉ	RAPIÉCER	SUPPOSÉE	AGRAFAGE	CARILLON
DÉPORTER	IMPLORER	RAPLAPLA	SUPPOSER	AGRANDIR	CARRIÈRE
DÉPOURVU	IMPLOSER	RAPPELER	SUPPURER	AGRÉABLE	CARRIOLE
DÉPRAVÉE	IMPORTER	RAPPRISE	SUPPUTER	AGRÉMENT	CERCUEIL
DÉPRIMÉE	IMPORTUN	REPAÎTRE	SYPHILIS	AGRESSER	CERFEUIL
DÉPRIMER	IMPOSANT	REPARTIE	TAPAGEUR	AGRESSIF	CERISIER
DIPLÔMÉE	IMPOTENT	REPARTIR	TAPISSER	AGRIPPER	CERTAINE
DIPLÔMER	IMPRÉVUE	REPASSER	UPPERCUT	AIREDALE	CERVELLE
DUPLEXER	IMPRIMER	REPÊCHER	VAPOREUX	AORTIQUE	CIRCULER

☞	☞	☞	☞	☞	☞
CORDIALE	ÉTRILLER	HERBERIE	MERDEUSE	PARMÉLIE	PURULENT
CORÉENNE	ÉTRIQUER	HERCHEUR	MERDOYER	PARODIÉE	PYROMANE
CORNETTE	EURASIEN	HÉRISSER	MERISIER	PARODIER	RARÉFIER
COROSSOL	EUROPÉEN	HÉRISSON	MERLUCHE	PARONYME	RAREMENT
CORRECTE	FARCEUSE	HÉRITAGE	MIROITER	PARSEMER	SARCASME
CORRIDOR	FARFADET	HÉRITIER	MORAILLE	PARTAGÉE	SARCELLE
CORRIGÉE	FARFELUE	HÉROÏQUE	MORALITÉ	PARTAGER	SARRASIN
CORRIGER	FARIBOLE	HÉROÏSME	MORCELER	PARTANTE	SCRUPULE
CORRODER	FAROUCHE	HORRIBLE	MORDANTE	PARTERRE	SERINGAT
CORROMPU	FERMIÈRE	HURLEUSE	MORDICUS	PARTIALE	SERINGUE
CORSAIRE	FERREUSE	IRRADIER	MORDORÉE	PARTISAN	SERPETTE
CORVETTE	FERVENTE	IRRÉELLE	MORIBOND	PARUTION	SERPOLET
CURATIVE	FÉROCITÉ	IRRÉSOLU	MORILLON	PARVENIR	SERRISTE
CURIEUSE	FORCENÉE	IRRITANT	MOROSITÉ	PARVENUE	SERVANTE
DARTROSE	FORGERON	JARRETER	MORTELLE	PERÇANTE	SÉRAPHIN
DERNIÈRE	FORMELLE	JERRYCAN	MORVEUSE	PERCEUSE	SÉRÉNADE
DERRIÈRE	FORMULÉE	JUREMENT	MURAILLE	PERCLUSE	SÉRÉNITÉ
DÉRANGER	FORMULER	KERMESSE	MURMURÉE	PERCUTER	SÉRIELLE
DÉRÉELLE	FORTICHE	KÉROSÈNE	NARCÉINE	PERDANTE	SÉRIEUSE
DÉRÉGLER	FORTUITE	KYRIELLE	NARCISSE	PERDURER	SHRAPNEL
DÉRISION	FURETEUR	LARGESSE	NARGUILÉ	PERFIDIE	SORCIÈRE
DÉROUTÉE	FURIBOND	LARVAIRE	NERVEUSE	PERFORER	SORNETTE
DORIENNE	FURIEUSE	MARABOUT	PARABOLE	PERLIÈRE	SORTANTE
DORLOTER	FURONCLE	MARASQUE	PARADEUR	PERMUTER	SPRINGER
DORMITIF	GARANTIE	MARAUDER	PARADOXE	PERPLEXE	SPRINTER
DURILLON	GARANTIR	MARCHAND	PARAÎTRE	PERRUQUE	STRESSER
ÉBRANLER	GARÇONNE	MARGELLE	PARANGON	PERSILLÉ	STRIDENT
ÉBRUITER	GARDÉNIA	MARGOTER	PARAPHÉE	PERSONNE	STRIGILE
ÉCRITEAU	GARDERIE	MARINADE	PARAPHER	PERVERSE	SURANNÉE
ÉCRITURE	GERBILLE	MARITALE	PARASITE	PERVERTI	SURCROÎT
ÉCRIVAIN	GERBOISE	MARITIME	PARCELLE	PHRASEUR	SURDOUÉE
ÉCROÛTER	GERONIMO	MARMOTTE	PARCOURS	PORCHÈRE	SURFACÉE
ÉGRENAGE	GÉRANIUM	MARONNER	PAREILLE	PORRIDGE	SURFAIRE
ENRAYURE	GIRATION	MARQUISE	PAREMENT	PORTABLE	SURFAITE
ENRHUMÉE	GIROFLÉE	MARRANTE	PARESSER	PORTEUSE	SURGELER
ENRICHIR	HARANGUE	MARSAULT	PARFAITE	PORTIÈRE	SURJETER
ENROULER	HARASSÉE	MARSOUIN	PARFILER	PORTLAND	SURMENER
ÉPROUVER	HARCELER	MARTAGON	PARISIEN	PORTRAIT	SURNAGER
ÉTRANGER	HARMONIE	MARTELER	PARJURÉE	PURGEOIR	SURPRISE
ÉTREINTE	HARPAGON	MARTIALE	PARJURER	PURIFIER	SURRÉNAL
ÉTRENNÉE	HARPISTE	MARTINET	PARLANTE	PURITAIN	SURSEOIR
ÉTRENNER	HERBACÉE	MERCREDI	PARLEUSE	PURPURIN	SURVENIR

SURVENUE	VIRTUOSE	BISEXUEL	DISSIPÉE	INSIPIDE	OISIVETÉ
SURVOLER	VIRULENT	BISTOURI	DISSIPER	INSISTER	OSSATURE
SÛREMENT	VORACITÉ	CASEMATE	DISSOUTE	INSOLENT	OSSIFIER
TARASQUE	ZARZUELA	CASSANTE	DISTANCE	INSOLITE	OSSUAIRE
TARATATA		CASSETTE	DISTANTE	INSOMNIE	PASSABLE
TARAUDER	**S**	CASSEUSE	DISTINCT	INSPIRÉE	PASSAGER
TARTARIN	ABSCISSE	CASUELLE	DISTRAIT	INSPIRER	PASSANTE
TARTINÉE	ABSIDALE	CÉSARIEN	DISTRICT	INSTABLE	PASSEUSE
TERMINAL	ABSIDIAL	COSTAUDE	DOSSIÈRE	INSTANCE	PASSIBLE
TERMINER	ABSINTHE	COSTUMÉE	DYSLOGIE	INSTINCT	PASTÈQUE
TERRASSE	ABSORBER	COSTUMER	DYSTOCIE	INSTITUT	PASTICHE
TERREUSE	ABSOUDRE	DESCENTE	ENSABLER	INSTRUIT	PASTILLE
TERRIBLE	ABSTRAIT	DESSALER	ENSEIGNE	INSUCCÈS	PASTORAL
TIRELIRE	AISÉMENT	DESSERTE	ENSELLÉE	INSULINE	PESSAIRE
TORDANTE	AISSELLE	DESSINER	ENSEMBLE	INSULTÉE	PISTACHE
TORPILLE	ASSAINIR	DESTINÉE	ENSERRER	INSULTER	POSITION
TORSADÉE	ASSASSIN	DESTINER	ESSAIMER	INSURGÉE	POSITIVE
TORTUEUX	ASSERVIR	DÉSABUSÉ	ESSARTER	JUSTESSE	POSSÉDÉE
TORTURÉE	ASSIÉGER	DÉSARMER	ESSEULÉE	LASSANTE	POSSÉDER
TORTURER	ASSIETTE	DÉSARROI	FASCINER	LESSIVER	POSSIBLE
TURBOTIN	ASSIGNER	DÉSASTRE	FASCISME	LISBONNE	POSTICHE
TURLUTER	ASSISTER	DÉSERTER	FASCISTE	LISSEUSE	POSTIÈRE
TURNOVER	ASSOCIÉE	DÉSIGNER	FESSIÈRE	LUSTRINE	POSTULER
VARAPPER	ASSOCIER	DÉSISTER	FESTIVAL	MASCOTTE	POSTURAL
VARENNES	ASSOMMER	DÉSOBÉIR	FESTOYER	MASCULIN	RASSASIÉ
VARIABLE	ASSORTIE	DÉSOLANT	FISSURÉE	MASSEUSE	RASSURER
VERDÂTRE	ASSORTIR	DÉSORDRE	FOSSETTE	MASSICOT	RESCAPÉE
VERGETÉE	ASSOUVIR	DÉSOSSÉE	FUSILIER	MESQUINE	RESPIRER
VERGETTE	ASSUREUR	DÉSOSSER	FUSILLER	MESSAGER	RESSAYER
VERMOULU	AUSSITÔT	DÉSUNION	FUSTIGER	MISERERE	RESSEMER
VERRERIE	AUSTRALE	DISCORDE	GASCONNE	MISSOURI	RESSUYER
VERRIÈRE	BASCULER	DISCOUNT	GASPACHO	MUSARDER	RÉSÉQUER
VERTÈBRE	BASEBALL	DISCOURS	GASPÉSIE	MUSICALE	RÉSERVÉE
VERTUEUX	BASSESSE	DISCRÈTE	GUSTATIF	MUSICIEN	RÉSERVER
VERVEINE	BASSINER	DISCUTÉE	HASARDER	NASILLER	RÉSIDUEL
VÉRACITÉ	BESOGNER	DISCUTER	HÉSITANT	OASIENNE	RÉSIGNÉE
VÉRAISON	BESSONNE	DISGRÂCE	HISTOIRE	OBSÉDANT	RÉSILIER
VÉRIFIER	BESTIALE	DISPARUE	HISTORIÉ	OBSERVER	RÉSINIER
VIREMENT	BESTIOLE	DISPENSE	HISTRION	OBSOLÈTE	RÉSISTER
VIRGINAL	BISAÏEUL	DISPOSÉE	INSANITÉ	OBSTACLE	RÉSONNER
VIRGINIE	BISBILLE	DISPOSER	INSCRIRE	OBSTINÉE	RÉSORBER
VIRILITÉ	BISCOTTE	DISPUTÉE	INSENSÉE	OBSTRUER	RÉSOUDRE
VIROCIDE	BISCOTTE	DISPUTER	INSINUER	OISILLON	RÉSULTAT

RÉSULTER	ARTHRITE	BUTANIER	EXTIRPER	NATIVITÉ	RETENTIR
RISSOLÉE	ARTIFICE	CÉTÉRACH	EXTRADER	NETTOYER	RETISSER
RISSOLER	ARTISANE	CITADINE	EXTRAIRE	NOTARIAT	RETOMBER
ROSALBIN	ASTHÉNIE	CITATION	EXTRAITE	NOTARIÉE	RETRACER
ROSEMÈRE	ASTRAKAN	DÉTACHER	EXTRUDÉE	NOTIFIER	RETRAITE
ROSERAIE	ASTRONEF	DÉTENDRE	FATALITÉ	NUTRITIF	RÉTABLIR
ROSSARDE	ATTACHÉE	DÉTENDUE	FATIGANT	OCTAVIER	RÉTICENT
ROSSERIE	ATTACHER	DÉTERRER	FATIGUÉE	ONTARIEN	RÉTICULE
ROSTRALE	ATTAQUÉE	DÉTERSIF	FÉTIDITÉ	OPTICIEN	RÉTINITE
RUSTAUDE	ATTAQUER	DÉTESTER	FUTAILLE	OPTIMALE	RÉTRÉCIE
SASSEUSE	ATTARDÉE	DÉTRAQUÉ	FUTILITÉ	OSTRACÉE	RÉTRÉCIR
SUSCITER	ATTEINTE	DÉTREMPÉ	GATINEAU	OUTARDES	RITUELLE
SUSPECTE	ATTENANT	DÉTRESSE	GUTTURAL	OUTILLER	ROTATION
SUSPENSE	ATTENDRE	DÉTRITUS	HÔTELIER	OUTRAGER	ROTATIVE
SUSURRER	ATTENTAT	DÉTRÔNER	INTAILLE	PATAPOUF	ROTENGLE
SUSVISÉE	ATTENTIF	DÉTRUIRE	INTÉGRAL	PATAUGER	ROTURIER
TISONNER	ATTÉNUER	ENTACHER	INTÉGRÉE	PATENTER	RUTABAGA
TISSEUSE	ATTERRÉE	ENTAILLE	INTÉGRER	PATERNEL	RUTILANT
URSULINE	ATTERRER	ENTASSER	INTENTER	PATIENCE	SATINAGE
VASELINE	ATTESTÉE	ENTENDRE	INTERDIT	PATIENTE	SATURNIE
VÉSICALE	ATTESTER	ENTENDUE	INTERNÉE	PATINAGE	SITTELLE
VÉSICULE	ATTIRANT	ENTÉRITE	INTERNER	PATINEUR	TATILLON
VISITEUR	ATTITUDE	ENTERRER	INTIMITÉ	PATRIOTE	TATOUAGE
VISQUEUX	ATTRAIRE	ENTOLOME	INTRIGUE	PATRONNE	TÂTONNER
	ATTRAPÉE	ENTONNER	LATÉRALE	PÂTISSER	TITILLER
T	ATTRAPER	ENTOURER	LATITUDE	PÉTANQUE	TITREUSE
	ATTRIBUT	ENTRACTE	LETTONIE	PÉTARADE	TOTALITÉ
ACTINITE	AUTARCIE	ENTRAIDE	LETTRAGE	PÉTÉCHIE	TUTEURER
ACTIVANT	AUTODAFÉ	ENTRAVER	LÉTALITÉ	PÉTILLER	ULTRASON
ACTIVITÉ	AUTOMATE	ENTREPÔT	LITTÉRAL	PÉTITION	URTICALE
ACTUAIRE	AUTOPSIE	ENTRESOL	LITTORAL	PÉTULANT	VÊTEMENT
ACTUELLE	AUTORITÉ	ENTREVUE	LITURGIE	PITRERIE	VITALITÉ
ALTERNÉE	AUTRUCHE	ESTAMPÉE	LUTTEUSE	POTASSER	VITAMINE
ALTERNER	BATAILLE	ESTAMPER	MATÉRIAU	POTENTAT	VITRERIE
ALTIPORT	BATELEUR	ESTERLIN	MATÉRIEL	RATATINÉ	
ALTITUDE	BATELIER	ESTHÉSIE	MATERNER	RATICIDE	**U**
ANTIDOTE	BATTERIE	ESTOMPÉE	MATURITÉ	RATIFIER	
ANTIENNE	BATTEUSE	ESTOMPER	MÉTABOLE	RATIONAL	ACUMINÉE
ANTIGÈNE	BÂTIMENT	ESTONIEN	MITIGEUR	RATURAGE	ADULTÈRE
ANTILOPE	BÂTONNAT	ESTOQUER	MITONNER	RÂTELIER	AGUERRIE
ANTITOUT	BÉTONNER	ESTROPIÉ	MUTATION	RETARDER	AGUERRIR
APTITUDE	BÊTIFIER	ESTUAIRE	MUTUELLE	RETEINTE	AGUICHER
ARTÉRIEL	BITONALE	EXTÉNUER	NATIONAL	RETENTER	AJUSTEUR

ALUMINER	COURTIER	FOURNIER	MEURTRIR	ROUILLER	TAULARDE
AMULETTE	COURTOIS	FOURREAU	MOUCHETÉ	ROULETTE	TEUTATÈS
AMUSANTE	COUSETTE	FOURRURE	MOUILLÉE	ROULEUSE	TEUTONNE
AMUSETTE	COÛTEUSE	FOUTAISE	MOUILLER	ROULOTTE	TOUCHANT
AMUSEUSE	COUVERTE	FRUSTRER	MOURANTE	ROUMANIE	TOUILLER
BAUDRIER	CRUCIALE	GAUCHÈRE	MOUSSOIR	ROUSSEUR	TOUJOURS
BEURRIER	DEUXIÈME	GAULOISE	MOUTARDE	ROUTIÈRE	TOULOUPE
BOUCANER	DOUANIER	GLUMELLE	MOUVANTE	SAUCETTE	TOUPINER
BOUCHAGE	DOUILLET	GOUAILLE	NAUFRAGE	SAUCIÈRE	TOURELLE
BOUCHÈRE	ÉBURNÉEN	GOULACHE	NAUSÉEUX	SAUCISSE	TOURISME
BOUCLIER	ÉCUISSER	GOULOTTE	NOUEMENT	SAUGRENU	TOURISTE
BOUDERIE	ÉCUMOIRE	GOURMAND	NOURRAIN	SAUMÂTRE	TOURMENT
BOUDEUSE	ÉCUREUIL	GOÛTEUSE	NOURRICE	SAUTERIE	TOURNURE
BOUGEOIR	ÉDUCATIF	HAUTAINE	NOUVELLE	SAUTEUSE	USUFRUIT
BOUILLIE	ÉGUEULER	HAUTBOIS	OCULAIRE	SCULPTER	USURIÈRE
BOUILLIR	ÉLUCIDER	HEUREUSE	OCULISTE	SEULETTE	UVULAIRE
BOUILLON	ÉMULSEUR	HEURTOIR	OPULENCE	SOUCIEUX	VEULERIE
BOULETTE	ÉNUMÉRER	HOULETTE	OPULENTE	SOUCOUPE	
BOULIMIE	ÉNURÉSIE	HOUSSOIR	OPUSCULE	SOUDIÈRE	**V**
BOURRADE	ÉPUISANT	INUSITÉE	OVULAIRE	SOUFFLÉE	
BOURSIER	ÉQUATION	JAUNÂTRE	PAUMELLE	SOUFFLER	BAVARDER
BOUTEFEU	ÉQUEUTER	JAUNETTE	PAUVRETÉ	SOUFFLET	CAVALIER
BOUTIQUE	ÉQUIPAGE	JAUNISSE	PEUPLADE	SOUFFRIR	DEVANCER
BOUTURER	ÉRUPTION	JEUNESSE	PEUREUSE	SOUFISME	DÉVALUER
BOUVERIE	ÉTUVEUSE	JEUNETTE	PLUMETIS	SOUILLÉE	DÉVASTER
BRUITAGE	FAUCHARD	JOUBARBE	PLUVIEUX	SOUILLER	DÉVERSER
BRÛLANTE	FAUCILLE	JOUFFLUE	POUBELLE	SOUILLON	DÉVIANCE
BRÛLERIE	FAUNESSE	JOUTEUSE	POUDREUX	SOULAGER	DÉVIDOIR
BRUMEUSE	FAUSSETÉ	LAUDATIF	POUILLOT	SOULEVER	DÉVORANT
BRUNANTE	FAUTEUIL	LAURÉATE	POULARDE	SOUPENTE	DIVERGER
BRUSQUÉE	FAUTRICE	LEUCÉMIE	POULETTE	SOUPIÈRE	DIVERTIR
CAUSANTE	FAUVETTE	LOUANGÉE	POURCEAU	SOUPIRER	DIVISION
CAUSERIE	FEUDISTE	LOUANGER	POURTANT	SOURCIER	DIVORCÉE
CAUSEUSE	FEUILLER	LOUFOQUE	POURTOUR	SOURDINE	DUVETEUX
COUILLON	FEUILLUE	LOUPIOTE	POURVOIR	SOURIANT	ENVIABLE
COULANTE	FLUVIALE	LOURDAUD	PRUDENCE	SOURNOIS	ENVIRONS
COULISSE	FOUETTER	LOURDEUR	PRUDENTE	SOUTENIR	ENVOILER
COUPABLE	FOUILLÉE	MAUGRÉER	PRUNELLE	SOUTENUE	ENVOÛTER
COUPANTE	FOUILLER	MAUSOLÉE	RÉUSSITE	SOUTIRER	FAVORITE
COURANTE	FOUILLIS	MAUSSADE	RHUBARBE	SOUVENIR	FÉVEROLE
COURBATU	FOURBURE	MAUVAISE	ROUBLARD	SQUAMEUX	GAVROCHE
COUREUSE	FOURCHON	MEUNIÈRE	ROUGEOLE	SQUEEZER	HAVENEAU
COURRIER	FOURNEAU	MEURETTE	ROUILLÉE	STUDIEUX	HIVERNER

INVALIDE	**X**	AFFAIRÉE	BIGARRER	DÉRANGER	ESCARPÉE
INVASION		AFFAIRES	BISAÏEUL	DÉSABUSÉ	ESCARPIN
INVENTER	FIXEMENT	AGRAFAGE	BUCAREST	DÉSARMER	ESPALIER
INVERSER	HEXAGONE	AGRANDIR	BUDAPEST	DÉSARROI	ESSAIMER
INVÉTÉRÉ	HEXAPODE	ALBANAIS	BUTANIER	DÉSASTRE	ESSARTER
JUVÉNILE	LUXMÈTRE	ALBATROS	CACAOTÉE	DÉTACHER	ESTAMPÉE
LAVEMENT	SEXTUPLE	ALCALINE	CACATOÈS	DÉVALUER	ESTAMPER
LEVRETTE	SEXUELLE	ALGARADE	CALAMITÉ	DEVANCER	ÉTRANGER
LIVIDITÉ	TAXATEUR	ALHAMBRA	CAMARADE	DÉVASTER	EURASIEN
LOVELACE	TEXTURER	ALLAITER	CANAILLE	DIMANCHE	EXPANSIF
NAVRANTE	TOXICITÉ	ALMANACH	CANARDER	DONATION	FATALITÉ
NIVELEUR	VEXATION	ALMANDIN	CAPACITÉ	DOUANIER	FENAISON
NOVATEUR		ALPAGUER	CAVALIER	DYNASTIE	FILAMENT
NOVATION	**Y**	ANÉANTIR	CÉSARIEN	ÉBRANLER	FILANDRE
NOVEMBRE	GLYCÉMIE	APPAREIL	CITADINE	ÉCHANGÉE	FILATURE
NOVICIAT	GOYAVIER	APPARENT	CITATION	ÉCHANGER	FINALITÉ
OUVRAGÉE	OLYMPIEN	ARCANSON	COCACOLA	ÉCHAPPER	FINASSER
OUVRIÈRE	PAYSANNE	ARMAGNAC	CRÉATEUR	ÉCLAIRÉE	FOLÂTRER
PAVEMENT	RAYONNER	ARMATEUR	CRÉATION	ÉCLAIRER	FUGACITÉ
PAVILLON	STYLISME	ARMATURE	CRÉATIVE	ÉCLATANT	FUMAGINE
PAVOISER	THYROÏDE	ARRACHER	CRÉATURE	EMBALLER	FUTAILLE
RAVAUDER		ARRANGER	CURATIVE	EMBARRAS	GARANTIE
REVENANT	**Z**	ASSAINIR	DAMASSÉE	EMPATHIE	GARANTIR
REVENDRE	GAZOGÈNE	ASSASSIN	DÉBÂCLER	ENCADRÉE	GÉLATINE
REVERSER		ATTACHÉE	DÉBALLER	ENCADRER	GÉRANIUM
REVOLVER		ATTACHER	DÉBARDER	ENCAISSE	GIRATION
RÉVISION	**4e**	ATTAQUÉE	DÉBARRAS	ENCARTER	GOUAILLE
RÉVOLTER		ATTAQUER	DÉCALAGE	ENFANTER	GOYAVIER
RÉVOQUER	POSITION	ATTARDÉE	DÉCAPANT	ENHARDIR	HABANERA
RÉVULSER	**A**	AUTARCIE	DÉGAINER	ENLAIDIR	HARANGUE
RÊVASSER		BADABOUM	DÉGARNIR	ENRAYURE	HARASSÉE
RIVALITÉ	ABLATION	BALADEUR	DÉJANTER	ENSABLER	HASARDER
RIVERAIN	ABLATIVE	BALAFRÉE	DÉLABRÉE	ENTACHER	HÉPATITE
SAVETIER	ABRASIVE	BALAFRER	DÉLAISSÉ	ENTAILLE	HEXAGONE
SAVONNER	ACCABLER	BALANCÉE	DÉLARDER	ENTASSER	HEXAPODE
SAVOURER	ACCALMIE	BALANCER	DÉLATEUR	ÉQUATION	HILARITÉ
SÉVÉRITÉ	ACHARNÉE	BALAYAGE	DÉLATION	ESCABEAU	HUMANITÉ
TAVELURE	ACHARNER	BANALITÉ	DEMANDÉE	ESCALADE	IMMACULÉ
TAVILLON	ADJACENT	BARATTÉE	DEMANDER	ESCALIER	IMPALUDÉ
VIVACITÉ	AÉRATEUR	BATAILLE	DÉMARRER	ESCALOPE	IMPAVIDE
VIVEMENT	AÉRATION	BAVARDER	DÉNATTER	ESCAPADE	INCARNER
VIVIFIER	AFFAIBLI	BIGARADE	DÉPARTIR	ESCARBOT	INFAMANT
		BIGARRÉE	DÉPASSER	ESCARGOT	INFATUÉE

INHABITÉ	NOTARIÉE	RAMASSIS	SALARIER	**B**	TRIBUNAL
INSANITÉ	NOVATEUR	RAPACITÉ	SÉCATEUR		TURBOTIN
INTAILLE	NOVATION	RATATINÉ	SÉDATIVE	BARBANTE	
INVALIDE	OCCASION	RAVAUDER	SÉRAPHIN	BARBARIE	**C**
INVASION	OCÉANIDE	RECALAGE	SHRAPNEL	BARBECUE	
IRRADIER	OCTAVIER	RECAUSER	SIMAGRÉE	BARBOTER	ABSCISSE
JACASSER	OLFACTIF	REGAGNER	SQUAMEUX	BISBILLE	AGAÇANTE
JOBARDER	ONTARIEN	REGARDER	STÉARATE	BOMBANCE	AGACERIE
JUDAÏSME	ORGANISÉ	REGARNIR	SUDATION	BOMBARDE	ALACRITÉ
LAMAÏSME	OSSATURE	RÉGATIER	SURANNÉE	COMBINER	ANACONDA
LÉGALITÉ	OUTARDES	RELÂCHÉE	TABASSER	CULBUTÉE	ANECDOTE
LÉTALITÉ	PAGAILLE	RELÂCHER	TAMANOIR	CULBUTER	ASOCIALE
LIGAMENT	PAGAYEUR	RELANCÉE	TAPAGEUR	ÉLABORER	BACCARAT
LINACÉES	PALABRER	RELANCER	TARASQUE	GAMBADER	BANCAIRE
LOCALITÉ	PALATIAL	RELATION	TARATATA	GAMBETTE	BASCULER
LOCATEUR	PANACHER	RELATIVE	TARAUDER	GAMBILLE	BERÇANTE
LOCATION	PARABOLE	REMANGER	TAXATEUR	GERBILLE	BISCOTTE
LOUANGÉE	PARADEUR	REMANIER	TÉNACITÉ	GERBOISE	BOUCANER
LOUANGER	PARADOXE	REMARQUE	THÉÂTRAL	GLABELLE	BOUCHAGE
MALADIVE	PARAÎTRE	RENÂCLER	TOMAHAWK	GRÉBICHE	BOUCHÈRE
MARABOUT	PARANGON	RENAÎTRE	TONALITÉ	HERBACÉE	BOUCLIER
MARASQUE	PARAPHÉE	RENAUDER	TOTALITÉ	HERBERIE	BRACELET
MARAUDER	PARAPHER	REPAÎTRE	TRIANGLE	JOUBARBE	BRICELET
MÉDAILLE	PARASITE	RÉPANDRE	URBANITÉ	KIBBOUTZ	BRICOLER
MÉLANGÉE	PATAPOUF	RÉPANDUE	VACANCES	LAMBINER	BROCANTE
MÉLANGER	PATAUGER	REPARTIE	VAGABOND	LISBONNE	BROCHURE
MÉLANINE	PÉDALEUR	REPARTIR	VARAPPER	MEMBRANE	CALCINÉE
MENAÇANT	PÉDALIER	REPASSER	VELARIUM	NOMBREUX	CALCINER
MÉTABOLE	PÉLAMIDE	RÉTABLIR	VENAISON	OLIBRIUS	CALCULER
MINAUDER	PÉNALITÉ	RETARDER	VÉRACITÉ	PIMBÊCHE	CANCANER
MODALITÉ	PÉTANQUE	RÊVASSER	VÉRAISON	POUBELLE	CARCASSE
MONACALE	PÉTARADE	RICANEUR	VEXATION	PROBANTE	CERCUEIL
MONANDRE	PHRASEUR	RIGAUDON	VICARIAT	PROBLÈME	CHICANÉE
MORAILLE	PICARDAN	RIPAILLE	VINAIGRE	RABBINAT	CIRCULER
MORALITÉ	PILASTRE	RIVALITÉ	VITALITÉ	RAMBARDE	CONCÉDER
MURAILLE	POLAROÏD	ROSALBIN	VITAMINE	RHUBARBE	CONCLURE
MUSARDER	POTASSER	ROTATION	VIVACITÉ	ROUBLARD	CONCORDE
MUTATION	PUNAISÉE	ROTATIVE	VOCATION	SEMBLANT	CONCOURS
NÉGATEUR	PUNAISER	RUTABAGA	VOLAILLE	SIMBLEAU	CONCRÈTE
NÉGATION	RABATTRE	SAGACITÉ	VOLATILE	SNOBISME	CRUCIALE
NÉGATIVE	RACAILLE	SALACITÉ	VORACITÉ	SOMBRERO	DESCENTE
NÉPALAIS	RAMASSÉE	SALAISON	ZÉLATEUR	TOMBANTE	DISCORDE
NOTARIAT	RAMASSER	SALARIÉE		TOMBELLE	DISCOUNT

DISCOURS	ISOCARDE	RÉÉCRIRE	BORDEAUX	PERDANTE	AFFERMER
DISCRÈTE	ISOCLINE	RESCAPÉE	BOUDERIE	PERDURER	AFFERMIR
DISCUTÉE	JONCTION	RINCEUSE	BOUDEUSE	PONDÉRÉE	AGRÉABLE
DISCUTER	LANCETTE	SACCAGER	BRADERIE	POUDREUX	AGRÉMENT
DULCINÉE	LANCEUSE	SANCTION	BRADEUSE	PRODUIRE	AGRESSER
ÉDUCATIF	LEUCÉMIE	SARCASME	BRODERIE	PRODUITE	AGRESSIF
ÉJECTEUR	MANCHOTE	SARCELLE	CANDIDAT	PRUDENCE	AGUERRIE
ÉLECTEUR	MARCHAND	SAUCETTE	CARDINAL	PRUDENTE	AGUERRIR
ÉLECTION	MASCOTTE	SAUCIÈRE	CONDUIRE	RÉÉDITER	AIREDALE
ÉLECTIVE	MASCULIN	SAUCISSE	CONDUITE	RONDELET	AISÉMENT
ÉLUCIDER	MERCREDI	SINCIPUT	CORDIALE	SOLDEUSE	ALLÉCHER
ÉPICIÈRE	MORCELER	SORCIÈRE	CRÉDITER	SOUDIÈRE	ALLÉGUER
ÉRECTILE	MOUCHETÉ	SOUCIEUX	DANDINER	STUDIEUX	ALLÉLUIA
ÉRECTION	NARCÉINE	SOUCOUPE	ÉPIDÉMIE	SUÉDOISE	ALLEMAND
ÉVICTION	NARCISSE	SPACIEUX	ÉVIDENCE	SURDOUÉE	ALPESTRE
EXÉCUTER	OLÉCRANE	SPÉCIALE	ÉVIDENTE	SYNDICAT	ALTERNÉE
EXÉCUTIF	PANCARTE	SPÉCIMEN	FENDANTE	TENDANCE	ALTERNER
FARCEUSE	PANCRÉAS	SPÉCULER	FEUDISTE	TENDELLE	ANDÉSITE
FASCINER	PARCELLE	SPÉCULOS	FREDAINE	TENDRETÉ	ÂPREMENT
FASCISME	PARCOURS	STACCATO	GANDOURA	TIÉDASSE	ARGENTÉE
FASCISTE	PENCHANT	SUCCÉDER	GARDÉNIA	TONDEUSE	ARGENTER
FAUCHARD	PERÇANTE	SUCCINCT	GARDERIE	TORDANTE	ARLEQUIN
FAUCILLE	PERCEUSE	SUICIDÉE	GENDARME	TRADUIRE	ARMELINE
FONCTION	PERCLUSE	SUICIDER	GÉODÉSIE	TRIDENTÉ	ARPENTER
FORCENÉE	PERCUTER	SURCROÎT	GONDOLÉE	URODÈLES	ARTÉRIEL
FRACTION	PIÉCETTE	SUSCITER	GONDOLER	VENDEUSE	ASPERGÉE
FRACTURE	PINCETTE	SYNCOPÉE	HANDICAP	VENDREDI	ASPERGER
FRICOTER	PINCOURT	SYNCOPER	INADAPTÉ	VERDÂTRE	ASPÉRITÉ
FRICTION	PIOCHAGE	TOUCHANT	LAIDERON		ASSERVIR
GARÇONNE	PLACETTE	TRACTEUR	LAUDATIF		ATHÉISME
GASCONNE	PONCTUEL	TRACTION	MANDARIN	**E**	ATTEINTE
GAUCHÈRE	PORCHÈRE	TRICHEUR	MANDRILL	ABREUVER	ATTENANT
GLACIALE	PRÉCAIRE	TRICOTER	MENDIANT	ACCEPTER	ATTENDRE
GLACIÈRE	PRÉCÉDER	TRICYCLE	MENDIGOT	ACHETEUR	ATTENTAT
GLYCÉMIE	PRÉCEPTE	VACCINER	MERDEUSE	ACIÉRAGE	ATTENTIF
GRACIEUX	PRÊCHEUR		MERDOYER	ADHÉRENT	ATTÉNUER
HARCELER	PRÉCIEUX	**D**	MONDAINE	ADHÉSION	ATTERRÉE
HERCHEUR	PRÉCISER		MONDIALE	ADHÉSIVE	ATTERRER
INACTION	PROCRÉER	ACIDULÉE	MORDANTE	ADJECTIF	ATTESTÉE
INACTIVE	PROCURER	AMADOUER	MORDICUS	ADMETTRE	ATTESTER
INACTUEL	RANCOEUR	ANODONTE	MORDORÉE	ADRESSÉE	AUBÉPINE
INOCCUPÉ	RÉACTEUR	BAUDRIER	PENDANTE	ADRESSER	AURÉOLÉE
INSCRIRE	RÉACTION	BONDELLE	PENDERIE	AFFECTER	AURÉOLER

BABEURRE	DEMEURER	ENTÉRITE	IMMEUBLE	LOVELACE	PIMENTER
BAKÉLITE	DÉPENSÉE	ENTERRER	IMPÉRIAL	LUNETIER	PINERAIE
BASEBALL	DÉPENSER	ÉPHÉLIDE	IMPÉTIGO	LUNETTES	PIPERADE
BATELEUR	DÉPÊTRER	ÉPHÉMÈRE	IMPÉTRER	LYCÉENNE	POPELINE
BATELIER	DÉRÉELLE	ÉQUEUTER	INCENDIE	MALÉFICE	POTENTAT
BÉNÉFICE	DÉRÉGLER	ESSEULÉE	INDÉCENT	MATÉRIAU	RAJEUNIR
BÉNÉVOLE	DÉSERTER	ESTERLIN	INDÉCISE	MATÉRIEL	RALENTIR
BISEXUEL	DÉTENDRE	ÉTREINTE	INDÉFINI	MATERNER	RAMEUTER
BRIÈVETÉ	DÉTENDUE	ÉTRENNÉE	INFECTER	MÉDECINE	RARÉFIER
CADENCER	DÉTERRER	ÉTRENNER	INFÉODÉE	MINÉRALE	RAREMENT
CAMELOTE	DÉTERSIF	EXCELLER	INFERNAL	MINERVAL	RÂTELIER
CARENCÉE	DÉTESTER	EXCENTRÉ	INFESTER	MISERERE	RECELEUR
CARESSÉE	DÉVERSER	EXCEPTÉE	INHÉRENT	MODESTIE	RECENSER
CARESSER	DIVERGER	EXPÉDIER	INJECTER	MOLESTER	RECEVOIR
CASEMATE	DIVERTIR	EXTÉNUER	INSENSÉE	NAGEOIRE	REDEVOIR
CÉLÉBRÉE	DOBERMAN	FÉVEROLE	INTÉGRAL	NIVELEUR	REFERMER
CÉLÉRITÉ	DOLÉANCE	FIDÉLITÉ	INTÉGRÉE	NOUEMENT	RÉGENTER
CÉTÉRACH	DUVETEUX	FILETAGE	INTÉGRER	NOVEMBRE	RELÉGUER
CICÉRONE	ÉCHÉANCE	FIXEMENT	INTENTER	NUMÉRALE	RELEVEUR
CIMENTER	ÉCOEURER	FOMENTER	INTERDIT	OBJECTER	REMÉDIER
COHÉRENT	EFFECTIF	FOUETTER	INTERNÉE	OBJECTIF	REMETTRE
COHÉSION	ÉGRENAGE	FURETEUR	INTERNER	OBSÉDANT	RENÉGATE
COMÉDIEN	ÉGUEULER	GAIEMENT	INVENTER	OBSERVER	REPÊCHER
CORÉENNE	ELLÉBORE	GALÉJADE	INVERSER	OFFENSÉE	REPEINTE
DÉCEMBRE	EMBELLIR	GÉNÉRALE	INVÉTÉRÉ	OFFENSER	REPENSER
DÉCENNIE	ÉMIETTER	GÉNÉREUX	IRRÉELLE	OFFENSIF	REPENTIR
DÉCERNER	EMPÊCHER	GILETIER	IRRÉSOLU	ORIENTAL	REPERDRE
DÉCEVANT	EMPEIGNE	HALETANT	JUGEMENT	ORIENTER	RÉSÉQUER
DÉCEVOIR	EMPENNÉE	HAVENEAU	JUMELLES	ORNEMENT	RÉSERVÉE
DÉFENDRE	EMPERLER	HÉBERGÉE	JUREMENT	PAIEMENT	RÉSERVER
DÉFENDUE	EMPESTER	HÉBERGER	JUVÉNILE	PAPETIER	RETEINTE
DÉFERLER	ENCEINTE	HÉBÉTUDE	LACEMENT	PAREILLE	RETENTER
DÉGÉNÉRÉ	ENCENSER	HÉLÉPOLE	LAMELLÉE	PAREMENT	RETENTIR
DÉJEUNER	ENDETTER	HIVERNER	LAPEREAU	PARESSER	REVENANT
DÉLÉBILE	ENGEANCE	HOBEREAU	LATÉRALE	PATENTER	REVENDRE
DÉLECTER	ENNEIGÉE	HÔTELIER	LAVEMENT	PATERNEL	REVERSER
DÉLÉGUÉE	ENSEIGNE	HUMECTER	LÉGÈRETÉ	PAVEMENT	RIVERAIN
DÉLESTER	ENSELLÉE	ILLÉGALE	LIBELLER	PÉLÉENNE	ROBERVAL
DÉMENTIE	ENSEMBLE	ILLETTRÉ	LIBÉRALE	PÈLERINE	ROSEMÈRE
DÉMENTIR	ENSERRER	IMBÉCILE	LIBERTIN	PÉNÉTRER	ROSERAIE
DÉMESURE	ENTENDRE	IMMÉDIAT	LINÉAIRE	PÉTÉCHIE	ROTENGLE
DEMEURÉE	ENTENDUE	IMMÉRITÉ	LOGEMENT	PIMENTÉE	RUDEMENT

SAGEMENT	ZIBELINE	SOUFFRIR	IMAGIÈRE	VERGETÉE	NÉPHRITE
SAVETIER		SOUFISME	IMAGINER	VERGETTE	ORCHIDÉE
SCLÉROSE	**F**	SUFFIXAL	JONGLEUR	VIRGINAL	PÊCHETTE
SENESTRE	BLAFARDE	SUFFRAGE	LANGUEUR	VIRGINIE	PÊCHEUSE
SÉRÉNADE	CERFEUIL	SULFURER	LANGUIDE	VULGAIRE	POCHARDE
SÉRÉNITÉ	CHIFFRÉE	SURFACÉE	LARGESSE		POCHETTE
SÉVÉRITÉ	COIFFEUR	SURFAIRE	LINGERIE	**H**	PROHIBÉE
SIBÉRIEN	CONFÉRER	SURFAITE	LONGERON	ALCHIMIE	PROHIBER
SIDÉENNE	CONFIANT	TAFFETAS	LONGRINE	ALPHABET	RACHETER
SIDÉRALE	CONFORME	TRÉFONDS	LONGUEUR	AMPHIBIE	RECHARGE
SINÉCURE	DIFFAMER	UNIFOLIÉ	MAIGREUR	ARCHELLE	RECHUTER
SLEEPING	DIFFÉRER	UNIFORME	MAIGRIOT	ARCHIDUC	RICHESSE
SOLENNEL	DIFFORME	USUFRUIT	MARGELLE	ARCHIPEL	SÉCHEUSE
SPLÉNITE	DIFFUSER		MARGOTER	ARTHRITE	SIPHONNÉ
SQUEEZER	ÉDIFIANT	**G**	MAUGRÉER	ASPHALTE	SOPHISME
STRESSER	FARFADET	BAIGNADE	NARGUILÉ	ASTHÉNIE	SYPHILIS
SUJÉTION	FARFELUE	BAIGNEUR	NEIGEUSE	BACHIQUE	TACHETÉE
SUPERFIN	GREFFOIR	BERGERIE	ORAGEUSE	BICHONNE	TACHETER
SUPERFLU	JOUFFLUE	BLAGUEUR	ORIGINAL	BONHOMIE	TACHISME
SÛREMENT	LOUFOQUE	BOUGEOIR	ORIGINEL	CACHETTE	TRAHISON
SYMÉTRIE	NAUFRAGE	BULGARIE	PEIGNOIR	CÉPHALÉE	VACHARDE
TAVELURE	PARFAITE	CHAGRINE	POIGNANT	DÉCHARNÉ	VACHERIE
TÉLÉCRAN	PARFILER	CONGELÉE	PONGISTE	DUCHARME	VACHERIN
TÉMÉRITÉ	PERFIDIE	CONGELER	PURGEOIR	ENCHANTÉ	
TENÈBRES	PERFORER	DISGRÂCE	RENGAINE	ENRHUMÉE	**I**
TÈNEMENT	PRÉFACÉE	ÉLAGUEUR	RINGARDE	ESTHÉSIE	ABAISSER
TIRELIRE	PRÉFÉRÉE	ÉLÉGANCE	ROUGEOLE	EUPHONIE	ABRIVENT
TOLÉRANT	PRÉFÉRER	ÉLÉGANTE	SAIGNOIR	EUPHORIE	ABSIDALE
TUMÉFIER	PROFANÉE	ÉLIGIBLE	SANGLANT	FÂCHANTE	ABSIDIAL
TUTEURER	PROFANER	ÉLOGIEUX	SANGLIER	GÂCHEUSE	ABSINTHE
ULCÉREUX	PROFÉRER	ÉPAGNEUL	SANGUINE	HACHETTE	ACCIDENT
UPPERCUT	PROFITER	EXAGÉRÉE	SAUGRENU	INCHANGÉ	ACTINITE
VALENCIA	PROFONDE	EXAGÉRER	SEIGNEUR	LÂCHEUSE	ACTIVANT
VARENNES	RAFFINÉE	EXIGEANT	SINGERIE	MACHINAL	ACTIVITÉ
VASELINE	RAFFINER	FANGEUSE	SOIGNEUX	MACHINÉE	ADDITION
VÉGÉTALE	RAFFOLER	FORGERON	SONGERIE	MACHINER	AÉRIENNE
VÉHÉMENT	RONFLANT	FRAGMENT	SONGEUSE	MÂCHEFER	AFFICHÉE
VÊTEMENT	RONFLEUR	GANGRÈNE	STAGNANT	MÂCHEUSE	AFFILIÉE
VIDÉASTE	SOIFFARD	GANGSTER	SUGGÉRER	MÂCHOIRE	AFFILIER
VIPEREAU	SOUFFLÉE	GEIGNARD	SURGELER	MÂCHURER	AFFINEUR
VIREMENT	SOUFFLER	GROGNARD	TANGIBLE	MÉCHANTE	AFFIRMER
VIVEMENT	SOUFFLET	GUIGNARD	TRAGÉDIE	MICHETON	AGRIPPER

AGUICHER	BÊTIFIER	DOMICILE	FAMILIER	HACIENDA	LAPICIDE
AJOINTER	BILIAIRE	DORIENNE	FARIBOLE	HÉLIPORT	LATITUDE
ALLIANCE	BLAIREAU	DOUILLET	FARIGANT	HÉRISSER	LÉGITIME
ALTIPORT	BONIFIER	DROITURE	FATIGUÉE	HÉRISSON	LÉNIFIER
ALTITUDE	BONIMENT	DURILLON	FÉLICITÉ	HÉRITAGE	LIMICOLE
AMAIGRIE	BOUILLIE	ÉCAILLÉE	FÉTIDITÉ	HÉRITIER	LIVIDITÉ
AMAIGRIR	BOUILLIR	ÉCAILLER	FEUILLER	HÉSITANT	LUCIDITÉ
AMBIANCE	BOUILLON	ÉCLIPSÉE	FEUILLUE	HIBISCUS	LUCIFUGE
AMBIANTE	BRAILLER	ÉCLIPSER	FINITION	HUMILIER	LUMIGNON
AMBITION	BRUITAGE	ÉCRITEAU	FOLIACÉE	HUMILITÉ	LUMINEUX
AMNISTIE	CALIBRÉE	ÉCRITURE	FOLICHON	IGNIFUGE	LYDIENNE
ANCIENNE	CALIBRER	ÉCRIVAIN	FOLIOTER	ILLICITE	MAFIEUSE
ANTIDOTE	CAMISOLE	ÉCUISSER	FOUILLÉE	ILLIMITÉ	MAGICIEN
ANTIENNE	CANICULE	EFFICACE	FOUILLER	ILLINOIS	MANIABLE
ANTIGÈNE	CAPITALE	ÉLOIGNER	FOUILLIS	IMMINENT	MANIÉRÉE
ANTILOPE	CAPITEUX	ÉMAILLER	FRAÎCHIR	INCIDENT	MANIFOLD
ANTITOUT	CARILLON	EMPIÉTER	FROIDURE	INCISION	MANITOBA
APAISANT	CERISIER	ENDIGUER	FROISSER	INCISIVE	MARINADE
APTITUDE	COUILLON	ENFICHER	FUGITIVE	INCIVILE	MARITALE
ARBITRER	CRAINDRE	ENFILADE	FUNICULE	INDICIEL	MARITIME
ARRIÉRÉE	CRAINTIF	ENRICHIR	FURIBOND	INDIENNE	MÉDICALE
ARRIMAGE	CUEILLIR	ENVIABLE	FURIEUSE	INDIGÈNE	MÉDIÉVAL
ARRIVANT	CUPIDITÉ	ENVIRONS	FUSILIER	INDIGENT	MÉDIOCRE
ARTIFICE	CURIEUSE	ÉOLIENNE	FUSILLER	INDIGNÉE	MÉFIANTE
ARTISANE	DÉBILITÉ	ÉPAISSIR	FUTILITÉ	INDIRECT	MERISIER
ASPIRANT	DÉBITEUR	ÉPOINTER	GALILÉEN	INDIVIDU	MILITANT
ASPIRINE	DÉCISION	ÉPUISANT	GATINEAU	INFICHUE	MITIGEUR
ASSIÉGER	DÉCISIVE	ÉQUIPAGE	GELIVURE	INFIDÈLE	MODIFIER
ASSIETTE	DÉLIBÉRÉ	ÉRAILLÉE	GÉNITALE	INFIRMÉE	MONITEUR
ASSIGNER	DÉLICATE	ÉRAILLER	GÉNITEUR	INFIRMER	MORIBOND
ASSISTER	DÉLIRANT	ÉREINTÉE	GODILLOT	INSINUER	MORILLON
ATTIRANT	DÉNIGRER	ÉREINTER	GRAILLER	INSIPIDE	MOUILLÉE
ATTITUDE	DÉPISTER	ERMITAGE	GRAILLON	INSISTER	MOUILLER
AUDIENCE	DÉRISION	ESPIÈGLE	GRAINIER	INTIMITÉ	MUSICALE
AUDITEUR	DÉSIGNER	ESPIONNE	GRAISSER	IONIENNE	MUSICIEN
AUDITION	DÉSISTER	ÉTEINDRE	HABILETÉ	IRRITANT	NASILLER
BABILLER	DÉVIANCE	ÉTRILLER	HABILLÉE	IVOIRIER	NATIONAL
BADINAGE	DÉVIDOIR	ÉTRIQUER	HABILLER	IVOIRINE	NATIVITÉ
BARILLET	DIGITALE	ÉVEILLÉE	HABITANT	JOLIESSE	NIAISEUX
BARIOLÉE	DILIGENT	ÉVEILLER	HABITUDE	JOLIETTE	NIDIFIER
BARIOLER	DIMINUER	EXCITANT	HABITUÉE	JULIÉNAS	NOCIVITÉ
BÂTIMENT	DIVISION	EXTIRPER	HABITUEL	KALIÉMIE	NOTIFIER
BÉNITIER	DOCILITÉ	FACILITÉ	HABITUER	KYRIELLE	NOVICIAT

NUBIENNE   PUNITION   SERINGUE   VIGILANT   BELLÂTRE   FAILLITE
OASIENNE   PURIFIER   SIBILANT   VIRILITÉ   BOULETTE   FILLETTE
OCCIDENT   PURITAIN   SINISTRE   VISITEUR   BOULIMIE   FILLEULE
OFFICIEL   RADICALE   SOCIABLE   VIVIFIER   BRILLANT   FRELATÉE
OFFICIER   RADIEUSE   SOLIDITÉ   VOLITION   BRÛLANTE   FRELATER
OFFICINE   RAPIDITÉ   SOLIPÈDE   VOLITIVE   BRÛLERIE   FRILEUSE
OISILLON   RAPIÉCER   SOLITUDE   VRAIMENT   BULLETIN   GAILLARD
OISIVETÉ   RATICIDE   SOLIVEAU   CALLEUSE   GALLOISE
OPTICIEN   RATIFIER   SOUILLÉE   J   CELLULAR   GAULOISE
OPTIMALE   RATIONAL   SOUILLER   CHALANDE   GEÔLIÈRE
ORBITÈLE   REBIQUER   SOUILLON   BENJAMIN   COALISÉE   GOULACHE
OREILLER   RÉCIFALE   SPRINGER   CONJURÉE   COLLANTE   GOULOTTE
ORPIMENT   REGIMBER   SPRINTER   CONJURER   COLLECTE   GRILLADE
OSCILLER   RÉGIMENT   STRIDENT   PARJURÉE   COLLÈGUE   GRILLAGE
OSSIFIER   REGISTRE   STRIGILE   PARJURER   COLLIGER   HÂBLERIE
OUAILLES   RELIGION   TAHITIEN   PRÉJUGÉE   COULANTE   HOULETTE
OUTILLER   REPIQUER   TALISMAN   PROJETER   COULISSE   HUILERIE
PACIFIER   RÉSIDUEL   TAMISEUR   SURJETER   DÉBLAYER   HURLEUSE
PÂLICHON   RÉSIGNÉE   TAPISSER   TOUJOURS   DÉCLAMER   IDOLÂTRE
PALISSON   RÉSILIER   TATILLON   DÉCLARER   IMPLIQUÉ
PANIQUÉE   RÉSINIER   TAVILLON   K   DÉCLINER   IMPLORER
PARISIEN   RÉSISTER   TIMIDITÉ   DÉCLOUER   IMPLOSER
PATIENCE   RÉTICENT   TITILLER   RICKSHAW   DÉPLIANT   INALTÉRÉ
PATIENTE   RÉTICULE   TONIFIER   WALKYRIE   DÉPLORER   INCLINÉE
PATINAGE   RÉTINITE   TOUILLER   DIALECTE   INCLINER
PATINEUR   RETISSER   TOXICITÉ   L   DIPLÔMÉE   INFLÉCHI
PÂTISSER   RÉVISION   TRAÎNANT   ACCLAMER   DIPLÔMER   INFLIGER
PAVILLON   RIDICULE   TRAÎNARD   ADÉLAÏDE   DORLOTER   INFLUENT
PÉDIATRE   RIGIDITÉ   TRAÎNEUR   ADULTÈRE   DRÔLERIE   ISOLANTE
PÉDICULE   ROUILLÉE   TREILLIS   AFFLIGER   DRÔLESSE   ITALIQUE
PÉKINOIS   ROUILLER   URTICALE   AILLEURS   DRÔLETTE   MAILLURE
PÉNITENT   RUBICOND   VACILLER   AMALGAME   DUALISME   MALLÉOLE
PÉTILLER   RUTILANT   VANILLÉE   AMBLYOPE   DUPLEXER   MALLETTE
PÉTITION   SALINITÉ   VARIABLE   AMULETTE   DYSLOGIE   MEILLEUR
PIAILLER   SAPIDITÉ   VÉHICULE   ANALOGIE   ÉCOLIÈRE   MERLUCHE
PLAINDRE   SAPITEUR   VÉNIELLE   ANALOGUE   ÉGALISER   MIELLEUX
PLAISANT   SATINAGE   VÉRIFIER   ANALYSÉE   EMPLÂTRE   MOLLASSE
POLICIER   SÉDITION   VÉSICALE   ANGLAISE   EMPLETTE   MOLLESSE
POLISSON   SÉMILLON   VÉSICULE   APOLOGIE   ÉMULSEUR   MOLLETON
POSITION   SÉNILITÉ   VICIEUSE   APPLIQUE   ENGLOBER   MOLLETTE
POSITIVE   SÉRIELLE   VIEILLIE   AVALISER   EXCLUSIF   MUFLERIE
POUILLOT   SÉRIEUSE   VIEILLIR   BAILLEUR   EXPLORER   NÉGLIGER
PUDIBOND   SERINGAT   VIEILLOT   BALLOTIN   EXPLOSER   NELLIGAN
                                 BANLIEUE

NIELLEUR   RÉGLISSE   VIOLENTE   GRAMINÉE   TREMBLAY   CONNARDE
NOBLESSE   REPLACER   VIOLETTE   GRIMACER   TREMBLER   CONNASSE
OCULAIRE   REPLOYER   VIOLEUSE   GRIMOIRE   TREMPAGE   CONNERIE
OCULISTE   RÉPLIQUE   VIOLISTE   GUIMAUVE   TREMPLIN   CORNETTE
OEILLADE   ROLLMOPS   ZOOLOGIE   HARMONIE   TRÉMULER   CRENELÉE
OEILLÈRE   ROULETTE   INAMICAL   TRIMARAN   CRÉNELER
OMELETTE   ROULEUSE   **M**   INIMITIÉ   TROMBONE   CRINCRIN
ONGLETTE   ROULOTTE   KERMESSE   TROMPEUR   CRINIÈRE
OPULENCE   SABLIÈRE   ABOMINER   LUXMÈTRE   VERMOULU   DAMNABLE
OPULENTE   SAILLANT   ACUMINÉE   MALMENER   DERNIÈRE
ORALISER   SCÉLÉRAT   ALUMINER   MARMOTTE   **N**   ÉBÉNISTE
OTOLITHE   SCOLAIRE   ANAMNÈSE   MURMURÉE   ÉCONOMIE
OUBLIEUX   SCULPTER   ANÉMIQUE   OBOMBRER   ABONDANT   ÉLINGUÉE
OVULAIRE   SELLERIE   ANIMISME   OLYMPIEN   AGONISER   ÉMINENCE
PARLANTE   SELLETTE   ANOMALIE   PALMAIRE   ALANDIER   ÉMINENTE
PARLEUSE   SEULETTE   ATOMISER   PALMARÈS   ALANGUIE   ÉMONDAGE
PELLETÉE   SLALOMER   BLÂMABLE   PALMISTE   ALANGUIR   ÉMONDOIR
PELLETER   SOULAGER   BRUMEUSE   PARMÉLIE   ALENTOUR   ÉPANCHER
PERLIÈRE   SOULEVER   CALMANTE   PAUMELLE   AMÉNAGER   ÉPANOUIE
PILLARDE   STELLITE   CHAMBRÉE   PERMUTER   ANONYMAT   ÉPANOUIR
POULARDE   STYLISME   CHAMPION   PLOMBURE   ARÉNACÉE   ÉPINETTE
POULETTE   SUBLIMER   CHEMINÉE   PLUMETIS   AVANTAGE   ÉPINEUSE
PRALINÉE   TABLETTE   CHEMINER   POMMADÉE   AVENANTE   ÉPINGLÉE
PRALINER   TABLOÏDE   CLÉMENTE   POMMADER   AVENTURE   ÉPINGLER
PRÉLEVER   TAILLADE   COMMERCE   POMMETTE   BANNIÈRE   ÉPINOCHE
PROLOGUE   TAILLOIR   COMMÉRER   PREMIÈRE   BERNACHE   ÉTANCHER
PUBLIQUE   TALLIPOT   CULMINER   PRÉMISSE   BIENFAIT   ÉTENDAGE
PULLULER   TAULARDE   DORMITIF   PRÉMUNIR   BIENNALE   ÉTONNANT
QUILLEUR   TOILERIE   ÉCUMOIRE   PRIMAIRE   BIENVENU   ÉVANOUIE
QUOLIBET   TOILETTE   ÉLIMINER   PRIMAUTÉ   BLANCHIR   ÉVANOUIR
RACLETTE   TOULOUPE   ÉNUMÉRER   PRIMITIF   BLINDAGE   ÉVENTRER
RAILLEUR   TRILLION   ÉTAMPEUR   PROMENER   BLONDINE   EXONÉRER
RALLONGE   TUILERIE   EXEMPTER   PROMESSE   BONNICHE   FAINÉANT
RALLUMER   TUILIÈRE   FERMIÈRE   REMMENER   BORNOYER   FAUNESSE
RAPLAPLA   TURLUTER   FLAMBARD   ROUMANIE   BRANCHÉE   FIGNOLER
RÉALÉSER   UTILISER   FORMELLE   SAUMÂTRE   BRANCHER   FLANCHER
RÉALISER   UVULAIRE   FORMULÉE   SIAMOISE   BRANCHUE   FLANELLE
RÉALISTE   VAILLANT   FORMULER   SOMMAIRE   BRANLANT   FLÂNERIE
RECLOUER   VEILLEUR   FROMAGER   STEMMATE   BRONCHER   FLÂNEUSE
RÉCLAMÉE   VELLÉITÉ   FULMINER   STIMULER   BRONZAGE   FLINGUER
RÉCLAMER   VEULERIE   GÉOMÈTRE   SURMENER   BRUNANTE   FRANÇAIS
REFLÉTER   VIOLACER   GLUMELLE   TERMINAL   CANNELÉE   FRANCHIR
RÉGLABLE   VIOLENCE   GOMMETTE   TERMINER   CHINEUSE   FRÉNÉSIE

FRINGALE	MIGNOTER	TANNERIE	APPORTER	DÉCONFIT	ENTONNER
FRINGANT	NÉONATAL	TEENAGER	ARROGANT	DÉCORNER	ENTOURER
FRINGUER	NONNETTE	TEINTURE	ARRONDIR	DÉCOUPER	ENVOILER
FRONDEUR	OZONISER	THANATOS	ARROSOIR	DÉCOUSUE	ENVOÛTER
GAGNANTE	PANNETON	TONNANTE	ASSOCIÉE	DÉFONCER	ÉPROUVER
GAINIÈRE	PEINARDE	TONNELLE	ASSOCIER	DÉFORMER	ERGOTINE
GLANDEUR	PEINTURE	TONNERRE	ASSOMMER	DÉGOMMER	ESCORTÉE
GLANEUSE	PIANOTER	TRANCHÉE	ASSORTIE	DÉGOTTER	ESCORTER
GNANGNAN	PIONNIER	TRANCHER	ASSORTIR	DÉGOÛTÉE	ESCOUADE
GOINFRÉE	PLANAIRE	TRANSEPT	ASSOUVIR	DÉGOÛTER	ESTOMPÉE
GRANDEUR	PLANEUSE	TRANSMIS	ATROCITÉ	DÉMONTER	ESTOMPER
GRANULÉE	PLANORBE	TURNOVER	ATROPHIE	DÉNONCER	ESTONIEN
GRANULER	PLANQUÉE	URANISME	AUTODAFÉ	DÉPORTER	ESTOQUER
GRINÇANT	PLANTAIN	URINAIRE	AUTOMATE	DÉPOURVU	EUROPÉEN
GUENILLE	PLANTOIR	USINIÈRE	AUTOPSIE	DÉROUTÉE	EXPORTER
GUINDEAU	PLÉNIÈRE	VANNELLE	AUTORITÉ	DÉSOBÉIR	FAÇONNER
GYMNASTE	PLONGEON	VANNERIE	BALOURDE	DÉSOLANT	FAROUCHE
HAINEUSE	PLONGEUR	VEINARDE	BÂTONNAT	DÉSORDRE	FAVORITE
HANNETON	POINTURE	VIENNOIS	BÉDOUINE	DÉSOSSÉE	FÉMORALE
ICONIQUE	PRENEUSE		BESOGNER	DÉSOSSER	FÉROCITÉ
IDENTITÉ	PRINCIPE	**O**	BÉTONNER	DÉVORANT	FILOCHER
INANIMÉE	PRONONCÉ		BICOLORE	DIMORPHE	FURONCLE
IRONIQUE	PRUNELLE	ABHORRER	BIMOTEUR	DIVORCÉE	GALOPADE
IRONISER	PUANTEUR	ABSORBER	BITONALE	DOLOMITE	GALOPEUR
IRONISTE	QUANTITÉ	ABSOUDRE	CABOSSÉE	ÉCHOTIER	GAZOGÈNE
JAÏNISME	QUINTEUX	ACCOLADE	CABOSSER	ÉCLOSION	GÉNOCIDE
JAUNÂTRE	RAINETTE	ACCOLAGE	CABOTINE	ÉCROÛTER	GERONIMO
JAUNETTE	RAINURÉE	ACCOMPLI	CABOULOT	ELDORADO	GIBOULÉE
JAUNISSE	RÉANIMER	ACCORDER	CALOMNIE	EMBOÎTER	GIROFLÉE
JEUNESSE	REINETTE	ACCOSTER	CÉNOBITE	EMBOUCHE	HÉROÏQUE
JEUNETTE	RUINEUSE	ACCOURIR	COCORICO	EMBOUTIR	HÉROÏSME
JOINTURE	SAINTETÉ	ACCOURUE	COCOTIER	EMPOCHER	HOLOCÈNE
LAINEUSE	SCANDALE	ACHOPPER	COLOMBIE	EMPORTER	HOMOGÈNE
LAINIÈRE	SCÉNARIO	ACROBATE	COROSSOL	ENCOLLER	IGNORANT
LIGNEUSE	SIGNALÉE	ADJOINTE	CULOTTÉE	ENCORNÉE	IMMOBILE
LIONCEAU	SIGNALER	AÉRODYNE	DÉBOISER	ENCOURIR	IMMODÉRÉ
LOINTAIN	SOMNOLER	AÉROPORT	DÉBONDER	ENDORMIR	IMMORALE
MAGNOLIA	SONNANTE	AFFOLANT	DÉBORDER	ENDOSSER	IMMORTEL
MAINMISE	SONNETTE	ALLONGER	DÉBOUCHÉ	ENFOIRÉE	IMPORTER
MAINTIEN	SORNETTE	AMPOULÉE	DÉBOULER	ENFONCER	IMPORTUN
MEUNIÈRE	SPONTANÉ	ANGOISSE	DÉCODAGE	ENGONCÉE	IMPOSANT
MIGNARDE	STANDARD	ANNONCÉE	DÉCOLLER	ENROULER	IMPOTENT
MIGNONNE	SURNAGER	ANNONCER	DÉCOMPTE	ENTOLOME	INCOLORE

☞	☞	☞	☞	☞	☞
INCOMBER	ONDOYANT	REFONDRE	TALONNER	ÉPÉPINER	RESPIRER
INCONNUE	OPPORTUN	RÉFORMÉE	TÂTONNER	ÉPIPHYSE	SALPÊTRE
INDOCILE	OPPOSANT	RÉFORMER	TATOUAGE	ÉRUPTION	SERPETTE
INDOLENT	ORDONNÉE	REFOULER	TÉNORITE	FRAPPANT	SERPOLET
INFORMER	ORDONNER	REGORGER	TIMONIER	FRIPIÈRE	SOUPENTE
INFOUTUE	PANOPLIE	REMONTER	TISONNER	FRIPONNE	SOUPIÈRE
INNOCENT	PANORAMA	REMORQUE	UNIOVULE	GASPACHO	SOUPIRER
INNOMMÉE	PAPOTAGE	RENOMMÉE	VAPOREUX	GASPÉSIE	STIPULER
INSOLENT	PARODIÉE	RENOMMER	VÉLOCITÉ	GUÊPIÈRE	STOPPEUR
INSOLITE	PARODIER	RENONCER	VELOUTÉE	HARPAGON	SUPPLÉER
INSOMNIE	PARONYME	RÉPONDRE	VIROCIDE	HARPISTE	SUPPLICE
JALONNER	PAVOISER	REPORTER	ZAKOUSKI	HIPPIQUE	SUPPLIER
JALOUSER	PELOTEUR	REPOSANT		HIPPISME	SUPPOSÉE
JALOUSIE	PÉNOMBRE	RÉSONNER	**P**	INOPINÉE	SUPPOSER
KAPOKIER	PILONNER	RÉSORBER		INSPIRÉE	SUPPURER
KÉROSÈNE	PILOSITÉ	RÉSOUDRE	ACÉPHALE	INSPIRER	SUPPUTER
LABOURER	POLOCHON	RETOMBER	ADOPTION	JAPPEUSE	SURPRISE
LANOLINE	PRIORITÉ	RÉVOLTER	APOPHYSE	LOUPIOTE	SUSPECTE
LIMONADE	PYROMANE	REVOLVER	CAMPAGNE	MALPOLIE	SUSPENSE
LINOLÉUM	RABOTAGE	RÉVOQUER	CHIPOTER	NAPPERON	SYMPTÔME
LIPOSOME	RABOUGRI	RICOCHER	CLOPORTE	NÉOPHYTE	TEMPÉRÉE
LOGOTYPE	RABOUTER	RICOCHET	COMPACTE	NIPPONNE	TEMPÊTER
MAÇONNER	RACOLAGE	RIGOLADE	COMPAGNE	OMOPLATE	TEMPOREL
MALOTRUE	RACOLEUR	RIGOLEUR	COMPARER	PALPABLE	TORPILLE
MANOUCHE	RACONTAR	RIMOUSKI	COMPATIR	PALPITER	TOUPINER
MARONNER	RACONTER	RIPOSTER	COMPILER	PAMPHLET	TRAPPEUR
MÉCOMPTE	RACORNIR	RUGOSITÉ	COMPLÈTE	PERPLEXE	TRÉPIDER
MÉLOMANE	RADOTAGE	SABORDER	COMPOSÉE	PEUPLADE	TRIPLACE
MÉMOIRES	RADOUCIR	SABOTAGE	COMPOSER	PIMPANTE	TRIPODIE
MIROITER	RAMOLLIE	SABOTIER	COOPÉRER	POMPETTE	TRIPOTER
MITONNER	RAMOLLIR	SABOULER	COUPABLE	POMPEUSE	TROPICAL
MONOPOLE	RAYONNER	SALOPARD	COUPANTE	PRÉPARER	UTOPISTE
MONORAIL	REBONDIR	SAMOURAÏ	CRAPOTER	PRÉPOSÉE	ZEPPELIN
MONOTONE	RECOLLER	SAVONNER	CRÉPITER	PROPAGER	
MOROSITÉ	RÉCOLTÉE	SAVOURER	DIAPASON	PROPOSER	**Q**
NAPOLÉON	RÉCOLTER	SECONDER	DISPARUE	PROPRETÉ	
NÉGOCIER	RECONNUE	SECOURIR	DISPENSE	PURPURIN	ADÉQUATE
NICODÈME	RECOPIER	SECOUSSE	DISPOSÉE	RAIPONCE	BRAQUEUR
NICOTINE	RECOUPER	SEMONCER	DISPOSER	RAMPANTE	CONQUISE
NODOSITÉ	RECOURIR	SEÑORITA	DISPUTÉE	RAPPELER	JACQUARD
OBLONGUE	REDONNER	SONORITÉ	DISPUTER	RAPPRISE	MARQUISE
OBSOLÈTE	REDOUTÉE	SYNONYME	DOMPTAGE	REMPILER	MESQUINE
ONCOGÈNE	REDOUTER	TALOCHÉE	DRAPERIE	RÉOPÉRER	TALQUEUX

UBIQUITÉ	CORRIGÉE	ENGRÊLÉE	HEUREUSE	OPPRIMER	SOURIANT
VISQUEUX	CORRIGER	ÉNORMITÉ	HEURTOIR	OPPROBRE	SOURNOIS
	CORRODER	ENTRACTE	HORRIBLE	OSTRACÉE	SPIRALÉE
R	CORROMPU	ENTRAIDE	IBÉRIQUE	OUTRAGER	SPORTIVE
	COURANTE	ENTRAVER	IMBRULÉE	OUVRAGÉE	SPORULER
ABERRANT	COURBATU	ENTREPÔT	IMPRÉVUE	OUVRIÈRE	STARISER
ABORTIVE	COUREUSE	ENTRESOL	IMPRIMER	PATRIOTE	STÉROÏDE
ADORABLE	COURRIER	ENTREVUE	IMPROPRE	PATRONNE	SUCRERIE
AFFREUSE	COURTIER	ÉNURÉSIE	INTRIGUE	PERRUQUE	SUCRIÈRE
AGERATUM	COURTOIS	ÉPARCHIE	ITÉRATIF	PEUREUSE	SURRÉNAL
AGGRAVER	CUIRASSE	ÉPARGNÉE	JARRETER	PHORMION	TERRASSE
AIGREFIN	DÉBRIDÉE	ÉPARGNER	JERRYCAN	PIERREUX	TERREUSE
AIGRETTE	DÉCRÉPIT	ÉPERVIER	LABRADOR	PIERRIER	TERRIBLE
AMARANTE	DÉCRÉTER	ESBROUFE	LADRERIE	PITRERIE	THÉRAPIE
AMERLOTE	DÉFRAYER	ESTROPIÉ	LAURÉATE	PORRIDGE	THYROÏDE
AMERTUME	DÉFROQUÉ	ÉTERNITÉ	LÉPREUSE	POURCEAU	TIGRESSE
ANARCHIE	DÉGRISER	ÉTERNUER	LEVRETTE	POURTANT	TITREUSE
ANORMALE	DÉPRAVÉE	ÉTIRABLE	LOURDAUD	POURTOUR	TOURELLE
APPRENTI	DÉPRIMÉE	EXERCICE	LOURDEUR	POURVOIR	TOURISME
APPRÊTER	DÉPRIMER	EXPRESSE	LUCRATIF	PROROGER	TOURISTE
APPROCHE	DERRIÈRE	EXTRADER	MAIRESSE	PYORRHÉE	TOURMENT
ASTRAKAN	DÉTRAQUÉ	EXTRAIRE	MARRANTE	QUARTIER	TOURNURE
ASTRONEF	DÉTREMPÉ	EXTRAITE	MÉCRÉANT	QUERELLE	TSARISME
ATTRAIRE	DÉTRESSE	EXTRUDÉE	MÉPRISER	RABROUER	ULTRASON
ATTRAPÉE	DÉTRITUS	FÉERIQUE	MEURETTE	RECRUTER	USURIÈRE
ATTRAPER	DÉTRÔNER	FERREUSE	MEURTRIR	REFRÉNER	VERRERIE
ATTRIBUT	DÉTRUIRE	FIBRANNE	MIGRAINE	REPRISER	VERRIÈRE
AUTRUCHE	ÉBARBEUR	FLORENCE	MOURANTE	REPROCHÉ	VIBRANTE
AVERSION	ÉBERLUÉE	FOURBURE	NAVRANTE	RÉPRIMER	VITRERIE
BÂFREUSE	ÉBORGNER	FOURCHON	NOIRÂTRE	RETRACER	
BARRETTE	ÉBURNÉEN	FOURNEAU	NOIRAUDE	RETRAITE	**S**
BARRIÈRE	ÉCARLATE	FOURNIER	NOIRCEUR	RÉTRÉCIE	
BEURRIER	ÉCERVELÉ	FOURREAU	NOURRAIN	RÉTRÉCIR	ACESCENT
BOURRADE	ÉCUREUIL	FOURRURE	NOURRICE	RUBRIQUE	AISSELLE
BOURSIER	EFFRÉNÉE	GAVROCHE	NUTRITIF	SAPRISTI	AJUSTEUR
CABRIOLE	EFFRITER	GLARÉOLE	ODORANTE	SARRASIN	ALESEUSE
CADREUSE	EFFRONTÉ	GLORIEUX	OFFRANDE	SCARABÉE	AMUSANTE
CARRIÈRE	EMBRASER	GLORIOLE	OMBRETTE	SCORPION	AMUSETTE
CARRIOLE	EMBRASSE	GOURMAND	ONÉREUSE	SÉCRÉTER	AMUSEUSE
CHARMANT	ÉMERISER	GUERRIER	OPERCULE	SERRISTE	ANISETTE
CHARRIER	EMPRESSÉ	GUÉRIDON	OPÉRABLE	SOBRIÉTÉ	AUSSITÔT
CORRECTE	ÉNERVANT	GUÉRILLA	OPÉRETTE	SOURCIER	BAISOTER
CORRIDOR	ENGRAVER	GUÉRISON	OPPRESSÉ	SOURDINE	BASSESSE

BASSINER	EXASPÉRÉ	NUISANCE	RASSASIÉ	BESTIALE	DISTANCE
BESSONNE	EXISTANT	NUISETTE	RASSURER	BESTIOLE	DISTANTE
BLASANTE	FAISEUSE	NUISIBLE	RESSAYER	BISTOURI	DISTINCT
BLESSURE	FAUSSETÉ	OMISSION	RESSEMER	BLATÉRER	DISTRAIT
BOISERIE	FESSIÈRE	OPUSCULE	RESSUYER	BOITERIE	DISTRICT
BRASILIA	FISSURÉE	OUISTITI	RÉUSSITE	BOITEUSE	DOCTRINE
BRISANTE	FOSSETTE	PAISIBLE	RIESLING	BOUTEFEU	DYSTOCIE
BRISEUSE	FRISELIS	PARSEMER	RISSOLÉE	BOUTIQUE	ÉGOTISME
BROSSAGE	FRISETTE	PASSABLE	RISSOLER	BOUTURER	ÉPATANTE
BROSSARD	FRISOLÉE	PASSAGER	ROMSTECK	BRETONNE	ÉPITAPHE
BRUSQUÉE	FRISQUET	PASSANTE	ROSSARDE	CANTIQUE	ÉROTISER
CASSANTE	FRUSTRER	PASSEUSE	ROSSERIE	CAPTIVER	ÉROTISME
CASSETTE	GLISSADE	PASSIBLE	ROUSSEUR	CAPTURÉE	ÉTATIQUE
CASSEUSE	GLISSANT	PAYSANNE	RUISSEAU	CENTAINE	ÉTATISER
CAUSANTE	GLISSOIR	PENSANTE	SASSEUSE	CENTAURE	EXOTISME
CAUSERIE	GLOSSINE	PENSEUSE	SCISSION	CENTIARE	FACTOTUM
CAUSEUSE	GLOSSITE	PERSILLÉ	SENSIBLE	CENTRALE	FACTURÉE
CENSURÉE	GRISANTE	PERSONNE	SURSEOIR	CERTAINE	FAÎTIÈRE
CENSURER	GRISERIE	PESSAIRE	TISSEUSE	CLÔTURÉE	FANTOCHE
CONSIGNE	GRISETTE	PLASTRON	TONSURER	COMTESSE	FAUTEUIL
CONSOLER	GROSSEUR	POISSEUX	TORSADÉE	CONTENIR	FAUTRICE
CONSPUER	GROSSIER	POISSONS	TRISOMIE	CONTENTE	FESTIVAL
CONSTANT	HOUSSOIR	POSSÉDÉE	VAISSEAU	CONTENUE	FESTOYER
CONSUMER	INESPÉRÉ	POSSÉDER	VALSEUSE	CONTEUSE	FILTRAGE
CORSAIRE	INUSITÉE	POSSIBLE	VOISINER	CONTIGUË	FLATTEUR
COUSETTE	LASSANTE	PRESSANT		CONTINUE	FLOTTEUR
CUISANTE	LESSIVER	PRESSION	**T**	CONTRITE	FONTAINE
CUISINÉE	LISSEUSE	PRESTIGE		CONTRÔLE	FORTICHE
DANSEUSE	LUISANTE	PRÉSAGER	ABATTAGE	COSTAUDE	FORTUITE
DANSOTER	MALSAINE	PRÉSENCE	ABATTOIR	COSTUMÉE	FOUTAISE
DESSALER	MALSÉANT	PRÉSENTE	ABÂTARDI	COSTUMER	FRITEUSE
DESSERTE	MARSAULT	PRÉSIDER	ABSTRAIT	COÛTEUSE	FROTTOIR
DESSINER	MARSOUIN	PRÉSUMÉE	AMITIEUX	CRÉTACÉE	FUSTIGER
DISSIPÉE	MASSEUSE	PRÉSUMER	AORTIQUE	CRÉTELLE	GANTERIE
DISSIPER	MASSICOT	PRÉSURER	APITOYER	CRITIQUE	GENTIANE
DISSOUTE	MAUSOLÉE	PROSCRIT	ARATOIRE	CULTIVÉE	GENTILLE
DOSSIÈRE	MAUSSADE	PROSPÈRE	AUSTRALE	CULTIVER	GÉOTRUPE
DRESSEUR	MENSONGE	PROSTATE	BACTÉRIE	CULTUREL	GOÛTEUSE
ÉBISELER	MESSAGER	PROSTRÉE	BAPTISER	DARTROSE	GRATINER
EINSTEIN	MISSOURI	PUISSANT	BATTERIE	DENTELER	GRATTOIR
ÉMISSION	MOUSSOIR	QUESTION	BATTEUSE	DENTELLE	GRATUITÉ
ÉPISSOIR	NAUSÉEUX	RAISINET	BELTRAMI	DESTINÉE	GUSTATIF
ÉRISTALE	NOISETTE	RAISONNÉ	BÉOTISME	DESTINER	GUTTURAL

HAUTAINE	MONTAGNE	PORTEUSE	TEXTURER	ALOUETTE	ÉMOUVANT
HAUTBOIS	MONTANTE	PORTIÈRE	TINTOUIN	ALOURDIR	ÉMOUVOIR
HISTOIRE	MONTRÉAL	PORTLAND	TONTISSE	AMBULANT	ENDURCIR
HISTORIÉ	MORTELLE	PORTRAIT	TORTUEUX	AMOUREUX	ENNUAGER
HISTRION	MOUTARDE	POSTICHE	TORTURÉE	ANEURINE	ENQUÊTER
HONTEUSE	MULTIPLE	POSTIÈRE	TORTURER	ANNUAIRE	ÉPAULARD
HUÎTRIER	NECTAIRE	POSTULER	TRITURER	ANNUELLE	ÉPEURANT
ILOTISME	NETTOYER	POSTURAL	TROTTEUR	ARGUMENT	ÉPOUSEUR
INÉTENDU	NOCTURNE	PRÉTENDU	TROTTOIR	ARMURIER	ESQUISSE
INITIALE	NOÉTIQUE	PRÉTEXTE	UNITAIRE	ASSUREUR	ESTUAIRE
INSTABLE	OBSTACLE	PRÊTEUSE	URÉTÉRAL	AVEUGLER	ÉTOUFFÉE
INSTANCE	OBSTINÉE	PROTÉGER	URÉTRALE	BALUSTRE	ÉTOUFFER
INSTINCT	OBSTRUER	PROTHÈSE	URÉTRITE	BEAUCOUP	ÉTOURDIE
INSTITUT	ONCTUEUX	QUETSCHE	VANTARDE	BEAUFORT	ÉTOURDIR
INSTRUIT	ORATOIRE	QUÉTAINE	VENTEUSE	BEAUPORT	EXPULSER
ISOTONIE	ORATORIO	RÉITÉRER	VENTILER	BÉGUEULE	EXPURGER
JACTANCE	ORATRICE	RENTAMER	VENTRALE	BLEUÂTRE	FÉCULENT
JOUTEUSE	PACTISER	RENTIÈRE	VERTÈBRE	BREUVAGE	FRAUDEUR
JUSTESSE	PANTALON	ROITELET	VERTUEUX	BROUETTE	GLAUCOME
KANTISME	PANTELER	ROSTRALE	VICTOIRE	BROUHAHA	GLOUSSER
LAITERIE	PANTHÉON	ROUTIÈRE	VICTORIA	BROUILLE	GROUPAGE
LAITERON	PANTOIRE	RUSTAUDE	VIRTUOSE	BROUTARD	GUEULARD
LAITEUSE	PANTOISE	SANTIAGO	VOITURÉE	CADUCITÉ	HEAUMIER
LAITIÈRE	PARTAGÉE	SAUTERIE	VOITURER	CAPUCINE	ILLUMINÉ
LANTERNE	PARTAGER	SAUTEUSE	VOLTIGER	CASUELLE	ILLUSION
LECTORAT	PARTANTE	SECTAIRE		COQUETTE	ILLUSTRE
LECTRICE	PARTERRE	SENTENCE	**U**	COQUILLE	IMMUABLE
LENTILLE	PARTIALE	SEPTANTE		CROUPION	IMMUNITÉ
LETTONIE	PARTISAN	SEPTUPLE	ABLUTION	DÉBUTANT	IMPUDENT
LETTRAGE	PASTÈQUE	SEXTUPLE	ACQUÉRIR	DÉGUISÉE	IMPUDEUR
LITTÉRAL	PASTICHE	SITTELLE	ACTUAIRE	DÉGUISER	IMPULSIF
LITTORAL	PASTILLE	SORTANTE	ACTUELLE	DÉGUSTER	IMPUNITÉ
LUSTRINE	PASTORAL	SOUTENIR	ADJUVANT	DÉNUTRIE	IMPURETÉ
LUTTEUSE	PEPTIQUE	SOUTENUE	AFFUBLÉE	DÉSUNION	INCULPÉE
MAÎTRISE	PIÉTINER	SOUTIRER	AFFUBLER	DILUTION	INCULPER
MANTELET	PIÉTONNE	SPATIALE	AFFUSION	ÉBAUCHÉE	INCURVER
MANTILLE	PISTACHE	SYNTHÈSE	AIGUILLE	ÉBAUCHER	INDUCTIF
MARTAGON	PLÂTREUX	TACTIQUE	AIGUISER	ÉBRUITER	INHUMAIN
MARTELER	POÉTESSE	TARTARIN	AJOURNER	ÉCOURTER	INJURIER
MARTIALE	POITEVIN	TARTINÉE	ALBUMINE	EFFUSION	INQUIÈTE
MARTINET	POITRAIL	TENTANTE	ALLUMAGE	ÉGOUTTER	INSUCCÈS
MENTEUSE	POITRINE	TEUTATÈS	ALLUSION	ÉMEUTIER	INSULINE
MENTISME	PORTABLE	TEUTONNE	ALLUSIVE	ÉMOUSSER	INSULTÉE

INSULTER
INSURGÉE
LAÏUSSER
LAQUELLE
LIQUIDÉE
LIQUIDER
LITURGIE
LOCUTION
LUPULINE
MANUCURE
MANUELLE
MAQUETTE
MATURITÉ
MÉLUSINE
MUTUELLE
NÉBULEUX
NÉNUPHAR
OCCULTER
OCCUPANT
ORDURIER
OSSUAIRE
PALUDÉEN
PALUDINE
PARUTION
PELUCHÉE
PÉTULANT
PIQUANTE
PIQUETTE
PLEUREUR
PLEUROTE
PLEUVOIR
POPULACE
PROUESSE
PSAUTIER
PURULENT
RAQUETTE
RATURAGE
REBUTANT
RECULADE
RÉCURAGE
RÉFUGIER
RÉGULIER
REMUANTE

RÉPUDIER
RÉPUGNER
REQUÉRIR
RÉSULTAT
RÉSULTER
RÉVULSER
RIQUIQUI
RITUELLE
ROTURIER
SAGUENAY
SATURNIE
SCRUPULE
SÉCULIER
SÉCURITÉ
SÉPULCRE
SÉQUENCE
SEXUELLE
SINUEUSE
SINUSITE
SOLUTION
SUSURRER
TÉGUMENT
TROUBLÉE
TROUBLER
TROUFION
TROUPEAU
TROUSSÉE
TROUSSER
TROUVÈRE
UNGUÉALE
URSULINE
VIRULENT
VOLUBILE

V

ALEVINER
AMOVIBLE
ANAVENIN
BOUVERIE
BRAVACHE
BRAVOURE
BREVETER

CERVELLE
CLAVETTE
CONVENIR
CONVOLER
CORVETTE
COUVERTE
CRAVATÉE
CREVARDE
CREVASSE
CREVETTE
ÉBAVURER
ENIVRANT
ÉTUVEUSE
FAUVETTE
FERVENTE
FIÉVREUX
FLUVIALE
GRAVEUSE
GRIVETON
GRIVOISE
HELVELLE
INAVOUÉE
LARVAIRE
MAUVAISE
MORVEUSE
MOUVANTE
NERVEUSE
NOUVELLE
OLIVÂTRE
OLIVETTE
PARVENIR
PARVENUE
PAUVRETÉ
PERVERSE
PERVERTI
PLUVIEUX
POIVROTE
PRÉVENIR
PRÉVENUE
PRIVAUTÉ
PROVENIR
PROVERBE
SERVANTE

SLOVAQUE
SOUVENIR
SUBVENIR
SUIVANTE
SUIVEUSE
SURVENIR
SURVENUE
SURVOLER
SUSVISÉE
TRAVESTI
VERVEINE

X

DEUXIÈME
INEXACTE
INEXERCÉ
INEXPIÉE

Y

BROYEUSE
CROYANTE
ÉTHYLÈNE
POLYGAME
RECYCLER
SIBYLLIN
TRAYEUSE

Z

DONZELLE
GONZESSE
ZARZUELA

5e

POSITION

A

ABÂTARDI
ACCLAMER
ACTUAIRE

ADÉLAÏDE
ADORABLE
AGAÇANTE
AGERATUM
AGGRAVER
AGRÉABLE
ALLIANCE
ALPHABET
AMARANTE
AMBIANCE
AMBIANTE
AMÉNAGER
AMUSANTE
ANGLAISE
ANNUAIRE
ANOMALIE
ARÉNACÉE
ASPHALTE
ASTRAKAN
ATTRAIRE
ATTRAPÉE
ATTRAPER
AVENANTE
BACCARAT
BANCAIRE
BARBANTE
BARBARIE
BELLÂTRE
BENJAMIN
BERÇANTE
BERNACHE
BILIAIRE
BLAFARDE
BLÂMABLE
BLASANTE
BLEUÂTRE
BOMBANCE
BOMBARDE
BOUCANER
BRAVACHE
BRISANTE
BROCANTE
BRÛLANTE

BRUNANTE
BULGARIE
CALMANTE
CAMPAGNE
CANCANER
CARCASSE
CASSANTE
CAUSANTE
CENTAINE
CENTAURE
CÉPHALÉE
CERTAINE
CHALANDE
CHICANÉE
COLLANTE
COMPACTE
COMPAGNE
COMPARER
COMPATIR
CONNARDE
CONNASSE
CORSAIRE
COSTAUDE
COULANTE
COUPABLE
COUPANTE
COURANTE
CRAVATÉE
CRÉTACÉE
CREVARDE
CREVASSE
CROYANTE
CUIRASSE
CUISANTE
DAMNABLE
DÉBLAYER
DÉCHARNÉ
DÉCLAMER
DÉCLARER
DÉFRAYER
DÉPRAVÉE
DESSALER
DÉTRAQUÉ

DÉVIANCE	GASPACHO	MOLLASSE	PERÇANTE	ROSSARDE	UNITAIRE
DIAPASON	GENDARME	MONDAINE	PERDANTE	ROUMANIE	URINAIRE
DIFFAMER	GOULACHE	MONTAGNE	PESSAIRE	RUSTAUDE	UVULAIRE
DISPARUE	GRIMACER	MONTANTE	PILLARDE	SACCAGER	VACHARDE
DISTANCE	GRISANTE	MORDANTE	PIMPANTE	SARCASME	VANTARDE
DISTANTE	GUIMAUVE	MOURANTE	PIQUANTE	SARRASIN	VARIABLE
DOLÉANCE	GUSTATIF	MOUTARDE	PISTACHE	SAUMÂTRE	VEINARDE
DUCHARME	GYMNASTE	MOUVANTE	PLANAIRE	SCARABÉE	VERDÂTRE
ÉCHÉANCE	HARPAGON	NAVRANTE	POCHARDE	SCÉNARIO	VIBRANTE
ÉDUCATIF	HAUTAINE	NECTAIRE	POMMADÉE	SCOLAIRE	VIDÉASTE
ÉLÉGANCE	HERBACÉE	NÉONATAL	POMMADER	SECTAIRE	VIOLACER
ÉLÉGANTE	IDOLÂTRE	NOIRÂTRE	PORTABLE	SEPTANTE	VULGAIRE
EMBRASER	IMMUABLE	NOIRAUDE	POULARDE	SERVANTE	
EMBRASSE	INADAPTÉ	NUISANCE	PRÉCAIRE	SIGNALÉE	**B**
EMPLÂTRE	INCHANGÉ	OBSTACLE	PRÉFACÉE	SIGNALER	ACCABLER
ENCHANTÉ	INEXACTE	OCULAIRE	PRÉPARER	SLOVAQUE	ACROBATE
ENGEANCE	INSTABLE	ODORANTE	PRÉSAGER	SOCIABLE	AFFUBLÉE
ENGRAVER	INSTANCE	OFFRANDE	PRIMAIRE	SOMMAIRE	AFFUBLER
ENNUAGER	ISOCARDE	OLIVÂTRE	PRIMAUTÉ	SONNANTE	BADABOUM
ENTRACTE	ISOLANTE	OPÉRABLE	PRIVAUTÉ	SORTANTE	BASEBALL
ENTRAIDE	ITÉRATIF	OSSUAIRE	PROBANTE	SOULAGER	CALIBRÉE
ENTRAVER	JACTANCE	OSTRACÉE	PROFANÉE	SPIRALÉE	CALIBRER
ENVIABLE	JAUNÂTRE	OUTRAGER	PROFANER	SUIVANTE	CÉLÉBRÉE
ÉPATANTE	JOUBARBE	OUVRAGÉE	PROPAGER	SURFACÉE	CÉNOBITE
ÉPITAPHE	LABRADOR	OVULAIRE	QUÉTAINE	SURFAIRE	CHAMBRÉE
ESTUAIRE	LARVAIRE	PALMAIRE	RAMBARDE	SURFAITE	COURBATU
ÉTIRABLE	LASSANTE	PALMARÈS	RAMPANTE	SURNAGER	DÉLABRÉE
EXTRADER	LAUDATIF	PALPABLE	RAPLAPLA	TARTARIN	DÉLÉBILE
EXTRAIRE	LINÉAIRE	PANCARTE	RASSASIÉ	TAULARDE	DÉLIBÉRÉ
EXTRAITE	LUCRATIF	PANTALON	RECHARGE	TEENAGER	DÉSABUSÉ
FÂCHANTE	LUISANTE	PARFAITE	RÉCLAMÉE	TENDANCE	DÉSOBÉIR
FARFADET	MALSAINE	PARLANTE	RÉCLAMER	TENTANTE	ÉBARBEUR
FENDANTE	MANDARIN	PARTAGÉE	RÉGLABLE	TERRASSE	ELLÉBORE
FIBRANNE	MANIABLE	PARTAGER	REMUANTE	TEUTATÈS	ENSABLER
FOLIACÉE	MARRANTE	PARTANTE	RENGAINE	THANATOS	ESCABEAU
FONTAINE	MARSAULT	PASSABLE	RENTAMER	THÉRAPIE	FARIBOLE
FOUTAISE	MARTAGON	PASSAGER	REPLACER	TIÉDASSE	FLAMBARD
FREDAINE	MAUVAISE	PASSANTE	RESCAPÉE	TOMBANTE	FOURBURE
FRELATÉE	MÉCHANTE	PAYSANNE	RESSAYER	TONNANTE	FURIBOND
FRELATER	MÉFIANTE	PÉDIATRE	RETRACER	TORDANTE	HAUTBOIS
FROMAGER	MESSAGER	PEINARDE	RETRAITE	TORSADÉE	IMMOBILE
GAGNANTE	MIGNARDE	PENDANTE	RHUBARBE	TRIMARAN	INHABITÉ
GAMBADER	MIGRAINE	PENSANTE	RINGARDE	ULTRASON	

MARABOUT CAPACITÉ INDICIEL RADICALE ALANDIER PARADOXE
MÉTABOLE CAPUCINE INDOCILE RAPACITÉ ANECDOTE PARODIÉE
MORIBOND COCACOLA INDUCTIF RATICIDE ANTIDOTE PARODIER
OBOMBRER CRINCRIN INFECTER RECYCLER AUTODAFÉ RAPIDITÉ
PALABRER DÉBÂCLER INFICHUE RELÂCHÉE BALADEUR REMÉDIER
PARABOLE DÉLECTER INJECTER RELÂCHER BLINDAGE RÉPUDIER
PLOMBURE DÉLICATE INNOCENT RENÂCLER BLONDINE RÉSIDUEL
PUDIBOND DÉTACHER INOCCUPÉ REPÊCHER CITADINE RIGIDITÉ
RÉTABLIR DOMICILE INSUCCÈS RÉTICENT COMÉDIEN SAPIDITÉ
RUTABAGA ÉBAUCHÉE LAPICIDE RÉTICULE CUPIDITÉ SCANDALE
TENÈBRES ÉBAUCHER LIMICOLE RICOCHER DÉCODAGE SOLIDITÉ
TREMBLAY EFFECTIF LINACÉES RICOCHET DÉVIDOIR SOURDINE
TREMBLER EFFICACE LIONCEAU RIDICULE ÉMONDAGE STANDARD
TROMBONE EMPÊCHER MAGICIEN RUBICOND ÉMONDOIR STRIDENT
TROUBLÉE EMPOCHER MANUCURE SAGACITÉ ENCADRÉE TIMIDITÉ
TROUBLER ENFICHER MÉDECINE SALACITÉ ENCADRER
VAGABOND ENRICHIR MÉDICALE SINÉCURE ÉTENDAGE **E**
VOLUBILE ENTACHER MENAÇANT SOURCIER EXPÉDIER
ÉPANCHER MONACALE STACCATO FÉTIDITÉ ACQUÉRIR
C ÉPARCHIE MUSICALE TALOCHÉE FRAUDEUR ACTUELLE
ÉTANCHER MUSICIEN TÉLÉCRAN FROIDURE AÉRIENNE
ACESCENT EXERCICE NÉGOCIER TÉNACITÉ FRONDEUR AFFREUSE
ADJACENT FÉLICITÉ NOIRCEUR TOXICITÉ GLANDEUR AGACERIE
ADJECTIF FÉROCITÉ NOVICIAT TRANCHÉE GRANDEUR AIGREFIN
AFFECTER FILOCHER OBJECTER TRANCHER GUINDEAU AIGRETTE
AFFICHÉE FLANCHER OBJECTIF URTICALE IMMÉDIAT AILLEURS
AGUICHER FOLICHON OFFICIEL VÉHICULE IMMODÉRÉ AISSELLE
ALLÉCHER FOURCHON OFFICIER VÉLOCITÉ IMPUDENT ALESEUSE
ANARCHIE FRAÎCHIR OFFICINE VÉRACITÉ IMPUDEUR ALOUETTE
ARRACHER FRANÇAIS OLFACTIF VÉSICALE INCIDENT AMULETTE
ASSOCIÉE FRANCHIR OPERCULE VÉSICULE INFIDÈLE AMUSETTE
ASSOCIER FUGACITÉ OPTICIEN VIROCIDE IRRADIER AMUSEUSE
ATROCITÉ FUNICULE OPUSCULE VIVACITÉ LIVIDITÉ ANAVENIN
ATTACHÉE GÉNOCIDE PÂLICHON VORACITÉ LOURDAUD ANCIENNE
ATTACHER GLAUCOME PANACHER LOURDEUR ANISETTE
BEAUCOUP GRINÇANT PÉDICULE **D** LUCIDITÉ ANNUELLE
BLANCHIR HOLOCÈNE PELUCHÉE MALADIVE ANTIENNE
BRANCHÉE HUMECTER PÉTÉCHIE ABONDANT NICODÈME APPRENTI
BRANCHER ILLICITE POLICIER ABSIDALE OBSÉDANT APPRÊTER
BRANCHUE IMBÉCILE POLOCHON ABSIDIAL OCCIDENT ARCHELLE
BRONCHER IMMACULÉ POURCEAU ACCIDENT PALUDÉEN ARRIÉRÉE
CADUCITÉ INDÉCENT PRINCIPE AÉRODYNE PALUDINE ASSIÉGER
CANICULE INDÉCISE PROSCRIT AIREDALE PARADEUR ASSIETTE

ASTHÉNIE	CAUSEUSE	DESSERTE	FAISEUSE	GRISETTE	LANCEUSE
AUDIENCE	CERFEUIL	DÉTREMPÉ	FANGEUSE	GRIVETON	LANTERNE
BACTÉRIE	CERVELLE	DÉTRESSE	FARCEUSE	HÂBLERIE	LAQUELLE
BÂFREUSE	CHINEUSE	DIALECTE	FARFELUE	HACHETTE	LARGESSE
BARBECUE	CLAVETTE	DIFFÉRER	FAUNESSE	HACIENDA	LAURÉATE
BARRETTE	CLÉMENTE	DISPENSE	FAUTEUIL	HAINEUSE	LÉPREUSE
BASSESSE	COLLECTE	DONZELLE	FAUVETTE	HANNETON	LEUCÉMIE
BATTERIE	COLLÈGUE	DORIENNE	FERREUSE	HARCELER	LEVRETTE
BATTEUSE	COMMERCE	DRAPERIE	FERVENTE	HELVELLE	LIGNEUSE
BÉGUEULE	COMMÉRER	DRÔLERIE	FILLETTE	HERBERIE	LINGERIE
BERGERIE	COMTESSE	DRÔLESSE	FILLEULE	HEUREUSE	LISSEUSE
BLATÉRER	CONCÉDER	DRÔLETTE	FLANELLE	HONTEUSE	LITTÉRAL
BOISERIE	CONFÉRER	DUPLEXER	FLÂNERIE	HOULETTE	LONGERON
BOITERIE	CONGELÉE	ÉBISELER	FLÂNEUSE	HUILERIE	LUTTEUSE
BOITEUSE	CONGELER	ÉCUREUIL	FLORENCE	HURLEUSE	LUXMÈTRE
BONDELLE	CONNERIE	EFFRÉNÉE	FORCENÉE	IMPRÉVUE	LYCÉENNE
BORDEAUX	CONTENIR	ÉMINENCE	FORGERON	INDIENNE	LYDIENNE
BOUDERIE	CONTENTE	ÉMINENTE	FORMELLE	INÉTENDU	MÂCHEFER
BOUDEUSE	CONTENUE	EMPIÉTER	FOSSETTE	INEXERCÉ	MÂCHEUSE
BOUGEOIR	CONTEUSE	EMPLETTE	FRÉNÉSIE	INFLÉCHI	MAFIEUSE
BOULETTE	CONVENIR	EMPRESSÉ	FRILEUSE	IONIENNE	MAIRESSE
BOUTEFEU	COOPÉRER	ENGRÊLÉE	FRISELIS	IRRÉELLE	MALLÉOLE
BOUVERIE	COQUETTE	ENQUÊTER	FRISETTE	JAPPEUSE	MALLETTE
BRACELET	CORÉENNE	ENTREPÔT	FRITEUSE	JARRETER	MALMENER
BRADERIE	CORNETTE	ENTRESOL	FURIEUSE	JAUNETTE	MALSÉANT
BRADEUSE	CORRECTE	ENTREVUE	GÂCHEUSE	JEUNESSE	MANIÉRÉE
BREVETER	CORVETTE	ÉNUMÉRER	GAMBETTE	JEUNETTE	MANTELET
BRICELET	COUREUSE	ÉNURÉSIE	GANTERIE	JOLIESSE	MANUELLE
BRISEUSE	COUSETTE	ÉOLIENNE	GARDÉNIA	JOLIETTE	MAQUETTE
BRODERIE	COÛTEUSE	ÉPIDÉMIE	GARDERIE	JOUTEUSE	MARGELLE
BROUETTE	COUVERTE	ÉPINETTE	GASPÉSIE	JULIÉNAS	MARTELER
BROYEUSE	CRENELÉE	ÉPINEUSE	GÉODÉSIE	JUSTESSE	MASSEUSE
BRÛLERIE	CRÉNELER	ESPIÈGLE	GÉOMÈTRE	KALIÉMIE	MÉCRÉANT
BRUMEUSE	CRÉTELLE	ESTHÉSIE	GLABELLE	KERMESSE	MÉDIÉVAL
BULLETIN	CREVETTE	ÉTUVEUSE	GLANEUSE	KYRIELLE	MENTEUSE
CACHETTE	CURIEUSE	ÉVIDENCE	GLARÉOLE	LÂCHEUSE	MERDEUSE
CADREUSE	DANSEUSE	ÉVIDENTE	GLUMELLE	LADRERIE	MEURETTE
CALLEUSE	DÉCRÉPIT	EXAGÉRÉE	GLYCÉMIE	LAIDERON	MICHETON
CANNELÉE	DÉCRÉTER	EXAGÉRER	GOMMETTE	LAINEUSE	MOLLESSE
CASSETTE	DENTELER	EXIGEANT	GONZESSE	LAITERIE	MOLLETON
CASSEUSE	DENTELLE	EXONÉRER	GOÛTEUSE	LAITERON	MOLLETTE
CASUELLE	DÉRÉELLE	EXPRESSE	GRAVEUSE	LAITEUSE	MORCELER
CAUSERIE	DESCENTE	FAINÉANT	GRISERIE	LANCETTE	MORTELLE

MORVEUSE	PELLETER	PROMESSE	SAUTERIE	TABLETTE	VIOLENCE
MUFLERIE	PENDERIE	PROTÉGER	SAUTEUSE	TACHETÉE	VIOLENTE
MUTUELLE	PENSEUSE	PROUESSE	SCÉLÉRAT	TACHETER	VIOLETTE
NAPPERON	PERCEUSE	PROVENIR	SÉCHEUSE	TAFFETAS	VIOLEUSE
NARCÉINE	PERVERSE	PROVERBE	SÉCRÉTER	TANNERIE	VITRERIE
NAUSÉEUX	PERVERTI	PRUDENCE	SELLERIE	TEMPÉRÉE	ZEPPELIN
NEIGEUSE	PEUREUSE	PRUDENTE	SELLETTE	TEMPÊTER	
NERVEUSE	PIÉCETTE	PRUNELLE	SENTENCE	TENDELLE	**F**
NOBLESSE	PIMBÊCHE	PURGEOIR	SÉQUENCE	TERREUSE	
NOISETTE	PINCETTE	QUERELLE	SÉRIELLE	TIGRESSE	AGRAFAGE
NONNETTE	PIQUETTE	RACHETER	SÉRIEUSE	TISSEUSE	ARTIFICE
NOUVELLE	PITRERIE	RACLETTE	SERPETTE	TITREUSE	BALAFRÉE
NUBIENNE	PLACETTE	RADIEUSE	SEULETTE	TOILERIE	BALAFRER
NUISETTE	PLANEUSE	RAINETTE	SEXUELLE	TOILETTE	BEAUFORT
OASIENNE	PLUMETIS	RAPIÉCER	SIDÉENNE	TOMBELLE	BÉNÉFICE
OLIVETTE	POCHETTE	RAPPELER	SINGERIE	TONDEUSE	BÊTIFIER
OMBRETTE	POÉTESSE	RAQUETTE	SINUEUSE	TONNELLE	BIENFAIT
OMELETTE	POITEVIN	RÉALÉSER	SITTELLE	TONNERRE	BONIFIER
ONÉREUSE	POMMETTE	REFLÉTER	SOLDEUSE	TOURELLE	CHIFFRÉE
ONGLETTE	POMPETTE	REFRÉNER	SONGERIE	TRAGÉDIE	COIFFEUR
OPÉRETTE	POMPEUSE	REINETTE	SONGEUSE	TRAVESTI	ÉTOUFFÉE
OPPRESSÉ	PONDÉRÉE	RÉITÉRER	SONNETTE	TRAYEUSE	ÉTOUFFER
OPULENCE	PORTEUSE	REMMENER	SORNETTE	TRIDENTÉ	GIROFLÉE
OPULENTE	POSSÉDÉE	RÉOPÉRER	SOULEVER	TUILERIE	GOINFRÉE
ORAGEUSE	POSSÉDER	REQUÉRIR	SOUPENTE	UNGUÉALE	GREFFOIR
PANNETON	POUBELLE	RESSEMER	SOUTENIR	URÉTÉRAL	IGNIFUGE
PANTELER	POULETTE	RÉTRÉCIE	SOUTENUE	URODÈLES	INDÉFINI
PARCELLE	PRÉCÉDER	RÉTRÉCIR	SOUVENIR	VACHERIE	JOUFFLUE
PARLEUSE	PRÉCEPTE	RICHESSE	SQUEEZER	VACHERIN	LÉNIFIER
PARMÉLIE	PRÉFÉRÉE	RINCEUSE	SUBVENIR	VALSEUSE	LUCIFUGE
PARSEMER	PRÉFÉRER	RITUELLE	SUCCÉDER	VANNELLE	MALÉFICE
PARTERRE	PRÉLEVER	ROITELET	SUCRERIE	VANNERIE	MANIFOLD
PARVENIR	PRENEUSE	RONDELET	SUGGÉRER	VELLÉITÉ	MODIFIER
PARVENUE	PRÉSENCE	ROSSERIE	SUIVEUSE	VENDEUSE	NIDIFIER
PASSEUSE	PRÉSENTE	ROUGEOLE	SURGELER	VÉNIELLE	NOTIFIER
PASTÈQUE	PRÉTENDU	ROULETTE	SURJETER	VENTEUSE	OSSIFIER
PATIENCE	PRÊTEUSE	ROULEUSE	SURMENER	VERGETÉE	PACIFIER
PATIENTE	PRÉTEXTE	RUINEUSE	SURRÉNAL	VERGETTE	PURIFIER
PAUMELLE	PRÉVENIR	SAGUENAY	SURSEOIR	VERRERIE	RARÉFIER
PÊCHETTE	PRÉVENUE	SALPÊTRE	SURVENIR	VERTÈBRE	RATIFIER
PÊCHEUSE	PROFÉRER	SARCELLE	SURVENUE	VERVEINE	RÉCIFALE
PÉLÉENNE	PROJETER	SASSEUSE	SUSPECTE	VEULERIE	SOIFFARD
PELLETÉE	PROMENER	SAUCETTE	SUSPENSE	VICIEUSE	SOUFFLÉE

☞	☞	☞	☞	☞	☞
SOUFFLER	FUMAGINE	MOUCHETÉ	ATHÉISME	CONTINUE	ÉBRUITER
SOUFFLET	GAZOGÈNE	NÉOPHYTE	ATOMISER	COQUILLE	ÉCLAIRÉE
SOUFFRIR	GNANGNAN	PAMPHLET	ATTEINTE	CORDIALE	ÉCLAIRER
TONIFIER	HEXAGONE	PANTHÉON	ATTRIBUT	CORRIDOR	ÉCOLIÈRE
TROUFION	HOMOGÈNE	PENCHANT	AUSSITÔT	CORRIGÉE	ÉDIFIANT
TUMÉFIER	ILLÉGALE	PIOCHAGE	AVALISER	CORRIGER	EFFRITER
VÉRIFIER	INDIGÈNE	PORCHÈRE	BACHIQUE	COULISSE	ÉGALISER
VIVIFIER	INDIGENT	PRÊCHEUR	BANLIEUE	CRÉDITER	ÉGOTISME
	INDIGNÉE	PROTHÈSE	BANNIÈRE	CRÉPITER	ÉLIGIBLE
G	INTÉGRAL	SYNTHÈSE	BAPTISER	CRINIÈRE	ÉLIMINER
	INTÉGRÉE	TOMAHAWK	BARRIÈRE	CRITIQUE	ÉLOGIEUX
ALANGUIE	INTÉGRER	TOUCHANT	BASSINER	CRUCIALE	ÉLUCIDER
ALANGUIR	LUMIGNON	TRICHEUR	BATAILLE	CUISINÉE	EMBOÎTER
ALLÉGUER	MITIGEUR		BÉOTISME	CULMINER	ÉMERISER
ALPAGUER	ONCOGÈNE	**I**	BESTIALE	CULTIVÉE	EMPEIGNE
AMAIGRIE	PLONGEON		BESTIOLE	CULTIVER	ENCAISSE
AMAIGRIR	PLONGEUR	ABOMINER	BISAÏEUL	DANDINER	ENCEINTE
AMALGAME	POLYGAME	ABSCISSE	BISBILLE	DÉBOISER	ENFOIRÉE
ANTIGÈNE	RÉFUGIER	ACUMINÉE	BONNICHE	DÉBRIDÉE	ENLAIDIR
ARMAGNAC	REGAGNER	ADJOINTE	BOULIMIE	DÉCLINER	ENNEIGÉE
ARROGANT	RELÉGUER	AFFAIBLI	BOUTIQUE	DÉGAINER	ENSEIGNE
ASSIGNER	RELIGION	AFFAIRÉE	BRASILIA	DÉGRISER	ENTAILLE
AVEUGLER	RENÉGATE	AFFAIRES	BROUILLE	DÉGUISÉE	ENVOILER
BESOGNER	RÉPUGNER	AFFLIGER	CABRIOLE	DÉGUISER	ÉPÉPINER
DÉLÉGUÉE	RÉSIGNÉE	AGONISER	CALCINÉE	DÉLAISSÉ	ÉPICIÈRE
DÉNIGRER	SIMAGRÉE	AIGUILLE	CALCINER	DÉPLIANT	ÉROTISER
DÉRÉGLER	STRIGILE	AIGUISER	CANAILLE	DÉPRIMÉE	ÉROTISME
DÉSIGNER	TAPAGEUR	ALCHIMIE	CANDIDAT	DÉPRIMER	ESQUISSE
DILIGENT		ALEVINER	CANTIQUE	DERNIÈRE	ESSAIMER
ÉBORGNER	**H**	ALLAITER	CAPTIVER	DERRIÈRE	ÉTATIQUE
ÉLINGUÉE		ALUMINER	CARDINAL	DESSINER	ÉTATISER
ÉLOIGNER	ACÉPHALE	AMITIEUX	CARRIÈRE	DESTINÉE	ÉTREINTE
ENDIGUER	APOPHYSE	AMOVIBLE	CARRIOLE	DESTINER	EXOTISME
ÉPARGNÉE	BOUCHAGE	AMPHIBIE	CENTIARE	DÉTRITUS	FAÎTIÈRE
ÉPARGNER	BOUCHÈRE	ANÉMIQUE	CHEMINÉE	DEUXIÈME	FASCINER
ÉPINGLÉE	BROCHURE	ANGOISSE	CHEMINER	DISSIPÉE	FASCISME
ÉPINGLER	BROUHAHA	ANIMISME	COALISÉE	DISSIPER	FASCISTE
FATIGANT	ÉPIPHYSE	AORTIQUE	COLLIGER	DISTINCT	FAUCILLE
FATIGUÉE	FAUCHARD	APPLIQUE	COMBINER	DORMITIF	FÉERIQUE
FLINGUER	GAUCHÈRE	ARCHIDUC	COMPILER	DOSSIÈRE	FENAISON
FRINGALE	HERCHEUR	ARCHIPEL	CONFIANT	DUALISME	FERMIÈRE
FRINGANT	MANCHOTE	ASOCIALE	CONSIGNE	DULCINÉE	FESSIÈRE
FRINGUER	MARCHAND	ASSAINIR	CONTIGUË	ÉBÉNISTE	FESTIVAL

FEUDISTE	INCLINÉE	MÉPRISER	PERSILLÉ	RESPIRER	TACHISME
FLUVIALE	INCLINER	MEUNIÈRE	PIÉTINER	RETEINTE	TACTIQUE
FORTICHE	INFLIGER	MIROITER	PLÉNIÈRE	RIPAILLE	TALLIPOT
FRIPIÈRE	INIMITIÉ	MONDIALE	PLUVIEUX	RIQUIQUI	TANGIBLE
FULMINER	INITIALE	MORAILLE	PONGISTE	ROUTIÈRE	TARTINÉE
FUSTIGER	INOPINÉE	MORDICUS	PORRIDGE	RUBRIQUE	TERMINAL
FUTAILLE	INQUIÈTE	MULTIPLE	PORTIÈRE	SABLIÈRE	TERMINER
GAINIÈRE	INSPIRÉE	MURAILLE	POSSIBLE	SALAISON	TERRIBLE
GAMBILLE	INSPIRER	NARCISSE	POSTICHE	SANTIAGO	TONTISSE
GENTIANE	INSTINCT	NÉGLIGER	POSTIÈRE	SAPRISTI	TORPILLE
GENTILLE	INSTITUT	NELLIGAN	PRALINÉE	SAUCIÈRE	TOUPINER
GEÔLIÈRE	INTAILLE	NOÉTIQUE	PRALINER	SAUCISSE	TOURISME
GERBILLE	INTRIGUE	NUISIBLE	PRÉCIEUX	SENSIBLE	TOURISTE
GLACIALE	INUSITÉE	NUTRITIF	PRÉCISER	SERRISTE	TRAHISON
GLACIÈRE	IRONIQUE	OBSTINÉE	PREMIÈRE	SINCIPUT	TRÉPIDER
GLORIEUX	IRONISER	OCULISTE	PRÉMISSE	SNOBISME	TROPICAL
GLORIOLE	IRONISTE	OPPRIMER	PRÉSIDER	SOBRIÉTÉ	TSARISME
GOUAILLE	ITALIQUE	ORALISER	PRIMITIF	SOPHISME	TUILIÈRE
GRACIEUX	JAÏNISME	ORCHIDÉE	PROFITER	SORCIÈRE	URANISME
GRAMINÉE	JAUNISSE	ORIGINAL	PROHIBÉE	SOUCIEUX	USINIÈRE
GRATINER	JUDAÏSME	ORIGINEL	PROHIBER	SOUDIÈRE	USURIÈRE
GRÉBICHE	KANTISME	OTOLITHE	PUBLIQUE	SOUFISME	UTILISER
GUENILLE	LAINIÈRE	OUBLIEUX	PUNAISÉE	SOUPIÈRE	UTOPISTE
GUÊPIÈRE	LAITIÈRE	OUVRIÈRE	PUNAISER	SOUPIRER	VACCINER
GUÉRIDON	LAMAÏSME	OZONISER	QUOLIBET	SOURIANT	VENAISON
GUÉRILLA	LAMBINER	PACTISER	RABBINAT	SOUTIRER	VENTILER
GUÉRISON	LENTILLE	PAGAILLE	RACAILLE	SPACIEUX	VÉRAISON
HANDICAP	LESSIVER	PAISIBLE	RAFFINÉE	SPATIALE	VERRIÈRE
HARPISTE	LIQUIDÉE	PALMISTE	RAFFINER	SPÉCIALE	VINAIGRE
HÉROÏQUE	LIQUIDER	PALPITER	RAISINET	SPÉCIMEN	VIOLISTE
HÉROÏSME	LOUPIOTE	PARAÎTRE	RÉALISER	STARISER	VIRGINAL
HIPPIQUE	MACHINAL	PAREILLE	RÉALISTE	STUDIEUX	VIRGINIE
HIPPISME	MACHINÉE	PARFILER	RÉANIMER	STYLISME	VOISINER
HORRIBLE	MACHINER	PARTIALE	RÉÉDITER	SUBLIMER	VOLAILLE
IBÉRIQUE	MANTILLE	PARTISAN	RÉGLISSE	SUCCINCT	VOLTIGER
ICONIQUE	MARTIALE	PASSIBLE	REMPILER	SUCRIÈRE	
ILOTISME	MARTINET	PASTICHE	RENAÎTRE	SUFFIXAL	**J**
IMAGIÈRE	MASSICOT	PASTILLE	RENTIÈRE	SUICIDÉE	
IMAGINER	MÉDAILLE	PATRIOTE	REPAÎTRE	SUICIDER	GALÉJADE
IMPLIQUÉ	MÉMOIRES	PAVOISER	REPEINTE	SUSCITER	
IMPRIMER	MENDIANT	PEPTIQUE	RÉPLIQUE	SUSVISÉE	**K**
INAMICAL	MENDIGOT	PERFIDIE	RÉPRIMER	SYNDICAT	
INANIMÉE	MENTISME	PERLIÈRE	REPRISER	SYPHILIS	KAPOKIER

L

	DOUILLET	GALILÉEN	MOUILLÉE	RECOLLER	TAVELURE
	DURILLON	GODILLOT	MOUILLER	RÉCOLTÉE	TAVILLON
ACCALMIE	ÉBERLUÉE	GRAILLER	NAPOLÉON	RÉCOLTER	TIRELIRE
ACCOLADE	ÉCAILLÉE	GRAILLON	NASILLER	RECULADE	TITILLER
ACCOLAGE	ÉCAILLER	GRILLADE	NÉBULEUX	RÉGULIER	TONALITÉ
AFFILIÉE	ÉCARLATE	GRILLAGE	NÉPALAIS	RÉSILIER	TOTALITÉ
AFFILIER	ÉMAILLER	GUEULARD	NIELLEUR	RÉSULTAT	TOUILLER
AFFOLANT	EMBALLER	HABILETÉ	NIVELEUR	RÉSULTER	TREILLIS
ALCALINE	EMBELLIR	HABILLÉE	OBSOLÈTE	REVOLVER	TRILLION
ALLÉLUIA	ENCOLLER	HABILLER	OCCULTER	RÉVOLTER	TRIPLACE
AMBULANT	ENFILADE	HÔTELIER	OEILLADE	RÉVULSER	URSULINE
AMERLOTE	ENSELLÉE	HUMILIER	OEILLÈRE	RIESLING	VACILLER
ANTILOPE	ENTOLOME	HUMILITÉ	OISILLON	RIGOLADE	VAILLANT
ARMELINE	ÉPAULARD	IMPALUDÉ	OMOPLATE	RIGOLEUR	VANILLÉE
BABILLER	ÉPHÉLIDE	IMPULSIF	OREILLER	RIVALITÉ	VASELINE
BAILLEUR	ÉRAILLÉE	INCOLORE	OSCILLER	RONFLANT	VEILLEUR
BAKÉLITE	ÉRAILLER	INCULPÉE	OUAILLES	RONFLEUR	VIEILLIE
BANALITÉ	ESCALADE	INCULPER	OUTILLER	ROSALBIN	VIEILLIR
BARILLET	ESCALIER	INDOLENT	PAVILLON	ROUBLARD	VIEILLOT
BATELEUR	ESCALOPE	INSOLENT	PÉDALEUR	ROUILLÉE	VIGILANT
BATELIER	ESPALIER	INSOLITE	PÉDALIER	ROUILLER	VIRILITÉ
BICOLORE	ÉTHYLÈNE	INSULINE	PÉNALITÉ	RUTILANT	VIRULENT
BOUCLIER	ÉTRILLER	INSULTÉE	PERCLUSE	SAILLANT	VITALITÉ
BOUILLIE	ÉVEILLÉE	INSULTER	PERPLEXE	SANGLANT	ZIBELINE
BOUILLIR	ÉVEILLER	INVALIDE	PÉTILLER	SANGLIER	
BOUILLON	EXCELLER	ISOCLINE	PÉTULANT	SÉCULIER	
BRAILLER	EXPULSER	JONGLEUR	PEUPLADE	SEMBLANT	**M**
BRANLANT	FACILITÉ	JUMELLES	PIAILLER	SÉMILLON	
BRILLANT	FAILLITE	LAMELLÉE	POPELINE	SÉNILITÉ	ACCOMPLI
CAMELOTE	FAMILIER	LANOLINE	POPULACE	SÉPULCRE	AGRÉMENT
CARILLON	FATALITÉ	LÉGALITÉ	PORTLAND	SIBILANT	AISÉMENT
CAVALIER	FÉCULENT	LÉTALITÉ	POUILLOT	SIBYLLIN	ALBUMINE
COMPLÈTE	FEUILLER	LIBELLER	PROBLÈME	SIMBLEAU	ALHAMBRA
CONCLURE	FEUILLUE	LINOLÉUM	PURULENT	SOUILLÉE	ALLEMAND
COUILLON	FIDÉLITÉ	LOCALITÉ	QUILLEUR	SOUILLER	ALLUMAGE
CUEILLIR	FINALITÉ	LOVELACE	RACOLAGE	SOUILLON	ANORMALE
DÉBALLER	FOUILLÉE	LUPULINE	RACOLEUR	STELLITE	ÂPREMENT
DÉBILITÉ	FOUILLER	MAILLURE	RAILLEUR	SUPPLÉER	ARGUMENT
DÉCALAGE	FOUILLIS	MEILLEUR	RAMOLLIE	SUPPLICE	ARRIMAGE
DÉCOLLER	FUSILIER	MIELLEUX	RAMOLLIR	SUPPLIER	ASSOMMER
DÉSOLANT	FUSILLER	MODALITÉ	RÂTELIER	TAILLADE	AUTOMATE
DÉVALUER	FUTILITÉ	MORALITÉ	RECALAGE	TAILLOIR	BÂTIMENT
DOCILITÉ	GAILLARD	MORILLON	RECELEUR	TATILLON	BONIMENT
					CALAMITÉ

CALOMNIE	ORPIMENT	ANÉANTIR	DÉNONCER	FOURNEAU	OCÉANIDE
CASEMATE	PAIEMENT	ANNONCÉE	DÉPENSÉE	FOURNIER	OFFENSÉE
CHARMANT	PAREMENT	ANNONCER	DÉPENSER	FURONCLE	OFFENSER
COLOMBIE	PAVEMENT	ARCANSON	DÉRANGER	GARANTIE	OFFENSIF
DÉCEMBRE	PÉLAMIDE	ARGENTÉE	DÉSUNION	GARANTIR	ORDONNÉE
DÉCOMPTE	PÉNOMBRE	ARGENTER	DÉTENDRE	GATINEAU	ORDONNER
DÉGOMMER	PHORMION	ARPENTER	DÉTENDUE	GEIGNARD	ORGANISÉ
DOLOMITE	PYROMANE	ARRANGER	DEVANCER	GÉRANIUM	ORIENTAL
ÉNORMITÉ	RAREMENT	ARRONDIR	DIMANCHE	GERONIMO	ORIENTER
ENSEMBLE	REGIMBER	ATTENANT	DIMINUER	GRAINIER	PARANGON
ÉPHÉMÈRE	RÉGIMENT	ATTENDRE	DOUANIER	GROGNARD	PARONYME
ESTAMPÉE	RENOMMÉE	ATTENTAT	ÉBRANLER	GUIGNARD	PATENTER
ESTAMPER	RENOMMER	ATTENTIF	ÉBURNÉEN	HABANERA	PATINAGE
ESTOMPÉE	RETOMBER	ATTÉNUER	ÉCHANGÉE	HARANGUE	PATINEUR
ESTOMPER	ROLLMOPS	BADINAGE	ÉCHANGER	HAVENEAU	PEIGNOIR
FILAMENT	ROSEMÈRE	BAIGNADE	ÉGRENAGE	HUMANITÉ	PÉKINOIS
FIXEMENT	RUDEMENT	BAIGNEUR	EMPENNÉE	ILLINOIS	PÉTANQUE
FRAGMENT	SAGEMENT	BALANCÉE	ENCENSER	IMMINENT	PILONNER
GAIEMENT	SQUAMEUX	BALANCER	ENFANTER	IMMUNITÉ	PIMENTÉE
GOURMAND	STEMMATE	BÂTONNAT	ENFONCER	IMPUNITÉ	PIMENTER
HEAUMIER	SÛREMENT	BÉTONNER	ENGONCÉE	INCENDIE	PIONNIER
ILLIMITÉ	TÉGUMENT	BIENNALE	ENTENDRE	INCONNUE	PLAINDRE
ILLUMINÉ	TÈNEMENT	BITONALE	ENTENDUE	INSANITÉ	POIGNANT
INCOMBER	TOURMENT	BUTANIER	ENTONNER	INSENSÉE	POTENTAT
INFAMANT	VÉHÉMENT	CADENCER	ÉPAGNEUL	INSINUER	RACONTAR
INHUMAIN	VÊTEMENT	CARENCÉE	ÉPOINTER	INTENTER	RACONTER
INNOMMÉE	VIREMENT	CIMENTER	ÉREINTÉE	INVENTER	RALENTIR
INSOMNIE	VITAMINE	CRAINDRE	ÉREINTER	JALONNER	RAYONNER
INTIMITÉ	VIVEMENT	CRAINTIF	ESTONIEN	JUVÉNILE	REBONDIR
JUGEMENT	VRAIMENT	DÉBONDER	ÉTEINDRE	LIMONADE	RECENSER
JUREMENT	**N**	DÉCENNIE	ÉTERNITÉ	LOUANGÉE	RECONNUE
LACEMENT		DÉCONFIT	ÉTERNUER	LOUANGER	REDONNER
LAVEMENT	ABSINTHE	DÉFENDRE	ÉTONNANT	LUMINEUX	REFONDRE
LIGAMENT	ACTINITE	DÉFENDUE	ÉTRANGER	MAÇONNER	RÉGENTER
LOGEMENT	AFFINEUR	DÉFONCER	ÉTRENNÉE	MARINADE	RELANCÉE
MAINMISE	AGRANDIR	DÉGÉNÉRÉ	ÉTRENNER	MARONNER	RELANCER
MÉCOMPTE	AJOINTER	DÉJANTER	EXCENTRÉ	MÉLANGÉE	REMANGER
MÉLOMANE	ALBANAIS	DEMANDÉE	EXPANSIF	MÉLANGER	REMANIER
NOUEMENT	ALLONGER	DEMANDER	EXTÉNUER	MÉLANINE	REMONTER
NOVEMBRE	ALMANACH	DÉMENTIE	FAÇONNER	MITONNER	RENONCER
OPTIMALE	ALMANDIN	DÉMENTIR	FILANDRE	MONANDRE	RÉPANDRE
ORNEMENT	ANAMNÈSE	DÉMONTER	FOMENTER	OBLONGUE	RÉPANDUE

REPENSER	URBANITÉ	CONVOLER	FOLIOTER	MIGNONNE	SIAMOISE
REPENTIR	VACANCES	CORRODER	FRICOTER	MIGNOTER	SIPHONNÉ
RÉPONDRE	VALENCIA	CORROMPU	FRIPONNE	MISSOURI	SLALOMER
RÉSINIER	VARENNES	CRAPOTER	FRISOLÉE	MORDORÉE	SOMNOLER
RÉSONNER	VIENNOIS	DANSOTER	GALLOISE	NAGEOIRE	SOUCOUPE
RETENTER		DÉCLOUER	GANDOURA	NATIONAL	STÉROÏDE
RETENTIR	**O**	DÉFROQUÉ	GARÇONNE	NETTOYER	SUÉDOISE
RÉTINITE	AMADOUER	DÉPLORER	GASCONNE	NIPPONNE	SUPPOSÉE
REVENANT	ANACONDA	DÉTRÔNER	GAULOISE	OPPROBRE	SUPPOSER
REVENDRE	ANALOGIE	DIFFORME	GAVROCHE	ORATOIRE	SURDOUÉE
RICANEUR	ANALOGUE	DIPLÔMÉE	GERBOISE	ORATORIO	SURVOLER
ROTENGLE	ANODONTE	DIPLÔMER	GONDOLÉE	PANTOIRE	SYNCOPÉE
SAIGNOIR	APITOYER	DISCORDE	GONDOLER	PANTOISE	SYNCOPER
SALINITÉ	APOLOGIE	DISCOUNT	GOULOTTE	PARCOURS	TABLOÏDE
SATINAGE	APPROCHE	DISCOURS	GRIMOIRE	PASTORAL	TEMPOREL
SAVONNER	ARATOIRE	DISPOSÉE	GRIVOISE	PATRONNE	TEUTONNE
SECONDER	ASTRONEF	DISPOSER	HARMONIE	PERFORER	THYROÏDE
SEIGNEUR	AURÉOLÉE	DISSOUTE	HISTOIRE	PERSONNE	TINTOUIN
SEMONCER	AURÉOLER	DORLOTER	HISTORIÉ	PIANOTER	TOUJOURS
SÉRÉNADE	BAISOTER	DYSLOGIE	IMPLORER	PIÉTONNE	TOULOUPE
SÉRÉNITÉ	BALLOTIN	DYSTOCIE	IMPLOSER	PINCOURT	TRÉFONDS
SERINGAT	BARBOTER	ÉCONOMIE	IMPROPRE	PLANORBE	TRICOTER
SERINGUE	BARIOLÉE	ÉCUMOIRE	INAVOUÉE	PRÉPOSÉE	TRIPODIE
SOIGNEUX	BARIOLER	EFFRONTÉ	INFÉODÉE	PROFONDE	TRIPOTER
SOLENNEL	BESSONNE	ÉLABORER	ISOTONIE	PROLOGUE	TRISOMIE
SOURNOIS	BICHONNE	ENGLOBER	KIBBOUTZ	PRONONCÉ	TURBOTIN
SPLÉNITE	BISCOTTE	ÉPANOUIE	LECTORAT	PROPOSER	TURNOVER
SPRINGER	BISTOURI	ÉPANOUIR	LETTONIE	PROROGER	UNIFOLIÉ
SPRINTER	BONHOMIE	ÉPINOCHE	LISBONNE	RABROUER	UNIFORME
STAGNANT	BORNOYER	ESBROUFE	LITTORAL	RAFFOLER	VERMOULU
SURANNÉE	BRAVOURE	ESPIONNE	LOUFOQUE	RAIPONCE	VICTOIRE
SYNONYME	BRETONNE	ESTROPIÉ	MÂCHOIRE	RAISONNÉ	VICTORIA
TALONNER	BRICOLER	EUPHONIE	MAGNOLIA	RALLONGE	ZOOLOGIE
TAMANOIR	CACAOTÉE	EUPHORIE	MALPOLIE	RANCOEUR	
TÂTONNER	CHIPOTER	ÉVANOUIE	MARGOTER	RATIONAL	**P**
TIMONIER	CLOPORTE	ÉVANOUIR	MARMOTTE	RECLOUER	ACCEPTER
TISONNER	COMPOSÉE	EXPLORER	MARSOUIN	REPLOYER	ACHOPPER
TOURNURE	COMPOSER	EXPLOSER	MASCOTTE	REPROCHÉ	AÉROPORT
TRAÎNANT	CONCORDE	FACTOTUM	MAUSOLÉE	RISSOLÉE	AGRIPPER
TRAÎNARD	CONCOURS	FANTOCHE	MÉDIOCRE	RISSOLER	ALTIPORT
TRAÎNEUR	CONFORME	FESTOYER	MENSONGE	ROULOTTE	ATROPHIE
TRIANGLE	CONSOLER	FIGNOLER	MERDOYER	SERPOLET	AUBÉPINE

AUTOPSIE	SLEEPING	ALGARADE	CÉTÉRACH	ELDORADO	HÉBERGER
BEAUPORT	SOLIPÈDE	ALOURDIR	CHAGRINE	EMBARRAS	HILARITÉ
BUDAPEST	STOPPEUR	ALTERNÉE	CHARRIER	EMPERLER	HISTRION
CHAMPION	TRAPPEUR	ALTERNER	CICÉRONE	EMPORTER	HIVERNER
CONSPUER	TREMPAGE	AMOUREUX	COCORICO	ENCARTER	HOBEREAU
CROUPION	TREMPLIN	ANEURINE	COHÉRENT	ENCORNÉE	HUÎTRIER
DÉCAPANT	TROMPEUR	APPAREIL	CONCRÈTE	ENDORMIR	IGNORANT
ÉCHAPPER	TROUPEAU	APPARENT	CONTRITE	ENDURCIR	IMMÉRITÉ
ÉCLIPSÉE	VARAPPER	APPORTER	CONTRÔLE	ENHARDIR	IMMORALE
ÉCLIPSER		ARMURIER	COURRIER	ENIVRANT	IMMORTEL
ÉQUIPAGE	**Q**	ARTÉRIEL	DARTROSE	ENSERRER	IMPÉRIAL
ESCAPADE	ARLEQUIN	ARTHRITE	DÉBARDER	ENTERRER	IMPORTER
ÉTAMPEUR	ATTAQUÉE	ASPERGÉE	DÉBARRAS	ENTÉRITE	IMPORTUN
EUROPÉEN	ATTAQUER	ASPERGER	DÉBORDER	ENVIRONS	IMPURETÉ
EXASPÉRÉ	BRUSQUÉE	ASPÉRITÉ	DÉCERNER	ÉPEURANT	INCARNER
EXCEPTÉE	ESTOQUER	ASPIRANT	DÉCORNER	ESCARBOT	INCURVER
EXEMPTER	ÉTRIQUER	ASPIRINE	DÉFERLER	ESCARGOT	INDIRECT
FRAPPANT	FRISQUET	ASSERVIR	DÉFORMER	ESCARPÉE	INFERNAL
GALOPADE	PANIQUÉE	ASSORTIE	DÉGARNIR	ESCARPIN	INFIRMÉE
GALOPEUR	PLANQUÉE	ASSORTIR	DÉLARDER	ESCORTÉE	INFIRMER
GROUPAGE	REBIQUER	ASSUREUR	DÉLIRANT	ESCORTER	INFORMER
HÉLÉPOLE	REPIQUER	ATTARDÉE	DÉMARRER	ESSARTER	INHÉRENT
HÉLIPORT	RÉSÉQUER	ATTERRÉE	DÉPARTIR	ESTERLIN	INJURIER
HEXAPODE	RÉVOQUER	ATTERRER	DÉPORTER	ÉTOURDIE	INSCRIRE
INESPÉRÉ		ATTIRANT	DÉSARMER	ÉTOURDIR	INSTRUIT
INEXPIÉE	**R**	AUSTRALE	DÉSARROI	EXPORTER	INSURGÉE
INSIPIDE		AUTARCIE	DÉSERTER	EXPURGER	INTERDIT
MONOPOLE	ABERRANT	AUTORITÉ	DÉSORDRE	EXTIRPER	INTERNÉE
NÉNUPHAR	ABHORRER	BAUDRIER	DÉTERRER	FAUTRICE	INTERNER
OCCUPANT	ABSORBER	BAVARDER	DÉTERSIF	FAVORITE	INVERSER
OLYMPIEN	ABSTRAIT	BELTRAMI	DÉVERSER	FÉMORALE	IVOIRIER
PANOPLIE	ACCORDER	BEURRIER	DÉVORANT	FÉVEROLE	IVOIRINE
PARAPHÉE	ACHARNÉE	BIGARADE	DIMORPHE	FIÉVREUX	JOBARDER
PARAPHER	ACHARNER	BIGARRÉE	DISCRÈTE	FILTRAGE	LAPEREAU
PATAPOUF	ACIÉRAGE	BIGARRER	DISGRÂCE	FOURREAU	LATÉRALE
PROSPÈRE	ADHÉRENT	BLAIREAU	DISTRAIT	FOURRURE	LECTRICE
RECOPIER	AFFERMER	BOURRADE	DISTRICT	GANGRÈNE	LÉGÈRETÉ
SALOPARD	AFFERMIR	BUCAREST	DIVERGER	GÉNÉRALE	LETTRAGE
SCORPION	AFFIRMER	CAMARADE	DIVERTIR	GÉNÉREUX	LIBERTIN
SCRUPULE	AGUERRIE	CANARDER	DIVORCÉE	GÉOTRUPE	LIBÉRALE
SCULPTER	AGUERRIR	CÉLÉRITÉ	DOBERMAN	GUERRIER	LITURGIE
SÉRAPHIN	AJOURNER	CENTRALE	DOCTRINE	HASARDER	LONGRINE
SHRAPNEL	ALACRITÉ	CÉSARIEN	ÉCOURTER	HÉBERGÉE	LUSTRINE

MAIGREUR	PINERAIE	SALARIÉE	ADRESSER	DÉTESTER	INSISTER
MAIGRIOT	PIPERADE	SALARIER	AFFUSION	DÉVASTER	INVASION
MAÎTRISE	PLÂTREUX	SATURNIE	AGRESSER	DIVISION	IRRÉSOLU
MANDRILL	PLEUREUR	SAUGRENU	AGRESSIF	DRESSEUR	JACASSER
MATERNER	PLEUROTE	SCLÉROSE	ALLUSION	DYNASTIE	KÉROSÈNE
MATÉRIAU	POITRAIL	SÉCURITÉ	ALLUSIVE	ÉCLOSION	LAÏUSSER
MATÉRIEL	POITRINE	SEÑORITA	ALPESTRE	ÉCUISSER	LIPOSOME
MATURITÉ	POIVROTE	SÉVÉRITÉ	AMNISTIE	EFFUSION	MARASQUE
MAUGRÉER	POLAROÏD	SIBÉRIEN	ANDÉSITE	ÉMISSION	MAUSSADE
MEMBRANE	PORTRAIT	SIDÉRALE	APAISANT	ÉMOUSSER	MÉLUSINE
MERCREDI	POUDREUX	SOMBRERO	ARROSOIR	EMPESTER	MERISIER
MINERVAL	PRIORITÉ	SONORITÉ	ARTISANE	ÉMULSEUR	MODESTIE
MINÉRALE	PROCRÉER	STÉARATE	ASSASSIN	ENDOSSER	MOLESTER
MISERERE	PROPRETÉ	SUFFRAGE	ASSISTER	ENTASSER	MOROSITÉ
MONORAIL	PYORRHÉE	SUPERFIN	ATTESTÉE	ÉPAISSIR	MOUSSOIR
MONTRÉAL	RACORNIR	SUPERFLU	ATTESTER	ÉPISSOIR	NIAISEUX
MUSARDER	RAPPRISE	SURCROÎT	AVERSION	ÉPOUSEUR	NODOSITÉ
NAUFRAGE	RATURAGE	SURPRISE	BALUSTRE	ÉPUISANT	OCCASION
NÉPHRITE	RÉCURAGE	SUSURRER	BLESSURE	EURASIEN	OMISSION
NOMBREUX	RÉÉCRIRE	TÉMÉRITÉ	BOURSIER	FAUSSETÉ	OPPOSANT
NOTARIAT	REFERMER	TENDRETÉ	BROSSAGE	FINASSER	PALISSON
NOTARIÉE	RÉFORMÉE	TÉNORITE	BROSSARD	FROISSER	PARASITE
NOURRAIN	RÉFORMER	TOLÉRANT	CABOSSÉE	GANGSTER	PARESSER
NOURRICE	REGARDER	ULCÉREUX	CABOSSER	GLISSADE	PARISIEN
NUMÉRALE	REGARNIR	UPPERCUT	CAMISOLE	GLISSANT	PÂTISSER
OBSERVER	REGORGER	URÉTRALE	CARESSÉE	GLISSOIR	PHRASEUR
OBSTRUER	REMARQUE	URÉTRITE	CARESSER	GLOSSINE	PILASTRE
OLÉCRANE	REMORQUE	USUFRUIT	CERISIER	GLOSSITE	PILOSITÉ
OLIBRIUS	REPARTIE	VAPOREUX	COHÉSION	GLOUSSER	PLAISANT
ONTARIEN	REPARTIR	VELARIUM	COROSSOL	GRAISSER	POISSEUX
OPPORTUN	REPERDRE	VENDREDI	DAMASSÉE	GROSSEUR	POISSONS
ORATRICE	REPORTER	VENTRALE	DÉCISION	GROSSIER	POLISSON
ORDURIER	RÉSERVÉE	VICARIAT	DÉCISIVE	HARASSÉE	POTASSER
OUTARDES	RÉSERVER	VIPEREAU	DÉGUSTER	HÉRISSER	PRESSANT
PANCRÉAS	RÉSORBER		DÉLESTER	HÉRISSON	PRESSION
PANORAMA	RETARDER	**S**	DÉMESURE	HIBISCUS	PUISSANT
PATERNEL	REVERSER		DÉPASSER	HOUSSOIR	QUETSCHE
PAUVRETÉ	RIVERAIN	ABAISSER	DÉPISTER	ILLUSION	RAMASSÉE
PÈLERINE	ROBERVAL	ABRASIVE	DÉRISION	ILLUSTRE	RAMASSER
PÉTARADE	ROSERAIE	ACCOSTER	DÉSASTRE	IMPOSANT	RAMASSIS
PICARDAN	ROSTRALE	ADHÉSION	DÉSISTER	INCISION	REGISTRE
PIERREUX	ROTURIER	ADHÉSIVE	DÉSOSSÉE	INCISIVE	REPASSER
PIERRIER	SABORDER	ADRESSÉE	DÉSOSSER	INFESTER	REPOSANT

RÉSISTER	ALENTOUR	DILUTION	FUGITIVE	MAINTIEN	PUNITION
RETISSER	ALTITUDE	DOMPTAGE	FURETEUR	MALOTRUE	PURITAIN
RÉUSSITE	AMBITION	DONATION	GÉLATINE	MANITOBA	QUANTITÉ
RÊVASSER	AMERTUME	DROITURE	GÉNITALE	MARITALE	QUARTIER
RÉVISION	ANTITOUT	DUVETEUX	GÉNITEUR	MARITIME	QUESTION
RICKSHAW	APTITUDE	ÉCHOTIER	GILETIER	MEURTRIR	QUINTEUX
RIPOSTER	ARBITRER	ÉCLATANT	GIRATION	MILITANT	RABATTRE
ROUSSEUR	ARMATEUR	ÉCRITEAU	GRATTOIR	MONITEUR	RABOTAGE
RUGOSITÉ	ARMATURE	ÉCRITURE	HABITANT	MONOTONE	RADOTAGE
RUISSEAU	ATTITUDE	ÉGOUTTER	HABITUDE	MUTATION	RATATINÉ
SCISSION	AUDITEUR	EINSTEIN	HABITUÉE	NÉGATEUR	RÉACTEUR
SENESTRE	AUDITION	ÉJECTEUR	HABITUEL	NÉGATION	RÉACTION
SINISTRE	AVANTAGE	ÉLECTEUR	HABITUER	NÉGATIVE	REBUTANT
SINUSITE	AVENTURE	ÉLECTION	HALETANT	NICOTINE	RÉGATIER
STRESSER	BARATTÉE	ÉLECTIVE	HÉBÉTUDE	NOVATEUR	RELATION
TABASSER	BÉNITIER	ÉMEUTIER	HÉPATITE	NOVATION	RELATIVE
TALISMAN	BIMOTEUR	ÉMIETTER	HÉRITAGE	ORBITÈLE	REMETTRE
TAMISEUR	BROUTARD	EMPATHIE	HÉRITIER	OSSATURE	ROMSTECK
TAPISSER	BRUITAGE	ENDETTER	HÉSITANT	OUISTITI	ROTATION
TARASQUE	CABOTINE	ÉQUATION	HEURTOIR	PALATIAL	ROTATIVE
TRANSEPT	CACATOÈS	ÉRECTILE	IDENTITÉ	PAPETIER	SABOTAGE
TRANSMIS	CAPITALE	ÉRECTION	ILLETTRÉ	PAPOTAGE	SABOTIER
TROUSSÉE	CAPITEUX	ERGOTINE	IMPÉTIGO	PARUTION	SAINTETÉ
TROUSSER	CITATION	ÉRISTALE	IMPÉTRER	PEINTURE	SANCTION
VAISSEAU	COCOTIER	ERMITAGE	IMPOTENT	PELOTEUR	SAPITEUR
	CONSTANT	ÉRUPTION	INACTION	PÉNÉTRER	SAVETIER
T	COURTIER	ÉVENTRER	INACTIVE	PÉNITENT	SÉCATEUR
	COURTOIS	ÉVICTION	INACTUEL	PÉTITION	SÉDATIVE
ABATTAGE	CRÉATEUR	EXCITANT	INALTÉRÉ	PLANTAIN	SÉDITION
ABATTOIR	CRÉATION	EXISTANT	INFATUÉE	PLANTOIR	SOLITUDE
ABLATION	CRÉATIVE	FILATURE	INVÉTÉRÉ	PLASTRON	SOLUTION
ABLATIVE	CRÉATURE	FILETAGE	IRRITANT	POINTURE	SPONTANÉ
ABLUTION	CULOTTÉE	FINITION	JOINTURE	PONCTUEL	SPORTIVE
ABORTIVE	CURATIVE	FLATTEUR	JONCTION	POSITION	SUDATION
ACHETEUR	DÉBITEUR	FLOTTEUR	LATITUDE	POSITIVE	SUJÉTION
ADDITION	DÉBUTANT	FOLÂTRER	LÉGITIME	POURTANT	SYMÉTRIE
ADMETTRE	DÉGOTTER	FONCTION	LOCATEUR	POURTOUR	SYMPTÔME
ADOPTION	DÉLATEUR	FOUETTER	LOCATION	PRESTIGE	TAHITIEN
ADULTÈRE	DÉLATION	FRACTION	LOCUTION	PROSTATE	TARATATA
AÉRATEUR	DÉNATTER	FRACTURE	LOGOTYPE	PROSTRÉE	TAXATEUR
AÉRATION	DÉNUTRIE	FRICTION	LOINTAIN	PSAUTIER	TEINTURE
AJUSTEUR	DÉPÊTRER	FROTTOIR	LUNETIER	PUANTEUR	THÉÂTRAL
ALBATROS	DIGITALE	FRUSTRER	LUNETTES		

TRACTEUR	CONJURER	EXÉCUTER	PERMUTER	SEPTUPLE	BREUVAGE
TRACTION	CONQUISE	EXÉCUTIF	PERRUQUE	SEXTUPLE	BRIÈVETÉ
TROTTEUR	CONSUMER	EXTRUDÉE	POSTULER	SPÉCULER	DÉCEVANT
TROTTOIR	COSTUMÉE	FACTURÉE	POSTURAL	SPÉCULOS	DÉCEVOIR
VÉGÉTALE	COSTUMER	FAROUCHE	PRÉJUGÉE	SPORULER	ÉCERVELÉ
VEXATION	CULBUTÉE	FISSURÉE	PRÉMUNIR	STIMULER	ÉCRIVAIN
VISITEUR	CULBUTER	FORMULÉE	PRÉSUMÉE	STIPULER	ÉMOUVANT
VOCATION	CULTUREL	FORMULER	PRÉSUMER	SULFURER	ÉMOUVOIR
VOLATILE	DÉBOUCHÉ	FORTUITE	PRÉSURER	SUPPURER	ÉNERVANT
VOLITION	DÉBOULER	GIBOULÉE	PROCURER	SUPPUTER	ÉPERVIER
VOLITIVE	DÉCOUPER	GRANULÉE	PRODUIRE	TALQUEUX	GELIVURE
ZÉLATEUR	DÉCOUSUE	GRANULER	PRODUITE	TARAUDER	GOYAVIER
	DÉGOÛTÉE	GRATUITÉ	PULLULER	TATOUAGE	IMPAVIDE
U	DÉGOÛTER	GUTTURAL	PURPURIN	TEXTURER	INCIVILE
	DÉJEUNER	IMBRULÉE	RABOUGRI	TONSURER	INDIVIDU
ABREUVER	DEMEURÉE	IMMEUBLE	RABOUTER	TORTUEUX	NATIVITÉ
ABSOUDRE	DEMEURER	INFLUENT	RADOUCIR	TORTURÉE	NOCIVITÉ
ACCOURIR	DÉPOURVU	INFOUTUE	RAINURÉE	TORTURER	OCTAVIER
ACCOURUE	DÉROUTÉE	JACQUARD	RAJEUNIR	TRADUIRE	OISIVETÉ
ACIDULÉE	DÉTRUIRE	JALOUSER	RALLUMER	TRÉMULER	PLEUVOIR
ADÉQUATE	DIFFUSER	JALOUSIE	RAMEUTER	TRIBUNAL	POURVOIR
AMPOULÉE	DISCUTÉE	LABOURER	RASSURER	TRITURER	RECEVOIR
ASSOUVIR	DISCUTER	LANGUEUR	RAVAUDER	TURLUTER	REDEVOIR
AUTRUCHE	DISPUTÉE	LANGUIDE	RECAUSER	TUTEURER	RELEVEUR
BABEURRE	DISPUTER	LONGUEUR	RECHUTER	UBIQUITÉ	SOLIVEAU
BALOURDE	ÉBAVURER	MÂCHURER	RECOUPER	VELOUTÉE	TROUVÈRE
BASCULER	ÉCOEURER	MANOUCHE	RECOURIR	VERTUEUX	UNIOVULE
BÉDOUINE	ÉCROÛTER	MARAUDER	RECRUTER	VIRTUOSE	
BLAGUEUR	ÉGUEULER	MARQUISE	REDOUTÉE	VISQUEUX	**X**
BOUTURER	ÉLAGUEUR	MASCULIN	REDOUTER	VOITURÉE	
BRAQUEUR	EMBOUCHE	MERLUCHE	REFOULER	VOITURER	BISEXUEL
CABOULOT	EMBOUTIR	MESQUINE	RENAUDER	ZAKOUSKI	
CALCULER	ENCOURIR	MINAUDER	RÉSOUDRE	ZARZUELA	**Y**
CAPTURÉE	ENRHUMÉE	MURMURÉE	RESSUYER		
CELLULAR	ENROULER	NARGUILÉ	RIGAUDON	**V**	AMBLYOPE
CENSURÉE	ENTOURER	NOCTURNE	RIMOUSKI		ANALYSÉE
CENSURER	ENVOÛTER	ONCTUEUX	SABOULER	ABRIVENT	ANONYMAT
CERCUEIL	ÉPROUVER	PARJURÉE	SAMOURAÏ	ACTIVANT	BALAYAGE
CIRCULER	ÉQUEUTER	PARJURER	SANGUINE	ACTIVITÉ	ENRAYURE
CLÔTURÉE	ESCOUADE	PATAUGER	SAVOURER	ADJUVANT	JERRYCAN
CONDUIRE	ESSEULÉE	PERCUTER	SECOURIR	ARRIVANT	ONDOYANT
CONDUITE	EXCLUSIF	PERDURER	SECOUSSE	BÉNÉVOLE	PAGAYEUR
CONJURÉE				BIENVENU	TRICYCLE
					WALKYRIE

Z

BRONZAGE

6ᵉ

POSITION

A

ABATTAGE
ABERRANT
ABONDANT
ABSIDALE
ABSTRAIT
ACCOLADE
ACCOLAGE
ACÉPHALE
ACIÉRAGE
ACROBATE
ACTIVANT
ADÉQUATE
ADJUVANT
AFFOLANT
AGRAFAGE
AIREDALE
ALBANAIS
ALGARADE
ALLEMAND
ALLUMAGE
ALMANACH
AMALGAME
AMBULANT
ANORMALE
APAISANT
ARRIMAGE
ARRIVANT
ARROGANT
ARTISANE
ASOCIALE
ASPIRANT
ATTENANT
ATTIRANT

AUSTRALE	DÉCEVANT	FILTRAGE	LIMONADE	PINERAIE
AUTODAFÉ	DÉCODAGE	FLAMBARD	LOINTAIN	PIOCHAGE
AUTOMATE	DÉLICATE	FLUVIALE	LOURDAUD	PIPERADE
AVANTAGE	DÉLIRANT	FRANÇAIS	LOVELACE	PLAISANT
BADINAGE	DÉPLIANT	FRAPPANT	MALSÉANT	PLANTAIN
BAIGNADE	DÉSOLANT	FRINGALE	MARCHAND	POIGNANT
BALAYAGE	DÉVORANT	FRINGANT	MARINADE	POITRAIL
BASEBALL	DIGITALE	GAILLARD	MARITALE	POLYGAME
BELTRAMI	DISGRÂCE	GALÉJADE	MARTIALE	POPULACE
BESTIALE	DISTRAIT	GALOPADE	MAUSSADE	PORTLAND
BIENFAIT	DOMPTAGE	GEIGNARD	MÉCRÉANT	PORTRAIT
BIENNALE	ÉCARLATE	GÉNÉRALE	MÉDICALE	POURTANT
BIGARADE	ÉCLATANT	GÉNITALE	MÉLOMANE	PRESSANT
BITONALE	ÉCRIVAIN	GENTIANE	MEMBRANE	PROSTATE
BLINDAGE	ÉDIFIANT	GLACIALE	MENAÇANT	PUISSANT
BORDEAUX	EFFICACE	GLISSADE	MENDIANT	PURITAIN
BOUCHAGE	ÉGRENAGE	GLISSANT	MILITANT	PYROMANE
BOURRADE	ELDORADO	GOURMAND	MINÉRALE	RABOTAGE
BRANLANT	ÉMONDAGE	GRILLADE	MONACALE	RACOLAGE
BREUVAGE	ÉMOUVANT	GRILLAGE	MONDIALE	RADICALE
BRILLANT	ÉNERVANT	GRINÇANT	MONORAIL	RADOTAGE
BRONZAGE	ENFILADE	GROGNARD	MUSICALE	RATURAGE
BROSSAGE	ENIVRANT	GROUPAGE	NAUFRAGE	REBUTANT
BROSSARD	ÉPAULARD	GUEULARD	NÉPALAIS	RECALAGE
BROUHAHA	ÉPEURANT	GUIGNARD	NOURRAIN	RÉCIFALE
BROUTARD	ÉPUISANT	HABITANT	NUMÉRALE	RECULADE
BRUITAGE	ÉQUIPAGE	HALETANT	OBSÉDANT	RÉCURAGE
CAMARADE	ÉRISTALE	HÉRITAGE	OCCUPANT	RENÉGATE
CAPITALE	ERMITAGE	HÉSITANT	OEILLADE	REPOSANT
CASEMATE	ESCALADE	IGNORANT	OLÉCRANE	REVENANT
CENTIARE	ESCAPADE	ILLÉGALE	OMOPLATE	RIGOLADE
CENTRALE	ESCOUADE	IMMORALE	ONDOYANT	RIVERAIN
CÉTÉRACH	ÉTENDAGE	IMPOSANT	OPPOSANT	RONFLANT
CHARMANT	ÉTONNANT	INFAMANT	OPTIMALE	ROSERAIE
CONFIANT	EXCITANT	INHUMAIN	PANORAMA	ROSTRALE
CONSTANT	EXIGEANT	INITIALE	PAPOTAGE	ROUBLARD
CORDIALE	EXISTANT	IRRITANT	PARTIALE	RUTABAGA
COURBATU	FAINÉANT	JACQUARD	PATINAGE	RUTILANT
CRUCIALE	FATIGANT	LATÉRALE	PENCHANT	SABOTAGE
DÉBUTANT	FAUCHARD	LAURÉATE	PÉTARADE	SAILLANT
DÉCALAGE	FÉMORALE	LETTRAGE	PÉTULANT	SALOPARD
DÉCAPANT	FILETAGE	LIBÉRALE	PEUPLADE	SANGLANT

SANTIAGO
SATINAGE
SCANDALE
SEMBLANT
SÉRÉNADE
SIBILANT
SIDÉRALE
SOIFFARD
SOURIANT
SPATIALE
SPÉCIALE
SPONTANÉ
STACCATO
STAGNANT
STANDARD
STÉARATE
STEMMATE
SUFFRAGE
TAILLADE
TARATATA
TATOUAGE
TOLÉRANT
TOMAHAWK
TOUCHANT
TRAÎNANT
TRAÎNARD
TREMPAGE
TRIPLACE
UNGUÉALE
URÉTRALE
URTICALE
VAILLANT
VÉGÉTALE
VENTRALE
VÉSICALE
VIGILANT

B

ABSORBER
ADORABLE
AFFAIBLI
AGRÉABLE

ALHAMBRA
ALPHABET
AMOVIBLE
AMPHIBIE
ATTRIBUT
BLÂMABLE
COLOMBIE
COUPABLE
DAMNABLE
DÉCEMBRE
ÉLIGIBLE
ENGLOBER
ENSEMBLE
ENVIABLE
ESCARBOT
ÉTIRABLE
HORRIBLE
IMMEUBLE
IMMUABLE
INCOMBER
INSTABLE
MANIABLE
NOVEMBRE
NUISIBLE
OPÉRABLE
OPPROBRE
PAISIBLE
PALPABLE
PASSABLE
PASSIBLE
PÉNOMBRE
PORTABLE
POSSIBLE
PROHIBÉE
PROHIBER
QUOLIBET
REGIMBER
RÉGLABLE
RÉSORBER
RETOMBER
ROSALBIN
SCARABÉE

SENSIBLE
SOCIABLE
TANGIBLE
TERRIBLE
VARIABLE
VERTÈBRE

C

ANNONCÉE
ANNONCER
APPROCHE
ARÉNACÉE
AUTARCIE
AUTRUCHE
BALANCÉE
BALANCER
BARBECUE
BERNACHE
BONNICHE
BRAVACHE
CADENCER
CARENCÉE
COLLECTE
COMPACTE
CORRECTE
CRÉTACÉE
DÉBOUCHÉ
DÉFONCER
DÉNONCER
DEVANCER
DIALECTE
DIMANCHE
DIVORCÉE
DYSTOCIE
EMBOUCHE
ENDURCIR
ENFONCER
ENGONCÉE
ENTRACTE
ÉPINOCHE
FANTOCHE
FAROUCHE

FOLIACÉE
FORTICHE
FURONCLE
GASPACHO
GAVROCHE
GOULACHE
GRÉBICHE
GRIMACER
HANDICAP
HERBACÉE
HIBISCUS
INAMICAL
INEXACTE
INFLÉCHI
INSUCCÈS
JERRYCAN
MANOUCHE
MASSICOT
MÉDIOCRE
MERLUCHE
MORDICUS
OBSTACLE
OSTRACÉE
PASTICHE
PIMBÊCHE
PISTACHE
POSTICHE
PRÉFACÉE
QUETSCHE
RADOUCIR
RAPIÉCER
RELANCÉE
RELANCER
RENONCER
REPLACER
REPROCHÉ
RETRACER
RÉTRÉCIE
RÉTRÉCIR
SEMONCER
SÉPULCRE
SURFACÉE

SUSPECTE
SYNDICAT
TRICYCLE
TROPICAL
UPPERCUT
VACANCES
VALENCIA
VIOLACER

D

ABSOUDRE
ACCORDER
AGRANDIR
ALMANDIN
ALOURDIR
ARCHIDUC
ARRONDIR
ATTARDÉE
ATTENDRE
BAVARDER
CANARDER
CANDIDAT
CONCÉDER
CORRIDOR
CORRODER
CRAINDRE
DÉBARDER
DÉBONDER
DÉBORDER
DÉBRIDÉE
DÉFENDRE
DÉFENDUE
DÉLARDER
DEMANDÉE
DEMANDER
DÉSORDRE
DÉTENDRE
DÉTENDUE
ÉLUCIDER
ENHARDIR
ENLAIDIR
ENTENDRE

ENTENDUE
ÉTEINDRE
ÉTOURDIE
ÉTOURDIR
EXTRADER
EXTRUDÉE
FARFADET
FILANDRE
GAMBADER
GUÉRIDON
HASARDER
INCENDIE
INFÉODÉE
INTERDIT
JOBARDER
LABRADOR
LIQUIDÉE
LIQUIDER
MARAUDER
MINAUDER
MONANDRE
MUSARDER
ORCHIDÉE
OUTARDES
PERFIDIE
PICARDAN
PLAINDRE
POMMADÉE
POMMADER
PORRIDGE
POSSÉDÉE
POSSÉDER
PRÉCÉDER
PRÉSIDER
RAVAUDER
REBONDIR
REFONDRE
REGARDER
RENAUDER
RÉPANDRE
RÉPANDUE
REPERDRE

RÉPONDRE	BALADEUR	ÉCRITEAU	GEÔLIÈRE	LAINIÈRE	ONCTUEUX
RÉSOUDRE	BANLIEUE	EINSTEIN	GLACIÈRE	LAITIÈRE	ORBITÈLE
RETARDER	BANNIÈRE	ÉJECTEUR	GLANDEUR	LANGUEUR	ORNEMENT
REVENDRE	BARRIÈRE	ÉLAGUEUR	GLORIEUX	LAPEREAU	ORPIMENT
RIGAUDON	BATELEUR	ÉLECTEUR	GRACIEUX	LAVEMENT	OUBLIEUX
SABORDER	BÂTIMENT	ÉLOGIEUX	GRANDEUR	LÉGÈRETÉ	OUVRIÈRE
SECONDER	BIENVENU	ÉMULSEUR	GROSSEUR	LIGAMENT	PAGAYEUR
SUCCÉDER	BIMOTEUR	ÉPAGNEUL	GUÊPIÈRE	LINACÉES	PAIEMENT
SUICIDÉE	BISAÏEUL	ÉPHÉMÈRE	GUINDEAU	LINOLÉUM	PALUDÉEN
SUICIDER	BLAGUEUR	ÉPICIÈRE	HABANERA	LIONCEAU	PANCRÉAS
TARAUDER	BLAIREAU	ÉPOUSEUR	HABILETÉ	LOCATEUR	PANTHÉON
TORSADÉE	BONIMENT	ESCABEAU	HAVENEAU	LOGEMENT	PARADEUR
TRAGÉDIE	BOUCHÈRE	ÉTAMPEUR	HERCHEUR	LONGUEUR	PAREMENT
TRÉPIDER	BRAQUEUR	ÉTHYLÈNE	HOBEREAU	LOURDEUR	PATINEUR
TRIPODIE	BRIÈVETÉ	EUROPÉEN	HOLOCÈNE	LUMINEUX	PAUVRETÉ
	BUCAREST	EXASPÉRÉ	HOMOGÈNE	MAIGREUR	PAVEMENT
E	BUDAPEST	FAÎTIÈRE	IMAGIÈRE	MAUGRÉER	PÉDALEUR
	CAPITEUX	FAUSSETÉ	IMMINENT	MEILLEUR	PELOTEUR
ABRIVENT	CARRIÈRE	FÉCULENT	IMMODÉRÉ	MERCREDI	PÉNITENT
ACCIDENT	CERCUEIL	FERMIÈRE	IMPOTENT	MEUNIÈRE	PERLIÈRE
ACESCENT	COHÉRENT	FESSIÈRE	IMPUDENT	MIELLEUX	PERPLEXE
ACHETEUR	COIFFEUR	FIÉVREUX	IMPUDEUR	MISERERE	PHRASEUR
ADHÉRENT	COMPLÈTE	FILAMENT	IMPURETÉ	MITIGEUR	PIERREUX
ADJACENT	CONCRÈTE	FIXEMENT	INALTÉRÉ	MONITEUR	PLÂTREUX
ADULTÈRE	CRÉATEUR	FLATTEUR	INCIDENT	MONTRÉAL	PLÉNIÈRE
AÉRATEUR	CRINIÈRE	FLOTTEUR	INDÉCENT	MOUCHETÉ	PLEUREUR
AFFINEUR	DÉBITEUR	FOURNEAU	INDIGÈNE	NAPOLÉON	PLONGEON
AGRÉMENT	DÉGÉNÉRÉ	FOURREAU	INDIGENT	NAUSÉEUX	PLONGEUR
AISÉMENT	DÉLATEUR	FRAGMENT	INDIRECT	NÉBULEUX	PLUVIEUX
AJUSTEUR	DÉLIBÉRÉ	FRAUDEUR	INDOLENT	NÉGATEUR	POISSEUX
AMITIEUX	DERNIÈRE	FRIPIÈRE	INESPÉRÉ	NIAISEUX	PORCHÈRE
AMOUREUX	DERRIÈRE	FRONDEUR	INFIDÈLE	NICODÈME	PORTIÈRE
ANAMNÈSE	DÉSOBÉIR	FURETEUR	INFLUENT	NIELLEUR	POSTIÈRE
ANTIGÈNE	DEUXIÈME	GAIEMENT	INHÉRENT	NIVELEUR	POUDREUX
APPAREIL	DILIGENT	GAINIÈRE	INNOCENT	NOIRCEUR	POURCEAU
APPARENT	DISCRÈTE	GALILÉEN	INQUIÈTE	NOMBREUX	PRÊCHEUR
ÂPREMENT	DOSSIÈRE	GALOPEUR	INSOLENT	NOUEMENT	PRÉCIEUX
ARGUMENT	DRESSEUR	GANGRÈNE	INVÉTÉRÉ	NOVATEUR	PREMIÈRE
ARMATEUR	DUVETEUX	GATINEAU	JONGLEUR	OBSOLÈTE	PROBLÈME
ASSUREUR	ÉBARBEUR	GAUCHÈRE	JUGEMENT	OCCIDENT	PROCRÉER
AUDITEUR	ÉBURNÉEN	GAZOGÈNE	JUREMENT	OEILLÈRE	PROPRETÉ
BAIGNEUR	ÉCERVELÉ	GÉNÉREUX	KÉROSÈNE	OISIVETÉ	PROSPÈRE
BAILLEUR	ÉCOLIÈRE	GÉNITEUR	LACEMENT	ONCOGÈNE	PROTHÈSE

PUANTEUR
PURULENT
QUILLEUR
QUINTEUX
RACOLEUR
RAILLEUR
RANCOEUR
RAREMENT
RÉACTEUR
RECELEUR
RÉGIMENT
RELEVEUR
RENTIÈRE
RÉTICENT
RICANEUR
RIGOLEUR
ROMSTECK
RONFLEUR
ROSEMÈRE
ROUSSEUR
ROUTIÈRE
RUDEMENT
RUISSEAU
SABLIÈRE
SAGEMENT
SAINTETÉ
SAPITEUR
SAUCIÈRE
SAUGRENU
SÉCATEUR
SEIGNEUR
SIMBLEAU
SOBRIÉTÉ
SOIGNEUX
SOLIPÈDE
SOLIVEAU
SOMBRERO
SORCIÈRE
SOUCIEUX
SOUDIÈRE
SOUPIÈRE
SPACIEUX
SQUAMEUX

STOPPEUR
STRIDENT
STUDIEUX
SUCRIÈRE
SUPPLÉER
SÛREMENT
SYNTHÈSE
TALQUEUX
TAMISEUR
TAPAGEUR
TAXATEUR
TÉGUMENT
TENDRETÉ
TÈNEMENT
TORTUEUX
TOURMENT
TRACTEUR
TRAÎNEUR
TRANSEPT
TRAPPEUR
TRICHEUR
TROMPEUR
TROTTEUR
TROUPEAU
TROUVÈRE
TUILIÈRE
ULCÉREUX
USINIÈRE
USURIÈRE
VAISSEAU
VAPOREUX
VÉHÉMENT
VEILLEUR
VENDREDI
VERRIÈRE
VERTUEUX
VÊTEMENT
VIPEREAU
VIREMENT
VIRULENT
VISITEUR
VISQUEUX
VIVEMENT

VRAIMENT
ZARZUELA
ZÉLATEUR

F

AIGREFIN
BOUTEFEU
DÉCONFIT
ÉTOUFFÉE
ÉTOUFFER
MÂCHEFER
SUPERFIN
SUPERFLU

G

AFFLIGER
ALLONGER
AMÉNAGER
ANALOGIE
ANALOGUE
APOLOGIE
ARRANGER
ASPERGÉE
ASPERGER
ASSIÉGER
CAMPAGNE
COLLÈGUE
COLLIGER
COMPAGNE
CONSIGNE
CONTIGUË
CORRIGÉE
CORRIGER
DÉRANGER
DIVERGER
DYSLOGIE
ÉCHANGÉE
ÉCHANGER
EMPEIGNE
ENNEIGÉE
ENNUAGER
ENSEIGNE

ESCARGOT
ESPIÈGLE
ÉTRANGER
EXPURGER
FROMAGER
FUSTIGER
HARANGUE
HARPAGON
HÉBERGÉE
HÉBERGER
INFLIGER
INSURGÉE
INTRIGUE
LITURGIE
LOUANGÉE
LOUANGER
MARTAGON
MÉLANGÉE
MÉLANGER
MENDIGOT
MESSAGER
MONTAGNE
NÉGLIGER
NELLIGAN
OBLONGUE
OUTRAGER
OUVRAGÉE
PARANGON
PARTAGÉE
PARTAGER
PASSAGER
PATAUGER
PRÉJUGÉE
PRÉSAGER
PROLOGUE
PROPAGER
PROROGER
PROTÉGER
RABOUGRI
REGORGER
REMANGER
ROTENGLE
SACCAGER

SERINGAT
SERINGUE
SOULAGER
SPRINGER
SURNAGER
TEENAGER
TRIANGLE
VINAIGRE
VOLTIGER
ZOOLOGIE

H

AFFICHÉE
AGUICHER
ALLÉCHER
ANARCHIE
ARRACHER
ATROPHIE
ATTACHÉE
ATTACHER
BLANCHIR
BRANCHÉE
BRANCHER
BRANCHUE
BRONCHER
DÉTACHER
ÉBAUCHÉE
ÉBAUCHER
EMPATHIE
EMPÊCHER
EMPOCHER
ENFICHER
ENRICHIR
ENTACHER
ÉPANCHER
ÉPARCHIE
ÉTANCHER
FILOCHER
FLANCHER
FOLICHON
FOURCHON
FRAÎCHIR

FRANCHIR
INFICHUE
NÉNUPHAR
PÂLICHON
PANACHER
PARAPHÉE
PARAPHER
PELUCHÉE
PÉTÉCHIE
POLOCHON
PYORRHÉE
RELÂCHÉE
RELÂCHER
REPÊCHER
RICKSHAW
RICOCHER
RICOCHET
SÉRAPHIN
TALOCHÉE
TRANCHÉE
TRANCHER

I

ABLATION
ABLATIVE
ABLUTION
ABORTIVE
ABRASIVE
ABSIDIAL
ACTINITE
ACTIVITÉ
ACTUAIRE
ADDITION
ADÉLAÏDE
ADHÉSION
ADHÉSIVE
ADOPTION
AÉRATION
AFFILIÉE
AFFILIER
AFFUSION
ALACRITÉ

ALANDIER	CADUCITÉ	DOCILITÉ	FÉTIDITÉ	HUÎTRIER	JONCTION
ALBUMINE	CALAMITÉ	DOCTRINE	FIDÉLITÉ	HUMANITÉ	JUVÉNILE
ALCALINE	CAPACITÉ	DOLOMITE	FINALITÉ	HUMILIER	KAPOKIER
ALLUSION	CAPUCINE	DOMICILE	FINITION	HUMILITÉ	LANGUIDE
ALLUSIVE	CAVALIER	DONATION	FONCTION	IDENTITÉ	LANOLINE
AMBITION	CÉLÉRITÉ	DOUANIER	FONTAINE	ILLICITE	LAPICIDE
ANDÉSITE	CÉNOBITE	ÉCHOTIER	FORTUITE	ILLIMITÉ	LARVAIRE
ANEURINE	CENTAINE	ÉCLOSION	FOURNIER	ILLUMINÉ	LECTRICE
ANGLAISE	CERISIER	ÉCUMOIRE	FOUTAISE	ILLUSION	LÉGALITÉ
ANNUAIRE	CERTAINE	EFFUSION	FRACTION	IMBÉCILE	LÉGITIME
ARATOIRE	CÉSARIEN	ÉLECTION	FREDAINE	IMMÉDIAT	LÉNIFIER
ARMELINE	CHAGRINE	ÉLECTIVE	FRICTION	IMMÉRITÉ	LÉTALITÉ
ARMURIER	CHAMPION	ÉMEUTIER	FUGACITÉ	IMMOBILE	LINÉAIRE
ARTÉRIEL	CHARRIER	ÉMISSION	FUGITIVE	IMMUNITÉ	LIVIDITÉ
ARTHRITE	CITADINE	ÉNORMITÉ	FUMAGINE	IMPAVIDE	LOCALITÉ
ARTIFICE	CITATION	ENTÉRITE	FUSILIER	IMPÉRIAL	LOCATION
ASPÉRITÉ	COCORICO	ENTRAIDE	FUTILITÉ	IMPÉTIGO	LOCUTION
ASPIRINE	COCOTIER	ÉPERVIER	GALLOISE	IMPUNITÉ	LONGRINE
ASSOCIÉE	COHÉSION	ÉPHÉLIDE	GAULOISE	INACTION	LUCIDITÉ
ASSOCIER	COMÉDIEN	ÉQUATION	GÉLATINE	INACTIVE	LUNETIER
ATROCITÉ	CONDUIRE	ÉRECTILE	GÉNOCIDE	INCISION	LUPULINE
ATTRAIRE	CONDUITE	ÉRECTION	GÉRANIUM	INCISIVE	LUSTRINE
AUBÉPINE	CONQUISE	ERGOTINE	GERBOISE	INCIVILE	MÂCHOIRE
AUDITION	CONTRITE	ÉRUPTION	GERONIMO	INDÉCISE	MAGICIEN
AUTORITÉ	CORSAIRE	ESCALIER	GILETIER	INDÉFINI	MAIGRIOT
AVERSION	COURRIER	ESPALIER	GIRATION	INDICIEL	MAINMISE
BAKÉLITE	COURTIER	ESTONIEN	GLOSSINE	INDIVIDU	MAINTIEN
BANALITÉ	CRÉATION	ESTUAIRE	GLOSSITE	INDOCILE	MAÎTRISE
BANCAIRE	CRÉATIVE	ÉTERNITÉ	GOYAVIER	INEXPIÉE	MALADIVE
BATELIER	CROUPION	EURASIEN	GRAINIER	INHABITÉ	MALÉFICE
BAUDRIER	CUPIDITÉ	ÉVICTION	GRATUITÉ	INJURIER	MALSAINE
BÉDOUINE	CURATIVE	EXERCICE	GRIMOIRE	INSANITÉ	MANDRILL
BÉNÉFICE	DÉBILITÉ	EXPÉDIER	GRIVOISE	INSCRIRE	MARITIME
BÉNITIER	DÉCISION	EXTRAIRE	GROSSIER	INSIPIDE	MARQUISE
BÊTIFIER	DÉCISIVE	EXTRAITE	GUERRIER	INSOLITE	MATÉRIAU
BEURRIER	DÉLATION	FACILITÉ	HAUTAINE	INSULINE	MATÉRIEL
BILIAIRE	DÉLÉBILE	FAILLITE	HEAUMIER	INTIMITÉ	MATURITÉ
BLONDINE	DÉRISION	FAMILIER	HÉPATITE	INVALIDE	MAUVAISE
BONIFIER	DÉSUNION	FATALITÉ	HÉRITIER	INVASION	MÉDECINE
BOUCLIER	DÉTRUIRE	FAUTRICE	HILARITÉ	IRRADIER	MÉLANINE
BOURSIER	DILUTION	FAVORITE	HISTOIRE	ISOCLINE	MÉLUSINE
BUTANIER	DISTRICT	FÉLICITÉ	HISTRION	IVOIRIER	MERISIER
CABOTINE	DIVISION	FÉROCITÉ	HÔTELIER	IVOIRINE	MESQUINE

☞	☞	☞	☞	☞	☞
MIGRAINE	OSSIFIER	PURIFIER	SALARIER	TAHITIEN	VOLITIVE
MODALITÉ	OSSUAIRE	QUANTITÉ	SALINITÉ	TÉMÉRITÉ	VOLUBILE
MODIFIER	OUISTITI	QUARTIER	SANCTION	TÉNACITÉ	VORACITÉ
MONDAINE	OVULAIRE	QUESTION	SANGLIER	TÉNORITE	VULGAIRE
MORALITÉ	PACIFIER	QUÉTAINE	SANGUINE	THYROÏDE	ZIBELINE
MOROSITÉ	PALATIAL	RAPACITÉ	SAPIDITÉ	TIMIDITÉ	
MUSICIEN	PALMAIRE	RAPIDITÉ	SAVETIER	TIMONIER	**K**
MUTATION	PALUDINE	RAPPRISE	SCISSION	TIRELIRE	
NAGEOIRE	PANTOIRE	RARÉFIER	SCOLAIRE	TONALITÉ	ASTRAKAN
NARCÉINE	PANTOISE	RATATINÉ	SCORPION	TONIFIER	
NARGUILÉ	PAPETIER	RÂTELIER	SECTAIRE	TOTALITÉ	**L**
NATIVITÉ	PARASITE	RATICIDE	SÉCULIER	TOXICITÉ	
NECTAIRE	PARFAITE	RATIFIER	SÉCURITÉ	TRACTION	ACCABLER
NÉGATION	PARISIEN	RÉACTION	SÉDATIVE	TRADUIRE	ACIDULÉE
NÉGATIVE	PARODIÉE	RECOPIER	SÉDITION	TRILLION	ACTUELLE
NÉGOCIER	PARODIER	RÉÉCRIRE	SÉNILITÉ	TROUFION	AFFUBLÉE
NÉPHRITE	PARUTION	RÉFUGIER	SEÑORITA	TUMÉFIER	AFFUBLER
NICOTINE	PÉDALIER	RÉGATIER	SÉRÉNITÉ	UBIQUITÉ	AIGUILLE
NIDIFIER	PÉLAMIDE	RÉGULIER	SÉVÉRITÉ	UNITAIRE	AISSELLE
NOCIVITÉ	PÈLERINE	RELATION	SIAMOISE	URBANITÉ	AMPOULÉE
NODOSITÉ	PÉNALITÉ	RELATIVE	SIBÉRIEN	URÉTRITE	ANNUELLE
NOTARIAT	PESSAIRE	RELIGION	SINUSITE	URINAIRE	ANOMALIE
NOTARIÉE	PÉTITION	REMANIER	SLEEPING	URSULINE	ARCHELLE
NOTIFIER	PHORMION	REMÉDIER	SOLIDITÉ	UVULAIRE	ASPHALTE
NOURRICE	PIERRIER	RENGAINE	SOLUTION	VASELINE	AURÉOLÉE
NOVATION	PILOSITÉ	RÉPUDIER	SOMMAIRE	VELARIUM	AURÉOLER
NOVICIAT	PIONNIER	RÉSILIER	SONORITÉ	VELLÉITÉ	AVEUGLER
OCCASION	PLANAIRE	RÉSINIER	SOURCIER	VÉLOCITÉ	BABILLER
OCÉANIDE	POITRINE	RÉTINITE	SOURDINE	VÉRACITÉ	BARILLET
OCTAVIER	POLICIER	RETRAITE	SPLÉNITE	VÉRIFIER	BARIOLÉE
OCULAIRE	POPELINE	RÉUSSITE	SPORTIVE	VERVEINE	BARIOLER
OFFICIEL	POSITION	RÉVISION	STELLITE	VEXATION	BASCULER
OFFICIER	POSITIVE	RIESLING	STÉROÏDE	VICARIAT	BATAILLE
OFFICINE	PRÉCAIRE	RIGIDITÉ	STRIGILE	VICTOIRE	BISBILLE
OLIBRIUS	PRESSION	RIVALITÉ	SUDATION	VIRILITÉ	BONDELLE
OLYMPIEN	PRESTIGE	ROTATION	SUÉDOISE	VIROCIDE	BOUILLIE
OMISSION	PRIMAIRE	ROTATIVE	SUJÉTION	VITALITÉ	BOUILLIR
ONTARIEN	PRINCIPE	ROTURIER	SUPPLICE	VITAMINE	BOUILLON
OPTICIEN	PRIORITÉ	RUGOSITÉ	SUPPLIER	VIVACITÉ	BRACELET
ORATOIRE	PRODUIRE	SABOTIER	SURFAIRE	VIVIFIER	BRAILLER
ORATRICE	PRODUITE	SAGACITÉ	SURFAITE	VOCATION	BRASILIA
ORDURIER	PSAUTIER	SALACITÉ	SURPRISE	VOLATILE	BRICELET
ORGANISÉ	PUNITION	SALARIÉE	TABLOÏDE	VOLITION	BRICOLER
					BROUILLE

CABOULOT	ENCOLLER	GOUAILLE	OSCILLER	SABOULER	URODÈLES
CALCULER	ENGRÊLÉE	GRAILLER	OUAILLES	SARCELLE	VACILLER
CANAILLE	ENROULER	GRAILLON	OUTILLER	SÉMILLON	VANILLÉE
CANNELÉE	ENSABLER	GRANULÉE	PAGAILLE	SÉRIELLE	VANNELLE
CARILLON	ENSELLÉE	GRANULER	PAMPHLET	SERPOLET	VÉNIELLE
CASUELLE	ENTAILLE	GUENILLE	PANOPLIE	SEXUELLE	VENTILER
CELLULAR	ENVOILER	GUÉRILLA	PANTALON	SIBYLLIN	VIEILLIE
CÉPHALÉE	ÉPINGLÉE	HABILLÉE	PANTELER	SIGNALÉE	VIEILLIR
CERVELLE	ÉPINGLER	HABILLER	PARCELLE	SIGNALER	VIEILLOT
CIRCULER	ÉRAILLÉE	HARCELER	PAREILLE	SITTELLE	VOLAILLE
COMPILER	ÉRAILLER	HELVELLE	PARFILER	SOMNOLER	ZEPPELIN
CONGELÉE	ESSEULÉE	IMBRULÉE	PARMÉLIE	SOUFFLÉE	
CONGELER	ESTERLIN	INTAILLE	PASTILLE	SOUFFLER	**M**
CONSOLER	ÉTRILLER	IRRÉELLE	PAUMELLE	SOUFFLET	
CONVOLER	ÉVEILLÉE	JOUFFLUE	PAVILLON	SOUILLÉE	ACCALMIE
COQUILLE	ÉVEILLER	JUMELLES	PERSILLÉ	SOUILLER	ACCLAMER
COUILLON	EXCELLER	KYRIELLE	PÉTILLER	SOUILLON	AFFERMER
CRENELÉE	FARFELUE	LAMELLÉE	PIAILLER	SPÉCULER	AFFERMIR
CRÉNELER	FAUCILLE	LAQUELLE	POSTULER	SPÉCULOS	AFFIRMER
CRÉTELLE	FEUILLER	LENTILLE	POUBELLE	SPIRALÉE	ALCHIMIE
CUEILLIR	FEUILLUE	LIBELLER	POUILLOT	SPORULER	ANONYMAT
DÉBÂCLER	FIGNOLER	MAGNOLIA	PRUNELLE	STIMULER	ASSOMMER
DÉBALLER	FLANELLE	MALPOLIE	PULLULER	STIPULER	BENJAMIN
DÉBOULER	FORMELLE	MANTELET	QUERELLE	SURGELER	BONHOMIE
DÉCOLLER	FORMULÉE	MANTILLE	RACAILLE	SURVOLER	BOULIMIE
DÉFERLER	FORMULER	MANUELLE	RAFFOLER	SYPHILIS	CONSUMER
DENTELER	FOUILLÉE	MARGELLE	RAMOLLIE	TATILLON	CORROMPU
DENTELLE	FOUILLER	MARTELER	RAMOLLIR	TAVILLON	COSTUMÉE
DÉRÉELLE	FOUILLIS	MASCULIN	RAPPELER	TENDELLE	COSTUMER
DÉRÉGLER	FRISELIS	MAUSOLÉE	RECOLLER	TITILLER	DÉCLAMER
DESSALER	FRISOLÉE	MÉDAILLE	RECYCLER	TOMBELLE	DÉFORMER
DONZELLE	FUSILLER	MORAILLE	REFOULER	TONNELLE	DÉGOMMER
DOUILLET	FUTAILLE	MORCELER	REMPILER	TORPILLE	DÉPRIMÉE
DURILLON	GAMBILLE	MORILLON	RENÂCLER	TOUILLER	DÉPRIMER
ÉBISELER	GENTILLE	MORTELLE	RÉTABLIR	TOURELLE	DÉSARMER
ÉBRANLER	GERBILLE	MOUILLÉE	RIPAILLE	TREILLIS	DÉTREMPÉ
ÉCAILLÉE	GIBOULÉE	MOUILLER	RISSOLÉE	TREMBLAY	DIFFAMER
ÉCAILLER	GIROFLÉE	MURAILLE	RISSOLER	TREMBLER	DIPLÔMÉE
ÉGUEULER	GLABELLE	MUTUELLE	RITUELLE	TREMPLIN	DIPLÔMER
ÉMAILLER	GLUMELLE	NASILLER	ROITELET	TRÉMULER	DOBERMAN
EMBALLER	GODILLOT	NOUVELLE	RONDELET	TROUBLÉE	ÉCONOMIE
EMBELLIR	GONDOLÉE	OISILLON	ROUILLÉE	TROUBLER	ENDORMIR
EMPERLER	GONDOLER	OREILLER	ROUILLER	UNIFOLIÉ	ENRHUMÉE

☞	☞	☞	☞	☞	☞
ÉPIDÉMIE	AJOURNER	CALOMNIE	DISTINCT	GARÇONNE	MAÇONNER
ESSAIMER	ALEVINER	CANCANER	DOLÉANCE	GARDÉNIA	MALMENER
GLYCÉMIE	ALLIANCE	CARDINAL	DORIENNE	GASCONNE	MARONNER
IMPRIMER	ALTERNÉE	CASSANTE	DULCINÉE	GNANGNAN	MARRANTE
INANIMÉE	ALTERNER	CAUSANTE	ÉBORGNER	GRAMINÉE	MARTINET
INFIRMÉE	ALUMINER	CHALANDE	ÉCHÉANCE	GRATINER	MATERNER
INFIRMER	AMARANTE	CHEMINÉE	EFFRÉNÉE	GRISANTE	MÉCHANTE
INFORMER	AMBIANCE	CHEMINER	EFFRONTÉ	HACIENDA	MÉFIANTE
INNOMMÉE	AMBIANTE	CHICANÉE	ÉLÉGANCE	HARMONIE	MENSONGE
KALIÉMIE	AMUSANTE	CLÉMENTE	ÉLÉGANTE	HIVERNER	MIGNONNE
LEUCÉMIE	ANACONDA	COLLANTE	ÉLIMINER	IMAGINER	MITONNER
OPPRIMER	ANAVENIN	COMBINER	ÉLOIGNER	INCARNER	MONTANTE
PARSEMER	ANCIENNE	CONTENIR	ÉMINENCE	INCHANGÉ	MORDANTE
PRÉSUMÉE	ANODONTE	CONTENTE	ÉMINENTE	INCLINÉE	MOURANTE
PRÉSUMER	ANTIENNE	CONTENUE	EMPENNÉE	INCLINER	MOUVANTE
RALLUMER	APPRENTI	CONTINUE	ENCEINTE	INCONNUE	NATIONAL
RÉANIMER	ARMAGNAC	CONVENIR	ENCHANTÉ	INDIENNE	NAVRANTE
RÉCLAMÉE	ASSAINIR	CORÉENNE	ENCORNÉE	INDIGNÉE	NIPPONNE
RÉCLAMER	ASSIGNER	COULANTE	ENGEANCE	INÉTENDU	NUBIENNE
REFERMER	ASTHÉNIE	COUPANTE	ENTONNER	INFERNAL	NUISANCE
RÉFORMÉE	ASTRONEF	COURANTE	ÉOLIENNE	INOPINÉE	OASIENNE
RÉFORMER	ATTEINTE	CROYANTE	ÉPARGNÉE	INSOMNIE	OBSTINÉE
RENOMMÉE	AUDIENCE	CUISANTE	ÉPARGNER	INSTANCE	ODORANTE
RENOMMER	AVENANTE	CUISINÉE	ÉPATANTE	INSTINCT	OFFRANDE
RENTAMER	BARBANTE	CULMINER	ÉPÉPINER	INTERNÉE	OPULENCE
RÉPRIMER	BASSINER	DANDINER	ESPIONNE	INTERNER	OPULENTE
RESSEMER	BÂTONNAT	DÉCENNIE	ÉTREINTE	IONIENNE	ORDONNÉE
SLALOMER	BERÇANTE	DÉCERNER	ÉTRENNÉE	ISOLANTE	ORDONNER
SPÉCIMEN	BESOGNER	DÉCLINER	ÉTRENNER	ISOTONIE	ORIGINAL
SUBLIMER	BESSONNE	DÉCORNER	EUPHONIE	JACTANCE	ORIGINEL
TALISMAN	BÉTONNER	DÉGAINER	ÉVIDENCE	JALONNER	PARLANTE
TRANSMIS	BICHONNE	DÉGARNIR	ÉVIDENTE	JULIÉNAS	PARTANTE
TRISOMIE	BLASANTE	DÉJEUNER	FÂCHANTE	LAMBINER	PARVENIR
	BOMBANCE	DESCENTE	FAÇONNER	LASSANTE	PARVENUE
N	BOUCANER	DÉSIGNER	FASCINER	LETTONIE	PASSANTE
	BRETONNE	DESSINER	FENDANTE	LISBONNE	PATERNEL
ABOMINER	BRISANTE	DESTINÉE	FERVENTE	LUISANTE	PATIENCE
ACHARNÉE	BROCANTE	DESTINER	FIBRANNE	LUMIGNON	PATIENTE
ACHARNER	BRÛLANTE	DÉTRÔNER	FLORENCE	LYCÉENNE	PATRONNE
ACUMINÉE	BRUNANTE	DÉVIANCE	FORCENÉE	LYDIENNE	PAYSANNE
ADJOINTE	CALCINÉE	DISPENSE	FRIPONNE	MACHINAL	PÉLÉENNE
AÉRIENNE	CALCINER	DISTANCE	FULMINER	MACHINÉE	PENDANTE
AGAÇANTE	CALMANTE	DISTANTE	GAGNANTE	MACHINER	PENSANTE

PERÇANTE	REMUANTE	TONNANTE	CONTRÔLE	MORIBOND	ATTRAPÉE
PERDANTE	REPEINTE	TORDANTE	COURTOIS	MOUSSOIR	ATTRAPER
PERSONNE	RÉPUGNER	TOUPINER	DARTROSE	PARABOLE	DÉCOMPTE
PIÉTINER	RÉSIGNÉE	TRÉFONDS	DÉCEVOIR	PARADOXE	DÉCOUPER
PIÉTONNE	RÉSONNER	TRIBUNAL	DÉVIDOIR	PATAPOUF	DÉCRÉPIT
PILONNER	RETEINTE	TRIDENTÉ	ELLÉBORE	PATRIOTE	DIMORPHE
PIMPANTE	ROUMANIE	VACCINER	ÉMONDOIR	PEIGNOIR	DISSIPÉE
PIQUANTE	SAGUENAY	VARENNES	ÉMOUVOIR	PÉKINOIS	DISSIPER
PRALINÉE	SATURNIE	VIBRANTE	ENTOLOME	PLANTOIR	ÉCHAPPER
PRALINER	SAVONNER	VIOLENCE	ENVIRONS	PLEUROTE	ENTREPÔT
PRÉMUNIR	SENTENCE	VIOLENTE	ÉPISSOIR	PLEUVOIR	ÉPITAPHE
PRÉSENCE	SEPTANTE	VIRGINAL	ESCALOPE	POISSONS	ESCARPÉE
PRÉSENTE	SÉQUENCE	VIRGINIE	FARIBOLE	POIVROTE	ESCARPIN
PRÉTENDU	SERVANTE	VOISINER	FÉVEROLE	POLAROÏD	ESTAMPÉE
PRÉVENIR	SHRAPNEL		FROTTOIR	POURTOUR	ESTAMPER
PRÉVENUE	SIDÉENNE	**O**	FURIBOND	POURVOIR	ESTOMPÉE
PROBANTE	SIPHONNÉ		GLARÉOLE	PUDIBOND	ESTOMPER
PROFANÉE	SOLENNEL	ABATTOIR	GLAUCOME	PURGEOIR	ESTROPIÉ
PROFANER	SONNANTE	AÉROPORT	GLISSOIR	RECEVOIR	EXTIRPER
PROFONDE	SORTANTE	ALENTOUR	GLORIOLE	REDEVOIR	IMPROPRE
PROMENER	SOUPENTE	ALTIPORT	GRATTOIR	ROLLMOPS	INADAPTÉ
PRONONCÉ	SOUTENIR	AMBLYOPE	GREFFOIR	ROUGEOLE	INCULPÉE
PROVENIR	SOUTENUE	AMERLOTE	HAUTBOIS	RUBICOND	INCULPER
PRUDENCE	SOUVENIR	ANECDOTE	HÉLÉPOLE	SAIGNOIR	MÉCOMPTE
PRUDENTE	SUBVENIR	ANTIDOTE	HÉLIPORT	SCLÉROSE	MULTIPLE
RABBINAT	SUCCINCT	ANTILOPE	HEURTOIR	SOURNOIS	PRÉCEPTE
RACORNIR	SUIVANTE	ANTITOUT	HEXAGONE	SURCROÎT	RAPLAPLA
RAFFINÉE	SURANNÉE	ARROSOIR	HEXAPODE	SURSEOIR	RECOUPER
RAFFINER	SURMENER	BADABOUM	HOUSSOIR	SYMPTÔME	RESCAPÉE
RAIPONCE	SURRÉNAL	BEAUCOUP	ILLINOIS	TAILLOIR	SEPTUPLE
RAISINET	SURVENIR	BEAUFORT	INCOLORE	TAMANOIR	SEXTUPLE
RAISONNÉ	SURVENUE	BEAUPORT	IRRÉSOLU	TROMBONE	SINCIPUT
RAJEUNIR	SUSPENSE	BÉNÉVOLE	LIMICOLE	TROTTOIR	SYNCOPÉE
RALLONGE	TALONNER	BESTIOLE	LIPOSOME	VAGABOND	SYNCOPER
RAMPANTE	TARTINÉE	BICOLORE	LOUPIOTE	VIENNOIS	TALLIPOT
RATIONAL	TÂTONNER	BOUGEOIR	MALLÉOLE	VIRTUOSE	THÉRAPIE
RAYONNER	TENDANCE	CABRIOLE	MANCHOTE		VARAPPER
RECONNUE	TENTANTE	CACATOÈS	MANIFOLD	**P**	
REDONNER	TERMINAL	CAMELOTE	MANITOBA		**Q**
REFRÉNER	TERMINER	CAMISOLE	MARABOUT	ACCOMPLI	
REGAGNER	TEUTONNE	CARRIOLE	MÉTABOLE	ACHOPPER	ANÉMIQUE
REGARNIR	TISONNER	CICÉRONE	MONOPOLE	AGRIPPER	AORTIQUE
REMMENER	TOMBANTE	COCACOLA	MONOTONE	ARCHIPEL	APPLIQUE

BACHIQUE	AGUERRIR	COMMÉRER	ENCADRER	LAITERON	POULARDE
BOUTIQUE	ALBATROS	COMPARER	ENCOURIR	LANTERNE	PRÉFÉRÉE
CANTIQUE	AMAIGRIE	CONCORDE	ENFOIRÉE	LECTORAT	PRÉFÉRER
CRITIQUE	AMAIGRIR	CONFÉRER	ENSERRER	LINGERIE	PRÉPARER
DÉFROQUÉ	ARBITRER	CONFORME	ENTERRER	LITTÉRAL	PRÉSURER
DÉTRAQUÉ	ARRIÉRÉE	CONJURÉE	ENTOURER	LITTORAL	PROCURER
ÉTATIQUE	ATTERRÉE	CONJURER	ÉNUMÉRER	LONGERON	PROFÉRER
FÉERIQUE	ATTERRER	CONNARDE	EUPHORIE	MÂCHURER	PROSCRIT
HÉROÏQUE	BABEURRE	CONNERIE	ÉVENTRER	MALOTRUE	PROSTRÉE
HIPPIQUE	BACCARAT	COOPÉRER	EXAGÉRÉE	MANDARIN	PROVERBE
IBÉRIQUE	BACTÉRIE	COUVERTE	EXAGÉRER	MANIÉRÉE	PURPURIN
ICONIQUE	BALAFRÉE	CREVARDE	EXONÉRER	MÉMOIRES	RAINURÉE
IMPLIQUÉ	BALAFRER	CRINCRIN	EXPLORER	MEURTRIR	RAMBARDE
IRONIQUE	BALOURDE	CULTUREL	FACTURÉE	MIGNARDE	RASSURER
ITALIQUE	BARBARIE	DÉBARRAS	FISSURÉE	MORDORÉE	RECHARGE
LOUFOQUE	BATTERIE	DÉCHARNÉ	FLÂNERIE	MOUTARDE	RECOURIR
MARASQUE	BERGERIE	DÉCLARER	FOLÂTRER	MUFLERIE	RÉITÉRER
NOÉTIQUE	BIGARRÉE	DÉLABRÉE	FORGERON	MURMURÉE	RÉOPÉRER
PASTÈQUE	BIGARRER	DÉMARRER	FRUSTRER	NAPPERON	REQUÉRIR
PEPTIQUE	BLAFARDE	DEMEURÉE	GANTERIE	NOCTURNE	RESPIRER
PERRUQUE	BLATÉRER	DEMEURER	GARDERIE	OBOMBRER	RHUBARBE
PÉTANQUE	BOISERIE	DÉNIGRER	GENDARME	ORATORIO	RINGARDE
PUBLIQUE	BOITERIE	DÉNUTRIE	GOINFRÉE	PALABRER	ROSSARDE
REMARQUE	BOMBARDE	DÉPÊTRER	GRISERIE	PALMARÈS	ROSSERIE
REMORQUE	BOUDERIE	DÉPLORER	GUTTURAL	PANCARTE	SAMOURAÏ
RÉPLIQUE	BOUTURER	DÉPOURVU	HÂBLERIE	PARJURÉE	SAUTERIE
RIQUIQUI	BOUVERIE	DÉSARROI	HERBERIE	PARJURER	SAVOURER
RUBRIQUE	BRADERIE	DESSERTE	HISTORIÉ	PARTERRE	SCÉLÉRAT
SLOVAQUE	BRODERIE	DÉTERRER	HUILERIE	PASTORAL	SCÉNARIO
TACTIQUE	BRÛLERIE	DIFFÉRER	IMPÉTRER	PEINARDE	SECOURIR
TARASQUE	BULGARIE	DIFFORME	IMPLORER	PENDERIE	SELLERIE
	CALIBRÉE	DISCORDE	INEXERCÉ	PÉNÉTRER	SIMAGRÉE
R	CALIBRER	DISPARUE	INSPIRÉE	PERDURER	SINGERIE
	CAPTURÉE	DRAPERIE	INSPIRER	PERFORER	SONGERIE
ABÂTARDI	CAUSERIE	DRÔLERIE	INTÉGRAL	PERVERSE	SOUFFRIR
ABHORRER	CÉLÉBRÉE	DUCHARME	INTÉGRÉE	PERVERTI	SOUPIRER
ACCOURIR	CENSURÉE	ÉBAVURER	INTÉGRER	PILLARDE	SOUTIRER
ACCOURUE	CENSURER	ÉCLAIRÉE	ISOCARDE	PITRERIE	SUCRERIE
ACQUÉRIR	CHAMBRÉE	ÉCLAIRER	JOUBARBE	PLANORBE	SUGGÉRER
AFFAIRÉE	CHIFFRÉE	ÉCOEURER	LABOURER	PLASTRON	SULFURER
AFFAIRES	CLOPORTE	ÉLABORER	LADRERIE	POCHARDE	SUPPURER
AGACERIE	CLÔTURÉE	EMBARRAS	LAIDERON	PONDÉRÉE	SUSURRER
AGUERRIE	COMMERCE	ENCADRÉE	LAITERIE	POSTURAL	SYMÉTRIE

TANNERIE	AIGUISER	DIFFUSER	GÉODÉSIE	OFFENSIF	SAPRISTI
TARTARIN	ANALYSÉE	DISPOSÉE	GLOUSSER	OPPRESSÉ	SARCASME
TAULARDE	ANGOISSE	DISPOSER	GONZESSE	ORALISER	SARRASIN
TÉLÉCRAN	ANIMISME	DRÔLESSE	GRAISSER	OZONISER	SAUCISSE
TEMPÉRÉE	ARCANSON	DUALISME	GUÉRISON	PACTISER	SECOUSSE
TEMPOREL	ASSASSIN	ÉBÉNISTE	GYMNASTE	PALISSON	SERRISTE
TENÈBRES	ATHÉISME	ÉCLIPSÉE	HARASSÉE	PALMISTE	SNOBISME
TEXTURER	ATOMISER	ÉCLIPSER	HARPISTE	PARESSER	SOPHISME
THÉÂTRAL	AUTOPSIE	ÉCUISSER	HÉRISSER	PARTISAN	SOUFISME
TOILERIE	AVALISER	ÉGALISER	HÉRISSON	PÂTISSER	STARISER
TONNERRE	BAPTISER	ÉGOTISME	HÉROÏSME	PAVOISER	STRESSER
TONSURER	BASSESSE	EMBRASER	HIPPISME	POÉTESSE	STYLISME
TORTURÉE	BÉOTISME	EMBRASSE	ILOTISME	POLISSON	SUPPOSÉE
TORTURER	CABOSSÉE	ÉMERISER	IMPLOSER	PONGISTE	SUPPOSER
TRIMARAN	CABOSSER	ÉMOUSSER	IMPULSIF	POTASSER	SUSVISÉE
TRITURER	CARCASSE	EMPRESSÉ	INSENSÉE	PRÉCISER	TABASSER
TUILERIE	CARESSÉE	ENCAISSE	INVERSER	PRÉMISSE	TACHISME
TUTEURER	CARESSER	ENCENSER	IRONISER	PRÉPOSÉE	TAPISSER
UNIFORME	COALISÉE	ENDOSSER	IRONISTE	PROMESSE	TERRASSE
URÉTÉRAL	COMPOSÉE	ENTASSER	JACASSER	PROPOSER	TIÉDASSE
VACHARDE	COMPOSER	ENTRESOL	JAÏNISME	PROUESSE	TIGRESSE
VACHERIE	COMTESSE	ÉNURÉSIE	JALOUSER	PUNAISÉE	TONTISSE
VACHERIN	CONNASSE	ÉPAISSIR	JALOUSIE	PUNAISER	TOURISME
VANNERIE	COROSSOL	ÉROTISER	JAUNISSE	RAMASSÉE	TOURISTE
VANTARDE	COULISSE	ÉROTISME	JEUNESSE	RAMASSER	TRAHISON
VEINARDE	CREVASSE	ESQUISSE	JOLIESSE	RAMASSIS	TRAVESTI
VERRERIE	CUIRASSE	ESTHÉSIE	JUDAÏSME	RASSASIÉ	TROUSSÉE
VEULERIE	DAMASSÉE	ÉTATISER	JUSTESSE	RÉALÉSER	TROUSSER
VICTORIA	DÉBOISER	EXCLUSIF	KANTISME	RÉALISER	TSARISME
VITRERIE	DÉCOUSUE	EXOTISME	KERMESSE	RÉALISTE	ULTRASON
VOITURÉE	DÉGRISER	EXPANSIF	LAÏUSSER	RECAUSER	URANISME
VOITURER	DÉGUISÉE	EXPLOSER	LAMAÏSME	RECENSER	UTILISER
WALKYRIE	DÉGUISER	EXPRESSE	LARGESSE	RÉGLISSE	UTOPISTE
	DÉLAISSÉ	EXPULSER	MAIRESSE	REPASSER	VENAISON
S	DÉPASSER	FASCISME	MENTISME	REPENSER	VÉRAISON
	DÉPENSÉE	FASCISTE	MÉPRISER	REPRISER	VIDÉASTE
ABAISSER	DÉPENSER	FAUNESSE	MOLLASSE	RETISSER	VIOLISTE
ABSCISSE	DÉSOSSÉE	FENAISON	MOLLESSE	RÊVASSER	ZAKOUSKI
ADRESSÉE	DÉSOSSER	FEUDISTE	NARCISSE	REVERSER	
ADRESSER	DÉTERSIF	FINASSER	NOBLESSE	RÉVULSER	**T**
AGONISER	DÉTRESSE	FRÉNÉSIE	OCULISTE	RICHESSE	
AGRESSER	DÉVERSER	FROISSER	OFFENSÉE	RIMOUSKI	ABSINTHE
AGRESSIF	DIAPASON	GASPÉSIE	OFFENSER	SALAISON	ACCEPTER

☞	☞	☞	☞	☞	☞
ACCOSTER	CACHETTE	DISCUTER	FAUVETTE	ITÉRATIF	ORIENTAL
ADJECTIF	CASSETTE	DISPUTÉE	FILLETTE	JARRETER	ORIENTER
ADMETTRE	CHIPOTER	DISPUTER	FOLIOTER	JAUNÂTRE	OTOLITHE
AFFECTER	CIMENTER	DIVERTIR	FOMENTER	JAUNETTE	PALPITER
AGERATUM	CLAVETTE	DORLOTER	FOSSETTE	JEUNETTE	PANNETON
AIGRETTE	COMPATIR	DORMITIF	FOUETTER	JOLIETTE	PARAÎTRE
AJOINTER	COQUETTE	DRÔLETTE	FRELATÉE	LANCETTE	PATENTER
ALLAITER	CORNETTE	DYNASTIE	FRELATER	LAUDATIF	PÊCHETTE
ALOUETTE	CORVETTE	ÉBRUITER	FRICOTER	LEVRETTE	PÉDIATRE
ALPESTRE	COUSETTE	ÉCOURTER	FRISETTE	LIBERTIN	PELLETÉE
AMNISTIE	CRAINTIF	ÉCROÛTER	GAMBETTE	LUCRATIF	PELLETER
AMULETTE	CRAPOTER	ÉDUCATIF	GANGSTER	LUNETTES	PERCUTER
AMUSETTE	CRAVATÉE	EFFECTIF	GARANTIE	LUXMÈTRE	PERMUTER
ANÉANTIR	CRÉDITER	EFFRITER	GARANTIR	MALLETTE	PIANOTER
ANISETTE	CRÉPITER	ÉGOUTTER	GÉOMÈTRE	MAQUETTE	PIÉCETTE
APPORTER	CREVETTE	EMBOÎTER	GOMMETTE	MARGOTER	PILASTRE
APPRÊTER	CULBUTÉE	EMBOUTIR	GOULOTTE	MARMOTTE	PIMENTÉE
ARGENTÉE	CULBUTER	ÉMIETTER	GRISETTE	MASCOTTE	PIMENTER
ARGENTER	CULOTTÉE	EMPESTER	GRIVETON	MEURETTE	PINCETTE
ARPENTER	DANSOTER	EMPIÉTER	GUSTATIF	MICHETON	PIQUETTE
ASSIETTE	DÉCRÉTER	EMPLÂTRE	HACHETTE	MIGNOTER	PLACETTE
ASSISTER	DÉGOTTER	EMPLETTE	HANNETON	MIROITER	PLUMETIS
ASSORTIE	DÉGOÛTÉE	EMPORTER	HOULETTE	MODESTIE	POCHETTE
ASSORTIR	DÉGOÛTER	ENCARTER	HUMECTER	MOLESTER	POMMETTE
ATTENTAT	DÉGUSTER	ENDETTER	IDOLÂTRE	MOLLETON	POMPETTE
ATTENTIF	DÉJANTER	ENFANTER	ILLETTRÉ	MOLLETTE	POTENTAT
ATTESTÉE	DÉLECTER	ENQUÊTER	ILLUSTRE	NÉONATAL	POULETTE
ATTESTER	DÉLESTER	ENVOÛTER	IMMORTEL	NOIRÂTRE	PRIMITIF
AUSSITÔT	DÉMENTIE	ÉPINETTE	IMPORTER	NOISETTE	PROFITER
BAISOTER	DÉMENTIR	ÉPOINTER	IMPORTUN	NONNETTE	PROJETER
BALLOTIN	DÉMONTER	ÉQUEUTER	INDUCTIF	NUISETTE	RABATTRE
BALUSTRE	DÉNATTER	ÉREINTÉE	INFECTER	NUTRITIF	RABOUTER
BARATTÉE	DÉPARTIR	ÉREINTER	INFESTER	OBJECTER	RACHETER
BARBOTER	DÉPISTER	ESCORTÉE	INFOUTUE	OBJECTIF	RACLETTE
BARRETTE	DÉPORTER	ESCORTER	INIMITIÉ	OCCULTER	RACONTAR
BELLÂTRE	DÉROUTÉE	ESSARTER	INJECTER	OLFACTIF	RACONTER
BISCOTTE	DÉSASTRE	EXCENTRÉ	INSISTER	OLIVÂTRE	RAINETTE
BLEUÂTRE	DÉSERTER	EXCEPTÉE	INSTITUT	OLIVETTE	RALENTIR
BOULETTE	DÉSISTER	EXÉCUTER	INSULTÉE	OMBRETTE	RAMEUTER
BREVETER	DÉTESTER	EXÉCUTIF	INSULTER	OMELETTE	RAQUETTE
BROUETTE	DÉTRITUS	EXEMPTER	INTENTER	ONGLETTE	RECHUTER
BULLETIN	DÉVASTER	EXPORTER	INUSITÉE	OPÉRETTE	RÉCOLTÉE
CACAOTÉE	DISCUTÉE	FACTOTUM	INVENTER	OPPORTUN	RÉCOLTER

RECRUTER	TACHETER	BLESSURE	ENRAYURE	HABITUER	OBSTRUER
REDOUTÉE	TAFFETAS	BOITEUSE	ÉPANOUIE	HAINEUSE	ONÉREUSE
REDOUTER	TEMPÊTER	BOUDEUSE	ÉPANOUIR	HÉBÉTUDE	OPERCULE
RÉÉDITER	TEUTATÈS	BRADEUSE	ÉPINEUSE	HEUREUSE	OPUSCULE
REFLÉTER	THANATOS	BRAVOURE	ESBROUFE	HONTEUSE	ORAGEUSE
RÉGENTER	TOILETTE	BRISEUSE	ESTOQUER	HURLEUSE	OSSATURE
REGISTRE	TRICOTER	BROCHURE	ÉTERNUER	IGNIFUGE	PANIQUÉE
REINETTE	TRIPOTER	BROYEUSE	ÉTRIQUER	IMMACULÉ	PARCOURS
REMETTRE	TURBOTIN	BRUMEUSE	ÉTUVEUSE	IMPALUDÉ	PARLEUSE
REMONTER	TURLUTER	BRUSQUÉE	ÉVANOUIE	INACTUEL	PASSEUSE
RENAÎTRE	VELOUTÉE	CADREUSE	ÉVANOUIR	INAVOUÉE	PÊCHEUSE
REPAÎTRE	VERDÂTRE	CALLEUSE	EXTÉNUER	INFATUÉE	PÉDICULE
REPARTIE	VERGETÉE	CANICULE	FAISEUSE	INOCCUPÉ	PEINTURE
REPARTIR	VERGETTE	CASSEUSE	FANGEUSE	INSINUER	PENSEUSE
REPENTIR	VIOLETTE	CAUSEUSE	FARCEUSE	INSTRUIT	PERCEUSE
REPORTER		CENTAURE	FATIGUÉE	JAPPEUSE	PERCLUSE
RÉSISTER	**U**	CERFEUIL	FAUTEUIL	JOINTURE	PEUREUSE
RÉSULTAT		CHINEUSE	FERREUSE	JOUTEUSE	PINCOURT
RÉSULTER	AFFREUSE	CONCLURE	FILATURE	KIBBOUTZ	PLANEUSE
RETENTER	AILLEURS	CONCOURS	FILLEULE	LÂCHEUSE	PLANQUÉE
RETENTIR	ALANGUIE	CONSPUER	FLÂNEUSE	LAINEUSE	PLOMBURE
RÉVOLTER	ALANGUIR	CONTEUSE	FLINGUER	LAITEUSE	POINTURE
RIPOSTER	ALESEUSE	COSTAUDE	FOURBURE	LANCEUSE	POMPEUSE
ROULETTE	ALLÉGUER	COUREUSE	FOURRURE	LATITUDE	PONCTUEL
ROULOTTE	ALLÉLUIA	COÛTEUSE	FRACTURE	LÉPREUSE	PORTEUSE
SALPÊTRE	ALPAGUER	CRÉATURE	FRILEUSE	LIGNEUSE	PRENEUSE
SAUCETTE	ALTITUDE	CURIEUSE	FRINGUER	LISSEUSE	PRÊTEUSE
SAUMÂTRE	AMADOUER	DANSEUSE	FRISQUET	LUCIFUGE	PRIMAUTÉ
SCULPTER	AMERTUME	DÉCLOUER	FRITEUSE	LUTTEUSE	PRIVAUTÉ
SÉCRÉTER	AMUSEUSE	DÉLÉGUÉE	FROIDURE	MÂCHEUSE	RABROUER
SELLETTE	APTITUDE	DÉMESURE	FUNICULE	MAFIEUSE	RADIEUSE
SENESTRE	ARLEQUIN	DÉSABUSÉ	FURIEUSE	MAILLURE	REBIQUER
SERPETTE	ARMATURE	DÉVALUER	GÂCHEUSE	MANUCURE	RECLOUER
SEULETTE	ATTAQUÉE	DIMINUER	GANDOURA	MARSAULT	RELÉGUER
SINISTRE	ATTAQUER	DISCOUNT	GELIVURE	MARSOUIN	REPIQUER
SONNETTE	ATTÉNUER	DISCOURS	GÉOTRUPE	MASSEUSE	RÉSÉQUER
SORNETTE	ATTITUDE	DISSOUTE	GLANEUSE	MENTEUSE	RÉSIDUEL
SPRINTER	AVENTURE	DROITURE	GOÛTEUSE	MERDEUSE	RÉTICULE
SUPPUTER	BÂFREUSE	ÉBERLUÉE	GRAVEUSE	MISSOURI	RÉVOQUER
SURJETER	BATTEUSE	ÉCRITURE	GUIMAUVE	MORVEUSE	RIDICULE
SUSCITER	BÉGUEULE	ÉCUREUIL	HABITUDE	NEIGEUSE	RINCEUSE
TABLETTE	BISEXUEL	ÉLINGUÉE	HABITUÉE	NERVEUSE	ROULEUSE
TACHETÉE	BISTOURI	ENDIGUER	HABITUEL	NOIRAUDE	RUINEUSE

RUSTAUDE
SASSEUSE
SAUTEUSE
SCRUPULE
SÉCHEUSE
SÉRIEUSE
SINÉCURE
SINUEUSE
SOLDEUSE
SOLITUDE
SONGEUSE
SOUCOUPE
SUIVEUSE
SURDOUÉE
TAVELURE
TEINTURE
TERREUSE
TINTOUIN
TISSEUSE
TITREUSE
TONDEUSE
TOUJOURS
TOULOUPE
TOURNURE
TRAYEUSE
UNIOVULE
USUFRUIT
VALSEUSE
VÉHICULE
VENDEUSE
VENTEUSE
VERMOULU
VÉSICULE
VICIEUSE
VIOLEUSE

V

ABREUVER
AGGRAVER
ASSERVIR
ASSOUVIR
CAPTIVER

CULTIVÉE
CULTIVER
DÉPRAVÉE
ENGRAVER
ENTRAVER
ENTREVUE
ÉPROUVER
FESTIVAL
IMPRÉVUE
INCURVER
LESSIVER
MÉDIÉVAL
MINERVAL
OBSERVER
POITEVIN
PRÉLEVER
RÉSERVÉE
RÉSERVER
REVOLVER
ROBERVAL
SOULEVER
TURNOVER

X

DUPLEXER
PRÉTEXTE
SUFFIXAL

Y

AÉRODYNE
APITOYER
APOPHYSE
BORNOYER
DÉBLAYER
DÉFRAYER
ÉPIPHYSE
FESTOYER
LOGOTYPE
MERDOYER
NÉOPHYTE
NETTOYER
PARONYME

REPLOYER
RESSAYER
RESSUYER
SYNONYME

Z

SQUEEZER

7e

POSITION

A

ABSIDIAL
ANONYMAT
ARMAGNAC
ASTRAKAN
ATTENTAT
BACCARAT
BÂTONNAT
BLAIREAU
CANDIDAT
CARDINAL
CELLULAR
DÉBARRAS
DOBERMAN
ÉCRITEAU
EMBARRAS
ESCABEAU
FESTIVAL
FOURNEAU
FOURREAU
GATINEAU
GNANGNAN
GUINDEAU
GUTTURAL
HANDICAP
HAVENEAU
HOBEREAU
IMMÉDIAT

IMPÉRIAL
INAMICAL
INFERNAL
INTÉGRAL
JERRYCAN
JULIÉNAS
LAPEREAU
LECTORAT
LIONCEAU
LITTÉRAL
LITTORAL
MACHINAL
MATÉRIAU
MÉDIÉVAL
MINERVAL
MONTRÉAL
NATIONAL
NELLIGAN
NÉNUPHAR
NÉONATAL
NOTARIAT
NOVICIAT
ORIENTAL
ORIGINAL
PALATIAL
PANCRÉAS
PARTISAN
PASTORAL
PICARDAN
POSTURAL
POTENTAT
POURCEAU
RABBINAT
RACONTAR
RATIONAL
RÉSULTAT
RICKSHAW
ROBERVAL
RUISSEAU
SAGUENAY
SAMOURAÏ
SCÉLÉRAT
SERINGAT

SIMBLEAU
SOLIVEAU
SUFFIXAL
SURRÉNAL
SYNDICAT
TAFFETAS
TALISMAN
TÉLÉCRAN
TERMINAL
THÉÂTRAL
TREMBLAY
TRIBUNAL
TRIMARAN
TROPICAL
TROUPEAU
URÉTÉRAL
VAISSEAU
VICARIAT
VIPEREAU
VIRGINAL

B

JOUBARBE
MANITOBA
PLANORBE
PROVERBE
RHUBARBE

C

ALLIANCE
ALMANACH
AMBIANCE
ARTIFICE
AUDIENCE
BÉNÉFICE
BOMBANCE
CÉTÉRACH
COCORICO
COMMERCE
DÉVIANCE
DISGRÂCE
DISTANCE

DISTINCT
DISTRICT
DOLÉANCE
ÉCHÉANCE
EFFICACE
ÉLÉGANCE
ÉMINENCE
ENGEANCE
ÉVIDENCE
EXERCICE
FAUTRICE
FLORENCE
INDIRECT
INEXERCÉ
INSTANCE
INSTINCT
JACTANCE
LECTRICE
LOVELACE
MALÉFICE
NOURRICE
NUISANCE
OPULENCE
ORATRICE
PATIENCE
POPULACE
PRÉSENCE
PRONONCÉ
PRUDENCE
RAIPONCE
ROMSTECK
SENTENCE
SÉQUENCE
SUCCINCT
SUPPLICE
TENDANCE
TRIPLACE
VIOLENCE

D

ABÂTARDI
ACCOLADE

		E			
ADÉLAÏDE	LAPICIDE		ALLONGER	ATTERRER	BRAILLER
ALGARADE	LATITUDE		ALPAGUER	ATTESTÉE	BRANCHÉE
ALTITUDE	LIMONADE	ABAISSER	ALPHABET	ATTESTER	BRANCHER
ANACONDA	MARINADE	ABHORRER	ALTERNÉE	ATTRAPÉE	BREVETER
APTITUDE	MAUSSADE	ABOMINER	ALTERNER	ATTRAPER	BRICELET
ATTITUDE	MERCREDI	ABREUVER	ALUMINER	AURÉOLÉE	BRICOLER
BAIGNADE	MIGNARDE	ABSORBER	AMADOUER	AURÉOLER	BRONCHER
BALOURDE	MOUTARDE	ACCABLER	AMÉNAGER	AVALISER	BRUSQUÉE
BIGARADE	NOIRAUDE	ACCEPTER	AMPOULÉE	AVEUGLER	BUTANIER
BLAFARDE	OCÉANIDE	ACCLAMER	ANALYSÉE	BABILLER	CABOSSÉE
BOMBARDE	OEILLADE	ACCORDER	ANNONCÉE	BAISOTER	CABOSSER
BOURRADE	OFFRANDE	ACCOSTER	ANNONCER	BALAFRÉE	CACAOTÉE
CAMARADE	PEINARDE	ACHARNÉE	APITOYER	BALAFRER	CACATOÈS
CHALANDE	PÉLAMIDE	ACHARNER	APPORTER	BALANCÉE	CADENCER
CONCORDE	PÉTARADE	ACHOPPER	APPRÊTER	BALANCER	CALCINÉE
CONNARDE	PEUPLADE	ACIDULÉE	ARBITRER	BAPTISER	CALCINER
COSTAUDE	PILLARDE	ACUMINÉE	ARCHIPEL	BARATTÉE	CALCULER
CREVARDE	PIPERADE	ADRESSÉE	ARÉNACÉE	BARBOTER	CALIBRÉE
DISCORDE	POCHARDE	ADRESSER	ARGENTÉE	BARILLET	CALIBRER
ELDORADO	POULARDE	AFFAIRÉE	ARGENTER	BARIOLÉE	CANARDER
ENFILADE	PRÉTENDU	AFFAIRES	ARMURIER	BARIOLER	CANCANER
ENTRAIDE	PROFONDE	AFFECTER	ARPENTER	BASCULER	CANNELÉE
ÉPHÉLIDE	RAMBARDE	AFFERMER	ARRACHER	BASSINER	CAPTIVER
ESCALADE	RATICIDE	AFFICHÉE	ARRANGER	BATELIER	CAPTURÉE
ESCAPADE	RECULADE	AFFILIÉE	ARRIÉRÉE	BAUDRIER	CARENCÉE
ESCOUADE	RIGOLADE	AFFILIER	ARTÉRIEL	BAVARDER	CARESSÉE
GALÉJADE	RINGARDE	AFFIRMER	ASPERGÉE	BÉNITIER	CARESSER
GALOPADE	ROSSARDE	AFFLIGER	ASPERGER	BESOGNER	CAVALIER
GÉNOCIDE	RUSTAUDE	AFFUBLÉE	ASSIÉGER	BÊTIFIER	CÉLÉBRÉE
GLISSADE	SÉRÉNADE	AFFUBLER	ASSIGNER	BÉTONNER	CENSURÉE
GRILLADE	SOLIPÈDE	AGGRAVER	ASSISTER	BEURRIER	CENSURER
HABITUDE	SOLITUDE	AGONISER	ASSOCIÉE	BIGARRÉE	CÉPHALÉE
HACIENDA	STÉROÏDE	AGRESSER	ASSOCIER	BIGARRER	CERISIER
HÉBÉTUDE	TABLOÏDE	AGRIPPER	ASSOMMER	BISEXUEL	CÉSARIEN
HEXAPODE	TAILLADE	AGUICHER	ASTRONEF	BLATÉRER	CHAMBRÉE
IMPALUDÉ	TAULARDE	AIGUISER	ATOMISER	BONIFIER	CHARRIER
IMPAVIDE	THYROÏDE	AJOINTER	ATTACHÉE	BORNOYER	CHEMINÉE
INDIVIDU	TRÉFONDS	AJOURNER	ATTACHER	BOUCANER	CHEMINER
INÉTENDU	VACHARDE	ALANDIER	ATTAQUÉE	BOUCLIER	CHICANÉE
INSIPIDE	VANTARDE	ALEVINER	ATTAQUER	BOURSIER	CHIFFRÉE
INVALIDE	VEINARDE	ALLAITER	ATTARDÉE	BOUTEFEU	CHIPOTER
ISOCARDE	VENDREDI	ALLÉCHER	ATTÉNUER	BOUTURER	CIMENTER
LANGUIDE	VIROCIDE	ALLÉGUER	ATTERRÉE	BRACELET	CIRCULER

CLÔTURÉE	CULTUREL	DEMANDER	DIMINUER	ÉGALISER	ENRHUMÉE
COALISÉE	DAMASSÉE	DÉMARRER	DIPLÔMÉE	ÉGOUTTER	ENROULER
COCOTIER	DANDINER	DEMEURÉE	DIPLÔMER	ÉGUEULER	ENSABLER
COLLIGER	DANSOTER	DEMEURER	DISCUTÉE	ÉLABORER	ENSELLÉE
COMBINER	DÉBÂCLER	DÉMONTER	DISCUTER	ÉLIMINER	ENSERRER
COMÉDIEN	DÉBALLER	DÉNATTER	DISPOSÉE	ÉLINGUÉE	ENTACHER
COMMÉRER	DÉBARDER	DÉNIGRER	DISPOSER	ÉLOIGNER	ENTASSER
COMPARER	DÉBLAYER	DÉNONCER	DISPUTÉE	ÉLUCIDER	ENTERRER
COMPILER	DÉBOISER	DENTELER	DISPUTER	ÉMAILLER	ENTONNER
COMPOSÉE	DÉBONDER	DÉPASSER	DISSIPÉE	EMBALLER	ENTOURER
COMPOSER	DÉBORDER	DÉPENSÉE	DISSIPER	EMBOÎTER	ENTRAVER
CONCÉDER	DÉBOULER	DÉPENSER	DIVERGER	EMBRASER	ÉNUMÉRER
CONFÉRER	DÉBRIDÉE	DÉPÊTRER	DIVORCÉE	ÉMERISER	ENVOILER
CONGELÉE	DÉCERNER	DÉPISTER	DORLOTER	ÉMEUTIER	ENVOÛTER
CONGELER	DÉCLAMER	DÉPLORER	DOUANIER	ÉMIETTER	ÉPANCHER
CONJURÉE	DÉCLARER	DÉPORTER	DOUILLET	ÉMOUSSER	ÉPARGNÉE
CONJURER	DÉCLINER	DÉPRAVÉE	DULCINÉE	EMPÊCHER	ÉPARGNER
CONSOLER	DÉCLOUER	DÉPRIMÉE	DUPLEXER	EMPENNÉE	ÉPÉPINER
CONSPUER	DÉCOLLER	DÉPRIMER	ÉBAUCHÉE	EMPERLER	ÉPERVIER
CONSUMER	DÉCORNER	DÉRANGER	ÉBAUCHER	EMPESTER	ÉPINGLÉE
CONVOLER	DÉCOUPER	DÉRÉGLER	ÉBAVURER	EMPIÉTER	ÉPINGLER
COOPÉRER	DÉCRÉTER	DÉROUTÉE	ÉBERLUÉE	EMPOCHER	ÉPOINTER
CORRIGÉE	DÉFERLER	DÉSARMER	ÉBISELER	EMPORTER	ÉPROUVER
CORRIGER	DÉFONCER	DÉSERTER	ÉBORGNER	ENCADRÉE	ÉQUEUTER
CORRODER	DÉFORMER	DÉSIGNER	ÉBRANLER	ENCADRER	ÉRAILLÉE
COSTUMÉE	DÉFRAYER	DÉSISTER	ÉBRUITER	ENCARTER	ÉRAILLER
COSTUMER	DÉGAINER	DÉSOSSÉE	ÉBURNÉEN	ENCENSER	ÉREINTÉE
COURRIER	DÉGOMMER	DÉSOSSER	ÉCAILLÉE	ENCOLLER	ÉREINTER
COURTIER	DÉGOTTER	DESSALER	ÉCAILLER	ENCORNÉE	ÉROTISER
CRAPOTER	DÉGOÛTÉE	DESSINER	ÉCHANGÉE	ENDETTER	ESCALIER
CRAVATÉE	DÉGOÛTER	DESTINÉE	ÉCHANGER	ENDIGUER	ESCARPÉE
CRÉDITER	DÉGRISER	DESTINER	ÉCHAPPER	ENDOSSER	ESCORTÉE
CRENELÉE	DÉGUISÉE	DÉTACHER	ÉCHOTIER	ENFANTER	ESCORTER
CRÉNELER	DÉGUISER	DÉTERRER	ÉCLAIRÉE	ENFICHER	ESPALIER
CRÉPITER	DÉGUSTER	DÉTESTER	ÉCLAIRER	ENFOIRÉE	ESSAIMER
CRÉTACÉE	DÉJANTER	DÉTRÔNER	ÉCLIPSÉE	ENFONCER	ESSARTER
CUISINÉE	DÉJEUNER	DÉVALUER	ÉCLIPSER	ENGLOBER	ESSEULÉE
CULBUTÉE	DÉLABRÉE	DEVANCER	ÉCOEURER	ENGONCÉE	ESTAMPÉE
CULBUTER	DÉLARDER	DÉVASTER	ÉCOURTER	ENGRAVER	ESTAMPER
CULMINER	DÉLECTER	DÉVERSER	ÉCROÛTER	ENGRÊLÉE	ESTOMPÉE
CULOTTÉE	DÉLÉGUÉE	DIFFAMER	ÉCUISSER	ENNEIGÉE	ESTOMPER
CULTIVÉE	DÉLESTER	DIFFÉRER	EFFRÉNÉE	ENNUAGER	ESTONIEN
CULTIVER	DEMANDÉE	DIFFUSER	EFFRITER	ENQUÊTER	ESTOQUER

ÉTANCHER	FISSURÉE	GRANULER	INDIGNÉE	LAMBINER	MOLESTER
ÉTATISER	FLANCHER	GRATINER	INEXPIÉE	LAMELLÉE	MORCELER
ÉTERNUER	FLINGUER	GRIMACER	INFATUÉE	LÉNIFIER	MORDORÉE
ÉTOUFFÉE	FOLÂTRER	GROSSIER	INFECTER	LESSIVER	MOUILLÉE
ÉTOUFFER	FOLIACÉE	GUERRIER	INFÉODÉE	LIBELLER	MOUILLER
ÉTRANGER	FOLIOTER	HABILLÉE	INFESTER	LINACÉES	MURMURÉE
ÉTRENNÉE	FOMENTER	HABILLER	INFIRMÉE	LIQUIDÉE	MUSARDER
ÉTRENNER	FORCENÉE	HABITUÉE	INFIRMER	LIQUIDER	MUSICIEN
ÉTRILLER	FORMULÉE	HABITUEL	INFLIGER	LOUANGÉE	NASILLER
ÉTRIQUER	FORMULER	HABITUER	INFORMER	LOUANGER	NÉGLIGER
EURASIEN	FOUETTER	HARASSÉE	INJECTER	LUNETIER	NÉGOCIER
EUROPÉEN	FOUILLÉE	HARCELER	INJURIER	LUNETTES	NETTOYER
ÉVEILLÉE	FOUILLER	HASARDER	INNOMMÉE	MÂCHEFER	NIDIFIER
ÉVEILLER	FOURNIER	HEAUMIER	INOPINÉE	MACHINÉE	NOTARIÉE
ÉVENTRER	FRELATÉE	HÉBERGÉE	INSENSÉE	MACHINER	NOTIFIER
EXAGÉRÉE	FRELATER	HÉBERGER	INSINUER	MÂCHURER	OBJECTER
EXAGÉRER	FRICOTER	HERBACÉE	INSISTER	MAÇONNER	OBOMBRER
EXCELLER	FRINGUER	HÉRISSER	INSPIRÉE	MAGICIEN	OBSERVER
EXCEPTÉE	FRISOLÉE	HÉRITIER	INSPIRER	MAINTIEN	OBSTINÉE
EXÉCUTER	FRISQUET	HIVERNER	INSUCCÈS	MALMENER	OBSTRUER
EXEMPTER	FROISSER	HÔTELIER	INSULTÉE	MANIÉRÉE	OCCULTER
EXONÉRER	FROMAGER	HUÎTRIER	INSULTER	MANTELET	OCTAVIER
EXPÉDIER	FRUSTRER	HUMECTER	INSURGÉE	MARAUDER	OFFENSÉE
EXPLORER	FULMINER	HUMILIER	INTÉGRÉE	MARGOTER	OFFENSER
EXPLOSER	FUSILIER	IMAGINER	INTÉGRER	MARONNER	OFFICIEL
EXPORTER	FUSILLER	IMBRULÉE	INTENTER	MARTELER	OFFICIER
EXPULSER	FUSTIGER	IMMORTEL	INTERNÉE	MARTINET	OLYMPIEN
EXPURGER	GALILÉEN	IMPÉTRER	INTERNER	MATÉRIEL	ONTARIEN
EXTÉNUER	GAMBADER	IMPLORER	INUSITÉE	MATERNER	OPPRIMER
EXTIRPER	GANGSTER	IMPLOSER	INVENTER	MAUGRÉER	OPTICIEN
EXTRADER	GIBOULÉE	IMPORTER	INVERSER	MAUSOLÉE	ORALISER
EXTRUDÉE	GILETIER	IMPRIMER	IRONISER	MÉLANGÉE	ORCHIDÉE
FAÇONNER	GIROFLÉE	INACTUEL	IRRADIER	MÉLANGER	ORDONNÉE
FACTURÉE	GLOUSSER	INANIMÉE	IVOIRIER	MÉMOIRES	ORDONNER
FAMILIER	GOINFRÉE	INAVOUÉE	JACASSER	MÉPRISER	ORDURIER
FARFADET	GONDOLÉE	INCARNER	JALONNER	MERDOYER	OREILLER
FASCINER	GONDOLER	INCLINÉE	JALOUSER	MERISIER	ORIENTER
FATIGUÉE	GOYAVIER	INCLINER	JARRETER	MESSAGER	ORIGINEL
FESTOYER	GRAILLER	INCOMBER	JOBARDER	MIGNOTER	OSCILLER
FEUILLER	GRAINIER	INCULPÉE	JUMELLES	MINAUDER	OSSIFIER
FIGNOLER	GRAISSER	INCULPER	KAPOKIER	MIROITER	OSTRACÉE
FILOCHER	GRAMINÉE	INCURVER	LABOURER	MITONNER	OUAILLES
FINASSER	GRANULÉE	INDICIEL	LAÏUSSER	MODIFIER	OUTARDES

OUTILLER	PIAILLER	PROMENER	RÉCLAMER	RENONCER	RIPOSTER
OUTRAGER	PIANOTER	PROPAGER	RECLOUER	RENTAMER	RISSOLÉE
OUVRAGÉE	PIERRIER	PROPOSER	RECOLLER	RÉOPÉRER	RISSOLER
OZONISER	PIÉTINER	PROROGER	RÉCOLTÉE	REPASSER	ROITELET
PACIFIER	PILONNER	PROSTRÉE	RÉCOLTER	REPÊCHER	RONDELET
PACTISER	PIMENTÉE	PROTÉGER	RECOPIER	REPENSER	ROTURIER
PALABRER	PIMENTER	PSAUTIER	RECOUPER	REPIQUER	ROUILLÉE
PALMARÈS	PIONNIER	PULLULER	RECRUTER	REPLACER	ROUILLER
PALPITER	PLANQUÉE	PUNAISÉE	RECYCLER	REPLOYER	SABORDER
PALUDÉEN	POLICIER	PUNAISER	REDONNER	REPORTER	SABOTIER
PAMPHLET	POMMADÉE	PURIFIER	REDOUTÉE	RÉPRIMER	SABOULER
PANACHER	POMMADER	PYORRHÉE	REDOUTER	REPRISER	SACCAGER
PANIQUÉE	PONCTUEL	QUARTIER	RÉÉDITER	RÉPUDIER	SALARIÉE
PANTELER	PONDÉRÉE	QUOLIBET	REFERMER	RÉPUGNER	SALARIER
PAPETIER	POSSÉDÉE	RABOUTER	REFLÉTER	RESCAPÉE	SANGLIER
PARAPHÉE	POSSÉDER	RABROUER	RÉFORMÉE	RÉSÉQUER	SAVETIER
PARAPHER	POSTULER	RACHETER	RÉFORMER	RÉSERVÉE	SAVONNER
PARESSER	POTASSER	RACONTER	REFOULER	RÉSERVER	SAVOURER
PARFILER	PRALINÉE	RAFFINÉE	REFRÉNER	RÉSIDUEL	SCARABÉE
PARISIEN	PRALINER	RAFFINER	RÉFUGIER	RÉSIGNÉE	SCULPTER
PARJURÉE	PRÉCÉDER	RAFFOLER	REGAGNER	RÉSILIER	SECONDER
PARJURER	PRÉCISER	RAINURÉE	REGARDER	RÉSINIER	SÉCRÉTER
PARODIÉE	PRÉFACÉE	RAISINET	RÉGATIER	RÉSISTER	SÉCULIER
PARODIER	PRÉFÉRÉE	RALLUMER	RÉGENTER	RÉSONNER	SEMONCER
PARSEMER	PRÉFÉRER	RAMASSÉE	REGIMBER	RÉSORBER	SERPOLET
PARTAGÉE	PRÉJUGÉE	RAMASSER	REGORGER	RESPIRER	SHRAPNEL
PARTAGER	PRÉLEVER	RAMEUTER	RÉGULIER	RESSAYER	SIBÉRIEN
PASSAGER	PRÉPARER	RAPIÉCER	RÉITÉRER	RESSEMER	SIGNALÉE
PATAUGER	PRÉPOSÉE	RAPPELER	RELÂCHÉE	RESSUYER	SIGNALER
PATENTER	PRÉSAGER	RARÉFIER	RELÂCHER	RÉSULTER	SIMAGRÉE
PATERNEL	PRÉSIDER	RASSURER	RELANCÉE	RETARDER	SLALOMER
PÂTISSER	PRÉSUMÉE	RÂTELIER	RELANCER	RETENTER	SOLENNEL
PAVOISER	PRÉSUMER	RATIFIER	RELÉGUER	RETISSER	SOMNOLER
PÉDALIER	PRÉSURER	RAVAUDER	REMANGER	RETOMBER	SOUFFLÉE
PELLETÉE	PROCRÉER	RAYONNER	REMANIER	RETRACER	SOUFFLER
PELLETER	PROCURER	RÉALÉSER	REMÉDIER	RÊVASSER	SOUFFLET
PELUCHÉE	PROFANÉE	RÉALISER	REMMENER	REVERSER	SOUILLÉE
PÉNÉTRER	PROFANER	RÉANIMER	REMONTER	RÉVOLTER	SOUILLER
PERCUTER	PROFÉRER	REBIQUER	REMPILER	REVOLVER	SOULAGER
PERDURER	PROFITER	RECAUSER	RENÂCLER	RÉVOQUER	SOULEVER
PERFORER	PROHIBÉE	RECENSER	RENAUDER	RÉVULSER	SOUPIRER
PERMUTER	PROHIBER	RECHUTER	RENOMMÉE	RICOCHER	SOURCIER
PÉTILLER	PROJETER	RÉCLAMÉE	RENOMMER	RICOCHET	SOUTIRER

SPÉCIMEN	TAPISSER	VACILLER	ÉTENDAGE	DÉBOUCHÉ	ALLÉLUIA
SPÉCULER	TARAUDER	VANILLÉE	FILETAGE	DIMANCHE	ALMANDIN
SPIRALÉE	TARTINÉE	VARAPPER	FILTRAGE	DIMORPHE	ALOURDIR
SPORULER	TÂTONNER	VARENNES	GRILLAGE	EMBOUCHE	AMAIGRIE
SPRINGER	TEENAGER	VELOUTÉE	GROUPAGE	ÉPINOCHE	AMAIGRIR
SPRINTER	TEMPÉRÉE	VENTILER	HÉRITAGE	ÉPITAPHE	AMNISTIE
SQUEEZER	TEMPÊTER	VERGETÉE	IGNIFUGE	FANTOCHE	AMPHIBIE
STARISER	TEMPOREL	VÉRIFIER	IMPÉTIGO	FAROUCHE	ANALOGIE
STIMULER	TENÈBRES	VIOLACER	INCHANGÉ	FORTICHE	ANARCHIE
STIPULER	TERMINER	VIVIFIER	LETTRAGE	GASPACHO	ANAVENIN
STRESSER	TEUTATÈS	VOISINER	LUCIFUGE	GAVROCHE	ANÉANTIR
SUBLIMER	TEXTURER	VOITURÉE	MENSONGE	GOULACHE	ANOMALIE
SUCCÉDER	TIMONIER	VOITURER	NAUFRAGE	GRÉBICHE	APOLOGIE
SUGGÉRER	TISONNER	VOLTIGER	PAPOTAGE	INFLÉCHI	APPAREIL
SUICIDÉE	TITILLER		PATINAGE	MANOUCHE	ARLEQUIN
SUICIDER	TONIFIER	**F**	PIOCHAGE	MERLUCHE	ARRONDIR
SULFURER	TONSURER	AUTODAFÉ	PORRIDGE	OTOLITHE	ARROSOIR
SUPPLÉER	TORSADÉE	ESBROUFE	PRESTIGE	PASTICHE	ASSAINIR
SUPPLIER	TORTURÉE		RABOTAGE	PIMBÊCHE	ASSASSIN
SUPPOSÉE	TORTURER	**G**	RACOLAGE	PISTACHE	ASSERVIR
SUPPOSER	TOUILLER	ABATTAGE	RADOTAGE	POSTICHE	ASSORTIE
SUPPURER	TOUPINER	ACCOLAGE	RALLONGE	QUETSCHE	ASSORTIR
SUPPUTER	TRANCHÉE	ACIÉRAGE	RATURAGE	REPROCHÉ	ASSOUVIR
SURANNÉE	TRANCHER	AGRAFAGE	RECALAGE		ASTHÉNIE
SURDOUÉE	TREMBLER	ALLUMAGE	RECHARGE	**I**	ATROPHIE
SURFACÉE	TRÉMULER	ARRIMAGE	RÉCURAGE		ATTENTIF
SURGELER	TRÉPIDER	AVANTAGE	RUTABAGA	ABATTOIR	AUTARCIE
SURJETER	TRICOTER	BADINAGE	SABOTAGE	ABSTRAIT	AUTOPSIE
SURMENER	TRIPOTER	BALAYAGE	SANTIAGO	ACCALMIE	BACTÉRIE
SURNAGER	TRITURER	BLINDAGE	SATINAGE	ACCOURIR	BALLOTIN
SURVOLER	TROUBLÉE	BOUCHAGE	SUFFRAGE	ACQUÉRIR	BARBARIE
SUSCITER	TROUBLER	BREUVAGE	TATOUAGE	ADJECTIF	BATTERIE
SUSURRER	TROUSSÉE	BRONZAGE	TREMPAGE	AFFERMIR	BENJAMIN
SUSVISÉE	TROUSSER	BROSSAGE		AGACERIE	BERGERIE
SYNCOPÉE	TUMÉFIER	BRUITAGE	**H**	AGRANDIR	BIENFAIT
SYNCOPER	TURLUTER	DÉCALAGE		AGRESSIF	BIENFAIT
TABASSER	TURNOVER	DÉCODAGE	ABSINTHE	AGUERRIE	BLANCHIR
TACHETÉE	TUTEURER	DOMPTAGE	APPROCHE	AGUERRIR	BOISERIE
TACHETER	URODÈLES	ÉGRENAGE	AUTRUCHE	AIGREFIN	BOITERIE
TAHITIEN	UTILISER	ÉMONDAGE	BERNACHE	ALANGUIE	BONHOMIE
TALOCHÉE	VACANCES	ÉQUIPAGE	BONNICHE	ALANGUIR	BOUDERIE
TALONNER	VACCINER	ERMITAGE	BRAVACHE	ALBANAIS	BOUGEOIR
			BROUHAHA	ALCHIMIE	BOUILLIE

BOUILLIR	ÉCONOMIE	FRANCHIR	LEUCÉMIE	PRÉMUNIR	SIBYLLIN
BOULIMIE	ÉCRIVAIN	FRÉNÉSIE	LIBERTIN	PRÉVENIR	SINGERIE
BOUVERIE	ÉCUREUIL	FRISELIS	LINGERIE	PRIMITIF	SONGERIE
BRADERIE	ÉDUCATIF	FROTTOIR	LITURGIE	PROSCRIT	SOUFFRIR
BRASILIA	EFFECTIF	GANTERIE	LOINTAIN	PROVENIR	SOURNOIS
BRODERIE	EINSTEIN	GARANTIE	LUCRATIF	PURGEOIR	SOUTENIR
BRÛLERIE	EMBELLIR	GARANTIR	MAGNOLIA	PURITAIN	SOUVENIR
BULGARIE	EMBOUTIR	GARDÉNIA	MALPOLIE	PURPURIN	SUBVENIR
BULLETIN	ÉMONDOIR	GARDERIE	MANDARIN	RACORNIR	SUCRERIE
CALOMNIE	ÉMOUVOIR	GASPÉSIE	MARSOUIN	RADOUCIR	SUPERFIN
CAUSERIE	EMPATHIE	GÉODÉSIE	MASCULIN	RAJEUNIR	SURCROÎT
CERCUEIL	ENCOURIR	GLISSOIR	MEURTRIR	RALENTIR	SURSEOIR
CERFEUIL	ENDORMIR	GLYCÉMIE	MODESTIE	RAMASSIS	SURVENIR
COLOMBIE	ENDURCIR	GRATTOIR	MONORAIL	RAMOLLIE	SYMÉTRIE
COMPATIR	ENHARDIR	GREFFOIR	MOUSSOIR	RAMOLLIR	SYPHILIS
CONNERIE	ENLAIDIR	GRISERIE	MUFLERIE	RASSASIÉ	TAILLOIR
CONTENIR	ENRICHIR	GUSTATIF	NÉPALAIS	REBONDIR	TAMANOIR
CONVENIR	ÉNURÉSIE	HÂBLERIE	NOURRAIN	RECEVOIR	TANNERIE
COURTOIS	ÉPAISSIR	HARMONIE	NUTRITIF	RECOURIR	TARTARIN
CRAINTIF	ÉPANOUIE	HAUTBOIS	OBJECTIF	REDEVOIR	THÉRAPIE
CRINCRIN	ÉPANOUIR	HERBERIE	OFFENSIF	REGARNIR	TINTOUIN
CUEILLIR	ÉPARCHIE	HEURTOIR	OLFACTIF	REPARTIE	TOILERIE
DÉCENNIE	ÉPIDÉMIE	HISTORIÉ	ORATORIO	REPARTIR	TRAGÉDIE
DÉCEVOIR	ÉPISSOIR	HOUSSOIR	PANOPLIE	REPENTIR	TRANSMIS
DÉCONFIT	ESCARPIN	HUILERIE	PARMÉLIE	REQUÉRIR	TREILLIS
DÉCRÉPIT	ESTERLIN	ILLINOIS	PARVENIR	RÉTABLIR	TREMPLIN
DÉGARNIR	ESTHÉSIE	IMPULSIF	PEIGNOIR	RETENTIR	TRIPODIE
DÉMENTIE	ESTROPIÉ	INCENDIE	PÉKINOIS	RÉTRÉCIE	TRISOMIE
DÉMENTIR	ÉTOURDIE	INDUCTIF	PENDERIE	RÉTRÉCIR	TROTTOIR
DÉNUTRIE	ÉTOURDIR	INHUMAIN	PERFIDIE	RIVERAIN	TUILERIE
DÉPARTIR	EUPHONIE	INIMITIÉ	PÉTÉCHIE	ROSALBIN	TURBOTIN
DÉSOBÉIR	EUPHORIE	INSOMNIE	PINERAIE	ROSERAIE	UNIFOLIÉ
DÉTERSIF	ÉVANOUIE	INSTRUIT	PITRERIE	ROSSERIE	USUFRUIT
DÉVIDOIR	ÉVANOUIR	INTERDIT	PLANTAIN	ROUMANIE	VACHERIE
DISTRAIT	EXCLUSIF	ISOTONIE	PLANTOIR	SAIGNOIR	VACHERIN
DIVERTIR	EXÉCUTIF	ITÉRATIF	PLEUVOIR	SARRASIN	VALENCIA
DORMITIF	EXPANSIF	JALOUSIE	PLUMETIS	SATURNIE	VANNERIE
DRAPERIE	FAUTEUIL	KALIÉMIE	POITEVIN	SAUTERIE	VERRERIE
DRÔLERIE	FLÂNERIE	LADRERIE	POITRAIL	SCÉNARIO	VEULERIE
DYNASTIE	FOUILLIS	LAITERIE	POLAROÏD	SECOURIR	VICTORIA
DYSLOGIE	FRAÎCHIR	LAUDATIF	PORTRAIT	SELLERIE	VIEILLIE
DYSTOCIE	FRANÇAIS	LETTONIE	POURVOIR	SÉRAPHIN	VIEILLIR

VIENNOIS	CANAILLE	GÉNÉRALE	MARGELLE	PRUNELLE	VARIABLE
VIRGINIE	CANICULE	GÉNITALE	MARITALE	QUERELLE	VÉGÉTALE
VITRERIE	CAPITALE	GENTILLE	MARSAULT	RACAILLE	VÉHICULE
WALKYRIE	CARRIOLE	GERBILLE	MARTIALE	RADICALE	VÉNIELLE
ZEPPELIN	CASUELLE	GLABELLE	MÉDAILLE	RAPLAPLA	VENTRALE
ZOOLOGIE	CENTRALE	GLACIALE	MÉDICALE	RÉCIFALE	VERMOULU
	CERVELLE	GLARÉOLE	MÉTABOLE	RÉGLABLE	VÉSICALE
K	COCACOLA	GLORIOLE	MINÉRALE	RÉTICULE	VÉSICULE
	CONTRÔLE	GLUMELLE	MONACALE	RIDICULE	VOLAILLE
RIMOUSKI	COQUILLE	GOUAILLE	MONDIALE	RIPAILLE	VOLATILE
ZAKOUSKI	CORDIALE	GUENILLE	MONOPOLE	RITUELLE	VOLUBILE
	COUPABLE	GUÉRILLA	MORAILLE	ROSTRALE	ZARZUELA
L	CRÉTELLE	HÉLÉPOLE	MORTELLE	ROTENGLE	
	CRUCIALE	HELVELLE	MULTIPLE	ROUGEOLE	**M**
ABSIDALE	DAMNABLE	HORRIBLE	MURAILLE	SARCELLE	
ACCOMPLI	DÉLÉBILE	ILLÉGALE	MUSICALE	SCANDALE	AMALGAME
ACÉPHALE	DENTELLE	IMBÉCILE	MUTUELLE	SCRUPULE	AMERTUME
ACTUELLE	DÉRÉELLE	IMMACULÉ	NARGUILÉ	SENSIBLE	ANIMISME
ADORABLE	DIGITALE	IMMEUBLE	NOUVELLE	SEPTUPLE	ATHÉISME
AFFAIBLI	DOMICILE	IMMOBILE	NUISIBLE	SÉRIELLE	BELTRAMI
AGRÉABLE	DONZELLE	IMMORALE	NUMÉRALE	SEXTUPLE	BÉOTISME
AIGUILLE	ÉCERVELÉ	IMMUABLE	OBSTACLE	SEXUELLE	CONFORME
AIREDALE	ÉLIGIBLE	INCIVILE	OPÉRABLE	SIDÉRALE	DEUXIÈME
AISSELLE	ENSEMBLE	INDOCILE	OPERCULE	SITTELLE	DIFFORME
AMOVIBLE	ENTAILLE	INFIDÈLE	OPTIMALE	SOCIABLE	DUALISME
ANNUELLE	ENVIABLE	INITIALE	OPUSCULE	SPATIALE	DUCHARME
ANORMALE	ÉRECTILE	INSTABLE	ORBITÈLE	SPÉCIALE	ÉGOTISME
ARCHELLE	ÉRISTALE	INTAILLE	PAGAILLE	STRIGILE	ENTOLOME
ASOCIALE	ESPIÈGLE	IRRÉELLE	PAISIBLE	SUPERFLU	ÉROTISME
AUSTRALE	ÉTIRABLE	IRRÉSOLU	PALPABLE	TANGIBLE	EXOTISME
BASEBALL	FARIBOLE	JUVÉNILE	PARABOLE	TENDELLE	FASCISME
BATAILLE	FAUCILLE	KYRIELLE	PARCELLE	TERRIBLE	GENDARME
BÉGUEULE	FÉMORALE	LAQUELLE	PAREILLE	TOMBELLE	GERONIMO
BÉNÉVOLE	FÉVEROLE	LATÉRALE	PARTIALE	TONNELLE	GLAUCOME
BESTIALE	FILLEULE	LENTILLE	PASSABLE	TORPILLE	HÉROÏSME
BESTIOLE	FLANELLE	LIBÉRALE	PASSIBLE	TOURELLE	HIPPISME
BIENNALE	FLUVIALE	LIMICOLE	PASTILLE	TRIANGLE	ILOTISME
BISBILLE	FORMELLE	MALLÉOLE	PAUMELLE	TRICYCLE	JAÏNISME
BITONALE	FRINGALE	MANDRILL	PÉDICULE	UNGUÉALE	JUDAÏSME
BLÂMABLE	FUNICULE	MANIABLE	PERSILLÉ	UNIOVULE	KANTISME
BONDELLE	FURONCLE	MANIFOLD	PORTABLE	URÉTRALE	LAMAÏSME
BROUILLE	FUTAILLE	MANTILLE	POSSIBLE	URTICALE	LÉGITIME
CABRIOLE	GAMBILLE	MANUELLE	POUBELLE	VANNELLE	LIPOSOME
CAMISOLE					

MARITIME	ANTIGÈNE	DÉLIRANT	GASCONNE	LANTERNE	OPPOSANT
MENTISME	APAISANT	DÉPLIANT	GAZOGÈNE	LAVEMENT	ORNEMENT
NICODÈME	APPARENT	DÉSOLANT	GÉLATINE	LIGAMENT	ORPIMENT
PANORAMA	ÂPREMENT	DÉVORANT	GENTIANE	LISBONNE	PAIEMENT
PARONYME	ARGUMENT	DILIGENT	GLISSANT	LOGEMENT	PALUDINE
POLYGAME	ARMELINE	DISCOUNT	GLOSSINE	LONGRINE	PAREMENT
PROBLÈME	ARRIVANT	DOCTRINE	GOURMAND	LUPULINE	PATRONNE
SARCASME	ARROGANT	DORIENNE	GRINÇANT	LUSTRINE	PAVEMENT
SNOBISME	ARTISANE	ÉCLATANT	HABITANT	LYCÉENNE	PAYSANNE
SOPHISME	ASPIRANT	ÉDIFIANT	HALETANT	LYDIENNE	PÉLÉENNE
SOUFISME	ASPIRINE	ÉMOUVANT	HAUTAINE	MALSAINE	PÈLERINE
STYLISME	ATTENANT	EMPEIGNE	HÉSITANT	MALSÉANT	PENCHANT
SYMPTÔME	ATTIRANT	ÉNERVANT	HEXAGONE	MARCHAND	PÉNITENT
SYNONYME	AUBÉPINE	ENIVRANT	HOLOCÈNE	MÉCRÉANT	PERSONNE
TACHISME	BÂTIMENT	ENSEIGNE	HOMOGÈNE	MÉDECINE	PÉTULANT
TOURISME	BÉDOUINE	ENVIRONS	IGNORANT	MÉLANINE	PIÉTONNE
TSARISME	BESSONNE	ÉOLIENNE	ILLUMINÉ	MÉLOMANE	PLAISANT
UNIFORME	BICHONNE	ÉPEURANT	IMMINENT	MÉLUSINE	POIGNANT
URANISME	BIENVENU	ÉPUISANT	IMPOSANT	MEMBRANE	POISSONS
	BLONDINE	ERGOTINE	IMPOTENT	MENAÇANT	POITRINE
N	BONIMENT	ESPIONNE	IMPUDENT	MENDIANT	POPELINE
	BRANLANT	ÉTHYLÈNE	INCIDENT	MESQUINE	PORTLAND
ABERRANT	BRETONNE	ÉTONNANT	INDÉCENT	MIGNONNE	POURTANT
ABONDANT	BRILLANT	EXCITANT	INDÉFINI	MIGRAINE	PRESSANT
ABRIVENT	CABOTINE	EXIGEANT	INDIENNE	MILITANT	PUDIBOND
ACCIDENT	CAMPAGNE	EXISTANT	INDIGENT	MONDAINE	PUISSANT
ACESCENT	CAPUCINE	FAINÉANT	INDIGÈNE	MONOTONE	PURULENT
ACTIVANT	CENTAINE	FATIGANT	INDOLENT	MONTAGNE	PYROMANE
ADHÉRENT	CERTAINE	FÉCULENT	INFAMANT	MORIBOND	QUÉTAINE
ADJACENT	CHAGRINE	FIBRANNE	INFLUENT	NARCÉINE	RAISONNÉ
ADJUVANT	CHARMANT	FILAMENT	INHÉRENT	NICOTINE	RAREMENT
AÉRIENNE	CICÉRONE	FIXEMENT	INNOCENT	NIPPONNE	RATATINÉ
AÉRODYNE	CITADINE	FONTAINE	INSOLENT	NOCTURNE	REBUTANT
AFFOLANT	COHÉRENT	FRAGMENT	INSULINE	NOUEMENT	RÉGIMENT
AGRÉMENT	COMPAGNE	FRAPPANT	IONIENNE	NUBIENNE	RENGAINE
AISÉMENT	CONFIANT	FREDAINE	IRRITANT	OASIENNE	REPOSANT
ALBUMINE	CONSIGNE	FRINGANT	ISOCLINE	OBSÉDANT	RÉTICENT
ALCALINE	CONSTANT	FRIPONNE	IVOIRINE	OCCIDENT	REVENANT
ALLEMAND	CORÉENNE	FUMAGINE	JUGEMENT	OCCUPANT	RIESLING
AMBULANT	DÉBUTANT	FURIBOND	JUREMENT	OFFICINE	RONFLANT
ANCIENNE	DÉCAPANT	GAIEMENT	KÉROSÈNE	OLÉCRANE	RUBICOND
ANEURINE	DÉCEVANT	GANGRÈNE	LACEMENT	ONCOGÈNE	RUDEMENT
ANTIENNE	DÉCHARNÉ	GARÇONNE	LANOLINE	ONDOYANT	RUTILANT

SAGEMENT	ADDITION	ESCARGOT	NOVATION	THANATOS	ATTRAIRE
SAILLANT	ADHÉSION	ÉVICTION	OCCASION	TRACTION	AVENTURE
SANGLANT	ADOPTION	FENAISON	OISILLON	TRAHISON	BABEURRE
SANGUINE	AÉRATION	FINITION	OMISSION	TRILLION	BALUSTRE
SAUGRENU	AFFUSION	FOLICHON	PÂLICHON	TROUFION	BANCAIRE
SEMBLANT	ALBATROS	FONCTION	PALISSON	ULTRASON	BANNIÈRE
SIBILANT	ALLUSION	FORGERON	PANNETON	VENAISON	BARRIÈRE
SIDÉENNE	AMBITION	FOURCHON	PANTALON	VÉRAISON	BEAUFORT
SIPHONNÉ	ARCANSON	FRACTION	PANTHÉON	VEXATION	BEAUPORT
SLEEPING	AUDITION	FRICTION	PARANGON	VIEILLOT	BELLÂTRE
SOURDINE	AUSSITÔT	GIRATION	PARUTION	VOCATION	BICOLORE
SOURIANT	AVERSION	GODILLOT	PAVILLON	VOLITION	BILIAIRE
SPONTANÉ	BOUILLON	GRAILLON	PÉTITION		BISTOURI
STAGNANT	CABOULOT	GRIVETON	PHORMION	**P**	BLESSURE
STRIDENT	CARILLON	GUÉRIDON	PLASTRON		BLEUÂTRE
SÛREMENT	CHAMPION	GUÉRISON	PLONGEON	AMBLYOPE	BOUCHÈRE
TÉGUMENT	CITATION	HANNETON	POLISSON	ANTILOPE	BRAVOURE
TÈNEMENT	COHÉSION	HARPAGON	POLOCHON	CORROMPU	BROCHURE
TEUTONNE	COROSSOL	HÉRISSON	POSITION	DÉTREMPÉ	BROSSARD
TOLÉRANT	CORRIDOR	HISTRION	POUILLOT	ESCALOPE	BROUTARD
TOUCHANT	COUILLON	ILLUSION	PRESSION	GÉOTRUPE	CARRIÈRE
TOURMENT	CRÉATION	INACTION	PUNITION	INOCCUPÉ	CENTAURE
TRAÎNANT	CROUPION	INCISION	QUESTION	LOGOTYPE	CENTIARE
TROMBONE	DÉCISION	INVASION	RÉACTION	PRINCIPE	CONCLURE
URSULINE	DÉLATION	JONCTION	RELATION	ROLLMOPS	CONCOURS
VAGABOND	DÉRISION	LABRADOR	RELIGION	SOUCOUPE	CONDUIRE
VAILLANT	DÉSARROI	LAIDERON	RÉVISION	TOULOUPE	CORSAIRE
VASELINE	DÉSUNION	LAITERON	RIGAUDON	TRANSEPT	CRAINDRE
VÉHÉMENT	DIAPASON	LOCATION	ROTATION		CRÉATURE
VERVEINE	DILUTION	LOCUTION	SALAISON	**R**	CRINIÈRE
VÊTEMENT	DIVISION	LONGERON	SANCTION		DÉCEMBRE
VIGILANT	DONATION	LUMIGNON	SCISSION	ABSOUDRE	DÉFENDRE
VIREMENT	DURILLON	MAIGRIOT	SCORPION	ACTUAIRE	DÉGÉNÉRÉ
VIRULENT	ÉCLOSION	MARTAGON	SÉDITION	ADMETTRE	DÉLIBÉRÉ
VITAMINE	EFFUSION	MASSICOT	SÉMILLON	ADULTÈRE	DÉMESURE
VIVEMENT	ÉLECTION	MENDIGOT	SOLUTION	AÉROPORT	DERNIÈRE
VRAIMENT	ÉMISSION	MICHETON	SOUILLON	AILLEURS	DERRIÈRE
ZIBELINE	ENTREPÔT	MOLLETON	SPÉCULOS	ALHAMBRA	DÉSASTRE
	ENTRESOL	MORILLON	SUDATION	ALPESTRE	DÉSORDRE
O	ÉQUATION	MUTATION	SUJÉTION	ALTIPORT	DÉTENDRE
	ÉRECTION	NAPOLÉON	TALLIPOT	ANNUAIRE	DÉTRUIRE
ABLATION	ÉRUPTION	NAPPERON	TATILLON	ARATOIRE	DISCOURS
ABLUTION	ESCARBOT	NÉGATION	TAVILLON	ARMATURE	DOSSIÈRE
				ATTENDRE	

DROITURE	HÉLIPORT	PANTOIRE	SALPÊTRE	AFFREUSE	ENCAISSE
ÉCOLIÈRE	HISTOIRE	PARAÎTRE	SAUCIÈRE	ALESEUSE	ÉPINEUSE
ÉCRITURE	IDOLÂTRE	PARCOURS	SAUMÂTRE	AMUSEUSE	ÉPIPHYSE
ÉCUMOIRE	ILLETTRÉ	PARTERRE	SCOLAIRE	ANAMNÈSE	ESQUISSE
ELLÉBORE	ILLUSTRE	PÉDIATRE	SECTAIRE	ANGLAISE	ÉTUVEUSE
EMPLÂTRE	IMAGIÈRE	PEINTURE	SENESTRE	ANGOISSE	EXPRESSE
ENRAYURE	IMMODÉRÉ	PÉNOMBRE	SÉPULCRE	APOPHYSE	FAISEUSE
ENTENDRE	IMPROPRE	PERLIÈRE	SINÉCURE	BÂFREUSE	FANGEUSE
ÉPAULARD	INALTÉRÉ	PESSAIRE	SINISTRE	BASSESSE	FARCEUSE
ÉPHÉMÈRE	INCOLORE	PILASTRE	SOIFFARD	BATTEUSE	FAUNESSE
ÉPICIÈRE	INESPÉRÉ	PINCOURT	SOMBRERO	BOITEUSE	FERREUSE
ESTUAIRE	INSCRIRE	PLAINDRE	SOMMAIRE	BOUDEUSE	FLÂNEUSE
ÉTEINDRE	INVÉTÉRÉ	PLANAIRE	SORCIÈRE	BRADEUSE	FOUTAISE
EXASPÉRÉ	JACQUARD	PLÉNIÈRE	SOUDIÈRE	BRISEUSE	FRILEUSE
EXCENTRÉ	JAUNÂTRE	PLOMBURE	SOUPIÈRE	BROYEUSE	FRITEUSE
EXTRAIRE	JOINTURE	POINTURE	STANDARD	BRUMEUSE	FURIEUSE
FAÎTIÈRE	LAINIÈRE	PORCHÈRE	SUCRIÈRE	BUCAREST	GÂCHEUSE
FAUCHARD	LAITIÈRE	PORTIÈRE	SURFAIRE	BUDAPEST	GALLOISE
FERMIÈRE	LARVAIRE	POSTIÈRE	TAVELURE	CADREUSE	GAULOISE
FESSIÈRE	LINÉAIRE	PRÉCAIRE	TEINTURE	CALLEUSE	GERBOISE
FILANDRE	LUXMÈTRE	PREMIÈRE	TIRELIRE	CARCASSE	GLANEUSE
FILATURE	MÂCHOIRE	PRIMAIRE	TONNERRE	CASSEUSE	GONZESSE
FLAMBARD	MAILLURE	PRODUIRE	TOUJOURS	CAUSEUSE	GOÛTEUSE
FOURBURE	MANUCURE	PROSPÈRE	TOURNURE	CHINEUSE	GRAVEUSE
FOURRURE	MÉDIOCRE	RABATTRE	TRADUIRE	COMTESSE	GRIVOISE
FRACTURE	MEUNIÈRE	RABOUGRI	TRAÎNARD	CONNASSE	HAINEUSE
FRIPIÈRE	MISERERE	RÉÉCRIRE	TROUVÈRE	CONQUISE	HEUREUSE
FROIDURE	MISSOURI	REFONDRE	TUILIÈRE	CONTEUSE	HONTEUSE
GAILLARD	MONANDRE	REGISTRE	UNITAIRE	COULISSE	HURLEUSE
GAINIÈRE	NAGEOIRE	REMETTRE	URINAIRE	COUREUSE	INDÉCISE
GANDOURA	NECTAIRE	RENAÎTRE	USINIÈRE	COÛTEUSE	JAPPEUSE
GAUCHÈRE	NOIRÂTRE	RENTIÈRE	USURIÈRE	CREVASSE	JAUNISSE
GEIGNARD	NOVEMBRE	REPAÎTRE	UVULAIRE	CUIRASSE	JEUNESSE
GELIVURE	OCULAIRE	RÉPANDRE	VERDÂTRE	CURIEUSE	JOLIESSE
GEÔLIÈRE	OEILLÈRE	REPERDRE	VERRIÈRE	DANSEUSE	JOUTEUSE
GÉOMÈTRE	OLIVÂTRE	RÉPONDRE	VERTÈBRE	DARTROSE	JUSTESSE
GLACIÈRE	OPPROBRE	RÉSOUDRE	VICTOIRE	DÉLAISSÉ	KERMESSE
GRIMOIRE	ORATOIRE	REVENDRE	VINAIGRE	DÉSABUSÉ	LÂCHEUSE
GROGNARD	OSSATURE	ROSEMÈRE	VULGAIRE	DÉTRESSE	LAINEUSE
GUÊPIÈRE	OSSUAIRE	ROUBLARD		DISPENSE	LAITEUSE
GUEULARD	OUVRIÈRE	ROUTIÈRE	**S**	DRÔLESSE	LANCEUSE
GUIGNARD	OVULAIRE	SABLIÈRE		EMBRASSE	LARGESSE
HABANERA	PALMAIRE	SALOPARD	ABSCISSE	EMPRESSÉ	LÉPREUSE

LIGNEUSE	RADIEUSE	ACTIVITÉ	CADUCITÉ	DISSOUTE	FUTILITÉ
LISSEUSE	RAPPRISE	ADÉQUATE	CALAMITÉ	DISTANTE	GAGNANTE
LUTTEUSE	RÉGLISSE	ADJOINTE	CALMANTE	DOCILITÉ	GAMBETTE
MÂCHEUSE	RICHESSE	AGAÇANTE	CAMELOTE	DOLOMITE	GLOSSITE
MAFIEUSE	RINCEUSE	AIGRETTE	CAPACITÉ	DRÔLETTE	GOMMETTE
MAINMISE	ROULEUSE	ALACRITÉ	CASEMATE	ÉBÉNISTE	GOULOTTE
MAIRESSE	RUINEUSE	ALOUETTE	CASSANTE	ÉCARLATE	GRATUITÉ
MAÎTRISE	SASSEUSE	AMARANTE	CASSETTE	EFFRONTÉ	GRISANTE
MARQUISE	SAUCISSE	AMBIANTE	CAUSANTE	ÉLÉGANTE	GRISETTE
MASSEUSE	SAUTEUSE	AMERLOTE	CÉLÉRITÉ	ÉMINENTE	GYMNASTE
MAUVAISE	SCLÉROSE	AMULETTE	CÉNOBITE	EMPLETTE	HABILETÉ
MENTEUSE	SÉCHEUSE	AMUSANTE	CLAVETTE	ENCEINTE	HACHETTE
MERDEUSE	SECOUSSE	AMUSETTE	CLÉMENTE	ENCHANTÉ	HARPISTE
MOLLASSE	SÉRIEUSE	ANDÉSITE	CLOPORTE	ENTÉRITE	HÉPATITE
MOLLESSE	SIAMOISE	ANECDOTE	COLLANTE	ENTRACTE	HILARITÉ
MORVEUSE	SINUEUSE	ANISETTE	COLLECTE	ÉPATANTE	HOULETTE
NARCISSE	SOLDEUSE	ANODONTE	COMPACTE	ÉPINETTE	HUMANITÉ
NEIGEUSE	SONGEUSE	ANTIDOTE	COMPLÈTE	ÉTERNITÉ	HUMILITÉ
NERVEUSE	SUÉDOISE	APPRENTI	CONCRÈTE	ÉTREINTE	IDENTITÉ
NOBLESSE	SUIVEUSE	ARTHRITE	CONDUITE	ÉVIDENTE	ILLICITE
ONÉREUSE	SURPRISE	ASPÉRITÉ	CONTENTE	EXTRAITE	ILLIMITÉ
OPPRESSÉ	SUSPENSE	ASPHALTE	CONTRITE	FÂCHANTE	IMMÉRITÉ
ORAGEUSE	SYNTHÈSE	ASSIETTE	COQUETTE	FACILITÉ	IMMUNITÉ
ORGANISÉ	TERRASSE	ATROCITÉ	CORNETTE	FAILLITE	IMPUNITÉ
PANTOISE	TERREUSE	ATTEINTE	CORRECTE	FASCISTE	IMPURETÉ
PARLEUSE	TIÉDASSE	AUTOMATE	CORVETTE	FATALITÉ	INADAPTÉ
PASSEUSE	TIGRESSE	AUTORITÉ	COULANTE	FAUSSETÉ	INEXACTE
PÊCHEUSE	TISSEUSE	AVENANTE	COUPANTE	FAUVETTE	INHABITÉ
PENSEUSE	TITREUSE	BAKÉLITE	COURANTE	FAVORITE	INQUIÈTE
PERCEUSE	TONDEUSE	BANALITÉ	COURBATU	FÉLICITÉ	INSANITÉ
PERCLUSE	TONTISSE	BARBANTE	COUSETTE	FENDANTE	INSOLITE
PERVERSE	TRAYEUSE	BARRETTE	COUVERTE	FÉROCITÉ	INTIMITÉ
PEUREUSE	VALSEUSE	BERÇANTE	CREVETTE	FERVENTE	IRONISTE
PLANEUSE	VENDEUSE	BISCOTTE	CROYANTE	FÉTIDITÉ	ISOLANTE
POÉTESSE	VENTEUSE	BLASANTE	CUISANTE	FEUDISTE	JAUNETTE
POMPEUSE	VICIEUSE	BOULETTE	CUPIDITÉ	FIDÉLITÉ	JEUNETTE
PORTEUSE	VIOLEUSE	BRIÈVETÉ	DÉBILITÉ	FILLETTE	JOLIETTE
PRÉMISSE	VIRTUOSE	BRISANTE	DÉCOMPTE	FINALITÉ	KIBBOUTZ
PRENEUSE		BROCANTE	DÉLICATE	FORTUITE	LANCETTE
PRÊTEUSE	**T**	BROUETTE	DESCENTE	FOSSETTE	LASSANTE
PROMESSE		BRÛLANTE	DESSERTE	FRISETTE	LAURÉATE
PROTHÈSE	ACROBATE	BRUNANTE	DIALECTE	FÉROCITÉ	LÉGALITÉ
PROUESSE	ACTINITE	CACHETTE	DISCRÈTE	FUGACITÉ	LÉGÈRETÉ

LÉTALITÉ	OMOPLATE	PRODUITE	SINUSITE	VIBRANTE	BORDEAUX
LEVRETTE	ONGLETTE	PROPRETÉ	SOBRIÉTÉ	VIDÉASTE	BOUTIQUE
LIVIDITÉ	OPÉRETTE	PROSTATE	SOLIDITÉ	VIOLENTE	BRANCHUE
LOCALITÉ	OPULENTE	PRUDENTE	SONNANTE	VIOLETTE	BRAQUEUR
LOUPIOTE	OUISTITI	QUANTITÉ	SONNETTE	VIOLISTE	CANTIQUE
LUCIDITÉ	PALMISTE	RACLETTE	SONORITÉ	VIRILITÉ	CAPITEUX
LUISANTE	PANCARTE	RAINETTE	SORNETTE	VITALITÉ	COIFFEUR
MALLETTE	PARASITE	RAMPANTE	SORTANTE	VIVACITÉ	COLLÈGUE
MANCHOTE	PARFAITE	RAPACITÉ	SOUPENTE	VORACITÉ	CONTENUE
MAQUETTE	PARLANTE	RAPIDITÉ	SPLÉNITE		CONTIGUË
MARMOTTE	PARTANTE	RAQUETTE	STACCATO	**U**	CONTINUE
MARRANTE	PASSANTE	RÉALISTE	STÉARATE		CRÉATEUR
MASCOTTE	PATIENTE	REINETTE	STELLITE	ACCOURUE	CRITIQUE
MATURITÉ	PATRIOTE	REMUANTE	STEMMATE	ACHETEUR	DÉBITEUR
MÉCHANTE	PAUVRETÉ	RENÉGATE	SUIVANTE	AÉRATEUR	DÉCOUSUE
MÉCOMPTE	PÊCHETTE	REPEINTE	SURFAITE	AFFINEUR	DÉFENDUE
MÉFIANTE	PÉNALITÉ	RETEINTE	SUSPECTE	AGERATUM	DÉFROQUÉ
MEURETTE	PENDANTE	RÉTINITE	TABLETTE	AJUSTEUR	DÉLATEUR
MODALITÉ	PENSANTE	RETRAITE	TARATATA	ALENTOUR	DÉTENDUE
MOLLETTE	PERÇANTE	RÉUSSITE	TÉMÉRITÉ	AMITIEUX	DÉTRAQUÉ
MONTANTE	PERDANTE	RIGIDITÉ	TÉNACITÉ	AMOUREUX	DÉTRITUS
MORALITÉ	PERVERTI	RIVALITÉ	TENDRETÉ	ANALOGUE	DISPARUE
MORDANTE	PIÉCETTE	ROULETTE	TÉNORITE	ANÉMIQUE	DRESSEUR
MOROSITÉ	PILOSITÉ	ROULOTTE	TENTANTE	ANTITOUT	DUVETEUX
MOUCHETÉ	PIMPANTE	RUGOSITÉ	TIMIDITÉ	AORTIQUE	ÉBARBEUR
MOURANTE	PINCETTE	SAGACITÉ	TOILETTE	APPLIQUE	ÉJECTEUR
MOUVANTE	PIQUANTE	SAINTETÉ	TOMBANTE	ARCHIDUC	ÉLAGUEUR
NATIVITÉ	PIQUETTE	SALACITÉ	TONALITÉ	ARMATEUR	ÉLECTEUR
NAVRANTE	PLACETTE	SALINITÉ	TONNANTE	ASSUREUR	ÉLOGIEUX
NÉOPHYTE	PLEUROTE	SAPIDITÉ	TORDANTE	ATTRIBUT	ÉMULSEUR
NÉPHRITE	POCHETTE	SAPRISTI	TOTALITÉ	AUDITEUR	ENTENDUE
NOCIVITÉ	POIVROTE	SAUCETTE	TOURISTE	BACHIQUE	ENTREVUE
NODOSITÉ	POMMETTE	SÉCURITÉ	TOXICITÉ	BADABOUM	ÉPAGNEUL
NOISETTE	POMPETTE	SELLETTE	TRAVESTI	BAIGNEUR	ÉPOUSEUR
NONNETTE	PONGISTE	SÉNILITÉ	TRIDENTÉ	BAILLEUR	ÉTAMPEUR
NUISETTE	POULETTE	SEÑORITA	UBIQUITÉ	BALADEUR	ÉTATIQUE
OBSOLÈTE	PRÉCEPTE	SEPTANTE	URBANITÉ	BANLIEUE	FACTOTUM
OCULISTE	PRÉSENTE	SÉRÉNITÉ	URÉTRITE	BARBECUE	FARFELUE
ODORANTE	PRÉTEXTE	SERPETTE	UTOPISTE	BATELEUR	FÉERIQUE
OISIVETÉ	PRIMAUTÉ	SERRISTE	VELLÉITÉ	BEAUCOUP	FEUILLUE
OLIVETTE	PRIORITÉ	SERVANTE	VÉLOCITÉ	BIMOTEUR	FIÉVREUX
OMBRETTE	PRIVAUTÉ	SEULETTE	VÉRACITÉ	BISAÏEUL	FLATTEUR
OMELETTE	PROBANTE	SÉVÉRITÉ	VERGETTE	BLAGUEUR	FLOTTEUR

FRAUDEUR MARABOUT PRÊCHEUR TAPAGEUR VOLITIVE

D

FRONDEUR MARASQUE PRÉCIEUX TARASQUE

W

ALLEMAND

FURETEUR MEILLEUR PRÉVENUE TAXATEUR

BROSSARD

GALOPEUR MIELLEUX PROLOGUE TORTUEUX TOMAHAWK

BROUTARD

GÉNÉREUX MITIGEUR PUANTEUR TRACTEUR

ÉPAULARD

GÉNITEUR MONITEUR PUBLIQUE TRAÎNEUR

X

FAUCHARD

GÉRANIUM MORDICUS QUILLEUR TRAPPEUR

FLAMBARD

GLANDEUR NAUSÉEUX QUINTEUX TRICHEUR PARADOXE

FURIBOND

GLORIEUX NÉBULEUX RACOLEUR TROMPEUR PERPLEXE

GAILLARD

GRACIEUX NÉGATEUR RAILLEUR TROTTEUR

GEIGNARD

GRANDEUR NIAISEUX RANCOEUR ULCÉREUX

8e

GOURMAND

GROSSEUR NIELLEUR RÉACTEUR UPPERCUT

GROGNARD

HARANGUE NIVELEUR RECELEUR VAPOREUX

POSITION

GUEULARD

HERCHEUR NOÉTIQUE RECONNUE VEILLEUR

GUIGNARD

HÉROÏQUE NOIRCEUR RELEVEUR VELARIUM

A

JACQUARD

HIBISCUS NOMBREUX REMARQUE VERTUEUX

LOURDAUD

HIPPIQUE NOVATEUR REMORQUE VISITEUR

MANIFOLD

IBÉRIQUE OBLONGUE RÉPANDUE VISQUEUX ALHAMBRA

MARCHAND

ICONIQUE OLIBRIUS RÉPLIQUE ZÉLATEUR ALLÉLUIA

MORIBOND

IMPLIQUÉ ONCTUEUX RICANEUR ANACONDA

POLAROÏD

IMPORTUN OPPORTUN RIGOLEUR

V

BRASILIA

PORTLAND

IMPRÉVUE OUBLIEUX RIQUIQUI

BROUHAHA

PUDIBOND

IMPUDEUR PAGAYEUR RONFLEUR ABLATIVE

COCACOLA

PUDIBOND

INCONNUE PARADEUR ROUSSEUR ABORTIVE

GANDOURA

ROUBLARD

INFICHUE PARVENUE RUBRIQUE ABRASIVE

GARDÉNIA

RUBICOND

INFOUTUE PASTÈQUE SAPITEUR ADHÉSIVE

GUÉRILLA

SALOPARD

INSTITUT PATAPOUF SÉCATEUR ALLUSIVE

HABANERA

SOIFFARD

INTRIGUE PATINEUR SEIGNEUR CRÉATIVE

HACIENDA

STANDARD

IRONIQUE PÉDALEUR SERINGUE CURATIVE

MAGNOLIA

TRAÎNARD

ITALIQUE PELOTEUR SINCIPUT DÉCISIVE

MANITOBA

VAGABOND

JONGLEUR PEPTIQUE SLOVAQUE DÉPOURVU

PANORAMA

JOUFFLUE PERRUQUE SOIGNEUX ÉLECTIVE

RAPLAPLA

E

LANGUEUR PÉTANQUE SOUCIEUX FUGITIVE

RUTABAGA

ABATTAGE

LINOLÉUM PHRASEUR SOUTENUE GUIMAUVE

SEÑORITA

ABLATIVE

LOCATEUR PIERREUX SPACIEUX INACTIVE

TARATATA

ABORTIVE

LONGUEUR PLÂTREUX SQUAMEUX INCISIVE

VALENCIA

ABRASIVE

LOUFOQUE PLEUREUR STOPPEUR MALADIVE

VICTORIA

ABSCISSE

LOURDAUD PLONGEUR STUDIEUX NÉGATIVE

ZARZUELA

ABSIDALE

LOURDEUR PLUVIEUX SURVENUE POSITIVE

ABSINTHE

LUMINEUX POISSEUX TACTIQUE RELATIVE

C

ABSOUDRE

MAIGREUR POUDREUX TALQUEUX ROTATIVE

ACCALMIE

MALOTRUE POURTOUR TAMISEUR SÉDATIVE ARCHIDUC

ACCOLADE

SPORTIVE ARMAGNAC

ACCOLAGE

ACCOURUE	ALLUMAGE	ANTIENNE	AUDIENCE	BÉNÉVOLE	BRADEUSE
ACÉPHALE	ALLUSIVE	ANTIGÈNE	AURÉOLÉE	BÉOTISME	BRANCHÉE
ACHARNÉE	ALOUETTE	ANTILOPE	AUSTRALE	BERÇANTE	BRANCHUE
ACIDULÉE	ALPESTRE	AORTIQUE	AUTARCIE	BERGERIE	BRAVACHE
ACIÉRAGE	ALTERNÉE	APOLOGIE	AUTODAFÉ	BERNACHE	BRAVOURE
ACROBATE	ALTITUDE	APOPHYSE	AUTOMATE	BESSONNE	BRETONNE
ACTINITE	AMAIGRIE	APPLIQUE	AUTOPSIE	BESTIALE	BREUVAGE
ACTIVITÉ	AMALGAME	APPROCHE	AUTORITÉ	BESTIOLE	BRIÈVETÉ
ACTUAIRE	AMARANTE	APTITUDE	AUTRUCHE	BICHONNE	BRISANTE
ACTUELLE	AMBIANCE	ARATOIRE	AVANTAGE	BICOLORE	BRISEUSE
ACUMINÉE	AMBIANTE	ARCHELLE	AVENANTE	BIENNALE	BROCANTE
ADÉLAÏDE	AMBLYOPE	ARÉNACÉE	AVENTURE	BIGARADE	BROCHURE
ADÉQUATE	AMERLOTE	ARGENTÉE	BABEURRE	BIGARRÉE	BRODERIE
ADHÉSIVE	AMERTUME	ARMATURE	BACHIQUE	BILIAIRE	BRONZAGE
ADJOINTE	AMNISTIE	ARMELINE	BACTÉRIE	BISBILLE	BROSSAGE
ADMETTRE	AMOVIBLE	ARRIÉRÉE	BADINAGE	BISCOTTE	BROUETTE
ADORABLE	AMPHIBIE	ARRIMAGE	BÂFREUSE	BITONALE	BROUILLE
ADRESSÉE	AMPOULÉE	ARTHRITE	BAIGNADE	BLAFARDE	BROYEUSE
ADULTÈRE	AMULETTE	ARTIFICE	BAKÉLITE	BLÂMABLE	BRUITAGE
AÉRIENNE	AMUSANTE	ARTISANE	BALAFRÉE	BLASANTE	BRÛLANTE
AÉRODYNE	AMUSETTE	ASOCIALE	BALANCÉE	BLESSURE	BRÛLERIE
AFFAIRÉE	AMUSEUSE	ASPERGÉE	BALAYAGE	BLEUÂTRE	BRUMEUSE
AFFICHÉE	ANALOGIE	ASPÉRITÉ	BALOURDE	BLINDAGE	BRUNANTE
AFFILIÉE	ANALOGUE	ASPHALTE	BALUSTRE	BLONDINE	BRUSQUÉE
AFFREUSE	ANALYSÉE	ASPIRINE	BANALITÉ	BOISERIE	BULGARIE
AFFUBLÉE	ANAMNÈSE	ASSIETTE	BANCAIRE	BOITERIE	CABOSSÉE
AGAÇANTE	ANARCHIE	ASSOCIÉE	BANLIEUE	BOITEUSE	CABOTINE
AGACERIE	ANCIENNE	ASSORTIE	BANNIÈRE	BOMBANCE	CABRIOLE
AGRAFAGE	ANDÉSITE	ASTHÉNIE	BARATTÉE	BOMBARDE	CACAOTÉE
AGRÉABLE	ANECDOTE	ATHÉISME	BARBANTE	BONDELLE	CACHETTE
AGUERRIE	ANÉMIQUE	ATROCITÉ	BARBARIE	BONHOMIE	CADREUSE
AIGRETTE	ANEURINE	ATROPHIE	BARBECUE	BONNICHE	CADUCITÉ
AIGUILLE	ANGLAISE	ATTACHÉE	BARIOLÉE	BOUCHAGE	CALAMITÉ
AIREDALE	ANGOISSE	ATTAQUÉE	BARRETTE	BOUCHÈRE	CALCINÉE
AISSELLE	ANIMISME	ATTARDÉE	BARRIÈRE	BOUDERIE	CALIBRÉE
ALACRITÉ	ANISETTE	ATTEINTE	BASSESSE	BOUDEUSE	CALLEUSE
ALANGUIE	ANNONCÉE	ATTENDRE	BATAILLE	BOUILLIE	CALMANTE
ALBUMINE	ANNUAIRE	ATTERRÉE	BATTERIE	BOULETTE	CALOMNIE
ALCALINE	ANNUELLE	ATTESTÉE	BATTEUSE	BOULIMIE	CAMARADE
ALCHIMIE	ANODONTE	ATTITUDE	BÉDOUINE	BOURRADE	CAMELOTE
ALESEUSE	ANOMALIE	ATTRAIRE	BÉGUEULE	BOUTIQUE	CAMISOLE
ALGARADE	ANORMALE	ATTRAPÉE	BELLÂTRE	BOUVERIE	CAMPAGNE
ALLIANCE	ANTIDOTE	AUBÉPINE	BÉNÉFICE	BRADERIE	CANAILLE

CANICULE	CLÔTURÉE	COULANTE	DÉCISIVE	DÉVIANCE	ÉCAILLÉE
CANNELÉE	COALISÉE	COULISSE	DÉCODAGE	DIALECTE	ÉCARLATE
CANTIQUE	COLLANTE	COUPABLE	DÉCOMPTE	DIFFORME	ÉCERVELÉ
CAPACITÉ	COLLECTE	COUPANTE	DÉCOUSUE	DIGITALE	ÉCHANGÉE
CAPITALE	COLLÈGUE	COURANTE	DÉFENDRE	DIMANCHE	ÉCHÉANCE
CAPTURÉE	COLOMBIE	COUREUSE	DÉFENDUE	DIMORPHE	ÉCLAIRÉE
CAPUCINE	COMMERCE	COUSETTE	DÉFROQUÉ	DIPLÔMÉE	ÉCLIPSÉE
CARCASSE	COMPACTE	COÛTEUSE	DÉGÉNÉRÉ	DISCORDE	ÉCOLIÈRE
CARENCÉE	COMPAGNE	COUVERTE	DÉGOÛTÉE	DISCRÈTE	ÉCONOMIE
CARESSÉE	COMPLÈTE	CRAINDRE	DÉGUISÉE	DISCUTÉE	ÉCRITURE
CARRIÈRE	COMPOSÉE	CRAVATÉE	DÉLABRÉE	DISGRÂCE	ÉCUMOIRE
CARRIOLE	COMTESSE	CRÉATIVE	DÉLAISSÉ	DISPARUE	EFFICACE
CASEMATE	CONCLURE	CRÉATURE	DÉLÉBILE	DISPENSE	EFFRÉNÉE
CASSANTE	CONCORDE	CRENELÉE	DÉLÉGUÉE	DISPOSÉE	EFFRONTÉ
CASSETTE	CONCRÈTE	CRÉTACÉE	DÉLIBÉRÉ	DISPUTÉE	ÉGOTISME
CASSEUSE	CONDUIRE	CRÉTELLE	DÉLICATE	DISSIPÉE	ÉGRENAGE
CASUELLE	CONDUITE	CREVARDE	DEMANDÉE	DISSOUTE	ÉLECTIVE
CAUSANTE	CONFORME	CREVASSE	DÉMENTIE	DISTANCE	ÉLÉGANCE
CAUSERIE	CONGELÉE	CREVETTE	DÉMESURE	DISTANTE	ÉLÉGANTE
CAUSEUSE	CONJURÉE	CRINIÈRE	DEMEURÉE	DIVORCÉE	ÉLIGIBLE
CÉLÉBRÉE	CONNARDE	CRITIQUE	DENTELLE	DOCILITÉ	ÉLINGUÉE
CÉLÉRITÉ	CONNASSE	CROYANTE	DÉNUTRIE	DOCTRINE	ELLÉBORE
CÉNOBITE	CONNERIE	CRUCIALE	DÉPENSÉE	DOLÉANCE	EMBOUCHE
CENSURÉE	CONQUISE	CUIRASSE	DÉPRAVÉE	DOLOMITE	EMBRASSE
CENTAINE	CONSIGNE	CUISANTE	DÉPRIMÉE	DOMICILE	ÉMINENCE
CENTAURE	CONTENTE	CUISINÉE	DÉRÉELLE	DOMPTAGE	ÉMINENTE
CENTIARE	CONTENUE	CULBUTÉE	DERNIÈRE	DONZELLE	ÉMONDAGE
CENTRALE	CONTEUSE	CULOTTÉE	DÉROUTÉE	DORIENNE	EMPATHIE
CÉPHALÉE	CONTIGUË	CULTIVÉE	DERRIÈRE	DOSSIÈRE	EMPEIGNE
CERTAINE	CONTINUE	CUPIDITÉ	DÉSABUSÉ	DRAPERIE	EMPENNÉE
CERVELLE	CONTRITE	CURATIVE	DÉSASTRE	DROITURE	EMPLÂTRE
CHAGRINE	CONTRÔLE	CURIEUSE	DESCENTE	DRÔLERIE	EMPLETTE
CHALANDE	COQUETTE	DAMASSÉE	DÉSORDRE	DRÔLESSE	EMPRESSÉ
CHAMBRÉE	COQUILLE	DAMNABLE	DÉSOSSÉE	DRÔLETTE	ENCADRÉE
CHEMINÉE	CORDIALE	DANSEUSE	DESSERTE	DUALISME	ENCAISSE
CHICANÉE	CORÉENNE	DARTROSE	DESTINÉE	DUCHARME	ENCEINTE
CHIFFRÉE	CORNETTE	DÉBILITÉ	DÉTENDRE	DULCINÉE	ENCHANTÉ
CHINEUSE	CORRECTE	DÉBOUCHÉ	DÉTENDUE	DYNASTIE	ENCORNÉE
CICÉRONE	CORRIGÉE	DÉBRIDÉE	DÉTRAQUÉ	DYSLOGIE	ENFILADE
CITADINE	CORSAIRE	DÉCALAGE	DÉTREMPÉ	DYSTOCIE	ENFOIRÉE
CLAVETTE	CORVETTE	DÉCEMBRE	DÉTRESSE	ÉBAUCHÉE	ENGEANCE
CLÉMENTE	COSTAUDE	DÉCENNIE	DÉTRUIRE	ÉBÉNISTE	ENGONCÉE
CLOPORTE	COSTUMÉE	DÉCHARNÉ	DEUXIÈME	ÉBERLUÉE	ENGRÊLÉE

ENNEIGÉE	ESCAPADE	FAILLITE	FLÂNERIE	GAMBILLE	GONZESSE
ÉNORMITÉ	ESCARPÉE	FAISEUSE	FLÂNEUSE	GANGRÈNE	GOUAILLE
ENRAYURE	ESCORTÉE	FAÎTIÈRE	FLORENCE	GANTERIE	GOULACHE
ENRHUMÉE	ESCOUADE	FANGEUSE	FLUVIALE	GARANTIE	GOULOTTE
ENSEIGNE	ESPIÈGLE	FANTOCHE	FOLIACÉE	GARÇONNE	GOÛTEUSE
ENSELLÉE	ESPIONNE	FARCEUSE	FONTAINE	GARDERIE	GRAMINÉE
ENSEMBLE	ESQUISSE	FARFELUE	FORCENÉE	GASCONNE	GRANULÉE
ENTAILLE	ESSEULÉE	FARIBOLE	FORMELLE	GASPÉSIE	GRATUITÉ
ENTENDRE	ESTAMPÉE	FAROUCHE	FORMULÉE	GAUCHÈRE	GRAVEUSE
ENTENDUE	ESTHÉSIE	FASCISME	FORTICHE	GAULOISE	GRÉBICHE
ENTÉRITE	ESTOMPÉE	FASCISTE	FORTUITE	GAVROCHE	GRILLADE
ENTOLOME	ESTROPIÉ	FATALITÉ	FOSSETTE	GAZOGÈNE	GRILLAGE
ENTRACTE	ESTUAIRE	FATIGUÉE	FOUILLÉE	GÉLATINE	GRIMOIRE
ENTRAIDE	ÉTATIQUE	FAUCILLE	FOURBURE	GELIVURE	GRISANTE
ENTREVUE	ÉTEINDRE	FAUNESSE	FOURRURE	GENDARME	GRISERIE
ÉNURÉSIE	ÉTENDAGE	FAUSSETÉ	FOUTAISE	GÉNÉRALE	GRISETTE
ENVIABLE	ÉTERNITÉ	FAUTRICE	FRACTURE	GÉNITALE	GRIVOISE
ÉOLIENNE	ÉTHYLÈNE	FAUVETTE	FREDAINE	GÉNOCIDE	GROUPAGE
ÉPANOUIE	ÉTIRABLE	FAVORITE	FRELATÉE	GENTIANE	GUENILLE
ÉPARCHIE	ÉTOUFFÉE	FÉERIQUE	FRÉNÉSIE	GENTILLE	GUÊPIÈRE
ÉPARGNÉE	ÉTOURDIE	FÉLICITÉ	FRILEUSE	GÉODÉSIE	GUIMAUVE
ÉPATANTE	ÉTREINTE	FÉMORALE	FRINGALE	GEÔLIÈRE	GYMNASTE
ÉPHÉLIDE	ÉTRENNÉE	FENDANTE	FRIPIÈRE	GÉOMÈTRE	HABILETÉ
ÉPHÉMÈRE	ÉTUVEUSE	FERMIÈRE	FRIPONNE	GÉOTRUPE	HABILLÉE
ÉPICIÈRE	EUPHONIE	FÉROCITÉ	FRISETTE	GERBILLE	HABITUDE
ÉPIDÉMIE	EUPHORIE	FERREUSE	FRISOLÉE	GERBOISE	HABITUÉE
ÉPINETTE	ÉVANOUIE	FERVENTE	FRITEUSE	GIBOULÉE	HÂBLERIE
ÉPINEUSE	ÉVEILLÉE	FESSIÈRE	FROIDURE	GIROFLÉE	HACHETTE
ÉPINGLÉE	ÉVIDENCE	FÉTIDITÉ	FUGACITÉ	GLABELLE	HAINEUSE
ÉPINOCHE	ÉVIDENTE	FEUDISTE	FUGITIVE	GLACIALE	HARANGUE
ÉPIPHYSE	EXAGÉRÉE	FEUILLUE	FUMAGINE	GLACIÈRE	HARASSÉE
ÉPITAPHE	EXASPÉRÉ	FÉVEROLE	FUNICULE	GLANEUSE	HARMONIE
ÉQUIPAGE	EXCENTRÉ	FIBRANNE	FURIEUSE	GLARÉOLE	HARPISTE
ÉRAILLÉE	EXCEPTÉE	FIDÉLITÉ	FURONCLE	GLAUCOME	HAUTAINE
ÉRECTILE	EXERCICE	FILANDRE	FUTAILLE	GLISSADE	HÉBERGÉE
ÉREINTÉE	EXOTISME	FILATURE	FUTILITÉ	GLORIOLE	HÉBÉTUDE
ERGOTINE	EXPRESSE	FILETAGE	GÂCHEUSE	GLOSSINE	HÉLÉPOLE
ÉRISTALE	EXTRAIRE	FILLETTE	GAGNANTE	GLOSSITE	HELVELLE
ERMITAGE	EXTRAITE	FILLEULE	GAINIÈRE	GLUMELLE	HÉPATITE
ÉROTISME	EXTRUDÉE	FILTRAGE	GALÉJADE	GLYCÉMIE	HERBACÉE
ESBROUFE	FÂCHANTE	FINALITÉ	GALLOISE	GOINFRÉE	HERBERIE
ESCALADE	FACILITÉ	FISSURÉE	GALOPADE	GOMMETTE	HÉRITAGE
ESCALOPE	FACTURÉE	FLANELLE	GAMBETTE	GONDOLÉE	HÉROÏQUE

HÉROÏSME	IMPLIQUÉ	INSIPIDE	JUSTESSE	LIMONADE	MANOUCHE
HEUREUSE	IMPRÉVUE	INSOLITE	JUVÉNILE	LINÉAIRE	MANTILLE
HEXAGONE	IMPROPRE	INSOMNIE	KALIÉMIE	LINGERIE	MANUCURE
HEXAPODE	IMPUNITÉ	INSPIRÉE	KANTISME	LIPOSOME	MANUELLE
HILARITÉ	IMPURETÉ	INSTABLE	KERMESSE	LIQUIDÉE	MAQUETTE
HIPPIQUE	INACTIVE	INSTANCE	KÉROSÈNE	LISBONNE	MARASQUE
HIPPISME	INADAPTÉ	INSULINE	KYRIELLE	LISSEUSE	MARGELLE
HISTOIRE	INALTÉRÉ	INSULTÉE	LÂCHEUSE	LITURGIE	MARINADE
HISTORIÉ	INANIMÉE	INSURGÉE	LADRERIE	LIVIDITÉ	MARITALE
HOLOCÈNE	INAVOUÉE	INTAILLE	LAINEUSE	LOCALITÉ	MARITIME
HOMOGÈNE	INCENDIE	INTÉGRÉE	LAINIÈRE	LOGOTYPE	MARMOTTE
HONTEUSE	INCHANGÉ	INTERNÉE	LAITERIE	LONGRINE	MARQUISE
HORRIBLE	INCISIVE	INTIMITÉ	LAITEUSE	LOUANGÉE	MARRANTE
HOULETTE	INCIVILE	INTRIGUE	LAITIÈRE	LOUFOQUE	MARTIALE
HUILERIE	INCLINÉE	INUSITÉE	LAMAÏSME	LOUPIOTE	MASCOTTE
HUMANITÉ	INCOLORE	INVALIDE	LAMELLÉE	LOVELACE	MASSEUSE
HUMILITÉ	INCONNUE	INVÉTÉRÉ	LANCETTE	LUCIDITÉ	MATURITÉ
HURLEUSE	INCULPÉE	IONIENNE	LANCEUSE	LUCIFUGE	MAUSOLÉE
IBÉRIQUE	INDÉCISE	IRONIQUE	LANGUIDE	LUISANTE	MAUSSADE
ICONIQUE	INDIENNE	IRONISTE	LANOLINE	LUPULINE	MAUVAISE
IDENTITÉ	INDIGÈNE	IRRÉELLE	LANTERNE	LUSTRINE	MÉCHANTE
IDOLÂTRE	INDIGNÉE	ISOCARDE	LAPICIDE	LUTTEUSE	MÉCOMPTE
IGNIFUGE	INDOCILE	ISOCLINE	LAQUELLE	LUXMÈTRE	MÉDAILLE
ILLÉGALE	INESPÉRÉ	ISOLANTE	LARGESSE	LYCÉENNE	MÉDECINE
ILLETTRÉ	INEXACTE	ISOTONIE	LARVAIRE	LYDIENNE	MÉDICALE
ILLICITE	INEXERCÉ	ITALIQUE	LASSANTE	MÂCHEUSE	MÉDIOCRE
ILLIMITÉ	INEXPIÉE	IVOIRINE	LATÉRALE	MACHINÉE	MÉFIANTE
ILLUMINÉ	INFATUÉE	JACTANCE	LATITUDE	MÂCHOIRE	MÉLANGÉE
ILLUSTRE	INFÉODÉE	JAÏNISME	LAURÉATE	MAFIEUSE	MÉLANINE
ILOTISME	INFICHUE	JALOUSIE	LECTRICE	MAILLURE	MÉLOMANE
IMAGIÈRE	INFIDÈLE	JAPPEUSE	LÉGALITÉ	MAINMISE	MÉLUSINE
IMBÉCILE	INFIRMÉE	JAUNÂTRE	LÉGÈRETÉ	MAIRESSE	MEMBRANE
IMBRULÉE	INFOUTUE	JAUNETTE	LÉGITIME	MAÎTRISE	MENSONGE
IMMACULÉ	INHABITÉ	JAUNISSE	LENTILLE	MALADIVE	MENTEUSE
IMMÉRITÉ	INIMITIÉ	JEUNESSE	LÉPREUSE	MALÉFICE	MENTISME
IMMEUBLE	INITIALE	JEUNETTE	LÉTALITÉ	MALLÉOLE	MERDEUSE
IMMOBILE	INNOMMÉE	JOINTURE	LETTONIE	MALLETTE	MERLUCHE
IMMODÉRÉ	INOCCUPÉ	JOLIESSE	LETTRAGE	MALOTRUE	MESQUINE
IMMORALE	INOPINÉE	JOLIETTE	LEUCÉMIE	MALPOLIE	MÉTABOLE
IMMUABLE	INQUIÈTE	JOUBARBE	LEVRETTE	MALSAINE	MEUNIÈRE
IMMUNITÉ	INSANITÉ	JOUFFLUE	LIBÉRALE	MANCHOTE	MEURETTE
IMPALUDÉ	INSCRIRE	JOUTEUSE	LIGNEUSE	MANIABLE	MIGNARDE
IMPAVIDE	INSENSÉE	JUDAÏSME	LIMICOLE	MANIÉRÉE	MIGNONNE

MIGRAINE	NEIGEUSE	OMBRETTE	PARAÎTRE	PÉNALITÉ	PLANEUSE
MINÉRALE	NÉOPHYTE	OMELETTE	PARAPHÉE	PENDANTE	PLANORBE
MISERERE	NÉPHRITE	OMOPLATE	PARASITE	PENDERIE	PLANQUÉE
MODALITÉ	NERVEUSE	ONCOGÈNE	PARCELLE	PÉNOMBRE	PLÉNIÈRE
MODESTIE	NICODÈME	ONÉREUSE	PAREILLE	PENSANTE	PLEUROTE
MOLLASSE	NICOTINE	ONGLETTE	PARFAITE	PENSEUSE	PLOMBURE
MOLLESSE	NIPPONNE	OPÉRABLE	PARJURÉE	PEPTIQUE	POCHARDE
MOLLETTE	NOBLESSE	OPERCULE	PARLANTE	PERÇANTE	POCHETTE
MONACALE	NOCIVITÉ	OPÉRETTE	PARLEUSE	PERCEUSE	POÉTESSE
MONANDRE	NOCTURNE	OPPRESSÉ	PARMÉLIE	PERCLUSE	POINTURE
MONDAINE	NODOSITÉ	OPPROBRE	PARODIÉE	PERDANTE	POITRINE
MONDIALE	NOÉTIQUE	OPTIMALE	PARONYME	PERFIDIE	POIVROTE
MONOPOLE	NOIRÂTRE	OPULENCE	PARTAGÉE	PERLIÈRE	POLYGAME
MONOTONE	NOIRAUDE	OPULENTE	PARTANTE	PERPLEXE	POMMADÉE
MONTAGNE	NOISETTE	OPUSCULE	PARTERRE	PERRUQUE	POMMETTE
MONTANTE	NONNETTE	ORAGEUSE	PARTIALE	PERSILLÉ	POMPETTE
MORAILLE	NOTARIÉE	ORATOIRE	PARVENUE	PERSONNE	POMPEUSE
MORALITÉ	NOURRICE	ORATRICE	PASSABLE	PERVERSE	PONDÉRÉE
MORDANTE	NOUVELLE	ORBITÈLE	PASSANTE	PESSAIRE	PONGISTE
MORDORÉE	NOVEMBRE	ORCHIDÉE	PASSEUSE	PÉTANQUE	POPELINE
MOROSITÉ	NUBIENNE	ORDONNÉE	PASSIBLE	PÉTARADE	POPULACE
MORTELLE	NUISANCE	ORGANISÉ	PASTÈQUE	PÉTÉCHIE	PORCHÈRE
MORVEUSE	NUISETTE	OSSATURE	PASTICHE	PEUPLADE	PORRIDGE
MOUCHETÉ	NUISIBLE	OSSUAIRE	PASTILLE	PEUREUSE	PORTABLE
MOUILLÉE	NUMÉRALE	OSTRACÉE	PATIENCE	PIÉCETTE	PORTEUSE
MOURANTE	OASIENNE	OTOLITHE	PATIENTE	PIÉTONNE	PORTIÈRE
MOUTARDE	OBLONGUE	OUVRAGÉE	PATINAGE	PILASTRE	POSITIVE
MOUVANTE	OBSOLÈTE	OUVRIÈRE	PATRIOTE	PILLARDE	POSSÉDÉE
MUFLERIE	OBSTACLE	OVULAIRE	PATRONNE	PILOSITÉ	POSSIBLE
MULTIPLE	OBSTINÉE	PAGAILLE	PAUMELLE	PIMBÊCHE	POSTICHE
MURAILLE	OCÉANIDE	PAISIBLE	PAUVRETÉ	PIMENTÉE	POSTIÈRE
MURMURÉE	OCULAIRE	PALMAIRE	PAYSANNE	PIMPANTE	POUBELLE
MUSICALE	OCULISTE	PALMISTE	PÊCHETTE	PINCETTE	POULARDE
MUTUELLE	ODORANTE	PALPABLE	PÊCHEUSE	PINERAIE	POULETTE
NAGEOIRE	OEILLADE	PALUDINE	PÉDIATRE	PIOCHAGE	PRALINÉE
NARCÉINE	OEILLÈRE	PANCARTE	PÉDICULE	PIPERADE	PRÉCAIRE
NARCISSE	OFFENSÉE	PANIQUÉE	PEINARDE	PIQUANTE	PRÉCEPTE
NARGUILÉ	OFFICINE	PANOPLIE	PEINTURE	PIQUETTE	PRÉFACÉE
NATIVITÉ	OFFRANDE	PANTOIRE	PÉLAMIDE	PISTACHE	PRÉFÉRÉE
NAUFRAGE	OISIVETÉ	PANTOISE	PÉLÉENNE	PITRERIE	PRÉJUGÉE
NAVRANTE	OLÉCRANE	PAPOTAGE	PÈLERINE	PLACETTE	PREMIÈRE
NECTAIRE	OLIVÂTRE	PARABOLE	PELLETÉE	PLAINDRE	PRÉMISSE
NÉGATIVE	OLIVETTE	PARADOXE	PELUCHÉE	PLANAIRE	PRENEUSE

PRÉPOSÉE	RACAILLE	RELATIVE	ROSSARDE	SECOUSSE	SOLIDITÉ
PRÉSENCE	RACLETTE	REMARQUE	ROSSERIE	SECTAIRE	SOLIPÈDE
PRÉSENTE	RACOLAGE	REMETTRE	ROSTRALE	SÉCURITÉ	SOLITUDE
PRESTIGE	RADICALE	REMORQUE	ROTATIVE	SÉDATIVE	SOMMAIRE
PRÉSUMÉE	RADIEUSE	REMUANTE	ROTENGLE	SELLERIE	SONGERIE
PRÊTEUSE	RADOTAGE	RENAÎTRE	ROUGEOLE	SELLETTE	SONGEUSE
PRÉTEXTE	RAFFINÉE	RENÉGATE	ROUILLÉE	SENESTRE	SONNANTE
PRÉVENUE	RAINETTE	RENGAINE	ROULETTE	SÉNILITÉ	SONNETTE
PRIMAIRE	RAINURÉE	RENOMMÉE	ROULEUSE	SENSIBLE	SONORITÉ
PRIMAUTÉ	RAIPONCE	RENTIÈRE	ROULOTTE	SENTENCE	SOPHISME
PRINCIPE	RAISONNÉ	REPAÎTRE	ROUMANIE	SEPTANTE	SORCIÈRE
PRIORITÉ	RALLONGE	RÉPANDRE	ROUTIÈRE	SEPTUPLE	SORNETTE
PRIVAUTÉ	RAMASSÉE	RÉPANDUE	RUBRIQUE	SÉPULCRE	SORTANTE
PROBANTE	RAMBARDE	REPARTIE	RUGOSITÉ	SÉQUENCE	SOUCOUPE
PROBLÈME	RAMOLLIE	REPEINTE	RUINEUSE	SÉRÉNADE	SOUDIÈRE
PRODUIRE	RAMPANTE	REPERDRE	RUSTAUDE	SÉRÉNITÉ	SOUFFLÉE
PRODUITE	RAPACITÉ	RÉPLIQUE	SABLIÈRE	SÉRIELLE	SOUFISME
PROFANÉE	RAPIDITÉ	RÉPONDRE	SABOTAGE	SÉRIEUSE	SOUILLÉE
PROFONDE	RAPPRISE	REPROCHÉ	SAGACITÉ	SERINGUE	SOUPENTE
PROHIBÉE	RAQUETTE	RESCAPÉE	SAINTETÉ	SERPETTE	SOUPIÈRE
PROLOGUE	RASSASIÉ	RÉSERVÉE	SALACITÉ	SERRISTE	SOURDINE
PROMESSE	RATATINÉ	RÉSIGNÉE	SALARIÉE	SERVANTE	SOUTENUE
PRONONCÉ	RATICIDE	RÉSOUDRE	SALINITÉ	SEULETTE	SPATIALE
PROPRETÉ	RATURAGE	RETEINTE	SALPÊTRE	SÉVÉRITÉ	SPÉCIALE
PROSPÈRE	RÉALISTE	RÉTICULE	SANGUINE	SEXTUPLE	SPIRALÉE
PROSTATE	RECALAGE	RÉTINITE	SAPIDITÉ	SEXUELLE	SPLÉNITE
PROSTRÉE	RECHARGE	RETRAITE	SARCASME	SIAMOISE	SPONTANÉ
PROTHÈSE	RÉCIFALE	RÉTRÉCIE	SARCELLE	SIDÉENNE	SPORTIVE
PROUESSE	RÉCLAMÉE	RÉUSSITE	SASSEUSE	SIDÉRALE	STÉARATE
PROVERBE	RÉCOLTÉE	REVENDRE	SATINAGE	SIGNALÉE	STELLITE
PRUDENCE	RECONNUE	RHUBARBE	SATURNIE	SIMAGRÉE	STEMMATE
PRUDENTE	RECULADE	RICHESSE	SAUCETTE	SINÉCURE	STÉROÏDE
PRUNELLE	RÉCURAGE	RIDICULE	SAUCIÈRE	SINGERIE	STRIGILE
PUBLIQUE	REDOUTÉE	RIGIDITÉ	SAUCISSE	SINISTRE	STYLISME
PUNAISÉE	RÉÉCRIRE	RIGOLADE	SAUMÂTRE	SINUEUSE	SUCRERIE
PYORRHÉE	REFONDRE	RINCEUSE	SAUTERIE	SINUSITE	SUCRIÈRE
PYROMANE	RÉFORMÉE	RINGARDE	SAUTEUSE	SIPHONNÉ	SUÉDOISE
QUANTITÉ	REGISTRE	RIPAILLE	SCANDALE	SITTELLE	SUFFRAGE
QUERELLE	RÉGLABLE	RISSOLÉE	SCARABÉE	SLOVAQUE	SUICIDÉE
QUÉTAINE	RÉGLISSE	RITUELLE	SCLÉROSE	SNOBISME	SUIVANTE
QUETSCHE	REINETTE	RIVALITÉ	SCOLAIRE	SOBRIÉTÉ	SUIVEUSE
RABATTRE	RELÂCHÉE	ROSEMÈRE	SCRUPULE	SOCIABLE	SUPPLICE
RABOTAGE	RELANCÉE	ROSERAIE	SÉCHEUSE	SOLDEUSE	SUPPOSÉE

SURANNÉE
SURDOUÉE
SURFACÉE
SURFAIRE
SURFAITE
SURPRISE
SURVENUE
SUSPECTE
SUSPENSE
SUSVISÉE
SYMÉTRIE
SYMPTÔME
SYNCOPÉE
SYNONYME
SYNTHÈSE
TABLETTE
TABLOÏDE
TACHETÉE
TACHISME
TACTIQUE
TAILLADE
TALOCHÉE
TANGIBLE
TANNERIE
TARASQUE
TARTINÉE
TATOUAGE
TAULARDE
TAVELURE
TEINTURE
TÉMÉRITÉ
TEMPÉRÉE
TÉNACITÉ
TENDANCE
TENDELLE
TENDRETÉ
TÉNORITE
TENTANTE
TERRASSE
TERREUSE
TERRIBLE
TEUTONNE
THÉRAPIE

THYROÏDE
TIÉDASSE
TIGRESSE
TIMIDITÉ
TIRELIRE
TISSEUSE
TITREUSE
TOILERIE
TOILETTE
TOMBANTE
TOMBELLE
TONALITÉ
TONDEUSE
TONNANTE
TONNELLE
TONNERRE
TONTISSE
TORDANTE
TORPILLE
TORSADÉE
TORTURÉE
TOTALITÉ
TOULOUPE
TOURELLE
TOURISME
TOURISTE
TOURNURE
TOXICITÉ
TRADUIRE
TRAGÉDIE
TRANCHÉE
TRAYEUSE
TREMPAGE
TRIANGLE
TRICYCLE
TRIDENTÉ
TRIPLACE
TRIPODIE
TRISOMIE
TROMBONE
TROUBLÉE
TROUSSÉE
TROUVÈRE

TSARISME
TUILERIE
TUILIÈRE
UBIQUITÉ
UNGUÉALE
UNIFOLIÉ
UNIFORME
UNIOVULE
UNITAIRE
URANISME
URBANITÉ
URÉTRALE
URÉTRITE
URINAIRE
URSULINE
URTICALE
USINIÈRE
USURIÈRE
UTOPISTE
UVULAIRE
VACHARDE
VACHERIE
VALSEUSE
VANILLÉE
VANNELLE
VANNERIE
VANTARDE
VARIABLE
VASELINE
VÉGÉTALE
VÉHICULE
VEINARDE
VELLÉITÉ
VÉLOCITÉ
VELOUTÉE
VENDEUSE
VÉNIELLE
VENTEUSE
VENTRALE
VÉRACITÉ
VERDÂTRE
VERGETÉE
VERGETTE

VERRERIE
VERRIÈRE
VERTÈBRE
VERVEINE
VÉSICALE
VÉSICULE
VEULERIE
VIBRANTE
VICIEUSE
VICTOIRE
VIDÉASTE
VIEILLIE
VINAIGRE
VIOLENCE
VIOLENTE
VIOLETTE
VIOLEUSE
VIOLISTE
VIRGINIE
VIRILITÉ
VIROCIDE
VIRTUOSE
VITALITÉ
VITAMINE
VITRERIE
VIVACITÉ
VOITURÉE
VOLAILLE
VOLATILE
VOLITIVE
VOLUBILE
VORACITÉ
VULGAIRE
WALKYRIE
ZIBELINE
ZOOLOGIE

F

ADJECTIF
AGRESSIF
ASTRONEF
ATTENTIF

CRAINTIF
DÉTERSIF
DORMITIF
ÉDUCATIF
EFFECTIF
EXCLUSIF
EXÉCUTIF
EXPANSIF
GUSTATIF
IMPULSIF
INDUCTIF
ITÉRATIF
LAUDATIF
LUCRATIF
NUTRITIF
OBJECTIF
OFFENSIF
OLFACTIF
PATAPOUF
PRIMITIF

G

RIESLING
SLEEPING

H

ALMANACH
CÉTÉRACH

I

ABÂTARDI
ACCOMPLI
AFFAIBLI
APPRENTI
BELTRAMI
BISTOURI
DÉSARROI
INDÉFINI
INFLÉCHI
MERCREDI
MISSOURI
OUISTITI

PERVERTI
RABOUGRI
RIMOUSKI
RIQUIQUI
SAMOURAÏ
SAPRISTI
TRAVESTI
VENDREDI
ZAKOUSKI

K

ROMSTECK
TOMAHAWK

L

ABSIDIAL
APPAREIL
ARCHIPEL
ARTÉRIEL
BASEBALL
BISAÏEUL
BISEXUEL
CARDINAL
CERCUEIL
CERFEUIL
COROSSOL
CULTUREL
ÉCUREUIL
ENTRESOL
ÉPAGNEUL
FAUTEUIL
FESTIVAL
GUTTURAL
HABITUEL
IMMORTEL
IMPÉRIAL
INACTUEL
INAMICAL
INDICIEL
INFERNAL
INTÉGRAL
LITTÉRAL

LITTORAL
MACHINAL
MANDRILL
MATÉRIEL
MÉDIÉVAL
MINERVAL
MONORAIL
MONTRÉAL
NATIONAL
NÉONATAL
OFFICIEL
ORIENTAL
ORIGINAL
ORIGINEL
PALATIAL
PASTORAL
PATERNEL
POITRAIL
PONCTUEL
POSTURAL
RATIONAL
RÉSIDUEL
ROBERVAL
SHRAPNEL
SOLENNEL
SUFFIXAL
SURRÉNAL
TEMPOREL
TERMINAL
THÉÂTRAL
TRIBUNAL
TROPICAL
URÉTÉRAL
VIRGINAL

M

AGERATUM
BADABOUM
FACTOTUM
GÉRANIUM
LINOLÉUM
VELARIUM

N

ABLATION
ABLUTION
ADDITION
ADHÉSION
ADOPTION
AÉRATION
AFFUSION
AIGREFIN
ALLUSION
ALMANDIN
AMBITION
ANAVENIN
ARCANSON
ARLEQUIN
ASSASSIN
ASTRAKAN
AUDITION
AVERSION
BALLOTIN
BENJAMIN
BOUILLON
BULLETIN
CARILLON
CÉSARIEN
CHAMPION
CITATION
COHÉSION
COMÉDIEN
COUILLON
CRÉATION
CRINCRIN
CROUPION
DÉCISION
DÉLATION
DÉRISION
DÉSUNION
DIAPASON
DILUTION
DIVISION
DOBERMAN
DONATION

DURILLON
ÉBURNÉEN
ÉCLOSION
ÉCRIVAIN
EFFUSION
EINSTEIN
ÉLECTION
ÉMISSION
ÉQUATION
ÉRECTION
ÉRUPTION
ESCARPIN
ESTERLIN
ESTONIEN
EURASIEN
EUROPÉEN
ÉVICTION
FENAISON
FINITION
FOLICHON
FONCTION
FORGERON
FOURCHON
FRACTION
FRICTION
GALILÉEN
GIRATION
GNANGNAN
GRAILLON
GRIVETON
GUÉRIDON
GUÉRISON
HANNETON
HARPAGON
HÉRISSON
HISTRION
ILLUSION
IMPORTUN
INACTION
INCISION
INHUMAIN
INVASION
JERRYCAN

JONCTION
LAIDERON
LAITERON
LIBERTIN
LOCATION
LOCUTION
LOINTAIN
LONGERON
LUMIGNON
MAGICIEN
MAINTIEN
MANDARIN
MARSOUIN
MARTAGON
MASCULIN
MICHETON
MOLLETON
MORILLON
MUSICIEN
MUTATION
NAPOLÉON
NAPPERON
NÉGATION
NELLIGAN
NOURRAIN
NOVATION
OCCASION
OISILLON
OLYMPIEN
OMISSION
ONTARIEN
OPPORTUN
OPTICIEN
PÂLICHON
PALISSON
PALUDÉEN
PANNETON
PANTALON
PANTHÉON
PARANGON
PARISIEN
PARTISAN
PARUTION

PAVILLON
PÉTITION
PHORMION
PICARDAN
PLANTAIN
PLASTRON
PLONGEON
POITEVIN
POLISSON
POLOCHON
POSITION
PRESSION
PUNITION
PURITAIN
PURPURIN
QUESTION
RÉACTION
RELATION
RELIGION
RÉVISION
RIGAUDON
RIVERAIN
ROSALBIN
ROTATION
SALAISON
SANCTION
SARRASIN
SCISSION
SCORPION
SÉDITION
SÉMILLON
SÉRAPHIN
SIBÉRIEN
SIBYLLIN
SOLUTION
SOUILLON
SPÉCIMEN
SUDATION
SUJÉTION
SUPERFIN
TAHITIEN
TALISMAN
TARTARIN

TATILLON
TAVILLON
TÉLÉCRAN
TINTOUIN
TRACTION
TRAHISON
TREMPLIN
TRILLION
TRIMARAN
TROUFION
TURBOTIN
ULTRASON
VACHERIN
VENAISON
VÉRAISON
VEXATION
VOCATION
VOLITION
ZEPPELIN

O

COCORICO
ELDORADO
GASPACHO
GERONIMO
IMPÉTIGO
ORATORIO
SANTIAGO
SCÉNARIO
SOMBRERO
STACCATO

P

BEAUCOUP
HANDICAP

R

ABAISSER
ABATTOIR
ABHORRER
ABOMINER
ABREUVER

ABSORBER	ALUMINER	BAISOTER	CANARDER	CRÉPITER	DÉLESTER
ACCABLER	AMADOUER	BALADEUR	CANCANER	CUEILLIR	DEMANDER
ACCEPTER	AMAIGRIR	BALAFRER	CAPTIVER	CULBUTER	DÉMARRER
ACCLAMER	AMÉNAGER	BALANCER	CARESSER	CULMINER	DÉMENTIR
ACCORDER	ANÉANTIR	BAPTISER	CAVALIER	CULTIVER	DEMEURER
ACCOSTER	ANNONCER	BARBOTER	CELLULAR	DANDINER	DÉMONTER
ACCOURIR	APITOYER	BARIOLER	CENSURER	DANSOTER	DÉNATTER
ACHETEUR	APPORTER	BASCULER	CERISIER	DÉBÂCLER	DÉNIGRER
ACHARNER	APPRÊTER	BASSINER	CHARRIER	DÉBALLER	DÉNONCER
ACHOPPER	ARBITRER	BATELEUR	CHEMINER	DÉBARDER	DENTELER
ACQUÉRIR	ARGENTER	BATELIER	CHIPOTER	DÉBITEUR	DÉPARTIR
ADRESSER	ARMATEUR	BAUDRIER	CIMENTER	DÉBLAYER	DÉPASSER
AÉRATEUR	ARMURIER	BAVARDER	CIRCULER	DÉBOISER	DÉPENSER
AFFECTER	ARPENTER	BÉNITIER	COCOTIER	DÉBONDER	DÉPÊTRER
AFFERMER	ARRACHER	BESOGNER	COIFFEUR	DÉBORDER	DÉPISTER
AFFERMIR	ARRANGER	BÊTIFIER	COLLIGER	DÉBOULER	DÉPLORER
AFFILIER	ARRONDIR	BÉTONNER	COMBINER	DÉCERNER	DÉPORTER
AFFINEUR	ARROSOIR	BEURRIER	COMMÉRER	DÉCEVOIR	DÉPRIMER
AFFIRMER	ASPERGER	BIGARRER	COMPARER	DÉCLAMER	DÉRANGER
AFFLIGER	ASSAINIR	BIMOTEUR	COMPATIR	DÉCLARER	DÉRÉGLER
AFFUBLER	ASSERVIR	BLAGUEUR	COMPILER	DÉCLINER	DÉSARMER
AGGRAVER	ASSIÉGER	BLANCHIR	COMPOSER	DÉCLOUER	DÉSERTER
AGONISER	ASSIGNER	BLATÉRER	CONCÉDER	DÉCOLLER	DÉSIGNER
AGRANDIR	ASSISTER	BONIFIER	CONFÉRER	DÉCORNER	DÉSISTER
AGRESSER	ASSOCIER	BORNOYER	CONGELER	DÉCOUPER	DÉSOBÉIR
AGRIPPER	ASSOMMER	BOUCANER	CONJURER	DÉCRÉTER	DÉSOSSER
AGUERRIR	ASSORTIR	BOUCLIER	CONSOLER	DÉFERLER	DESSALER
AGUICHER	ASSOUVIR	BOUGEOIR	CONSPUER	DÉFONCER	DESSINER
AIGUISER	ASSUREUR	BOUILLIR	CONSUMER	DÉFORMER	DESTINER
AJOINTER	ATOMISER	BOURSIER	CONTENIR	DÉFRAYER	DÉTACHER
AJOURNER	ATTACHER	BOUTURER	CONVENIR	DÉGAINER	DÉTERRER
AJUSTEUR	ATTAQUER	BRAILLER	CONVOLER	DÉGARNIR	DÉTESTER
ALANDIER	ATTÉNUER	BRANCHER	COOPÉRER	DÉGOMMER	DÉTRÔNER
ALANGUIR	ATTERRER	BRAQUEUR	CORRIDOR	DÉGOTTER	DÉVALUER
ALENTOUR	ATTESTER	BREVETER	CORRIGER	DÉGOÛTER	DEVANCER
ALEVINER	ATTRAPER	BRICOLER	CORRODER	DÉGRISER	DÉVASTER
ALLAITER	AUDITEUR	BRONCHER	COSTUMER	DÉGUISER	DÉVERSER
ALLÉCHER	AURÉOLER	BUTANIER	COURRIER	DÉGUSTER	DÉVIDOIR
ALLÉGUER	AVALISER	CABOSSER	COURTIER	DÉJANTER	DIFFAMER
ALLONGER	AVEUGLER	CADENCER	CRAPOTER	DÉJEUNER	DIFFÉRER
ALOURDIR	BABILLER	CALCINER	CRÉATEUR	DÉLARDER	DIFFUSER
ALPAGUER	BAIGNEUR	CALCULER	CRÉDITER	DÉLATEUR	DIMINUER
ALTERNER	BAILLEUR	CALIBRER	CRÉNELER	DÉLECTER	DIPLÔMER

DISCUTER	EMBRASER	ÉNUMÉRER	EXONÉRER	FUSILLER	IMPLORER
DISPOSER	ÉMERISER	ENVOILER	EXPÉDIER	FUSTIGER	IMPLOSER
DISPUTER	ÉMEUTIER	ENVOÛTER	EXPLORER	GALOPEUR	IMPORTER
DISSIPER	ÉMIETTER	ÉPAISSIR	EXPLOSER	GAMBADER	IMPRIMER
DIVERGER	ÉMONDOIR	ÉPANCHER	EXPORTER	GANGSTER	IMPUDEUR
DIVERTIR	ÉMOUSSER	ÉPANOUIR	EXPULSER	GARANTIR	INCARNER
DORLOTER	ÉMOUVOIR	ÉPARGNER	EXPURGER	GÉNITEUR	INCLINER
DOUANIER	EMPÊCHER	ÉPÉPINER	EXTÉNUER	GILETIER	INCOMBER
DRESSEUR	EMPERLER	ÉPERVIER	EXTIRPER	GLANDEUR	INCULPER
DUPLEXER	EMPESTER	ÉPINGLER	EXTRADER	GLISSOIR	INCURVER
ÉBARBEUR	EMPIÉTER	ÉPISSOIR	FAÇONNER	GLOUSSER	INFECTER
ÉBAUCHER	EMPOCHER	ÉPOINTER	FAMILIER	GONDOLER	INFESTER
ÉBAVURER	EMPORTER	ÉPOUSEUR	FASCINER	GOYAVIER	INFIRMER
ÉBISELER	ÉMULSEUR	ÉPROUVER	FESTOYER	GRAILLER	INFLIGER
ÉBORGNER	ENCADRER	ÉQUEUTER	FEUILLER	GRAINIER	INFORMER
ÉBRANLER	ENCARTER	ÉRAILLER	FIGNOLER	GRAISSER	INJECTER
ÉBRUITER	ENCENSER	ÉREINTER	FILOCHER	GRANDEUR	INJURIER
ÉCAILLER	ENCOLLER	ÉROTISER	FINASSER	GRANULER	INSINUER
ÉCHANGER	ENCOURIR	ESCALIER	FLANCHER	GRATINER	INSISTER
ÉCHAPPER	ENDETTER	ESCORTER	FLATTEUR	GRATTOIR	INSPIRER
ÉCHOTIER	ENDIGUER	ESPALIER	FLINGUER	GREFFOIR	INSULTER
ÉCLAIRER	ENDORMIR	ESSAIMER	FLOTTEUR	GRIMACER	INTÉGRER
ÉCLIPSER	ENDOSSER	ESSARTER	FOLÂTRER	GROSSEUR	INTENTER
ÉCOEURER	ENDURCIR	ESTAMPER	FOLIOTER	GROSSIER	INTERNER
ÉCOURTER	ENFANTER	ESTOMPER	FOMENTER	GUERRIER	INVENTER
ÉCROÛTER	ENFICHER	ESTOQUER	FORMULER	HABILLER	INVERSER
ÉCUISSER	ENFONCER	ÉTAMPEUR	FOUETTER	HABITUER	IRONISER
EFFRITER	ENGLOBER	ÉTANCHER	FOUILLER	HARCELER	IRRADIER
ÉGALISER	ENGRAVER	ÉTATISER	FOURNIER	HASARDER	IVOIRIER
ÉGOUTTER	ENHARDIR	ÉTERNUER	FRAÎCHIR	HEAUMIER	JACASSER
ÉGUEULER	ENLAIDIR	ÉTOUFFER	FRANCHIR	HÉBERGER	JALONNER
ÉJECTEUR	ENNUAGER	ÉTOURDIR	FRAUDEUR	HERCHEUR	JALOUSER
ÉLABORER	ENQUÊTER	ÉTRANGER	FRELATER	HÉRISSER	JARRETER
ÉLAGUEUR	ENRICHIR	ÉTRENNER	FRICOTER	HÉRITIER	JOBARDER
ÉLECTEUR	ENROULER	ÉTRILLER	FRINGUER	HEURTOIR	JONGLEUR
ÉLIMINER	ENSABLER	ÉTRIQUER	FROISSER	HIVERNER	KAPOKIER
ÉLOIGNER	ENSERRER	ÉVANOUIR	FROMAGER	HÔTELIER	LABOURER
ÉLUCIDER	ENTACHER	ÉVEILLER	FRONDEUR	HOUSSOIR	LABRADOR
ÉMAILLER	ENTASSER	ÉVENTRER	FROTTOIR	HUÎTRIER	LAÏUSSER
EMBALLER	ENTERRER	EXAGÉRER	FRUSTRER	HUMECTER	LAMBINER
EMBELLIR	ENTONNER	EXCELLER	FULMINER	HUMILIER	LANGUEUR
EMBOÎTER	ENTOURER	EXÉCUTER	FURETEUR	IMAGINER	LÉNIFIER
EMBOUTIR	ENTRAVER	EXEMPTER	FUSILIER	IMPÉTRER	LESSIVER

LIBELLER	NETTOYER	PASSAGER	PRÉPARER	RAMOLLIR	RÉGATIER
LIQUIDER	NIDIFIER	PATAUGER	PRÉSAGER	RANCOEUR	RÉGENTER
LOCATEUR	NIELLEUR	PATENTER	PRÉSIDER	RAPIÉCER	REGIMBER
LONGUEUR	NIVELEUR	PATINEUR	PRÉSUMER	RAPPELER	REGORGER
LOUANGER	NOIRCEUR	PÂTISSER	PRÉSURER	RARÉFIER	RÉGULIER
LOURDEUR	NOTIFIER	PAVOISER	PRÉVENIR	RASSURER	RÉITÉRER
LUNETIER	NOVATEUR	PÉDALEUR	PROCRÉER	RÂTELIER	RELÂCHER
MÂCHEFER	OBJECTER	PÉDALIER	PROCURER	RATIFIER	RELANCER
MACHINER	OBOMBRER	PEIGNOIR	PROFANER	RAVAUDER	RELÉGUER
MÂCHURER	OBSERVER	PELLETER	PROFÉRER	RAYONNER	RELEVEUR
MAÇONNER	OBSTRUER	PELOTEUR	PROFITER	RÉACTEUR	REMANGER
MAIGREUR	OCCULTER	PÉNÉTRER	PROHIBER	RÉALÉSER	REMANIER
MALMENER	OCTAVIER	PERCUTER	PROJETER	RÉALISER	REMÉDIER
MARAUDER	OFFENSER	PERDURER	PROMENER	RÉANIMER	REMMENER
MARGOTER	OFFICIER	PERFORER	PROPAGER	REBIQUER	REMONTER
MARONNER	OPPRIMER	PERMUTER	PROPOSER	REBONDIR	REMPILER
MARTELER	ORALISER	PÉTILLER	PROROGER	RECAUSER	RENÂCLER
MATERNER	ORDONNER	PHRASEUR	PROTÉGER	RECELEUR	RENAUDER
MAUGRÉER	ORDURIER	PIAILLER	PROVENIR	RECENSER	RENOMMER
MEILLEUR	OREILLER	PIANOTER	PSAUTIER	RECEVOIR	RENONCER
MÉLANGER	ORIENTER	PIERRIER	PUANTEUR	RECHUTER	RENTAMER
MÉPRISER	OSCILLER	PIÉTINER	PULLULER	RÉCLAMER	RÉOPÉRER
MERDOYER	OSSIFIER	PILONNER	PUNAISER	RECLOUER	REPARTIR
MERISIER	OUTILLER	PIMENTER	PURGEOIR	RECOLLER	REPASSER
MESSAGER	OUTRAGER	PIONNIER	PURIFIER	RÉCOLTER	REPÊCHER
MEURTRIR	OZONISER	PLANTOIR	QUARTIER	RECOPIER	REPENSER
MIGNOTER	PACIFIER	PLEUREUR	QUILLEUR	RECOUPER	REPENTIR
MINAUDER	PACTISER	PLEUVOIR	RABOUTER	RECOURIR	REPIQUER
MIROITER	PAGAYEUR	PLONGEUR	RABROUER	RECRUTER	REPLACER
MITIGEUR	PALABRER	POLICIER	RACHETER	RECYCLER	REPLOYER
MITONNER	PALPITER	POMMADER	RACOLEUR	REDEVOIR	REPORTER
MODIFIER	PANACHER	POSSÉDER	RACONTAR	REDONNER	RÉPRIMER
MOLESTER	PANTELER	POSTULER	RACONTER	REDOUTER	REPRISER
MONITEUR	PAPETIER	POTASSER	RACORNIR	RÉÉDITER	RÉPUDIER
MORCELER	PARADEUR	POURTOUR	RADOUCIR	REFERMER	RÉPUGNER
MOUILLER	PARAPHER	POURVOIR	RAFFINER	REFLÉTER	REQUÉRIR
MOUSSOIR	PARESSER	PRALINER	RAFFOLER	RÉFORMER	RÉSÉQUER
MUSARDER	PARFILER	PRÉCÉDER	RAILLEUR	REFOULER	RÉSERVER
NASILLER	PARJURER	PRÊCHEUR	RAJEUNIR	REFRÉNER	RÉSILIER
NÉGATEUR	PARODIER	PRÉCISER	RALENTIR	RÉFUGIER	RÉSINIER
NÉGLIGER	PARSEMER	PRÉFÉRER	RALLUMER	REGAGNER	RÉSISTER
NÉGOCIER	PARTAGER	PRÉLEVER	RAMASSER	REGARDER	RÉSONNER
NÉNUPHAR	PARVENIR	PRÉMUNIR	RAMEUTER	REGARNIR	RÉSORBER

RESPIRER	SÉCRÉTER	SURVENIR	TROUSSER	JUMELLES	ADJACENT
RESSAYER	SÉCULIER	SURVOLER	TUMÉFIER	LINACÉES	ADJUVANT
RESSEMER	SEIGNEUR	SUSCITER	TURLUTER	LUNETTES	AÉROPORT
RESSUYER	SEMONCER	SUSURRER	TURNOVER	MÉMOIRES	AFFOLANT
RÉSULTER	SIGNALER	SYNCOPER	TUTEURER	MORDICUS	AGRÉMENT
RÉTABLIR	SLALOMER	TABASSER	UTILISER	NÉPALAIS	AISÉMENT
RETARDER	SOMNOLER	TACHETER	VACCINER	OLIBRIUS	ALPHABET
RETENTER	SOUFFLER	TAILLOIR	VACILLER	OUAILLES	ALTIPORT
RETENTIR	SOUFFRIR	TALONNER	VARAPPER	OUTARDES	AMBULANT
RETISSER	SOUILLER	TAMANOIR	VEILLEUR	PALMARÈS	ANONYMAT
RETOMBER	SOULAGER	TAMISEUR	VENTILER	PANCRÉAS	ANTITOUT
RETRACER	SOULEVER	TAPAGEUR	VÉRIFIER	PARCOURS	APAISANT
RÉTRÉCIR	SOUPIRER	TAPISSER	VIEILLIR	PÉKINOIS	APPARENT
RÊVASSER	SOURCIER	TARAUDER	VIOLACER	PLUMETIS	ÂPREMENT
REVERSER	SOUTENIR	TÂTONNER	VISITEUR	POISSONS	ARGUMENT
RÉVOLTER	SOUTIRER	TAXATEUR	VIVIFIER	RAMASSIS	ARRIVANT
REVOLVER	SOUVENIR	TEENAGER	VOISINER	ROLLMOPS	ARROGANT
RÉVOQUER	SPÉCULER	TEMPÊTER	VOITURER	SOURNOIS	ASPIRANT
RÉVULSER	SPORULER	TERMINER	VOLTIGER	SPÉCULOS	ATTENANT
RICANEUR	SPRINGER	TEXTURER	ZÉLATEUR	SYPHILIS	ATTENTAT
RICOCHER	SPRINTER	TIMONIER		TAFFETAS	ATTIRANT
RIGOLEUR	SQUEEZER	TISONNER	**S**	TENÈBRES	ATTRIBUT
RIPOSTER	STARISER	TITILLER		TEUTATÈS	AUSSITÔT
RISSOLER	STIMULER	TONIFIER	AFFAIRES	THANATOS	BACCARAT
RONFLEUR	STIPULER	TONSURER	AILLEURS	TOUJOURS	BARILLET
ROTURIER	STOPPEUR	TORTURER	ALBANAIS	TRANSMIS	BÂTIMENT
ROUILLER	STRESSER	TOUILLER	ALBATROS	TRÉFONDS	BÂTONNAT
ROUSSEUR	SUBLIMER	TOUPINER	CACATOÈS	TREILLIS	BEAUFORT
SABORDER	SUBVENIR	TRACTEUR	CONCOURS	URODÈLES	BEAUPORT
SABOTIER	SUCCÉDER	TRAÎNEUR	COURTOIS	VACANCES	BIENFAIT
SABOULER	SUGGÉRER	TRANCHER	DÉBARRAS	VARENNES	BONIMENT
SACCAGER	SUICIDER	TRAPPEUR	DÉTRITUS	VIENNOIS	BRACELET
SAIGNOIR	SULFURER	TREMBLER	DISCOURS		BRANLANT
SALARIER	SUPPLÉER	TRÉMULER	EMBARRAS	**T**	BRICELET
SANGLIER	SUPPLIER	TRÉPIDER	ENVIRONS		BRILLANT
SAPITEUR	SUPPOSER	TRICHEUR	FOUILLIS	ABERRANT	BUCAREST
SAVETIER	SUPPURER	TRICOTER	FRANÇAIS	ABONDANT	BUDAPEST
SAVONNER	SUPPUTER	TRIPOTER	FRISELIS	ABRIVENT	CABOULOT
SAVOURER	SURGELER	TRITURER	HAUTBOIS	ABSTRAIT	CANDIDAT
SCULPTER	SURJETER	TROMPEUR	HIBISCUS	ACCIDENT	CHARMANT
SÉCATEUR	SURMENER	TROTTEUR	ILLINOIS	ACESCENT	COHÉRENT
SECONDER	SURNAGER	TROTTOIR	INSUCCÈS	ACTIVANT	CONFIANT
SECOURIR	SURSEOIR	TROUBLER	JULIÉNAS	ADHÉRENT	CONSTANT

DÉBUTANT	HABITANT	MILITANT	RUDEMENT	BLAIREAU	GÉNÉREUX
DÉCAPANT	HALETANT	NOTARIAT	RUTILANT	BOUTEFEU	GLORIEUX
DÉCEVANT	HÉLIPORT	NOUEMENT	SAGEMENT	CORROMPU	GRACIEUX
DÉCONFIT	HÉSITANT	NOVICIAT	SAILLANT	COURBATU	LUMINEUX
DÉCRÉPIT	IGNORANT	OBSÉDANT	SANGLANT	DÉPOURVU	MIELLEUX
DÉLIRANT	IMMÉDIAT	OCCIDENT	SCÉLÉRAT	ÉCRITEAU	NAUSÉEUX
DÉPLIANT	IMMINENT	OCCUPANT	SEMBLANT	ESCABEAU	NÉBULEUX
DÉSOLANT	IMPOSANT	ONDOYANT	SERINGAT	FOURNEAU	NIAISEUX
DÉVORANT	IMPOTENT	OPPOSANT	SERPOLET	FOURREAU	NOMBREUX
DILIGENT	IMPUDENT	ORNEMENT	SIBILANT	GATINEAU	ONCTUEUX
DISCOUNT	INCIDENT	ORPIMENT	SINCIPUT	GUINDEAU	OUBLIEUX
DISTINCT	INDÉCENT	PAIEMENT	SOUFFLET	HAVENEAU	PIERREUX
DISTRAIT	INDIGENT	PAMPHLET	SOURIANT	HOBEREAU	PLÂTREUX
DISTRICT	INDIRECT	PAREMENT	STAGNANT	INDIVIDU	PLUVIEUX
DOUILLET	INDOLENT	PAVEMENT	STRIDENT	INÉTENDU	POISSEUX
ÉCLATANT	INFAMANT	PENCHANT	SUCCINCT	IRRÉSOLU	POUDREUX
ÉDIFIANT	INFLUENT	PÉNITENT	SURCROÎT	LAPEREAU	PRÉCIEUX
ÉMOUVANT	INHÉRENT	PÉTULANT	SÛREMENT	LIONCEAU	QUINTEUX
ÉNERVANT	INNOCENT	PINCOURT	SYNDICAT	MATÉRIAU	SOIGNEUX
ENIVRANT	INSOLENT	PLAISANT	TALLIPOT	POURCEAU	SOUCIEUX
ENTREPÔT	INSTINCT	POIGNANT	TÉGUMENT	PRÉTENDU	SPACIEUX
ÉPEURANT	INSTITUT	PORTRAIT	TÈNEMENT	RUISSEAU	SQUAMEUX
ÉPUISANT	INSTRUIT	POTENTAT	TOLÉRANT	SAUGRENU	STUDIEUX
ESCARBOT	INTERDIT	POUILLOT	TOUCHANT	SIMBLEAU	TALQUEUX
ESCARGOT	IRRITANT	POURTANT	TOURMENT	SOLIVEAU	TORTUEUX
ÉTONNANT	JUGEMENT	PRESSANT	TRAÎNANT	SUPERFLU	ULCÉREUX
EXCITANT	JUREMENT	PROSCRIT	TRANSEPT	TROUPEAU	VAPOREUX
EXIGEANT	LACEMENT	PUISSANT	UPPERCUT	VAISSEAU	VERTUEUX
EXISTANT	LAVEMENT	PURULENT	USUFRUIT	VERMOULU	VISQUEUX
FAINÉANT	LECTORAT	QUOLIBET	VAILLANT	VIPEREAU	
FARFADET	LIGAMENT	RABBINAT	VÉHÉMENT		
FATIGANT	LOGEMENT	RAISINET	VÊTEMENT	**W**	
FÉCULENT	MAIGRIOT	RAREMENT	VICARIAT		
FILAMENT	MALSÉANT	REBUTANT	VIEILLOT	RICKSHAW	
FIXEMENT	MANTELET	RÉGIMENT	VIGILANT		
FRAGMENT	MARABOUT	REPOSANT	VIREMENT	**X**	**Y**
FRAPPANT	MARSAULT	RÉSULTAT	VIRULENT	AMITIEUX	SAGUENAY
FRINGANT	MARTINET	RÉTICENT	VIVEMENT	AMOUREUX	TREMBLAY
FRISQUET	MASSICOT	REVENANT	VRAIMENT	BORDEAUX	
GAIEMENT	MÉCRÉANT	RICOCHET		CAPITEUX	**Z**
GLISSANT	MENAÇANT	ROITELET	**U**	DUVETEUX	
GODILLOT	MENDIANT	RONDELET		ÉLOGIEUX	KIBBOUTZ
GRINÇANT	MENDIGOT	RONFLANT	BIENVENU	FIÉVREUX	

☞ MOTS DE 9 LETTRES

1ʳᵉ

POSITION

A

ABÂTARDIE
ABÂTARDIR
ABERRANTE
ABIÉTINÉE
ABOLITION
ABONDANCE
ABONDANTE
ABSIDIALE
ABSTRAITE
ABSURDITÉ
ACADIENNE
ACARIÂTRE
ACARIFIER
ACCAPARER
ACCÉLÉRER
ACCENTUER
ACCEPTION
ACCESSION
ACCOMPLIE
ACCOMPLIR
ACCOUCHER
ACCOUPLER
ACCOUTRER
ACCOUTUMÉ
ACCROCHER
ACCROÎTRE
ACCUMULER
ACHETEUSE
ACRIMONIE

ACTIONNER
ACTIVANTE
ADHÉRENCE
ADHÉRENTE
ADJACENTE
ADJOINDRE
ADMIRABLE
ADMISSION
ADORATION
ADULATION
ADVERSITÉ
AFFAIBLIE
AFFAIBLIR
AFFLUENCE
AFFOLANTE
AFFRONTER
AGACEMENT
AGITATION
AGRESSION
AGRESSIVE
AGUICHANT
AIGUILLÉE
ALARMISTE
ALBANAISE
ALBUMINÉE
ALENTOURS
ALIÉNISTE
ALIMENTER
ALLÉGORIE
ALLEMANDE
ALUMINIUM
AMABILITÉ
AMALGAMÉE
AMBULANTE

AMÉLIORER
AMENUISER
AMÈREMENT
AMÉTHYSTE
AMÉTROPIE
AMITIEUSE
AMOINDRIR
AMOUREUSE
AMPLEMENT
AMPLIFIER
AMUSEMENT
ANDALOUSE
ANDOUILLE
ANGÉLIQUE
ANICROCHE
ANIMATION
ANIMOSITÉ
ANNALISTE
ANNIHILER
ANNULAIRE
ANTÉRIEUR
APAISANTE
APOSTASIE
APPARENCE
APPARENTE
APPLAUDIR
APPLIQUÉE
APPLIQUER
APPRÉCIER
APPRENDRE
APPRENTIE
APPROCHÉE
APPROCHER
APPROCHES

APPROPRIÉ
APPROUVER
ARMISTICE
ARRIVANTE
ARROGANTE
ARSOUILLE
ARTICHAUT
ASCENSEUR
ASCENSION
ASEPTISER
ASPIRANTE
ASSAILLIR
ASSASSINE
ASSEMBLÉE
ASSEMBLER
ASSIDUITÉ
ASSIMILER
ASSOUPLIR
ASSOURDIR
ASSURANCE
ASTICOTER
ATLANTIDE
ATOMISEUR
ATROPHIÉE
ATTEINDRE
ATTENANTE
ATTENDRIR
ATTENTION
ATTENTIVE
ATTIRANCE
ATTIRANTE
ATTRISTER
AUDITRICE
AUGMENTER

AUSTÉRITÉ
AUTORISER
AUTREFOIS
AVANTAGÉE
AVÈNEMENT

B

BADMINTON
BAGATELLE
BAIGNEUSE
BAISEMAIN
BAISEMENT
BALADEUSE
BALBUTIER
BALBUZARD
BALDAQUIN
BALIVERNE
BALLONNER
BALLOTTER
BALNÉAIRE
BALSAMIER
BAMBOCHER
BANCROCHE
BANDEROLE
BANQUETER
BARATINER
BARBIFIER
BARBOTINE
BARIOLAGE
BAROMÈTRE
BARREMENT
BATAILLER
BATAILLON
BATELEUSE

BATELIÈRE	BOULONNER	CAMPHRIER	CÉNOTAPHE	CICINDÈLE
BAVARDAGE	BOURGEOIS	CANALISER	CENTRISTE	CIGARETTE
BÉATIFIER	BOURRACHE	CANCANIER	CEPENDANT	CIGOGNEAU
BÉATITUDE	BOURRETTE	CANDIDATE	CÉRAMIQUE	CILLEMENT
BÉCANCOUR	BOURSIÈRE	CANNELURE	CÉRÉMONIE	CIMETIÈRE
BECQUETER	BOUSCULER	CANNIBALE	CERTIFIER	CINÉRAIRE
BELVÉDÈRE	BOUTEILLE	CANOÉISTE	CHAGRINER	CITOYENNE
BÉNÉFIQUE	BOUVREUIL	CANONISER	CHALUMEAU	CIVILISER
BÉNISSEUR	BRACONNER	CANONISTE	CHAMOISER	CLABAUDER
BENJAMINE	BRAILLARD	CANONNIER	CHANGEANT	CLAFOUTIS
BÉQUILLER	BRAISIÈRE	CANTILÈNE	CHANVRIER	CLAIRETTE
BERLINGOT	BRAMEMENT	CANTONADE	CHAPARDER	CLAIRSEMÉ
BESTIAIRE	BRANLANTE	CAPITEUSE	CHAPELIER	CLAPOTAGE
BIBLIOBUS	BRAQUEUSE	CAPTIVITÉ	CHAPITRER	CLAQUETER
BIDONNANT	BRASSIÈRE	CARACTÈRE	CHARCUTER	CLARIFIER
BIENVENUE	BRICOLAGE	CARAVELLE	CHARGEUSE	CLASSIQUE
BIFILAIRE	BRILLANTE	CARBONATE	CHARIVARI	CLAVICULE
BIFURQUER	BRIMBALER	CARBURANT	CHARMANTE	CLERGYMAN
BIGORNEAU	BRIQUETER	CARDAMINE	CHARMILLE	CLIENTÈLE
BIGREMENT	BROCARDER	CARDINALE	CHARNELLE	CLINQUANT
BILATÉRAL	BROUILLÉE	CARENTIEL	CHARPENTE	CLIQUETER
BIOGRAPHE	BROUILLER	CARLINGUE	CHARRETTE	CLOCHETON
BIPARTITE	BROUTILLE	CARMÉLITE	CHÂTAIGNE	COALITION
BIPOLAIRE	BUANDERIE	CAROTTIER	CHÂTIMENT	COCHONNER
BISAÏEULE	BUCOLIQUE	CARREFOUR	CHATONNER	COEXISTER
BISEAUTER		CARRÉMENT	CHATTERIE	COGNEMENT
BLABLABLA	**C**	CARROUSEL	CHAUDIÈRE	COHÉRENCE
BLAGUEUSE		CASERETTE	CHAUFFEUR	COHÉRENTE
BLASONNER	CABOTINER	CASSONADE	CHAUMIÈRE	COIFFEUSE
BLOCKHAUS	CACAHUÈTE	CASTRISTE	CHEMINEAU	COLCHIQUE
BOISEMENT	CACHEMIRE	CATALOGNE	CHÉRIFIEN	COLLATION
BOMBARDÉE	CADASTRER	CATALOGUE	CHEVIOTTE	COLLECTÉE
BOMBEMENT	CAFETIÈRE	CATAPULTE	CHEVREUIL	COLLÉGIAL
BOSSANOVA	CAILLASSE	CATARACTE	CHEVRONNÉ	COLLISION
BOSSELURE	CAISSETTE	CATÉGORIE	CHIENDENT	COLLUSION
BOTANISTE	CALABRAIS	CAUCHEMAR	CHIFFRAGE	COLOMBIER
BOUCANAGE	CALEBASSE	CAVAILLON	CHIHUAHUA	COLONISER
BOUCHERIE	CALMEMENT	CAVALERIE	CHIPOTEUR	COLPORTER
BOUFFARDE	CALOMNIER	CAVALIÈRE	CHIRURGIE	COMBATTRE
BOUFFONNE	CAMEMBERT	CAVERNEUX	CHLINGUER	COMBINARD
BOUGONNER	CAMÉSCOPE	CEINTURER	CHOSIFIER	COMMANDER
BOUGRESSE	CAMOUFLER	CEINTURON	CHUCHOTER	COMMENCER
BOUILLANT	CAMPEMENT	CÉLÉBRITÉ	CICATRICE	COMMENTER

COMMETTRE
COMMOTION
COMMUNIER
COMPACTER
COMPAGNIE
COMPAGNON
COMPENSER
COMPÉRAGE
COMPÉTENT
COMPLÉTER
COMPLOTER
COMPORTER
COMPRESSE
COMPRIMER
COMPTABLE
CONCERNER
CONCEVOIR
CONCIERGE
CONCILIER
CONCLUANT
CONCOMBRE
CONCORDER
CONCOURIR
CONDAMNER
CONDENSER
CONDITION
CONFESSER
CONFIANCE
CONFIANTE
CONFIRMER
CONFITEOR
CONFLUENT
CONFONDRE
CONFORTER
CONFUSION
CONGÉDIER
CONGÉNÈRE
CONJUGUER
CONNAÎTRE
CONNECTER
CONSACRER
CONSENTIR
CONSERVER

CONSIGNÉE
CONSISTER
CONSOMMER
CONSPIRER
CONSTABLE
CONSTANCE
CONSTANTE
CONSTATER
CONSTELLÉ
CONSULTER
CONTACTER
CONTAGION
CONTENTER
CONTESTER
CONTINENT
CONTINUEL
CONTINUER
CONTINUUM
CONTOURNÉ
CONTRAIRE
CONTRARIÉ
CONTRASTE
CONTRISTÉ
CONTRÔLÉE
CONTRÔLER
CONTUSION
CONVERGER
CONVERSER
CONVERTIR
CONVEXITÉ
CONVOITER
CONVOQUER
COORDONNÉ
COPINERIE
COQUETIER
CORBILLAT
CORDONNER
CORNAQUER
CORNEMENT
CORNICHON
CORONELLE
CORPULENT
CORROMPRE

CORROMPUE
CORSETIER
CORUSCANT
CÔTELETTE
COTONNIER
COUARDISE
COULISSÉE
COULISSER
COURAGEUX
COURBATUE
COURBETTE
COURONNER
COURTIÈRE
COURTISAN
COURTOISE
COUSSINET
COUTUMIER
COUTURIER
CRAINTIVE
CRÂNEMENT
CRAQUETER
CRÉATRICE
CRÉNELURE
CREVASSÉE
CRIAILLER
CRITÉRIUM
CRITIQUÉE
CRITIQUER
CROISIÈRE
CROISSANT
CUIRASSÉE
CUIRASSER
CUISTANCE
CULINAIRE
CURAILLON
CURIOSITÉ
CYLINDRER

D

DALMATIEN
DAMNATION
DANGEREUX

DAVANTAGE
DÉAMBULER
DÉBANDADE
DÉBAUCHER
DÉBITRICE
DÉBOBINER
DÉBOUCHÉE
DÉBOUCLER
DÉBOURBER
DÉBOURSER
DÉBRAYAGE
DÉBROCHER
DÉBUTANTE
DÉCADENCE
DÉCAMÈTRE
DÉCAPANTE
DÉCAPEUSE
DÉCAPITER
DÉCATHLON
DÉCÉLÉRER
DÉCEPTION
DÉCEVANTE
DÉCHAÎNER
DÉCHANTER
DÉCHARGER
DÉCHARNÉE
DÉCHAUMER
DÉCHIRANT
DÉCIMÈTRE
DÉCOIFFER
DÉCOLLAGE
DÉCOLORER
DÉCOMPTÉE
DÉCOMPTER
DÉCONFITE
DÉCOUCHER
DÉCOUPAGE
DÉCOUPURE
DÉCOUVRIR
DÉCRASSER
DÉCRÉPITE
DÉCROCHER
DÉCROÎTRE

DÉCROTTER
DÉDAIGNER
DÉFECTION
DÉFÉRENCE
DÉFICIENT
DÉFINITIF
DÉFLATION
DÉFLÉCHIR
DÉFRAÎCHI
DÉFROQUÉE
DÉFROQUER
DÉGÉNÉRÉE
DÉGIVREUR
DÉGOÛTANT
DÉGUEULER
DÉLAISSER
DÉLATRICE
DÉLIBÉRÉE
DÉLIBÉRER
DÉLICIEUX
DÉLIRANTE
DÉLOYAUTÉ
DÉMANCHER
DÉMESURÉE
DÉMISSION
DÉMONTRER
DÉNATURER
DÉNIAISER
DÉPANNEUR
DÉPIAUTER
DÉPOUILLE
DÉPOURVUE
DÉPRÉCIER
DÉRACINER
DÉRISOIRE
DÉSABUSÉE
DÉSACCORD
DÉSAVOUER
DESCENDRE
DÉSEMPARÉ
DÉSERTION
DÉSESPOIR
DÉSOLANTE

DESSERRER	DISCULPER	ÉCARTELER	ENGAGEANT	ÉTONNANTE
DESSOÛLER	DISLOQUER	ÉCERVELÉE	ENIVRANTE	ÉTRANGÈRE
DESTITUER	DISPARATE	ÉCHOTIÈRE	ENJOINDRE	ÉTREINDRE
DÉSUÉTUDE	DISPARITÉ	ÉCLAIRAGE	ENLUMINER	ÉVOCATION
DÉTAILLER	DISPENSER	ÉCLAIRCIR	ENSEIGNÉE	EXASPÉRÉE
DÉTECTEUR	DISPERSER	ÉCLATANTE	ENSEIGNER	EXCENTRÉE
DÉTEINDRE	DISSERTER	ÉCONDUIRE	ENTAILLÉE	EXCITANTE
DÉTENTEUR	DISSIDENT	ÉCONOMIES	ENTÉRINER	EXCLUSIVE
DÉTERGENT	DISSOCIER	ÉCRIVAINE	ENTIÈRETÉ	EXÉCUTIVE
DÉTÉRIORÉ	DISSOUDRE	ÉDIFIANTE	ENTRAÎNER	EXIGEANTE
DÉTERSIVE	DISSUADER	ÉDUCATION	ENTREGENT	EXISTANTE
DÉTOURNER	DISTANCÉE	ÉDUCATIVE	ENTREMISE	EXPANSIVE
DÉTRAQUÉE	DISTENDRE	ÉDULCORER	ENTRETIEN	EXPLICITE
DÉTREMPÉE	DISTILLER	EFFECTIVE	ENTREVOUS	EXTÉRIEUR
DÉTRIMENT	DISTINCTE	EFFECTUER	ENVELOPPE	EXTRÉMITÉ
DÉVALISER	DISTORDRE	EFFRONTÉE	ENVENIMER	
DEVANTURE	DISTRAIRE	ÉGAREMENT	ÉPARGNANT	**F**
DÉVORANTE	DISTRAITE	ÉGLANTIER	ÉPEURANTE	
DEXTÉRITÉ	DIVERGENT	ÉGLANTINE	ÉPIGRAMME	FABRICANT
DIABLERIE	DIVIDENDE	ÉLECTORAT	ÉPONTILLE	FABRIQUER
DIABLESSE	DIVULSION	ÉLECTRICE	ÉPUISANTE	FACILITER
DIACHYLON	DODELINER	ÉLÉVATEUR	ÉPURATION	FAÇONNIER
DIAGRAMME	DORMITIVE	ÉLOGIEUSE	ÉREINTANT	FACTUELLE
DIAMANTER	DOUANIÈRE	ÉLYSÉENNE	ÉRUDITION	FAÏENCIER
DICTATEUR	DOUCEÂTRE	EMBOSSURE	ESCABÈCHE	FAINÉANTE
DICTATURE	DRACONIEN	EMBOUCHÉE	ESCALADÉE	FAISSELLE
DIFFÉREND	DRAPEMENT	EMBRASSER	ESCALADER	FALSIFIER
DIFFÉRENT	DRESSEUSE	ÉMERILLON	ESCALATOR	FAMÉLIQUE
DIFFICILE	DROGUISTE	ÉMEUTIÈRE	ESCAMOTER	FAMILIÈRE
DIFFUSION	DROITISME	ÉMISSAIRE	ESCLANDRE	FANATIQUE
DILAPIDER	DUETTISTE	ÉMOUVANTE	ESCOPETTE	FANTAISIE
DILECTION	DULCIFIER	EMPREINTE	ESPÉRANCE	FANTASMER
DILIGENTE	DUPLICATA	EMPRESSÉE	ESPIONNER	FARANDOLE
DIMENSION	DUVETEUSE	EMPRUNTER	ESPLANADE	FARLOUCHE
DIMINUTIF	DYNAMISME	ÉNANTHÈME	ESQUISSÉE	FARNIENTE
DINGUERIE	DYSCRASIE	ENCAISSÉE	ESSENTIEL	FASCINANT
DINOSAURE	DYSOREXIE	ENCAISSER	ESTROPIÉE	FATIGANTE
DIRECTION	DYSPHAGIE	ENCASTRER	ÉTERNELLE	FAUCHETTE
DIRIGISTE	DYSPHORIE	ENCHAÎNER	ÉTERNISER	FAVORISER
DISCERNER		ENCHANTÉE	ÉTINCELER	FÉBRIFUGE
DISCOBOLE	**E**	ENCHANTER	ÉTINCELLE	FÉCULENTE
DISCOURIR		ENDOMÈTRE	ÉTIQUETTE	FÉLICITER
DISCRÉDIT	ÉBARBEUSE	ÉNERVANTE	ÉTIREMENT	FENDILLER

FERMEMENT	FRATERNEL	GÉLINOTTE	GRANDIOSE	HALLOWEEN
FERMENTER	FRAUDEUSE	GEMMATION	GRAPHISTE	HALLUCINÉ
FERMETURE	FREDONNER	GÉNÉREUSE	GRASSERIE	HARANGUÉE
FEULEMENT	FRÉQUENCE	GENÉVRIER	GRATIFIER	HARANGUER
FIÈREMENT	FRIANDISE	GÉNITRICE	GRATITUDE	HARASSANT
FIÉVREUSE	FRICASSÉE	GENTILITÉ	GRATTELLE	HARDIESSE
FIGNOLAGE	FRICOTAGE	GÉOMÉTRIE	GRAVILLON	HARMATTAN
FIGURATIF	FRIMOUSSE	GÉRIATRIE	GRÉGORIEN	HARNACHER
FILIFORME	FRINGANTE	GERMICIDE	GRELOTTER	HARPONNER
FINALISTE	FRÔLEMENT	GESTUELLE	GRENADIER	HASCHISCH
FINANCIER	FROMAGÈRE	GICLEMENT	GRENADINE	HAUBANAGE
FIORITURE	FRONDEUSE	GILETIÈRE	GRÉSILLER	HÉCATOMBE
FIRMAMENT	FRONTIÈRE	GINGEMBRE	GRIGNOTER	HÉGÉMONIE
FISTULINE	FRUITERIE	GINGIVITE	GRILLAGÉE	HÉMATIQUE
FLACHERIE	FRUSTRANT	GIRANDOLE	GRILLAGER	HÉMICYCLE
FLAGEOLER	FULGURANT	GIROUETTE	GRIMPETTE	HERBICIDE
FLAGEOLET	FULMINANT	GLACIAIRE	GRINÇANTE	HÉRÉTIQUE
FLAGORNER	FUNAMBULE	GLANDEUSE	GRINGALET	HÉRITIÈRE
FLATTEUSE	FURETEUSE	GLISSANTE	GRISAILLE	HÉSITANTE
FLICAILLE	FURIBONDE	GLOBALITÉ	GROGNONNE	HIÉROCLES
FLOTTILLE	FUSIONNER	GLORIEUSE	GROMMELER	HISTORIÉE
FOISONNER		GLORIFIER	GRONDERIE	HISTORIEN
FOLLEMENT	**G**	GLOSSAIRE	GROSEILLE	HOMOLOGUE
FOLLICULE		GLOUTONNE	GROSSIÈRE	HONNÊTETÉ
FONDATEUR	GABARDINE	GOGUENARD	GROSSISTE	HONORABLE
FONDATION	GABARRIER	GONDOLIER	GROUILLER	HOROSCOPE
FORFICULE	GAILLARDE	GONFLETTE	GRUMELURE	HORRIFIER
FORLANCER	GALANTINE	GOUALANTE	GUERRIÈRE	HORTENSIA
FORMALITÉ	GALERISTE	GOULEYANT	GUIGNARDE	HORTICOLE
FORMATEUR	GALOPEUSE	GOUPILLER	GUIGNETTE	HOSTILITÉ
FORNIQUER	GALVAUDER	GOUPILLON	GUILLEMET	HÔTELIÈRE
FORTIFIER	GAMBILLER	GOURMANDE	GUILLERET	HUITRIÈRE
FOUGERAIE	GANADERIA	GOURMETTE	GUIMBARDE	HURLEMENT
FOUILLEUR	GANGRENER	GOUTTIÈRE	GUSTATIVE	HYDRAVION
FOURBERIE	GARGANTUA	GOUVERNER	GUTTURALE	HYDROGÈNE
FOURNAISE	GARGOTIER	GRACIEUSE		HYPOTHÈSE
FOURNIÈRE	GARGOUSSE	GRACILITÉ	**H**	
FOURRIÈRE	GARNITURE	GRADATION		**I**
FRAGILITÉ	GASPILLER	GRADUELLE	HABILITER	
FRANÇAISE	GAUDRIOLE	GRAINIÈRE	HABITACLE	ICARIENNE
FRANCHISE	GAUFRETTE	GRAISSEUX	HABITANTE	IDÉALISER
FRAPPANTE	GAZONNAGE	GRANDESSE	HAÏTIENNE	IDÉALISTE
	GEIGNARDE		HALETANTE	IDENTIQUE

IDIOTISME	INADAPTÉE	INFORTUNE	INTUITION	JUGULAIRE
IGNIFUGER	INALTÉRÉE	INGÉNIEUX	INUSUELLE	JURATOIRE
IGNOMINIE	INAMICALE	INGESTION	INUTILISÉ	JUSTEMENT
IGNORANTE	INATTENDU	INHABITÉE	INUTILITÉ	JUSTIFIER
IGUANODON	INAUGURAL	INHÉRENTE	INVALIDER	
ILLETTRÉE	INAUGURER	INHUMAINE	INVENTEUR	**K**
ILLIMITÉE	INCAPABLE	INJUSTICE	INVENTION	KIDNAPPER
ILLISIBLE	INCENDIÉE	INNOCENCE	INVERSION	KILOHERTZ
ILLOGISME	INCENDIER	INNOCENTE	INVÉTÉRÉE	KILOMÈTRE
ILLUMINÉE	INCHANGÉE	INOCCUPÉE	INVIVABLE	KLAXONNER
ILLUMINER	INCOGNITO	INOPÉRANT	IRANIENNE	
ILLUSTRÉE	INCOLORÉE	INSIDIEUX	IRASCIBLE	**L**
ILLUSTRER	INCORRECT	INSINCÈRE	IRRÉALITÉ	LABORIEUX
IMBROGLIO	INCRÉDULE	INSOLENTE	IRRÉSOLUE	LACHENAIE
IMBUVABLE	INCROYANT	INSOLUBLE	IRRITABLE	LACONISME
IMITATION	INCUNABLE	INSPECTER	IRRITANTE	LACTATION
IMMACULÉE	INCURSION	INSPIRANT	IRRUPTION	LAMBOURDE
IMMÉDIATE	INDÉCENCE	INSTALLER	ISLAMISER	LAMPOURDE
IMMÉRITÉE	INDÉCENTE	INSTAURER	ISOLATION	LANCEMENT
IMMINENCE	INDÉFINIE	INSTITUER	ISOLEMENT	LANCINANT
IMMINENTE	INDICIBLE	INSTRUIRE	ITALIENNE	LAPIDAIRE
IMMODÉRÉE	INDIGENTE	INSTRUITE	ITÉRATIVE	LARGEMENT
IMMODESTE	INDIGNITÉ	INSULAIRE	ITINÉRANT	LASSITUDE
IMMUNISER	INDIRECTE	INTÉGRALE	IVOIRIÈRE	LATINISER
IMPARFAIT	INDISCRET	INTÉGRITÉ		LAUDATIVE
IMPARTIAL	INDISPOSÉ	INTENABLE	**J**	LAZZARONE
IMPATIENT	INDOLENTE	INTENSITÉ	JABORANDI	LÈCHEMENT
IMPÉRATIF	INDUCTIVE	INTENTION	JACASSEUR	LÉGALISER
IMPÉRIALE	INDULGENT	INTERDIRE	JAPONERIE	LÉGIFÉRER
IMPLANTER	INDUSTRIE	INTERDITE	JARDINAGE	LÉGITIMER
IMPLIQUÉE	INÉGALITÉ	INTÉRESSÉ	JARDINIER	LENDEMAIN
IMPORTUNE	INESPÉRÉE	INTÉRIEUR	JEANNETTE	LENTEMENT
IMPOSANTE	INÉTENDUE	INTERLUDE	JÉRÉMIADE	LENTICULE
IMPOSTURE	INEXERCÉE	INTERVIEW	JOAILLIER	LESBIENNE
IMPOTENTE	INFAMANTE	INTIMIDER	JOIGNABLE	LÉSINERIE
IMPRÉGNER	INFÉRIEUR	INTIMISTE	JONGLERIE	LESSIVAGE
IMPROBITÉ	INFERNALE	INTITULER	JONGLEUSE	LESSIVIER
IMPRUDENT	INFILTRER	INTOXIQUÉ	JONQUIÈRE	LIBELLULE
IMPUDENCE	INFIRMITÉ	INTRÉPIDE	JOVIALITÉ	LIBERTINE
IMPUDENTE	INFLÉCHIE	INTRIGANT	JOYEUSETÉ	LIBIDINAL
IMPULSION	INFLÉCHIR	INTRIGUÉE	JUDAÏCITÉ	LIBRAIRIE
IMPULSIVE	INFLUENTE	INTRUSION	JUDICIEUX	LICENCIER

LIGATURER
LIMINAIRE
LIMONAIRE
LIMOUSINE
LIMPIDITÉ
LINGUETTE
LINGUISTE
LIPOPHILE
LITTÉRALE
LITTORALE
LITTORINE
LOCALISER
LOCATRICE
LOINTAINE
LONGTEMPS
LONGUETTE
LONGUEUIL
LOQUETEUX
LORICAIRE
LOTIONNER
LOUCHERIE
LOUISIANE
LOURDAUDE
LOYALISTE
LUBRICITÉ
LUBRIFIER
LUCRATIVE
LUMINAIRE
LUMINANCE
LUMINEUSE
LUNATIQUE
LUNETIÈRE
LUXURIEUX

M

MACHINALE
MAGASINER
MAGISTRAL
MAGNÉTITE
MAGNIFIER
MAGOUILLE
MAIGRIOTE

MAILLOCHE
MAINTENIR
MAÎTRESSE
MAÎTRISÉE
MAÎTRISER
MALADROIT
MALAPPRIS
MALÉFIQUE
MALICIEUX
MALLÉABLE
MALPROPRE
MALSÉANTE
MANDARINE
MANDEMENT
MANGEOIRE
MANGOUSTE
MANICHÉEN
MANIFESTE
MANIGANCE
MANIPULER
MANOEUVRE
MANTELURE
MAQUEREAU
MAQUILLER
MAQUISARD
MARAUDEUR
MARCASSIN
MARCHANDE
MARGARINE
MARGOULIN
MARIHUANA
MARMONNER
MARMOTTER
MASCARADE
MASCOUCHE
MASCULINE
MASSACRER
MASSEPAIN
MASTIQUER
MATRICULE
MAUVIETTE
MAXIMISER
MAZDÉISME

MÉCANISER
MÉCONTENT
MÉCRÉANTE
MÉDAILLÉE
MÉDAILLER
MÉDIASTIN
MÉDIATEUR
MÉDIATION
MÉDIÉVALE
MÉGAHERTZ
MEILLEURE
MÉLONGINE
MÉMORABLE
MENAÇANTE
MÉNAGISTE
MENDIANTE
MENDIGOTE
MÉNÉTRIER
MENSTRUEL
MENSTRUES
MENSUELLE
MENUISIER
MESCALINE
MESSAGÈRE
MÉTRONOME
MÉTROPOLE
MEURTRIER
MIELLEUSE
MIÈVRERIE
MIGRATEUR
MIGRATION
MILITAIRE
MILITANTE
MIMODRAME
MIMOLETTE
MINUSCULE
MINUTERIE
MISÉRABLE
MISTOUFLE
MITIGEUSE
MITRAILLE
MOBILISER
MONITRICE

MONOTONIE
MONTICOLE
MONTICULE
MORAILLES
MORAILLON
MORALISER
MORATOIRE
MORFONDRE
MORIBONDE
MORTUAIRE
MOTOCROSS
MOUCHETÉE
MOUFLETTE
MULTITUDE
MUNITIONS
MUSCARINE
MUTINERIE

N

NAISSANCE
NARRATEUR
NARRATION
NASILLARD
NATIONALE
NATURELLE
NAUFRAGÉE
NAUFRAGER
NAUPATHIE
NAUSÉEUSE
NAUTONIER
NAVREMENT
NÉANMOINS
NÉANTISER
NÉBULEUSE
NÉCESSITÉ
NÉCROMANT
NÉGATRICE
NÉGLIGENT
NÉGOCIANT
NÉONATALE
NÉPALAISE
NERVATION

NERVOSITÉ
NETTEMENT
NETTOYEUR
NÉVRALGIE
NIAISERIE
NIAISEUSE
NIHILISTE
NIVELEUSE
NOMADISER
NOMBREUSE
NORMALIEN
NOSTALGIE
NOTAMMENT
NOTORIÉTÉ
NOUVEAUTÉ
NOVATRICE
NUCLÉAIRE
NULLEMENT
NUMÉRISER
NUMÉROTER
NUTRITION
NUTRITIVE

O

OBÉISSANT
OBITUAIRE
OBJECTION
OBJECTIVE
OBLIGEANT
OBLIQUITÉ
OBLITÉRER
OBSCURCIR
OBSCURITÉ
OBSÉDANTE
OBSESSION
OCCLUSION
OCCUPANTE
OCÉANAUTE
ODALISQUE
OENOLOGIE
OENOLOGUE
OFFENSANT

OFFENSIVE	OUVERTURE	PASSAGÈRE	PERPÉTUEL	PLAFONNER
OFFICIÈRE		PASSÉISTE	PERPÉTUER	PLAGIAIRE
OIGNONADE	**P**	PASSEPORT	PERSILLÉE	PLAIDOYER
OLÉIFORME	PACIFIQUE	PASSIONNÉ	PERSISTER	PLAISANTE
OLFACTION	PACOTILLE	PASTICHÉE	PERSONNEL	PLANIFIER
OLFACTIVE	PAGANISER	PASTORALE	PERSUADER	PLASTIQUE
OMBILICAL	PAGAYEUSE	PATINETTE	PERTINENT	PLATELAGE
OMBUDSMAN	PAILLASSE	PATINEUSE	PERTURBER	PLATEMENT
ONCOLOGIE	PAILLETER	PATINOIRE	PERVERTIE	PLATINITE
ONCTUEUSE	PAILLETTE	PATRONAGE	PERVERTIR	PLATITUDE
ONDOYANTE	PALATIALE	PATRONNER	PESAMMENT	PLÂTREUSE
ONGUICULE	PALINODIE	PATRONYME	PESANTEUR	PLAUSIBLE
ONUSIENNE	PALISSADE	PAUPIETTE	PESTIFÉRÉ	PLÉNITUDE
OPACIFIER	PALLIATIF	PAUVRESSE	PÉTARADER	PLÉONASME
OPÉRATEUR	PALPATION	PEAUFINER	PÉTILLANT	PLEUREUSE
OPÉRATION	PALPITANT	PÉDALEUSE	PETITESSE	PLEXIGLAS
OPINIÂTRE	PANONCEAU	PÉDOLOGUE	PÉTRIFIER	PLISSEUSE
OPIOMANIE	PANTELANT	PÉDONCULE	PÉTROLIER	PLONGEUSE
OPPORTUNE	PAPERASSE	PEINTURER	PÉTULANCE	PLUSIEURS
OPPOSANTE	PAPETIÈRE	PÉKINOISE	PÉTULANTE	PLUVIEUSE
OPPRESSÉE	PAPILLOTE	PELLICULE	PHARILLON	PODOLOGIE
OPPRESSER	PAPOUILLE	PELOTEUSE	PHARISIEN	POIGNANTE
OPTIMISTE	PAQUETEUR	PELVIENNE	PHÉNOMÈNE	POISSEUSE
OPTIONNEL	PARADEUSE	PÉNALISER	PHILISTIN	POITEVINE
ORALEMENT	PARALLÈLE	PENDAISON	PHYSICIEN	POLÉMISTE
ORDINAIRE	PARAMÈTRE	PENDILLER	PIAILLEUR	POLICIÈRE
ORDURIÈRE	PARASITÉE	PÉNÉTRANT	PICHOLINE	POLITESSE
OREILLONS	PARCOURIR	PÉNITENCE	PIÉDESTAL	POLITIQUE
ORGANISÉE	PARDESSUS	PÉNITENTE	PIERREUSE	POLLUTION
ORGANISER	PARDONNER	PENTAÈDRE	PIÉTEMENT	POLTRONNE
ORGANISME	PARENTÈLE	PERCALINE	PIGEONNER	POMMERAIE
ORIENTALE	PARESSEUX	PERCEVOIR	PIGNOCHER	PONDAISON
ORIFLAMME	PARFUMEUR	PERCHISTE	PINAILLER	PONTIFIER
ORIGINALE	PARLEMENT	PÉRICARDE	PIONNIÈRE	POPULAIRE
ORNITHOSE	PARODISTE	PÉRICARPE	PIPELETTE	PORTILLON
OSCABRION	PAROXYSME	PÉRIMÈTRE	PIRIFORME	PORTUAIRE
OSCILLANT	PARRAINER	PÉRIPÉTIE	PIROGUIER	POSOLOGIE
OUBLIETTE	PARTICULE	PÉRISTYLE	PIROUETTE	POSTÉRITÉ
OUBLIEUSE	PARTIELLE	PERMANENT	PISSENLIT	POSTULANT
OURLIENNE	PARTISANE	PERMÉABLE	PISTONNER	POSTURALE
OUTAOUAIS	PARTITION	PERMETTRE	PLACARDER	POTASSIUM
OUTILLAGE	PASODOBLE	PÉROXYDER	PLACEMENT	POTENTIEL
OUTREMONT		PERPÉTRER	PLACIDITÉ	POUDRERIE

POUDREUSE	PRÉVISION	PUGNACITÉ	RAMASSEUR	RECREUSER
POUDRIÈRE	PRIMEROSE	PUISSANCE	RAMPEMENT	RECTIFIER
POUDROYER	PRIMIPARE	PUISSANTE	RANCARDER	RECTITUDE
POUILLARD	PRIMITIVE	PULSATION	RANÇONNER	RÉDACTION
POUPONNER	PRINCESSE	PURITAINE	RANDONNÉE	REDÉFAIRE
POURBOIRE	PRINCIPAL	PURPURINE	RAPATRIER	REDINGOTE
POURSUITE	PRINCIPAT	PURULENTE	RAPPORTER	REDRESSER
POUSSIÈRE	PRINTEMPS		RASSASIÉE	RÉDUCTION
PRATICIEN	PRIVATION	**Q**	RASSASIER	RÉÉCOUTER
PRATIQUER	PROBATION		RASSURANT	RÉÉDIFIER
PRÉAMBULE	PROCÉDURE	QUADRETTE	RATATINÉE	RÉÉVALUER
PRÉAVISER	PRODUCTIF	QUALIFIER	RATATINER	RÉFECTION
PRÉCARITÉ	PROFESSER	QUARTZITE	RATIONALE	RÉFÉRENCE
PRÉCÉDENT	PROFITEUR	QUATRIÈME	RATIONNEL	RÉFLÉCHIR
PRÊCHEUSE	PROFUSION	QUÉBÉCOIS	RATISSAGE	REFROIDIR
PRÉCIEUSE	PROGRAMME	QUERELLÉE	RATTACHER	RÉGATIÈRE
PRÉCIPICE	PROLIGÈRE	QUERELLER	RATTRAPER	RÉGÉNÉRER
PRÉCISION	PROLONGER	QUICONQUE	RAVAUDEUR	RÈGLEMENT
PRÉCOMPTE	PROMENEUR	QUIÉTISTE	RAVIGOTER	REGREFFER
PRÉDATEUR	PROMETTRE	QUILLEUSE	RAVISSANT	REGRETTER
PRÉDICANT	PROMOTEUR	QUINTEUSE	RÉABONNER	REGROSSIR
PRÉFORMER	PROMOTION	QUINZAINE	RÉACTIVER	RÉGULIÈRE
PRÉJUDICE	PRONONCÉE	QUIPROQUO	RÉASSURER	REHAUSSER
PRÉMATURÉ	PRONONCER	QUOTIDIEN	RÉBELLION	RÉINSCRIT
PRÉMÉDITÉ	PRONOSTIC		REBLOCHON	RÉINSÉRER
PRÉNOMMER	PROPANIER	**R**	REBUFFADE	REJAILLIR
PRESBYTIE	PROPHÉTIE	RABÂCHAGE	REBUTANTE	REJOINDRE
PRESCRIRE	PROPRIÉTÉ	RABAISSER	RECELEUSE	RELECTURE
PRÉSENTER	PROSCRIRE	RABOUGRIE	RÉCEMMENT	RELEVEUSE
PRÉSERVER	PROSCRITE	RACCORDER	RECENSION	RELIGIEUX
PRÉSIDENT	PROSPÉRER	RACCOURCI	RÉCEPTEUR	RELUISANT
PRESSANTE	PROSTERNÉ	RACOLEUSE	RÉCEPTION	REMARQUÉE
PRESSURER	PROTESTER	RADIATEUR	RÉCESSION	REMARQUER
PRESTANCE	PROTOCOLE	RADIATION	RECEVABLE	REMBUCHER
PRESTESSE	PROVISION	RADINERIE	RECHANTER	REMERCIER
PRÉTENDRE	PROVOCANT	RAFFERMIR	RECHARGÉE	RÉMISSION
PRÉTENDUE	PROVOQUER	RAFRAÎCHI	RÉCIPIENT	REMONTANT
PRÉTEXTÉE	PSYCHISME	RAGOÛTANT	RÉCLUSION	REMORQUÉE
PRÊTRESSE	PUBLIABLE	RAILLERIE	RECOMPTER	REMPLACER
PRÉVALOIR	PUBLICITÉ	RAILLEUSE	RÉCONFORT	REMPOCHER
PRÉVENANT	PUDIBONDE	RAISONNÉE	RECOURBER	REMPORTER
PRÉVENTIF	PUÉRILITÉ	RAISONNER	RECOUVRIR	RÉMUNÉRER
		RALLONGÉE		

RENCHÉRIR   RESTITUER   ROUPILLER   SCARIFIER   SERVIABLE
RENCONTRE   RESTREINT   ROUSPÉTER   SCÉLÉRATE   SERVIETTE
RENDEMENT   RETAILLER   ROUSSÂTRE   SCHILLING   SERVILITÉ
RENDOSSER   RETEINDRE   ROUSSELET   SCLÉROSÉE   SERVITUDE
RENFERMER   RÉTICENCE   ROUTINIER   SCLÉROSER   SEULEMENT
RENFONCER   RÉTICENTE   ROYALISME   SCOLARITÉ   SEXOLOGIE
RENFORCER   RÉTORQUER   RUBICONDE   SCOUMOUNE   SIBILANTE
RENGAINER   RETOUCHER   RUISSELET   SCULPTURE   SIBYLLINE
RENIFLARD   RETOURNER   RUSSIFIER   SÉBORRHÉE   SIGNIFIER
RENVERSER   RETRAITÉE   RUTILANCE   SÉCHAUMER   SILLONNER
RÉPARABLE   RÉTRIBUER   RUTILANTE   SECRÉTAGE   SIMILAIRE
REPEINDRE   RETROUVER   SÉCRÉTINE   SIMILISTE
REPENTANT   RÉUNIFIER   **S**   SÉCRÉTION   SIMPLETTE
REPLÂTRER   RÉVEILLER   SECTORIEL   SIMPLISME
RÉPLIQUÉE   RÉVÉRENCE   SABLONNER   SÉCULAIRE   SINCÉRITÉ
RÉPONDANT   RÉVERSION   SABOTIÈRE   SÉCULIÈRE   SINGULIER
REPORTAGE   REVERSOIR   SACERDOCE   SÉCURISER   SINISTRÉE
REPOSANTE   RHAPSODIE   SACREMENT   SÉDUCTEUR   SINOLOGUE
REPOUSSER   RICANEUSE   SACRIFICE   SÉDUCTION   SINUOSITÉ
REPRENDRE   RICHELIEU   SACRIFIER   SÉDUISANT   SIPHONNÉE
REPROCHER   RIGOLEUSE   SACRILÈGE   SEGMENTAL   SIRVENTÈS
REPRODUIT   RIGOUREUX   SACRIPANT   SÉJOURNER   SITUATION
RÉPROUVER   RILLETTES   SAGOUTIER   SÉLECTION   SOBRIQUET
REPTATION   RINGUETTE   SAILLANTE   SÉLÉNIATE   SOIFFARDE
RÉPUGNANT   RINTINTIN   SAINEMENT   SEMAILLES   SOIGNEUSE
RÉPULSION   RISTOURNE   SALICOQUE   SÉMAPHORE   SOLENNITÉ
RESCINDER   RIVALISER   SALOPERIE   SÉMILLANT   SOLIDAIRE
RÉSIDENCE   RIVERAINE   SALOPETTE   SÉMINAIRE   SOLITAIRE
RÉSINIÈRE   RIVULAIRE   SALUBRITÉ   SÉNILISME   SOMMATION
RÉSISTANT   ROBOTISER   SALUTAIRE   SÉNOLOGIE   SOMNIFÈRE
RÉSONANCE   ROGNONNER   SANGLANTE   SENSATION   SOMNOLENT
RÉSONNANT   ROMANCERO   SANITAIRE   SENSUELLE   SOMPTUEUX
RESPECTER   ROMANISTE   SANSONNET   SENTIMENT   SORTILÈGE
RESQUILLE   RONFLANTE   SAPINIÈRE   SEPTEMBRE   SOUCHETTE
RESSAISIR   RONFLEUSE   SARABANDE   SEPTENNAT   SOUCIEUSE
RESSASSER   ROSSIGNOL   SARBACANE   SÉPULCRAL   SOUFFRANT
RESSENTIR   ROTATOIRE   SARDINIER   SÉRAPHINE   SOUFREUSE
RESSERRER   ROTONDITÉ   SASSEMENT   SERMONNER   SOUILLURE
RESSORTIR   ROTURIÈRE   SATELLITE   SÉROLOGIE   SOULIGNER
RESSOUDER   ROUBLARDE   SATISFAIT   SERPENTER   SOUMETTRE
RESSOURCE   ROUCOULER   SAUGRENUE   SERREMENT   SOUPIRANT
RESTAURER   ROUDOUDOU   SAUTERNES   SERRURIER   SOURIANTE

SOURNOISE	SUCCINCTE	TAMISEUSE	TOILETTÉE	TRÉPIDANT
SOUSCRIRE	SUCCULENT	TAPAGEUSE	TOILETTES	TRÉSORIER
SOUTENEUR	SUFFISANT	TARBOUCHE	TOLÉRANCE	TRICENNAL
SOUVERAIN	SUFFIXALE	TARENTULE	TOLÉRANTE	TRICHEUSE
SPACIEUSE	SUFFOCANT	TARSIENNE	TOMBEREAU	TRICOTAGE
SPADASSIN	SUGGESTIF	TAXATRICE	TORPILLÉE	TRIDENTÉE
SPATIONEF	SUISSESSE	TAXIMÈTRE	TORPILLER	TRIGRAMME
SPÉCIFIER	SUPERFINE	TEILLEUSE	TORTILLER	TRILINGUE
SPECTACLE	SUPERFLUE	TÉLÉMÈTRE	TORTILLON	TRIMBALER
SPÉCULOOS	SUPÉRIEUR	TÉLÉPHONE	TORTUEUSE	TRIMOTEUR
SPERMATIE	SUPERNOVA	TÉLESCOPE	TOTALISER	TRIOLISME
SPHÉRIQUE	SUPPORTER	TÉLÉSIÈGE	TOUCHANTE	TRIOMPHER
SPIRITUEL	SUPPRIMER	TÉLÉVISER	TOURBIÈRE	TRIPAILLE
SPLENDEUR	SURCHARGE	TÉLEXISTE	TOURILLON	TRIPOTAGE
SPLENDIDE	SUREMPLOI	TÉMÉRAIRE	TOURMENTE	TRISTESSE
SPONTANÉE	SURHUMAIN	TÉMOIGNER	TOURNEDOS	TROMPERIE
SQUAMEUSE	SURMONTER	TEMPÉRANT	TOURNESOL	TROMPEUSE
STABILITÉ	SURNOMBRE	TENAILLER	TOURNEVIS	TROPICALE
STAGNANTE	SUROXYDER	TENANCIER	TOURNOYER	TROTTEUSE
STATUAIRE	SURPASSER	TENDRESSE	TOUSSOTER	TROTTINER
STELLAIRE	SURRÉNALE	TENNESSEE	TOUTEFOIS	TROUBLANT
STÉRILITÉ	SURSAUTER	TENNISMAN	TRACASSER	TROUSSEAU
STIMULANT	SURVIVANT	TENTACULE	TRACEMENT	TRUCMUCHE
STOCKHOLM	SUSPENDRE	TENTATION	TRADITION	TUBÉRISER
STOÏCISME	SUSPICION	TENTATIVE	TRAGÉDIEN	TUNNELIER
STOPPEUSE	SUSTENTER	TERMINALE	TRAÎNANTE	TURBIDITÉ
STRABISME	SYLVICOLE	TERRAMARE	TRAÎNARDE	TURBULENT
STRATÉGIE	SYMPATHIE	TERRASSÉE	TRAÎNEUSE	TURLUTUTU
STRESSANT	SYMPHONIE	TERRASSER	TRAÎTRISE	TURPITUDE
STRIDENTE	SYNDIQUER	TERRESTRE	TRANCHANT	TYRANNEAU
STRIDULER		TERRIENNE	TRANCHEUR	
STRUCTURE	**T**	TERRIFIER	TRANSFERT	**U**
STUDIEUSE		TESTAMENT	TRANSFUGE	
STUPÉFAIT	TABAGISME	TESTICULE	TRANSIGER	ULCÉREUSE
STUPÉFIER	TABATIÈRE	TÉTRAÈDRE	TRANSITER	ULTÉRIEUR
STUPIDITÉ	TABULAIRE	TEXTUELLE	TRANSMISE	ULTIMATUM
SUBJACENT	TACITURNE	THÉÂTRALE	TRANSPORT	UNANIMITÉ
SUBORNEUR	TACTICIEN	THÉRIDION	TRAVERSER	UNIFOLIÉE
SUBSISTER	TAILLADÉE	THÉSAURUS	TRAVERSIN	UNIONISME
SUBSTANCE	TAILLADER	TIMBALIER	TRAVESTIE	UNIOVULÉE
SUBSTITUT	TAILLERIE	TIQUETURE	TREMBLEUR	UNIVALENT
SUBTILITÉ	TALONNEUR	TIRAILLER	TRENTAINE	UNIVERSEL
SUCCÉDANÉ	TALQUEUSE	TISONNIER	TRÉPASSER	URÉTÉRALE

URTICAIRE
USTENSILE

V

VACANCIER
VACILLANT
VAGABONDE
VAILLANCE
VAILLANTE
VAINEMENT
VAINQUEUR
VALÉRIANE
VALEUREUX
VAPOREUSE
VARIATION
VARIQUEUX
VASELINER
VAURIENNE
VÉHÉMENTE
VÉHICULÉE
VÉHICULER
VEILLEUSE
VELOUTINE
VENDANGER
VÉNÉRABLE
VENGEANCE
VENTRIÈRE
VERBOSITÉ
VERGLACER
VÉRITABLE
VERMEILLE
VERMOULUE
VERNISSER
VERSATILE
VERTÉBRÉE
VERTUEUSE
VESTIAIRE
VESTIBULE
VIABILITÉ
VIBRATION
VIEILLARD
VIENNOISE

VIGILANCE
VIGILANTE
VIGOUREUX
VINAIGRÉE
VINGTAINE
VIOLATION
VIOLENTER
VIOLONEUX
VIRGINALE
VIRGINITÉ
VIRILISER
VIROLOGIE
VIRTUELLE
VIRULENCE
VIRULENTE
VISCOSITÉ
VISITEUSE
VISQUEUSE
VITAMINÉE
VITUPÉRER
VOCIFÉRER
VOISINAGE
VOITURAGE
VOLLEYEUR
VOUSSOYER
VULGARITÉ

W

WAGNÉRIEN
WARRANTER
WYANDOTTE

X

XÉNOPHILE
XÉNOPHOBE
XYLOPHAGE
XYLOPHONE

Y

YACHTSMAN
YOHIMBINE

Z

ZÉLATRICE
ZIGZAGUER
ZOOPHILIE

2e

POSITION

A

BADMINTON
BAGATELLE
BAIGNEUSE
BAISEMAIN
BAISEMENT
BALADEUSE
BALBUTIER
BALBUZARD
BALDAQUIN
BALIVERNE
BALLONNER
BALLOTTER
BALNÉAIRE
BALSAMIER
BAMBOCHER
BANCROCHE
BANDEROLE
BANQUETER
BARATINER
BARBIFIER
BARBOTINE
BARIOLAGE
BAROMÈTRE
BARREMENT
BATAILLER
BATAILLON
BATELEUSE
BATELIÈRE
BAVARDAGE

CABOTINER
CACAHUÈTE
CACHEMIRE
CADASTRER
CAFETIÈRE
CAILLASSE
CAISSETTE
CALABRAIS
CALEBASSE
CALMEMENT
CALOMNIER
CAMEMBERT
CAMÉSCOPE
CAMOUFLER
CAMPEMENT
CAMPHRIER
CANALISER
CANCANIER
CANDIDATE
CANNELURE
CANNIBALE
CANOÉISTE
CANONISER
CANONISTE
CANONNIER
CANTILÈNE
CANTONADE
CAPITEUSE
CAPTIVITÉ
CARACTÈRE
CARAVELLE
CARBONATE
CARBURANT
CARDAMINE
CARDINALE
CARENTIEL
CARLINGUE
CARMÉLITE
CAROTTIER
CARREFOUR
CARRÉMENT
CARROUSEL
CASERETTE

CASSONADE
CASTRISTE
CATALOGNE
CATALOGUE
CATAPULTE
CATARACTE
CATÉGORIE
CAUCHEMAR
CAVAILLON
CAVALERIE
CAVALIÈRE
CAVERNEUX
DALMATIEN
DAMNATION
DANGEREUX
DAVANTAGE
FABRICANT
FABRIQUER
FACILITER
FAÇONNIER
FACTUELLE
FAÏENCIER
FAINÉANTE
FAISSELLE
FALSIFIER
FAMÉLIQUE
FAMILIÈRE
FANATIQUE
FANTAISIE
FANTASMER
FARANDOLE
FARLOUCHE
FARNIENTE
FASCINANT
FATIGANTE
FAUCHETTE
FAVORISER
GABARDINE
GABARRIER
GAILLARDE
GALANTINE
GALERISTE
GALOPEUSE

GALVAUDER	LASSITUDE	MARMOTTER	PARADEUSE	RAFRAÎCHI
GAMBILLER	LATINISER	MASCARADE	PARALLÈLE	RAGOÛTANT
GANADERIA	LAUDATIVE	MASCOUCHE	PARAMÈTRE	RAILLERIE
GANGRENER	LAZZARONE	MASCULINE	PARASITÉE	RAILLEUSE
GARGANTUA	MACHINALE	MASSACRER	PARCOURIR	RAISONNÉE
GARGOTIER	MAGASINER	MASSEPAIN	PARDESSUS	RAISONNER
GARGOUSSE	MAGISTRAL	MASTIQUER	PARDONNER	RALLONGÉE
GARNITURE	MAGNÉTITE	MATRICULE	PARENTÈLE	RAMASSEUR
GASPILLER	MAGNIFIER	MAUVIETTE	PARESSEUX	RAMPEMENT
GAUDRIOLE	MAGOUILLE	MAXIMISER	PARFUMEUR	RANCARDER
GAUFRETTE	MAIGRIOTE	MAZDÉISME	PARLEMENT	RANÇONNER
GAZONNAGE	MAILLOCHE	NAISSANCE	PARODISTE	RANDONNÉE
HABILITER	MAINTENIR	NARRATEUR	PAROXYSME	RAPATRIER
HABITACLE	MAÎTRESSE	NARRATION	PARRAINER	RAPPORTER
HABITANTE	MAÎTRISÉE	NASILLARD	PARTICULE	RASSASIÉE
HAÏTIENNE	MAÎTRISER	NATIONALE	PARTIELLE	RASSASIER
HALETANTE	MALADROIT	NATURELLE	PARTISANE	RASSURANT
HALLOWEEN	MALAPPRIS	NAUFRAGÉE	PARTITION	RATATINÉE
HALLUCINÉ	MALÉFIQUE	NAUFRAGER	PASODOBLE	RATATINER
HARANGUÉE	MALICIEUX	NAUPATHIE	PASSAGÈRE	RATIONALE
HARANGUER	MALLÉABLE	NAUSÉEUSE	PASSÉISTE	RATIONNEL
HARASSANT	MALPROPRE	NAUTONIER	PASSEPORT	RATISSAGE
HARDIESSE	MALSÉANTE	NAVREMENT	PASSIONNÉ	RATTACHER
HARMATTAN	MANDARINE	PACIFIQUE	PASTICHÉE	RATTRAPER
HARNACHER	MANDEMENT	PACOTILLE	PASTORALE	RAVAUDEUR
HARPONNER	MANGEOIRE	PAGANISER	PATINETTE	RAVIGOTER
HASCHISCH	MANGOUSTE	PAGAYEUSE	PATINEUSE	RAVISSANT
HAUBANAGE	MANICHÉEN	PAILLASSE	PATINOIRE	SABLONNER
JABORANDI	MANIFESTE	PAILLETER	PATRONAGE	SABOTIÈRE
JACASSEUR	MANIGANCE	PAILLETTE	PATRONNER	SACERDOCE
JAPONERIE	MANIPULER	PALATIALE	PATRONYME	SACREMENT
JARDINAGE	MANOEUVRE	PALINODIE	PAUPIETTE	SACRIFICE
JARDINIER	MANTELURE	PALISSADE	PAUVRESSE	SACRIFIER
LABORIEUX	MAQUEREAU	PALLIATIF	RABÂCHAGE	SACRILÈGE
LACHENAIE	MAQUILLER	PALPATION	RABAISSER	SACRIPANT
LACONISME	MAQUISARD	PALPITANT	RABOUGRIE	SAGOUTIER
LACTATION	MARAUDEUR	PANONCEAU	RACCORDER	SAILLANTE
LAMBOURDE	MARCASSIN	PANTELANT	RACCOURCI	SAINEMENT
LAMPOURDE	MARCHANDE	PAPERASSE	RACOLEUSE	SALICOQUE
LANCEMENT	MARGARINE	PAPETIÈRE	RADIATEUR	SALOPERIE
LANCINANT	MARGOULIN	PAPILLOTE	RADIATION	SALOPETTE
LAPIDAIRE	MARIHUANA	PAPOUILLE	RADINERIE	SALUBRITÉ
LARGEMENT	MARMONNER	PAQUETEUR	RAFFERMIR	SALUTAIRE

SANGLANTE
SANITAIRE
SANSONNET
SAPINIÈRE
SARABANDE
SARBACANE
SARDINIER
SASSEMENT
SATELLITE
SATISFAIT
SAUGRENUE
SAUTERNES
SAXOPHONE
TABAGISME
TABATIÈRE
TABULAIRE
TACITURNE
TACTICIEN
TAILLADÉE
TAILLADER
TAILLERIE
TALONNEUR
TALQUEUSE
TAMISEUSE
TAPAGEUSE
TARBOUCHE
TARENTULE
TARSIENNE
TAXATRICE
TAXIMÈTRE
VACANCIER
VACILLANT
VAGABONDE
VAILLANCE
VAILLANTE
VAINEMENT
VAINQUEUR
VALÉRIANE
VALEUREUX
VAPOREUSE
VARIATION
VARIQUEUX
VASELINER

VAURIENNE
WAGNÉRIEN
WARRANTER
YACHTSMAN

B

ABÂTARDIE
ABÂTARDIR
ABERRANTE
ABIÉTINÉE
ABOLITION
ABONDANCE
ABONDANTE
ABSIDIALE
ABSTRAITE
ABSURDITÉ
ÉBARBEUSE
OBÉISSANT
OBITUAIRE
OBJECTION
OBJECTIVE
OBLIGEANT
OBLIQUITÉ
OBLITÉRER
OBSCURCIR
OBSCURITÉ
OBSÉDANTE
OBSESSION

C

ACADIENNE
ACARIÂTRE
ACARIFIER
ACCAPARER
ACCÉLÉRER
ACCENTUER
ACCEPTION
ACCESSION
ACCOMPLIE
ACCOMPLIR
ACCOUCHER
ACCOUPLER

ACCOUTRER
ACCOUTUMÉ
ACCROCHER
ACCROÎTRE
ACCUMULER
ACHETEUSE
ACRIMONIE
ACTIONNER
ACTIVANTE
ÉCARTELER
ÉCERVELÉE
ÉCHOTIÈRE
ÉCLAIRAGE
ÉCLAIRCIR
ÉCLATANTE
ÉCONDUIRE
ÉCONOMIES
ÉCRIVAINE
ICARIENNE
OCCLUSION
OCCUPANTE
OCÉANAUTE
SCARIFIER
SCÉLÉRATE
SCHILLING
SCLÉROSÉE
SCLÉROSER
SCOLARITÉ
SCOUMOUNE
SCULPTURE

D

ADHÉRENCE
ADHÉRENTE
ADJACENTE
ADJOINDRE
ADMIRABLE
ADMISSION
ADORATION
ADULATION
ADVERSITÉ
ÉDIFIANTE

ÉDUCATION
ÉDUCATIVE
ÉDULCORER
IDÉALISER
IDÉALISTE
IDENTIQUE
IDIOTISME
ODALISQUE

E

BÉATIFIER
BÉATITUDE
BÉCANCOUR
BECQUETER
BELVÉDÈRE
BÉNÉFIQUE
BÉNISSEUR
BENJAMINE
BÉQUILLER
BERLINGOT
BESTIAIRE
CEINTURER
CEINTURON
CÉLÉBRITÉ
CÉNOTAPHE
CENTRISTE
CEPENDANT
CÉRAMIQUE
CÉRÉMONIE
CERTIFIER
DÉAMBULER
DÉBANDADE
DÉBAUCHER
DÉBITRICE
DÉBOBINER
DÉBOUCHÉE
DÉBOUCLER
DÉBOURBER
DÉBOURSER
DÉBRAYAGE
DÉBROCHER
DÉBUTANTE

DÉCADENCE
DÉCAMÈTRE
DÉCAPANTE
DÉCAPEUSE
DÉCAPITER
DÉCATHLON
DÉCÉLÉRER
DÉCEPTION
DÉCEVANTE
DÉCHAÎNER
DÉCHANTER
DÉCHARGER
DÉCHARNÉE
DÉCHAUMER
DÉCHIRANT
DÉCIMÈTRE
DÉCOIFFER
DÉCOLLAGE
DÉCOLORER
DÉCOMPTÉE
DÉCOMPTER
DÉCONFITE
DÉCOUCHER
DÉCOUPAGE
DÉCOUPURE
DÉCOUVRIR
DÉCRASSER
DÉCRÉPITE
DÉCROCHER
DÉCROÎTRE
DÉCROTTER
DÉDAIGNER
DÉFECTION
DÉFÉRENCE
DÉFICIENT
DÉFINITIF
DÉFLATION
DÉFLÉCHIR
DÉFRAÎCHI
DÉFROQUÉE
DÉFROQUER
DÉGÉNÉRÉE
DÉGIVREUR

DÉGOÛTANT	DÉTREMPÉE	LÉSINERIE	NETTOYEUR	PESAMMENT
DÉGUEULER	DÉTRIMENT	LESSIVAGE	NÉVRALGIE	PESANTEUR
DÉLAISSER	DÉVALISER	LESSIVIER	OENOLOGIE	PESTIFÉRÉ
DÉLATRICE	DEVANTURE	MÉCANISER	OENOLOGUE	PÉTARADER
DÉLIBÉRÉE	DÉVORANTE	MÉCONTENT	PEAUFINER	PÉTILLANT
DÉLIBÉRER	DEXTÉRITÉ	MÉCRÉANTE	PÉDALEUSE	PETITESSE
DÉLICIEUX	FÉBRIFUGE	MÉDAILLÉE	PÉDOLOGUE	PÉTRIFIER
DÉLIRANTE	FÉCULENTE	MÉDAILLER	PÉDONCULE	PÉTROLIER
DÉLOYAUTÉ	FÉLICITER	MÉDIASTIN	PEINTURER	PÉTULANCE
DÉMANCHER	FENDILLER	MÉDIATEUR	PÉKINOISE	PÉTULANTE
DÉMESURÉE	FERMEMENT	MÉDIATION	PELLICULE	RÉABONNER
DÉMISSION	FERMENTER	MÉDIÉVALE	PELOTEUSE	RÉACTIVER
DÉMONTRER	FERMETURE	MÉGAHERTZ	PELVIENNE	RÉASSURER
DÉNATURER	FEULEMENT	MEILLEURE	PÉNALISER	RÉBELLION
DÉNIAISER	GEIGNARDE	MÉLONGINE	PENDAISON	REBLOCHON
DÉPANNEUR	GÉLINOTTE	MÉMORABLE	PENDILLER	REBUFFADE
DÉPIAUTER	GEMMATION	MENAÇANTE	PÉNÉTRANT	REBUTANTE
DÉPOUILLE	GÉNÉREUSE	MÉNAGISTE	PÉNITENCE	RECELEUSE
DÉPOURVUE	GENÉVRIER	MENDIANTE	PÉNITENTE	RÉCEMMENT
DÉPRÉCIER	GÉNITRICE	MENDIGOTE	PENTAÈDRE	RECENSION
DÉRACINER	GENTILITÉ	MÉNÉTRIER	PERCALINE	RÉCEPTEUR
DÉRISOIRE	GÉOMÉTRIE	MENSTRUEL	PERCEVOIR	RÉCEPTION
DÉSABUSÉE	GÉRIATRIE	MENSTRUES	PERCHISTE	RÉCESSION
DÉSACCORD	GERMICIDE	MENSUELLE	PÉRICARDE	RECEVABLE
DÉSAVOUER	GESTUELLE	MENUISIER	PÉRICARPE	RECHANTER
DESCENDRE	HÉCATOMBE	MESCALINE	PÉRIMÈTRE	RECHARGÉE
DÉSEMPARÉ	HÉGÉMONIE	MESSAGÈRE	PÉRIPÉTIE	RÉCIPIENT
DÉSERTION	HÉMATIQUE	MÉTRONOME	PÉRISTYLE	RÉCLUSION
DÉSESPOIR	HÉMICYCLE	MÉTROPOLE	PERMANENT	RECOMPTER
DÉSOLANTE	HERBICIDE	MEURTRIER	PERMÉABLE	RÉCONFORT
DESSERRER	HÉRÉTIQUE	NÉANMOINS	PERMETTRE	RECOURBER
DESSOÛLER	HÉRITIÈRE	NÉANTISER	PÉROXYDER	RECOUVRIR
DESTITUER	HÉSITANTE	NÉBULEUSE	PERPÉTRER	RECREUSER
DÉSUÉTUDE	JEANNETTE	NÉCESSITÉ	PERPÉTUEL	RECTIFIER
DÉTAILLER	JÉRÉMIADE	NÉCROMANT	PERPÉTUER	RECTITUDE
DÉTECTEUR	LÈCHEMENT	NÉGATRICE	PERSILLÉE	RÉDACTION
DÉTEINDRE	LÉGALISER	NÉGLIGENT	PERSISTER	REDÉFAIRE
DÉTENTEUR	LÉGIFÉRER	NÉGOCIANT	PERSONNEL	REDINGOTE
DÉTERGENT	LÉGITIMER	NÉONATALE	PERSUADER	REDRESSER
DÉTÉRIORÉ	LENDEMAIN	NÉPALAISE	PERTINENT	RÉDUCTION
DÉTERSIVE	LENTEMENT	NERVATION	PERTURBER	RÉÉCOUTER
DÉTOURNER	LENTICULE	NERVOSITÉ	PERVERTIE	RÉÉDIFIER
DÉTRAQUÉE	LESBIENNE	NETTEMENT	PERVERTIR	RÉÉVALUER

RÉFECTION	REPENTANT	RÉVEILLER	SEXOLOGIE	VERMOULUE
RÉFÉRENCE	REPLÂTRER	RÉVÉRENCE	TEILLEUSE	VERNISSER
RÉFLÉCHIR	RÉPLIQUÉE	RÉVERSION	TÉLÉMÈTRE	VERSATILE
REFROIDIR	RÉPONDANT	REVERSOIR	TÉLÉPHONE	VERTÉBRÉE
RÉGATIÈRE	REPORTAGE	SÉBORRHÉE	TÉLESCOPE	VERTUEUSE
RÉGÉNÉRER	REPOSANTE	SÉCHAUMER	TÉLÉSIÈGE	VESTIAIRE
RÈGLEMENT	REPOUSSER	SECRÉTAGE	TÉLÉVISER	VESTIBULE
REGREFFER	REPRENDRE	SÉCRÉTINE	TÉLEXISTE	XÉNOPHILE
REGRETTER	REPROCHER	SÉCRÉTION	TÉMÉRAIRE	XÉNOPHOBE
REGROSSIR	REPRODUIT	SECTORIEL	TÉMOIGNER	ZÉLATRICE
RÉGULIÈRE	RÉPROUVER	SÉCULAIRE	TEMPÉRANT	
REHAUSSER	REPTATION	SÉCULIÈRE	TENAILLER	**F**
RÉINSCRIT	RÉPUGNANT	SÉCURISER	TENANCIER	
RÉINSÉRER	RÉPULSION	SÉDUCTEUR	TENDRESSE	AFFAIBLIE
REJAILLIR	RESCINDER	SÉDUCTION	TENNESSEE	AFFAIBLIR
REJOINDRE	RÉSIDENCE	SÉDUISANT	TENNISMAN	AFFLUENCE
RELECTURE	RÉSINIÈRE	SEGMENTAL	TENTACULE	AFFOLANTE
RELEVEUSE	RÉSISTANT	SÉJOURNER	TENTATION	AFFRONTER
RELIGIEUX	RÉSONANCE	SÉLECTION	TENTATIVE	EFFECTIVE
RELUISANT	RÉSONNANT	SÉLÉNIATE	TERMINALE	EFFECTUER
REMARQUÉE	RESPECTER	SEMAILLES	TERRAMARE	EFFRONTÉE
REMARQUER	RESQUILLE	SÉMAPHORE	TERRASSÉE	OFFENSANT
REMBUCHER	RESSAISIR	SÉMILLANT	TERRASSER	OFFENSIVE
REMERCIER	RESSASSER	SÉMINAIRE	TERRESTRE	OFFICIÈRE
RÉMISSION	RESSENTIR	SÉNILISME	TERRIENNE	
REMONTANT	RESSERRER	SÉNOLOGIE	TERRIFIER	**G**
REMORQUÉE	RESSORTIR	SENSATION	TESTAMENT	
REMPLACER	RESSOUDER	SENSUELLE	TESTICULE	AGACEMENT
REMPOCHER	RESSOURCE	SENTIMENT	TÉTRAÈDRE	AGITATION
REMPORTER	RESTAURER	SEPTEMBRE	TEXTUELLE	AGRESSION
RÉMUNÉRER	RESTITUER	SEPTENNAT	VÉHÉMENTE	AGRESSIVE
RENCHÉRIR	RESTREINT	SÉPULCRAL	VÉHICULÉE	AGUICHANT
RENCONTRE	RETAILLER	SÉRAPHINE	VÉHICULER	ÉGAREMENT
RENDEMENT	RETEINDRE	SERMONNER	VEILLEUSE	ÉGLANTIER
RENDOSSER	RÉTICENCE	SÉROLOGIE	VELOUTINE	ÉGLANTINE
RENFERMER	RÉTICENTE	SERPENTER	VENDANGER	IGNIFUGER
RENFONCER	RÉTORQUER	SERREMENT	VÉNÉRABLE	IGNOMINIE
RENFORCER	RETOUCHER	SERRURIER	VENGEANCE	IGNORANTE
RENGAINER	RETOURNER	SERVIABLE	VENTRIÈRE	IGUANODON
RENIFLARD	RETRAITÉE	SERVIETTE	VERBOSITÉ	
RENVERSER	RÉTRIBUER	SERVILITÉ	VERGLACER	**H**
RÉPARABLE	RETROUVER	SERVITUDE	VÉRITABLE	CHAGRINER
REPEINDRE	RÉUNIFIER	SEULEMENT	VERMEILLE	CHALUMEAU
				CHAMOISER

CHANGEANT	I	DIRECTION	HIÉROCLES	PIÉDESTAL
CHANVRIER		DIRIGISTE	HISTORIÉE	PIERREUSE
CHAPARDER	AIGUILLÉE	DISCERNER	HISTORIEN	PIÉTEMENT
CHAPELIER	BIBLIOBUS	DISCOBOLE	KIDNAPPER	PIGEONNER
CHAPITRER	BIDONNANT	DISCOURIR	KILOHERTZ	PIGNOCHER
CHARCUTER	BIENVENUE	DISCRÉDIT	KILOMÈTRE	PINAILLER
CHARGEUSE	BIFILAIRE	DISCULPER	LIBELLULE	PIONNIÈRE
CHARIVARI	BIFURQUER	DISLOQUER	LIBERTINE	PIPELETTE
CHARMANTE	BIGORNEAU	DISPARATE	LIBIDINAL	PIRIFORME
CHARMILLE	BIGREMENT	DISPARITÉ	LIBRAIRIE	PIROGUIER
CHARNELLE	BILATÉRAL	DISPENSER	LICENCIER	PIROUETTE
CHARPENTE	BIOGRAPHE	DISPERSER	LIGATURER	PISSENLIT
CHARRETTE	BIPARTITE	DISSERTER	LIMINAIRE	PISTONNER
CHÂTAIGNE	BIPOLAIRE	DISSIDENT	LIMONAIRE	RICANEUSE
CHÂTIMENT	BISAÏEULE	DISSOCIER	LIMOUSINE	RICHELIEU
CHATONNER	BISEAUTER	DISSOUDRE	LIMPIDITÉ	RIGOLEUSE
CHATTERIE	CICATRICE	DISSUADER	LINGUETTE	RIGOUREUX
CHAUDIÈRE	CICINDÈLE	DISTANCÉE	LINGUISTE	RILLETTES
CHAUFFEUR	CIGARETTE	DISTENDRE	LIPOPHILE	RINGUETTE
CHAUMIÈRE	CIGOGNEAU	DISTILLER	LITTÉRALE	RINTINTIN
CHEMINEAU	CILLEMENT	DISTINCTE	LITTORALE	RISTOURNE
CHÉRIFIEN	CIMETIÈRE	DISTORDRE	LITTORINE	RIVALISER
CHEVIOTTE	CINÉRAIRE	DISTRAIRE	MIELLEUSE	RIVERAINE
CHEVREUIL	CITOYENNE	DISTRAITE	MIÈVRERIE	RIVULAIRE
CHEVRONNÉ	CIVILISER	DIVERGENT	MIGRATEUR	SIBILANTE
CHIENDENT	DIABLERIE	DIVIDENDE	MIGRATION	SIBYLLINE
CHIFFRAGE	DIABLESSE	DIVULSION	MILITAIRE	SIGNIFIER
CHIHUAHUA	DIACHYLON	FIÈREMENT	MILITANTE	SILLONNER
CHIPOTEUR	DIAGRAMME	FIÉVREUSE	MIMODRAME	SIMILAIRE
CHIRURGIE	DIAMANTER	FIGNOLAGE	MIMOLETTE	SIMILISTE
CHLINGUER	DICTATEUR	FIGURATIF	MINUSCULE	SIMPLETTE
CHOSIFIER	DICTATURE	FILIFORME	MINUTERIE	SIMPLISME
CHUCHOTER	DIFFÉREND	FINALISTE	MISÉRABLE	SINCÉRITÉ
PHARILLON	DIFFÉRENT	FINANCIER	MISTOUFLE	SINGULIER
PHARISIEN	DIFFICILE	FIORITURE	MITIGEUSE	SINISTRÉE
PHÉNOMÈNE	DIFFUSION	FIRMAMENT	MITRAILLE	SINOLOGUE
PHILISTIN	DILAPIDER	FISTULINE	NIAISERIE	SINUOSITÉ
PHYSICIEN	DILECTION	GICLEMENT	NIAISEUSE	SIPHONNÉE
RHAPSODIE	DILIGENTE	GILETIÈRE	NIHILISTE	SIRVENTÈS
THÉÂTRALE	DIMENSION	GINGEMBRE	NIVELEUSE	SITUATION
THÉRIDION	DIMINUTIF	GINGIVITE	OIGNONADE	TIMBALIER
THÉSAURUS	DINGUERIE	GIRANDOLE	PIAILLEUR	TIQUETURE
	DINOSAURE	GIROUETTE	PICHOLINE	TIRAILLER

☞　　　☞　　　☞　　　☞　　　☞

				N
TISONNIER	CLAFOUTIS	OLFACTION	AMPLIFIER	
VIABILITÉ	CLAIRETTE	OLFACTIVE	AMUSEMENT	ANDALOUSE
VIBRATION	CLAIRSEMÉ	PLACARDER	EMBOSSURE	ANDOUILLE
VIEILLARD	CLAPOTAGE	PLACEMENT	EMBOUCHÉE	ANGÉLIQUE
VIENNOISE	CLAQUETER	PLACIDITÉ	EMBRASSER	ANICROCHE
VIGILANCE	CLARIFIER	PLAFONNER	EMPREINTE	ANIMATION
VIGILANTE	CLASSIQUE	PLAGIAIRE	EMPRESSÉE	ANIMOSITÉ
VIGOUREUX	CLAVICULE	PLAIDOYER	EMPRUNTER	ANNALISTE
VINAIGRÉE	CLERGYMAN	PLAISANTE	ÉMERILLON	ANNIHILER
VINGTAINE	CLIENTÈLE	PLANIFIER	ÉMEUTIÈRE	ANNULAIRE
VIOLATION	CLINQUANT	PLASTIQUE	ÉMISSAIRE	ANTÉRIEUR
VIOLENTER	CLIQUETER	PLATELAGE	ÉMOUVANTE	ENCAISSÉE
VIOLONEUX	CLOCHETON	PLATEMENT	IMBROGLIO	ENCAISSER
VIRGINALE	ÉLECTORAT	PLATINITE	IMBUVABLE	ENCASTRER
VIRGINITÉ	ÉLECTRICE	PLATITUDE	IMITATION	ENCHAÎNER
VIRILISER	ÉLÉVATEUR	PLÂTREUSE	IMMACULÉE	ENCHANTÉE
VIROLOGIE	ÉLOGIEUSE	PLAUSIBLE	IMMÉDIATE	ENCHANTER
VIRTUELLE	ÉLYSÉENNE	PLÉNITUDE	IMMÉRITÉE	ENDOMÈTRE
VIRULENCE	FLACHERIE	PLÉONASME	IMMINENCE	ENGAGEANT
VIRULENTE	FLAGEOLER	PLEUREUSE	IMMINENTE	ENIVRANTE
VISCOSITÉ	FLAGEOLET	PLEXIGLAS	IMMODÉRÉE	ENJOINDRE
VISITEUSE	FLAGORNER	PLISSEUSE	IMMODESTE	ENLUMINER
VISQUEUSE	FLATTEUSE	PLONGEUSE	IMMUNISER	ENSEIGNÉE
VITAMINÉE	FLICAILLE	PLUSIEURS	IMPARFAIT	ENSEIGNER
VITUPÉRER	FLOTTILLE	PLUVIEUSE	IMPARTIAL	ENTAILLÉE
ZIGZAGUER	GLACIAIRE	ULCÉREUSE	IMPATIENT	ENTÉRINER
	GLANDEUSE	ULTÉRIEUR	IMPÉRATIF	ENTIÈRETÉ
L	GLISSANTE	ULTIMATUM	IMPÉRIALE	ENTRAÎNER
	GLOBALITÉ		IMPLANTER	ENTREGENT
ALARMISTE	GLORIEUSE	**M**	IMPLIQUÉE	ENTREMISE
ALBANAISE	GLORIFIER		IMPORTUNE	ENTRETIEN
ALBUMINÉE	GLOSSAIRE	AMABILITÉ	IMPOSANTE	ENTREVOUS
ALENTOURS	GLOUTONNE	AMALGAMÉE	IMPOSTURE	ENVELOPPE
ALIÉNISTE	ILLETTRÉE	AMBULANTE	IMPOTENTE	ENVENIMER
ALIMENTER	ILLIMITÉE	AMÉLIORER	IMPRÉGNER	ÉNANTHÈME
ALLÉGORIE	ILLISIBLE	AMENUISER	IMPROBITÉ	ÉNERVANTE
ALLEMANDE	ILLOGISME	AMÈREMENT	IMPRUDENT	INADAPTÉE
ALUMINIUM	ILLUMINÉE	AMÉTHYSTE	IMPUDENCE	INALTÉRÉE
BLABLABLA	ILLUMINER	AMÉTROPIE	IMPUDENTE	INAMICALE
BLAGUEUSE	ILLUSTRÉE	AMITIEUSE	IMPULSION	INATTENDU
BLASONNER	ILLUSTRER	AMOINDRIR	IMPULSIVE	INAUGURAL
BLOCKHAUS	KLAXONNER	AMOUREUSE	OMBILICAL	INAUGURER
CLABAUDER	OLÉIFORME	AMPLEMENT	OMBUDSMAN	

INCAPABLE   INNOCENCE   INVÉTÉRÉE   COIFFEUSE   CONFIANTE
INCENDIÉE   INNOCENTE   INVIVABLE   COLCHIQUE   CONFIRMER
INCENDIER   INOCCUPÉE   ONCOLOGIE   COLLATION   CONFITEOR
INCHANGÉE   INOPÉRANT   ONCTUEUSE   COLLECTÉE   CONFLUENT
INCOGNITO   INSIDIEUX   ONDOYANTE   COLLÉGIAL   CONFONDRE
INCOLORÉE   INSINCÈRE   ONGUICULE   COLLISION   CONFORTER
INCORRECT   INSOLENTE   ONUSIENNE   COLLUSION   CONFUSION
INCRÉDULE   INSOLUBLE   UNANIMITÉ   COLOMBIER   CONGÉDIER
INCROYANT   INSPECTER   UNIFOLIÉE   COLONISER   CONGÉNÈRE
INCUNABLE   INSPIRANT   UNIONISME   COLPORTER   CONJUGUER
INCURSION   INSTALLER   UNIOVULÉE   COMBATTRE   CONNAÎTRE
INDÉCENCE   INSTAURER   UNIVALENT   COMBINARD   CONNECTER
INDÉCENTE   INSTITUER   UNIVERSEL   COMMANDER   CONSACRER
INDÉFINIE   INSTRUIRE   COMMENCER   CONSENTIR
INDICIBLE   INSTRUITE   **O**   COMMENTER   CONSERVER
INDIGENTE   INSULAIRE   COMMETTRE   CONSIGNÉE
INDIGNITÉ   INTÉGRALE   BOISEMENT   COMMOTION   CONSISTER
INDIRECTE   INTÉGRITÉ   BOMBARDÉE   COMMUNIER   CONSOMMER
INDISCRET   INTENABLE   BOMBEMENT   COMPACTER   CONSPIRER
INDISPOSÉ   INTENSITÉ   BOSSANOVA   COMPAGNIE   CONSTABLE
INDOLENTE   INTENTION   BOSSELURE   COMPAGNON   CONSTANCE
INDUCTIVE   INTERDIRE   BOTANISTE   COMPENSER   CONSTANTE
INDULGENT   INTERDITE   BOUCANAGE   COMPÉRAGE   CONSTATER
INDUSTRIE   INTÉRESSÉ   BOUCHERIE   COMPÉTENT   CONSTELLÉ
INÉGALITÉ   INTÉRIEUR   BOUFFARDE   COMPLÉTER   CONSULTER
INESPÉRÉE   INTERLUDE   BOUFFONNE   COMPLOTER   CONSULTER
INÉTENDUE   INTERVIEW   BOUGONNER   COMPORTER   CONTACTER
INEXERCÉE   INTIMIDER   BOUGRESSE   COMPRESSE   CONTAGION
INFAMANTE   INTIMISTE   BOUILLANT   COMPRIMER   CONTENTER
INFÉRIEUR   INTITULER   BOULONNER   COMPTABLE   CONTESTER
INFERNALE   INTOXIQUÉ   BOURGEOIS   CONCERNER   CONTINENT
INFILTRER   INTRÉPIDE   BOURRACHE   CONCEVOIR   CONTINUEL
INFIRMITÉ   INTRIGANT   BOURRETTE   CONCIERGE   CONTINUER
INFLÉCHIE   INTRIGUÉE   BOURSIÈRE   CONCILIER   CONTINUUM
INFLÉCHIR   INTRUSION   BOUSCULER   CONCLUANT   CONTOURNÉ
INFLUENTE   INTUITION   BOUTEILLE   CONCOMBRE   CONTRAIRE
INFORTUNE   INUSUELLE   BOUVREUIL   CONCORDER   CONTRARIÉ
INGÉNIEUX   INUTILISÉ   COALITION   CONCOURIR   CONTRASTE
INGESTION   INUTILITÉ   COCHONNER   CONDAMNER   CONTRISTÉ
INHABITÉE   INVALIDER   COEXISTER   CONDENSER   CONTRÔLÉE
INHÉRENTE   INVENTEUR   COGNEMENT   CONDITION   CONTRÔLER
INHUMAINE   INVENTION   COHÉRENCE   CONFESSER   CONTUSION
INJUSTICE   INVERSION   COHÉRENTE   CONFIANCE   CONVERSER

CONVERTIR	FORLANCER	LONGUEUIL	PONTIFIER	SOLITAIRE
CONVEXITÉ	FORMALITÉ	LOQUETEUX	POPULAIRE	SOMMATION
CONVOITER	FORMATEUR	LORICAIRE	PORTILLON	SOMNIFÈRE
CONVOQUER	FORNIQUER	LOTIONNER	PORTUAIRE	SOMNOLENT
COORDONNÉ	FORTIFIER	LOUCHERIE	POSOLOGIE	SOMPTUEUX
COPINERIE	FOUGERAIE	LOUISIANE	POSTÉRITÉ	SORTILÈGE
COQUETIER	FOUILLEUR	LOURDAUDE	POSTULANT	SOUCHETTE
CORBILLAT	FOURBERIE	LOYALISTE	POSTURALE	SOUCIEUSE
CORDONNER	FOURNAISE	MOBILISER	POTASSIUM	SOUFFRANT
CORNAQUER	FOURNIÈRE	MONITRICE	POTENTIEL	SOUFREUSE
CORNEMENT	FOURRIÈRE	MONOTONIE	POUDRERIE	SOUILLURE
CORNICHON	GOGUENARD	MONTICOLE	POUDREUSE	SOULIGNER
CORONELLE	GONDOLIER	MONTICULE	POUDRIÈRE	SOUMETTRE
CORPULENT	GONFLETTE	MORAILLES	POUDROYER	SOUPIRANT
CORROMPRE	GOUALANTE	MORAILLON	POUILLARD	SOURIANTE
CORROMPUE	GOULEYANT	MORALISER	POUPONNER	SOURNOISE
CORSETIER	GOUPILLER	MORATOIRE	POURBOIRE	SOUSCRIRE
CORUSCANT	GOUPILLON	MORFONDRE	POURSUITE	SOUTENEUR
CÔTELETTE	GOURMANDE	MORIBONDE	POUSSIÈRE	SOUVERAIN
COTONNIER	GOURMETTE	MORTUAIRE	ROBOTISER	TOILETTÉE
COUARDISE	GOUTTIÈRE	MOTOCROSS	ROGNONNER	TOILETTES
COULISSÉE	GOUVERNER	MOUCHETÉE	ROMANCERO	TOLÉRANCE
COULISSER	HOMOLOGUE	MOUFLETTE	ROMANISTE	TOLÉRANTE
COURAGEUX	HONNÊTETÉ	NOMADISER	RONFLANTE	TOMBEREAU
COURBATUE	HONORABLE	NOMBREUSE	RONFLEUSE	TORPILLÉE
COURBETTE	HOROSCOPE	NORMALIEN	ROSSIGNOL	TORPILLER
COURONNER	HORRIFIER	NOSTALGIE	ROTATOIRE	TORTILLER
COURTIÈRE	HORTENSIA	NOTAMMENT	ROTONDITÉ	TORTILLON
COURTISAN	HORTICOLE	NOTORIÉTÉ	ROTURIÈRE	TORTUEUSE
COURTOISE	HOSTILITÉ	NOUVEAUTÉ	ROUBLARDE	TOTALISER
COUSSINET	HÔTELIÈRE	NOVATRICE	ROUCOULER	TOUCHANTE
COUTUMIER	JOAILLIER	PODOLOGIE	ROUDOUDOU	TOURBIÈRE
COUTURIER	JOIGNABLE	POIGNANTE	ROUPILLER	TOURILLON
DODELINER	JONGLERIE	POISSEUSE	ROUSPÉTER	TOURMENTE
DORMITIVE	JONGLEUSE	POITEVINE	ROUSSÂTRE	TOURNEDOS
DOUANIÈRE	JONQUIÈRE	POLÉMISTE	ROUSSELET	TOURNESOL
DOUCEÂTRE	JOVIALITÉ	POLICIÈRE	ROUTINIER	TOURNEVIS
FOISONNER	JOYEUSETÉ	POLITESSE	ROYALISME	TOURNOYER
FOLLEMENT	LOCALISER	POLITIQUE	SOBRIQUET	TOUSSOTER
FOLLICULE	LOCATRICE	POLLUTION	SOIFFARDE	TOUTEFOIS
FONDATEUR	LOINTAINE	POLTRONNE	SOIGNEUSE	VOCIFÉRER
FONDATION	LONGTEMPS	POMMERAIE	SOLENNITÉ	VOISINAGE
FORFICULE	LONGUETTE	PONDAISON	SOLIDAIRE	VOITURAGE

☞   ☞   ☞   ☞   ☞

VOLLEYEUR	SPECTACLE	CRITIQUER	GRÉGORIEN	PRÉCÉDENT
VOUSSOYER	SPÉCULOOS	CROISIÈRE	GRELOTTER	PRÊCHEUSE
YOHIMBINE	SPERMATIE	CROISSANT	GRENADIER	PRÉCIEUSE
ZOOPHILIE	SPHÉRIQUE	DRACONIEN	GRENADINE	PRÉCIPICE
	SPIRITUEL	DRAPEMENT	GRÉSILLER	PRÉCISION
P	SPLENDEUR	DRESSEUSE	GRIGNOTER	PRÉCOMPTE
APAISANTE	SPLENDIDE	DROGUISTE	GRILLAGÉE	PRÉDATEUR
APOSTASIE	SPONTANÉE	DROITISME	GRILLAGER	PRÉDICANT
APPARENCE		ÉREINTANT	GRIMPETTE	PRÉFORMER
APPARENTE	**Q**	ÉRUDITION	GRINÇANTE	PRÉJUDICE
APPLAUDIR		FRAGILITÉ	GRINGALET	PRÉMATURÉ
APPLIQUÉE	SQUAMEUSE	FRANÇAISE	GRISAILLE	PRÉMÉDITÉ
APPLIQUER	**R**	FRANCHISE	GROGNONNE	PRÉNOMMER
APPRÉCIER		FRAPPANTE	GROMMELER	PRESBYTIE
APPRENDRE	ARMISTICE	FRATERNEL	GRONDERIE	PRESCRIRE
APPRENTIE	ARRIVANTE	FRAUDEUSE	GROSEILLE	PRÉSENTER
APPROCHÉE	ARROGANTE	FREDONNER	GROSSIÈRE	PRÉSERVER
APPROCHER	ARSOUILLE	FRÉQUENCE	GROSSISTE	PRÉSIDENT
APPROCHES	ARTICHAUT	FRIANDISE	GROUILLER	PRESSANTE
APPROPRIÉ	BRACONNER	FRICASSÉE	GRUMELURE	PRESSURER
APPROUVER	BRAILLARD	FRICOTAGE	IRANIENNE	PRESTANCE
ÉPARGNANT	BRAISIÈRE	FRIMOUSSE	IRASCIBLE	PRESTESSE
ÉPEURANTE	BRAMEMENT	FRINGANTE	IRRÉALITÉ	PRÉTENDRE
ÉPIGRAMME	BRANLANTE	FRÔLEMENT	IRRÉSOLUE	PRÉTENDUE
ÉPONTILLE	BRAQUEUSE	FROMAGÈRE	IRRITABLE	PRÉTEXTÉE
ÉPUISANTE	BRASSIÈRE	FRONDEUSE	IRRITANTE	PRÊTRESSE
ÉPURATION	BRICOLAGE	FRONTIÈRE	IRRUPTION	PRÉVALOIR
OPACIFIER	BRILLANTE	FRUITERIE	ORALEMENT	PRÉVENANT
OPÉRATEUR	BRIMBALER	FRUSTRANT	ORDINAIRE	PRÉVENTIF
OPÉRATION	BRIQUETER	GRACIEUSE	ORDURIÈRE	PRÉVISION
OPINIÂTRE	BROCARDER	GRACILITÉ	OREILLONS	PRIMEROSE
OPIOMANIE	BROUILLÉE	GRADATION	ORGANISÉE	PRIMIPARE
OPPORTUNE	BROUILLER	GRADUELLE	ORGANISER	PRIMITIVE
OPPOSANTE	BROUTILLE	GRAINIÈRE	ORGANISME	PRINCESSE
OPPRESSÉE	CRAINTIVE	GRAISSEUX	ORIENTALE	PRINCIPAL
OPPRESSER	CRÂNEMENT	GRANDESSE	ORIFLAMME	PRINCIPAT
OPTIMISTE	CRAQUETER	GRANDIOSE	ORIGINALE	PRINTEMPS
OPTIONNEL	CRÉATRICE	GRAPHISTE	ORNITHOSE	PRIVATION
SPACIEUSE	CRÉNELURE	GRASSERIE	PRATICIEN	PROBATION
SPADASSIN	CREVASSÉE	GRATIFIER	PRATIQUER	PROCÉDURE
SPATIONEF	CRIAILLER	GRATITUDE	PRÉAMBULE	PRODUCTIF
SPÉCIFIER	CRITÉRIUM	GRATTELLE	PRÉAVISER	PROFESSER
	CRITIQUÉE	GRAVILLON	PRÉCARITÉ	PROFITEUR

PROFUSION	TRENTAINE	ASTICOTER	ÉTREINDRE	FULGURANT
PROGRAMME	TRÉPASSER	ESCABÈCHE	ITALIENNE	FULMINANT
PROLIGÈRE	TRÉPIDANT	ESCALADÉE	ITÉRATIVE	FUNAMBULE
PROLONGER	TRÉSORIER	ESCALADER	ITINÉRANT	FURETEUSE
PROMENEUR	TRICENNAL	ESCALATOR	STABILITÉ	FURIBONDE
PROMETTRE	TRICHEUSE	ESCAMOTER	STAGNANTE	FUSIONNER
PROMOTEUR	TRICOTAGE	ESCLANDRE	STATUAIRE	GUERRIÈRE
PROMOTION	TRIDENTÉE	ESCOPETTE	STELLAIRE	GUIGNARDE
PRONONCÉE	TRIGRAMME	ESPÉRANCE	STÉRILITÉ	GUIGNETTE
PRONONCER	TRILINGUE	ESPIONNER	STIMULANT	GUILLEMET
PRONOSTIC	TRIMBALER	ESPLANADE	STOCKHOLM	GUILLERET
PROPANIER	TRIMOTEUR	ESQUISSÉE	STOÏCISME	GUIMBARDE
PROPHÉTIE	TRIOLISME	ESSENTIEL	STOPPEUSE	GUSTATIVE
PROPRIÉTÉ	TRIOMPHER	ESTROPIÉE	STRABISME	GUTTURALE
PROSCRIRE	TRIPAILLE	ISLAMISER	STRATÉGIE	HUITRIÈRE
PROSCRITE	TRIPOTAGE	ISOLATION	STRESSANT	HURLEMENT
PROSPÉRER	TRISTESSE	ISOLEMENT	STRIDENTE	JUDAÏCITÉ
PROSTERNÉ	TROMPERIE	OSCABRION	STRIDULER	JUDICIEUX
PROTESTER	TROMPEUSE	OSCILLANT	STRUCTURE	JUGULAIRE
PROTOCOLE	TROPICALE	PSYCHISME	STUDIEUSE	JURATOIRE
PROVISION	TROTTEUSE	USTENSILE	STUPÉFAIT	JUSTEMENT
PROVOCANT	TROTTINER		STUPÉFIER	JUSTIFIER
PROVOQUER	TROUBLANT	**T**	STUPIDITÉ	LUBRICITÉ
TRACASSER	TROUSSEAU			LUBRIFIER
TRACEMENT	TRUCMUCHE	ATLANTIDE	**U**	LUCRATIVE
TRADITION	URÉTÉRALE	ATOMISEUR		LUMINAIRE
TRAGÉDIEN	URTICAIRE	ATROPHIÉE	AUDITRICE	LUMINANCE
TRAÎNANTE		ATTEINDRE	AUGMENTER	LUMINEUSE
TRAÎNARDE	**S**	ATTENANTE	AUSTÉRITÉ	LUNATIQUE
TRAÎNEUSE		ATTENDRIR	AUTORISER	LUNETIÈRE
TRAÎTRISE	ASCENSEUR	ATTENTION	AUTREFOIS	LUXURIEUX
TRANCHANT	ASCENSION	ATTENTIVE	BUANDERIE	MULTITUDE
TRANCHEUR	ASEPTISER	ATTIRANCE	BUCOLIQUE	MUNITIONS
TRANSFERT	ASPIRANTE	ATTIRANTE	CUIRASSÉE	MUSCARINE
TRANSFUGE	ASSAILLIR	ATTRISTER	CUIRASSER	MUTINERIE
TRANSIGER	ASSASSINE	ÉTERNELLE	CUISTANCE	NUCLÉAIRE
TRANSITER	ASSEMBLÉE	ÉTERNISER	CULINAIRE	NULLEMENT
TRANSMISE	ASSEMBLER	ÉTINCELER	CURAILLON	NUMÉRISER
TRANSPORT	ASSIDUITÉ	ÉTINCELLE	CURIOSITÉ	NUMÉROTER
TRAVERSER	ASSIMILER	ÉTIQUETTE	DUETTISTE	NUTRITION
TRAVERSIN	ASSOUPLIR	ÉTIREMENT	DULCIFIER	NUTRITIVE
TRAVESTIE	ASSOURDIR	ÉTONNANTE	DUPLICATA	OUBLIETTE
TREMBLEUR	ASSURANCE	ÉTRANGÈRE	DUVETEUSE	OUBLIEUSE

OURLIENNE	SUCCULENT	EXCITANTE	AGACEMENT	CLAFOUTIS
OUTAOUAIS	SUFFISANT	EXCLUSIVE	ALARMISTE	CLAIRETTE
OUTILLAGE	SUFFIXALE	EXÉCUTIVE	AMABILITÉ	CLAIRSEMÉ
OUTREMONT	SUFFOCANT	EXIGEANTE	AMALGAMÉE	CLAPOTAGE
OUVERTURE	SUGGESTIF	EXISTANTE	APAISANTE	CLAQUETER
PUBLIABLE	SUISSESSE	EXPANSIVE	AVANTAGÉE	CLARIFIER
PUBLICITÉ	SUPERFINE	EXPLICITE	BÉATIFIER	CLASSIQUE
PUDIBONDE	SUPERFLUE	EXTÉRIEUR	BÉATITUDE	CLAVICULE
PUÉRILITÉ	SUPÉRIEUR	EXTRÉMITÉ	BLABLABLA	COALITION
PUGNACITÉ	SUPERNOVA		BLAGUEUSE	CRAINTIVE
PUISSANCE	SUPPORTER	**Y**	BLASONNER	CRÂNEMENT
PUISSANTE	SUPPRIMER		BRACONNER	CRAQUETER
PULSATION	SURCHARGE	CYLINDRER	BRAILLARD	DÉAMBULER
PURITAINE	SUREMPLOI	DYNAMISME	BRAISIÈRE	DIABLERIE
PURPURINE	SURHUMAIN	DYSCRASIE	BRAMEMENT	DIABLESSE
PURULENTE	SURMONTER	DYSOREXIE	BRANLANTE	DIACHYLON
QUADRETTE	SURNOMBRE	DYSPHAGIE	BRAQUEUSE	DIAGRAMME
QUALIFIER	SUROXYDER	DYSPHORIE	BRASSIÈRE	DIAMANTER
QUARTZITE	SURPASSER	HYDRAVION	BUANDERIE	DRACONIEN
QUATRIÈME	SURRÉNALE	HYDROGÈNE	CHAGRINER	DRAPEMENT
QUÉBÉCOIS	SURSAUTER	HYPOTHÈSE	CHALUMEAU	ÉBARBEUSE
QUERELLÉE	SURVIVANT	SYLVICOLE	CHAMOISER	ÉCARTELER
QUERELLER	SUSPENDRE	SYMPATHIE	CHANGEANT	ÉGAREMENT
QUICONQUE	SUSPICION	SYMPHONIE	CHANVRIER	ÉNANTHÈME
QUIÉTISTE	SUSTENTER	SYNDIQUER	CHAPARDER	ÉPARGNANT
QUILLEUSE	TUBÉRISER	TYRANNEAU	CHAPELIER	EXASPÉRÉE
QUINTEUSE	TUNNELIER	WYANDOTTE	CHAPITRER	FLACHERIE
QUINZAINE	TURBIDITÉ	XYLOPHAGE	CHARCUTER	FLAGEOLER
QUIPROQUO	TURBULENT	XYLOPHONE	CHARGEUSE	FLAGEOLET
QUOTIDIEN	TURLUTUTU		CHARIVARI	FLAGORNER
RUBICONDE	TURPITUDE	**3ᵉ**	CHARMANTE	FLATTEUSE
RUISSELET	VULGARITÉ		CHARMILLE	FRAGILITÉ
RUSSIFIER		POSITION	CHARNELLE	FRANÇAISE
RUTILANCE	**V**		CHARPENTE	FRANCHISE
RUTILANTE		**A**	CHARRETTE	FRAPPANTE
SUBJACENT	AVANTAGÉE		CHÂTAIGNE	FRATERNEL
SUBORNEUR	AVÈNEMENT		CHÂTIMENT	FRAUDEUSE
SUBSISTER	ÉVOCATION	ABÂTARDIE	CHATONNER	GLACIAIRE
SUBSTANCE	IVOIRIÈRE	ABÂTARDIR	CHATTERIE	GLANDEUSE
SUBSTITUT		ACADIENNE	CHAUDIÈRE	GRACIEUSE
SUBTILITÉ	**X**	ACARIÂTRE	CHAUFFEUR	GRACILITÉ
SUCCÉDANÉ	EXASPÉRÉE	ACARIFIER	CHAUMIÈRE	GRADATION
SUCCINCTE	EXCENTRÉE		CLABAUDER	GRADUELLE

GRAINIÈRE	PLATELAGE	VIABILITÉ	NÉBULEUSE	ACCOUCHER
GRAISSEUX	PLATEMENT	WYANDOTTE	OMBILICAL	ACCOUPLER
GRANDESSE	PLATINITE		OMBUDSMAN	ACCOUTRER
GRANDIOSE	PLATITUDE	**B**	OUBLIETTE	ACCOUTUMÉ
GRAPHISTE	PLÂTREUSE		OUBLIEUSE	ACCROCHER
GRASSERIE	PLAUSIBLE	ALBANAISE	PUBLIABLE	ACCROÎTRE
GRATIFIER	PRATICIEN	ALBUMINÉE	PUBLICITÉ	ACCUMULER
GRATITUDE	PRATIQUER	AMBULANTE	RABÂCHAGE	ASCENSEUR
GRATTELLE	QUADRETTE	BIBLIOBUS	RABAISSER	ASCENSION
GRAVILLON	QUALIFIER	CABOTINER	RABOUGRIE	BÉCANCOUR
ICARIENNE	QUARTZITE	DÉBANDADE	REBLOCHON	BECQUETER
INADAPTÉE	QUATRIÈME	DÉBAUCHER	REBUFFADE	BUCOLIQUE
INALTÉRÉE	RÉABONNER	DÉBITRICE	REBUTANTE	CACAHUÈTE
INAMICALE	RÉACTIVER	DÉBOBINER	RÉBELLION	CACHEMIRE
INATTENDU	RÉASSURER	DÉBOUCHÉE	ROBOTISER	CICATRICE
INAUGURAL	RHAPSODIE	DÉBOUCLER	RUBICONDE	CICINDÈLE
INAUGURER	SCARIFIER	DÉBOURBER	SABLONNER	COCHONNER
IRANIENNE	SPACIEUSE	DÉBOURSER	SABOTIÈRE	DÉCADENCE
IRASCIBLE	SPADASSIN	DÉBRAYAGE	SÉBORRHÉE	DÉCAMÈTRE
ITALIENNE	SPATIONEF	DÉBROCHER	SIBILANTE	DÉCAPANTE
JEANNETTE	STABILITÉ	DÉBUTANTE	SIBYLLINE	DÉCAPEUSE
JOAILLIER	STAGNANTE	EMBOSSURE	SOBRIQUET	DÉCAPITER
KLAXONNER	STATUAIRE	EMBOUCHÉE	SUBJACENT	DÉCATHLON
NÉANMOINS	TRACASSER	EMBRASSER	SUBORNEUR	DÉCÉLÉRER
NÉANTISER	TRACEMENT	FABRICANT	SUBSISTER	DÉCEPTION
NIAISERIE	TRADITION	FABRIQUER	SUBSTANCE	DÉCEVANTE
NIAISEUSE	TRAGÉDIEN	FÉBRIFUGE	SUBSTITUT	DÉCHAÎNER
ODALISQUE	TRAÎNANTE	GABARDINE	SUBTILITÉ	DÉCHANTER
OPACIFIER	TRAÎNARDE	GABARRIER	TABAGISME	DÉCHARGER
ORALEMENT	TRAÎNEUSE	HABILITER	TABATIÈRE	DÉCHARNÉE
PEAUFINER	TRAÎTRISE	HABITACLE	TABULAIRE	DÉCHAUMER
PHARILLON	TRANCHANT	HABITANTE	TUBÉRISER	DÉCHIRANT
PHARISIEN	TRANCHEUR	IMBROGLIO	VIBRATION	DÉCIMÈTRE
PIAILLEUR	TRANSFERT	IMBUVABLE		DÉCOIFFER
PLACARDER	TRANSFUGE	JABORANDI	**C**	DÉCOLLAGE
PLACEMENT	TRANSIGER	LABORIEUX		DÉCOLORER
PLACIDITÉ	TRANSITER	LIBELLULE	ACCAPARER	DÉCOMPTÉE
PLAFONNER	TRANSMISE	LIBERTINE	ACCÉLÉRER	DÉCOMPTER
PLAGIAIRE	TRANSPORT	LIBIDINAL	ACCENTUER	DÉCONFITE
PLAIDOYER	TRAVERSER	LIBRAIRIE	ACCEPTION	DÉCOUCHER
PLAISANTE	TRAVERSIN	LUBRICITÉ	ACCESSION	DÉCOUPAGE
PLANIFIER	TRAVESTIE	LUBRIFIER	ACCOMPLIE	DÉCOUPURE
PLASTIQUE	UNANIMITÉ	MOBILISER	ACCOMPLIR	DÉCOUVRIR

DÉCRASSER   LACTATION   RICANEUSE   INDICIBLE   AMÉLIORER
DÉCRÉPITE   LÈCHEMENT   RICHELIEU   INDIGENTE   AMENUISER
DÉCROCHER   LICENCIER   SACERDOCE   INDIGNITÉ   AMÈREMENT
DÉCROÎTRE   LOCALISER   SACREMENT   INDIRECTE   AMÉTHYSTE
DÉCROTTER   LOCATRICE   SACRIFICE   INDISCRET   AMÉTROPIE
DICTATEUR   LUCRATIVE   SACRIFIER   INDISPOSÉ   ASEPTISER
DICTATURE   MACHINALE   SACRILÈGE   INDOLENTE   AVÈNEMENT
ENCAISSÉE   MÉCANISER   SACRIPANT   INDUCTIVE   BIENVENUE
ENCAISSER   MÉCONTENT   SÉCHAUMER   INDULGENT   CHEMINEAU
ENCASTRER   MÉCRÉANTE   SECRÉTAGE   INDUSTRIE   CHÉRIFIEN
ENCHAÎNER   NÉCESSITÉ   SÉCRÉTINE   JUDAÏCITÉ   CHEVIOTTE
ENCHANTÉE   NÉCROMANT   SÉCRÉTION   JUDICIEUX   CHEVREUIL
ENCHANTER   NUCLÉAIRE   SECTORIEL   KIDNAPPER   CHEVRONNÉ
ESCABÈCHE   OCCLUSION   SÉCULAIRE   MÉDAILLÉE   CLERGYMAN
ESCALADÉE   OCCUPANTE   SÉCULIÈRE   MÉDAILLER   COEXISTER
ESCALADER   ONCOLOGIE   SÉCURISER   MÉDIASTIN   CRÉATRICE
ESCALATOR   ONCTUEUSE   SUCCÉDANÉ   MÉDIATEUR   CRÉNELURE
ESCAMOTER   OSCABRION   SUCCINCTE   MÉDIATION   CREVASSÉE
ESCLANDRE   OSCILLANT   SUCCULENT   MÉDIÉVALE   DRESSEUSE
ESCOPETTE   PACIFIQUE   TACITURNE   ONDOYANTE   DUETTISTE
EXCENTRÉE   PACOTILLE   TACTICIEN   ORDINAIRE   ÉCERVELÉE
EXCITANTE   PICHOLINE   ULCÉREUSE   ORDURIÈRE   ÉLECTORAT
EXCLUSIVE   RACCORDER   VACANCIER   PÉDALEUSE   ÉLECTRICE
FACILITER   RACCOURCI   VACILLANT   PÉDOLOGUE   ÉLÉVATEUR
FAÇONNIER   RACOLEUSE   VOCIFÉRER   PÉDONCULE   ÉMERILLON
FACTUELLE   RECELEUSE   YACHTSMAN   PODOLOGIE   ÉMEUTIÈRE
FÉCULENTE   RÉCEMMENT   PUDIBONDE   ÉNERVANTE
GICLEMENT   RECENSION   **D**   RADIATEUR   ÉPEURANTE
HÉCATOMBE   RÉCEPTEUR   RADIATION   ÉREINTANT
INCAPABLE   RÉCEPTION   ANDALOUSE   RADINERIE   ÉTERNELLE
INCENDIÉE   RÉCESSION   ANDOUILLE   REDÉFAIRE   ÉTERNISER
INCENDIER   RECEVABLE   AUDITRICE   REDINGOTE   EXÉCUTIVE
INCHANGÉE   RECHANTER   BADMINTON   REDRESSER   FIÈREMENT
INCOGNITO   RECHARGÉE   BIDONNANT   RÉDACTION   FIÉVREUSE
INCOLORÉE   RÉCIPIENT   CADASTRER   RÉDUCTION   FREDONNER
INCORRECT   RÉCLUSION   DÉDAIGNER   SÉDUCTEUR   FRÉQUENCE
INCRÉDULE   RECOMPTER   DODELINER   SÉDUCTION   GRÉGORIEN
INCROYANT   RÉCONFORT   ENDOMÈTRE   SÉDUISANT   GRELOTTER
INCUNABLE   RECOURBER   HYDRAVION   GRENADIER
INCURSION   RECOUVRIR   HYDROGÈNE   **E**   GRENADINE
JACASSEUR   RECREUSER   INDÉCENCE   GRÉSILLER
LACHENAIE   RECTIFIER   INDÉCENTE   ABERRANTE   GUERRIÈRE
LACONISME   RECTITUDE   INDÉFINIE   ALENTOURS   HIÉROCLES

IDÉALISER	PRÉSERVER	AFFAIBLIR	SUFFISANT	ONGUICULE
IDÉALISTE	PRÉSIDENT	AFFLUENCE	SUFFIXALE	ORGANISÉE
IDENTIQUE	PRESSANTE	AFFOLANTE	SUFFOCANT	ORGANISER
INÉGALITÉ	PRESSURER	AFFRONTER		ORGANISME
INESPÉRÉE	PRESTANCE	BIFILAIRE	**G**	PAGANISER
INÉTENDUE	PRESTESSE	BIFURQUER		PAGAYEUSE
INEXERCÉE	PRÉTENDRE	CAFETIÈRE	AIGUILLÉE	PIGEONNER
ITÉRATIVE	PRÉTENDUE	DÉFECTION	ANGÉLIQUE	PIGNOCHER
MIELLEUSE	PRÉTEXTÉE	DÉFÉRENCE	AUGMENTER	PUGNACITÉ
MIÈVRERIE	PRÊTRESSE	DÉFICIENT	BAGATELLE	RAGOÛTANT
OBÉISSANT	PRÉVALOIR	DÉFINITIF	BIGORNEAU	REGREFFER
OCÉANAUTE	PRÉVENANT	DÉFLATION	BIGREMENT	REGRETTER
OLÉIFORME	PRÉVENTIF	DÉFLÉCHIR	CIGARETTE	REGROSSIR
OPÉRATEUR	PRÉVISION	DÉFRAÎCHI	CIGOGNEAU	RÉGATIÈRE
OPÉRATION	PUÉRILITÉ	DÉFROQUÉE	COGNEMENT	RÉGÉNÉRER
OREILLONS	QUÉBÉCOIS	DÉFROQUER	DÉGÉNÉRÉE	RÉGULIÈRE
PHÉNOMÈNE	QUERELLÉE	DIFFÉREND	DÉGIVREUR	RÈGLEMENT
PIÉDESTAL	QUERELLER	DIFFÉRENT	DÉGOÛTANT	RIGOLEUSE
PIERREUSE	RÉÉCOUTER	DIFFICILE	DÉGUEULER	RIGOUREUX
PIÉTEMENT	RÉÉDIFIER	DIFFUSION	ENGAGEANT	ROGNONNER
PLÉNITUDE	RÉÉVALUER	EFFECTIVE	FIGNOLAGE	SAGOUTIER
PLÉONASME	SCÉLÉRATE	EFFECTUER	FIGURATIF	SEGMENTAL
PLEUREUSE	SPÉCIFIER	EFFRONTÉE	GOGUENARD	SIGNIFIER
PLEXIGLAS	SPECTACLE	INFAMANTE	HÉGÉMONIE	SUGGESTIF
PRÉAMBULE	SPÉCULOOS	INFÉRIEUR	INGÉNIEUX	VAGABONDE
PRÉAVISER	SPERMATIE	INFERNALE	INGESTION	VIGILANCE
PRÉCARITÉ	STELLAIRE	INFILTRER	JUGULAIRE	VIGILANTE
PRÉCÉDENT	STÉRILITÉ	INFIRMITÉ	LÉGALISER	VIGOUREUX
PRÊCHEUSE	THÉÂTRALE	INFLÉCHIE	LÉGIFÉRER	WAGNÉRIEN
PRÉCIEUSE	THÉRIDION	INFLÉCHIR	LÉGITIMER	ZIGZAGUER
PRÉCIPICE	THÉSAURUS	INFLUENTE	LIGATURER	
PRÉCISION	TREMBLEUR	INFORTUNE	MAGASINER	**H**
PRÉCOMPTE	TRENTAINE	OFFENSANT	MAGISTRAL	
PRÉDATEUR	TRÉPASSER	OFFENSIVE	MAGNÉTITE	ACHETEUSE
PRÉDICANT	TRÉPIDANT	OFFICIÈRE	MAGNIFIER	ADHÉRENCE
PRÉFORMER	TRÉSORIER	OLFACTION	MAGOUILLE	ADHÉRENTE
PRÉJUDICE	URÉTÉRALE	OLFACTIVE	MÉGAHERTZ	COHÉRENCE
PRÉMATURÉ	VIEILLARD	RAFFERMIR	MIGRATEUR	COHÉRENTE
PRÉMÉDITÉ	VIENNOISE	RAFRAÎCHI	MIGRATION	ÉCHOTIÈRE
PRÉNOMMER		REFROIDIR	NÉGATRICE	INHABITÉE
PRESBYTIE	**F**	RÉFECTION	NÉGLIGENT	INHÉRENTE
PRESCRIRE		RÉFÉRENCE	NÉGOCIANT	INHUMAINE
PRÉSENTER	AFFAIBLIE	RÉFLÉCHIR	OIGNONADE	NIHILISTE

REHAUSSER
SCHILLING
SPHÉRIQUE
VÉHÉMENTE
VÉHICULÉE
VÉHICULER
YOHIMBINE

I

ABIÉTINÉE
AGITATION
ALIÉNISTE
ALIMENTER
AMITIEUSE
ANICROCHE
ANIMATION
ANIMOSITÉ
BAIGNEUSE
BAISEMAIN
BAISEMENT
BOISEMENT
BRICOLAGE
BRILLANTE
BRIMBALER
BRIQUETER
CAILLASSE
CAISSETTE
CEINTURER
CEINTURON
CHIENDENT
CHIFFRAGE
CHIHUAHUA
CHIPOTEUR
CHIRURGIE
CLIENTÈLE
CLINQUANT
CLIQUETER
COIFFEUSE
CRIAILLER
CRITÉRIUM
CRITIQUÉE
CRITIQUER

CUIRASSÉE
CUIRASSER
CUISTANCE
ÉDIFIANTE
ÉMISSAIRE
ENIVRANTE
ÉPIGRAMME
ÉTINCELER
ÉTINCELLE
ÉTIQUETTE
ÉTIREMENT
EXIGEANTE
EXISTANTE
FAÏENCIER
FAINÉANTE
FAISSELLE
FLICAILLE
FOISONNER
FRIANDISE
FRICASSÉE
FRICOTAGE
FRIMOUSSE
FRINGANTE
GAILLARDE
GEIGNARDE
GLISSANTE
GRIGNOTER
GRILLAGÉE
GRILLAGER
GRIMPETTE
GRINÇANTE
GRINGALET
GRISAILLE
GUIGNARDE
GUIGNETTE
GUILLEMET
GUILLERET
GUIMBARDE
HAÏTIENNE
HUITRIÈRE
IDIOTISME
IMITATION
ITINÉRANT

JOIGNABLE
LOINTAINE
MAIGRIOTE
MAILLOCHE
MAINTENIR
MAÎTRESSE
MAÎTRISÉE
MAÎTRISER
MEILLEURE
NAISSANCE
OBITUAIRE
OPINIÂTRE
OPIOMANIE
ORIENTALE
ORIFLAMME
ORIGINALE
PAILLASSE
PAILLETER
PAILLETTE
PEINTURER
PHILISTIN
PLISSEUSE
POIGNANTE
POISSEUSE
POITEVINE
PRIMEROSE
PRIMIPARE
PRIMITIVE
PRINCESSE
PRINCIPAL
PRINCIPAT
PRINTEMPS
PRIVATION
PUISSANCE
PUISSANTE
QUICONQUE
QUIÉTISTE
QUILLEUSE
QUINTEUSE
QUINZAINE
QUIPROQUO
RAILLERIE
RAILLEUSE

RAISONNÉE
RAISONNER
RÉINSCRIT
RÉINSÉRER
RUISSELET
SAILLANTE
SAINEMENT
SOIFFARDE
SOIGNEUSE
SPIRITUEL
STIMULANT
SUISSESSE
TAILLADÉE
TAILLADER
TAILLERIE
TEILLEUSE
TOILETTÉE
TOILETTES
TRICENNAL
TRICHEUSE
TRICOTAGE
TRIDENTÉE
TRIGRAMME
TRILINGUE
TRIMBALER
TRIMOTEUR
TRIOLISME
TRIOMPHER
TRIPAILLE
TRIPOTAGE
TRISTESSE
UNIFOLIÉE
UNIONISME
UNIOVULÉE
UNIVALENT
UNIVERSEL
VAILLANCE
VAILLANTE
VAINEMENT
VAINQUEUR
VEILLEUSE
VOISINAGE
VOITURAGE

J

ADJACENTE
ADJOINDRE
ENJOINDRE
INJUSTICE
OBJECTION
OBJECTIVE
REJAILLIR
REJOINDRE
SÉJOURNER

K

PÉKINOISE

L

ALLÉGORIE
ALLEMANDE
ATLANTIDE
BALADEUSE
BALBUTIER
BALBUZARD
BALDAQUIN
BALIVERNE
BALLONNER
BALLOTTER
BALNÉAIRE
BALSAMIER
BELVÉDÈRE
BILATÉRAL
CALABRAIS
CALEBASSE
CALMEMENT
CALOMNIER
CÉLÉBRITÉ
CHLINGUER
CILLEMENT
COLCHIQUE
COLLATION
COLLECTÉE
COLLÉGIAL
COLLISION
COLLUSION

COLOMBIER   ILLUMINÉE   RILLETTES   BOMBEMENT   IMMÉRITÉE
COLONISER   ILLUMINER   SALICOQUE   CAMEMBERT   IMMINENCE
COLPORTER   ILLUSTRÉE   SALOPERIE   CAMÉSCOPE   IMMINENTE
CULINAIRE   ILLUSTRER   SALOPETTE   CAMOUFLER   IMMODÉRÉE
CYLINDRER   ISLAMISER   SALUBRITÉ   CAMPEMENT   IMMODESTE
DALMATIEN   KILOHERTZ   SALUTAIRE   CAMPHRIER   IMMUNISER
DÉLAISSER   KILOMÈTRE   SCLÉROSÉE   CIMETIÈRE   LAMBOURDE
DÉLATRICE   MALADROIT   SCLÉROSER   COMBATTRE   LAMPOURDE
DÉLIBÉRÉE   MALAPPRIS   SÉLECTION   COMBINARD   LIMINAIRE
DÉLIBÉRER   MALÉFIQUE   SÉLÉNIATE   COMMANDER   LIMONAIRE
DÉLICIEUX   MALICIEUX   SILLONNER   COMMENCER   LIMOUSINE
DÉLIRANTE   MALLÉABLE   SOLENNITÉ   COMMENTER   LIMPIDITÉ
DÉLOYAUTÉ   MALPROPRE   SOLIDAIRE   COMMETTRE   LUMINAIRE
DILAPIDER   MALSÉANTE   SOLITAIRE   COMMOTION   LUMINANCE
DILECTION   MÉLONGINE   SPLENDEUR   COMMUNIER   LUMINEUSE
DILIGENTE   MILITAIRE   SPLENDIDE   COMPACTER   MÉMORABLE
DULCIFIER   MILITANTE   SYLVICOLE   COMPAGNIE   MIMODRAME
ÉCLAIRAGE   MULTITUDE   TALONNEUR   COMPAGNON   MIMOLETTE
ÉCLAIRCIR   NULLEMENT   TALQUEUSE   COMPENSER   NOMADISER
ÉCLATANTE   OBLIGEANT   TÉLÉMÈTRE   COMPÉRAGE   NOMBREUSE
ÉGLANTIER   OBLIQUITÉ   TÉLÉPHONE   COMPÉTENT   NUMÉRISER
ÉGLANTINE   OBLITÉRER   TÉLESCOPE   COMPLÉTER   NUMÉROTER
ENLUMINER   PALATIALE   TÉLÉSIÈGE   COMPLOTER   POMMERAIE
FALSIFIER   PALINODIE   TÉLÉVISER   COMPORTER   RAMASSEUR
FÉLICITER   PALISSADE   TÉLEXISTE   COMPRESSE   RAMPEMENT
FILIFORME   PALLIATIF   TOLÉRANCE   COMPRIMER   REMARQUÉE
FOLLEMENT   PALPATION   TOLÉRANTE   COMPTABLE   REMARQUER
FOLLICULE   PALPITANT   VALÉRIANE   DAMNATION   REMBUCHER
FULGURANT   PELLICULE   VALEUREUX   DÉMANCHER   REMERCIER
FULMINANT   PELOTEUSE   VELOUTINE   DÉMESURÉE   REMONTANT
GALANTINE   PELVIENNE   VOLLEYEUR   DÉMISSION   REMORQUÉE
GALERISTE   POLÉMISTE   VULGARITÉ   DÉMONTRER   REMPLACER
GALOPEUSE   POLICIÈRE   XYLOPHAGE   DIMENSION   REMPOCHER
GALVAUDER   POLITESSE   XYLOPHONE   DIMINUTIF   REMPORTER
GÉLINOTTE   POLITIQUE   ZÉLATRICE   FAMÉLIQUE   RÉMISSION
GILETIÈRE   POLLUTION   FAMILIÈRE   RÉMUNÉRER
HALETANTE   POLTRONNE   **M**   GAMBILLER   ROMANCERO
HALLOWEEN   PULSATION   GEMMATION   ROMANISTE
HALLUCINÉ   RALLONGÉE   ADMIRABLE   HÉMATIQUE   SEMAILLES
ILLETTRÉE   RELECTURE   ADMISSION   HÉMICYCLE   SÉMAPHORE
ILLIMITÉE   RELEVEUSE   ARMISTICE   HOMOLOGUE   SÉMILLANT
ILLISIBLE   RELIGIEUX   BAMBOCHER   IMMACULÉE   SÉMINAIRE
ILLOGISME   RELUISANT   BOMBARDÉE   IMMÉDIATE   SIMILAIRE

SIMILISTE	CONCIERGE	CONTINUER	HONORABLE	MONITRICE
SIMPLETTE	CONCILIER	CONTINUUM	IGNIFUGER	MONOTONIE
SIMPLISME	CONCLUANT	CONTOURNÉ	IGNOMINIE	MONTICOLE
SOMMATION	CONCOMBRE	CONTRAIRE	IGNORANTE	MONTICULE
SOMNIFÈRE	CONCORDER	CONTRARIÉ	INNOCENCE	MUNITIONS
SOMNOLENT	CONCOURIR	CONTRASTE	INNOCENTE	OENOLOGIE
SOMPTUEUX	CONDAMNER	CONTRISTÉ	JONGLERIE	OENOLOGUE
SYMPATHIE	CONDENSER	CONTRÔLÉE	JONGLEUSE	ORNITHOSE
SYMPHONIE	CONDITION	CONTRÔLER	JONQUIÈRE	PANONCEAU
TAMISEUSE	CONFESSER	CONTUSION	LANCEMENT	PANTELANT
TEMPÉRANT	CONFIANCE	CONVERGER	LANCINANT	PENDAISON
TÉMÉRAIRE	CONFIANTE	CONVERSER	LENDEMAIN	PENDILLER
TÉMOIGNER	CONFIRMER	CONVERTIR	LENTEMENT	PENTAÈDRE
TIMBALIER	CONFITEOR	CONVEXITÉ	LENTICULE	PÉNALISER
TOMBEREAU	CONFLUENT	CONVOITER	LINGUETTE	PÉNÉTRANT
	CONFONDRE	CONVOQUER	LINGUISTE	PÉNITENCE
N	CONFORTER	DANGEREUX	LONGTEMPS	PÉNITENTE
	CONFUSION	DÉNATURER	LONGUETTE	PINAILLER
ANNALISTE	CONGÉDIER	DÉNIAISER	LONGUEUIL	PONDAISON
ANNIHILER	CONGÉNÈRE	DINGUERIE	LUNATIQUE	PONTIFIER
ANNULAIRE	CONJUGUER	DINOSAURE	LUNETIÈRE	RANCARDER
BANCROCHE	CONNAÎTRE	DYNAMISME	MANDARINE	RANÇONNER
BANDEROLE	CONNECTER	FANATIQUE	MANDEMENT	RANDONNÉE
BANQUETER	CONSACRER	FANTAISIE	MANGEOIRE	RENCHÉRIR
BENJAMINE	CONSENTIR	FANTASMER	MANGOUSTE	RENCONTRE
BÉNÉFIQUE	CONSERVER	FENDILLER	MANICHÉEN	RENDEMENT
BÉNISSEUR	CONSIGNÉE	FINALISTE	MANIFESTE	RENDOSSER
CANALISER	CONSISTER	FINANCIER	MANIGANCE	RENFERMER
CANCANIER	CONSOMMER	FONDATEUR	MANIPULER	RENFONCER
CANDIDATE	CONSPIRER	FONDATION	MANOEUVRE	RENFORCER
CANNELURE	CONSTABLE	FUNAMBULE	MANTELURE	RENGAINER
CANNIBALE	CONSTANCE	GANADERIA	MENAÇANTE	RENIFLARD
CANOÉISTE	CONSTANTE	GANGRENER	MENDIANTE	RENVERSER
CANONISER	CONSTATER	GENÉVRIER	MENDIGOTE	RINGUETTE
CANONISTE	CONSTELLÉ	GENTILITÉ	MENSTRUEL	RINTINTIN
CANONNIER	CONSULTER	GÉNÉREUSE	MENSTRUES	RONFLANTE
CANTILÈNE	CONTACTER	GÉNITRICE	MENSUELLE	RONFLEUSE
CANTONADE	CONTAGION	GINGEMBRE	MENUISIER	SANGLANTE
CENTRISTE	CONTENTER	GINGIVITE	MÉNAGISTE	SANITAIRE
CÉNOTAPHE	CONTESTER	GONDOLIER	MÉNÉTRIER	SANSONNET
CINÉRAIRE	CONTINENT	GONFLETTE	MINUSCULE	SENSATION
CONCERNER	CONTINUEL	HONNÊTETÉ	MINUTERIE	SENSUELLE
CONCEVOIR				

SENTIMENT — CHOSIFIER — PRODUCTIF — VIOLONEUX — IMPARFAIT
SÉNILISME — CLOCHETON — PROFESSER — ZOOPHILIE — IMPARTIAL
SÉNOLOGIE — COORDONNÉ — PROFITEUR — FRÔLEMENT — IMPATIENT
SINCÉRITÉ — CROISIÈRE — PROFUSION — IMPÉRATIF
SINGULIER — CROISSANT — PROGRAMME — **P** — IMPÉRIALE
SINISTRÉE — DROGUISTE — PROLIGÈRE — AMPLEMENT — IMPLANTER
SINOLOGUE — DROITISME — PROLONGER — AMPLIFIER — IMPLIQUÉE
SINUOSITÉ — ÉCONDUIRE — PROMENEUR — APPARENCE — IMPORTUNE
SYNDIQUER — ÉCONOMIES — PROMETTRE — APPARENTE — IMPOSANTE
TENAILLER — ÉLOGIEUSE — PROMOTEUR — APPLAUDIR — IMPOSTURE
TENANCIER — ÉMOUVANTE — PROMOTION — APPLIQUÉE — IMPOTENTE
TENDRESSE — ÉPONTILLE — PRONONCÉE — APPLIQUER — IMPRÉGNER
TENNESSEE — ÉTONNANTE — PRONONCER — APPRÉCIER — IMPROBITÉ
TENNISMAN — ÉVOCATION — PRONOSTIC — APPRENDRE — IMPRUDENT
TENTACULE — FIORITURE — PROPANIER — APPRENTIE — IMPUDENCE
TENTATION — FLOTTILLE — PROPHÉTIE — APPROCHÉE — IMPUDENTE
TENTATIVE — FROMAGÈRE — PROPRIÉTÉ — APPROCHER — IMPULSION
TUNNELIER — FRONDEUSE — PROSCRIRE — APPROCHES — IMPULSIVE
VENDANGER — FRONTIÈRE — PROSCRITE — APPROPRIÉ — JAPONERIE
VENGEANCE — GÉOMÉTRIE — PROSPÉRER — APPROUVER — LAPIDAIRE
VENTRIÈRE — GLOBALITÉ — PROSTERNÉ — ASPIRANTE — LIPOPHILE
VÉNÉRABLE — GLORIEUSE — PROTESTER — BIPARTITE — NÉPALAISE
VINAIGRÉE — GLORIFIER — PROTOCOLE — BIPOLAIRE — OPPORTUNE
VINGTAINE — GLOSSAIRE — PROVISION — CAPITEUSE — OPPOSANTE
XÉNOPHILE — GLOUTONNE — PROVOCANT — CAPTIVITÉ — OPPRESSÉE
XÉNOPHOBE — GROGNONNE — PROVOQUER — CEPENDANT — OPPRESSER

O — GROMMELER — QUOTIDIEN — COPINERIE — PAPERASSE
GRONDERIE — SCOLARITÉ — DÉPANNEUR — PAPETIÈRE
ABOLITION — GROSEILLE — SCOUMOUNE — DÉPIAUTER — PAPILLOTE
ABONDANCE — GROSSIÈRE — SPONTANÉE — DÉPOUILLE — PAPOUILLE
ABONDANTE — GROSSISTE — STOCKHOLM — DÉPOURVUE — PIPELETTE
ADORATION — GROUILLER — STOÏCISME — DÉPRÉCIER — POPULAIRE
AMOINDRIR — INOCCUPÉE — STOPPEUSE — DUPLICATA — RAPATRIER
AMOUREUSE — INOPÉRANT — TROMPERIE — EMPREINTE — RAPPORTER
APOSTASIE — ISOLATION — TROMPEUSE — EMPRESSÉE — REPEINDRE
ATOMISEUR — ISOLEMENT — TROPICALE — EMPRUNTER — REPENTANT
BIOGRAPHE — IVOIRIÈRE — TROTTEUSE — ESPÉRANCE — REPLÂTRER
BLOCKHAUS — NÉONATALE — TROTTINER — ESPIONNER — REPORTAGE
BROCARDER — PIONNIÈRE — TROUBLANT — ESPLANADE — REPOSANTE
BROUILLÉE — PLONGEUSE — TROUSSEAU — EXPANSIVE — REPOUSSER
BROUILLER — PROBATION — VIOLATION — EXPLICITE — REPRENDRE
BROUTILLE — PROCÉDURE — VIOLENTER — HYPOTHÈSE — REPROCHER

REPRODUIT	BARBOTINE	FARLOUCHE	JARDINIER	PARTITION
REPTATION	BARIOLAGE	FARNIENTE	JÉRÉMIADE	PERCALINE
RÉPARABLE	BAROMÈTRE	FERMEMENT	JURATOIRE	PERCEVOIR
RÉPLIQUÉE	BARREMENT	FERMENTER	LARGEMENT	PERCHISTE
RÉPONDANT	BERLINGOT	FERMETURE	LORICAIRE	PERMANENT
RÉPROUVER	CARACTÈRE	FIRMAMENT	MARAUDEUR	PERMÉABLE
RÉPUGNANT	CARAVELLE	FORFICULE	MARCASSIN	PERMETTRE
RÉPULSION	CARBONATE	FORLANCER	MARCHANDE	PERPÉTRER
SAPINIÈRE	CARBURANT	FORMALITÉ	MARGARINE	PERPÉTUEL
SEPTEMBRE	CARDAMINE	FORMATEUR	MARGOULIN	PERPÉTUER
SEPTENNAT	CARDINALE	FORNIQUER	MARIHUANA	PERSILLÉE
SÉPULCRAL	CARENTIEL	FORTIFIER	MARMONNER	PERSISTER
SIPHONNÉE	CARLINGUE	FURETEUSE	MARMOTTER	PERSONNEL
SUPERFINE	CARMÉLITE	FURIBONDE	MORAILLES	PERSUADER
SUPERFLUE	CAROTTIER	FURIBONDE	MORAILLON	PERTINENT
SUPÉRIEUR	CARREFOUR	GARGOTIER	MORALISER	PERTURBER
SUPERNOVA	CARRÉMENT	GARGOUSSE	MORATOIRE	PERVERTIE
SUPPORTER	CARROUSEL	GARNITURE	MORFONDRE	PERVERTIR
SUPPRIMER	CERTIFIER	GERMICIDE	MORIBONDE	PÉRICARDE
TAPAGEUSE	CÉRAMIQUE	GÉRIATRIE	MORTUAIRE	PÉRICARPE
VAPOREUSE	CÉRÉMONIE	GIRANDOLE	NARRATEUR	PÉRIMÈTRE
	CORBILLAT	GIROUETTE	NARRATION	PÉRIPÉTIE
Q	CORDONNER	HARANGUÉE	NERVATION	PÉRISTYLE
	CORNAQUER	HARANGUER	NERVOSITÉ	PÉROXYDER
BÉQUILLER	CORNEMENT	HARASSANT	NORMALIEN	PIRIFORME
COQUETIER	CORNICHON	HARDIESSE	OURLIENNE	PIROGUIER
ESQUISSÉE	CORONELLE	HARMATTAN	PARADEUSE	PIROUETTE
LOQUETEUX	CORPULENT	HARNACHER	PARALLÈLE	PORTILLON
MAQUEREAU	CORROMPRE	HARPONNER	PARAMÈTRE	PORTUAIRE
MAQUILLER	CORROMPUE	HERBICIDE	PARASITÉE	PURITAINE
MAQUISARD	CORSETIER	HÉRÉTIQUE	PARCOURIR	PURPURINE
PAQUETEUR	CORUSCANT	HÉRITIÈRE	PARDESSUS	PURULENTE
TIQUETURE	CURAILLON	HOROSCOPE	PARDONNER	SARABANDE
	CURIOSITÉ	HORRIFIER	PARENTÈLE	SARBACANE
R	DÉRACINER	HORTENSIA	PARESSEUX	SARDINIER
	DÉRISOIRE	HORTICOLE	PARFUMEUR	SERMONNER
ACRIMONIE	DIRECTION	HURLEMENT	PARLEMENT	SERPENTER
AGRESSION	DIRIGISTE	IRRÉALITÉ	PARODISTE	SERREMENT
AGRESSIVE	DORMITIVE	IRRÉSOLUE	PAROXYSME	SERRURIER
ARRIVANTE	ÉCRIVAINE	IRRITABLE	PARRAINER	SERVIABLE
ARROGANTE	ÉTRANGÈRE	IRRITANTE	PARTICULE	SERVIETTE
ATROPHIÉE	ÉTREINDRE	IRRUPTION	PARTIELLE	SERVILITÉ
BARATINER	FARANDOLE	JARDINAGE	PARTISANE	SERVITUDE
BARBIFIER				

SÉRAPHINE	VERBOSITÉ	DESSERRER	GASPILLER	OBSESSION
SÉROLOGIE	VERGLACER	DESSOÛLER	GESTUELLE	PASODOBLE
SIRVENTÈS	VERMEILLE	DESTITUER	GUSTATIVE	PASSAGÈRE
SORTILÈGE	VERMOULUE	DÉSABUSÉE	HASCHISCH	PASSÉISTE
STRABISME	VERNISSER	DÉSACCORD	HÉSITANTE	PASSEPORT
STRATÉGIE	VERSATILE	DÉSAVOUER	HISTORIÉE	PASSIONNÉ
STRESSANT	VERTÉBRÉE	DÉSEMPARÉ	HISTORIEN	PASTICHÉE
STRIDENTE	VERTUEUSE	DÉSERTION	HOSTILITÉ	PASTORALE
STRIDULER	VÉRITABLE	DÉSESPOIR	INSIDIEUX	PESAMMENT
STRUCTURE	VIRGINALE	DÉSOLANTE	INSINCÈRE	PESANTEUR
SURCHARGE	VIRGINITÉ	DÉSUÉTUDE	INSOLENTE	PESTIFÉRÉ
SUREMPLOI	VIRILISER	DISCERNER	INSOLUBLE	PISSENLIT
SURHUMAIN	VIROLOGIE	DISCOBOLE	INSPECTER	PISTONNER
SURMONTER	VIRTUELLE	DISCOURIR	INSPIRANT	POSOLOGIE
SURNOMBRE	VIRULENCE	DISCRÉDIT	INSTALLER	POSTÉRITÉ
SUROXYDER	VIRULENTE	DISCULPER	INSTAURER	POSTULANT
SURPASSER	WARRANTER	DISLOQUER	INSTITUER	POSTURALE
SURRÉNALE		DISPARATE	INSTRUIRE	RASSASIÉE
SURSAUTER	**S**	DISPARITÉ	INSTRUITE	RASSASIER
SURVIVANT		DISPENSER	INSULAIRE	RASSURANT
TARBOUCHE	ABSIDIALE	DISPERSER	JUSTEMENT	RESCINDER
TARENTULE	ABSTRAITE	DISSERTER	JUSTIFIER	RESPECTER
TARSIENNE	ABSURDITÉ	DISSIDENT	LASSITUDE	RESQUILLE
TERMINALE	ARSOUILLE	DISSOCIER	LESBIENNE	RESSAISIR
TERRAMARE	ASSAILLIR	DISSOUDRE	LESSIVAGE	RESSASSER
TERRASSÉE	ASSASSINE	DISSUADER	LESSIVIER	RESSENTIR
TERRASSER	ASSEMBLÉE	DISTANCÉE	LÉSINERIE	RESSERRER
TERRESTRE	ASSEMBLER	DISTENDRE	MASCARADE	RESSORTIR
TERRIENNE	ASSIDUITÉ	DISTILLER	MASCOUCHE	RESSOUDER
TERRIFIER	ASSIMILER	DISTINCTE	MASCULINE	RESSOURCE
TIRAILLER	ASSOUPLIR	DISTORDRE	MASSACRER	RESTAURER
TORPILLÉE	ASSOURDIR	DISTRAIRE	MASSEPAIN	RESTITUER
TORPILLER	ASSURANCE	DISTRAITE	MASTIQUER	RESTREINT
TORTILLER	AUSTÉRITÉ	DYSCRASIE	MESCALINE	RÉSIDENCE
TORTILLON	BESTIAIRE	DYSOREXIE	MESSAGÈRE	RÉSINIÈRE
TORTUEUSE	BISAÏEULE	DYSPHAGIE	MISÉRABLE	RÉSISTANT
TURBIDITÉ	BISEAUTER	DYSPHORIE	MISTOUFLE	RÉSONANCE
TURBULENT	BOSSANOVA	ENSEIGNÉE	MUSCARINE	RÉSONNANT
TURLUTUTU	BOSSELURE	ENSEIGNER	NASILLARD	RISTOURNE
TURPITUDE	CASERETTE	ESSENTIEL	NOSTALGIE	ROSSIGNOL
TYRANNEAU	CASSONADE	FASCINANT	OBSCURCIR	RUSSIFIER
VARIATION	CASTRISTE	FISTULINE	OBSCURITÉ	SASSEMENT
VARIQUEUX	DESCENDRE	FUSIONNER	OBSÉDANTE	SUSPENDRE

SUSPICION
SUSTENTER
TESTAMENT
TESTICULE
TISONNIER
VASELINER
VESTIAIRE
VESTIBULE
VISCOSITÉ
VISITEUSE
VISQUEUSE

T

ACTIONNER
ACTIVANTE
ANTÉRIEUR
ARTICHAUT
ASTICOTER
ATTEINDRE
ATTENANTE
ATTENDRIR
ATTENTION
ATTENTIVE
ATTIRANCE
ATTIRANTE
ATTRISTER
AUTORISER
AUTREFOIS
BATAILLER
BATAILLON
BATELEUSE
BATELIÈRE
BOTANISTE
CATALOGNE
CATALOGUE
CATAPULTE
CATARACTE
CATÉGORIE
CITOYENNE
COTONNIER
CÔTELETTE
DÉTAILLER

DÉTECTEUR
DÉTEINDRE
DÉTENTEUR
DÉTERGENT
DÉTÉRIORÉ
DÉTERSIVE
DÉTOURNER
DÉTRAQUÉE
DÉTREMPÉE
DÉTRIMENT
ENTAILLÉE
ENTÉRINER
ENTIÈRETÉ
ENTRAÎNER
ENTREGENT
ENTREMISE
ENTRETIEN
ENTREVOUS
ESTROPIÉE
EXTÉRIEUR
EXTRÉMITÉ
FATIGANTE
GUTTURALE
HÔTELIÈRE
INTÉGRALE
INTÉGRITÉ
INTENABLE
INTENSITÉ
INTENTION
INTERDIRE
INTERDITE
INTÉRESSÉ
INTÉRIEUR
INTERLUDE
INTERVIEW
INTIMIDER
INTIMISTE
INTITULER
INTOXIQUÉ
INTRÉPIDE
INTRIGANT
INTRIGUÉE
INTRUSION

INTUITION
LATINISER
LITTÉRALE
LITTORALE
LITTORINE
LOTIONNER
MATRICULE
MÉTRONOME
MÉTROPOLE
MITIGEUSE
MITRAILLE
MOTOCROSS
MUTINERIE
NATIONALE
NATURELLE
NETTEMENT
NETTOYEUR
NOTAMMENT
NOTORIÉTÉ
NUTRITION
NUTRITIVE
OPTIMISTE
OPTIONNEL
OUTAOUAIS
OUTILLAGE
OUTREMONT
PATINETTE
PATINEUSE
PATINOIRE
PATRONAGE
PATRONNER
PATRONYME
PETITESSE
PÉTARADER
PÉTILLANT
PÉTRIFIER
PÉTROLIER
PÉTULANCE
PÉTULANTE
POTASSIUM
POTENTIEL
RATATINÉE
RATATINER

RATIONALE
RATIONNEL
RATISSAGE
RATTACHER
RATTRAPER
RETAILLER
RETEINDRE
RETOUCHER
RETOURNER
RETRAITÉE
RETROUVER
RÉTICENCE
RÉTICENTE
RÉTORQUER
RÉTRIBUER
ROTATOIRE
ROTONDITÉ
ROTURIÈRE
RUTILANCE
RUTILANTE
SATELLITE
SATISFAIT
SITUATION
TÉTRAÈDRE
TOTALISER
ULTÉRIEUR
ULTIMATUM
URTICAIRE
USTENSILE
VITAMINÉE
VITUPÉRER

U

ADULATION
AGUICHANT
ALUMINIUM
AMUSEMENT
BOUCANAGE
BOUCHERIE
BOUFFARDE
BOUFFONNE
BOUGONNER

BOUGRESSE
BOUILLANT
BOULONNER
BOURGEOIS
BOURRACHE
BOURRETTE
BOURSIÈRE
BOUSCULER
BOUTEILLE
BOUVREUIL
CAUCHEMAR
CHUCHOTER
COUARDISE
COULISSÉE
COULISSER
COURAGEUX
COURBATUE
COURBETTE
COURONNER
COURTIÈRE
COURTISAN
COURTOISE
COUSSINET
COUTUMIER
COUTURIER
DOUANIÈRE
DOUCEÂTRE
ÉDUCATION
ÉDUCATIVE
ÉDULCORER
ÉPUISANTE
ÉPURATION
ÉRUDITION
FAUCHETTE
FEULEMENT
FOUGERAIE
FOUILLEUR
FOURBERIE
FOURNAISE
FOURNIÈRE
FOURRIÈRE
FRUITERIE
FRUSTRANT

GAUDRIOLE
GAUFRETTE
GOUALANTE
GOULEYANT
GOUPILLER
GOUPILLON
GOURMANDE
GOURMETTE
GOUTTIÈRE
GOUVERNER
GRUMELURE
HAUBANAGE
IGUANODON
INUSUELLE
INUTILISÉ
INUTILITÉ
LAUDATIVE
LOUCHERIE
LOUISIANE
LOURDAUDE
MAUVIETTE
MEURTRIER
MOUCHETÉE
MOUFLETTE
NAUFRAGÉE
NAUFRAGER
NAUPATHIE
NAUSÉEUSE
NAUTONIER
NOUVEAUTÉ
ONUSIENNE
PAUPIETTE
PAUVRESSE
PLUSIEURS
PLUVIEUSE
POUDRERIE
POUDREUSE
POUDRIÈRE
POUDROYER
POUILLARD
POUPONNER
POURBOIRE
POURSUITE

POUSSIÈRE
RÉUNIFIER
ROUBLARDE
ROUCOULER
ROUDOUDOU
ROUPILLER
ROUSPÉTER
ROUSSÂTRE
ROUSSELET
ROUTINIER
SAUGRENUE
SAUTERNES
SCULPTURE
SEULEMENT
SOUCHETTE
SOUCIEUSE
SOUFFRANT
SOUFREUSE
SOUILLURE
SOULIGNER
SOUMETTRE
SOUPIRANT
SOURIANTE
SOURNOISE
SOUSCRIRE
SOUTENEUR
SOUVERAIN
SQUAMEUSE
STUDIEUSE
STUPÉFAIT
STUPÉFIER
STUPIDITÉ
TOUCHANTE
TOURBIÈRE
TOURILLON
TOURMENTE
TOURNEDOS
TOURNESOL
TOURNEVIS
TOURNOYER
TOUSSOTER
TOUTEFOIS
TRUCMUCHE

VAURIENNE
VOUSSOYER

V

ADVERSITÉ
BAVARDAGE
CAVAILLON
CAVALERIE
CAVALIÈRE
CAVERNEUX
CIVILISER
DAVANTAGE
DEVANTURE
DÉVALISER
DÉVORANTE
DIVERGENT
DIVIDENDE
DIVULSION
DUVETEUSE
ENVELOPPE
ENVENIMER
FAVORISER
INVALIDER
INVENTEUR
INVENTION
INVERSION
INVÉTÉRÉE
INVIVABLE
JOVIALITÉ
NAVREMENT
NÉVRALGIE
NIVELEUSE
NOVATRICE
OUVERTURE
RAVAUDEUR
RAVIGOTER
RAVISSANT
REVERSOIR
RÉVEILLER
RÉVÉRENCE
RÉVERSION
RIVALISER

RIVERAINE
RIVULAIRE

X

DEXTÉRITÉ
LUXURIEUX
MAXIMISER
SAXOPHONE
SEXOLOGIE
TAXATRICE
TAXIMÈTRE
TEXTUELLE

Y

ÉLYSÉENNE
JOYEUSETÉ
LOYALISTE
PHYSICIEN
PSYCHISME
ROYALISME

Z

GAZONNAGE
LAZZARONE
MAZDÉISME

4ᵉ

POSITION

A

ACCAPARER
ADJACENTE
AFFAIBLIE
AFFAIBLIR
ALBANAISE
ANDALOUSE
ANNALISTE
APPARENCE

APPARENTE
ASSAILLIR
ASSASSINE
ATLANTIDE
BAGATELLE
BALADEUSE
BARATINER
BATAILLER
BATAILLON
BAVARDAGE
BÉCANCOUR
BILATÉRAL
BIPARTITE
BISAÏEULE
BOTANISTE
CACAHUÈTE
CADASTRER
CALABRAIS
CANALISER
CARACTÈRE
CARAVELLE
CATALOGNE
CATALOGUE
CATAPULTE
CATARACTE
CAVAILLON
CAVALERIE
CAVALIÈRE
CÉRAMIQUE
CICATRICE
CIGARETTE
COUARDISE
CRÉATRICE
CRIAILLER
CURAILLON
DAVANTAGE
DÉBANDADE
DÉBAUCHER
DÉCADENCE
DÉCAMÈTRE
DÉCAPANTE
DÉCAPEUSE
DÉCAPITER

☞	☞	☞	☞	☞
DÉCATHLON	GANADERIA	NÉGATRICE	RETAILLER	CLABAUDER
DÉDAIGNER	GIRANDOLE	NÉPALAISE	RICANEUSE	COMBATTRE
DÉLAISSER	GOUALANTE	NOMADISER	RIVALISER	COMBINARD
DÉLATRICE	HARANGUÉE	NOTAMMENT	ROMANCERO	CORBILLAT
DÉMANCHER	HARANGUER	NOVATRICE	ROMANISTE	DIABLERIE
DÉNATURER	HARASSANT	OCÉANAUTE	ROTATOIRE	DIABLESSE
DÉPANNEUR	HÉCATOMBE	OLFACTION	ROYALISME	GAMBILLER
DÉRACINER	HÉMATIQUE	OLFACTIVE	SARABANDE	GLOBALITÉ
DÉSABUSÉE	IDÉALISER	ORGANISÉE	SEMAILLES	HAUBANAGE
DÉSACCORD	IDÉALISTE	ORGANISER	SÉMAPHORE	HERBICIDE
DÉSAVOUER	IGUANODON	ORGANISME	SÉRAPHINE	LAMBOURDE
DÉTAILLER	IMMACULÉE	OSCABRION	SQUAMEUSE	LESBIENNE
DÉVALISER	IMPARFAIT	OUTAOUAIS	STRABISME	NOMBREUSE
DEVANTURE	IMPARTIAL	PAGANISER	STRATÉGIE	PROBATION
DILAPIDER	IMPATIENT	PAGAYEUSE	TABAGISME	QUÉBÉCOIS
DOUANIÈRE	INCAPABLE	PALATIALE	TABATIÈRE	RÉABONNER
DYNAMISME	INFAMANTE	PARADEUSE	TAPAGEUSE	REMBUCHER
ÉCLAIRAGE	INHABITÉE	PARALLÈLE	TAXATRICE	ROUBLARDE
ÉCLAIRCIR	INVALIDER	PARAMÈTRE	TENAILLER	SARBACANE
ÉCLATANTE	ISLAMISER	PARASITÉE	TENANCIER	STABILITÉ
ÉGLANTIER	JACASSEUR	PÉDALEUSE	THÉÂTRALE	TARBOUCHE
ÉGLANTINE	JUDAÏCITÉ	PÉNALISER	TIRAILLER	TIMBALIER
ENCAISSÉE	JURATOIRE	PESAMMENT	TOTALISER	TOMBEREAU
ENCAISSER	LÉGALISER	PESANTEUR	TYRANNEAU	TURBIDITÉ
ENCASTRER	LIGATURER	PÉTARADER	VACANCIER	TURBULENT
ENGAGEANT	LOCALISER	PINAILLER	VAGABONDE	VERBOSITÉ
ENTAILLÉE	LOCATRICE	POTASSIUM	VINAIGRÉE	VIABILITÉ
ESCABÈCHE	LOYALISTE	PRÉAMBULE	VITAMINÉE	
ESCALADÉE	LUNATIQUE	PRÉAVISER	ZÉLATRICE	**C**
ESCALADER	MAGASINER	RABÂCHAGE		
ESCALATOR	MALADROIT	RABAISSER	**B**	AGACEMENT
ESCAMOTER	MALAPPRIS	RAMASSEUR		ANICROCHE
ÉTRANGÈRE	MARAUDEUR	RAPATRIER	AMABILITÉ	BANCROCHE
EXPANSIVE	MÉCANISER	RATATINÉE	BALBUTIER	BLOCKHAUS
FANATIQUE	MÉDAILLÉE	RATATINER	BALBUZARD	BOUCANAGE
FARANDOLE	MÉDAILLER	RAVAUDEUR	BAMBOCHER	BOUCHERIE
FINALISTE	MÉGAHERTZ	RÉDACTION	BARBIFIER	BRACONNER
FINANCIER	MENAÇANTE	RÉGATIÈRE	BARBOTINE	BRICOLAGE
FRIANDISE	MÉNAGISTE	REHAUSSER	BLABLABLA	BROCARDER
FUNAMBULE	MORAILLES	REJAILLIR	BOMBARDÉE	CANCANIER
GABARDINE	MORAILLON	REMARQUÉE	BOMBEMENT	CAUCHEMAR
GABARRIER	MORALISER	REMARQUER	CARBONATE	CHUCHOTER
GALANTINE	MORATOIRE	RÉPARABLE	CARBURANT	CLOCHETON

COLCHIQUE
CONCERNER
CONCEVOIR
CONCIERGE
CONCILIER
CONCLUANT
CONCOMBRE
CONCORDER
CONCOURIR
DESCENDRE
DIACHYLON
DISCERNER
DISCOBOLE
DISCOURIR
DISCRÉDIT
DISCULPER
DOUCEÂTRE
DRACONIEN
DULCIFIER
DYSCRASIE
ÉDUCATION
ÉDUCATIVE
ÉLECTORAT
ÉLECTRICE
ÉVOCATION
EXÉCUTIVE
FASCINANT
FAUCHETTE
FLACHERIE
FLICAILLE
FRICASSÉE
FRICOTAGE
GLACIAIRE
GRACIEUSE
GRACILITÉ
HASCHISCH
INOCCUPÉE
LANCEMENT
LANCINANT
LOUCHERIE
MARCASSIN
MARCHANDE
MASCARADE

MASCOUCHE
MASCULINE
MESCALINE
MOUCHETÉE
MUSCARINE
OBSCURCIR
OBSCURITÉ
OPACIFIER
PARCOURIR
PERCALINE
PERCEVOIR
PERCHISTE
PLACARDER
PLACEMENT
PLACIDITÉ
PRÉCARITÉ
PRÉCÉDENT
PRÊCHEUSE
PRÉCIEUSE
PRÉCIPICE
PRÉCISION
PRÉCOMPTE
PROCÉDURE
PSYCHISME
QUICONQUE
RACCORDER
RACCOURCI
RANCARDER
RANÇONNER
RÉACTIVER
RÉÉCOUTER
RENCHÉRIR
RENCONTRE
RESCINDER
ROUCOULER
SINCÉRITÉ
SOUCHETTE
SOUCIEUSE
SPACIEUSE
SPÉCIFIER
SPECTACLE
SPÉCULOOS
STOCKHOLM

SUCCÉDANÉ
SUCCINCTE
SUCCULENT
SURCHARGE
TOUCHANTE
TRACASSER
TRACEMENT
TRICENNAL
TRICHEUSE
TRICOTAGE
TRUCMUCHE
VISCOSITÉ

D

ACADIENNE
BALDAQUIN
BANDEROLE
CANDIDATE
CARDAMINE
CARDINALE
CONDAMNER
CONDENSER
CONDITION
CORDONNER
ÉRUDITION
FENDILLER
FONDATEUR
FONDATION
FREDONNER
GAUDRIOLE
GONDOLIER
GRADATION
GRADUELLE
HARDIESSE
INADAPTÉE
JARDINAGE
JARDINIER
LAUDATIVE
LENDEMAIN
MANDARINE
MANDEMENT
MAZDÉISME

MENDIANTE
MENDIGOTE
PARDESSUS
PARDONNER
PENDAISON
PENDILLER
PIÉDESTAL
PONDAISON
POUDRERIE
POUDREUSE
POUDRIÈRE
POUDROYER
PRÉDATEUR
PRÉDICANT
PRODUCTIF
QUADRETTE
RANDONNÉE
RÉÉDIFIER
RENDEMENT
RENDOSSER
ROUDOUDOU
SARDINIER
SPADASSIN
STUDIEUSE
SYNDIQUER
TENDRESSE
TRADITION
TRIDENTÉE
VENDANGER

E

ABIÉTINÉE
ACCÉLÉRER
ACCENTUER
ACCEPTION
ACCESSION
ACHETEUSE
ADHÉRENCE
ADHÉRENTE
ADVERSITÉ
AGRESSION
AGRESSIVE

ALIÉNISTE
ALLÉGORIE
ALLEMANDE
ANGÉLIQUE
ANTÉRIEUR
ASCENSEUR
ASCENSION
ASSEMBLÉE
ASSEMBLER
ATTEINDRE
ATTENANTE
ATTENDRIR
ATTENTION
ATTENTIVE
BATELEUSE
BATELIÈRE
BÉNÉFIQUE
BISEAUTER
CAFETIÈRE
CALEBASSE
CAMEMBERT
CAMÉSCOPE
CARENTIEL
CASERETTE
CATÉGORIE
CAVERNEUX
CÉLÉBRITÉ
CEPENDANT
CÉRÉMONIE
CHIENDENT
CIMETIÈRE
CINÉRAIRE
CLIENTÈLE
COHÉRENCE
COHÉRENTE
CÔTELETTE
DÉCÉLÉRER
DÉCEPTION
DÉCEVANTE
DÉFECTION
DÉFÉRENCE
DÉGÉNÉRÉE
DÉMESURÉE

DÉSEMPARÉ   INCENDIÉE   OBSESSION   SÉLÉNIATE   CONFLUENT
DÉSERTION   INCENDIER   OFFENSANT   SOLENNITÉ   CONFONDRE
DÉSESPOIR   INDÉCENCE   OFFENSIVE   SPHÉRIQUE   CONFORTER
DÉTECTEUR   INDÉCENTE   ORIENTALE   SPLENDEUR   CONFUSION
DÉTEINDRE   INDÉFINIE   OUVERTURE   SPLENDIDE   DIFFÉREND
DÉTENTEUR   INFÉRIEUR   PAPERASSE   STRESSANT   DIFFÉRENT
DÉTERGENT   INFERNALE   PAPETIÈRE   SUPERFINE   DIFFICILE
DÉTÉRIORÉ   INGÉNIEUX   PARENTÈLE   SUPERFLUE   DIFFUSION
DÉTERSIVE   INGESTION   PARESSEUX   SUPÉRIEUR   ÉDIFIANTE
DILECTION   INHÉRENTE   PÉNÉTRANT   SUPERNOVA   FORFICULE
DIMENSION   INTÉGRALE   PIGEONNER   SUREMPLOI   GAUFRETTE
DIRECTION   INTÉGRITÉ   PIPELETTE   TARENTULE   GONFLETTE
DIVERGENT   INTENABLE   POLÉMISTE   TÉLÉMÈTRE   MORFONDRE
DODELINER   INTENSITÉ   POTENTIEL   TÉLÉPHONE   MOUFLETTE
DUVETEUSE   INTENTION   QUIÉTISTE   TÉLESCOPE   NAUFRAGÉE
EFFECTIVE   INTERDIRE   RÉBELLION   TÉLÉSIÈGE   NAUFRAGER
EFFECTUER   INTERDITE   RECELEUSE   TÉLÉVISER   ORIFLAMME
ENSEIGNÉE   INTÉRESSÉ   RÉCEMMENT   TÉLEXISTE   PARFUMEUR
ENSEIGNER   INTÉRIEUR   RECENSION   TÉMÉRAIRE   PLAFONNER
ENTÉRINER   INTERLUDE   RÉCEPTEUR   TOLÉRANCE   PRÉFORMER
ENVELOPPE   INTERVIEW   RÉCEPTION   TOLÉRANTE   PROFESSER
ENVENIMER   INVENTEUR   RÉCESSION   TUBÉRISER   PROFITEUR
ESPÉRANCE   INVENTION   RECEVABLE   ULCÉREUSE   PROFUSION
ESSENTIEL   INVERSION   REDÉFAIRE   ULTÉRIEUR   RAFFERMIR
ÉTREINDRE   INVÉTÉRÉE   RÉFECTION   USTENSILE   RENFERMER
EXCENTRÉE   IRRÉALITÉ   RÉFÉRENCE   VALÉRIANE   RENFONCER
EXTÉRIEUR   IRRÉSOLUE   RÉGÉNÉRER   VALEUREUX   RENFORCER
FAÏENCIER   JÉRÉMIADE   RELECTURE   VASELINER   RONFLANTE
FAMÉLIQUE   JOYEUSETÉ   RELEVEUSE   VÉHÉMENTE   RONFLEUSE
FURETEUSE   LIBELLULE   REMERCIER   VÉNÉRABLE   SOIFFARDE
GALERISTE   LIBERTINE   REPEINDRE   SOUFFRANT
GÉNÉREUSE   LICENCIER   REPENTANT   F   SOUFREUSE
GENÉVRIER   LUNETIÈRE   RETEINDRE   SUFFISANT
GILETIÈRE   MALÉFIQUE   RÉVEILLER   BOUFFARDE   SUFFIXALE
HALETANTE   MÉNÉTRIER   RÉVÉRENCE   BOUFFONNE   SUFFOCANT
HÉGÉMONIE   MISÉRABLE   RÉVERSION   CHIFFRAGE   UNIFOLIÉE
HÉRÉTIQUE   NÉCESSITÉ   REVERSOIR   CLAFOUTIS
HÔTELIÈRE   NIVELEUSE   RIVERAINE   COIFFEUSE   G
ILLETTRÉE   NUMÉRISER   SACERDOCE   CONFESSER
IMMÉDIATE   NUMÉROTER   SATELLITE   CONFIANCE   BAIGNEUSE
IMMÉRITÉE   OBJECTION   SCLÉROSÉE   CONFIANTE   BIOGRAPHE
IMPÉRATIF   OBJECTIVE   SCLÉROSER   CONFIRMER   BLAGUEUSE
IMPÉRIALE   OBSÉDANTE   SÉLECTION   CONFITEOR   BOUGONNER

BOUGRESSE
CHAGRINER
CONGÉDIER
CONGÉNÈRE
DANGEREUX
DIAGRAMME
DINGUERIE
DROGUISTE
ÉLOGIEUSE
ÉPIGRAMME
EXIGEANTE
FLAGEOLER
FLAGEOLET
FLAGORNER
FOUGERAIE
FRAGILITÉ
FULGURANT
GANGRENER
GARGANTUA
GARGOTIER
GARGOUSSE
GEIGNARDE
GINGEMBRE
GINGIVITE
GRÉGORIEN
GRIGNOTER
GROGNONNE
GUIGNARDE
GUIGNETTE
INÉGALITÉ
JOIGNABLE
JONGLERIE
JONGLEUSE
LARGEMENT
LINGUETTE
LINGUISTE
LONGTEMPS
LONGUETTE
LONGUEUIL
MAIGRIOTE
MANGEOIRE
MANGOUSTE
MARGARINE

MARGOULIN
ORIGINALE
PLAGIAIRE
POIGNANTE
PROGRAMME
RENGAINER
RINGUETTE
SANGLANTE
SAUGRENUE
SINGULIER
SOIGNEUSE
STAGNANTE
SUGGESTIF
TRAGÉDIEN
TRIGRAMME
VENGEANCE
VERGLACER
VINGTAINE
VIRGINALE
VIRGINITÉ
VULGARITÉ

H

CACHEMIRE
CHIHUAHUA
COCHONNER
DÉCHAÎNER
DÉCHANTER
DÉCHARGER
DÉCHARNÉE
DÉCHAUMER
DÉCHIRANT
ENCHAÎNER
ENCHANTÉE
ENCHANTER
INCHANGÉE
LACHENAIE
LÈCHEMENT
MACHINALE
PICHOLINE
RECHANTER
RECHARGÉE

RICHELIEU
SÉCHAUMER
SIPHONNÉE
SURHUMAIN
YACHTSMAN

I

ABSIDIALE
ACRIMONIE
ACTIONNER
ACTIVANTE
ADMIRABLE
ADMISSION
AGUICHANT
AMOINDRIR
ANNIHILER
APAISANTE
ARMISTICE
ARRIVANTE
ARTICHAUT
ASPIRANTE
ASSIDUITÉ
ASSIMILER
ASTICOTER
ATTIRANCE
ATTIRANTE
AUDITRICE
BALIVERNE
BARIOLAGE
BÉNISSEUR
BIFILAIRE
BOUILLANT
BRAILLARD
BRAISIÈRE
CAPITEUSE
CHLINGUER
CICINDÈLE
CIVILISER
CLAIRETTE
CLAIRSEMÉ
COPINERIE
CRAINTIVE

CROISIÈRE
CROISSANT
CULINAIRE
CURIOSITÉ
CYLINDRER
DÉBITRICE
DÉCIMÈTRE
DÉFICIENT
DÉFINITIF
DÉGIVREUR
DÉLIBÉRÉE
DÉLIBÉRER
DÉLICIEUX
DÉLIRANTE
DÉMISSION
DÉNIAISER
DÉPIAUTER
DÉRISOIRE
DILIGENTE
DIMINUTIF
DIRIGISTE
DIVIDENDE
DROITISME
ÉCRIVAINE
ENTIÈRETÉ
ÉPUISANTE
ÉREINTANT
ESPIONNER
EXCITANTE
FACILITER
FAMILIÈRE
FATIGANTE
FÉLICITER
FILIFORME
FOUILLEUR
FRUITERIE
FURIBONDE
FUSIONNER
GÉLINOTTE
GÉNITRICE
GÉRIATRIE
GRAINIÈRE
GRAISSEUX

HABILITER
HABITACLE
HABITANTE
HÉMICYCLE
HÉRITIÈRE
HÉSITANTE
IGNIFUGER
ILLIMITÉE
ILLISIBLE
IMMINENCE
IMMINENTE
INDICIBLE
INDIGENTE
INDIGNITÉ
INDIRECTE
INDISCRET
INDISPOSÉ
INFILTRER
INFIRMITÉ
INSIDIEUX
INSINCÈRE
INTIMIDER
INTIMISTE
INTITULER
INVIVABLE
IRRITABLE
IRRITANTE
IVOIRIÈRE
JOAILLIER
JOVIALITÉ
JUDICIEUX
LAPIDAIRE
LATINISER
LÉGIFÉRER
LÉGITIMER
LÉSINERIE
LIBIDINAL
LIMINAIRE
LORICAIRE
LOTIONNER
LOUISIANE
LUMINAIRE
LUMINANCE

LUMINEUSE	PAPILLOTE	RUTILANCE	**J**	EXCLUSIVE
MAGISTRAL	PATINETTE	RUTILANTE		EXPLICITE
MALICIEUX	PATINEUSE	SALICOQUE	BENJAMINE	FARLOUCHE
MANICHÉEN	PATINOIRE	SANITAIRE	CONJUGUER	FEULEMENT
MANIFESTE	PÉKINOISE	SAPINIÈRE	PRÉJUDICE	FOLLEMENT
MANIGANCE	PÉNITENCE	SATISFAIT	SUBJACENT	FOLLICULE
MANIPULER	PÉNITENTE	SCHILLING		FORLANCER
MARIHUANA	PÉRICARDE	SÉMILLANT	**L**	FRÔLEMENT
MAXIMISER	PÉRICARPE	SÉMINAIRE	ABOLITION	GAILLARDE
MÉDIASTIN	PÉRIMÈTRE	SÉNILISME	ADULATION	GICLEMENT
MÉDIATEUR	PÉRIPÉTIE	SIBILANTE	AFFLUENCE	GOULEYANT
MÉDIATION	PÉRISTYLE	SIMILAIRE	AMALGAMÉE	GRELOTTER
MÉDIÉVALE	PÉTILLANT	SIMILISTE	AMÉLIORER	GRILLAGÉE
MILITAIRE	PETITESSE	SINISTRÉE	AMPLEMENT	GRILLAGER
MILITANTE	PIAILLEUR	SOLIDAIRE	AMPLIFIER	GUILLEMET
MITIGEUSE	PIRIFORME	SOLITAIRE	APPLAUDIR	GUILLERET
MOBILISER	PLAIDOYER	SOUILLURE	APPLIQUÉE	HALLOWEEN
MONITRICE	PLAISANTE	STOÏCISME	APPLIQUER	HALLUCINÉ
MORIBONDE	POLICIÈRE	STRIDENTE	BALLONNER	HURLEMENT
MUNITIONS	POLITESSE	STRIDULER	BALLOTTER	IMPLANTER
MUTINERIE	POLITIQUE	TACITURNE	BERLINGOT	IMPLIQUÉE
NASILLARD	POUILLARD	TAMISEUSE	BIBLIOBUS	INALTÉRÉE
NATIONALE	PUDIBONDE	TAXIMÈTRE	BOULONNER	INFLÉCHIE
NIAISERIE	PURITAINE	TRAÎNANTE	BRILLANTE	INFLÉCHIR
NIAISEUSE	RADIATEUR	TRAÎNARDE	CAILLASSE	INFLUENTE
NIHILISTE	RADIATION	TRAÎNEUSE	CARLINGUE	ISOLATION
OBÉISSANT	RADINERIE	TRAÎTRISE	CHALUMEAU	ISOLEMENT
OBLIGEANT	RATIONALE	ULTIMATUM	CILLEMENT	ITALIENNE
OBLIQUITÉ	RATIONNEL	URTICAIRE	COALITION	MAILLOCHE
OBLITÉRER	RATISSAGE	VACILLANT	COLLATION	MALLÉABLE
OFFICIÈRE	RAVIGOTER	VARIATION	COLLECTÉE	MEILLEURE
OLÉIFORME	RAVISSANT	VARIQUEUX	COLLÉGIAL	MIELLEUSE
OMBILICAL	RÉCIPIENT	VÉHICULÉE	COLLISION	NÉGLIGENT
OPTIMISTE	REDINGOTE	VÉHICULER	COLLUSION	NUCLÉAIRE
OPTIONNEL	RELIGIEUX	VÉRITABLE	COULISSÉE	NULLEMENT
ORDINAIRE	RÉMISSION	VIEILLARD	COULISSER	OCCLUSION
OREILLONS	RENIFLARD	VIGILANCE	DÉFLATION	ODALISQUE
ORNITHOSE	RÉSIDENCE	VIGILANTE	DÉFLÉCHIR	ORALEMENT
OSCILLANT	RÉSINIÈRE	VIRILISER	DISLOQUER	OUBLIETTE
OUTILLAGE	RÉSISTANT	VISITEUSE	DUPLICATA	OUBLIEUSE
PACIFIQUE	RÉTICENCE	VOCIFÉRER	ÉDULCORER	OURLIENNE
PALINODIE	RÉTICENTE	YOHIMBINE	ESCLANDRE	PAILLASSE
PALISSADE	RUBICONDE		ESPLANADE	PAILLETER

PAILLETTE
PALLIATIF
PARLEMENT
PELLICULE
PHILISTIN
POLLUTION
PROLIGÈRE
PROLONGER
PUBLIABLE
PUBLICITÉ
QUALIFIER
QUILLEUSE
RAILLERIE
RAILLEUSE
RALLONGÉE
REBLOCHON
RÉCLUSION
RÉFLÉCHIR
RÈGLEMENT
REPLÂTRER
RÉPLIQUÉE
RILLETTES
SABLONNER
SAILLANTE
SCÉLÉRATE
SCOLARITÉ
SCULPTURE
SEULEMENT
SILLONNER
SOULIGNER
STELLAIRE
TAILLADÉE
TAILLADER
TAILLERIE
TEILLEUSE
TOILETTÉE
TOILETTES
TRILINGUE
TURLUTUTU
VAILLANCE
VAILLANTE
VEILLEUSE
VIOLATION

VIOLENTER
VIOLONEUX
VOLLEYEUR

M

ALIMENTER
ALUMINIUM
ANIMATION
ANIMOSITÉ
ATOMISEUR
AUGMENTER
BADMINTON
BRAMEMENT
BRIMBALER
CALMEMENT
CARMÉLITE
CHAMOISER
CHEMINEAU
COMMANDER
COMMENCER
COMMENTER
COMMETTRE
COMMOTION
COMMUNIER
DALMATIEN
DÉAMBULER
DIAMANTER
DORMITIVE
FERMEMENT
FERMENTER
FERMETURE
FIRMAMENT
FORMALITÉ
FORMATEUR
FRIMOUSSE
FROMAGÈRE
FULMINANT
GEMMATION
GÉOMÉTRIE
GERMICIDE
GRIMPETTE
GROMMELER

GRUMELURE
GUIMBARDE
HARMATTAN
INAMICALE
MARMONNER
MARMOTTER
NORMALIEN
PERMANENT
PERMÉABLE
PERMETTRE
POMMERAIE
PRÉMATURÉ
PRÉMÉDITÉ
PRIMEROSE
PRIMIPARE
PRIMITIVE
PROMENEUR
PROMETTRE
PROMOTEUR
PROMOTION
SEGMENTAL
SERMONNER
SOMMATION
SOUMETTRE
STIMULANT
SURMONTER
TERMINALE
TREMBLEUR
TRIMBALER
TRIMOTEUR
TROMPERIE
TROMPEUSE
VERMEILLE
VERMOULUE

N

ABONDANCE
ABONDANTE
ALENTOURS
AMENUISER
AVANTAGÉE
AVÈNEMENT

BALNÉAIRE
BIENVENUE
BRANLANTE
BUANDERIE
CANNELURE
CANNIBALE
CEINTURER
CEINTURON
CHANGEANT
CHANVRIER
CLINQUANT
COGNEMENT
CONNAÎTRE
CONNECTER
CORNAQUER
CORNEMENT
CORNICHON
CRÂNEMENT
CRÉNELURE
DAMNATION
ÉCONDUIRE
ÉCONOMIES
ÉNANTHÈME
ÉPONTILLE
ÉTINCELER
ÉTINCELLE
ÉTONNANTE
FAINÉANTE
FARNIENTE
FIGNOLAGE
FORNIQUER
FRANÇAISE
FRANCHISE
FRINGANTE
FRONDEUSE
FRONTIÈRE
GARNITURE
GLANDEUSE
GRANDESSE
GRANDIOSE
GRENADIER
GRENADINE
GRINÇANTE

GRINGALET
GRONDERIE
HARNACHER
HONNÊTETÉ
IDENTIQUE
IRANIENNE
ITINÉRANT
JEANNETTE
KIDNAPPER
LOINTAINE
MAGNÉTITE
MAGNIFIER
MAINTENIR
NÉANMOINS
NÉANTISER
NÉONATALE
OIGNONADE
OPINIÂTRE
PEINTURER
PHÉNOMÈNE
PIGNOCHER
PIONNIÈRE
PLANIFIER
PLÉNITUDE
PLONGEUSE
PRÉNOMMER
PRINCESSE
PRINCIPAL
PRINCIPAT
PRINTEMPS
PRONONCÉE
PRONONCER
PRONOSTIC
PUGNACITÉ
QUINTEUSE
QUINZAINE
RÉINSCRIT
RÉINSÉRER
RÉUNIFIER
ROGNONNER
SAINEMENT
SIGNIFIER
SOMNIFÈRE

SOMNOLENT	BIPOLAIRE	ÉCHOTIÈRE	LIMOUSINE	REJOINDRE
SPONTANÉE	BUCOLIQUE	EMBOSSURE	LIPOPHILE	REMONTANT
SURNOMBRE	CABOTINER	EMBOUCHÉE	MAGOUILLE	REMORQUÉE
TENNESSEE	CALOMNIER	ENDOMÈTRE	MANOEUVRE	RÉPONDANT
TENNISMAN	CAMOUFLER	ENJOINDRE	MÉCONTENT	REPORTAGE
TRANCHANT	CANOÉISTE	ESCOPETTE	MÉLONGINE	REPOSANTE
TRANCHEUR	CANONISER	FAÇONNIER	MÉMORABLE	REPOUSSER
TRANSFERT	CANONISTE	FAVORISER	MIMODRAME	RÉSONANCE
TRANSFUGE	CANONNIER	GALOPEUSE	MIMOLETTE	RÉSONNANT
TRANSIGER	CAROTTIER	GAZONNAGE	MONOTONIE	RÉTORQUER
TRANSITER	CÉNOTAPHE	GIROUETTE	MOTOCROSS	RETOUCHER
TRANSMISE	CIGOGNEAU	HOMOLOGUE	NÉGOCIANT	RETOURNER
TRANSPORT	CITOYENNE	HONORABLE	NOTORIÉTÉ	RIGOLEUSE
TRENTAINE	COLOMBIER	HOROSCOPE	OENOLOGIE	RIGOUREUX
TUNNELIER	COLONISER	HYPOTHÈSE	OENOLOGUE	ROBOTISER
UNANIMITÉ	CORONELLE	IDIOTISME	ONCOLOGIE	ROTONDITÉ
VAINEMENT	COTONNIER	IGNOMINIE	ONDOYANTE	SABOTIÈRE
VAINQUEUR	DÉBOBINER	IGNORANTE	OPIOMANIE	SAGOUTIER
VERNISSER	DÉBOUCHÉE	ILLOGISME	OPPORTUNE	SALOPERIE
VIENNOISE	DÉBOUCLER	IMMODÉRÉE	OPPOSANTE	SALOPETTE
WAGNÉRIEN	DÉBOURBER	IMMODESTE	PACOTILLE	SAXOPHONE
WYANDOTTE	DÉBOURSER	IMPORTUNE	PANONCEAU	SÉBORRHÉE
	DÉCOIFFER	IMPOSANTE	PAPOUILLE	SÉJOURNER
O	DÉCOLLAGE	IMPOSTURE	PARODISTE	SÉNOLOGIE
ACCOMPLIE	DÉCOLORER	IMPOTENTE	PAROXYSME	SÉROLOGIE
ACCOMPLIR	DÉCOMPTÉE	INCOGNITO	PASODOBLE	SEXOLOGIE
ACCOUCHER	DÉCOMPTER	INCOLORÉE	PÉDOLOGUE	SINOLOGUE
ACCOUPLER	DÉCONFITE	INCORRECT	PÉDONCULE	SUBORNEUR
ACCOUTRER	DÉCOUCHER	INDOLENTE	PELOTEUSE	SUROXYDER
ACCOUTUMÉ	DÉCOUPAGE	INFORTUNE	PÉROXYDER	TALONNEUR
ADJOINDRE	DÉCOUPURE	INNOCENCE	PIROGUIER	TÉMOIGNER
AFFOLANTE	DÉCOUVRIR	INNOCENTE	PIROUETTE	TISONNIER
ANDOUILLE	DÉGOÛTANT	INSOLENTE	PLÉONASME	TRIOLISME
ARROGANTE	DÉLOYAUTÉ	INSOLUBLE	PODOLOGIE	TRIOMPHER
ARSOUILLE	DÉMONTRER	INTOXIQUÉ	POSOLOGIE	UNIONISME
ASSOUPLIR	DÉPOUILLE	JABORANDI	RABOUGRIE	UNIOVULÉE
ASSOURDIR	DÉPOURVUE	JAPONERIE	RACOLEUSE	VAPOREUSE
ATROPHIÉE	DÉSOLANTE	KILOHERTZ	RAGOÛTANT	VELOUTINE
AUTORISER	DÉTOURNER	KILOMÈTRE	RECOMPTER	VIGOUREUX
BAROMÈTRE	DÉVORANTE	LABORIEUX	RÉCONFORT	VIROLOGIE
BIDONNANT	DINOSAURE	LACONISME	RECOURBER	XÉNOPHILE
BIGORNEAU	DYSOREXIE	LIMONAIRE	RECOUVRIR	XÉNOPHOBE

XYLOPHAGE   LAMPOURDE   TRÉPASSER   AUTREFOIS   DÉFROQUER
XYLOPHONE   LIMPIDITÉ   TRÉPIDANT   BARREMENT   DÉPRÉCIER
             MALPROPRE   TRIPAILLE   BIGREMENT   DÉTRAQUÉE
P   NAUPATHIE   TRIPOTAGE   BOURGEOIS   DÉTREMPÉE
             PALPATION   TROPICALE   BOURRACHE   DÉTRIMENT
ASEPTISER   PALPITANT   TURPITUDE   BOURRETTE   ÉBARBEUSE
CAMPEMENT   PAUPIETTE   ZOOPHILIE   BOURSIÈRE   ÉCARTELER
CAMPHRIER   PERPÉTRER   CARREFOUR   ÉCERVELÉE
CHAPARDER   PERPÉTUEL   **Q**   CARRÉMENT   EFFRONTÉE
CHAPELIER   PERPÉTUER   CARROUSEL   ÉGAREMENT
CHAPITRER   POUPONNER   BANQUETER   CHARCUTER   EMBRASSER
CHIPOTEUR   PROPANIER   BECQUETER   CHARGEUSE   ÉMERILLON
CLAPOTAGE   PROPHÉTIE   BRAQUEUSE   CHARIVARI   EMPREINTE
COLPORTER   PROPRIÉTÉ   BRIQUETER   CHARMANTE   EMPRESSÉE
COMPACTER   PURPURINE   CLAQUETER   CHARMILLE   EMPRUNTER
COMPAGNIE   QUIPROQUO   CLIQUETER   CHARNELLE   ÉNERVANTE
COMPAGNON   RAMPEMENT   CRAQUETER   CHARPENTE   ENTRAÎNER
COMPENSER   RAPPORTER   ÉTIQUETTE   CHARRETTE   ENTREGENT
COMPÉRAGE   REMPLACER   FRÉQUENCE   CHÉRIFIEN   ENTREMISE
COMPÉTENT   REMPOCHER   JONQUIÈRE   CHIRURGIE   ENTRETIEN
COMPLÉTER   REMPORTER   RESQUILLE   CLARIFIER   ENTREVOUS
COMPLOTER   RESPECTER   TALQUEUSE   CLERGYMAN   ÉPARGNANT
COMPORTER   RHAPSODIE   VISQUEUSE   COORDONNÉ   ÉPURATION
COMPRESSE   ROUPILLER   CORROMPRE   ESTROPIÉE
COMPRIMER   SERPENTER   **R**   CORROMPUE   ÉTERNELLE
COMPTABLE   SIMPLETTE   COURAGEUX   ÉTERNISER
CORPULENT   SIMPLISME   ABERRANTE   COURBATUE   ÉTIREMENT
DISPARATE   SOMPTUEUX   ACARIÂTRE   COURBETTE   EXTRÉMITÉ
DISPARITÉ   SOUPIRANT   ACARIFIER   COURONNER   FABRICANT
DISPENSER   STOPPEUSE   ACCROCHER   COURTIÈRE   FABRIQUER
DISPERSER   STUPÉFAIT   ACCROÎTRE   COURTISAN   FÉBRIFUGE
DRAPEMENT   STUPÉFIER   ADORATION   COURTOISE   FIÈREMENT
DYSPHAGIE   STUPIDITÉ   AFFRONTER   CUIRASSÉE   FIORITURE
DYSPHORIE   SUPPORTER   ALARMISTE   CUIRASSER   FOURBERIE
FRAPPANTE   SUPPRIMER   AMÈREMENT   DÉBRAYAGE   FOURNAISE
GASPILLER   SURPASSER   APPRÉCIER   DÉBROCHER   FOURNIÈRE
GOUPILLER   SUSPENDRE   APPRENDRE   DÉCRASSER   FOURRIÈRE
GOUPILLON   SUSPICION   APPRENTIE   DÉCRÉPITE   GLORIEUSE
GRAPHISTE   SYMPATHIE   APPROCHÉE   DÉCROCHER   GLORIFIER
HARPONNER   SYMPHONIE   APPROCHER   DÉCROÎTRE   GOURMANDE
INOPÉRANT   TEMPÉRANT   APPROCHES   DÉCROTTER   GOURMETTE
INSPECTER   TORPILLÉE   APPROPRIÉ   DÉFRAÎCHI   GUERRIÈRE
INSPIRANT   TORPILLER   APPROUVER   DÉFROQUÉE   HIÉROCLES
                          ATTRISTER

HORRIFIER	PATRONYME	SURRÉNALE	CONSPIRER	MENSTRUEL
HYDRAVION	PÉTRIFIER	TERRAMARE	CONSTABLE	MENSTRUES
HYDROGÈNE	PÉTROLIER	TERRASSÉE	CONSTANCE	MENSUELLE
ICARIENNE	PHARILLON	TERRASSER	CONSTANTE	MESSAGÈRE
IMBROGLIO	PHARISIEN	TERRESTRE	CONSTATER	NAISSANCE
IMPRÉGNER	PIERREUSE	TERRIENNE	CONSTELLÉ	NAUSÉEUSE
IMPROBITÉ	POURBOIRE	TERRIFIER	CONSULTER	ONUSIENNE
IMPRUDENT	POURSUITE	TÉTRAÈDRE	CORSETIER	PASSAGÈRE
INCRÉDULE	PUÉRILITÉ	THÉRIDION	COUSSINET	PASSÉISTE
INCROYANT	QUARTZITE	TOURBIÈRE	CUISTANCE	PASSEPORT
INTRÉPIDE	QUERELLÉE	TOURILLON	DESSERRER	PASSIONNÉ
INTRIGANT	QUERELLER	TOURMENTE	DESSOÛLER	PERSILLÉE
INTRIGUÉE	RAFRAÎCHI	TOURNEDOS	DISSERTER	PERSISTER
INTRUSION	RECREUSER	TOURNESOL	DISSIDENT	PERSONNEL
ITÉRATIVE	REDRESSER	TOURNEVIS	DISSOCIER	PERSUADER
LIBRAIRIE	REFROIDIR	TOURNOYER	DISSOUDRE	PHYSICIEN
LOURDAUDE	REGREFFER	VAURIENNE	DISSUADER	PISSENLIT
LUBRICITÉ	REGRETTER	VIBRATION	DRESSEUSE	PLASTIQUE
LUBRIFIER	REGROSSIR	WARRANTER	ÉLYSÉENNE	PLISSEUSE
LUCRATIVE	REPRENDRE		ÉMISSAIRE	PLUSIEURS
MATRICULE	REPROCHER	**S**	EXASPÉRÉE	POISSEUSE
MÉCRÉANTE	REPRODUIT		EXISTANTE	POUSSIÈRE
MÉTRONOME	RÉPROUVER	AMUSEMENT	FAISSELLE	PRESBYTIE
MÉTROPOLE	RETRAITÉE	APOSTASIE	FALSIFIER	PRESCRIRE
MEURTRIER	RETROUVER	BAISEMAIN	FOISONNER	PRESSANTE
MIGRATEUR	RÉTRIBUER	BAISEMENT	FRUSTRANT	PRESSURER
MIGRATION	SACREMENT	BALSAMIER	GLISSANTE	PRESTANCE
MITRAILLE	SACRIFICE	BLASONNER	GLOSSAIRE	PRESTESSE
NARRATEUR	SACRIFIER	BOISEMENT	GRASSERIE	PRÉSENTER
NARRATION	SACRILÈGE	BOSSANOVA	GRÉSILLER	PRÉSERVER
NAVREMENT	SACRIPANT	BOSSELURE	GRISAILLE	PRÉSIDENT
NÉCROMANT	SCARIFIER	BOUSCULER	GROSEILLE	PROSCRIRE
NÉVRALGIE	SECRÉTAGE	BRASSIÈRE	GROSSIÈRE	PROSCRITE
NUTRITION	SÉCRÉTINE	CAISSETTE	GROSSISTE	PROSPÉRER
NUTRITIVE	SÉCRÉTION	CASSONADE	INESPÉRÉE	PROSTERNÉ
OPÉRATEUR	SERREMENT	CHOSIFIER	INUSUELLE	PUISSANCE
OPÉRATION	SERRURIER	CLASSIQUE	IRASCIBLE	PUISSANTE
OPPRESSÉE	SOBRIQUET	CONSACRER	LASSITUDE	PULSATION
OPPRESSER	SOURIANTE	CONSENTIR	LESSIVAGE	RAISONNÉE
OUTREMONT	SOURNOISE	CONSERVER	LESSIVIER	RAISONNER
PARRAINER	SPERMATIE	CONSIGNÉE	MALSÉANTE	RASSASIÉE
PATRONAGE	SPIRITUEL	CONSISTER	MASSACRER	RASSASIER
PATRONNER	STÉRILITÉ	CONSOMMER	MASSEPAIN	RASSURANT

RÉASSURER	BÉATIFIER	DISTORDRE	LITTORALE	POSTURALE
RESSAISIR	BÉATITUDE	DISTRAIRE	LITTORINE	PRATICIEN
RESSASSER	BESTIAIRE	DISTRAITE	MAÎTRESSE	PRATIQUER
RESSENTIR	BOUTEILLE	DUETTISTE	MAÎTRISÉE	PRÉTENDRE
RESSERRER	CANTILÈNE	FACTUELLE	MAÎTRISER	PRÉTENDUE
RESSORTIR	CANTONADE	FANTAISIE	MANTELURE	PRÉTEXTÉE
RESSOUDER	CAPTIVITÉ	FANTASMER	MASTIQUER	PRÊTRESSE
RESSOURCE	CASTRISTE	FISTULINE	MISTOUFLE	PROTESTER
ROSSIGNOL	CENTRISTE	FLATTEUSE	MONTICOLE	PROTOCOLE
ROUSPÉTER	CERTIFIER	FLOTTILLE	MONTICULE	QUATRIÈME
ROUSSÂTRE	CHATONNER	FORTIFIER	MORTUAIRE	QUOTIDIEN
ROUSSELET	CHATTERIE	FRATERNEL	MULTITUDE	RATTACHER
RUISSELET	CHÂTAIGNE	GENTILITÉ	NAUTONIER	RATTRAPER
RUSSIFIER	CHÂTIMENT	GESTUELLE	NETTEMENT	RECTIFIER
SANSONNET	CONTACTER	GOUTTIÈRE	NETTOYEUR	RECTITUDE
SASSEMENT	CONTAGION	GRATIFIER	NOSTALGIE	REPTATION
SENSATION	CONTENTER	GRATITUDE	OBITUAIRE	RESTAURER
SENSUELLE	CONTESTER	GRATTELLE	ONCTUEUSE	RESTITUER
SOUSCRIRE	CONTINENT	GUSTATIVE	PANTELANT	RESTREINT
SUBSISTER	CONTINUEL	GUTTURALE	PARTICULE	RINTINTIN
SUBSTANCE	CONTINUER	HAÏTIENNE	PARTIELLE	RISTOURNE
SUBSTITUT	CONTINUUM	HISTORIÉE	PARTISANE	ROUTINIER
SUISSESSE	CONTOURNÉ	HISTORIEN	PARTITION	SAUTERNES
SURSAUTER	CONTRAIRE	HORTENSIA	PASTICHÉE	SECTORIEL
TARSIENNE	CONTRARIÉ	HORTICOLE	PASTORALE	SENTIMENT
THÉSAURUS	CONTRASTE	HOSTILITÉ	PENTAÈDRE	SEPTEMBRE
TOUSSOTER	CONTRISTÉ	HUITRIÈRE	PERTINENT	SEPTENNAT
TRÉSORIER	CONTRÔLÉE	IMITATION	PERTURBER	SORTILÈGE
TRISTESSE	CONTRÔLER	INATTENDU	PESTIFÉRÉ	SOUTENEUR
VERSATILE	CONTUSION	INÉTENDUE	PIÉTEMENT	SPATIONEF
VOISINAGE	COUTUMIER	INSTALLER	PISTONNER	STATUAIRE
VOUSSOYER	COUTURIER	INSTAURER	PLATELAGE	SUBTILITÉ
	CRITÉRIUM	INSTITUER	PLATEMENT	SUSTENTER
T	CRITIQUÉE	INSTRUIRE	PLATINITE	TACTICIEN
	CRITIQUER	INSTRUITE	PLATITUDE	TENTACULE
ABÂTARDIE	DESTITUER	INUTILISÉ	PLÂTREUSE	TENTATION
ABÂTARDIR	DEXTÉRITÉ	INUTILITÉ	POITEVINE	TENTATIVE
ABSTRAITE	DICTATEUR	JUSTEMENT	POLTRONNE	TESTAMENT
AGITATION	DICTATURE	JUSTIFIER	PONTIFIER	TESTICULE
AMÉTHYSTE	DISTANCÉE	LACTATION	PORTILLON	TEXTUELLE
AMÉTROPIE	DISTENDRE	LENTEMENT	PORTUAIRE	TORTILLER
AMITIEUSE	DISTILLER	LENTICULE	POSTÉRITÉ	TORTILLON
AUSTÉRITÉ	DISTINCTE	LITTÉRALE	POSTULANT	TORTUEUSE

☞

TOUTEFOIS
TROTTEUSE
TROTTINER
URÉTÉRALE
VENTRIÈRE
VERTÉBRÉE
VERTUEUSE
VESTIAIRE
VESTIBULE
VIRTUELLE
VOITURAGE

U

ABSURDITÉ
ACCUMULER
AIGUILLÉE
ALBUMINÉE
AMBULANTE
AMOUREUSE
ANNULAIRE
ASSURANCE
BÉQUILLER
BIFURQUER
BROUILLÉE
BROUILLER
BROUTILLE
CHAUDIÈRE
CHAUFFEUR
CHAUMIÈRE
COQUETIER
CORUSCANT
DÉBUTANTE
DÉGUEULER
DÉSUÉTUDE
DIVULSION
ÉMEUTIÈRE
ÉMOUVANTE
ENLUMINER
ÉPEURANTE
ESQUISSÉE
FÉCULENTE
FIGURATIF

☞

FRAUDEUSE
GLOUTONNE
GOGUENARD
GROUILLER
ILLUMINÉE
ILLUMINER
ILLUSTRÉE
ILLUSTRER
IMBUVABLE
IMMUNISER
IMPUDENCE
IMPUDENTE
IMPULSION
IMPULSIVE
INAUGURAL
INAUGURER
INCUNABLE
INCURSION
INDUCTIVE
INDULGENT
INDUSTRIE
INHUMAINE
INJUSTICE
INSULAIRE
INTUITION
IRRUPTION
JUGULAIRE
LOQUETEUX
LUXURIEUX
MAQUEREAU
MAQUILLER
MAQUISARD
MENUISIER
MINUSCULE
MINUTERIE
NATURELLE
NÉBULEUSE
OCCUPANTE
OMBUDSMAN
ONGUICULE
ORDURIÈRE
PAQUETEUR

☞

PEAUFINER
PÉTULANCE
PÉTULANTE
PLAUSIBLE
PLEUREUSE
POPULAIRE
PURULENTE
REBUFFADE
REBUTANTE
RÉDUCTION
RÉGULIÈRE
RELUISANT
RÉMUNÉRER
RÉPUGNANT
RÉPULSION
RIVULAIRE
ROTURIÈRE
SALUBRITÉ
SALUTAIRE
SCOUMOUNE
SÉCULAIRE
SÉCULIÈRE
SÉCURISER
SÉDUCTEUR
SÉDUCTION
SÉDUISANT
SÉPULCRAL
SINUOSITÉ
SITUATION
STRUCTURE
TABULAIRE
TIQUETURE
TROUBLANT
TROUSSEAU
VIRULENCE
VIRULENTE
VITUPÉRER

V

BELVÉDÈRE
BOUVREUIL
CHEVIOTTE

CHEVREUIL
CHEVRONNÉ
CLAVICULE
CONVERGER
CONVERSER
CONVERTIR
CONVEXITÉ
CONVOITER
CONVOQUER
CREVASSÉE
ÉLÉVATEUR
ENIVRANTE
FIÉVREUSE
GALVAUDER
GOUVERNER
GRAVILLON
MAUVIETTE
MIÈVRERIE
NERVATION
NERVOSITÉ
NOUVEAUTÉ
PAUVRESSE
PELVIENNE
PERVERTIE
PERVERTIR
PLUVIEUSE
PRÉVALOIR
PRÉVENANT
PRÉVENTIF
PRÉVISION
PRIVATION
PROVISION
PROVOCANT
PROVOQUER
RÉÉVALUER
RENVERSER
SERVIABLE
SERVIETTE
SERVILITÉ
SERVITUDE
SIRVENTÈS
SOUVERAIN

SURVIVANT
SYLVICOLE
TRAVERSER
TRAVERSIN
TRAVESTIE
UNIVALENT
UNIVERSEL

X

COEXISTER
INEXERCÉE
KLAXONNER
PLEXIGLAS

Y

SIBYLLINE

Z

LAZZARONE
ZIGZAGUER

5ᵉ

POSITION

A

☞

ABÂTARDIE
ABÂTARDIR
ADORATION
ADULATION
AGITATION
ANIMATION
APPLAUDIR
BALDAQUIN
BALSAMIER
BENJAMINE
BISEAUTER
BOMBARDÉE
BOSSANOVA

☞	☞	☞	☞	☞
BOUCANAGE	DISTANCÉE	INÉGALITÉ	PERCALINE	TENTATION
BROCARDER	ÉDUCATION	INSTALLER	PERMANENT	TENTATIVE
CANCANIER	ÉDUCATIVE	INSTAURER	PLACARDER	TERRAMARE
CARDAMINE	ÉLÉVATEUR	IRRÉALITÉ	PONDAISON	TERRASSÉE
CHAPARDER	EMBRASSER	ISOLATION	PRÉCARITÉ	TERRASSER
CHÂTAIGNE	ENCHAÎNER	ITÉRATIVE	PRÉDATEUR	TESTAMENT
CLABAUDER	ENCHANTÉE	JOVIALITÉ	PRÉMATURÉ	TÉTRAÈDRE
COLLATION	ENCHANTER	KIDNAPPER	PRÉVALOIR	THÉSAURUS
COMBATTRE	ENTRAÎNER	LACTATION	PRIVATION	TIMBALIER
COMMANDER	ÉPURATION	LAUDATIVE	PROBATION	TRACASSER
COMPACTER	ESCLANDRE	LAZZARONE	PROPANIER	TRÉPASSER
COMPAGNIE	ESPLANADE	LIBRAIRIE	PUGNACITÉ	TRIPAILLE
COMPAGNON	ÉVOCATION	LUCRATIVE	PULSATION	UNIVALENT
CONDAMNER	FANTAISIE	MANDARINE	RADIATEUR	VARIATION
CONNAÎTRE	FANTASMER	MARCASSIN	RADIATION	VENDANGER
CONSACRER	FIRMAMENT	MARGARINE	RAFRAÎCHI	VERSATILE
CONTACTER	FLICAILLE	MASCARADE	RANCARDER	VIBRATION
CONTAGION	FONDATEUR	MASSACRER	RASSASIÉE	VIOLATION
CORNAQUER	FONDATION	MÉDIASTIN	RASSASIER	VULGARITÉ
COURAGEUX	FORLANCER	MÉDIATEUR	RATTACHER	WARRANTER
CREVASSÉE	FORMALITÉ	MÉDIATION	RECHANTER	ZIGZAGUER
CUIRASSÉE	FORMATEUR	MESCALINE	RECHARGÉE	
CUIRASSER	FRICASSÉE	MESSAGÈRE	RÉÉVALUER	**B**
DALMATIEN	FROMAGÈRE	MIGRATEUR	RENGAINER	BRIMBALER
DAMNATION	GALVAUDER	MIGRATION	REPLÂTRER	CALABRAIS
DÉBRAYAGE	GARGANTUA	MITRAILLE	REPTATION	CALEBASSE
DÉCHAÎNER	GEMMATION	MUSCARINE	RESSAISIR	CÉLÉBRITÉ
DÉCHANTER	GÉRIATRIE	NARRATEUR	RESSASSER	COURBATUE
DÉCHARGER	GLOBALITÉ	NARRATION	RESTAURER	COURBETTE
DÉCHARNÉE	GRADATION	NAUPATHIE	RETRAITÉE	DÉAMBULER
DÉCHAUMER	GRENADIER	NÉONATALE	SARBACANE	DÉBOBINER
DÉCRASSER	GRENADINE	NERVATION	SCOLARITÉ	DÉLIBÉRÉE
DÉFLATION	GRISAILLE	NÉVRALGIE	SÉCHAUMER	DÉLIBÉRER
DÉFRAÎCHI	GUSTATIVE	NORMALIEN	SENSATION	DÉSABUSÉE
DÉNIAISER	HARMATTAN	NOSTALGIE	SITUATION	ÉBARBEUSE
DÉPIAUTER	HARNACHER	OPÉRATEUR	SOMMATION	ESCABÈCHE
DÉTRAQUÉE	HAUBANAGE	OPÉRATION	SPADASSIN	FOURBERIE
DIAMANTER	HYDRAVION	PALPATION	SUBJACENT	FURIBONDE
DICTATEUR	IMITATION	PARRAINER	SURPASSER	GUIMBARDE
DICTATURE	IMPLANTER	PASSAGÈRE	SURSAUTER	INHABITÉE
DISPARATE	INADAPTÉE	PENDAISON	SYMPATHIE	MORIBONDE
DISPARITÉ	INCHANGÉE	PENTAÈDRE	TENTACULE	OSCABRION

POURBOIRE
PRESBYTIE
PUDIBONDE
SALUBRITÉ
SARABANDE
STRABISME
TOURBIÈRE
TREMBLEUR
TRIMBALER
TROUBLANT
VAGABONDE

C

ADJACENTE
AGUICHANT
ARTICHAUT
ASTICOTER
BOUSCULER
CARACTÈRE
CHARCUTER
DÉFECTION
DÉFICIENT
DÉLICIEUX
DÉRACINER
DÉSACCORD
DÉTECTEUR
DILECTION
DIRECTION
ÉDULCORER
EFFECTIVE
EFFECTUER
ÉTINCELER
ÉTINCELLE
FÉLICITER
FRANÇAISE
FRANCHISE
GRINÇANTE
HÉMICYCLE
IMMACULÉE
INDÉCENCE
INDÉCENTE
INDICIBLE

INDUCTIVE
INNOCENCE
INNOCENTE
INOCCUPÉE
IRASCIBLE
JUDICIEUX
LORICAIRE
MALICIEUX
MANICHÉEN
MENAÇANTE
MOTOCROSS
NÉGOCIANT
OBJECTION
OBJECTIVE
OFFICIÈRE
OLFACTION
OLFACTIVE
PÉRICARDE
PÉRICARPE
POLICIÈRE
PRESCRIRE
PRINCESSE
PRINCIPAL
PRINCIPAT
PROSCRIRE
PROSCRITE
RABÂCHAGE
RÉDACTION
RÉDUCTION
RÉFECTION
RELECTURE
RÉTICENCE
RÉTICENTE
RUBICONDE
SALICOQUE
SÉDUCTEUR
SÉDUCTION
SÉLECTION
SOUSCRIRE
STOÏCISME
STRUCTURE
TRANCHANT
TRANCHEUR

URTICAIRE
VÉHICULÉE
VÉHICULER

D

ABONDANCE
ABONDANTE
ABSIDIALE
ASSIDUITÉ
BALADEUSE
BUANDERIE
CHAUDIÈRE
COORDONNÉ
DÉCADENCE
DIVIDENDE
ÉCONDUIRE
FRAUDEUSE
FRONDEUSE
GANADERIA
GLANDEUSE
GRANDESSE
GRANDIOSE
GRONDERIE
IMMÉDIATE
IMMODÉRÉE
IMMODESTE
IMPUDENCE
IMPUDENTE
INSIDIEUX
LAPIDAIRE
LIBIDINAL
LOURDAUDE
MALADROIT
MIMODRAME
NOMADISER
OBSÉDANTE
OMBUDSMAN
PARADEUSE
PARODISTE
PASODOBLE
PLAIDOYER
RÉSIDENCE

SOLIDAIRE
STRIDENTE
STRIDULER
WYANDOTTE

E

AGACEMENT
ALIMENTER
AMÈREMENT
AMPLEMENT
AMUSEMENT
APPRÉCIER
APPRENDRE
APPRENTIE
AUGMENTER
AUSTÉRITÉ
AUTREFOIS
AVÈNEMENT
BAISEMAIN
BAISEMENT
BALNÉAIRE
BANDEROLE
BARREMENT
BELVÉDÈRE
BIGREMENT
BOISEMENT
BOMBEMENT
BOSSELURE
BOUTEILLE
BRAMEMENT
CACHEMIRE
CALMEMENT
CAMPEMENT
CANNELURE
CANOÉISTE
CARMÉLITE
CARREFOUR
CARRÉMENT
CHAPELIER
CILLEMENT
COGNEMENT
COLLECTÉE

COLLÉGIAL
COMMENCER
COMMENTER
COMMETTRE
COMPENSER
COMPÉRAGE
COMPÉTENT
CONCERNER
CONCEVOIR
CONDENSER
CONFESSER
CONGÉDIER
CONGÉNÈRE
CONNECTER
CONSENTIR
CONSERVER
CONTENTER
CONTESTER
CONVERGER
CONVERSER
CONVERTIR
CONVEXITÉ
COQUETIER
CORNEMENT
CORSETIER
CRÂNEMENT
CRÉNELURE
CRITÉRIUM
DANGEREUX
DÉCRÉPITE
DÉFLÉCHIR
DÉGUEULER
DÉPRÉCIER
DESCENDRE
DESSERRER
DÉSUÉTUDE
DÉTREMPÉE
DEXTÉRITÉ
DIFFÉREND
DIFFÉRENT
DISCERNER
DISPENSER
DISPERSER

DISSERTER | INFLÉCHIE | PASSEPORT | REGRETTER | TOUTEFOIS
DISTENDRE | INFLÉCHIR | PERCEVOIR | RENDEMENT | TRACEMENT
DOUCEÂTRE | INOPÉRANT | PERMÉABLE | RENFERMER | TRAGÉDIEN
DRAPEMENT | INSPECTER | PERMETTRE | RENVERSER | TRAVERSER
ÉGAREMENT | INTRÉPIDE | PERPÉTRER | REPRENDRE | TRAVERSIN
ÉLYSÉENNE | ISOLEMENT | PERPÉTUEL | RESPECTER | TRAVESTIE
EMPREINTE | ITINÉRANT | PERPÉTUER | RESSENTIR | TRICENNAL
EMPRESSÉE | JUSTEMENT | PERVERTIE | RESSERRER | TRIDENTÉE
ENTIÈRETÉ | LACHENAIE | PERVERTIR | RICHELIEU | TUNNELIER
ENTREGENT | LANCEMENT | PIÉDESTAL | RILLETTES | UNIVERSEL
ENTREMISE | LARGEMENT | PIÉTEMENT | SACREMENT | URÉTÉRALE
ENTRETIEN | LÈCHEMENT | PISSENLIT | SAINEMENT | VAINEMENT
ENTREVOUS | LENDEMAIN | PLACEMENT | SASSEMENT | VENGEANCE
ÉTIREMENT | LENTEMENT | PLATELAGE | SAUTERNES | VERMEILLE
EXIGEANTE | LITTÉRALE | PLATEMENT | SCÉLÉRATE | VERTÉBRÉE
EXTRÉMITÉ | LOQUETEUX | POITEVINE | SECRÉTAGE | VIOLENTER
FAINÉANTE | MAGNÉTITE | POMMERAIE | SÉCRÉTINE | VOLLEYEUR
FERMEMENT | MALLÉABLE | POSTÉRITÉ | SÉCRÉTION | WAGNÉRIEN
FERMENTER | MALSÉANTE | PRÉCÉDENT | SEGMENTAL |
FERMETURE | MANDEMENT | PRÉMÉDITÉ | SEPTEMBRE | **F**
FEULEMENT | MANGEOIRE | PRÉSENTER | SEPTENNAT |
FIÈREMENT | MANOEUVRE | PRÉSERVER | SERPENTER | BÉNÉFIQUE
FLAGEOLER | MANTELURE | PRÉTENDRE | SERREMENT | BOUFFARDE
FLAGEOLET | MAQUEREAU | PRÉTENDUE | SEULEMENT | BOUFFONNE
FOLLEMENT | MASSEPAIN | PRÉTEXTÉE | SINCÉRITÉ | CHAUFFEUR
FOUGERAIE | MAZDÉISME | PRÉVENANT | SIRVENTÈS | CHIFFRAGE
FRATERNEL | MÉCRÉANTE | PRÉVENTIF | SOUMETTRE | COIFFEUSE
FRÔLEMENT | MÉDIÉVALE | PRIMEROSE | SOUTENEUR | FILIFORME
GÉOMÉTRIE | NAUSÉEUSE | PROCÉDURE | SOUVERAIN | IGNIFUGER
GICLEMENT | NAVREMENT | PROFESSER | STUPÉFAIT | INDÉFINIE
GINGEMBRE | NETTEMENT | PROMENEUR | STUPÉFIER | LÉGIFÉRER
GOGUENARD | NOUVEAUTÉ | PROMETTRE | SUCCÉDANÉ | MALÉFIQUE
GOULEYANT | NUCLÉAIRE | PROTESTER | SUGGESTIF | MANIFESTE
GOUVERNER | NULLEMENT | QUÉBÉCOIS | SURRÉNALE | OLÉIFORME
GROSEILLE | OPPRESSÉE | QUERELLÉE | SUSPENDRE | PACIFIQUE
GRUMELURE | OPPRESSER | QUERELLER | SUSTENTER | PEAUFINER
HONNÊTETÉ | ORALEMENT | RAFFERMIR | TEMPÉRANT | PIRIFORME
HORTENSIA | OUTREMONT | RAMPEMENT | TENNESSEE | REBUFFADE
HURLEMENT | PANTELANT | RECREUSER | TERRESTRE | REDÉFAIRE
IMPRÉGNER | PAQUETEUR | REDRESSER | TIQUETURE | RENIFLARD
INCRÉDULE | PARDESSUS | RÉFLÉCHIR | TOILETTÉE | SOIFFARDE
INÉTENDUE | PARLEMENT | RÈGLEMENT | TOILETTES | SOUFFRANT
INEXERCÉE | PASSÉISTE | REGREFFER | TOMBEREAU | VOCIFÉRER

G

ALLÉGORIE
AMALGAMÉE
ARROGANTE
BOURGEOIS
CATÉGORIE
CHANGEANT
CHARGEUSE
CIGOGNEAU
CLERGYMAN
DILIGENTE
DIRIGISTE
ENGAGEANT
ÉPARGNANT
FATIGANTE
FRINGANTE
GRINGALET
ILLOGISME
INAUGURAL
INAUGURER
INCOGNITO
INDIGENTE
INDIGNITÉ
INTÉGRALE
INTÉGRITÉ
MANIGANCE
MÉNAGISTE
MITIGEUSE
OBLIGEANT
PIROGUIER
PLONGEUSE
RAVIGOTER
RELIGIEUX
RÉPUGNANT
TABAGISME
TAPAGEUSE

H

AMÉTHYSTE
ANNIHILER
BOUCHERIE
CACAHUÈTE

CAMPHRIER
CAUCHEMAR
CHUCHOTER
CLOCHETON
COLCHIQUE
DIACHYLON
DYSPHAGIE
DYSPHORIE
FAUCHETTE
FLACHERIE
GRAPHISTE
HASCHISCH
KILOHERTZ
LOUCHERIE
MARCHANDE
MARIHUANA
MÉGAHERTZ
MOUCHETÉE
PERCHISTE
PRÊCHEUSE
PROPHÉTIE
PSYCHISME
RENCHÉRIR
SOUCHETTE
SURCHARGE
SYMPHONIE
TOUCHANTE
TRICHEUSE
ZOOPHILIE

I

ABOLITION
ACADIENNE
ACARIÂTRE
ACARIFIER
ADJOINDRE
AFFAIBLIE
AFFAIBLIR
AIGUILLÉE
ALUMINIUM
AMABILITÉ
AMÉLIORER

AMITIEUSE
AMPLIFIER
APPLIQUÉE
APPLIQUER
ASSAILLIR
ATOMISEUR
ATTEINDRE
ATTRISTER
BADMINTON
BARBIFIER
BATAILLER
BATAILLON
BÉATIFIER
BÉATITUDE
BÉQUILLER
BERLINGOT
BESTIAIRE
BIBLIOBUS
BISAÏEULE
BROUILLÉE
BROUILLER
CANDIDATE
CANNIBALE
CANTILÈNE
CAPTIVITÉ
CARDINALE
CARLINGUE
CAVAILLON
CERTIFIER
CHAPITRER
CHARIVARI
CHÂTIMENT
CHEMINEAU
CHÉRIFIEN
CHEVIOTTE
CHOSIFIER
CLARIFIER
CLAVICULE
COALITION
COEXISTER
COLLISION
COMBINARD
CONCIERGE

CONCILIER
CONDITION
CONFIANCE
CONFIANTE
CONFIRMER
CONFITEOR
CONSIGNÉE
CONSISTER
CONTINENT
CONTINUEL
CONTINUER
CONTINUUM
CORBILLAT
CORNICHON
COULISSÉE
COULISSER
CRIAILLER
CRITIQUÉE
CRITIQUER
CURAILLON
DÉCHIRANT
DÉCOIFFER
DÉDAIGNER
DÉLAISSER
DESTITUER
DÉTAILLER
DÉTEINDRE
DÉTRIMENT
DIFFICILE
DISSIDENT
DISTILLER
DISTINCTE
DORMITIVE
DULCIFIER
DUPLICATA
ÉCLAIRAGE
ÉCLAIRCIR
ÉDIFIANTE
ÉLOGIEUSE
ÉMERILLON
ENCAISSÉE
ENCAISSER
ENJOINDRE

ENSEIGNÉE
ENSEIGNER
ENTAILLÉE
ÉRUDITION
ESQUISSÉE
ÉTREINDRE
EXPLICITE
FABRICANT
FABRIQUER
FALSIFIER
FARNIENTE
FASCINANT
FÉBRIFUGE
FENDILLER
FIORITURE
FOLLICULE
FORFICULE
FORNIQUER
FORTIFIER
FRAGILITÉ
FULMINANT
GAMBILLER
GARNITURE
GASPILLER
GENTILITÉ
GERMICIDE
GINGIVITE
GLACIAIRE
GLORIEUSE
GLORIFIER
GOUPILLER
GOUPILLON
GRACIEUSE
GRACILITÉ
GRATIFIER
GRATITUDE
GRAVILLON
GRÉSILLER
GROUILLER
HAÏTIENNE
HARDIESSE
HERBICIDE
HORRIFIER

HORTICOLE
HOSTILITÉ
ICARIENNE
IMPLIQUÉE
INAMICALE
INSPIRANT
INSTITUER
INTRIGANT
INTRIGUÉE
INTUITION
INUTILISÉ
INUTILITÉ
IRANIENNE
ITALIENNE
JARDINAGE
JARDINIER
JUDAÏCITÉ
JUSTIFIER
LANCINANT
LASSITUDE
LENTICULE
LESBIENNE
LESSIVAGE
LESSIVIER
LIMPIDITÉ
LUBRICITÉ
LUBRIFIER
MACHINALE
MAGNIFIER
MAQUILLER
MAQUISARD
MASTIQUER
MATRICULE
MAUVIETTE
MÉDAILLÉE
MÉDAILLER
MENDIANTE
MENDIGOTE
MENUISIER
MONTICOLE
MONTICULE
MORAILLES
MORAILLON

MULTITUDE
NÉGLIGENT
NUTRITION
NUTRITIVE
ODALISQUE
ONGUICULE
ONUSIENNE
OPACIFIER
OPINIÂTRE
ORIGINALE
OUBLIETTE
OUBLIEUSE
OURLIENNE
PALLIATIF
PALPITANT
PARTICULE
PARTIELLE
PARTISANE
PARTITION
PASSIONNÉ
PASTICHÉE
PAUPIETTE
PELLICULE
PELVIENNE
PENDILLER
PERSILLÉE
PERSISTER
PERTINENT
PESTIFÉRÉ
PÉTRIFIER
PHARILLON
PHARISIEN
PHILISTIN
PHYSICIEN
PINAILLER
PLACIDITÉ
PLAGIAIRE
PLANIFIER
PLATINITE
PLATITUDE
PLÉNITUDE
PLEXIGLAS
PLUSIEURS

PLUVIEUSE
PONTIFIER
PORTILLON
PRATICIEN
PRATIQUER
PRÉCIEUSE
PRÉCIPICE
PRÉCISION
PRÉDICANT
PRÉSIDENT
PRÉVISION
PRIMIPARE
PRIMITIVE
PROFITEUR
PROLIGÈRE
PROVISION
PUBLIABLE
PUBLICITÉ
PUÉRILITÉ
QUALIFIER
QUOTIDIEN
RABAISSER
RECTIFIER
RECTITUDE
RÉÉDIFIER
REJAILLIR
REJOINDRE
RELUISANT
REPEINDRE
RÉPLIQUÉE
RESCINDER
RESTITUER
RETAILLER
RETEINDRE
RÉTRIBUER
RÉUNIFIER
RÉVEILLER
RINTINTIN
ROSSIGNOL
ROUPILLER
ROUTINIER
RUSSIFIER
SACRIFICE

SACRIFIER
SACRILÈGE
SACRIPANT
SARDINIER
SCARIFIER
SÉDUISANT
SEMAILLES
SENTIMENT
SERVIABLE
SERVIETTE
SERVILITÉ
SERVITUDE
SIGNIFIER
SOBRIQUET
SOMNIFÈRE
SORTILÈGE
SOUCIEUSE
SOULIGNER
SOUPIRANT
SOURIANTE
SPACIEUSE
SPATIONEF
SPÉCIFIER
SPIRITUEL
STABILITÉ
STÉRILITÉ
STUDIEUSE
STUPIDITÉ
SUBSISTER
SUBTILITÉ
SUCCINCTE
SUFFISANT
SUFFIXALE
SURVIVANT
SUSPICION
SYLVICOLE
SYNDIQUER
TACTICIEN
TARSIENNE
TÉMOIGNER
TENAILLER
TENNISMAN
TERMINALE

TERRIENNE
TERRIFIER
TESTICULE
THÉRIDION
TIRAILLER
TORPILLÉE
TORPILLER
TORTILLER
TORTILLON
TOURILLON
TRADITION
TRÉPIDANT
TRILINGUE
TROPICALE
TURBIDITÉ
TURPITUDE
UNANIMITÉ
VAURIENNE
VERNISSER
VESTIAIRE
VESTIBULE
VIABILITÉ
VINAIGRÉE
VIRGINALE
VIRGINITÉ
VOISINAGE

K

BLOCKHAUS
STOCKHOLM

L

ACCÉLÉRER
AFFOLANTE
AMBULANTE
ANDALOUSE
ANGÉLIQUE
ANNALISTE
ANNULAIRE
BATELEUSE
BATELIÈRE
BIFILAIRE

BIPOLAIRE	GUILLEMET	OSCILLANT	SÉCULIÈRE	ALARMISTE
BLABLABLA	GUILLERET	OUTILLAGE	SÉMILLANT	ALBUMINÉE
BOUILLANT	HABILITER	PAILLASSE	SÉNILISME	ALLEMANDE
BRAILLARD	HOMOLOGUE	PAILLETER	SÉNOLOGIE	ASSEMBLÉE
BRANLANTE	HÔTELIÈRE	PAILLETTE	SÉPULCRAL	ASSEMBLER
BRILLANTE	IDÉALISER	PAPILLOTE	SÉROLOGIE	ASSIMILER
BUCOLIQUE	IDÉALISTE	PARALLÈLE	SEXOLOGIE	BAROMÈTRE
CAILLASSE	IMPULSION	PÉDALEUSE	SIBILANTE	CALOMNIER
CANALISER	IMPULSIVE	PÉDOLOGUE	SIBYLLINE	CAMEMBERT
CATALOGNE	INCOLORÉE	PÉNALISER	SIMILAIRE	CÉRAMIQUE
CATALOGUE	INDOLENTE	PÉTILLANT	SIMILISTE	CÉRÉMONIE
CAVALERIE	INDULGENT	PÉTULANCE	SIMPLETTE	CHARMANTE
CAVALIÈRE	INFILTRER	PÉTULANTE	SIMPLISME	CHARMILLE
CIVILISER	INSOLENTE	PIAILLEUR	SINOLOGUE	CHAUMIÈRE
COMPLÉTER	INSOLUBLE	PIPELETTE	SOUILLURE	COLOMBIER
COMPLOTER	INSULAIRE	PODOLOGIE	STELLAIRE	DÉCAMÈTRE
CONCLUANT	INVALIDER	POPULAIRE	TABULAIRE	DÉCIMÈTRE
CONFLUENT	JOAILLIER	POSOLOGIE	TAILLADÉE	DÉCOMPTÉE
CÔTELETTE	JONGLERIE	POUILLARD	TAILLADER	DÉCOMPTER
DÉCÉLÉRER	JONGLEUSE	PURULENTE	TAILLERIE	DÉSEMPARÉ
DÉCOLLAGE	JUGULAIRE	QUILLEUSE	TEILLEUSE	DYNAMISME
DÉCOLORER	LÉGALISER	RACOLEUSE	TOTALISER	ENDOMÈTRE
DÉSOLANTE	LIBELLULE	RAILLERIE	TRIOLISME	ENLUMINER
DÉVALISER	LOCALISER	RAILLEUSE	VACILLANT	ESCAMOTER
DIABLERIE	LOYALISTE	RÉBELLION	VAILLANCE	FUNAMBULE
DIABLESSE	MAILLOCHE	RECELEUSE	VAILLANTE	GOURMANDE
DIVULSION	MEILLEURE	RÉGULIÈRE	VASELINER	GOURMETTE
DODELINER	MIELLEUSE	REMPLACER	VEILLEUSE	GROMMELER
ENVELOPPE	MIMOLETTE	RÉPULSION	VERGLACER	HÉGÉMONIE
ESCALADÉE	MOBILISER	RIGOLEUSE	VIEILLARD	IGNOMINIE
ESCALADER	MORALISER	RIVALISER	VIGILANCE	ILLIMITÉE
ESCALATOR	MOUFLETTE	RIVULAIRE	VIGILANTE	ILLUMINÉE
FACILITER	NASILLARD	RONFLANTE	VIRILISER	ILLUMINER
FAMÉLIQUE	NÉBULEUSE	RONFLEUSE	VIROLOGIE	INFAMANTE
FAMILIÈRE	NÉPALAISE	ROUBLARDE	VIRULENCE	INHUMAINE
FÉCULENTE	NIHILISTE	ROYALISME	VIRULENTE	INTIMIDER
FINALISTE	NIVELEUSE	RUTILANCE		INTIMISTE
FOUILLEUR	OENOLOGIE	RUTILANTE	**M**	ISLAMISER
GAILLARDE	OENOLOGUE	SAILLANTE		JÉRÉMIADE
GONFLETTE	OMBILICAL	SANGLANTE	ACCOMPLIE	KILOMÈTRE
GOUALANTE	ONCOLOGIE	SATELLITE	ACCOMPLIR	MAXIMISER
GRILLAGÉE	OREILLONS	SCHILLING	ACCUMULER	NÉANMOINS
GRILLAGER	ORIFLAMME	SÉCULAIRE	ACRIMONIE	NOTAMMENT

OPIOMANIE
OPTIMISTE
PARAMÈTRE
PÉRIMÈTRE
PESAMMENT
POLÉMISTE
PRÉAMBULE
RÉCEMMENT
RECOMPTER
SCOUMOUNE
SPERMATIE
SQUAMEUSE
SUREMPLOI
TAXIMÈTRE
TÉLÉMÈTRE
TOURMENTE
TRIOMPHER
TRUCMUCHE
ULTIMATUM
VÉHÉMENTE
VITAMINÉE
YOHIMBINE

N

ACCENTUER
ALBANAISE
ALIÉNISTE
AMOINDRIR
ASCENSEUR
ASCENSION
ATLANTIDE
ATTENANTE
ATTENDRIR
ATTENTION
ATTENTIVE
BAIGNEUSE
BÉCANCOUR
BIDONNANT
BOTANISTE
CANONISER
CANONISTE
CANONNIER

CARENTIEL
CEPENDANT
CHARNELLE
CHIENDENT
CHLINGUER
CICINDÈLE
CLIENTÈLE
COLONISER
COPINERIE
CORONELLE
COTONNIER
CRAINTIVE
CULINAIRE
CYLINDRER
DAVANTAGE
DÉBANDADE
DÉCONFITE
DÉFINITIF
DÉGÉNÉRÉE
DÉMANCHER
DÉMONTRER
DÉPANNEUR
DÉTENTEUR
DEVANTURE
DIMENSION
DIMINUTIF
DOUANIÈRE
ÉGLANTIER
ÉGLANTINE
ENVENIMER
ÉREINTANT
ESSENTIEL
ÉTERNELLE
ÉTERNISER
ÉTONNANTE
ÉTRANGÈRE
EXCENTRÉE
EXPANSIVE
FAÇONNIER
FAÏENCIER
FARANDOLE
FINANCIER
FOURNAISE

FOURNIÈRE
FRIANDISE
GALANTINE
GAZONNAGE
GEIGNARDE
GÉLINOTTE
GIRANDOLE
GRAINIÈRE
GRIGNOTER
GROGNONNE
GUIGNARDE
GUIGNETTE
HARANGUÉE
HARANGUER
IGUANODON
IMMINENCE
IMMINENTE
IMMUNISER
INCENDIÉE
INCENDIER
INCUNABLE
INGÉNIEUX
INSINCÈRE
INTENABLE
INTENSITÉ
INTENTION
INVENTEUR
INVENTION
JAPONERIE
JEANNETTE
JOIGNABLE
LACONISME
LATINISER
LÉSINERIE
LICENCIER
LIMINAIRE
LIMONAIRE
LUMINAIRE
LUMINANCE
LUMINEUSE
MÉCANISER
MÉCONTENT
MÉLONGINE

MUTINERIE
OCÉANAUTE
OFFENSANT
OFFENSIVE
ORDINAIRE
ORGANISÉE
ORGANISER
ORGANISME
ORIENTALE
PAGANISER
PALINODIE
PANONCEAU
PARENTÈLE
PATINETTE
PATINEUSE
PATINOIRE
PÉDONCULE
PÉKINOISE
PESANTEUR
PIONNIÈRE
PLÉONASME
POIGNANTE
POTENTIEL
RADINERIE
RECENSION
RÉCONFORT
REDINGOTE
RÉGÉNÉRER
REMONTANT
RÉMUNÉRER
REPENTANT
RÉPONDANT
RÉSINIÈRE
RÉSONANCE
RÉSONNANT
RICANEUSE
ROMANCERO
ROMANISTE
ROTONDITÉ
SAPINIÈRE
SÉLÉNIATE
SÉMINAIRE
SOIGNEUSE

SOLENNITÉ
SOURNOISE
SPLENDEUR
SPLENDIDE
STAGNANTE
TALONNEUR
TARENTULE
TENANCIER
TISONNIER
TOURNEDOS
TOURNESOL
TOURNEVIS
TOURNOYER
TRAÎNANTE
TRAÎNARDE
TRAÎNEUSE
TYRANNEAU
UNIONISME
USTENSILE
VACANCIER
VIENNOISE

O

ACCROCHER
ACCROÎTRE
ACTIONNER
AFFRONTER
ANIMOSITÉ
APPROCHÉE
APPROCHER
APPROCHES
APPROPRIÉ
APPROUVER
BALLONNER
BALLOTTER
BAMBOCHER
BARBOTINE
BARIOLAGE
BLASONNER
BOUGONNER
BOULONNER
BRACONNER

☞	☞	☞	☞	☞
BRICOLAGE	EFFRONTÉE	NERVOSITÉ	RÉABONNER	VISCOSITÉ
CANTONADE	ESPIONNER	NETTOYEUR	REBLOCHON	**P**
CARBONATE	ESTROPIÉE	OIGNONADE	RÉÉCOUTER	
CARROUSEL	FARLOUCHE	OPTIONNEL	REFROIDIR	ACCAPARER
CASSONADE	FIGNOLAGE	OUTAOUAIS	REGROSSIR	ACCEPTION
CHAMOISER	FLAGORNER	PARCOURIR	REMPOCHER	ATROPHIÉE
CHATONNER	FOISONNER	PARDONNER	REMPORTER	CATAPULTE
CHIPOTEUR	FREDONNER	PASTORALE	RENCONTRE	CHARPENTE
CLAFOUTIS	FRICOTAGE	PATRONAGE	RENDOSSER	CONSPIRER
CLAPOTAGE	FRIMOUSSE	PATRONNER	RENFONCER	DÉCAPANTE
COCHONNER	FUSIONNER	PATRONYME	RENFORCER	DÉCAPEUSE
COLPORTER	GARGOTIER	PERSONNEL	REPROCHER	DÉCAPITER
COMMOTION	GARGOUSSE	PÉTROLIER	REPRODUIT	DÉCEPTION
COMPORTER	GONDOLIER	PHÉNOMÈNE	RÉPROUVER	DILAPIDER
CONCOMBRE	GRÉGORIEN	PICHOLINE	RESSORTIR	ESCOPETTE
CONCORDER	GRELOTTER	PIGEONNER	RESSOUDER	EXASPÉRÉE
CONCOURIR	HALLOWEEN	PIGNOCHER	RESSOURCE	FRAPPANTE
CONFONDRE	HARPONNER	PISTONNER	RETROUVER	GALOPEUSE
CONFORTER	HIÉROCLES	PLAFONNER	RISTOURNE	GRIMPETTE
CONSOMMER	HISTORIÉE	POUPONNER	ROGNONNER	INCAPABLE
CONTOURNÉ	HISTORIEN	PRÉCOMPTE	ROUCOULER	INESPÉRÉE
CONVOITER	HYDROGÈNE	PRÉFORMER	ROUDOUDOU	IRRUPTION
CONVOQUER	IMBROGLIO	PRÉNOMMER	SABLONNER	LIPOPHILE
CORDONNER	IMPROBITÉ	PROLONGER	SANSONNET	MALAPPRIS
CORROMPRE	INCROYANT	PROMOTEUR	SECTORIEL	MANIPULER
CORROMPUE	KLAXONNER	PROMOTION	SERMONNER	OCCUPANTE
COURONNER	LAMBOURDE	PRONONCÉE	SILLONNER	PÉRIPÉTIE
CURIOSITÉ	LAMPOURDE	PRONONCER	SINUOSITÉ	PROSPÉRER
DÉBROCHER	LITTORALE	PRONOSTIC	SIPHONNÉE	RÉCEPTEUR
DÉCROCHER	LITTORINE	PROTOCOLE	SOMNOLENT	RÉCEPTION
DÉCROÎTRE	LOTIONNER	PROVOCANT	SUFFOCANT	RÉCIPIENT
DÉCROTTER	MANGOUSTE	PROVOQUER	SUPPORTER	ROUSPÉTER
DÉFROQUÉE	MARGOULIN	QUICONQUE	SURMONTER	SALOPERIE
DÉFROQUER	MARMONNER	RACCORDER	SURNOMBRE	SALOPETTE
DESSOÛLER	MARMOTTER	RACCOURCI	TARBOUCHE	SAXOPHONE
DISCOBOLE	MASCOUCHE	RAISONNÉE	TRÉSORIER	SCULPTURE
DISCOURIR	MÉTRONOME	RAISONNER	TRICOTAGE	SÉMAPHORE
DISLOQUER	MÉTROPOLE	RALLONGÉE	TRIMOTEUR	SÉRAPHINE
DISSOCIER	MISTOUFLE	RANÇONNER	TRIPOTAGE	STOPPEUSE
DISSOUDRE	MORFONDRE	RANDONNÉE	UNIFOLIÉE	TÉLÉPHONE
DISTORDRE	NATIONALE	RAPPORTER	VERBOSITÉ	TROMPERIE
DRACONIEN	NAUTONIER	RATIONALE	VERMOULUE	TROMPEUSE
ÉCONOMIES	NÉCROMANT	RATIONNEL	VIOLONEUX	

VITUPÉRER	CASTRISTE	FAVORISER	MAIGRIOTE	RESTREINT
XÉNOPHILE	CATARACTE	FIÉVREUSE	MAÎTRESSE	RÉTORQUER
XÉNOPHOBE	CAVERNEUX	FIGURATIF	MAÎTRISÉE	REVERSOIR
XYLOPHAGE	CENTRISTE	FOURRIÈRE	MAÎTRISER	RÉVERSION
XYLOPHONE	CHAGRINER	GABARDINE	MALPROPRE	RÉVÉRENCE
	CHARRETTE	GABARRIER	MÉMORABLE	RIVERAINE
Q	CHEVREUIL	GALERISTE	MIÈVRERIE	ROTURIÈRE
	CHEVRONNÉ	GANGRENER	MISÉRABLE	SACERDOCE
CLINQUANT	CIGARETTE	GAUDRIOLE	NATURELLE	SAUGRENUE
OBLIQUITÉ	CINÉRAIRE	GAUFRETTE	NAUFRAGÉE	SCLÉROSÉE
VAINQUEUR	CLAIRETTE	GÉNÉREUSE	NAUFRAGER	SCLÉROSER
VARIQUEUX	CLAIRSEMÉ	GUERRIÈRE	NOMBREUSE	SÉBORRHÉE
	COHÉRENCE	HONORABLE	NOTORIÉTÉ	SÉCURISER
R	COHÉRENTE	HUITRIÈRE	NUMÉRISER	SOUFREUSE
	COMPRESSE	IGNORANTE	NUMÉROTER	SPHÉRIQUE
ABERRANTE	COMPRIMER	IMMÉRITÉE	OPPORTUNE	SUBORNEUR
ABSTRAITE	CONTRAIRE	IMPARFAIT	ORDURIÈRE	SUPERFINE
ABSURDITÉ	CONTRARIÉ	IMPARTIAL	OUVERTURE	SUPERFLUE
ADHÉRENCE	CONTRASTE	IMPÉRATIF	PAPERASSE	SUPERNOVA
ADHÉRENTE	CONTRISTÉ	IMPÉRIALE	PAUVRESSE	SUPÉRIEUR
ADMIRABLE	CONTRÔLÉE	IMPORTUNE	PÉTARADER	SUPPRIMER
ADVERSITÉ	CONTRÔLER	INCORRECT	PIERREUSE	TÉMÉRAIRE
AMÉTROPIE	COUARDISE	INCURSION	PLÂTREUSE	TENDRESSE
AMOUREUSE	DÉFÉRENCE	INDIRECTE	PLEUREUSE	TOLÉRANCE
ANICROCHE	DÉLIRANTE	INFERNALE	POLTRONNE	TOLÉRANTE
ANTÉRIEUR	DÉSERTION	INFÉRIEUR	POUDRERIE	TRIGRAMME
APPARENCE	DÉTERGENT	INFIRMITÉ	POUDREUSE	TUBÉRISER
APPARENTE	DÉTERSIVE	INFORTUNE	POUDRIÈRE	ULCÉREUSE
ASPIRANTE	DÉTÉRIORÉ	INHÉRENTE	POUDROYER	ULTÉRIEUR
ASSURANCE	DÉVORANTE	INSTRUIRE	PRÊTRESSE	VALÉRIANE
ATTIRANCE	DIAGRAMME	INSTRUITE	PROGRAMME	VAPOREUSE
ATTIRANTE	DISCRÉDIT	INTERDIRE	PROPRIÉTÉ	VÉNÉRABLE
AUTORISER	DISTRAIRE	INTERDITE	QUADRETTE	VENTRIÈRE
BANCROCHE	DISTRAITE	INTERLUDE	QUATRIÈME	
BAVARDAGE	DIVERGENT	INTERVIEW	QUIPROQUO	**S**
BIFURQUER	DYSCRASIE	INTÉRESSÉ	RATTRAPER	
BIGORNEAU	DYSOREXIE	INTÉRIEUR	RÉFÉRENCE	ACCESSION
BIOGRAPHE	ENIVRANTE	INVERSION	REMARQUÉE	ADMISSION
BIPARTITE	ENTÉRINER	IVOIRIÈRE	REMARQUER	AGRESSION
BOUGRESSE	ÉPEURANTE	JABORANDI	REMERCIER	AGRESSIVE
BOURRACHE	ÉPIGRAMME	LABORIEUX	REMORQUÉE	APAISANTE
BOURRETTE	ESPÉRANCE	LIBERTINE	RÉPARABLE	ARMISTICE
BOUVREUIL	EXTÉRIEUR	LUXURIEUX	REPORTAGE	ASSASSINE
CASERETTE				

BÉNISSEUR
BOURSIÈRE
BRAISIÈRE
BRASSIÈRE
CADASTRER
CAISSETTE
CAMÉSCOPE
CLASSIQUE
CORUSCANT
COUSSINET
CROISIÈRE
CROISSANT
DÉMESURÉE
DÉMISSION
DÉRISOIRE
DÉSESPOIR
DINOSAURE
DRESSEUSE
EMBOSSURE
ÉMISSAIRE
ENCASTRER
ÉPUISANTE
FAISSELLE
GLISSANTE
GLOSSAIRE
GRAISSEUX
GRASSERIE
GROSSIÈRE
GROSSISTE
HARASSANT
HOROSCOPE
ILLISIBLE
ILLUSTRÉE
ILLUSTRER
IMPOSANTE
IMPOSTURE
INDISCRET
INDISPOSÉ
INDUSTRIE
INGESTION
INJUSTICE
IRRÉSOLUE
JACASSEUR

LOUISIANE
MAGASINER
MAGISTRAL
MINUSCULE
NAISSANCE
NÉCESSITÉ
NIAISERIE
NIAISEUSE
OBÉISSANT
OBSESSION
OPPOSANTE
PALISSADE
PARASITÉE
PARESSEUX
PÉRISTYLE
PLAISANTE
PLAUSIBLE
PLISSEUSE
POISSEUSE
POTASSIUM
POURSUITE
POUSSIÈRE
PRESSANTE
PRESSURER
PUISSANCE
PUISSANTE
RAMASSEUR
RATISSAGE
RAVISSANT
RÉASSURER
RÉCESSION
RÉINSCRIT
RÉINSÉRER
RÉMISSION
REPOSANTE
RÉSISTANT
RHAPSODIE
ROUSSÂTRE
ROUSSELET
RUISSELET
SATISFAIT
SINISTRÉE
STRESSANT

SUISSESSE
TAMISEUSE
TÉLESCOPE
TÉLÉSIÈGE
TOUSSOTER
TRANSFERT
TRANSFUGE
TRANSIGER
TRANSITER
TRANSMISE
TRANSPORT
TROUSSEAU
VOUSSOYER

T

ABIÉTINÉE
ACHETEUSE
ALENTOURS
APOSTASIE
ASEPTISER
AUDITRICE
AVANTAGÉE
BAGATELLE
BARATINER
BILATÉRAL
BROUTILLE
CABOTINER
CAFETIÈRE
CAPITEUSE
CAROTTIER
CEINTURER
CEINTURON
CÉNOTAPHE
CHATTERIE
CICATRICE
CIMETIÈRE
COMPTABLE
CONSTABLE
CONSTANCE
CONSTANTE
CONSTATER
CONSTELLÉ

COURTIÈRE
COURTISAN
COURTOISE
CRÉATRICE
CUISTANCE
DÉBITRICE
DÉBUTANTE
DÉCATHLON
DÉLATRICE
DÉNATURER
DROITISME
DUETTISTE
DUVETEUSE
ÉCARTELER
ÉCHOTIÈRE
ÉCLATANTE
ÉLECTORAT
ÉLECTRICE
ÉMEUTIÈRE
ÉNANTHÈME
ÉPONTILLE
EXCITANTE
EXISTANTE
FANATIQUE
FLATTEUSE
FLOTTILLE
FRONTIÈRE
FRUITERIE
FRUSTRANT
FURETEUSE
GÉNITRICE
GILETIÈRE
GLOUTONNE
GOUTTIÈRE
GRATTELLE
HABITACLE
HABITANTE
HALETANTE
HÉCATOMBE
HÉMATIQUE
HÉRÉTIQUE
HÉRITIÈRE
HÉSITANTE

HYPOTHÈSE
IDENTIQUE
IDIOTISME
ILLETTRÉE
IMPATIENT
IMPOTENTE
INALTÉRÉE
INATTENDU
INTITULER
INVÉTÉRÉE
IRRITABLE
IRRITANTE
JURATOIRE
LÉGITIMER
LIGATURER
LOCATRICE
LOINTAINE
LONGTEMPS
LUNATIQUE
LUNETIÈRE
MAINTENIR
MÉNÉTRIER
MENSTRUEL
MENSTRUES
MEURTRIER
MILITAIRE
MILITANTE
MINUTERIE
MONITRICE
MONOTONIE
MORATOIRE
MUNITIONS
NÉANTISER
NÉGATRICE
NOVATRICE
OBLITÉRER
ORNITHOSE
PACOTILLE
PALATIALE
PAPETIÈRE
PEINTURER
PELOTEUSE
PÉNÉTRANT

PÉNITENCE	VISITEUSE	DÉBOURBER	MENSUELLE	SUCCULENT
PÉNITENTE	YACHTSMAN	DÉBOURSER	MORTUAIRE	SURHUMAIN
PETITESSE	ZÉLATRICE	DÉCOUCHER	OBITUAIRE	TALQUEUSE
PLASTIQUE		DÉCOUPAGE	OBSCURCIR	TEXTUELLE
POLITESSE	**U**	DÉCOUPURE	OBSCURITÉ	TORTUEUSE
POLITIQUE	ACCOUCHER	DÉCOUVRIR	OCCLUSION	TURBULENT
PRESTANCE	ACCOUPLER	DÉGOÛTANT	ONCTUEUSE	TURLUTUTU
PRESTESSE	ACCOUTRER	DÉPOUILLE	PAPOUILLE	VALEUREUX
PRINTEMPS	ACCOUTUMÉ	DÉPOURVUE	PARFUMEUR	VELOUTINE
PROSTERNÉ	AFFLUENCE	DÉTOURNER	PERSUADER	VERTUEUSE
PURITAINE	AMENUISER	DIFFUSION	PERTURBER	VIGOUREUX
QUARTZITE	ANDOUILLE	DINGUERIE	PIROUETTE	VIRTUELLE
QUIÉTISTE	ARSOUILLE	DISCULPER	POLLUTION	VISQUEUSE
QUINTEUSE	ASSOUPLIR	DISSUADER	PORTUAIRE	VOITURAGE
RAPATRIER	ASSOURDIR	DROGUISTE	POSTULANT	
RATATINÉE	BALBUTIER	EMBOUCHÉE	POSTURALE	**V**
RATATINER	BALBUZARD	EMPRUNTER	PRÉJUDICE	ACTIVANTE
RÉACTIVER	BANQUETER	ÉTIQUETTE	PRODUCTIF	ARRIVANTE
REBUTANTE	BECQUETER	EXCLUSIVE	PROFUSION	BALIVERNE
RÉGATIÈRE	BLAGUEUSE	EXÉCUTIVE	PURPURINE	BIENVENUE
ROBOTISER	BRAQUEUSE	FACTUELLE	RABOUGRIE	CARAVELLE
ROTATOIRE	BRIQUETER	FISTULINE	RAGOÛTANT	CHANVRIER
SABOTIÈRE	CAMOUFLER	FRÉQUENCE	RASSURANT	DÉCEVANTE
SALUTAIRE	CARBURANT	FULGURANT	RAVAUDEUR	DÉGIVREUR
SANITAIRE	CHALUMEAU	GESTUELLE	RÉCLUSION	DÉSAVOUER
SOLITAIRE	CHIHUAHUA	GIROUETTE	RECOURBER	ÉCERVELÉE
SOMPTUEUX	CHIRURGIE	GRADUELLE	RECOUVRIR	ÉCRIVAINE
SPECTACLE	CLAQUETER	GUTTURALE	REHAUSSER	ÉMOUVANTE
SPONTANÉE	CLIQUETER	HALLUCINÉ	REMBUCHER	ÉNERVANTE
STRATÉGIE	COLLUSION	IMPRUDENT	REPOUSSER	GENÉVRIER
SUBSTANCE	COMMUNIER	INFLUENTE	RESQUILLE	IMBUVABLE
SUBSTITUT	CONFUSION	INTRUSION	RETOUCHER	INVIVABLE
TABATIÈRE	CONJUGUER	INUSUELLE	RETOURNER	PRÉAVISER
TACITURNE	CONSULTER	JONQUIÈRE	RIGOUREUX	RECEVABLE
TAXATRICE	CONTUSION	JOYEUSETÉ	RINGUETTE	RELEVEUSE
THÉÂTRALE	CORPULENT	LIMOUSINE	SAGOUTIER	TÉLÉVISER
TRAÎTRISE	COUTUMIER	LINGUETTE	SÉJOURNER	UNIOVULÉE
TRENTAINE	COUTURIER	LINGUISTE	SENSUELLE	
TRISTESSE	CRAQUETER	LONGUETTE	SERRURIER	**X**
TROTTEUSE	DÉBAUCHER	LONGUEUIL	SINGULIER	INTOXIQUÉ
TROTTINER	DÉBOUCHÉE	MAGOUILLE	SPÉCULOOS	PAROXYSME
VÉRITABLE	DÉBOUCLER	MARAUDEUR	STATUAIRE	PÉROXYDER
VINGTAINE		MASCULINE	STIMULANT	

SUROXYDER
TÉLEXISTE

Y

CITOYENNE
DÉLOYAUTÉ
ONDOYANTE
PAGAYEUSE

Z

QUINZAINE

6e

POSITION

A

ABERRANTE
ABONDANCE
ABONDANTE
ABSTRAITE
ACARIÂTRE
ACCAPARER
ACTIVANTE
ADMIRABLE
AFFOLANTE
ALBANAISE
ALLEMANDE
AMALGAMÉE
AMBULANTE
ANNULAIRE
APAISANTE
APOSTASIE
ARRIVANTE
ARROGANTE
ASPIRANTE
ASSURANCE
ATTENANTE
ATTIRANCE

ATTIRANTE
AVANTAGÉE
BALNÉAIRE
BESTIAIRE
BIFILAIRE
BIOGRAPHE
BIPOLAIRE
BLABLABLA
BOUFFARDE
BOURRACHE
BRANLANTE
BRILLANTE
BRIMBALER
CAILLASSE
CALEBASSE
CATARACTE
CÉNOTAPHE
CHARMANTE
CHIHUAHUA
CINÉRAIRE
COMPTABLE
CONFIANCE
CONFIANTE
CONSTABLE
CONSTANCE
CONSTANTE
CONSTATER
CONTRAIRE
CONTRARIÉ
CONTRASTE
COURBATUE
CUISTANCE
CULINAIRE
DÉBUTANTE
DÉCAPANTE
DÉCEVANTE
DÉLIRANTE
DÉLOYAUTÉ
DÉSOLANTE
DÉVORANTE
DIAGRAMME
DINOSAURE
DISSUADER

DISTRAIRE
DISTRAITE
DOUCEÂTRE
DYSCRASIE
DYSPHAGIE
ÉCLATANTE
ÉCRIVAINE
ÉDIFIANTE
ÉMISSAIRE
ÉMOUVANTE
ÉNERVANTE
ENIVRANTE
ÉPEURANTE
ÉPIGRAMME
ÉPUISANTE
ESCALADÉE
ESCALADER
ESCALATOR
ESPÉRANCE
ÉTONNANTE
EXCITANTE
EXIGEANTE
EXISTANTE
FAINÉANTE
FATIGANTE
FIGURATIF
FOURNAISE
FRANÇAISE
FRAPPANTE
FRINGANTE
GAILLARDE
GEIGNARDE
GLACIAIRE
GLISSANTE
GLOSSAIRE
GOUALANTE
GOURMANDE
GRILLAGÉE
GRILLAGER
GRINÇANTE
GRINGALET
GUIGNARDE
GUIMBARDE

HABITACLE
HABITANTE
HALETANTE
HÉSITANTE
HONORABLE
IGNORANTE
IMBUVABLE
IMPÉRATIF
IMPOSANTE
INCAPABLE
INCUNABLE
INFAMANTE
INHUMAINE
INSULAIRE
INTENABLE
INVIVABLE
IRRITABLE
IRRITANTE
JABORANDI
JOIGNABLE
JUGULAIRE
LAPIDAIRE
LIMINAIRE
LIMONAIRE
LOINTAINE
LORICAIRE
LOURDAUDE
LUMINAIRE
LUMINANCE
MALLÉABLE
MALSÉANTE
MANIGANCE
MARCHANDE
MÉCRÉANTE
MÉMORABLE
MENAÇANTE
MENDIANTE
MILITAIRE
MILITANTE
MISÉRABLE
MORTUAIRE
NAISSANCE
NAUFRAGÉE

NAUFRAGER
NÉPALAISE
NOUVEAUTÉ
NUCLÉAIRE
OBITUAIRE
OBSÉDANTE
OCCUPANTE
OCÉANAUTE
ONDOYANTE
OPINIÂTRE
OPIOMANIE
OPPOSANTE
ORDINAIRE
ORIFLAMME
PAILLASSE
PALLIATIF
PAPERASSE
PÉRICARDE
PÉRICARPE
PERMÉABLE
PERSUADER
PÉTARADER
PÉTULANCE
PÉTULANTE
PLAGIAIRE
PLAISANTE
PLÉONASME
POIGNANTE
POPULAIRE
PORTUAIRE
PRESSANTE
PRESTANCE
PROGRAMME
PUBLIABLE
PUISSANCE
PUISSANTE
PURITAINE
QUINZAINE
RATTRAPER
REBUTANTE
RECEVABLE
REDÉFAIRE
REMPLACER

RÉPARABLE	TRIMBALER	COLLECTÉE	LUBRICITÉ	TESTICULE
REPOSANTE	ULTIMATUM	COMPACTER	MASSACRER	TROPICALE
RÉSONANCE	URTICAIRE	CONNECTER	MATRICULE	VACANCIER
RIVERAINE	VAILLANCE	CONSACRER	MINUSCULE	
RIVULAIRE	VAILLANTE	CONTACTER	MONTICOLE	**D**
RONFLANTE	VÉNÉRABLE	CORNICHON	MONTICULE	
ROUBLARDE	VENGEANCE	CORUSCANT	ONGUICULE	ABSURDITÉ
ROUSSÂTRE	VERGLACER	DÉBAUCHER	PANONCEAU	AMOINDRIR
RUTILANCE	VÉRITABLE	DÉBOUCHÉE	PARTICULE	ATTENDRIR
RUTILANTE	VESTIAIRE	DÉBOUCLER	PASTICHÉE	BAVARDAGE
SAILLANTE	VIGILANCE	DÉBROCHER	PÉDONCULE	BELVÉDÈRE
SALUTAIRE	VIGILANTE	DÉCOUCHER	PELLICULE	CANDIDATE
SANGLANTE	VINGTAINE	DÉCROCHER	PHYSICIEN	CEPENDANT
SANITAIRE		DÉFLÉCHIR	PIGNOCHER	CHIENDENT
SARABANDE	**B**	DÉMANCHER	PRATICIEN	CICINDÈLE
SÉCULAIRE		DÉPRÉCIER	PRÉDICANT	CONGÉDIER
SÉMINAIRE	AFFAIBLIE	DÉSACCORD	PRODUCTIF	COUARDISE
SERVIABLE	AFFAIBLIR	DIFFICILE	PROTOCOLE	CYLINDRER
SIBILANTE	ASSEMBLÉE	DISSOCIER	PROVOCANT	DÉBANDADE
SIMILAIRE	ASSEMBLER	DUPLICATA	PUBLICITÉ	DISSIDENT
SOIFFARDE	CAMEMBERT	EMBOUCHÉE	PUGNACITÉ	FARANDOLE
SOLIDAIRE	CANNIBALE	EXPLICITE	QUÉBÉCOIS	FRIANDISE
SOLITAIRE	COLOMBIER	FABRICANT	RATTACHER	GABARDINE
SOURIANTE	DISCOBOLE	FAÏENCIER	REBLOCHON	GIRANDOLE
SPECTACLE	FUNAMBULE	FINANCIER	RÉFLÉCHIR	GRENADIER
SPERMATIE	IMPROBITÉ	FOLLICULE	RÉINSCRIT	GRENADINE
SPONTANÉE	PRÉAMBULE	FORFICULE	REMBUCHER	IMPRUDENT
STAGNANTE	RÉTRIBUER	GERMICIDE	REMERCIER	INCENDIÉE
STATUAIRE	VERTÉBRÉE	HALLUCINÉ	REMPOCHER	INCENDIER
STELLAIRE	VESTIBULE	HARNACHER	REPROCHER	INCRÉDULE
SUBSTANCE	YOHIMBINE	HERBICIDE	RESPECTER	INTERDIRE
SURCHARGE		HIÉROCLES	RETOUCHER	INTERDITE
TABULAIRE	**C**	HOROSCOPE	ROMANCERO	LIMPIDITÉ
TAILLADÉE		HORTICOLE	SARBACANE	MARAUDEUR
TAILLADER	ACCOUCHER	INAMICALE	SÉPULCRAL	PLACIDITÉ
TÉMÉRAIRE	ACCROCHER	INDISCRET	SUBJACENT	PRÉCÉDENT
TOLÉRANCE	APPRÉCIER	INFLÉCHIE	SUFFOCANT	PRÉJUDICE
TOLÉRANTE	APPROCHÉE	INFLÉCHIR	SUSPICION	PRÉMÉDITÉ
TOUCHANTE	APPROCHER	INSINCÈRE	SYLVICOLE	PRÉSIDENT
TRAÎNANTE	APPROCHES	INSPECTER	TACTICIEN	PROCÉDURE
TRAÎNARDE	BAMBOCHER	JUDAÏCITÉ	TÉLESCOPE	QUOTIDIEN
TRENTAINE	BÉCANCOUR	LENTICULE	TENANCIER	RAVAUDEUR
TRIGRAMME	CAMÉSCOPE	LICENCIER	TENTACULE	RÉPONDANT
	CLAVICULE			

REPRODUIT	BRIQUETER	DIABLESSE	GLANDEUSE	JAPONERIE
ROTONDITÉ	BUANDERIE	DILIGENTE	GLORIEUSE	JEANNETTE
SACERDOCE	CAISSETTE	DINGUERIE	GONFLETTE	JONGLERIE
SPLENDEUR	CAPITEUSE	DISCRÉDIT	GOURMETTE	JONGLEUSE
SPLENDIDE	CARAVELLE	DIVIDENDE	GRACIEUSE	KILOHERTZ
STUPIDITÉ	CASERETTE	DRESSEUSE	GRADUELLE	KILOMÈTRE
SUCCÉDANÉ	CAUCHEMAR	DUVETEUSE	GRANDESSE	LÉGIFÉRER
THÉRIDION	CAVALERIE	DYSOREXIE	GRASSERIE	LESBIENNE
TRAGÉDIEN	CHANGEANT	ÉBARBEUSE	GRATTELLE	LÉSINERIE
TRÉPIDANT	CHARGEUSE	ÉCARTELER	GRIMPETTE	LINGUETTE
TURBIDITÉ	CHARNELLE	ÉCERVELÉE	GROMMELER	LONGTEMPS
	CHARPENTE	ÉLOGIEUSE	GRONDERIE	LONGUETTE
E	CHARRETTE	ÉLYSÉENNE	GUIGNETTE	LONGUEUIL
	CHATTERIE	ENDOMÈTRE	GUILLEMET	LOUCHERIE
ACADIENNE	CHEVREUIL	ENGAGEANT	GUILLERET	LUMINEUSE
ACCÉLÉRER	CIGARETTE	ESCABÈCHE	HAÏTIENNE	MAINTENIR
ACHETEUSE	CITOYENNE	ESCOPETTE	HARDIESSE	MAÎTRESSE
ADHÉRENCE	CLAIRETTE	ÉTERNELLE	ICARIENNE	MANIFESTE
ADHÉRENTE	CLAQUETER	ÉTINCELER	IMMINENCE	MAUVIETTE
ADJACENTE	CLIQUETER	ÉTINCELLE	IMMINENTE	MÉGAHERTZ
AFFLUENCE	CLOCHETON	ÉTIQUETTE	IMMODÉRÉE	MEILLEURE
AMITIEUSE	COHÉRENCE	EXASPÉRÉE	IMMODESTE	MENSUELLE
AMOUREUSE	COHÉRENTE	FACTUELLE	IMPOTENTE	MIELLEUSE
APPARENCE	COIFFEUSE	FAISSELLE	IMPUDENCE	MIÈVRERIE
APPARENTE	COMPLÉTER	FARNIENTE	IMPUDENTE	MIMOLETTE
BAGATELLE	COMPRESSE	FAUCHETTE	INALTÉRÉE	MINUTERIE
BAIGNEUSE	CONCIERGE	FÉCULENTE	INATTENDU	MITIGEUSE
BALADEUSE	CONSTELLÉ	FIÉVREUSE	INDÉCENCE	MOUCHETÉE
BALIVERNE	COPINERIE	FLACHERIE	INDÉCENTE	MOUFLETTE
BANQUETER	CORONELLE	FLATTEUSE	INDIGENTE	MUTINERIE
BAROMÈTRE	CÔTELETTE	FOURBERIE	INDIRECTE	NATURELLE
BATELEUSE	COURBETTE	FRAUDEUSE	INDOLENTE	NAUSÉEUSE
BECQUETER	CRAQUETER	FRÉQUENCE	INESPÉRÉE	NÉBULEUSE
BIENVENUE	DÉCADENCE	FRONDEUSE	INFLUENTE	NIAISERIE
BILATÉRAL	DÉCAMÈTRE	FRUITERIE	INHÉRENTE	NIAISEUSE
BISAÏEULE	DÉCAPEUSE	FURETEUSE	INNOCENCE	NIVELEUSE
BLAGUEUSE	DÉCÉLÉRER	GALOPEUSE	INNOCENTE	NOMBREUSE
BOUCHERIE	DÉCIMÈTRE	GANADERIA	INSOLENTE	OBLIGEANT
BOUGRESSE	DÉFÉRENCE	GANGRENER	INTÉRESSÉ	OBLITÉRER
BOURGEOIS	DÉGÉNÉRÉE	GAUFRETTE	INUSUELLE	ONCTUEUSE
BOURRETTE	DÉLIBÉRÉE	GÉNÉREUSE	INVÉTÉRÉE	ONUSIENNE
BOUVREUIL	DÉLIBÉRER	GESTUELLE	IRANIENNE	OUBLIETTE
BRAQUEUSE	DIABLERIE	GIROUETTE	ITALIENNE	OUBLIEUSE

OURLIENNE
PAGAYEUSE
PAILLETER
PAILLETTE
PARADEUSE
PARAMÈTRE
PARTIELLE
PATINETTE
PATINEUSE
PAUPIETTE
PAUVRESSE
PÉDALEUSE
PELOTEUSE
PELVIENNE
PÉNITENCE
PÉNITENTE
PENTAÈDRE
PÉRIMÈTRE
PÉRIPÉTIE
PETITESSE
PIERREUSE
PIPELETTE
PIROUETTE
PLÂTREUSE
PLEUREUSE
PLISSEUSE
PLONGEUSE
PLUSIEURS
PLUVIEUSE
POISSEUSE
POLITESSE
POUDRERIE
POUDREUSE
PRÊCHEUSE
PRÉCIEUSE
PRESTESSE
PRÊTRESSE
PRINCESSE
PRINTEMPS
PROPHÉTIE
PROSPÉRER
PROSTERNÉ
PURULENTE

QUADRETTE
QUILLEUSE
QUINTEUSE
RACOLEUSE
RADINERIE
RAILLERIE
RAILLEUSE
RECELEUSE
RÉFÉRENCE
RÉGÉNÉRER
RÉINSÉRER
RELEVEUSE
RÉMUNÉRER
RENCHÉRIR
RÉSIDENCE
RESTREINT
RÉTICENCE
RÉTICENTE
RÉVÉRENCE
RICANEUSE
RIGOLEUSE
RINGUETTE
RONFLEUSE
ROUSPÉTER
ROUSSELET
RUISSELET
SALOPERIE
SALOPETTE
SAUGRENUE
SENSUELLE
SERVIETTE
SIMPLETTE
SOIGNEUSE
SOUCHETTE
SOUCIEUSE
SOUFREUSE
SPACIEUSE
SQUAMEUSE
STOPPEUSE
STRATÉGIE
STRIDENTE
STUDIEUSE
SUISSESSE

TAILLERIE
TALQUEUSE
TAMISEUSE
TAPAGEUSE
TARSIENNE
TAXIMÈTRE
TEILLEUSE
TÉLÉMÈTRE
TENDRESSE
TERRIENNE
TÉTRAÈDRE
TEXTUELLE
TORTUEUSE
TOURMENTE
TOURNEDOS
TOURNESOL
TOURNEVIS
TRAÎNEUSE
TRICHEUSE
TRISTESSE
TROMPERIE
TROMPEUSE
TROTTEUSE
ULCÉREUSE
VAPOREUSE
VAURIENNE
VÉHÉMENTE
VEILLEUSE
VERTUEUSE
VIRTUELLE
VIRULENCE
VIRULENTE
VISITEUSE
VISQUEUSE
VITUPÉRER
VOCIFÉRER

F

ACARIFIER
AMPLIFIER
AUTREFOIS
BARBIFIER

BÉATIFIER
CAMOUFLER
CARREFOUR
CERTIFIER
CHAUFFEUR
CHÉRIFIEN
CHOSIFIER
CLARIFIER
DÉCOIFFER
DÉCONFITE
DULCIFIER
FALSIFIER
FÉBRIFUGE
FORTIFIER
GLORIFIER
GRATIFIER
HORRIFIER
IMPARFAIT
JUSTIFIER
LUBRIFIER
MAGNIFIER
OPACIFIER
PESTIFÉRÉ
PÉTRIFIER
PLANIFIER
PONTIFIER
QUALIFIER
REBUFFADE
RÉCONFORT
RECTIFIER
RÉÉDIFIER
REGREFFER
RÉUNIFIER
RUSSIFIER
SACRIFICE
SACRIFIER
SATISFAIT
SCARIFIER
SIGNIFIER
SOMNIFÈRE
SPÉCIFIER
STUPÉFAIT
STUPÉFIER

SUPERFINE
SUPERFLUE
TERRIFIER
TOUTEFOIS
TRANSFERT
TRANSFUGE

G

CHLINGUER
COLLÉGIAL
COMPAGNIE
COMPAGNON
CONJUGUER
CONSIGNÉE
CONTAGION
COURAGEUX
DÉDAIGNER
DÉTERGENT
DIVERGENT
ENSEIGNÉE
ENSEIGNER
ENTREGENT
ÉTRANGÈRE
FROMAGÈRE
HARANGUÉE
HARANGUER
HYDROGÈNE
IMBROGLIO
IMPRÉGNER
INDULGENT
INTRIGANT
INTRIGUÉE
MÉLONGINE
MENDIGOTE
MESSAGÈRE
NÉGLIGENT
PASSAGÈRE
PLEXIGLAS
PROLIGÈRE
RABOUGRIE
REDINGOTE
ROSSIGNOL

443

SOULIGNER	ANTÉRIEUR	COUSSINET	FLOTTILLE	INSIDIEUX
TÉMOIGNER	ARSOUILLE	CROISIÈRE	FOURNIÈRE	INTÉRIEUR
VINAIGRÉE	ASEPTISER	DÉBOBINER	FOURRIÈRE	INTIMIDER
ZIGZAGUER	ASSIMILER	DÉCAPITER	FRONTIÈRE	INTIMISTE
	AUTORISER	DÉCHAÎNER	GALERISTE	INTOXIQUÉ
H	BARATINER	DÉCROÎTRE	GAUDRIOLE	INVALIDER
AGUICHANT	BATELIÈRE	DÉFICIENT	GILETIÈRE	IRASCIBLE
ARTICHAUT	BÉNÉFIQUE	DÉFINITIF	GOUTTIÈRE	ISLAMISER
ATROPHIÉE	BOTANISTE	DÉFRAÎCHI	GRAINIÈRE	IVOIRIÈRE
BLOCKHAUS	BOURSIÈRE	DÉLICIEUX	GRANDIOSE	JÉRÉMIADE
DÉCATHLON	BOUTEILLE	DÉNIAISER	GRAPHISTE	JONQUIÈRE
ÉNANTHÈME	BRAISIÈRE	DÉPOUILLE	GRISAILLE	JUDICIEUX
FRANCHISE	BRASSIÈRE	DÉRACINER	GROSEILLE	LABORIEUX
HYPOTHÈSE	BROUTILLE	DÉTÉRIORÉ	GROSSIÈRE	LACONISME
LIPOPHILE	BUCOLIQUE	DÉVALISER	GROSSISTE	LATINISER
MANICHÉEN	CABOTINER	DILAPIDER	GUERRIÈRE	LÉGALISER
ORNITHOSE	CAFETIÈRE	DIRIGISTE	HABILITER	LÉGITIMER
RABÂCHAGE	CANALISER	DODELINER	HASCHISCH	LIBIDINAL
SAXOPHONE	CANOÉISTE	DOUANIÈRE	HÉMATIQUE	LIBRAIRIE
SÉMAPHORE	CANONISER	DROGUISTE	HÉRÉTIQUE	LINGUISTE
SÉRAPHINE	CANONISTE	DROITISME	HÉRITIÈRE	LOCALISER
STOCKHOLM	CASTRISTE	DUETTISTE	HÔTELIÈRE	LOUISIANE
TÉLÉPHONE	CAVALIÈRE	DYNAMISME	HUITRIÈRE	LOYALISTE
TRANCHANT	CENTRISTE	ÉCHOTIÈRE	IDÉALISER	LUNATIQUE
TRANCHEUR	CÉRAMIQUE	ÉMEUTIÈRE	IDÉALISTE	LUNETIÈRE
XÉNOPHILE	CHAGRINER	EMPREINTE	IDENTIQUE	LUXURIEUX
XÉNOPHOBE	CHAMOISER	ENCHAÎNER	IDIOTISME	MAGASINER
XYLOPHAGE	CHARMILLE	ENLUMINER	IGNOMINIE	MAGOUILLE
XYLOPHONE	CHÂTAIGNE	ENTÉRINER	ILLIMITÉE	MAIGRIOTE
	CHAUDIÈRE	ENTRAÎNER	ILLISIBLE	MAÎTRISÉE
I	CHAUMIÈRE	ENVENIMER	ILLOGISME	MAÎTRISER
	CIMETIÈRE	ÉPONTILLE	ILLUMINÉE	MALÉFIQUE
ABIÉTINÉE	CIVILISER	ÉTERNISER	ILLUMINER	MALICIEUX
ABSIDIALE	CLASSIQUE	EXTÉRIEUR	IMMÉDIATE	MAXIMISER
ACCROÎTRE	COLCHIQUE	FACILITER	IMMÉRITÉE	MAZDÉISME
ALARMISTE	COLONISER	FAMÉLIQUE	IMMUNISER	MÉCANISER
ALBUMINÉE	COMPRIMER	FAMILIÈRE	IMPATIENT	MÉNAGISTE
ALIÉNISTE	CONNAÎTRE	FANATIQUE	IMPÉRIALE	MITRAILLE
AMENUISER	CONSPIRER	FANTAISIE	INDÉFINIE	MOBILISER
ANDOUILLE	CONTRISTÉ	FAVORISER	INDICIBLE	MORALISER
ANGÉLIQUE	CONVOITER	FÉLICITER	INFÉRIEUR	MUNITIONS
ANNALISTE	COURTIÈRE	FINALISTE	INGÉNIEUX	NÉANTISER
ANNIHILER	COURTISAN	FLICAILLE	INHABITÉE	NÉGOCIANT

NIHILISTE	RATATINER	TUBÉRISER	ENTAILLÉE	OUTILLAGE
NOMADISER	RÉACTIVER	ULTÉRIEUR	FENDILLER	PANTELANT
NOTORIÉTÉ	RÉCIPIENT	UNIONISME	FIGNOLAGE	PAPILLOTE
NUMÉRISER	REFROIDIR	VALÉRIANE	FISTULINE	PARALLÈLE
OFFICIÈRE	RÉGATIÈRE	VASELINER	FORMALITÉ	PENDILLER
OMBILICAL	RÉGULIÈRE	VENTRIÈRE	FOUILLEUR	PERCALINE
OPTIMISTE	RELIGIEUX	VERMEILLE	FRAGILITÉ	PERSILLÉE
ORDURIÈRE	RENGAINER	VIRILISER	GAMBILLER	PÉTILLANT
ORGANISÉE	RÉSINIÈRE	VITAMINÉE	GASPILLER	PÉTROLIER
ORGANISER	RESQUILLE	ZOOPHILIE	GENTILITÉ	PHARILLON
ORGANISME	RESSAISIR		GLOBALITÉ	PIAILLEUR
PACIFIQUE	RETRAITÉE	**L**	GONDOLIER	PICHOLINE
PACOTILLE	RIVALISER		GOUPILLER	PINAILLER
PAGANISER	ROBOTISER	AIGUILLÉE	GOUPILLON	PLATELAGE
PALATIALE	ROMANISTE	AMABILITÉ	GRACILITÉ	PORTILLON
PAPETIÈRE	ROTURIÈRE	ASSAILLIR	GRAVILLON	POSTULANT
PAPOUILLE	ROYALISME	BARIOLAGE	GRÉSILLER	POUILLARD
PARASITÉE	SABOTIÈRE	BATAILLER	GROUILLER	PRÉVALOIR
PARODISTE	SAPINIÈRE	BATAILLON	GRUMELURE	PUÉRILITÉ
PARRAINER	SÉCULIÈRE	BÉQUILLER	HOSTILITÉ	QUERELLÉE
PASSÉISTE	SÉCURISER	BOSSELURE	INÉGALITÉ	QUERELLER
PEAUFINER	SÉLÉNIATE	BOUILLANT	INSTALLER	RÉBELLION
PÉNALISER	SÉNILISME	BRAILLARD	INTERLUDE	RÉÉVALUER
PENDAISON	SIMILISTE	BRICOLAGE	INUTILISÉ	REJAILLIR
PERCHISTE	SIMPLISME	BROUILLÉE	INUTILITÉ	RENIFLARD
PIONNIÈRE	SPHÉRIQUE	BROUILLER	IRRÉALITÉ	RETAILLER
PLASTIQUE	STOÏCISME	CANNELURE	JOAILLIER	RÉVEILLER
PLAUSIBLE	STRABISME	CANTILÈNE	JOVIALITÉ	RICHELIEU
POLÉMISTE	SUBSTITUT	CARMÉLITE	LIBELLULE	ROUPILLER
POLICIÈRE	SUPÉRIEUR	CAVAILLON	MANTELURE	SACRILÈGE
POLITIQUE	SUPPRIMER	CHAPELIER	MAQUILLER	SATELLITE
PONDAISON	TABAGISME	CONCILIER	MASCULINE	SCHILLING
POUDRIÈRE	TABATIÈRE	CONSULTER	MÉDAILLÉE	SEMAILLES
POUSSIÈRE	TÉLÉSIÈGE	CORBILLAT	MÉDAILLER	SÉMILLANT
PRÉAVISER	TÉLÉVISER	CORPULENT	MESCALINE	SERVILITÉ
PRINCIPAL	TÉLEXISTE	CRÉNELURE	MORAILLES	SIBYLLINE
PRINCIPAT	TOTALISER	CRIAILLER	MORAILLON	SINGULIER
PROPRIÉTÉ	TOURBIÈRE	CURAILLON	NASILLARD	SOMNOLENT
PSYCHISME	TRANSIGER	DÉCOLLAGE	NÉVRALGIE	SORTILÈGE
QUATRIÈME	TRANSITER	DÉTAILLER	NORMALIEN	SOUILLURE
QUIÉTISTE	TRIOLISME	DISCULPER	NOSTALGIE	SPÉCULOOS
RAFRAÎCHI	TRIPAILLE	DISTILLER	OREILLONS	STABILITÉ
RATATINÉE	TROTTINER	ÉMERILLON	OSCILLANT	STÉRILITÉ

STIMULANT
SUBTILITÉ
SUCCULENT
TENAILLER
TIMBALIER
TIRAILLER
TORPILLÉE
TORPILLER
TORTILLER
TORTILLON
TOURILLON
TREMBLEUR
TROUBLANT
TUNNELIER
TURBULENT
UNIFOLIÉE
UNIVALENT
VACILLANT
VIABILITÉ
VIEILLARD

M

AGACEMENT
AMÈREMENT
AMPLEMENT
AMUSEMENT
AVÈNEMENT
BAISEMAIN
BAISEMENT
BALSAMIER
BARREMENT
BENJAMINE
BIGREMENT
BOISEMENT
BOMBEMENT
BRAMEMENT
CACHEMIRE
CALMEMENT
CAMPEMENT
CARDAMINE
CARRÉMENT
CHALUMEAU

CHÂTIMENT
CILLEMENT
COGNEMENT
CONCOMBRE
CONDAMNER
CONSOMMER
CORNEMENT
CORROMPRE
CORROMPUE
COUTUMIER
CRÂNEMENT
DÉTREMPÉE
DÉTRIMENT
DRAPEMENT
ÉCONOMIES
ÉGAREMENT
ENTREMISE
ÉTIREMENT
EXTRÉMITÉ
FERMEMENT
FEULEMENT
FIÈREMENT
FIRMAMENT
FOLLEMENT
FRÔLEMENT
GICLEMENT
GINGEMBRE
HURLEMENT
INFIRMITÉ
ISOLEMENT
JUSTEMENT
LANCEMENT
LARGEMENT
LÈCHEMENT
LENDEMAIN
LENTEMENT
MANDEMENT
NAVREMENT
NÉCROMANT
NETTEMENT
NOTAMMENT
NULLEMENT
ORALEMENT

OUTREMONT
PARFUMEUR
PARLEMENT
PESAMMENT
PHÉNOMÈNE
PIÉTEMENT
PLACEMENT
PLATEMENT
PRÉCOMPTE
PRÉNOMMER
RAMPEMENT
RÉCEMMENT
RÈGLEMENT
RENDEMENT
SACREMENT
SAINEMENT
SASSEMENT
SENTIMENT
SEPTEMBRE
SERREMENT
SEULEMENT
SURHUMAIN
SURNOMBRE
TERRAMARE
TESTAMENT
TRACEMENT
TRANSMISE
UNANIMITÉ
VAINEMENT

N

ACTIONNER
ADJOINDRE
AFFRONTER
ALIMENTER
ALUMINIUM
APPRENDRE
APPRENTIE
ATTEINDRE
AUGMENTER
BADMINTON
BALLONNER

BERLINGOT
BIDONNANT
BIGORNEAU
BLASONNER
BOSSANOVA
BOUCANAGE
BOUGONNER
BOULONNER
BRACONNER
CALOMNIER
CANCANIER
CANONNIER
CANTONADE
CARBONATE
CARDINALE
CARLINGUE
CASSONADE
CAVERNEUX
CHATONNER
CHEMINEAU
CIGOGNEAU
COCHONNER
COMBINARD
COMMANDER
COMMENCER
COMMENTER
COMMUNIER
COMPENSER
CONDENSER
CONFONDRE
CONGÉNÈRE
CONSENTIR
CONTENTER
CONTINENT
CONTINUEL
CONTINUER
CONTINUUM
CORDONNER
COTONNIER
COURONNER
DÉCHANTER
DÉPANNEUR
DESCENDRE

DÉTEINDRE
DIAMANTER
DISPENSER
DISTANCÉE
DISTENDRE
DISTINCTE
DRACONIEN
EFFRONTÉE
EMPRUNTER
ENCHANTÉE
ENCHANTER
ENJOINDRE
ÉPARGNANT
ESCLANDRE
ESPIONNER
ESPLANADE
ÉTREINDRE
FAÇONNIER
FASCINANT
FERMENTER
FOISONNER
FORLANCER
FREDONNER
FULMINANT
FUSIONNER
GARGANTUA
GAZONNAGE
GOGUENARD
HARPONNER
HAUBANAGE
HORTENSIA
IMPLANTER
INCHANGÉE
INCOGNITO
INDIGNITÉ
INÉTENDUE
INFERNALE
JARDINAGE
JARDINIER
KLAXONNER
LACHENAIE
LANCINANT
LOTIONNER

MACHINALE
MARMONNER
MÉTRONOME
MORFONDRE
NATIONALE
NAUTONIER
OIGNONADE
OPTIONNEL
ORIGINALE
PARDONNER
PATRONAGE
PATRONNER
PATRONYME
PERMANENT
PERSONNEL
PERTINENT
PIGEONNER
PISSENLIT
PISTONNER
PLAFONNER
PLATINITE
POUPONNER
PRÉSENTER
PRÉTENDRE
PRÉTENDUE
PRÉVENANT
PRÉVENTIF
PROLONGER
PROMENEUR
PRONONCÉE
PRONONCER
PROPANIER
QUICONQUE
RAISONNÉE
RAISONNER
RALLONGÉE
RANÇONNER
RANDONNÉE
RATIONALE
RATIONNEL
RÉABONNER
RECHANTER
REJOINDRE

RENCONTRE
RENFONCER
REPEINDRE
REPRENDRE
RÉPUGNANT
RESCINDER
RÉSONNANT
RESSENTIR
RETEINDRE
RINTINTIN
ROGNONNER
ROUTINIER
SABLONNER
SANSONNET
SARDINIER
SEGMENTAL
SEPTENNAT
SERMONNER
SERPENTER
SILLONNER
SIPHONNÉE
SIRVENTÈS
SOLENNITÉ
SOUTENEUR
SUBORNEUR
SUCCINCTE
SUPERNOVA
SURMONTER
SURRÉNALE
SUSPENDRE
SUSTENTER
TALONNEUR
TERMINALE
TISONNIER
TRICENNAL
TRIDENTÉE
TRILINGUE
TYRANNEAU
VENDANGER
VIOLENTER
VIOLONEUX
VIRGINALE
VIRGINITÉ

VOISINAGE
WARRANTER

O

ACRIMONIE
ALENTOURS
ALLÉGORIE
AMÉLIORER
AMÉTROPIE
ANDALOUSE
ANICROCHE
ASTICOTER
BANCROCHE
BIBLIOBUS
BOUFFONNE
CATALOGNE
CATALOGUE
CATÉGORIE
CÉRÉMONIE
CHEVIOTTE
CHEVRONNÉ
CHUCHOTER
COMPLOTER
CONTRÔLÉE
CONTRÔLER
COORDONNÉ
COURTOISE
DÉCOLORER
DÉRISOIRE
DÉSAVOUER
DYSPHORIE
ÉDULCORER
ÉLECTORAT
ENVELOPPE
ESCAMOTER
FILIFORME
FLAGEOLER
FLAGEOLET
FURIBONDE
GÉLINOTTE
GLOUTONNE
GRIGNOTER

GROGNONNE
HÉCATOMBE
HÉGÉMONIE
HOMOLOGUE
IGUANODON
INCOLORÉE
IRRÉSOLUE
JURATOIRE
MAILLOCHE
MALPROPRE
MANGEOIRE
MONOTONIE
MORATOIRE
MORIBONDE
NÉANMOINS
NUMÉROTER
OENOLOGIE
OENOLOGUE
OLÉIFORME
ONCOLOGIE
PALINODIE
PASODOBLE
PASSIONNÉ
PATINOIRE
PÉDOLOGUE
PÉKINOISE
PIRIFORME
PLAIDOYER
PODOLOGIE
POLTRONNE
POSOLOGIE
POUDROYER
POURBOIRE
PUDIBONDE
QUIPROQUO
RAVIGOTER
RHAPSODIE
ROTATOIRE
RUBICONDE
SALICOQUE
SCLÉROSÉE
SCLÉROSER
SCOUMOUNE

SÉNOLOGIE
SÉROLOGIE
SEXOLOGIE
SINOLOGUE
SOURNOISE
SPATIONEF
SYMPHONIE
TOURNOYER
TOUSSOTER
VAGABONDE
VIENNOISE
VIROLOGIE
VOUSSOYER
WYANDOTTE

P

ACCOMPLIE
ACCOMPLIR
ACCOUPLER
APPROPRIÉ
ASSOUPLIR
DÉCOMPTÉE
DÉCOMPTER
DÉCOUPAGE
DÉCOUPURE
DÉCRÉPITE
DÉSEMPARÉ
DÉSESPOIR
ESTROPIÉE
INADAPTÉE
INDISPOSÉ
INTRÉPIDE
KIDNAPPER
MALAPPRIS
MASSEPAIN
MÉTROPOLE
PASSEPORT
PRÉCIPICE
PRIMIPARE
RECOMPTER
SACRIPANT
SUREMPLOI

TRANSPORT
TRIOMPHER

Q

APPLIQUÉE
APPLIQUER
BALDAQUIN
BIFURQUER
CONVOQUER
CORNAQUER
CRITIQUÉE
CRITIQUER
DÉFROQUÉE
DÉFROQUER
DÉTRAQUÉE
DISLOQUER
FABRIQUER
FORNIQUER
IMPLIQUÉE
MASTIQUER
PRATIQUER
PROVOQUER
REMARQUÉE
REMARQUER
REMORQUÉE
RÉPLIQUÉE
RÉTORQUER
SOBRIQUET
SYNDIQUER

R

ABÂTARDIE
ABÂTARDIR
ASSOURDIR
AUDITRICE
AUSTÉRITÉ
BANDEROLE
BOMBARDÉE
BROCARDER
CALABRAIS
CAMPHRIER
CARBURANT

CÉLÉBRITÉ
CHANVRIER
CHAPARDER
CHIFFRAGE
CHIRURGIE
CICATRICE
COLPORTER
COMPÉRAGE
COMPORTER
CONCERNER
CONCORDER
CONFIRMER
CONFORTER
CONSERVER
CONVERGER
CONVERSER
CONVERTIR
COUTURIER
CRÉATRICE
CRITÉRIUM
DANGEREUX
DÉBITRICE
DÉBOURBER
DÉBOURSER
DÉCHARGER
DÉCHARNÉE
DÉCHIRANT
DÉGIVREUR
DÉLATRICE
DÉPOURVUE
DESSERRER
DÉTOURNER
DEXTÉRITÉ
DIFFÉREND
DIFFÉRENT
DISCERNER
DISPARATE
DISPARITÉ
DISPERSER
DISSERTER
DISTORDRE
ÉCLAIRAGE
ÉCLAIRCIR

ÉLECTRICE
ENTIÈRETÉ
FLAGORNER
FOUGERAIE
FRATERNEL
FRUSTRANT
FULGURANT
GABARRIER
GENÉVRIER
GÉNITRICE
GOUVERNER
GRÉGORIEN
GUTTURALE
HISTORIÉE
HISTORIEN
INCORRECT
INEXERCÉE
INOPÉRANT
INSPIRANT
INTÉGRALE
INTÉGRITÉ
ITINÉRANT
LAZZARONE
LITTÉRALE
LITTORALE
LITTORINE
LOCATRICE
MALADROIT
MANDARINE
MAQUEREAU
MARGARINE
MASCARADE
MÉNÉTRIER
MENSTRUEL
MENSTRUES
MEURTRIER
MIMODRAME
MONITRICE
MOTOCROSS
MUSCARINE
NÉGATRICE
NOVATRICE
OBSCURCIR

OBSCURITÉ
OSCABRION
PASTORALE
PÉNÉTRANT
PERTURBER
PERVERTIE
PERVERTIR
PLACARDER
POMMERAIE
POSTÉRITÉ
POSTURALE
PRÉCARITÉ
PRÉFORMER
PRESCRIRE
PRÉSERVER
PRIMEROSE
PROSCRIRE
PROSCRITE
PURPURINE
RACCORDER
RAFFERMIR
RANCARDER
RAPATRIER
RAPPORTER
RASSURANT
RECHARGÉE
RECOURBER
REMPORTER
RENFERMER
RENFORCER
RENVERSER
RESSERRER
RESSORTIR
RETOURNER
RIGOUREUX
SALUBRITÉ
SAUTERNES
SCÉLÉRATE
SCOLARITÉ
SÉBORRHÉE
SECTORIEL
SÉJOURNER
SERRURIER

SINCÉRITÉ
SOUFFRANT
SOUPIRANT
SOUSCRIRE
SOUVERAIN
SUPPORTER
TAXATRICE
TEMPÉRANT
THÉÂTRALE
TOMBEREAU
TRAÎTRISE
TRAVERSER
TRAVERSIN
TRÉSORIER
UNIVERSEL
URÉTÉRALE
VALEUREUX
VIGOUREUX
VOITURAGE
VULGARITÉ
WAGNÉRIEN
ZÉLATRICE

S

ACCESSION
ADMISSION
ADVERSITÉ
AGRESSION
AGRESSIVE
ANIMOSITÉ
ASCENSEUR
ASCENSION
ASSASSINE
ATOMISEUR
ATTRISTER
BÉNISSEUR
CLAIRSEMÉ
COEXISTER
COLLISION
COLLUSION
CONFESSER
CONFUSION

CONSISTER   NERVOSITÉ   RESSASSER   BARBOTINE   ÉDUCATIVE
CONTESTER   OBÉISSANT   REVERSOIR   BÉATITUDE   EFFECTIVE
CONTUSION   OBSESSION   RÉVERSION   BIPARTITE   EFFECTUER
COULISSÉE   OCCLUSION   SÉDUISANT   CADASTRER   ÉGLANTIER
COULISSER   ODALISQUE   SINUOSITÉ   CARACTÈRE   ÉGLANTINE
CREVASSÉE   OFFENSANT   SPADASSIN   CARENTIEL   ÉLÉVATEUR
CROISSANT   OFFENSIVE   STRESSANT   CAROTTIER   ENCASTRER
CUIRASSÉE   OMBUDSMAN   SUBSISTER   CHAPITRER   ENTRETIEN
CUIRASSER   OPPRESSÉE   SUFFISANT   CHIPOTEUR   ÉPURATION
CURIOSITÉ   OPPRESSER   SUGGESTIF   CLAPOTAGE   ÉREINTANT
DÉCRASSER   PALISSADE   SURPASSER   CLIENTÈLE   ÉRUDITION
DÉLAISSER   PARDESSUS   TENNESSEE   COALITION   ESSENTIEL
DÉMISSION   PARESSEUX   TENNISMAN   COLLATION   ÉVOCATION
DÉTERSIVE   PARTISANE   TERRASSÉE   COMBATTRE   EXCENTRÉE
DIFFUSION   PERSISTER   TERRASSER   COMMETTRE   EXÉCUTIVE
DIMENSION   PHARISIEN   TERRESTRE   COMMOTION   FERMETURE
DIVULSION   PHILISTIN   TRACASSER   COMPÉTENT   FIORITURE
EMBOSSURE   PIÉDESTAL   TRAVESTIE   CONDITION   FONDATEUR
EMBRASSER   POTASSIUM   TRÉPASSER   CONFITEOR   FONDATION
EMPRESSÉE   PRÉCISION   TROUSSEAU   COQUETIER   FORMATEUR
ENCAISSÉE   PRÉVISION   USTENSILE   CORSETIER   FRICOTAGE
ENCAISSER   PROFESSER   VERBOSITÉ   CRAINTIVE   GALANTINE
ESQUISSÉE   PROFUSION   VERNISSER   DALMATIEN   GARGOTIER
EXCLUSIVE   PRONOSTIC   VISCOSITÉ   DAMNATION   GARNITURE
EXPANSIVE   PROTESTER   YACHTSMAN   DAVANTAGE   GEMMATION
FANTASMER   PROVISION   DÉCEPTION   GÉOMÉTRIE
FRICASSÉE   RABAISSER   T   DÉCROTTER   GÉRIATRIE
GRAISSEUX   RAMASSEUR   DÉFECTION   GRADATION
HARASSANT   RASSASIÉE   ABOLITION   DÉFLATION   GRATITUDE
IMPULSION   RASSASIER   ACCENTUER   DÉGOÛTANT   GRELOTTER
IMPULSIVE   RATISSAGE   ACCEPTION   DÉMONTRER   GUSTATIVE
INCURSION   RAVISSANT   ACCOUTRER   DÉSERTION   HARMATTAN
INTENSITÉ   RECENSION   ACCOUTUMÉ   DESTITUER   HONNÊTETÉ
INTRUSION   RÉCESSION   ADORATION   DÉSUÉTUDE   ILLETTRÉE
INVERSION   RÉCLUSION   ADULATION   DÉTECTEUR   ILLUSTRÉE
JACASSEUR   REDRESSER   AGITATION   DÉTENTEUR   ILLUSTRER
JOYEUSETÉ   REGROSSIR   ANIMATION   DEVANTURE   IMITATION
LIMOUSINE   REHAUSSER   ARMISTICE   DICTATEUR   IMPARTIAL
MAQUISARD   RELUISANT   ATLANTIDE   DICTATURE   IMPORTUNE
MARCASSIN   RÉMISSION   ATTENTION   DILECTION   IMPOSTURE
MÉDIASTIN   RENDOSSER   ATTENTIVE   DIRECTION   INDUCTIVE
MENUISIER   REPOUSSER   BALBUTIER   DORMITIVE   INDUSTRIE
NÉCESSITÉ   RÉPULSION   BALLOTTER   ÉDUCATION   INFILTRER

INFORTUNE	PALPITANT	SAGOUTIER	CACAHUÈTE	MANIPULER
INGESTION	PAQUETEUR	SCULPTURE	CARROUSEL	MANOEUVRE
INJUSTICE	PARENTÈLE	SECRÉTAGE	CATAPULTE	MARGOULIN
INSTITUER	PARTITION	SÉCRÉTINE	CEINTURER	MARIHUANA
INTENTION	PÉRISTYLE	SÉCRÉTION	CEINTURON	MASCOUCHE
INTUITION	PERMETTRE	SÉDUCTEUR	CHARCUTER	MISTOUFLE
INVENTEUR	PERPÉTRER	SÉDUCTION	CLABAUDER	OBLIQUITÉ
INVENTION	PERPÉTUEL	SÉLECTION	CLAFOUTIS	OUTAOUAIS
IRRUPTION	PERPÉTUER	SENSATION	CLINQUANT	PARCOURIR
ISOLATION	PESANTEUR	SERVITUDE	CONCLUANT	PEINTURER
ITÉRATIVE	PLATITUDE	SINISTRÉE	CONCOURIR	PIROGUIER
LACTATION	PLÉNITUDE	SITUATION	CONFLUENT	POURSUITE
LASSITUDE	POLLUTION	SOMMATION	CONTOURNÉ	PRESSURER
LAUDATIVE	POTENTIEL	SOUMETTRE	DÉAMBULER	RACCOURCI
LIBERTINE	PRÉDATEUR	SPIRITUEL	DÉCHAUMER	RÉASSURER
LOQUETEUX	PRÉMATURÉ	STRUCTURE	DÉGUEULER	RECREUSER
LUCRATIVE	PRIMITIVE	SYMPATHIE	DÉMESURÉE	RÉÉCOUTER
MAGISTRAL	PRIVATION	TARENTULE	DÉNATURER	RÉPROUVER
MAGNÉTITE	PROBATION	TENTATION	DÉPIAUTER	RESSOUDER
MARMOTTER	PROFITEUR	TENTATIVE	DÉSABUSÉE	RESSOURCE
MÉCONTENT	PROMETTRE	TIQUETURE	DESSOÛLER	RESTAURER
MÉDIATEUR	PROMOTEUR	TOILETTÉE	DIMINUTIF	RETROUVER
MÉDIATION	PROMOTION	TOILETTES	DISCOURIR	RISTOURNE
MIGRATEUR	PULSATION	TRADITION	DISSOUDRE	ROUCOULER
MIGRATION	RADIATEUR	TRICOTAGE	ÉCONDUIRE	ROUDOUDOU
MULTITUDE	RADIATION	TRIMOTEUR	FARLOUCHE	SÉCHAUMER
NARRATEUR	RAGOÛTANT	TRIPOTAGE	FRIMOUSSE	SOMPTUEUX
NARRATION	RÉCEPTEUR	TURLUTUTU	GALVAUDER	STRIDULER
NAUPATHIE	RÉCEPTION	TURPITUDE	GARGOUSSE	SURSAUTER
NÉONATALE	RECTITUDE	VARIATION	IGNIFUGER	TACITURNE
NERVATION	RÉDACTION	VELOUTINE	IMMACULÉE	TARBOUCHE
NUTRITION	RÉDUCTION	VERSATILE	INAUGURAL	THÉSAURUS
NUTRITIVE	RÉFECTION	VIBRATION	INAUGURER	TRUCMUCHE
OBJECTION	REGRETTER	VIOLATION	INOCCUPÉE	UNIOVULÉE
OBJECTIVE	RELECTURE		INSOLUBLE	VAINQUEUR
OLFACTION	REMONTANT	**U**	INSTAURER	VARIQUEUX
OLFACTIVE	REPENTANT		INSTRUIRE	VÉHICULÉE
OPÉRATEUR	REPLÂTRER	ACCUMULER	INSTRUITE	VÉHICULER
OPÉRATION	REPORTAGE	APPLAUDIR	INTITULER	VERMOULUE
OPPORTUNE	REPTATION	APPROUVER	LAMBOURDE	
ORIENTALE	RÉSISTANT	ASSIDUITÉ	LAMPOURDE	**V**
OUVERTURE	RESTITUER	BISEAUTER	LIGATURER	
PALPATION	RILLETTES	BOUSCULER	MANGOUSTE	CAPTIVITÉ

7e POSITION

A

CHARIVARI
CONCEVOIR
DÉCOUVRIR
ENTREVOUS
GINGIVITE
HYDRAVION
INTERVIEW
LESSIVAGE
LESSIVIER
MÉDIÉVALE
PERCEVOIR
POITEVINE
RECOUVRIR
SURVIVANT

W

HALLOWEEN

X

CONVEXITÉ
PRÉTEXTÉE
SUFFIXALE

Y

AMÉTHYSTE
CLERGYMAN
DÉBRAYAGE
DIACHYLON
GOULEYANT
HÉMICYCLE
INCROYANT
NETTOYEUR
PAROXYSME
PÉROXYDER
PRESBYTIE
SUROXYDER
VOLLEYEUR

Z

BALBUZARD
QUARTZITE

ABSIDIALE
AGUICHANT
ARTICHAUT
BAISEMAIN
BALBUZARD
BARIOLAGE
BAVARDAGE
BIDONNANT
BLOCKHAUS
BOUCANAGE
BOUILLANT
BRAILLARD
BRICOLAGE
CALABRAIS
CANDIDATE
CANNIBALE
CANTONADE
CARBONATE
CARBURANT
CARDINALE
CASSONADE
CEPENDANT
CHANGEANT
CHARIVARI
CHIFFRAGE
CLAPOTAGE
CLINQUANT
COMBINARD
COMPÉRAGE
CONCLUANT
CORUSCANT
CROISSANT
DAVANTAGE
DÉBANDADE
DÉBRAYAGE

DÉCHIRANT
DÉCOLLAGE
DÉCOUPAGE
DÉGOÛTANT
DÉSEMPARÉ
DISPARATE
DUPLICATA
ÉCLAIRAGE
ENGAGEANT
ÉPARGNANT
ÉREINTANT
ESPLANADE
FABRICANT
FASCINANT
FIGNOLAGE
FOUGERAIE
FRICOTAGE
FRUSTRANT
FULGURANT
FULMINANT
GAZONNAGE
GOGUENARD
GOULEYANT
GUTTURALE
HARASSANT
HAUBANAGE
IMMÉDIATE
IMPARFAIT
IMPÉRIALE
INAMICALE
INCROYANT
INFERNALE
INOPÉRANT
INSPIRANT
INTÉGRALE
INTRIGANT
ITINÉRANT
JARDINAGE
JÉRÉMIADE
LACHENAIE
LANCINANT
LENDEMAIN

LESSIVAGE
LITTÉRALE
LITTORALE
LOUISIANE
MACHINALE
MAQUISARD
MARIHUANA
MASCARADE
MASSEPAIN
MÉDIÉVALE
MIMODRAME
NASILLARD
NATIONALE
NÉCROMANT
NÉGOCIANT
NÉONATALE
OBÉISSANT
OBLIGEANT
OFFENSANT
OIGNONADE
ORIENTALE
ORIGINALE
OSCILLANT
OUTAOUAIS
OUTILLAGE
PALATIALE
PALISSADE
PALPITANT
PANTELANT
PARTISANE
PASTORALE
PATRONAGE
PÉNÉTRANT
PÉTILLANT
PLATELAGE
POMMERAIE
POSTULANT
POSTURALE
POUILLARD
PRÉDICANT
PRÉVENANT
PRIMIPARE

PROVOCANT
RABÂCHAGE
RAGOÛTANT
RASSURANT
RATIONALE
RATISSAGE
RAVISSANT
REBUFFADE
RELUISANT
REMONTANT
RENIFLARD
REPENTANT
RÉPONDANT
REPORTAGE
RÉPUGNANT
RÉSISTANT
RÉSONNANT
SACRIPANT
SARBACANE
SATISFAIT
SCÉLÉRATE
SECRÉTAGE
SÉDUISANT
SÉLÉNIATE
SÉMILLANT
SOUFFRANT
SOUPIRANT
SOUVERAIN
STIMULANT
STRESSANT
STUPÉFAIT
SUCCÉDANÉ
SUFFISANT
SUFFIXALE
SUFFOCANT
SURHUMAIN
SURRÉNALE
SURVIVANT
TEMPÉRANT
TERMINALE
TERRAMARE
THÉÂTRALE

TRANCHANT
TRÉPIDANT
TRICOTAGE
TRIPOTAGE
TROPICALE
TROUBLANT
URÉTÉRALE
VACILLANT
VALÉRIANE
VIEILLARD
VIRGINALE
VOISINAGE
VOITURAGE
XYLOPHAGE

B

ADMIRABLE
BIBLIOBUS
BLABLABLA
COMPTABLE
CONCOMBRE
CONSTABLE
DÉBOURBER
GINGEMBRE
HONORABLE
ILLISIBLE
IMBUVABLE
INCAPABLE
INCUNABLE
INDICIBLE
INSOLUBLE
INTENABLE
INVIVABLE
IRASCIBLE
IRRITABLE
JOIGNABLE
MALLÉABLE
MÉMORABLE
MISÉRABLE
PASODOBLE
PERMÉABLE
PERTURBER

PLAUSIBLE
PUBLIABLE
RECEVABLE
RECOURBER
RÉPARABLE
SEPTEMBRE
SERVIABLE
SURNOMBRE
VÉNÉRABLE
VÉRITABLE

C

ANICROCHE
BANCROCHE
BOURRACHE
CATARACTE
COMMENCER
DÉFRAÎCHI
DISTANCÉE
DISTINCTE
ÉCLAIRCIR
ESCABÈCHE
FARLOUCHE
FORLANCER
HABITACLE
HÉMICYCLE
INDIRECTE
INEXERCÉE
MAILLOCHE
MASCOUCHE
OBSCURCIR
OMBILICAL
PRONONCÉE
PRONONCER
RAFRAÎCHI
REMPLACER
RENFONCER
RENFORCER
SPECTACLE
SUCCINCTE
TARBOUCHE
TRUCMUCHE

VERGLACER

D

ABÂTARDIE
ABÂTARDIR
ADJOINDRE
APPLAUDIR
APPRENDRE
ASSOURDIR
ATTEINDRE
BOMBARDÉE
BROCARDER
CHAPARDER
CLABAUDER
COMMANDER
CONCORDER
CONFONDRE
DESCENDRE
DÉTEINDRE
DILAPIDER
DISCRÉDIT
DISSOUDRE
DISSUADER
DISTENDRE
DISTORDRE
ENJOINDRE
ESCALADÉE
ESCALADER
ESCLANDRE
ÉTREINDRE
GALVAUDER
IGUANODON
INÉTENDUE
INTIMIDER
INVALIDER
MORFONDRE
PALINODIE
PENTAÈDRE
PÉROXYDER
PERSUADER
PÉTARADER
PLACARDER

PRÉTENDRE
PRÉTENDUE
RACCORDER
RANCARDER
REFROIDIR
REJOINDRE
REPEINDRE
REPRENDRE
RESCINDER
RESSOUDER
RETEINDRE
RHAPSODIE
ROUDOUDOU
SUROXYDER
SUSPENDRE
TAILLADÉE
TAILLADER
TÉTRAÈDRE
TOURNEDOS

E

AGACEMENT
AMÈREMENT
AMPLEMENT
AMUSEMENT
ANTÉRIEUR
ASCENSEUR
ATOMISEUR
AVÈNEMENT
BAISEMENT
BARREMENT
BATELIÈRE
BELVÉDÈRE
BÉNISSEUR
BIGORNEAU
BIGREMENT
BOISEMENT
BOMBEMENT
BOURSIÈRE
BRAISIÈRE
BRAMEMENT
BRASSIÈRE

CACAHUÈTE
CAFETIÈRE
CALMEMENT
CAMEMBERT
CAMPEMENT
CANTILÈNE
CARACTÈRE
CARRÉMENT
CAVALIÈRE
CAVERNEUX
CHALUMEAU
CHÂTIMENT
CHAUDIÈRE
CHAUFFEUR
CHAUMIÈRE
CHEMINEAU
CHIENDENT
CHIPOTEUR
CICINDÈLE
CIGOGNEAU
CILLEMENT
CIMETIÈRE
CLAIRSEMÉ
CLIENTÈLE
COGNEMENT
COMPÉTENT
CONFITEOR
CONFLUENT
CONGÉNÈRE
CONTINENT
CORNEMENT
CORPULENT
COURAGEUX
COURTIÈRE
CRÂNEMENT
CROISIÈRE
DANGEREUX
DÉFICIENT
DÉGIVREUR
DÉLICIEUX
DÉPANNEUR
DÉTECTEUR
DÉTENTEUR

DÉTERGENT	HÔTELIÈRE	NETTOYEUR	RAVAUDEUR	TREMBLEUR
DÉTRIMENT	HUITRIÈRE	NOTAMMENT	RÉCEMMENT	TRIMOTEUR
DICTATEUR	HURLEMENT	NOTORIÉTÉ	RÉCEPTEUR	TROUSSEAU
DIFFÉREND	HYDROGÈNE	NULLEMENT	RÉCIPIENT	TURBULENT
DIFFÉRENT	HYPOTHÈSE	OFFICIÈRE	RÉGATIÈRE	TYRANNEAU
DISSIDENT	IMPATIENT	OPÉRATEUR	RÈGLEMENT	ULTÉRIEUR
DIVERGENT	IMPRUDENT	ORALEMENT	RÉGULIÈRE	UNIVALENT
DOUANIÈRE	INCORRECT	ORDURIÈRE	RELIGIEUX	VAINEMENT
DRAPEMENT	INDULGENT	PANONCEAU	RENDEMENT	VAINQUEUR
ÉCHOTIÈRE	INFÉRIEUR	PAPETIÈRE	RÉSINIÈRE	VALEUREUX
ÉGAREMENT	INGÉNIEUX	PAQUETEUR	RIGOUREUX	VARIQUEUX
ÉLÉVATEUR	INSIDIEUX	PARALLÈLE	ROMANCERO	VENTRIÈRE
ÉMEUTIÈRE	INSINCÈRE	PARENTÈLE	ROTURIÈRE	VIGOUREUX
ÉNANTHÈME	INTÉRIEUR	PARESSEUX	SABOTIÈRE	VIOLONEUX
ENTIÈRETÉ	INVENTEUR	PARFUMEUR	SACREMENT	VOLLEYEUR
ENTREGENT	ISOLEMENT	PARLEMENT	SACRILÈGE	
ÉTIREMENT	IVOIRIÈRE	PASSAGÈRE	SAINEMENT	**F**
ÉTRANGÈRE	JACASSEUR	PERMANENT	SAPINIÈRE	
EXTÉRIEUR	JONQUIÈRE	PERTINENT	SASSEMENT	DÉCOIFFER
FAMILIÈRE	JOYEUSETÉ	PESAMMENT	SÉCULIÈRE	MISTOUFLE
FERMEMENT	JUDICIEUX	PESANTEUR	SÉDUCTEUR	REGREFFER
FEULEMENT	JUSTEMENT	PESTIFÉRÉ	SENTIMENT	
FIÈREMENT	LABORIEUX	PHÉNOMÈNE	SERREMENT	**G**
FIRMAMENT	LANCEMENT	PIAILLEUR	SEULEMENT	
FOLLEMENT	LARGEMENT	PIÉTEMENT	SOMNIFÈRE	AVANTAGÉE
FONDATEUR	LÈCHEMENT	PIONNIÈRE	SOMNOLENT	BERLINGOT
FORMATEUR	LENTEMENT	PLACEMENT	SOMPTUEUX	CARLINGUE
FOUILLEUR	LOQUETEUX	PLATEMENT	SORTILÈGE	CATALOGNE
FOURNIÈRE	LUNETIÈRE	POLICIÈRE	SOUTENEUR	CATALOGUE
FOURRIÈRE	LUXURIEUX	POUDRIÈRE	SPLENDEUR	CHÂTAIGNE
FRÔLEMENT	MALICIEUX	POUSSIÈRE	SUBJACENT	CHIRURGIE
FROMAGÈRE	MANDEMENT	PRÉCÉDENT	SUBORNEUR	CONVERGER
FRONTIÈRE	MANICHÉEN	PRÉDATEUR	SUCCULENT	DÉCHARGER
GICLEMENT	MAQUEREAU	PRÉSIDENT	SUPÉRIEUR	DYSPHAGIE
GILETIÈRE	MARAUDEUR	PROFITEUR	TABATIÈRE	GRILLAGÉE
GOUTTIÈRE	MÉCONTENT	PROLIGÈRE	TALONNEUR	GRILLAGER
GRAINIÈRE	MÉDIATEUR	PROMENEUR	TÉLÉSIÈGE	HOMOLOGUE
GRAISSEUX	MESSAGÈRE	PROMOTEUR	TESTAMENT	IGNIFUGER
GROSSIÈRE	MIGRATEUR	PROPRIÉTÉ	TOMBEREAU	INCHANGÉE
GUERRIÈRE	NARRATEUR	QUATRIÈME	TOURBIÈRE	NAUFRAGÉE
HALLOWEEN	NAVREMENT	RADIATEUR	TRACEMENT	NAUFRAGER
HÉRITIÈRE	NÉGLIGENT	RAMASSEUR	TRANCHEUR	NÉVRALGIE
HONNÊTETÉ	NETTEMENT	RAMPEMENT	TRANSFERT	NOSTALGIE
				OENOLOGIE

OENOLOGUE
ONCOLOGIE
PÉDOLOGUE
PODOLOGIE
POSOLOGIE
PROLONGER
RALLONGÉE
RECHARGÉE
SÉNOLOGIE
SÉROLOGIE
SEXOLOGIE
SINOLOGUE
STRATÉGIE
TRANSIGER
TRILINGUE
VENDANGER
VIROLOGIE

H

ACCOUCHER
ACCROCHER
APPROCHÉE
APPROCHER
APPROCHES
BAMBOCHER
CHIHUAHUA
CORNICHON
DÉBAUCHER
DÉBOUCHÉE
DÉBROCHER
DÉCOUCHER
DÉCROCHER
DÉFLÉCHIR
DÉMANCHER
EMBOUCHÉE
HARNACHER
INFLÉCHIE
INFLÉCHIR
NAUPATHIE
PASTICHÉE
PIGNOCHER
RATTACHER

REBLOCHON
RÉFLÉCHIR
REMBUCHER
REMPOCHER
REPROCHER
RETOUCHER
SÉBORRHÉE
SYMPATHIE
TRIOMPHER

I

ABOLITION
ABSTRAITE
ABSURDITÉ
ACARIFIER
ACCEPTION
ACCESSION
ADMISSION
ADORATION
ADULATION
ADVERSITÉ
AGITATION
AGRESSION
AGRESSIVE
ALBANAISE
ALUMINIUM
AMABILITÉ
AMPLIFIER
ANIMATION
ANIMOSITÉ
ANNULAIRE
APPRÉCIER
ARMISTICE
ASCENSION
ASSASSINE
ASSIDUITÉ
ATLANTIDE
ATROPHIÉE
ATTENTION
ATTENTIVE
AUDITRICE
AUSTÉRITÉ

BALBUTIER
BALNÉAIRE
BALSAMIER
BARBIFIER
BARBOTINE
BÉATIFIER
BENJAMINE
BESTIAIRE
BIFILAIRE
BIPARTITE
BIPOLAIRE
CACHEMIRE
CALOMNIER
CAMPHRIER
CANCANIER
CANONNIER
CAPTIVITÉ
CARDAMINE
CARENTIEL
CARMÉLITE
CAROTTIER
CÉLÉBRITÉ
CERTIFIER
CHANVRIER
CHAPELIER
CHÉRIFIEN
CHOSIFIER
CICATRICE
CINÉRAIRE
CLARIFIER
COALITION
COLLATION
COLLÉGIAL
COLLISION
COLLUSION
COLOMBIER
COMMOTION
COMMUNIER
CONCILIER
CONDITION
CONFUSION
CONGÉDIER
CONTAGION

CONTRAIRE
CONTUSION
CONVEXITÉ
COQUETIER
CORSETIER
COTONNIER
COUARDISE
COURTOISE
COUTUMIER
COUTURIER
CRAINTIVE
CRÉATRICE
CRITÉRIUM
CULINAIRE
CURIOSITÉ
DALMATIEN
DAMNATION
DÉBITRICE
DÉCEPTION
DÉCONFITE
DÉCRÉPITE
DÉFECTION
DÉFLATION
DÉLATRICE
DÉMISSION
DÉPRÉCIER
DÉRISOIRE
DÉSERTION
DÉTERSIVE
DEXTÉRITÉ
DIFFICILE
DIFFUSION
DILECTION
DIMENSION
DIRECTION
DISPARITÉ
DISSOCIER
DISTRAIRE
DISTRAITE
DIVULSION
DORMITIVE
DRACONIEN
DULCIFIER

ÉCONDUIRE
ÉCONOMIES
ÉCRIVAINE
ÉDUCATION
ÉDUCATIVE
EFFECTIVE
ÉGLANTIER
ÉGLANTINE
ÉLECTRICE
ÉMISSAIRE
ENTREMISE
ENTRETIEN
ÉPURATION
ÉRUDITION
ESSENTIEL
ESTROPIÉE
ÉVOCATION
EXCLUSIVE
EXÉCUTIVE
EXPANSIVE
EXPLICITE
EXTRÉMITÉ
FAÇONNIER
FAÏENCIER
FALSIFIER
FINANCIER
FISTULINE
FONDATION
FORMALITÉ
FORTIFIER
FOURNAISE
FRAGILITÉ
FRANÇAISE
FRANCHISE
FRIANDISE
GABARDINE
GABARRIER
GALANTINE
GARGOTIER
GEMMATION
GENÉVRIER
GÉNITRICE
GENTILITÉ

GERMICIDE	INTERDIRE	MANGEOIRE	PARTITION	PUGNACITÉ
GINGIVITE	INTERDITE	MARGARINE	PATINOIRE	PULSATION
GLACIAIRE	INTERVIEW	MASCULINE	PÉKINOISE	PURITAINE
GLOBALITÉ	INTRÉPIDE	MÉDIATION	PERCALINE	PURPURINE
GLORIFIER	INTRUSION	MÉLONGINE	PÉTRIFIER	QUALIFIER
GLOSSAIRE	INTUITION	MÉNÉTRIER	PÉTROLIER	QUARTZITE
GONDOLIER	INUTILISÉ	MENUISIER	PHARISIEN	QUINZAINE
GRACILITÉ	INUTILITÉ	MESCALINE	PHYSICIEN	QUOTIDIEN
GRADATION	INVENTION	MEURTRIER	PICHOLINE	RADIATION
GRATIFIER	INVERSION	MIGRATION	PIROGUIER	RAPATRIER
GRÉGORIEN	IRRÉALITÉ	MILITAIRE	PLACIDITÉ	RASSASIÉE
GRENADIER	IRRUPTION	MONITRICE	PLAGIAIRE	RASSASIER
GRENADINE	ISOLATION	MORATOIRE	PLANIFIER	RÉBELLION
GUSTATIVE	ITÉRATIVE	MORTUAIRE	PLATINITE	RECENSION
HALLUCINÉ	JARDINIER	MUSCARINE	POITEVINE	RÉCEPTION
HERBICIDE	JOAILLIER	NARRATION	POLLUTION	RÉCESSION
HISTORIÉE	JOVIALITÉ	NAUTONIER	PONTIFIER	RÉCLUSION
HISTORIEN	JUDAÏCITÉ	NÉANMOINS	POPULAIRE	RECTIFIER
HORRIFIER	JUGULAIRE	NÉCESSITÉ	PORTUAIRE	RÉDACTION
HOSTILITÉ	JURATOIRE	NÉGATRICE	POSTÉRITÉ	REDÉFAIRE
HYDRAVION	JUSTIFIER	NÉPALAISE	POTASSIUM	RÉDUCTION
IMITATION	LACTATION	NERVATION	POTENTIEL	RÉÉDIFIER
IMPARTIAL	LAPIDAIRE	NERVOSITÉ	POURBOIRE	RÉFECTION
IMPROBITÉ	LAUDATIVE	NORMALIEN	POURSUITE	REMERCIER
IMPULSION	LESSIVIER	NOVATRICE	PRATICIEN	RÉMISSION
IMPULSIVE	LIBERTINE	NUCLÉAIRE	PRÉCARITÉ	REPTATION
INCENDIÉE	LICENCIER	NUTRITION	PRÉCIPICE	RÉPULSION
INCENDIER	LIMINAIRE	NUTRITIVE	PRÉCISION	RESTREINT
INCOGNITO	LIMONAIRE	OBITUAIRE	PRÉJUDICE	RÉUNIFIER
INCURSION	LIMOUSINE	OBJECTION	PRÉMÉDITÉ	RÉVERSION
INDIGNITÉ	LIMPIDITÉ	OBJECTIVE	PRESCRIRE	RICHELIEU
INDUCTIVE	LIPOPHILE	OBLIQUITÉ	PRÉVISION	RIVERAINE
INÉGALITÉ	LITTORINE	OBSCURITÉ	PRIMITIVE	RIVULAIRE
INFIRMITÉ	LOCATRICE	OBSESSION	PRIVATION	ROTATOIRE
INGESTION	LOINTAINE	OCCLUSION	PROBATION	ROTONDITÉ
INHUMAINE	LORICAIRE	OFFENSIVE	PROFUSION	ROUTINIER
INJUSTICE	LUBRICITÉ	OLFACTION	PROMOTION	RUSSIFIER
INSTRUIRE	LUBRIFIER	OLFACTIVE	PROPANIER	SACRIFICE
INSTRUITE	LUCRATIVE	OPACIFIER	PROSCRIRE	SACRIFIER
INSULAIRE	LUMINAIRE	OPÉRATION	PROSCRITE	SAGOUTIER
INTÉGRITÉ	MAGNÉTITE	ORDINAIRE	PROVISION	SALUBRITÉ
INTENSITÉ	MAGNIFIER	OSCABRION	PUBLICITÉ	SALUTAIRE
INTENTION	MANDARINE	PALPATION	PUÉRILITÉ	SANITAIRE

SARDINIER	TÉMÉRAIRE	ACCOUPLER	DIACHYLON	MÉDAILLER
SATELLITE	TENANCIER	ACCUMULER	DISTILLER	MENSUELLE
SCARIFIER	TENTATION	AFFAIBLIE	ÉCARTELER	MITRAILLE
SCHILLING	TENTATIVE	AFFAIBLIR	ÉCERVELÉE	MORAILLES
SCOLARITÉ	TERRIFIER	AIGUILLÉE	ÉMERILLON	MORAILLON
SÉCRÉTINE	THÉRIDION	ANDOUILLE	ENTAILLÉE	NATURELLE
SÉCRÉTION	TIMBALIER	ANNIHILER	ÉPONTILLE	PACOTILLE
SECTORIEL	TISONNIER	ARSOUILLE	ÉTERNELLE	PAPOUILLE
SÉCULAIRE	TRADITION	ASSAILLIR	ÉTINCELER	PARTIELLE
SÉDUCTION	TRAGÉDIEN	ASSEMBLÉE	ÉTINCELLE	PENDILLER
SÉLECTION	TRAÎTRISE	ASSEMBLER	FACTUELLE	PERSILLÉE
SÉMINAIRE	TRANSMISE	ASSIMILER	FAISSELLE	PHARILLON
SENSATION	TRENTAINE	ASSOUPLIR	FENDILLER	PINAILLER
SÉRAPHINE	TRÉSORIER	BAGATELLE	FLAGEOLER	PISSENLIT
SERRURIER	TUNNELIER	BATAILLER	FLAGEOLET	PLEXIGLAS
SERVILITÉ	TURBIDITÉ	BATAILLON	FLICAILLE	PORTILLON
SIBYLLINE	UNANIMITÉ	BÉQUILLER	FLOTTILLE	QUERELLÉE
SIGNIFIER	UNIFOLIÉE	BOUSCULER	GAMBILLER	QUERELLER
SIMILAIRE	URTICAIRE	BOUTEILLE	GASPILLER	REJAILLIR
SINCÉRITÉ	USTENSILE	BRIMBALER	GESTUELLE	RESQUILLE
SINGULIER	VACANCIER	BROUILLÉE	GOUPILLER	RETAILLER
SINUOSITÉ	VARIATION	BROUILLER	GOUPILLON	RÉVEILLER
SITUATION	VELOUTINE	BROUTILLE	GRADUELLE	ROUCOULER
SOLENNITÉ	VERBOSITÉ	CAMOUFLER	GRATTELLE	ROUPILLER
SOLIDAIRE	VERSATILE	CARAVELLE	GRAVILLON	ROUSSELET
SOLITAIRE	VESTIAIRE	CATAPULTE	GRÉSILLER	RUISSELET
SOMMATION	VIABILITÉ	CAVAILLON	GRINGALET	SEMAILLES
SOURNOISE	VIBRATION	CHARMILLE	GRISAILLE	SENSUELLE
SOUSCRIRE	VIENNOISE	CHARNELLE	GROMMELER	STRIDULER
SPÉCIFIER	VINGTAINE	CONSTELLÉ	GROSEILLE	SUPERFLUE
SPLENDIDE	VIOLATION	CONTRÔLÉE	GROUILLER	SUREMPLOI
STABILITÉ	VIRGINITÉ	CONTRÔLER	HIÉROCLES	TENAILLER
STATUAIRE	VISCOSITÉ	CORBILLAT	IMBROGLIO	TEXTUELLE
STELLAIRE	VULGARITÉ	CORONELLE	IMMACULÉE	TIRAILLER
STÉRILITÉ	WAGNÉRIEN	CRIAILLER	INSTALLER	TORPILLÉE
STUPÉFIER	XÉNOPHILE	CURAILLON	INTITULER	TORPILLER
STUPIDITÉ	YOHIMBINE	DÉAMBULER	INUSUELLE	TORTILLER
SUBTILITÉ	ZÉLATRICE	DÉBOUCLER	IRRÉSOLUE	TORTILLON
SUPERFINE		DÉCATHLON	MAGOUILLE	TOURILLON
SUSPICION	**L**	DÉGUEULER	MANIPULER	TRIMBALER
TABULAIRE		DÉPOUILLE	MAQUILLER	TRIPAILLE
TACTICIEN	ACCOMPLIE	DESSOÛLER	MARGOULIN	UNIOVULÉE
TAXATRICE	ACCOMPLIR	DÉTAILLER	MÉDAILLÉE	VÉHICULÉE

VÉHICULER	ACRIMONIE	COMPAGNON	ENTRAÎNER	IMPOSANTE
VERMEILLE	ACTIONNER	CONCERNER	ÉPEURANTE	IMPOTENTE
VERMOULUE	ACTIVANTE	CONDAMNER	ÉPUISANTE	IMPRÉGNER
VIRTUELLE	ADHÉRENCE	CONFIANCE	ESPÉRANCE	IMPUDENCE
ZOOPHILIE	ADHÉRENTE	CONFIANTE	ESPIONNER	IMPUDENTE
	ADJACENTE	CONSIGNÉE	ÉTONNANTE	INATTENDU
M	AFFLUENCE	CONSTANCE	EXCITANTE	INDÉCENCE
AMALGAMÉE	AFFOLANTE	CONSTANTE	EXIGEANTE	INDÉCENTE
CAUCHEMAR	ALBUMINÉE	COORDONNÉ	EXISTANTE	INDÉFINIE
CLERGYMAN	ALLEMANDE	CORDONNER	FAINÉANTE	INDIGENTE
COMPRIMER	AMBULANTE	COURONNER	FARNIENTE	INDOLENTE
CONFIRMER	APAISANTE	COUSSINET	FATIGANTE	INFAMANTE
CONSOMMER	APPARENCE	CUISTANCE	FÉCULENTE	INFLUENTE
DÉCHAUMER	APPARENTE	DÉBOBINER	FLAGORNER	INHÉRENTE
DIAGRAMME	ARRIVANTE	DÉBUTANTE	FOISONNER	INNOCENCE
ENVENIMER	ARROGANTE	DÉCADENCE	FRAPPANTE	INNOCENTE
ÉPIGRAMME	ASPIRANTE	DÉCAPANTE	FRATERNEL	INSOLENTE
FANTASMER	ASSURANCE	DÉCEVANTE	FREDONNER	IRANIENNE
GUILLEMET	ATTENANTE	DÉCHAÎNER	FRÉQUENCE	IRRITANTE
HÉCATOMBE	ATTIRANCE	DÉCHARNÉE	FRINGANTE	ITALIENNE
LÉGITIMER	ATTIRANTE	DÉDAIGNER	FURIBONDE	JABORANDI
LONGTEMPS	BALLONNER	DÉFÉRENCE	FUSIONNER	KLAXONNER
OMBUDSMAN	BARATINER	DÉLIRANTE	GANGRENER	LESBIENNE
ORIFLAMME	BIENVENUE	DÉRACINER	GLISSANTE	LIBIDINAL
PRÉFORMER	BLASONNER	DÉSOLANTE	GLOUTONNE	LOTIONNER
PRÉNOMMER	BOUFFONNE	DÉTOURNER	GOUALANTE	LUMINANCE
PRINTEMPS	BOUGONNER	DÉVORANTE	GOURMANDE	MAGASINER
PROGRAMME	BOULONNER	DILIGENTE	GOUVERNER	MAINTENIR
RAFFERMIR	BRACONNER	DISCERNER	GRINÇANTE	MALSÉANTE
RENFERMER	BRANLANTE	DIVIDENDE	GROGNONNE	MANIGANCE
SÉCHAUMER	BRILLANTE	DODELINER	HABITANTE	MARCHANDE
SUPPRIMER	CABOTINER	ÉCLATANTE	HAÏTIENNE	MARMONNER
TENNISMAN	CÉRÉMONIE	ÉDIFIANTE	HALETANTE	MÉCRÉANTE
TRIGRAMME	CHAGRINER	ÉLYSÉENNE	HARPONNER	MENAÇANTE
YACHTSMAN	CHARMANTE	ÉMOUVANTE	HÉGÉMONIE	MENDIANTE
	CHARPENTE	EMPREINTE	HÉSITANTE	MILITANTE
N	CHATONNER	ENCHAÎNER	ICARIENNE	MONOTONIE
	CHEVRONNÉ	ÉNERVANTE	IGNOMINIE	MORIBONDE
ABERRANTE	CITOYENNE	ENIVRANTE	IGNORANTE	NAISSANCE
ABIÉTINÉE	COCHONNER	ENLUMINER	ILLUMINÉE	OBSÉDANTE
ABONDANCE	COHÉRENCE	ENSEIGNÉE	ILLUMINER	OCCUPANTE
ABONDANTE	COHÉRENTE	ENSEIGNER	IMMINENCE	ONDOYANTE
ACADIENNE	COMPAGNIE	ENTÉRINER	IMMINENTE	ONUSIENNE

OPIOMANIE	RÉTICENCE	VAILLANCE	OREILLONS	RATTRAPER
OPPOSANTE	RÉTICENTE	VAILLANTE	ORNITHOSE	
OPTIONNEL	RETOURNER	VASELINER	OUTREMONT	**Q**
OURLIENNE	RÉVÉRENCE	VAURIENNE	PAPILLOTE	
PARDONNER	ROGNONNER	VÉHÉMENTE	PASSEPORT	ANGÉLIQUE
PARRAINER	RONFLANTE	VENGEANCE	PERCEVOIR	BÉNÉFIQUE
PASSIONNÉ	ROSSIGNOL	VIGILANCE	PRÉVALOIR	BUCOLIQUE
PATRONNER	RUBICONDE	VIGILANTE	PRIMEROSE	CÉRAMIQUE
PEAUFINER	RUTILANCE	VIRULENCE	PROTOCOLE	CLASSIQUE
PELVIENNE	RUTILANTE	VIRULENTE	QUÉBÉCOIS	COLCHIQUE
PÉNITENCE	SABLONNER	VITAMINÉE	RÉCONFORT	FAMÉLIQUE
PÉNITENTE	SAILLANTE		REDINGOTE	FANATIQUE
PERSONNEL	SANGLANTE	**O**	REVERSOIR	HÉMATIQUE
PÉTULANCE	SANSONNET		SACERDOCE	HÉRÉTIQUE
PÉTULANTE	SARABANDE	AUTREFOIS	SAXOPHONE	IDENTIQUE
PIGEONNER	SAUGRENUE	BANDEROLE	SÉMAPHORE	INTOXIQUÉ
PISTONNER	SAUTERNES	BÉCANCOUR	SPÉCULOOS	LUNATIQUE
PLAFONNER	SÉJOURNER	BOSSANOVA	STOCKHOLM	MALÉFIQUE
PLAISANTE	SEPTENNAT	BOURGEOIS	SUPERNOVA	ODALISQUE
POIGNANTE	SERMONNER	CAMÉSCOPE	SYLVICOLE	PACIFIQUE
POLTRONNE	SIBILANTE	CARREFOUR	TÉLÉPHONE	PLASTIQUE
POUPONNER	SILLONNER	CONCEVOIR	TÉLESCOPE	POLITIQUE
PRESSANTE	SIPHONNÉE	DÉSACCORD	TOUTEFOIS	QUICONQUE
PRESTANCE	SOULIGNER	DÉSESPOIR	TRANSPORT	QUIPROQUO
PUDIBONDE	SOURIANTE	DÉTÉRIORÉ	XÉNOPHOBE	SALICOQUE
PUISSANCE	SPATIONEF	DISCOBOLE	XYLOPHONE	SPHÉRIQUE
PUISSANTE	SPONTANÉE	ENTREVOUS		
PURULENTE	STAGNANTE	FARANDOLE	**P**	**R**
RAISONNÉE	STRIDENTE	GAUDRIOLE		ACCAPARER
RAISONNER	SUBSTANCE	GIRANDOLE	AMÉTROPIE	ACCÉLÉRER
RANÇONNER	SYMPHONIE	GRANDIOSE	BIOGRAPHE	ACCOUTRER
RANDONNÉE	TARSIENNE	HOROSCOPE	CÉNOTAPHE	ALLÉGORIE
RATATINÉE	TÉMOIGNER	HORTICOLE	CORROMPRE	AMÉLIORER
RATATINER	TERRIENNE	INDISPOSÉ	CORROMPUE	AMOINDRIR
RATIONNEL	TOLÉRANCE	LAZZARONE	DÉTREMPÉE	APPROPRIÉ
RÉABONNER	TOLÉRANTE	MAIGRIOTE	DISCULPER	ATTENDRIR
REBUTANTE	TOUCHANTE	MALADROIT	ENVELOPPE	BALIVERNE
RÉFÉRENCE	TOURMENTE	MENDIGOTE	INOCCUPÉE	BILATÉRAL
RENGAINER	TRAÎNANTE	MÉTRONOME	KIDNAPPER	BOUCHERIE
REPOSANTE	TRICENNAL	MÉTROPOLE	MALPROPRE	BOUFFARDE
RÉSIDENCE	TROTTINER	MONTICOLE	PRÉCOMPTE	BUANDERIE
RÉSONANCE	VAGABONDE	MOTOCROSS	PRINCIPAL	CADASTRER
		MUNITIONS	PRINCIPAT	CATÉGORIE

CAVALERIE	GRONDERIE	PERPÉTRER	AMÉTHYSTE	DROGUISTE
CEINTURER	GUIGNARDE	PIRIFORME	ANNALISTE	DROITISME
CEINTURON	GUILLERET	POUDRERIE	APOSTASIE	DUETTISTE
CHAPITRER	GUIMBARDE	PRESSURER	ASEPTISER	DYNAMISME
CHATTERIE	ILLETTRÉE	PROSPÉRER	AUTORISER	DYSCRASIE
CONCIERGE	ILLUSTRÉE	PROSTERNÉ	BOTANISTE	EMBRASSER
CONCOURIR	ILLUSTRER	RABOUGRIE	BOUGRESSE	EMPRESSÉE
CONSACRER	IMMODÉRÉE	RACCOURCI	CAILLASSE	ENCAISSÉE
CONSPIRER	INALTÉRÉE	RADINERIE	CALEBASSE	ENCAISSER
CONTOURNÉ	INAUGURAL	RAILLERIE	CANALISER	ESQUISSÉE
CONTRARIÉ	INAUGURER	RÉASSURER	CANOÉISTE	ÉTERNISER
COPINERIE	INCOLORÉE	RECOUVRIR	CANONISER	FANTAISIE
CYLINDRER	INDISCRET	RÉGÉNÉRER	CANONISTE	FAVORISER
DÉCÉLÉRER	INDUSTRIE	RÉINSCRIT	CARROUSEL	FINALISTE
DÉCOLORER	INESPÉRÉE	RÉINSÉRER	CASTRISTE	FRICASSÉE
DÉCOUVRIR	INFILTRER	RÉMUNÉRER	CENTRISTE	FRIMOUSSE
DÉGÉNÉRÉE	INSTAURER	RENCHÉRIR	CHAMOISER	GALERISTE
DÉLIBÉRÉE	INVÉTÉRÉE	REPLÂTRER	CIVILISER	GARGOUSSE
DÉLIBÉRER	JAPONERIE	RESSERRER	COLONISER	GRANDESSE
DÉMESURÉE	JONGLERIE	RESSOURCE	COMPENSER	GRAPHISTE
DÉMONTRER	KILOHERTZ	RESTAURER	COMPRESSE	GROSSISTE
DÉNATURER	LAMBOURDE	RISTOURNE	CONDENSER	HARDIESSE
DESSERRER	LAMPOURDE	ROUBLARDE	CONFESSER	HASCHISCH
DIABLERIE	LÉGIFÉRER	SALOPERIE	CONTRASTE	HORTENSIA
DINGUERIE	LÉSINERIE	SÉPULCRAL	CONTRISTÉ	IDÉALISER
DISCOURIR	LIBRAIRIE	SINISTRÉE	CONVERSER	IDÉALISTE
DYSPHORIE	LIGATURER	SOIFFARDE	COULISSÉE	IDIOTISME
ÉDULCORER	LOUCHERIE	SURCHARGE	COULISSER	ILLOGISME
ÉLECTORAT	MAGISTRAL	TACITURNE	COURTISAN	IMMODESTE
ENCASTRER	MALAPPRIS	TAILLERIE	CREVASSÉE	IMMUNISER
EXASPÉRÉE	MASSACRER	THÉSAURUS	CUIRASSÉE	INTÉRESSÉ
EXCENTRÉE	MÉGAHERTZ	TRAÎNARDE	CUIRASSER	INTIMISTE
FILIFORME	MIÈVRERIE	TROMPERIE	DÉBOURSER	ISLAMISER
FLACHERIE	MINUTERIE	VERTÉBRÉE	DÉCRASSER	LACONISME
FOURBERIE	MUTINERIE	VINAIGRÉE	DÉLAISSER	LATINISER
FRUITERIE	NIAISERIE	VITUPÉRER	DÉNIAISER	LÉGALISER
GAILLARDE	OBLITÉRER	VOCIFÉRER	DÉSABUSÉE	LINGUISTE
GANADERIA	OLÉIFORME		DÉVALISER	LOCALISER
GEIGNARDE	PARCOURIR	**S**	DIABLESSE	LOYALISTE
GÉOMÉTRIE	PEINTURER		DIRIGISTE	MAÎTRESSE
GÉRIATRIE	PÉRICARDE	ALARMISTE	DISPENSER	MAÎTRISÉE
GRASSERIE	PÉRICARPE	ALIÉNISTE	DISPERSER	MAÎTRISER
		AMENUISER		

MANGOUSTE	RECREUSER	VIRILISER	CONNAÎTRE	GARGANTUA
MANIFESTE	REDRESSER		CONNECTER	GAUFRETTE
MARCASSIN	REGROSSIR	**T**	CONSENTIR	GÉLINOTTE
MAXIMISER	REHAUSSER		CONSISTER	GIROUETTE
MAZDÉISME	RENDOSSER	ACARIÂTRE	CONSTATER	GONFLETTE
MÉCANISER	RENVERSER	ACCROÎTRE	CONSULTER	GOURMETTE
MÉNAGISTE	REPOUSSER	AFFRONTER	CONTACTER	GRELOTTER
MOBILISER	RESSAISIR	ALIMENTER	CONTENTER	GRIGNOTER
MORALISER	RESSASSER	APPRENTIE	CONTESTER	GRIMPETTE
NÉANTISER	RIVALISER	ASTICOTER	CONVERTIR	GUIGNETTE
NIHILISTE	ROBOTISER	ATTRISTER	CONVOITER	HABILITER
NOMADISER	ROMANISTE	AUGMENTER	CÔTELETTE	HARMATTAN
NUMÉRISER	ROYALISME	BADMINTON	COURBATUE	ILLIMITÉE
OPPRESSÉE	SCLÉROSÉE	BALLOTTER	COURBETTE	IMMÉRITÉE
OPPRESSER	SCLÉROSER	BANQUETER	CRAQUETER	IMPÉRATIF
OPTIMISTE	SÉCURISER	BAROMÈTRE	DÉCAMÈTRE	IMPLANTER
ORGANISÉE	SÉNILISME	BECQUETER	DÉCAPITER	INADAPTÉE
ORGANISER	SIMILISTE	BISEAUTER	DÉCHANTER	INHABITÉE
ORGANISME	SIMPLISME	BOURRETTE	DÉCIMÈTRE	INSPECTER
PAGANISER	SPADASSIN	BRIQUETER	DÉCOMPTÉE	JEANNETTE
PAILLASSE	STOÏCISME	CAISSETTE	DÉCOMPTER	KILOMÈTRE
PAPERASSE	STRABISME	CASERETTE	DÉCROÎTRE	LINGUETTE
PARDESSUS	SUISSESSE	CHARCUTER	DÉCROTTER	LONGUETTE
PARODISTE	SURPASSER	CHARRETTE	DÉFINITIF	MARMOTTER
PAROXYSME	TABAGISME	CHEVIOTTE	DÉPIAUTER	MAUVIETTE
PASSÉISTE	TÉLÉVISER	CHUCHOTER	DIAMANTER	MÉDIASTIN
PAUVRESSE	TÉLEXISTE	CIGARETTE	DIMINUTIF	MIMOLETTE
PÉNALISER	TENDRESSE	CLAFOUTIS	DISSERTER	MOUCHETÉE
PENDAISON	TENNESSEE	CLAIRETTE	DOUCEÂTRE	MOUFLETTE
PERCHISTE	TERRASSÉE	CLAQUETER	EFFRONTÉE	NUMÉROTER
PETITESSE	TERRASSER	CLIQUETER	EMPRUNTER	OPINIÂTRE
PLÉONASME	TOTALISER	CLOCHETON	ENCHANTÉE	OUBLIETTE
POLÉMISTE	TOURNESOL	COEXISTER	ENCHANTER	PAILLETER
POLITESSE	TRACASSER	COLLECTÉE	ENDOMÈTRE	PAILLETTE
PONDAISON	TRAVERSER	COLPORTER	ESCALATOR	PALLIATIF
PRÉAVISER	TRAVERSIN	COMBATTRE	ESCAMOTER	PARAMÈTRE
PRESTESSE	TRÉPASSER	COMMENTER	ESCOPETTE	PARASITÉE
PRÊTRESSE	TRIOLISME .	COMMETTRE	ÉTIQUETTE	PATINETTE
PRINCESSE	TRISTESSE	COMPACTER	FACILITER	PAUPIETTE
PROFESSER	TUBÉRISER	COMPLÉTER	FAUCHETTE	PÉRIMÈTRE
PSYCHISME	UNIONISME	COMPLOTER	FÉLICITER	PÉRIPÉTIE
QUIÉTISTE	UNIVERSEL	COMPORTER	FERMENTER	PERMETTRE
RABAISSER	VERNISSER	CONFORTER	FIGURATIF	PERSISTER

PERVERTIE	SUBSTITUT	CAPITEUSE	FRAUDEUSE	NIVELEUSE
PERVERTIR	SUGGESTIF	CHARGEUSE	FRONDEUSE	NOMBREUSE
PHILISTIN	SUPPORTER	CHEVREUIL	FUNAMBULE	NOUVEAUTÉ
PIÉDESTAL	SURMONTER	CHLINGUER	FURETEUSE	OCÉANAUTE
PIPELETTE	SURSAUTER	CLAVICULE	GALOPEUSE	ONCTUEUSE
PIROUETTE	SUSTENTER	COIFFEUSE	GARNITURE	ONGUICULE
PRESBYTIE	TAXIMÈTRE	CONJUGUER	GÉNÉREUSE	OPPORTUNE
PRÉSENTER	TÉLÉMÈTRE	CONTINUEL	GLANDEUSE	OUBLIEUSE
PRÉTEXTÉE	TERRESTRE	CONTINUER	GLORIEUSE	OUVERTURE
PRÉVENTIF	TOILETTÉE	CONTINUUM	GRACIEUSE	PAGAYEUSE
PRODUCTIF	TOILETTES	CONVOQUER	GRATITUDE	PARADEUSE
PROMETTRE	TOUSSOTER	CORNAQUER	GRUMELURE	PARTICULE
PRONOSTIC	TRANSITER	CRÉNELURE	HARANGUÉE	PATINEUSE
PROPHÉTIE	TRAVESTIE	CRITIQUÉE	HARANGUER	PÉDALEUSE
PROTESTER	TRIDENTÉE	CRITIQUER	IMPLIQUÉE	PÉDONCULE
QUADRETTE	ULTIMATUM	DÉCAPEUSE	IMPORTUNE	PELLICULE
RAPPORTER	VIOLENTER	DÉCOUPURE	IMPOSTURE	PELOTEUSE
RAVIGOTER	WARRANTER	DÉFROQUÉE	INCRÉDULE	PERPÉTUEL
RECHANTER	WYANDOTTE	DÉFROQUER	INFORTUNE	PERPÉTUER
RECOMPTER		DÉLOYAUTÉ	INSTITUER	PIERREUSE
RÉÉCOUTER	**U**	DÉSAVOUER	INTERLUDE	PLATITUDE
REGRETTER		DESTITUER	INTRIGUÉE	PLÂTREUSE
REMPORTER	ACCENTUER	DÉSUÉTUDE	JONGLEUSE	PLÉNITUDE
RENCONTRE	ACCOUTUMÉ	DÉTRAQUÉE	LASSITUDE	PLEUREUSE
RESPECTER	ACHETEUSE	DEVANTURE	LENTICULE	PLISSEUSE
RESSENTIR	ALENTOURS	DICTATURE	LIBELLULE	PLONGEUSE
RESSORTIR	AMITIEUSE	DINOSAURE	LONGUEUIL	PLUSIEURS
RETRAITÉE	AMOUREUSE	DISLOQUER	LOURDAUDE	PLUVIEUSE
RILLETTES	ANDALOUSE	DRESSEUSE	LUMINEUSE	POISSEUSE
RINGUETTE	APPLIQUÉE	DUVETEUSE	MANTELURE	POUDREUSE
RINTINTIN	APPLIQUER	ÉBARBEUSE	MASTIQUER	PRATIQUER
ROUSPÉTER	BAIGNEUSE	EFFECTUER	MATRICULE	PRÉAMBULE
ROUSSÂTRE	BALADEUSE	ÉLOGIEUSE	MEILLEURE	PRÊCHEUSE
SALOPETTE	BALDAQUIN	EMBOSSURE	MENSTRUEL	PRÉCIEUSE
SEGMENTAL	BATELEUSE	FABRIQUER	MENSTRUES	PRÉMATURÉ
SERPENTER	BÉATITUDE	FÉBRIFUGE	MIELLEUSE	PROCÉDURE
SERVIETTE	BIFURQUER	FERMETURE	MINUSCULE	PROVOQUER
SIMPLETTE	BISAÏEULE	FIÉVREUSE	MITIGEUSE	QUILLEUSE
SIRVENTÈS	BLAGUEUSE	FIORITURE	MONTICULE	QUINTEUSE
SOUCHETTE	BOSSELURE	FLATTEUSE	MULTITUDE	RACOLEUSE
SOUMETTRE	BOUVREUIL	FOLLICULE	NAUSÉEUSE	RAILLEUSE
SPERMATIE	BRAQUEUSE	FORFICULE	NÉBULEUSE	RECELEUSE
SUBSISTER	CANNELURE	FORNIQUER	NIAISEUSE	RECTITUDE

RÉÉVALUER	TURLUTUTU	BILATÉRAL	ARMISTICE	RÉTICENCE
RELECTURE	TURPITUDE	CAUCHEMAR	ASSURANCE	RÉVÉRENCE
RELEVEUSE	ULCÉREUSE	CHALUMEAU	ATTIRANCE	RUTILANCE
REMARQUÉE	VAPOREUSE	CHEMINEAU	AUDITRICE	SACERDOCE
REMARQUER	VEILLEUSE	CIGOGNEAU	CICATRICE	SACRIFICE
REMORQUÉE	VERTUEUSE	CLERGYMAN	COHÉRENCE	SUBSTANCE
RÉPLIQUÉE	VESTIBULE	COLLÉGIAL	CONFIANCE	TAXATRICE
REPRODUIT	VISITEUSE	CORBILLAT	CONSTANCE	TOLÉRANCE
RESTITUER	VISQUEUSE	COURTISAN	CRÉATRICE	VAILLANCE
RÉTORQUER	ZIGZAGUER	ÉLECTORAT	CUISTANCE	VENGEANCE
RÉTRIBUER		HARMATTAN	DÉBITRICE	VIGILANCE
RICANEUSE	**V**	IMPARTIAL	DÉCADENCE	VIRULENCE
RIGOLEUSE		INAUGURAL	DÉFÉRENCE	ZÉLATRICE
RONFLEUSE	APPROUVER	LIBIDINAL	DÉLATRICE	
SCOUMOUNE	CONSERVER	MAGISTRAL	ÉLECTRICE	**D**
SCULPTURE	DÉPOURVUE	MAQUEREAU	ESPÉRANCE	
SERVITUDE	MANOEUVRE	OMBILICAL	FRÉQUENCE	ALLEMANDE
SOBRIQUET	PRÉSERVER	OMBUDSMAN	GÉNITRICE	ATLANTIDE
SOIGNEUSE	RÉACTIVER	PANONCEAU	HASCHISCH	BÉATITUDE
SOUCIEUSE	RÉPROUVER	PIÉDESTAL	IMMINENCE	BOUFFARDE
SOUFREUSE	RETROUVER	PLEXIGLAS	IMPUDENCE	CANTONADE
SOUILLURE	TOURNEVIS	PRINCIPAL	INCORRECT	CASSONADE
SPACIEUSE		PRINCIPAT	INDÉCENCE	DÉBANDADE
SPIRITUEL	**X**	SEGMENTAL	INJUSTICE	DÉSUÉTUDE
SQUAMEUSE	DYSOREXIE	SEPTENNAT	INNOCENCE	DIVIDENDE
STOPPEUSE		SÉPULCRAL	LOCATRICE	ESPLANADE
STRUCTURE	**Y**	TENNISMAN	LUMINANCE	FURIBONDE
STUDIEUSE	PATRONYME	TOMBEREAU	MANIGANCE	GAILLARDE
SYNDIQUER	PÉRISTYLE	TRICENNAL	MONITRICE	GEIGNARDE
TALQUEUSE	PLAIDOYER	TROUSSEAU	NAISSANCE	GERMICIDE
TAMISEUSE	POUDROYER	TYRANNEAU	NÉGATRICE	GOURMANDE
TAPAGEUSE	TOURNOYER	YACHTSMAN	NOVATRICE	GRATITUDE
TARENTULE	VOUSSOYER		PÉNITENCE	GUIGNARDE
TEILLEUSE		**B**	PÉTULANCE	GUIMBARDE
TENTACULE			PRÉCIPICE	HERBICIDE
TESTICULE	**8e**	HÉCATOMBE	PRÉJUDICE	INATTENDU
TIQUETURE		XÉNOPHOBE	PRESTANCE	INTERLUDE
TORTUEUSE	**POSITION**		PUISSANCE	INTRÉPIDE
TRAÎNEUSE		**C**	RACCOURCI	JABORANDI
TRANSFUGE	**A**		RÉFÉRENCE	JÉRÉMIADE
TRICHEUSE		ABONDANCE	RÉSIDENCE	LAMBOURDE
TROMPEUSE		ADHÉRENCE	RÉSONANCE	LAMPOURDE
TROTTEUSE	BIGORNEAU	AFFLUENCE	RESSOURCE	LASSITUDE
		APPARENCE		

🖝	🖝	🖝	🖝	🖝
LOURDAUDE	AMPLIFIER	BROUILLER	COMPENSER	COUSSINET
MARCHANDE	ANNIHILER	CABOTINER	COMPLÉTER	COUTUMIER
MASCARADE	APPLIQUÉE	CADASTRER	COMPLOTER	COUTURIER
MORIBONDE	APPLIQUER	CALOMNIER	COMPORTER	CRAQUETER
MULTITUDE	APPRÉCIER	CAMOUFLER	COMPRIMER	CREVASSÉE
OIGNONADE	APPROCHÉE	CAMPHRIER	CONCERNER	CRIAILLER
PALISSADE	APPROCHER	CANALISER	CONCILIER	CRITIQUÉE
PÉRICARDE	APPROCHES	CANCANIER	CONCORDER	CRITIQUER
PLATITUDE	APPROUVER	CANONISER	CONDAMNER	CUIRASSÉE
PLÉNITUDE	ASEPTISER	CANONNIER	CONDENSER	CUIRASSER
PUDIBONDE	ASSEMBLÉE	CARENTIEL	CONFESSER	CYLINDRER
REBUFFADE	ASSEMBLER	CAROTTIER	CONFIRMER	DALMATIEN
RECTITUDE	ASSIMILER	CARROUSEL	CONFORTER	DÉAMBULER
ROUBLARDE	ASTICOTER	CEINTURER	CONGÉDIER	DÉBAUCHER
RUBICONDE	ATROPHIÉE	CERTIFIER	CONJUGUER	DÉBOBINER
SARABANDE	ATTRISTER	CHAGRINER	CONNECTER	DÉBOUCHÉE
SERVITUDE	AUGMENTER	CHAMOISER	CONSACRER	DÉBOUCLER
SOIFFARDE	AUTORISER	CHANVRIER	CONSERVER	DÉBOURBER
SPLENDIDE	AVANTAGÉE	CHAPARDER	CONSIGNÉE	DÉBOURSER
TRAÎNARDE	BALBUTIER	CHAPELIER	CONSISTER	DÉBROCHER
TURPITUDE	BALLONNER	CHAPITRER	CONSOMMER	DÉCAPITER
VAGABONDE	BALLOTTER	CHARCUTER	CONSPIRER	DÉCÉLÉRER
	BALSAMIER	CHATONNER	CONSTATER	DÉCHAÎNER
E	BAMBOCHER	CHÉRIFIEN	CONSULTER	DÉCHANTER
	BANQUETER	CHLINGUER	CONTACTER	DÉCHARGER
ABIÉTINÉE	BARATINER	CHOSIFIER	CONTENTER	DÉCHARNÉE
ACARIFIER	BARBIFIER	CHUCHOTER	CONTESTER	DÉCHAUMER
ACCAPARER	BATAILLER	CIVILISER	CONTINUEL	DÉCOIFFER
ACCÉLÉRER	BÉATIFIER	CLABAUDER	CONTINUER	DÉCOLORER
ACCENTUER	BECQUETER	CLAQUETER	CONTRÔLÉE	DÉCOMPTÉE
ACCOUCHER	BÉQUILLER	CLARIFIER	CONTRÔLER	DÉCOMPTER
ACCOUPLER	BIFURQUER	CLIQUETER	CONVERGER	DÉCOUCHER
ACCOUTRER	BISEAUTER	COCHONNER	CONVERSER	DÉCRASSER
ACCROCHER	BLASONNER	COEXISTER	CONVOITER	DÉCROCHER
ACCUMULER	BOMBARDÉE	COLLECTÉE	CONVOQUER	DÉCROTTER
ACTIONNER	BOUGONNER	COLOMBIER	COQUETIER	DÉDAIGNER
AFFRONTER	BOULONNER	COLONISER	CORDONNER	DÉFROQUÉE
AIGUILLÉE	BOUSCULER	COLPORTER	CORNAQUER	DÉFROQUER
ALBUMINÉE	BRACONNER	COMMANDER	CORSETIER	DÉGÉNÉRÉE
ALIMENTER	BRIMBALER	COMMENCER	COTONNIER	DÉGUEULER
AMALGAMÉE	BRIQUETER	COMMENTER	COULISSÉE	DÉLAISSER
AMÉLIORER	BROCARDER	COMMUNIER	COULISSER	DÉLIBÉRÉE
AMENUISER	BROUILLÉE	COMPACTER	COURONNER	DÉLIBÉRER

DÉMANCHER	EMPRESSÉE	FORLANCER	IGNIFUGER	KLAXONNER
DÉMESURÉE	EMPRUNTER	FORNIQUER	ILLETTRÉE	LATINISER
DÉMONTRER	ENCAISSÉE	FORTIFIER	ILLIMITÉE	LÉGALISER
DÉNATURER	ENCAISSER	FRATERNEL	ILLUMINÉE	LÉGIFÉRER
DÉNIAISER	ENCASTRER	FREDONNER	ILLUMINER	LÉGITIMER
DÉPIAUTER	ENCHAÎNER	FRICASSÉE	ILLUSTRÉE	LESSIVIER
DÉPRÉCIER	ENCHANTÉE	FUSIONNER	ILLUSTRER	LICENCIER
DÉRACINER	ENCHANTER	GABARRIER	IMMACULÉE	LIGATURER
DÉSABUSÉE	ENLUMINER	GALVAUDER	IMMÉRITÉE	LOCALISER
DÉSAVOUER	ENSEIGNÉE	GAMBILLER	IMMODÉRÉE	LOTIONNER
DESSERRER	ENSEIGNER	GANGRENER	IMMUNISER	LUBRIFIER
DESSOÛLER	ENTAILLÉE	GARGOTIER	IMPLANTER	MAGASINER
DESTITUER	ENTÉRINER	GASPILLER	IMPLIQUÉE	MAGNIFIER
DÉTAILLER	ENTRAÎNER	GENÉVRIER	IMPRÉGNER	MAÎTRISÉE
DÉTOURNER	ENTRETIEN	GLORIFIER	INADAPTÉE	MAÎTRISER
DÉTRAQUÉE	ENVENIMER	GONDOLIER	INALTÉRÉE	MANICHÉEN
DÉTREMPÉE	ESCALADÉE	GOUPILLER	INAUGURER	MANIPULER
DÉVALISER	ESCALADER	GOUVERNER	INCENDIÉE	MAQUILLER
DIAMANTER	ESCAMOTER	GRATIFIER	INCENDIER	MARMONNER
DILAPIDER	ESPIONNER	GRÉGORIEN	INCHANGÉE	MARMOTTER
DISCERNER	ESQUISSÉE	GRELOTTER	INCOLORÉE	MASSACRER
DISCULPER	ESSENTIEL	GRENADIER	INDISCRET	MASTIQUER
DISLOQUER	ESTROPIÉE	GRÉSILLER	INESPÉRÉE	MAXIMISER
DISPENSER	ÉTERNISER	GRIGNOTER	INEXERCÉE	MÉCANISER
DISPERSER	ÉTINCELER	GRILLAGÉE	INFILTRER	MÉDAILLÉE
DISSERTER	EXASPÉRÉE	GRILLAGER	INHABITÉE	MÉDAILLER
DISSOCIER	EXCENTRÉE	GRINGALET	INOCCUPÉE	MÉNÉTRIER
DISSUADER	FABRIQUER	GROMMELER	INSPECTER	MENSTRUEL
DISTANCÉE	FACILITER	GROUILLER	INSTALLER	MENSTRUES
DISTILLER	FAÇONNIER	GUILLEMET	INSTAURER	MENUISIER
DODELINER	FAÏENCIER	GUILLERET	INSTITUER	MEURTRIER
DRACONIEN	FALSIFIER	HABILITER	INTERVIEW	MOBILISER
DULCIFIER	FANTASMER	HALLOWEEN	INTIMIDER	MORAILLES
ÉCARTELER	FAVORISER	HARANGUÉE	INTITULER	MORALISER
ÉCERVELÉE	FÉLICITER	HARANGUER	INTRIGUÉE	MOUCHETÉE
ÉCONOMIES	FENDILLER	HARNACHER	INVALIDER	NAUFRAGÉE
ÉDULCORER	FERMENTER	HARPONNER	INVÉTÉRÉE	NAUFRAGER
EFFECTUER	FINANCIER	HIÉROCLES	ISLAMISER	NAUTONIER
EFFRONTÉE	FLAGEOLER	HISTORIÉE	JARDINIER	NÉANTISER
ÉGLANTIER	FLAGEOLET	HISTORIEN	JOAILLIER	NOMADISER
EMBOUCHÉE	FLAGORNER	HORRIFIER	JUSTIFIER	NORMALIEN
EMBRASSER	FOISONNER	IDÉALISER	KIDNAPPER	NUMÉRISER

NUMÉROTER	PONTIFIER	RAVIGOTER	RESSERRER	SERRURIER
OBLITÉRER	POTENTIEL	RÉABONNER	RESSOUDER	SIGNIFIER
OPACIFIER	POUDROYER	RÉACTIVER	RESTAURER	SILLONNER
OPPRESSÉE	POUPONNER	RÉASSURER	RESTITUER	SINGULIER
OPPRESSER	PRATICIEN	RECHANTER	RETAILLER	SINISTRÉE
OPTIONNEL	PRATIQUER	RECHARGÉE	RÉTORQUER	SIPHONNÉE
ORGANISÉE	PRÉAVISER	RECOMPTER	RETOUCHER	SIRVENTÈS
ORGANISER	PRÉFORMER	RECOURBER	RETOURNER	SOBRIQUET
PAGANISER	PRÉNOMMER	RECREUSER	RETRAITÉE	SOULIGNER
PAILLETER	PRÉSENTER	RECTIFIER	RÉTRIBUER	SPATIONEF
PARASITÉE	PRÉSERVER	REDRESSER	RETROUVER	SPÉCIFIER
PARDONNER	PRESSURER	RÉÉCOUTER	RÉUNIFIER	SPIRITUEL
PARRAINER	PRÉTEXTÉE	RÉÉDIFIER	RÉVEILLER	SPONTANÉE
PASTICHÉE	PROFESSER	RÉÉVALUER	RICHELIEU	STRIDULER
PATRONNER	PROLONGER	RÉGÉNÉRER	RILLETTES	STUPÉFIER
PEAUFINER	PRONONCÉE	REGREFFER	RIVALISER	SUBSISTER
PEINTURER	PRONONCER	REGRETTER	ROBOTISER	SUPPORTER
PÉNALISER	PROPANIER	REHAUSSER	ROGNONNER	SUPPRIMER
PENDILLER	PROSPÉRER	RÉINSÉRER	ROUCOULER	SURMONTER
PÉROXYDER	PROTESTER	REMARQUÉE	ROUPILLER	SUROXYDER
PERPÉTRER	PROVOQUER	REMARQUER	ROUSPÉTER	SURPASSER
PERPÉTUEL	QUALIFIER	REMBUCHER	ROUSSELET	SURSAUTER
PERPÉTUER	QUERELLÉE	REMERCIER	ROUTINIER	SUSTENTER
PERSILLÉE	QUERELLER	REMORQUÉE	RUISSELET	SYNDIQUER
PERSISTER	QUOTIDIEN	REMPLACER	RUSSIFIER	TACTICIEN
PERSONNEL	RABAISSER	REMPOCHER	SABLONNER	TAILLADÉE
PERSUADER	RACCORDER	REMPORTER	SACRIFIER	TAILLADER
PERTURBER	RAISONNÉE	RÉMUNÉRER	SAGOUTIER	TÉLÉVISER
PÉTARADER	RAISONNER	RENDOSSER	SANSONNET	TÉMOIGNER
PÉTRIFIER	RALLONGÉE	RENFERMER	SARDINIER	TENAILLER
PÉTROLIER	RANCARDER	RENFONCER	SAUTERNES	TENANCIER
PHARISIEN	RANÇONNER	RENFORCER	SCARIFIER	TENNESSEE
PHYSICIEN	RANDONNÉE	RENGAINER	SCLÉROSÉE	TERRASSÉE
PIGEONNER	RAPATRIER	RENVERSER	SCLÉROSER	TERRASSER
PIGNOCHER	RAPPORTER	REPLÂTRER	SÉBORRHÉE	TERRIFIER
PINAILLER	RASSASIÉE	RÉPLIQUÉE	SÉCHAUMER	TIMBALIER
PIROGUIER	RASSASIER	REPOUSSER	SECTORIEL	TIRAILLER
PISTONNER	RATATINÉE	REPROCHER	SÉCURISER	TISONNIER
PLACARDER	RATATINER	RÉPROUVER	SÉJOURNER	TOILETTÉE
PLAFONNER	RATIONNEL	RESCINDER	SEMAILLES	TOILETTES
PLAIDOYER	RATTACHER	RESPECTER	SERMONNER	TORPILLÉE
PLANIFIER	RATTRAPER	RESSASSER	SERPENTER	TORPILLER

TORTILLER	BOUCANAGE	DÉFRAÎCHI	CLAFOUTIS	JAPONERIE
TOTALISER	BRICOLAGE	ESCABÈCHE	COMPAGNIE	JONGLERIE
TOURNOYER	CHIFFRAGE	FARLOUCHE	CONCEVOIR	LACHENAIE
TOUSSOTER	CLAPOTAGE	MAILLOCHE	CONCOURIR	LENDEMAIN
TRACASSER	COMPÉRAGE	MASCOUCHE	CONSENTIR	LÉSINERIE
TRAGÉDIEN	CONCIERGE	RAFRAÎCHI	CONTRARIÉ	LIBRAIRIE
TRANSIGER	DAVANTAGE	TARBOUCHE	CONVERTIR	LONGUEUIL
TRANSITER	DÉBRAYAGE	TRUCMUCHE	COPINERIE	LOUCHERIE
TRAVERSER	DÉCOLLAGE		DÉCOUVRIR	MAINTENIR
TRÉPASSER	DÉCOUPAGE	**I**	DÉFINITIF	MALADROIT
TRÉSORIER	ÉCLAIRAGE		DÉFLÉCHIR	MALAPPRIS
TRIDENTÉE	FÉBRIFUGE	ABÂTARDIE	DÉSESPOIR	MARCASSIN
TRIMBALER	FIGNOLAGE	ABÂTARDIR	DIABLERIE	MARGOULIN
TRIOMPHER	FRICOTAGE	ACCOMPLIE	DIMINUTIF	MASSEPAIN
TROTTINER	GAZONNAGE	ACCOMPLIR	DINGUERIE	MÉDIASTIN
TUBÉRISER	HAUBANAGE	ACRIMONIE	DISCOURIR	MIÈVRERIE
TUNNELIER	JARDINAGE	AFFAIBLIE	DISCRÉDIT	MINUTERIE
UNIFOLIÉE	LESSIVAGE	AFFAIBLIR	DYSCRASIE	MONOTONIE
UNIOVULÉE	OUTILLAGE	ALLÉGORIE	DYSOREXIE	MUTINERIE
UNIVERSEL	PATRONAGE	AMÉTROPIE	DYSPHAGIE	NAUPATHIE
VACANCIER	PLATELAGE	AMOINDRIR	DYSPHORIE	NÉVRALGIE
VASELINER	RABÂCHAGE	APOSTASIE	ÉCLAIRCIR	NIAISERIE
VÉHICULÉE	RATISSAGE	APPLAUDIR	FANTAISIE	NOSTALGIE
VÉHICULER	REPORTAGE	APPRENTIE	FIGURATIF	OBSCURCIR
VENDANGER	SACRILÈGE	APPROPRIÉ	FLACHERIE	OENOLOGIE
VERGLACER	SECRÉTAGE	ASSAILLIR	FOUGERAIE	ONCOLOGIE
VERNISSER	SORTILÈGE	ASSOUPLIR	FOURBERIE	OPIOMANIE
VERTÉBRÉE	SURCHARGE	ASSOURDIR	FRUITERIE	OUTAOUAIS
VINAIGRÉE	TÉLÉSIÈGE	ATTENDRIR	GANADERIA	PALINODIE
VIOLENTER	TRANSFUGE	AUTREFOIS	GÉOMÉTRIE	PALLIATIF
VIRILISER	TRICOTAGE	BAISEMAIN	GÉRIATRIE	PARCOURIR
VITAMINÉE	TRIPOTAGE	BALDAQUIN	GRASSERIE	PERCEVOIR
VITUPÉRER	VOISINAGE	BOUCHERIE	GRONDERIE	PÉRIPÉTIE
VOCIFÉRER	VOITURAGE	BOURGEOIS	HÉGÉMONIE	PERVERTIE
VOUSSOYER	XYLOPHAGE	BOUVREUIL	HORTENSIA	PERVERTIR
WAGNÉRIEN		BUANDERIE	IGNOMINIE	PHILISTIN
WARRANTER	**H**	CALABRAIS	IMBROGLIO	PISSENLIT
ZIGZAGUER		CATÉGORIE	IMPARFAIT	PODOLOGIE
	ANICROCHE	CAVALERIE	IMPÉRATIF	POMMERAIE
G	BANCROCHE	CÉRÉMONIE	INDÉFINIE	POSOLOGIE
	BIOGRAPHE	CHATTERIE	INDUSTRIE	POUDRERIE
BARIOLAGE	BOURRACHE	CHEVREUIL	INFLÉCHIE	PRESBYTIE
BAVARDAGE	CÉNOTAPHE	CHIRURGIE	INFLÉCHIR	PRÉVALOIR

PRÉVENTIF
PRODUCTIF
PRONOSTIC
PROPHÉTIE
QUÉBÉCOIS
RABOUGRIE
RADINERIE
RAFFERMIR
RAILLERIE
RECOUVRIR
RÉFLÉCHIR
REFROIDIR
REGROSSIR
RÉINSCRIT
REJAILLIR
RENCHÉRIR
REPRODUIT
RESSAISIR
RESSENTIR
RESSORTIR
REVERSOIR
RHAPSODIE
RINTINTIN
SALOPERIE
SATISFAIT
SÉNOLOGIE
SÉROLOGIE
SEXOLOGIE
SOUVERAIN
SPADASSIN
SPERMATIE
STRATÉGIE
STUPÉFAIT
SUGGESTIF
SURHUMAIN
SYMPATHIE
SYMPHONIE
TAILLERIE
TOURNEVIS
TOUTEFOIS
TRAVERSIN
TRAVESTIE
TROMPERIE

VIROLOGIE
ZOOPHILIE

L

ABSIDIALE
ADMIRABLE
ANDOUILLE
ARSOUILLE
BAGATELLE
BANDEROLE
BISAÏEULE
BLABLABLA
BOUTEILLE
BROUTILLE
CANNIBALE
CARAVELLE
CARDINALE
CHARMILLE
CHARNELLE
CICINDÈLE
CLAVICULE
CLIENTÈLE
COMPTABLE
CONSTABLE
CONSTELLÉ
CORONELLE
DÉPOUILLE
DIFFICILE
DISCOBOLE
ÉPONTILLE
ÉTERNELLE
ÉTINCELLE
FACTUELLE
FAISSELLE
FARANDOLE
FLICAILLE
FLOTTILLE
FOLLICULE
FORFICULE
FUNAMBULE
GAUDRIOLE
GESTUELLE

GIRANDOLE
GRADUELLE
GRATTELLE
GRISAILLE
GROSEILLE
GUTTURALE
HABITACLE
HÉMICYCLE
HONORABLE
HORTICOLE
ILLISIBLE
IMBUVABLE
IMPÉRIALE
INAMICALE
INCAPABLE
INCRÉDULE
INCUNABLE
INDICIBLE
INFERNALE
INSOLUBLE
INTÉGRALE
INTENABLE
INUSUELLE
INVIVABLE
IRASCIBLE
IRRITABLE
JOIGNABLE
LENTICULE
LIBELLULE
LIPOPHILE
LITTÉRALE
LITTORALE
MACHINALE
MAGOUILLE
MALLÉABLE
MATRICULE
MÉDIÉVALE
MÉMORABLE
MENSUELLE
MÉTROPOLE
MINUSCULE
MISÉRABLE
MISTOUFLE

MITRAILLE
MONTICOLE
MONTICULE
NATIONALE
NATURELLE
NÉONATALE
ONGUICULE
ORIENTALE
ORIGINALE
PACOTILLE
PALATIALE
PAPOUILLE
PARALLÈLE
PARENTÈLE
PARTICULE
PARTIELLE
PASODOBLE
PASTORALE
PÉDONCULE
PELLICULE
PÉRISTYLE
PERMÉABLE
PLAUSIBLE
POSTURALE
PRÉAMBULE
PROTOCOLE
PUBLIABLE
RATIONALE
RECEVABLE
RÉPARABLE
RESQUILLE
SENSUELLE
SERVIABLE
SPECTACLE
STOCKHOLM
SUFFIXALE
SURRÉNALE
SYLVICOLE
TARENTULE
TENTACULE
TERMINALE
TESTICULE
TEXTUELLE

THÉÂTRALE
TRIPAILLE
TROPICALE
URÉTÉRALE
USTENSILE
VÉNÉRABLE
VÉRITABLE
VERMEILLE
VERSATILE
VESTIBULE
VIRGINALE
VIRTUELLE
XÉNOPHILE

M

ACCOUTUMÉ
CLAIRSEMÉ
DIAGRAMME
DROITISME
DYNAMISME
ÉNANTHÈME
ÉPIGRAMME
FILIFORME
IDIOTISME
ILLOGISME
LACONISME
MAZDÉISME
MÉTRONOME
MIMODRAME
OLÉIFORME
ORGANISME
ORIFLAMME
PAROXYSME
PATRONYME
PIRIFORME
PLÉONASME
PROGRAMME
PSYCHISME
QUATRIÈME
ROYALISME
SÉNILISME
SIMPLISME

STOÏCISME	CITOYENNE	FULGURANT	MANDEMENT	PLATEMENT
STRABISME	CLINQUANT	FULMINANT	MARGARINE	POITEVINE
TABAGISME	COGNEMENT	GABARDINE	MARIHUANA	POLTRONNE
TRIGRAMME	COMPÉTENT	GALANTINE	MARISCULINE	POSTULANT
TRIOLISME	CONCLUANT	GICLEMENT	MÉCONTENT	PRÉCÉDENT
UNIONISME	CONFLUENT	GLOUTONNE	MÉLONGINE	PRÉDICANT
	CONTINENT	GOULEYANT	MESCALINE	PRÉSIDENT

N

ACADIENNE	CONTOURNÉ	GRENADINE	MUNITIONS	PRÉVENANT
AGACEMENT	COORDONNÉ	GROGNONNE	MUSCARINE	PROSTERNÉ
AGUICHANT	CORNEMENT	HAÏTIENNE	NAVREMENT	PROVOCANT
AMÈREMENT	CORPULENT	HALLUCINÉ	NÉANMOINS	PURITAINE
AMPLEMENT	CORUSCANT	HARASSANT	NÉCROMANT	PURPURINE
AMUSEMENT	CRÂNEMENT	HURLEMENT	NÉGLIGENT	QUINZAINE
ASSASSINE	CROISSANT	HYDROGÈNE	NÉGOCIANT	RAGOÛTANT
AVÈNEMENT	DÉCHIRANT	ICARIENNE	NETTEMENT	RAMPEMENT
BAISEMENT	DÉFICIENT	IMPATIENT	NOTAMMENT	RASSURANT
BALIVERNE	DÉGOÛTANT	IMPORTUNE	NULLEMENT	RAVISSANT
BARBOTINE	DÉTERGENT	IMPRUDENT	OBÉISSANT	RÉCEMMENT
BARREMENT	DÉTRIMENT	INCROYANT	OBLIGEANT	RÉCIPIENT
BENJAMINE	DIFFÉREND	INDULGENT	OFFENSANT	RÈGLEMENT
BIDONNANT	DIFFÉRENT	INFORTUNE	ONUSIENNE	RELUISANT
BIGREMENT	DISSIDENT	INHUMAINE	OPPORTUNE	REMONTANT
BOISEMENT	DIVERGENT	INOPÉRANT	ORALEMENT	RENDEMENT
BOMBEMENT	DRAPEMENT	INSPIRANT	OREILLONS	REPENTANT.
BOUFFONNE	ÉCRIVAINE	INTRIGANT	OSCILLANT	RÉPONDANT
BOUILLANT	ÉGAREMENT	IRANIENNE	OURLIENNE	RÉPUGNANT
BRAMEMENT	ÉGLANTINE	ISOLEMENT	OUTREMONT	RÉSISTANT
CALMEMENT	ÉLYSÉENNE	ITALIENNE	PALPITANT	RÉSONNANT
CAMPEMENT	ENGAGEANT	ITINÉRANT	PANTELANT	RESTREINT
CANTILÈNE	ENTREGENT	JUSTEMENT	PARLEMENT	RISTOURNE
CARBURANT	ÉPARGNANT	LANCEMENT	PARTISANE	RIVERAINE
CARDAMINE	ÉREINTANT	LANCINANT	PASSIONNÉ	SACREMENT
CARRÉMENT	ÉTIREMENT	LARGEMENT	PELVIENNE	SACRIPANT
CATALOGNE	FABRICANT	LAZZARONE	PÉNÉTRANT	SAINEMENT
CEPENDANT	FASCINANT	LÈCHEMENT	PERCALINE	SARBACANE
CHANGEANT	FERMEMENT	LENTEMENT	PERMANENT	SASSEMENT
CHÂTAIGNE	FEULEMENT	LESBIENNE	PERTINENT	SAXOPHONE
CHÂTIMENT	FIÈREMENT	LIBERTINE	PESAMMENT	SCHILLING
CHEVRONNÉ	FIRMAMENT	LIMOUSINE	PÉTILLANT	SCOUMOUNE
CHIENDENT	FISTULINE	LITTORINE	PHÉNOMÈNE	SÉCRÉTINE
CILLEMENT	FOLLEMENT	LOINTAINE	PICHOLINE	SÉDUISANT
	FRÔLEMENT	LOUISIANE	PIÉTEMENT	SÉMILLANT
	FRUSTRANT	MANDARINE	PLACEMENT	SENTIMENT

SÉRAPHINE	ADMISSION	ÉPURATION	PRÉCISION	VIOLATION
SERREMENT	ADORATION	ÉRUDITION	PRÉVISION	
SEULEMENT	ADULATION	ESCALATOR	PRIVATION	**P**
SIBYLLINE	AGITATION	ÉVOCATION	PROBATION	
SOMNOLENT	AGRESSION	FONDATION	PROFUSION	CAMÉSCOPE
SOUFFRANT	ANIMATION	GEMMATION	PROMOTION	ENVELOPPE
SOUPIRANT	ASCENSION	GOUPILLON	PROVISION	HOROSCOPE
STIMULANT	ATTENTION	GRADATION	PULSATION	LONGTEMPS
STRESSANT	BADMINTON	GRAVILLON	RADIATION	PÉRICARPE
SUBJACENT	BATAILLON	HYDRAVION	RÉBELLION	PRINTEMPS
SUCCÉDANÉ	BERLINGOT	IGUANODON	REBLOCHON	TÉLESCOPE
SUCCULENT	CAVAILLON	IMITATION	RECENSION	
SUFFISANT	CEINTURON	IMPULSION	RÉCEPTION	**R**
SUFFOCANT	CLOCHETON	INCURSION	RÉCESSION	
SUPERFINE	COALITION	INGESTION	RÉCLUSION	ACARIÂTRE
SURVIVANT	COLLATION	INTENTION	RÉDACTION	ACCROÎTRE
TACITURNE	COLLISION	INTRUSION	RÉDUCTION	ADJOINDRE
TARSIENNE	COLLUSION	INTUITION	RÉFECTION	ALENTOURS
TÉLÉPHONE	COMMOTION	INVENTION	RÉMISSION	ANNULAIRE
TEMPÉRANT	COMPAGNON	INVERSION	REPTATION	APPRENDRE
TERRIENNE	CONDITION	IRRUPTION	RÉPULSION	ATTEINDRE
TESTAMENT	CONFITEOR	ISOLATION	RÉVERSION	BALBUZARD
TRACEMENT	CONFUSION	LACTATION	ROSSIGNOL	BALNÉAIRE
TRANCHANT	CONTAGION	MÉDIATION	ROUDOUDOU	BAROMÈTRE
TRENTAINE	CONTUSION	MIGRATION	SÉCRÉTION	BATELIÈRE
TRÉPIDANT	CORNICHON	MORAILLON	SÉDUCTION	BELVÉDÈRE
TROUBLANT	CURAILLON	NARRATION	SÉLECTION	BESTIAIRE
TURBULENT	DAMNATION	NERVATION	SENSATION	BIFILAIRE
UNIVALENT	DÉCATHLON	NUTRITION	SITUATION	BIPOLAIRE
VACILLANT	DÉCEPTION	OBJECTION	SOMMATION	BOSSELURE
VAINEMENT	DÉFECTION	OBSESSION	SPÉCULOOS	BOURSIÈRE
VALÉRIANE	DÉFLATION	OCCLUSION	SUREMPLOI	BRAILLARD
VAURIENNE	DÉMISSION	OLFACTION	SUSPICION	BRAISIÈRE
VELOUTINE	DÉSERTION	OPÉRATION	TENTATION	BRASSIÈRE
VINGTAINE	DIACHYLON	OSCABRION	THÉRIDION	CACHEMIRE
XYLOPHONE	DIFFUSION	PALPATION	TORTILLON	CAFETIÈRE
YOHIMBINE	DILECTION	PARTITION	TOURILLON	CAMEMBERT
	DIMENSION	PENDAISON	TOURNEDOS	CANNELURE
O	DIRECTION	PHARILLON	TOURNESOL	CARACTÈRE
	DIVULSION	POLLUTION	TRADITION	CAVALIÈRE
ABOLITION	ÉDUCATION	PONDAISON	VARIATION	CHARIVARI
ACCEPTION	ÉMERILLON	PORTILLON	VIBRATION	CHAUDIÈRE
ACCESSION				CHAUMIÈRE
				CIMETIÈRE

CINÉRAIRE	ÉTREINDRE	MAQUISARD	RÉCONFORT	TÉLÉMÈTRE
COMBATTRE	FAMILIÈRE	MEILLEURE	REDÉFAIRE	TÉMÉRAIRE
COMBINARD	FERMETURE	MESSAGÈRE	RÉGATIÈRE	TERRAMARE
COMMETTRE	FIORITURE	MILITAIRE	RÉGULIÈRE	TERRESTRE
CONCOMBRE	FOURNIÈRE	MORATOIRE	REJOINDRE	TÉTRAÈDRE
CONFONDRE	FOURRIÈRE	MORFONDRE	RELECTURE	TIQUETURE
CONGÉNÈRE	FROMAGÈRE	MORTUAIRE	RENCONTRE	TOURBIÈRE
CONNAÎTRE	FRONTIÈRE	NASILLARD	RENIFLARD	TRANSFERT
CONTRAIRE	GARNITURE	NUCLÉAIRE	REPEINDRE	TRANSPORT
CORROMPRE	GILETIÈRE	OBITUAIRE	REPRENDRE	URTICAIRE
COURTIÈRE	GINGEMBRE	OFFICIÈRE	RÉSINIÈRE	VENTRIÈRE
CRÉNELURE	GLACIAIRE	OPINIÂTRE	RETEINDRE	VESTIAIRE
CROISIÈRE	GLOSSAIRE	ORDINAIRE	RIVULAIRE	VIEILLARD
CULINAIRE	GOGUENARD	ORDURIÈRE	ROMANCERO	
DÉCAMÈTRE	GOUTTIÈRE	OUVERTURE	ROTATOIRE	**S**
DÉCIMÈTRE	GRAINIÈRE	PAPETIÈRE	ROTURIÈRE	
DÉCOUPURE	GROSSIÈRE	PARAMÈTRE	ROUSSÂTRE	ACHETEUSE
DÉCROÎTRE	GRUMELURE	PASSAGÈRE	SABOTIÈRE	ALBANAISE
DÉRISOIRE	GUERRIÈRE	PASSEPORT	SALUTAIRE	AMITIEUSE
DÉSACCORD	HÉRITIÈRE	PATINOIRE	SANITAIRE	AMOUREUSE
DESCENDRE	HÔTELIÈRE	PENTAÈDRE	SAPINIÈRE	ANDALOUSE
DÉSEMPARÉ	HUITRIÈRE	PÉRIMÈTRE	SCULPTURE	BAIGNEUSE
DÉTEINDRE	IMPOSTURE	PERMETTRE	SÉCULAIRE	BALADEUSE
DÉTÉRIORÉ	INSINCÈRE	PESTIFÉRÉ	SÉCULIÈRE	BATELEUSE
DEVANTURE	INSTRUIRE	PIONNIÈRE	SÉMAPHORE	BLAGUEUSE
DICTATURE	INSULAIRE	PLAGIAIRE	SÉMINAIRE	BOUGRESSE
DINOSAURE	INTERDIRE	PLUSIEURS	SEPTEMBRE	BRAQUEUSE
DISSOUDRE	IVOIRIÈRE	POLICIÈRE	SIMILAIRE	CAILLASSE
DISTENDRE	JONQUIÈRE	POPULAIRE	SOLIDAIRE	CALEBASSE
DISTORDRE	JUGULAIRE	PORTUAIRE	SOLITAIRE	CAPITEUSE
DISTRAIRE	JURATOIRE	POUDRIÈRE	SOMNIFÈRE	CHARGEUSE
DOUANIÈRE	KILOMÈTRE	POUILLARD	SOUILLURE	COIFFEUSE
DOUCEÂTRE	LAPIDAIRE	POURBOIRE	SOUMETTRE	COMPRESSE
ÉCHOTIÈRE	LIMINAIRE	POUSSIÈRE	SOUSCRIRE	COUARDISE
ÉCONDUIRE	LIMONAIRE	PRÉMATURÉ	STATUAIRE	COURTOISE
EMBOSSURE	LORICAIRE	PRESCRIRE	STELLAIRE	DÉCAPEUSE
ÉMEUTIÈRE	LUMINAIRE	PRÉTENDRE	STRUCTURE	DIABLESSE
ÉMISSAIRE	LUNETIÈRE	PRIMIPARE	SURNOMBRE	DRESSEUSE
ENDOMÈTRE	MALPROPRE	PROCÉDURE	SUSPENDRE	DUVETEUSE
ENJOINDRE	MANGEOIRE	PROLIGÈRE	TABATIÈRE	ÉBARBEUSE
ESCLANDRE	MANOEUVRE	PROMETTRE	TABULAIRE	ÉLOGIEUSE
ÉTRANGÈRE	MANTELURE	PROSCRIRE	TAXIMÈTRE	ENTREMISE

FIÉVREUSE	PATINEUSE	TEILLEUSE	ATTENANTE	DÉLIRANTE
FLATTEUSE	PAUVRESSE	TENDRESSE	ATTIRANTE	DÉLOYAUTÉ
FOURNAISE	PÉDALEUSE	TORTUEUSE	AUSTÉRITÉ	DÉSOLANTE
FRANÇAISE	PÉKINOISE	TRAÎNEUSE	BIPARTITE	DÉVORANTE
FRANCHISE	PELOTEUSE	TRAÎTRISE	BOTANISTE	DEXTÉRITÉ
FRAUDEUSE	PETITESSE	TRANSMISE	BOURRETTE	DILIGENTE
FRIANDISE	PIERREUSE	TRICHEUSE	BRANLANTE	DIRIGISTE
FRIMOUSSE	PLÂTREUSE	TRISTESSE	BRILLANTE	DISPARATE
FRONDEUSE	PLEUREUSE	TROMPEUSE	CACAHUÈTE	DISPARITÉ
FURETEUSE	PLISSEUSE	TROTTEUSE	CAISSETTE	DISTINCTE
GALOPEUSE	PLONGEUSE	ULCÉREUSE	CANDIDATE	DISTRAITE
GARGOUSSE	PLUVIEUSE	VAPOREUSE	CANOÉISTE	DROGUISTE
GÉNÉREUSE	POISSEUSE	VEILLEUSE	CANONISTE	DUETTISTE
GLANDEUSE	POLITESSE	VERTUEUSE	CAPTIVITÉ	DUPLICATA
GLORIEUSE	POUDREUSE	VIENNOISE	CARBONATE	ÉCLATANTE
GRACIEUSE	PRÊCHEUSE	VISITEUSE	CARMÉLITE	ÉDIFIANTE
GRANDESSE	PRÉCIEUSE	VISQUEUSE	CASERETTE	ÉMOUVANTE
GRANDIOSE	PRESTESSE		CASTRISTE	EMPREINTE
HARDIESSE	PRÊTRESSE	**T**	CATAPULTE	ÉNERVANTE
HYPOTHÈSE	PRIMEROSE		CATARACTE	ENIVRANTE
INDISPOSÉ	PRINCESSE	ABERRANTE	CÉLÉBRITÉ	ENTIÈRETÉ
INTÉRESSÉ	QUILLEUSE	ABONDANTE	CENTRISTE	ÉPEURANTE
INUTILISÉ	QUINTEUSE	ABSTRAITE	CHARMANTE	ÉPUISANTE
JONGLEUSE	RACOLEUSE	ABSURDITÉ	CHARPENTE	ESCOPETTE
LUMINEUSE	RAILLEUSE	ACTIVANTE	CHARRETTE	ÉTIQUETTE
MAÎTRESSE	RECELEUSE	ADHÉRENTE	CHEVIOTTE	ÉTONNANTE
MIELLEUSE	RELEVEUSE	ADJACENTE	CIGARETTE	EXCITANTE
MITIGEUSE	RICANEUSE	ADVERSITÉ	CLAIRETTE	EXIGEANTE
MOTOCROSS	RIGOLEUSE	AFFOLANTE	COHÉRENTE	EXISTANTE
NAUSÉEUSE	RONFLEUSE	ALARMISTE	CONFIANTE	EXPLICITE
NÉBULEUSE	SOIGNEUSE	ALIÉNISTE	CONSTANTE	EXTRÉMITÉ
NÉPALAISE	SOUCIEUSE	AMABILITÉ	CONTRASTE	FAINÉANTE
NIAISEUSE	SOUFREUSE	AMBULANTE	CONTRISTÉ	FARNIENTE
NIVELEUSE	SOURNOISE	AMÉTHYSTE	CONVEXITÉ	FATIGANTE
NOMBREUSE	SPACIEUSE	ANIMOSITÉ	CÔTELETTE	FAUCHETTE
ONCTUEUSE	SQUAMEUSE	ANNALISTE	COURBETTE	FÉCULENTE
ORNITHOSE	STOPPEUSE	APAISANTE	CURIOSITÉ	FINALISTE
OUBLIEUSE	STUDIEUSE	APPARENTE	DÉBUTANTE	FORMALITÉ
PAGAYEUSE	SUISSESSE	ARRIVANTE	DÉCAPANTE	FRAGILITÉ
PAILLASSE	TALQUEUSE	ARROGANTE	DÉCEVANTE	FRAPPANTE
PAPERASSE	TAMISEUSE	ASPIRANTE	DÉCONFITE	FRINGANTE
PARADEUSE	TAPAGEUSE	ASSIDUITÉ	DÉCRÉPITE	GALERISTE

GAUFRETTE	INSTRUITE	OCÉANAUTE	RONFLANTE	VISCOSITÉ
GÉLINOTTE	INTÉGRITÉ	ONDOYANTE	ROTONDITÉ	VULGARITÉ
GENTILITÉ	INTENSITÉ	OPPOSANTE	RUTILANTE	WYANDOTTE
GINGIVITE	INTERDITE	OPTIMISTE	SAILLANTE	
GIROUETTE	INTIMISTE	OUBLIETTE	SALOPETTE	**U**
GLISSANTE	INUTILITÉ	PAILLETTE	SALUBRITÉ	
GLOBALITÉ	IRRÉALITÉ	PAPILLOTE	SANGLANTE	ALUMINIUM
GONFLETTE	IRRITANTE	PARODISTE	SATELLITE	ANGÉLIQUE
GOUALANTE	JEANNETTE	PASSÉISTE	SCÉLÉRATE	ANTÉRIEUR
GOURMETTE	JOVIALITÉ	PATINETTE	SCOLARITÉ	ARTICHAUT
GRACILITÉ	JOYEUSETÉ	PAUPIETTE	SÉLÉNIATE	ASCENSEUR
GRAPHISTE	JUDAÏCITÉ	PÉNITENTE	SERVIETTE	ATOMISEUR
GRIMPETTE	KILOHERTZ	PERCHISTE	SERVILITÉ	BÉCANCOUR
GRINÇANTE	LIMPIDITÉ	PÉTULANTE	SIBILANTE	BÉNÉFIQUE
GROSSISTE	LINGUETTE	PIPELETTE	SIMILISTE	BÉNISSEUR
GUIGNETTE	LINGUISTE	PIROUETTE	SIMPLETTE	BIBLIOBUS
HABITANTE	LONGUETTE	PLACIDITÉ	SINCÉRITÉ	BIENVENUE
HALETANTE	LOYALISTE	PLAISANTE	SINUOSITÉ	BLOCKHAUS
HÉSITANTE	LUBRICITÉ	PLATINITE	SOLENNITÉ	BUCOLIQUE
HONNÊTETÉ	MAGNÉTITE	POIGNANTE	SOUCHETTE	CARLINGUE
HOSTILITÉ	MAIGRIOTE	POLÉMISTE	SOURIANTE	CARREFOUR
IDÉALISTE	MALSÉANTE	POSTÉRITÉ	STABILITÉ	CATALOGUE
IGNORANTE	MANGOUSTE	POURSUITE	STAGNANTE	CAVERNEUX
IMMÉDIATE	MANIFESTE	PRÉCARITÉ	STÉRILITÉ	CÉRAMIQUE
IMMINENTE	MAUVIETTE	PRÉCOMPTE	STRIDENTE	CHAUFFEUR
IMMODESTE	MÉCRÉANTE	PRÉMÉDITÉ	STUPIDITÉ	CHIHUAHUA
IMPOSANTE	MÉGAHERTZ	PRESSANTE	SUBTILITÉ	CHIPOTEUR
IMPOTENTE	MENAÇANTE	PROPRIÉTÉ	SUCCINCTE	CLASSIQUE
IMPROBITÉ	MÉNAGISTE	PROSCRITE	TÉLEXISTE	COLCHIQUE
IMPUDENTE	MENDIANTE	PUBLICITÉ	TOLÉRANTE	CONTINUUM
INCOGNITO	MENDIGOTE	PUÉRILITÉ	TOUCHANTE	CORROMPUE
INDÉCENTE	MILITANTE	PUGNACITÉ	TOURMENTE	COURAGEUX
INDIGENTE	MIMOLETTE	PUISSANTE	TRAÎNANTE	COURBATUE
INDIGNITÉ	MOUFLETTE	PURULENTE	TURBIDITÉ	CRITÉRIUM
INDIRECTE	NÉCESSITÉ	QUADRETTE	TURLUTUTU	DANGEREUX
INDOLENTE	NERVOSITÉ	QUARTZITE	UNANIMITÉ	DÉGIVREUR
INÉGALITÉ	NIHILISTE	QUIÉTISTE	VAILLANTE	DÉLICIEUX
INFAMANTE	NOTORIÉTÉ	REBUTANTE	VÉHÉMENTE	DÉPANNEUR
INFIRMITÉ	NOUVEAUTÉ	REDINGOTE	VERBOSITÉ	DÉPOURVUE
INFLUENTE	OBLIQUITÉ	REPOSANTE	VIABILITÉ	DÉTECTEUR
INHÉRENTE	OBSCURITÉ	RÉTICENTE	VIGILANTE	DÉTENTEUR
INNOCENTE	OBSÉDANTE	RINGUETTE	VIRGINITÉ	DICTATEUR
INSOLENTE	OCCUPANTE	ROMANISTE	VIRULENTE	ÉLÉVATEUR

☞	☞	☞	☞	☞
ENTREVOUS	PESANTEUR	VIOLONEUX	GARGANTUA	ADMIRABLE
EXTÉRIEUR	PIAILLEUR	VOLLEYEUR	HORTENSIA	ADVERSITÉ
FAMÉLIQUE	PLASTIQUE		MARIHUANA	AFFAIBLIE
FANATIQUE	POLITIQUE	**V**	SUPERNOVA	AFFLUENCE
FONDATEUR	POTASSIUM			AFFOLANTE
FORMATEUR	PRÉDATEUR	AGRESSIVE	**C**	AGRESSIVE
FOUILLEUR	PRÉTENDUE	ATTENTIVE		AIGUILLÉE
GARGANTUA	PROFITEUR	BOSSANOVA	PRONOSTIC	ALARMISTE
GRAISSEUX	PROMENEUR	CRAINTIVE		ALBANAISE
HÉMATIQUE	PROMOTEUR	DÉTERSIVE	**D**	ALBUMINÉE
HÉRÉTIQUE	QUICONQUE	DORMITIVE		ALIÉNISTE
HOMOLOGUE	QUIPROQUO	ÉDUCATIVE	BALBUZARD	ALLÉGORIE
IDENTIQUE	RADIATEUR	EFFECTIVE	BRAILLARD	ALLEMANDE
INÉTENDUE	RAMASSEUR	EXCLUSIVE	COMBINARD	AMABILITÉ
INFÉRIEUR	RAVAUDEUR	EXÉCUTIVE	DÉSACCORD	AMALGAMÉE
INGÉNIEUX	RÉCEPTEUR	EXPANSIVE	DIFFÉREND	AMBULANTE
INSIDIEUX	RELIGIEUX	GUSTATIVE	GOGUENARD	AMÉTHYSTE
INTÉRIEUR	RIGOUREUX	IMPULSIVE	MAQUISARD	AMÉTROPIE
INTOXIQUÉ	SALICOQUE	INDUCTIVE	NASILLARD	AMITIEUSE
INVENTEUR	SAUGRENUE	ITÉRATIVE	POUILLARD	AMOUREUSE
IRRÉSOLUE	SÉDUCTEUR	LAUDATIVE	RENIFLARD	ANDALOUSE
JACASSEUR	SINOLOGUE	LUCRATIVE	VIEILLARD	ANDOUILLE
JUDICIEUX	SOMPTUEUX	NUTRITIVE		ANGÉLIQUE
LABORIEUX	SOUTENEUR	OBJECTIVE	**E**	ANICROCHE
LOQUETEUX	SPHÉRIQUE	OFFENSIVE		ANIMOSITÉ
LUNATIQUE	SPLENDEUR	OLFACTIVE	ABÂTARDIE	ANNALISTE
LUXURIEUX	SUBORNEUR	PRIMITIVE	ABERRANTE	ANNULAIRE
MALÉFIQUE	SUBSTITUT	SUPERNOVA	ABIÉTINÉE	APAISANTE
MALICIEUX	SUPERFLUE	TENTATIVE	ABONDANCE	APOSTASIE
MARAUDEUR	SUPÉRIEUR		ABONDANTE	APPARENCE
MÉDIATEUR	TALONNEUR		ABSIDIALE	APPARENTE
MIGRATEUR	THÉSAURUS	**9e**	ABSTRAITE	APPLIQUÉE
NARRATEUR	TRANCHEUR		ABSURDITÉ	APPRENDRE
NETTOYEUR	TREMBLEUR	POSITION	ACADIENNE	APPRENTIE
ODALISQUE	TRILINGUE		ACARIÂTRE	APPROCHÉE
OENOLOGUE	TRIMOTEUR	**A**	ACCOMPLIE	APPROPRIÉ
OPÉRATEUR	ULTÉRIEUR		ACCOUTUMÉ	ARMISTICE
PACIFIQUE	ULTIMATUM	☞	ACCROÎTRE	ARRIVANTE
PAQUETEUR	VAINQUEUR	BLABLABLA	ACHETEUSE	ARROGANTE
PARDESSUS	VALEUREUX	BOSSANOVA	ACRIMONIE	ARSOUILLE
PARESSEUX	VARIQUEUX	CHIHUAHUA	ACTIVANTE	ASPIRANTE
PARFUMEUR	VERMOULUE	DUPLICATA	ADHÉRENCE	ASSASSINE
PÉDOLOGUE	VIGOUREUX	GANADERIA	ADHÉRENTE	
			ADJACENTE	
			ADJOINDRE	

ASSEMBLÉE	BOUFFARDE	CATALOGNE	COMBATTRE	CUIRASSÉE
ASSIDUITÉ	BOUFFONNE	CATALOGUE	COMMETTRE	CUISTANCE
ASSURANCE	BOUGRESSE	CATAPULTE	COMPAGNIE	CULINAIRE
ATLANTIDE	BOURRACHE	CATARACTE	COMPÉRAGE	CURIOSITÉ
ATROPHIÉE	BOURRETTE	CATÉGORIE	COMPRESSE	DAVANTAGE
ATTEINDRE	BOURSIÈRE	CAVALERIE	COMPTABLE	DÉBANDADE
ATTENANTE	BOUTEILLE	CAVALIÈRE	CONCIERGE	DÉBITRICE
ATTENTIVE	BRAISIÈRE	CÉLÉBRITÉ	CONCOMBRE	DÉBOUCHÉE
ATTIRANCE	BRANLANTE	CÉNOTAPHE	CONFIANCE	DÉBRAYAGE
ATTIRANTE	BRAQUEUSE	CENTRISTE	CONFIANTE	DÉBUTANTE
AUDITRICE	BRASSIÈRE	CÉRAMIQUE	CONFONDRE	DÉCADENCE
AUSTÉRITÉ	BRICOLAGE	CÉRÉMONIE	CONGÉNÈRE	DÉCAMÈTRE
AVANTAGÉE	BRILLANTE	CHARGEUSE	CONNAÎTRE	DÉCAPANTE
BAGATELLE	BROUILLÉE	CHARMANTE	CONSIGNÉE	DÉCAPEUSE
BAIGNEUSE	BROUTILLE	CHARMILLE	CONSTABLE	DÉCEVANTE
BALADEUSE	BUANDERIE	CHARNELLE	CONSTANCE	DÉCHARNÉE
BALIVERNE	BUCOLIQUE	CHARPENTE	CONSTANTE	DÉCIMÈTRE
BALNÉAIRE	CACAHUÈTE	CHARRETTE	CONSTELLÉ	DÉCOLLAGE
BANCROCHE	CACHEMIRE	CHÂTAIGNE	CONTOURNÉ	DÉCOMPTÉE
BANDEROLE	CAFETIÈRE	CHATTERIE	CONTRAIRE	DÉCONFITE
BARBOTINE	CAILLASSE	CHAUDIÈRE	CONTRARIÉ	DÉCOUPAGE
BARIOLAGE	CAISSETTE	CHAUMIÈRE	CONTRASTE	DÉCOUPURE
BAROMÈTRE	CALEBASSE	CHEVIOTTE	CONTRISTÉ	DÉCRÉPITE
BATELEUSE	CAMÉSCOPE	CHEVRONNÉ	CONTRÔLÉE	DÉCROÎTRE
BATELIÈRE	CANDIDATE	CHIFFRAGE	CONVEXITÉ	DÉFÉRENCE
BAVARDAGE	CANNELURE	CHIRURGIE	COORDONNÉ	DÉFROQUÉE
BÉATITUDE	CANNIBALE	CICATRICE	COPINERIE	DÉGÉNÉRÉE
BELVÉDÈRE	CANOÉISTE	CICINDÈLE	CORONELLE	DÉLATRICE
BÉNÉFIQUE	CANONISTE	CIGARETTE	CORROMPRE	DÉLIBÉRÉE
BENJAMINE	CANTILÈNE	CIMETIÈRE	CORROMPUE	DÉLIRANTE
BESTIAIRE	CANTONADE	CINÉRAIRE	CÔTELETTE	DÉLOYAUTÉ
BIENVENUE	CAPITEUSE	CITOYENNE	COUARDISE	DÉMESURÉE
BIFILAIRE	CAPTIVITÉ	CLAIRETTE	COULISSÉE	DÉPOUILLE
BIOGRAPHE	CARACTÈRE	CLAIRSEMÉ	COURBATUE	DÉPOURVUE
BIPARTITE	CARAVELLE	CLAPOTAGE	COURBETTE	DÉRISOIRE
BIPOLAIRE	CARBONATE	CLASSIQUE	COURTIÈRE	DÉSABUSÉE
BISAÏEULE	CARDAMINE	CLAVICULE	COURTOISE	DESCENDRE
BLAGUEUSE	CARDINALE	CLIENTÈLE	CRAINTIVE	DÉSEMPARÉ
BOMBARDÉE	CARLINGUE	COHÉRENCE	CRÉATRICE	DÉSOLANTE
BOSSELURE	CARMÉLITE	COHÉRENTE	CRÉNELURE	DÉSUÉTUDE
BOTANISTE	CASERETTE	COIFFEUSE	CREVASSÉE	DÉTEINDRE
BOUCANAGE	CASSONADE	COLCHIQUE	CRITIQUÉE	DÉTÉRIORÉ
BOUCHERIE	CASTRISTE	COLLECTÉE	CROISIÈRE	DÉTERSIVE

DÉTRAQUÉE	ÉCONDUIRE	ÉTIQUETTE	FOURBERIE	GINGIVITE
DÉTREMPÉE	ÉCRIVAINE	ÉTONNANTE	FOURNAISE	GIRANDOLE
DEVANTURE	ÉDIFIANTE	ÉTRANGÈRE	FOURNIÈRE	GIROUETTE
DÉVORANTE	ÉDUCATIVE	ÉTREINDRE	FOURRIÈRE	GLACIAIRE
DEXTÉRITÉ	EFFECTIVE	EXASPÉRÉE	FRAGILITÉ	GLANDEUSE
DIABLERIE	EFFRONTÉE	EXCENTRÉE	FRANÇAISE	GLISSANTE
DIABLESSE	ÉGLANTINE	EXCITANTE	FRANCHISE	GLOBALITÉ
DIAGRAMME	ÉLECTRICE	EXCLUSIVE	FRAPPANTE	GLORIEUSE
DICTATURE	ÉLOGIEUSE	EXÉCUTIVE	FRAUDEUSE	GLOSSAIRE
DIFFICILE	ÉLYSÉENNE	EXIGEANTE	FRÉQUENCE	GLOUTONNE
DILIGENTE	EMBOSSURE	EXISTANTE	FRIANDISE	GONFLETTE
DINGUERIE	EMBOUCHÉE	EXPANSIVE	FRICASSÉE	GOUALANTE
DINOSAURE	ÉMEUTIÈRE	EXPLICITE	FRICOTAGE	GOURMANDE
DIRIGISTE	ÉMISSAIRE	EXTRÉMITÉ	FRIMOUSSE	GOURMETTE
DISCOBOLE	ÉMOUVANTE	FACTUELLE	FRINGANTE	GOUTTIÈRE
DISPARATE	EMPREINTE	FAINÉANTE	FROMAGÈRE	GRACIEUSE
DISPARITÉ	EMPRESSÉE	FAISSELLE	FRONDEUSE	GRACILITÉ
DISSOUDRE	ÉNANTHÈME	FAMÉLIQUE	FRONTIÈRE	GRADUELLE
DISTANCÉE	ENCAISSÉE	FAMILIÈRE	FRUITERIE	GRAINIÈRE
DISTENDRE	ENCHANTÉE	FANATIQUE	FUNAMBULE	GRANDESSE
DISTINCTE	ENDOMÈTRE	FANTAISIE	FURETEUSE	GRANDIOSE
DISTORDRE	ÉNERVANTE	FARANDOLE	FURIBONDE	GRAPHISTE
DISTRAIRE	ENIVRANTE	FARLOUCHE	GABARDINE	GRASSERIE
DISTRAITE	ENJOINDRE	FARNIENTE	GAILLARDE	GRATITUDE
DIVIDENDE	ENSEIGNÉE	FATIGANTE	GALANTINE	GRATTELLE
DORMITIVE	ENTAILLÉE	FAUCHETTE	GALERISTE	GRENADINE
DOUANIÈRE	ENTIÈRETÉ	FÉBRIFUGE	GALOPEUSE	GRILLAGÉE
DOUCEÂTRE	ENTREMISE	FÉCULENTE	GARGOUSSE	GRIMPETTE
DRESSEUSE	ENVELOPPE	FERMETURE	GARNITURE	GRINÇANTE
DROGUISTE	ÉPEURANTE	FIÉVREUSE	GAUDRIOLE	GRISAILLE
DROITISME	ÉPIGRAMME	FIGNOLAGE	GAUFRETTE	GROGNONNE
DUETTISTE	ÉPONTILLE	FILIFORME	GAZONNAGE	GRONDERIE
DUVETEUSE	ÉPUISANTE	FINALISTE	GEIGNARDE	GROSEILLE
DYNAMISME	ESCABÈCHE	FIORITURE	GÉLINOTTE	GROSSIÈRE
DYSCRASIE	ESCALADÉE	FISTULINE	GÉNÉREUSE	GROSSISTE
DYSOREXIE	ESCLANDRE	FLACHERIE	GÉNITRICE	GRUMELURE
DYSPHAGIE	ESCOPETTE	FLATTEUSE	GENTILITÉ	GUERRIÈRE
DYSPHORIE	ESPÉRANCE	FLICAILLE	GÉOMÉTRIE	GUIGNARDE
ÉBARBEUSE	ESPLANADE	FLOTTILLE	GÉRIATRIE	GUIGNETTE
ÉCERVELÉE	ESQUISSÉE	FOLLICULE	GERMICIDE	GUIMBARDE
ÉCHOTIÈRE	ESTROPIÉE	FORFICULE	GESTUELLE	GUSTATIVE
ÉCLAIRAGE	ÉTERNELLE	FORMALITÉ	GILETIÈRE	GUTTURALE
ÉCLATANTE	ÉTINCELLE	FOUGERAIE	GINGEMBRE	HABITACLE

HABITANTE	IMMINENTE	INHABITÉE	JOIGNABLE	LUBRICITÉ
HAÏTIENNE	IMMODÉRÉE	INHÉRENTE	JONGLERIE	LUCRATIVE
HALETANTE	IMMODESTE	INHUMAINE	JONGLEUSE	LUMINAIRE
HALLUCINÉ	IMPÉRIALE	INJUSTICE	JONQUIÈRE	LUMINANCE
HARANGUÉE	IMPLIQUÉE	INNOCENCE	JOVIALITÉ	LUMINEUSE
HARDIESSE	IMPORTUNE	INNOCENTE	JOYEUSETÉ	LUNATIQUE
HAUBANAGE	IMPOSANTE	INOCCUPÉE	JUDAÏCITÉ	LUNETIÈRE
HÉCATOMBE	IMPOSTURE	INSINCÈRE	JUGULAIRE	MACHINALE
HÉGÉMONIE	IMPOTENTE	INSOLENTE	JURATOIRE	MAGNÉTITE
HÉMATIQUE	IMPROBITÉ	INSOLUBLE	KILOMÈTRE	MAGOUILLE
HÉMICYCLE	IMPUDENCE	INSTRUIRE	LACHENAIE	MAIGRIOTE
HERBICIDE	IMPUDENTE	INSTRUITE	LACONISME	MAILLOCHE
HÉRÉTIQUE	IMPULSIVE	INSULAIRE	LAMBOURDE	MAÎTRESSE
HÉRITIÈRE	INADAPTÉE	INTÉGRALE	LAMPOURDE	MAÎTRISÉE
HÉSITANTE	INALTÉRÉE	INTÉGRITÉ	LAPIDAIRE	MALÉFIQUE
HISTORIÉE	INAMICALE	INTENABLE	LASSITUDE	MALLÉABLE
HOMOLOGUE	INCAPABLE	INTENSITÉ	LAUDATIVE	MALPROPRE
HONNÊTETÉ	INCENDIÉE	INTERDIRE	LAZZARONE	MALSÉANTE
HONORABLE	INCHANGÉE	INTERDITE	LENTICULE	MANDARINE
HOROSCOPE	INCOLORÉE	INTÉRESSÉ	LESBIENNE	MANGEOIRE
HORTICOLE	INCRÉDULE	INTERLUDE	LÉSINERIE	MANGOUSTE
HOSTILITÉ	INCUNABLE	INTIMISTE	LESSIVAGE	MANIFESTE
HÔTELIÈRE	INDÉCENCE	INTOXIQUÉ	LIBELLULE	MANIGANCE
HUITRIÈRE	INDÉCENTE	INTRÉPIDE	LIBERTINE	MANOEUVRE
HYDROGÈNE	INDÉFINIE	INTRIGUÉE	LIBRAIRIE	MANTELURE
HYPOTHÈSE	INDICIBLE	INUSUELLE	LIMINAIRE	MARCHANDE
ICARIENNE	INDIGENTE	INUTILISÉ	LIMONAIRE	MARGARINE
IDÉALISTE	INDIGNITÉ	INUTILITÉ	LIMOUSINE	MASCARADE
IDENTIQUE	INDIRECTE	INVÉTÉRÉE	LIMPIDITÉ	MASCOUCHE
IDIOTISME	INDISPOSÉ	INVIVABLE	LINGUETTE	MASCULINE
IGNOMINIE	INDOLENTE	IRANIENNE	LINGUISTE	MATRICULE
IGNORANTE	INDUCTIVE	IRASCIBLE	LIPOPHILE	MAUVIETTE
ILLETTRÉE	INDUSTRIE	IRRÉALITÉ	LITTÉRALE	MAZDÉISME
ILLIMITÉE	INÉGALITÉ	IRRÉSOLUE	LITTORALE	MÉCRÉANTE
ILLISIBLE	INESPÉRÉE	IRRITABLE	LITTORINE	MÉDAILLÉE
ILLOGISME	INÉTENDUE	IRRITANTE	LOCATRICE	MÉDIÉVALE
ILLUMINÉE	INEXERCÉE	ITALIENNE	LOINTAINE	MEILLEURE
ILLUSTRÉE	INFAMANTE	ITÉRATIVE	LONGUETTE	MÉLONGINE
IMBUVABLE	INFERNALE	IVOIRIÈRE	LORICAIRE	MÉMORABLE
IMMACULÉE	INFIRMITÉ	JAPONERIE	LOUCHERIE	MENAÇANTE
IMMÉDIATE	INFLÉCHIE	JARDINAGE	LOUISIANE	MÉNAGISTE
IMMÉRITÉE	INFLUENTE	JEANNETTE	LOURDAUDE	MENDIANTE
IMMINENCE	INFORTUNE	JÉRÉMIADE	LOYALISTE	MENDIGOTE

MENSUELLE	NIAISERIE	ORIGINALE	PÉDOLOGUE	PLISSEUSE
MESCALINE	NIAISEUSE	ORNITHOSE	PÉDONCULE	PLONGEUSE
MESSAGÈRE	NIHILISTE	OUBLIETTE	PÉKINOISE	PLUVIEUSE
MÉTRONOME	NIVELEUSE	OUBLIEUSE	PELLICULE	PODOLOGIE
MÉTROPOLE	NOMBREUSE	OURLIENNE	PELOTEUSE	POIGNANTE
MIELLEUSE	NOSTALGIE	OUTILLAGE	PELVIENNE	POISSEUSE
MIÈVRERIE	NOTORIÉTÉ	OUVERTURE	PÉNITENCE	POITEVINE
MILITAIRE	NOUVEAUTÉ	PACIFIQUE	PÉNITENTE	POLÉMISTE
MILITANTE	NOVATRICE	PACOTILLE	PENTAÈDRE	POLICIÈRE
MIMODRAME	NUCLÉAIRE	PAGAYEUSE	PERCALINE	POLITESSE
MIMOLETTE	NUTRITIVE	PAILLASSE	PERCHISTE	POLITIQUE
MINUSCULE	OBITUAIRE	PAILLETTE	PÉRICARDE	POLTRONNE
MINUTERIE	OBJECTIVE	PALATIALE	PÉRICARPE	POMMERAIE
MISÉRABLE	OBLIQUITÉ	PALINODIE	PÉRIMÈTRE	POPULAIRE
MISTOUFLE	OBSCURITÉ	PALISSADE	PÉRIPÉTIE	PORTUAIRE
MITIGEUSE	OBSÉDANTE	PAPERASSE	PÉRISTYLE	POSOLOGIE
MITRAILLE	OCCUPANTE	PAPETIÈRE	PERMÉABLE	POSTÉRITÉ
MONITRICE	OCÉANAUTE	PAPILLOTE	PERMETTRE	POSTURALE
MONOTONIE	ODALISQUE	PAPOUILLE	PERSILLÉE	POUDRERIE
MONTICOLE	OENOLOGIE	PARADEUSE	PERVERTIE	POUDREUSE
MONTICULE	OENOLOGUE	PARALLÈLE	PESTIFÉRÉ	POUDRIÈRE
MORATOIRE	OFFENSIVE	PARAMÈTRE	PETITESSE	POURBOIRE
MORFONDRE	OFFICIÈRE	PARASITÉE	PÉTULANCE	POURSUITE
MORIBONDE	OIGNONADE	PARENTÈLE	PÉTULANTE	POUSSIÈRE
MORTUAIRE	OLÉIFORME	PARODISTE	PHÉNOMÈNE	PRÉAMBULE
MOUCHETÉE	OLFACTIVE	PAROXYSME	PICHOLINE	PRÉCARITÉ
MOUFLETTE	ONCOLOGIE	PARTICULE	PIERREUSE	PRÊCHEUSE
MULTITUDE	ONCTUEUSE	PARTIELLE	PIONNIÈRE	PRÉCIEUSE
MUSCARINE	ONDOYANTE	PARTISANE	PIPELETTE	PRÉCIPICE
MUTINERIE	ONGUICULE	PASODOBLE	PIRIFORME	PRÉCOMPTE
NAISSANCE	ONUSIENNE	PASSAGÈRE	PIROUETTE	PRÉJUDICE
NATIONALE	OPINIÂTRE	PASSÉISTE	PLACIDITÉ	PRÉMATURÉ
NATURELLE	OPIOMANIE	PASSIONNÉ	PLAGIAIRE	PRÉMÉDITÉ
NAUFRAGÉE	OPPORTUNE	PASTICHÉE	PLAISANTE	PRESBYTIE
NAUPATHIE	OPPOSANTE	PASTORALE	PLASTIQUE	PRESCRIRE
NAUSÉEUSE	OPPRESSÉE	PATINETTE	PLATELAGE	PRESSANTE
NÉBULEUSE	OPTIMISTE	PATINEUSE	PLATINITE	PRESTANCE
NÉCESSITÉ	ORDINAIRE	PATINOIRE	PLATITUDE	PRESTESSE
NÉGATRICE	ORDURIÈRE	PATRONAGE	PLÂTREUSE	PRÉTENDRE
NÉONATALE	ORGANISÉE	PATRONYME	PLAUSIBLE	PRÉTENDUE
NÉPALAISE	ORGANISME	PAUPIETTE	PLÉNITUDE	PRÉTEXTÉE
NERVOSITÉ	ORIENTALE	PAUVRESSE	PLÉONASME	PRÊTRESSE
NÉVRALGIE	ORIFLAMME	PÉDALEUSE	PLEUREUSE	PRIMEROSE

PRIMIPARE	RANDONNÉE	RISTOURNE	SÉCULIÈRE	SPECTACLE
PRIMITIVE	RASSASIÉE	RIVERAINE	SÉLÉNIATE	SPERMATIE
PRINCESSE	RATATINÉE	RIVULAIRE	SÉMAPHORE	SPHÉRIQUE
PROCÉDURE	RATIONALE	ROMANISTE	SÉMINAIRE	SPLENDIDE
PROGRAMME	RATISSAGE	RONFLANTE	SÉNILISME	SPONTANÉE
PROLIGÈRE	REBUFFADE	RONFLEUSE	SÉNOLOGIE	SQUAMEUSE
PROMETTRE	REBUTANTE	ROTATOIRE	SENSUELLE	STABILITÉ
PRONONCÉE	RECELEUSE	ROTONDITÉ	SEPTEMBRE	STAGNANTE
PROPHÉTIE	RECEVABLE	ROTURIÈRE	SÉRAPHINE	STATUAIRE
PROPRIÉTÉ	RECHARGÉE	ROUBLARDE	SÉROLOGIE	STELLAIRE
PROSCRIRE	RECTITUDE	ROUSSÂTRE	SERVIABLE	STÉRILITÉ
PROSCRITE	REDÉFAIRE	ROYALISME	SERVIETTE	STOÏCISME
PROSTERNÉ	REDINGOTE	RUBICONDE	SERVILITÉ	STOPPEUSE
PROTOCOLE	RÉFÉRENCE	RUTILANCE	SERVITUDE	STRABISME
PSYCHISME	RÉGATIÈRE	RUTILANTE	SEXOLOGIE	STRATÉGIE
PUBLIABLE	RÉGULIÈRE	SABOTIÈRE	SIBILANTE	STRIDENTE
PUBLICITÉ	REJOINDRE	SACERDOCE	SIBYLLINE	STRUCTURE
PUDIBONDE	RELECTURE	SACRIFICE	SIMILAIRE	STUDIEUSE
PUÉRILITÉ	RELEVEUSE	SACRILÈGE	SIMILISTE	STUPIDITÉ
PUGNACITÉ	REMARQUÉE	SAILLANTE	SIMPLETTE	SUBSTANCE
PUISSANCE	REMORQUÉE	SALICOQUE	SIMPLISME	SUBTILITÉ
PUISSANTE	RENCONTRE	SALOPERIE	SINCÉRITÉ	SUCCÉDANÉ
PURITAINE	RÉPARABLE	SALOPETTE	SINISTRÉE	SUCCINCTE
PURPURINE	REPEINDRE	SALUBRITÉ	SINOLOGUE	SUFFIXALE
PURULENTE	RÉPLIQUÉE	SALUTAIRE	SINUOSITÉ	SUISSESSE
QUADRETTE	REPORTAGE	SANGLANTE	SIPHONNÉE	SUPERFINE
QUARTZITE	REPOSANTE	SANITAIRE	SOIFFARDE	SUPERFLUE
QUATRIÈME	REPRENDRE	SAPINIÈRE	SOIGNEUSE	SURCHARGE
QUERELLÉE	RÉSIDENCE	SARABANDE	SOLENNITÉ	SURNOMBRE
QUICONQUE	RÉSINIÈRE	SARBACANE	SOLIDAIRE	SURRÉNALE
QUIÉTISTE	RÉSONANCE	SATELLITE	SOLITAIRE	SUSPENDRE
QUILLEUSE	RESQUILLE	SAUGRENUE	SOMNIFÈRE	SYLVICOLE
QUINTEUSE	RESSOURCE	SAXOPHONE	SORTILÈGE	SYMPATHIE
QUINZAINE	RETEINDRE	SCÉLÉRATE	SOUCHETTE	SYMPHONIE
RABÂCHAGE	RÉTICENCE	SCLÉROSÉE	SOUCIEUSE	TABAGISME
RABOUGRIE	RÉTICENTE	SCOLARITÉ	SOUFREUSE	TABATIÈRE
RACOLEUSE	RETRAITÉE	SCOUMOUNE	SOUILLURE	TABULAIRE
RADINERIE	RÉVÉRENCE	SCULPTURE	SOUMETTRE	TACITURNE
RAILLERIE	RHAPSODIE	SÉBORRHÉE	SOURIANTE	TAILLADÉE
RAILLEUSE	RICANEUSE	SECRÉTAGE	SOURNOISE	TAILLERIE
RAISONNÉE	RIGOLEUSE	SÉCRÉTINE	SOUSCRIRE	TALQUEUSE
RALLONGÉE	RINGUETTE	SÉCULAIRE	SPACIEUSE	TAMISEUSE

TAPAGEUSE	TRENTAINE	VERSATILE	SUGGESTIF	SECTORIEL
TARBOUCHE	TRICHEUSE	VERTÉBRÉE		SEGMENTAL
TARENTULE	TRICOTAGE	VERTUEUSE	**G**	SÉPULCRAL
TARSIENNE	TRIDENTÉE	VESTIAIRE		SPIRITUEL
TAXATRICE	TRIGRAMME	VESTIBULE	SCHILLING	TOURNESOL
TAXIMÈTRE	TRILINGUE	VIABILITÉ		TRICENNAL
TEILLEUSE	TRIOLISME	VIENNOISE	**H**	UNIVERSEL
TÉLÉMÈTRE	TRIPAILLE	VIGILANCE	HASCHISCH	
TÉLÉPHONE	TRIPOTAGE	VIGILANTE		**M**
TÉLESCOPE	TRISTESSE	VINAIGRÉE	**I**	
TÉLÉSIÈGE	TROMPERIE	VINGTAINE	CHARIVARI	ALUMINIUM
TÉLEXISTE	TROMPEUSE	VIRGINALE	DÉFRAÎCHI	CONTINUUM
TÉMÉRAIRE	TROPICALE	VIRGINITÉ	JABORANDI	CRITÉRIUM
TENDRESSE	TROTTEUSE	VIROLOGIE	RACCOURCI	POTASSIUM
TENNESSEE	TRUCMUCHE	VIRTUELLE	RAFRAÎCHI	STOCKHOLM
TENTACULE	TURBIDITÉ	VIRULENCE	SUREMPLOI	ULTIMATUM
TENTATIVE	TURPITUDE	VIRULENTE		
TERMINALE	ULCÉREUSE	VISCOSITÉ	**L**	**N**
TERRAMARE	UNANIMITÉ	VISITEUSE		ABOLITION
TERRASSÉE	UNIFOLIÉE	VISQUEUSE	BILATÉRAL	ACCEPTION
TERRESTRE	UNIONISME	VITAMINÉE	BOUVREUIL	ACCESSION
TERRIENNE	UNIOVULÉE	VOISINAGE	CARENTIEL	ADMISSION
TESTICULE	URÉTÉRALE	VOITURAGE	CARROUSEL	ADORATION
TÉTRAÈDRE	URTICAIRE	VULGARITÉ	CHEVREUIL	ADULATION
TEXTUELLE	USTENSILE	WYANDOTTE	COLLÉGIAL	AGITATION
THÉÂTRALE	VAGABONDE	XÉNOPHILE	CONTINUEL	AGRESSION
TIQUETURE	VAILLANCE	XÉNOPHOBE	ESSENTIEL	ANIMATION
TOILETTÉE	VAILLANTE	XYLOPHAGE	FRATERNEL	ASCENSION
TOLÉRANCE	VALÉRIANE	XYLOPHONE	IMPARTIAL	ATTENTION
TOLÉRANTE	VAPOREUSE	YOHIMBINE	INAUGURAL	BADMINTON
TORPILLÉE	VAURIENNE	ZÉLATRICE	LIBIDINAL	BAISEMAIN
TORTUEUSE	VÉHÉMENTE	ZOOPHILIE	LONGUEUIL	BALDAQUIN
TOUCHANTE	VÉHICULÉE		MAGISTRAL	BATAILLON
TOURBIÈRE	VEILLEUSE	**F**	MENSTRUEL	CAVAILLON
TOURMENTE	VELOUTINE		OMBILICAL	CEINTURON
TRAÎNANTE	VÉNÉRABLE	DÉFINITIF	OPTIONNEL	CHÉRIFIEN
TRAÎNARDE	VENGEANCE	DIMINUTIF	PERPÉTUEL	CLERGYMAN
TRAÎNEUSE	VENTRIÈRE	FIGURATIF	PERSONNEL	CLOCHETON
TRAÎTRISE	VERBOSITÉ	IMPÉRATIF	PIÉDESTAL	COALITION
TRANSFUGE	VÉRITABLE	PALLIATIF	POTENTIEL	COLLATION
TRANSMISE	VERMEILLE	PRÉVENTIF	PRINCIPAL	COLLISION
TRAVESTIE	VERMOULUE	PRODUCTIF	RATIONNEL	COLLUSION
		SPATIONEF	ROSSIGNOL	COMMOTION

COMPAGNON	INCURSION	PRÉVISION	VARIATION	ASSEMBLER
CONDITION	INGESTION	PRIVATION	VIBRATION	ASSIMILER
CONFUSION	INTENTION	PROBATION	VIOLATION	ASSOUPLIR
CONTAGION	INTRUSION	PROFUSION	WAGNÉRIEN	ASSOURDIR
CONTUSION	INTUITION	PROMOTION	YACHTSMAN	ASTICOTER
CORNICHON	INVENTION	PROVISION		ATOMISEUR
COURTISAN	INVERSION	PULSATION	**O**	ATTENDRIR
CURAILLON	IRRUPTION	QUOTIDIEN		ATTRISTER
DALMATIEN	ISOLATION	RADIATION	IMBROGLIO	AUGMENTER
DAMNATION	LACTATION	RÉBELLION	INCOGNITO	AUTORISER
DÉCATHLON	LENDEMAIN	REBLOCHON	QUIPROQUO	BALBUTIER
DÉCEPTION	MANICHÉEN	RECENSION	ROMANCERO	BALLONNER
DÉFECTION	MARCASSIN	RÉCEPTION		BALLOTTER
DÉFLATION	MARGOULIN	RÉCESSION	**R**	BALSAMIER
DÉMISSION	MASSEPAIN	RÉCLUSION		BAMBOCHER
DÉSERTION	MÉDIASTIN	RÉDACTION	ABÂTARDIR	BANQUETER
DIACHYLON	MÉDIATION	RÉDUCTION	ACARIFIER	BARATINER
DIFFUSION	MIGRATION	RÉFECTION	ACCAPARER	BARBIFIER
DILECTION	MORAILLON	RÉMISSION	ACCÉLÉRER	BATAILLER
DIMENSION	NARRATION	REPTATION	ACCENTUER	BÉATIFIER
DIRECTION	NERVATION	RÉPULSION	ACCOMPLIR	BÉCANCOUR
DIVULSION	NORMALIEN	RÉVERSION	ACCOUCHER	BECQUETER
DRACONIEN	NUTRITION	RINTINTIN	ACCOUPLER	BÉNISSEUR
ÉDUCATION	OBJECTION	SÉCRÉTION	ACCOUTRER	BÉQUILLER
ÉMERILLON	OBSESSION	SÉDUCTION	ACCROCHER	BIFURQUER
ENTRETIEN	OCCLUSION	SÉLECTION	ACCUMULER	BISEAUTER
ÉPURATION	OLFACTION	SENSATION	ACTIONNER	BLASONNER
ÉRUDITION	OMBUDSMAN	SITUATION	AFFAIBLIR	BOUGONNER
ÉVOCATION	OPÉRATION	SOMMATION	AFFRONTER	BOULONNER
FONDATION	OSCABRION	SOUVERAIN	ALIMENTER	BOUSCULER
GEMMATION	PALPATION	SPADASSIN	AMÉLIORER	BRACONNER
GOUPILLON	PARTITION	SURHUMAIN	AMENUISER	BRIMBALER
GRADATION	PENDAISON	SUSPICION	AMOINDRIR	BRIQUETER
GRAVILLON	PHARILLON	TACTICIEN	AMPLIFIER	BROCARDER
GRÉGORIEN	PHARISIEN	TENNISMAN	ANNIHILER	BROUILLER
HALLOWEEN	PHILISTIN	TENTATION	ANTÉRIEUR	CABOTINER
HARMATTAN	PHYSICIEN	THÉRIDION	APPLAUDIR	CADASTRER
HISTORIEN	POLLUTION	TORTILLON	APPLIQUER	CALOMNIER
HYDRAVION	PONDAISON	TOURILLON	APPRÉCIER	CAMOUFLER
IGUANODON	PORTILLON	TRADITION	APPROCHER	CAMPHRIER
IMITATION	PRATICIEN	TRAGÉDIEN	APPROUVER	CANALISER
IMPULSION	PRÉCISION	TRAVERSIN	ASCENSEUR	CANCANIER
			ASEPTISER	CANONISER
			ASSAILLIR	

CANONNIER	CONCOURIR	DÉBAUCHER	DÉTOURNER	FAÇONNIER
CAROTTIER	CONDAMNER	DÉBOBINER	DÉVALISER	FAÏENCIER
CARREFOUR	CONDENSER	DÉBOUCLER	DIAMANTER	FALSIFIER
CAUCHEMAR	CONFESSER	DÉBOURBER	DICTATEUR	FANTASMER
CEINTURER	CONFIRMER	DÉBOURSER	DILAPIDER	FAVORISER
CERTIFIER	CONFITEOR	DÉBROCHER	DISCERNER	FÉLICITER
CHAGRINER	CONFORTER	DÉCAPITER	DISCOURIR	FENDILLER
CHAMOISER	CONGÉDIER	DÉCÉLÉRER	DISCULPER	FERMENTER
CHANVRIER	CONJUGUER	DÉCHAÎNER	DISLOQUER	FINANCIER
CHAPARDER	CONNECTER	DÉCHANTER	DISPENSER	FLAGEOLER
CHAPELIER	CONSACRER	DÉCHARGER	DISPERSER	FLAGORNER
CHAPITRER	CONSENTIR	DÉCHAUMER	DISSERTER	FOISONNER
CHARCUTER	CONSERVER	DÉCOIFFER	DISSOCIER	FONDATEUR
CHATONNER	CONSISTER	DÉCOLORER	DISSUADER	FORLANCER
CHAUFFEUR	CONSOMMER	DÉCOMPTER	DISTILLER	FORMATEUR
CHIPOTEUR	CONSPIRER	DÉCOUCHER	DODELINER	FORNIQUER
CHLINGUER	CONSTATER	DÉCOUVRIR	DULCIFIER	FORTIFIER
CHOSIFIER	CONSULTER	DÉCRASSER	ÉCARTELER	FOUILLEUR
CHUCHOTER	CONTACTER	DÉCROCHER	ÉCLAIRCIR	FREDONNER
CIVILISER	CONTENTER	DÉCROTTER	ÉDULCORER	FUSIONNER
CLABAUDER	CONTESTER	DÉDAIGNER	EFFECTUER	GABARRIER
CLAQUETER	CONTINUER	DÉFLÉCHIR	ÉGLANTIER	GALVAUDER
CLARIFIER	CONTRÔLER	DÉFROQUER	ÉLÉVATEUR	GAMBILLER
CLIQUETER	CONVERGER	DÉGIVREUR	EMBRASSER	GANGRENER
COCHONNER	CONVERSER	DÉGUEULER	EMPRUNTER	GARGOTIER
COEXISTER	CONVERTIR	DÉLAISSER	ENCAISSER	GASPILLER
COLOMBIER	CONVOITER	DÉLIBÉRER	ENCASTRER	GENÉVRIER
COLONISER	CONVOQUER	DÉMANCHER	ENCHAÎNER	GLORIFIER
COLPORTER	COQUETIER	DÉMONTRER	ENCHANTER	GONDOLIER
COMMANDER	CORDONNER	DÉNATURER	ENLUMINER	GOUPILLER
COMMENCER	CORNAQUER	DÉNIAISER	ENSEIGNER	GOUVERNER
COMMENTER	CORSETIER	DÉPANNEUR	ENTÉRINER	GRATIFIER
COMMUNIER	COTONNIER	DÉPIAUTER	ENTRAÎNER	GRELOTTER
COMPACTER	COULISSER	DÉPRÉCIER	ENVENIMER	GRENADIER
COMPENSER	COURONNER	DÉRACINER	ESCALADER	GRÉSILLER
COMPLÉTER	COUTUMIER	DÉSAVOUER	ESCALATOR	GRIGNOTER
COMPLOTER	COUTURIER	DÉSESPOIR	ESCAMOTER	GRILLAGER
COMPORTER	CRAQUETER	DESSERRER	ESPIONNER	GROMMELER
COMPRIMER	CRIAILLER	DESSOÛLER	ÉTERNISER	GROUILLER
CONCERNER	CRITIQUER	DESTITUER	ÉTINCELER	HABILITER
CONCEVOIR	CUIRASSER	DÉTAILLER	EXTÉRIEUR	HARANGUER
CONCILIER	CYLINDRER	DÉTECTEUR	FABRIQUER	HARNACHER
CONCORDER	DÉAMBULER	DÉTENTEUR	FACILITER	HARPONNER

HORRIFIER	MANIPULER	PERCEVOIR	PROVOQUER	REMBUCHER
IDÉALISER	MAQUILLER	PÉROXYDER	QUALIFIER	REMERCIER
IGNIFUGER	MARAUDEUR	PERPÉTRER	QUERELLER	REMPLACER
ILLUMINER	MARMONNER	PERPÉTUER	RABAISSER	REMPOCHER
ILLUSTRER	MARMOTTER	PERSISTER	RACCORDER	REMPORTER
IMMUNISER	MASSACRER	PERSUADER	RADIATEUR	RÉMUNÉRER
IMPLANTER	MASTIQUER	PERTURBER	RAFFERMIR	RENCHÉRIR
IMPRÉGNER	MAXIMISER	PERVERTIR	RAISONNER	RENDOSSER
INAUGURER	MÉCANISER	PESANTEUR	RAMASSEUR	RENFERMER
INCENDIER	MÉDAILLER	PÉTARADER	RANCARDER	RENFONCER
INFÉRIEUR	MÉDIATEUR	PÉTRIFIER	RANÇONNER	RENFORCER
INFILTRER	MÉNÉTRIER	PÉTROLIER	RAPATRIER	RENGAINER
INFLÉCHIR	MENUISIER	PIAILLEUR	RAPPORTER	RENVERSER
INSPECTER	MEURTRIER	PIGEONNER	RASSASIER	REPLÂTRER
INSTALLER	MIGRATEUR	PIGNOCHER	RATATINER	REPOUSSER
INSTAURER	MOBILISER	PINAILLER	RATTACHER	REPROCHER
INSTITUER	MORALISER	PIROGUIER	RATTRAPER	RÉPROUVER
INTÉRIEUR	NARRATEUR	PISTONNER	RAVAUDEUR	RESCINDER
INTIMIDER	NAUFRAGER	PLACARDER	RAVIGOTER	RESPECTER
INTITULER	NAUTONIER	PLAFONNER	RÉABONNER	RESSAISIR
INVALIDER	NÉANTISER	PLAIDOYER	RÉACTIVER	RESSASSER
INVENTEUR	NETTOYEUR	PLANIFIER	RÉASSURER	RESSENTIR
ISLAMISER	NOMADISER	PONTIFIER	RÉCEPTEUR	RESSERRER
JACASSEUR	NUMÉRISER	POUDROYER	RECHANTER	RESSORTIR
JARDINIER	NUMÉROTER	POUPONNER	RECOMPTER	RESSOUDER
JOAILLIER	OBLITÉRER	PRATIQUER	RECOURBER	RESTAURER
JUSTIFIER	OBSCURCIR	PRÉAVISER	RECOUVRIR	RESTITUER
KIDNAPPER	OPACIFIER	PRÉDATEUR	RECREUSER	RETAILLER
KLAXONNER	OPÉRATEUR	PRÉFORMER	RECTIFIER	RÉTORQUER
LATINISER	OPPRESSER	PRÉNOMMER	REDRESSER	RETOUCHER
LÉGALISER	ORGANISER	PRÉSENTER	RÉÉCOUTER	RETOURNER
LÉGIFÉRER	PAGANISER	PRÉSERVER	RÉÉDIFIER	RÉTRIBUER
LÉGITIMER	PAILLETER	PRESSURER	RÉÉVALUER	RETROUVER
LESSIVIER	PAQUETEUR	PRÉVALOIR	RÉFLÉCHIR	RÉUNIFIER
LICENCIER	PARCOURIR	PROFESSER	REFROIDIR	RÉVEILLER
LIGATURER	PARDONNER	PROFITEUR	RÉGÉNÉRER	REVERSOIR
LOCALISER	PARFUMEUR	PROLONGER	REGREFFER	RIVALISER
LOTIONNER	PARRAINER	PROMENEUR	REGRETTER	ROBOTISER
LUBRIFIER	PATRONNER	PROMOTEUR	REGROSSIR	ROGNONNER
MAGASINER	PEAUFINER	PRONONCER	REHAUSSER	ROUCOULER
MAGNIFIER	PEINTURER	PROPANIER	RÉINSÉRER	ROUPILLER
MAINTENIR	PÉNALISER	PROSPÉRER	REJAILLIR	ROUSPÉTER
MAÎTRISER	PENDILLER	PROTESTER	REMARQUER	ROUTINIER

RUSSIFIER
SABLONNER
SACRIFIER
SAGOUTIER
SARDINIER
SCARIFIER
SCLÉROSER
SÉCHAUMER
SÉCURISER
SÉDUCTEUR
SÉJOURNER
SERMONNER
SERPENTER
SERRURIER
SIGNIFIER
SILLONNER
SINGULIER
SOULIGNER
SOUTENEUR
SPÉCIFIER
SPLENDEUR
STRIDULER
STUPÉFIER
SUBORNEUR
SUBSISTER
SUPÉRIEUR
SUPPORTER
SUPPRIMER
SURMONTER
SUROXYDER
SURPASSER
SURSAUTER
SUSTENTER
SYNDIQUER
TAILLADER
TALONNEUR
TÉLÉVISER
TÉMOIGNER
TENAILLER
TENANCIER
TERRASSER
TERRIFIER
TIMBALIER

TIRAILLER
TISONNIER
TORPILLER
TORTILLER
TOTALISER
TOURNOYER
TOUSSOTER
TRACASSER
TRANCHEUR
TRANSIGER
TRANSITER
TRAVERSER
TREMBLEUR
TRÉPASSER
TRÉSORIER
TRIMBALER
TRIMOTEUR
TRIOMPHER
TROTTINER
TUBÉRISER
TUNNELIER
ULTÉRIEUR
VACANCIER
VAINQUEUR
VASELINER
VÉHICULER
VENDANGER
VERGLACER
VERNISSER
VIOLENTER
VIRILISER
VITUPÉRER
VOCIFÉRER
VOLLEYEUR
VOUSSOYER
WARRANTER
ZIGZAGUER

S

ALENTOURS
APPROCHES
AUTREFOIS

BIBLIOBUS
BLOCKHAUS
BOURGEOIS
CALABRAIS
CLAFOUTIS
ÉCONOMIES
ENTREVOUS
HIÉROCLES
LONGTEMPS
MALAPPRIS
MENSTRUES
MORAILLES
MOTOCROSS
MUNITIONS
NÉANMOINS
OREILLONS
OUTAOUAIS
PARDESSUS
PLEXIGLAS
PLUSIEURS
PRINTEMPS
QUÉBÉCOIS
RILLETTES
SAUTERNES
SEMAILLES
SIRVENTÈS
SPÉCULOOS
THÉSAURUS
TOILETTES
TOURNEDOS
TOURNEVIS
TOUTEFOIS

T

AGACEMENT
AGUICHANT
AMÈREMENT
AMPLEMENT
AMUSEMENT
ARTICHAUT
AVÈNEMENT
BAISEMENT

BARREMENT
BERLINGOT
BIDONNANT
BIGREMENT
BOISEMENT
BOMBEMENT
BOUILLANT
BRAMEMENT
CALMEMENT
CAMEMBERT
CAMPEMENT
CARBURANT
CARRÉMENT
CEPENDANT
CHANGEANT
CHÂTIMENT
CHIENDENT
CILLEMENT
CLINQUANT
COGNEMENT
COMPÉTENT
CONCLUANT
CONFLUENT
CONTINENT
CORBILLAT
CORNEMENT
CORPULENT
CORUSCANT
COUSSINET
CRÂNEMENT
CROISSANT
DÉCHIRANT
DÉFICIENT
DÉGOÛTANT
DÉTERGENT
DÉTRIMENT
DIFFÉRENT
DISCRÉDIT
DISSIDENT
DIVERGENT
DRAPEMENT
ÉGAREMENT
ÉLECTORAT

ENGAGEANT
ENTREGENT
ÉPARGNANT
ÉREINTANT
ÉTIREMENT
FABRICANT
FASCINANT
FERMEMENT
FEULEMENT
FIÈREMENT
FIRMAMENT
FLAGEOLET
FOLLEMENT
FRÔLEMENT
FRUSTRANT
FULGURANT
FULMINANT
GICLEMENT
GOULEYANT
GRINGALET
GUILLEMET
GUILLERET
HARASSANT
HURLEMENT
IMPARFAIT
IMPATIENT
IMPRUDENT
INCORRECT
INCROYANT
INDISCRET
INDULGENT
INOPÉRANT
INSPIRANT
INTRIGANT
ISOLEMENT
ITINÉRANT
JUSTEMENT
LANCEMENT
LANCINANT
LARGEMENT
LÈCHEMENT
LENTEMENT
MALADROIT

MANDEMENT PRÉCÉDENT SAINEMENT TRÉPIDANT DANGEREUX
MÉCONTENT PRÉDICANT SANSONNET TROUBLANT DÉLICIEUX
NAVREMENT PRÉSIDENT SASSEMENT TURBULENT GRAISSEUX
NÉCROMANT PRÉVENANT SATISFAIT UNIVALENT INGÉNIEUX
NÉGLIGENT PRINCIPAT SÉDUISANT VACILLANT INSIDIEUX
NÉGOCIANT PROVOCANT SÉMILLANT VAINEMENT JUDICIEUX
NETTEMENT RAGOÛTANT SENTIMENT   LABORIEUX
NOTAMMENT RAMPEMENT SEPTENNAT   **U**   LOQUETEUX
NULLEMENT RASSURANT SERREMENT   LUXURIEUX
OBÉISSANT RAVISSANT SEULEMENT BIGORNEAU MALICIEUX
OBLIGEANT RÉCEMMENT SOBRIQUET CHALUMEAU PARESSEUX
OFFENSANT RÉCIPIENT SOMNOLENT CHEMINEAU RELIGIEUX
ORALEMENT RÉCONFORT SOUFFRANT CIGOGNEAU RIGOUREUX
OSCILLANT RÈGLEMENT SOUPIRANT INATTENDU SOMPTUEUX
OUTREMONT RÉINSCRIT STIMULANT MAQUEREAU VALEUREUX
PALPITANT RELUISANT STRESSANT PANONCEAU VARIQUEUX
PANTELANT REMONTANT STUPÉFAIT RICHELIEU VIGOUREUX
PARLEMENT RENDEMENT SUBJACENT ROUDOUDOU VIOLONEUX
PASSEPORT REPENTANT SUBSTITUT TOMBEREAU
PÉNÉTRANT RÉPONDANT SUCCULENT TROUSSEAU   **Z**
PERMANENT REPRODUIT SUFFISANT TURLUTUTU
PERTINENT RÉPUGNANT SUFFOCANT TYRANNEAU KILOHERTZ
PESAMMENT RÉSISTANT SURVIVANT   MÉGAHERTZ
PÉTILLANT RÉSONNANT TEMPÉRANT   **W**
PIÉTEMENT RESTREINT TESTAMENT
PISSENLIT ROUSSELET TRACEMENT INTERVIEW
PLACEMENT RUISSELET TRANCHANT   **X**
PLATEMENT SACREMENT TRANSFERT
POSTULANT SACRIPANT TRANSPORT CAVERNEUX
                                 COURAGEUX

MOTS DE 10 LETTRES

1re POSITION

A

ABANDONNER
ABASOURDIR
ABATTEMENT
ABDICATION
ABÉCÉDAIRE
ABERRATION
ABNÉGATION
ABOMINABLE
ABROGATION
ABSOLUTION
ABSTENTION
ABSTINENCE
ACCEPTABLE
ACCESSIBLE
ACCESSOIRE
ACCIDENTEL
ACCLIMATER
ACCOMMODER
ACCOUTUMÉE
ACCOUTUMER
ACCUEILLIR
ACCUSATION
ADAPTATION
ADMIRATION
ADMISSIBLE
ADMONESTER
ADOLESCENT
AFFABILITÉ
AFFOLEMENT

AFFRANCHIR
AFFRIOLANT
AGUICHANTE
AHURISSANT
ALLÉGRESSE
ALLOCATION
ALLOCUTION
ALTÉRATION
ALTERNANCE
AMENDEMENT
ANNULATION
ANTÉCÉDENT
ANTÉRIEURE
ANTIPATHIE
APPARAÎTRE
APPARITION
APPARTENIR
APPRIVOISÉ
APPROPRIÉE
ARTÉRIELLE
ARTIFICIEL
ARTILLERIE
ASCENDANCE
ASPIRATEUR
ASPIRATION
ASSIDÛMENT
ASSISTANCE
AUPARAVANT
AVANCEMENT
AVOCAILLON

B

BALANÇOIRE
BALOURDISE

BARBARISME
BÉNISSEUSE
BIDONNANTE
BIDONVILLE
BIENSÉANCE
BILATÉRALE
BISCUITIER
BISEXUELLE
BISTROTIER
BLAINVILLE
BOISBRIAND
BOUILLANTE
BOUILLOIRE
BOURGEOISE
BOURSOUFLÉ
BRAILLARDE
BROUILLARD

C

CACOPHONIE
CALABRAISE
CALENDRIER
CALFEUTRER
CALIFORNIE
CANCANIÈRE
CAPRICIEUX
CAPRICORNE
CARICATURE
CATAPLASME
CATAPULTÉE
CAUTIONNER
CAVERNEUSE
CELLOPHANE
CÉSARIENNE

CHAMPIONNE
CHANGEANTE
CHAPELIÈRE
CHARITABLE
CHARLEVOIX
CHARPENTÉE
CHEVRONNÉE
CHICOUTIMI
CHIPOTEUSE
CLAIRSEMÉE
CLARINETTE
CLÉMENTINE
CLINQUANTE
COERCITION
COLLABORER
COLLÉGIALE
COMBINARDE
COMÉDIENNE
COMPASSION
COMPÉTENTE
COMPLAINTE
COMPLÉMENT
COMPLICITÉ
COMPLIMENT
COMPRENDRE
COMPRESSÉE
CONCENTRER
CONCESSION
CONCILIANT
CONCLUANTE
CONCLUSION
CONFECTION
CONFÉRENCE
CONFESSION

CONFIDENCE
CONFRONTER
CONJECTURE
CONSEILLER
CONSOLIDER
CONSTELLÉE
CONSTELLER
CONSTERNER
CONSTRUIRE
CONTAMINER
CONTEMPLER
CONTENANCE
CONTINENCE
CONTINUITÉ
CONTORSION
CONTOURNÉE
CONTOURNER
CONTRACTER
CONTRAINTE
CONTRARIÉE
CONTRARIER
CONTRECOUP
CONTREDIRE
CONTRESENS
CONTRIBUER
CONTRISTÉE
CONTRITION
CONVAINCRE
CONVENABLE
CONVENANCE
CONVENTION
CONVERSION
CONVICTION
CONVOITISE

COORDONNÉE
CORDIALITÉ
CORPULENTE
CORRECTION
CORROBORER
CORRUPTION
CORSETIÈRE
CORUSCANTE
COTISATION
COURAGEUSE
COURTISANE
COUTUMIÈRE
COUTURIÈRE
CRÉTINISER
CROISEMENT
CROISSANCE
CROISSANTE
CUEILLETTE
CUISINIÈRE
CULTURELLE

D

DANGEREUSE
DÉCHIRANTE
DÉCLENCHER
DÉCOMPOSER
DÉCORATION
DÉCOUVERTE
DÉDAIGNEUX
DÉFICIENTE
DÉFINITIVE
DÉFRAÎCHIE
DÉGOÛTANTE
DÉLAISSÉES
DÉLECTABLE
DÉLICIEUSE
DÉNÉGATION
DÉNOUEMENT
DÉPANNEUSE
DÉPOSITION
DÉPOSSÉDER
DÉPOUILLÉE

DÉPOUILLER
DÉPRESSION
DÉSAFFECTÉ
DÉSALTÉRER
DÉSEMPARÉE
DÉSENIVRER
DÉSHÉRITER
DÉSHONORER
DÉSINVOLTE
DÉSOLATION
DESROCHERS
DÉTECTRICE
DÉTENTRICE
DÉTERGENTE
DÉTÉRIORÉE
DÉTERMINER
DÉTESTABLE
DÉTONATEUR
DÉTONATION
DÉTRACTEUR
DÉTROUSSER
DIFFÉRENCE
DIFFÉRENTE
DIFFICULTÉ
DIMINUTION
DIMINUTIVE
DIRIGEABLE
DISCUSSION
DISPONIBLE
DISSENSION
DISSIDENTE
DISTINGUER
DISTRIBUER
DIVERGENCE
DIVERGENTE
DOUILLETTE

E

ÉBOULEMENT
ÉBULLITION
ÉBURNÉENNE
ÉCHELONNER

ÉCONOMISER
EFFEUILLER
EFFRACTION
ÉLECTRISER
ÉLÉVATRICE
ÉLONGATION
ENDEUILLER
ENDOMMAGER
ENGAGEANTE
ÉNORMÉMENT
ENSEIGNANT
ENSORCELER
ENTÉNÉBRER
ENTRELACER
ENTREMÊLER
ENTREPOSER
ENTREPRISE
ENVELOPPÉE
ÉPARGNANTE
ÉREINTANTE
ESSORILLER
ESTIMATION
ESTONIENNE
ÉTROITESSE
EURASIENNE
EUROPÉENNE
EXPLICITÉE
EXTÉRIEURE

F

FABRICANTE
FAÇONNIÈRE
FAÏENCIÈRE
FASCINANTE
FERTILISER
FIGURATIVE
FINALEMENT
FINANCIÈRE
FLORISSANT
FOLICHONNE
FONDATRICE
FORMATRICE

FOUILLEUSE
FOURNITURE
FRATERNITÉ
FRIPOUILLE
FRISQUETTE
FRONDAISON
FRUCTIFIER
FRUSTRANTE
FULGURANTE
FULMINANTE

G

GALANTERIE
GALILÉENNE
GARGOTIÈRE
GOGUENARDE
GONDOLIÈRE
GOUAILLEUR
GOULEYANTE
GRAISSEUSE
GRAPPILLER
GRASSEMENT
GROGNASSER

H

HABITATION
HABITUELLE
HALLUCINÉE
HANDICAPER
HARASSANTE
HÉSITATION
HOMOLOGUÉE
HONORAIRES
HORRIPILER
HOUSPILLER
HURLUBERLU

I

IDENTIFIER
ILLÉGITIME
IMAGINAIRE
IMMORTELLE

IMPARFAITE
IMPARTIALE
IMPASSIBLE
IMPATIENTE
IMPÉRATIVE
IMPOSSIBLE
IMPRESSION
IMPRUDENTE
INACTUELLE
INATTENDUE
INAUGURALE
INCAPACITÉ
INCASSABLE
INCITATION
INCOHÉRENT
INCONSTANT
INCORPORER
INCORRECTE
INCRIMINER
INCROYANTE
INDÉLÉBILE
INDICATION
INDICIELLE
INDISCRÈTE
INDISPOSÉE
INDIVIDUEL
INDULGENTE
INFÉRIEURE
INFORTUNÉE
INFRACTION
INGÉNIEUSE
INITIATION
INOPÉRANTE
INSIDIEUSE
INSPIRANTE
INSTANTANÉ
INTERCÉDER
INTÉRESSÉE
INTÉRESSER
INTÉRIEURE
INTERPHONE
INTERPRÈTE

INTERROGER
INTERSTICE
INTESTINAL
INTOLÉRANT
INTOXIQUÉE
INTRIGANTE
INTRODUIRE
INUTILISÉE
INVENTAIRE
INVENTRICE
IRRITATION
ITINÉRAIRE
ITINÉRANTE

J

JACASSEUSE
JARDINIÈRE
JOAILLERIE
JOAILLIÈRE
JOUISSANCE
JOURNALIER
JUBILATION
JUDICIEUSE

L

LABORIEUSE
LAIDERONNE
LAMPADAIRE
LANAUDIÈRE
LANCINANTE
LANTERNEAU
LIBERALITÉ
LIBÉRATION
LIBIDINALE
LIMITATION
LITTÉRAIRE
LOCOMOTION
LOQUETEUSE
LOURDEMENT
LUMINOSITÉ
LUXURIEUSE

M

MAGICIENNE
MAGISTRALE
MAINTENANT
MALADROITE
MALAPPRISE
MALENTENDU
MALFAISANT
MALFAITEUR
MALICIEUSE
MALTRAITER
MANIFESTÉE
MANIFESTER
MANIGANCÉE
MANOEUVRÉE
MARAUDEUSE
MARRONNIER
MATÉRIELLE
MÉCONTENTE
MÉDIATRICE
MÉDICATION
MÉDIÉVISTE
MÉLANCOLIE
MÉSENTENTE
MÉSESTIMER
MEURTRIÈRE
MICROPHONE
MIGRATRICE
MISTASSINI
MITRAILLÉE
MONTÉRÉGIE
MULÂTRESSE
MUSICIENNE

N

NARRATRICE
NASILLARDE
NAUSÉABOND
NÉCESSAIRE
NÉCESSITER
NÉGLIGENCE
NÉGLIGENTE

NÉGOCIANTE
NETTOYEUSE
NEUTRALITÉ
NOMINATION
NONCHALANT
NONOBSTANT
NORMALISER
NOURRICIER
NOURRISSON
NOURRITURE

O

OBÉISSANCE
OBÉISSANTE
OBLIGATION
OBLIGEANTE
OCCIDENTAL
OCCUPATION
OCCURRENCE
OFFENSANTE
OFFICIELLE
OLYMPIENNE
OMBILICALE
ONDULATION
ONOMATOPÉE
ONTARIENNE
OPÉRATRICE
OPPOSITION
OPPRESSION
OPTICIENNE
ORANGERAIE
ORCHESTRER
ORDINATEUR
ORDONNANCE
ORIGINELLE
OSCILLANTE
OUBLIETTES
OUTRANCIER
OVATIONNER

P

PÂLICHONNE

PALLIATIVE
PALPITANTE
PALUDÉENNE
PANTELANTE
PAQUETEUSE
PARESSEUSE
PARFUMEUSE
PARISIENNE
PARTENAIRE
PARTIALITÉ
PARTICIPER
PASSERELLE
PASSIONNÉE
PATERNELLE
PATOUILLER
PATRIARCAL
PATRIMOINE
PÉNÉTRANTE
PERCEPTION
PERCUSSION
PERFECTION
PÉRICLITER
PÉRIPHÉRIE
PERMANENTE
PERMISSION
PERNICIEUX
PERSÉCUTER
PERSÉVÉRER
PERSISTANT
PERSPICACE
PERSUASION
PERTINENCE
PERTINENTE
PERVERSION
PESSIMISTE
PESTIFÉRÉE
PÉTILLANTE
PÉTROLIÈRE
PHILOLOGIE
PHILOSOPHE
PIAILLEUSE
PLAISANTER

PLAISANTIN
PLANTATION
PLANTUREUX
PLASTIQUÉE
POIREAUTER
POLISSONNE
PONCTUELLE
POPULARITÉ
PORCELAINE
PORCHAISON
POSSESSEUR
POSSESSION
POSTÉRIEUR
POSTULANTE
POURRITURE
PRÉCAUTION
PRÉCÉDENTE
PRÉCIOSITÉ
PRÉCIPITER
PRÉCOMPTÉE
PRÉCONISER
PRÉCURSEUR
PRÉDATRICE
PRÉDICTION
PRÉDOMINER
PRÉFÉRENCE
PRÉMATURÉE
PRÉMÉDITÉE
PRÉMÉDITER
PRÉOCCUPER
PRÉSENTOIR
PRÉSIDENTE
PRESSENTIR
PRESTATION
PRÉTENDANT
PRÉTENTION
PRÉVENANCE
PRÉVENANTE
PRÉVENTION
PRÉVENTIVE
PRIMORDIAL
PRINCIPALE

PRINTANIER
PRISONNIER
PRODUCTION
PRODUCTIVE
PROÉMINENT
PROFESSEUR
PROFESSION
PROFITABLE
PROFITEUSE
PROGRAMMÉE
PROGRAMMER
PROJECTEUR
PROJECTILE
PROLÉTAIRE
PROLIFÉRER
PROMENEUSE
PROMOTRICE
PROMOUVOIR
PROMULGUER
PROPENSION
PROPORTION
PROSPÉRITÉ
PROSTERNÉE
PROSTERNER
PROSTITUER
PROTECTEUR
PROTECTION
PROVIDENCE
PROVISOIRE
PROVOCANTE
PULVÉRISER

Q

QUÉBÉCOISE

R

RABIBOCHER
RACCOURCIE
RACCOURCIR
RAFISTOLER
RAFRAÎCHIE

RAFRAÎCHIR
RAGOÛTANTE
RAMASSEUSE
RAPETISSER
RAPPROCHER
RASSEMBLER
RASSÉRÉNER
RASSURANTE
RAVAUDEUSE
RAVISSANTE
RÉCEPTRICE
RÉCOMPENSE
RECONDUIRE
RÉCRÉATION
RÉCRIMINER
RECUEILLIR
REDOUTABLE
RÉGRESSION
RÉGULARITÉ
RÉINSCRITE
RÉINTÉGRER
RELIGIEUSE
RELUISANTE
REMBOURRER
REMBOURSER
REMONTANTE
RENCONTRÉE
RENCONTRER
RENSEIGNER
RÉORIENTER
RÉPARAÎTRE
RÉPARATION
REPENTANTE
RÉPERTOIRE
RÉPÉTITION
RÉPONDANTE
RÉPRESSION
RÉPRIMANDE
REPRODUIRE
REPRODUITE
RÉPUGNANTE
RÉPUTATION

RÉSIDUELLE
RÉSISTANTE
RÉSOLUTION
RÉSONNANTE
RESPLENDIR
RESQUILLÉE
RESSEMBLER
RESSOURCÉE
RESTREINTE
RÉTROGRADÉ
RETROUSSER
RIBAMBELLE
RIGOUREUSE
RISTOURNÉE
RONCHONNER
RONDELETTE
ROUTINIÈRE

S

SACCHARINE
SAGITTAIRE
SALAMALECS
SALUTATION
SANCTIFIER
SANCTUAIRE
SAPONIFIER
SATELLISER
SATISFAIRE
SATISFAITE
SAUTERELLE
SAUTILLANT
SCINTILLER
SECONDAIRE
SECTIONNER
SÉDENTAIRE
SÉDUCTRICE
SÉDUISANTE
SEGMENTALE
SÉMILLANTE
SENTINELLE
SÉPARATION

SÉPULCRALE
SERRURERIE
SIBÉRIENNE
SIDÉRURGIE
SILHOUETTE
SINGULIÈRE
SOLENNELLE
SOLIDARITÉ
SOLLICITER
SOMPTUEUSE
SOUFFRANTE
SOUPIRANTE
SOUTERRAIN
SOUVERAINE
SPÉCIALITÉ
SPECTATEUR
STATIONNER
STÉRILISER
STIMULANTE
STRESSANTE
STRUCTURÉE
STUPÉFAITE
STUPÉFIANT
SUBALTERNE
SUBJACENTE
SUBORDONNÉ
SUBORNEUSE
SUBTILISER
SUBVENTION
SUBVERSION
SUCCESSION
SUCCULENTE
SUCCURSALE
SUFFISANTE
SUFFOCANTE
SUGGESTION
SUGGESTIVE
SUPERFICIE
SUPÉRIEURE
SUPPLÉMENT
SUPRÉMATIE
SURCHARGÉE

SURHUMAINE
SURNATUREL
SURPRENANT
SURVIVANTE
SUSPENSION

T

TACITEMENT
TAHITIENNE
TARABUSTER
TARTELETTE
TATILLONNE
TEINTURIER
TÉLÉGRAPHE
TÉLESCOPÉE
TÉLESCOPER
TÉLÉVISION
TEMPÉRANTE
TEMPORAIRE
TEMPORELLE
TENANCIÈRE
TERREBONNE
TERRITOIRE
TERRORISER
THERMOSTAT
TINTAMARRE
TONITRUANT
TORRENTIEL
TOURMENTÉE
TOURMENTER
TOURTEREAU
TRADUCTION
TRAÎNASSER
TRAITEMENT
TRAÎTRESSE
TRANCHANTE
TRANSFÉRER
TRANSISTOR
TRANSITION
TRANSPIRER
TRANSPOSER

TRAVAILLER
TREMBLEUSE
TRÉPIDANTE
TRÉSORIÈRE
TRESSAUTER
TRICENNALE
TROUBLANTE
TROUVAILLE
TURBULENTE
TURLUPINER

2e

POSITION

A

BALANÇOIRE
BALOURDISE
BARBARISME
CACOPHONIE
CALABRAISE
CALENDRIER
CALFEUTRER
CALIFORNIE
CANCANIÈRE
CAPRICIEUX
CAPRICORNE
CARICATURE
CATAPLASME
CATAPULTÉE
CAUTIONNER
CAVERNEUSE
DANGEREUSE
FABRICANTE
FAÇONNIÈRE
FAÏENCIÈRE
FASCINANTE
GALANTERIE
GALILÉENNE
GARGOTIÈRE
HABITATION
HABITUELLE
HALLUCINÉE
HANDICAPER
HARASSANTE
JACASSEUSE
JARDINIÈRE
LABORIEUSE
LAIDERONNE
LAMPADAIRE
LANAUDIÈRE

U

ULTÉRIEURE
UNIFORMITÉ
UNILATÉRAL
UNIVALENTE
UNIVERSITÉ
USURPATEUR
USURPATION
UTILITAIRE

V

VACANCIÈRE
VACILLANTE
VALEUREUSE
VARIQUEUSE
VIEILLARDE
VIEILLERIE
VIEILLESSE
VIEILLOTTE
VIGOUREUSE
VILIPENDER
VIOLONEUSE
VIRTUALITÉ
VOLONTAIRE
VOLONTIERS
VOLUBILITÉ

X

XÉNOPHILIE
XÉNOPHOBIE

LANCINANTE
LANTERNEAU
MAGICIENNE
MAGISTRALE
MAINTENANT
MALADROITE
MALAPPRISE
MALENTENDU
MALFAISANT
MALFAITEUR
MALICIEUSE
MALTRAITER
MANIFESTÉE
MANIFESTER
MANIGANCÉE
MANOEUVRÉE
MARAUDEUSE
MARRONNIER
MATÉRIELLE
NARRATRICE
NASILLARDE
NAUSÉABOND
PÂLICHONNE
PALLIATIVE
PALPITANTE
PALUDÉENNE
PANTELANTE
PAQUETEUSE
PARESSEUSE
PARFUMEUSE
PARISIENNE
PARTENAIRE
PARTIALITÉ
PARTICIPER
PASSERELLE
PASSIONNÉE
PATERNELLE
PATOUILLER
PATRIARCAL
PATRIMOINE
RABIBOCHER
RACCOURCIE

RACCOURCIR
RAFISTOLER
RAFRAÎCHIE
RAFRAÎCHIR
RAGOÛTANTE
RAMASSEUSE
RAPETISSER
RAPPROCHER
RASSEMBLER
RASSÉRÉNER
RASSURANTE
RAVAUDEUSE
RAVISSANTE
SACCHARINE
SAGITTAIRE
SALAMALECS
SALUTATION
SANCTIFIER
SANCTUAIRE
SAPONIFIER
SATELLISER
SATISFAIRE
SATISFAITE
SAUTERELLE
SAUTILLANT
TACITEMENT
TAHITIENNE
TARABUSTER
TARTELETTE
TATILLONNE
VACANCIÈRE
VACILLANTE
VALEUREUSE
VARIQUEUSE

B

ABANDONNER
ABASOURDIR
ABATTEMENT
ABDICATION
ABÉCÉDAIRE
ABERRATION

ABNÉGATION
ABOMINABLE
ABROGATION
ABSOLUTION
ABSTENTION
ABSTINENCE
ÉBOULEMENT
ÉBULLITION
ÉBURNÉENNE
OBÉISSANCE
OBÉISSANTE
OBLIGATION
OBLIGEANTE

C

ACCEPTABLE
ACCESSIBLE
ACCESSOIRE
ACCIDENTEL
ACCLIMATER
ACCOMMODER
ACCOUTUMÉE
ACCOUTUMER
ACCUEILLIR
ACCUSATION
ÉCHELONNER
ÉCONOMISER
OCCIDENTAL
OCCUPATION
OCCURRENCE
SCINTILLER

D

ADAPTATION
ADMIRATION
ADMISSIBLE
ADMONESTER
ADOLESCENT
IDENTIFIER

E

BÉNISSEUSE

CELLOPHANE	HÉSITATION	REDOUTABLE	SÉMILLANTE	CHICOUTIMI
CÉSARIENNE	MÉCONTENTE	RÉGRESSION	SENTINELLE	CHIPOTEUSE
DÉCHIRANTE	MÉDIATRICE	RÉGULARITÉ	SÉPARATION	PHILOLOGIE
DÉCLENCHER	MÉDICATION	RÉINSCRITE	SÉPULCRALE	PHILOSOPHE
DÉCOMPOSER	MÉDIÉVISTE	RÉINTÉGRER	SERRURERIE	THERMOSTAT
DÉCORATION	MÉLANCOLIE	RELIGIEUSE	TEINTURIER	
DÉCOUVERTE	MÉSENTENTE	RELUISANTE	TÉLÉGRAPHE	**I**
DÉDAIGNEUX	MÉSESTIMER	REMBOURRER	TÉLESCOPÉE	
DÉFICIENTE	MEURTRIÈRE	REMBOURSER	TÉLESCOPER	BIDONNANTE
DÉFINITIVE	NÉCESSAIRE	REMONTANTE	TÉLÉVISION	BIDONVILLE
DÉFRAÎCHIE	NÉCESSITER	RENCONTRÉE	TEMPÉRANTE	BIENSÉANCE
DÉGOÛTANTE	NÉGLIGENCE	RENCONTRER	TEMPORAIRE	BILATÉRALE
DÉLAISSÉES	NÉGLIGENTE	RENSEIGNER	TEMPORELLE	BISCUITIER
DÉLECTABLE	NÉGOCIANTE	RÉORIENTER	TENANCIÈRE	BISEXUELLE
DÉLICIEUSE	NETTOYEUSE	RÉPARAÎTRE	TERREBONNE	BISTROTIER
DÉNÉGATION	NEUTRALITÉ	RÉPARATION	TERRITOIRE	DIFFÉRENCE
DÉNOUEMENT	PÉNÉTRANTE	REPENTANTE	TERRORISER	DIFFÉRENTE
DÉPANNEUSE	PERCEPTION	RÉPERTOIRE	XÉNOPHILIE	DIFFICULTÉ
DÉPOSITION	PERCUSSION	RÉPÉTITION	XÉNOPHOBIE	DIMINUTION
DÉPOSSÉDER	PERFECTION	RÉPONDANTE		DIMINUTIVE
DÉPOUILLÉE	PÉRICLITER	RÉPRESSION	**F**	DIRIGEABLE
DÉPOUILLER	PÉRIPHÉRIE	RÉPRIMANDE		DISCUSSION
DÉPRESSION	PERMANENTE	REPRODUIRE	AFFABILITÉ	DISPONIBLE
DÉSAFFECTÉ	PERMISSION	REPRODUITE	AFFOLEMENT	DISSENSION
DÉSALTÉRER	PERNICIEUX	RÉPUGNANTE	AFFRANCHIR	DISSIDENTE
DÉSEMPARÉE	PERSÉCUTER	RÉPUTATION	AFFRIOLANT	DISTINGUER
DÉSENIVRER	PERSÉVÉRER	RÉSIDUELLE	EFFEUILLER	DISTRIBUER
DÉSHÉRITER	PERSISTANT	RÉSISTANTE	EFFRACTION	DIVERGENCE
DÉSHONORER	PERSPICACE	RÉSOLUTION	OFFENSANTE	DIVERGENTE
DÉSINVOLTE	PERSUASION	RÉSONNANTE	OFFICIELLE	FIGURATIVE
DÉSOLATION	PERTINENCE	RESPLENDIR		FINALEMENT
DESROCHERS	PERTINENTE	RESQUILLÉE	**G**	FINANCIÈRE
DÉTECTRICE	PERVERSION	RESSEMBLER	AGUICHANTE	LIBERALITÉ
DÉTENTRICE	PESSIMISTE	RESSOURCÉE		LIBÉRATION
DÉTERGENTE	PESTIFÉRÉE	RESTREINTE	**H**	LIBIDINALE
DÉTÉRIORÉE	PÉTILLANTE	RÉTROGRADÉ	AHURISSANT	LIMITATION
DÉTERMINER	PÉTROLIÈRE	RETROUSSER	CHAMPIONNE	LITTÉRAIRE
DÉTESTABLE	RÉCEPTRICE	SECONDAIRE	CHANGEANTE	MICROPHONE
DÉTONATEUR	RÉCOMPENSE	SECTIONNER	CHAPELIÈRE	MIGRATRICE
DÉTONATION	RECONDUIRE	SÉDENTAIRE	CHARITABLE	MISTASSINI
DÉTRACTEUR	RÉCRÉATION	SÉDUCTRICE	CHARLEVOIX	MITRAILLÉE
DÉTROUSSER	RÉCRIMINER	SÉDUISANTE	CHARPENTÉE	PIAILLEUSE
FERTILISER	RECUEILLIR	SEGMENTALE	CHEVRONNÉE	RIBAMBELLE

RIGOUREUSE
RISTOURNÉE
SIBÉRIENNE
SIDÉRURGIE
SILHOUETTE
SINGULIÈRE
TINTAMARRE
VIEILLARDE
VIEILLERIE
VIEILLESSE
VIEILLOTTE
VIGOUREUSE
VILIPENDER
VIOLONEUSE
VIRTUALITÉ

L

ALLÉGRESSE
ALLOCATION
ALLOCUTION
ALTÉRATION
ALTERNANCE
BLAINVILLE
CLAIRSEMÉE
CLARINETTE
CLÉMENTINE
CLINQUANTE
ÉLECTRISER
ÉLÉVATRICE
ÉLONGATION
FLORISSANT
ILLÉGITIME
OLYMPIENNE
PLAISANTER
PLAISANTIN
PLANTATION
PLANTUREUX
PLASTIQUÉE
ULTÉRIEURE

M

AMENDEMENT

IMAGINAIRE
IMMORTELLE
IMPARFAITE
IMPARTIALE
IMPASSIBLE
IMPATIENTE
IMPÉRATIVE
IMPOSSIBLE
IMPRESSION
IMPRUDENTE
OMBILICALE

N

ANNULATION
ANTÉCÉDENT
ANTÉRIEURE
ANTIPATHIE
ENDEUILLER
ENDOMMAGER
ENGAGEANTE
ENSEIGNANT
ENSORCELER
ENTÉNÉBRER
ENTRELACER
ENTREMÊLER
ENTREPOSER
ENTREPRISE
ENVELOPPÉE
ÉNORMÉMENT
INACTUELLE
INATTENDUE
INAUGURALE
INCAPACITÉ
INCASSABLE
INCITATION
INCOHÉRENT
INCONSTANT
INCORPORER
INCORRECTE
INCRIMINER
INCROYANTE
INDÉLÉBILE

INDICATION
INDICIELLE
INDISCRÈTE
INDISPOSÉE
INDIVIDUEL
INDULGENTE
INFÉRIEURE
INFORTUNÉE
INFRACTION
INGÉNIEUSE
INITIATION
INOPÉRANTE
INSIDIEUSE
INSPIRANTE
INSTANTANÉ
INTERCÉDER
INTÉRESSÉE
INTÉRESSER
INTÉRIEURE
INTERPHONE
INTERPRÈTE
INTERROGER
INTERSTICE
INTESTINAL
INTOLÉRANT
INTOXIQUÉE
INTRIGANTE
INTRODUIRE
INUTILISÉE
INVENTAIRE
INVENTRICE
ONDULATION
ONOMATOPÉE
ONTARIENNE
UNIFORMITÉ
UNILATÉRAL
UNIVALENTE
UNIVERSITÉ

O

BOISBRIAND
BOUILLANTE

BOUILLOIRE
BOURGEOISE
BOURSOUFLÉ
COERCITION
COLLABORER
COLLÉGIALE
COMBINARDE
COMÉDIENNE
COMPASSION
COMPÉTENTE
COMPLAINTE
COMPLÉMENT
COMPLICITÉ
COMPLIMENT
COMPRENDRE
COMPRESSÉE
CONCENTRER
CONCESSION
CONCILIANT
CONCLUANTE
CONCLUSION
CONFECTION
CONFÉRENCE
CONFESSION
CONFIDENCE
CONFRONTER
CONJECTURE
CONSEILLER
CONSOLIDER
CONSTELLÉE
CONSTELLER
CONSTERNER
CONSTRUIRE
CONTAMINER
CONTEMPLER
CONTENANCE
CONTINENCE
CONTINUITÉ
CONTORSION
CONTOURNÉE
CONTOURNER
CONTRACTER
CONTRAINTE

CONTRARIÉE
CONTRARIER
CONTRECOUP
CONTREDIRE
CONTRESENS
CONTRIBUER
CONTRISTÉE
CONTRITION
CONVAINCRE
CONVENABLE
CONVENANCE
CONVENTION
CONVERSION
CONVICTION
CONVOITISE
COORDONNÉE
CORDIALITÉ
CORPULENTE
CORRECTION
CORROBORER
CORRUPTION
CORSETIÈRE
CORUSCANTE
COTISATION
COURAGEUSE
COURTISANE
COUTUMIÈRE
COUTURIÈRE
DOUILLETTE
FOLICHONNE
FONDATRICE
FORMATRICE
FOUILLEUSE
FOURNITURE
GOGUENARDE
GONDOLIÈRE
GOUAILLEUR
GOULEYANTE
HOMOLOGUÉE
HONORAIRES
HORRIPILER
HOUSPILLER
JOAILLERIE

JOAILLIÈRE
JOUISSANCE
JOURNALIER
LOCOMOTION
LOQUETEUSE
LOURDEMENT
MONTÉRÉGIE
NOMINATION
NONCHALANT
NONOBSTANT
NORMALISER
NOURRICIER
NOURRISSON
NOURRITURE
POIREAUTER
POLISSONNE
PONCTUELLE
POPULARITÉ
PORCELAINE
PORCHAISON
POSSESSEUR
POSSESSION
POSTÉRIEUR
POSTULANTE
POURRITURE
RONCHONNER
RONDELETTE
ROUTINIÈRE
SOLENNELLE
SOLIDARITÉ
SOLLICITER
SOMPTUEUSE
SOUFFRANTE
SOUPIRANTE
SOUTERRAIN
SOUVERAINE
TONITRUANT
TORRENTIEL
TOURMENTÉE
TOURMENTER
TOURTEREAU
VOLONTAIRE
VOLONTIERS

VOLUBILITÉ

P

APPARAÎTRE
APPARITION
APPARTENIR
APPRIVOISÉ
APPROPRIÉE
ÉPARGNANTE
OPÉRATRICE
OPPOSITION
OPPRESSION
OPTICIENNE
SPÉCIALITÉ
SPECTATEUR

R

ARTÉRIELLE
ARTIFICIEL
ARTILLERIE
BRAILLARDE
BROUILLARD
CRÉTINISER
CROISEMENT
CROISSANCE
CROISSANTE
ÉREINTANTE
FRATERNITÉ
FRIPOUILLE
FRISQUETTE
FRONDAISON
FRUCTIFIER
FRUSTRANTE
GRAISSEUSE
GRAPPILLER
GRASSEMENT
GROGNASSER
IRRITATION
ORANGERAIE
ORCHESTRER
ORDINATEUR
ORDONNANCE

ORIGINELLE
PRÉCAUTION
PRÉCÉDENTE
PRÉCIOSITÉ
PRÉCIPITER
PRÉCOMPTÉE
PRÉCONISER
PRÉCURSEUR
PRÉDATRICE
PRÉDICTION
PRÉDOMINER
PRÉFÉRENCE
PRÉMATURÉE
PRÉMÉDITÉE
PRÉMÉDITER
PRÉOCCUPER
PRÉSENTOIR
PRÉSIDENTE
PRESSENTIR
PRESTATION
PRÉTENDANT
PRÉTENTION
PRÉVENANCE
PRÉVENANTE
PRÉVENTION
PRÉVENTIVE
PRIMORDIAL
PRINCIPALE
PRINTANIER
PRISONNIER
PRODUCTION
PRODUCTIVE
PROÉMINENT
PROFESSEUR
PROFESSION
PROFITABLE
PROFITEUSE
PROGRAMMÉE
PROGRAMMER
PROJECTEUR
PROJECTILE
PROLÉTAIRE
PROLIFÉRER

PROMENEUSE
PROMOTRICE
PROMOUVOIR
PROMULGUER
PROPENSION
PROPORTION
PROSPÉRITÉ
PROSTERNÉE
PROSTERNER
PROSTITUER
PROTECTEUR
PROTECTION
PROVIDENCE
PROVISOIRE
PROVOCANTE
TRADUCTION
TRAÎNASSER
TRAITEMENT
TRAÎTRESSE
TRANCHANTE
TRANSFÉRER
TRANSISTOR
TRANSITION
TRANSPIRER
TRANSPOSER
TRAVAILLER
TREMBLEUSE
TRÉPIDANTE
TRÉSORIÈRE
TRESSAUTER
TRICENNALE
TROUBLANTE
TROUVAILLE

S

ASCENDANCE
ASPIRATEUR
ASPIRATION
ASSIDÛMENT
ASSISTANCE
ESSORILLER
ESTIMATION

ESTONIENNE
OSCILLANTE
USURPATEUR
USURPATION

T

ÉTROITESSE
ITINÉRAIRE
ITINÉRANTE
STATIONNER
STÉRILISER
STIMULANTE
STRESSANTE
STRUCTURÉE
STUPÉFAITE
STUPÉFIANT
UTILITAIRE

U

AUPARAVANT
CUEILLETTE
CUISINIÈRE
CULTURELLE
EURASIENNE
EUROPÉENNE
FULGURANTE
FULMINANTE
HURLUBERLU
JUBILATION
JUDICIEUSE
LUMINOSITÉ
LUXURIEUSE
MULÂTRESSE
MUSICIENNE
OUBLIETTES
OUTRANCIER
PULVÉRISER
QUÉBÉCOISE
SUBALTERNE
SUBJACENTE
SUBORDONNÉ
SUBORNEUSE

SUBTILISER
SUBVENTION
SUBVERSION
SUCCESSION
SUCCULENTE
SUCCURSALE
SUFFISANTE
SUFFOCANTE
SUGGESTION
SUGGESTIVE
SUPERFICIE
SUPÉRIEURE
SUPPLÉMENT
SUPRÉMATIE
SURCHARGÉE
SURHUMAINE
SURNATUREL
SURPRENANT
SURVIVANTE
SUSPENSION
TURBULENTE
TURLUPINER

V

AVANCEMENT
AVOCAILLON
OVATIONNER

X

EXPLICITÉE
EXTÉRIEURE

3e

POSITION

A

ABANDONNER
ABASOURDIR

ABATTEMENT
ADAPTATION
AVANCEMENT
BLAINVILLE
BRAILLARDE
CHAMPIONNE
CHANGEANTE
CHAPELIÈRE
CHARITABLE
CHARLEVOIX
CHARPENTÉE
CLAIRSEMÉE
CLARINETTE
ÉPARGNANTE
FRATERNITÉ
GRAISSEUSE
GRAPPILLER
GRASSEMENT
IMAGINAIRE
INACTUELLE
INATTENDUE
INAUGURALE
JOAILLERIE
JOAILLIÈRE
ORANGERAIE
OVATIONNER
PIAILLEUSE
PLAISANTER
PLAISANTIN
PLANTATION
PLANTUREUX
PLASTIQUÉE
STATIONNER
TRADUCTION
TRAÎNASSER
TRAITEMENT
TRAÎTRESSE
TRANCHANTE
TRANSFÉRER
TRANSISTOR
TRANSITION
TRANSPIRER

TRANSPOSER
TRAVAILLER

B

FABRICANTE
HABITATION
HABITUELLE
JUBILATION
LABORIEUSE
LIBERALITÉ
LIBÉRATION
LIBIDINALE
OMBILICALE
OUBLIETTES
RABIBOCHER
RIBAMBELLE
SIBÉRIENNE
SUBALTERNE
SUBJACENTE
SUBORDONNÉ
SUBORNEUSE
SUBTILISER
SUBVENTION
SUBVERSION

C

ACCEPTABLE
ACCESSIBLE
ACCESSOIRE
ACCIDENTEL
ACCLIMATER
ACCOMMODER
ACCOUTUMÉE
ACCOUTUMER
ACCUEILLIR
ACCUSATION
ASCENDANCE
CACOPHONIE
DÉCHIRANTE
DÉCLENCHER
DÉCOMPOSER
DÉCORATION

DÉCOUVERTE
FAÇONNIÈRE
INCAPACITÉ
INCASSABLE
INCITATION
INCOHÉRENT
INCONSTANT
INCORPORER
INCORRECTE
INCRIMINER
INCROYANTE
JACASSEUSE
LOCOMOTION
MÉCONTENTE
MICROPHONE
NÉCESSAIRE
NÉCESSITER
OCCIDENTAL
OCCUPATION
OCCURRENCE
ORCHESTRER
OSCILLANTE
RACCOURCIE
RACCOURCIR
RÉCEPTRICE
RÉCOMPENSE
RECONDUIRE
RÉCRÉATION
RÉCRIMINER
RECUEILLIR
SACCHARINE
SECONDAIRE
SECTIONNER
SUCCESSION
SUCCULENTE
SUCCURSALE
TACITEMENT
VACANCIÈRE
VACILLANTE

D

ABDICATION

BIDONNANTE
BIDONVILLE
DÉDAIGNEUX
ENDEUILLER
ENDOMMAGER
INDÉLÉBILE
INDICATION
INDICIELLE
INDISCRÈTE
INDISPOSÉE
INDIVIDUEL
INDULGENTE
JUDICIEUSE
MÉDIATRICE
MÉDICATION
MÉDIÉVISTE
ONDULATION
ORDINATEUR
ORDONNANCE
REDOUTABLE
SÉDENTAIRE
SÉDUCTRICE
SÉDUISANTE
SIDÉRURGIE

E

ABÉCÉDAIRE
ABERRATION
AMENDEMENT
BIENSÉANCE
CHEVRONNÉE
CLÉMENTINE
COERCITION
CRÉTINISER
CUEILLETTE
ÉLECTRISER
ÉLÉVATRICE
ÉREINTANTE
IDENTIFIER
OBÉISSANCE
OBÉISSANTE
OPÉRATRICE

493

PRÉCAUTION
PRÉCÉDENTE
PRÉCIOSITÉ
PRÉCIPITER
PRÉCOMPTÉE
PRÉCONISER
PRÉCURSEUR
PRÉDATRICE
PRÉDICTION
PRÉDOMINER
PRÉFÉRENCE
PRÉMATURÉE
PRÉMÉDITÉE
PRÉMÉDITER
PRÉOCCUPER
PRÉSENTOIR
PRÉSIDENTE
PRESSENTIR
PRESTATION
PRÉTENDANT
PRÉTENTION
PRÉVENANCE
PRÉVENANTE
PRÉVENTION
PRÉVENTIVE
QUÉBÉCOISE
SPÉCIALITÉ
SPECTATEUR
STÉRILISER
THERMOSTAT
TREMBLEUSE
TRÉPIDANTE
TRÉSORIÈRE
TRESSAUTER
VIEILLARDE
VIEILLERIE
VIEILLESSE
VIEILLOTTE

F

AFFABILITÉ
AFFOLEMENT

AFFRANCHIR
AFFRIOLANT
DÉFICIENTE
DÉFINITIVE
DÉFRAÎCHIE
DIFFÉRENCE
DIFFÉRENTE
DIFFICULTÉ
EFFEUILLER
EFFRACTION
INFÉRIEURE
INFORTUNÉE
INFRACTION
OFFENSANTE
OFFICIELLE
RAFISTOLER
RAFRAÎCHIE
RAFRAÎCHIR
SUFFISANTE
SUFFOCANTE

G

DÉGOÛTANTE
ENGAGEANTE
FIGURATIVE
GOGUENARDE
INGÉNIEUSE
MAGICIENNE
MAGISTRALE
MIGRATRICE
NÉGLIGENCE
NÉGLIGENTE
NÉGOCIANTE
RAGOÛTANTE
RÉGRESSION
RÉGULARITÉ
RIGOUREUSE
SAGITTAIRE
SEGMENTALE
SUGGESTION
SUGGESTIVE
VIGOUREUSE

H

ÉCHELONNER
TAHITIENNE

I

BOISBRIAND
CHICOUTIMI
CHIPOTEUSE
CLINQUANTE
CUISINIÈRE
FAÏENCIÈRE
FRIPOUILLE
FRISQUETTE
INITIATION
ITINÉRAIRE
ITINÉRANTE
LAIDERONNE
MAINTENANT
ORIGINELLE
PHILOLOGIE
PHILOSOPHE
POIREAUTER
PRIMORDIAL
PRINCIPALE
PRINTANIER
PRISONNIER
RÉINSCRITE
RÉINTÉGRER
SCINTILLER
STIMULANTE
TEINTURIER
TRICENNALE
UNIFORMITÉ
UNILATÉRAL
UNIVALENTE
UNIVERSITÉ
UTILITAIRE

L

ALLÉGRESSE
ALLOCATION
ALLOCUTION

BALANÇOIRE
BALOURDISE
BILATÉRALE
CALABRAISE
CALENDRIER
CALFEUTRER
CALIFORNIE
CELLOPHANE
COLLABORER
COLLÉGIALE
CULTURELLE
DÉLAISSÉES
DÉLECTABLE
DÉLICIEUSE
FOLICHONNE
FULGURANTE
FULMINANTE
GALANTERIE
GALILÉENNE
HALLUCINÉE
ILLÉGITIME
MALADROITE
MALAPPRISE
MALENTENDU
MALFAISANT
MALFAITEUR
MALICIEUSE
MALTRAITER
MÉLANCOLIE
MULÂTRESSE
OBLIGATION
OBLIGEANTE
PALLIATIVE
PALPITANTE
PALUDÉENNE
PÂLICHONNE
POLISSONNE
PULVÉRISER
RELIGIEUSE
RELUISANTE
SALAMALECS
SALUTATION
SILHOUETTE

SOLENNELLE
SOLIDARITÉ
SOLLICITER
TÉLÉGRAPHE
TÉLESCOPÉE
TÉLESCOPER
TÉLÉVISION
VALEUREUSE
VILIPENDER
VOLONTAIRE
VOLONTIERS
VOLUBILITÉ

M

ADMIRATION
ADMISSIBLE
ADMONESTER
COMBINARDE
COMÉDIENNE
COMPASSION
COMPÉTENTE
COMPLAINTE
COMPLÉMENT
COMPLICITÉ
COMPLIMENT
COMPRENDRE
COMPRESSÉE
DIMINUTION
DIMINUTIVE
HOMOLOGUÉE
IMMORTELLE
LAMPADAIRE
LIMITATION
LUMINOSITÉ
NOMINATION
RAMASSEUSE
REMBOURRER
REMBOURSER
REMONTANTE
SÉMILLANTE
SOMPTUEUSE
TEMPÉRANTE

TEMPORAIRE
TEMPORELLE

N

ABNÉGATION
ANNULATION
BÉNISSEUSE
CANCANIÈRE
CONCENTRER
CONCESSION
CONCILIANT
CONCLUANTE
CONCLUSION
CONFECTION
CONFÉRENCE
CONFESSION
CONFIDENCE
CONFRONTER
CONJECTURE
CONSEILLER
CONSOLIDER
CONSTELLÉE
CONSTELLER
CONSTERNER
CONSTRUIRE
CONTAMINER
CONTEMPLER
CONTENANCE
CONTINENCE
CONTINUITÉ
CONTORSION
CONTOURNÉE
CONTOURNER
CONTRACTER
CONTRAINTE
CONTRARIÉE
CONTRARIER
CONTRECOUP
CONTREDIRE
CONTRESENS
CONTRIBUER
CONTRISTÉE

CONTRITION
CONVAINCRE
CONVENABLE
CONVENANCE
CONVENTION
CONVERSION
CONVICTION
CONVOITISE
DANGEREUSE
DÉNÉGATION
DÉNOUEMENT
FINALEMENT
FINANCIÈRE
FONDATRICE
GONDOLIÈRE
HANDICAPER
HONORAIRES
LANAUDIÈRE
LANCINANTE
LANTERNEAU
MANIFESTÉE
MANIFESTER
MANIGANCÉE
MANOEUVRÉE
MONTÉRÉGIE
NONCHALANT
NONOBSTANT
PANTELANTE
PÉNÉTRANTE
PONCTUELLE
RENCONTRÉE
RENCONTRER
RENSEIGNER
RONCHONNER
RONDELETTE
SANCTIFIER
SANCTUAIRE
SENTINELLE
SINGULIÈRE
TENANCIÈRE
TINTAMARRE
TONITRUANT
XÉNOPHILIE

XÉNOPHOBIE

O

ABOMINABLE
ADOLESCENT
AVOCAILLON
BROUILLARD
COORDONNÉE
CROISEMENT
CROISSANCE
CROISSANTE
ÉBOULEMENT
ÉCONOMISER
ÉLONGATION
ÉNORMÉMENT
FLORISSANT
FRONDAISON
GROGNASSER
INOPÉRANTE
ONOMATOPÉE
PRODUCTION
PRODUCTIVE
PROÉMINENT
PROFESSEUR
PROFESSION
PROFITABLE
PROFITEUSE
PROGRAMMÉE
PROGRAMMER
PROJECTEUR
PROJECTILE
PROLÉTAIRE
PROLIFÉRER
PROMENEUSE
PROMOTRICE
PROMOUVOIR
PROMULGUER
PROPENSION
PROPORTION
PROSPÉRITÉ
PROSTERNÉE
PROSTERNER

PROSTITUER
PROTECTEUR
PROTECTION
PROVIDENCE
PROVISOIRE
PROVOCANTE
RÉORIENTER
TROUBLANTE
TROUVAILLE
VIOLONEUSE

P

APPARAÎTRE
APPARITION
APPARTENIR
APPRIVOISÉ
APPROPRIÉE
ASPIRATEUR
ASPIRATION
AUPARAVANT
CAPRICIEUX
CAPRICORNE
DÉPANNEUSE
DÉPOSITION
DÉPOSSÉDER
DÉPOUILLÉE
DÉPOUILLER
DÉPRESSION
EXPLICITÉE
IMPARFAITE
IMPARTIALE
IMPASSIBLE
IMPATIENTE
IMPÉRATIVE
IMPOSSIBLE
IMPRESSION
IMPRUDENTE
OPPOSITION
OPPRESSION
POPULARITÉ
RAPETISSER
RAPPROCHER

REPENTANTE
REPRODUIRE
REPRODUITE
RÉPARAÎTRE
RÉPARATION
RÉPERTOIRE
RÉPÉTITION
RÉPONDANTE
RÉPRESSION
RÉPRIMANDE
RÉPUGNANTE
RÉPUTATION
SAPONIFIER
SÉPARATION
SÉPULCRALE
SUPERFICIE
SUPÉRIEURE
SUPPLÉMENT
SUPRÉMATIE

Q

LOQUETEUSE
PAQUETEUSE

R

ABROGATION
BARBARISME
CARICATURE
CORDIALITÉ
CORPULENTE
CORRECTION
CORROBORER
CORRUPTION
CORSETIÈRE
CORUSCANTE
DIRIGEABLE
ÉTROITESSE
EURASIENNE
EUROPÉENNE
FERTILISER
FORMATRICE
GARGOTIÈRE

HARASSANTE
HORRIPILER
HURLUBERLU
IRRITATION
JARDINIÈRE
MARAUDEUSE
MARRONNIER
NARRATRICE
NORMALISER
PARESSEUSE
PARFUMEUSE
PARISIENNE
PARTENAIRE
PARTIALITÉ
PARTICIPER
PERCEPTION
PERCUSSION
PERFECTION
PERMANENTE
PERMISSION
PERNICIEUX
PERSÉCUTER
PERSÉVÉRER
PERSISTANT
PERSPICACE
PERSUASION
PERTINENCE
PERTINENTE
PERVERSION
PÉRICLITER
PÉRIPHÉRIE
PORCELAINE
PORCHAISON
SERRURERIE
STRESSANTE
STRUCTURÉE
SURCHARGÉE
SURHUMAINE
SURNATUREL
SURPRENANT
SURVIVANTE
TARABUSTER
TARTELETTE

TERREBONNE
TERRITOIRE
TERRORISER
TORRENTIEL
TURBULENTE
TURLUPINER
VARIQUEUSE
VIRTUALITÉ

S

ABSOLUTION
ABSTENTION
ABSTINENCE
ASSIDÛMENT
ASSISTANCE
BISCUITIER
BISEXUELLE
BISTROTIER
CÉSARIENNE
DESROCHERS
DÉSAFFECTÉ
DÉSALTÉRER
DÉSEMPARÉE
DÉSENIVRER
DÉSHÉRITER
DÉSHONORER
DÉSINVOLTE
DÉSOLATION
DISCUSSION
DISPONIBLE
DISSENSION
DISSIDENTE
DISTINGUER
DISTRIBUER
ENSEIGNANT
ENSORCELER
ESSORILLER
FASCINANTE
HÉSITATION
INSIDIEUSE
INSPIRANTE
INSTANTANÉ

MÉSENTENTE
MÉSESTIMER
MISTASSINI
MUSICIENNE
NASILLARDE
PASSERELLE
PASSIONNÉE
PESSIMISTE
PESTIFÉRÉE
POSSESSEUR
POSSESSION
POSTÉRIEUR
POSTULANTE
RASSEMBLER
RASSÉRÉNER
RASSURANTE
RESPLENDIR
RESQUILLÉE
RESSEMBLER
RESSOURCÉE
RESTREINTE
RÉSIDUELLE
RÉSISTANTE
RÉSOLUTION
RÉSONNANTE
RISTOURNÉE
SUSPENSION

T

ALTÉRATION
ALTERNANCE
ANTÉCÉDENT
ANTÉRIEURE
ANTIPATHIE
ARTÉRIELLE
ARTIFICIEL
ARTILLERIE
CATAPLASME
CATAPULTÉE
COTISATION
DÉTECTRICE
DÉTENTRICE

DÉTERGENTE
DÉTÉRIORÉE
DÉTERMINER
DÉTESTABLE
DÉTONATEUR
DÉTONATION
DÉTRACTEUR
DÉTROUSSER
ENTÉNÉBRER
ENTRELACER
ENTREMÊLER
ENTREPOSER
ENTREPRISE
ESTIMATION
ESTONIENNE
EXTÉRIEURE
INTERCÉDER
INTÉRESSÉE
INTÉRESSER
INTÉRIEURE
INTERPHONE
INTERPRÈTE
INTERROGER
INTERSTICE
INTESTINAL
INTOLÉRANT
INTOXIQUÉE
INTRIGANTE
INTRODUIRE
LITTÉRAIRE
MATÉRIELLE
MITRAILLÉE
NETTOYEUSE
ONTARIENNE
OPTICIENNE
OUTRANCIER
PATERNELLE
PATOUILLER
PATRIARCAL
PATRIMOINE
PÉTILLANTE
PÉTROLIÈRE
RETROUSSER

RÉTROGRADÉ
SATELLISER
SATISFAIRE
SATISFAITE
TATILLONNE
ULTÉRIEURE

U

AGUICHANTE
AHURISSANT
BOUILLANTE
BOUILLOIRE
BOURGEOISE
BOURSOUFLÉ
CAUTIONNER
COURAGEUSE
COURTISANE
COUTUMIÈRE
COUTURIÈRE
DOUILLETTE
ÉBULLITION
ÉBURNÉENNE
FOUILLEUSE
FOURNITURE
FRUCTIFIER
FRUSTRANTE
GOUAILLEUR
GOULEYANTE
HOUSPILLER
INUTILISÉE
JOUISSANCE
JOURNALIER
LOURDEMENT
MEURTRIÈRE
NAUSÉABOND
NEUTRALITÉ
NOURRICIER
NOURRISSON
NOURRITURE
POURRITURE
ROUTINIÈRE
SAUTERELLE

SAUTILLANT
SOUFFRANTE
SOUPIRANTE
SOUTERRAIN
SOUVERAINE
STUPÉFAITE
STUPÉFIANT
TOURMENTÉE
TOURMENTER
TOURTEREAU
USURPATEUR
USURPATION

V

CAVERNEUSE
DIVERGENCE
DIVERGENTE
ENVELOPPÉE
INVENTAIRE
INVENTRICE
RAVAUDEUSE
RAVISSANTE

X

LUXURIEUSE

Y

OLYMPIENNE

4e

POSITION

A

AFFABILITÉ
APPARAÎTRE
APPARITION
APPARTENIR
AUPARAVANT

BALANÇOIRE
BILATÉRALE
CALABRAISE
CATAPLASME
CATAPULTÉE
CÉSARIENNE
DÉDAIGNEUX
DÉLAISSÉES
DÉPANNEUSE
DÉSAFFECTÉ
DÉSALTÉRER
ENGAGEANTE
EURASIENNE
FINALEMENT
FINANCIÈRE
GALANTERIE
GOUAILLEUR
HARASSANTE
IMPARFAITE
IMPARTIALE
IMPASSIBLE
IMPATIENTE
INCAPACITÉ
INCASSABLE
JACASSEUSE
LANAUDIÈRE
MALADROITE
MALAPPRISE
MARAUDEUSE
MÉLANCOLIE
MULÂTRESSE
ONTARIENNE
RAMASSEUSE
RAVAUDEUSE
RÉPARAÎTRE
RÉPARATION
RIBAMBELLE
SALAMALECS
SÉPARATION
SUBALTERNE
TARABUSTER
TENANCIÈRE
VACANCIÈRE

B

BARBARISME
COMBINARDE
QUÉBÉCOISE
REMBOURRER
REMBOURSER
TURBULENTE

C

ABÉCÉDAIRE
AVOCAILLON
BISCUITIER
CANCANIÈRE
CHICOUTIMI
CONCENTRER
CONCESSION
CONCILIANT
CONCLUANTE
CONCLUSION
DISCUSSION
ÉLECTRISER
FASCINANTE
FRUCTIFIER
INACTUELLE
LANCINANTE
NONCHALANT
PERCEPTION
PERCUSSION
PONCTUELLE
PORCELAINE
PORCHAISON
PRÉCAUTION
PRÉCÉDENTE
PRÉCIOSITÉ
PRÉCIPITER
PRÉCOMPTÉE
PRÉCONISER
PRÉCURSEUR
RACCOURCIE
RACCOURCIR
RENCONTRÉE
RENCONTRER

RONCHONNER
SACCHARINE
SANCTIFIER
SANCTUAIRE
SPECTATEUR
SPÉCIALITÉ
SUCCESSION
SUCCULENTE
SUCCURSALE
SURCHARGÉE
TRICENNALE

D

CORDIALITÉ
FONDATRICE
GONDOLIÈRE
HANDICAPER
JARDINIÈRE
LAIDERONNE
PRÉDATRICE
PRÉDICTION
PRÉDOMINER
PRODUCTION
PRODUCTIVE
RONDELETTE
TRADUCTION

E

ABNÉGATION
ACCEPTABLE
ACCESSIBLE
ACCESSOIRE
ALLÉGRESSE
ALTÉRATION
ALTERNANCE
ANTÉCÉDENT
ANTÉRIEURE
ARTÉRIELLE
ASCENDANCE
BISEXUELLE
CALENDRIER
CAVERNEUSE

COMÉDIENNE
DÉLECTABLE
DÉNÉGATION
DÉSEMPARÉE
DÉSENIVRER
DÉTECTRICE
DÉTENTRICE
DÉTERGENTE
DÉTÉRIORÉE
DÉTERMINER
DÉTESTABLE
DIVERGENCE
DIVERGENTE
ÉCHELONNER
EFFEUILLER
ENDEUILLER
ENSEIGNANT
ENTÉNÉBRER
ENVELOPPÉE
EXTÉRIEURE
FAÏENCIÈRE
ILLÉGITIME
IMPÉRATIVE
INDÉLÉBILE
INFÉRIEURE
INGÉNIEUSE
INTERCÉDER
INTÉRESSÉE
INTÉRESSER
INTÉRIEURE
INTERPHONE
INTERPRÈTE
INTERROGER
INTERSTICE
INTESTINAL
INVENTAIRE
INVENTRICE
LIBERALITÉ
LIBÉRATION
MALENTENDU
MATÉRIELLE
MÉSENTENTE
MÉSESTIMER

NÉCESSAIRE
NÉCESSITER
OFFENSANTE
PARESSEUSE
PATERNELLE
PÉNÉTRANTE
PROÉMINENT
RAPETISSER
RÉCEPTRICE
REPENTANTE
RÉPERTOIRE
RÉPÉTITION
SATELLISER
SÉDENTAIRE
SIBÉRIENNE
SIDÉRURGIE
SOLENNELLE
STRESSANTE
SUPERFICIE
SUPÉRIEURE
TÉLÉGRAPHE
TÉLESCOPÉE
TÉLESCOPER
TÉLÉVISION
ULTÉRIEURE
VALEUREUSE

F

CALFEUTRER
CONFECTION
CONFÉRENCE
CONFESSION
CONFIDENCE
CONFRONTER
DIFFÉRENCE
DIFFÉRENTE
DIFFICULTÉ
MALFAISANT
MALFAITEUR
PARFUMEUSE
PERFECTION
PRÉFÉRENCE

PROFESSEUR
PROFESSION
PROFITABLE
PROFITEUSE
SOUFFRANTE
SUFFISANTE
SUFFOCANTE
UNIFORMITÉ

G

DANGEREUSE
FULGURANTE
GARGOTIÈRE
GROGNASSER
IMAGINAIRE
ORIGINELLE
PROGRAMMÉE
PROGRAMMER
SINGULIÈRE
SUGGESTION
SUGGESTIVE

H

DÉCHIRANTE
DÉSHÉRITER
DÉSHONORER
ORCHESTRER
SILHOUETTE
SURHUMAINE

I

ABDICATION
ACCIDENTEL
ADMIRATION
ADMISSIBLE
AGUICHANTE
ANTIPATHIE
ARTIFICIEL
ARTILLERIE
ASPIRATEUR
ASPIRATION
ASSIDÛMENT

ASSISTANCE
BÉNISSEUSE
BLAINVILLE
BOUILLANTE
BOUILLOIRE
BRAILLARDE
CALIFORNIE
CARICATURE
CLAIRSEMÉE
COTISATION
CROISEMENT
CROISSANCE
CROISSANTE
CUEILLETTE
DÉFICIENTE
DÉFINITIVE
DÉLICIEUSE
DÉSINVOLTE
DIMINUTION
DIMINUTIVE
DIRIGEABLE
DOUILLETTE
ÉREINTANTE
ESTIMATION
FOLICHONNE
FOUILLEUSE
GALILÉENNE
GRAISSEUSE
HABITATION
HABITUELLE
HÉSITATION
INCITATION
INDICATION
INDICIELLE
INDISCRÈTE
INDISPOSÉE
INDIVIDUEL
IRRITATION
JOAILLERIE
JOAILLIÈRE
JOUISSANCE
JUBILATION

JUDICIEUSE
LIBIDINALE
LIMITATION
LUMINOSITÉ
MAGICIENNE
MAGISTRALE
MALICIEUSE
MANIFESTÉE
MANIFESTER
MANIGANCÉE
MÉDIATRICE
MÉDICATION
MÉDIÉVISTE
MUSICIENNE
NASILLARDE
NOMINATION
OBÉISSANCE
OBÉISSANTE
OBLIGATION
OBLIGEANTE
OCCIDENTAL
OFFICIELLE
OMBILICALE
OPTICIENNE
ORDINATEUR
OSCILLANTE
PÂLICHONNE
PARISIENNE
PÉRICLITER
PÉRIPHÉRIE
PÉTILLANTE
PIAILLEUSE
PLAISANTER
PLAISANTIN
POLISSONNE
RABIBOCHER
RAFISTOLER
RAVISSANTE
RELIGIEUSE
RÉSIDUELLE
RÉSISTANTE
SAGITTAIRE
SATISFAIRE

SATISFAITE
SÉMILLANTE
SOLIDARITÉ
TACITEMENT
TAHITIENNE
TATILLONNE
TONITRUANT
TRAÎNASSER
TRAITEMENT
TRAÎTRESSE
VACILLANTE
VARIQUEUSE
VIEILLARDE
VIEILLERIE
VIEILLESSE
VIEILLOTTE
VILIPENDER

J

CONJECTURE
PROJECTEUR
PROJECTILE
SUBJACENTE

L

ACCLIMATER
ADOLESCENT
CELLOPHANE
COLLABORER
COLLÉGIALE
DÉCLENCHER
ÉBULLITION
EXPLICITÉE
GOULEYANTE
HALLUCINÉE
HURLUBERLU
NÉGLIGENCE
NÉGLIGENTE
OUBLIETTES
PALLIATIVE
PHILOLOGIE
PHILOSOPHE

PROLÉTAIRE
PROLIFÉRER
SOLLICITER
TURLUPINER
UNILATÉRAL
UTILITAIRE
VIOLONEUSE

M

ABOMINABLE
CHAMPIONNE
CLÉMENTINE
FORMATRICE
FULMINANTE
NORMALISER
OLYMPIENNE
ONOMATOPÉE
PERMANENTE
PERMISSION
PRÉMATURÉE
PRÉMÉDITÉE
PRÉMÉDITER
PRIMORDIAL
PROMENEUSE
PROMOTRICE
PROMOUVOIR
PROMULGUER
SEGMENTALE
STIMULANTE
TREMBLEUSE

N

ABANDONNER
AMENDEMENT
AVANCEMENT
BIENSÉANCE
CHANGEANTE
CLINQUANTE
ÉCONOMISER
ÉLONGATION
FRONDAISON
IDENTIFIER

ITINÉRAIRE
ITINÉRANTE
MAINTENANT
ORANGERAIE
PERNICIEUX
PLANTATION
PLANTUREUX
PRINCIPALE
PRINTANIER
RÉINSCRITE
RÉINTÉGRER
SCINTILLER
SURNATUREL
TEINTURIER
TRANCHANTE
TRANSFÉRER
TRANSISTOR
TRANSITION
TRANSPIRER
TRANSPOSER

O

ABROGATION
ABSOLUTION
ACCOMMODER
ACCOUTUMÉE
ACCOUTUMER
ADMONESTER
AFFOLEMENT
ALLOCATION
ALLOCUTION
BALOURDISE
BIDONNANTE
BIDONVILLE
CACOPHONIE
DÉCOMPOSER
DÉCORATION
DÉCOUVERTE
DÉGOÛTANTE
DÉNOUEMENT
DÉPOSITION
DÉPOSSÉDER

DÉPOUILLÉE
DÉPOUILLER
DÉSOLATION
DÉTONATEUR
DÉTONATION
ENDOMMAGER
ENSORCELER
ESSORILLER
ESTONIENNE
ÉTROITESSE
EUROPÉENNE
FAÇONNIÈRE
HOMOLOGUÉE
HONORAIRES
IMMORTELLE
IMPOSSIBLE
INCOHÉRENT
INCONSTANT
INCORPORER
INCORRECTE
INFORTUNÉE
INTOLÉRANT
INTOXIQUÉE
LABORIEUSE
LOCOMOTION
MANOEUVRÉE
MÉCONTENTE
NÉGOCIANTE
NONOBSTANT
OPPOSITION
ORDONNANCE
PATOUILLER
PRÉOCCUPER
RAGOÛTANTE
RECONDUIRE
RÉCOMPENSE
REDOUTABLE
REMONTANTE
RÉPONDANTE
RÉSOLUTION
RÉSONNANTE
RIGOUREUSE
SAPONIFIER

SECONDAIRE
SUBORDONNÉ
SUBORNEUSE
VIGOUREUSE
VOLONTAIRE
VOLONTIERS
XÉNOPHILIE
XÉNOPHOBIE

P

ADAPTATION
CHAPELIÈRE
CHIPOTEUSE
COMPASSION
COMPÉTENTE
COMPLAINTE
COMPLÉMENT
COMPLICITÉ
COMPLIMENT
COMPRENDRE
COMPRESSÉE
CORPULENTE
DISPONIBLE
FRIPOUILLE
GRAPPILLER
INOPÉRANTE
INSPIRANTE
LAMPADAIRE
PALPITANTE
PROPENSION
PROPORTION
RAPPROCHER
RESPLENDIR
SOMPTUEUSE
SOUPIRANTE
STUPÉFAITE
STUPÉFIANT
SUPPLÉMENT
SURPRENANT
SUSPENSION
TEMPÉRANTE
TEMPORAIRE

TEMPORELLE
TRÉPIDANTE

Q

RESQUILLÉE

R

ABERRATION
AFFRANCHIR
AFFRIOLANT
AHURISSANT
APPRIVOISÉ
APPROPRIÉE
BOURGEOISE
BOURSOUFLÉ
CAPRICIEUX
CAPRICORNE
CHARITABLE
CHARLEVOIX
CHARPENTÉE
CLARINETTE
COERCITION
COORDONNÉE
CORRECTION
CORROBORER
CORRUPTION
COURAGEUSE
COURTISANE
DÉFRAÎCHIE
DÉPRESSION
DESROCHERS
DÉTRACTEUR
DÉTROUSSER
ÉBURNÉENNE
EFFRACTION
ÉNORMÉMENT
ENTRELACER
ENTREMÊLER
ENTREPOSER
ENTREPRISE
ÉPARGNANTE
FABRICANTE

FLORISSANT
FOURNITURE
HORRIPILER
IMPRESSION
IMPRUDENTE
INCRIMINER
INCROYANTE
INFRACTION
INTRIGANTE
INTRODUIRE
JOURNALIER
LOURDEMENT
MARRONNIER
MEURTRIÈRE
MICROPHONE
MIGRATRICE
MITRAILLÉE
NARRATRICE
NOURRICIER
NOURRISSON
NOURRITURE
OPÉRATRICE
OPPRESSION
OUTRANCIER
PATRIARCAL
PATRIMOINE
PÉTROLIÈRE
POIREAUTER
POURRITURE
RAFRAÎCHIE
RAFRAÎCHIR
RÉCRÉATION
RÉCRIMINER
RÉGRESSION
RÉORIENTER
REPRODUIRE
REPRODUITE
RÉPRESSION
RÉPRIMANDE
RETROUSSER
RÉTROGRADÉ
SERRURERIE
STÉRILISER

SUPRÉMATIE
TERREBONNE
TERRITOIRE
TERRORISER
THERMOSTAT
TORRENTIEL
TOURMENTÉE
TOURMENTER
TOURTEREAU
USURPATEUR
USURPATION

S

ABASOURDIR
BOISBRIAND
CONSEILLER
CONSOLIDER
CONSTELLÉE
CONSTELLER
CONSTERNER
CONSTRUIRE
CORSETIÈRE
CUISINIÈRE
DISSENSION
DISSIDENTE
FRISQUETTE
FRUSTRANTE
GRASSEMENT
HOUSPILLER
NAUSÉABOND
PASSERELLE
PASSIONNÉE
PERSÉCUTER
PERSÉVÉRER
PERSISTANT
PERSPICACE
PERSUASION
PESSIMISTE
PLASTIQUÉE
POSSESSEUR
POSSESSION
PRESSENTIR

PRESTATION
PRÉSENTOIR
PRÉSIDENTE
PRISONNIER
PROSPÉRITÉ
PROSTERNÉE
PROSTERNER
PROSTITUER
RASSEMBLER
RASSÉRÉNER
RASSURANTE
RENSEIGNER
RESSEMBLER
RESSOURCÉE
TRESSAUTER
TRÉSORIÈRE

T

ABATTEMENT
ABSTENTION
ABSTINENCE
BISTROTIER
CAUTIONNER
CONTAMINER
CONTEMPLER
CONTENANCE
CONTINENCE
CONTINUITÉ
CONTORSION
CONTOURNÉE
CONTOURNER
CONTRACTER
CONTRAINTE
CONTRARIÉE
CONTRARIER
CONTRECOUP
CONTREDIRE
CONTRESENS
CONTRIBUER
CONTRISTÉE
CONTRITION
COUTUMIÈRE

COUTURIÈRE
CRÉTINISER
CULTURELLE
DISTINGUER
DISTRIBUER
FERTILISER
FRATERNITÉ
INATTENDUE
INITIATION
INSTANTANÉ
INUTILISÉE
LANTERNEAU
LITTÉRAIRE
MALTRAITER
MISTASSINI
MONTÉRÉGIE
NETTOYEUSE
NEUTRALITÉ
OVATIONNER
PANTELANTE
PARTENAIRE
PARTIALITÉ
PARTICIPER
PERTINENCE
PERTINENTE
PESTIFÉRÉE
POSTÉRIEUR
POSTULANTE
PRÉTENDANT
PRÉTENTION
PROTECTEUR
PROTECTION
RESTREINTE
RISTOURNÉE
ROUTINIÈRE
SAUTERELLE
SAUTILLANT
SECTIONNER
SENTINELLE
SOUTERRAIN
STATIONNER
SUBTILISER
TARTELETTE

TINTAMARRE
VIRTUALITÉ

U

ACCUEILLIR
ACCUSATION
ANNULATION
BROUILLARD
CORUSCANTE
ÉBOULEMENT
FIGURATIVE
GOGUENARDE
INAUGURALE
INDULGENTE
LOQUETEUSE
LUXURIEUSE
OCCUPATION
OCCURRENCE
ONDULATION
PALUDÉENNE
PAQUETEUSE
POPULARITÉ
RECUEILLIR
RÉGULARITÉ
RELUISANTE
RÉPUGNANTE
RÉPUTATION
SALUTATION
SÉDUCTRICE
SÉDUISANTE
SÉPULCRALE
STRUCTURÉE
TROUBLANTE
TROUVAILLE
VOLUBILITÉ

V

CHEVRONNÉE
CONVAINCRE
CONVENABLE
CONVENANCE
CONVENTION

CONVERSION
CONVICTION
CONVOITISE
ÉLÉVATRICE
PERVERSION
PRÉVENANCE
PRÉVENANTE
PRÉVENTION
PRÉVENTIVE
PROVIDENCE
PROVISOIRE
PROVOCANTE
PULVÉRISER
SOUVERAINE
SUBVENTION
SUBVERSION
SURVIVANTE
TRAVAILLER
UNIVALENTE
UNIVERSITÉ

5e

POSITION

A

AFFRANCHIR
AVOCAILLON
BARBARISME
CANCANIÈRE
COLLABORER
COMPASSION
CONTAMINER
CONVAINCRE
COURAGEUSE
DÉFRAÎCHIE
DÉTRACTEUR
EFFRACTION
ÉLÉVATRICE
FONDATRICE

FORMATRICE
INFRACTION
INSTANTANÉ
LAMPADAIRE
MALFAISANT
MALFAITEUR
MÉDIATRICE
MIGRATRICE
MISTASSINI
MITRAILLÉE
NARRATRICE
NORMALISER
ONOMATOPÉE
OPÉRATRICE
OUTRANCIER
PERMANENTE
PRÉCAUTION
PRÉDATRICE
PRÉMATURÉE
RAFRAÎCHIE
RAFRAÎCHIR
SUBJACENTE
SURNATUREL
TINTAMARRE
TRAVAILLER
UNILATÉRAL
UNIVALENTE

B

AFFABILITÉ
BOISBRIAND
CALABRAISE
NONOBSTANT
RABIBOCHER
TARABUSTER
TREMBLEUSE
TROUBLANTE
VOLUBILITÉ

C

ABDICATION
AGUICHANTE

ALLOCATION
ALLOCUTION
ANTÉCÉDENT
AVANCEMENT
CARICATURE
COERCITION
DÉFICIENTE
DÉLECTABLE
DÉLICIEUSE
DÉTECTRICE
FOLICHONNE
INDICATION
INDICIELLE
JUDICIEUSE
MAGICIENNE
MALICIEUSE
MÉDICATION
MUSICIENNE
NÉGOCIANTE
OFFICIELLE
OPTICIENNE
PÂLICHONNE
PÉRICLITER
PRÉOCCUPER
PRINCIPALE
SÉDUCTRICE
STRUCTURÉE
TRANCHANTE

D

ABANDONNER
ACCIDENTEL
AMENDEMENT
ASSIDÛMENT
COMÉDIENNE
COORDONNÉE
FRONDAISON
INSIDIEUSE
LIBIDINALE
LOURDEMENT
MALADROITE
OCCIDENTAL

PALUDÉENNE
RÉSIDUELLE
SOLIDARITÉ

E

ABÉCÉDAIRE
ABSTENTION
ACCUEILLIR
ADOLESCENT
CALFEUTRER
CHAPELIÈRE
CLÉMENTINE
COLLÉGIALE
COMPÉTENTE
CONCENTRER
CONCESSION
CONFECTION
CONFÉRENCE
CONFESSION
CONJECTURE
CONSEILLER
CONTEMPLER
CONTENANCE
CONVENABLE
CONVENANCE
CONVENTION
CONVERSION
CORRECTION
CORSETIÈRE
DANGEREUSE
DÉCLENCHER
DÉPRESSION
DÉSHÉRITER
DIFFÉRENCE
DIFFÉRENTE
DISSENSION
ENTRELACER
ENTREMÊLER
ENTREPOSER
ENTREPRISE
FRATERNITÉ
GOGUENARDE

GOULEYANTE
IMPRESSION
INOPÉRANTE
ITINÉRAIRE
ITINÉRANTE
LAIDERONNE
LANTERNEAU
LITTÉRAIRE
LOQUETEUSE
MANOEUVRÉE
MÉDIÉVISTE
MONTÉRÉGIE
NAUSÉABOND
OPPRESSION
ORCHESTRER
PANTELANTE
PAQUETEUSE
PARTENAIRE
PASSERELLE
PERCEPTION
PERFECTION
PERSÉCUTER
PERSÉVÉRER
PERVERSION
POIREAUTER
PORCELAINE
POSSESSEUR
POSSESSION
POSTÉRIEUR
PRÉCÉDENTE
PRÉFÉRENCE
PRÉMÉDITÉE
PRÉMÉDITER
PRÉSENTOIR
PRÉTENDANT
PRÉTENTION
PRÉVENANCE
PRÉVENANTE
PRÉVENTION
PRÉVENTIVE
PROFESSEUR
PROFESSION
PROJECTEUR

PROJECTILE
PROLÉTAIRE
PROMENEUSE
PROPENSION
PROTECTEUR
PROTECTION
PULVÉRISER
QUÉBÉCOISE
RASSEMBLER
RASSÉRÉNER
RÉCRÉATION
RECUEILLIR
RÉGRESSION
RENSEIGNER
RÉPRESSION
RESSEMBLER
RONDELETTE
SAUTERELLE
SEGMENTALE
SOUTERRAIN
SOUVERAINE
STUPÉFAITE
STUPÉFIANT
SUBVENTION
SUBVERSION
SUCCESSION
SUGGESTION
SUGGESTIVE
SUPRÉMATIE
SUSPENSION
TARTELETTE
TEMPÉRANTE
TERREBONNE
TORRENTIEL
TRICENNALE
UNIVERSITÉ

F

ARTIFICIEL
CALIFORNIE
DÉSAFFECTÉ
MANIFESTÉE

MANIFESTER
SOUFFRANTE

G

ABNÉGATION
ABROGATION
ALLÉGRESSE
BOURGEOISE
CHANGEANTE
DÉNÉGATION
DIRIGEABLE
ÉLONGATION
ENGAGEANTE
ÉPARGNANTE
ILLÉGITIME
INAUGURALE
MANIGANCÉE
OBLIGATION
OBLIGEANTE
ORANGERAIE
RELIGIEUSE
RÉPUGNANTE
TÉLÉGRAPHE

H

INCOHÉRENT
NONCHALANT
PORCHAISON
RONCHONNER
SACCHARINE
SURCHARGÉE

I

ABOMINABLE
ABSTINENCE
ACCLIMATER
AFFRIOLANT
AHURISSANT
APPRIVOISÉ
BROUILLARD
CAPRICIEUX
CAPRICORNE

CAUTIONNER
CHARITABLE
CLARINETTE
COMBINARDE
CONCILIANT
CONFIDENCE
CONTINENCE
CONTINUITÉ
CONVICTION
CORDIALITÉ
CRÉTINISER
CUISINIÈRE
DÉCHIRANTE
DÉDAIGNEUX
DÉLAISSÉES
DIFFICULTÉ
DISSIDENTE
DISTINGUER
ENSEIGNANT
ÉTROITESSE
EXPLICITÉE
FABRICANTE
FASCINANTE
FERTILISER
FLORISSANT
FULMINANTE
GOUAILLEUR
HANDICAPER
HORRIPILER
IMAGINAIRE
INCRIMINER
INITIATION
INSPIRANTE
INTRIGANTE
INUTILISÉE
JARDINIÈRE
LANCINANTE
NÉGLIGENCE
NÉGLIGENTE
ORIGINELLE
OUBLIETTES
OVATIONNER

PALLIATIVE
PALPITANTE
PARTIALITÉ
PARTICIPER
PASSIONNÉE
PATRIARCAL
PATRIMOINE
PERMISSION
PERNICIEUX
PERSISTANT
PERTINENCE
PERTINENTE
PESSIMISTE
PESTIFÉRÉE
PRÉCIOSITÉ
PRÉCIPITER
PRÉDICTION
PRÉSIDENTE
PROFITABLE
PROFITEUSE
PROLIFÉRER
PROVIDENCE
PROVISOIRE
RÉCRIMINER
RELUISANTE
RÉORIENTER
RÉPRIMANDE
ROUTINIÈRE
SAUTILLANT
SECTIONNER
SÉDUISANTE
SENTINELLE
SOLLICITER
SOUPIRANTE
SPÉCIALITÉ
STATIONNER
STÉRILISER
SUBTILISER
SUFFISANTE
SURVIVANTE
TERRITOIRE
TRÉPIDANTE

UTILITAIRE

L

ABSOLUTION
AFFOLEMENT
ANNULATION
ARTILLERIE
BOUILLANTE
BOUILLOIRE
BRAILLARDE
CHARLEVOIX
COMPLAINTE
COMPLÉMENT
COMPLICITÉ
COMPLIMENT
CONCLUANTE
CONCLUSION
CUEILLETTE
DÉSALTÉRER
DÉSOLATION
DOUILLETTE
ÉBOULEMENT
ÉBULLITION
ÉCHELONNER
ENVELOPPÉE
FINALEMENT
FOUILLEUSE
GALILÉENNE
HOMOLOGUÉE
INDÉLÉBILE
INDULGENTE
INTOLÉRANT
JOAILLERIE
JOAILLIÈRE
JUBILATION
NASILLARDE
OMBILICALE
ONDULATION
OSCILLANTE
PÉTILLANTE
PIAILLEUSE
POPULARITÉ

RÉGULARITÉ
RÉSOLUTION
RESPLENDIR
SATELLISER
SÉMILLANTE
SÉPULCRALE
SUBALTERNE
SUPPLÉMENT
TATILLONNE
VACILLANTE
VIEILLARDE
VIEILLERIE
VIEILLESSE
VIEILLOTTE

M

ACCOMMODER
DÉCOMPOSER
DÉSEMPARÉE
ENDOMMAGER
ÉNORMÉMENT
ESTIMATION
LOCOMOTION
PROÉMINENT
RÉCOMPENSE
RIBAMBELLE
SALAMALECS
THERMOSTAT
TOURMENTÉE
TOURMENTER

N

ADMONESTER
ASCENDANCE
BALANÇOIRE
BIDONNANTE
BIDONVILLE
BLAINVILLE
CALENDRIER
DÉFINITIVE
DÉPANNEUSE
DÉSENIVRER

DÉSINVOLTE
DÉTENTRICE
DÉTONATEUR
DÉTONATION
DIMINUTION
DIMINUTIVE
ÉBURNÉENNE
ENTÉNÉBRER
ÉREINTANTE
ESTONIENNE
FAÇONNIÈRE
FAÏENCIÈRE
FINANCIÈRE
FOURNITURE
GALANTERIE
GROGNASSER
INCONSTANT
INGÉNIEUSE
INVENTAIRE
INVENTRICE
JOURNALIER
LUMINOSITÉ
MALENTENDU
MÉCONTENTE
MÉLANCOLIE
MÉSENTENTE
NOMINATION
OFFENSANTE
ORDINATEUR
ORDONNANCE
RECONDUIRE
REMONTANTE
REPENTANTE
RÉPONDANTE
RÉSONNANTE
SAPONIFIER
SECONDAIRE
SÉDENTAIRE
SOLENNELLE
TENANCIÈRE
TRAÎNASSER
VACANCIÈRE

VOLONTAIRE
VOLONTIERS

O

ABASOURDIR
APPROPRIÉE
CELLOPHANE
CHICOUTIMI
CHIPOTEUSE
CONSOLIDER
CONTORSION
CONTOURNÉE
CONTOURNER
CONVOITISE
CORROBORER
DÉSHONORER
DESROCHERS
DÉTROUSSER
DISPONIBLE
ÉCONOMISER
FRIPOUILLE
GARGOTIÈRE
GONDOLIÈRE
INCROYANTE
INTRODUIRE
MARRONNIER
MICROPHONE
NETTOYEUSE
PÉTROLIÈRE
PHILOLOGIE
PHILOSOPHE
PRÉCOMPTÉE
PRÉCONISER
PRÉDOMINER
PRIMORDIAL
PRISONNIER
PROMOTRICE
PROMOUVOIR
PROPORTION
PROVOCANTE
RACCOURCIE
RACCOURCIR

REMBOURRER
REMBOURSER
RENCONTRÉE
RENCONTRER
REPRODUIRE
REPRODUITE
RESSOURCÉE
RETROUSSER
RÉTROGRADÉ
RISTOURNÉE
SILHOUETTE
SUFFOCANTE
TEMPORAIRE
TEMPORELLE
TERRORISER
TRÉSORIÈRE
UNIFORMITÉ
VIOLONEUSE

P

ACCEPTABLE
ANTIPATHIE
CACOPHONIE
CATAPLASME
CATAPULTÉE
CHAMPIONNE
CHARPENTÉE
EUROPÉENNE
GRAPPILLER
HOUSPILLER
INCAPACITÉ
MALAPPRISE
OCCUPATION
OLYMPIENNE
PÉRIPHÉRIE
PERSPICACE
PROSPÉRITÉ
RÉCEPTRICE
USURPATEUR
USURPATION
VILIPENDER
XÉNOPHILIE

XÉNOPHOBIE

Q

CLINQUANTE
FRISQUETTE
VARIQUEUSE

R

ABERRATION
ADMIRATION
ALTERNANCE
ALTÉRATION
ANTÉRIEURE
APPARAÎTRE
APPARITION
APPARTENIR
ARTÉRIELLE
ASPIRATEUR
ASPIRATION
AUPARAVANT
BISTROTIER
CAVERNEUSE
CÉSARIENNE
CHEVRONNÉE
CLAIRSEMÉE
COMPRENDRE
COMPRESSÉE
CONFRONTER
CONTRACTER
CONTRAINTE
CONTRARIÉE
CONTRARIER
CONTRECOUP
CONTREDIRE
CONTRESENS
CONTRIBUER
CONTRISTÉE
CONTRITION
DÉCORATION
DÉTERGENTE
DÉTERMINER
DÉTÉRIORÉE

DISTRIBUER
DIVERGENCE
DIVERGENTE
ENSORCELER
ESSORILLER
EXTÉRIEURE
FIGURATIVE
HONORAIRES
IMMORTELLE
IMPARFAITE
IMPARTIALE
IMPÉRATIVE
INCORPORER
INCORRECTE
INFÉRIEURE
INFORTUNÉE
INTERCÉDER
INTERPHONE
INTERPRÈTE
INTERROGER
INTERSTICE
INTÉRESSÉE
INTÉRESSER
INTÉRIEURE
LABORIEUSE
LIBÉRALITÉ
LIBÉRATION
LUXURIEUSE
MALTRAITER
MATÉRIELLE
NEUTRALITÉ
NOURRICIER
NOURRISSON
NOURRITURE
OCCURRENCE
ONTARIENNE
PATERNELLE
POURRITURE
PROGRAMMÉE
PROGRAMMER
RAPPROCHER
RÉPARAÎTRE

RÉPARATION
RÉPERTOIRE
RESTREINTE
SÉPARATION
SIBÉRIENNE
SIDÉRURGIE
SUBORDONNÉ
SUBORNEUSE
SUPERFICIE
SUPÉRIEURE
SURPRENANT
ULTÉRIEURE

S

ACCESSIBLE
ACCESSOIRE
ACCUSATION
ADMISSIBLE
ASSISTANCE
BÉNISSEUSE
BIENSÉANCE
BOURSOUFLÉ
CORUSCANTE
COTISATION
CROISEMENT
CROISSANCE
CROISSANTE
DÉPOSITION
DÉPOSSÉDER
DÉTESTABLE
EURASIENNE
GRAISSEUSE
GRASSEMENT
HARASSANTE
IMPASSIBLE
IMPOSSIBLE
INCASSABLE
INDISCRÈTE
INDISPOSÉE
INTESTINAL
JACASSEUSE
JOUISSANCE

MAGISTRALE
MÉSESTIMER
NÉCESSAIRE
NÉCESSITER
OBÉISSANCE
OBÉISSANTE
OPPOSITION
PARESSEUSE
PARISIENNE
PLAISANTER
PLAISANTIN
POLISSONNE
PRESSENTIR
RAFISTOLER
RAMASSEUSE
RAVISSANTE
RÉINSCRITE
RÉSISTANTE
SATISFAIRE
SATISFAITE
STRESSANTE
TÉLESCOPÉE
TÉLESCOPER
TRANSFÉRER
TRANSISTOR
TRANSITION
TRANSPIRER
TRANSPOSER
TRESSAUTER

T

ABATTEMENT
ADAPTATION
BILATÉRALE
CONSTELLÉE
CONSTELLER
CONSTERNER
CONSTRUIRE
COURTISANE
ÉLECTRISER
FRUCTIFIER
FRUSTRANTE

HABITATION
HABITUELLE
HÉSITATION
IDENTIFIER
IMPATIENTE
INACTUELLE
INATTENDUE
INCITATION
IRRITATION
LIMITATION
MAINTENANT
MEURTRIÈRE
MULÂTRESSE
PÉNÉTRANTE
PLANTATION
PLANTUREUX
PLASTIQUÉE
PONCTUELLE
PRESTATION
PRINTANIER
PROSTERNÉE
PROSTERNER
PROSTITUER
RAPETISSER
RÉINTÉGRER
RÉPÉTITION
RÉPUTATION
SAGITTAIRE
SALUTATION
SANCTIFIER
SANCTUAIRE
SCINTILLER
SOMPTUEUSE
SPECTATEUR
TACITEMENT
TAHITIENNE
TEINTURIER
TONITRUANT
TOURTEREAU
TRAITEMENT
TRAÎTRESSE

U

ACCOUTUMÉE
ACCOUTUMER
BALOURDISE
BISCUITIER
CORPULENTE
CORRUPTION
COUTUMIÈRE
COUTURIÈRE
CULTURELLE
DÉCOUVERTE
DÉGOÛTANTE
DÉNOUEMENT
DÉPOUILLÉE
DÉPOUILLER
DISCUSSION
EFFEUILLER
ENDEUILLER
FULGURANTE
HALLUCINÉE
HURLUBERLU
IMPRUDENTE
LANAUDIÈRE
MARAUDEUSE
PARFUMEUSE
PATOUILLER
PERCUSSION
PERSUASION
POSTULANTE
PRÉCURSEUR
PRODUCTION
PRODUCTIVE
PROMULGUER
RAGOÛTANTE
RASSURANTE
RAVAUDEUSE
REDOUTABLE
RESQUILLÉE
RIGOUREUSE
SERRURERIE
SINGULIÈRE

STIMULANTE
SUCCULENTE
SUCCURSALE
SURHUMAINE
TRADUCTION
TURBULENTE
TURLUPINER
VALEUREUSE
VIGOUREUSE
VIRTUALITÉ

V

INDIVIDUEL
TÉLÉVISION
TROUVAILLE

X

BISEXUELLE
INTOXIQUÉE

6e

POSITION

A

ABDICATION
ABERRATION
ABNÉGATION
ABROGATION
ACCUSATION
ADAPTATION
ADMIRATION
ALLOCATION
ALTÉRATION
ANNULATION
ANTIPATHIE
APPARAÎTRE
ASPIRATEUR
ASPIRATION

AUPARAVANT
CARICATURE
COMPLAINTE
CONTRACTER
CONTRAINTE
CONTRARIÉE
CONTRARIER
CORDIALITÉ
COTISATION
DÉCORATION
DÉNÉGATION
DÉSOLATION
DÉTONATEUR
DÉTONATION
ÉLONGATION
ESTIMATION
FIGURATIVE
FRONDAISON
GROGNASSER
HABITATION
HÉSITATION
HONORAIRES
IMPÉRATIVE
INCAPACITÉ
INCITATION
INDICATION
INITIATION
IRRITATION
JOURNALIER
JUBILATION
LIBERALITÉ
LIBÉRATION
LIMITATION
MALTRAITER
MANIGANCÉE
MÉDICATION
NAUSÉABOND
NEUTRALITÉ
NOMINATION
NONCHALANT
OBLIGATION
OCCUPATION

ONDULATION
ORDINATEUR
PALLIATIVE
PARTIALITÉ
PATRIARCAL
PERSUASION
PLAISANTER
PLAISANTIN
PLANTATION
POIREAUTER
POPULARITÉ
PORCHAISON
PRESTATION
PRINTANIER
PROGRAMMÉE
PROGRAMMER
RÉCRÉATION
RÉGULARITÉ
RÉPARAÎTRE
RÉPARATION
RÉPUTATION
SACCHARINE
SALAMALECS
SALUTATION
SÉPARATION
SOLIDARITÉ
SPÉCIALITÉ
SPECTATEUR
SURCHARGÉE
TRAÎNASSER
TRESSAUTER
TROUVAILLE
USURPATEUR
USURPATION
VIRTUALITÉ

B

COLLABORER
CORROBORER
HURLUBERLU
RIBAMBELLE
TERREBONNE

C

BALANÇOIRE
CAPRICIEUX
CAPRICORNE
CONFECTION
CONJECTURE
CONVICTION
CORRECTION
CORUSCANTE
DESROCHERS
DÉTRACTEUR
DIFFICULTÉ
EFFRACTION
ENSORCELER
EXPLICITÉE
FABRICANTE
FAÏENCIÈRE
FINANCIÈRE
HALLUCINÉE
HANDICAPER
INDISCRÈTE
INFRACTION
INTERCÉDER
MÉLANCOLIE
PARTICIPER
PERFECTION
PERNICIEUX
PERSÉCUTER
PRÉDICTION
PRÉOCCUPER
PRODUCTION
PRODUCTIVE
PROJECTEUR
PROJECTILE
PROTECTEUR
PROTECTION
PROVOCANTE
QUÉBÉCOISE
RÉINSCRITE
SÉPULCRALE
SOLLICITER

SUBJACENTE
SUFFOCANTE
TÉLESCOPÉE
TÉLESCOPER
TENANCIÈRE
TRADUCTION
VACANCIÈRE

D

ABÉCÉDAIRE
ASCENDANCE
CALENDRIER
CONFIDENCE
DISSIDENTE
IMPRUDENTE
INTRODUIRE
LAMPADAIRE
LANAUDIÈRE
MARAUDEUSE
PRÉCÉDENTE
PRÉMÉDITÉE
PRÉMÉDITER
PRÉSIDENTE
PROVIDENCE
RAVAUDEUSE
RECONDUIRE
RÉPONDANTE
REPRODUIRE
REPRODUITE
SECONDAIRE
SUBORDONNÉ
TRÉPIDANTE

E

ABATTEMENT
ACCIDENTEL
ADMONESTER
AFFOLEMENT
AMENDEMENT
ANTÉCÉDENT
AVANCEMENT
BIENSÉANCE

BILATÉRALE
BOURGEOISE
CHANGEANTE
CHARLEVOIX
CHARPENTÉE
COMPLÉMENT
COMPRENDRE
COMPRESSÉE
CONSTELLÉE
CONSTELLER
CONSTERNER
CONTRECOUP
CONTREDIRE
CONTRESENS
CROISEMENT
DÉNOUEMENT
DIRIGEABLE
ÉBOULEMENT
ÉBURNÉENNE
ENGAGEANTE
ÉNORMÉMENT
ENTÉNÉBRER
EUROPÉENNE
FINALEMENT
GALILÉENNE
GRASSEMENT
INATTENDUE
INCOHÉRENT
INDÉLÉBILE
INTÉRESSÉE
INTÉRESSER
INTOLÉRANT
LOURDEMENT
MAINTENANT
MANIFESTÉE
MANIFESTER
OBLIGEANTE
OCCIDENTAL
ORANGERAIE
OUBLIETTES
PALUDÉENNE
PRESSENTIR

PROSPÉRITÉ
PROSTERNÉE
PROSTERNER
RÉINTÉGRER
RÉORIENTER
RESPLENDIR
RESTREINTE
SUPPLÉMENT
SURPRENANT
TACITEMENT
TOURMENTÉE
TOURMENTER
TOURTEREAU
TRAITEMENT
VILIPENDER

F

DÉSAFFECTÉ
IMPARFAITE
PESTIFÉRÉE
PROLIFÉRER
SATISFAIRE
SATISFAITE
STUPÉFAITE
STUPÉFIANT
SUPERFICIE
TRANSFÉRER

G

COLLÉGIALE
COURAGEUSE
DÉDAIGNEUX
DÉTERGENTE
DIVERGENCE
DIVERGENTE
ENSEIGNANT
INDULGENTE
INTRIGANTE
NÉGLIGENCE
NÉGLIGENTE
RÉTROGRADÉ

H

AGUICHANTE
CACOPHONIE
FOLICHONNE
PÂLICHONNE
PÉRIPHÉRIE
TRANCHANTE
XÉNOPHILIE
XÉNOPHOBIE

I

ACCUEILLIR
AFFABILITÉ
ANTÉRIEURE
APPARITION
ARTÉRIELLE
ARTIFICIEL
AVOCAILLON
BISCUITIER
CÉSARIENNE
CHAMPIONNE
COERCITION
COMÉDIENNE
COMPLICITÉ
COMPLIMENT
CONSEILLER
CONTRIBUER
CONTRISTÉE
CONTRITION
CONVAINCRE
CONVOITISE
COURTISANE
DÉFICIENTE
DÉFINITIVE
DÉFRAÎCHIE
DÉLICIEUSE
DÉPOSITION
DÉPOUILLÉE
DÉPOUILLER
DÉSENIVRER
DÉTÉRIORÉE

DISTRIBUER
ÉBULLITION
EFFEUILLER
ENDEUILLER
ESSORILLER
ESTONIENNE
EURASIENNE
EXTÉRIEURE
FOURNITURE
FRUCTIFIER
GRAPPILLER
HOUSPILLER
IDENTIFIER
ILLÉGITIME
IMPATIENTE
INDICIELLE
INDIVIDUEL
INFÉRIEURE
INGÉNIEUSE
INSIDIEUSE
INTÉRIEURE
INTOXIQUÉE
JUDICIEUSE
LABORIEUSE
LIBIDINALE
LUXURIEUSE
MAGICIENNE
MALFAISANT
MALFAITEUR
MALICIEUSE
MATÉRIELLE
MITRAILLÉE
MUSICIENNE
NÉGOCIANTE
NOURRICIER
NOURRISSON
NOURRITURE
OFFICIELLE
OLYMPIENNE
OMBILICALE
ONTARIENNE
OPPOSITION

OPTICIENNE
PARISIENNE
PATOUILLER
PERSPICACE
PLASTIQUÉE
POURRITURE
PRINCIPALE
PROÉMINENT
PROSTITUER
RAFRAÎCHIE
RAFRAÎCHIR
RAPETISSER
RECUEILLIR
RELIGIEUSE
RENSEIGNER
RÉPÉTITION
RESQUILLÉE
SANCTIFIER
SAPONIFIER
SCINTILLER
SIBÉRIENNE
SUPÉRIEURE
TAHITIENNE
TÉLÉVISION
TRANSISTOR
TRANSITION
TRAVAILLER
ULTÉRIEURE
VOLUBILITÉ

L

ARTILLERIE
BOUILLANTE
BOUILLOIRE
BRAILLARDE
BROUILLARD
CATAPLASME
CHAPELIÈRE
CONCILIANT
CONSOLIDER
CORPULENTE
CUEILLETTE

DOUILLETTE
ENTRELACER
FERTILISER
FOUILLEUSE
GONDOLIÈRE
GOUAILLEUR
INUTILISÉE
JOAILLERIE
JOAILLIÈRE
NASILLARDE
NORMALISER
OSCILLANTE
PANTELANTE
PÉRICLITER
PÉTILLANTE
PÉTROLIÈRE
PHILOLOGIE
PIAILLEUSE
PORCELAINE
POSTULANTE
PROMULGUER
RONDELETTE
SATELLISER
SAUTILLANT
SÉMILLANTE
SINGULIÈRE
STÉRILISER
STIMULANTE
SUBTILISER
SUCCULENTE
TARTELETTE
TATILLONNE
TREMBLEUSE
TROUBLANTE
TURBULENTE
UNIVALENTE
VACILLANTE
VIEILLARDE
VIEILLERIE
VIEILLESSE
VIEILLOTTE

M

ACCLIMATER
ACCOMMODER
CONTAMINER
CONTEMPLER
COUTUMIÈRE
DÉTERMINER
ÉCONOMISER
ENDOMMAGER
ENTREMÊLER
INCRIMINER
PARFUMEUSE
PATRIMOINE
PESSIMISTE
PRÉCOMPTÉE
PRÉDOMINER
RASSEMBLER
RÉCRIMINER
RÉPRIMANDE
RESSEMBLER
SUPRÉMATIE
SURHUMAINE
TINTAMARRE

N

ABOMINABLE
ABSTENTION
ABSTINENCE
AFFRANCHIR
ALTERNANCE
BIDONNANTE
CANCANIÈRE
CAVERNEUSE
CLARINETTE
CLÉMENTINE
COMBINARDE
CONCENTRER
CONTENANCE
CONTINENCE
CONTINUITÉ
CONVENABLE

CONVENANCE
CONVENTION
CRÉTINISER
CUISINIÈRE
DÉCLENCHER
DÉPANNEUSE
DÉSHONORER
DISPONIBLE
DISSENSION
DISTINGUER
ÉPARGNANTE
FAÇONNIÈRE
FASCINANTE
FULMINANTE
GOGUENARDE
IMAGINAIRE
INSTANTANÉ
JARDINIÈRE
LANCINANTE
MARRONNIER
ORDONNANCE
ORIGINELLE
OUTRANCIER
PARTENAIRE
PATERNELLE
PERMANENTE
PERTINENCE
PERTINENTE
PRÉCONISER
PRÉSENTOIR
PRÉTENDANT
PRÉTENTION
PRÉVENANCE
PRÉVENANTE
PRÉVENTION
PRÉVENTIVE
PRISONNIER
PROMENEUSE
PROPENSION
RENCONTRÉE
RENCONTRER
RÉPUGNANTE

RÉSONNANTE
ROUTINIÈRE
SEGMENTALE
SENTINELLE
SOLENNELLE
SUBORNEUSE
SUBVENTION
SUSPENSION
TORRENTIEL
TRICENNALE
VIOLONEUSE

O

ABANDONNER
AFFRIOLANT
BISTROTIER
BOURSOUFLÉ
CALIFORNIE
CAUTIONNER
CHEVRONNÉE
CONFRONTER
COORDONNÉE
ÉCHELONNER
ENVELOPPÉE
HOMOLOGUÉE
LOCOMOTION
LUMINOSITÉ
OVATIONNER
PASSIONNÉE
PRÉCIOSITÉ
RABIBOCHER
RAPPROCHER
RONCHONNER
SECTIONNER
STATIONNER
THERMOSTAT

P

APPROPRIÉE
CELLOPHANE
CORRUPTION
DÉCOMPOSER

DÉSEMPARÉE
ENTREPOSER
ENTREPRISE
HORRIPILER
INCORPORER
INDISPOSÉE
INTERPHONE
INTERPRÈTE
MALAPPRISE
MICROPHONE
PERCEPTION
PRÉCIPITER
RÉCOMPENSE
TRANSPIRER
TRANSPOSER
TURLUPINER

R

ALLÉGRESSE
BALOURDISE
BARBARISME
BOISBRIAND
CALABRAISE
CONFÉRENCE
CONSTRUIRE
CONTORSION
CONVERSION
COUTURIÈRE
CULTURELLE
DANGEREUSE
DÉCHIRANTE
DÉSHÉRITER
DIFFÉRENCE
DIFFÉRENTE
ÉLECTRISER
FRATERNITÉ
FRUSTRANTE
FULGURANTE
INCORRECTE
INOPÉRANTE
INSPIRANTE
INTERROGER

ITINÉRAIRE	S	POLISSONNE	IMPARTIALE	U
ITINÉRANTE		POSSESSEUR	INFORTUNÉE	
LAIDERONNE	ACCESSIBLE	POSSESSION	INTESTINAL	ABASOURDIR
LANTERNEAU	ACCESSOIRE	PROFESSEUR	INVENTAIRE	ABSOLUTION
LITTÉRAIRE	ADMISSIBLE	PROFESSION	INVENTRICE	ALLOCUTION
MALADROITE	ADOLESCENT	PROVISOIRE	LOQUETEUSE	ASSIDÛMENT
MEURTRIÈRE	AHURISSANT	RAMASSEUSE	MAGISTRALE	BISEXUELLE
MONTÉRÉGIE	BÉNISSEUSE	RAVISSANTE	MALENTENDU	CALFEUTRER
MULÂTRESSE	CLAIRSEMÉE	RÉGRESSION	MÉCONTENTE	CATAPULTÉE
OCCURRENCE	COMPASSION	RELUISANTE	MÉDIATRICE	CHICOUTIMI
PASSERELLE	CONCESSION	RÉPRESSION	MÉSENTENTE	CLINQUANTE
PÉNÉTRANTE	CONFESSION	SÉDUISANTE	MÉSESTIMER	CONCLUANTE
PERVERSION	CROISSANCE	STRESSANTE	MIGRATRICE	CONCLUSION
POSTÉRIEUR	CROISSANTE	SUCCESSION	NARRATRICE	CONTOURNÉE
PRÉCURSEUR	DÉLAISSÉES	SUFFISANTE	ONOMATOPÉE	CONTOURNER
PRÉFÉRENCE	DÉPOSSÉDER	SUGGESTION	OPÉRATRICE	DÉTROUSSER
PRIMORDIAL	DÉPRESSION	SUGGESTIVE	PALPITANTE	DIMINUTION
PROPORTION	DISCUSSION		PAQUETEUSE	DIMINUTIVE
PULVÉRISER	FLORISSANT	T	PRÉDATRICE	FRIPOUILLE
RASSÉRÉNER	GRAISSEUSE		PRÉMATURÉE	FRISQUETTE
RASSURANTE	HARASSANTE	ACCEPTABLE	PROFITABLE	HABITUELLE
RIGOUREUSE	IMPASSIBLE	ACCOUTUMÉE	PROFITEUSE	INACTUELLE
SAUTERELLE	IMPOSSIBLE	ACCOUTUMER	PROLÉTAIRE	INAUGURALE
SERRURERIE	IMPRESSION	APPARTENIR	PROMOTRICE	MANOEUVRÉE
SOUFFRANTE	INCASSABLE	ASSISTANCE	RAFISTOLER	PLANTUREUX
SOUPIRANTE	INCONSTANT	CHARITABLE	RAGOÛTANTE	PONCTUELLE
SOUTERRAIN	INTERSTICE	CHIPOTEUSE	RÉCEPTRICE	PRÉCAUTION
SOUVERAINE	JACASSEUSE	COMPÉTENTE	REDOUTABLE	PROMOUVOIR
SUBVERSION	JOUISSANCE	CORSETIÈRE	REMONTANTE	RACCOURCIE
SUCCURSALE	MISTASSINI	DÉGOÛTANTE	REPENTANTE	RACCOURCIR
TÉLÉGRAPHE	NÉCESSAIRE	DÉLECTABLE	RÉPERTOIRE	REMBOURRER
TEMPÉRANTE	NÉCESSITER	DÉSALTÉRER	RÉSISTANTE	REMBOURSER
TEMPORAIRE	NONOBSTANT	DÉTECTRICE	SAGITTAIRE	RÉSIDUELLE
TEMPORELLE	OBÉISSANCE	DÉTENTRICE	SÉDENTAIRE	RÉSOLUTION
TERRORISER	OBÉISSANTE	DÉTESTABLE	SÉDUCTRICE	RESSOURCÉE
TONITRUANT	OFFENSANTE	ÉLÉVATRICE	STRUCTURÉE	RETROUSSER
TRAÎTRESSE	OPPRESSION	ÉREINTANTE	SUBALTERNE	RISTOURNÉE
TRÉSORIÈRE	ORCHESTRER	ÉTROITESSE	SURNATUREL	SANCTUAIRE
UNIFORMITÉ	PARESSEUSE	FONDATRICE	TERRITOIRE	SIDÉRURGIE
UNIVERSITÉ	PERCUSSION	FORMATRICE	UNILATÉRAL	SILHOUETTE
VALEUREUSE	PERMISSION	GALANTERIE	UTILITAIRE	SOMPTUEUSE
VIGOUREUSE	PERSISTANT	GARGOTIÈRE	VOLONTAIRE	TARABUSTER
	PHILOSOPHE	IMMORTELLE	VOLONTIERS	TEINTURIER

VARIQUEUSE

V

APPRIVOISÉ
BIDONVILLE
BLAINVILLE
DÉCOUVERTE
DÉSINVOLTE
MÉDIÉVISTE
PERSÉVÉRER
SURVIVANTE

Y

GOULEYANTE
INCROYANTE
NETTOYEUSE

7e

POSITION

A

ABÉCÉDAIRE
ABOMINABLE
ACCEPTABLE
ACCLIMATER
AGUICHANTE
ALTERNANCE
ASCENDANCE
ASSISTANCE
BIDONNANTE
BIENSÉANCE
BOUILLANTE
BRAILLARDE
CALABRAISE
CATAPLASME
CHANGEANTE
CHARITABLE
CLINQUANTE

COMBINARDE
CONCLUANTE
CONTENANCE
CONVENABLE
CONVENANCE
CORUSCANTE
CROISSANCE
CROISSANTE
DÉCHIRANTE
DÉGOÛTANTE
DÉLECTABLE
DÉSEMPARÉE
DÉTESTABLE
DIRIGEABLE
ENDOMMAGER
ENGAGEANTE
ENTRELACER
ÉPARGNANTE
ÉREINTANTE
FABRICANTE
FASCINANTE
FRUSTRANTE
FULGURANTE
FULMINANTE
GOGUENARDE
GOULEYANTE
HANDICAPER
HARASSANTE
IMAGINAIRE
IMPARFAITE
INCASSABLE
INCROYANTE
INOPÉRANTE
INSPIRANTE
INTRIGANTE
INVENTAIRE
ITINÉRAIRE
ITINÉRANTE
JOUISSANCE
LAMPADAIRE
LANCINANTE
LITTÉRAIRE
NASILLARDE

NÉCESSAIRE
NÉGOCIANTE
OBÉISSANCE
OBÉISSANTE
OBLIGEANTE
OFFENSANTE
ORDONNANCE
OSCILLANTE
PALPITANTE
PANTELANTE
PARTENAIRE
PÉNÉTRANTE
PÉTILLANTE
PORCELAINE
POSTULANTE
PRÉVENANCE
PRÉVENANTE
PROFITABLE
PROLÉTAIRE
PROVOCANTE
RAGOÛTANTE
RASSURANTE
RAVISSANTE
REDOUTABLE
RELUISANTE
REMONTANTE
REPENTANTE
RÉPONDANTE
RÉPRIMANDE
RÉPUGNANTE
RÉSISTANTE
RÉSONNANTE
SAGITTAIRE
SANCTUAIRE
SATISFAIRE
SATISFAITE
SECONDAIRE
SÉDENTAIRE
SÉDUISANTE
SÉMILLANTE
SOUFFRANTE
SOUPIRANTE
SOUVERAINE

STIMULANTE
STRESSANTE
STUPÉFAITE
SUFFISANTE
SUFFOCANTE
SUPRÉMATIE
SURHUMAINE
SURVIVANTE
TÉLÉGRAPHE
TEMPÉRANTE
TEMPORAIRE
TINTAMARRE
TRANCHANTE
TRÉPIDANTE
TROUBLANTE
UTILITAIRE
VACILLANTE
VIEILLARDE
VOLONTAIRE

B

CONTRIBUER
DISTRIBUER
ENTÉNÉBRER
INDÉLÉBILE
NAUSÉABOND
RASSEMBLER
RESSEMBLER

C

ADOLESCENT
AFFRANCHIR
ARTIFICIEL
COMPLICITÉ
CONTRACTER
CONTRECOUP
DÉCLENCHER
DÉFRAÎCHIE
INCAPACITÉ
NOURRICIER
OMBILICALE
OUTRANCIER

PERSPICACE
RABIBOCHER
RAFRAÎCHIE
RAFRAÎCHIR
RAPPROCHER

D

ANTÉCÉDENT
BALOURDISE
CONTREDIRE
INDIVIDUEL
PRÉTENDANT
PRIMORDIAL

E

ABSTINENCE
ALLÉGRESSE
ANTÉRIEURE
APPARTENIR
ARTÉRIELLE
ARTILLERIE
BÉNISSEUSE
BISEXUELLE
CAVERNEUSE
CÉSARIENNE
CHIPOTEUSE
CLAIRSEMÉE
CLARINETTE
COMÉDIENNE
COMPÉTENTE
CONFÉRENCE
CONFIDENCE
CONTINENCE
CORPULENTE
COURAGEUSE
CUEILLETTE
CULTURELLE
DANGEREUSE
DÉCOUVERTE
DÉFICIENTE
DÉLICIEUSE
DÉPANNEUSE

DÉPOSSÉDER	LUXURIEUSE	RAMASSEUSE	SAPONIFIER	ÉLECTRISER
DÉSAFFECTÉ	MAGICIENNE	RASSÉRÉNER		EXPLICITÉE
DÉSALTÉRER	MALENTENDU	RAVAUDEUSE	**G**	FAÇONNIÈRE
DÉTERGENTE	MALICIEUSE	RÉCOMPENSE	DISTINGUER	FAÏENCIÈRE
DIFFÉRENCE	MARAUDEUSE	RELIGIEUSE	HOMOLOGUÉE	FERTILISER
DIFFÉRENTE	MATÉRIELLE	RÉSIDUELLE	PROMULGUER	FINANCIÈRE
DISSIDENTE	MÉCONTENTE	RIBAMBELLE	RÉINTÉGRER	FRIPOUILLE
DIVERGENCE	MÉSENTENTE	RIGOUREUSE	RENSEIGNER	FRONDAISON
DIVERGENTE	MONTÉRÉGIE	RONDELETTE		GARGOTIÈRE
DOUILLETTE	MULÂTRESSE	SAUTERELLE	**H**	GONDOLIÈRE
ÉBURNÉENNE	MUSICIENNE	SENTINELLE	CELLOPHANE	HALLUCINÉE
ENSORCELER	NÉGLIGENCE	SERRURERIE	DESROCHERS	HONORAIRES
ENTREMÊLER	NÉGLIGENTE	SIBÉRIENNE	INTERPHONE	HORRIPILER
ESTONIENNE	NETTOYEUSE	SILHOUETTE	MICROPHONE	IMPARTIALE
ÉTROITESSE	OCCURRENCE	SOLENNELLE		IMPASSIBLE
EURASIENNE	OFFICIELLE	SOMPTUEUSE	**I**	IMPOSSIBLE
EUROPÉENNE	OLYMPIENNE	SUBALTERNE	ACCESSIBLE	INCRIMINER
EXTÉRIEURE	ONTARIENNE	SUBJACENTE	ADMISSIBLE	INTESTINAL
FOUILLEUSE	OPTICIENNE	SUBORNEUSE	APPARAÎTRE	INUTILISÉE
FRISQUETTE	ORIGINELLE	SUCCULENTE	BARBARISME	JARDINIÈRE
GALANTERIE	PALUDÉENNE	SUPÉRIEURE	BIDONVILLE	JOAILLIÈRE
GALILÉENNE	PAQUETEUSE	TAHITIENNE	BLAINVILLE	LANAUDIÈRE
GRAISSEUSE	PARESSEUSE	TARTELETTE	BOISBRIAND	MALTRAITER
HABITUELLE	PARFUMEUSE	TEMPORELLE	CANCANIÈRE	MÉDIÉVISTE
HURLUBERLU	PARISIENNE	TRAÎTRESSE	CAPRICIEUX	MÉSESTIMER
IMMORTELLE	PASSERELLE	TRANSFÉRER	CHAPELIÈRE	MEURTRIÈRE
IMPATIENTE	PATERNELLE	TREMBLEUSE	COLLÉGIALE	NÉCESSITER
IMPRUDENTE	PÉRIPHÉRIE	TURBULENTE	COMPLAINTE	NORMALISER
INACTUELLE	PERMANENTE	ULTÉRIEURE	CONCILIANT	PARTICIPER
INCORRECTE	PERSÉVÉRER	UNILATÉRAL	CONSOLIDER	PÉRICLITER
INDICIELLE	PERTINENCE	UNIVALENTE	CONTAMINER	PERNICIEUX
INDULGENTE	PERTINENTE	VALEUREUSE	CONTRAINTE	PESSIMISTE
INFÉRIEURE	PESTIFÉRÉE	VARIQUEUSE	CORSETIÈRE	PÉTROLIÈRE
INGÉNIEUSE	PIAILLEUSE	VIEILLERIE	COUTUMIÈRE	PORCHAISON
INSIDIEUSE	PONCTUELLE	VIEILLESSE	COUTURIÈRE	POSTÉRIEUR
INTERCÉDER	PRÉCÉDENTE	VIGOUREUSE	CRÉTINISER	PRÉCIPITER
INTÉRIEURE	PRÉFÉRENCE	VIOLONEUSE	CUISINIÈRE	PRÉCONISER
JACASSEUSE	PRÉSIDENTE		DÉSHÉRITER	PRÉDOMINER
JOAILLERIE	PROFITEUSE	**F**	DÉTERMINER	PRÉMÉDITÉE
JUDICIEUSE	PROLIFÉRER	FRUCTIFIER	DISPONIBLE	PRÉMÉDITER
LABORIEUSE	PROMENEUSE	IDENTIFIER	ÉCONOMISER	PULVÉRISER
LOQUETEUSE	PROVIDENCE	SANCTIFIER		RÉCRIMINER

RÉPARAÎTRE
RESTREINTE
ROUTINIÈRE
SATELLISER
SINGULIÈRE
SOLLICITER
STÉRILISER
STUPÉFIANT
SUBTILISER
SUPERFICIE
TENANCIÈRE
TERRORISER
TRANSPIRER
TRÉSORIÈRE
TROUVAILLE
TURLUPINER
VACANCIÈRE
VOLONTIERS
XÉNOPHILIE

L

ACCUEILLIR
AFFABILITÉ
AFFRIOLANT
AVOCAILLON
BROUILLARD
CATAPULTÉE
CONSEILLER
CONSTELLÉE
CONSTELLER
CORDIALITÉ
DÉPOUILLÉE
DÉPOUILLER
EFFEUILLER
ENDEUILLER
ESSORILLER
GOUAILLEUR
GRAPPILLER
HOUSPILLER
JOURNALIER
LIBERALITÉ
MITRAILLÉE

NEUTRALITÉ
NONCHALANT
PARTIALITÉ
PATOUILLER
RECUEILLIR
RESQUILLÉE
SALAMALECS
SAUTILLANT
SCINTILLER
SPÉCIALITÉ
TRAVAILLER
VIRTUALITÉ
VOLUBILITÉ

M

ABATTEMENT
AFFOLEMENT
AMENDEMENT
ASSIDÛMENT
AVANCEMENT
COMPLÉMENT
COMPLIMENT
CROISEMENT
DÉNOUEMENT
ÉBOULEMENT
ÉNORMÉMENT
FINALEMENT
GRASSEMENT
LOURDEMENT
PROGRAMMÉE
PROGRAMMER
SUPPLÉMENT
TACITEMENT
TRAITEMENT
UNIFORMITÉ

N

ABANDONNER
ACCIDENTEL
CAUTIONNER
CHARPENTÉE
CHEVRONNÉE

COMPRENDRE
CONFRONTER
CONVAINCRE
COORDONNÉE
DÉDAIGNEUX
ÉCHELONNER
ENSEIGNANT
FRATERNITÉ
INATTENDUE
LANTERNEAU
LIBIDINALE
MAINTENANT
MANIGANCÉE
MARRONNIER
OCCIDENTAL
OVATIONNER
PASSIONNÉE
PLAISANTER
PLAISANTIN
PRESSENTIR
PRINTANIER
PRISONNIER
PROÉMINENT
RÉORIENTER
RESPLENDIR
RONCHONNER
SECTIONNER
STATIONNER
SURPRENANT
TOURMENTÉE
TOURMENTER
TRICENNALE
VILIPENDER

O

ACCESSOIRE
ACCOMMODER
APPRIVOISÉ
BALANÇOIRE
BOUILLOIRE
BOURGEOISE
CACOPHONIE

CAPRICORNE
CHAMPIONNE
COLLABORER
CORROBORER
DÉCOMPOSER
DÉSHONORER
DÉSINVOLTE
DÉTÉRIORÉE
ENTREPOSER
FOLICHONNE
INCORPORER
INDISPOSÉE
INTERROGER
LAIDERONNE
MALADROITE
MÉLANCOLIE
ONOMATOPÉE
PÂLICHONNE
PATRIMOINE
PHILOLOGIE
PHILOSOPHE
POLISSONNE
PROVISOIRE
QUÉBÉCOISE
RAFISTOLER
RÉPERTOIRE
SUBORDONNÉ
TATILLONNE
TÉLESCOPÉE
TÉLESCOPER
TERREBONNE
TERRITOIRE
TRANSPOSER
VIEILLOTTE
XÉNOPHOBIE

P

CONTEMPLER
ENVELOPPÉE
PRÉCOMPTÉE
PRINCIPALE

Q

INTOXIQUÉE
PLASTIQUÉE

R

ABASOURDIR
APPROPRIÉE
BILATÉRALE
CALENDRIER
CALIFORNIE
CONSTERNER
CONTOURNÉE
CONTOURNER
CONTRARIÉE
CONTRARIER
DÉTECTRICE
DÉTENTRICE
ÉLÉVATRICE
ENTREPRISE
FONDATRICE
FORMATRICE
INAUGURALE
INCOHÉRENT
INDISCRÈTE
INTERPRÈTE
INTOLÉRANT
INVENTRICE
MAGISTRALE
MALAPPRISE
MÉDIATRICE
MIGRATRICE
NARRATRICE
OPÉRATRICE
ORANGERAIE
PATRIARCAL
PLANTUREUX
POPULARITÉ
PRÉDATRICE
PROMOTRICE
PROSPÉRITÉ
PROSTERNÉE

PROSTERNER INTÉRESSÉE ACCUSATION FOURNITURE PRODUCTIVE
RACCOURCIE INTÉRESSER ADAPTATION HABITATION PROJECTEUR
RACCOURCIR LUMINOSITÉ ADMIRATION HÉSITATION PROJECTILE
RÉCEPTRICE MALFAISANT ALLOCATION ILLÉGITIME PROPORTION
RÉGULARITÉ MANIFESTÉE ALLOCUTION IMPÉRATIVE PROSTITUER
RÉINSCRITE MANIFESTER ALTÉRATION INCITATION PROTECTEUR
REMBOURRER MISTASSINI ANNULATION INCONSTANT PROTECTION
REMBOURSER NOURRISSON ANTIPATHIE INDICATION RÉCRÉATION
RESSOURCÉE OPPRESSION APPARITION INFRACTION RENCONTRÉE
RÉTROGRADÉ PERCUSSION ASPIRATEUR INITIATION RENCONTRER
RISTOURNÉE PERMISSION ASPIRATION INSTANTANÉ RÉPARATION
SACCHARINE PERSUASION BISCUITIER INTERSTICE RÉPÉTITION
SÉDUCTRICE PERVERSION BISTROTIER IRRITATION RÉPUTATION
SÉPULCRALE POSSESSEUR CALFEUTRER JUBILATION RÉSOLUTION
SIDÉRURGIE POSSESSION CARICATURE LIBÉRATION SALUTATION
SOLIDARITÉ PRÉCIOSITÉ CHICOUTIMI LIMITATION SEGMENTALE
SOUTERRAIN PRÉCURSEUR CLÉMENTINE LOCOMOTION SÉPARATION
SURCHARGÉE PROFESSEUR COERCITION MALFAITEUR SPECTATEUR
TEINTURIER PROFESSION CONCENTRER MÉDICATION SUBVENTION
TOURTEREAU PROPENSION CONFECTION NOMINATION SUGGESTION
RAPETISSER CONJECTURE NONOBSTANT SUGGESTIVE

S RÉGRESSION CONTRITION NOURRITURE TORRENTIEL
RÉPRESSION CONVENTION OBLIGATION TRADUCTION
ADMONESTER RETROUSSER CONVICTION OCCUPATION TRANSITION
AHURISSANT SUBVERSION CONVOITISE ONDULATION USURPATEUR
COMPASSION SUCCESSION CORRECTION OPPOSITION USURPATION
COMPRESSÉE SUCCURSALE CORRUPTION ORCHESTRER
CONCESSION SUSPENSION COTISATION ORDINATEUR
CONCLUSION TARABUSTER DÉCORATION OUBLIETTES **U**
CONFESSION TÉLÉVISION DÉFINITIVE PALLIATIVE
CONTORSION THERMOSTAT DÉNÉGATION PERCEPTION ACCOUTUMÉE
CONTRESENS TRAÎNASSER DÉPOSITION PERFECTION ACCOUTUMER
CONTRISTÉE TRANSISTOR DÉSOLATION PERSISTANT BOURSOUFLÉ
CONVERSION UNIVERSITÉ DÉTONATEUR PLANTATION CONSTRUIRE
COURTISANE DÉTONATION POURRITURE CONTINUITÉ
DÉLAISSÉES **T** DÉTRACTEUR PRÉCAUTION DIFFICULTÉ
DÉPRESSION DIMINUTION PRÉDICTION INFORTUNÉE
DÉTROUSSER ABDICATION DIMINUTIVE PRÉSENTOIR INTRODUIRE
DISCUSSION ABERRATION ÉBULLITION PRESTATION PERSÉCUTER
DISSENSION ABNÉGATION EFFRACTION PRÉTENTION POIREAUTER
FLORISSANT ABROGATION ÉLONGATION PRÉVENTION PRÉMATURÉE
GROGNASSER ABSOLUTION ESTIMATION PRÉVENTIVE PRÉOCCUPER
IMPRESSION ABSTENTION FIGURATIVE PRODUCTION RECONDUIRE
REPRODUIRE

REPRODUITE
STRUCTURÉE
SURNATUREL
TONITRUANT
TRESSAUTER

V

AUPARAVANT
CHARLEVOIX
DÉSENIVRER
MANOEUVRÉE
PROMOUVOIR

8e

POSITION

A

AFFRIOLANT
AHURISSANT
AUPARAVANT
BILATÉRALE
BOISBRIAND
BROUILLARD
CELLOPHANE
COLLÉGIALE
CONCILIANT
COURTISANE
ENSEIGNANT
FLORISSANT
IMPARTIALE
INAUGURALE
INCONSTANT
INSTANTANÉ
INTOLÉRANT
LIBIDINALE
MAGISTRALE
MAINTENANT
MALFAISANT

NONCHALANT
NONOBSTANT
OMBILICALE
ORANGERAIE
PERSISTANT
PERSPICACE
PRÉTENDANT
PRINCIPALE
RÉTROGRADÉ
SAUTILLANT
SEGMENTALE
SÉPULCRALE
SOUTERRAIN
STUPÉFIANT
SUCCURSALE
SURPRENANT
TONITRUANT
TRICENNALE

B

ABOMINABLE
ACCEPTABLE
ACCESSIBLE
ADMISSIBLE
CHARITABLE
CONVENABLE
DÉLECTABLE
DÉTESTABLE
DIRIGEABLE
DISPONIBLE
IMPASSIBLE
IMPOSSIBLE
INCASSABLE
PROFITABLE
REDOUTABLE
XÉNOPHOBIE

C

CONVAINCRE
DÉSAFFECTÉ
ENTRELACER
INCORRECTE

MANIGANCÉE
PATRIARCAL
RACCOURCIE
RACCOURCIR
RESSOURCÉE
SUPERFICIE

D

ABASOURDIR
ACCOMMODER
COMPRENDRE
CONSOLIDER
DÉPOSSÉDER
INATTENDUE
INTERCÉDER
RESPLENDIR
VILIPENDER

E

ABATTEMENT
ADOLESCENT
AFFOLEMENT
AMENDEMENT
ANTÉCÉDENT
ASPIRATEUR
ASSIDÛMENT
AVANCEMENT
CANCANIÈRE
CAPRICIEUX
CHAPELIÈRE
COMPLÉMENT
COMPLIMENT
CONTRESENS
CORSETIÈRE
COUTUMIÈRE
COUTURIÈRE
CROISEMENT
CUISINIÈRE
DÉDAIGNEUX
DÉLAISSÉES
DÉNOUEMENT
DESROCHERS

DÉTONATEUR
DÉTRACTEUR
ÉBOULEMENT
ÉNORMÉMENT
FAÇONNIÈRE
FAÏENCIÈRE
FINALEMENT
FINANCIÈRE
GARGOTIÈRE
GONDOLIÈRE
GOUAILLEUR
GRASSEMENT
INCOHÉRENT
INDISCRÈTE
INTERPRÈTE
JARDINIÈRE
JOAILLIÈRE
LANAUDIÈRE
LANTERNEAU
LOURDEMENT
MALFAITEUR
MEURTRIÈRE
ORDINATEUR
PERNICIEUX
PÉTROLIÈRE
PLANTUREUX
POSSESSEUR
POSTÉRIEUR
PRÉCURSEUR
PROÉMINENT
PROFESSEUR
PROJECTEUR
PROTECTEUR
ROUTINIÈRE
SALAMALECS
SINGULIÈRE
SPECTATEUR
SUPPLÉMENT
TACITEMENT
TENANCIÈRE
TOURTEREAU
TRAITEMENT
TRÉSORIÈRE

USURPATEUR
VACANCIÈRE
VOLONTIERS

F

BOURSOUFLÉ

G

ENDOMMAGER
INTERROGER
MONTÉRÉGIE
PHILOLOGIE
SIDÉRURGIE
SURCHARGÉE

H

AFFRANCHIR
ANTIPATHIE
DÉCLENCHER
DÉFRAÎCHIE
RABIBOCHER
RAFRAÎCHIE
RAFRAÎCHIR
RAPPROCHER

I

ABDICATION
ABÉCÉDAIRE
ABERRATION
ABNÉGATION
ABROGATION
ABSOLUTION
ABSTENTION
ACCESSOIRE
ACCUSATION
ADAPTATION
ADMIRATION
AFFABILITÉ
ALLOCATION
ALLOCUTION
ALTÉRATION
ANNULATION

APPARITION
APPRIVOISÉ
APPROPRIÉE
ARTIFICIEL
ASPIRATION
BALANÇOIRE
BALOURDISE
BISCUITIER
BISTROTIER
BOUILLOIRE
BOURGEOISE
CALABRAISE
CALENDRIER
CHICOUTIMI
CLÉMENTINE
COERCITION
COMPASSION
COMPLICITÉ
CONCESSION
CONCLUSION
CONFECTION
CONFESSION
CONSTRUIRE
CONTINUITÉ
CONTORSION
CONTRARIÉE
CONTRARIER
CONTREDIRE
CONTRITION
CONVENTION
CONVERSION
CONVICTION
CONVOITISE
CORDIALITÉ
CORRECTION
CORRUPTION
COTISATION
DÉCORATION
DÉFINITIVE
DÉNÉGATION
DÉPOSITION
DÉPRESSION
DÉSOLATION

DÉTECTRICE
DÉTENTRICE
DÉTONATION
DIMINUTION
DIMINUTIVE
DISCUSSION
DISSENSION
ÉBULLITION
EFFRACTION
ÉLÉVATRICE
ÉLONGATION
ENTREPRISE
ESTIMATION
FIGURATIVE
FONDATRICE
FORMATRICE
FRATERNITÉ
FRUCTIFIER
HABITATION
HÉSITATION
IDENTIFIER
ILLÉGITIME
IMAGINAIRE
IMPARFAITE
IMPÉRATIVE
IMPRESSION
INCAPACITÉ
INCITATION
INDÉLÉBILE
INDICATION
INFRACTION
INITIATION
INTERSTICE
INTRODUIRE
INVENTAIRE
INVENTRICE
IRRITATION
ITINÉRAIRE
JOURNALIER
JUBILATION
LAMPADAIRE
LIBERALITÉ
LIBÉRATION

LIMITATION
LITTÉRAIRE
LOCOMOTION
LUMINOSITÉ
MALADROITE
MALAPPRISE
MARRONNIER
MÉDIATRICE
MÉDICATION
MIGRATRICE
MISTASSINI
NARRATRICE
NÉCESSAIRE
NEUTRALITÉ
NOMINATION
NOURRICIER
OBLIGATION
OCCUPATION
ONDULATION
OPÉRATRICE
OPPOSITION
OPPRESSION
OUTRANCIER
PALLIATIVE
PARTENAIRE
PARTIALITÉ
PATRIMOINE
PERCEPTION
PERCUSSION
PERFECTION
PERMISSION
PERSUASION
PERVERSION
PLANTATION
POPULARITÉ
PORCELAINE
POSSESSION
PRÉCAUTION
PRÉCIOSITÉ
PRÉDATRICE
PRÉDICTION
PRESTATION
PRÉTENTION

PRÉVENTION
PRÉVENTIVE
PRIMORDIAL
PRINTANIER
PRISONNIER
PRODUCTION
PRODUCTIVE
PROFESSION
PROJECTILE
PROLÉTAIRE
PROMOTRICE
PROPENSION
PROPORTION
PROSPÉRITÉ
PROTECTION
PROVISOIRE
QUÉBÉCOISE
RÉCEPTRICE
RECONDUIRE
RÉCRÉATION
RÉGRESSION
RÉGULARITÉ
RÉINSCRITE
RÉPARATION
RÉPERTOIRE
RÉPÉTITION
RÉPRESSION
REPRODUIRE
REPRODUITE
RÉPUTATION
RÉSOLUTION
SACCHARINE
SAGITTAIRE
SALUTATION
SANCTIFIER
SANCTUAIRE
SAPONIFIER
SATISFAIRE
SATISFAITE
SECONDAIRE
SÉDENTAIRE
SÉDUCTRICE
SÉPARATION

SOLIDARITÉ
SOUVERAINE
SPÉCIALITÉ
STUPÉFAITE
SUBVENTION
SUBVERSION
SUCCESSION
SUGGESTION
SUGGESTIVE
SURHUMAINE
SUSPENSION
TEINTURIER
TÉLÉVISION
TEMPORAIRE
TERRITOIRE
TORRENTIEL
TRADUCTION
TRANSITION
UNIFORMITÉ
UNIVERSITÉ
USURPATION
UTILITAIRE
VIRTUALITÉ
VOLONTAIRE
VOLUBILITÉ

L

ACCUEILLIR
ARTÉRIELLE
AVOCAILLON
BIDONVILLE
BISEXUELLE
BLAINVILLE
CONSEILLER
CONSTELLÉE
CONSTELLER
CONTEMPLER
CULTURELLE
DÉPOUILLÉE
DÉPOUILLER
DÉSINVOLTE
DIFFICULTÉ

EFFEUILLER
ENDEUILLER
ENSORCELER
ENTREMÊLER
ESSORILLER
FRIPOUILLE
GRAPPILLER
HABITUELLE
HORRIPILER
HOUSPILLER
IMMORTELLE
INACTUELLE
INDICIELLE
MATÉRIELLE
MÉLANCOLIE
MITRAILLÉE
OFFICIELLE
ORIGINELLE
PASSERELLE
PATERNELLE
PATOUILLER
PONCTUELLE
RAFISTOLER
RASSEMBLER
RECUEILLIR
RÉSIDUELLE
RESQUILLÉE
RESSEMBLER
RIBAMBELLE
SAUTERELLE
SCINTILLER
SENTINELLE
SOLENNELLE
TEMPORELLE
TRAVAILLER
TROUVAILLE
XÉNOPHILIE

M

ACCOUTUMÉE
ACCOUTUMER
CLAIRSEMÉE

MÉSESTIMER
PROGRAMMÉE
PROGRAMMER

N

ABANDONNER
ABSTINENCE
AGUICHANTE
ALTERNANCE
APPARTENIR
ASCENDANCE
ASSISTANCE
BIDONNANTE
BIENSÉANCE
BOUILLANTE
CACOPHONIE
CALIFORNIE
CAUTIONNER
CÉSARIENNE
CHAMPIONNE
CHANGEANTE
CHEVRONNÉE
CLINQUANTE
COMÉDIENNE
COMPÉTENTE
COMPLAINTE
CONCLUANTE
CONFÉRENCE
CONFIDENCE
CONSTERNER
CONTAMINER
CONTENANCE
CONTINENCE
CONTOURNÉE
CONTOURNER
CONTRAINTE
CONVENANCE
COORDONNÉE
CORPULENTE
CORUSCANTE
CROISSANCE
CROISSANTE

DÉCHIRANTE
DÉFICIENTE
DÉGOÛTANTE
DÉTERGENTE
DÉTERMINER
DIFFÉRENCE
DIFFÉRENTE
DISSIDENTE
DIVERGENCE
DIVERGENTE
ÉBURNÉENNE
ÉCHELONNER
ENGAGEANTE
ÉPARGNANTE
ÉREINTANTE
ESTONIENNE
EURASIENNE
EUROPÉENNE
FABRICANTE
FASCINANTE
FOLICHONNE
FRUSTRANTE
FULGURANTE
FULMINANTE
GALILÉENNE
GOULEYANTE
HALLUCINÉE
HARASSANTE
IMPATIENTE
IMPRUDENTE
INCRIMINER
INCROYANTE
INDULGENTE
INFORTUNÉE
INOPÉRANTE
INSPIRANTE
INTESTINAL
INTRIGANTE
ITINÉRANTE
JOUISSANCE
LAIDERONNE
LANCINANTE
MAGICIENNE

MALENTENDU
MÉCONTENTE
MÉSENTENTE
MUSICIENNE
NÉGLIGENCE
NÉGLIGENTE
NÉGOCIANTE
OBÉISSANCE
OBÉISSANTE
OBLIGEANTE
OCCURRENCE
OFFENSANTE
OLYMPIENNE
ONTARIENNE
OPTICIENNE
ORDONNANCE
OSCILLANTE
OVATIONNER
PÂLICHONNE
PALPITANTE
PALUDÉENNE
PANTELANTE
PARISIENNE
PASSIONNÉE
PÉNÉTRANTE
PERMANENTE
PERTINENCE
PERTINENTE
PÉTILLANTE
POLISSONNE
POSTULANTE
PRÉCÉDENTE
PRÉDOMINER
PRÉFÉRENCE
PRÉSIDENTE
PRÉVENANCE
PRÉVENANTE
PROSTERNÉE
PROSTERNER
PROVIDENCE
PROVOCANTE
RAGOÛTANTE
RASSÉRÉNER

RASSURANTE
RAVISSANTE
RÉCOMPENSE
RÉCRIMINER
RELUISANTE
REMONTANTE
RENSEIGNER
REPENTANTE
RÉPONDANTE
RÉPRIMANDE
RÉPUGNANTE
RÉSISTANTE
RÉSONNANTE
RESTREINTE
RISTOURNÉE
RONCHONNER
SECTIONNER
SÉDUISANTE
SÉMILLANTE
SIBÉRIENNE
SOUFFRANTE
SOUPIRANTE
STATIONNER
STIMULANTE
STRESSANTE
SUBJACENTE
SUBORDONNÉ
SUCCULENTE
SUFFISANTE
SUFFOCANTE
SURVIVANTE
TAHITIENNE
TATILLONNE
TEMPÉRANTE
TERREBONNE
TRANCHANTE
TRÉPIDANTE
TROUBLANTE
TURBULENTE
TURLUPINER
UNIVALENTE
VACILLANTE

O

CHARLEVOIX
CONTRECOUP
INTERPHONE
MICROPHONE
NAUSÉABOND
PRÉSENTOIR
PROMOUVOIR

P

ENVELOPPÉE
HANDICAPER
ONOMATOPÉE
PARTICIPER
PHILOSOPHE
PRÉOCCUPER
TÉLÉGRAPHE
TÉLESCOPÉE
TÉLESCOPER

R

ARTILLERIE
BRAILLARDE
CALFEUTRER
CAPRICORNE
COLLABORER
COMBINARDE
CONCENTRER
CORROBORER
DÉCOUVERTE
DÉSALTÉRER
DÉSEMPARÉE
DÉSENIVRER
DÉSHONORER
DÉTÉRIORÉE
ENTÉNÉBRER
GALANTERIE
GOGUENARDE
HONORAIRES
HURLUBERLU
INCORPORER

JOAILLERIE
MANOEUVRÉE
NASILLARDE
ORCHESTRER
PÉRIPHÉRIE
PERSÉVÉRER
PESTIFÉRÉE
PRÉMATURÉE
PROLIFÉRER
RÉINTÉGRER
REMBOURRER
RENCONTRÉE
RENCONTRER
SERRURERIE
STRUCTURÉE
SUBALTERNE
SURNATUREL
TINTAMARRE
TRANSFÉRER
TRANSPIRER
UNILATÉRAL
VIEILLARDE
VIEILLERIE

S

ALLÉGRESSE
BARBARISME
CATAPLASME
COMPRESSÉE
CRÉTINISER
DÉCOMPOSER
DÉTROUSSER
ÉCONOMISER
ÉLECTRISER
ENTREPOSER
ÉTROITESSE
FERTILISER
FRONDAISON
GROGNASSER
INDISPOSÉE
INTÉRESSÉE
INTÉRESSER

INUTILISÉE
MÉDIÉVISTE
MULÂTRESSE
NORMALISER
NOURRISSON
PESSIMISTE
PORCHAISON
PRÉCONISER
PULVÉRISER
RAPETISSER
REMBOURSER
RETROUSSER
SATELLISER
STÉRILISER
SUBTILISER
TERRORISER
TRAÎNASSER
TRAÎTRESSE
TRANSPOSER
VIEILLESSE

T

ACCIDENTEL
ACCLIMATER
ADMONESTER
APPARAÎTRE
CATAPULTÉE
CHARPENTÉE
CLARINETTE
CONFRONTER
CONTRACTER
CONTRISTÉE
CUEILLETTE
DÉSHÉRITER
DOUILLETTE
EXPLICITÉE
FRISQUETTE
MALTRAITER
MANIFESTÉE
MANIFESTER
NÉCESSITER
OCCIDENTAL

OUBLIETTES
PÉRICLITER
PERSÉCUTER
PLAISANTER
PLAISANTIN
POIREAUTER
PRÉCIPITER
PRÉCOMPTÉE
PRÉMÉDITÉE
PRÉMÉDITER
PRESSENTIR
RÉORIENTER
RÉPARAÎTRE
RONDELETTE
SILHOUETTE
SOLLICITER
SUPRÉMATIE
TARABUSTER
TARTELETTE
THERMOSTAT
TOURMENTÉE
TOURMENTER
TRANSISTOR
TRESSAUTER
VIEILLOTTE

U

ANTÉRIEURE
BÉNISSEUSE
CARICATURE
CAVERNEUSE
CHIPOTEUSE
CONJECTURE
CONTRIBUER
COURAGEUSE
DANGEREUSE
DÉLICIEUSE
DÉPANNEUSE
DISTINGUER
DISTRIBUER
EXTÉRIEURE
FOUILLEUSE

FOURNITURE
GRAISSEUSE
HOMOLOGUÉE
INDIVIDUEL
INFÉRIEURE
INGÉNIEUSE
INSIDIEUSE
INTÉRIEURE
INTOXIQUÉE
JACASSEUSE
JUDICIEUSE
LABORIEUSE
LOQUETEUSE
LUXURIEUSE
MALICIEUSE
MARAUDEUSE
NETTOYEUSE
NOURRITURE
PAQUETEUSE
PARESSEUSE
PARFUMEUSE
PIAILLEUSE
PLASTIQUÉE
POURRITURE
PROFITEUSE
PROMENEUSE
PROMULGUER
PROSTITUER
RAMASSEUSE
RAVAUDEUSE
RELIGIEUSE
RIGOUREUSE
SOMPTUEUSE
SUBORNEUSE
SUPÉRIEURE
TREMBLEUSE
ULTÉRIEURE
VALEUREUSE
VARIQUEUSE
VIGOUREUSE
VIOLONEUSE

9e
POSITION

A

INTESTINAL
LANTERNEAU
OCCIDENTAL
PATRIARCAL
PRIMORDIAL
THERMOSTAT
TOURTEREAU
UNILATÉRAL

C

ABSTINENCE
ALTERNANCE
ASCENDANCE
ASSISTANCE
BIENSÉANCE
CONFÉRENCE
CONFIDENCE
CONTENANCE
CONTINENCE
CONVENANCE
CROISSANCE
DÉTECTRICE
DÉTENTRICE
DIFFÉRENCE
DIVERGENCE
ÉLÉVATRICE
FONDATRICE
FORMATRICE
INTERSTICE
INVENTRICE
JOUISSANCE
MÉDIATRICE
MIGRATRICE
NARRATRICE

NÉGLIGENCE
OBÉISSANCE
OCCURRENCE
OPÉRATRICE
ORDONNANCE
PERSPICACE
PERTINENCE
PRÉDATRICE
PRÉFÉRENCE
PRÉVENANCE
PROMOTRICE
PROVIDENCE
RÉCEPTRICE
SALAMALECS
SÉDUCTRICE

D

BRAILLARDE
COMBINARDE
GOGUENARDE
MALENTENDU
NASILLARDE
RÉPRIMANDE
RÉTROGRADÉ
VIEILLARDE

E

ABANDONNER
ACCIDENTEL
ACCLIMATER
ACCOMMODER
ACCOUTUMÉE
ACCOUTUMER
ADMONESTER
APPROPRIÉE
ARTIFICIEL
BISCUITIER
BISTROTIER
CALENDRIER
CALFEUTRER
CATAPULTÉE
CAUTIONNER

CHARPENTÉE
CHEVRONNÉE
CLAIRSEMÉE
COLLABORER
COMPRESSÉE
CONCENTRER
CONFRONTER
CONSEILLER
CONSOLIDER
CONSTELLÉE
CONSTELLER
CONSTERNER
CONTAMINER
CONTEMPLER
CONTOURNÉE
CONTOURNER
CONTRACTER
CONTRARIÉE
CONTRARIER
CONTRIBUER
CONTRISTÉE
COORDONNÉE
CORROBORER
CRÉTINISER
DÉCLENCHER
DÉCOMPOSER
DÉLAISSÉES
DÉPOSSÉDER
DÉPOUILLÉE
DÉPOUILLER
DÉSALTÉRER
DÉSEMPARÉE
DÉSENIVRER
DÉSHÉRITER
DÉSHONORER
DÉTÉRIORÉE
DÉTERMINER
DÉTROUSSER
DISTINGUER
DISTRIBUER
ÉCHELONNER
ÉCONOMISER

EFFEUILLER
ÉLECTRISER
ENDEUILLER
ENDOMMAGER
ENSORCELER
ENTÉNÉBRER
ENTRELACER
ENTREMÊLER
ENTREPOSER
ENVELOPPÉE
ESSORILLER
EXPLICITÉE
FERTILISER
FRUCTIFIER
GRAPPILLER
GROGNASSER
HALLUCINÉE
HANDICAPER
HOMOLOGUÉE
HONORAIRES
HORRIPILER
HOUSPILLER
IDENTIFIER
INCORPORER
INCRIMINER
INDISPOSÉE
INDIVIDUEL
INFORTUNÉE
INTERCÉDER
INTÉRESSÉE
INTÉRESSER
INTERROGER
INTOXIQUÉE
INUTILISÉE
JOURNALIER
MALTRAITER
MANIFESTÉE
MANIFESTER
MANIGANCÉE
MANOEUVRÉE
MARRONNIER
MÉSESTIMER

MITRAILLÉE
NÉCESSITER
NORMALISER
NOURRICIER
ONOMATOPÉE
ORCHESTRER
OUBLIETTES
OUTRANCIER
OVATIONNER
PARTICIPER
PASSIONNÉE
PATOUILLER
PÉRICLITER
PERSÉCUTER
PERSÉVÉRER
PESTIFÉRÉE
PLAISANTER
PLASTIQUÉE
POIREAUTER
PRÉCIPITER
PRÉCOMPTÉE
PRÉCONISER
PRÉDOMINER
PRÉMATURÉE
PRÉMÉDITÉE
PRÉMÉDITER
PRÉOCCUPER
PRINTANIER
PRISONNIER
PROGRAMMÉE
PROGRAMMER
PROLIFÉRER
PROMULGUER
PROSTERNÉE
PROSTERNER
PROSTITUER
PULVÉRISER
RABIBOCHER
RAFISTOLER
RAPETISSER
RAPPROCHER
RASSEMBLER

RASSÉRÉNER
RÉCRIMINER
RÉINTÉGRER
REMBOURRER
REMBOURSER
RENCONTRÉE
RENCONTRER
RENSEIGNER
RÉORIENTER
RESQUILLÉE
RESSEMBLER
RESSOURCÉE
RETROUSSER
RISTOURNÉE
RONCHONNER
SANCTIFIER
SAPONIFIER
SATELLISER
SCINTILLER
SECTIONNER
SOLLICITER
STATIONNER
STÉRILISER
STRUCTURÉE
SUBTILISER
SURCHARGÉE
SURNATUREL
TARABUSTER
TEINTURIER
TÉLESCOPÉE
TÉLESCOPER
TERRORISER
TORRENTIEL
TOURMENTÉE
TOURMENTER
TRAÎNASSER
TRANSFÉRER
TRANSPIRER
TRANSPOSER
TRAVAILLER
TRESSAUTER
TURLUPINER

VILIPENDER

H

PHILOSOPHE
TÉLÉGRAPHE

I

ABASOURDIR
ACCUEILLIR
AFFRANCHIR
ANTIPATHIE
APPARTENIR
ARTILLERIE
CACOPHONIE
CALIFORNIE
CHARLEVOIX
DÉFRAÎCHIE
GALANTERIE
JOAILLERIE
MÉLANCOLIE
MONTÉRÉGIE
ORANGERAIE
PÉRIPHÉRIE
PHILOLOGIE
PLAISANTIN
PRÉSENTOIR
PRESSENTIR
PROMOUVOIR
RACCOURCIE
RACCOURCIR
RAFRAÎCHIE
RAFRAÎCHIR
RECUEILLIR
RESPLENDIR
SERRURERIE
SIDÉRURGIE
SOUTERRAIN
SUPERFICIE
SUPRÉMATIE
VIEILLERIE
XÉNOPHILIE
XÉNOPHOBIE

L

ABOMINABLE
ACCEPTABLE
ACCESSIBLE
ADMISSIBLE
ARTÉRIELLE
BIDONVILLE
BILATÉRALE
BISEXUELLE
BLAINVILLE
BOURSOUFLÉ
CHARITABLE
COLLÉGIALE
CONVENABLE
CULTURELLE
DÉLECTABLE
DÉTESTABLE
DIRIGEABLE
DISPONIBLE
FRIPOUILLE
HABITUELLE
HURLUBERLU
IMMORTELLE
IMPARTIALE
IMPASSIBLE
IMPOSSIBLE
INACTUELLE
INAUGURALE
INCASSABLE
INDÉLÉBILE
INDICIELLE
LIBIDINALE
MAGISTRALE
MATÉRIELLE
OFFICIELLE
OMBILICALE
ORIGINELLE
PASSERELLE
PATERNELLE
PONCTUELLE
PRINCIPALE
PROFITABLE

PROJECTILE
REDOUTABLE
RÉSIDUELLE
RIBAMBELLE
SAUTERELLE
SEGMENTALE
SENTINELLE
SÉPULCRALE
SOLENNELLE
SUCCURSALE
TEMPORELLE
TRICENNALE
TROUVAILLE

M

BARBARISME
CATAPLASME
CHICOUTIMI
ILLÉGITIME

N

ABATTEMENT
ADOLESCENT
AFFOLEMENT
AFFRIOLANT
AHURISSANT
AMENDEMENT
ANTÉCÉDENT
ASSIDÛMENT
AUPARAVANT
AVANCEMENT
BOISBRIAND
CAPRICORNE
CELLOPHANE
CÉSARIENNE
CHAMPIONNE
CLÉMENTINE
COMÉDIENNE
COMPLÉMENT
COMPLIMENT
CONCILIANT
CONTRESENS

COURTISANE
CROISEMENT
DÉNOUEMENT
ÉBOULEMENT
ÉBURNÉENNE
ÉNORMÉMENT
ENSEIGNANT
ESTONIENNE
EURASIENNE
EUROPÉENNE
FINALEMENT
FLORISSANT
FOLICHONNE
GALILÉENNE
GRASSEMENT
INCOHÉRENT
INCONSTANT
INSTANTANÉ
INTERPHONE
INTOLÉRANT
LAIDERONNE
LOURDEMENT
MAGICIENNE
MAINTENANT
MALFAISANT
MICROPHONE
MISTASSINI
MUSICIENNE
NAUSÉABOND
NONCHALANT
NONOBSTANT
OLYMPIENNE
ONTARIENNE
OPTICIENNE
PÂLICHONNE
PALUDÉENNE
PARISIENNE
PATRIMOINE
PERSISTANT
POLISSONNE
PORCELAINE
PRÉTENDANT

PROÉMINENT	CONTRITION	PERCUSSION	APPARAÎTRE	PROVISOIRE
SACCHARINE	CONVENTION	PERFECTION	BALANÇOIRE	RECONDUIRE
SAUTILLANT	CONVERSION	PERMISSION	BOUILLOIRE	RÉPARAÎTRE
SIBÉRIENNE	CONVICTION	PERSUASION	BROUILLARD	RÉPERTOIRE
SOUVERAINE	CORRECTION	PERVERSION	CANCANIÈRE	REPRODUIRE
STUPÉFIANT	CORRUPTION	PLANTATION	CARICATURE	ROUTINIÈRE
SUBALTERNE	COTISATION	PORCHAISON	CHAPELIÈRE	SAGITTAIRE
SUBORDONNÉ	DÉCORATION	POSSESSION	COMPRENDRE	SANCTUAIRE
SUPPLÉMENT	DÉNÉGATION	PRÉCAUTION	CONJECTURE	SATISFAIRE
SURHUMAINE	DÉPOSITION	PRÉDICTION	CONSTRUIRE	SECONDAIRE
SURPRENANT	DÉPRESSION	PRESTATION	CONTREDIRE	SÉDENTAIRE
TACITEMENT	DÉSOLATION	PRÉTENTION	CONVAINCRE	SINGULIÈRE
TAHITIENNE	DÉTONATION	PRÉVENTION	CORSETIÈRE	SUPÉRIEURE
TATILLONNE	DIMINUTION	PRODUCTION	COUTUMIÈRE	TEMPORAIRE
TERREBONNE	DISCUSSION	PROFESSION	COUTURIÈRE	TENANCIÈRE
TONITRUANT	DISSENSION	PROPENSION	CUISINIÈRE	TERRITOIRE
TRAITEMENT	ÉBULLITION	PROPORTION	DESROCHERS	TINTAMARRE
	EFFRACTION	PROTECTION	EXTÉRIEURE	TRÉSORIÈRE
O	ÉLONGATION	RÉCRÉATION	FAÇONNIÈRE	ULTÉRIEURE
	ESTIMATION	RÉGRESSION	FAÏENCIÈRE	UTILITAIRE
ABDICATION	FRONDAISON	RÉPARATION	FINANCIÈRE	VACANCIÈRE
ABERRATION	HABITATION	RÉPÉTITION	FOURNITURE	VOLONTAIRE
ABNÉGATION	HÉSITATION	RÉPRESSION	GARGOTIÈRE	VOLONTIERS
ABROGATION	IMPRESSION	RÉPUTATION	GONDOLIÈRE	
ABSOLUTION	INCITATION	RÉSOLUTION	IMAGINAIRE	**S**
ABSTENTION	INDICATION	SALUTATION	INFÉRIEURE	
ACCUSATION	INFRACTION	SÉPARATION	INTÉRIEURE	ALLÉGRESSE
ADAPTATION	INITIATION	SUBVENTION	INTRODUIRE	APPRIVOISÉ
ADMIRATION	IRRITATION	SUBVERSION	INVENTAIRE	BALOURDISE
ALLOCATION	JUBILATION	SUCCESSION	ITINÉRAIRE	BÉNISSEUSE
ALLOCUTION	LIBÉRATION	SUGGESTION	JARDINIÈRE	BOURGEOISE
ALTÉRATION	LIMITATION	SUSPENSION	JOAILLIÈRE	CALABRAISE
ANNULATION	LOCOMOTION	TÉLÉVISION	LAMPADAIRE	CAVERNEUSE
APPARITION	MÉDICATION	TRADUCTION	LANAUDIÈRE	CHIPOTEUSE
ASPIRATION	NOMINATION	TRANSISTOR	LITTÉRAIRE	CONVOITISE
AVOCAILLON	NOURRISSON	TRANSITION	MEURTRIÈRE	COURAGEUSE
COERCITION	OBLIGATION	USURPATION	NÉCESSAIRE	DANGEREUSE
COMPASSION	OCCUPATION		NOURRITURE	DÉLICIEUSE
CONCESSION	ONDULATION	**R**	PARTENAIRE	DÉPANNEUSE
CONCLUSION	OPPOSITION		PÉTROLIÈRE	ENTREPRISE
CONFECTION	OPPRESSION	ABÉCÉDAIRE	POURRITURE	ÉTROITESSE
CONFESSION	PERCEPTION	ACCESSOIRE	PROLÉTAIRE	FOUILLEUSE
CONTORSION		ANTÉRIEURE		GRAISSEUSE

INGÉNIEUSE
INSIDIEUSE
JACASSEUSE
JUDICIEUSE
LABORIEUSE
LOQUETEUSE
LUXURIEUSE
MALAPPRISE
MALICIEUSE
MARAUDEUSE
MULÂTRESSE
NETTOYEUSE
PAQUETEUSE
PARESSEUSE
PARFUMEUSE
PIAILLEUSE
PROFITEUSE
PROMENEUSE
QUÉBÉCOISE
RAMASSEUSE
RAVAUDEUSE
RÉCOMPENSE
RELIGIEUSE
RIGOUREUSE
SOMPTUEUSE
SUBORNEUSE
TRAÎTRESSE
TREMBLEUSE
VALEUREUSE
VARIQUEUSE
VIEILLESSE
VIGOUREUSE
VIOLONEUSE

T

AFFABILITÉ
AGUICHANTE
BIDONNANTE
BOUILLANTE
CHANGEANTE
CLARINETTE
CLINQUANTE

COMPÉTENTE
COMPLAINTE
COMPLICITÉ
CONCLUANTE
CONTINUITÉ
CONTRAINTE
CORDIALITÉ
CORPULENTE
CORUSCANTE
CROISSANTE
CUEILLETTE
DÉCHIRANTE
DÉCOUVERTE
DÉFICIENTE
DÉGOÛTANTE
DÉSAFFECTÉ
DÉSINVOLTE
DÉTERGENTE
DIFFÉRENTE
DIFFICULTÉ
DISSIDENTE
DIVERGENTE
DOUILLETTE
ENGAGEANTE
ÉPARGNANTE
ÉREINTANTE
FABRICANTE
FASCINANTE
FRATERNITÉ
FRISQUETTE
FRUSTRANTE
FULGURANTE
FULMINANTE
GOULEYANTE
HARASSANTE
IMPARFAITE
IMPATIENTE
IMPRUDENTE
INCAPACITÉ
INCORRECTE
INCROYANTE
INDISCRÈTE
INDULGENTE

INOPÉRANTE
INSPIRANTE
INTERPRÈTE
INTRIGANTE
ITINÉRANTE
LANCINANTE
LIBERALITÉ
LUMINOSITÉ
MALADROITE
MÉCONTENTE
MÉDIÉVISTE
MÉSENTENTE
NÉGLIGENTE
NÉGOCIANTE
NEUTRALITÉ
OBÉISSANTE
OBLIGEANTE
OFFENSANTE
OSCILLANTE
PALPITANTE
PANTELANTE
PARTIALITÉ
PÉNÉTRANTE
PERMANENTE
PERTINENTE
PESSIMISTE
PÉTILLANTE
POPULARITÉ
POSTULANTE
PRÉCÉDENTE
PRÉCIOSITÉ
PRÉSIDENTE
PRÉVENANTE
PROSPÉRITÉ
PROVOCANTE
RAGOÛTANTE
RASSURANTE
RAVISSANTE
RÉGULARITÉ
RÉINSCRITE
RELUISANTE
REMONTANTE
REPENTANTE

RÉPONDANTE
REPRODUITE
RÉPUGNANTE
RÉSISTANTE
RÉSONNANTE
RESTREINTE
RONDELETTE
SATISFAITE
SÉDUISANTE
SÉMILLANTE
SILHOUETTE
SOLIDARITÉ
SOUFFRANTE
SOUPIRANTE
SPÉCIALITÉ
STIMULANTE
STRESSANTE
STUPÉFAITE
SUBJACENTE
SUCCULENTE
SUFFISANTE
SUFFOCANTE
SURVIVANTE
TARTELETTE
TEMPÉRANTE
TRANCHANTE
TRÉPIDANTE
TROUBLANTE
TURBULENTE
UNIFORMITÉ
UNIVALENTE
UNIVERSITÉ
VACILLANTE
VIEILLOTTE
VIRTUALITÉ
VOLUBILITÉ

U

ASPIRATEUR
CAPRICIEUX
CONTRECOUP
DÉDAIGNEUX

DÉTONATEUR
DÉTRACTEUR
GOUAILLEUR
INATTENDUE
MALFAITEUR
ORDINATEUR
PERNICIEUX
PLANTUREUX
POSSESSEUR
POSTÉRIEUR
PRÉCURSEUR
PROFESSEUR
PROJECTEUR
PROTECTEUR
SPECTATEUR
USURPATEUR

V

DÉFINITIVE
DIMINUTIVE
FIGURATIVE
IMPÉRATIVE
PALLIATIVE
PRÉVENTIVE
PRODUCTIVE
SUGGESTIVE

10e

POSITION

D

BOISBRIAND
BROUILLARD
NAUSÉABOND

E

ABÉCÉDAIRE
ABOMINABLE

ABSTINENCE	CELLOPHANE	CORUSCANTE	ENVELOPPÉE	IMPATIENTE
ACCEPTABLE	CÉSARIENNE	COURAGEUSE	ÉPARGNANTE	IMPÉRATIVE
ACCESSIBLE	CHAMPIONNE	COURTISANE	ÉREINTANTE	IMPOSSIBLE
ACCESSOIRE	CHANGEANTE	COUTUMIÈRE	ESTONIENNE	IMPRUDENTE
ACCOUTUMÉE	CHAPELIÈRE	COUTURIÈRE	ÉTROITESSE	INACTUELLE
ADMISSIBLE	CHARITABLE	CROISSANCE	EURASIENNE	INATTENDUE
AFFABILITÉ	CHARPENTÉE	CROISSANTE	EUROPÉENNE	INAUGURALE
AGUICHANTE	CHEVRONNÉE	CUEILLETTE	EXPLICITÉE	INCAPACITÉ
ALLÉGRESSE	CHIPOTEUSE	CUISINIÈRE	EXTÉRIEURE	INCASSABLE
ALTERNANCE	CLAIRSEMÉE	CULTURELLE	FABRICANTE	INCORRECTE
ANTÉRIEURE	CLARINETTE	DANGEREUSE	FAÇONNIÈRE	INCROYANTE
ANTIPATHIE	CLÉMENTINE	DÉCHIRANTE	FAÏENCIÈRE	INDÉLÉBILE
APPARAÎTRE	CLINQUANTE	DÉCOUVERTE	FASCINANTE	INDICIELLE
APPRIVOISÉ	COLLÉGIALE	DÉFICIENTE	FIGURATIVE	INDISCRÈTE
APPROPRIÉE	COMBINARDE	DÉFINITIVE	FINANCIÈRE	INDISPOSÉE
ARTÉRIELLE	COMÉDIENNE	DÉFRAÎCHIE	FOLICHONNE	INDULGENTE
ARTILLERIE	COMPÉTENTE	DÉGOÛTANTE	FONDATRICE	INFÉRIEURE
ASCENDANCE	COMPLAINTE	DÉLECTABLE	FORMATRICE	INFORTUNÉE
ASSISTANCE	COMPLICITÉ	DÉLICIEUSE	FOUILLEUSE	INGÉNIEUSE
BALANÇOIRE	COMPRENDRE	DÉPANNEUSE	FOURNITURE	INOPÉRANTE
BALOURDISE	COMPRESSÉE	DÉPOUILLÉE	FRATERNITÉ	INSIDIEUSE
BARBARISME	CONCLUANTE	DÉSAFFECTÉ	FRIPOUILLE	INSPIRANTE
BÉNISSEUSE	CONFÉRENCE	DÉSEMPARÉE	FRISQUETTE	INSTANTANÉ
BIDONNANTE	CONFIDENCE	DÉSINVOLTE	FRUSTRANTE	INTÉRESSÉE
BIDONVILLE	CONJECTURE	DÉTECTRICE	FULGURANTE	INTÉRIEURE
BIENSÉANCE	CONSTELLÉE	DÉTENTRICE	FULMINANTE	INTERPHONE
BILATÉRALE	CONSTRUIRE	DÉTERGENTE	GALANTERIE	INTERPRÈTE
BISEXUELLE	CONTENANCE	DÉTÉRIORÉE	GALILÉENNE	INTERSTICE
BLAINVILLE	CONTINENCE	DÉTESTABLE	GARGOTIÈRE	INTOXIQUÉE
BOUILLANTE	CONTINUITÉ	DIFFÉRENCE	GOGUENARDE	INTRIGANTE
BOUILLOIRE	CONTOURNÉE	DIFFÉRENTE	GONDOLIÈRE	INTRODUIRE
BOURGEOISE	CONTRAINTE	DIFFICULTÉ	GOULEYANTE	INUTILISÉE
BOURSOUFLÉ	CONTRARIÉE	DIMINUTIVE	GRAISSEUSE	INVENTAIRE
BRAILLARDE	CONTREDIRE	DIRIGEABLE	HABITUELLE	INVENTRICE
CACOPHONIE	CONTRISTÉE	DISPONIBLE	HALLUCINÉE	ITINÉRAIRE
CALABRAISE	CONVAINCRE	DISSIDENTE	HARASSANTE	ITINÉRANTE
CALIFORNIE	CONVENABLE	DIVERGENCE	HOMOLOGUÉE	JACASSEUSE
CANCANIÈRE	CONVENANCE	DIVERGENTE	ILLÉGITIME	JARDINIÈRE
CAPRICORNE	CONVOITISE	DOUILLETTE	IMAGINAIRE	JOAILLERIE
CARICATURE	COORDONNÉE	ÉBURNÉENNE	IMMORTELLE	JOAILLIÈRE
CATAPLASME	CORDIALITÉ	ÉLÉVATRICE	IMPARFAITE	JOUISSANCE
CATAPULTÉE	CORPULENTE	ENGAGEANTE	IMPARTIALE	JUDICIEUSE
CAVERNEUSE	CORSETIÈRE	ENTREPRISE	IMPASSIBLE	LABORIEUSE

LAIDERONNE	OBLIGEANTE	POLISSONNE	RÉGULARITÉ	SILHOUETTE
LAMPADAIRE	OCCURRENCE	PONCTUELLE	RÉINSCRITE	SINGULIÈRE
LANAUDIÈRE	OFFENSANTE	POPULARITÉ	RELIGIEUSE	SOLENNELLE
LANCINANTE	OFFICIELLE	PORCELAINE	RELUISANTE	SOLIDARITÉ
LIBERALITÉ	OLYMPIENNE	POSTULANTE	REMONTANTE	SOMPTUEUSE
LIBIDINALE	OMBILICALE	POURRITURE	RENCONTRÉE	SOUFFRANTE
LITTÉRAIRE	ONOMATOPÉE	PRÉCÉDENTE	RÉPARAÎTRE	SOUPIRANTE
LOQUETEUSE	ONTARIENNE	PRÉCIOSITÉ	REPENTANTE	SOUVERAINE
LUMINOSITÉ	OPÉRATRICE	PRÉCOMPTÉE	RÉPERTOIRE	SPÉCIALITÉ
LUXURIEUSE	OPTICIENNE	PRÉDATRICE	RÉPONDANTE	STIMULANTE
MAGICIENNE	ORANGERAIE	PRÉFÉRENCE	RÉPRIMANDE	STRESSANTE
MAGISTRALE	ORDONNANCE	PRÉMATURÉE	REPRODUIRE	STRUCTURÉE
MALADROITE	ORIGINELLE	PRÉMÉDITÉE	REPRODUITE	STUPÉFAITE
MALAPPRISE	OSCILLANTE	PRÉSIDENTE	RÉPUGNANTE	SUBALTERNE
MALICIEUSE	PÂLICHONNE	PRÉVENANCE	RÉSIDUELLE	SUBJACENTE
MANIFESTÉE	PALLIATIVE	PRÉVENANTE	RÉSISTANTE	SUBORDONNÉ
MANIGANCÉE	PALPITANTE	PRÉVENTIVE	RÉSONNANTE	SUBORNEUSE
MANOEUVRÉE	PALUDÉENNE	PRINCIPALE	RESQUILLÉE	SUCCULENTE
MARAUDEUSE	PANTELANTE	PRODUCTIVE	RESSOURCÉE	SUCCURSALE
MATÉRIELLE	PAQUETEUSE	PROFITABLE	RESTREINTE	SUFFISANTE
MÉCONTENTE	PARESSEUSE	PROFITEUSE	RÉTROGRADÉ	SUFFOCANTE
MÉDIATRICE	PARFUMEUSE	PROGRAMMÉE	RIBAMBELLE	SUGGESTIVE
MÉDIÉVISTE	PARISIENNE	PROJECTILE	RIGOUREUSE	SUPERFICIE
MÉLANCOLIE	PARTENAIRE	PROLÉTAIRE	RISTOURNÉE	SUPÉRIEURE
MÉSENTENTE	PARTIALITÉ	PROMENEUSE	RONDELETTE	SUPRÉMATIE
MEURTRIÈRE	PASSERELLE	PROMOTRICE	ROUTINIÈRE	SURCHARGÉE
MICROPHONE	PASSIONNÉE	PROSPÉRITÉ	SACCHARINE	SURHUMAINE
MIGRATRICE	PATERNELLE	PROSTERNÉE	SAGITTAIRE	SURVIVANTE
MITRAILLÉE	PATRIMOINE	PROVIDENCE	SANCTUAIRE	TAHITIENNE
MONTÉRÉGIE	PÉNÉTRANTE	PROVISOIRE	SATISFAIRE	TARTELETTE
MULÂTRESSE	PÉRIPHÉRIE	PROVOCANTE	SATISFAITE	TATILLONNE
MUSICIENNE	PERMANENTE	QUÉBÉCOISE	SAUTERELLE	TÉLÉGRAPHE
NARRATRICE	PERSPICACE	RACCOURCIE	SECONDAIRE	TÉLESCOPÉE
NASILLARDE	PERTINENCE	RAFRAÎCHIE	SÉDENTAIRE	TEMPÉRANTE
NÉCESSAIRE	PERTINENTE	RAGOÛTANTE	SÉDUCTRICE	TEMPORAIRE
NÉGLIGENCE	PESSIMISTE	RAMASSEUSE	SÉDUISANTE	TEMPORELLE
NÉGLIGENTE	PESTIFÉRÉE	RASSURANTE	SEGMENTALE	TENANCIÈRE
NÉGOCIANTE	PÉTILLANTE	RAVAUDEUSE	SÉMILLANTE	TERREBONNE
NETTOYEUSE	PÉTROLIÈRE	RAVISSANTE	SENTINELLE	TERRITOIRE
NEUTRALITÉ	PHILOLOGIE	RÉCEPTRICE	SÉPULCRALE	TINTAMARRE
NOURRITURE	PHILOSOPHE	RÉCOMPENSE	SERRURERIE	TOURMENTÉE
OBÉISSANCE	PIAILLEUSE	RECONDUIRE	SIBÉRIENNE	TRAÎTRESSE
OBÉISSANTE	PLASTIQUÉE	REDOUTABLE	SIDÉRURGIE	TRANCHANTE

TREMBLEUSE
TRÉPIDANTE
TRÉSORIÈRE
TRICENNALE
TROUBLANTE
TROUVAILLE
TURBULENTE
ULTÉRIEURE
UNIFORMITÉ
UNIVALENTE
UNIVERSITÉ
UTILITAIRE
VACANCIÈRE
VACILLANTE
VALEUREUSE
VARIQUEUSE
VIEILLARDE
VIEILLERIE
VIEILLESSE
VIEILLOTTE
VIGOUREUSE
VIOLONEUSE
VIRTUALITÉ
VOLONTAIRE
VOLUBILITÉ
XÉNOPHILIE
XÉNOPHOBIE

I

CHICOUTIMI
MISTASSINI

L

ACCIDENTEL
ARTIFICIEL
INDIVIDUEL
INTESTINAL
OCCIDENTAL
PATRIARCAL
PRIMORDIAL
SURNATUREL
TORRENTIEL

UNILATÉRAL

N

ABDICATION
ABERRATION
ABNÉGATION
ABROGATION
ABSOLUTION
ABSTENTION
ACCUSATION
ADAPTATION
ADMIRATION
ALLOCATION
ALLOCUTION
ALTÉRATION
ANNULATION
APPARITION
ASPIRATION
AVOCAILLON
COERCITION
COMPASSION
CONCESSION
CONCLUSION
CONFECTION
CONFESSION
CONTORSION
CONTRITION
CONVENTION
CONVERSION
CONVICTION
CORRECTION
CORRUPTION
COTISATION
DÉCORATION
DÉNÉGATION
DÉPOSITION
DÉPRESSION
DÉSOLATION
DÉTONATION
DIMINUTION
DISCUSSION
DISSENSION

ÉBULLITION
EFFRACTION
ÉLONGATION
ESTIMATION
FRONDAISON
HABITATION
HÉSITATION
IMPRESSION
INCITATION
INDICATION
INFRACTION
INITIATION
IRRITATION
JUBILATION
LIBÉRATION
LIMITATION
LOCOMOTION
MÉDICATION
NOMINATION
NOURRISSON
OBLIGATION
OCCUPATION
ONDULATION
OPPOSITION
OPPRESSION
PERCEPTION
PERCUSSION
PERFECTION
PERMISSION
PERSUASION
PERVERSION
PLAISANTIN
PLANTATION
PORCHAISON
POSSESSION
PRÉCAUTION
PRÉDICTION
PRESTATION
PRÉTENTION
PRÉVENTION
PRODUCTION
PROFESSION
PROPENSION

PROPORTION
PROTECTION
RÉCRÉATION
RÉGRESSION
RÉPARATION
RÉPÉTITION
RÉPRESSION
RÉPUTATION
RÉSOLUTION
SALUTATION
SÉPARATION
SOUTERRAIN
SUBVENTION
SUBVERSION
SUCCESSION
SUGGESTION
SUSPENSION
TÉLÉVISION
TRADUCTION
TRANSITION
USURPATION

P

CONTRECOUP

R

ABANDONNER
ABASOURDIR
ACCLIMATER
ACCOMMODER
ACCOUTUMER
ACCUEILLIR
ADMONESTER
AFFRANCHIR
APPARTENIR
ASPIRATEUR
BISCUITIER
BISTROTIER
CALENDRIER
CALFEUTRER
CAUTIONNER
COLLABORER

CONCENTRER
CONFRONTER
CONSEILLER
CONSOLIDER
CONSTELLER
CONSTERNER
CONTAMINER
CONTEMPLER
CONTOURNER
CONTRACTER
CONTRARIER
CONTRIBUER
CORROBORER
CRÉTINISER
DÉCLENCHER
DÉCOMPOSER
DÉPOSSÉDER
DÉPOUILLER
DÉSALTÉRER
DÉSENIVRER
DÉSHÉRITER
DÉSHONORER
DÉTERMINER
DÉTONATEUR
DÉTRACTEUR
DÉTROUSSER
DISTINGUER
DISTRIBUER
ÉCHELONNER
ÉCONOMISER
EFFEUILLER
ÉLECTRISER
ENDEUILLER
ENDOMMAGER
ENSORCELER
ENTÉNÉBRER
ENTRELACER
ENTREMÊLER
ENTREPOSER
ESSORILLER
FERTILISER
FRUCTIFIER
GOUAILLEUR

GRAPPILLER	PRÉCIPITER	RENCONTRER	**S**	INCONSTANT
GROGNASSER	PRÉCONISER	RENSEIGNER		INTOLÉRANT
HANDICAPER	PRÉCURSEUR	RÉORIENTER	CONTRESENS	LOURDEMENT
HORRIPILER	PRÉDOMINER	RESPLENDIR	DÉLAISSÉES	MAINTENANT
HOUSPILLER	PRÉMÉDITER	RESSEMBLER	DESROCHERS	MALFAISANT
IDENTIFIER	PRÉOCCUPER	RETROUSSER	HONORAIRES	NONCHALANT
INCORPORER	PRÉSENTOIR	RONCHONNER	OUBLIETTES	NONOBSTANT
INCRIMINER	PRESSENTIR	SANCTIFIER	SALAMALECS	PERSISTANT
INTERCÉDER	PRINTANIER	SAPONIFIER	VOLONTIERS	PRÉTENDANT
INTÉRESSER	PRISONNIER	SATELLISER		PROÉMINENT
INTERROGER	PROFESSEUR	SCINTILLER	**T**	SAUTILLANT
JOURNALIER	PROGRAMMER	SECTIONNER		STUPÉFIANT
MALFAITEUR	PROJECTEUR	SOLLICITER	ABATTEMENT	SUPPLÉMENT
MALTRAITER	PROLIFÉRER	SPECTATEUR	ADOLESCENT	SURPRENANT
MANIFESTER	PROMOUVOIR	STATIONNER	AFFOLEMENT	TACITEMENT
MARRONNIER	PROMULGUER	STÉRILISER	AFFRIOLANT	THERMOSTAT
MÉSESTIMER	PROSTERNER	SUBTILISER	AHURISSANT	TONITRUANT
NÉCESSITER	PROSTITUER	TARABUSTER	AMENDEMENT	TRAITEMENT
NORMALISER	PROTECTEUR	TEINTURIER	ANTÉCÉDENT	
NOURRICIER	PULVÉRISER	TÉLESCOPER	ASSIDÛMENT	**U**
ORCHESTRER	RABIBOCHER	TERRORISER	AUPARAVANT	
ORDINATEUR	RACCOURCIR	TOURMENTER	AVANCEMENT	HURLUBERLU
OUTRANCIER	RAFISTOLER	TRAÎNASSER	COMPLÉMENT	LANTERNEAU
OVATIONNER	RAFRAÎCHIR	TRANSFÉRER	COMPLIMENT	MALENTENDU
PARTICIPER	RAPETISSER	TRANSISTOR	CONCILIANT	TOURTEREAU
PATOUILLER	RAPPROCHER	TRANSPIRER	CROISEMENT	
PÉRICLITER	RASSEMBLER	TRANSPOSER	DÉNOUEMENT	**X**
PERSÉCUTER	RASSÉRÉNER	TRAVAILLER	ÉBOULEMENT	
PERSÉVÉRER	RÉCRIMINER	TRESSAUTER	ÉNORMÉMENT	CAPRICIEUX
PLAISANTER	RECUEILLIR	TURLUPINER	ENSEIGNANT	CHARLEVOIX
POIREAUTER	RÉINTÉGRER	USURPATEUR	FINALEMENT	DÉDAIGNEUX
POSSESSEUR	REMBOURRER	VILIPENDER	FLORISSANT	PERNICIEUX
POSTÉRIEUR	REMBOURSER		GRASSEMENT	PLANTUREUX
			INCOHÉRENT	

☞ TABLEAUX ☜
ANNEXES

☞ ALPHABET GREC

☞ 2

MU
NU
PI
RH
XI ou KST

☞ 3

ÊTA

KHI
KST ou XI
PHI
PSI
TAU

☞ 4

BÊTA
IOTA
ZÊTA ou DZÊTA

☞ 5

ALPHA
DELTA
DZÊTA ou ZÊTA
GAMMA
KAPPA
OMÉGA
SIGMA
THÊTA

☞ 6

LAMBDA

☞ 7

EPSILON
OMICRON
UPSILON

☞ CAPITALES DU CANADA

☞ 6

QUÉBEC (QUÉBEC)
RÉGINA (SASKATCHEWAN)

☞ 7

HALIFAX (NOUVELLE-ÉCOSSE)
IQALUIT (NUNAVUT)
TORONTO (ONTARIO)

☞ 8

EDMONTON (ALBERTA)
VICTORIA (COLOMBIE-BRITANNIQUE)
WINNIPEG (MANITOBA)

☞ 10

SAINT JOHN'S (TERRE-NEUVE)
WHITEHORSE (YUKON)

☞ 11

FREDERICTON (NOUVEAU-BRUNSWICK)
YELLOWKNIFE (TERRITOIRES DU NORD-OUEST)

☞ 13

CHARLOTTETOWN (ÎLE-DU-PRINCE-ÉDOUARD)

☞ ÉLÉMENTS ET SYMBOLES CHIMIQUES

☞ 2

OR	AU

☞ 3

FER	FE

☞ 4

BORE	B
IODE	I
NÉON	NE
ZINC	ZN

☞ 5

AZOTE	N
ARGON	AR
BROME	BR
ÉTAIN	SN
FLUOR	F
RADON	RN
XÉNON	XE

☞ 6

ARGENT	AG
ASTATE	AT
BARYON	BA
CÉRIUM	CE
CÉSIUM	CS
CHLORE	CL
COBALT	CO
CUIVRE	CU
CURIUM	CM
HÉLIUM	HE
INDIUM	IN
NICKEL	NI
OSMIUM	OS
PLOMB	PB
RADIUM	RA
SODIUM	NA
SOUFRE	S
TITANE	TI

☞ 7

ARSENIC	AS
BISMUTH	BI
CADMIUM	CD
CALCIUM	CA
CARBONE	C
ERBIUM	ER
FERMIUM	FM
GALLIUM	GA
HAFNIUM	HF
HOLMIUM	HO
IRIDIUM	IR
KRYPTON	KR
LITHIUM	LI
MERCURE	HG
NÉODYME	ND
NIODIUM	NB
OXYGÈNE	O
PLATINE	PT
RHÉNIUM	RE
RHODIUM	RH
TANTALE	TA
TELLURE	TE
TERBIUM	TB
THORIUM	TH
THULIUM	TM
URANIUM	U
YTTRIUM	Y

☞ 8

ACTINIUM	AC
CHROMIUM	CR
EUROPIUM	EU
FRANCIUM	FR
LANTHANE	LA
LUTÉCIUM	LU
NOBELIUM	NO
POLONIUM	PO
RUBIDIUM	RB
SAMARIUM	SM
SCANDUIM	SC
SÉLÉNIUM	SE

SILICIUM	SI
THALLIUM	TL
VANADIUM	V

☞ 9

ALUMINIUM	AL
AMÉRICIUM	AM
ANTIMOINE	SB
BERKELIUM	BK
BÉRYLLIUM	BE
GERMANIUM	GE
HYDROGÈNE	H
MAGNÉSIUM	MG
MANGANÈSE	MN
MOLYBDÈNE	MO
NEPTUNIUM	NP
PALLADIUM	PD
PHOSPHORE	PL
PLUTONIUM	PU
POTASSIUM	K
RUTHÉNIUM	RU
STRONTIUM	SR
TUNGSTÈNE	W
YTTERBIUM	YB
ZIRCONIUM	ZR

☞ 10

DYSPROSIUM	DY
GADOLINIUM	GD
LAWRENCIUM	LR
PRASÉODYME	PR
PROMÉTHÉUN	PM
TECHNÉTIUM	TC

☞ 11

CALIFORNIUM	CF
EINSTEINIUM	ES
MENDÉLÉVIUM	MD
UNNIL-ENNIUM	UNE
UNNIL-HEXIUM	UNH
UNNIL-OCTIUM	UNO

☞ INTERJECTIONS

☞ 2

AH
ÇA
EH
FI
HA
HÉ
HI
HO
LÀ
NA
OH
VA

☞ 3

AÏE
BAH
BIS
BOF
BON
BYE
DIA
EUH
HEM
HEP
HEU
HIP
HOP
HOU
HUE
HUM
LAS
OHÉ
OLÉ
OUF
OUP
PAF
PFF
PFT
PIF
PST

SUS
ZOU
ZUT

☞ 4

ALLÔ
BEUH
BERF
BIEN
BOUM
BRRR
CHIC
CHUT
CIAO
CIEL
CLAC
CLIC
CRAC
CRIC
DAME
DIEU
ÉVOÉ
FLAC
FLOC
FOIN
GARE
HEIN
HOLÀ
HOUP
LALA
MIAM
OUÏE
OUST
PEUH
PFFT
PFUT
PLOC
POUF
PSST
SNIF
STOP

TOPE
VIVE
VLAN
YOUP
ZEST

☞ 5

ADIEU
ALLEZ
BASTA
BEURK
BIGRE
BRAVO
BROUM
COUIC
ENFIN
ÉVOHÉ
FLÛTE
GRÂCE
HALTE
HARDI
HÉLAS
HELLO
MERCI
MERDE
MINCE
MOTUS
OUAIS
OUSTE
PARDI
PESTE
POUAH
SALUT
SNIFF
TCHAO
TIENS
VIVATt
VOICI
VOILÀ
VROUM
YOUPI

☞ 6

CHICHE
CRÉNOM
DEBOUT
DIABLE
EURÊKA
HOURRA
JAMAIS
MARCHE
MINUTE
OUILLE
SUFFIT
TAÏAUT
TUDIEU
VOYONS

☞ 7

ARRIÈRE
CARAMBA
COMMENT
COURAGE
DIANTRE
DOMMAGE
ENTENDU
FICHTRE
HOSANNA
MIRACLE
MORBLEU
PARBLEU
PARFAIT
PECHÈRE
SIELNCE
YOUPPIE

☞ 8

BADABOUM
BERNIQUE
CHOUETTE
PATATRAS
PATIENCE
PEUCHÈRE

RATAPLAN
SACRISTI
SAPRISTI
TARATATA
TONNERRE

☞ 9

ADMETTONS
ATTENTION
DOUCEMENT
JARNIBLEU
RATAPLAN
SACREBLEU
SACREDIEU
TURLUTUTU

☞ 10

BRAVISSIMO
JARNICOTON
RANTAPLAN
TCHIN-TCHIN
VENTREBLEU

☞ 11

MISÉRICORDE

☞ PLANÈTES

☞ **4**	☞ **5**	☞ **6**	☞ **7**
MARS	TERRE VÉNUS	PLUTON URANUS	JUPITER MERCURE NEPTUNE SATURNE

☞ SIGNES DU ZODIAQUE

☞ **4**

LION   23 juillet - 23 août

☞ **6**

BÉLIER   21 mars - 20 avril
CANCER   22 juin - 22 juillet
VIERGE   24 août - 23 septembre

☞ **7**

BALANCE   24 septembre - 23 octobre
GÉMEAUX   21 mai - 21 juin
TAUREAU   21 avril - 20 mai
VERSEAU   21 janvier - 18 février

☞ **8**

POISSONS   19 février - 20 mars
SCORPION   24 octobre - 22 novembre

☞ **10**

CAPRICORNE   23 décembre - 20 janvier
SAGITTAIRE   23 novembre - 22 décembre

☞ 4000 MOTS «PAYANTS» AU JEU DE SCRABBLE®

ET LEUR VALEUR EN POINTS*

MOTS DE 2 LETTRES**

AY	12	AI	2
EX	11	AN	2
KA	11	AS	2
WU	11	AU	2
XI	11	EN	2
JE	9	ES	2
AH	5	ET	2
EH	5	EU	2
FA	5	IL	2
FI	5	IN	2
HA	5	LA	2
HÉ	5	LE	2
HI	5	LI	2
HO	5	LU	2
IF	5	NA	2
OH	5	NE	2
VA	5	NI	2
VÉ	5	NO	2
VS	5	NU	2
VU	5	ON	2
BI	4	OR	2
BU	4	OS	2
ÇA	4	OU	2
CE	4	RA	2
CI	4	RE	2
OC	4	RI	2
PI	4	RU	2
PU	4	SA	2
DA	3	SE	2
DE	3	SI	2
DO	3	SU	2
DU	3	TA	2
GO	3	TE	2
MA	3	TU	2
ME	3	UN	2
MI	3	US	2
MU	3	UT	2
AA	2		

MOTS DE 3 LETTRES

KWA	21	MIX	13	RAZ	12
KYU	21	MOX	13	REZ	12
WAX	21	MYE	13	RIZ	12
WOK	21	WAD	13	RUZ	12
YAK	21	YAM	13	RYE	12
FAX	15	YOD	13	SAX	12
FEZ	15	ZIG	13	SIX	12
FOX	15	AUX	12	SKA	12
KHI	15	AXA	12	SKI	12
KIF	15	AXE	12	TEK	12
ZEF	15	AYS	12	TEX	12
BEY	14	COQ	12	WON	12
BOX	14	EUX	12	WUS	12
BOY	14	ÉWÉ	12	YEN	12
BYE	14	IXA	12	YIN	12
GYM	14	IXE	12	YUE	12
KIP	14	JAB	12	ZEE	12
KOB	14	JOB	12	ZEN	12
KOP	14	KAN	12	ZOÉ	12
PUY	14	KAS	12	ZOO	12
PSY	14	KIL	12	ZOU	12
WAP	14	KIR	12	ZUT	12
WEB	14	KIT	12	JAM	11
ZEC	14	KOT	12	PFF	11
ZIP	14	KSI	12	JAN	10
ZOB	14	LEK	12	JAR	10
ZUP	14	LEZ	12	JAS	10
DAW	13	LUX	12	JET	10
DEY	13	LYS	12	JEU	10
DIX	13	NAY	12	JUS	10
DRY	13	NEY	12	QAT	10
GAY	13	NEZ	12	QUE	10
GAZ	13	OKA	12	QUI	10
GOY	13	OXO	12	FAF	9
KID	13	OYE	12	OFF	9
MAX	13	RAY	12	VIF	9

---

* La valeur des mots est calculée selon la valeur de base de chacune des lettres sans tenir compte des cases primes.

** Les mots sont classés par longueur de mots puis, en ordre décroissant de valeur.

MOTS DE 3 LETTRES

BAH	8	FAT	6	RHE	6	BUE	5
BOF	8	FÉE	6	RHO	6	BUN	5
CAF	8	FER	6	RIF	6	BUS	5
CIF	8	FEU	6	THÉ	6	BUT	5
CHU	8	FIA	6	TAF	6	CAL	5
FAC	8	FIE	6	TIF	6	CAR	5
FIC	8	FIL	6	TUF	6	CAS	5
FOB	8	FIN	6	VAL	6	CES	5
FOC	8	FIS	6	VAN	6	CET	5
HEP	8	FIT	6	VAR	6	CIL	5
HIC	8	FLA	6	VAS	6	CIS	5
HIP	8	FOI	6	VAU	6	CLE	5
HOP	8	FOL	6	VER	6	COI	5
HUB	8	FOR	6	VES	6	COL	5
PAF	8	FOU	6	VET	6	CON	5
PHI	8	FUI	6	VIA	6	COR	5
PIF	8	FUN	6	VIE	6	COU	5
BAC	7	FUR	6	VIL	6	CRE	5
BEC	7	FUS	6	VIN	6	CRI	5
BIC	7	FÛT	6	VIS	6	CRU	5
BIP	7	GAP	6	VIT	6	CUL	5
BOB	7	HAI	6	VOL	6	CUT	5
BOP	7	HAN	6	VOS	6	PAL	5
CAB	7	HEU	6	VUE	6	PAN	5
CAP	7	HIA	6	VUS	6	PAR	5
CEP	7	HIE	6	BAI	5	PAS	5
COB	7	HIT	6	BAL	5	PAT	5
FOG	7	HOT	6	BAN	5	PET	5
HEM	7	HOU	6	BAR	5	PEU	5
HUM	7	HUA	6	BAS	5	PIE	5
OHM	7	HUE	6	BAT	5	PIN	5
PAP	7	HUI	6	BAU	5	PIS	5
PEC	7	HUN	6	BEA	5	PIU	5
PEP	7	IFS	6	BEE	5	PLI	5
PIC	7	IVE	6	BEL	5	PLU	5
POP	7	LEV	6	BEN	5	POT	5
PUB	7	LOF	6	BER	5	POU	5
AVE	6	MAC	6	BIO	5	PRE	5
BOG	6	MEC	6	BIS	5	PRO	5
BUG	6	MOB	6	BIT	5	PSI	5
DAB	6	NEF	6	BLE	5	PST	5
DEB	6	NIF	6	BOA	5	PUA	5
DUC	6	OHÉ	6	BOL	5	PUE	5
EUH	6	OUF	6	BON	5	PUR	5
FAN	6	OUH	6	BOT	5	PUS	5
FAR	6	OVE	6	BRU	5	PUT	5

MOTS DE 4 LETTRES

JAZZ	29	BODY	16	CAKE	15	GUNZ	14
FIZZ	25	CYME	16	CARY	15	HAJE	14
KICK	24	DOCK	16	CEUX	15	JAVA	14
YACK	24	FAIX	16	COKE	15	JUIF	14
DYKE	23	FAUX	16	COSY	15	KAMI	14
AXEZ	22	FAXA	16	CYAN	15	LADY	14
AYEZ	22	FAXE	16	CYON	15	MARK	14
IXEZ	22	FEUX	16	CZAR	15	MAYA	14
KAKI	22	FIEZ	16	EXPO	15	MAYE	14
KAWA	22	FIXA	16	GOYM	15	MOKA	14
KAWI	22	FIXE	16	GYMS	15	MOXA	14
KIKI	22	FLUX	16	KÉPI	15	MOYA	14
KIWI	22	FOLK	16	KIPS	15	MOYE	14
KOKA	22	FOXE	16	KOBS	15	MYES	14
KRAK	22	HAÏK	16	KOPS	15	YARD	14
KWAS	22	HAKA	16	NECK	15	YOGA	14
KYAT	22	HIEZ	16	PAIX	15	YOGI	14
KYUS	22	HOUX	16	PAYE	15	ZIGS	14
LYNX	22	HUEZ	16	PAYS	15	ZOOM	14
ONYX	22	KAVA	16	PÈZE	15	ARAK	13
OYEZ	22	KEUF	16	POIX	15	AULX	13
SEXY	22	KHAN	16	PRIX	15	AXAI	13
WITZ	22	KHAT	16	PUNK	15	AXAS	13
WOKS	22	KHOL	16	ROCK	15	AXAT	13
YAKA	22	KIEF	16	SWAP	15	AXEE	13
YAKS	22	KIFA	16	TECK	15	AXEL	13
YAWL	22	KIFE	16	TYPE	15	AXER	13
YEUX	22	KIFS	16	TYPO	15	AXES	13
YOYO	22	KVAS	16	YOUP	15	AXIS	13
YUKO	22	SHOW	16	ZÉBU	15	AZUR	13
ZIZI	22	SIKH	16	ZINC	15	CINQ	13
ZOUK	22	SKIF	16	AMOK	14	EAUX	13
ZOZO	22	VEUX	16	DAUW	14	EWES	13
JERK	20	VOIX	16	DAWS	14	EXIL	13
JEUX	20	ZEFS	16	DESK	14	EXIT	13
JEZE	20	APAX	15	DEUX	14	EXON	13
JUNK	20	APEX	15	DEYS	14	EYRA	13
JURY	20	BAYA	15	DOUX	14	INOX	13
QUIZ	20	BAYE	15	DUNK	14	INUK	13
CHEZ	18	BÉKÉ	15	DYNE	14	IREZ	13
JOJO	18	BERK	15	EXAM	14	IWAN	13
WHIP	18	BINZ	15	GAYS	14	IXAI	13
BABY	17	BOXE	15	GAZA	14	IXAS	13
BOCK	17	BOYS	15	GAZE	14	IXAT	13
THYM	17	BRIK	15	GOYS	14	IXEE	13
WHIG	17	BYTE	15	GRAY	14	IXER	13

IXES	13	TOUX	13	PYREX	25	HYÈNE	17
IXIA	13	TZAR	13	KYSTE	23	KRAFT	17
JACO	13	WALE	13	LAZZI	23	MYOPE	17
JEEP	13	WATT	13	SULKY	23	RUGBY	17
JONC	13	YASS	13	ZANZI	23	SHAKO	17
JUBÉ	13	YÉTI	13	ZLOTY	23	SYLVE	17
JUPE	13	YOLE	13	HOBBY	21	THUYA	17
KALI	13	ZAIN	13	JENNY	21	VEXER	17
KANA	13	ZANI	13	JOKER	21	VIEUX	17
KART	13	ZÈLE	13	JOYAU	21	VIZIR	17
KILO	13	ZÉRO	13	SQUAW	21	VOYOU	17
KILT	13	ZEST	13	SKIFF	20	WHIST	17
KORÊ	13	ZÊTA	13	BÉZEF	19	ALPAX	16
KSAR	13	ZONA	13	CHEIK	19	APYRE	16
LAYE	13	ZONE	13	CHOIX	19	BATIK	16
LUXE	13	CHAH	12	JAQUE	19	BAYER	16
LYRE	13	CHEF	12	KACHA	19	BAYOU	16
LYSE	13	DÉJÀ	12	KACHE	19	BAZAR	16
MAXI	13	JADE	12	KRACH	19	BEURK	16
NAZE	13	JARD	12	WINCH	19	BIAXE	16
NAZI	13	JOUG	12	YACHT	19	BONZE	16
NIXE	13	JUDA	12	CRACK	18	BORAX	16
NOIX	13	JUDO	12	CYCLE	18	BOXER	16
NOYÉ	13	JUGE	12	HYMEN	18	BOYAU	16
OUZO	13	MAJE	12	HYMNE	18	BREAK	16
OXER	13	CHIC	11	KAPPA	18	CAREX	16
OYAT	13	CHOC	11	MYTHE	18	CLOWN	16
RAKI	13	JAÏN	11	VODKA	18	COLZA	16
REEZ	13	JAIS	11	CYGNE	17	CRAWL	16
RIEZ	13	JALE	11	DERBY	17	CREUX	16
RIXE	13	JARS	11	FAKIR	17	CROIX	16
ROUX	13	JEAN	11	FAXER	17	CURRY	16
SAKÉ	13	JETÉ	11	FAYOT	17	DYADE	16
SAKI	13	JOIE	11	FERRY	17	ÉPOUX	16
SAXO	13	JOLI	11	FIXER	17	EXACT	16
SEXE	13	JOTA	11	FOYER	17	EXCÈS	16
SKAÏ	13	JOUE	11	FREUX	17	EXCLU	16
SLOW	13	JOUR	11	FRITZ	17	GAMAY	16
SOUK	13	JUIN	11	FURAX	17	ICEUX	16
SYLI	13	JURA	11	GECKO	17	LYCÉE	16
TANK	13	JURÉ	11	GYPSE	17	LYCRA	16
TAUX	13	JUTE	11	HAÏKU	17	LYRIC	16
TAXE	13	QUAI	11	HAYON	17	MYOME	16
TAXI	13	QUEL	11	HÉLIX	17	PAYÉE	16
TEKS	13	QUOI	11	HERTZ	17	PAYER	16
TORY	13	SOJA	11	HOYAU	17	PÉKAN	16

MOTS DE 5 LETTRES

PENNY	16	WAGON	15	RAYER	14	MAJOR	13
PIEUX	16	XIANG	15	RAYON	14	SCHAH	13
POKER	16	ZIGUE	15	RELAX	14	VACHE	13
PONEY	16	ALIZÉ	14	ROYAL	14	AJOUR	12
PREUX	16	ASSEZ	14	SANZA	14	AJOUT	12
SPRAY	16	AXÈNE	14	SAXON	14	BÂCHE	12
STICK	16	AXILE	14	SAYON	14	BÊCHE	12
STOCK	16	AXONE	14	SEXTE	14	BICHE	12
TOMMY	16	AZOTE	14	SEXUÉ	14	BÛCHE	12
TYPÉE	16	BANJO	14	SILEX	14	CACHE	12
WEBER	16	BARJO	14	SIXTE	14	CATCH	12
YOUPI	16	BIJOU	14	SKIER	14	CHAPE	12
ZABRE	16	CAJOU	14	SOLEX	14	CHIPS	12
ZÈBRE	16	CAJUN	14	STYLE	14	CHOPE	12
DOUZE	15	COQUE	14	STYLO	14	COACH	12
DOYEN	15	EXÉAT	14	TÉLEX	14	COCHE	12
DRINK	15	EXILÉ	14	TEXTE	14	ÉCHEC	12
DZÊTA	15	EXTRA	14	TUYAU	14	ENJEU	12
EXIGU	15	JABLE	14	TWIST	14	ÉQUIN	12
EXODE	15	JABOT	14	TYRAN	14	GAFFE	12
GAYAL	15	JACÉE	14	UKASE	14	HOCCO	12
GAZER	15	JACOT	14	XÉNON	14	HUPPÉ	12
GAZON	15	JALAP	14	XÉRÈS	14	JAÏNA	12
GONZE	15	JAPON	14	XÉRUS	14	JALON	12
GUEUX	15	JASPE	14	YEUSE	14	JANTE	12
GUYOT	15	JULEP	14	ZAÏRE	14	JARRE	12
GUZLA	15	JUPON	14	ZANNI	14	JASER	12
GYRIN	15	KOALA	14	ZÉLÉE	14	JATTE	12
INDEX	15	KRAAL	14	ZESTE	14	JAUNE	12
IXODE	15	LAIZE	14	ZONÉE	14	JEANS	12
JAMBE	15	LATEX	14	BLAFF	13	JÉSUS	12
KARMA	15	LAYER	14	BLUFF	13	JETÉE	12
KENDO	15	LEXIE	14	CHAMP	13	JETER	12
KILIM	15	LEXIS	14	FÂCHÉ	13	JETON	12
KURDE	15	LINKS	14	FACHO	13	JETTE	12
MAYEN	15	LOYAL	14	FICHU	13	JEUNE	12
MAZOT	15	LOYER	14	HACHE	13	JOINT	12
MIEUX	15	LUREX	14	HASCH	13	JOLIE	12
MIXER	15	LUXER	14	HUCHE	13	JOUAL	12
MIXTE	15	NOYAU	14	JADIS	13	JOUÉE	12
MOYEN	15	NOYÉE	14	JARDE	13	JOUER	12
MOYEU	15	NOYER	14	JEUDI	13	JOUET	12
RAJAH	15	NYLON	14	JUDAS	13	JOUIR	12
RÉMIZ	15	OBJET	14	JUGAL	13	JOULE	12
SWING	15	OZONE	14	JUGER	13	JOUTE	12
TWEED	15	PÂQUE	14	JUMEL	13	JULES	12

JURER	12	HAMAC	11	WHISKY	36	DUPLEX	18
JURON	12	HAMPE	11	JOYEUX	31	ECZÉMA	18
JUSÉE	12	HÂTIF	11	COCCYX	30	EXEMPT	18
JUSTE	12	HAVRE	11	HOCKEY	29	FUYANT	18
JUTER	12	HÉVÉA	11	ZÉPHYR	29	JUCHER	18
LAQUE	12	HIVER	11	KOPECK	28	KHANAT	18
LOQUE	12	LUFFA	11	WIGWAM	26	REFLUX	18
NIQUE	12	MACHO	11	ZIGZAG	26	SHAKER	18
NUQUE	12	MATCH	11	ENZYME	25	SHEKEL	18
ORQUE	12	MÈCHE	11	GAZEUX	25	SHERRY	18
PACHA	12	MICHE	11	OXYDER	25	SYNDIC	18
PÊCHE	12	MOCHE	11	PYJAMA	25	THORAX	18
POCHE	12	OFFRE	11	KLAXON	24	TYMPAN	18
QUART	12	REVIF	11	KOULAK	24	VASEUX	18
QUASI	12	RIFFE	11	LARYNX	24	VÉREUX	18
QUÊTE	12	SNIFF	11	YANKEE	24	VOYANT	18
QUEUE	12	TAFFE	11	ZINZIN	24	VOYEUR	18
QUIET	12	VARVE	11	AQUEUX	22	ZÉNITH	18
QUINE	12	VERVE	11	JALOUX	22	ZOMBIE	18
QUOTA	12	VEUVE	11	QUAKER	22	ZOUAVE	18
REJET	12	VIVAT	11	HYSOPE	20	ABJECT	17
RIOJA	12	VIVRE	11	JOUJOU	20	ABOYER	17
SAJOU	12			PYTHON	20	ABYSSE	17
SUJET	12			SPHINX	20	BARAKA	17
TOQUE	12			SYLPHE	20	BASKET	17
AFFIN	11			TYPHON	20	BIKINI	17
AFFÛT	11			TYPHUS	20	BLAZER	17
CAPPA	11			COBAYE	19	BOXEUR	17
CHAUD	11			CRYPTE	19	BRONZE	17
CIPPE	11			CYPRÈS	19	CANYON	17
COPPA	11			DÉVOYÉ	19	COLLEY	17
DÈCHE	11			FAMEUX	19	CRAYON	17
DÉCHU	11			FAYARD	19	DYNAMO	17
DUCHÉ	11			FUYARD	19	EXACTE	17
EFFET	11			HIDEUX	19	EXCISE	17
ÉPHOD	11			KIPPER	19	EXCLUE	17
ÉVOHÉ	11			LYCOPE	19	EXCUSE	17
FAUVE	11			MYRRHE	19	EXERCÉ	17
FAVUS	11			PAPAYE	19	EXPERT	17
FIFRE	11			RYTHME	19	EXPIER	17
FLASH	11			VOYAGE	19	EXPOSÉ	17
FLUSH	11			YUPPIE	19	EXPRÈS	17
FOEHN	11			ZAPPER	19	JAPPER	17
FOVÉA	11			ZIPPER	19	LYCÉEN	17
GÂCHE	11			CHÈQUE	18	LYCÈNE	17
HALVA	11			CHOQUÉ	18	MAXIME	17

MOTS DE 6 LETTRES

MYGALE	17	ODIEUX	16	PIQUER	15	HACHIS	14
NICKEL	17	RAYAGE	16	PIQUET	15	HANCHE	14
PANZER	17	SEXAGE	16	PIQÛRE	15	HOCHER	14
PÂTEUX	17	SQUASH	16	PROJET	15	HOCHET	14
PAYANT	17	SYNODE	16	RAYURE	15	HUCHÉE	14
PAYEUR	17	VIOQUE	16	ROYALE	15	HUCHER	14
PAYSAN	17	ZIGOTO	16	SATYRE	15	HUCHET	14
PÉTEUX	17	ZONAGE	16	SEXUÉE	15	JAGUAR	14
PITEUX	17	ABAQUE	15	SEXUEL	15	JAMAIS	14
PLOYER	17	ACAJOU	15	STYLÉE	15	JARDIN	14
POREUX	17	ACQUIS	15	TARZAN	15	JARDON	14
PYLÔNE	17	ACQUIT	15	YAOURT	15	JARGON	14
PYRÈNE	17	ALOYAU	15	YOURTE	15	JASMIN	14
RADJAH	17	ANNEXE	15	ZESTÉE	15	JAUGER	14
TECKEL	17	ANORAK	15	ZONIER	15	JODLER	14
WAPITI	17	ASEXUÉ	15	AFFECT	14	JUGALE	14
ZÉBRÉE	17	AZALÉE	15	BAFFLE	14	JUMEAU	14
ZÉBRER	17	AZURER	15	BIFFER	14	JUMENT	14
ZIRCON	17	BAQUET	15	BIFFIN	14	JUNGLE	14
AXIOME	16	BARQUE	15	BOUFFE	14	MAJEUR	14
AZIMUT	16	CALQUE	15	BOUFFI	14	MANQUE	14
CHICHE	16	CAQUET	15	BUFFET	14	MARQUE	14
DÉSAXÉ	16	CASQUE	15	CHAUVE	14	MOQUER	14
DIKTAT	16	CIRQUE	15	CHÉTIF	14	MUSQUÉ	14
ÉGAYER	16	COQUET	15	CHEVAL	14	OFFICE	14
ESQUIF	16	COQUIN	15	CHEVET	14	PIFFER	14
ÉVÊQUE	16	CRAQUE	15	CHÈVRE	14	PUFFIN	14
EXAMEN	16	CRIQUE	15	CHNOUF	14	VACIVE	14
EXÈDRE	16	ENRAYÉ	15	COFFRE	14	VARECH	14
EXIGER	16	ÉPOQUE	15	COIFFE	14	VIVACE	14
EXIGUË	16	ÉQUIPE	15	DISQUE	14	AFFAMÉ	13
GÂTEUX	16	ÉTAYER	15	DONJON	14	AFGHAN	13
GAZOLE	16	EURÊKA	15	EFFACÉ	14	BÂCHER	13
GEYSER	16	EXALTÉ	15	ÉVÊCHÉ	14	BACHOT	13
HOQUET	16	EXILÉE	15	FÂCHÉE	14	BÊCHÉE	13
IDYLLE	16	EXILER	15	FÂCHER	14	BICHER	13
JAMBON	16	EXTASE	15	FAUCHÉ	14	BICHON	13
JOVIAL	16	JONCER	15	FICHER	14	BOUCHE	13
KIMONO	16	KARATÉ	15	FICHUE	14	BRÈCHE	13
LÉZARD	16	KENTIA	15	FICTIF	14	BROCHE	13
LYDIEN	16	LOYALE	15	FLÈCHE	14	BÛCHÉE	13
MAZOUT	16	LUXURE	15	FRICHE	14	BÛCHER	13
MÉLÈZE	16	NOUEUX	15	GOUJAT	14	CACHÉE	13
MITEUX	16	OISEUX	15	GOUJON	14	CACHER	13
MIXEUR	16	OSSEUX	15	HACHÉE	14	CACHET	13
MIXITÉ	16	PAQUET	15	HACHER	14	CACHOT	13

MOTS DE 6 LETTRES

CACHOU	13	PHOBIE	13	BOHÈME	12
CAPTIF	13	PICHET	13	CAFARD	12
CHANCE	13	POCHÉE	13	CHANGE	12
CHAPON	13	POCHER	13	CHARGE	12
CHIPIE	13	PONCIF	13	CHARME	12
CHOPÉE	13	PROCHE	13	CHAUDE	12
COCHÉE	13	PRUCHE	13	CHAUME	12
COCHER	13	PUTSCH	13	CHEMIN	12
COUCHE	13	QUARTE	13	CHIARD	12
CRÈCHE	13	QUARTO	13	CHÔMER	12
CROCHE	13	QUATER	13	CHRÊME	12
CROCHU	13	QUATRE	13	CHROME	12
CRUCHE	13	QUELLE	13	CHROMO	12
ENJOUÉ	13	QUÉRIR	13	DATCHA	12
ÉPHÈBE	13	QUÊTÉE	13	DÉCHET	12
ÉQUINE	13	QUÊTER	13	DÉCHUE	12
ÉQUITÉ	13	QUIÈTE	13	DRACHE	12
ÉTIQUE	13	QUILLE	13	EFFARÉ	12
FRAPPE	13	QUINTE	13	EFFILÉ	12
GAFFÉE	13	QUITUS	13	EFFORT	12
GAFFER	13	RAUQUE	13	EFFROI	12
GREFFE	13	RÉJOUI	13	ÉMÉCHÉ	12
GRIFFE	13	REQUIN	13	ÉTOFFE	12
GRIFFU	13	RISQUE	13	ÉVASIF	12
HAPPER	13	ROQUET	13	FAÇADE	12
HIPPIE	13	SCOTCH	13	FAFIOT	12
HOUPPE	13	SÉJOUR	13	FAUFIL	12
HUPPÉE	13	SPEECH	13	FAUTIF	12
INJURE	13	SQUARE	13	FAVELA	12
JASEUR	13	TAJINE	13	FAVEUR	12
JAUNET	13	TAQUET	13	FAVORI	12
JAUNIR	13	TOQUÉE	13	FÉCOND	12
JEÛNER	13	TOQUER	13	FELLAH	12
JEUNET	13	TRAJET	13	FIÈVRE	12
JOINTE	13	TRIQUE	13	FLEUVE	12
JOUEUR	13	TURQUE	13	FLOUVE	12
JUNIOR	13	UNIQUE	13	FOUFOU	12
LAÏQUE	13	VIBICE	13	FUGACE	12
LAQUÉE	13	ACCROC	12	FURTIF	12
LEQUEL	13	AFFÉTÉ	12	GÂCHÉE	12
LOQUES	13	AFFOLÉ	12	GÂCHER	12
MAFFIA	13	AVIVER	12	GÂCHIS	12
MAFFLU	13	BAOBAB	12	GAUCHE	12
MUFFIN	13	BAVARD	12	GAUCHO	12
PÊCHÉE	13	BICEPS	12	GUICHE	12
PÊCHER	13	BIFIDE	12	HÂTIVE	12

HAVANE	12	WHISKEY	37	BRUMEUX	19
HUMBLE	12	COCKNEY	29	CHOQUÉE	19
MÂCHER	12	MAZURKA	26	CYNISME	19
MACHIN	12	TRAMWAY	26	EMPLOYÉ	19
MÂCHON	12	KEFFIEH	25	ENVOYER	19
MANCHE	12	ZIZANIE	25	EXCÉDER	19
MARCHE	12	ZYEUTER	25	EXEMPLE	19
MÉCHÉE	12	KANDJAR	24	EXEMPTE	19
MECHTA	12	HADDOCK	23	EXHALER	19
MICMAC	12	JACQUET	23	FRILEUX	19
MIOCHE	12	JOYEUSE	23	FURIEUX	19
MOUCHE	12	KETCHUP	23	FUYANTE	19
OCCUPÉ	12	KIOSQUE	23	HAINEUX	19
OFFRIR	12	LEXIQUE	23	HEUREUX	19
PARFUM	12	LYRIQUE	23	HONTEUX	19
PUBLIC	12	AFFREUX	22	HORIZON	19
RIFIFI	12	BICYCLE	22	HYALITE	19
SCHÉMA	12	CYCLOPE	22	JONCHER	19
SCHÈME	12	FIXATIF	22	JUCHOIR	19
TOUFFE	12	KAMICHI	22	NERVEUX	19
TOUFFU	12	CHINOOK	21	PAYSAGE	19
TRUFFE	12	CYMBALE	21	PERDRIX	19
VACUUM	12	EXCAVER	21	RÉFLEXE	19
VELVET	12	EXHIBER	21	RHYTINE	19
VIADUC	12	HYPNOSE	21	SWAHILI	19
VIBORD	12	LÉCYTHE	21	SYMBOLE	19
VIVANT	12	POMPEUX	21	VENTEUX	19
VIVEUR	12	VICIEUX	21	VOYANTE	19
VIVRES	12	VOLAPUK	21	VOYEUSE	19
		VOYANCE	21	ABJECTE	18
		APPUYER	20	ACOLYTE	18
		CYCLONE	20	AFFICHE	18
		DÉVOYÉE	20	BALAYER	18
		EXCEPTÉ	20	BENZÈNE	18
		FANGEUX	20	BIZARRE	18
		FEDAYIN	20	BOITEUX	18
		FUYARDE	20	BOXEUSE	18
		HYDRANT	20	BRETZEL	18
		JOUFFLU	20	BRONZÉE	18
		MAFIEUX	20	BROYEUR	18
		MORVEUX	20	CALLEUX	18
		PAPRIKA	20	CHIFFRE	18
		SEPPUKU	20	CITOYEN	18
		SYNCOPE	20	CONNEXE	18
		VOYAGER	20	COÛTEUX	18
		ANTHRAX	19	CRAWLER	18

MOTS DE 7 LETTRES

CROYANT	18	EXTRUDÉ	17	CASQUÉE	16
CURIEUX	18	FIASQUE	17	CLOAQUE	16
DÉGAZER	18	FLASQUE	17	CLOQUER	16
ÉPINEUX	18	FRESQUE	17	COLIQUE	16
ÉPLOYER	18	GAZELLE	17	CONJURÉ	16
EXAUCER	18	GAZEUSE	17	CONQUIS	16
EXCLURE	18	GRECQUE	17	COQUINE	16
EXCUSÉE	18	JAMBIER	17	COSAQUE	16
EXCUSER	18	JANVIER	17	CRAQUER	16
EXÉCRER	18	JAVELOT	17	CRIQUET	16
EXERCÉE	18	JOVIALE	17	CROQUER	16
EXERCER	18	LIGNEUX	17	CROQUET	16
EXPERTE	18	LOUKOUM	17	ÉJECTER	16
EXPIRER	18	MACAQUE	17	ÉLYSÉEN	16
EXPLOIT	18	MALAXER	17	ENNUYER	16
EXPOSÉE	18	MARTYRE	17	ENRAYÉE	16
EXPOSER	18	MYSTÈRE	17	ENRAYER	16
EXPRESS	18	NEIGEUX	17	ÉQUIPÉE	16
GÉMEAUX	18	ORAGEUX	17	ÉQUIPER	16
INEXACT	18	PRÉJUGÉ	17	ESSAYER	16
INEXPIÉ	18	RADIEUX	17	ESSUYER	16
JACOBÉE	18	SYSTÈME	17	EXALTÉE	16
JAPPEUR	18	TZIGANE	17	EXALTER	16
LÉPREUX	18	XIMÉNIE	17	EXÉRÈSE	16
MERDEUX	18	YOGOURT	17	EXISTER	16
MYRIADE	18	ZINGARO	17	EXTERNE	16
PAYANTE	18	ABJURER	16	EXTRAIT	16
PAYEUSE	18	ADJUGER	16	EXULTER	16
PEUREUX	18	ANALYSE	16	JASPURE	16
REPAYER	18	ANNEXÉE	16	JOCASSE	16
SMOKING	18	ANNEXER	16	JOUABLE	16
TRAPÈZE	18	ANXIÉTÉ	16	JUBARTE	16
TRIPLEX	18	ASEXUÉE	16	JUBILER	16
ZÉBRURE	18	BANQUET	16	JUPETTE	16
AMAZONE	17	BAROQUE	16	JUSTICE	16
CADUQUE	17	BISQUER	16	LAITEUX	16
CHICHIS	17	BONJOUR	16	LAYETTE	16
COQUARD	17	BOSQUET	16	LOYAUTÉ	16
DÉSAXÉE	17	BOUQUET	16	LUZERNE	16
DÉTAXER	17	BOUQUIN	16	MAGIQUE	16
DOUZAIN	17	BRIQUET	16	ONÉREUX	16
DOYENNE	17	BRUSQUE	16	OPTIQUE	16
ÉVOQUER	17	CABOCHE	16	PANIQUE	16
EXAGÉRÉ	17	CAJOLER	16	PARJURE	16
EXSUDER	17	CALQUÉE	16	PARQUET	16
EXTRÊME	17	CASAQUE	16	PIQUANT	16

MOTS DE 7 LETTRES

PLANQUE	16	CHEVRON	15	MARQUÉE	15
PLAQUER	16	COFFRÉE	15	MARQUER	15
PRESQUE	16	COFFRER	15	MARQUIS	15
RELAXER	16	COIFFÉE	15	MASQUER	15
RIZERIE	16	COIFFER	15	MESQUIN	15
RIZIÈRE	16	CONVIVE	15	MIJOTER	15
ROYAUTÉ	16	COUFFIN	15	MUSIQUE	15
RUINEUX	16	DÉJETER	15	MUSQUÉE	15
SAYNÈTE	16	DÉJOUER	15	POCHADE	15
SÉRIEUX	16	ÉCHEVIN	15	POCHARD	15
SEXTANT	16	ÉDUQUER	15	POUFFER	15
SINUEUX	16	EFFACÉE	15	QUANTUM	15
SIRTAKI	16	EFFACER	15	REQUIEM	15
SIZERIN	16	EMBÛCHE	15	REVÊCHE	15
SURTAXE	16	FÂCHANT	15	SADIQUE	15
SYÉNITE	16	FALUCHE	15	SODIQUE	15
SYSTOLE	16	FAUCHÉE	15	TOQUADE	15
TERREUX	16	FAUCHER	15	ADHÉSIF	14
TEXTUEL	16	FAUCHET	15	AFFADIR	14
TRAYEUR	16	FÉTICHE	15	AFFAMÉE	14
TROLLEY	16	FICHIER	15	AFFAMER	14
TZARINE	16	FICTIVE	15	AFGHANE	14
VACHARD	16	FILOCHE	15	AJOURER	14
WESTERN	16	FLÉCHÉE	15	AJOUTER	14
ZIEUTER	16	FLÉCHIR	15	AJUSTER	14
ZONIÈRE	16	FOURCHE	15	ANTIQUE	14
ZORILLE	16	FRAÎCHE	15	AQUILIN	14
ACHEVER	15	FRANCHE	15	ATTAQUE	14
ADÉQUAT	15	GLAUQUE	15	BIVOUAC	14
ADJOINT	15	GNOCCHI	15	BLANCHE	14
ADJURER	15	HACHOIR	15	BOUCHER	14
AFFABLE	15	HACHURE	15	BOUCHON	14
AFFUBLÉ	15	INFICHU	15	BRANCHE	14
AVACHIR	15	JAUGEUR	15	BRANCHU	14
BÂCHAGE	15	JOINDRE	15	BRIOCHE	14
BEFFROI	15	JONGLER	15	BROCHÉE	14
BIFFURE	15	JUGULER	15	BROCHER	14
BLUFFER	15	JUMELER	15	BROCHET	14
BOUFFÉE	15	JUMELLE	15	CANICHE	14
BOUFFER	15	LAQUAGE	15	CAPTIVE	14
BOUFFIE	15	LIQUIDE	15	CHABLIS	14
BOUFFON	15	MAJESTÉ	15	CHACONE	14
CHAMBRE	15	MAJEURE	15	CHAMADE	14
CHAMPIS	15	MAJORER	15	CHANCRE	14
CHANVRE	15	MANQUÉE	15	CHAPEAU	14
CHÉTIVE	15	MANQUER	15	CHEDDAR	14

MOTS DE 7 LETTRES

CHICANE	14	JALOUSE	14	AFFILER	13
CHICANO	14	JASEUSE	14	AFFILIÉ	13
CHÔMAGE	14	JÉSUITE	14	AFFINER	13
CLENCHE	14	JOUEUSE	14	AFFLUER	13
CLEPHTE	14	JOURNAL	14	AFFOLÉE	13
COCHÈRE	14	JOURNÉE	14	AFFOLER	13
COMPACT	14	JOUTEUR	14	AFFRONT	13
CONCAVE	14	JUILLET	14	AFFÛTER	13
COUCHÉE	14	JURISTE	14	AMOCHER	13
COUCHER	14	LIQUEUR	14	AMPHORE	13
CRACHAT	14	MAFFLUE	14	BAVARDE	13
CRACHER	14	PARAPHE	14	BIPLACE	13
CRACHIN	14	PATACHE	14	BLAFARD	13
CROCHER	14	PATOCHE	14	BRAVADE	13
CROCHET	14	PÊCHEUR	14	CADAVRE	13
CROCHUE	14	PELUCHE	14	CAPABLE	13
ÉBAUCHE	14	PENCHER	14	CAPRICE	13
ÉCACHER	14	PIOCHER	14	CAPUCIN	13
ÉCHARPE	14	PORCHER	14	CHAGRIN	13
EFFIGIE	14	PRÊCHER	14	CHALAND	13
ENCOCHE	14	PRÉFACE	14	CHAMEAU	13
ENJÔLER	14	PROHIBÉ	14	CHANGÉE	13
ENJOUÉE	14	QUALITÉ	14	CHANGER	13
ENQUÊTE	14	QUATUOR	14	CHARADE	13
ÉQUERRE	14	QUININE	14	CHARGÉE	13
FACTICE	14	QUITTER	14	CHARGER	13
FLIPPER	14	REJETER	14	CHARMÉE	13
FORCEPS	14	REJETON	14	CHARMER	13
FRAPPÉE	14	RÉJOUIE	14	CHAUMÉE	13
FRAPPER	14	RÉJOUIR	14	CHEMISE	13
FUGITIF	14	RELIQUE	14	CHIMÈRE	13
GOUFFRE	14	REQUÊTE	14	CHROMÉE	13
GREFFÉE	14	RISQUÉE	14	CIVISME	13
GREFFER	14	SACOCHE	14	CONCEPT	13
GRIFFÉE	14	SCHNAPS	14	CREVARD	13
GRIFFER	14	SÉRIQUE	14	DÉCHOIR	13
GRIFFON	14	SINOQUE	14	DÉCISIF	13
GRIFFUE	14	TONIQUE	14	DÉPRAVÉ	13
HARFANG	14	TRAQUER	14	DIVORCE	13
HERBACÉ	14	TRUQUER	14	DOUCHER	13
HOUPPÉE	14	VACANCE	14	DRACHER	13
ILIAQUE	14	VEUVAGE	14	ÉCHANGE	13
INJUSTE	14	VOCABLE	14	ÉCHIDNÉ	13
INQUIET	14	ACHIGAN	13	ÉDIFICE	13
IONIQUE	14	AFFAIRE	13	EFFARÉE	13
JAILLIR	14	AFFÉTÉE	13	EFFILÉE	13

MOTS DE 7 LETTRES

EFFILER	13	MÉCHANT	13	ACHARNÉ	12
EFFRAIE	13	MOUCHÉE	13	ACHETER	12
EFFRÉNÉ	13	OCCUPER	13	ACOMPTE	12
ÉMÉCHÉE	13	OFFENSE	13	ACTIVER	12
EMPHASE	13	ORFÈVRE	13	AESCHNE	12
ENVAHIR	13	PERFIDE	13	ANCHOIS	12
ÉTOFFÉE	13	PHONÈME	13	APATHIE	12
ÉTOFFER	13	PICPOUL	13	APHONIE	12
ÉTOUFFÉ	13	PLACEBO	13	ARCHÈRE	12
ÉVASIVE	13	PLAFOND	13	ARROCHE	12
FARFELU	13	PRÉCOCE	13	ATTACHÉ	12
FAUTIVE	13	PROFOND	13	AUROCHS	12
FAVORIS	13	PROPICE	13	AVANCÉE	12
FÉCONDE	13	RAFFINÉ	13	AVANCER	12
FERVENT	13	RAVIVER	13	AVARICE	12
FERVEUR	13	RÉCHAUD	13	AVICOLE	12
FÉVRIER	13	REVIVRE	13	AVOCATE	12
FIBROME	13	RUFFIAN	13	BÂCLAGE	12
FIFILLE	13	SCHISME	13	BAFOUER	12
FLAMBER	13	SÉCHAGE	13	BÂFREUR	12
FLAVEUR	13	SIFFLER	13	BALAFON	12
FLUVIAL	13	SIFFLET	13	BALAFRE	12
FOFOLLE	13	SNIFFER	13	BAPTÊME	12
FORFAIT	13	SOFFITE	13	BATAVIA	12
FORMICA	13	SOUFFLE	13	BAVETTE	12
FOUCADE	13	SPHINGE	13	BOLIVAR	12
FRIVOLE	13	SUFFIRE	13	BONHEUR	12
FURTIVE	13	TCHADOR	13	BRIEFER	12
GÂCHEUR	13	TOUFFUE	13	BROCARD	12
GALOCHE	13	VACARME	13	BUVETTE	12
GAUCHER	13	VAMPIRE	13	BUVEUSE	12
GAUCHIR	13	VELVOTE	13	CADENCE	12
GENCIVE	13	VERDICT	13	CAFÉIER	12
GOUACHE	13	VÉTIVER	13	CAHOTER	12
GRAPHIE	13	VICTIME	13	CAMBRER	12
HAMEÇON	13	VIVANTE	13	CAMBUSE	12
HAVENET	13	VIVEUSE	13	CAMPANE	12
HÉBERGÉ	13	VIVOTER	13	CANEVAS	12
HOMMAGE	13	VOLITIF	13	CARAFON	12
IMPRÉVU	13	VROMBIR	13	CASCADE	12
MACHAON	13	ABCÉDER	12	CATHARE	12
MÂCHEUR	13	ABLATIF	12	CAVERNE	12
MACHINE	13	ABORTIF	12	CERVEAU	12
MANCHON	13	ABRASIF	12	CÉVENOL	12
MANCHOT	13	ABUSIVE	12	CHAÎNÉE	12
MARCHER	13	ACCÉDER	12	CHAÎNER	12

CHAÎNON	12	CONVIER	12	FICELLE	12
CHALEUR	12	COUVENT	12	FICTION	12
CHANSON	12	COUVERT	12	FINANCE	12
CHANTER	12	COUVOIR	12	FISCALE	12
CHARITÉ	12	COUVRIR	12	FLAGADA	12
CHARNEL	12	CRAMPON	12	FLAMMÉE	12
CHARNUE	12	CRAPAUD	12	FOLIACÉ	12
CHARRON	12	CRAVATE	12	FORCENÉ	12
CHARRUE	12	CRÉATIF	12	FOURBIR	12
CHARTRE	12	CUIVRÉE	12	FOURBUE	12
CHASSÉE	12	CULTIVÉ	12	FRIPIER	12
CHASSER	12	CURATIF	12	FRONCER	12
CHÂSSES	12	DÉBÂCLE	12	FUNÈBRE	12
CHÂTEAU	12	DÉCENCE	12	FUSIBLE	12
CHÂTIER	12	DÉCIBEL	12	GRAPPIN	12
CHIALER	12	DÉFENDU	12	GRIPPÉE	12
CHIENNE	12	DÉPECER	12	GRIPPER	12
CHINEUR	12	ÉCHELLE	12	HABILLÉ	12
CHOISIE	12	ÉCHELON	12	HABITAT	12
CHOISIR	12	ÉCHINÉE	12	HABITER	12
CHORALE	12	ÉCHOUER	12	HABITUÉ	12
CITHARE	12	ÉLECTIF	12	HAGARDE	12
CIVETTE	12	ENFANCE	12	HARICOT	12
CIVIÈRE	12	ÉPREUVE	12	HÉBÉTÉE	12
CLÉBARD	12	ESCLAVE	12	HECTARE	12
COCAGNE	12	ÉVACUER	12	HÉLICON	12
COCARDE	12	ÉVINCER	12	HERBIER	12
COMBIEN	12	FABLIAU	12	HERCULE	12
COMBLÉE	12	FABULER	12	HIRCINE	12
COMBLER	12	FACÉTIE	12	HÔPITAL	12
COMICES	12	FACIALE	12	HOUBLON	12
COMMODE	12	FACTEUR	12	ICEBERG	12
COMPÈRE	12	FACTION	12	IMBERBE	12
COMPLET	12	FACTUEL	12	INACTIF	12
COMPLOT	12	FACTURE	12	INCISIF	12
COMPOSÉ	12	FACULTÉ	12	INCIVIL	12
COMPOST	12	FAIBLIR	12	INFECTE	12
COMPOTE	12	FAÏENCE	12	INHIBER	12
COMPTÉE	12	FARCEUR	12	LÂCHETÉ	12
COMPTER	12	FASCIÉE	12	LÂCHEUR	12
CONFIER	12	FÉBRILE	12	LASCIVE	12
CONFINS	12	FERMIUM	12	LOMBRIC	12
CONFITE	12	FIANCÉE	12	LOUCHER	12
CONFLIT	12	FICAIRE	12	MACABRE	12
CONFORT	12	FICELÉE	12	MALADIF	12
CONFUSE	12	FICELER	12	MÉTHODE	12

MICROBE	12	RELÂCHE	12	WALKYRIE	35
OCTAVIN	12	ROCHIER	12	ZAKOUSKI	35
OMBILIC	12	SACCADE	12	RICKSHAW	31
ORIFICE	12	SACCAGE	12	KIBBOUTZ	30
OVIPARE	12	SERVICE	12	TOMAHAWK	30
PARAFER	12	SÉVICES	12	KAPOKIER	28
PARCAGE	12	SPORTIF	12	SYNONYME	27
PARFAIT	12	SURFACE	12	VISQUEUX	27
PARFOIS	12	TACHETÉ	12	JERRYCAN	26
PARVENU	12	TALOCHE	12	KYRIELLE	26
PASSIVE	12	THÉORBE	12	ZARZUELA	26
PAVANER	12	TOUCHÉE	12	JACQUARD	25
PELVIEN	12	TOUCHER	12	SQUAMEUX	25
PENSIVE	12	TRANCHE	12	APOPHYSE	24
PERVERS	12	TRICHER	12	ÉPIPHYSE	24
PHALÈNE	12	TRONCHE	12	QUINTEUX	24
PHARAON	12	TROPHÉE	12	SQUEEZER	24
PICARDE	12	VACANTE	12	TALQUEUX	24
PIMPANT	12	VAINCRE	12	FIÉVREUX	23
PIVOTER	12	VAINCUE	12	HEXAPODE	23
PLACARD	12	VALABLE	12	SUFFIXAL	23
PLACIDE	12	VALENCE	12	AMBLYOPE	22
PLOMBÉE	12	VECTEUR	12	BACHIQUE	22
PLUVIER	12	VERBALE	12	EXCLUSIF	22
POIVRÉE	12	VÉSICAL	12	EXÉCUTIF	22
POIVRON	12	VIBRANT	12	EXPANSIF	22
POIVROT	12	VICAIRE	12	HIPPIQUE	22
POMMADE	12	VIDIMER	12	NÉOPHYTE	22
POMMARD	12	VISCÈRE	12	OBJECTIF	22
PONTIFE	12	VISIBLE	12	PLUVIEUX	22
POSITIF	12	VOLUPTÉ	12	PYORRHÉE	22
POURVOI	12	VULCAIN	12	RIQUIQUI	22
POURVUE	12			SYPHILIS	22
POUSSAH	12			VAPOREUX	22
POUVOIR	12			ADJECTIF	21
PRÉAVIS	12			CAPITEUX	21
PRÉFÉRÉ	12			DÉFRAYER	21
PRÉVENU	12			DUVETEUX	21
PRÉVOIR	12			EXCEPTÉE	21
PROFANE	12			EXERCICE	21
PROMPTE	12			FIXEMENT	21
PROUVER	12			GLYCÉMIE	21
PUDDING	12			GOYAVIER	21
RACCORD	12			HEXAGONE	21
RAUCHER	12			JOUFFLUE	21
RÉCIFAL	12			PERPLEXE	21

MOTS DE 8 LETTRES

POLYGAME	21	DÉFROQUÉ	19	AMITIEUX	18
PRÉCIEUX	21	DEUXIÈME	19	AMOUREUX	18
RECYCLER	21	DYSLOGIE	19	ANONYMAT	18
SPACIEUX	21	EFFECTIF	19	BENJAMIN	18
SYMPTÔME	21	EXASPÉRÉ	19	BRAVACHE	18
SYNCOPÉE	21	EXCELLER	19	DONZELLE	18
SYNCOPER	21	EXCENTRÉ	19	DYNASTIE	18
THYROÏDE	21	EXCITANT	19	EFFICACE	18
TRICYCLE	21	EXÉCUTER	19	ÉLOGIEUX	18
ZEPPELIN	21	EXPLORER	19	ÉQUIPAGE	18
BALAYAGE	20	EXPLOSER	19	EXAGÉRÉE	18
BORDEAUX	20	EXPORTER	19	EXAGÉRER	18
BRONZAGE	20	EXPRESSE	19	EXIGEANT	18
DÉBLAYER	20	EXPULSER	19	EXOTISME	18
DUPLEXER	20	EXTIRPER	19	EXTRADER	18
DYSTOCIE	20	GAZOGÈNE	19	EXTRUDÉE	18
ÉTHYLÈNE	20	GYMNASTE	19	FÉERIQUE	18
EXEMPTER	20	INEXACTE	19	FRISQUET	18
EXPÉDIER	20	INEXERCÉ	19	GÉNÉREUX	18
EXPURGER	20	INEXPIÉE	19	GLORIEUX	18
FESTOYER	20	JACTANCE	19	GONZESSE	18
GRACIEUX	20	JAPPEUSE	19	HÉROÏQUE	18
LOGOTYPE	20	JOUBARBE	19	IMPLIQUÉ	18
NOMBREUX	20	LYCÉENNE	19	JOBARDER	18
OLYMPIEN	20	MERDOYER	19	JUVÉNILE	18
PAGAYEUR	20	NÉBULEUX	19	KALIÉMIE	18
PARADOXE	20	OBJECTER	19	KANTISME	18
PARONYME	20	ONCTUEUX	19	KERMESSE	18
POUDREUX	20	OUBLIEUX	19	LOUFOQUE	18
PYROMANE	20	PAYSANNE	19	LUMINEUX	18
QUETSCHE	20	PÉKINOIS	19	LUXMÈTRE	18
ROMSTECK	20	PEPTIQUE	19	LYDIENNE	18
SYNDICAT	20	PIERREUX	19	MIELLEUX	18
SYNTHÈSE	20	PLÂTREUX	19	ONDOYANT	18
VERTUEUX	20	POISSEUX	19	PIMBÊCHE	18
VEXATION	20	PRÉTEXTE	19	PRÉJUGÉE	18
ADJUVANT	19	PUBLIQUE	19	RÉVOQUER	18
AFFICHÉE	19	REPLOYER	19	SLOVAQUE	18
APITOYER	19	SEXTUPLE	19	SOIGNEUX	18
APPLIQUE	19	SIBYLLIN	19	STUDIEUX	18
BAKÉLITE	19	SOUCIEUX	19	STYLISME	18
BISEXUEL	19	TOXICITÉ	19	SYMÉTRIE	18
BORNOYER	19	ULCÉREUX	19	ZOOLOGIE	18
BROYEUSE	19	ZIBELINE	19	ACHOPPER	17
CHIFFRÉE	19	ADJACENT	18	ACQUÉRIR	17
CROYANTE	19	AÉRODYNE	18	ANALYSÉE	17

MOTS DE 8 LETTRES

APPROCHE	17	PROJETER	17	FILOCHER	16
ASTRAKAN	17	QUOLIBET	17	FLANCHER	16
BOUTIQUE	17	RAYONNER	17	FOLICHON	16
BRAQUEUR	17	REBIQUER	17	FORTICHE	16
BRUSQUÉE	17	REPIQUER	17	FOURCHON	16
CANTIQUE	17	RÉPLIQUE	17	FRAÎCHIR	16
CONJURÉE	17	RESSAYER	17	FRANCHIR	16
CONJURER	17	RESSUYER	17	GASPACHO	16
CONQUISE	17	RUBRIQUE	17	GRÉBICHE	16
COQUETTE	17	SÉQUENCE	17	HACHETTE	16
COQUILLE	17	SEXUELLE	17	HANDICAP	16
CRITIQUE	17	TACTIQUE	17	HERCHEUR	16
ÉCHAPPER	17	TAXATEUR	17	HIPPISME	16
ÉJECTEUR	17	TEXTURER	17	INFICHUE	16
ENRAYURE	17	TORTUEUX	17	INFLÉCHI	16
EXISTANT	17	TRAYEUSE	17	JAÏNISME	16
EXONÉRER	17	UBIQUITÉ	17	JONGLEUR	16
EXTÉNUER	17	VACHARDE	17	JUMELLES	16
EXTRAIRE	17	VIVIFIER	17	JUREMENT	16
EXTRAITE	17	ZÉLATEUR	17	LIQUIDÉE	16
FAUCHARD	17	ADÉQUATE	16	LIQUIDER	16
GALÉJADE	17	ADJOINTE	16	MAQUETTE	16
GAVROCHE	17	AFFAIBLI	16	MARASQUE	16
IBÉRIQUE	17	AFFECTER	16	MARQUISE	16
ICONIQUE	17	AFFUBLÉE	16	MESQUINE	16
INJECTER	17	AFFUBLER	16	OFFICIEL	16
JACASSER	17	AMPHIBIE	16	OFFICIER	16
JONCTION	17	ANÉMIQUE	16	OFFICINE	16
JUDAÏSME	17	ARCHIDUC	16	OLFACTIF	16
JUGEMENT	17	BOUCHAGE	16	PAMPHLET	16
KÉROSÈNE	17	BROUHAHA	16	PIOCHAGE	16
MÂCHEFER	17	CHAMBRÉE	16	POCHARDE	16
NAUSÉEUX	17	CHAMPION	16	REMARQUE	16
NETTOYER	17	COIFFEUR	16	REMORQUE	16
NIAISEUX	17	DÉBOUCHÉ	16	VACHERIE	16
OFFENSIF	17	DÉJANTER	16	VACHERIN	16
OZONISER	17	DÉJEUNER	16	VÉHICULE	16
PANIQUÉE	17	DÉTRAQUÉ	16	VIVACITÉ	16
PARJURÉE	17	DIFFAMER	16	ACCOMPLI	15
PARJURER	17	DIFFORME	16	ACÉPHALE	15
PASTÈQUE	17	EMBOUCHE	16	ADHÉSIVE	15
PERRUQUE	17	EMPÊCHER	16	AFFERMER	15
PÉTANQUE	17	EMPOCHER	16	AFFERMIR	15
PIQUANTE	17	ENFICHER	16	AFFIRMER	15
PIQUETTE	17	FANTOCHE	16	AFFLIGER	15
PLANQUÉE	17	FAROUCHE	16	AJOINTER	15

MOTS DE 8 LETTRES

AJOURNER	15	FLAMBARD	15	POSTICHE	15
AJUSTEUR	15	FRAPPANT	15	PRÊCHEUR	15
ALPHABET	15	FUGITIVE	15	PRÉFACÉE	15
AORTIQUE	15	GREFFOIR	15	PROHIBÉE	15
ARCHIPEL	15	HERBACÉE	15	PROHIBER	15
ARLEQUIN	15	HIBISCUS	15	PROVERBE	15
ATTAQUÉE	15	IMPAVIDE	15	QUANTITÉ	15
ATTAQUER	15	INJURIER	15	QUARTIER	15
BÉNÉFICE	15	INQUIÈTE	15	QUERELLE	15
BERNACHE	15	IRONIQUE	15	QUESTION	15
BICHONNE	15	ITALIQUE	15	QUÉTAINE	15
BLANCHIR	15	JALONNER	15	QUILLEUR	15
BOMBANCE	15	JALOUSER	15	RAJEUNIR	15
BONNICHE	15	JALOUSIE	15	RAQUETTE	15
BOUCHÈRE	15	JARRETER	15	REPÊCHER	15
BRANCHÉE	15	JAUNÂTRE	15	REPROCHÉ	15
BRANCHER	15	JAUNETTE	15	REQUÉRIR	15
BRANCHUE	15	JAUNISSE	15	RÉSÉQUER	15
BROCHURE	15	JEUNESSE	15	RHUBARBE	15
BRONCHER	15	JEUNETTE	15	RICOCHER	15
CACHETTE	15	JOINTURE	15	RICOCHET	15
CAPTIVER	15	JOLIESSE	15	SOIFFARD	15
CÉPHALÉE	15	JOLIETTE	15	SUFFRAGE	15
CÉTÉRACH	15	JOUTEUSE	15	SUJÉTION	15
CHICANÉE	15	JULIÉNAS	15	SURJETER	15
CHIPOTER	15	JUSTESSE	15	TARASQUE	15
COMPACTE	15	LAQUELLE	15	TOUJOURS	15
DIFFÉRER	15	MARCHAND	15	VACANCES	15
DIFFUSER	15	NOÉTIQUE	15	VACCINER	15
DIMANCHE	15	OFFRANDE	15	VAGABOND	15
DIMORPHE	15	PACIFIER	15	VARAPPER	15
ÉBAUCHÉE	15	PÂLICHON	15	VÉHÉMENT	15
ÉBAUCHER	15	PANACHER	15	VIVEMENT	15
ÉCHÉANCE	15	PARAPHÉE	15	ACCABLER	14
ENQUÊTER	15	PARAPHER	15	ACCEPTER	14
ÉPANCHER	15	PASTICHE	15	AFFAIRÉE	14
ÉPARCHIE	15	PATAPOUF	15	AFFAIRES	14
ÉPINOCHE	15	PÊCHETTE	15	AFFILIÉE	14
ÉPITAPHE	15	PÊCHEUSE	15	AFFILIER	14
ÉQUATION	15	PELUCHÉE	15	AFFINEUR	14
ÉQUEUTER	15	PENCHANT	15	AFFOLANT	14
ESQUISSE	15	PÉTÉCHIE	15	AFFREUSE	14
ESTOQUER	15	PISTACHE	15	AFFUSION	14
ÉTATIQUE	15	POCHETTE	15	AGUICHER	14
ÉTRIQUER	15	POLOCHON	15	ALCHIMIE	14
FARFADET	15	PORCHÈRE	15	ALMANACH	14

AMOVIBLE	14	ÉPHÉLIDE	14	MERLUCHE	14
BACCARAT	14	ÉPHÉMÈRE	14	MICHETON	14
BADABOUM	14	ÉTOUFFÉE	14	MOUCHETÉ	14
BARBECUE	14	ÉTOUFFER	14	NOVEMBRE	14
BAVARDER	14	ÉVIDENCE	14	OCCUPANT	14
BEAUCOUP	14	FACTOTUM	14	OFFENSÉE	14
BLAFARDE	14	FARFELUE	14	OFFENSER	14
BOMBARDE	14	FASCISME	14	OPPROBRE	14
BONHOMIE	14	FAUVETTE	14	ORCHIDÉE	14
BREUVAGE	14	FAVORITE	14	PALPABLE	14
CAMPAGNE	14	FERVENTE	14	PAVEMENT	14
CAPACITÉ	14	FESTIVAL	14	PERFIDIE	14
CAPUCINE	14	FÉVEROLE	14	PHORMION	14
CHAGRINE	14	FLUVIALE	14	POPULACE	14
CHALANDE	14	FUGACITÉ	14	PRÉCEPTE	14
CHARMANT	14	FURIBOND	14	PRIMITIF	14
CHEMINÉE	14	GÂCHEUSE	14	PRINCIPE	14
CHEMINER	14	GAUCHÈRE	14	PROFONDE	14
COCORICO	14	GOULACHE	14	PUDIBOND	14
COMMERCE	14	HABITUDE	14	RAFFINÉE	14
COMPAGNE	14	HACIENDA	14	RAFFINER	14
CONFORME	14	HARPAGON	14	RAFFOLER	14
COUPABLE	14	HAVENEAU	14	RECHARGE	14
CREVARDE	14	HÉBERGÉE	14	REVOLVER	14
DÉCEMBRE	14	HÉBERGER	14	SOPHISME	14
DÉCEVANT	14	HÉBÉTUDE	14	SOUFFLÉE	14
DÉCEVOIR	14	HELVELLE	14	SOUFFLER	14
DÉCHARNÉ	14	HIVERNER	14	SOUFFLET	14
DÉCISIVE	14	HUMECTER	14	SOUFFRIR	14
DÉCOMPTE	14	IMPRÉVUE	14	SUCCINCT	14
DÉCONFIT	14	IMPULSIF	14	SUPPLICE	14
DÉFONCER	14	INCHANGÉ	14	TACHISME	14
DÉPOURVU	14	INDUCTIF	14	TAFFETAS	14
DÉPRAVÉE	14	INOCCUPÉ	14	UPPERCUT	14
DÉTACHER	14	LUCIFUGE	14	VÉRIFIER	14
DEVANCER	14	MÂCHEUSE	14	VERVEINE	14
DÉVIANCE	14	MACHINAL	14	VIROCIDE	14
DIVORCÉE	14	MACHINÉE	14	VOLITIVE	14
ÉCHANGÉE	14	MACHINER	14	ABHORRER	13
ÉCHANGER	14	MÂCHOIRE	14	ABLATIVE	13
ÉDUCATIF	14	MÂCHURER	14	ABORTIVE	13
EFFRÉNÉE	14	MALÉFICE	14	ABRASIVE	13
EFFRITER	14	MANCHOTE	14	ABREUVER	13
EFFRONTÉ	14	MANOUCHE	14	ABRIVENT	13
EFFUSION	14	MÉCHANTE	14	ABSINTHE	13
EMPATHIE	14	MÉCOMPTE	14	ACCALMIE	13

ACCIDENT	13	CLAVETTE	13	ENFONCER	13
ACCLAMER	13	COHÉRENT	13	ENRICHIR	13
ACCOLADE	13	COHÉSION	13	ENTACHER	13
ACCOLAGE	13	COMBINER	13	ENVIABLE	13
ACCORDER	13	COMPARER	13	ÉPERVIER	13
ACHARNÉE	13	COMPATIR	13	ÉPROUVER	13
ACHARNER	13	COMPILER	13	ESBROUFE	13
ACHETEUR	13	COMPLÈTE	13	ESCAPADE	13
ACTIVANT	13	COMPOSÉE	13	ÉTANCHER	13
ACTIVITÉ	13	COMPOSER	13	EUPHONIE	13
AGGRAVER	13	CONCÉDER	13	EUPHORIE	13
AGRAFAGE	13	CONCORDE	13	ÉVICTION	13
AGRIPPER	13	CONFÉRER	13	FACILITÉ	13
ALLÉCHER	13	CONFIANT	13	FAÇONNER	13
AMBIANCE	13	CONVENIR	13	FACTURÉE	13
ANARCHIE	13	CONVOLER	13	FARCEUSE	13
ARCHELLE	13	CORROMPU	13	FARIBOLE	13
ARRACHER	13	CORVETTE	13	FASCINER	13
ARTIFICE	13	COUVERTE	13	FASCISTE	13
ASPHALTE	13	CRAINTIF	13	FAUCILLE	13
ATROPHIE	13	CRAVATÉE	13	FAUTRICE	13
ATTACHÉE	13	CRÉATIVE	13	FÉCULENT	13
ATTACHER	13	CREVASSE	13	FÉLICITÉ	13
AUTRUCHE	13	CREVETTE	13	FÉROCITÉ	13
BÂFREUSE	13	CULTIVÉE	13	FIBRANNE	13
BALAFRÉE	13	CULTIVER	13	FLORENCE	13
BALAFRER	13	CUPIDITÉ	13	FOLIACÉE	13
BEAUFORT	13	CURATIVE	13	FONCTION	13
BÉNÉVOLE	13	DÉBÂCLER	13	FORCENÉE	13
BÊTIFIER	13	DÉCAPANT	13	FOURBURE	13
BIENFAIT	13	DÉCODAGE	13	FRACTION	13
BIENVENU	13	DÉCOUPER	13	FRACTURE	13
BLÂMABLE	13	DÉCRÉPIT	13	FRAGMENT	13
BONIFIER	13	DÉFENDRE	13	FRANÇAIS	13
BOUTEFEU	13	DÉFENDUE	13	FRICOTER	13
BOUVERIE	13	DÉFORMER	13	FRICTION	13
BRAVOURE	13	DÉVIDOIR	13	FRIPIÈRE	13
BREVETER	13	DIVERGER	13	FRIPONNE	13
BRIÈVETÉ	13	DOMPTAGE	13	FROMAGER	13
CADENCER	13	DORMITIF	13	FUMAGINE	13
CADUCITÉ	13	ÉBAVURER	13	FUNICULE	13
CAVALIER	13	ÉCERVELÉ	13	FURONCLE	13
CERFEUIL	13	ÉCHOTIER	13	GAMBADER	13
CERVELLE	13	ÉCRIVAIN	13	GUIMAUVE	13
CHARRIER	13	ÉLECTIVE	13	HABANERA	13
CHINEUSE	13	ENCHANTÉ	13	HABILETÉ	13

MOTS DE 8 LETTRES

HABILLÉE	13	PANTHÉON	13	RACHETER	13
HABILLER	13	PAPOTAGE	13	RECEVOIR	13
HABITANT	13	PARFAITE	13	RECHUTER	13
HABITUÉE	13	PARFILER	13	RÉCIFALE	13
HABITUEL	13	PARVENIR	13	RELÂCHÉE	13
HABITUER	13	PARVENUE	13	RELÂCHER	13
HÂBLERIE	13	PAUVRETÉ	13	RICHESSE	13
HARCELER	13	PAVILLON	13	RUBICOND	13
HARPISTE	13	PAVOISER	13	SACCAGER	13
HAUTBOIS	13	PÉDICULE	13	SÉCHEUSE	13
HÉLÉPOLE	13	PÉNOMBRE	13	SÉRAPHIN	13
HÉLIPORT	13	PERFORER	13	SHRAPNEL	13
HÉPATITE	13	PERVERSE	13	SIPHONNÉ	13
HERBERIE	13	PERVERTI	13	SPÉCIMEN	13
HOBEREAU	13	PEUPLADE	13	SPORTIVE	13
HOLOCÈNE	13	PHRASEUR	13	SUBVENIR	13
HOMOGÈNE	13	PICARDAN	13	SUCCÉDER	13
HORRIBLE	13	PIMPANTE	13	SUPERFIN	13
IGNIFUGE	13	PIPERADE	13	SUPERFLU	13
IMBÉCILE	13	PLEUVOIR	13	SURFACÉE	13
IMPROPRE	13	PLOMBURE	13	TACHETÉE	13
INACTIVE	13	POITEVIN	13	TACHETER	13
INCISIVE	13	POIVROTE	13	TALOCHÉE	13
INCIVILE	13	POMMADÉE	13	THÉRAPIE	13
INCOMBER	13	POMMADER	13	TOUCHANT	13
INCURVER	13	POMPETTE	13	TRANCHÉE	13
INDIVIDU	13	POMPEUSE	13	TRANCHER	13
INFECTER	13	POSITIVE	13	TRICHEUR	13
INHABITÉ	13	POURVOIR	13	VACILLER	13
LÂCHEUSE	13	PRÉCÉDER	13	VALENCIA	13
LAPICIDE	13	PRÉFÉRÉE	13	VARIABLE	13
LOVELACE	13	PRÉFÉRER	13	VÉLOCITÉ	13
LUCRATIF	13	PRÉLEVER	13	VENDREDI	13
MALADIVE	13	PRÉVENIR	13	VÉRACITÉ	13
MANIFOLD	13	PRÉVENUE	13	VERTÈBRE	13
MÉDIÉVAL	13	PRIVAUTÉ	13	VÉSICALE	13
MODIFIER	13	PROBLÈME	13	VÉSICULE	13
NÉNUPHAR	13	PROFANÉE	13	VIBRANTE	13
NÉPHRITE	13	PROFANER	13	VICARIAT	13
NOCIVITÉ	13	PROFÉRER	13	VICIEUSE	13
NOVICIAT	13	PROFITER	13	VICTOIRE	13
OBOMBRER	13	PROPAGER	13	VICTORIA	13
OBSERVER	13	PROTHÈSE	13		
OCCIDENT	13	PROVENIR	13		
OCTAVIER	13	PRUDENCE	13		
OPPRIMER	13	PURIFIER	13		

MOTS DE 9 LETTRES

XYLOPHAGE	33	MÉGAHERTZ	23	CHAUFFEUR	20
XYLOPHONE	32	OBJECTIVE	23	CHIHUAHUA	20
KILOHERTZ	30	PACIFIQUE	23	CITOYENNE	20
PAROXYSME	30	SAXOPHONE	23	COEXISTER	20
PEROXYDER	30	SYLVICOLE	23	DANGEREUX	20
ZIGZAGUER	29	XÉNOPHILE	23	DÉFROQUÉE	20
DYSOREXIE	28	ZOOPHILIE	23	DÉFROQUER	20
JUDICIEUX	28	AMÉTHYSTE	22	EFFECTIVE	20
SUROXYDER	28	CLERGYMAN	22	EXASPÉRÉE	20
VARIQUEUX	28	DÉBRAYAGE	22	EXCENTRÉE	20
WYANDOTTE	28	EXPLICITE	22	EXCITANTE	20
KLAXONNER	27	HASCHISCH	22	FAMÉLIQUE	20
LAZZARONE	27	PRESBYTIE	22	GAZONNAGE	20
LUXURIEUX	27	VIGOUREUX	22	HÉMATIQUE	20
HÉMICYCLE	26	BÉNÉFIQUE	21	INCROYANT	20
HYPOTHÈSE	26	BIFURQUER	21	INEXERCÉE	20
PSYCHISME	26	CHIFFRAGE	21	LABORIEUX	20
SYNDIQUER	26	CONVOQUER	21	MALÉFIQUE	20
BLOCKHAUS	25	COURAGEUX	21	MAXIMISER	20
DYSPHAGIE	25	CYLINDRER	21	OBJECTION	20
HYDRAVION	25	DÉLICIEUX	21	PARESSEUX	20
INTOXIQUÉ	25	DYNAMISME	21	PÉKINOISE	20
JOYEUSETÉ	25	DYSCRASIE	21	PÉRISTYLE	20
LOQUETEUX	25	FABRIQUER	21	PRÉTEXTÉE	20
PHYSICIEN	25	FRÉQUENCE	21	QUÉBÉCOIS	20
QUARTZITE	25	HALLOWEEN	21	SIBYLLINE	20
QUICONQUE	25	INTERVIEW	21	SUBJACENT	20
QUINZAINE	25	MALICIEUX	21	TAXATRICE	20
QUIPROQUO	25	MAZDÉISME	21	ZÉLATRICE	20
XÉNOPHOBE	25	PAGAYEUSE	21	ADJACENTE	19
DIACHYLON	24	PATRONYME	21	BALDAQUIN	19
DYSPHORIE	24	PLAIDOYER	21	BAMBOCHER	19
SUFFIXALE	24	PLEXIGLAS	21	BENJAMINE	19
SYMPATHIE	24	POUDROYER	21	CÉRAMIQUE	19
SYMPHONIE	24	PRÉJUDICE	21	CHUCHOTER	19
YACHTSMAN	24	PROVOQUER	21	CONJUGUER	19
YOHIMBINE	24	SOMPTUEUX	21	DÉLOYAUTÉ	19
BALBUZARD	23	SPHÉRIQUE	21	DEXTÉRITÉ	19
CAVERNEUX	23	VALEUREUX	21	EXIGEANTE	19
COLCHIQUE	23	VIOLONEUX	21	EXTRÉMITÉ	19
CONVEXITÉ	23	VOLLEYEUR	21	FANATIQUE	19
EXCLUSIVE	23	VOUSSOYER	21	FORNIQUER	19
EXÉCUTIVE	23	APPLIQUÉE	20	GOULEYANT	19
EXPANSIVE	23	APPLIQUER	20	GRAISSEUX	19
HYDROGÈNE	23	BECQUETER	20	HÉRÉTIQUE	19
KIDNAPPER	23	BUCOLIQUE	20	IMPLIQUÉE	19

MOTS DE 9 LETTRES

INGÉNIEUX	19	EXTÉRIEUR	18	DÉCOUCHER	17
INSIDIEUX	19	FÉBRIFUGE	18	DÉCROCHER	17
JABORANDI	19	INJUSTICE	18	DÉTRAQUÉE	17
JOIGNABLE	19	JACASSEUR	18	DIFFÉREND	17
JOVIALITÉ	19	JAPONERIE	18	DISLOQUER	17
JUDAÏCITÉ	19	JARDINAGE	18	EFFECTUER	17
JUSTIFIER	19	JÉRÉMIADE	18	EMBOUCHÉE	17
KILOMÈTRE	19	LOYALISTE	18	ENJOINDRE	17
ONDOYANTE	19	MAQUISARD	18	FARLOUCHE	17
QUALIFIER	19	NETTOYEUR	18	FAUCHETTE	17
RELIGIEUX	19	OBLIQUITÉ	18	FLACHERIE	17
RIGOUREUX	19	OFFENSIVE	18	FORFICULE	17
ROYALISME	19	PAQUETEUR	18	FRANCHISE	17
SEXOLOGIE	19	PLASTIQUE	18	HARNACHER	17
TAXIMÈTRE	19	POLITIQUE	18	HÉCATOMBE	17
VAINQUEUR	19	PRATIQUER	18	HERBICIDE	17
VISQUEUSE	19	REBUFFADE	18	IDENTIQUE	17
WAGNÉRIEN	19	RÉPLIQUÉE	18	IMBUVABLE	17
ACCOUCHER	18	SALICOQUE	18	INFLÉCHIE	17
ACCROCHER	18	SOBRIQUET	18	INFLÉCHIR	17
ADJOINDRE	18	TÉLEXISTE	18	INVIVABLE	17
APPROCHÉE	18	TEXTUELLE	18	JARDINIER	17
APPROCHER	18	TOURNOYER	18	JONGLERIE	17
APPROCHES	18	TYRANNEAU	18	JONGLEUSE	17
BANCROCHE	18	WARRANTER	18	JUGULAIRE	17
BANQUETER	18	AFFAIBLIE	17	JUSTEMENT	17
BÉQUILLER	18	AFFAIBLIR	17	MAQUEREAU	17
BOUFFARDE	18	AFFLUENCE	17	MAQUILLER	17
BRAQUEUSE	18	ANGÉLIQUE	17	MASTIQUER	17
BRIQUETER	18	BIOGRAPHE	17	ODALISQUE	17
CLAQUETER	18	BOUFFONNE	17	OFFICIÈRE	17
CLASSIQUE	18	CACHEMIRE	17	OLFACTIVE	17
CLINQUANT	18	CAMPHRIER	17	PIGNOCHER	17
CLIQUETER	18	CAUCHEMAR	17	PRÉCIPICE	17
COQUETIER	18	CHANVRIER	17	PRÉVENTIF	17
CORNAQUER	18	CHAPARDER	17	PRODUCTIF	17
CRAQUETER	18	CHARIVARI	17	QUADRETTE	17
CRITIQUÉE	18	CHÉRIFIEN	17	QUATRIÈME	17
CRITIQUER	18	CHEVIOTTE	17	QUOTIDIEN	17
DÉCOIFFER	18	CHEVREUIL	17	RABÂCHAGE	17
DÉFLÉCHIR	18	CHEVRONNÉ	17	RAFRAÎCHI	17
DÉFRAÎCHI	18	CHOSIFIER	17	RÉFLÉCHIR	17
DIFFICILE	18	COIFFEUSE	17	REJOINDRE	17
ÉLYSÉENNE	18	DÉBAUCHER	17	REMARQUÉE	17
ESCABÈCHE	18	DÉBOUCHÉE	17	REMARQUER	17
EXISTANTE	18	DÉBROCHER	17	REMBUCHER	17

MOTS DE 9 LETTRES

REMORQUÉE	17	FILIFORME	16	AFFOLANTE	15
REMPOCHER	17	FRAPPANTE	16	AFFRONTER	15
SQUAMEUSE	17	HABITACLE	16	AGUICHANT	15
SUFFOCANT	17	HOROSCOPE	16	AMPLIFIER	15
TRUCMUCHE	17	JEANNETTE	16	APPARENCE	15
VÉHICULÉE	17	JOAILLIER	16	APPRÉCIER	15
VÉHICULER	17	JURATOIRE	16	APPROPRIÉ	15
VOCIFÉRER	17	LIPOPHILE	16	BELVÉDÈRE	15
ACCOMPLIE	16	LUNATIQUE	16	BIBLIOBUS	15
ACCOMPLIR	16	MARCHANDE	16	BLABLABLA	15
ANICROCHE	16	OPACIFIER	16	BOMBARDÉE	15
APPROUVER	16	PASTICHÉE	16	BOMBEMENT	15
BARBIFIER	16	PERCEVOIR	16	CAMEMBERT	15
BAVARDAGE	16	PERCHISTE	16	CAMOUFLER	15
BOUCHERIE	16	PICHOLINE	16	CAMPEMENT	15
BOURRACHE	16	PRÊCHEUSE	16	CHAGRINER	15
CACAHUÈTE	16	PRÉCOMPTE	16	CHALUMEAU	15
CAMÉSCOPE	16	PROPHÉTIE	16	CHAMOISER	15
CAPTIVITÉ	16	PROVOCANT	16	CHANGEANT	15
CÉNOTAPHE	16	QUERELLÉE	16	CHARGEUSE	15
CHAPELIER	16	QUERELLER	16	CHARMANTE	15
CHAPITRER	16	QUIÉTISTE	16	CHARMILLE	15
CHARCUTER	16	QUILLEUSE	16	CHÂTAIGNE	15
CHARPENTE	16	QUINTEUSE	16	CHÂTIMENT	15
CHIPOTEUR	16	RAFFERMIR	16	CHAUDIÈRE	15
CLAVICULE	16	REBLOCHON	16	CHAUMIÈRE	15
CLOCHETON	16	RECEVABLE	16	CHEMINEAU	15
COCHONNER	16	REGREFFER	16	CHIENDENT	15
COHÉRENCE	16	REJAILLIR	16	CHIRURGIE	15
COMPACTER	16	REPROCHER	16	CHLINGUER	15
COMPTABLE	16	RESQUILLE	16	CICATRICE	15
CONCEVOIR	16	RÉTORQUER	16	COMBINARD	15
CONCOMBRE	16	SACRIFICE	16	COMMENCER	15
CONFIANCE	16	SÉJOURNER	16	COMPAGNIE	15
CORNICHON	16	SOIFFARDE	16	COMPAGNON	15
DÉCHARGER	16	SPÉCIFIER	16	COMPÉRAGE	15
DÉCHAUMER	16	TALQUEUSE	16	COMPRIMER	15
DÉFINITIF	16	TARBOUCHE	16	CONFIRMER	15
DÉMANCHER	16	TIQUETURE	16	CONFONDRE	15
DIFFÉRENT	16	VACANCIER	16	CONVERGER	15
DIFFUSION	16	VAGABONDE	16	DÉCADENCE	15
ENVELOPPE	16	VÉHÉMENTE	16	DÉCATHLON	15
ESQUISSÉE	16	ACCAPARER	15	DÉCEVANTE	15
ÉTIQUETTE	16	ACCEPTION	15	DÉCHAÎNER	15
FABRICANT	16	ACCOUPLER	15	DÉCHANTER	15
FIGURATIF	16	ADHÉRENCE	15	DÉCHARNÉE	15

MOTS DE 9 LETTRES

DÉCHIRANT	15	PRIMITIVE	15	CEPENDANT	14
DÉCOMPTÉE	15	PRINCIPAL	15	CERTIFIER	14
DÉCOMPTER	15	PRINCIPAT	15	CHARNELLE	14
DÉCONFITE	15	PUBLIABLE	15	CHARRETTE	14
DÉCOUPAGE	15	PUBLICITÉ	15	CHATONNER	14
DÉCOUVRIR	15	PUDIBONDE	15	CHATTERIE	14
DÉFECTION	15	RACCOURCI	15	CICINDÈLE	14
DÉFÉRENCE	15	RECHARGÉE	15	CIVILISER	14
DÉFICIENT	15	RHAPSODIE	15	CLABAUDER	14
DÉPOURVUE	15	SCHILLING	15	CLAFOUTIS	14
DÉSACCORD	15	SÉMAPHORE	15	CLAPOTAGE	14
DIVIDENDE	15	SOUFFRANT	15	CLARIFIER	14
DULCIFIER	15	SPECTACLE	15	COHÉRENTE	14
ÉDUCATIVE	15	SUCCINCTE	15	COLOMBIER	14
EFFRONTÉE	15	SUFFISANT	15	COMBATTRE	14
FALSIFIER	15	SURCHARGE	15	COMMANDER	14
FAVORISER	15	SURVIVANT	15	COMPENSER	14
FIÉVREUSE	15	TRIOMPHER	15	COMPÉTENT	14
FORTIFIER	15	VENGEANCE	15	COMPLÉTER	14
FRICOTAGE	15	VERGLACER	15	COMPLOTER	14
FUNAMBULE	15	VIGILANCE	15	COMPORTER	14
FURIBONDE	15	ABONDANCE	14	COMPRESSE	14
GRAPHISTE	15	ACCOUTUMÉ	14	CONCIERGE	14
HAUBANAGE	15	ACCUMULER	14	CONCORDER	14
HORRIFIER	15	ACHETEUSE	14	CONFESSER	14
IMPARFAIT	15	ACTIVANTE	14	CONFIANTE	14
IMPÉRATIF	15	APPLAUDIR	14	CONFITEOR	14
IMPUDENCE	15	APPRENDRE	14	CONFLUENT	14
IMPULSIVE	15	ARTICHAUT	14	CONFORTER	14
INCAPABLE	15	ATROPHIÉE	14	CONFUSION	14
INCHANGÉE	15	BALIVERNE	14	CONSERVER	14
INDUCTIVE	15	BÉATIFIER	14	CONVERSER	14
INOCCUPÉE	15	BIENVENUE	14	CONVERTIR	14
LÈCHEMENT	15	BIFILAIRE	14	CONVOITER	14
MACHINALE	15	BOSSANOVA	14	CORROMPRE	14
MAILLOCHE	15	BOUCANAGE	14	CORROMPUE	14
MANICHÉEN	15	BOUVREUIL	14	CRAINTIVE	14
MOUCHETÉE	15	BRICOLAGE	14	CREVASSÉE	14
OBSCURCIR	15	BRIMBALER	14	DAVANTAGE	14
OCCUPANTE	15	BROCARDER	14	DÉBANDADE	14
OFFENSANT	15	CAFETIÈRE	14	DÉBITRICE	14
PARFUMEUR	15	CARAVELLE	14	DÉBOBINER	14
PÉRICARPE	15	CARREFOUR	14	DÉBOUCLER	14
PHÉNOMÈNE	15	CAVAILLON	14	DÉBOURBER	14
PIRIFORME	15	CAVALERIE	14	DÉCAPANTE	14
PRÉFORMER	15	CAVALIÈRE	14	DÉCAPEUSE	14

MOTS DE 9 LETTRES

DÉCAPITER	14	HARPONNER	14	PRÉAMBULE	14
DÉCEPTION	14	HÉGÉMONIE	14	PRÉAVISER	14
DÉCOUPURE	14	HOMOLOGUE	14	PRÉCÉDENT	14
DÉCRÉPITE	14	HONORABLE	14	PRÉDICANT	14
DÉGIVREUR	14	HORTICOLE	14	PRÉSERVER	14
DÉPRÉCIER	14	IGNIFUGER	14	PRÉVALOIR	14
DIMINUTIF	14	IMPROBITÉ	14	PRÉVENANT	14
DISCOBOLE	14	INDÉCENCE	14	PRÉVISION	14
DISCULPER	14	INDICIBLE	14	PRIMIPARE	14
DIVERGENT	14	INHABITÉE	14	PRINTEMPS	14
DORMITIVE	14	LOUCHERIE	14	PRIVATION	14
DUPLICATA	14	LUBRIFIER	14	PROCÉDURE	14
ÉCERVELÉE	14	LUCRATIVE	14	PROFESSER	14
ÉCHOTIÈRE	14	MAGNIFIER	14	PROFITEUR	14
ÉCRIVAINE	14	MALAPPRIS	14	PROFUSION	14
ENCHAÎNER	14	MALPROPRE	14	PROGRAMME	14
ENCHANTÉE	14	MÉDIÉVALE	14	PROVISION	14
ENCHANTER	14	MORFONDRE	14	PUGNACITÉ	14
ÉPIGRAMME	14	NAUPATHIE	14	RACCORDER	14
ÉVOCATION	14	NOVATRICE	14	RATTACHER	14
FACILITER	14	OLFACTION	14	RÉACTIVER	14
FAÇONNIER	14	OMBILICAL	14	RECHANTER	14
FACTUELLE	14	OMBUDSMAN	14	RECOMPTER	14
FAÏENCIER	14	ORIFLAMME	14	RÉCONFORT	14
FASCINANT	14	PALLIATIF	14	RECOUVRIR	14
FÉCULENTE	14	PAUVRESSE	14	RECTIFIER	14
FÉLICITER	14	PEAUFINER	14	RÉFECTION	14
FERMEMENT	14	PÉDONCULE	14	RÉFÉRENCE	14
FIGNOLAGE	14	PELVIENNE	14	REMPLACER	14
FINANCIER	14	PÉRICARDE	14	RENCHÉRIR	14
FIRMAMENT	14	PERMÉABLE	14	RENFONCER	14
FLICAILLE	14	PERVERTIE	14	RENFORCER	14
FOLLICULE	14	PERVERTIR	14	RÉPROUVER	14
FORLANCER	14	PESTIFÉRÉ	14	RETOUCHER	14
FOURBERIE	14	PÉTRIFIER	14	RÉVÉRENCE	14
FRANÇAISE	14	PHARILLON	14	RICHELIEU	14
FRICASSÉE	14	PHARISIEN	14	RUBICONDE	14
FROMAGÈRE	14	PHILISTIN	14	SACERDOCE	14
GALVAUDER	14	PLACARDER	14	SACRIFIER	14
GERMICIDE	14	PLACEMENT	14	SCARIFIER	14
GINGEMBRE	14	PLACIDITÉ	14	SÉBORRHÉE	14
GINGIVITE	14	PLAFONNER	14	SEPTEMBRE	14
GUIMBARDE	14	PLANIFIER	14	SERVIABLE	14
HABILITER	14	PLUVIEUSE	14	SIPHONNÉE	14
HABITANTE	14	POITEVINE	14	SOUCHETTE	14
HALLUCINÉ	14	PONTIFIER	14	SPATIONEF	14

STUPÉFAIT	14	INTOXIQUÉE	26	FRUCTIFIER	18
STUPÉFIER	14	XÉNOPHOBIE	26	HANDICAPER	18
SUCCÉDANÉ	14	CAPRICIEUX	25	JARDINIÈRE	18
SUGGESTIF	14	XÉNOPHILIE	24	MICROPHONE	18
SUPERFINE	14	EXPLICITÉE	23	OFFICIELLE	18
SUPERFLUE	14	PERNICIEUX	23	PERSPICACE	18
SUPERNOVA	14	DÉDAIGNEUX	22	PRÉOCCUPER	18
SUPPRIMER	14	OLYMPIENNE	22	PRÉVENTIVE	18
TÉLÉPHONE	14	AFFRANCHIR	21	PRODUCTIVE	18
TOUCHANTE	14	BISEXUELLE	21	PROVIDENCE	18
TRANCHANT	14	CONJECTURE	21	RAFRAÎCHIE	18
TRANCHEUR	14	INCROYANTE	21	RAFRAÎCHIR	18
TRICHEUSE	14	PLANTUREUX	21	SUFFOCANTE	18
VACILLANT	14	PROJECTEUR	21	ACCOMMODER	17
VAILLANCE	14	PROJECTILE	21	AFFOLEMENT	17
VAPOREUSE	14	QUÉBÉCOISE	21	APPRIVOISÉ	17
VENDANGER	14	SUBJACENTE	21	CELLOPHANE	17
VÉNÉRABLE	14	FRISQUETTE	20	CHAPELIÈRE	17
VERBOSITÉ	14	GOULEYANTE	20	CHARITABLE	17
VÉRITABLE	14	JUDICIEUSE	20	CHARPENTÉE	17
VERTÉBRÉE	14	PHILOSOPHE	20	CHIPOTEUSE	17
VESTIBULE	14	VARIQUEUSE	20	COMPLICITÉ	17
VIABILITÉ	14	CACOPHONIE	19	CONFECTION	17
VIBRATION	14	CLINQUANTE	19	CONFÉRENCE	17
VIRULENCE	14	DÉFRAÎCHIE	19	CONVAINCRE	17
VISCOSITÉ	14	DÉSAFFECTÉ	19	CONVENABLE	17
VITUPÉRER	14	DIFFÉRENCE	19	CONVENANCE	17
		DIFFICULTÉ	19	CONVICTION	17
		EXTÉRIEURE	19	DÉFINITIVE	17
		JACASSEUSE	19	DIFFÉRENTE	17
		JOUISSANCE	19	DIVERGENCE	17
		JUBILATION	19	ENVELOPPÉE	17
		LUXURIEUSE	19	FABRICANTE	17
		NETTOYEUSE	19	FIGURATIVE	17
		PAQUETEUSE	19	JOAILLERIE	17
		PLASTIQUÉE	19	JOAILLIÈRE	17
		RABIBOCHER	19	JOURNALIER	17
		RAPPROCHER	19	LOQUETEUSE	17
		ACCEPTABLE	18	PÂLICHONNE	17
		AFFABILITÉ	18	PERFECTION	17
		CHAMPIONNE	18	PÉRIPHÉRIE	17
		CHEVRONNÉE	18	PORCHAISON	17
		CONFIDENCE	18	PRÉCOMPTÉE	17
		DÉCLENCHER	18	PRÉFÉRENCE	17
		EFFRACTION	18	PRÉVENANCE	17
		FOLICHONNE	18	PROFITABLE	17

MOTS DE 10 LETTRES

PROVOCANTE	17	VILIPENDER	16	HOUSPILLER	15
RESQUILLÉE	17	ABDICATION	15	HURLUBERLU	15
SACCHARINE	17	ABÉCÉDAIRE	15	IMPASSIBLE	15
SUPERFICIE	17	ABOMINABLE	15	IMPOSSIBLE	15
VACANCIÈRE	17	ACCIDENTEL	15	INCOHÉRENT	15
ACCESSIBLE	16	ACCLIMATER	15	INDIVIDUEL	15
AFFRIOLANT	16	ACCOUTUMÉE	15	INFRACTION	15
AGUICHANTE	16	ACCOUTUMER	15	INTERPHONE	15
APPROPRIÉE	16	ANTIPATHIE	15	INVENTRICE	15
AVANCEMENT	16	ARTIFICIEL	15	MALAPPRISE	15
BIDONVILLE	16	ASCENDANCE	15	MÉDIÉVISTE	15
CAPRICORNE	16	AUPARAVANT	15	NONCHALANT	15
CHANGEANTE	16	AVOCAILLON	15	OCCIDENTAL	15
COMBINARDE	16	BARBARISME	15	OMBILICALE	15
COMPLÉMENT	16	BOURSOUFLÉ	15	ORCHESTRER	15
COMPLIMENT	16	CALFEUTRER	15	PALLIATIVE	15
COMPRENDRE	16	CATAPLASME	15	PERSÉVÉRER	15
CONTRECOUP	16	CAVERNEUSE	15	PERVERSION	15
DÉCHIRANTE	16	COMPASSION	15	PESTIFÉRÉE	15
DÉCOMPOSER	16	COMPÉTENTE	15	PRÉCÉDENTE	15
DÉCOUVERTE	16	COMPLAINTE	15	PRÉDATRICE	15
DÉFICIENTE	16	COMPRESSÉE	15	PRÉDICTION	15
EFFEUILLER	16	CONFESSION	15	PRÉVENANTE	15
FONDATRICE	16	CONFRONTER	15	PRÉVENTION	15
FORMATRICE	16	CONTEMPLER	15	PRODUCTION	15
IMPARFAITE	16	CONVENTION	15	PROFESSEUR	15
IMPÉRATIVE	16	CONVERSION	15	PROFESSION	15
INCAPACITÉ	16	CONVOITISE	15	PROFITEUSE	15
OCCUPATION	16	DÉLECTABLE	15	PROGRAMMÉE	15
OCCURRENCE	16	DÉTECTRICE	15	PROGRAMMER	15
OFFENSANTE	16	DIMINUTIVE	15	PROLIFÉRER	15
PARFUMEUSE	16	DISPONIBLE	15	PROMOTRICE	15
PARTICIPER	16	DIVERGENTE	15	PROVISOIRE	15
PERCEPTION	16	ÉCHELONNER	15	PULVÉRISER	15
PHILOLOGIE	16	ÉLÉVATRICE	15	RÉCOMPENSE	15
PRÉCIPITER	16	FAÇONNIÈRE	15	RIBAMBELLE	15
PRINCIPALE	16	FAÏENCIÈRE	15	RONCHONNER	15
PROMOUVOIR	16	FASCINANTE	15	SANCTIFIER	15
RACCOURCIE	16	FINANCIÈRE	15	SAPONIFIER	15
RACCOURCIR	16	FRIPOUILLE	15	SÉDUCTRICE	15
RÉCEPTRICE	16	GRAPPILLER	15	STUPÉFAITE	15
SOUFFRANTE	16	HABITATION	15	STUPÉFIANT	15
SUFFISANTE	16	HABITUELLE	15	SUBVENTION	15
SURCHARGÉE	16	HALLUCINÉE	15	SUBVERSION	15
SURVIVANTE	16	HOMOLOGUÉE	15	SUGGESTIVE	15
TÉLÉGRAPHE	16	HORRIPILER	15	SUPPLÉMENT	15

MOTS DE 10 LETTRES

TRANCHANTE	15	FULGURANTE	14	PROTECTION	14
VACILLANTE	15	FULMINANTE	14	RAVAUDEUSE	14
VOLUBILITÉ	15	IDENTIFIER	14	RÉPRIMANDE	14
ABSTINENCE	14	IMPRUDENTE	14	SÉPULCRALE	14
ACCESSOIRE	14	INCASSABLE	14	SPÉCIALITÉ	14
ACCUEILLIR	14	INCORPORER	14	SPECTATEUR	14
ACCUSATION	14	INCORRECTE	14	SUCCESSION	14
ADMISSIBLE	14	LAMPADAIRE	14	SUCCULENTE	14
APPARAÎTRE	14	MAGICIENNE	14	SUCCURSALE	14
APPARITION	14	MALFAISANT	14	SURHUMAINE	14
APPARTENIR	14	MALFAITEUR	14	TÉLESCOPÉE	14
BALANÇOIRE	14	MANIFESTÉE	14	TÉLESCOPER	14
BIENSÉANCE	14	MANIFESTER	14	THERMOSTAT	14
BISCUITIER	14	MANIGANCÉE	14	UNIFORMITÉ	14
CALABRAISE	14	MANOEUVRÉE	14	VIEILLARDE	14
CANCANIÈRE	14	MÉDIATRICE	14	VIGOUREUSE	14
CARICATURE	14	MÉDICATION	14	ABANDONNER	13
CATAPULTÉE	14	MIGRATRICE	14	ABASOURDIR	13
COERCITION	14	NÉGLIGENCE	14	ABATTEMENT	13
COLLABORER	14	OBÉISSANCE	14	ABNÉGATION	13
COMÉDIENNE	14	OPÉRATRICE	14	ABROGATION	13
CONCENTRER	14	OPPOSITION	14	ADAPTATION	13
CONCESSION	14	OPPRESSION	14	ADOLESCENT	13
CONCILIANT	14	OPTICIENNE	14	AHURISSANT	13
CONCLUANTE	14	PALPITANTE	14	AMENDEMENT	13
CONCLUSION	14	PATRIARCAL	14	ANTÉCÉDENT	13
CONTENANCE	14	PERCUSSION	14	BALOURDISE	13
CONTINENCE	14	PÉRICLITER	14	BIDONNANTE	13
CONTRACTER	14	PERSÉCUTER	14	BOURGEOISE	13
CONTRIBUER	14	PERTINENCE	14	BRAILLARDE	13
CORPULENTE	14	PONCTUELLE	14	BROUILLARD	13
CORRECTION	14	POPULARITÉ	14	CALENDRIER	13
CORROBORER	14	PORCELAINE	14	CLAIRSEMÉE	13
CORRUPTION	14	PRÉCAUTION	14	CLÉMENTINE	13
CORUSCANTE	14	PRÉCIOSITÉ	14	COLLÉGIALE	13
CROISSANCE	14	PRÉCONISER	14	CONSOLIDER	13
DÉPOSSÉDER	14	PRÉCURSEUR	14	CONTAMINER	13
DÉSEMPARÉE	14	PRÉDOMINER	14	CONTREDIRE	13
DÉSENIVRER	14	PRÉMÉDITÉE	14	COORDONNÉE	13
DÉSHÉRITER	14	PRÉMÉDITER	14	CORDIALITÉ	13
DÉSHONORER	14	PRIMORDIAL	14	COURAGEUSE	13
DÉSINVOLTE	14	PROMULGUER	14	COUTUMIÈRE	13
DIRIGEABLE	14	PROPENSION	14	CROISEMENT	13
ENDOMMAGER	14	PROPORTION	14	DÉCORATION	13
FINALEMENT	14	PROSPÉRITÉ	14	DÉLICIEUSE	13
FRONDAISON	14	PROTECTEUR	14	DÉPANNEUSE	13

DÉPOSITION	13	ORDONNANCE	13	TROUVAILLE	13
DÉPOUILLÉE	13	OVATIONNER	13	UNIVALENTE	13
DÉPOUILLER	13	PALUDÉENNE	13	UNIVERSITÉ	13
DÉPRESSION	13	PATRIMOINE	13	VALEUREUSE	13
DÉTENTRICE	13	PERMANENTE	13	VIEILLERIE	13
DÉTESTABLE	13	PERMISSION	13	VIEILLESSE	13
DÉTRACTEUR	13	PESSIMISTE	13	VIEILLOTTE	13
DISCUSSION	13	PRÉMATURÉE	13	VIOLONEUSE	13
DISTRIBUER	13	PRÉSIDENTE	13	VIRTUALITÉ	13
ÉBOULEMENT	13	PRÉTENDANT	13	VOLONTAIRE	13
ÉCONOMISER	13	PROÉMINENT	13	VOLONTIERS	13
ÉPARGNANTE	13	PROMENEUSE	13	ABERRATION	12
FERTILISER	13	RAFISTOLER	13	ABSOLUTION	12
FLORISSANT	13	RASSEMBLER	13	ABSTENTION	12
FOUILLEUSE	13	RAVISSANTE	13	ADMIRATION	12
FOURNITURE	13	RECONDUIRE	13	ADMONESTER	12
FRATERNITÉ	13	RÉCRIMINER	13	ALLOCATION	12
FRUSTRANTE	13	REDOUTABLE	13	ALLOCUTION	12
GOGUENARDE	13	REMBOURRER	13	ALTERNANCE	12
HARASSANTE	13	REMBOURSER	13	ASPIRATEUR	12
HÉSITATION	13	RÉPONDANTE	13	ASPIRATION	12
HONORAIRES	13	REPRODUIRE	13	ASSIDÛMENT	12
IMPARTIALE	13	REPRODUITE	13	ASSISTANCE	12
IMPATIENTE	13	RÉPUGNANTE	13	BÉNISSEUSE	12
IMPRESSION	13	RESPLENDIR	13	BILATÉRALE	12
INCRIMINER	13	RESSEMBLER	13	BISTROTIER	12
INDÉLÉBILE	13	SALAMALECS	13	BOUILLANTE	12
INDICATION	13	SATISFAIRE	13	BOUILLOIRE	12
INDICIELLE	13	SATISFAITE	13	CAUTIONNER	12
INDISCRÈTE	13	SECONDAIRE	13	CÉSARIENNE	12
INDISPOSÉE	13	SILHOUETTE	13	CLARINETTE	12
INFÉRIEURE	13	SOMPTUEUSE	13	CONSEILLER	12
INFORTUNÉE	13	SOUVERAINE	13	CONSTELLÉE	12
INTERCÉDER	13	SUBORDONNÉ	13	CONSTELLER	12
INVENTAIRE	13	SUPRÉMATIE	13	CONSTERNER	12
LIBIDINALE	13	TACITEMENT	13	CONSTRUIRE	12
LOCOMOTION	13	TAHITIENNE	13	CONTINUITÉ	12
MALICIEUSE	13	TÉLÉVISION	13	CONTORSION	12
MÉCONTENTE	13	TEMPÉRANTE	13	CONTOURNÉE	12
MÉLANCOLIE	13	TEMPORAIRE	13	CONTOURNER	12
MUSICIENNE	13	TEMPORELLE	13	CONTRAINTE	12
NAUSÉABOND	13	TRADUCTION	13	CONTRARIÉE	12
NÉGOCIANTE	13	TRANSFÉRER	13	CONTRARIER	12
OBLIGATION	13	TRAVAILLER	13	CONTRESENS	12
OBLIGEANTE	13	TREMBLEUSE	13	CONTRISTÉE	12
ONOMATOPÉE	13	TRÉPIDANTE	13	CONTRITION	12

MOTS DE 10 LETTRES

CORSETIÈRE	12	LIBÉRALITÉ	12	PRESTATION	12
COTISATION	12	LIBÉRATION	12	PRÉTENTION	12
COURTISANE	12	LOURDEMENT	12	PRINTANIER	12
COUTURIÈRE	12	MAGISTRALE	12	PRISONNIER	12
CRÉTINISER	12	MALADROITE	12	PROLÉTAIRE	12
CROISSANTE	12	MALENTENDU	12	PROSTERNÉE	12
CUEILLETTE	12	MARAUDEUSE	12	PROSTERNER	12
CUISINIÈRE	12	MÉSESTIMER	12	PROSTITUER	12
CULTURELLE	12	NARRATRICE	12	RAPETISSER	12
DANGEREUSE	12	NÉCESSAIRE	12	RÉCRÉATION	12
DÉGOÛTANTE	12	NÉCESSITER	12	RECUEILLIR	12
DÉNÉGATION	12	NÉGLIGENTE	12	RÉINSCRITE	12
DÉNOUEMENT	12	NONOBSTANT	12	RENCONTRÉE	12
DÉTERGENTE	12	NOURRICIER	12	RENCONTRER	12
DÉTERMINER	12	OBÉISSANTE	12	REPARAÎTRE	12
DIMINUTION	12	OSCILLANTE	12	RÉPARATION	12
DISSIDENTE	12	OUBLIETTES	12	REPENTANTE	12
DISTINGUER	12	OUTRANCIER	12	RÉPERTOIRE	12
ÉBULLITION	12	PANTELANTE	12	RÉPÉTITION	12
ÉBURNÉENNE	12	PARESSEUSE	12	RÉPRESSION	12
ÉLECTRISER	12	PARISIENNE	12	RÉPUTATION	12
ENGAGEANTE	12	PARTENAIRE	12	RESSOURCÉE	12
ÉNORMÉMENT	12	PARTIALITÉ	12	RÉTROGRADÉ	12
ENSORCELER	12	PASSERELLE	12	SANCTUAIRE	12
ENTÉNÉBRER	12	PASSIONNÉE	12	SCINTILLER	12
ENTRELACER	12	PATERNELLE	12	SECTIONNER	12
ENTREPOSER	12	PATOUILLER	12	SEGMENTALE	12
ENTREPRISE	12	PÉNÉTRANTE	12	SÉPARATION	12
EUROPÉENNE	12	PERSISTANT	12	SIBÉRIENNE	12
GARGOTIÈRE	12	PERSUASION	12	SIDÉRURGIE	12
GONDOLIÈRE	12	PERTINENTE	12	SOLLICITER	12
GRASSEMENT	12	PÉTILLANTE	12	SOUPIRANTE	12
GROGNASSER	12	PÉTROLIÈRE	12	STRUCTURÉE	12
ILLÉGITIME	12	PIAILLEUSE	12	SUBALTERNE	12
IMAGINAIRE	12	PLAISANTER	12	SUBORNEUSE	12
IMMORTELLE	12	PLAISANTIN	12	SUBTILISER	12
INACTUELLE	12	PLANTATION	12	SUGGESTION	12
INCITATION	12	POIREAUTER	12	SUPÉRIEURE	12
INCONSTANT	12	POLISSONNE	12	SURPRENANT	12
INDULGENTE	12	POSSESSEUR	12	SUSPENSION	12
INOPÉRANTE	12	POSSESSION	12	TARABUSTER	12
INSPIRANTE	12	POSTÉRIEUR	12	TENANCIÈRE	12
INTERPRÈTE	12	POSTULANTE	12	TRANSPIRER	12
INTERSTICE	12	POURRITURE	12	TRANSPOSER	12
LABORIEUSE	12	PRÉSENTOIR	12	TRICENNALE	12
LANCINANTE	12	PRESSENTIR	12	TROUBLANTE	12

MOTS DE 10 LETTRES

TURBULENTE	12	INAUGURALE	11	RAGOÛTANTE	11
TURLUPINER	12	INGÉNIEUSE	11	RAMASSEUSE	11
USURPATEUR	12	INSIDIEUSE	11	RÉGRESSION	11
USURPATION	12	INTERROGER	11	RÉGULARITÉ	11
ALLÉGRESSE	11	INTRIGANTE	11	RÉINTÉGRER	11
DÉLAISSÉES	11	INTRODUIRE	11	RELIGIEUSE	11
DÉSALTÉRER	11	LAIDERONNE	11	REMONTANTE	11
DÉSOLATION	11	LIMITATION	11	RENSEIGNER	11
DÉTÉRIORÉE	11	LUMINOSITÉ	11	RÉSIDUELLE	11
DÉTONATEUR	11	MAINTENANT	11	RIGOUREUSE	11
DÉTONATION	11	MALTRAITER	11	RONDELETTE	11
DÉTROUSSER	11	MARRONNIER	11	SAGITTAIRE	11
DISSENSION	11	MATÉRIELLE	11	SÉDENTAIRE	11
DOUILLETTE	11	MÉSENTENTE	11	SÉDUISANTE	11
ÉLONGATION	11	MEURTRIÈRE	11	SÉMILLANTE	11
ENDEUILLER	11	MITRAILLÉE	11	SINGULIÈRE	11
ENSEIGNANT	11	MULÂTRESSE	11	SOLIDARITÉ	11
ENTREMÊLER	11	NASILLARDE	11	STIMULANTE	11
ESTIMATION	11	NOMINATION	11	TINTAMARRE	11
GALANTERIE	11	NORMALISER	11	TOURMENTÉE	11
GALILÉENNE	11	ONDULATION	11	TOURMENTER	11
GOUAILLEUR	11	ORANGERAIE	11	TRAITEMENT	11
GRAISSEUSE	11	ORDINATEUR	11	ALTÉRATION	10
INATTENDUE	11	ORIGINELLE	11		

☞ TABLE DES MATIÈRES

Les Éditions Goélette inc.

Transcontinental
IMPRESSION
IMPRIMERIE GAGNÉ

IMPRIMÉ AU CANADA